HALÉVY
ŒUVRES COMPLÈTES
II

ÉDITION CRITIQUE *IN EXTENSO*
DES ŒUVRES COMPLÈTES DE ÉLIE HALÉVY

Liste des volumes

Les œuvres complètes d'Élie Halévy sont publiées aux Belles Lettres, sous les auspices de la Fondation nationale des sciences politiques et de son président, M. Jean-Claude Casanova.

1. Correspondance et écrits de guerre*
2. L'Ère des tyrannies
3. Histoire du socialisme européen**
4. Textes de jeunesse
5. Études anglaises
6. L'Europe libérale
7. Politique et République
8. Nouvelle correspondance générale

Elles sont accompagnées par la publication d'études.

1. Élie Halévy philosophe**
2. Actes du colloque Élie Halévy et l'Ère des tyrannies**
3. Histoire, politique et philosophie. Lire Élie Halévy

* Le volume *Correspondance et écrits de guerre* a été publié chez Armand Colin en 2014. Nous en proposons ici une édition augmentée.
** Volumes en cours de publication.

ÉLIE HALÉVY *ŒUVRES COMPLÈTES*

Édition critique *in extenso* sous la direction de Vincent Duclert et de Marie Scot

II

L'ÈRE DES TYRANNIES

Édition critique *in extenso*
par Vincent Duclert,
avec la collaboration de Marie Scot

Préface de Nicolas Baverez

Introduction de Vincent Duclert

LES BELLES LETTRES

2016

*Pour consulter notre catalogue
et être informer de nos nouveautés :
www.lesbelleslettres.com*

*Tous droits de traduction, de reproduction et d'adaptation
réservés pour tous les pays.*

© 2016, Société d'édition Les Belles Lettres,
avec le soutien de Sciences Po
95, boulevard Raspail, 75006 Paris.
ISBN : 978-2-251-44553-3

PRÉFACE

Élie Halévy et *L'Ère des tyrannies*.
De la guerre à l'État total

Nicolas Baverez

Si l'on partage le jugement que le XXe siècle fut, selon la prédiction de Nietzche, le temps des « grandes guerres conduites au nom des idéologies », force est de considérer que *L'Ère des tyrannies*, publié en 1938, l'année des accords de Munich, figure parmi les livres décisifs pour en comprendre le cours tragique.

L'Ère des tyrannies est un livre hétérogène, qui rassemble des études, des articles et des conférences publiées ou prononcées par Élie Halévy, en France ou au Royaume-Uni, entre 1908 et 1936. C'est un livre éclaté, dont le titre, tiré de la conférence du 28 novembre 1936 prononcé devant la Société française de philosophie, semble jurer avec les études consacrées à la naissance du socialisme au début du XIXe siècle. C'est un livre en prise directe avec l'actualité des années 1930, écrit par un homme qui, venu de la philosophie platonicienne, avait décidé de consacrer sa vie à l'histoire de l'Angleterre du XIXe siècle. C'est un livre posthume, qui fut édité par Célestin Bouglé au lendemain de la disparition brutale de son ami. C'est un livre dont l'auteur, reconnu aux États-Unis et au Royaume-Uni où il est une référence, reste largement inconnu en France.

Pourtant, *L'Ère des tyrannies* fournit des clés majeures pour l'histoire du XXe siècle, par les thèmes abordés comme par les débats ouverts. Les grands historiens utilisent la connaissance du passé comme un levier pour déchiffrer le présent, voire anticiper l'avenir. Nul ne peut douter que la guerre totale de 1914 fut, ainsi que l'a écrit François Furet, la matrice du XXe siècle. Or, Élie Halévy l'a compris d'emblée. Dès l'automne 1914, il saisit que la violence du conflit entraînerait la mort de la civilisation libérale de l'Europe. Dès 1915, il perçut que le monde se trouvait engagé dans un conflit de vingt-cinq ans, qui pourrait être suspendu par des périodes d'apaisement et dont le règlement n'interviendrait qu'avec la défaite définitive des Empires

centraux[1]. Dès 1918, il prit la mesure de la fausse paix conclue par le traité de Versailles, qui reporta la véritable issue du conflit à 1945. De même, l'arrivée au pouvoir d'Hitler en 1933 représenta à ses yeux un changement historique fondamental qui rendait inéluctable une seconde guerre mondiale : « C'est bien dans cinq ou six ans, quand l'équilibre des forces sera rétabli entre l'Allemagne et ses ennemies, soit par le réarmement de celle-là, soit par le désarmement de celles-ci, que la situation deviendra critique[2]. »
L'Ère des tyrannies écrit l'histoire de la guerre totale et de l'État total. L'ouvrage trouve son unité dans la lucidité et la rigueur de l'analyse historique qui rejoignent l'inquiétude du citoyen. Au fil des articles et des conférences, sont explorées les quatre dynamiques qui ont structuré l'histoire du XXe siècle, jusqu'à son dénouement avec la chute du mur de Berlin en 1989 : la généalogie des passions sociales et nationales au XIXe siècle, qui télescopent la poussée de la société démocratique et la stabilité de l'ordre européen ; la dynamique de la guerre totale, qui révéla « aux hommes de révolution et d'action que la structure moderne de l'État met à leur disposition des pouvoirs presque illimités »[3] ; le surgissement des tyrannies modernes, soviétique et fasciste, que rapprochent l'étatisation de l'économie et de la société ainsi que la propagande autour d'une religion d'État et qui s'opposent en priorité aux démocraties ; l'interrogation sur l'avenir de la liberté et la capacité des démocraties à résister militairement et politiquement à ces tyrannies tout en restant fidèles à leurs valeurs.

Voilà pourquoi Élie Halévy occupe une place aussi essentielle que méconnue dans l'histoire intellectuelle de la France du XXe siècle. Voilà pourquoi les réflexions de L'Ère des tyrannies conservent une singulière actualité à l'heure où les démocraties paraissent impuissantes, désunies et désarmées face à l'accélération de la mondialisation comme face à la remontée des risques stratégiques, qu'il s'agisse du renouveau des ambitions impériales, du basculement du Moyen-Orient et de l'Afrique du nord dans le chaos, ou des menaces terroristes.

---

1. Élie Halévy, lettre à Xavier Léon, Albertville, 27 octobre 1915, dans Élie Halévy, *Correspondance et écrits de guerre (1914-1919)*, sous la direction de Vincent Duclert et Marie Scot, préface de Stéphane Audoin-Rouzeau, Paris, Les Belles Lettres, 2016, p. 113.
2. Élie Halévy, lettre à Xavier Léon, 18 mai 1933, dans Élie Halévy, *Correspondance (1891-1937)*, textes réunis et présentés par Henriette Guy-Loë, et annotés par Monique Canto-Sperber, Vincent Duclert et Henriette Guy-Loë, préface de François Furet, Paris, Éditions de Fallois, 1996, p. 715. Cette lettre a été republiée dans l'édition présente, p. 557.
3. Élie Halévy, *L'Ère des tyrannies*, Paris, Gallimard, 1938, p. 249 (désormais, les renvois à l'ouvrage portent sur le texte de cette édition : ici, p. 321).

Entre Tocqueville et Aron

Raymond Aron, dans *Les Étapes de la pensée sociologique*, indique s'inscrire dans « l'école française de sociologie politique, dont les fondateurs sont Montesquieu et Tocqueville. Élie Halévy, à notre époque, appartient à cette tradition. C'est une école de sociologues peu dogmatiques, intéressés avant tout par la politique, qui, sans méconnaître l'infrastructure sociale, dégagent l'autonomie de l'ordre politique et pensent en libéraux »[1]. Élie Halévy reste l'astre caché de la filiation des libéraux français, qui court de Montesquieu à Jean-François Revel et François Furet en passant par Condorcet, Benjamin Constant ou François Guizot. Il en constitue un maillon essentiel, entre Alexis de Tocqueville et Raymond Aron. Tocqueville décrivit le passage de l'âge aristocratique à l'âge démocratique et explora les contradictions de l'égalité, qui peut être conciliée avec la liberté ou déboucher sur un despotisme doux. Aron pensa les guerres en chaîne entre les nations et les empires, les démocraties et les totalitarismes, qui dominèrent le XXe siècle. Halévy fut le témoin et l'analyste du basculement de la société bourgeoise à l'ère des masses, de la civilisation libérale à l'avènement des tyrannies modernes enfantées par la Grande Guerre.

« Je n'étais pas socialiste », confie Élie Halévy en ouvrant le débat autour de l'« ère des tyrannies » devant la Société française de philosophie, le 28 novembre 1936 ; « j'étais "libéral", en ce sens que j'étais anticlérical, démocrate, républicain, disons d'un seul mot qui était alors lourd de sens : un "dreyfusard". Mais je n'étais pas socialiste. Et pourquoi ? C'est, j'en suis persuadé, pour un motif dont je n'ai aucune raison d'être fier. C'est que je suis né cinq ou six ans trop tôt »[2].

Élie Halévy naquit en 1870 au sein d'une famille illustre, où se croisent la musique et la philosophie, la politique et l'opéra, le théâtre et l'innovation. Son grand-père, Léon Halévy, frère du compositeur de *La Juive*, Fromental Halévy, fut le secrétaire et l'ami de Saint-Simon. Son père, Ludovic Halévy, demi-frère d'Anatole Prévost-Paradol, fut tour à tour le collaborateur du duc de Morny, le librettiste de Jacques Offenbach et de Georges Bizet, puis un romancier à succès, ce qui lui valut d'être élu en 1884 à l'Académie française. Sa mère Louise Breguet était l'héritière d'une lignée d'industriels de l'horlogerie qui devinrent des pionniers de l'aviation. « De cette famille

---

1. Raymond Aron, *Les Étapes de la pensée sociologique*, Paris, Gallimard, 1967, p. 295.
2. Élie Halévy, *L'Ère des tyrannies*, *infra*, p. 282-283.

patricienne, Daniel sera le fils artiste et Élie le fils savant », écrivit François Furet[1].

Élie Halévy décida à l'âge de vingt ans de consacrer sa vie à la recherche et à l'enseignement. Élève de l'École normale supérieure où il côtoya Alain, Célestin Bouglé, Léon Brunschvicg et Lucien Herr, agrégé de philosophie, il fonda en 1893 la *Revue de métaphysique et de morale* qu'il codirigea avec Xavier Léon puis la Société française de philosophie. Professeur à l'École libre des sciences politiques à partir de 1902, il déclina la proposition de prendre la responsabilité d'une chaire à la Sorbonne ou au Collège de France ou de rejoindre le secrétariat permanent de la Société des Nations, créée au lendemain de la Première Guerre mondiale.

Citoyen engagé, il fut en janvier 1898 l'un des rédacteurs du Manifeste des intellectuels en faveur de Dreyfus et compta parmi les promoteurs des Universités populaires. Comme son ami Alain, il s'engagea volontairement en 1915 et servit comme infirmier à l'hôpital d'Albertville. Après 1918, il devint un symbole de l'entente cordiale entre le Royaume-Uni et la France et reçut le titre de docteur *honoris causa* de l'université d'Oxford en 1926. Membre du Comité de vigilance des intellectuels antifascistes fondé pour défendre la République après l'émeute du 6 février 1934, il perçut dès le début des années 1930 la montée des périls intérieurs et extérieurs qui pesaient sur les démocraties. Il travailla alors à les mettre en garde et à favoriser leur unité face aux totalitarismes nazi et soviétique.

L'Ère des tyrannies constitue le point d'aboutissement de la trajectoire intellectuelle d'Élie Halévy, qui passa de la philosophie à l'histoire, puis de l'exploration du passé à la compréhension du présent. Ses premiers travaux, philosophiques, furent consacrés à *La Théorie platonicienne des sciences* (1896). Il se tourne ensuite vers l'utilitarisme anglais avec *La formation du radicalisme philosophique* (1901 et 1904), contribuant à la redécouverte de Bentham dont il fut le meilleur spécialiste avec Leslie Stephen, le père de Virginia Woolf. Parti de la naissance et de la constitution progressive de la pensée utilitariste, Halévy démontra comment elle contribua à la réforme des institutions anglaises, en désarmant la violence politique et sociale qui découlait de la Révolution française et de l'industrialisation pour faire éclore la civilisation libérale du XIXe siècle. La synthèse paradoxale de l'utilitarisme et du méthodisme servit d'antidote au jacobinisme, préservant le Royaume-Uni des passions révolutionnaires.

L'étude des relations réciproques entre les doctrines et les systèmes de croyance d'une part, les formes politiques et sociales d'autre part, conduisit Halévy de la philosophie à l'histoire avec deux objets principaux :

---

1. François Furet, Préface à Élie Halévy, *Correspondance (1891-1937), op. cit.*, p. 23.

l'Angleterre du XIXe siècle et le socialisme (*Histoire du peuple anglais*, 1912-1932 ; *Histoire du socialisme européen*, posth. 1948). Mais ses recherches furent rattrapées par l'histoire, avec la montée des tensions sociales, l'exacerbation des sentiments nationalistes, des pressions protectionnistes et des revendications impériales, qui précipitèrent le déclenchement de la Première Guerre mondiale. L'historien de la liberté anglaise et de la longue paix du XIXe siècle fut alors le témoin de l'irruption de la guerre totale, du passage à l'économie dirigée, de l'emballement des passions collectives qui provoquèrent le suicide de l'Europe et devinrent le « fourrier macabre »[1] des tyrannies du XXe siècle.

Élie Halévy fut emporté par une crise cardiaque en août 1937, à la veille du second conflit mondial, qu'il avait annoncé dès 1933 et auquel il avait tenté de préparer les démocraties. Quelques semaines auparavant, il avait accueilli dans sa Maison Blanche de Sucy-en-Brie les frères Rosselli, qui furent assassinés le 9 juin 1937 par la Cagoule en échange de livraisons d'armes par l'Italie mussolinienne. Sa disparition brutale laissa son œuvre inachevée. L'*Histoire du peuple anglais au XIXe siècle* qui devait s'étendre de 1815 à 1914 demeura amputée de sa période centrale, entre 1848 à 1895. L'*Histoire du socialisme européen* fut publiée en 1948, à partir de ses notes de cours à l'Institut d'Études Politiques de Paris, par sa femme, Florence Halévy, et ses anciens élèves, Raymond Aron, Étienne Mantoux, Pierre Laroque, Robert Marjolin et Jean-Marcel Jeanneney.

En publiant L'*Ère des tyrannies* un an à peine après la mort de son ami, Célestin Bouglé n'entendait pas seulement honorer sa mémoire ; il répondait à un sentiment d'urgence, mesurant combien la discussion engagée autour des thèses d'Élie Halévy était importante pour appréhender le drame historique qui se nouait, comme l'avenir des nations libres. Le livre jette en effet une lumière crue sur la nouveauté des tyrannies modernes au regard de l'histoire des doctrines et sur le défi redoutable qu'elles lancent aux démocraties. Il témoigne aussi d'une parfaite lucidité devant l'imminence de la guerre et de l'anxiété du citoyen devant la pusillanimité des démocraties. La France vivait dans l'illusion de sa puissance et de l'invincibilité de son armée alors que le pays était épuisé moralement, ruiné économiquement et déchiré politiquement ; le Royaume-Uni refusait obstinément de prendre en compte la nature réelle du régime hitlérien ; les États-Unis restaient figés dans leur isolationnisme et ne parvenaient pas à surmonter les séquelles de la déflation des années 1930. Force est de constater que les événements donnèrent, au début du second conflit mondial, raison au pessimisme d'Élie Halévy, même si les démocraties, adossées aux États-Unis, trouvèrent finalement la volonté

---

1. Célestin Bouglé, Préface à L'*Ère des tyrannies*, *infra*, p. 62.

et les ressources pour défaire militairement le nazisme et le fascisme en 1945 puis, politiquement, l'Union soviétique en 1989.

La guerre et les tyrannies modernes

Pour Élie Halévy,

> l'ère des tyrannies date du mois d'août 1914, en d'autres termes du moment où les nations belligérantes adoptèrent un régime qu'on peut définir de la façon suivante : a) Au point de vue économique, étatisation extrêmement étendue de tous les moyens de production, de distribution et d'échange [...] b) Au point de vue intellectuel, étatisation de la pensée prenant elle-même deux formes : l'une négative, par la suppression de toutes les expressions d'une opinion jugée défavorable à l'intérêt national ; l'autre positive, par ce que nous appellerons l'organisation de l'enthousiasme[1].

À partir de ce constat, Élie Halévy développe quatre thèses qui tranchent avec les idées dominantes :

1. Les causes de la guerre de 1914 ne furent pas économiques, liées à la dynamique du capitalisme, mais politiques, issues de la rivalité des puissances et des passions nationales qui se révélèrent plus fortes que les « émotions internationales et révolutionnaires »[2].
2. La Grande Guerre a engendré les tyrannies modernes qui érigent le conflit armé en régime permanent.
3. Elle a par là-même assuré, à travers le bolchevisme, le triomphe du courant despotique du socialisme sur sa version libérale.
4. Les tyrannies modernes, soviétisme, nazisme et fascisme, possèdent une nature commune, le socialisme intégral convergeant vers le nationalisme intégral, qui les conduit moins à se combattre qu'à faire des démocraties leur véritable ennemi.

Un siècle après son déclenchement, la Grande Guerre continue à défier les historiens par la complexité de ses causes et l'immensité de ses conséquences. Élie Halévy haïssait la guerre mais n'était pas pacifiste, contrairement à son ami Alain. Il reconnaissait l'importance et la puissance de la guerre et la tenait pour un fait politique et historique majeur, qui doit être pensé avant

---

1. Élie Halévy, *L'Ère des tyrannies*, p. 279-280.
2. *Ibid.*, p. 253.

d'être jugé. Patriote mais non pas nationaliste, il définit ainsi sa position au début de la guerre de 1914 : « Il faut considérer la guerre comme une institution, qui a son cérémonial et ses règles ; il faut frapper comme une brute, et ne pas haïr son ennemi[1]. »

Élie Halévy comprit dès 1914 que le conflit entraînait un changement de monde : « Si nous nous installons dans l'état de guerre comme si c'était un état normal, que va-t-il advenir de l'Europe[2] ? » Au principe de son analyse, on trouve la relation réciproque qui unit la guerre et la révolution. En 1789, ce fut la Révolution française qui déclencha le cycle guerrier qui courut de 1792 à 1815. En 1914, la guerre enfanta la révolution parce qu'elle « fut, dès son début, une guerre pour la liberté des peuples »[3].

Contenue lors des deux premières crises balkaniques et des affrontements autour du Maroc, la dynamique guerrière l'emporta en 1914 en raison de l'exacerbation des ambitions de puissance – entre le Royaume-Uni et l'Allemagne wilhelmienne pour le leadership européen, entre la Russie et l'Empire austro-hongrois en voie de dislocation autour des Balkans, entre la France et le Reich autour de la question d'Alsace-Lorraine – et du déchaînement des passions nationales. Révolutionnaire dans son principe de guerre des nationalités, la guerre devint totale en s'inscrivant dans la durée et en mobilisant toute les ressources de l'économie et de la société. Elle ne pouvait dès lors s'achever qu'avec la destruction de la civilisation et de l'ordre de l'Europe libérale du XIXe siècle. Dans le même temps, elle donna naissance aux tyrannies modernes qui l'érigèrent en mode de gouvernement, tout en fusionnant les passions nationales et sociales.

Pour Élie Halévy, le socialisme comporta dès l'origine une tension entre sa dimension libérale de doctrine d'émancipation, et sa conception autoritaire et hiérarchique. La guerre annihila la première et ouvrit un vaste espace à la seconde. À partir de 1914, le socialisme serait donc moins influencé par le marxisme que par la guerre, indissociable de l'économie dirigée, du contrôle de la société et la propagande. En Union soviétique, « le parti communiste ressemble à un Pierre le Grand collectiviste »[4]. Le fascisme se présente dès lors comme une forme de « contre-socialisme », en réaction à la révolution bolchevique. Guerre sociale et guerre nationale se confondent dans le national-socialisme hitlérien. Les tyrannies modernes ont en partage une religion d'État, le monopole du pouvoir par un petit

---

1. Élie Halévy, lettre à sa mère, 13 novembre 1914, dans Élie Halévy, *Correspondance (1891-1937), op. cit.*, p. 466. Cette lettre a été republiée dans le tome I des *Œuvres complètes* d'Élie Halévy, *Correspondance et écrits de guerre (1914-1919), op. cit.*, p. 38-39.
2. Élie Halévy, lettre à Daniel Halévy, Rochecorbon, 17 novembre 1914, dans *ibid.*, p. 39.
3. Élie Halévy, *L'Ère des tyrannies*, *infra*, p. 252.
4. Élie Halévy, *Histoire du socialisme européen*, Paris, Gallimard, 1948, p. 267.

groupe de militants, la suppression des libertés, la constitution d'un vaste appareil répressif, la planification de l'économie, la mobilisation des masses par « l'organisation de l'enthousiasme ». Au début comme au bout de l'utopie communiste et de l'utopie fasciste, on trouve la guerre. Elle ne peut donc que reprendre, avec le risque de consolider la tyrannie jusqu'au cœur des démocraties.

L'apport d'Élie Halévy à l'histoire du xxe siècle est impressionnant par sa justesse et sa précocité. Il démontra que la politique fut première dans le déclenchement du premier conflit mondial, infirmant ainsi les hypothèses léninistes sur le lien entre capitalisme et impérialisme. Il fut le premier à tirer toutes les conséquences de ce que la Grande Guerre marquait la fin du XIXe siècle et ouvrait une ère nouvelle marquée par l'émergence de régimes qui mobilisaient les formidables ressources de la société industrielle et de l'État au service des idéologies. Enfin, il jeta dès les années 1930 les jalons de l'antitotalitarisme en établissant la nature commune du soviétisme, du fascisme et du nazisme. Sous l'opposition apparente entre l'universalisme revendiqué par le marxisme et l'exaltation identitaire des fascismes, sous l'antagonisme immédiat des religions de la race et de la classe, il mit en évidence la parenté profonde de ces régimes[1].

Pour autant, certaines des intuitions d'Élie Halévy prêtent à discussion. La sous-estimation du rôle de la doctrine marxiste dans l'avènement puis l'implantation de l'Union soviétique est paradoxale chez un historien des doctrines. Or elle fut décisive dans l'ascension comme dans l'implosion de l'Union soviétique. Et ce même si la Nouvelle Russie de Vladimir Poutine démontre que le nationalisme et l'impérialisme ont survécu au communisme et absorbé le soviétisme comme le buvard boit l'eau. Par ailleurs, force est de constater que la version libérale du socialisme, avec la social-démocratie, n'a pas disparu avec les conflits mondiaux et qu'elle s'est imposée comme une forme dominante de gouvernement en Europe depuis 1945. La guerre n'est pas devenue un régime universel et permanent de gouvernement. Mieux, les guerres totales de l'« ère des tyrannies » se sont achevées en 1989 à l'avantage des démocraties, avec la chute du mur de Berlin et la désintégration de l'empire soviétique. Sans que les nations libres renoncent pour se défendre à la liberté politique et à l'économie de marché pour se transformer à leur tour en tyrannies.

Il reste que, par sa puissance conceptuelle, par sa rigueur historique et par son caractère visionnaire, *L'Ère des tyrannies* constitue un tournant dans l'histoire intellectuelle en marquant l'acte de naissance de la pensée antitotalitaire. Celle-ci n'a pas émergé aux États-Unis dans les années 1950

---

1. Jacques Julliard, « Élie Halévy, le témoin engagé », *Mil neuf cent*, n° 17, 1999, p. 27-44.

mais en France dans les années 1930 autour de l'École normale supérieure. Si Halévy reste méconnu, son influence fut décisive. En France, à travers Raymond Aron qui fut à la fois un philosophe et un combattant de la liberté, et dont l'engagement contribua à la résistance de l'Europe à la pression soviétique après 1945. Aux États-Unis également car il inspira la génération des intellectuels allemands émigrés – tels Emil Lederer, Frantz Neumann ou Hannah Arendt – qui firent halte à Paris, où ils le côtoyèrent, avant de gagner l'Amérique du Nord – pour élaborer la pensée antitotalitaire qui participa au combat intellectuel contre l'Allemagne nazie puis contre l'Union soviétique durant la guerre froide.

Élie Halévy, historien-philosophe

La portée de *L'Ère des tyrannies* découle de la méthode de pensée d'Élie Halévy qui donne au livre sa cohérence et sa force. Il la définit en ces termes : « J'ai procédé [...] non pas en doctrinaire mais en historien. C'est de même en historien – en historien philosophe, si vous voulez, et en me tenant autant que possible [...] au-dessus de la politique – que j'ai procédé pour définir cette "ère des tyrannies"[1]. »

Élie Halévy partage en effet avec Raymond Aron une très solide culture philosophique, acquise à l'École normale supérieure puis au fil de la préparation du concours de l'agrégation et de l'écriture de sa thèse. D'où la logique serrée de ses propositions et de son argumentation. D'où une stricte éthique dans le travail de recherche de la vérité. D'où la dialectique entre le mouvement des doctrines, les forces économiques et sociales, les systèmes politiques et l'action des hommes d'État. D'où la référence à la Grèce de Socrate et Thucydide, à travers le choix de la notion de tyrannie et non de dictature ou de despotisme. La tyrannie est en effet une forme de corruption de la démocratie qui associe le pouvoir personnel, la confiscation des libertés, l'exaltation des passions populaires et la démagogie.

À l'occasion du centenaire de la naissance d'Élie Halévy, Raymond Aron décrivait ainsi l'originalité de son approche, au confluent de la philosophie et de l'histoire :

> L'histoire d'Élie Halévy garde la marque de sa formation philosophique, parce qu'elle est éclairée par les grandes idées qui s'affrontent, se combinent ou s'opposent à chaque époque. L'histoire d'Élie Halévy, c'est la politique du passé, reconstituée en fonction des idées aux prises

---

1. Élie Halévy, *L'Ère des tyrannies*, *infra*, p. 285.

et des hommes qui livraient le combat sans aucune conscience de l'enjeu et des conséquences de leurs actes[1].

Elle est ainsi placée sous le triple signe de l'idéalisme, du comparatisme et du libéralisme. Le général de Gaulle affirme, dans *Vers L'Armée de métier*, qu'« au fondement des victoires d'Alexandre, on trouve toujours Aristote ». De même, pour Élie Halévy, les idées sont non seulement le moteur de l'histoire mais l'armature de la démarche scientifique : « Les doctrines stylisent, schématisent les faits. Et rien ne me paraît plus utile pour la connaissance des faits que cette schématisation[2]. » Sa conception de l'histoire se démarque ainsi tant du matérialisme historique de Marx que du positivisme sociologique de Durkheim. Le déterminisme nie la liberté des hommes et le rôle central des idées dans les crises, les guerres et les révolutions qui transforment le monde. La conscience individuelle ne peut être réduite aux catégories sociales ou aux comportements collectifs. L'histoire est ouverte, résultat d'une alchimie instable entre les courants d'idées, les régimes politiques, l'évolution de l'économie et des sociétés, les décisions des dirigeants. Les idées sont premières, façonnant les institutions et les croyances ; mais elles sont télescopées par les événements. Elles ne sont pas univoques mais complexes, sujettes à des interprétations multiples qui peuvent varier en fonction des circonstances, comme le montrent l'utilitarisme ou le socialisme, y compris dans sa version marxiste. Ainsi les tyrannies modernes naissent-elles au point de rencontre de la version autoritaire du socialisme et de la Première Guerre mondiale.

Pour n'être pas sociologique, la démarche d'Élie Halévy n'en est pas moins comparatiste. Elle met à distance et multiplie les points de vue sur l'objet étudié, à l'égal de Max Weber. Comme Montesquieu avec l'Angleterre et Tocqueville avec les États-Unis, le détour par le monde anglo-saxon est une façon d'éclairer la France et son singulier destin. En explorant l'utilitarisme et le réformisme de Bentham, il dessine en creux les Lumières françaises, qui entendirent faire table rase pour instituer les Droits de l'Homme. En décrivant la paix civile et sociale de l'Angleterre au XIXe siècle, il réfléchit à l'onde de choc créée par la Révolution de 1789 et l'Empire dont elle accoucha. En retraçant la généalogie du socialisme et en élaborant la typologie des tyrannies, il élabore une théorie de la démocratie à l'âge de la guerre totale, de la mobilisation des masses et de la société industrielle.

---

1. Raymond Aron, « Pour le centenaire d'Élie Halévy », séance du 28 novembre 1970, *Bulletin de la Société française de philosophie*, t. LXVI, n° 1, 1971, p. 12.
2. Élie Halévy, *L'Ère des tyrannies*, *infra*, p. 287.

L'histoire d'Élie Halévy est enfin résolument libérale. Libérale dans son refus d'un sens de l'histoire et de toute forme de Providence. Libérale dans sa quête obstinée et méticuleuse de la vérité par l'exercice de la raison critique. Libérale dans le primat des droits et de la conscience individuels. Libérale dans son admiration pour l'équilibre institutionnel et la modération du parlementarisme britannique à son apogée. Libérale dans sa méfiance envers le contrôle par l'État de l'économie, de la société et de la pensée. Libérale enfin dans sa foi envers la supériorité morale et politique de la démocratie et dans son engagement pour la défendre face aux périls extérieurs – Empires centraux puis régimes totalitaires – comme aux menaces intérieures – démagogie et extrémisme. Pour autant, Élie Halévy ne méconnaît nullement les contradictions et la fragilité des démocraties, écartelées entre égalité et liberté, individualisme et étatisme, État de droit et passions collectives, nature conservatrice et emballements révolutionnaires. Leur survie n'a rien d'assurée. Elle dépend de la force de leurs institutions, de la sagesse des dirigeants, mais plus encore de l'engagement des citoyens.

C'est bien cette forme exigeante de libéralisme, qui fait de la liberté non seulement un mode de gouvernement mais une éducation à la citoyenneté et une éthique de l'action, qui a triomphé des totalitarismes du XXe siècle. C'est bien cette forme de libéralisme qui donne son actualité à *L'Ère des tyrannies*.

Le savant et le républicain

« Le livre d'Élie est de la grande histoire écrivait Alain dans son *Journal*. Sa destinée a été de revenir de la philosophie à l'histoire, ce qui est une bonne marche. Il n'a pas abordé l'histoire de l'Angleterre avant d'avoir exploré à fond les économistes anglais, ce qui conduisait aux radicaux et enfin à la politique philosophique [...] À mes yeux, le travail d'Élie aura dans cinquante ans une importance capitale[1]. »

Près de quatre-vingts ans après sa publication, nul ne peut douter que *L'Ère des tyrannies* appartient au petit nombre des livres qui ne se contentent pas d'être de la grande histoire mais qui la font. La première comparaison entre soviétisme, fascisme et nazisme constitue l'archéologie de l'antitotalitarisme. Le concept de tyrannies modernes engendra une abondante littérature sur les idéologies du XXe siècle et de fructueuses déclinaisons à travers les notions de machiavélisme, de religion séculière, de totalitarisme, de soviétisme ou

---

1. *Journal*, 4 et 5 août 1938, dans Alain, *Correspondance avec Élie et Florence Halévy (1892-1937)*, Paris, Gallimard, 1958, p. 17.

d'idéocratie. Il constitua la pierre d'angle de la résistance à l'hitlérisme et au stalinisme, de même que le point de départ d'une position philosophique critique face au marxisme et aux régimes qui s'en réclamaient. Dans le même temps, Élie Halévy tient un langage de vérité sur la supériorité morale de la démocratie mais aussi sur sa vulnérabilité face aux menaces militaires extérieures et aux divisions intérieures, qui annihilent sa capacité à décider et à se réformer.

L'Ère des tyrannies trouve ainsi un écho profond à l'âge de l'histoire universelle qui est au principe du XXIe siècle. La mondialisation marque un nouveau basculement du monde. Elle clôt le cycle long de la domination du monde par l'Occident depuis la fin du XVIe siècle, comme celui du leadership des États-Unis au cours du XXe. Elle met en balance les forces d'intégration portées par l'expansion du capitalisme et les technologies d'une part, et les forces centrifuges qui résultent de la disparition des superpuissances, de la configuration multipolaire, de la radicale hétérogénéité des valeurs, des cultures et des institutions.

Contrairement aux illusions entretenues sur une fin de l'histoire au cours de la décennie qui succéda à l'effondrement du soviétisme, les guerres, les révolutions et les crises n'ont pas disparu ; elles sont des caméléons qui mutent. Le retour d'une norme libérale du capitalisme qui a accompagné la sortie de l'ère keynésienne dans les années 1970 a débouché sur le krach de 2008 puis le choc sur les dettes souveraines dans la zone euro, qui ont ranimé le spectre d'une déflation mondiale. La fin des idéologies du XXe siècle a libéré un vaste espace dans lequel se sont engouffrées, en lieu et place de la liberté, les passions nationales et religieuses. La guerre froide qui s'est conclue par la victoire des démocraties cède la place à une guerre chaude multiforme. Elle se nourrit du renouveau des ambitions impériales de la Chine, de la Russie, de la Turquie néo-ottomane ou de l'Iran chiite, qui partagent la volonté de prendre leur revanche sur l'Occident. Elle s'installe dans le temps et dans l'espace urbain, tout en occupant tout le spectre de la violence, de la basse à la très haute intensité. Elle gagne de nouveaux espaces de confrontation avec le terrorisme, qui s'insinue au cœur des sociétés, et avec le cybermonde. L'État devient moins menaçant par son caractère totalitaire que par son effondrement, qui laisse le champ libre au terrorisme et aux groupes criminels, comme il est constaté en Irak et en Syrie, en Libye ou en Centrafrique, du Mali à la Somalie.

Face à cette accélération de l'histoire, force est de constater que les démocraties traversent une phase de turbulences et de grand désarroi qui n'est pas sans rappeler certains traits des années 1930. Elles sont prises en tenailles entre, d'une part, les séquelles de la crise de la mondialisation – sous-investissement, chômage de masse et surendettement – et, d'autre part, les défis de l'avenir – vieillissement démographique, migrations, révolution numérique, contrainte écologique. Elles sont minées par les populismes qui jouent sur les passions étatiques, xénophobes et protectionnistes, faisant converger ultranationalisme et ultra-socialisme. Elles sont paralysées par le blocage de leurs institutions et la dé-légitimation des dirigeants. Elles sont impuissantes et divisées face aux périls extérieurs qui s'accumulent, les États-Unis poursuivant leur désengagement, l'Europe menaçant de réduire à néant les acquis de soixante années d'intégration tout en accentuant son désarmement.

La mondialisation n'est pas l'Europe de l'entre-deux-guerres. On ne trouvera pas chez Élie Halévy de recettes pour résoudre les dilemmes du XXIe siècle. Mais on tirera de sa lecture une démarche scientifique et une morale républicaine qui demeurent pertinentes pour comprendre l'histoire qui se noue, agir sur elle et défendre la liberté.

Élie Halévy nous rappelle tout d'abord qu'il faut penser le monde tel qu'il est et non tel qu'on le rêve pour pouvoir agir sur lui. Alain soulignait à son propos qu'« il pratiquait donc cette règle des modernes qui est dans l'action qu'il faut penser, penser avec prudence dans l'action imprudente »[1]. Les démocraties, y compris les États-Unis, sont aujourd'hui sur la défensive car elles ne disposent pas de stratégie. Et elles ne parviennent pas à définir une stratégie car elles se montrent incapables de prendre la mesure de la nouveauté et de la complexité de la configuration du XXIe siècle. Sauf à se rallier à des idées simples telles la fin de l'histoire, le choc des civilisations, la stagnation séculaire de l'économie ou la fin des frontières qui se révèlent autant d'idées fausses. Le premier devoir est donc celui du réalisme qui exige de faire la vérité sur les faiblesses des démocraties comme sur la nouveauté des risques qui pèsent sur la liberté : exacerbation des inégalités, surveillance électronique planétaire, populisme et extrémisme, effondrement des États.

Le réveil de la géopolitique va de pair avec l'apparition de nouvelles formes politiques et de nouvelles doctrines hostiles à la démocratie. L'État est aujourd'hui moins menaçant par sa toute-puissance que par sa désintégration qui livre au chaos de vastes territoires et des populations entières. Les totalitarismes du XXe siècle ont disparu mais non les projets tyranniques qui empruntent des voies nouvelles et diverses : total-capitalisme en Chine, fusion de l'État et des services de renseignement en Russie, théocratie en Iran, résurgence du califat avec la transformation sans précédent d'un groupe terroriste en État dont l'ambition vise à mondialiser le *djihad* à partir de l'implosion du Moyen-

---

1. Alain, *Journal*, 26 août 1938, *in ibid.*, p. 17.

Orient, démocrature en Hongrie et en Pologne. La compréhension des systèmes de pensée qui fondent ces régimes est vitale pour la défense de la liberté ; mais elle ne doit pas céder à l'esprit de système par des généralisations ou des simplifications abusives. Chacun peut en effet mesurer les ravages provoqués par les États-Unis dans leur réaction aux attentats du 11 septembre 2001, du *Patriot Act* à l'intervention en Irak en 2003, qui a créé le vide stratégique dans lequel s'est engouffré l'État islamique.

Le libéralisme d'Élie Halévy demeure à la fois original et utile pour les hommes de notre temps. Il réaffirme que la liberté doit rester la valeur suprême, pour les individus comme pour les modes de gouvernement. Elle est première par rapport à l'économie ou aux déterminations sociales. Mais elle est moins que jamais acquise à l'âge de l'histoire universelle. Elle reste à conquérir par la volonté, le travail et l'engagement. Elle demeure à la merci des passions nationales, sociales et religieuses, dont Alexis de Tocqueville et Élie Halévy ont à juste titre pointé la puissance. Pour les continents, les nations, les entreprises ou les individus, le choix cardinal demeure celui évoqué par Thucydide dans son *Histoire de la guerre du Péloponnèse* : « Se reposer ou être libre : il faut choisir ».

Le message ultime de *L'Ère des tyrannies* se trouve dans cet acte de foi dans la liberté et dans son enracinement dans une morale civique et républicaine qui fait appel à la raison et à l'engagement des citoyens. La capacité de leadership doit se marier avec l'esprit de compromis pour assurer la cohésion des nations et leur permettre de s'adapter aux bouleversements de l'histoire. La mobilisation et l'unité des démocraties sont fondamentales pour répondre aux menaces extérieures. Mais au-delà des institutions et des alliances, ce sont la vertu et la responsabilité des citoyens qui sont les vrais remparts de la liberté, contre les tentations de la démagogie et de l'extrémisme, du fatalisme et du nihilisme.

> La responsabilité des maux qui tourmentent l'humanité, conclut Élie Halévy, doit être transférée des hommes d'État au commun peuple, c'est-à-dire à nous-mêmes. La sagesse ou la folie de nos hommes d'État est purement et simplement le reflet de notre propre sagesse ou de notre propre folie [...] À nous de substituer un esprit de compromis à un esprit de fanatisme [...] Tant que nous n'aurons pas développé un fanatisme de l'humanité assez puissant pour contrebalancer ou pour absorber nos fanatismes de nationalité, n'allons pas charger nos hommes d'État de nos propres péchés[1].

---

1. Élie Halévy, *L'Ère des tyrannies*, infra, p. 262.

À l'âge de l'histoire universelle, cet appel au « fanatisme de l'humanité » n'a jamais sonné plus juste. C'est bien le fanatisme de l'humanité qui demeure le meilleur antidote aux fanatismes nationaux et religieux comme aux nouvelles tyrannies qui s'en réclament.

INTRODUCTION

Élie Halévy et *L'Ère des tyrannies*.
De l'historien philosophe à l'intellectuel démocratique

Vincent Duclert

Sorti en librairie le 18 octobre 1938, l'ouvrage posthume d'Élie Halévy, *L'Ère des tyrannies*, démontre le pouvoir des sciences sociales et leur rôle dans le maintien de l'humanité. Il est rare d'observer à ce point le déploiement d'une recherche qui analyse l'histoire dans ce qu'elle a de plus terrifiant – le surgissement d'États qu'Halévy désigne sous l'expression de « tyrannies » et que Raymond Aron, trois ans plus, qualifiera de totalitaires. En dépit de l'avenir très sombre qu'elle promet aux régimes démocratiques, la lucidité halévyenne est salutaire. Non seulement elle oblige leurs élites à se confronter à la réalité internationale plutôt que de céder à l'illusion du progrès européen, mais de plus elle peut offrir le socle d'un engagement antitotalitaire précisément parce que la menace a été clairement identifiée et pensée.

La force des thèses d'Élie Halévy explique que ses amis et collègues, historiens, philosophes, politistes, économistes, sociologues aient décidé, au lendemain de sa mort soudaine dans la nuit du 20 au 21 août 1937, de les faire connaître et d'en éclairer la genèse par la composition d'un recueil d'articles et de conférences liés, de près ou de loin, à la fameuse séance de la Société française de philosophie du 26 novembre 1936 portant sur « L'Ère des tyrannies ». Sa parution intervint alors que l'Europe démocratique venait de constater, avec les accords de Munich du 29 septembre 1938, la puissance irrésistible des régimes qu'Halévy distinguait des dictatures ou des régimes autoritaires en les qualifiant, par un emprunt à la philosophie grecque, de « tyrannie ». Un an plus tard, le pacte germano-soviétique validait le cœur du propos, à savoir l'identité structurelle de systèmes qui, idéologiquement, semblaient pourtant à l'opposé l'un de l'autre. Les démocraties occidentales apparaissaient plus isolées et vulnérables que jamais. Mais, pour la première fois, un livre, une pensée rendait la réalité compréhensible.

Sur cette raison politique pouvaient alors s'ancrer les résistances nécessaires. Affrontant l'histoire, les démocraties devenaient capables de s'en libérer et de se préparer à l'action. En 1939 et 1940, les écrits de Raymond Aron ou de Marc Bloch, prolongeant la réflexion d'Élie Halévy, définirent de la même manière, avec la même fermeté, les conditions du combat démocratique. En 1943, ce fut au tour d'Étienne Mantoux[1]. Leur engagement contre le nazisme n'en fut que plus absolu. La meilleure réponse de l'Europe aux tyrannies passait donc par leur connaissance. Elle impliquait particulièrement d'étudier le rapport de la révolution et de la guerre pendant et après le conflit mondial. Tout le travail d'Élie Halévy dès 1919 se dirigea vers cette problématique qui suppose de faire l'histoire du socialisme et du nationalisme européens du temps de guerre et d'après-guerre. Aussi le syllabus et la discussion de « L'Ère des tyrannies » du 28 novembre 1936 sont-ils précédés de ces nombreuses études de théorie politique du socialisme et d'histoire du mouvement ouvrier qui composent l'ouvrage. Un second livre posthume, spécifiquement consacré à l'histoire du socialisme européen, était lui aussi en préparation avant que la défaite française de 1940 n'en interrompe la parution chez Gallimard.

L'*Histoire du socialisme européen* ne sortira qu'en 1948, à une époque où la pensée d'Élie Halévy connaît un long oubli. Les efforts de Raymond Aron, qui lutte contre cette disparition, ne parviennent pas à inverser la tendance. En dépit d'une thèse soutenue en 1971 par Michèle Bo Bramsen à la Fondation nationale des sciences politiques[2], et de l'édition en poche de l'*Histoire du socialisme européen*[3], l'œuvre d'Élie Halévy n'est plus étudiée ni même connue, en France tout au moins puisqu'en Angleterre, objet de sa grande histoire inachevée du XIXe siècle[4], la traduction du syllabus de

---

1. Cf. Vincent Duclert, « Préface. Un historien contre les tyrannies », *in* Étienne Mantoux, *La Paix calomniée ou les conséquences économiques de M. Keynes* [1946], Paris, L'Harmattan, 2002, p. I-XXIX.
2. Michèle Bo Bramsen, *Portrait d'Élie Halévy*, préface de Raymond Aron, Amsterdam, B. R. Grüner, 1978.
3. Paris, Gallimard, coll. « Idées », 1975, rééd. coll. « Tel », 2006.
4. Voir Ludovic Frobert, *Élie Halévy (1870-1936). République et économie*, Lille, Presses Universitaires du Septentrion, 2003. Sur les « Halevy Thesis », voir Élie Halévy, *The Birth of Methodism in England*, Bernard Semmel (éd.), Chicago, University of Chicago Press, 1971, et Bernard Semmel, *The Methodist Revolution*, New York, Basic Book, 1973 ; J. L. Hammond and Barbara Hammond, *The Town Labourer, 1760-1832*, London, Longmans, Green and Co., 1917 ; E. P. Thompson, *The Making of the English Working Class*, London, Victor Gollancz Ltd, 1963 ; Eric Hobsbawm, « Methodism and the Threat of Revolution », *History Today*, vol. 7, n° 5, 1957 (repris dans *Labouring Men. Studies in the History of Labour*, New York, Basic Books, 1964). Voir aussi Michael R. Watts, *The Dissenters*, Oxford, Clarendon Press, 1995. Sur ses thèses sur l'utilitarisme, voir Jacob Viner, « Bentham and J. S. Mill: the Utilitarian Background », *American Economic Review*, 39, 1949, p. 360-382 ; Lionel Robbins, *The*

1936 intervient dès 1941[1], tandis qu'aux États-Unis, la traduction en 1966 de l'intégralité de *L'Ère des tyrannies*[2] l'amène à devenir un classique dans les universités américaines[3]. La connaissance d'Élie Halévy outre-Atlantique bénéficia particulièrement de l'investissement constant de chercheurs tels Melvin Richter[4] qui travaille aussi bien sur les théories politiques de Tocqueville[5], de Montesquieu[6] et d'Aron[7] que sur les dictatures[8]. Professeur au Baruch College et spécialiste du XIXe siècle français et anglais, Mirna Chase a publié en 1980 une nouvelle « biographie intellectuelle »[9] qui reste, avec l'étude de Michèle Bo Bramsen, le seul ouvrage biographique sur Élie Halévy à ce jour. L'actualité des études anglo-américaines demeure néanmoins vivace. K. Steven Vincent a organisé le 20 octobre 2013, à Duke University, un colloque doublement important

Theory of Economic Policy in English Classical Political Economy, London, Mac Millan, 1952 ; Friedrich von Hayek, *The Trend of Economic Thinking*, Cambridge, CUP, 1966.

1. La revue *Economica* publiée par la London School of Economics and Political Science en prend l'initiative, sous l'égide de Friedrich von Hayek : « The Age of Tyrannies », traduit par May Wallas, *Economica*, vol. 8, n° 29, février 1941, p. 77-93. Voir Hugh Stuart Jones, « The Era of Tyrannies : Élie Halévy and Friedrich von Hayek on Socialism », *European Journal of Political Theory*, 1, 2002, p. 53-69. La traductrice, May Wallas, est une grande amie d'Élie Halévy, comme son père, Graham Wallas, l'un des fondateurs de la LSE.
2. *The Era of Tyrannies*, translated by R. K. Webb, NYU Press, 1966.
3. Philip Nord se souvient de sa découverte du livre alors qu'il était étudiant en histoire à la Columbia University. Témoignage adressé à l'éditeur. Voir p. 182 de Vincent Duclert, « "Élie Halévy retrouvé". World War I and the crisis of democratic thought from Dreyfus affair to the age of tyrannies », *The Tocqueville Review/La Revue Tocqueville*, vol. XXXVI, n° 1, 2015, p. 167-184.
4. Melvin Richter, « A Bibliography of Signed Works by Élie Halévy », *History and Theory*, Beiheft 7, 1968, p. 46-70 (republié dans Élie Halévy, *La formation du radicalisme philosophique*, Monique Canto-Sperber [éd.], Paris, PUF, 1995) ; « Étude Critique, Élie Halévy », *Revue de métaphysique et de morale*, 1997, p. 271-293 ; « Élie Halévy as Historian of Ideas, their Reception, and Paradoxical Consequences », dans *Élie Halévy e L'era della tirannie*, a cura di Maurizio Griffo e Gaetano Quagliariello, Rome, Rubbettino Editore, 2001.
5. « Comparative Political Analysis in Montesquieu and Tocqueville », *Comparative Politics*, vol. 1, n° 2, 1969, p. 129-160 ; « The Deposition of Alexis de Tocqueville? », *La Revue Tocqueville/The Tocqueville Review*, XXIII, 2002, p. 173-199.
6. *The Political Theory of Montesquieu*, Cambridge, CUP, 1977 ; « Montesquieu, the Politics of Language, and the Language of Politics », *History of Political Thought*, X, 1989, p. 71-88 ; « Montesquieu and the Concept of Civil Society », *The European Legacy*, 3, 1998, p. 33-41 (Traduction en japonais dans *Shiso*, Tokyo, 1998, p. 106-117) ; « Montesquieu's Theory and Practice of the Comparative Method », *History of the Human Sciences*, 15, 2002, p. 21-33.
7. « Raymond Aron as Political Theorist », *Political Theory*, 12, 1984, p. 147-151.
8. « Aristotle and the Classical Greek Concept of Despotism », *History of European Ideas*, 12, 1990, p. 175-187 ; « A family of political concepts : tyranny, despotism, Bonapartism, Caesarism, dictatorship, 1750-1917 », *European Journal of Political Theory*, 4, 2005, p. 221-48 ; *Dictatorship in History and Theory: Bonapartism, Caesarism, Totalitarianism*, eds., Peter Baehr et Melvin Richter (éd.), Cambridge, CUP, 2004.
9. Mirna Chase, *Élie Halévy : an Intellectual Biography*, New York, Columbia University Press, 1980.

par la qualité des chercheurs réunis et le renouvellement de générations dont il témoigne, et par son sujet même, « Élie Halévy and Politics of the French Third Republic »[1], qui pointe l'angle mort de la recherche hésitant sur le lien histoire et philosophie, particulièrement en France.

La réception italienne d'Élie Halévy résulte en large part de l'italianité de son épouse et de sa belle-famille, et de ses liens étroits avec des historiens et philosophes proches ou très proches de l'antifascisme, dont Gaetano Salvemini et Nello Rosselli. La mémoire antifasciste a reconnu cette présence d'Élie Halévy en Italie. Mais d'autres intentions, parfois radicalement opposées lorsqu'il s'agit d'anticommunisme contemporain, ne sont pas à exclure : la traduction de *L'Ère des tyrannies* en 1998, préfacée par l'universitaire Gaetano Quagliariello[2], et le colloque qui s'en suivit à Rome la même année[3], émanaient de la maison d'édition *Ideazione*, liée au parti nationaliste de la Ligue du Nord. Depuis, d'autres chercheurs sont venus étudier Élie Halévy de manière moins orientée, et pas seulement du point de vue de l'impact de son œuvre en Italie[4]. Ces

---

1. Plusieurs sessions amenèrent les interventions de Joel Revill (Brown) : « Élie Halévy on Metaphysics and Morals », et Ludovic Frobert (ENS-Lyon) : « Élie Halévy's Vision on Philosophical Radicalism », moderated by Anthony LaVopa (NCSU), comment by Michael Behrent (Appalachian State) ; de K. Steven Vincent (NCSU) : « The View of England from France : Élie Halévy in Context » et Cheryl Welch (Harvard) : « Élie Halévy and the Utilitarian Tradition in France », moderated by Lloyd Kramer (UNC-CH), comment by Melvin Richter (CUNY) ; de Julian Wright (Durham, England) : « The Spectrum of Social Time in the thought of Daniel Halévy and Charles Péguy », et Vincent Duclert (EHESS-Paris), « Élie Halévy's political engagement (from the Dreyfus Affair to *L'Ère des tyrannies* : The importance of the First World War », moderated by Donald M. Reid (UNC-CH), comment by Malachi Hacohen (Duke). Le colloque avait été organisé par le Triangle Intellectual History Seminar, le Duke Center for European Studies, le Département d'Histoire de la NCSU, et la Wake Forest University. Plusieurs des contributions furent publiées par la revue *Modern Intelllectual History*, 12-1, 2015, p. 121-126 : K. Steven Vincent, « Forum : Élie Halévy, French Liberalism, and the Politics of the Third Republic. Introduction » et « Élie Halévy on England and the English » ; Ludovic Frobert, « Élie Halévy and Philosophical Radicalism » ; Joel Revill, « A Practical Turn : Élie Halévy's Embrace of Politics and History » ; Greg Conti et Cheryl Welch, « The Receptions of Élie Halévy's *La Formation du Radicalisme philosophique* in England and France ». L'exposé de Vincent Duclert fut accueilli dans une version augmentée par la *Revue Tocqueville*, sous le titre : « "Élie Halévy retrouvé". World War I and the crisis of democratic thought from Dreyfus affair to the age of tyrannies », art. cit.
2. *L'Era delle tirannie*, introduzione di Gaetano Quagliariello, Roma, Ideazione, 1998.
3. *Élie Halévy e l'era delle tirannie*, a cura di Maurizio Griffo e Gaetano Quagliariello, Soveria Mannelli, Rubbetino Editore, 2001.
4. Cf. Michele Battini, *Utopia e tirannide. Scavi nell'archivio Halévy*, Turin, Bollati Boringhieri, 2011 ; Renzo Ragghianti, *Dalla fisiologia della sensazione all'etica dell'effort. Ricerche sull'apprendistato filosofico di Alain e la genesi della « Revue de Métaphysique et de Morale »*, Firenze, Le Lettere, 1993 ; Diego Dilettoso, « Les années parisiennes de Carlo Rosselli », thèse d'histoire, Université de Cergy-Pontoise, sous la direction de Gérard Bossuat (en préparation) ; Marco Bresciani, « Socialismo, antifascismo e tirannie degli anni Trenta. Note sull'amicizia tra Carlo Rosselli e Élie Halévy », *Studi storici*, Rivista trimestrale

chercheurs italiens sont aujourd'hui très en pointe dans les recherches sur Élie Halévy.

En France, après un long purgatoire dont Raymond Aron lui-même a souffert, une évolution s'amorce dans les années 1990. La réédition en poche de *L'Ère des tyrannies* en 1990 rend ce livre capital à nouveau accessible. Très proche de son oncle, Henriette Guy-Loë – qui a hérité de sa demeure (la Maison Blanche à Sucy-en-Brie) et qui assume la responsabilité de ses archives – reçoit le soutien de Jean-Claude Casanova, un élève de Raymond Aron, pour la publication d'un important volume de correspondance. François Furet l'introduit par une préface très inspirée. L'ouvrage paraît en 1996. Un an plus tôt était proposée aux Presses Universitaires de France, à l'initiative de Monique Canto-Sperber, une réédition de *La Formation du radicalisme philosophique*.

À l'événement de la publication de la correspondance succède celui de l'exposition du musée d'Orsay sur la famille Halévy. Avec le catalogue qui l'accompagne, elle accorde une place certaine à l'itinéraire singulier d'Élie Halévy dont la renommée a souvent été éclipsée par celle de son frère, l'essayiste Daniel Halévy[1]. La revue *Commentaire*, fondée par Raymond Aron et que dirige Jean-Claude Casanova, s'applique à republier des fragments d'une œuvre à redécouvrir. Biographe de Raymond Aron, Nicolas Baverez se tourne logiquement vers elle. Au début des années 2000, Ludovic Frobert s'attache à étudier les théories économiques d'Élie Halévy[2]. Néanmoins, ce mouvement de connaissance marque le pas.

Dix ans plus tard, en 2012, les éditions Armand Colin, sollicitées par Jean-Claude Casanova et la Fondation nationale des sciences politiques, décident de publier ou republier une partie de l'œuvre d'Élie Halévy. La direction du projet est confiée à deux historiens, Marie Scot et Vincent Duclert. Un premier tome, *Écrits et correspondance de guerre*, paraît en septembre 2014. La réédition de *L'Ère des tyrannies* et de l'*Histoire du socialisme européen* est mise en chantier. Début 2015, les éditions Les Belles Lettres prennent le relais d'Armand Colin et s'engagent dans un programme de publication de l'œuvre intégrale d'Élie Halévy. *Écrits et correspondance de guerre* est réédité en 2016 dans une version augmentée. L'ouvrage inaugure le corpus scientifique Halévy. *L'Ère des tyrannies* dans cette version élargie constitue le tome deuxième. Sa parution l'année du

---

dell'Istituto Gramsci, n° 3, 2012, p. 615-644 ; Martina Cirese, « Élie Halévy, L'Ère des tyrannies et l'Italie », mémoire de Master 2, sous la direction de Vincent Duclert, Bruno Tobia et Vittorio Vidotto, EHESS/Université de La Sapienza, mars 2013.

1. Henri Loyrette (dir.), *Entre le théâtre et l'histoire. La famille Halévy (1760-1960)*, Paris, RMN/Fayard, 1996.
2. Ludovic Frobert, *Élie Halévy. République et économie (1896-1914)*, Lille, Presses du Septentrion, 2003.

quatre-vingtième anniversaire de la séance du 28 novembre 1936 fournit les éléments de compréhension d'une thèse capitale[1]. Elle émane d'un historien qui a su mobiliser la pensée philosophique pour ne pas rester prisonnier de la domination l'histoire. Et, par ce pouvoir qu'elle donne de s'affranchir du matérialisme historique, par la force qu'elle confère aux libertés classiques, elle met en lumière l'intellectuel démocratique et sa permanence depuis l'engagement dreyfusard dont Élie Halévy a été l'un des acteurs.

Si la publication critique *in extenso* de *L'Ère des tyrannies* revendique une forme d'achèvement éditoriale dans le cadre du programme d'édition des œuvres complètes d'Élie Halévy, elle n'en constitue pas une clôture intellectuelle et scientifique. Elle ambitionne au contraire d'attester d'une nouvelle époque de la recherche halévyenne illustrée par le colloque du quatre-vingtième anniversaire de la conférence de 1936, « L'Ère des tyrannies »[2], suivi de la publication à venir de ses actes[3], la publication en 2017 de l'édition critique *in extenso* de l'*Histoire du socialisme européen*, le dossier à venir « Penser avec Élie Halévy » de la *Tocqueville Review/Revue Tocqueville*[4], ou bien les entreprises biographiques croisées de Steve Vincent et de Vincent Duclert. Ces travaux présents et à venir soulignent l'importance d'une œuvre et d'une vie que restituent *L'Ère des tyrannies* et l'histoire d'un livre.

De l'affaire Dreyfus à l'« Ère des tyrannies ». Un engagement étendu sur le siècle

Bien qu'éloignés temporellement et historiquement, l'affaire Dreyfus et l'ère des tyrannies, ces deux moments d'engagement d'Élie Halévy sont solidaires

---

1. Cette édition présente de *L'Ère des tyrannies* a été préparée, pour sa partie réflexive, par différents travaux dont l'article déjà cité de la *Revue Tocqueville* de 2015 ainsi que la contribution de l'auteur aux Mélanges offerts à Jean Baubérot, sous le titre : « Un engagement intellectuel au XXe siècle. Élie Halévy, historien philosophe, de l'affaire Dreyfus à l'"ère des tyrannies" » (in Valentine Zuber, Patrick Cabanel, Raphaël Liogier (eds), *Croire, s'engager, chercher. Autour de Jean Baubérot, du protestantisme à la laïcité,* Turnhout, Brepols, collection Bibliothèque des hautes études, 2016, p. 377-393).
2. « Élie Halévy et l'ère des tyrannies », colloque organisé à Sucy-en-Brie et à Paris les 27-28 novembre 2016, sous les auspices de la Fondation nationale des sciences politiques, avec le soutien de l'Institut d'études politiques de Paris, du Centre d'études sociologiques et politiques Raymond-Aron, des revues *Commentaires* et *Tocqueville Review*, de la mairie de Sucy-en-Brie, de l'Association des amis d'Élie et Florence Halévy. La direction scientifique est assurée par Vincent Duclert et Marie Scot.
3. Les actes du colloque seront publiés par les Belles Lettres qui éditent les *Œuvres complètes d'Élie Halévy*.
4. « "Élie Halévy retrouvé". World War I and the crisis of democratic thought from Dreyfus affair to the age of tyrannies », art. cit.

dans la manière dont le savant les assume par sa mobilisation personnelle dans les événements, par la recomposition de la figure de l'intellectuel, et par le choix de ne jamais séparer l'action militante de la réflexion théorique. Élie Halévy ne se contente pas d'étudier la démocratie et définir sa capacité à résister aux crises les plus aiguës par la reconquête de ses idéaux de liberté. Dans l'affaire Dreyfus, il anime un réseau d'hommes et d'idées grâce à sa pratique intense de la correspondance[1]. Avec « L'Ère des tyrannies », il s'exprime au sein d'un lieu collectif de réflexion avancée, la Société française de philosophie. Il donne ainsi à sa pensée une efficacité pratique tout en lui conservant sa rigueur conceptuelle. La correspondance intellectuelle aussi bien que la conférence savante instaure des espaces de circulation privilégiée qui démultiplie la puissance des idées et favorise leur acclimatation. L'une comme l'autre permettent aux thèses d'Élie Halévy de s'élaborer dans la confrontation, dans la controverse parfois, dans le débat en tout cas.

S'il y a co-construction de la pensée d'Élie Halévy, c'est parce que celui-ci avance des thèses tranchées, fondées sur trois postulats. L'analyse de la crise politique doit être menée par un examen critique le plus étranger aux certitudes idéologiques. Dans l'affaire Dreyfus, Élie Halévy restaure le pouvoir de l'individualisme démocratique et de la République libérale. Face à l'« Ère des tyrannies », la menace qui s'exerce sur les démocraties est sans commune mesure avec celles que peuvent imaginer les contemporains. Cette connaissance d'une réalité politique écrasante ne conduit pourtant à l'impuissance par suite d'un découragement devant la tâche des démocraties. Au contraire. La réflexion critique conduite par Élie Halévy, permettant de se dégager de fondements théoriques apparemment solides mais d'aucune utilité en face de la réalité définie (comme la foi dans le progrès inexorable des libertés), fonde la pensée de la démocratie sur un terrain valide de connaissance et sur le mouvement de cette pensée, intraitable avec elle-même.

L'opération critique et heuristique d'Élie Halévy, appliquée à ces réalités capables de suspendre le jugement tant elles paraissent inconcevables, résulte du travail conjoint de la philosophie et de l'histoire. Lorsque se produit l'affaire Dreyfus, Élie Halévy a déjà entamé cette évolution le menant vers l'histoire[2] ; mais sans jamais renoncer à la philosophie comme

---

1. Cf. Vincent Duclert, « L'usage des savoirs. L'engagement des savants dans l'affaire Dreyfus, 1894-2006 », Thèse de doctorat d'histoire, sous la direction de Dominique Kalifa, Université de Paris 1-Panthéon Sorbonne, juin 2009, 2 vol. Cette thèse est publiée en deux volumes, en 2010, aux éditions Privat, sous le titre *L'affaire Dreyfus. Quand la justice éclaire la République*, et aux éditions du CNRS pour le second volume (à paraître en 2017).
2. Élie Halévy enseigne à l'École libre des sciences politiques où il donne deux cours d'histoire en alternance : l'histoire du peuple anglais (depuis janvier 1897) et l'histoire du socialisme européen (depuis janvier 1902).

le démontre sa collaboration constante avec Xavier Léon à la tête de la *Revue de métaphysique et de morale*. Il en est bien le co-directeur même s'il n'en a pas le titre. Il contribue très fortement à la rubrique des « Questions pratiques » qui développent une pensée politique articulée sur l'histoire et la philosophie[1]. Sa correspondance avec Xavier Léon montre dans le détail son activité philosophique et la part d'invention qui lui revient dans la *Revue de métaphysique et de morale*. Après la Première Guerre mondiale, et pour des raisons sur lesquelles nous allons revenir, Élie Halévy intensifie sa réflexion historique, sur la Grande-Bretagne, sur le socialisme européen, sur la crise mondiale née de la conjonction de la guerre et de la révolution. Cependant, lorsqu'il s'agit pour lui, de penser l'« Ère des tyrannies », il opère un retour vers la philosophie tout en conservant la pleine dimension historique, comme le signifie l'expression forgée pour désigner ces régimes politiques inédits, de Rome à Moscou, et leur convergence. L'exposé de la thèse se déroule à la Société française de philosophie, preuve de la possibilité, ou de la nécessité, d'interroger les faits historiques dans une dimension philosophique[2]. La conférence se rattache à celle organisée le 29 mars 1902 sur le « matérialisme historique » avec, comme « interlocuteur principal », Élie Halévy et, comme « protagoniste », Georges Sorel[3]. Mais la question est bien différente en novembre 1936, et surtout elle ne doit pas emprunter la voie assez stérile du questionnement sur le devenir du « genre humain », une « histoire de luttes de classes »[4] pour les marxistes. Élie Halévy refuse la philosophie de l'histoire, récuse que l'on puisse décréter un sens de l'histoire sans l'avoir comprise. À l'inverse, il appelle la philosophie à devenir un savoir capable précisément d'approfondir cette compréhension, de percevoir ce qui apparaît impossible à voir dans l'histoire, en tant qu'historien seul. Il s'agit bien, comme philosophe, de

---

1. Cf. Christophe Prochasson, « Philosopher au XXe siècle : Xavier Léon et l'invention du "système R2M" (1891-1902) », *Revue de métaphysique et de morale*, n° 1-2, 1993, p. 109-140 ; Stephan Soulié, *Les philosophes en République. L'aventure intellectuelle de la Revue de Métaphysique et de Morale et de la Société française de philosophie (1891-1914)*, préface de Christophe Prochasson, Rennes, PUR, 2009.
2. Voir l'article de Raymond Aron pour la *Revue de métaphysique et de morale* : « La politique économique du Front populaire. Réflexions sur les problèmes économiques français », 1937, republié dans *Commentaire*, n° 28-29, hiver 1985, p. 311-326, avec une courte préface d'Élie Halévy : « Un jeune philosophe nous communique ses "réflexions" ; il considère qu'il court un grand risque de les voir refusées par une revue de gauche ; il ne veut pas que, publiées par une revue de droite, elles soient immédiatement exploitées dans un intérêt de parti ; il nous demande l'hospitalité de la *Revue de métaphysique et de morale*. »
3. Ce lien a été illustré par les éditeurs du volume de *L'Ère des tyrannies* qui ont publié l'« intervention d'Élie Halévy au cours de la séance consacrée à la discussion de la thèse de M. G. Sorel le 29 mars 1902 » (voir Appendice I, p. 295-297).
4. Voir *infra*, p. 293.

partir à la recherche du « point fondamental ». Dans un passage de *L'Ère des tyrannies*, il démontre la nécessité de penser l'histoire avec la philosophie, c'est-à-dire d'en comprendre les mutations fondamentales :

> Plutôt que de m'attarder à de pareils débats, je cherche s'il n'y a pas un point fondamental, soulevé par plusieurs de mes interlocuteurs à la fois, et qui pourrait servir utilement de thème à mes considérations finales. Ce point, je crois l'avoir trouvé. N'est-ce point la question de savoir si la tyrannie moscovite, d'une part, les tyrannies italienne et allemande, de l'autre, doivent être considérées comme des phénomènes identiques quant à leurs traits fondamentaux, ou, au contraire, comme des phénomènes qui sont antithétiques les uns par rapport aux autres ? Je suis loin de contester que, sous bien des aspects, et qui sautent aux yeux de tout le monde, les phénomènes sont antithétiques. J'ai fait le voyage de Leningrad et je connais l'Italie fasciste. Or, quand on passe la frontière russe, on a le sentiment immédiat de sortir d'un monde pour entrer dans un autre ; et une pareille subversion de toutes les valeurs peut être, si l'on veut, considérée comme légitimant une extrême tyrannie. Mais, en Italie, rien de pareil ; et le voyageur en vient à se demander s'il était besoin d'un si gigantesque appareil policier sans autre résultat obtenu que des routes mieux entretenues et des trains plus ponctuels. Cependant, quant à la forme (et tout le monde semble m'avoir concédé ce point), les régimes sont identiques. Il s'agit du gouvernement d'un pays par une secte armée, qui s'impose au nom de l'intérêt présumé du pays tout entier, et qui a la force de s'imposer parce qu'elle se sent animée par une foi commune. Mais il y a autre chose encore.
> Les communistes russes invoquent un système de croyances qui vaut pour le genre humain tout entier, qui implique la suppression des nations comme la suppression des classes. Cependant, ayant conquis le pouvoir dans un pays seulement, et de plus en plus résignés à ne point provoquer, par la propagande ou l'exemple, la révolution mondiale, ils sont condamnés, par les nécessités de leur existence, à se faire une carapace militaire pour résister à la menace des armées étrangères. Ils reviennent, par la force des choses, à une sorte de patriotisme à la fois territorial et idéologique ; et leur tyrannie, pour qui se place même au point de vue idéologique, finit par ressembler par beaucoup de ses caractères à la tyrannie allemande ou italienne. Au commencement on dit que l'État n'est qu'un mal provisoire, qui doit être supporté parce qu'il n'a plus pour but que de préparer la suppression de l'État et d'assurer le plus grand bonheur du plus grand nombre. Peu à peu on en arrive à pratiquer une morale héroïque dont je ne méconnais pas la noblesse : on demande à l'individu de savoir souffrir pour faire de grandes choses au service de

l'État. C'est un état d'esprit qui n'a plus rien à voir avec un hédonisme relégué dans l'ultra-futur. Je ne puis l'appeler que guerrier[1].

La distance qui sépare les deux engagements d'Élie Halévy, de l'affaire Dreyfus à l'ère des tyrannies, n'est pas seulement importante temporellement. Elle couvre les deux extrémités de l'existence intellectuelle, scientifique et politique d'Élie Halévy. Elle s'étend du XIXe siècle de la liberté classique au XXe siècle des régimes totalitaires. Cependant, l'engagement intellectuel contre les tyrannies s'ancre, à près de quarante ans d'intervalle, dans l'expérience de l'affaire Dreyfus ; Élie Halévy y insiste dans la conférence du 28 novembre 1936 : « J'étais "libéral" en ce sens que j'étais anticlérical, démocrate, républicain, disons d'un seul mot qui était alors lourd de sens : un "dreyfusard"[2]. » La liberté approfondie dans l'affaire Dreyfus est celle qui, quarante ans plus tard, agit dans la recomposition des États démocratiques en face des États totalitaires, d'abord chez Élie Halévy puis chez Raymond Aron.

Naissance d'un « historien philosophe »

Le travail commun de l'histoire et de la philosophie permet à Élie Halévy de problématiser la connaissance des faits historiques, de les observer comparativement, de les opposer radicalement, de les questionner du point de vue des questions fondamentales. On peut dire sans difficulté qu'il s'agit d'un programme de sciences sociales. Au printemps 1939, Raymond Aron salue, dans son long compte rendu de *L'Ère des tyrannies* pour la *Revue de métaphysique et de morale*, cette disposition d'esprit autant que cette faculté méthodologique tout à fait décisive :

> Les *études sur le socialisme et la guerre*, publiées sous le titre *L'Ère des tyrannies*, tiendront une place honorable dans l'œuvre considérable d'Élie Halévy. Sans atteindre au niveau de l'*Histoire du peuple anglais*, elles témoignent des mêmes qualités exceptionnelles d'historien-philosophe, historien qui retrouvait la philosophie à mesure qu'il approfondissait la compréhension scrupuleuse du passé. Mais il ne convient pas de faire l'éloge d'Élie Halévy dans cette revue qui lui doit tant. Pour témoigner notre fidélité et notre admiration, mieux vaut retenir sa pensée vivante et la discuter comme s'il était encore parmi nous[3].

---

1. *Ibid.*, p. 294.
2. Voir *infra*, p. 282-283.
3. Raymond Aron, « Le socialisme et la guerre », compte rendu de *L'Ère des Tyrannies* dans la *Revue de métaphysique et de morale*, avril 1939 (voir *infra*, p. 688).

Raymond Aron insiste sur l'expression d'« historien-philosophe » pour définir l'auteur de *L'Ère des tyrannies*[1]. Élie Halévy l'a explicitée au terme de son syllabus de la conférence du 28 novembre 1936 :

> Voilà ce que je voulais vous dire, non pour justifier ma position, mais pour l'expliquer. J'ai procédé, pour vous la faire comprendre, non pas en doctrinaire mais en historien. C'est de même en historien – en historien philosophe, si vous voulez, et en me tenant autant que possible, et j'espère que vous suivrez mon exemple, au-dessus du niveau de la politique – que j'ai procédé pour définir cette « ère des tyrannies ». Êtes-vous d'accord, premièrement, après avoir lu le texte de ma communication, sur la réalité du phénomène historique qui en est l'objet ? Et, deuxièmement, croyez-vous que mon explication de ce phénomène soit plausible ? Je vous laisse la parole[2].

Le passage éminemment crucial, de l'affaire Dreyfus à l'ère des tyrannies, expose comment le couple histoire et philosophie permet de se situer « au-dessus du niveau de la politique » afin, précisément, de l'expliquer, de la penser. La distance épistémologique ainsi élaborée mais aussi les questionnements susceptibles d'être formulés permettent de s'affranchir de la folie ou du fanatisme des hommes politiques – comme le relève Élie Halévy en 1929 dans la dernière des conférences d'Oxford. À leur place peuvent s'affirmer un esprit de sagesse et de compromis. L'énonciation d'une telle évolution constitue déjà une avancée vers cet esprit. Cette transformation des sociétés contemporaines relève d'une responsabilité critique qui acquiert une valeur morale et qui définit un nouvel ordre politique, particulièrement adaptée à la lutte contre les tyrannies. Raymond Aron prolongera cette analyse en parlant, dans sa propre communication à la Société française de philosophie, le 17 juin 1939, des « États démocratiques » mis au défi des « États totalitaires ».

Élie Halévy ne se contente pas d'exposer cet autre niveau de la politique, philosophique et démocratique. Il s'engage en faveur de cette évolution des sociétés contemporaines, il défend cette conscience démocratique et cette responsabilité morale. Aussi est-il possible de le définir non seulement en

---

1. « Pacifique comme les vrais libéraux, [Halévy] n'était pacifiste ni à la manière d'Alain, ni dans le style des juristes. Il ne comptait ni sur les traités, ni sur le refus individuel. Il envisageait la guerre en historien philosophe. La condition permanente en est que l'homme n'est pas uniquement composé de sens commun et d'intérêt personnel ; telle est sa nature qu'il ne juge pas la vie digne d'être vécue s'il n'y a pas quelque chose pour quoi il soit prêt à la perdre. » (Voir *infra*, p. 707.)

2. Élie Halévy, *L'Ère des tyrannies*, *infra*, p. 285.

« historien-philosophe », mais aussi en intellectuel démocratique contestant la fatalité de l'« esprit de fanatisme » et travaillant à l'« esprit de compromis » – c'est-à-dire de raison. L'intellectuel démocratique incarné par Élie Halévy repose sur un double principe, d'autonomie critique des savoirs scientifiques et de détermination individuelle des acteurs historiques, libres de choisir, même confrontés à un matérialisme historique semblant indépassable, soit au début de l'affaire Dreyfus soit devant l'« ère des tyrannies ».

Le pouvoir s'est ainsi maintenu, chez Élie Halévy, d'une pensée capable d'analyser la gravité des situations historiques et d'énoncer les réponses décisives qui préservent la dimension démocratique des sociétés. Élie Halévy a pu conserver les convictions nées de l'engagement dreyfusard, réalisé en situation de paix, et en faire le fondement de sa résistance aux États totalitaires définis par leur logique guerrière. *L'Ère des tyrannies* expose une compréhension de la guerre moderne comme phénomène total, débuté dans la Première Guerre mondiale et poursuivi dans l'action armée des mouvements révolutionnaires, matrice de ce qu'Élie Halévy décrit comme une crise mondiale.

La question originelle du passage entre l'engagement dreyfusard et la lutte contre les tyrannies n'est pas seulement fonction des formes de pensée d'Élie Halévy et de sa vocation d'intellectuel démocratique. Elle résulte aussi, pour sa réponse, dans la connaissance qu'il a du phénomène de guerre mondiale accrue par sa propre expérience, entre 1914 et 1918, expérience capitale. Élie Halévy n'a pas été un combattant du front, mais il a vu la guerre – contrairement à certains de ses amis enrôlés dans les services de propagande ou bien résignés à ne pas servir car non mobilisables. Il a été au contraire très près de l'impact du combat sur les corps et les âmes, en tant qu'infirmier militaire, d'abord en Touraine puis en Savoie à Albertville.

Au milieu de cette expérience prenante et souvent éprouvante, Élie Halévy conserve une faculté intacte d'analyse d'un mouvement historique qui paraît échapper à tout entendement humain et de maintien des dispositions intellectuelles les plus fortes. Celles-ci s'expriment particulièrement dans sa correspondance de la Grande Guerre – telle qu'elle a été partiellement rassemblée en 1996 avant d'être réunie dans le premier tome de ses œuvres complètes, *Correspondance et écrits de guerre*. Cette correspondance témoigne d'un engagement personnel dans le cadre d'une expérience combattante, certes singulière mais effective et bouleversante. Élie Halévy y analyse le développement du conflit, pas seulement l'état des fronts mais la manière aussi dont les nations, démocratiques ou non, mènent la guerre.

« Réfléchir sur la guerre, c'est le propre de l'historien-philosophe », écrit Jean-Baptiste Duroselle dans la préface de la réédition, par Madeleine

Rebérioux, de *La Guerre franco-allemande* de Jaurès[1]. En « historien philosophe », Élie Halévy a regardé la guerre « de fort près, et bien en face »[2]. Son engagement réside en effet dans cet effort pour penser la guerre comme fait total, comme « crise mondiale » : à cette condition seule, les démocraties sont capables vaincre les tyrannies. C'est bien en « historien-philosophe », et non en « moraliste » qu'Élie Halévy abordait ce défi des démocraties, comme le souligne Raymond Aron[3], l'obligeant à une étape de pessimisme lucide qui a pu heurter ou décourager, notamment sur l'analyse de la guerre mondiale et de ses conséquences sur l'Europe libérale.

Résister aux tyrannies

Le rôle des savants est ainsi considérable dans ce devoir de penser et de gouverner la guerre. L'action de l'intellectuel démocratique, tel que l'incarne Élie Halévy, repose sur un principe qui postule la liberté de l'individu, à condition que celui-ci l'assume et la défende. La part de l'humain, la détermination des acteurs, sont la seule garantie de la survie des démocraties devant l'« ère des tyrannies ». Le rôle de l'intellectuel démocratique dépasse donc très largement la sphère de la pensée et de l'engagement et définit une société politique moderne, capable de résister aux défis qui pourraient l'écraser, dont la guerre des tyrannies. À l'origine de cette résistance, il y a des hommes comme Élie Halévy et des expériences comme la Grande Guerre. C'est la conviction qui est affichée dans la conclusion des conférences d'Oxford de 1929, dont la traduction française figure dans *L'Ère des tyrannies* :

> À nous de substituer un esprit de compromis à un esprit de fanatisme. L'Angleterre, en ces matières, nous montre assurément la route de la paix. Depuis plus de deux siècles, l'Angleterre n'a pas eu de révolution ; et, autant qu'il est possible de porter des jugements aussi entiers sur les affaires humaines, il semble qu'elle soit à jamais sauvegardée de la menace de révolution. Aussi l'histoire de l'Angleterre moderne nous prouve qu'il est possible d'extirper le fanatisme de classe et de parti.

---

1. Jean-Baptiste Duroselle, « Préface », dans Jean Jaurès, *La Guerre franco-allemande 1870-1871* [1908], Paris, Flammarion, coll. « Science », 1971, p. 8.
2. Selon la formule de Stéphane Audoin-Rouzeau, dans *Combattre. Une anthropologie historique de la guerre moderne (XIXe-XXIe siècle)*, Paris, Le Seuil, coll. « Les livres du nouveau monde », 2008, p. 319. De Stéphane Audoin-Rouzeau, voir également sa préface à *Correspondance et écrits de guerre (1914-1919)*, *op. cit.*, p. XI-XIII.
3. Raymond Aron, « Le socialisme et la guerre », art. cit. (voir *infra*, p. 707).

Pourquoi ne pas essayer d'employer les méthodes britanniques pour résoudre le problème de la guerre aussi bien que celui de la révolution ? L'institution de la Société des Nations est une tentative de ce genre. À Genève, les représentants de toutes les nations sont invités à se réunir et à tenter de résoudre, dans un esprit de compromis, les différends qui, jusqu'à présent, n'avaient été résolus que par la guerre. Et, s'ils échouent à se soumettre à l'arbitrage, aux conseils, aux ordres du Parlement de l'Humanité ?

[...] je vois présentement que des millions d'hommes se montrèrent prêts, durant la grande crise mondiale, à donner leur vie pour leurs patries respectives. Combien de millions d'entre eux, ou de centaines de mille, ou de milliers, ou de centaines, seraient prêts à mourir pour la Société des Nations ? Y en aurait-il seulement cent ? Prenez garde, car c'est cela qui est grave. Tant que nous n'aurons pas développé un fanatisme de l'humanité assez puissant pour contrebalancer ou pour absorber nos fanatismes de nationalité, n'allons par charger nos hommes d'État de nos propres péchés. Cherchons plutôt des raisons de les excuser lorsque, à l'occasion, ils se sentent forcés de céder à la pression de nos émotions fanatiques et désintéressées[1].

Sept ans[2] après les conférences d'Oxford, Élie Halévy expose une menace plus grave encore que les fanatismes de nationalité. Ce ne sont plus seulement les espoirs de paix européenne qui apparaissent compromis. L'« ère des tyrannies » condamne à brève échéance les régimes démocratiques, structurellement incapables d'affronter la guerre révolutionnaire d'États illimités. Si les démocraties européennes gardent une chance de survie, celle-ci réside dans la claire conscience des risques encourus et dans l'acceptation commune d'un État renforcé. À cette condition, elles se donnent les moyens de résister tout en conservant les valeurs humaines sur lesquelles elles sont construites. La correspondance d'Élie Halévy postérieure à la conférence du 28 novembre 1936 témoigne de sa volonté de concevoir cette résistance tout en ne cédant rien à la gravité des menaces. Celle-ci exige des démocraties le renoncement aux politiques de concessions et d'abandon. « Pour l'amour

---

1. Élie Halévy, *L'Ère des tyrannies, infra*, p. 261-262.
2. La première occurrence de « l'Ère des tyrannies » apparaît dans une lettre à son cousin, le philosophe René Berthelot, le 8 août 1935, soit un an avant la séance de la Société française de philosophie : « [...] Oui, l'époque historique que nous traversons est intéressante. Salvemini me disait il y a quelques années de Mussolini : "Ce que je lui reproche, c'est de ne pas être un événement historique." Il exagérait peut-être ; mais on ne saurait en dire autant de l'Hitlérisme. Rien à faire contre tout cela, d'ailleurs. Nous traversons l'ère des tyrannies. Et ce qui fait la force de ces régimes, c'est qu'ils sont aidés, dans ce qu'il reste de pays démocratiques, par les sympathies secrètes des partis conservateurs d'une part, et, d'autre part, par le pacifisme des partis populaires. » (voir *infra*, p. 645).

du ciel, si vous voulez laisser l'Allemagne libre de faire tout ce qu'elle veut sur le continent, dites-le explicitement. Ou bien si vous voulez vous opposer à ses ambitions, dites-lui non, franchement », confie-t-il dans une lettre du 13 juin à son ami le baron de Meyendorff[1].

Résister aux tyrannies relève d'un principe de courage autant que d'une question de méthode. Élie Halévy conserve le sens de l'une comme de l'autre. La philosophie continue de lui être d'un précieux secours, lui « intellectuel qui, bien que chu dans l'histoire, demeure toujours, quoi qu'il en ait, un philosophe »[2], ainsi qu'il s'en ouvre à Lucien Lévy-Bruhl. Sa connaissance autant que son expérience de la liberté anglaise, si elles ne l'illusionnent pas sur les difficultés présentes de l'Angleterre, qui sont à bien des égards communes à la France, lui fait entrevoir le chemin à suivre. Il plaide pour une alliance déterminée des deux pays, résolus à se dresser contre l'« ère des tyrannies », retrouvant leurs idéaux, acceptant la guerre et l'État pour la faire. À mesure que s'aggravent les périls internationaux, Élie Halévy assume son rang d'intellectuel démocratique. Il meurt avant que le pire ne se produise. Mais il aura contribué décisivement, avec sa découverte des tyrannies modernes, à permettre à ses contemporains de les affronter.

Parmi ces derniers se placent les socialistes des démocraties occidentales. Élie Halévy les étudie depuis qu'a débuté en 1902 son enseignement sur le socialisme européen à l'École libre des sciences politiques. Il a pu auparavant les observer dans l'affaire Dreyfus. Son analyse d'une « contradiction interne » au socialisme, « depuis sa naissance, au début du XIXe siècle », n'a cessé de se renforcer. La conférence de 1936 revient sur cette division intrinsèque :

> D'une part, il est souvent présenté, par ceux qui sont les adeptes de cette doctrine, comme l'aboutissement et l'achèvement de la Révolution de 1789, qui fut une révolution de la liberté, comme une libération du dernier asservissement qui subsiste après que tous les autres ont été détruits : l'asservissement du travail par le capital. Mais il est aussi, d'autre part, réaction contre l'individualisme et le libéralisme ; il nous propose une nouvelle organisation par contrainte à la place des organisations périmées que la Révolution a détruites :
> a) Le socialisme, sous sa forme primitive, n'est ni libéral, ni démocratique, il est organisateur et hiérarchique. Voir en particulier le socialisme saint-simonien.

---

[1]. Voir *infra*, p. 570.
[2]. Lettre du 26 août 1931, p. 634.

b) La révolution socialiste de 1848 aboutit, par un double mouvement de réaction contre l'anarchie socialiste et de développement du principe organisateur que recèle le socialisme, au césarisme de 1851 (très influencé par le saint-simonisme).

c) À l'origine du socialisme démocratique allemand, il y a Karl Marx, internationaliste, fondateur de l'Internationale, et qui aspire à un état définitif du genre humain qui sera d'anarchie en même temps que de communisme. Mais il y a aussi Ferdinand Lassalle, nationaliste en même temps que socialiste, inspirateur direct de la « monarchie sociale » de Bismarck[1].

Pour Élie Halévy, la contradiction interne au socialisme a été renforcée considérablement par l'expérience guerrière vécue par l'Europe, au point qu'il est devenu pour lui la première raison explicative de l'« ère des tyrannies ». « Ces remarques, avance-t-il le 28 novembre 1936, nous semblent trouver une confirmation sensationnelle dans l'évolution générale de la société européenne, depuis le début de la Grande Guerre et l'ouverture de ce que nous proposons d'appeler l'ère des tyrannies[2]. »

Pour autant, il est loin de conclure à la fin de l'histoire pour les socialistes. En les plaçant devant la réalité du passage au socialisme bureaucratique et de l'abandon du socialisme démocratique, il les oblige à regarder l'histoire en face, de très près. Il leur donne la possibilité de se redéfinir, de retrouver des fondements libéraux et démocratiques et de se préparer aux résistances futures. Ce qui sera fait pour un certain nombre d'entre eux, engagés dans la France libre et la Résistance intérieure, de Georges Boris à Pierre Brossolette[3], pour ne nommer que ces derniers. La gauche antitotalitaire est née de cette épreuve de vérité rendue nécessaire par l'« Ère des tyrannies ».

Éclairer une thèse magistrale. Les archives Halévy et leur publication

Le recours aux écrits et aux archives d'Élie Halévy, scrupuleusement recueillis et conservés par sa femme Florence puis classés et inventoriés par sa nièce Henriette Guy-Loë en vue de leur versement à la bibliothèque

---

1. Élie Halévy, « L'Ère des tyrannies », in *L'Ère des tyrannies*, *infra*, p. 279.
2. *Ibid.*
3. Cf. Jean-Louis Crémieux-Brilhac, *Georges Boris. Trente ans d'influence. Blum, de Gaulle, Mendès France*, Paris, Gallimard, coll. « La Suite des temps », 2010. Guillaume Piketty, *Pierre Brossolette. Un héros de la Résistance*, Paris, Odile Jacob, 1998.

de l'École normale supérieure[1], permet de mieux comprendre la portée d'une thèse fondamentale pour appréhender le siècle des guerres et des totalitarismes. Ce constat appelle l'enrichissement du texte de 1938 de *L'Ère des tyrannies* par un ensemble documentaire élargi, commenté et rapporté précisément aux différents textes composant l'édition originale du livre. C'est l'objet de l'édition présente qui s'organise donc en deux parties.

Éclairer la portée de la thèse de 1936 exige d'approfondir le processus d'élaboration de « L'ère des tyrannies ». Celui repose de manière décisive sur un travail commun de l'histoire et de la philosophie voulu par Élie Halévy au lendemain du premier conflit mondial. Cette rencontre de deux disciplines maîtresses ne fait pas seulement que transformer la science politique et l'approche des relations internationales. « L'ère des tyrannies » reflète plus encore la naissance des sciences sociales et leur rôle central dans la formation de la pensée antitotalitaire. De Raymond Aron à Étienne Mantoux, des prolongements décisifs se réalisent, que la mort d'Élie Halévy n'interrompt pas, bien au contraire. La documentation halévyenne en porte témoignage, aussi bien les conférences, les publications, que les fragments d'écrits et l'essentiel de sa correspondance active de cette époque. Cette documentation montre comment un groupe de penseurs déterminés suit le progrès d'une thèse capitale, y adhère et la discute. Des instances privilégiées émergent, comme les revues scientifiques, à commencer par la *Revue de métaphysique et de morale*, mais aussi le *Bulletin* de la Société française de philosophie devant laquelle le syllabus est présenté et débattu, ou bien les commissions d'historiens qui documentent et analysent le premier conflit mondial. Élie Halévy participe à ces dernières, renforçant son approche globale de la guerre et de la paix.

L'analyse du fait global de la guerre est en effet indissociable de la conception de l'« ère des tyrannies », par l'introduction du concept de « crise mondiale », qui prend en compte aussi bien les caractères de l'origine du conflit que ses conséquences sur les États, les sociétés et les relations entre nations. Le nombre et la qualité des travaux menés et publiés durant cette dernière époque de la vie d'Élie Halévy démontrent combien son approche du phénomène guerrier est déterminante dans sa conception de l'« ère des tyrannies », à travers la manière dont la guerre a décapé la mince pellicule d'humanité qui pouvait encore recouvrir les faits sociaux et politiques. De ce point de vue, Élie Halévy est incomparable dans sa description des renoncements individuels et des effondrements collectifs. Sa correspondance est, à cet égard, très précieuse. Les analyses s'expriment dans toute leur

---

1. Voir l'article de Marie Scot et Françoise Dauphragne, « Les archives d'Élie Halévy. À la redécouverte de l'atelier halévien », *Histoire@politique*, n° 19, 2013/1, p. 199-215.

lucidité, elles ne sont pas atténuées par la prudence de l'expression publique. L'échange épistolaire constitue bien un laboratoire de la pensée halévyenne.

L'impact de la guerre mondiale est particulièrement brutal sur le socialisme européen. La rupture qu'elle amplifie avec ses tendances libérales et démocratiques amène ses dirigeants à jouer un rôle déterminant dans l'avènement des tyrannies. Aussi est-il indispensable de suivre les analyses d'Élie Halévy sur l'évolution du mouvement socialiste, en Russie et en Italie à travers certains de ses voyages, mais aussi en Angleterre par ses articles sur le torysme et en France dans ce que sa correspondance peut nous apprendre en particulier. Le cas des sociaux-démocrates allemands est en revanche moins étudié par l'historien philosophe.

Les écrits et archives d'Élie Halévy dévoilent également un autre caractère original de la thèse de l'« Ère des tyrannies ». Il s'agit d'une pensée qui se déploie à l'échelle du monde et qui investit fortement la dimension des relations internationales. En proposant un type de compréhension d'une réalité historique qui paraît échapper à toute appréhension rationnelle, Élie Halévy ne se contente pas de produire une connaissance nouvelle de science politique. Par cette capacité à penser l'impensable, il confère à son savoir un pouvoir sur le réel, restaurant une possibilité d'action face aux tyrannies. Combattre les tyrannies suppose de parvenir à leur connaissance, un processus d'acquisition qui peut se révéler une épreuve tant l'idéalisme démocratique a défini une téléologie de la liberté politique. Élie Halévy pulvérise ces fausses assurances. Il les remplace par une analyse percutante qui définit les engagements futurs et leur possible.

Cette puissance de la pensée halévyenne frappe les participants de la séance de la Société française de philosophie de novembre 1936. De toute évidence, un tournant vient de se réaliser avec les thèses exposées et longtemps débattues. Un nouveau rendez-vous est pris pour avancer dans la réflexion, voire proposer une nouvelle philosophie politique pensée avec les sciences sociales. Survient la mort d'Élie Halévy, neuf mois plus tard. Elle n'interrompt en rien cette dynamique intellectuelle et scientifique. Elle l'accélère même. La décision de faire passer « L'Ère des tyrannies » d'un syllabus confidentiel offert à une société savante à un livre de la nouvelle « Bibliothèque des idées » des éditions Gallimard, décuple la force de la thèse et son pouvoir d'armer les démocraties. La publication de *L'Ère des tyrannies* un an seulement après la disparition de son auteur, l'introduction de Célestin Bouglé, le long article de Raymond Aron dans la *Revue de métaphysique et de morale* en 1939, la poursuite du travail de publication avec la mise en chantier de l'*Histoire du socialisme européen*, tous ces faits interviennent décisivement pour donner à la dernière œuvre d'Élie Halévy son poids historique, sa vocation démocratique.

Retrouver cet événement de *L'Ère des tyrannies*, c'est précisément associer au texte princeps de 1938 les ressources des écrits et des archives d'Élie Halévy, cette « part inachevée » de l'œuvre qui en révèle la portée et l'éclat. C'est l'objet du volume que voici.

NOTE SUR LA VERSION PRÉSENTE

Cette nouvelle édition de L'Ère des tyrannies, originellement publié en 1938, forme le deuxième tome des Œuvres complètes d'Élie Halévy publiées par les éditions Les Belles Lettres sous les auspices de la Fondation nationale des sciences politiques. Il paraît aussi à l'occasion du quatre-vingtième anniversaire de la conférence de la Société française de philosophie du 28 novembre 1936, précisément intitulée « L'ère des tyrannies ».

Ce titre est celui que les amis et collègues d'Élie Halévy ont décidé de donner à l'ouvrage posthume réalisé par leurs soins, un an après la mort brutale de l'historien philosophe, d'un arrêt cardiaque, dans la nuit du 20 au 21 août 1937. Sa femme Florence allait lui survivre encore vingt ans[1], accompagnant ces éditions posthumes que furent L'Ère des tyrannies[2] en 1938 et l'Histoire du socialisme européen[3] en 1948, assurant avec Jeanne Michel-Alexandre, la préparation de l'édition de la Correspondance entre elle-même, Élie Halévy et leur ami Émile Chartier dit Alain[4]. Leur nièce Henriette Guyot-Noufflard (fille du frère de Florence, dite Henriette Guy-Loë) poursuivra cette œuvre de connaissance et de reconnaissance. En 1974 paraît une nouvelle édition de l'Histoire du socialisme européen[5] reprise en 2006 par Gallimard dans sa collection « Tel ». L'Ère des tyrannies bénéficie quant à elle d'une édition augmentée dans cette même collection en 1990, avec une longue postface de Raymond Aron réunissant plusieurs de ses articles consacrés au livre et à la place d'Élie Halévy dans la philosophie

---

1. Née en 1877 à Florence, Florence Noufflard décède en le 18 novembre 1957 à Sucy-en-Brie, dans la Maison Blanche. Elle se maria avec Élie Halévy, à Florence, le 17 octobre 1901.
2. Élie Halévy, L'Ère des tyrannies. Études sur le socialisme et la guerre, préface de Célestin Bouglé, Paris, Gallimard, coll. « Bibliothèque des idées », 1938, 256 p. (achevé d'imprimé le 2 juin).
3. Élie Halévy, Histoire du socialisme européen, rédigée d'après des notes de cours par un groupe d'amis et d'élèves [avec le concours de Raymond Aron, Jean-Marcel Jeanneney, Pierre Laroque, Étienne Mantoux, Robert Marjolin], préface de Raymond Aron, Paris, Gallimard, coll. « Bibliothèque des idées », 1948, 367 p.
4. Alain, Correspondance avec Élie et Florence Halévy (1892-1937), suivie d'extraits de lettres d'Élie Halévy à divers correspondants, préface et notes par Jeanne Michel-Alexandre, Paris, Gallimard, 1958, 467 p.
5. Nouvelle édition revue et corrigée, Paris, Gallimard, coll. « Idées », 1974, 408 p.

politique moderne[1]. En 1996, la publication de la correspondance générale d'Élie Halévy, imaginée par Jean-Claude Casanova, éditée par Henriette Guy-Loë et préfacée par François Furet, marque incontestablement un retour vers Élie Halévy, son œuvre d'historien philosophe et la pensée antitotalitaire de ses dernières années. La section rassemblant les dernières lettres de son vivant s'intitule : « La grande œuvre devra rester inachevée / *L'Ère des tyrannies* et la guerre qui vient, 1934-1937 »[2]. La recherche sur Élie Halévy, permise par l'engagement indéfectible de Raymond Aron, est relancée par Jean-Claude Casanova à la tête de la Fondation nationale des sciences politiques, et par la rencontre de Marie Scot et de Vincent Duclert, enseignants-chercheurs respectivement à l'Institut d'études politiques de Paris et à l'École des hautes études en sciences sociales (Centre d'études sociologiques et politiques Raymond-Aron). Un projet d'édition d'inédits et de réédition critique d'ouvrages d'Élie Halévy est formalisé en 2013 avec la maison Armand Colin, à l'époque dirigée par Jean-Christophe Tamisier. En 2014 paraît *Correspondance et écrits de guerre*, le premier volume de cette série, avant que le projet ne migre vers les éditions des Belles Lettres et prenne les dimensions d'un programme d'édition d'œuvres complètes, à l'initiative de leur présidente, Caroline Noirot. Au cours de l'année 2016 paraissent simultanément une édition augmentée de *Correspondance et écrits de guerre*, qui forme le tome 1 des *Œuvres complètes*, tandis que cette édition de référence de *L'Ère des tyrannies* en constitue le tome 2 – qui suivi la même année d'un tome 3, l'édition nouvelle *in extenso* de l'*Histoire du socialisme européen*.

Cette nouvelle édition revue et augmentée de *L'Ère des tyrannies* comprend le texte de l'édition originale de 1938 accompagné d'une importante partie documentaire formée de fragments non publiés, d'articles, de textes de conférences et autres publications, et d'un ensemble de lettres extraites de la correspondance active d'Élie Halévy. Ces documents qui viennent éclairer *L'Ère des tyrannies* sont contemporains de la période 1919-1937, soit l'époque durant laquelle Élie Halévy compose les travaux qui viendront former, à l'initiative de ses amis et de sa femme, la matière du livre posthume de 1938. C'est à partir de 1932 qu'il conçoit la thèse de l'« Ère des tyrannies » exposée magistralement à la conférence du 28 novembre 1936, un travail capital brutalement interrompu par sa mort. Des deux volumes de ses œuvres immédiatement projetés par ses amis en deuil, seul *L'Ère des tyrannies*, élaboré par Célestin Bouglé avec l'aide de Florence Halévy, verra le jour en

---

1. 294 pages.
2. Élie Halévy, *Correspondance (1891-1937), op. cit.*, section p. 663-748.

1938, avant que la guerre ne recouvre le continent et empêche la parution de l'*Histoire du socialisme européen* – préparé par Raymond Aron et Étienne Mantoux. L'ouvrage sera publié en 1948, sans Étienne Mantoux mort pour la France le 29 avril 1945 en Bavière.

La partie documentaire de cette nouvelle édition présente un ensemble de textes, pour certains inédits – écrits provenant des archives d'Élie Halévy et pièces non publiées de sa correspondance active –, d'autres jamais republiés depuis leur première édition. Cette partie documentaire est organisés en cinq sections : « La guerre, la paix et la crise mondiale » (I), qui éclaire son analyse des bouleversements politiques, idéologiques et nationaux produits par la guerre mondiale ; les voyages d'Élie et de Florence Halévy en Italie fasciste et en Russie soviétique dans « les pays de la tyrannie » en 1923-1924, 1932 et 1934 (II) ; l'étude et le soutien du modèle de la démocratie britannique qui lui apparaît comme un rempart fragile mais pertinent aux tyrannies (III) ; son engagement comme intellectuel démocratique dressé devant les États totalitaires (IV) ; enfin, les hommages adressés à la mémoire du penseur libéral au lendemain de sa mort le 21 août 1937 : ils insistent pour la plupart sur le legs de l'« Ère des tyrannies » (V).

Chacune des sections est composée de la manière suivante : les textes publiés (articles, conférences) correspondant au thème défini ou à la séquence chronologique sont suivis (à l'exception de la dernière section) d'éléments de la correspondance active d'Élie Halévy. Ces lettres éclairent le contexte d'élaboration de la conférence de 1936, « L'Ère des tyrannies », et des textes qui la précèdent dans l'édition de 1938. Certaines d'entre elles constituent de véritables bancs d'essai de cette thèse magistrale. Quant aux articles et contributions publiés dans cette partie documentaire, plusieurs auraient pu figurer dans l'édition originale de *L'Ère des tyrannies* au même titre que ceux qui furent retenus par Célestin Bouglé. Cette nouvelle édition corrige cette injustice qui ont amené des écrits à venir dans la lumière tandis que d'autres sont demeurés dans l'obscurité.

Si le texte de 1938 de *L'Ère des tyrannies* fait l'objet ici d'un travail d'annotation raisonnée, en revanche la partie documentaire s'accompagne d'un appareil critique dense qui permet de suivre précisément la genèse des études composant l'ouvrage posthume de 1938. Des introductions par section et pour les textes eux-mêmes explicitent les choix intellectuels présidant à leur réunion et l'histoire de leur production. Ainsi, cet ensemble d'écrits d'Élie Halévy – complété par des inédits de ses proches et de sa femme Florence Halévy – ne rend-il pas seulement compte du processus de conception et d'écriture des différents chapitres de *L'Ère des tyrannies*. Il permet aussi d'éclairer les analyses halévyennes sur les États totalitaires et les États démocratiques, et de mesurer l'importance d'une pensée politique, philosophique et historique capitale pour le siècle passé, et décisive pour notre contemporain.

Tous les documents de la partie documentaire qui accompagnent la réédition présente proviennent – sauf mention contraire – des archives d'Élie Halévy, qu'il s'agisse des fonds déposés à l'École normale supérieure par sa nièce Henriette Guy-Loë, ou des dossiers en cours de versement, conservés par Jean-Luc Parodi qui détient le droit moral sur les œuvres et les archives[1].

La publication en 1996 de la correspondance d'Élie Halévy due Henriette Guy-Loë fournit des pistes nombreuses pour appréhender et organiser la masse de lettres et de textes contemporains de *L'Ère des tyrannies*. Nous sommes particulièrement redevables de cette édition à laquelle, avec Monique Canto-Sperber, nous avons pris part, et plus généralement de l'imposant travail réalisé par Henriette Guy-Loë dans les archives et les écrits de son oncle. Les lettres ou les passages inédits de lettre non publiés dans la correspondance générale de 1996 sont signalés par un astérisque (*).

Les notices biographiques proposées dans cette édition apparaissent lors de la première occurrence signalée dans les écrits d'Élie Halévy, L'Ère des tyrannies *aussi bien que la partie documentaire constituant la seconde partie du livre. L'index nominatif permet de les retrouver aisément.*

Par convention, les présentations de l'éditeur apparaissent en italiques dans ce volume.

---

1. Jean-Luc Parodi est assisté dans cette charge par Nicolas Baverez et Vincent Duclert.

REMERCIEMENTS

Nos remerciements s'adressent en premier lieu à la Fondation nationale des sciences politiques et à son président, qui accordent un soutien décisif à l'entreprise d'édition des œuvres complètes d'Élie Halévy. Ils se portent aussi vers Jean-Luc Parodi pour son aide constante et bienveillante, et vers Michel Gardette qui veille de très près à ce programme scientifique de longue portée rendu possible par l'engagement des directeurs de l'Institut d'études politiques de Paris (Richard Descoing puis Frédéric Mion).

Sandrine Iraci et l'équipe de la bibliothèque de l'École normale supérieure ont grandement favorisé l'accès aux archives d'Élie Halévy, accueillies et classées avec un soin particulier par Françoise Dauphragne. Nous avons été très libéralement accueillis aux archives des éditions Gallimard par Éric Legendre auquel va notre reconnaissance. Au Centre d'études sociologiques et politiques Raymond-Aron, Élisabeth Dutartre nous a fait profiter de sa grande connaissance des fonds privés de celui qui contribua tant à faire connaître la pensée d'Élie Halévy. Sa disponibilité pour les chercheurs est exceptionnelle. Bernard de Fallois a autorisé très libéralement la reprise des lettres et des annotations du volume de la *Correspondance* publié en 1996. Qu'il en soit également vivement remercié.

De nombreux chercheurs croisent l'œuvre et l'engagement d'Élie Halévy et apportent une inestimable contribution à leur connaissance, dont Marc Olivier Baruch, Patrick Cabanel, Sophie Cœuré, Bruno Karsenti, Philip Nord, Anne Rasmussen, Melvin Richter, Steve Sawyer, Stephan Soulié, K. Steven Vincent, Frédéric Worms.

Le soutien intellectuel du Centre d'études sociologiques et politiques Raymond-Aron (EHESS-CNRS) a été précieux, et en son sein, tout particulièrement Olivier Remaud son directeur, Dominique Schnapper, Perrine Simon-Nahum, Jean-Louis Fabiani, Christophe Prochasson, et Stéphane Audoin-Rouzeau. La direction scientifique de Sciences-Po a été, de la même manière, d'une aide très importante pour l'accompagnement du travail d'édition de ce deuxième volume des *Œuvres complètes* d'Élie Halévy.

L'engagement sans faille des éditions des Belles Lettres et de leur présidente Caroline Noirot, précédé des conseils avisés de Sophie de

Closets, a permis de fonder ce programme de publication scientifique de l'ensemble de l'œuvre halévyenne, un corpus qui manquait jusque-là à la science politique, à la philosophie et à l'histoire. Ses équipes techniques ont travaillé avec un grand professionnalisme sur le manuscrit et sa mise en page. Qu'elles soient ici vivement remerciées, et particulièrement Yves Raffner et Rudy Nimsguerns.

La connaissance de l'œuvre d'Élie Halévy par Marie Scot et l'entreprise commune qui nous lie depuis octobre 2011 ont été essentielles à la réalisation de cette édition critique *in extenso* de *L'Ère des tyrannies*.

Geneviève Noufflard, nièce d'Élie Halévy, nous a aidés de sa mémoire très précise et de ses encouragements. Qu'elle soit ici vivement remerciée.

PREMIÈRE PARTIE

L'ÈRE DES TYRANNIES[1]

L'Ère des tyrannies *n'est pas un ouvrage voulu par Élie Halévy, qu'il aurait préparé dans les mois précédant sa mort, sans savoir néanmoins qu'elle interviendrait subitement, à seulement soixante-sept ans, durant la nuit du 20 au 21 août 1937, dans sa maison de Sucy-en-Brie, mettant un terme à une brève, mais vive agonie. Il ne travaillait pas à un tel projet. Du moins pas sous cette forme. Car il avait envisagé une suite à la conférence de la Société française de philosophie qui donne son nom au livre. Dans sa préface à* L'Ère des tyrannies, *Célestin Bouglé insiste sur ce rendez-vous pris avec l'histoire et la philosophie*[2]. *Il y avait même urgence à poursuivre la réflexion sur les tyrannies. La correspondance active d'Élie Halévy publiée dans la partie documentaire de cette édition montre l'attention extrême avec laquelle il observe leur avancée inexorable et s'alarme de l'impuissance des démocraties. La composition de l'édition présente vise à rendre compte du cheminement de pensée qui a conduit à la « communication capitale faite à la Société de Philosophie », comme l'écrit la* Revue de métaphysique et de morale *dans sa livraison de janvier 1939. Elle ambitionne de restituer les différents travaux et études qui peuvent se rapporter à l'« Ère des tyrannies » et d'expliquer la genèse du livre publié après sa mort.*

À l'origine, comme l'explique encore Célestin Bouglé, L'Ère des tyrannies *devait permettre de faire accéder les contemporains au « dernier chapitre » de l'histoire du socialisme européen avant qu'un ouvrage d'Élie Halévy spécifiquement centré sur ce sujet ne voie le jour*[3]. *Raymond Aron et Étienne Mantoux s'employaient du reste au même moment, en 1938, à élaborer cet ouvrage*[4] *dont la parution devait être concomitante à celle de*

---

1. L'appareil critique est dû à Vincent Duclert, sauf mention contraire. Les notes introduites pour cette édition présente de *L'Ère des tyrannies* sont insérées entre crochets. Les notes de l'édition de 1938 sont reproduites dans leur état initial.
2. Voir *infra*, p. 65.
3. Élie Halévy, *Histoire du socialisme européen, op. cit.*
4. Voir les nombreuses lettres que l'un et l'autre adressent à Florence Halévy pour la préparation de ce deuxième volume, devant paraître lui aussi dans la collection « Bibliothèque des idées » (Archives de l'École normale supérieure, fonds Élie Halévy).

L'Ère des tyrannies, – *comme le souhaitait Gaston Gallimard qui avait fait établir les deux contrats en parallèle[1]. L'*Histoire du socialisme européen *représente même l'entreprise scientifique et éditoriale la plus importante parmi les deux volumes prévus. Sujet d'un des deux grands cours dispensés à l'École libre des sciences politiques, l'histoire du peuple anglais au* XIXe *siècle a débouché sur une œuvre consolidée, certes en partie publiée mais de fait très accessible[2]. L'autre grand cours, portant sur l'histoire du socialisme européen, n'a pas conduit à une publication. Son édition s'avérait du reste délicate, comme le reconnaît Raymond Aron dans une lettre à Étienne Mantoux du 14 février 1940[3]. Aussi la solution, facile de réalisation, qui consistait à rassembler dans un premier temps un certain nombre d'articles et de conférences sur le sujet s'est-elle imposée, en attendant le volume principal sur l'histoire du socialisme européen prévu pour l'année 1939. Mais surviennent la maladie puis la mort de Célestin Bouglé le 25 janvier 1940. Raymond Aron, et Étienne Mantoux qui le secondaient, poursuivent le travail d'édition de l'*Histoire du socialisme européen *jusqu'à l'offensive allemande du 10 mai 1940. Désormais plus rien n'est possible. La défaite de la France, l'occupation nazie, la Collaboration, le choix de la Résistance pour les amis d'Élie Halévy, la mort pour certains – Léon Brunschvicg, de solitude et d'épuisement le 18 janvier 1944 à Aix-les-Bains, Jean Cavaillès fusillé par les nazis le 17 février 1944 dans la citadelle d'Arras, Étienne Mantoux à quelques jours de la victoire alliée sur une autoroute allemande, en lieutenant de la 2e DB –, repoussent durablement la ralisation de ce deuxième livre. L'*Histoire du socialisme européen *ne paraîtra qu'en 1948, avec une préface du seul Raymond Aron[4].*

---

1. Voir *infra*, 2e partie, p. 684 et suiv.
2. Les amis d'Élie Halévy se préoccupent aussi d'établir le manuscrit du volume de l'*Histoire du peuple anglais* sur lequel travaillait Élie Halévy avant sa mort, le tome IV (« Le milieu du siècle, 1841-1852 »). Il sera finalement publié en 1946 sous la direction de Paul Vaucher (Paris, Hachette).
3. « Nous n'écrivons pas le livre que É. Halévy aurait écrit. Nous utilisons tous les matériaux utilisables, même si l'unité de l'ensemble en souffre. Si on renvoyait en appendice tout ce qui se rattache à la conception ancienne du cours, il ne resterait plus rien. Comme histoire des faits, le cours est extrêmement faible. [...] On va faire relire l'ensemble par Parodi qui révisera le style. Mais je ne suis pas convaincu qu'on puisse faire tellement mieux, sauf pour le début où Bouglé s'est borné à reproduire le cours publié. Ce n'est pas que je sois satisfait du travail. C'est plus exactement que, comme je vous l'ai souvent dit, je trouve l'affaire désespérée. Il ne nous reste plus qu'à rejeter sur nous-même la responsabilité des faiblesses de l'œuvre et à innocenter É. H.. Et toutes les faiblesses n'empêcheront pas le succès. » (Raymond Aron, Lettre à Étienne Mantoux, Saint-Cyr, 14 février 1940).
4. Élie Halévy, *Histoire du socialisme européen*, Paris, Gallimard, coll. « Bibliothèque des idées ». Une édition revue et corrigée est publiée en 2006 dans la collection « Tel » des éditions Gallimard. La réédition augmentée et corrigée de l'*Histoire du socialisme européen*,

Pour la première édition de L'Ère des tyrannies, *trois grands ensembles sont définis par Célestin Bouglé, en accord avec Florence Halévy qui suit de près les initiatives en faveur de la diffusion des travaux de son mari. Elle jouera, même jusqu'à sa propre disparition le 18 novembre 1957 à Sucy-en-Brie, un grand rôle dans cette œuvre de connaissance. Le premier ensemble s'intéresse aux doctrines socialistes et à leur histoire intellectuelle. Sont rassemblées ainsi l'Introduction aux* Morceaux Choisis de Sismondi *publiés en 1933 chez Alcan et l'étude consacrée à la « doctrine économique Saint-Simonienne » parue en 1908 dans la* Revue du Mois, *à laquelle s'ajoute une conclusion adaptée de l'introduction à la réédition de* La doctrine de Saint-Simon *de 1924 (avec Célestin Bouglé)*[1].

Le deuxième ensemble porte sur l'évolution de la question sociale en Angleterre et le recul de l'idée socialiste après la guerre. La doctrine philosophique du socialisme britannique est ainsi mise à l'épreuve des faits sociaux et des enjeux politiques. Sont réunies des études d'histoire sociale et intellectuelle, l'article de 1919 paru dans la Revue d'économie politique *sur « La politique de paix sociale en Angleterre. Les "Whitley Councils" », la conférence du 7 mars 1921 prononcée au Comité national d'études politiques et sociales sur « le problème du contrôle ouvrier », l'« État présent de la question sociale en Angleterre » publié dans la* Revue Politique et Parlementaire *en 1922, enfin le texte de la conférence prononcée à Chatham House le 24 avril 1934, « Le socialisme et le problème du parlementarisme démocratique ».*

Le troisième ensemble présente la traduction des Rhodes Memorial Lectures *prononcées à Oxford en 1929 (1. Vers la révolution ; 2. Vers la guerre ; 3. Guerre et révolution) et publiées l'année suivante en anglais sous le titre* The World Crisis, 1914-1918. An interpretation[2]. *Cet exposé magistral de la thèse de la crise mondiale née de la guerre est suivi de la conférence du 28 novembre 1936, « L'Ère des tyrannies », qu'accompagnent deux appendices, l'intervention d'Élie Halévy au cours de la séance de la Société française de philosophie du 29 mars 1902 consacrée à la discussion de la thèse de Georges Sorel sur le matérialisme historique, et la suite de la discussion du 28 novembre 1936 autour des thèses d'Élie Halévy. Il est question, non plus de l'échec du socialisme en régime de démocratie comme dans les chapitres qui ont précédé, mais de la mutation des partis*

---

par Marie Scot (avec la collaboration de Vincent Duclert), suivra immédiatement le volume de *L'Ère des tyrannies* dans les *Œuvres complètes* d'Élie Halévy.
1. *Doctrine de Saint-Simon. Exposition. Première année, 1829*, nouvelle édition publiée avec introduction et notes d'É. Halévy et C. Bouglé, Paris, Marcel Rivière, 1924.
2. *The World Crisis of 1914-1918. An interpretation, being the Rhodes Memorial Lectures delivered in 1929 by Élie Halévy*, Oxford, The Clarendon Press, 1930.

socialistes en régime de guerre vers un système tyrannique comparable aux entreprises fascistes et nazies. C'en est fini pour Élie Halévy de la liberté dans le socialisme, auquel il avait cru dans la sincérité de ses convictions démocratique de gauche héritées de l'affaire Dreyfus. La révolution a rejoint la guerre, s'en est emparée et a mué vers la tyrannie. La conférence du 26 novembre 1936 constitue à cet égard, comme l'a écrit sa biographe Michèle Bo Bramsen, « la quintessence de toute la réflexion d'Halévy ; c'est l'étape finale de sa longue étude sur le socialisme »[1].

Cette approche du socialisme dans son caractère antilibéral et antidémocratique s'est nouée au seuil de la Première Guerre mondiale. En octobre 1913, Élie Halévy se confiait ainsi à Célestin Bouglé : « *Je reconnais bien que le socialisme renferme le secret de l'avenir. Mais je ne déchiffre pas ce secret, et je suis hors d'état de dire si le socialisme nous conduit à la République suisse universalisée ou au césarisme européen*[2]. » L'étude du socialisme de guerre a permis de dépasser le simple constat de l'émergence des régimes fasciste et nazi et de parvenir à l'hypothèse d'une « ère des tyrannies » en Europe.

Pour cela, il a été nécessaire à Élie Halévy de confronter une doctrine de justice et d'humanité à sa réalisation historique, et de comprendre comment elle s'est, sous l'effet de ses contradictions internes et de la généralisation de la guerre, muée en une terreur révolutionnaire et un totalitarisme de l'État. « Étude sur le socialisme et la guerre », le sous-titre du livre, en donne la clef. La guerre a été l'événement global rompant l'équilibre interne du socialisme, entre principe de libération et principe d'organisation, une donnée historique rappelée en ouverture du syllabus qui introduit la conférence du 28 novembre 1936[3]. Le moment démocratique de la révolution des droits de 1789, dans laquelle le socialisme a trouvé une identité démocratique, est dénoncé dans l'épreuve de la guerre. Le socialisme revient à sa « *forme primitive [...] ni libéral, ni démocratique* » mais « *organisateur et hiérarchique* ». Voir en particulier « le socialisme

---

1. Michèle Bo Bramsen, *Portrait d'Élie Halévy*, préface de Raymond Aron, Amsterdam, B. R. Grüner Éditeur, 1978, p. 319.
2. Élie Halévy, lettre à Célestin Bouglé, *Correspondance (1891-1937)*, *op. cit.*, p. 442.
3. « Le socialisme, depuis sa naissance, au début du XIXe siècle, souffre d'une contradiction interne. D'une part, il est souvent présenté, par ceux qui sont les adeptes de cette doctrine, comme l'aboutissement et l'achèvement de la Révolution de 1789, qui fut une révolution de la liberté, comme une libération du dernier asservissement qui subsiste après que tous les autres ont été détruits : l'asservissement du travail par le capital. Mais il est aussi, d'autre part, réaction contre l'individualisme et le libéralisme ; il nous propose une nouvelle organisation par contrainte à la place des organisations périmées que la Révolution a détruites. » (Voir *infra*, p. 279).

saint-simonien »[1], ajoute Élie Halévy. *On comprend mieux alors le travail mené sur le premier socialisme et la place que, logiquement, occupent dans le livre les études sur le sujet.*

Bien que l'essentiel des chapitres de L'Ère des tyrannies *s'intéresse à l'évolution du socialisme notamment anglais, la thèse d'Élie Halévy sur les tyrannies en Europe domine le livre. La raison n'en est pas seulement son titre, qui résume, en une expression lourde de sens, la découverte accomplie par l'historien philosophe, ni même le contexte de sa parution dans le mois qui suit l'humiliation imposée aux démocraties lors des accords de Munich. « L'Ère des tyrannies » dépasse une simple élucidation du socialisme révélé par la guerre, débouchant sur une première compréhension du phénomène totalitaire en Europe. Par cet effort sans précédent pour penser l'histoire en train de se faire, Élie Halévy définit une posture philosophique propre à surmonter son accélération vertigineuse et l'impuissance de l'humanité à dominer ce désordre mondial. C'est bien un pouvoir philosophique devant l'histoire qui est affirmé par Élie Halévy.*

En dépit de sa noirceur définitive, la thèse d'Élie Halévy est d'emblée victorieuse. Plutôt que de subir le poids d'événements sur lesquels les démocrates ne semblent avoir aucune prise, l'hypothèse d'une convergence des régimes de terreur, toute vertigineuse soit-elle, permet de reprendre pied dans l'histoire et de faire triompher la raison critique sur le matérialisme historique. En cela, les démocrates retrouvent et fortifient les valeurs qui les ont fait naître. On peut avancer sans hésiter que la parution de L'Ère des tyrannies *constitua le socle des résistances futures en restaurant la capacité d'action des intellectuels et le pouvoir de la pensée libérale. En désignant l'ennemi totalitaire dans sa totalité,* L'Ère des tyrannies *apporta aux démocraties les moyens de s'armer, à commencer par la claire connaissance des enjeux d'un combat périlleux mais susceptible d'être gagné. Il est révélateur que la première traduction de la conférence sur « L'Ère des tyrannies » ait été donnée à Londres en 1941, alors que la Grande-Bretagne incarnait, seule à l'époque avec la France Libre et quelques gouvernements en exil, le combat des États démocratiques contre les États totalitaires. May Wallas, la fille de ses meilleurs amis anglais, en était l'auteure*[2].

Par ses qualités rarement rencontrées, L'Ère des tyrannies *appartient au corpus majeur des textes de résistance philosophique*[3].

---

1. *Ibid.*, p. 279.
2. « The Age of Tyrannies », *Economica*, vol. 8, n° 29, février 1941, p. 77-93.
3. Cf. Marc Crépon et Frédéric Worms, *La philosophie face à la violence*, Paris, Édition des Équateurs, coll. « Parallèles », 2015.

L'ÈRE DES TYRANNIES

Études sur le Socialisme et la Guerre

Texte *in-extenso* de l'édition de 1938 (Gallimard), introduit et annoté pour cette présente édition.

Complété par un troisième appendice

PRÉFACE

Éloquente, traversée de la tristesse singulière qui accompagne les morts brutales, la préface de Célestin Bouglé est importante à plusieurs titres. Elle restitue le projet réunissant les amis d'Élie Halévy autour de la publication de différents articles faisant sens avec la conférence sur « L'Ère des tyrannies » qui donne son titre au livre. Avant de pouvoir mettre à disposition des contemporains une Histoire du socialisme européen comparable à l'Histoire du peuple anglais au XIXe siècle, *il convenait d'en fournir d'une certaine manière l'épilogue, quand le mouvement socialiste livra la révolution à la guerre qui déboucha sur la crise mondiale et l'ère des tyrannies. L'ouvrage annexe, qui précédait le livre majeur, est devenu, du fait de la précocité de sa publication et de la pertinence de ses thèses, le volume le plus important des deux. La « part inachevée » de l'œuvre est ici celle qui commande toute sa compréhension.*

Intime d'Élie Halévy depuis le temps de l'École normale supérieure, excellent connaisseur de l'œuvre de son ami dont il a édité certaines pièces[1], *Célestin Bouglé s'explique sur les choix des textes retenus, leur enchaînement et leur cohérence d'ensemble. Cette mise au point est nécessaire tant l'ouvrage peut dérouter. Le thème des tyrannies n'occupe qu'un peu plus d'une trentaine de pages*[2]. *Mais, pour y parvenir, Élie Halévy a dû mettre en œuvre des travaux complexes et approfondis qui donnent sa solidité à la thèse principale. Il s'agit alors de restituer ce parcours de recherche très inédit.*

Célestin Bouglé souligne aussi la signification d'une telle proposition de lecture du monde présent et son impact sur la pensée philosophique confrontée à la toute-puissance de l'histoire. Pour combattre le matérialisme historique, il convient d'être historien et d'aborder les événements avec toute la puissance de la raison critique, mais aussi avec l'érudition la plus sûre

---

1. [Le bilan du libéralisme anglais établi par Élie Halévy (« Grandeur, décadence et persistance du libéralisme en Angleterre ») est ainsi publié en 1936 dans le recueil du Centre de Documentation sociale que dirige Célestin Bouglé, *Inventaires. La Crise sociale et les idéologies nationales* (cf. *infra*, p. 513 et suiv.)]

2. À ces pages de l'édition de 1938 s'ajoute un troisième appendice inédit (*infra*, p. 322-328).

et une recherche de sens qui ne se soumette à aucune prudence – politique, morale ou intellectuelle.

Cet exemple de « *réflexion la plus libre, la plus méthodique, la mieux informée qu'il soit* » témoigne de la perte inestimable que représenta la mort d'Élie Halévy. Celle-ci ne concernait pas seulement le groupe des amis qui publièrent sans tarder un premier ouvrage, un an seulement après son décès. Les sociétés françaises et anglaises se devraient aussi de comprendre la réalité abyssale qui s'ouvrait devant elles. Halévy faisait partie des penseurs qui auraient nécessairement compté dans les combats à venir ; disparu, sa pensée du moins, pouvait encore agir. La meilleure manière de la mobiliser était donc de l'offrir « *à la discussion publique* » – ce à quoi était bien destiné L'Ère des tyrannies. Son préfacier, lui-même très engagé dans l'armement intellectuel des démocraties, était convaincu de la nécessité d'un sursaut indispensable à leur survie au moment où, avec le pacte germano-soviétique, leur avenir n'avait jamais été aussi compromis.

Dès le lendemain de la brusque disparition d'Élie Halévy, ses amis désolés se sont préoccupés de sauver la part inachevée de son œuvre[1]. Œuvre immense déjà, mais qui eût réclamé, pour être menée jusqu'au terme fixé, encore des années de libre travail.

Élie Halévy n'aura pas eu le temps d'opérer, dans la grande *Histoire du peuple anglais* à laquelle il se donnait depuis quarante ans, le raccord entre 1848 et 1895[2].

Avec l'enseignement qu'il donnait sur ce sujet à l'École libre des sciences politiques alternait un autre enseignement consacré à l'Histoire du socialisme européen. De tous côtés on lui demandait de rédiger ces leçons si substantielles, si fortement charpentées. Notre ami s'était décidé à tenter cette grande entreprise. Il pensait revenir, cette année-ci et l'année suivante, à l'étude des doctrines et des expériences socialistes dans les différents pays. Puis, une fois ses leçons mises au point, il les eût mises au net.

Pour l'*Histoire du peuple anglais*, nous comptons du moins pouvoir publier bientôt le volume qu'il avait en chantier, et dont plusieurs chapitres étaient tout près de l'achèvement[3].

---

1. [Originellement, cette préface est composée en italique. Pour des exigences de cohérence de présentation, elle est ici reproduite en romain.]
2. [Le volume IV paraîtra en 1946, sous la direction de Paul Vaucher (*Le milieu du siècle, 1841-1852*). Étienne Mantoux s'était proposé pour compléter le volume suivant, sur « les années victoriennes » (1852-1895). Voir la lettre de Florence Halévy à André Nouffard du 10 juin 1945, p. 499.]
3. [Voir la note précédente.]

Il sera plus difficile, en ce qui concerne l'*Histoire du socialisme européen* de ne donner que des pages écrites de la main de l'auteur. Car Élie Halévy, en vue de ses cours, ne jetait sur le papier que très peu de notes ; il se contentait d'un plan accompagné d'une liasse de documents. Mais en utilisant les notes prises à ces cours par ses élèves, nous espérons pouvoir reconstituer et publier, dans cette même collection, cet ample tableau récapitulatif du mouvement socialiste moderne ; tableau qui n'aura d'analogue, croyons-nous, dans aucune langue[1].

En attendant, nous pouvons dès à présent offrir au lecteur un certain nombre d'études, articles ou conférences, rédigés par Élie Halévy lui-même, et dispersés dans des revues ou des collections : toutes se rapportent aux problèmes posés par le socialisme. Elles permettent de reconstituer les étapes de sa pensée et de retrouver les perspectives qui lui furent familières tant sur les doctrines et les institutions socialistes que sur les causes et les conséquences de la « guerre-révolution » qui devait imprimer à la structure des nations contemporaines un si profond ébranlement. Les problèmes posés par le socialisme ont de très bonne heure sollicité l'attention d'Élie Halévy. Libéral jusqu'aux moelles, autant par tempérament personnel que par tradition de famille, il a horreur, comme instinctivement, des empiétements de l'État, même démocratique. Il se rend bientôt compte, pourtant, que l'intervention de l'État peut devenir dans certains cas – en raison même du désordre économique qui a suivi l'avènement de la grande industrie – nécessaire à la sauvegarde des droits essentiels de la personne humaine. Privilégié lui-même, puisque l'aisance de son milieu met à la portée de son esprit tous les moyens de culture rêvés, il se promet, tout jeune, de ne pas être prisonnier de ses privilèges. « Il me déplaît de plus en plus, écrit-il, sur son cahier de lycéen, de jouir d'une fortune que je n'ai ni acquise ni méritée. » Et un instant il pense, pour être bien sûr de s'affranchir, à apprendre quelque métier manuel. En tout cas il pressent, il avertit qu'il va falloir prêter grande attention aux revendications qui vont s'universalisant des travailleurs manuels, comme aux systèmes des penseurs qui se font leurs avocats. Et dès 1888, il consigne sur son carnet : « Le socialisme, grande, puissante et formidable doctrine, que nous ne pouvons apprécier en France. » Il est à noter d'ailleurs que lorsqu'il entre, l'année suivante, à l'École normale supérieure il n'y sent pas – il l'a expliqué lui-même dans sa dernière

---

1. [La première édition de l'*Histoire du socialisme européen*, à laquelle travaille au même moment Célestin Bouglé avec Étienne Mantoux et Raymond Aron, ne paraît qu'en 1948, aux éditions Gallimard, dans la collection « Bibliothèque des idées », suivie de deux rééditions dans des collections nouvelles du même éditeur (coll. « Idées » en 1974, et coll. « Tel » en 2006). L'édition *in extenso* de l'*Histoire du socialisme européen*, composant le tome 3 des *Œuvres complètes* d'Élie Halévy, est également publiée en 2016 par les soins des Éditions des Belles Lettres, avec un appareil critique dû à Marie Scot.]

communication à la Société française de Philosophie – cette poussée vers le socialisme dont on a tant parlé. C'est seulement quelques années plus tard que Lucien Herr et Charles Andler devaient exercer rue d'Ulm, le plein de leur influence et contribuer à y former le bataillon d'intellectuels militants qui firent une si belle escorte à Jaurès. Élie Halévy, pour sa part, n'est d'aucune escorte. Il ne prête aucun serment. Il aborde l'énigme socialiste sans préjugé, favorable ni défavorable, avec la parfaite liberté d'un esprit qui ne veut plus être qu'historien.

*
* *

En ce qui concerne les doctrines, la partie centrale du recueil que nous présentons aujourd'hui est fournie par une étude approfondie qui porte sur le saint-simonisme. Elle constitue un pendant à celle qu'Élie Halévy avait consacrée à la philosophie la plus caractéristique de cette Angleterre où il devait retourner si souvent : le benthamisme.

Un pendant et aussi une antithèse, car dans le système élaboré par Jeremy Bentham et par ses disciples, Élie Halévy pouvait trouver une sorte de confirmation des tendances « individualistes » qui étaient comme inscrites dans son propre tempérament : il loue l'école utilitaire d'avoir offert, en montrant comment les intérêts individuels s'harmonisent, non seulement une méthode d'explications, mais le critère d'orientation le plus rationnel qu'il se puisse souhaiter. Il notait toutefois que même pour les utilitaires l'identification des intérêts ne s'opérait pas toujours spontanément. Il y fallait des coups de pouce, des interventions compensatrices ou rectificatrices qui pouvaient justifier, dans certains cas, la réaction de la collectivité organisée.

C'est justement sur la nécessité de cette réaction, guidée par l'esprit d'ensemble, que le saint-simonisme devait insister après une expérience de l'industrialisme qui donnait à réfléchir aux plus optimistes. Sismondi déjà, le premier annonciateur des crises de pléthore, l'oiseau blanc qui précède la tempête en la fuyant, avait signalé, avec cette tranquille puissance d'analyse qui est sa marque, les méfaits d'une production déréglée en même temps qu'intensifiée, qui ne peut qu'aggraver dangereusement l'inégalité des conditions. Saint-Simon et les saint-simoniens surtout reprennent et orchestrent ces thèmes, opposant toute une philosophie de l'histoire à la conception libérale de la société, insistant sur la nécessité de corriger l'individualisme par une dose de « collectivisme », combattant l'héritage, limitant la concurrence, invitant l'État, « Association de Travailleurs », à devenir de gouvernant administrateur, et appelant à la rescousse non seulement des usines mieux coordonnées, mais des Banques animées d'un esprit nouveau, afin de construire enfin un monde où l'exploitation du globe n'aurait plus pour condition l'exploitation de l'homme par l'homme. En développant ces critiques et ce programme dans les Conférences de 1829, consacrées à l'Exposition de la doctrine de Saint-Simon, les Bazard et les Enfantin se sont trouvés écrire une sorte de Somme de l'époque industrialiste qu'on pourrait appeler la Bible du socialisme. Le mot seul manque : toutes les idées essentielles sont ici en puissance.

Lequel de nous deux proposa à l'autre de collaborer pour rééditer ce document capital ? Je ne sais plus au juste. Depuis que j'avais été appelé à la Sorbonne pour suppléer M. Espina dans l'enseignement de l'histoire de l'économie sociale, nos recherches étaient parallèles. Et bien souvent nos jugements coïncidaient. Pendant de longs mois, avant d'aller faire son cours à l'École des sciences politiques, Élie Halévy venait au centre de Documentation sociale de la rue d'Ulm me communiquer ses trouvailles ou me proposer des énigmes. Quelle sécurité et en même temps quelles joies m'apportaient sa sincérité entière, l'impartialité qu'il avait su s'imposer, sa haine du vague, son dédain pour tout ce qui ne serait que « littérature »...

Notre minutieux travail de commentateurs, nous le poursuivions avec un patient enthousiasme : persuadés que, continuant l'effort de M. Charléty[1], de M. Weil[2], de M. Maxime Leroy[3], nous aidions à une résurrection méritée. Aucune doctrine n'aura été plus riche que celle-là en suggestions de toutes sortes.

À la fin de l'article que nous reproduisons ici, on verra Élie Halévy démontrer que tout, ou presque, est en germe dans le saint-simonisme. Auguste Comte n'en transmet-il pas la marque à ses disciples, comme Karl Marx la transmet aux siens ? Mais ce dont Élie Halévy loue par-dessus tout l'École, c'est d'avoir clairement laissé entendre que le socialisme moderne

---

1. [Connu pour avoir donné son nom au stade Charléty à Paris, en raison de son implication dans le développement du sport universitaire, Sébastien Charléty (1867-1945) a fait une carrière de professeur d'histoire (à la Faculté des lettres de Lyon) puis de haut-fonctionnaire de l'Instruction publique (en Tunisie, en Alsace), terminant recteur de l'Académie de Paris (1927-1937). Son œuvre d'historien est modeste. Il est néanmoins l'auteur d'une *Histoire du Saint-Simonisme, 1825-1864*].

2. [Fils du grand rabbin Michel Aron et frère de l'intellectuelle et romancière Dick May, Georges Weill (1865-1944) est un historien, précurseur de l'histoire politique contemporaine. Il est l'auteur de plusieurs grandes études qui ont fait date. Agrégé d'histoire en 1886, docteur en 1892, il fera toute sa carrière à l'université de Caen (1906-1935).]

3. [Professeur nommé sur le tard (1937) à l'École libre des sciences politiques, Maxime Leroy (1873-1957) est un spécialiste des questions sociales en histoire et en droit. Durant l'entre-deux-guerres, il milite à la Ligue française pour la défense des Droits de l'homme et du citoyen et soutient l'action de la Société des Nations. Son œuvre maîtresse, une *Histoire des idées sociales en France* ne paraît qu'après la Seconde Guerre mondiale (trois vol., Paris, Gallimard, coll. « Bibliothèque des idées », 1947-1954).]

est une doctrine à double aspect. « Doctrine d'émancipation qui vise à abolir les dernières traces d'esclavage qui subsistent au sein de l'industrialisme, et doctrine d'organisation, qui a besoin, pour protéger contre les forts, la liberté des faibles, de restaurer et renforcer le pouvoir social. » Émancipation ou Organisation ? Distinction grosse de conséquences. Elle est à la racine de l'antithèse que développera avec une inflexible rigueur dans sa dernière communication à la Société française de Philosophie – son testament politique et social, pourrait-on dire – l'auteur inquiet de *L'Ère des Tyrannies*.

*
* *

Ce qui a précipité la cadence de l'évolution et frayé les voies en Europe à un étatisme autoritaire de caractère socialiste, c'est la guerre de 1914-1919. La guerre a été le fourrier macabre du socialisme « tyrannique ».

Les causes de la guerre, les causes des guerres sont bien loin d'être toutes, aux yeux d'Élie Halévy, de nature économique. Mais il est évident pour lui que la guerre de 1914, en incitant, en obligeant les nations à concentrer chacune de leur côté, pour les tendre au plus haut point, leurs forces productives, a exercé sur toute leur organisation économique une influence sans égale. L'événement pèse plus lourd que les doctrines. La catastrophe de 1914 a plus fait pour le socialisme que la propagation du système marxiste.

On retrouvera, dans les études que nous publions, les critiques qu'Élie Halévy n'a cessé d'adresser à l'idéologie marxiste, notamment à ce matérialisme historique, hégélianisme retourné, qui explique tout par le mouvement d'une dialectique dont les intérêts matériels des classes, et non plus les idées ou les sentiments, sont les moteurs. Élie Halévy, historien, est prêt à essayer lui aussi cette hypothèse comme hypothèse de travail. Il ne nie nullement que la grande industrie ait été une des plus puissantes transformatrices du monde moderne. Il accorde qu'elle peut exercer une action profonde sur le mouvement des idées, et notamment sur le progrès des sciences. Ayant constaté que les besoins des usines métallurgiques ou textiles au début du XIXe siècle en Angleterre ont suscité maintes découvertes de physiciens ou de chimistes, il accorde que « la thèse du matérialisme historique, contestable si on veut l'universaliser, est vraie à certains égards en Angleterre au début du XIXe siècle : la théorie naît de la pratique industrielle. » Mais dans bien d'autres cas l'hypothèse n'est pas vérifiée, l'universalisation est interdite, même s'il s'agit des sociétés contemporaines. L'étude à laquelle Élie Halévy s'est livré sur l'Angleterre en 1815 l'a mis immédiatement en présence de forces morales d'origine piétiste dont la puissance explique le « miracle anglais ». Tout le long du siècle, et malgré l'affaiblissement relatif de ces forces devant l'invasion des mœurs que l'industrie tient à imposer, il constate que ce ne sont pas les intérêts, ce sont les croyances qui mènent les hommes. Même lorsque les intérêts sont en jeu, il faut qu'ils comptent avec des sentiments collectifs, ceux-ci accordant ou refusant leur collaboration. Jusque dans l'impérialisme britannique, lorsqu'il se constituera, ne retrouverait-on pas des éléments plus sentimentaux qu'économiques, plus patriotiques qu'utilitaires ?

En tout cas, il serait tout à fait vain à ses yeux de vouloir faire abstraction de ces éléments pour éclairer les origines de la Grande Guerre qu'il a étudiées de très près. C'est là surtout qu'il conteste le simplisme de l'interprétation marxiste traditionnelle. La guerre serait le fruit naturel et toujours renaissant du capitalisme ? Mais l'expérience même des années d'avant-guerre permet de penser que les capitalistes des divers pays, s'il ne s'était agi que de leurs intérêts, auraient été fort capables de mettre sur pied des ententes internationales, avec un régime de concessions mutuelles assurément moins coûteuses pour eux que les conflits guerriers. Si ceux-ci ont éclaté pourtant, c'est que des sentiments collectifs intenses étaient prêts à entrer dans la ronde sinistre. C'est qu'en Asie comme en Europe des peuples opprimés croyaient trouver une issue, un moyen de salut d'abord, dans leur indépendance retrouvée ou affirmée. Les mobiles politiques ont ici pesé plus lourd que les mobiles économiques. La cause dominante de la guerre a bien été un effort pour libérer des nationalités. C'est pour cette raison d'abord que la guerre de 1914 a été en effet une révolution, une rupture d'équilibre entraînant la recherche par la violence d'un état d'équilibre nouveau ; mais cette révolution-là a permis de faire attendre, de mettre en veilleuse les sentiments révolutionnaires classiques. « Il parut, en 1914, que les émotions nationales et guerrières agissaient plus profondément sur l'esprit humain que les émotions internationales et révolutionnaires. »

*
* *

Pour mener jusqu'au bout cette lutte vitale les gouvernants, dans tous les pays, ont été amenés plus ou moins vite à mettre la main non seulement sur les industries et transports, mais sur toutes les formes de l'industrie et du commerce. Désireux sans doute de se concilier la bonne volonté des ouvriers travaillant à l'arrière, ils entraient en relation avec les chefs des organisations ouvrières et fixaient avec eux les conditions de travail.

En ce sens, ils favorisaient à leur façon le syndicalisme. Mais c'était un syndicalisme réduit à la portion congrue, assagi par force, et, si l'on peut dire, domestiqué par l'étatisme. À la puissance de l'État on s'en remettait, de proche en proche, pour la centralisation de la production comme pour la répartition des produits. La prolongation, en période de paix, de ces méthodes de guerre, voilà ce qui, plus en effet que l'expansion de la doctrine marxiste, a ouvert les voies au socialisme, mais à un socialisme césarien.

Ainsi, par la faute de la guerre, Élie Halévy voyait prendre corps la forme de politique économique qui l'inquiétait le plus, depuis longtemps. Je me souviens que bien avant la guerre, dans une de ces lettres qu'il m'écrivait régulièrement depuis notre sortie de l'École normale, il se demandait si le monde verrait s'installer une sorte de démocratie fédérale, à la manière suisse, ou un césarisme universalisé. La guerre a choisi : les Césars l'emportent.

Pour faire triompher d'autres méthodes, pour démontrer du moins leur efficacité, n'aurait-on pu compter sur le sens pratique de l'Angleterre, de cette Angleterre si chère à Élie Halévy, où il allait chaque année, eût-on dit, reprendre courage et espoir ? Pays où les systèmes pèsent moins qu'ailleurs, plus attaché aux précédents qu'aux principes, prêt d'ailleurs à tenir compte des nécessités historiques en ménageant les transitions, habitué enfin à l'esprit de compromis et aux méthodes parlementaires, n'y verrait-on pas la liberté coexister avec l'organisation ?

Mais toutes les réformes de paix sociale essayées par l'Angleterre depuis la guerre, et qu'Élie Halévy, dans les articles que nous reproduisons ici, a étudiées avec le soin le plus minutieux, n'ont pas servi à instaurer un équilibre nouveau. Les méthodes parlementaires auxquelles se plient volontiers les représentants eux-mêmes du trade-unionisme anglais n'ont abouti à aucun changement durable de la structure économique. Le « socialisme de Guilde » a collectionné les échecs. Et Sidney Webb[1] a le droit de rire, d'un rire méphistophélique, ce même Sidney Webb dont Élie Halévy, dès son arrivée en Angleterre, a senti les sympathies pour la conception hégélienne de l'État et les méthodes prussiennes de la bureaucratie organisatrice.

---

1. [Sidney James Webb (1859-1947) est un économiste, professeur d'administration publique à la London School of Economics à partir de 1912. Mais il est principalement un théoricien marxiste qui, avec sa femme Beatrice, a marqué de sa forte empreinte le socialisme britannique et européen. En 1884, il participe à l'aventure de la Fabian Society (avec Graham Wallas et George Bernard Shaw notamment). Dix ans plus tard, il publie avec sa femme une histoire des syndicats britanniques. Son influence ne cesse de grandir en Angleterre et dans le parti travailliste. Il est élu député en 1922. En 1924, il rejoint le gouvernement de Ramsay MacDonald comme secrétaire d'État aux colonies et aux affaires des dominions. Partisan d'un socialisme organisationnel et hiérarchique, il s'affiche comme un partisan inconditionnel de la révolution bolchevique et de l'URSS, comme le relèvera à plusieurs reprises Élie Halévy dans la correspondance publiée à la suite de *L'Ère des tyrannies*.

Le programme que cette conception et ces méthodes impliquent, on est en train de l'appliquer, semble penser Élie Halévy, dans les pays où des hommes d'action ont compris que la structure moderne de l'État met à leur disposition des pouvoirs presque illimités, et où des sectes armées, des « faisceaux » ont mis la main sur l'usine aux lois, comme disait Jules Guesde, soit pour en arrêter le fonctionnement, soit pour le diriger à leur gré. Ici, en Russie, en partant du socialisme intégral on tend vers une sorte de nationalisme. Ailleurs – en Allemagne, en Italie – on tend vers une sorte de socialisme. Le résultat est le même en ce qui concerne les libertés. Elles sont écrasées. Et l'on en vient à se demander si le socialisme peut se réaliser autrement qu'en les écrasant. Ainsi la contradiction qu'Élie Halévy dès longtemps sentait au cœur du socialisme entre le besoin de liberté et le besoin d'organisation ne se résoudrait sous nos yeux, la guerre aidant, que par une négation. *Finis libertatis ?*

*
* *

Le pessimisme de ces conclusions n'a pas manqué, à la *Société française de Philosophie,* d'étonner beaucoup des amis d'Élie Halévy. On lui fit remarquer aussitôt qu'il y a socialisme et socialisme, qu'en face de Saint-Simon se sont dressés chez nous et Fourier et Proudhon, que d'ailleurs les démocraties, ni en Amérique, ni en Angleterre, ni en France, n'ont encore dit leur dernier mot, qu'il leur est encore possible de mettre sur pied une organisation économique plus juste, sans être forcées pour autant, soit d'asservir les syndicats, soit de museler tout esprit critique.

Un monde de questions était soulevé. Pour essayer d'y voir clair, on avait décidé de prendre un nouveau rendez-vous ; de consacrer une autre séance de la Société à l'examen approfondi des thèses d'Élie Halévy…

En les offrant aujourd'hui à la discussion publique, nous ne remplissons pas seulement un pieux devoir envers la mémoire de l'ami qui nous a été enlevé : l'exemple qu'il nous a donné – celui de la réflexion la plus libre, la plus méthodique, la mieux informée qu'il soit – est un de ceux dont personne aux heures que nous traversons ne méconnaîtra le prix.

G. Bouglé

SISMONDI[1]

Critique de l'optimisme industrialiste

Élie Halévy rédige l'introduction aux « Morceaux choisis » de Sismondi[2] en 1933, à l'invitation de Célestin Bouglé qui dirige la collection des « Réformateurs sociaux »[3] aux éditions Alcan[4]. Malgré les apparences, puisque Sismondi est un économiste et essayiste genevois des premières années du XIXe siècle, l'étude qui lui est consacrée est bien centrale à la réflexion halévyenne sur la crise mondiale née de la guerre et engendrant d'irrémédiables bouleversements au sein des nations belligérantes. Une définition de la crise, dans son lien avec la guerre, est même proposée au terme de l'exposé relatif à Sismondi :

> *Si la guerre est cause des maux dont nous souffrons, c'est d'une manière indirecte, c'est parce que, l'art de la guerre ayant été industrialisé comme les arts de la paix, la dernière grande guerre a eu cet effet nouveau, dans l'histoire militaire du genre humain, de tendre à la surindustrialisation des nations belligérantes, et de précipiter la venue d'une crise qui, par le progrès normal de la technique industrielle, n'aurait éclaté qu'un demi-siècle, un siècle plus tard.*

En quoi cependant l'œuvre d'un économiste et philosophe genevois du tournant du XVIIIe siècle peut-elle éclairer la situation du monde cent cinquante ans plus tard ?
Dans les pages qui suivent, Élie Halévy révèle l'originalité des thèses et du parcours de Sismondi, soulignant sa pensée anticipatrice sur le capitalisme

---

1. Introduction aux *Morceaux Choisis* de Sismondi publiés dans la collection *Les réformateurs sociaux* (Paris, Alcan, 1933).
2. [Jean Charles Léonard Simonde de Sismondi est né à Genève le 9 mai 1773. Il y décède le 25 juin 1842.]
3. [Célestin Bouglé publie notamment dans cette collection un *Proudhon* en 1930.]
4. [Les éditions Alcan sont spécialisées dans la publication d'ouvrages de philosophie et occupent une place importante dans la pensée des sciences sociales, alors en plein essor. Voir à leur propos l'étude de Valérie Tesnière, *Le Quadrige. Un siècle d'édition universitaire (1860-1968)*, Paris, PUF, 2001.]

autant que sur le socialisme, dont il fut contemporain de ses premiers temps. D'abord vulgarisateur de la conception vertueuse du capitalisme dans la fidélité à la doctrine d'Adam Smith et de Ricardo, il choisit de s'en détourner puis d'exercer une vigoureuse critique de cette « orthodoxie » économique à travers un ouvrage rapidement fameux, Nouveaux principes d'économie politique, ou De la richesse dans ses rapports avec la population, *publié en 1819. « Sous la fausse apparence du libéralisme politique de l'Angleterre, il découvrait une constitution économique dont le vrai nom était non liberté mais servitude, et allait se trouver amené de la sorte à juger la civilisation anglaise comme jamais il n'aurait songé auparavant à le faire », écrit Élie Halévy.*

Sismondi ne limite pas sa critique à la seule Angleterre. Il ambitionne de fonder une nouvelle économie politique qui se substituerait à l'ancienne, affectée d'un double vice qui la condamne. L'inégalité de fortune sur laquelle repose la société s'avère incapable d'assurer à cette dernière la stabilité à laquelle elle aspire. La raison de cet échec tient dans un système qui ne se place pas du point de vue de la « société prise dans son ensemble et sa complexité, mais à celui du propriétaire qui s'enrichit par la vente des produits de ses terres et de ses usines. [...] Elle n'est pas économie politique véritable, art d'aménager la cité dans l'intérêt général, mais art de l'enrichissement individuel, "chrématistique", selon le mot créé par Sismondi. D'où ses incohérences ».

Avec Sismondi, on découvre comment le monde moderne est devenu celui de la « richesse commerciale », de la « production effrénée et aveugle, pour un marché qui fuit, en quelque sorte, devant le marchand, dans la mesure où, mettant sous les ordres des chefs de la production un nombre toujours accru d'ouvriers pauvres, et constamment réduits au chômage, elle ferme normalement ses débouchés ». Cette critique radicale de l'ancien monde, que Sismondi connaissait pour avoir multiplié les voyages en Europe, l'amène à se rapprocher des fondateurs du socialisme, non par adhésion à leurs idées mais parce qu'il rejoignait les disciples de Robert Owen et de Fourier dans leur critique de la société actuelle. Il était particulièrement méfiant à l'égard des saint-simoniens et de leur propagande en plein essor. Ce renfort inattendu conduit les socialistes à l'exploiter sans réserves, occultant l'hostilité de Sismondi pour leurs thèses. À l'inverse, du côté de ses pairs économistes et essayistes, sa situation se dégrade. Il est tenu pour « excentrique », ses œuvres ne sont ni achetées ni commentées.

Pour Élie Halévy, Sismondi a su mettre en question le système capitaliste, mais il s'est avéré incapable d'interroger de la même manière la doctrine socialiste, qu'il n'a pas pu méconnaître. Ce faisant, il a aidé les révolutionnaires socialistes à étendre leurs thèses, favorisé le « triomphe soit de l'anarchisme niveleur soit (pis encore) du robespierrisme égalitaire », *et même laissé le sismondisme, considéré dans sa partie critique, servir de base au Manifeste communiste, publié un peu plus de cinq ans après sa mort. Pourquoi ne pas admettre que Sismondi pressentait avec terreur cette interprétation révolutionnaire de sa doctrine, et était consterné de voir que « rien ne dût se faire » pour empêcher la société d'aller où elle devait fatalement aller si elle était abandonnée à elle-même, c'est-à-dire, aux yeux de Sismondi, vers une catastrophe ?*

Sismondi avait, pour le moins, et bien avant des penseurs de l'économie politique comme Jean-Baptiste Say, perçu le problème posé par les « peuples surindustrialisés » et l'alternative de développement qui les enfermait dans un avenir sombre. Avec la grande guerre elle-même surindustrialisée, l'échéance de cet avenir s'est rapprochée jusqu'à devenir le présent des sociétés, auxquelles il ne reste plus, explique Élie Halévy, qu'à revenir en arrière, selon le plan de Sismondi, ou à aller de l'avant « vers un régime nouveau dont les marxistes occidentaux semblent trouver l'organisation difficile ».

Jean-Charles-Léonard Simonde (tel fut d'abord le nom de celui qui devait s'appeler plus tard Sismondi) naquit à Genève le 9 mai 1773. Genève, la vieille ville sainte de Calvin, humanisée par les influences rivales et cependant conjuguées de Voltaire et de Rousseau, patrie du protestantisme libéral. Genève placée au point de rencontre du génie latin et du génie teutonique, foyer d'un bienfaisant cosmopolitisme moral et intellectuel, capitale future de la Société des Nations. La famille de Charles Simonde, dauphinoise par ses origines, s'était réfugiée à Genève au temps des guerres de religion. Son père Gédéon était ministre du culte calviniste. Il n'avait que quinze ans, lorsque, sans avoir achevé de recevoir l'instruction solide et froide qui était celle des Genevois de son temps, il fut obligé, par la ruine des siens, de gagner sa vie au plus tôt. Car, le banquier genevois Necker ayant été appelé par Louis XVI au secours des finances de la France, et ayant ouvert un gros emprunt auquel souscrivirent d'enthousiasme une foule de ses compatriotes, Gédéon fut du nombre, et perdit toute sa mise. Charles Simonde alla donc apprendre la banque à Lyon. Cependant la révolution éclatait à Paris, puis à Genève. De plus en plus à court d'argent, et fuyant la disette, la famille Simonde tout entière (une famille suisse est toujours prête à l'expatriation) passa en Angleterre. Charles apprit à parler l'anglais comme un Anglais, à aimer l'Angleterre comme une sorte de seconde patrie, à réfléchir (pour les adopter sans réserve) sur les principes du libéralisme politique, et du libéralisme économique aussi. En 1803, il publia un traité *De la richesse commerciale, ou Principes d'économie politique appliqués à la législation du commerce*, ouvrage dépourvu d'originalité, simple vulgarisation des idées d'Adam Smith, mais qui fut très remarqué, à un moment où le traité de Jean-Baptiste Say[1] n'avait pas encore paru, et où il répondait à un besoin dans les pays de langue française. Ajoutons que Genève était à cette date devenue une ville française malgré elle ; et par le détour de l'économie politique, Simonde s'attaquait au despotisme administratif de la France consulaire. Il faut citer les phrases finales du livre, où Simonde exprime avec vigueur les idées qu'il devait tant faire plus tard pour ébranler.

> Les Législateurs de l'Europe craignent que les acheteurs ne manquent aux fabriques nationales ; et ils ne s'aperçoivent pas que les fabriques nationales ne sont point suffisantes pour pourvoir les acheteurs... Ils se précautionnent contre l'abondance, et c'est la disette qui les poursuit. Enfin ils ne savent point voir cette vérité consolante, savoir que quelque échec que doivent éprouver quelques-unes de nos manufactures, jamais le capital national ne chômera entre les mains de ses propriétaires, et que jamais il ne sera employé par eux autrement qu'à maintenir directement ou indirectement un travail productif, à répandre l'aisance parmi les ouvriers, et à réparer, par l'ouverture d'une nouvelle manufacture, la chute de celles que des circonstances contraires auront abattues.

Le traité *De la richesse commerciale* n'était pas cependant le premier ouvrage qu'eût publié le jeune Simonde. Deux ans plus tôt, il avait fait paraître un *Tableau de l'agriculture toscane*. Pourquoi l'agriculture toscane ? C'est qu'après le voyage à Londres une nouvelle influence étrangère, l'influence italienne après l'influence anglaise, était venue pénétrer l'âme du Genevois. En 1792, la famille Simonde, ramenée de Londres à Genève par le mal du pays, dut faire de nouveau ses bagages, chassée par le régime de la Terreur. Elle passa les Alpes cette fois, acheta un domaine en Toscane, Simonde se prit de goût pour cette nouvelle patrie, y aima la simplicité des mœurs, l'heureux équilibre des fortunes. Il voulut chanter la félicité du métayer toscan, et le fit avec poésie. Il élabora une philosophie politique, faite de libéralisme à l'anglaise, de républicanisme genevois, et d'admiration pour

---

1. [Né dans une famille protestante réfugiée à Genève, journaliste puis industriel, Jean-Baptiste Say (1767-1832) est devenu l'un des principaux économistes de l'école libérale française. En 1803, il publie son célèbre *Traité d'économie politique* – auquel fait référence Élie Halévy. L'ouvrage déplaît au Premier consul pour n'avoir pas célébré les vertus de l'économie de guerre. Sous la Restauration, sa réputation grandit. En 1819, il est nommé professeur au Conservatoire national des arts et métiers et participe la même année à la création de l'École spéciale de commerce et d'industrie. En 1830, il obtient la première chaire d'économie politique du Collège de France.]

ce qui subsistait en Italie, à l'en croire, du vieil esprit d'autonomie des communes libres du Moyen Âge. Toute sa famille devint à moitié italienne ; lui-même partagea désormais son temps entre les environs de Genève et les environs de Pescia, et entreprit d'écrire une *Histoire des Républiques italiennes au Moyen Âge*, dont le premier volume parut en 1804, et qui allait faire sa gloire. Il fut dorénavant, à ses propres yeux comme aux yeux de tout le public occidental, un patriote italien en même temps qu'un citoyen genevois. Il fit même, ou crut faire, au cours de ses recherches historiques, une importante découverte. Une des « sept premières familles de Florence », la famille de Sismondi, fuyant la ruine et la guerre civile, s'était, au XVe siècle, réfugiée en Dauphiné. Or c'est du Dauphiné qu'un siècle plus tard la famille Simonde (qui s'appelait alors Symond) était partie pour s'établir à Genève. Point de doute, c'était la même famille. Charles Simond devint Simonde de Sismondi, S. de Sismondi, de Sismondi. On riait à Genève de voir l'honnête bourgeois revenir d'outre-monts affublé d'un titre pittoresque. Mais ces naïves supercheries finissent par réussir : il n'y faut que du temps. Combien de gens se doutent aujourd'hui que Sismondi ne portait pas ce nom-là en naissant ?

Revenu de Toscane à Genève, Charles Simonde (que nous appellerons désormais, comme tout le monde, Sismondi) se lia avec Mme de Staël, et devint, avec Benjamin Constant, un des familiers de Coppet. Allait-il après l'Angleterre et l'Italie, découvrir l'Allemagne ? La découverte ne semble guère avoir exercé d'action sur son esprit. Que Jean de Müller ait orienté ses recherches historiques, c'est possible ; mais il n'y a rien de spécifiquement « germanique » dans le génie de Jean de Müller. Quant au très germanique et très encombrant Schlegel, il l'abomine. Et si, dans le même temps où se poursuit la publication des seize volumes de sa monumentale *Histoire des Républiques italiennes*, il se plonge dans des recherches de littérature comparée, forme le projet d'étudier, dans deux ouvrages séparés, la littérature du Midi et la littérature du Nord, c'est seulement le second projet qu'il réalise : il demeure prisonnier du monde latin.

Il lui restait pourtant – si paradoxale que la chose puisse paraître au premier abord – à faire la découverte de la France. Sismondi n'aimait ni la France d'autrefois, celle de la Saint-Barthélemy et de la Révocation de l'Édit de Nantes, ni la France jacobine et impériale, toujours centralisatrice et despotique, qui venait de priver Genève de sa liberté. « Je n'ai jamais vu Paris, écrivait-il en 1809, mais je le déteste par avance, et de plus je le crains, car je ne voudrais pas qu'un peu de plaisir que j'y trouverais peut-être diminuât mon aversion pour la ville et ses habitants et la nation dont c'est la capitale. » Il devait pourtant bientôt faire, pour des raisons de librairie et d'édition, le voyage de Paris. Tout de suite les salons du faubourg Saint-

Germain se le disputèrent et firent la conquête de ce grave Genevois qui aimait fort la société des dames. « Après cinq mois d'une existence si animée d'un festin continuel de l'esprit, écrit-il à peine de retour à Genève, je ne pense qu'à la société que j'ai quittée, je vis de souvenirs, et je comprends mieux que je n'eusse jamais fait ces regrets si vifs de mon illustre amie, qui lui faisait trouver un désert si triste dans son exil. » Mais est-ce seulement qu'« un peu de plaisir » avait amolli sa volonté de résistance ? En réalité cette réconciliation avec la culture française, dont le début fut si foudroyant, dont les suites devaient être si durables, tient à des raisons profondes, sur lesquelles il faut s'arrêter un instant si on veut comprendre la nature de la « conversion » qui s'opère dans son esprit vers cette époque.

Il vient à Paris au moment où les désastres de la Grande Armée commencent, et où les libéraux d'Occident s'aperçoivent, allant comme l'histoire elle-même d'un extrême à l'autre, qu'il leur faut non plus haïr dans la France un foyer d'arrogance guerrière, mais aimer en elle le dernier refuge de la liberté. Plus se précipitent les désastres, et plus Sismondi se sent français. « Il y a un homme pour lequel j'ai une forte aversion qui n'a point changé ; mais il n'y a pas un de ses adversaires pour lequel j'aie de l'affection et de l'estime. » « Je comprends la haine contre un monarque d'une ambition forcenée, mais elle n'égale pas le mépris pour des souverains imbéciles ; et je ne sais si l'indignation ou le chagrin l'emporte lorsque je vois tant de rois, tant de gouvernements se rétablir par le seul mérite de leur bêtise et de leur profonde incapacité. » Malgré tout, sa sympathie pour l'Angleterre persiste. Voulant rendre l'opinion britannique favorable aux libertés de son pays natal, il présente Genève au public anglais comme « une ville anglaise sur le continent…, le champion de la double liberté civile et religieuse, de la liberté anglaise, sage et forte, progressive et cependant conservatrice ». Il déclare ailleurs « n'estimer hautement » parmi les nations « que l'anglaise ». Elle lui semble « hors pair ». La France ne vient qu'après. Mais quand viennent les Cent-Jours, quand Sismondi se rallie, comme Benjamin Constant et presque avec le même éclat, à l'Empire napoléonien du Champ de Mai, comment pourrait-il ne pas être ébranlé dans son culte pour la civilisation britannique ? On peut se rendre compte de la profonde révolution qui s'opère à cette date dans bien des esprits libéraux quand on voit Jean-Baptiste Say, l'adepte des idées d'Adam Smith – plus obstiné antinapoléonien des idéologues français – consacrer tout un petit livre à la dénonciation des vices de la société britannique : contraste entre une extrême richesse et une extrême pauvreté, déclin de l'instruction dans les classes populaires, de la culture chez les classes moyennes. Seulement Jean-Baptiste Say reste fidèle, malgré tout, à la doctrine d'Adam Smith, et attribue tant de maux au fait que les classes dirigeantes, en Angleterre, trahissant les traditions véritables de la nation, ont versé dans la politique de guerre et dans le protectionnisme agraire. Qu'on allège les dépenses militaires. Qu'on renonce à conquérir des colonies. Qu'on abaisse, qu'on supprime les droits à l'importation des céréales. Et de nouveau la prospérité régnera avec la liberté. Il appartenait à Sismondi, deux ans plus tard, d'aller plus loin que Jean-Baptiste Say dans sa critique de la société anglaise, de constater l'insuffisance des remèdes proposés par l'économie politique classique, la faiblesse théorique de cette économie politique.

L'*Encyclopædia Britannica* était une publication fameuse en Angleterre, devenue une sorte d'institution permanente, constamment mise à jour par des éditions successives. Pour l'instant, les éditeurs, sans faire les frais d'une refonte totale, décidèrent de se contenter d'un « supplément » en six volumes. Pour écrire l'article « Économie politique », ils s'adressèrent à l'auteur, toujours très populaire en Angleterre, de la *Richesse commerciale* : et Sismondi se mit à l'œuvre. Il revenait pour la première fois à l'économie politique après quinze ans au cours desquels il s'était occupé de sujets bien différents, et, confrontant ses idées vieilles de quinze ans et davantage avec les faits, constatait un désaccord profond entre celles-là et ceux-ci. Il écrivit bien l'article qui lui était commandé et dans l'esprit que désiraient ceux qui le lui commandaient. Mais il travailla en même temps à rédiger tout un traité, dont l'inspiration était différente, et qui, achevé à la fin de 1818, parut au début de 1819. Est-ce par contraste avec le sous-titre de son ouvrage de 1803 *(Principes d'économie politique appliqués à la législation du commerce)* ou avec le titre de l'ouvrage publié par Ricardo en 1817 *(Principes de l'économie politique et de l'impôt)* qu'il intitulait le sien *Nouveaux principes (Nouveaux principes d'économie politique, ou De la richesse dans ses rapports avec la population)* ? Sous la fausse apparence du libéralisme politique de l'Angleterre, il découvrait une constitution économique dont le vrai nom était non liberté mais servitude, et allait se trouver amené de la sorte à juger la civilisation anglaise comme jamais il n'aurait songé auparavant à le faire.

> Une seule nation voit contraster sans cesse sa richesse apparente avec l'effroyable misère du dixième de sa population, réduite à vivre de la charité publique. Mais cette nation, si digne sous quelques rapports d'être imitée, si éblouissante même dans ses fautes, a séduit par son exemple tous les hommes d'État du continent. Et si ces réflexions ne peuvent plus lui être utiles à elle-même, du moins estimerai-je avoir servi l'humanité et mes compatriotes en montrant les dangers de la carrière qu'elle parcourt, et en établissant, par son expérience même, que faire reposer toute l'économie politique sur le principe d'une concurrence

sans bornes, c'est autoriser les efforts de chacun contre la société, et sacrifier l'intérêt de l'humanité à l'action simultanée de toutes les cupidités industrielles.

*
* *

Essayons de définir ces « nouveaux principes » sur lesquels se fonde l'économie politique de Sismondi ; et de les définir, pour commencer, par antithèse avec cette « orthodoxie » économique (selon l'expression dont il est l'inventeur), qu'il se proposait d'ébranler.

Il y avait d'abord, à la base de cette orthodoxie, une théorie, latente dans tout le grand ouvrage d'Adam Smith, énoncée en 1803 par Sismondi dans ces phrases finales de sa *Richesse commerciale* que nous avons citées plus haut, et à laquelle Jean-Baptiste Say et James Mill venaient de donner sa forme classique : c'est ce qu'on appelle la théorie des débouchés. Aux termes de cette théorie, les encombrements du marché, les phénomènes de mévente, sont des faits dépourvus de gravité profonde, des désordres fugitifs et partiels, destinés à s'effacer rapidement dans l'ordre de nouveau rétabli. Car les produits s'échangent contre les produits, tous les produits contre tous les produits. Chaque produit apporté sur le marché constitue par lui-même la demande d'un autre produit. Si parfois il y a surproduction générale, ce ne saurait jamais être surproduction générale d'une même marchandise. C'est en ce sens que sur un point du globe certains produits ne trouvent pas d'acheteurs, pendant que sur un autre point d'autres n'en trouvent pas non plus, parce que des droits de douane constituent des obstacles artificiels à la rencontre des uns avec les autres. Supprimez ces obstacles ; laissez toutes choses obéir à la loi naturelle des échanges. La liberté, c'est l'abondance, l'égalité, l'égalité dans l'abondance.

Ricardo incorporait en 1819 cette loi à sa doctrine. Mais il fondait en même temps cette doctrine sur une loi qu'Adam Smith n'avait pas connue : le principe malthusien de la population. Aux termes de ce « principe », si on le dépouille de son appareil pseudo-mathématique, le genre humain, qui va croissant sans cesse, exerce une pression constante sur les moyens de subsistance, étant donné que son habitat est une terre dont l'étendue et la fertilité sont limitées. Il en résulte, selon la doctrine de Ricardo dans le détail de laquelle nous n'avons pas à entrer ici, la division de la société en trois classes qui sont en lutte les unes avec les autres, dont la lutte, sous certains rapports, s'aggrave à mesure que le genre humain progresse et multiplie : propriétaires, capitalistes et travailleurs. Sismondi va-t-il retenir cet aspect pessimiste de l'économie politique ricardienne, l'opposer à l'optimisme de la théorie des débouchés ? D'autres le feront, mais non pas lui, qui n'a pas l'air de s'apercevoir qu'il serait possible de retourner Ricardo contre lui-même. Illusion étrange, mais commune à beaucoup de ses contemporains et dont il faut chercher chez Sismondi les raisons.

Sismondi avoue d'abord que ce qui le rebute chez les économistes de l'école moderne, ce qui le rebute à tel point que Ricardo lui est à peine lisible, c'est le simplisme abstrait de leurs spéculations. « Notre esprit répugne à admettre les abstractions qu'ils nous demandent ; mais cette répugnance même est un avertissement que nous nous éloignons de la vérité lorsque dans les sciences sociales, où tout se lie, nous nous efforçons d'isoler un principe et de ne voir que lui. » Adam Smith procédait tout autrement, en historien qui faisait sans cesse appel à l'expérience : et c'est pourquoi Sismondi ne se lasse pas de se donner pour un disciple d'Adam Smith, malgré d'inévitables dissidences, tandis qu'il se pose en adversaire irréductible des économistes qui, venus après Adam Smith, ont voulu transformer l'économie politique en une science de principes. Et s'il se plaît à insister sur le caractère complexe de l'objet de la science sociale, c'est qu'étant complexe, il est variable : on peut donc le faire varier à son gré, dans les limites de ce que l'expérience donne comme étant possible. Il pense donc échapper ainsi à ce qu'il considère comme le second vice de la doctrine ricardienne : son fatalisme. La science, entre les mains des économistes orthodoxes, « est tellement spéculative qu'elle semble se détacher de toute pratique ». Le système de Ricardo tend à prouver « que tout est égal et que rien ne fait de mal à rien ». Et fatalisme et simplisme sont peut-être liés ensemble. Aux yeux de l'économie politique orthodoxe, la division de la société en classes se construit en partant de certaines données simples ; il est naturel qu'elle soit simple aussi, et que l'apparition de trois classes séparées de propriétaires, de capitalistes et de salariés, offre le même caractère de nécessité qui appartient aux lois simples de la nature. Sismondi se place à un point de vue tout différent. Il ne conteste pas qu'une économie politique scientifique soit possible ; mais elle a pour point de départ, non pour point d'arrivée, ces distinctions de classes qui sont le produit, toujours changeant, infiniment complexe, de l'histoire. Étant donnée une certaine division de la société économique en classes, on peut établir, en partant de l'existence de ces classes, quelles lois nécessaires gouvernent la société qui en est composée, et établir aussi quel est l'effet de l'opération de ces lois sur le bonheur des individus qui en sont membres. Si l'effet est mauvais, on devra chercher comment il est possible, en se fondant sur l'expérience, de modifier des relations qui n'ont rien d'immuable. C'est l'art du politique, qui se fonde bien sur la science, mais sur une science moins abstraite, et pour cette raison même moins passive, que ne l'est celle des économistes à la mode.

Or, nous sommes membres d'une société dont la caractéristique, selon Sismondi, par opposition à toutes les formes antérieures de société, c'est sa division en deux classes. L'une de propriétaires, dont le revenu ne représente pas un travail ; l'autre de travailleurs, qui ne possèdent aucune propriété. L'une de capitalistes (et sous cette rubrique il faut inclure également le propriétaire d'un fonds de terre et celui d'un fonds industriel) ; l'autre de prolétaires. Le problème, pour l'économiste qui est placé en face d'un tel état de société, est double : théorique et pratique. Théoriquement, le problème est de savoir comment fonctionnent les lois de l'échange qui sont la base même de la science fondée par Adam Smith, quand elles s'y appliquent. Pratiquement, le problème est de savoir si l'opération de ces lois, abandonnée à elle-même en présence de cet état de société, est favorable aux intérêts du genre humain, et quelles réformes il est désirable et possible d'introduire dans les institutions de la cité, pour corriger les mauvais effets du laisser-faire.

Cette division de la société en deux classes est-elle de telle nature que la libre concurrence, les progrès de la libre concurrence, doivent l'atténuer constamment, et en corriger les mauvais effets ? Telle est bien la thèse soutenue par l'école orthodoxe. Supposons qu'un fabricant ait inventé un procédé qui lui permet de produire à moindres frais sa marchandise, qu'arrivera-t-il selon l'école ? Il ne retirera de cette économie sur les frais de production qu'un bénéfice temporaire. Bien vite, la connaissance de son procédé se divulguera ; d'autres producteurs l'imiteront ; et pour tous indistinctement le coût de production d'une part, le prix de la marchandise d'autre part, s'abaissera. Mais les choses, selon Sismondi, se passeront tout autrement. Adopter le nouveau procédé cela implique, pour les fabricants, le sacrifice d'une masse de capital fixe et aussi d'habitudes acquises (par eux-mêmes et par leurs ouvriers), sacrifice auquel ils ne se résigneront qu'à la dernière extrémité. Il sera beaucoup plus facile au contraire à l'inventeur du procédé d'étendre l'application du procédé, d'agrandir son usine : c'est lui qui abaissera le prix de sa marchandise et, offrant une quantité capable de satisfaire une demande toujours plus étendue, ruinera ses concurrents. La concurrence, en résumé, au lieu de tendre finalement à rétablir l'égalité entre lui et ses concurrents, le rend maître du marché. Elle aboutit, par la production sur une grande échelle, par la division du travail, par les machines, à la concentration des fortunes entre un nombre d'individus de plus en plus restreint, à la concentration des travaux dans des manufactures toujours plus grandes.

Cette société fondée sur l'inégalité des fortunes, a-t-elle, à défaut d'être juste, l'avantage d'être stable ? Il n'en est rien, selon Sismondi ; et c'est le second point de sa démonstration, et peut-être le plus important. Diminuant le nombre des petits producteurs, des représentants de la classe moyenne, le régime de la concentration ne laisse subsister qu'un petit nombre d'individus très riches en face d'un grand nombre d'individus très pauvres. Or, par la production en grand, ces ouvriers produisent, à travail égal, une quantité toujours plus grande de produits. Qui les absorbera ? Les ouvriers ? Par l'effet de la nouvelle distribution de la richesse sociale, ils sont de plus en plus pauvres : leur pouvoir d'achat diminue. Les patrons ? Si les produits sont des objets de première nécessité, ils ne peuvent les consommer sans limites, étant très peu nombreux : seuls, les objets de luxe peuvent être achetés, consommés sans limite. Mais la caractéristique de la grande industrie, c'est justement de ne pas produire des objets de luxe, de produire des objets de qualité commune et d'utilité générale. Bref, l'effet de la grande industrie, c'est à la fois d'augmenter, dans la société, la faculté de production et de restreindre la faculté de consommation. La seule ressource des fabricants, pour écouler leurs produits, c'est de chercher des marchés étrangers que n'ait pas envahis encore le régime de la grande industrie. Après qu'un premier marché aura été saturé, ou bien que, le régime de la grande industrie s'y étant implanté, il aura cessé de devenir un marché pour l'exportation, une nouvelle crise de surproduction se manifestera, en attendant la découverte, à l'étranger, de quelque nouveau débouché. Et ainsi de suite jusqu'au jour où, le monde entier se trouvant envahi par les produits de la grande industrie, l'absurdité radicale du système apparaîtra comme évidente. Au rebours de ce que prétendait la « théorie des débouchés », l'engorgement est le trait caractéristique de l'ère économique présente, l'effet normal du régime de la grande industrie.

Voici donc en quoi consiste, selon Sismondi, le vice fondamental de l'économie politique orthodoxe. Elle se place non pas au point de vue de la société prise dans son ensemble et sa complexité, mais à celui du propriétaire qui s'enrichit par la vente des produits de ses terres et de ses usines. Bien qu'elle ait réfuté définitivement l'erreur du mercantilisme, elle constitue un mercantilisme d'un nouveau genre, ne considère que les intérêts du marchand, et pense avoir assuré par là les intérêts de la collectivité tout entière, ce qui serait vrai seulement si elle se composait tout entière de marchands. Elle n'est pas économie politique véritable, art d'aménager la cité dans l'intérêt général, mais art de l'enrichissement individuel, « chrématistique », selon le mot créé par Sismondi. D'où ses incohérences. Il est naturel que tout ce qui intéresse le propriétaire, ce soit l'accroissement du « produit net » du travail humain, alors que ce qui intéresse le genre humain, c'est l'accroissement du « produit brut ». Il est naturel que ce qui intéresse le propriétaire, ce soit, pour parler le langage de la science économique, la « valeur échangeable » des objets qu'il jette sur le marché, le prix auquel ils vont s'échanger contre d'autres objets, alors que ce qui importe à la société, c'est leur utilité, leur « valeur usuelle ». Les doctrinaires de la « théorie des débouchés » ne veulent envisager que des producteurs indépendants, échangeant les uns avec les autres, une fois satisfaite une partie de leurs besoins individuels, l'excédent de leurs productions, afin de satisfaire à d'autres besoins tout en satisfaisant aux besoins d'autres hommes. En quoi ils ne comprennent pas le caractère vrai de la société moderne, de cette société industrialisée dont ils se piquent d'être des interprètes : les chefs de la production ne travaillent, ou ne font travailler à leurs gages, que pour vendre. Le monde dont la théorie des débouchés est l'expression fidèle, c'est, sans que ses auteurs s'en rendent compte, le vieux monde, le monde désuet de la « richesse territoriale », où la production ne s'effectuait que pour un marché restreint et connu d'avance. Le monde moderne, c'est le monde de la « richesse commerciale », de la production effrénée et aveugle, pour un marché qui fuit, en quelque sorte, devant le marchand, dans la mesure où, mettant sous les ordres des chefs de la production un nombre toujours accru d'ouvriers pauvres, et constamment réduits au chômage, elle ferme normalement ses débouchés.

*
* *

À ces maux, quels remèdes ? Sera-ce ce qu'on devait appeler plus tard le remède « socialiste » ? Sismondi a connu les fondateurs du socialisme. Nous savons qu'il vit Robert Owen[1] à Paris en 1818, c'est-à-dire au moment précis où les problèmes économiques l'occupaient de nouveau. Et ne peut-on conjecturer, ou bien qu'il désira le connaître parce qu'il avait été frappé par la lecture des pamphlets, déjà nombreux, dans lesquels Robert Owen affirmait la réalité de la surproduction industrielle, l'urgence d'une limitation légale de la journée de travail, et la nécessité de substituer à une société qui produit pour l'échange une société qui produit pour l'usage, ou bien même que ce fut la connaissance de ces écrits qui opéra la conversion de Sismondi, et le décida à essayer de fonder l'économie politique sur de « nouveaux principes » ? Puis la doctrine de Robert Owen prit plus de consistance ; et tout un groupe de disciples, s'inspirant de ces idées, préconisa la substitution à la société actuelle, fondée sur l'échange, d'une société « coopérative ». En

---

1. [Industriel britannique, Robert Owen (1771-1858) s'engage dans le mouvement coopératif et devient le principal théoricien du « socialisme utopique » en Angleterre.]

France, par ailleurs, Fourier[1] commença de trouver des admirateurs. Mais si Sismondi s'intéressa à la propagande des disciples de Robert Owen et de Fourier, ce fut dans la mesure seulement où il adhéra à leur critique de la société actuelle : jamais il ne s'accommoda des remèdes qu'ils préconisaient. Il était pour cela un historien trop prudent, trop persuadé de la complexité des choses humaines. « Qui serait, écrit-il, l'homme assez fort pour concevoir une organisation qui n'existe pas encore, pour voir l'avenir comme nous avons déjà tant de peine à voir le présent ? » Pour ce qui est des saint-simoniens, dont la propagande ne va point tarder à faire tant de bruit, est-il besoin de dire qu'ils n'auront jamais la sympathie de Sismondi ? Car il est un point sur lequel ces adversaires de la concurrence sont d'accord avec les théoriciens de la concurrence illimitée ; ils n'admettent pas l'existence d'un problème de la surproduction. Et pour l'optimisme, à ses yeux délirant, des uns comme des autres, Sismondi n'aura jamais que méfiance et dégoût.

Il ne veut pas d'une réglementation intégrale des conditions du travail. Bien que ni Fourier ni Saint-Simon ni leurs disciples ne soient au sens propre du mot des égalitaires, il songe surtout, dans ses critiques, à l'Owenisme, qui est un égalitarisme. Or, il ne croit pas à la possibilité d'une égalisation absolue des fortunes sans des violences qui rendraient le nouveau régime odieux et précaire. Il se contente d'une inégalité modérée des conditions, pareille à celle qu'il observe dans certaines régions que l'industrialisme n'a pas encore envahies. Est-ce donc d'un retour en arrière, de ce qu'il faut appeler au sens philosophique de ce mot une « réaction », qu'il rêve ? On le croirait parfois. C'est ainsi que discutant la possibilité d'interventions gouvernementales pour remédier aux maux dont souffre la société moderne, il se heurte à l'objection courante des économistes orthodoxes : toute intervention de la loi dans le monde de la production est mauvaise, parce qu'elle tend à ralentir la production. Mais il répond : qu'importe, si le mal dont souffre la société moderne, c'est un excès de productivité ? Sa pensée se laisse cependant interpréter en un sens moins radicalement réactionnaire. Il déclare expressément n'être pas hostile au progrès du machinisme, à condition seulement qu'il aboutisse à la diminution de la peine des hommes, de tous les hommes, et non pas à l'opulence de quelques-uns, pendant que la foule peine et souffre. Il veut que les riches n'abusent pas de la force accrue que leur donne la possession des machines pour accroître leur profit

---

1. [Comme Robert Owen, le Français Charles Fourier (1772-1837) peut être considéré comme l'un des pères du socialisme dit « critico-utopique ». Philosophe, il théorise l'idée communiste qu'il déploie dans plusieurs sommes, *Théorie des quatre mouvements et des destinées générales* (1808), *Traité de l'Association domestique et agricole* (1822), *Le Nouveau monde industriel et sociétaire* (1829). Ses proches et ses amis, notamment originaires de Besançon, font école et créent en 1832 la première « colonie sociétaire » ou phalanstère.]

en faisant pires les conditions d'existence des ouvriers qu'ils emploient. Il veut que, ce faisant, on protège les riches eux-mêmes contre l'étourderie de leur rapacité : car des ouvriers moins pauvres auront un pouvoir d'achat plus grand, et la société sera moins exposée à ces engorgements périodiques du marché qui sont pour tous, riches aussi bien que pauvres, une cause permanente d'insécurité. Il veut que l'accroissement, non point paralysé, mais réglé par la loi, de la production, suive le progrès de la consommation au lieu de la précéder à pas de géant, comme il arrive, pour le malheur général, dans l'état de société monstrueux qui est le nôtre.

Le législateur devra, en matière foncière, favoriser le développement de la petite propriété : et cela moins par des lois nouvelles que par l'abrogation des lois anciennes qui embarrassent ce développement. Il devra en faire autant dans l'ordre de la propriété mobilière. Placé en face d'un monde où un petit nombre de riches commandent à des armées de pauvres, il devra donner aux ouvriers la liberté de former des coalitions qui leur permettent, par l'union de leurs faiblesses individuelles, d'opposer quelque résistance à l'oppression du patronat. Il devra en outre, et par des lois positives cette fois, assurer la limitation de la durée de la journée de travail, l'interdiction du travail des enfants, le repos hebdomadaire, et tendre à l'organisation d'un nouveau régime industriel (inspiré, comme il le reconnaît presque à regret, de l'ancien régime corporatif) qui donne aux ouvriers « un droit à la garantie de ceux qui les emploient », les chefs d'exploitation étant obligés par la loi à protéger les ouvriers contre les risques de leur vie professionnelle, contre le chômage en particulier. Tous ces remèdes, c'est en hésitant, c'est sur un ton d'extrême circonspection, que Sismondi les suggère à ses lecteurs. « Je l'avoue, écrit-il, après avoir indiqué où est à mes yeux la justice, je ne me sens pas la force de tracer les moyens d'exécution. » Mais s'il va jusqu'à considérer la tâche comme étant proprement « au-dessus des forces humaines », rendons-nous compte qu'il se heurte ici à une difficulté qui tient à l'essence de sa philosophie. Sa timidité est une timidité raisonnée.

Quand il avoue devoir se séparer des amis dont il partage les opinions politiques, rendons-nous compte qu'au fond de son cœur il reste toujours fidèle à leur libéralisme. Ces libéraux ne sont pas des anarchistes, ennemis de toutes les lois. Ils veulent des lois pour protéger l'individu contre les excès de pouvoir du souverain, que ce souverain soit un homme ou une foule. C'est dans le même esprit que Sismondi, ayant vu la servitude naître de la libre concurrence, veut qu'on restreigne la liberté, mais toujours avec prudence, et comme en tâtonnant, puisque c'est toujours en fin de compte pour sauver la liberté qu'on la restreint. Quand Sismondi veut que l'ouvrier ait droit à des « garanties » contre son employeur, n'emprunte-t-il point peut-être ce mot de « garantie » au langage du droit constitutionnel ? Et ne dévoile-t-il pas le fond de sa pensée quand il taxe d'« extra-constitutionnel » le pouvoir exercé par le capitaliste sur le prolétaire ?

Les *Nouveaux Principes d'Économie politique*, dont la première édition avait paru en 1819 eurent une seconde édition en 1827 ; et Sismondi plaçait en tête de cette seconde édition une préface triomphante. Car une nouvelle crise de surproduction venait d'éclater en Angleterre après quelques années d'accalmie ; et la France, qui commençait à s'industrialiser, venait, elle aussi, d'avoir sa première crise. Ainsi se vérifiaient ses pronostics. Les années de gloire allaient-elles donc venir pour lui ? Sûr de sa doctrine économique comme de sa doctrine politique, ayant atteint, en dépassant la cinquantaine, la plénitude de sa maturité, peut-être il l'espéra. Mais en réalité les années qui suivirent furent pour lui des années de déclin.

Il ne retrouva pas le succès de son *Histoire des Républiques italiennes du Moyen Âge*. Les mornes volumes (plus de quarante en tout) de son *Histoire des Français* vinrent sombrer l'un après l'autre dans l'indifférence générale. Il s'intéressait bien à des causes pour lesquelles se passionnait l'opinion libérale : abolition de la traite et de l'esclavage, liberté de l'Italie. Mais les opinions hétérodoxes qu'il avait affirmées dans ses *Nouveaux Principes* faisaient de lui un penseur excentrique, que tous regardaient de travers.

L'insurrection ouvrière de Lyon est, en 1834, écrasée dans le sang. Sismondi, à Genève, « fâche tout le monde contre lui » en déclarant « les massacres de gens inoffensifs par les modérés et les amis de l'ordre, la chose la plus atroce de ces quarante-cinq années de révolution » : le voilà donc classé par la bourgeoisie genevoise parmi les jacobins. Mais les radicaux suisses réclament la transformation de la Suisse en une démocratie une et indivisible : et c'est assez pour rejeter Sismondi, ennemi de toute centralisation, fédéraliste impénitent, dans le clan des aristocrates. Malade, ayant fait par amour un mariage qui fut bon sans être – loin de là – délicieux, il finit ses jours en vieillard solitaire et hypocondriaque. Ses voisins racontent qu'en haine de la surproduction il donne la préférence, pour le labour de son champ, au journalier le plus lent et le plus vieux, et pour la réparation de sa maison, à l'ouvrier le moins en vogue. En France, à Paris, qui le comprend ? Villermé, dans un mémoire sur l'état des classes ouvrières, ne cite pas son nom ; et Sismondi en conçoit quelque aigreur. De Villeneuve Bargemont, dans son *Économie politique chrétienne*, lui rend hommage : mais c'est un hommage dont Sismondi se passerait bien. Car Sismondi a sa manière à lui d'entendre le retour au Moyen Âge. Pour Sismondi, le Moyen Âge, c'est la faiblesse du pouvoir central, le fédéralisme, l'autonomie des villes. Pour Villeneuve, comme pour bien d'autres, c'est l'ordre, la hiérarchie, le « sacerdotalisme » que Sismondi déteste. En vue de définir une fois pour toutes l'ensemble de sa philosophie sociale, Sismondi a l'heureuse idée de réunir, et de publier, sous le titre d'*Études sur les Sciences sociales*, un vieux traité sur les constitutions politiques, qui, une quarantaine d'années plus tôt, n'avait pas trouvé d'éditeur, et toute une série d'extraits de ses ouvrages, opuscules et articles d'économie politique : l'ouvrage ne semble guère avoir attiré l'attention. « Je sors de ce monde, écrit-il peu de temps avant sa mort (il mourut le 25 juin 1842), sans avoir fait aucune impression, et rien ne se fera. »

« Sans avoir fait aucune impression. » Combien il exagère, si vraiment il exprime bien ici le fond de sa pensée ! Mais ne veut-il pas plutôt dire qu'il a exercé une influence autre que celle qu'il voulait, que son influence s'est exercée à contresens ? Car il se développe en France ce qu'on peut appeler un sismondisme de gauche, qui exploite son analyse critique du capitalisme pour la tourner au bénéfice du socialisme, alors que Sismondi est l'adversaire du socialisme autant que du capitalisme, ne voyant dans l'un et dans l'autre que l'envers et l'endroit d'une même forme de société centralisante et oppressive. Quand Proudhon déclare que la propriété, « c'est le vol », qu'elle est en d'autres termes identique à son contraire et constitue une notion contradictoire, qu'elle est non seulement « injuste » mais « impossible », c'est de Sismondi que constamment il s'inspire sans le dire, sans peut-être en avoir toujours conscience. Quand Louis Blanc explique que « la concurrence est pour le peuple un système d'extermination et pour la bourgeoisie une cause sans cesse agissante d'appauvrissement et de ruine », ce n'est que du sismondisme dramatisé. Or, comment admettre que Sismondi n'ait lu ni le *Mémoire sur la propriété* ni l'*Organisation du travail*, et n'ait pas été alarmé de voir ses dénonciations de l'industrialisme aboutir au triomphe soit de l'anarchisme niveleur soit (pis encore) du robespierrisme égalitaire ? Sismondi est mort ; et voici qu'arrive de Cologne à Paris, avec le dessein de se mettre à l'école des socialistes français, un jeune philosophe de la gauche hégélienne, un jeune révolutionnaire, qui s'appelle Karl Marx. La tâche qu'il s'est assignée, c'est d'appliquer à la réalité économique et sociale, pour lui faire en quelque sorte prendre pied par terre, cette grande philosophie qui explique le développement de l'univers comme un jeu dialectique de contradictions sans cesse résolues, sans cesse renaissantes. Le sismondisme lui donne la clef du problème qui l'occupe. La société actuelle court à sa ruine, conduit droit au communisme qui en est à la fois la négation et la suite nécessaire, en raison du caractère déséquilibré, contradictoire, de sa structure matérielle. On peut soutenir sans paradoxe que le sismondisme, considéré dans sa partie critique, sert de base au *Manifeste communiste*, publié un peu plus de cinq ans après la mort de Sismondi. Pourquoi ne pas admettre que Sismondi pressentait avec terreur cette interprétation révolutionnaire de sa doctrine, et était consterné de voir que « rien ne dût se faire » pour empêcher la société d'aller où elle devait fatalement aller si elle était abandonnée à elle-même, c'est-à-dire, aux yeux de Sismondi, vers une catastrophe ?

*
* *

Près d'un siècle s'est écoulé depuis la publication des *Nouveaux Principes*, près d'un siècle depuis la mort de Sismondi. Une crise économique sans précédent dans l'histoire moderne travaille le genre humain. Elle répond au schéma tracé par Sismondi. C'est une crise de surproduction mondiale, agricole aussi bien qu'industrielle, un engorgement de tous les marchés. Les amis de la paix rendent la guerre responsable de tant de maux, et ils n'ont pas tout à fait tort ; mais la relation n'est pas aussi directe qu'ils le croient entre la guerre et les souffrances économiques qui ont suivi. Car la guerre, prise en elle-même, détruit des capitaux, ralentit la production ; elle devrait avoir pour effet, elle a pour effet direct, la sous-production, la disette. Insistera-t-on, et fera-t-on observer que la guerre, par la création de nationalités nouvelles, par l'intensification des sentiments nationaux, a multiplié les barrières douanières, en a relevé la hauteur, et n'a provoqué l'engorgement de tous les marchés que par les entraves apportées aux échanges ? Ainsi se vérifierait la vieille théorie des débouchés, la thèse de J.-B. Say et de Ricardo. Mais ne faut-il pas dire plutôt que, si tous les peuples s'entourent de barrières douanières renforcées, c'est parce que, souffrant chacun chez lui d'une pléthore de produits de toute espèce, ils ne veulent pas aggraver un mal interne par l'invasion des produits étrangers ? que, si la guerre est cause des maux dont nous souffrons, c'est d'une manière indirecte, c'est parce que, l'art de la guerre ayant été industrialisé comme les arts de la paix, la dernière grande guerre a eu cet effet nouveau, dans l'histoire militaire du genre humain, de tendre à la surindustrialisation des nations belligérantes, et de précipiter la venue d'une crise qui, par le progrès normal de la technique industrielle, n'aurait éclaté qu'un demi-siècle, un siècle plus tard ? Les peuples surindustrialisés, comment faire soit pour les ramener en arrière, selon le plan de Sismondi, soit pour les pousser en avant vers un régime nouveau dont les marxistes occidentaux semblent trouver l'organisation difficile ? Quelle que doive être l'issue de nos souffrances, voilà, semble-t-il, comment se pose le problème : c'est Sismondi, non Jean-Baptiste Say qui l'a, pour la première fois, il y a plus d'un siècle, formulé.

LA DOCTRINE ÉCONOMIQUE SAINT-SIMONIENNE

Ce chapitre de L'Ère des tyrannies *est constitué de deux articles parus presque consécutivement dans la* Revue du mois *en 1908, le premier sur la doctrine de Saint-Simon[1], le second sur la doctrine des saint-simoniens[2]. Cette étude d'ampleur souligne les ambiguïtés de la première doctrine socialiste en Europe.*

Les deux articles de la Revue du mois *sont suivis d'une conclusion comprenant les dernières pages de l'introduction de 1924 composée avec Célestin Bouglé pour la réédition de* La Doctrine de Saint-Simon. *Cet appendice avance une donnée importante pour comprendre, dix ans plus tard, la réalisation des tyrannies. Les disciples et les héritiers de Saint-Simon ne se sont pas seulement tenus dans une « gauche démocratique » que l'on constate essentiellement en France[3]. Le saint-simonisme a eu en effet aussi son « extrême-gauche révolutionnaire » qui a trouvé son incarnation dans la révolution bolchevique. Celle-ci a légitimé son usage de la violence dans « l'association universelle des travailleurs » par le fatalisme historique énoncé à partir de la doctrine saint-simonienne par Marx et ses élèves. Pour Élie Halévy, qui pose la question, les marxistes n'ont pas été infidèles à l'esprit de la philosophie saint-simonienne de l'histoire. Les révolutionnaires emmenés par Lénine, en proclamant leur attachement au* Capital, *ont révélé comment l'extrême-gauche saint-simonienne a pris possession de la révolution et l'a orienté vers la plus implacable violence, ce « jacobinisme destructeur » dont se défiaient pourtant en leur temps les disciples de Saint-Simon.*

Une extrême-droite révolutionnaire est née à l'opposé, mais de la même manière de cette décomposition idéologique du saint-simonisme dont Élie Halévy soulignait dès 1907 toute l'ambivalence de la doctrine. C'est même le socialisme lui-même dans son développement historique qui est en la cause : avec les conséquences de la guerre, le mouvement

---

1. [*La Revue du Mois*, 4, p. 641-676.]
2. [*La Revue du Mois*, 6, p. 39-75.]
3. [Cf. Christophe Prochasson, *Saint-Simon ou l'anti-Marx. Figures du saint-simonisme français, XIXe-XXe siècles*, Paris, Perrin, 2005.]

socialiste a renoncé à la doctrine de la liberté et de l'émancipation sociale au profit d'un second principe, devenu exclusif, contenu dans une « doctrine d'organisation » qui restaure et renforce le pouvoir social jusqu'à en faire une force de domination totale sur la société et sur l'État, celle-là même qui s'est affirmée dans la Russie léniniste ou l'Italie fasciste. La crise mondiale souligne certes, à travers ses développements opposés et extrêmes, « la fécondité » du saint-simonisme. Mais se révèle aussi son échec, à la fois comme doctrine de liberté, et comme doctrine intellectuelle elle-même, devenue incapable de conjurer de tels usages politiques et idéologiques du fait des contradictions théoriques présentes dès sa naissance. Cette dégénérescence de la philosophie saint-simonienne explique pour une bonne part la faillite du socialisme transformé par la guerre, celle-ci forgeant la crise mondiale dont Élie Halévy proposera, cinq ans après son introduction à La doctrine de Saint-Simon, *une décisive explication lors des* Rhodes Memorial Lectures.

Le « monde moderne » qui se réalise à cette époque, entraînant l'humanité dans la violence révolutionnaire et l'État de terreur, trouvait pour Élie Halévy des formes d'annonciation « chez les auteurs du grand livre classique, trop oublié », La Doctrine de Saint-Simon : Exposition, *qu'avec Célestin Bouglé il a choisi de présenter au public dans cette édition critique.*

1. La doctrine économique de Saint-Simon[1]

Le XIXᵉ siècle est écoulé ; on commence à le comprendre. On ne connaissait pas, il y a vingt ans, comme on les connaît aujourd'hui, l'origine de deux grands mouvements d'opinion – positiviste et socialiste – qui ont agité le siècle tout entier. Littré passait alors pour le grand homme du positivisme. Puis Auguste Comte a été réhabilité. Après quoi le problème nouveau s'est posé de savoir s'il ne faut pas, dans l'histoire des origines du positivisme, remonter, par-delà Auguste Comte, jusqu'à l'initiateur véritable, Saint-Simon. En ce qui concerne le socialisme, le nom de Karl Marx paraissait résumer tout le socialisme doctrinal : Proudhon même était oublié. Or les véritables inventeurs du socialisme marxiste, ce sont tous les théoriciens, morts avant le milieu du siècle, dont Karl Marx sut absorber les doctrines diverses dans l'unité d'un seul système. L'attention des historiens s'est donc portée de nouveau sur les socialistes français contemporains de Louis-Philippe, et, en dernière instance, sur les membres de l'école saint-simonienne. Nous voici

---

1. Étude publiée dans la *Revue du Mois* (Paris, 1908).

donc ramenés, une fois de plus, jusqu'au grand précurseur. Pour connaître à leur source le positivisme et le socialisme, il faut étudier l'école où, pour la première fois, les deux mots furent prononcés ; il faut remonter jusqu'à ces premières années du siècle, où, suivant l'expression de Saint-Simon lui-même, « la Révolution avait fait entrer les Français en verve sous le rapport de la politique ».

Ce n'est pas le positivisme saint-simonien qui fera l'objet de notre étude ; c'est à propos de l'économie industrielle selon Saint-Simon et les saint-simoniens, que nous croyons pouvoir apporter, sur bien des points de détail, une précision nouvelle aux résultats déjà obtenus depuis cinq ou six ans, par un assez grand nombre de chercheurs. Saint-Simon ne commence véritablement à écrire et à exercer une influence qu'à partir de 1814 ; or, à cette date, la doctrine sociale de Saint-Simon ne diffère guère du libéralisme des économistes classiques. Il meurt en 1825 ; et cinq années après sa mort, lorsqu'éclate la révolution de Juillet, une école saint-simonienne s'est constituée, qui prêche un socialisme intégral. Nous reviendrons peut-être une autre fois sur l'histoire du saint-simonisme après la mort de Saint-Simon. Nous nous bornerons aujourd'hui à l'étude des modifications insensiblement subies, depuis 1814 jusqu'en 1825, par la pensée de Saint-Simon, ainsi que des causes qui déterminèrent ces modifications.

En 1812, les armées de Napoléon évacuent la Russie. En 1813, elles évacuent l'Allemagne. En 1814, elles luttent sur le sol même de la France contre les armées de la coalition européenne. L'Empereur abdique. En 1815, après une nouvelle et dernière convulsion, c'en est fait pour la France du rêve d'une monarchie universelle. L'Angleterre l'a définitivement emporté sur la France, la puissance libre sur la puissance forte, la puissance commerçante sur la puissance militaire : « Carthage » sur « Rome ». Pendant que le continent se ruinait par la guerre, elle accroissait son industrie, son commerce, sa marine marchande. Le moment a fini par venir où l'appauvrissement de l'Europe a dépassé les vœux des marchands anglais ; les continentaux sont devenus trop misérables pour acheter leurs produits. Les Anglais ont besoin, pour continuer d'être les fournisseurs de l'Europe, que celle-ci s'enrichisse de nouveau suffisamment pour offrir un marché aux producteurs anglais. Il faut que l'ère du négoce et de la liberté succède à l'ère de la conquête et du despotisme : c'est la banqueroute de la guerre.

Telle est du moins la morale que tirent des événements un certain nombre de publicistes français. Benjamin Constant, dès 1813, avait fait imprimer à Hanovre son traité *De l'esprit de conquête et de l'usurpation, dans leurs rapports avec la civilisation*. Après la fin de l'Empire, trois hommes aspirent à prendre la direction du libéralisme pacifique. Ce sont d'abord deux jeunes avocats, Charles Comte et Dunoyer, qui se font journalistes, et fondent ensemble, pour la propagation de leurs idées, une publication périodique dont le titre est *Le Censeur*. C'est ensuite le comte Henri de Saint-Simon, plus âgé, mais qui n'a pas encore réussi à satisfaire les ambitions littéraires et scientifiques dont il est dévoré. Il s'est enrichi par d'heureuses spéculations, il s'est ruiné de nouveau. Il a accablé l'Empereur et l'Institut de mémoires où il proposait de constituer une « encyclopédie nouvelle », d'organiser définitivement, sur la base « positive » de l'expérience, l'ensemble du savoir humain, de fonder une science unique, qui comprendrait, outre la mécanique et la physique, la « physiologie », la science de l'homme individuel et social. Désormais son attention se porte exclusivement sur des questions d'ordre moral et politique, et pendant trois années, de 1814 à 1817, Charles Comte, Dunoyer et Saint-Simon professent la même philosophie sociale, préconisent la même politique. Tantôt c'est l'un, tantôt c'est l'autre qui précède, de sorte qu'il est souvent difficile de démêler des influences qui s'entrecroisent.

En 1814, Saint-Simon, assisté d'Augustin Thierry, un jeune professeur d'histoire qu'il vient de prendre pour secrétaire, publie un traité intitulé *De la réorganisation de la société européenne, ou De la nécessité et des moyens de rassembler les peuples de l'Europe en un seul corps politique en conservant à chacun son indépendance nationale*. Le problème est, comme le dit le titre, de rétablir l'ordre dans l'Europe « désorganisée »[1] depuis le temps de la Réforme, et de constituer un système de paix internationale, analogue à celui qui existait au Moyen Âge lorsque l'opinion publique en Europe tenait pour légitime l'arbitrage exercé par le pape entre les souverains, mais reposant sur des principes nouveaux, mieux adaptés aux temps nouveaux. Il faut pour cela, d'abord, que l'Europe entière soit politiquement *homogène*, et que toutes les nations possèdent les mêmes institutions. Il faut, en second lieu, que ces institutions soient « organisées... de telle sorte que chaque question d'intérêt public soit traitée de la manière la plus approfondie et la plus complète »[2], que le régime adopté soit un régime libéral, un régime mixte, composé de trois pouvoirs, à la manière anglaise : Saint-Simon offre l'Angleterre et sa constitution en modèle à l'Europe entière.

> Séparée du continent par la mer, elle cessa d'avoir rien de commun avec ceux qui l'habitent, en se créant une religion nationale et un gouvernement différent de tous les gouvernements de l'Europe. Sa constitution fut fondée, non plus sur des préjugés et des coutumes,

---

1. *Œuvres* de Saint-Simon, 1868-1875, vol. I, p. 162.
2. *Ibid.*, vol. I, p. 183.

mais sur ce qui est de tous les temps et de tous les lieux, sur ce qui doit être la base de toute constitution, la liberté et le bonheur du peuple[1].

L'Europe aurait trouvé son organisation définitive, « si toutes les nations qu'elle renferme, étant gouvernées chacune par un parlement, reconnaissaient la suprématie d'un parlement général placé au-dessus de tous les gouvernements nationaux et investi du pouvoir de juger leurs différends »[2]. Le prélude nécessaire à cette organisation européenne, c'est l'alliance et la fédération des deux nations qui, dans l'Europe occidentale, ont déjà conquis leur liberté constitutionnelle : la France et l'Angleterre. « Les maux commenceront à devenir moindres, les troubles à s'apaiser, les guerres à s'éteindre » : réalisation véritable de cet âge d'or que « l'imagination des poètes a placé au berceau de l'espèce humaine, parmi l'ignorance et la grossièreté des premiers temps, mais qu'il faut placer au-devant... dans la perfection de l'ordre social »[3].

Bref, la politique positive, selon Saint-Simon et Augustin Thierry, c'est la politique parlementaire. Tel est le point de vue auquel se placent également les rédacteurs du *Censeur* ; et Charles Comte développe des idées très voisines de celles que Saint-Simon vient d'exposer, dans un article qu'il insère dans le troisième volume de son recueil, *Sur la situation de l'Europe, sur les causes de ses guerres, et sur les moyens d'y mettre fin*[4]. À n'en pas douter il s'inspire de Saint-Simon. Il est moins optimiste, n'annonce pas la venue de l'âge d'or, redoute, en dépit de ses vœux pacifiques, des guerres prochaines. Il est moins systématique, et se défend d'entrer dans le détail, quant à « la forme que l'on doit donner » au gouvernement parlementaire, et quant au « mécanisme de sa constitution ».

Il a moins confiance que Saint-Simon dans l'Angleterre pour prendre l'initiative de la fédération européenne. Il est convaincu cependant qu'une alliance de la France, de l'Angleterre, – et il ajoute : de l'Espagne – serait un bienfait pour la civilisation générale. Il ajoute, comme Saint-Simon, que « cette alliance ne peut être durable et avantageuse... qu'autant qu'elle serait fondée sur une confédération qui aurait pour base la justice, l'égalité, la modération et le partage des avantages du commerce et des colonies »[5]. Il expose enfin, comme Saint-Simon, les grands traits « de l'organisation d'une confédération de peuples libres » : « Il n'y a que des peuples libres qui puissent se réunir en confédération : il faut encore qu'ils aient des constitutions

---

1. *Ibid.*, p. 163-164.
2. *Ibid.*, p. 197.
3. *Œuvres* de Saint-Simon, vol. I, p. 247-248.
4. *Le Censeur, ou examen des actes et des ouvrages qui tendent à détruire ou à consolider la constitution de l'État*, vol. III, p. 1 *sq.*
5. *Ibid.*, p. 26-27.

analogues pour qu'ils puissent procéder, d'une manière uniforme, à la création du gouvernement central qui doit les tenir réunis. » Ce gouvernement central « doit être représentatif et de même nature que les gouvernements particuliers de chaque État confédéré... Il doit être placé de manière à n'avoir d'autres vues que l'intérêt général de la confédération »[1]. Et il lui assigne les mêmes fonctions que lui assignait Saint-Simon : « S'occuper des grands travaux d'une utilité générale, établir les grandes communications, ouvrir des canaux, couper des isthmes, jeter des colonies au milieu des peuples barbares, pour hâter la civilisation et étendre les relations du commerce[2]. »

Saint-Simon et les rédacteurs du *Censeur* s'occupent de science politique : c'est un effet de la grande commotion sociale de 1814. Ils ne s'occupent encore, ni lui ni les autres, de science économique. Ils sont d'accord pour réclamer un régime de libre discussion ; le libre-échange n'est pas encore l'objet explicite de leurs revendications. Sans doute la transition est facile du libéralisme politique au libéralisme économique. Saint-Simon formule, dans sa publication de 1814, le principe même qui fonde les théories des économistes classiques, le principe de l'identité des intérêts, et en affirme l'importance.

> Moins on contrarie, nous dit-il, les intérêts des autres en travaillant aux siens propres, moins on éprouve de résistance de leur part, plus facilement on arrive au but. Ainsi cette maxime tant répétée : *On ne peut être vraiment heureux qu'en cherchant son bonheur dans le bonheur d'autrui, est aussi certaine, aussi positive que celle-ci : un corps lancé dans une certaine direction est arrêté ou retardé dans sa course, s'il rencontre en chemin d'autres corps lancés dans une direction contraire*[3].

Charles Comte, de son côté, dans *Le Censeur*, oppose l'intérêt des nations, qui est de s'enrichir par l'échange, à l'intérêt des gouvernements, qui est de s'enrichir par la guerre. Dunoyer rattache même « l'origine des idées qui forment aujourd'hui la base de l'opinion » à l'époque « où les lettres, l'industrie et le commerce ont pris naissance en Europe ». « L'amour de la paix et de la liberté a... dû naître en Europe en même temps que les Lumières et le commerce ; et plus les Lumières ont fait de progrès, plus le commerce a agrandi et multiplié ses relations, plus ils ont ajouté ensemble au bonheur et à la prospérité des peuples, plus ce sentiment a dû se développer, s'étendre et s'affermir[4]. » Et *Le Censeur* consacre une étude critique très

---

1. *Ibid.*, p. 28.
2. *Ibid.*, p. 30.
3. *Œuvres*, vol. I, p. 238.
4. Vol. VI, p. 143.

développée, très minutieuse, au *Traité d'économie politique* de J.-B. Say, dont la deuxième édition a paru en 1814[1]. Mais c'est seulement de 1817 que l'on doit dater la conversion simultanée des rédacteurs du *Censeur* et de Saint-Simon aux doctrines du libéralisme économique. Tous se désintéressent alors des problèmes de droit constitutionnel, et s'intéressent à d'autres questions sociales, qui leur paraissent présenter un caractère plus positif.

Après deux années employées au rétablissement de l'ordre matériel, le problème se pose pour le gouvernement français, comme aussi pour le gouvernement anglais, de réorganiser les finances publiques, dérangées par vingt ans de guerres. Voici donc les hommes d'État obligés, dans les deux pays, de s'entendre avec les banquiers, de consulter les intérêts des négociants et des chefs d'entreprises. L'économie politique, en conséquence, devient à la mode. C'est l'année où, en Angleterre, Ricardo publie ses *Principes de l'économie politique et de l'impôt*. En France, Charles Comte, toujours assisté de Dunoyer, reprend, sous le titre nouveau du *Censeur européen*, la publication du *Censeur*, interrompue depuis deux ans. Saint-Simon, en collaboration avec son secrétaire Augustin Thierry, avec Saint-Aubin et Chaptal, entreprend une publication du même genre, intitulée *L'Industrie*, qui mérite les éloges des rédacteurs du *Censeur* :

> Nous avons déjà eu l'occasion, écrivent-ils, de remarquer combien l'économie politique devait avoir d'influence sur le progrès des idées relatives à la politique, et combien cette science était propre à étendre les vues des publicistes. Voici un exemple qui fera sentir la vérité de cette observation. En 1815, M. le comte de Saint-Simon avait annoncé un ouvrage intitulé : *Le Défenseur des propriétaires nationaux*, se renfermant ainsi dans la défense d'un article de la Charte. Aujourd'hui M. de Saint-Simon s'élève à des idées beaucoup plus générales[2].

Saint-Simon, Augustin Thierry, Charles Comte, Dunoyer, découvrent en même temps que la politique positive, c'est l'économie politique, telle qu'Adam Smith et J.-B. Say en ont posé les principes.

C'est en termes presque identiques qu'Augustin Thierry dans *L'Industrie*[3],

---

1. Vol. VII, p. 43 *sqq.*
2. *Censeur Européen*, vol. II, p. 371.
3. *L'Industrie littéraire et scientifique liguée avec l'Industrie commerciale et manufacturière*, tome I, seconde partie, Politique, par Augustin Thierry, fils adoptif d'Henri de Saint-Simon, janvier 1817 (*Œuvres* de Saint-Simon, vol. II, pp. 17 *sq.*). Les rédacteurs du *Censeur Européen*, en signalant la publication nouvelle (vol. I, pp. 380-381), font des réserves sur la première partie, qui est de Saint-Aubin, et à laquelle ils reprochent de « renfermer quelques idées de couleur un peu ministérielle ». Ils louent sans restriction la seconde, « écrite avec indépendance et souvent avec force ».

puis Dunoyer dans *Le Censeur européen*[1], critiquent la théorie de l'équilibre européen, fondé sur la rivalité de puissances militaires également fortes, et opposent à cette théorie la théorie de l'identité des intérêts commerciaux de toutes les nations. D'où une définition nouvelle du libéralisme : « Un régime constitutionnel, écrit Augustin Thierry, un régime libéral dans le vrai sens de ce mot, n'est autre chose... qu'un régime fondé sur l'industrie, *commercial government*, comme l'appelle un auteur anglais[2]. » Les deux publications ne se lassent pas de mettre en lumière le conflit, à travers l'Europe entière, de deux classes : l'une militaire et féodale, l'autre industrieuse : la « classe », la « nation » des « industrieux »[3], ou des « industriels » : Saint-Simon invente ce substantif nouveau, qui fait fortune[4].

Cette opposition, Dunoyer l'explique dans *Le Censeur européen*, par une théorie historique. Ces deux classes qui se heurtent, et sont contemporaines l'une de l'autre, correspondent à deux conceptions de l'organisation sociale, qui expriment les besoins de deux époques successives dans l'histoire. « Le premier moyen dont l'homme s'avise pour satisfaire ses besoins c'est de prendre ; ravir a été la première industrie, ç'a été aussi le premier objet des associations humaines, et l'histoire ne fait guère connaître de sociétés qui n'aient été d'abord formées pour la guerre et le pillage[5]. » Telle est, selon Dunoyer, la forme primitive des gouvernements organisés, qui suppose la guerre perpétuelle. « Le premier besoin de l'homme, écrit de même Charles Comte[6], est de pourvoir à sa subsistance, et il ne peut y pourvoir, ainsi que nous l'avons vu précédemment, qu'au moyen des produits spontanés de la nature, au moyen de ce qu'il ravit à ses semblables, ou au moyen des produits de son industrie. » Le premier moyen ne suppose aucune organisation politique, et ne procure aucune richesse. Le second moyen convient aux peuples dont l'organisation est barbare. Il divise la société en maîtres et en esclaves, implique l'obéissance passive de ceux-ci à ceux-là, corrompt les uns et les autres. Le troisième moyen est « celui qui convient le plus à l'homme, parce qu'il fournit abondamment à ses besoins et qu'il est le seul qui puisse le maintenir dans un état de paix, et donner à ses facultés tout le développement dont elles sont susceptibles ». Et Charles Comte trace à

---

1. Vol. I, pp. 93 *sq.* : *Du système de l'équilibre européen*. – vol. II, pp. 67 *sqq.* : *Considérations sur l'état présent de l'Europe, sur les dangers de cet état, et les moyens d'en sortir.*
2. *Ibid.*, p. 108.
3. *Censeur Européen*, vol. I, p. 115 ; vol. II, p. 35, 76. – Saint-Simon, *Œuvres*, vol. I, p. 131, 198, 203, 205.
4. *Œuvres*, vol. II, pp. 58, 60. Enfantin (*Producteur*, vol. V, p. 98) revendique pour Saint-Simon l'honneur d'avoir créé le mot.
5. *Censeur Européen*, vol. I, p. 93.
6. *De l'organisation sociale considérée dans ses rapports avec les moyens de subsistance des peuples* (*Censeur Européen*, vol. II, p. 1).

grands traits, en se fondant sur ces principes, tout un tableau de l'histoire de la civilisation européenne, depuis les origines de la cité romaine jusqu'à nos jours.

Or Augustin Thierry venait d'exposer, au premier tome de *L'Industrie*, une théorie très voisine de celle-là.

> L'homme, nous dit-il, dans l'état sauvage ou primitif, a beaucoup à démêler avec les hommes et peu avec les choses... Dans un état plus avancé, avec une plus grande capacité d'observation et de jugement, l'homme se met plus en relation avec les choses... La première tendance à l'opposition et à l'hostilité se conserve encore, mais l'intérêt se modifie. Le vainqueur sait se contenir ; il fait trêve à ses ravages, il épargne les fruits de la terre, il réserve l'esclave qu'il exploitera pour lui ; il s'entoure, autant qu'il peut, de machines à nourrir l'homme... Le caractère des peuples de l'Antiquité est essentiellement militaire. Ce qu'il y avait de travail paisible était rejeté hors de la nation et abandonné aux esclaves... Cet ordre de choses devait finir avec l'état moral qui l'avait produit et qui le maintenait.... La révolution se fit dans le XIIe siècle. Par l'affranchissement général des communes dans toute l'Europe, l'industrie paisible, qui, chez les Anciens, était hors de l'État, entra dans l'État, et en devint une partie active, de passive qu'elle était d'abord[7].

Cependant Saint-Simon déclarera expressément, l'année suivante – à une époque où il avait, en vérité, rompu avec Augustin Thierry – qu'il a emprunté à Charles Comte la distinction, désormais fondamentale dans sa philosophie sociale, entre deux régimes irréductiblement distincts, l'un « militaire ou gouvernemental », l'autre « libéral et industriel »[8]. De Saint-Simon, la distinction s'est transmise à Auguste Comte, d'Auguste Comte à Buckle, de Buckle à Herbert Spencer, qui lui a conféré un caractère d'universelle popularité.

L'histoire, interprétée par la science économique, nous enseigne donc en quel sens nous devons, en quel sens nous pouvons avec des chances de succès, diriger notre activité pratique. Au stade de développement où l'humanité est parvenue, nous sommes en droit de considérer une nation, comme n'étant pas autre chose « qu'une grande société d'industrie »[9]. « La Société recueille de la *richesse*, des *valeurs produites*, en proportion de ses capitaux et de son industrie... La part ou le revenu de chacun individuellement se mesure au

---

7. *Œuvres* de Saint-Simon, vol, II, p. 34, *sqq.*
8. *L'Industrie*, vol. IV ; *Œuvres*, vol. III, p. 157.
9. *L'Industrie*, t. I, 2e partie, par Augustin Thierry ; *Œuvres* de Saint-Simon, vol. II, p. 68-69.

taux des capitaux ou des services industriels qu'il a mis en commun[1]. » Cet état de choses n'est cependant encore réalisé que partiellement. Il nous faut lutter pour en achever la réalisation. « On peut, écrit Dunoyer, dans leur état actuel, comparer les peuples à des essaims mi-partie de frelons et d'abeilles, essaims dans lesquels les abeilles consentent à distiller des torrents de miel pour les frelons, dans l'espoir d'en conserver au moins quelques rayons pour elles. Malheureusement, il ne leur en reste pas même toujours une faible partie[2]. » Saint-Simon, l'année suivante, dans son *Politique*, reprendra, pour l'amplifier, la parabole des abeilles et des frelons[3].

> Nous l'avons déjà dit vingt fois, écrit Dunoyer[4], nous le répéterons mille fois encore. L'objet de l'homme n'est point le gouvernement, le gouvernement ne doit être à ses yeux qu'une chose très secondaire, nous dirons presque très subalterne. Son objet, c'est l'industrie, c'est le travail, c'est la production de toutes les choses nécessaires à son bonheur. Dans un État bien ordonné, le gouvernement ne doit être qu'une dépendance de la production, qu'une commission chargée par les producteurs, qui la paient pour cela, de veiller à la sûreté de leurs personnes et de leurs biens pendant qu'ils travaillent. Dans un État bien ordonné, il faut que le plus grand nombre possible d'individus travaillent, et que le plus petit nombre possible gouvernent. Le comble de la perfection serait que tout le monde travaillât et que personne ne gouvernât.

Saint-Simon et Augustin Thierry venaient de s'exprimer presque dans les mêmes termes. « Tout par l'industrie, tout pour elle… La société tout entière repose sur l'industrie… L'état de choses le plus favorable à l'industrie est donc pour cela le plus favorable à la société[5]. » « La société a besoin d'être gouvernée le moins possible, et pour cela il n'est qu'un moyen, c'est d'en venir à être gouverné au meilleur marché possible[6]. » Et, un peu plus tard : « La politique est… pour me résumer en deux mots, la science de la production[7]. »

Cette société nouvelle, positive et industrielle, sera-t-elle donc une

---

1. *Ibid.*, p. 68.
2. *Censeur Européen*, vol. II, p. 102.
3. *Politique*, onzième livraison : *De la querelle des abeilles et des frelons*, avril 1819 ; *Œuvres*, vol. III, p. 211. M. G. Dumas signale l'emprunt fait sur ce point par Auguste Comte à Saint-Simon. Mais Saint-Simon lui-même, comme on voit, s'inspire de Dunoyer. (Voir G. Dumas, *Psychologie de deux Messies Positivistes*, p. 263.)
4. *Censeur Européen*, vol. II, p. 102.
5. *L'Industrie*, prospectus, avril 1817 ; *Œuvres* de Saint-Simon, vol. II, pp. 12-13.
6. *Ibid.*, p. 132.
7. *Ibid.*, p. 188.

société affranchie de toute discipline intellectuelle, puisqu'elle constitue une société « libérale » par excellence, fondée, semble-t-il, sur de libres conventions d'intérêts et non sur l'adhésion à une croyance commune ? La doctrine de Saint-Simon répugne à cette conclusion. Le problème a toujours été pour lui, depuis le temps lointain où il écrivait ses chimériques *Lettres d'un habitant de Genève*, de découvrir pour la société européenne, désorganisée par la Révolution, un nouveau principe d'ordre. Nous l'avons vu exprimer, en 1814, cette même conviction. « Le XVIIIe siècle », écrit-il encore dans le prospectus de *L'Industrie*, « n'a fait que détruire ; nous ne continuerons point son ouvrage : ce que nous entreprenons, au contraire, c'est de jeter les fondements d'une construction nouvelle[8]. » Aussi bien les rédacteurs du *Censeur* eux-mêmes, si hostiles à l'idée d'autorité, ne se sont-ils pas quelquefois exprimés de manière à suggérer à Saint-Simon certains procédés capables de mettre un lien entre sa philosophie organisatrice et le libéralisme économique auquel il vient de se convertir ? Dunoyer, parlant de la lutte engagée par la « Nation des industrieux » contre l'« ancienne aristocratie », ajoutait, dans un langage qui sera bientôt celui de Saint-Simon et de ses disciples : « Il ne faut pas perdre de vue que ses membres sont encore épars et en quelque sorte sans liaison, qu'ils ont peu de moyens de communiquer et de se défendre ; en un mot, qu'elle n'est point organisée tandis qu'en général ses ennemis le sont[9]. » « Par quels moyens, demandait-il, la Nation des industrieux pourra-t-elle faire sortir l'Europe de l'état de crise où nous la voyons et la conduire sans secousses au but où elle aspire ? » Charles Comte, de son côté, affirmait l'existence d'une « hiérarchie » nouvelle, différente par son principe de l'ancienne « hiérarchie militaire », et cependant réelle, et qui consiste dans la « subordination naturelle » des ouvriers à « celui qui possède la plus grande capacité et les capitaux les plus considérables », en d'autres termes, d'« une aristocratie d'agriculteurs, de manufacturiers, de commerçants »[10].

Jusqu'ici, par conséquent, nul conflit d'opinion entre les rédacteurs de *L'Industrie* et ceux du *Censeur européen*. Ce sont des amis, presque des collaborateurs. S'il leur arrive de faire des découvertes, comment s'y prendre pour affirmer avec certitude si c'est aux uns ou aux autres qu'il faut en attribuer l'honneur ? Du fait qu'une théorie ou une formule nouvelle apparaît pour la première fois dans l'une ou l'autre des deux publications, on ne peut rien conclure. Saint-Simon n'est pas un lecteur, ni un professeur : c'est un causeur. Comment deviner si, au hasard d'une conversation, l'innovation a

---

8. *Œuvres*, vol. II, p. 13.
9. *Censeur Européen*, vol. II, p. 77.
10. *Censeur Européen*, vol. II, p. 49 *sq.* ; 57 *sq.*

été suggérée par un des rédacteurs du *Censeur* à l'un de ceux de *L'Industrie*, ou réciproquement ? Il est un point cependant par où Saint-Simon se sépare nettement des hommes du *Censeur*, et c'est par le rôle important qu'il attribue, lui-même homme de lettres et philosophe, aux hommes de lettres et aux savants dans l'œuvre de la réorganisation sociale.

Charles Comte et Dunoyer manifestent, en effet, à l'égard des « savants » et des « érudits », une vive méfiance, et les considèrent comme « les gens les moins propres à bien gouverner, leurs idées et leurs intérêts étant dirigés vers un genre de spéculations étrangères aux affaires de l'État »[1]. Saint-Simon réclame, au contraire, pour faire triompher le nouveau principe d'organisation, « la ligue de l'industrie littéraire et de l'industrie manufacturière »[2] : c'est dans l'acceptation collective d'une conception nouvelle de l'univers et de la société qu'il veut trouver la base d'une nouvelle organisation sociale, et de la sorte consommer et abolir à la fois l'œuvre révolutionnaire du XVIIIe siècle. Il critique la théorie, chère aux « philosophes du XVIIIe siècle », de la liberté illimitée de conscience : « Les philosophes du XIXe siècle feront sentir la nécessité de soumettre tous les enfants à l'étude du même code de morale terrestre, puisque la similitude des idées morales positives est le seul lien qui puisse unir les hommes en société, et qu'en définitive le perfectionnement de l'état social n'est autre chose que le perfectionnement du système de morale positive[3]. »

Qu'il y ait une différence quelconque entre ces idées et celles qu'on défend au bureau du *Censeur*, peut-être se refuse-t-il à le croire. Mais des querelles s'élèvent entre lui et son secrétaire Augustin Thierry. C'est Augustin Thierry qui lui a fait découvrir le libéralisme politique, puis le libéralisme économique, et qui s'inquiète de voir reparaître, dans ses discours, une conception autoritaire de l'organisation sociale. « Je ne conçois pas, déclare un jour Saint-Simon, d'association sans le gouvernement de quelqu'un. – Et moi, répond Augustin Thierry, je ne conçois pas d'association sans liberté. » Saint-Simon rompt avec Augustin Thierry, probablement vers la fin de juillet 1817[4] et choisit, pour le remplacer dans ses fonctions de

---

1. *Censeur Européen*, vol. II, p. 60.
2. *Œuvres*, vol. II, p. 137. Le titre primitif de *L'Industrie* était *L'Industrie littéraire et scientifique liguée avec l'Industrie commerciale et manufacturière*, p. 617.
3. *L'Industrie*, prospectus du troisième volume, commencement de juin 1817 ; *Œuvres*, vol. II, p. 215.
4. Guigniaut, *Notice historique sur la vie et les travaux d'Augustin Thierry*, Paris, 1863, p. 50. Un ancien secrétaire de Saint-Simon raconte comme il suit les circonstances de la brouille avec Augustin Thierry : « ... c'est cette obscurité de ses idées [de Saint-Simon], son incertitude du principe auquel il devait les rattacher qui amenèrent le départ de M. Augustin Thierry. Le jeune savant, qui, depuis, s'est placé si haut par ses *Lettres sur l'Histoire de France* et sa *Conquête de l'Angleterre par les Normands*, tourmenté jusques aux larmes par

secrétaire, un autre jeune homme, Auguste Comte[1], depuis deux ans sorti de l'École Polytechnique, et qui bat le pavé de Paris sans argent et sans place.

Quel a été le rôle joué par Auguste Comte dans la formation ultérieure du système de Saint-Simon ? Faut-il admettre que ce garçon de dix-huit ans ait exercé une influence profonde sur la pensée de celui qui le faisait travailler à ses gages ? Il est bien vrai que, vers le moment où Auguste Comte devient le secrétaire de Saint-Simon, la doctrine de celui-ci subit des modifications fort sensibles. Mais faut-il en rendre Auguste Comte responsable ? C'est précisément parce qu'Augustin Thierry ne voulait pas le suivre dans cette direction nouvelle, que Saint-Simon venait de rompre avec son premier secrétaire. Tout ce que l'on peut dire, c'est qu'Auguste Comte entra sans difficulté dans les vues de son maître.

> J'ai appris, écrivait-il quelques mois plus tard, par cette liaison de travail et d'amitié avec un des hommes qui voient le plus loin en politique philosophique, une foule de choses que j'aurais en vain cherchées dans les livres, et mon esprit a fait plus de chemin depuis six mois que dure notre liaison qu'il n'en aurait fait en trois ans si j'avais été seul. Ainsi cette besogne m'a formé le jugement sur les sciences politiques, et, par contrecoup, elle a agrandi mes idées sur toutes les autres sciences, de sorte que je me trouve avoir acquis plus de philosophie dans la tête, un coup d'œil plus juste, plus élevé[2].

Ajoutons qu'il devait y avoir, chez le secrétaire entrant, un sentiment instinctif de jalousie intellectuelle à l'égard du secrétaire sortant : Auguste

---

les pressantes et continuelles instances de M. de Saint-Simon pour obtenir sa collaboration, aima mieux le quitter que de travailler à ce qu'il ne pouvait comprendre. Après cela, je puis avouer sans honte que j'ai reculé moi aussi devant la proposition que m'a faite plus d'une fois M. de Saint-Simon de mettre la main à l'œuvre... Plus heureux que nous, M. Auguste Comte est arrivé sans doute auprès du publiciste à une époque où celui-ci était parvenu à mieux éclaircir ses idées et à les rendre plus intelligibles. Ni le savoir, ni le talent ne manquaient du reste à l'élève pour faire honneur au maître... » (*Notice sur Saint-Simon et sa doctrine, et sur quelques autres ouvrages qui en seraient le développement*, par son ancien secrétaire – Bibliothèque de la Ville de Paris. C'est M. Alfred Pereire qui nous a signalé ce curieux manuscrit, et nous en a communiqué une copie.)

1. *Lettres à Valat*, 17 avril 1818 : « J'ai été pendant trois mois écrivain politique dans le dernier goût, c'est-à-dire, comme tu penses bien, dans le genre libéral : je travaillais avec Saint-Simon... Malheureusement, cela n'a pas duré, et le père Simon... a éprouvé des revers tels... qu'il a fallu cesser les relations pécuniaires au bout de trois mois... J'ai commencé à faire le publiciste au mois d'août ». – M. B. Weill *(Saint-Simon et son œuvre*, p. 93) écrit que l'influence de Saint-Simon est encore sensible dans un article de Thierry publié par *Le Censeur Européen* en 1817 (t. II, pp. 107 et suiv.). Effectivement, Thierry n'avait pas encore rompu avec Saint-Simon quand parut le volume II du *Censeur Européen :* le troisième volume fut saisi le 6 juin, alors que l'impression n'en était pas encore terminée.

2. *Lettres à Valat*, 17 avril 1818, p. 37.

Comte devait se sentir naturellement porté à approuver, chez Saint-Simon, toutes les idées par lesquelles Saint-Simon se séparait d'Augustin Thierry. C'est Auguste Comte qui se charge, au mois de septembre 1817, de rédiger la « troisième considération » du sixième article de *L'Industrie* « sur la morale », de développer la partie philosophique du système social de Saint-Simon, de démontrer la nécessité qu'il y a de remonter aux principes et de fonder la « politique » sur la « morale » : car « il n'y a point de société possible sans idées morales communes »[1]. Il faut donc rompre avec la « morale théologique », fonder une morale « terrestre », « positive », « industrielle », et, en décidant que « nul ne pourra être ordonné prêtre s'il n'a prouvé, par un examen préalable, qu'il est au courant des principales connaissances acquises dans les sciences positives »[2], préparer à la société future un clergé non plus de théologiens, mais de « philosophes » ou de savants.

Cette déclaration de guerre au christianisme émeut les souscripteurs du recueil, riches banquiers, gros négociants. Ils désavouent l'ouvrage, et Saint-Simon décide, par prudence, de renoncer à traiter les questions de principes pour revenir aux problèmes de politique appliquée. Auguste Comte, dans deux lettres datées des premiers mois de 1818, lui reproche cette décision, l'exhorte à revenir aux questions de principes. En faut-il conclure qu'il y eût, sur ce point, conflit entre le maître et son secrétaire, ou que celui-ci eût pris déjà la direction intellectuelle de celui-là ? En réalité, il semble bien que les deux lettres d'Auguste Comte aient été écrites de connivence avec Saint-Simon pour être publiées et préparer le public à une nouvelle exposition des principes qui avaient fait scandale en octobre 1817[3]. D'ailleurs, la morale générale sur laquelle, suivant l'auteur des deux lettres, la politique de Saint-Simon doit se fonder, ne semble pas beaucoup différer de ce que les Anglais appellent la « morale utilitaire », dont Bentham est le théoricien, dont Ricardo est un adepte, et qui peut avoir exercé une influence directe sur la formation du système de Saint-Simon[4]. Nul désaccord, par conséquent, avec les économistes de l'école libérale.

---

1. *Œuvres* de Saint-Simon, vol. III, p. 32.
2. *Œuvres* de Saint-Simon, vol. III, p. 41.
3. Les deux lettres, déjà reproduites dans la *Revue Occidentale* en septembre 1882, l'ont été de nouveau, d'après le texte original, par M. Alfred Pereire, *Des premiers rapports entre Saint-Simon et Auguste Comte, d'après des documents originaux (Revue historique*, vol. XCI, 1906). Nous nous rallions entièrement à la thèse soutenue par M. Pereire, si ce n'est sur un point. Nous ne reconnaissons pas le style d'Auguste Comte dans le prospectus du second volume de *L'Industrie* ; aussi bien il s'en fallait de deux mois, lorsque ce prospectus parut (fin mai et commencement de juin 1817), qu'Auguste Comte fût en relations avec Saint-Simon.
4. Bentham est cité dans *L'Industrie*, tome II, article sixième ; *Œuvres* de Saint-Simon, vol. III, p. 13.

> Vous savez mieux que personne, Monsieur, écrit Auguste Comte à son maître, puisque c'est vous qui l'avez dit nettement le premier, que la seule politique raisonnable, c'est l'économie politique. Or l'économie politique n'est point encore, à proprement parler, une science, et pour le devenir, il lui manque une base... Lui en donner une est, à mon avis, ce qu'on peut faire aujourd'hui de plus important pour les progrès de cette science. Or ce but me semble rempli par votre idée fondamentale : *la propriété est l'institution la plus importante de toutes, et elle doit être instituée de la manière la plus favorable à la production.* Toutes les vérités acquises en économie politique me semblent pouvoir se rattacher à cette belle idée, et par là elle fournit les moyens de faire enfin la véritable science politique fondée sur les observations économiques. Quel beau travail ce serait, Monsieur, que celui de l'arrangement de cet ensemble, de la formation de la politique positive.

Pendant toute l'année qui suit, Auguste Comte, dans les lettres qu'il adresse à son ami Valat, ne cesse de lui présenter Saint-Simon sous l'aspect d'un grand libéral[1]. La meilleure lecture qu'il puisse lui recommander de faire, en matière de science sociale, c'est le traité de Jean-Baptiste Say[2].

Il faut attendre jusqu'en 1819 pour voir s'accuser, dans les écrits de Saint-Simon et d'Auguste Comte, le caractère « organisateur » de leur politique. Or, c'est l'année précisément où Joseph de Maistre publia son traité *Du Pape*, et Auguste Comte nous dit que cet ouvrage « exerça une salutaire influence » sur « le développement normal de sa pensée politique ». Les écrits de l'école théocratique lui facilitèrent, nous dit-il, « dans ses travaux historiques, une saine appréciation générale du Moyen Âge », et « fixèrent davantage son attention directe sur des conditions d'ordre éminemment applicables à l'état social actuel, quoique conçues pour un autre état »[3]. Cette influence est incontestable ; et les appréciations portées par Saint-Simon, tant sur la Réforme du XVIe siècle que sur la Révolution du XVIIIe siècle, sont certainement plus sévères dans les écrits de 1819 que dans ceux de 1817[4]. Plus encore que Joseph de Maistre, de Bonald, dont Auguste Comte ne mentionne pas le nom, semble avoir inspiré la philosophie saint-simonienne

---

1. Voir notamment la *Lettre* du 15 mai 1818, p. 51-52.
2. *Ibid.*, p. 55, et *Lettre* du 15 juin 1818, p. 63.
3. *Cours de Philosophie positive*, vol. IV, 1839, p. 184.
4. Cf. les jugements favorables portés par Saint-Simon sur Luther, dans le tome II de *L'Industrie*, troisième considération (*Œuvres*, vol. III, p. 38) ; et sur les révolutions d'Amérique et de France, *ibid.* : Objet de l'entreprise (*Œuvres*, vol. II, pp. 133-134), avec le ton sévère du jugement porté dans le *Système Industriel* sur la Réforme et la Révolution.

de l'histoire[1]. Il avait publié, en 1817, un *Essai analytique sur les lois naturelles de l'ordre social*, où il résumait les principes de son grand ouvrage de philosophie politique, vieux déjà de vingt années. C'est en historien, en philosophe expérimental, qu'il s'attachait à justifier la théocratie du Moyen Âge. Dans la révolution religieuse et politique des deux derniers siècles, il faisait voir « une crise terrible et salutaire », après laquelle l'Europe allait retrouver « l'unité religieuse et politique »[2]. Il définissait les principes de cette double révolution en des termes que Saint-Simon et Auguste Comte lui ont presque textuellement empruntés.

> Comme tout dans l'univers, écrivait-il, est être ou néant, l'algèbre a ses quantités négatives ou impossibles... De même dans le monde social ou moral, où tout est *bien* ou *mal*, on trouve des rapports faux qui divisent les êtres à la place des rapports vrais qui les unissent. On trouve par exemple des tyrans à la place du pouvoir, des satellites à la place du ministère, des esclaves à la place des sujets, et l'on a en dernier résultat une société *négative*, si l'on peut le dire, constituée pour le désordre et la destruction, à la place d'une société *positive*, constituée pour l'ordre et la conservation, et l'on prouve la nécessité de celle-ci par l'impossibilité de celle-là[3].

Ce jeu de mots sur le sens du mot *positif* allait séduire l'inventeur de la philosophie positive « Croyez-vous en bonne foi, Messieurs, écrit Saint-Simon dans son *Système industriel*, que la critique des idées théologiques et féodales, faite, ou du moins terminée par les philosophes du XVIIIe siècle, puisse tenir lieu d'une doctrine ?... La société ne vit point d'idées négatives, mais d'idées positives[4]. »

Dans la mesure que nous venons de dire, le témoignage d'Auguste Comte paraît fondé. Gardons-nous néanmoins de lui attribuer une valeur excessive : la tendance d'Auguste Comte est trop manifeste à constater scrupuleusement toutes les influences qu'il a subies, à l'exception de celle qui

---

1. En revanche *L'Organisateur*, en novembre 1819, cite de Bonald, et non de Maistre ; *Œuvres* de Saint-Simon, vol. IV, p. 29 : « La suprématie des papes a cessé d'exister puisqu'elle n'a plus été reconnue, et les idées qui étaient prépondérantes au Moyen Âge ont été remplacées par d'autres idées moins erronées. Aussi MM. de Bonald et de Chateaubriand, quoique très estimés pour leurs vertus et considérés comme des hommes de beaucoup de talent et d'instruction, sont généralement regardés comme des extravagants, parce qu'ils s'efforcent de ramener un ordre de choses dont le progrès des Lumières a fait justice. » – Cf. *Catéchisme des industriels* ; *Œuvres*, vol. VIII, p. 172. Les écrivains dans la direction rétrograde, tels que MM. de Maistre, Bonald, La Mennais, etc.
2. De Bonald, *Œuvres*, vol. I, 1836, p. 29.
3. *Ibid.*, p. 10-11.
4. *Système Industriel* ; *Œuvres*, vol. VI, p. 51.

fut véritablement décisive : à savoir, celle de Saint-Simon. Voilà longtemps que Saint-Simon, sans avoir lu les théocrates, opposait sa philosophie organisatrice à la critique du XVIIIᵉ siècle. Vers 1816 et 1817 – peut-être sous l'influence d'Augustin Thierry, de Charles Comte, de Dunoyer – il avait été, dans la voie du libéralisme, aussi loin qu'il alla jamais. Mais il venait justement de rompre avec Augustin Thierry, parce que le libéralisme intransigeant de celui-ci ne s'accommodait pas des doctrines de Saint-Simon sur l'importance des notions d'autorité et de discipline en politique. D'ailleurs, pour constituer cette philosophie « positive » de l'histoire, il fallait des connaissances historiques ; et ces connaissances faisaient défaut tant au maître qu'à son nouveau secrétaire. Augustin Thierry était historien de profession : mais justement il se dérobait. Les écrits de Joseph de Maistre et de Bonald fournirent à Auguste Comte une théorie explicative du catholicisme de l'âge féodal, dont il avait besoin pour remplir le programme tracé par Saint-Simon. Il avait l'esprit vigoureux, apte à la spéculation et à la généralisation. Convenons qu'il s'acquitta de la tâche qu'un autre lui assignait en véritable inventeur.

La société industrielle, nous dit Auguste Comte dans la nouvelle publication de Saint-Simon à laquelle il collabore, *L'Organisateur*, devra posséder, si elle doit ressembler à la société féodale en tant que l'une et l'autre sont des sociétés « organiques », un pouvoir spirituel et un pouvoir temporel. Mais ces deux pouvoirs différeront de l'ancien pouvoir spirituel et de l'ancien pouvoir temporel par leur principe et par leur forme. À vrai dire, il n'y aura pas là deux nouveaux pouvoirs, mais deux « capacités » prenant la place de deux « pouvoirs ». C'est « l'action des principes » qui naît pour se substituer à « l'action des hommes », « la raison pour remplacer la volonté »[1].

Au point de vue spirituel, ou intellectuel, la « capacité scientifique positive » remplacera l'ancien pouvoir ecclésiastique. Les savants vont jouer, dans la société, un rôle analogue à celui que jouaient les théologiens. Leurs opinions vont obtenir, comme au Xᵉ siècle les dogmes théologiques, l'adhésion de tous les esprits, non parce que la force a imposé cette adhésion, mais parce que ces dogmes sont l'objet de la confiance spontanée du genre humain, non parce qu'une révélation mystérieuse les a communiquées à ceux qui les enseignent, mais parce que tout le monde sait que les affirmations des savants sont toujours susceptibles de vérification expérimentale, et sont unanimement acceptées par les hommes qui ont acquis la capacité nécessaire pour en juger. Or l'organisation du pouvoir temporel doit être, dans toute société, calquée sur l'organisation du pouvoir spirituel. Ici

---

1. *L'Organisateur*, huitième lettre ; *Œuvres*, vol. IV, p. 85-86.

encore, il y aura des chefs : ceux qui auront pris la direction effective de l'industrie prouveront, par ce fait même, leur capacité « administrative ». C'est par rapport à eux que la société industrielle sera hiérarchiquement organisée.

La société industrielle est une société corporative et l'histoire de ses progrès, depuis le moment où les communes furent affranchies au Moyen Âge, c'est l'histoire d'une corporation. Saint-Simon avait déjà invité les industriels, avant qu'Auguste Comte ne devînt son secrétaire, à combiner leurs efforts avec ceux des littérateurs, à constituer la ligue de ce qu'il appela un peu plus tard la ligue de l'« industrie pratique » avec l'« industrie théorique », et à former de la sorte une vaste corporation antigouvernementale[1]. Déjà, sous l'influence de l'historien Augustin Thierry, il avait affirmé l'importance, dans les progrès de la société occidentale, de l'affranchissement des communes. Mais la théorie prend toute son ampleur et toute sa précision à partir du moment où c'est Auguste Comte qui la développe, dans la neuvième lettre de *L'Organisateur*[2]. Elle est dès lors fixée, et c'est sous la même forme que nous la trouvons ultérieurement exposée dans le *Système industriel* de 1820[3], dans le *Catéchisme des industriels* de 1822[4]. Saint-Simon et Auguste Comte nous racontent « la formation de la corporation des industriels »[5]. Ils montrent les procédés qu'elle employa, dès le Moyen Âge, pour accroître son influence, à savoir non pas la force, mais le contrat, « les combinaisons qui conciliaient les intérêts des parties contractantes ». Elle acheva son organisation vers le XVIIe siècle, lorsque les « corporations séparées » des cultivateurs, des fabricants et des négociants se lièrent financièrement et politiquement par l'organisation du crédit. Alors naquit une corporation nouvelle, la corporation des banquiers, intermédiaires entre les vendeurs et les acheteurs d'une part, et d'autre part entre les industriels en général et les gouvernants. Ils représentent, vis-à-vis des gouvernements, l'ensemble des intérêts de la classe industrielle. Leur industrie est une industrie « générale » ou généralisante : ils sont « les agents généraux de l'industrie »[6]. Il ne reste plus maintenant à cette société industrielle, qui vient d'achever son organisation corporative, que d'affirmer sa prédominance sur le système gouvernemental, survivance des temps féodaux, et bientôt de prendre la place d'un système d'où toute vie se sera retirée.

---

1. *L'Industrie* ; *Œuvres*, vol. III, p. 60 *sq.*
2. *Œuvres* de Saint-Simon, vol. IV, p. 111, *sq.*
3. *Œuvres*, vol. V, VI, VII.
4. *Œuvres*, vol. VIII, IX, X.
5. *Catéchisme des Industriels* ; *Œuvres*, vol. VIII, p. 24.
6. *Système Industriel* ; *Œuvres*, vol. V, p. 47. – V[oir] déjà dans *L'Industrie* (*Œuvres*, vol. III, p. 113) sur l'importance du rôle joué par les banquiers dans la Société moderne.

Il y aura donc dans la société industrielle, comme autrefois dans la société féodale, comme dans toute société organisée, une hiérarchie de fonctions. Mais cette hiérarchie différera de l'ancienne hiérarchie autant que l'autorité exercée par les savants sur l'opinion diffère de l'autorité exercée jadis par les théologiens. Auguste Comte énonce le premier la formule par laquelle, dans l'école, on va caractériser cette différence : la société nouvelle, nous dit-il, ne sera pas *gouvernée*, elle sera *administrée*. Saint-Simon, en 1818, écrivait que « la capacité nécessaire pour faire un bon budget est la capacité administrative, d'où il résulte que la capacité administrative est la première capacité en politique »[1]. Mais c'est Auguste Comte qui donne, en 1819, sa pleine vigueur philosophique à la formule. Il définit, avec plus de rigueur que n'avait fait Saint-Simon, les deux principes distincts sur lesquels reposent les deux régimes sociaux, dont l'un est en voie de décadence, l'autre au contraire en voie de progrès constant : le régime militaire et le régime industriel. Dans le second, le but est d'agir, non sur les hommes, mais sur la nature, « pour la modifier autant que possible de la manière la plus avantageuse à l'espèce humaine ». La seule action permise sur les hommes, c'est l'action strictement nécessaire, « pour les déterminer à concourir à cette action générale sur les choses »[2].

Si d'ailleurs les communes ont peu à peu, depuis leur émancipation, développé les arts et les métiers, en d'autres termes les moyens dont l'homme dispose pour agir sur la nature, c'est que c'était pour les membres de la classe en question, le seul moyen de s'affranchir en s'enrichissant. Dans une société complètement industrialisée, il n'y aurait plus de gouvernants, c'est-à-dire d'hommes qui, dans leur intérêt, imposeraient à d'autres le devoir de l'obéissance passive, mais seulement des administrateurs qui exerceraient, dans l'association industrielle, la fonction de direction, comme les y autorise leur capacité. « Dans l'ancien système, le peuple était *enrégimenté* par rapport à ses chefs ; dans le nouveau, il est *combiné* avec eux. De la part des chefs militaires, il y avait *commandement*, de la part des chefs industriels, il n'y a plus que *direction*. Dans le premier le peuple était *sujet*, dans le second il est *sociétaire*[3]. » Il n'y aura pas de distinction entre deux classes, l'une composée d'oisifs, l'autre composée de travailleurs, les oisifs, sans apporter dans l'association une capacité ou une mise, se faisant rémunérer par les travailleurs auxquels ils commandent, maîtres par rapport à des esclaves. Il y aura cependant toujours une hiérarchie, mais dans laquelle chacun sera classé et rémunéré selon sa capacité

---

1. *Le Politique*, 1818 ; *Œuvres*, vol. III, p. 201.
2. *L'Organisateur*, 1819 ; *Œuvres*, vol. IV, p. 121.
3. *L'Organisateur*, neuvième lettre ; *Œuvres* de Saint-Simon, vol. IV, p. 150.

et sa mise ; où tous auront donc, à quelque place qu'ils se trouvent, le sentiment qu'ils sont associés en vue d'une tâche commune, à savoir la production. « L'espèce humaine a été destinée, par son organisation, à vivre en société ; elle a été appelée à vivre sous le régime *gouvernemental*. Elle a été destinée à passer du régime gouvernemental ou militaire au régime *administratif* ou *industriel*[1]. »

Deux faits importants ne se sont-ils pas cependant produits à la fin du XVIIIe siècle – la Révolution française et la suppression des corporations –, dont la théorie de Saint-Simon et d'Auguste Comte ne rend pas compte, et auxquels les historiens libéraux sont pourtant d'accord pour attacher une importance extrême ? Si l'on veut, absolument, assigner une origine à la Révolution française, il faut, selon Saint-Simon, la dater du jour où ont commencé l'affranchissement des communes et la culture des sciences d'observation dans l'Europe occidentale. Voilà la cause positive de la décadence de la société féodale, et la Révolution de 1789, crise de dissolution violente des anciennes institutions, n'est qu'un effet superficiel de cette cause profonde. La suppression des corporations ne doit donc être considérée que comme un fait transitoire, un accident dans l'histoire des progrès accomplis, depuis le Moyen Âge jusqu'à nos jours, par l'organisation industrielle. De là une interprétation nouvelle de la crise révolutionnaire. Cette interprétation, conforme aux principes depuis longtemps posés par Saint-Simon, explique la séduction qu'exercèrent en 1815 sur Saint-Simon et Auguste Comte les théories historiques de Joseph de Maistre et de Bonald. Elle détermine une rupture franche entre Saint-Simon et les libéraux proprement dits. En 1817, pour Saint-Simon, ami de Comte et Dunoyer, l'économie politique, c'était la « science de la liberté »[2]. Maintenant, pour opposer formellement sa doctrine au « libéralisme » de Dunoyer, Saint-Simon va proposer le nom nouveau d'« industrialisme »[3]. Enfin, cette interprétation a été l'origine de la fameuse théorie, un peu plus tard imaginée par Auguste Comte pour établir la loi des progrès de l'esprit humain, de la « loi des trois états ». Une fois de plus s'accuse l'influence des idées de Saint-Simon sur la formation du système d'Auguste Comte.

---

1. *Catéchisme des Industriels* ; *Œuvres*, vol. VIII, p. 87. Bientôt Auguste Comte n'hésitera même pas à employer le terme de « gouvernement » pour désigner la direction systématique de la société qu'il réclame. V[oir] *Système de politique positive*, 1824, p. 11 : « Le gouvernement qui, dans tout état de choses régulier, est la tête de la société, le guide et l'agent de l'action générale... » – et *Considérations sur le pouvoir spirituel* (*Producteur*, vol. II, p. 316) : « Quoiqu'il puisse être utile, et même en certains cas nécessaire de considérer l'idée de *société* abstraction faite de celle de *gouvernement*, il est universellement reconnu que ces deux idées sont en réalité, inséparables. »
2. *L'Industrie* ; *Œuvres*, vol. II, p. 213.
3. *Catéchisme des Industriels*, deuxième appendice ; *Œuvres*, vol. VIII, p. 178 *sqq*.

C'est en 1818, dans les derniers cahiers de *L'Industrie*, que Saint-Simon commence à attaquer non plus seulement, d'accord avec les hommes du *Censeur*, les nobles et les militaires, mais, par-dessus le marché, les « légistes », maîtres de l'administration de la justice, tout-puissants dans le Parlement, et dont l'action est souvent nuisible au progrès de l'industrie. Assurément,

> c'est au corps des légistes que nous sommes principalement redevables de la destruction du *despotisme militaire* ; ce sont les légistes qui ont soustrait les contestations qui s'élèvent entre les citoyens à des jugements arbitraires ; ce sont eux qui ont établi l'entière liberté des plaidoiries, et certes, ils ont mérité par ces travaux une place honorable dans l'histoire des progrès de l'esprit humain[1].

Mais si l'institution de l'« ordre judiciaire » a été temporairement très utile, « aujourd'hui elle est nuisible ». À la méthode des tribunaux civils qui consiste dans le respect de certaines règles juridiques et de certaines notions de droit abstrait, Saint-Simon oppose la méthode des tribunaux de commerce, qui vise à la conciliation des intérêts par l'arbitrage. À une philosophie juridique, il oppose une philosophie économique ; il veut mettre en évidence « la supériorité des principes de l'*économie politique* sur ceux du *droit civil* »[2]. Dans la troisième lettre de *L'Organisateur*, qui est de Saint-Simon, il est question non plus des « légistes », mais des « métaphysiciens », c'est-à-dire « des personnes qui, étant soumises à d'aveugles croyances et n'ayant que des connaissances superficielles, veulent raisonner sur les faits généraux »[3]. Aussi bien Saint-Simon considère les uns et les autres comme appartenant à la même classe sociale : les métaphysiciens, nous dit-il, « ont fait leur séminaire aux écoles de droit ». Enfin, le *Système industriel* expose tout au long le rôle joué, selon Saint-Simon, par les légistes et les métaphysiciens dans l'histoire de la société moderne.

Le passage du régime féodal et théologique au régime industriel et positif n'a pu s'accomplir que graduellement, au spirituel comme au temporel. Deux classes, dérivées de l'ancien système d'organisation sociale, et cependant distinctes de lui, ont constitué, au sein de la société, « ce que j'appelle par abstraction, nous dit Saint-Simon, un système intermédiaire et transitif »[4]. Ces classes ont été au temporel celle des légistes et au spirituel celle des métaphysiciens, qui se sont étroitement combinées dans leur

---

1. *L'Industrie* ; *Œuvres*, vol. III, p. 124-125.
2. *Ibid.*, p. 126.
3. *Œuvres*, vol. IV, p. 40.
4. *Œuvres*, vol. V, p. 7.

action politique, comme la féodalité et la théologie, comme l'industrie et les sciences d'observation. Le principe sur lequel se fondent les légistes pour détruire l'ancienne société, envisagée dans son organisation temporelle, c'est le principe de la souveraineté du peuple. Le principe sur lequel se fondent les métaphysiciens pour détruire les anciennes croyances, c'est le principe de la liberté de conscience. Principes utiles dans la mesure où ils ont ruiné un régime social devenu caduc. Principes stériles, dans la mesure où, purement négatifs, ils ne peuvent jouer le rôle de principes constitutifs dans l'organisation de la société nouvelle. En 1822, dans le troisième cahier du *Catéchisme des industriels*, Auguste Comte généralise la théorie et développe, pour la première fois, la loi suivant laquelle l'intelligence humaine a successivement passé par trois états : l'état théologique ou fictif, dans lequel « des idées surnaturelles servent à lier le petit nombre d'observations isolées dont la science se compose alors » ; l'état métaphysique ou abstrait, dans lequel c'est à des « abstractions personnifiées » que l'esprit recourt pour établir des relations entre les faits ; enfin, « l'état scientifique et positif », « ce mode définitif de toute science quelconque »[1]. Simple extension, à l'histoire générale des progrès de la pensée humaine, d'une théorie par laquelle Saint-Simon avait cherché à rendre compte des transformations subies par la société occidentale, au cours des trois derniers siècles.

Nous connaissons la courbe du progrès humain. Quelles mesures prendre maintenant pour passer de la théorie à l'application, pour « faciliter et éclairer la marche nécessaire des choses »[2], hâter la transition du régime militaire au régime industriel, et « terminer la révolution » ? Il faut, nous dit Saint-Simon, déféodaliser, industrialiser la constitution politique des nations, et en particulier de la France. Mais pour cela, encore une fois, que faut-il faire ?

Il faut d'abord changer la loi des élections. Les industriels occupent trop peu de place dans le corps électoral, tel qu'il est actuellement constitué, pour que la Chambre des Députés, la « Chambre des Communes », puisse être considérée comme représentant véritablement les intérêts des producteurs. La France, en faisant la Révolution, a obtenu ce résultat, que les gouvernants soient désignés par l'élection, non par la naissance. Mais qui furent les électeurs ? Ce ne furent pas les industriels. Ce furent les « riches oisifs », les « bourgeois », c'est-à-dire « les militaires qui n'étaient pas nobles, les légistes qui étaient roturiers, les rentiers qui n'étaient pas privilégiés »[3]. M. de Villèle, en faisant de la patente une contribution directe, a déjà travaillé à industrialiser le corps électoral : dorénavant tous ceux qui paient la

---

1. *Œuvres*, vol. IX, pp. 75-76.
2. *L'Industrie* ; *Œuvres*, vol. II, p. 166.
3. *Catéchisme des Industriels* ; *Œuvres*, vol. VIII, p. 11.

patente, à partir d'une certaine somme, sont devenus électeurs. Pourquoi ne pas prendre une mesure analogue en faveur des fermiers ? Pourquoi ne pas décider que l'impôt foncier sera payé désormais par le cultivateur qui exploite la terre, et non par le propriétaire oisif qui prélève le fermage ? Le fermier, l'industriel agricole, devenant contribuable, deviendra électeur[1]. Par des mesures de ce genre, on réussira, en modifiant la composition du corps électoral, à changer les préoccupations dont sont animés les membres du corps élu : ils feront désormais, pense Saint-Simon, la politique de l'industrie et non plus la politique du libéralisme abstrait. Observons cependant que jusqu'ici les revendications de l'industrialiste ne diffèrent guère de celles du simple libéral.

Mais Saint-Simon demande davantage. Il faut, à l'en croire, modifier profondément le caractère de la constitution politique, renoncer au principe électif, et, par voie d'« ordonnance », de décret dirions-nous aujourd'hui, donner le pouvoir à des commissions qui seront constituées par les éléments dirigeants du monde industriel, qui représenteront, en d'autres termes, les degrés supérieurs de la hiérarchie industrielle, telle qu'elle existe effectivement et sans intervention du gouvernement. Une chambre d'*invention* par exemple, pourra être composée d'ingénieurs et d'artistes ; une chambre d'*examen* comprendra des physiciens et des mathématiciens ; une chambre d'*exécution* aura pour membres les principaux chefs des maisons industrielles, en nombre proportionnel à l'importance de chaque branche d'industrie[2]. Et voilà le modèle d'une constitution idéale où se trouve, en quelque sorte, transposée au mode industriel la théorie gouvernementale de la division des trois pouvoirs. – Moins ambitieusement, on peut proposer l'établissement d'une chambre de l'industrie, composée des plus considérables parmi les cultivateurs, les négociants, les fabricants, les banquiers ; le ministre des Finances sera choisi parmi les membres de ce conseil, et établira le projet de budget d'accord avec ses collègues. Un conseil d'industriels et de savants, conçu sur le même plan, sera attaché au ministère de l'Intérieur ; un conseil maritime, au ministère de la Marine[3]. – Voici enfin une réforme plus restreinte, à laquelle Saint-Simon finit par s'arrêter. Que l'on se borne, sans rien changer à la composition du conseil des ministres, à créer « une commission supérieure des finances, composée des industriels les plus importants ». « Le roi peut superposer cette commission à son conseil des ministres. Il peut réunir cette commission tous les ans, la charger de

---

1. *L'Industrie*, mai ou juin 1818 ; *Œuvres*, vol. III, p. 90 *sq.*
2. *L'Organisateur*, sixième lettre, décembre 1819 ; *Œuvres*, vol. IV, p. 50 *sq.*
3. *Système industriel*, 1821 ; *Œuvres*, vol. V, p. 106 *sq.*

faire le projet de budget, et la charger également du soin d'examiner si les ministres ont employé convenablement les crédits qui leur auront été accordés par le budget précédent, et s'ils ne les ont point dépassés[1]. »

En suggérant ces mesures réformatrices, Saint-Simon n'est ni aussi utopique ni aussi novateur qu'il peut le paraître à première vue. Il s'inspire d'une série de mesures prises depuis le Consulat, sinon pour réorganiser les maîtrises et les jurandes, dont la nouvelle société industrielle ne veut plus, tout au moins pour adapter aux nouvelles conditions d'existence tout ce que cette société pourra supporter en fait d'organisation. C'est ainsi que Napoléon et Louis XVIII avaient créé un certain nombre de commissions consultatives permanentes, chambres de commerce, chambres consultatives des manufactures, fabriques, arts et métiers, conseil général du commerce, conseil général des manufactures. Ces institutions, non plus politiques et gouvernementales, mais économiques et administratives, expression aussi adéquate que possible de la hiérarchie réelle des fonctions industrielles, ont certainement servi de modèle aux institutions que réclame Saint-Simon[2]. Les réformes qu'il réclame tendent non pas à fabriquer une nouvelle formule de gouvernement, mais à abolir, autant que possible, toutes les institutions gouvernementales, à les vider en quelque sorte de tout contenu, pour leur substituer l'organisation effective et spontanée de la société industrielle. En attendant de réaliser ce programme intégralement, il faut s'attacher à subordonner autant que possible la politique à l'industrie. M. de Villèle a été le véritable initiateur de l'industrialisme lorsqu'en 1819, pour établir le budget et fixer les conditions de l'emprunt, il a fait appel à une commission extra-parlementaire où siégeaient, nommés par le gouvernement, tous les grands banquiers de Paris[3]. Cette démarche inspire certainement Saint-Simon, comme elle a attiré son attention sur le rôle important joué par les banques et les banquiers à la tête de la société industrielle. Voilà, en tout cas, les seules réformes constitutionnelles qui soient utiles. Toutes celles qui ne se fondent que sur des arguments de juristes sont vaines. Et pourquoi ? C'est, nous dit Saint-Simon, que la chose importante, ce n'est pas la constitution des pouvoirs gouvernementaux, c'est la constitution, ou, ce qui revient au même, c'est la distribution de la propriété. Le véritable but que l'on devrait poursuivre, en travaillant à industrialiser la constitution, ce serait donc d'opérer un transfert de propriété, favorable à l'augmentation de la production.

---

1. *Catéchisme des Industriels*, 1822 ; *Œuvres*, vol. VIII, p. 67.
2. V[oir] des projets assez voisins de ceux de Saint-Simon chez son contemporain F.-E. Fodéré, *Essai historique et moral sur la pauvreté des nations, la population, la mendicité, les hôpitaux et les enfants trouvés*, 1825, p. 287-288, 320-321.
3. *Catéchisme des Industriels* ; *Œuvres*, vol. VIII, p. 30-31.

Voici donc un point sur lequel il semble enfin que la politique industrielle de Saint-Simon s'oppose nettement à la politique des économistes libéraux. Ceux-ci n'ont jamais pensé qu'il rentrât dans les attributions de ceux qui dirigent la société d'intervenir dans la constitution de la propriété. Il faut faire attention, cependant, à la manière dont Saint-Simon fait l'application de ce principe.

Il demande la réduction indéfinie des fonctions militaires et gouvernementales, de plus en plus inutiles au fur et à mesure des progrès accomplis par le genre humain et, du même coup, la réduction indéfinie des traitements qui sont attachés à l'exercice de ces fonctions : ainsi, de la richesse serait enlevée à ceux qui gouvernent sans rien faire et restituée à ceux qui la produisent. Mais les économistes libéraux ont-ils jamais dit autre chose ? Saint-Simon fait observer encore que la notion de propriété n'est pas une notion simple, et que les juristes ne la définissent pas de la même manière, suivant qu'il s'agit de biens mobiliers ou de biens immobiliers. Si un capitaliste avance des fonds à un industriel, celui-ci exerce, sur les fonds dont il n'a que la jouissance temporaire et conditionnelle, des droits légaux qui équivalent à ceux d'un véritable propriétaire. Il en va tout autrement lorsqu'un propriétaire foncier loue une terre à un cultivateur : celui-ci devra, pendant le temps que durera pour lui la jouissance du fonds, se soumettre à un contrôle perpétuel et gênant du propriétaire oisif. Mettre en ces matières le producteur agricole sur le même pied que le producteur des manufactures, ce sera encore, si l'on veut, opérer un transfert de propriété, exercé aux dépens du propriétaire du sol[1]. Mais les économistes libéraux ne sont-ils pas d'accord avec Saint-Simon pour réclamer cette mobilisation de la propriété territoriale ?

Reste le projet d'« éducation publique générale » qu'il charge la « Chambre d'examen » de rédiger, dans le nouveau système politique dont il trace le plan. Encore beaucoup d'économistes de l'école libérale étaient-ils disposés à admettre que l'État intervînt pour distribuer équitablement à tous les enfants un minimum d'instruction, supposé nécessaire. Reste donc seulement, en dernière analyse, l'article IV du plan de réformes qu'il propose au roi en 1826, et qui est rédigé comme il suit : « Le premier article du budget des dépenses aura pour objet d'assurer l'existence des prolétaires, en procurant du travail aux valides et des secours aux invalides. » Cette double affirmation du droit à l'existence et du droit au travail peut être considérée comme constituant, chez Saint-Simon, le premier germe du futur « socialisme » saint-simonien. Cependant, jusqu'à ses derniers jours, Saint-Simon semble persister à considérer Adam Smith et J.-B. Say comme ses maîtres. Faut-il ne pas l'en

---

1. *L'Industrie* ; *Œuvres*, vol. III, p. 84 *sq.*

croire ? Peut-on opposer une phrase isolée à ces allégations formelles ? Ce n'est pas ainsi, en réalité, que nous voudrions poser le problème que soulève l'interprétation de la doctrine sociale de Saint-Simon. Nous considérons que cette doctrine tout entière, à l'insu peut-être de Saint-Simon lui-même, repose sur un principe contraire à celui de l'économie politique classique. Elle ne constitue pas assurément un socialisme explicite, mais elle renferme, à l'état latent, les éléments du socialisme qui va se développer dans l'école, au lendemain même de la mort du maître.

La société industrielle, telle que la conçoit Saint-Simon, est une hiérarchie de fonctions. Les uns y travaillent sous la direction des autres, qui sont « les chefs de l'industrie »[1]. Chacun des membres de cette hiérarchie est rétribué selon son rang ; et chacun occupe le rang que lui assigne sa capacité. Mais comment, en vertu de quel principe et de quelle règle, se fait le choix des plus capables ? Est-ce l'élection, ou la concurrence, ou la cooptation qui désigne les chefs de la hiérarchie, depuis les rangs les plus infimes jusqu'aux plus élevés ? C'est ce qu'il faut comprendre, si l'on veut comprendre aussi le véritable caractère de l'économie industrielle selon Saint-Simon.

Ce n'est certainement pas à l'élection que Saint-Simon propose de recourir, pour désigner les directeurs de l'organisation économique. Le seul ouvrage où il semble vouloir faire une place, dans son système de réformes, au principe électif, c'est le premier fragment des *Opinions littéraires, philosophiques et industrielles*, publié seulement après sa mort. Quelle importance faut-il attacher aux observations qu'il y présente ? Il invoque l'exemple de ce qui se passe dans une société d'actionnaires, et conclut : « Le principe fondamental d'une gestion administrative est que les intérêts des administrés doivent être dirigés de manière à faire prospérer le plus possible le capital de la société, et à obtenir l'approbation et l'appui de la majorité des sociétaires[2]. » Mais qui sont, dans l'espèce, ces sociétaires dont l'industriel a besoin d'obtenir l'appui ? Ce ne sont pas les ouvriers qu'il dirige : ce sont les capitalistes qui lui avancent leurs fonds, c'est-à-dire, en fin de compte, non des travailleurs, mais des oisifs. On ne saurait donc se fonder sur cette analogie, présentée d'ailleurs en passant, et si peu rigoureuse, pour supposer que la doctrine sociale de Saint-Simon aurait, sur le tard, évolué dans le sens démocratique. Dans le même ouvrage, Saint-Simon demande, « la classe des prolétaires étant aussi avancée en civilisation fondamentale que celle des propriétaires, que la loi les admette comme sociétaires »[3]. Cela ne revient-il pas à dire que, dans la nouvelle société, ils seront capables d'exercer le droit de

---

1. *L'Organisateur* ; *Œuvres*, vol IV, p. 50.
2. *Opinions, etc.*, p. 129.
3. *Opinions, etc.*, p. 95 *sq*.

suffrage ? Mais faisons attention que Saint-Simon se borne à reproduire ici, presque textuellement, une opinion auparavant présentée par Auguste Comte dans *L'Organisateur*, et qu'Auguste Comte, dans le passage dont nous voulons parler, ne songeait nullement à une organisation démocratique de la société. Il ne voulait parler que de l'organisation industrielle telle qu'elle existe actuellement, où les chefs *dirigent* sans *commander*, et traitent, nous disait Auguste Comte, leurs ouvriers en *sociétaires*, non en *sujets*. De sorte qu'Auguste Comte pouvait conclure quelques pages plus loin, sans se contredire, que pour l'établissement définitif du nouveau système, « le peuple a été éliminé de la question : c'est pour le peuple que la question se résoudra, mais il y restera extérieur et passif »[1]. Saint-Simon pense exactement de même : il n'est pas démocrate pour cette raison « positive » que l'idéal démocratique n'est pas conforme aux faits, tels que nous les fournit l'observation de la société industrielle.

S'il arrive en France, et plus encore en Angleterre, que les ouvriers se laissent séduire par la prédication démocratique, c'est la faute des métaphysiciens et des légistes, inventeurs de la théorie de la souveraineté du peuple, dont l'utilité, toute « négative », fut de servir à détruire la théorie féodale du droit divin. C'est la faute aussi des chefs de l'industrie, qui se laissent trop séduire par le prestige de la classe gouvernante. « Ils n'éprouvent point le sentiment de la supériorité de leur classe ; presque tous désirent en sortir pour passer dans la classe des nobles »[2]. Malgré tout, ils restent les chefs naturels des ouvriers ; et, comme ils possèdent la capacité nécessaire pour diriger ceux-ci, ceux-ci de leur côté sont instinctivement portés à exécuter leurs instructions. Pareillement, il est naturel qu'ils soient différemment rétribués, puisque leurs tâches sont différentes. Cette inégalité constitue « l'égalité industrielle », par opposition à « l'égalité turque » – ou jacobine – qui implique « l'égale admissibilité à l'exercice du pouvoir arbitraire »[3]. La société industrielle, telle que la définit Saint-Simon, n'est donc point démocratique. Or le socialisme moderne est une doctrine essentiellement démocratique. Il faudrait donc conclure que la doctrine sociale de Saint-Simon n'est pas un socialisme, si d'autre part elle ne s'opposait point, par des traits aussi essentiels, à la doctrine sociale d'Adam Smith et de J.-B. Say.

Adam Smith, J.-B. Say et toute leur école se placent au point de vue du consommateur. Ils considèrent le monde économique comme étant constitué essentiellement par un public de consommateurs, auxquels les producteurs viennent offrir leurs produits, et qui se fournissent auprès de celui des

---

1. *Œuvres* de Saint-Simon, vol. IV, p. 158.
2. *Catéchisme des Industriels* ; *Œuvres*, vol. VIII, p. 55.
3. *Système industriel* ; *Œuvres*, vol. VI, p. 17.

concurrents dont ils obtiennent au moindre prix la plus grande quantité et la meilleure qualité des objets dont ils ont besoin. Il ne faut pas objecter que les consommateurs sont en même temps des producteurs ; car il résulte du mécanisme de l'échange que nul – ou peu s'en faut – n'est producteur et consommateur sous le même rapport. Les marchandises que chacun produit, il ne les consomme pas. Celles qu'il consomme, il les a presque toujours achetées à d'autres producteurs. Tous les hommes sont d'ailleurs consommateurs ; de sorte que l'intérêt des consommateurs, c'est l'intérêt du genre humain tout entier. Si l'intérêt général se trouve lésé, c'est quand un groupe de producteurs, favorisé par un monopole, impose un prix factice pour les marchandises qu'il fournit à l'universalité des consommateurs.

Or, c'est à peine si, dans les écrits de Saint-Simon, on rencontre deux ou trois fois l'expression de son adhésion formelle à cette conception de l'économie industrielle[1] ; encore est-ce exclusivement dans les ouvrages qu'il publia lorsqu'il travaillait de concert avec les publicistes libéraux et en collaboration avec Augustin Thierry. En réalité, sa manière de concevoir les phénomènes économiques est tout autre ; ce n'est pas, comme les économistes classiques, au point de vue du consommateur, c'est au point de vue du producteur qu'il se place. Il considère le genre humain comme composé, en très grande majorité, de producteurs, associés en vue de collaborer à l'accroissement de la richesse sociale, et rémunérés chacun selon son travail, ou plus exactement, selon sa « mise sociale » : capital avancé et travail fourni. Saint-Simon réserve la dénomination de « consommateurs » à ceux qui, dans la société, ne cumulent pas les qualités de consommateurs et de producteurs, mais qui, sans produire, consomment le produit du travail des autres. S'il arrive que, dans la société économique, l'intérêt général se trouve lésé, c'est quand le groupe des consommateurs, définis comme on vient de voir, ou, si l'on veut, des non-producteurs, prélève une dîme sur le produit du travail des producteurs, c'est-à-dire de l'immense majorité des individus qui composent l'espèce[2].

Qu'est-ce donc que le régime gouvernemental, ou militaire ? C'est un régime où les consommateurs exploitent les producteurs. Qu'est-ce au contraire que le régime industriel ? C'est un régime où les producteurs ont secoué le joug des consommateurs, et repris, pour leur compte, l'administration de la société industrielle. En vertu de quel principe enfin s'effectue, dans cette administration, la distribution des rangs ? Ce n'est, nous l'avons vu, ni l'élection, ni la concurrence, entendue comme l'entendent les économistes classiques, qui confèrent la jouissance des fonctions sociales et des traitements

---

1. V[oir] notamment *L'Industrie*, vol. II, « Objet de l'entreprise » (*Œuvres*, vol. II, p. 131).
2. V[oir] notamment *L'Industrie* ; *Œuvres*, vol. VIII, p. 83-84.

qui s'y trouvent attachés ; c'est plutôt, semble-t-il, ce que l'on pourrait appeler une sorte de cooptation administrative, c'est-à-dire une concurrence encore, mais entendue en un sens nouveau. On peut concevoir en effet deux sortes de concurrence : l'une en vertu de laquelle le consommateur choisit son fournisseur, et l'autre en vertu de laquelle le fournisseur choisit ses employés. Or, dans la société industrielle telle que Saint-Simon la conçoit, c'est la deuxième sorte de concurrence qui rend compte de la distribution des rangs et des récompenses. Ceux qui occupent des rangs inférieurs dans la société se font concurrence les uns aux autres pour obtenir que leurs chefs les distinguent, et leur donnent l'avancement auquel ils aspirent. Au sommet de la hiérarchie administrative se trouvent les banquiers. Un industriel réussit, selon Saint-Simon, non pas exactement dans la mesure où il satisfait, mieux que ses rivaux, les besoins des consommateurs, mais dans la mesure où il sait, mieux que les autres, obtenir la confiance, le « crédit des banquiers ». Les sommes que ceux-ci consentent à lui avancer sont à la fois la récompense de ses aptitudes, et le moyen pour lui de les rendre productives, dans l'intérêt du genre humain.

Ainsi se trouvera réalisée, dans la société industrielle, la conciliation de l'intérêt de tous avec l'intérêt de chacun. Mais ce ne sera pas en vertu du même principe que dans la théorie des économistes classiques. Le principe d'identification des intérêts, selon Adam Smith, c'était le principe de la concurrence commerciale ; suivant Saint-Simon, c'est le principe de l'émulation professionnelle. D'ailleurs Saint-Simon ne pense pas qu'il suffise, pour réaliser l'harmonie des intérêts, de faire appel à l'égoïsme des individus. Sur ce point encore, son « positivisme » s'oppose à l'utilitarisme de Bentham et de l'école anglaise. Il affirme avec insistance dans ses derniers ouvrages, dans son *Système industriel*, dans son *Catéchisme des industriels*, et surtout dans son *Nouveau Christianisme*, que la politique doit s'achever par une morale, une religion. Charles X monte sur le trône : les philosophes de l'école théocratique font maintenant partie des conseils du gouvernement. Dans l'opposition libérale, les protestants et les demi-protestants sont nombreux : Benjamin Constant, le duc de Broglie, Guizot, J.-B. Say. Victor Cousin lui-même, s'il n'est pas protestant, propage en France les idées métaphysiques du luthérianisme allemand. Entre le catholicisme réactionnaire et l'individualisme protestant, Saint-Simon s'érige en arbitre. C'est à la morale positive et industrielle, et à elle seule, qu'il appartient dorénavant de réaliser le précepte chrétien : *Aimez-vous les uns les autres.*

Ce précepte, il arrive sans doute à Saint-Simon de l'interpréter à la manière d'Helvétius et de Bentham. Pourquoi les hommes ne savent-ils pas réaliser l'harmonie de leurs intérêts ? C'est par ignorance de leurs véritables intérêts.

> Le code de la morale chrétienne, écrit Saint-Simon, a lié tous les hommes par leurs sentiments, mais il n'a point traité la question de leurs intérêts... L'ancienne doctrine avait fondé la morale sur des croyances ; la nouvelle doit lui donner pour base la démonstration que tout ce qui est utile à l'espèce est utile à l'individu, et, réciproquement, que tout ce qui est utile à l'individu l'est aussi à l'espèce[1].

Mais il s'exprime encore autrement. Il déplore que « la décadence des doctrines générales anciennes » ait rendu les individus incapables de désintéressement, « laissé développer l'égoïsme, qui envahit de jour en jour la Société, et qui s'oppose éminemment à la formation des nouvelles doctrines. Il faut donc mettre en jeu la philanthropie pour le combattre et pour le terrasser »[2]. C'est donc non sur l'égoïsme réfléchi, mais sur « la force du sentiment moral » qu'il compte pour terminer la crise que traverse le genre humain.

> La vérité, à cet égard, vérité qui a été constatée par la marche de la civilisation, c'est que la passion du bien public agit avec beaucoup plus d'efficacité pour opérer les améliorations politiques que celle de l'égoïsme des classes auxquelles ces changements doivent être le plus profitables. En un mot, l'expérience a prouvé que les plus intéressés à l'établissement d'un nouvel ordre de choses ne sont pas ceux qui travaillent avec le plus d'ardeur à le constituer[3].

Nous voilà aussi loin que possible d'Helvétius et de Bentham. La condition de l'harmonie des intérêts, c'est que chacun des membres de la société, non seulement sache connaître son intérêt, mais soit capable de s'élever jusqu'à la considération de l'intérêt général. Le mobile humain fondamental, dans la théorie des économistes classiques, c'est le désir de s'enrichir, tempéré par la crainte d'être condamné. Dans la théorie de Saint-Simon, c'est le désir de s'enrichir, tempéré par l'enthousiasme social.

Dans l'histoire des origines du socialisme moderne, nous devons faire une place à part au socialisme saint-simonien ; il présente ce caractère singulier d'être sorti de l'économie politique libérale, et d'en être sorti par une évolution insensible. C'est à peine si Saint-Simon paraît avoir conscience qu'il enseigne une doctrine différente de celle qu'enseigne à côté de lui J.-B. Say. Lui-même ne tire pas toutes les conséquences des

---

1. *Système industriel* ; *Œuvres*, vol. V, p. 177.
2. *Système industriel* ; *Œuvres*, vol. V, p. 21.
3. *Système industriel* ; *Œuvres*, vol. VI, p. 120.

principes qu'il énonce. Il veut que toute la richesse sociale soit distribuée entre ceux qui l'ont produite, au détriment des oisifs. Après quoi, il définit l'« égalité industrielle » comme consistant « en ce que chacun retire de la société des bénéfices exactement proportionnés à sa mise sociale, c'est-à-dire à sa capacité positive, à l'emploi utile qu'il fait de ses moyens, parmi lesquels il faut comprendre, bien entendu, ses capitaux »[1]. Mais comment considérer un capital comme faisant partie de la « capacité positive » d'un individu ? Et le capitaliste qui, sans travailler, exige un intérêt de son capital, comment ne pas le considérer lui aussi comme un oisif qui prélève une dîme sur le produit du travail d'autrui ? Que ce prélèvement ne réponde pas au principe de l'« égalité industrielle », c'est ce qui paraît plus évident encore, lorsque ce capital n'a pas été produit par le travail de celui qui en a la jouissance, lorsqu'il lui a été transmis par héritage. « Le système industriel, écrit Saint-Simon, est fondé sur le principe de l'égalité parfaite ; il s'oppose à l'établissement de tout droit de naissance et de toute espèce de privilège[2]. » Comment alors peut-il écrire, sans se contredire, « que la richesse, est, en général, une preuve de capacité chez les *industriels*, même dans le cas où ils ont hérité de la fortune qu'ils possèdent »[3] ? Voilà les problèmes que Saint-Simon laisse à ses disciples le soin de résoudre. L'essentiel est que sa doctrine sociale les pose déjà, et constitue déjà un socialisme, en ce sens qu'elle considère comme possible et comme se réalisant graduellement une organisation centralisée du travail industriel et une distribution concertée de la richesse sociale.

Le mot « socialisme » n'est pas prononcé. Il s'en faut de dix ans qu'il devienne courant, lorsque Saint-Simon meurt en 1825. Mais le maître vient à peine de mourir, il n'est pas encore mort, que déjà ses disciples dénoncent, en termes caractéristiques, l'« esprit d'individualité » et l'« individualisme »[4] ; et Saint-Simon et ses élèves ne font-ils pas de l'adjectif « social » un emploi qui fait pressentir déjà l'apparition du substantif correspondant ? « Les industriels, écrit Saint-Simon, sentent bien qu'ils sont les plus capables de diriger les intérêts pécuniaires de la nation, mais ils ne mettent point cette idée en avant dans la crainte de troubler momentanément la tranquillité ; ils attendent patiemment que l'opinion se forme à ce sujet, et qu'une doctrine

---

1. *Système industriel* ; *Œuvres*, vol. VI, p. 17.
2. *Catéchisme des industriels* ; *Œuvres*, vol. VIII, p. 61.
3. *Système industriel* ; *Œuvres*, vol. V, p. 49.
4. Auguste Comte, *Lettres à Valat*, 30 mars 1825 (pp. 164-165) : « La décadence inévitable des doctrines religieuses a laissé sans appui la partie généreuse du cœur humain, et tout s'est réduit à la plus abjecte individualité... L'esprit d'individualité a pénétré dans toutes les classes. » – Cf. *Producteur*, vol. II, p. 56 (article de Gondinet). – Individualisme : *Producteur*, vol. II, p. 162 (article de Rouen) ; vol. III, pp. 389, 403. – Individualiste : *Producteur*, vol. IV, p. 298 (article de Rouen).

vraiment sociale les appelle au timon des affaires[1]. » Et Enfantin, qui vient d'adhérer à la doctrine de Saint-Simon, qui va contribuer, plus que personne, à la transformer en un socialisme intégral, écrit un mois à peine après la mort de son maître :

> Nous montrerons comment il arrive que la production soit toujours plus réellement dirigée par les producteurs, sans nous occuper de rechercher ce que feront ceux-ci, lorsque l'influence administrative qui sera un jour dans leurs mains sera superposée à l'influence gouvernementale qui est dans les mains des oisifs ; mais il n'en sera pas moins démontré que *lorsque l'administration de la production sera sociale*, sera complètement dépendante de la volonté des plus habiles producteurs, quels que soient les moyens administratifs qu'ils emploieront, ils seront toujours aussi favorables que possible au bien-être de la production[2].

2. La doctrine économique des saint-simoniens

Si les observations que nous avons présentées dans l'article précédent sont exactes, il faut admettre que les principes essentiels du « socialisme » saint-simonien de 1830 se trouvent déjà dans la doctrine de Saint-Simon lui-même ; c'est à lui que Bazard et Enfantin, grands prêtres de la « religion saint-simonienne », doivent la notion de « l'association universelle sous le point de vue de l'industrie, état dans lequel les différentes nations réparties sur la surface du globe ne doivent plus se présenter que comme les membres d'un vaste atelier, travaillant, sous une impulsion commune, à l'accomplissement d'un but commun »[3]. Cela ne veut pas dire que l'opinion contraire, généralement accréditée, ne s'explique par de très fortes considérations. En effet, tant que Saint-Simon vécut, il y eut, dans le public qui lisait ses manifestes et ses opuscules, un malentendu sur la doctrine. Saint-Simon avait beau insister sur la distance qui séparait son industrialisme du libéralisme courant, les libéraux persistaient à le regarder comme un des leurs. N'avaient-ils pas pour ennemis communs les fonctionnaires gouvernementaux, dont ils étaient d'accord pour demander que l'on réduisît le nombre et que l'on rognât les traitements ? Saint-Simon dénonçait d'une façon générale les « riches oisifs » : mais il suffisait d'entendre par là, comme il faisait lui-même chaque fois qu'il passait des principes à l'application,

---

1. *Catéchisme des Industriels* ; *Œuvres*, vol. VIII, pp. 11-12.
2. *Lettre à Thérèse Nugues*, 18 août 1825.
3. *Exposition de la Doctrine*, première année, 1re éd., p. 107.

soit les propriétaires fonciers, soit les détenteurs de rentes d'État, pour que de nouveau l'accord parût complet entre Saint-Simon et les publicistes libéraux. Ne continuait-il pas lui-même à tenir Adam Smith et J.-B. Say, les fondateurs du libéralisme économique, pour ses maîtres ? Le malentendu persista jusqu'à la mort de Saint-Simon. Mais lorsqu'il mourut en 1825, il était difficile que le malentendu se prolongeât.

Les disciples de Saint-Simon lurent les *Nouveaux principes d'Économie politique* de Sismondi. Ils lurent les articles par lesquels, dans la *Revue encyclopédique*, Sismondi défendait, contre J.-B. Say, son hérésie économique[1]. Sismondi avait fait, en 1818, le voyage d'Angleterre, causé et discuté avec Ricardo, visité les centres manufacturiers, constaté la misère des classes laborieuses, et observé une des crises qui, périodiquement, rendaient cet état de misère intolérable. Il avait cherché à se rendre compte des causes de ces crises, à expliquer comment l'invention des machines qui venaient de multiplier prodigieusement le rendement du travail humain, avait eu cependant pour effet de rendre plus précaire qu'auparavant l'existence de la grande majorité des travailleurs. Il avait développé, en s'inspirant des écrits de Robert Owen, la théorie de la concentration industrielle. L'effet de la concurrence commerciale n'est pas, à l'en croire, de rétablir constamment l'équilibre des richesses après des oscillations passagères, et de tendre finalement à l'égalisation des conditions économiques. L'effet nécessaire de la concurrence, c'est d'avantager les plus forts aux dépens des plus faibles, et par suite d'aggraver constamment l'inégalité des fortunes.

Pour réussir, dans une société commerçante et progressive, il faut être en état de modifier rapidement, au fur et à mesure des inventions nouvelles, son outillage industriel ; et, pour être en état de faire ce sacrifice de capitaux, il faut d'abord être riche. D'où la concentration des travaux : un nombre toujours plus petit d'entreprises toujours plus grandes. D'où la concentration des fortunes : un nombre toujours plus petit d'individus toujours plus riches, en face d'un nombre toujours plus grand de misérables. D'où encore l'impossibilité où se trouvent les manufacturiers d'écouler leurs produits dans les pays où ils ont été fabriqués. Qui les absorberait ? Les riches ? Ils sont très riches en effet, mais ils sont très peu nombreux ; et d'ailleurs les produits de la grande industrie ne sont pas des objets de luxe, ce sont des objets d'utilité commune et de consommation populaire. Les ouvriers seront-ils donc les acheteurs ? Ils sont très nombreux, en effet, mais très

---

1. *Revue Encyclopédique*, vol. XXII, 1824, p. 264-399 ; et *Économie politique. Sur la balance des consommations avec les productions*, par Sismondi. Réponse de J.-B. Say, vol. XXIII, juillet 1824, p. 18 *sq.* – V[oir] dans le même numéro, pp. 67 *sq.*, un article signé S. (Sismondi) sur l'*Inquiry* de William Thomson.

mal payés, et hors d'état de racheter, avec leurs salaires, le produit de leur propre travail. D'où enfin la nécessité pour les fabricants de chercher des débouchés à l'étranger. Mais il est inévitable que chaque nouveau marché se trouve bientôt saturé de marchandises à son tour et que l'engorgement se reproduise. Les économistes ont donc tort, selon Sismondi, de nier, comme ils font généralement, en se fondant sur des arguments *a priori*, la possibilité d'une surproduction économique. Les pays industriellement les plus avancés produisent trop ; et Sismondi, sans indiquer très nettement quel remède il propose d'apporter au mal, se montre disposé à croire que l'État pourrait intervenir pour limiter la production, et éviter que l'accroissement de la productivité du travail devançât l'accroissement des besoins.

Au moment où Sismondi écrivait, la France n'avait pas encore éprouvé les crises dont souffre l'Angleterre ; et Saint-Simon s'en réjouissait. Si les chefs de l'industrie n'étaient pas, comme en Angleterre, en lutte avec leurs ouvriers, c'était, pensait-il, un signe que la France était destinée à réaliser avant l'Angleterre ce régime industriel fondé sur l'établissement pacifique, entre tous les degrés de la hiérarchie, de rapports de solidarité spontanée. Mais, s'il n'avait pas encore éclaté de conflits sérieux entre les patrons français et leurs ouvriers, n'était-ce pas simplement parce que l'industrie française, épuisée par vingt ans de révolution et de guerre, n'avait pris encore, aux approches de 1820, qu'un très médiocre développement ? Si elle venait à se développer, n'était-il pas à prévoir qu'elle devrait traverser les mêmes crises dont avait souffert l'industrie anglaise ? En 1826, la crise se produisit : et Sismondi, publiant la deuxième édition de ses *Nouveaux principes*, put se vanter d'avoir été prophète. Ainsi se pose, vers cette date, pour les disciples de Saint-Simon, un problème économique nouveau, qu'ils doivent essayer de résoudre conformément aux principes posés par leur maître[1]. Peuvent-ils admettre, avec Sismondi, qu'il n'y aura jamais excès de production ? Saint-Simon a assigné pour but unique à la société la production, et la production la plus intense. Lorsqu'après sa mort ses disciples fondent une revue pour propager ses idées, cette revue s'appelle *Le Producteur*. Peuvent-ils d'autre part admettre, avec J.-B. Say, que les phénomènes de surproduction dénoncés par Sismondi sont purement illusoires, et que tout produit doit nécessairement trouver son débouché sous le régime de la libre concurrence ? Aux yeux de Saint-Simon, la société industrielle tend à sa perfection dans la mesure où elle s'organise ; et elle sera parfaitement organique le jour où tous les membres de la société, dans toutes les branches de l'industrie, travailleront de concert à la poursuite d'un but commun. Comment admettre alors que

---

1. V[oir] *Le Producteur*, vol. V, p. 94 *sq.*, l'article signé P. E. (Prosper Enfantin), sur les *Nouveaux principes* de Sismondi.

l'équilibre de la production et de la consommation puisse s'établir par le simple jeu de la concurrence aveugle que les individus se font les uns aux autres, sans une entente préalable des producteurs ? Il est donc nécessaire, si les principes de la philosophie économique de Saint-Simon sont vrais, que les saint-simoniens adoptent une attitude intermédiaire entre celle de Sismondi et celle de J.-B. Say.

Les disciples de Saint-Simon lurent encore, un peu plus tard, les ouvrages de Fourier. Ce fou n'avait encore que peu de disciples et peu de lecteurs. Les saint-simoniens furent les premiers à lui donner quelque crédit, en attendant le jour où la dispersion de leur « église » devait fournir à l'école fouriériste quelques-uns des plus intelligents et des plus actifs parmi ses adeptes. Ils trouvèrent chez Fourier tout à la fois un système social et un système de l'univers : et l'exemple de Fourier les détermina peut-être en partie à transformer la philosophie « positive » de Saint-Simon en un panthéisme métaphysique[1]. Ils trouvèrent chez Fourier une critique de la concurrence, qui n'était pas sans avoir de lointaines analogies avec la critique de Robert Owen et de Sismondi : la concurrence aboutit à la constitution de monopoles commerciaux, le commerçant s'interposant entre le producteur et le consommateur pour s'enrichir aux dépens de l'un et de l'autre. « Féodalité commerciale », dit Fourier ; et il est fort probable que cette expression fouriériste n'a pas été sans influer sur les saint-simoniens, lorsqu'ils comparèrent les progrès de la concentration industrielle aux progrès accomplis, vers le xie siècle de notre ère, par la féodalité militaire. Les saint-simoniens trouvèrent encore chez Fourier toute une psychologie très compliquée, beaucoup plus compliquée que la psychologie rudimentaire des économistes orthodoxes ; cinq passions passives, quatre passions actives et trois passions distributives, les plus importantes de toutes pour qui veut comprendre le mécanisme de la société économique. Or, parmi ces trois passions « distributives », l'une était de nature à retenir l'attention des saint-simoniens : la *composite* est une « espèce de fougue aveugle », nous dit Fourier, c'est cet enthousiasme, mélange de passions diverses, qui s'empare des individus par le fait même qu'ils sont réunis, qu'ils constituent une foule. C'est donc, en fin de compte, ce zèle qui, dans la doctrine saint-simonienne, dirige en vue d'un but commun les efforts de tous les membres de la société industrielle et transforme en émulation leur rivalité. C'est la « composite » qui doit inspirer les soldats des « armées industrielles »[2] que Fourier envoie à la conquête économique du monde entier, pour dessécher

---

1. Sur les emprunts du saint-simonisme à Fourier, v[oir] H. Bourgin, *Fourier. Contribution à l'étude du socialisme français*, 1905, p. 416 sq.
2. *Théorie des quatre mouvements*, p. 263-267 ; *Théorie de l'unité universelle,* p. 95-97.

les mers, fertiliser les déserts, et faire régner enfin, à la surface de la terre, un éternel printemps : nous retrouverons, chez les saint-simoniens de 1830, les « armées industrielles » de Fourier.

Enfin et surtout, les disciples de Saint-Simon trouvèrent chez Fourier la solution du problème posé par la polémique qu'avaient engagée dans la *Revue encyclopédique* Sismondi et J.-B. Say. Il faut toujours approuver, disait J.-B. Say, un accroissement de la productivité industrielle : car il est impossible qu'un produit, une fois jeté sur le marché, ne finisse par se distribuer, par trouver un consommateur. Il faut condamner, répliquait Sismondi, un accroissement de la production qui n'est pas précédé, comme cela peut arriver, comme cela arrive en effet, d'une meilleure distribution. Fourier renverse le problème. La thèse qu'il soutient, c'est que la condition nécessaire d'un accroissement de la production, c'est une meilleure distribution des tâches et des richesses entre les travailleurs. Sous le régime de la concurrence, il y a dispersion, incohérence, aveuglement des efforts individuels. Il faut une organisation systématique, où chacun trouve son plaisir à exécuter une tâche qui lui convient, et reçoive une rémunération équitable de la tâche une fois accomplie pour qu'il y ait, comme dit Fourier « quadruple produit ».

Se fonder sur les principes énoncés par Saint-Simon pour instituer la critique de la concurrence, telle est l'œuvre à laquelle s'attachèrent ses disciples, au lendemain même de sa mort. C'étaient entre autres Olinde Rodrigues, employé d'une maison de banque, et qui, depuis deux ans, faisait vivre Saint-Simon de ses subsides ; Saint-Amand Bazard, conspirateur fameux, fondateur de sociétés secrètes, dégoûté maintenant de la phraséologie politique et révolutionnaire ; Prosper Enfantin surtout, employé comme Olinde Rodrigues dans une maison de banque, et qui contribua plus que les autres au développement de la doctrine économique, en attendant le jour où il allait transformer le saint-simonisme en un dogme métaphysique, et le compliquer d'une organisation ecclésiastique et rituelle[1]. Ils fondèrent une publication hebdomadaire d'abord, puis mensuelle, *Le Producteur* ; et les attaques contre le régime de la concurrence redeviennent de plus en plus âpres, de numéro en numéro, à mesure que la contradiction devient plus évidente, aux yeux des saint-simoniens, entre les formules courantes de l'économie politique classique et les idées maîtresses de l'économie politique dont Saint-Simon vient de définir les principes. D'abord, on laisse passer des articles dont les auteurs déclarent « désirer la concurrence, puissant motif de perfection », se bornant seulement à ajouter qu'ils ne se refusent pas « à voir les maux *passagers* dont elle est cause »[2]. On rend hommage

---

1. Sur le groupe saint-simonien, voir S. Charléty, *Histoire du Saint-Simonisme*, 1896.
2. *Producteur*, I, 149. – Cf. I, 436 (article d'Artaud).

à Adam Smith, qui contribua le premier à faire prédominer, dans les vues des gouvernements, le point de vue commercial et industriel sur le point de vue politique et militaire[1]. Mais Adam Smith n'a-t-il pas fait reposer sa philosophie économique tout entière sur la notion de concurrence ? Bientôt, on commence à exprimer le regret que les économistes, après avoir fondé « cette science nouvelle et parvenue presque à son origine à l'état positif », aient essayé de la « subordonner à la politique critique », de la « réduire aux étroites proportions de l'individualisme »[2]. Ce sont, pour l'instant, des contemporains, les anciens amis de Saint-Simon, Charles Comte et Dunoyer, que l'on rend responsables de cette confusion. Mais on finit par s'en prendre à Adam Smith lui-même.

Adam Smith a fondé l'économie politique comme science positive : seulement il était le contemporain de Voltaire, de Rousseau et des légistes qui firent les révolutions d'Amérique et de France. Il ne pouvait pas ne pas être un individualiste, il ne pouvait pas éviter d'écrire sous l'empire des « idées critiques », qui étaient alors en vogue. Or on sait quelle valeur l'école saint-simonienne attache aux idées critiques : une « valeur négative »[3], une « valeur de destruction »[4]. Quels qu'eussent été les bienfaits accomplis au Moyen Âge par les corporations, il était utile, au XVIIIe siècle, que ce qu'il y avait en elles d'exclusif et d'étroit fût détruit. Le vrai rôle de la doctrine de la libre concurrence a été d'élargir le cercle à l'intérieur duquel s'opèrent les échanges, et de permettre à l'homme de concevoir une grande république mercantile, comprenant l'espèce tout entière, à la place des anciens marchés locaux, provinciaux ou nationaux. Mais l'erreur est de croire que la concurrence soit, ou doive être à jamais la loi suivant laquelle, sur ce vaste marché, les produits de l'industrie humaine s'échangent les uns contre les autres. « Et qui donc dirigera ? Personne : chacun connaît si bien où marche l'humanité, vers quel point elle se dirige, qu'on n'a pas besoin de conseils généraux, de règles générales de conduite : l'ordre naît *naturellement* du désordre, l'union de l'anarchie, l'association de l'égoïsme... Voilà le système critique tout entier[5]. »

Les marchandises, selon les apologistes du régime de la concurrence, s'échangent naturellement les unes contre les autres, lorsque leur coût de production est égal ; il en résulte, semble-t-il, que le mécanisme de la

---

1. *Producteur*, I, 344 (article d'Ad. Blanqui).
2. *Producteur*, II, 164 : Examen d'un nouvel ouvrage de M. Dunoyer, ancien rédacteur du *Censeur Européen* (article de P.-J. Rouen).
3. *Exp. de la Doctrine*, I, 75 ; II, 5.
4. *Exp. de la Doctrine*, I, 127.
5. *Producteur*, III, 406 : Considérations sur l'organisation féodale et l'organisation industrielle (article de Prosper Enfantin).

libre concurrence attribue nécessairement à chacun une valeur exactement proportionnée au travail qu'il a fourni, la rémunération exacte de ses peines. Mais cette théorie de la valeur qui est celle de Ricardo, et à laquelle se ramène celle de J.-B. Say, est-elle d'une application générale ? On conçoit, réplique Enfantin, qu'elle s'applique dans le cas où deux producteurs apportent simultanément sur un même marché, pour les échanger l'un contre l'autre, les « produits matériels » de leurs industries. Alors, « il est évident que le débat contradictoire de l'offre et de la demande détermine le prix des objets en présence, et que ce prix doit (lorsqu'il n'y a pas privilège, monopole) se rapprocher constamment des frais de production ». Mais que se passera-t-il lorsque les deux individus en présence se trouvent être, le premier un capitaliste, propriétaire d'une marchandise qui est le produit achevé d'un travail passé, et le second un travailleur « qui n'apporte, pour l'échange, que la promesse d'un travail futur » ? Alors, il doit arriver que le propriétaire jouisse, vis-à-vis du travailleur, d'un véritable privilège, constitué par le droit de propriété qu'il exerce sur son capital. Il est en son pouvoir de payer à l'ouvrier un salaire très inférieur à la valeur du produit de son travail.

> Que fait-on quand on achète le service d'un ouvrier ? On l'entretient pour qu'il soit le lendemain ce qu'il était la veille, un producteur. On lui donne même de quoi être meilleur producteur ; on s'efforce également, en renouvelant le capital, de l'accroître par d'heureuses combinaisons industrielles ; mais faut-il que cet accroissement passe dans les mains du propriétaire oisif du capital employé, ou bien doit-on désirer qu'il reste dans les mains de celui qui saurait le consommer d'une manière reproductive ? Et, pour suivre la comparaison entre le capital et l'ouvrier, vaudrait-il mieux que le prix des services de l'ouvrier passât dans les mains d'un maître qui le louerait, que de rester à l'ouvrier même ?

Ricardo a raison, contre l'opinion de J.-B. Say, d'établir que le fermage, la rente foncière, n'est pas la récompense d'un travail productif. Mais il a tort de croire que la différence de qualité des terres soit la cause suffisante de l'existence du fermage. « Le fermage n'existerait pas là où chaque propriétaire, cultivant son champ, vivrait du produit de ce champ ». Il n'existerait pas davantage « dans une communauté » où « tous les produits seraient versés dans les magasins communs, pour être divisés ensuite suivant le besoin de chacun ». Tout dépend de la constitution du droit de propriété ; et la partie la plus importante de l'économie politique est celle qui traite de la distribution des richesses.

La part du propriétaire foncier, celle du capitaliste, celle de l'ouvrier, exercent en effet sur le bien-être social, une influence bien grande, puisque souvent les capacités des entrepreneurs d'industrie ne produisent rien, parce qu'elles sont écrasées par le luxe des classes oisives, résultant de la hausse de l'intérêt et des fermages, ou par la misère des travailleurs, qui s'épuisent pour entretenir ce luxe et cette dissipation[1].

Les apologistes de la concurrence recourent encore à un autre argument pour la justifier. Ils ne se contentent pas de dire qu'elle fixe la valeur des marchandises à leur coût de production. Ils ajoutent qu'elle fixe cette valeur au moindre coût de production des marchandises qui sont apportées sur un même marché. Ils en concluent que la concurrence a des effets avantageux pour tous les consommateurs, en d'autres termes pour les membres de la société que l'on considère, puisqu'ils peuvent se procurer à meilleur compte les choses qui leur sont utiles ou agréables. Mais, répond Enfantin[2], c'est oublier que la concurrence qui a lieu entre les chefs d'entreprise peut entraîner la baisse des prix de deux manières bien différentes. Ou bien en effet ils perfectionnent les procédés industriels, adoptent des machines dont la productivité est plus grande : ils réussissent « à faire plus de produits ou des produits meilleurs, *dans le même temps et avec les mêmes forces* ». Il y a, dans ce premier cas, bénéfice pour l'humanité entière. Ou bien, au contraire, ils réussissent à vendre à meilleur marché les produits de leur industrie, et à remporter sur leurs concurrents la victoire, en abaissant les salaires qu'ils paient à leurs ouvriers. Dans ce cas, il y a bénéfice pour les acheteurs du produit, mais non pour les ouvriers qui en sont les premiers vendeurs, et qui trouveront plus difficile de se procurer, avec le prix de leur travail, les moyens nécessaires à leur subsistance.

Bref, la concurrence est bonne quand elle est « dans les choses » ; elle est funeste quand elle a lieu « entre les personnes ». La baisse des prix dont elle est cause est favorable d'une manière absolue à ceux qui sont consommateurs sans être producteurs. Elle n'est favorable aux producteurs que dans la mesure où la baisse des prix des marchandises qu'ils achètent n'est pas compensée par la baisse des salaires. Pour établir que la concurrence est, sans restriction, utile à l'espèce, il faudrait établir qu'elle est nécessairement un moyen de stimuler le perfectionnement des procédés industriels. Nous voyons qu'il n'en est rien. Le régime de la concurrence conduit non pas à la division

---

1. *Producteur*, I, 214 *sqq.* : Considérations sur la baisse progressive du loyer des objets mobiliers et immobiliers (l'article non signé est d'Enfantin).
2. *Producteur*, III, 385 *sqq.* : De la concurrence dans les entreprises industrielles.

des travaux et des revenus selon les capacités, mais à la séparation de deux classes, l'une oisive, l'autre laborieuse, les oisifs ayant la faculté de tirer parti de la concurrence au détriment des travailleurs. Ainsi l'antagonisme de tous contre tous entraîne nécessairement l'asservissement de la majorité par la minorité, et le régime de la liberté commerciale, sous lequel nous vivons, perpétue certains vices qui étaient propres à l'organisation économique du régime féodal. Il faut une nouvelle organisation sociale et religieuse, un « nouveau christianisme », pour achever l'œuvre commencée par l'Église chrétienne, l'abolition de l'esclavage et l'affranchissement des travailleurs.

Il faut donc opérer une révolution dans la conception de la science économique. Il n'est pas possible de la considérer comme se réduisant à la théorie de la libre concurrence, comme étant purement et simplement, selon l'expression employée par Saint-Simon en 1817, la « science de la liberté » : nous avons vu que la libre concurrence n'était ni le meilleur moyen, ni le seul moyen concevable d'organiser le progrès industriel. La libre concurrence aurait pour effet, à en croire les économistes libéraux, d'établir la « division du travail » la plus favorable aux intérêts du genre humain : nous avons vu dans quelle mesure restreinte cette proposition était admissible ; et, dans la mesure même où elle est admissible, nous avons vu que l'équilibre final s'établit seulement au prix de crises et de convulsions douloureuses. L'objet de la science économique ne pourrait-il être d'apprendre à éviter ces crises ? Si nous savons quel est le résultat que le régime de la concurrence tend, lentement et péniblement, à établir, pourquoi ne pas viser directement le résultat désiré, dont nous avons acquis la connaissance ? Pourquoi ne pas considérer la « division du travail », spontanée et instinctive, qui se réalise dans l'échange, comme une forme particulière et grossière d'un phénomène plus général, la « combinaison des efforts » en vue d'un but connu à l'avance : l'exploitation du globe habité. Voilà le véritable objet de l'économie politique[1].

Si on fait abstraction des sciences auxiliaires dont elle suppose l'acquisition préalable, et notamment de la technologie, la science économique, la « théorie de l'industrie » étudie « les rapports qui lient tous les membres d'une Société sous le point de vue de la production matérielle ». Ces rapports ont pour fin, d'abord, d'« accroître directement la puissance productive par de plus grandes lumières et une meilleure combinaison des efforts » : lorsqu'elle les considère à ce point de vue, l'économie politique s'efforce de décrire « l'action combinée des industriels pour diviser scientifiquement le travail – travail des agriculteurs, des manufacturiers et des commerçants – suivant

---

1. *Producteur*, III, 67 : Considérations sur l'organisation féodale et l'organisation industrielle (article d'Enfantin).

les aptitudes ou les localités ». En second lieu, les rapports économiques qui lient entre eux les individus ont pour fin « le partage des produits du travail humain » : étudiant la répartition qui se fait, entre les producteurs, du produit de l'industrie sociale, l'économie politique doit étudier successivement la position des travailleurs considérés dans leurs relations réciproques, « les relations des directeurs des travaux et des ouvriers », et les rapports qui existent entre les producteurs et les consommateurs oisifs, c'est-à-dire « le fermage, les baux de location, le prêt à intérêt, ou mieux encore *les avantages attachés à la location des places et des instruments* nécessaires à la production »[1]. Cette division des matières ne diffère pas essentiellement de la distinction, couramment établie par les économistes entre la théorie de la production et la théorie de la distribution des richesses. Mais tandis que l'économie politique, telle que la conçoit J.-B. Say, tend à considérer ces rapports comme naturels et immuables, Enfantin et les saint-simoniens les définissent comme des rapports sociaux et variables. Bref, le champ de la science économique se trouve étendu, parce que la méthode de la science économique est changée : de la méthode saint-simonienne en économie politique, on peut dire, pour employer deux termes qui n'appartiennent pas à la terminologie de l'école, qu'elle est une méthode sociale et une méthode historique.

C'est d'abord, disons-nous, une méthode sociale : et voici ce qu'il faut entendre par là. Après avoir isolé une série de faits homogènes, objet particulier de son étude, l'économiste ne doit pas croire que cette série comprend tous les faits sociaux sans exception, ni que cette série peut être considérée comme une série complètement indépendante des autres séries de faits sociaux. Les physiocrates ne tombaient pas encore dans cette erreur : ils avaient à la fois une économie politique et une politique générale, et mettaient celle-là dans la dépendance de celle-ci. « Ils prenaient leur point de départ dans une idée générale qu'ils se formaient d'un type d'ordre social vers lequel devaient concourir tous les travaux, et, partant de cette base, ils traitaient la science des richesses de manière à la faire concorder avec la conception toute conjecturale du *droit naturel* ; ils envisageaient l'économie politique en philosophes[2]. » C'est à Adam Smith et à ses successeurs qu'il faut s'en prendre si l'économie politique a été réduite aux proportions d'une science spéciale, dont l'objet se trouve isolé de l'ensemble des rapports sociaux.

---

1. *Producteur*, IV, 384-385 : Considérations sur les progrès de l'économie politique dans ses rapports avec l'organisation sociale, premier article (article d'Enfantin). – Cf. *ibid.*, III, 547 : De la nécessité d'une nouvelle doctrine générale (article de Saint-Amand Bazard).
2. *Producteur*, IV, 386.

Ils ont voulu poser les bases de l'organisation sociale *a posteriori*, en commençant par les plus petits faits, depuis la division du travail, considérée même dans un individu isolé, jusqu'à la liberté du commerce entre les peuples... Ils entrent en matière par des points de détail, tels que la définition des mots *valeur, prix, production*, qui n'exigent aucune idée primitive sur la composition ou l'organisation des sociétés[1].

Comment s'étonner d'ailleurs qu'il en ait été ainsi ? Les économistes de l'école d'Adam Smith appartiennent tous à une époque critique et révolutionnaire de la pensée humaine. Or c'est le propre des époques critiques de favoriser la dispersion des efforts, la spécialisation des sciences. La science économique ne pourra présenter un caractère organique, comme la société dont elle prendra la direction, tant que les économistes ne comprendront pas l'impossibilité d'opérer une séparation entre la connaissance des phénomènes économiques et la connaissance de l'ensemble des institutions politiques et juridiques.

La méthode, en économie politique, devra être en outre historique. N'entendons pas ici par histoire « une collection de faits sans enchaînement fondé sur une conception de l'humanité, c'est-à-dire de faits classés suivant l'ordre chronologique ou d'après la position géographique des peuples »[2], mais bien « la série des développements de l'espèce humaine », la théorie du progrès général des sociétés. C'est une erreur commune à tous ceux qui depuis un demi-siècle, au moment où écrivent les saint-simoniens ont travaillé à constituer la science positive des phénomènes économiques, aux physiocrates comme à Adam Smith et à ses disciples, d'avoir cru que les lois auxquelles l'observation nous montre que ces phénomènes obéissent, étaient des lois éternelles. Leur méthode était, à cet égard, comme il convenait au temps où ils écrivaient, « métaphysique » ou « ontologique ». Les physiocrates croyaient à un *ordre naturel des sociétés*, œuvre de la providence, et dont ils croyaient démontrer l'existence « par des considérations puisées dans l'observation de l'individu abstrait »[3] : en réalité la définition de cet ordre naturel leur était suggérée par le spectacle du milieu économiquement ambiant. Ils écrivent à un moment où, en dépit des progrès de l'esprit critique, le régime féodal est encore debout : et voilà pourquoi ils assignent aux propriétaires fonciers la prédominance politique et le principal rôle dans la « société naturelle » dont ils tracent le tableau. Adam Smith écrit un peu plus tard : en conséquence, c'est de la société plus pleinement parvenue à l'état

---

1. *Producteur*, IV, 387-388.
2. *Producteur*, IV, 383.
3. *Producteur*, IV, 379.

critique qu'il se fait le théoricien ; il essaie d'expliquer tous les phénomènes économiques, et même tous les phénomènes sociaux, par le principe de la libre concurrence. En réalité, tous les faits sociaux, et les faits économiques en particulier, sont variables : ce qui ne veut pas dire qu'ils ne soient régis par aucune loi. Mais les lois qui les régissent sont des lois de « progrès », de « progression », de « développement »[1] ou, selon le mot qui commence à paraître, en 1829, dans la langue des saint-simoniens, et dont ils ont fait l'emprunt au philosophe Ballanche, d'« évolution »[2]. Étant donné que toutes les séries de phénomènes sociaux sont évolutives, le problème est de déterminer les relations fixes qui existent entre ces variations elles-mêmes. Expliquer scientifiquement un certain ordre de phénomènes sociaux – les phénomènes économiques par exemple – c'est rattacher la loi de variation de la série que ces phénomènes constituent par leur succession à la loi de variation d'une ou plusieurs autres séries. « C'est par l'étude de l'histoire considérée comme la série des développements *de l'espèce humaine* que l'on peut arriver à concevoir la direction dans laquelle s'avancent les sociétés ; c'est alors que l'on aperçoit le lien qui doit joindre le présent à l'avenir, et que la science peut hâter la marche de l'humanité vers le but dont elle se rapproche sans cesse[3] ».

Il faudrait donc, pour achever l'organisation de la science économique, connaître la loi générale à laquelle l'évolution de la société est soumise, et placer la loi d'évolution des phénomènes économiques sous la dépendance de cette loi générale. C'est à Saint-Simon que les saint-simoniens empruntent

---

1. *Exposition de la Doctrine*, II, 72 : la loi providentielle du progrès ; – I, 111 : loi de progression ; – I, 43, 45 ; II, 58 : loi de développement.
2. *Exposition de la Doctrine*, I, 137-138 : « La doctrine de Saint-Simon ne veut pas opérer un bouleversement, une révolution, c'est une *transformation*, une *évolution*, qu'elle vient prédire et accomplir, c'est une nouvelle *éducation*, une *régénération* définitive qu'elle apporte au monde... L'humanité *sait* qu'elle a éprouvé des évolutions progressives... elle connaît la loi de ces crises qui l'ont sans cesse modifiée. » – Cf. II, 5, 88. – Ce terme, nouveau alors dans son acception scientifique, Bazard semble bien l'avoir emprunté aux « Essais de palingénésie sociale » de Ballanche, qui venaient de paraître alors (v[oir] notamment au IIIe volume des *Œuvres*, pp. 11, 201). Ballanche est cité dans *Exposition de la Doctrine*, vol. II, p. 34 ; et nous savons que les saint-simoniens le lurent beaucoup vers 1829 (v[oir] Hippolyte Carnot, *Sur le Saint-Simonisme*, travaux de l'Académie des sciences morales et politiques, 1887, p. 125). Les emprunts à la *Palingénésie* sont nombreux dans le *Système de la Méditerranée* publié par Michel Chevalier dans *Le Globe* du 31 janvier 1832 (le mot même de « palingénésie » se trouve dans l'étude). Or Ballanche a emprunté le mot d'« évolution », comme le titre de son livre, à la *Palingénésie philosophique* de Charles Bonnet, v[oir] notamment Part. III, chap. IV, *Préformation et évolution des êtres organisés*. « Tout a été préformé dès le commencement, écrit Ch. Bonnet..., ce que nous nommons improprement une génération n'est que le principe d'un développement qui rendra visible et palpable ce qui était auparavant invisible et impalpable. » Le système de Bonnet est un développement de la philosophie de Leibniz. Le mot d'« évolution » aurait donc, en dernière instance, une origine leibnizienne.
3. *Producteur*, IV, 380.

leur définition du progrès : ils reprennent la théorie suivant laquelle la société industrielle tend constamment à acquérir la prédominance sur la société militaire. Mais ils complètent la théorie et l'expriment sous une forme nouvelle qui acquiert son plus haut degré de précision doctrinale dans la suite de conférences faites en 1829 par Saint-Amand Bazard et publiées sous le titre d'*Exposition de la doctrine de Saint-Simon*[1]. Les associations humaines commencent par être composées d'un petit nombre de membres. Elles entrent donc en conflit les unes avec les autres et l'antagonisme est le principe d'existence de ces sociétés primitives. Cet antagonisme se répercute sur l'organisation interne de chacune. Une classe supérieure y vit aux dépens d'une classe inférieure, réduite en esclavage et « exploitée » par la première : l'« exploitation de l'homme par l'homme », voilà en quoi consiste l'organisation économique de ces sociétés. Peu à peu les groupements humains deviennent plus vastes, et composés d'un plus grand nombre d'individus. Les conflits deviennent plus rares entre ces sociétés, dans la mesure où, comprenant chacune une fraction plus importante du genre humain, elles deviennent, par là même, moins nombreuses. L'antagonisme cesse d'être la condition fondamentale de leur existence, soit que l'on considère les relations de chacune avec les sociétés voisines, soit que l'on considère son organisation interne : ainsi se révèle peu à peu, par le cours nécessaire de l'histoire, la destination finale du genre humain, qui est « l'exploitation du globe terrestre par les hommes associés »[2].

Cette loi du progrès doit-elle s'expliquer par l'opération de causes physiques et mécaniques ? doit-elle être considérée comme un cas particulier de la loi générale d'évolution du système solaire, qui s'explique elle-même par la loi newtonienne de l'attraction moléculaire ? Telle était la conception que Saint-Simon s'était faite d'abord de la science positive des sociétés ; mais

---

1. Première année, quatrième séance, 1ʳᵉ éd., p. 77 *sq.*
2. *Exposition de la Doctrine*, I, 83. On peut suivre dans le *Producteur*, et particulièrement dans les articles d'Enfantin, l'élaboration progressive de la formule. V[oir] notamment, I, 555 : « ... les institutions qui consacraient la puissance de l'homme sur l'homme ont été le pas nécessaire pour arriver de la barbarie au degré de civilisation où nous sommes. » – III, 67 : « ... l'empire de l'homme sur l'homme était un pas que les sociétés devaient faire nécessairement pour sortir de l'état primitif de barbarie qui divisait les peuples et s'opposait à leurs progrès. ». Quelques pages plus loin (p. 73), Enfantin assigne pour but à la société « l'exploitation du globe que nous habitons..., l'exploitation la plus complète du globe que nous habitons. » – Mais, dans les écrits primitifs de l'école, on trouve déjà des ébauches de la formule : Aug. Thierry, dans *Le Censeur Européen*, II, 128, écrivait : « ... des sujets à exploiter ou des ennemis à piller. » Cf. de Montévran, *Histoire critique et raisonnée de la situation de l'Angleterre*, 1819, vol. I, pp. 310-311 : « ... l'Irlande, qu'on nous passe le terme, a été plus utilement *exploitée* au profit de la Grande-Bretagne ; et il devient démontré que... l'Irlande n'est qu'une colonie de la Grande-Bretagne, qui à la première occasion, échappera au joug... » – Le mot « exploité » est souligné dans le texte : c'est un néologisme à cette date.

il y avait renoncé depuis 1815. Fallait-il donc considérer cette loi comme un simple « fait général », dégagé par l'observation des faits particuliers de l'histoire, et servant à prévoir des faits nouveaux, principe d'explication lui-même inexplicable[1] ? Tel était le point de vue auquel se plaçait Saint-Simon, dans ses dernières années d'existence, lorsqu'il collaborait avec Aug. Comte. Maintenant, les saint-simoniens, les membres de l'« Église saint-simonienne », penchent pour une interprétation finaliste, métaphysique et religieuse du progrès. C'est, à les en croire, l'amour de l'ordre et de l'unité, inné à l'homme, immanent à la nature, qui explique la naissance et le développement de la société et de la science elle-même.

Les saint-simoniens voulurent fonder non pas seulement une économique nouvelle, mais une nouvelle philosophie de l'histoire, une nouvelle métaphysique, une nouvelle religion, une nouvelle organisation ecclésiastique. C'étaient trop d'affaires. On comprend pourquoi ils n'eurent pas le temps d'écrire un traité d'économie politique, conforme à leurs principes, qu'il fût possible d'opposer aux traités classiques de J.-B. Say et de Ricardo. Sur deux points, cependant, ils ont, dépassant l'enseignement de Saint-Simon, essayé de définir la loi d'évolution à laquelle obéissent les phénomènes économiques. Sur ces deux points, leurs conclusions s'opposent à celles des économistes libéraux. Ils ne se proposent cependant que de pousser plus avant la critique, commencée par les libéraux, des institutions féodales, ou, plus exactement, de faire voir comment, par la marche fatale des choses, deux survivances du régime féodal tendent à disparaître sous nos yeux.

La période actuelle de l'histoire du genre humain est, nous disent les saint-simoniens, une période critique ; elle doit donc ressembler, sous beaucoup de rapports, à la dernière période critique par laquelle le monde occidental a passé, à la période gréco-romaine. Les révolutionnaires d'aujourd'hui, qui s'assignent pour but de restaurer la liberté et l'égalité, entendues à la manière des républiques anciennes, oublient que l'âge gréco-romain a été un âge de dissolution des croyances, d'anarchie intellectuelle et, par suite, d'anarchie politique et économique. Les philosophes entreprirent alors la critique du polythéisme qui avait servi de base spirituelle aux grandes civilisations orientales ; et toute la civilisation antique reposait sur l'antagonisme des intérêts, sur l'institution de l'esclavage. La philosophie critique s'enorgueillit aujourd'hui d'avoir discrédité la religion catholique et le monothéisme chrétien ; mais une civilisation qui se fonde sur le principe

---

1. Sur ce changement de point de vue, et la distinction qui y correspond, dans la langue saint-simonienne, entre le point de vue *astronomique* et le point de vue *physiologique*. V[oir] les paroles de Saint-Simon, citées par O. Rodrigues, *Producteur*, III, 105-106 ; Cf. IV, 68-69 (article de Buchez), et 118 (article de Saint-Amand Bazard).

de la liberté illimitée de la conscience est, à ce titre, une civilisation à laquelle tout principe d'ordre fait défaut. Au principe philosophique de la liberté de conscience correspond le principe économique de la libre concurrence ; et la lutte de tous contre tous perpétue certaines formes, atténuées assurément mais cependant réelles, de l'institution militaire ou féodale par excellence, de l'institution servile. « Il suffit de jeter un coup d'œil sur ce qui se passe autour de nous pour reconnaître que l'*ouvrier*, sauf l'intensité, est exploité *matériellement, intellectuellement* et *moralement*, comme l'était autrefois l'*esclave*. Il est évident en effet qu'il peut à peine subvenir par son travail à ses propres besoins, et qu'il ne dépend pas de lui de travailler[1]. » Il ne possède, en d'autres termes, comme on dira bientôt, ni le droit à l'existence ni le droit au travail. Les institutions économiques auxquelles il faut imputer cet asservissement véritable auquel l'ouvrier de notre temps est soumis, c'est le prêt à intérêt, et c'est l'héritage.

Enfantin, dans *Le Producteur*[2], s'attacha à la critique de l'intérêt. Un homme, par son travail, a amassé vingt mille sacs de blé : nous pouvons concevoir qu'il vive, même pendant cent ans, en consommant annuellement deux cents sacs de blé. Mais il arrive que, par l'institution du prêt à intérêt, il peut, son capital de vingt mille sacs restant intact, obtenir, dans un pays comme l'Angleterre où l'intérêt est à 3 %, une rente de six cents sacs, en France, où l'intérêt est à 4 %, une rente de mille sacs, et dans un pays comme la Russie méridionale où l'intérêt est à 20 %, une rente annuelle de quatre mille sacs. La société lui reconnaît donc un droit non pas seulement à l'usage du produit de son travail passé, mais encore à l'usage d'une portion de ce que produit actuellement le travail d'autrui. Est-ce juste ? Pour répondre à la question, il faut, si l'on veut, se placer au point de vue saint-simonien, observer le cours des choses, et déterminer si le mouvement naturel de l'histoire tend à fortifier ou à affaiblir ce privilège.

Or c'est un fait reconnu par tous les économistes que la décroissance régulière du taux de l'intérêt, dans la mesure où progresse la civilisation. Quelle est la cause de cette décroissance ? Est-ce une diminution de la productivité du capital ? En aucune façon : car la décroissance de l'intérêt accompagne l'accroissement des richesses, qui a lui-même pour cause le perfectionnement des procédés industriels, en d'autres termes l'accroissement de la productivité des capitaux. En réalité la décroissance de l'intérêt se rattache à un fait plus général, qui domine le progrès social tout entier, à

---

1. Exposition de la Doctrine, I, 105.
2. *Producteur*, I, 241 *sq.* ; 555 *sqq.* : Considérations sur la baisse progressive du loyer des objets mobiliers et immobiliers. – Cf. 11, 32 ; 11, 124. – V[oir] encore un exposé de cette théorie dans les *Leçons sur l'Industrie* de I. Pereire, 1832.

savoir la meilleure combinaison des efforts, l'association plus parfaite des travailleurs. Si ce sont les travailleurs qui se font concurrence pour obtenir que les propriétaires de capitaux leur consentent des avances de fonds, ceux-ci pourront exiger un intérêt d'autant plus fort que les travailleurs seront plus isolés les uns par rapport aux autres, et se feront, par suite, une plus âpre concurrence. Mais supposez que les travailleurs apprennent à s'associer, que les banquiers deviennent en quelque sorte les syndics de leur association, leurs représentants chargés de débattre avec les capitalistes les conditions auxquelles se feront les avances de fonds, les positions se trouveront renversées entre les travailleurs et les capitalistes oisifs : ce sont ceux-ci qui maintenant se feront concurrence pour obtenir que les travailleurs consentent à faire valoir leurs capitaux. L'intérêt du capital s'abaissera donc, en raison du progrès accompli par l'industrie banquière, en d'autres termes, par l'organisation de l'association des travailleurs ; et la classe oisive décroîtra constamment en importance politique, par rapport à la classe laborieuse. Veut-on que cette décroissance du taux de l'intérêt ait une limite ? Mais quelle sera donc cette limite ? Les économistes considèrent l'intérêt d'un capital comme se composant de deux parties : « L'une est la prime d'assurance qui garantit la solvabilité de l'emprunteur, l'autre est la part que le propriétaire prélève réellement sur les produits annuels obtenus par le travail de l'emprunteur. » Quand le deuxième élément sera complètement annulé – et rien n'empêche de concevoir la chose comme possible – l'intérêt se trouvera réduit à une simple prime d'assurance et on pourra dire que le crédit est devenu gratuit : chaque travailleur recevra l'avance des capitaux dont il a besoin comme producteur, en raison directe du « crédit » qu'il offre, de la confiance qu'il inspire, de sa capacité industrielle. Les travailleurs cesseront d'être à la discrétion des capitalistes, ce sont les capitalistes qui se trouveront à la discrétion des travailleurs. Ce ne sont plus les oisifs qui dicteront aux travailleurs les conditions du travail ; ce sont les travailleurs qui dicteront aux oisifs les conditions du repos.

    Enfantin, dans *Le Producteur*, n'avait abordé qu'en passant, par des allusions rapides et vagues, le problème de l'héritage[1]. Ce fut Bazard, dans l'*Exposition de la Doctrine*, qui aborda de front le problème, et fixa ce qui allait être, à partir de ce moment, le point fondamental du « socialisme » saint-simonien. Nous vivons, nous dit-il, dans une société d'où les privilèges de la naissance ont disparu, sauf un seul : celui qui est attaché à la propriété. La distinction du maître et de l'esclave a disparu de notre langage ; mais, par le fait que la propriété est restée héréditaire, cette distinction se perpétue sous un nom nouveau dans la réalité des faits. Elle devient la distinction

---

1. V[oir] notamment *Producteur*, I, 566 ; II, 257 (articles d'Enfantin).

du « bourgeois » et du « prolétaire ». C'est seulement après 1830 que le mot de « bourgeois » commence, semble-t-il, à être employé par les saint-simoniens en ce sens défini[1]. Mais déjà l'*Exposition de la Doctrine* déclare que l'hérédité de la propriété entre les mains d'une classe entraîne pour une autre classe, « l'hérédité de la misère » ; et explique par cette hérédité de la misère, « l'existence dans la société d'une classe de prolétaires »[2]. Les économistes libéraux se refusent à attaquer la propriété héréditaire, en se fondant sur la prétendue inviolabilité du droit de propriété. Or, il est bien vrai qu'en un sens on ne conçoit pas de société où il n'y ait pas de propriété, où chaque instrument de travail ne soit pas à la disposition d'une personne déterminée. La question est de savoir si le droit de propriété n'est pas, comme tous les faits sociaux, un fait variable, et s'il n'est pas possible de définir scientifiquement la loi suivant laquelle il varie.

Il est évident que le droit de propriété varie quant à la nature des objets sur lesquels on considère qu'il peut porter. L'homme est d'abord considéré comme pouvant être, sans restriction, la propriété de l'homme : puis, des restrictions de plus en plus nombreuses sont apportées à l'exercice du droit de propriété de l'homme sur l'homme, jusqu'au jour où l'opinion et la loi se trouvent d accord pour déclarer que l'homme ne peut pas être la propriété de l'homme. Il est évident pareillement que le droit de propriété varie quant au mode de transmission des objets sur lesquels il est exercé. Tour à tour l'individu est tenu pour libre de léguer ses biens à qui il veut, obligé de les laisser à ses enfants mâles et parmi ceux-là exclusivement au fils aîné, obligé enfin de les partager également entre tous ses enfants, sans distinction d'âge ni de sexe. Est-il nécessaire que ce droit soit toujours enfermé dans les limites de la famille ? Comment expliquer plutôt que cette transmission familiale apparaisse aujourd'hui comme nécessaire ?

Qu'est-ce que la propriété ? C'est le droit de disposer des instruments de travail, « des richesses qui ne sont pas destinées à être immédiatement consommées » et dont on peut tirer un revenu, de ce que les économistes appellent le *fonds de production*. À la jouissance de ce droit correspond l'obligation d'exercer une fonction sociale. C'est au propriétaire qu'il appartient de distribuer les instruments de travail de manière à les rendre aussi productifs que possible. Le revenu que le propriétaire foncier et le capitaliste tirent de leur propriété, c'est la rémunération de ce service. Pourquoi donc l'exercice de cette fonction et le revenu qui s'y trouve attaché

---

1. *Globe*, 7 mars, 14 mars, 21 mars 1831. – V[oir] cependant déjà *Exp. de la Doctrine*, p. 254 : « ... ces chaudes convictions de commande qui font prendre trop fréquemment pour un citoyen dévoué un bourgeois égoïste ».
2. *Exposition de la Doctrine*, I, 105.

sont-ils héréditaires ? C'est par une survivance de la civilisation féodale et militaire, où toutes les fonctions étaient héréditaires, et où le revenu même de la propriété foncière servait à rémunérer un certain nombre de services gouvernementaux rendus par les seigneurs féodaux. Mais pourquoi, à une époque où toutes les autres fonctions sociales ont cessé d'être héréditaires, la fonction qui consiste à faire entre les travailleurs, selon leur capacité, la distribution des instruments de travail, devrait-elle rester seule héréditaire ? Est-ce parce qu'on est satisfait de la manière dont elle est exercée ? Est-on donc aveugle à ce point, de ne pas constater les disettes, les engorgements des marchés, qui tiennent évidemment à ce que la distribution du fonds de production est mal faite ? Abandonnée à des fonctionnaires incompétents, qui agissent isolément et sans une vue de l'ensemble des besoins du marché, qui sont désignés par le hasard de la naissance, et non par leur mérite individuel, elle ne peut pas être bien faite. A-t-on peur de renoncer à ce dernier reste de la dernière époque organique, à ce vestige suprême d'une civilisation fondée tout entière sur le principe d'hérédité, seul point fixe, seul appui solide dans l'incertitude et l'anarchie universelles ? C'est oublier que la vraie cause de la décadence du régime féodal, ce n'est pas la critique des philosophes, c'est la lente ascension d'une nouvelle civilisation organique, industrielle et non plus militaire, visant à la production et non plus à la destruction ; et cette organisation aura pris bientôt une solidité suffisante pour qu'on puisse compléter la révolution en décidant que la propriété, au même titre que toutes les autres fonctions sociales, sera considérée non plus comme constituant un privilège de la naissance, mais comme devant être attribuée au plus capable de l'exercer dans l'intérêt général de la société. « Un nouvel ordre tend à s'établir : il consiste à transporter à l'État, devenu *association de travailleurs*, le droit d'héritage, aujourd'hui enfermé dans la famille domestique[1]. »

Suivant que l'on considère la théorie de la baisse constante du taux de l'intérêt ou la théorie de l'abolition prochaine et nécessaire de l'héritage, on est amené à admettre que la réalisation de ce qu'on appelle, dans l'école saint-simonienne, le « régime social », peut et doit s'opérer de deux manières différentes.

C'est, d'une part, le développement naturel de l'organisation industrielle qui, sans intervention de l'État, tend à la socialisation de l'industrie. L'organisation du monde industriel a poursuivi d'abord une fin négative : les industriels s'unissent afin de défendre collectivement leurs intérêts, par l'intermédiaire de syndics, qui sont les banquiers, contre la classe oisive qui les exploite. Mais cette organisation a ce double résultat positif de

---

1. *Exposition de la Doctrine*, I, 115.

rendre la production plus intense et d'obtenir une meilleure répartition du produit. La production devient plus intense par le fait que les banquiers, dont la fonction consiste à distribuer le capital social entre les producteurs, sont les mieux placés pour en opérer la distribution selon les capacités. Le produit est mieux distribué parce que, grâce à l'organisation centralisée de l'industrie, les travailleurs, à la différence de ce qui se passait sous le régime de la concurrence, visent à satisfaire des besoins dont ils connaissent par avance la nature et l'étendue. Il se produit, sous nos yeux, une transformation sociale analogue à celle qui se produisit, il y a huit siècles, lorsqu'au régime des alleux succéda le régime féodal, à la dispersion de la propriété foncière entre une foule de petits propriétaires libres, la centralisation et l'organisation de cette propriété sous la direction des chefs militaires, des barons[1]. La différence essentielle entre la féodalité du Moyen Âge et la nouvelle féodalité, c'est que celle-là était organisée pour la guerre et la destruction, tandis que celle-ci le sera pour la paix et la production. Ce progrès, favorable aux intérêts des travailleurs, s'accomplit d'une manière en quelque sorte instinctive : ce qui ne revient pas à dire qu'il nous soit interdit d'intervenir pour en rendre la marche plus sûre et plus directe. Nous pouvons, nous devons, dans l'intérêt des travailleurs, en d'autres termes de l'immense majorité du genre humain, coopérer au développement de la centralisation industrielle, suggérer, par exemple, aux banques d'escompte des procédés nouveaux qui leur permettent de perfectionner leurs méthodes en réduisant au minimum la quantité de monnaie nécessaire aux opérations, de fonder enfin d'une manière absolue le régime du crédit, de « généraliser la confiance »[2]. Nous pouvons nous-mêmes travailler à la mise en pratique de ces inventions financières ; nous pouvons fonder des banques dont l'objet soit de commanditer l'industrie, de multiplier les points de contact entre les capitaux, les capacités scientifiques et les capacités industrielles[3]. Une révolution violente est inutile pour réaliser le « régime social » : ce régime est le point où vient naturellement aboutir l'évolution du régime actuel. Ainsi s'oppose le point de vue saint-simonien au point de vue fouriériste. La féodalité financière était, selon Charles Fourier, le suprême scandale du régime de la concurrence, d'où devait sortir, par contraste, après une convulsion, le régime d'harmonie. La féodalité industrielle, dont la théorie a été inspirée par la théorie fouriériste de la féodalité financière, est considérée au contraire par les saint-simoniens comme la réalisation

---

1. *Exposition de la Doctrine*, I, 123.
2. *Producteur*, II, 20 : Des banques d'escompte (article d'Enfantin). V[oir] les deux articles publiés par Enfantin sous ce titre, *Producteur*, II, 18 *sq.* ; 109 *sq.*
3. *Producteur*, I, 11 *sqq.* ; 117 *sqq.* : Société commanditaire de l'industrie (article de P.-J. Rouen).

même du régime social. Les frères Pereire, lorsqu'ils travailleront à opérer en France la concentration des institutions de crédit et la concentration des moyens de transport, ne se montreront pas infidèles à la tradition du saint-simonisme orthodoxe.

Mais, d'autre part, il n'y a pas de raison pour que l'État, par son intervention, ne joue pas un rôle dans la socialisation du régime industriel ; en vérité, l'on ne voit pas comment l'abolition de l'héritage pourrait se produire sans cette intervention. D'ailleurs, les saint-simoniens ne sont pas démocrates. Ce n'est pas sur la volonté du plus grand nombre qu'ils comptent pour la réalisation des réformes : il faut des minorités, des chefs individuels, pour diriger et persuader les majorités. Les banquiers et les chefs d'entreprises sont désignés par la situation même qu'ils occupent et par les capacités qui leur ont valu de les occuper, pour jouer ce rôle d'initiateurs dans la société industrielle. Sans doute il n'en est pas de même des chefs d'État ; c'est la naissance, non le mérite, qui les a placés où ils sont ; ou bien ce sont des usurpateurs, et ils doivent le trône à des capacités gouvernementales et militaires qui n'ont, semble-t-il, rien à voir avec les capacités nécessaires pour administrer une société industrielle. Il peut arriver, cependant, par hasard, qu'un chef d'État devienne accessible à l'enseignement saint-simonien, que, nouveau Constantin, il se laisse convertir par les « nouveaux chrétiens », et mette à leur disposition le pouvoir légal que lui confère la Constitution du pays, comme aussi le pouvoir réel, qu'il tient de la confiance populaire. Saint-Simon s'était déjà adressé, pour obtenir la réalisation de ses plans de réorganisation philosophique ou sociale, à Napoléon, puis à Louis XVIII. Ses disciples s'adressent à Louis-Philippe, après la Révolution de 1830, et lui demandent bien plus que leur maître ne demandait au roi de la branche aînée[1].

Le meilleur gouvernement, disait Saint-Simon, c'est celui qui dépense le moins. Le gouvernement le plus économe, disent ses disciples, ce n'est pas celui qui dépense le moins, c'est celui qui dépense le mieux. Le seul budget dont il faut dire, sans réserves, qu'il doit être diminué, c'est celui que les classes laborieuses paient aux classes oisives, sous forme d'intérêt de leur capital[2]. L'État, par la réforme du budget gouvernemental, peut travailler à la réduction indéfinie de ce budget dont on aperçoit trop peu l'énormité.

---

1. Sur ces appels saint-simoniens au pouvoir politique, v[oir] la série de brochures publiées en 1831, sous le titre général « Religion Saint-Simonienne » ; notamment celles qui ont pour titre « L'armée, la concurrence », « La concurrence », « Organisation industrielle de l'armée », « Ce qu'il faut pour être roi. La légalité », « Ce que faisait Napoléon pour exciter l'enthousiasme du peuple », « Le choléra. Napoléon. L'ordre légal », etc. Ces brochures paraissaient d'abord dans le journal *Le Globe* sous forme d'articles.

2. *Religion Saint-Simonienne*. Projet de discours de la couronne pour l'année 1831, p. 8.

L'État ne se contentera donc pas, pour améliorer la situation des travailleurs vis-à-vis des oisifs, de réformer les institutions de crédit, de mobiliser le sol. En frappant les successions d'un impôt, en supprimant les successions collatérales, il pourra préparer l'abolition de l'héritage. Il peut faire mieux, et substituer à cette « politique de déplacement » fiscal une politique d'association[1]. Que l'État renonce à frapper les contribuables pour amortir la dette, qu'il renonce à l'amortissement. Qu'il renonce à frapper les contribuables pour payer les intérêts de la dette, qu'il recoure indéfiniment, pour cela, à de nouveaux emprunts. Ainsi arrivera le jour où les souscriptions volontaires des citoyens auront fait passer entre les mains de l'État tout le capital social. Quel est donc le mobile qui encouragera les citoyens à livrer ainsi, sans limite, leurs capitaux à l'État ? C'est qu'ils verront l'État employer les capitaux qu'on lui livre, non plus à des dépenses d'ordre militaire et gouvernemental, mais à des dépenses productives : l'État deviendra le banquier universel du peuple et le chef de l'industrie nationale. Rien n'oblige d'ailleurs l'État à faire en sorte que la dette ainsi contractée présente un caractère de perpétuité.

> Il est certain que le débat politique va changer de terrain. La démocratie s'est agitée jusqu'à ce jour sur le terrain des droits électoraux : le moment est arrivé où elle va s'étendre dans ses excursions jusque sur la propriété. Le radicalisme anglais en est déjà là ; le radicalisme français y arrive à pas précipités. Ceux qui proclament le peuple souverain, qui veulent que de lui émane l'investiture de toute distinction publique, sont irrésistiblement conduits à demander qu'il distribue aussi les fortunes. On prétend que c'est à lui de nommer les chefs de la cité ; n'en résulte-t-il pas que c'est à lui d'élire le chef de ses travaux, les directeurs de ses ateliers ?

Les propriétaires sont alarmés, rêvent d'un « 18 brumaire », cherchent un sauveur. Et voici comment un monarque habile pourrait résoudre la question sociale, sans léser aucun intérêt, sans livrer la société aux démocrates « anarchiques ». Que les propriétaires lui confient « le dépôt d'une fortune menacée de toutes parts ».

> Il n'y aura rien de plus aisé alors que de convertir successivement et du libre assentiment des propriétaires toute la propriété en une dette inscrite à un grand livre spécial dont les revenus seraient acquittés moyennant le fermage dont le fermier tiendrait compte à l'État en totalité ou en partie.

---

1. *Globe*, 30 mars 1832, article de Michel Chevalier.

On conçoit ensuite que cette dette inscrite n'aurait point le caractère de perpétuité, et qu'en suivant une série décroissante elle pourrait être annulée à la troisième génération ; ce qui ne léserait personne ; car qui donc dans ce monde égoïste pense maintenant à sa troisième génération ?... Alors la transformation de la propriété sera opérée en Europe[1].

L'État justifiera donc l'accroissement de son budget de recettes par la réforme radicale de son budget des dépenses. Il se substituera à la famille « pour les soins de l'éducation morale et *professionnelle* selon la vocation, pour la dotation des individus arrivés à l'âge du travail, et pour la *retraite* après la *fonction* ». Il se substituera progressivement, pour la production, à l'entreprise industrielle.

> Alors seront assimilés aux services publics, pour s'y confondre graduellement, beaucoup d'entreprises d'utilité générale formant aujourd'hui l'objet de spéculations ou d'opérations particulières, et qui exigent certains travaux et certaines dépenses qui s'accomplissent déjà dans les administrations publiques. Telles sont les caisses de prévoyance et d'épargne, les compagnies d'assurances, les messageries ; telles sont les associations ayant pour objet l'exécution ou l'exploitation de canaux, ponts et chemins de fer, le desséchement des marais, le défrichement ou la plantation des forêts.

Les saint-simoniens, partisans radicaux d'une politique de paix, ne demandent pas cependant la suppression des armées : ils proposent qu'on en change l'affectation, et que l'on constitue, selon l'idée de Fourier, l'*armée industrielle.*

> Alors on ne recrutera plus les hommes pour leur enseigner l'art de *détruire* et de *tuer*, mais pour leur apprendre la *production*, la *création*... Alors s'organisera l'industrie *attrayante* et *glorieuse*, et les régiments tendant à s'assimiler par voie d'engagement tous les ouvriers, il y aura tendance à ce que l'État devienne le dispensateur général du *travail* et de la *rétribution* et aussi d'une *retraite* accessible à TOUS[2].

Voici donc atteint, par hypothèse, soit par l'évolution spontanée de la société industrielle, soit par l'intervention du gouvernement, « le point vers lequel les sociétés humaines se dirigent, peut-être il est vrai sans pouvoir

---

1. *Globe*, 20 avril 1832 (dernier numéro) : Aux hommes politiques, Michel Chevalier, apôtre.
2. *Ibid.*

l'atteindre jamais »[1]. Supposons achevée l'organisation de l'industrie, et la production devenue sociale : suivant quelle règle s'opérera la répartition du produit ? Pour comprendre en quoi consiste, sur ce point, la théorie des saint-simoniens, il faut se reporter à leur théorie des banques. Nous nous transportons, par hypothèse, au moment où l'ère du crédit succède à l'ère de la monnaie, comme l'ère de la monnaie avait auparavant succédé à l'ère du troc. Le crédit est devenu gratuit. Il n'est plus nécessaire de payer une dîme aux oisifs pour obtenir leur confiance et l'avance de leurs capitaux : il suffit maintenant de présenter des garanties personnelles et de payer une prime d'assurance contre les accidents dont nul progrès social ne saurait radicalement prévenir l'occurrence et qui peuvent entraîner la perte du capital avancé. Le capital dont chacun a besoin lui est donc prêté par les banquiers qui président à l'organisation industrielle, ou par l'État, devenu banque centrale et unique, *selon son crédit*, ou encore « en raison de sa capacité » – c'est l'expression employée par Bazard[2] et par Enfantin[3] dans *Le Producteur*. « Chacun sera doté suivant son mérite, rétribué selon ses œuvres » ; c'est la formule de l'*Exposition*[4] qui nous rapproche de la formule définitive, devise du *Globe* saint-simonien, après 1830 : « À chacun selon sa capacité, à chaque capacité selon ses œuvres ». La règle paraît claire : ne demande-t-elle pas que chacun reçoive sinon précisément le produit de son travail individuel, ou tout au moins une partie du produit du travail collectif, qui soit proportionnée à l'efficacité de son travail personnel ? En réalité, elle est obscure, et la formule qui en est l'énoncé se prête à une double interprétation.

La première interprétation, celle qui se tire le plus naturellement de la théorie saint-simonienne des banques, est celle aussi qui s'éloigne le plus du sens où généralement s'entend la formule « à chacun selon son travail ». Si le banquier est plus ou moins disposé à faire, à tel ou tel individu, l'avance de ses capitaux, c'est dans la mesure où il sait que l'individu avec lequel il traite est plus ou moins capable de faire valoir ces capitaux.

> L'homme, écrit Enfantin dans *Le Producteur*, travaille aujourd'hui pour lui-même, mais la reconnaissance de l'utilité de son travail pour le bien-être de ses semblables ne sera pleinement acceptée que lorsque

---

1. *Producteur*, III, 339.
2. *Producteur*, III, 548 *sq.* : « ... l'état de choses, où... les avantages de chacun seraient en raison de sa capacité. »
3. *Producteur*, III, 395 : « ... les perfectionnements du système de crédit tendent à nous rapprocher constamment de cette époque, où les instruments de travail seront confiés aux industriels en raison de leurs capacités. »
4. *Exposition de la Doctrine*, I, 111.

les capitaux et le sol seront distribués parmi les industriels, en raison de la confiance qu'on aura dans leur bonne exploitation ; c'est-à-dire en raison du crédit que la société accordera à leurs facultés productives[1].

Et c'est au même sens que, dans l'*Exposition de la Doctrine*, on déclare que « le seul droit à la richesse, c'est-à-dire à la disposition des instruments de travail, sera la capacité de les mettre en œuvre »[2]. De même encore, Enfantin, dans *Le Producteur*, loue un économiste contemporain, M. d'Hauterive, d'avoir assis sur sa véritable base le droit de propriété lorsqu'il a dit que « la propriété ne peut appartenir qu'à celui qui dirige les travaux de la profession »[3] ; et cette définition s'éclaire à la lecture du passage de l'*Exposition de la Doctrine* où l'organisation future de l'industrie est comparée à l'organisation actuelle de l'armée. « Chacun étant rétribué suivant sa fonction, ... un industriel ne possède pas autrement un atelier, des ouvriers, des instruments, qu'un colonel ne possède aujourd'hui une caserne, des soldats, des armes ; et cependant tous travaillent avec ardeur, car celui qui *produit* peut aimer la gloire, peut avoir de l'*honneur*, aussi bien que celui qui *détruit*[4]. » En d'autres termes, la formule « à chacun selon sa capacité » implique non pas le droit à la jouissance du produit, mais le droit à l'usage de l'instrument, le droit au travail, ou, plus précisément, le droit à l'accomplissement de la tâche à laquelle chaque individu est le plus apte : « Le seul droit conféré par le titre de propriétaire, est la direction, l'emploi, l'exploitation de la propriété[5] ».

Mais la formule saint-simonienne se compose de deux parties : est-ce sans raison ? Il ne revient pas au même de dire que chacun doit être « doté suivant son mérite » et de dire qu'il doit être « rétribué suivant ses œuvres ». Il ne revient pas davantage au même de dire qu'il doit être donné « à chacun selon ses capacités » et de dire qu'il doit être donné « à chaque capacité selon ses œuvres ». Le passage même où les fonctions industrielles du chef d'atelier sont comparées aux fonctions militaires du colonel, nous ne l'avons pas cité tout entier ; et voici le texte intégral, qui complique d'un élément nouveau la théorie saint-simonienne de la répartition des richesses. « Chacun étant rétribué suivant sa fonction, ce qu'on nomme aujourd'hui le revenu n'est plus qu'un appointement ou une retraite. Un industriel ne possède pas autrement un atelier, des ouvriers, des instruments, qu'un colonel ne possède aujourd'hui une caserne, des soldats, des armes. » Or ce n'est

---

1. *Producteur*, I, 556.
2. *Exposition de la Doctrine*, I, 115. – Cf. p 160.
3. *Producteur*, II, 257.
4. *Exposition de la Doctrine*, I, 134.
5. *Exposition de la Doctrine*, I, 116.

pas au même sens, évidemment, qu'un colonel « possède » la caserne où loge son régiment et possède l'« appointement », la solde, qui rémunère l'exercice de sa fonction : essayons de mettre en lumière, en nous fondant sur l'analogie de l'industrie militaire, le double caractère que présente, dans la théorie saint-simonienne, le droit de propriété.

Le but de l'industrie militaire, c'est de produire la force et la sécurité nationales par l'utilisation d'un certain nombre d'instruments de défense et de destruction, armes à feu et armes blanches. Une bonne organisation du travail militaire sera donc celle où chaque individu sera délégué à la possession des instruments de travail qu'il est le plus apte à manier. Le colonel sera délégué à la direction, à la « propriété » de la caserne et de tout ce qu'elle renferme. Le simple soldat sera, en quelque sorte, le sous-délégué de la société à la propriété d'un lit, d'un fusil, d'un équipement militaire, copropriétaire, en sous-ordre du colonel, d'une partie du fonds de production. Mais le colonel et le simple soldat doivent, pour vivre, consommer une certaine quantité de richesses : il faut qu'ils soient logés et vêtus. Or, bien que le fonds de consommation puisse, à certains égards, être considéré comme faisant partie du fonds de production puisqu'il faut consommer pour produire, il convient de distinguer, dans le problème de la répartition, le problème de savoir comment se fera le partage des fonctions, et par suite des instruments de travail, et le problème différent de savoir comment se fera le partage des objets de consommation selon les besoins de chaque fonctionnaire. Les besoins doivent-ils être considérés comme différents selon les fonctions ? Si l'on veut qu'il en soit ainsi, il importe d'expliquer pourquoi : car c'est ce qui ne ressort pas des principes énoncés jusqu'ici. Les saint-simoniens cependant veulent qu'il en soit ainsi. Enfantin, dans *Le Producteur*, n'admet pas que la possession d'un capital entraîne le droit de prélever une prime sur le travail d'autrui, il n'admet pas non plus qu'elle rende licite la transmission héréditaire de ce capital à un individu qui n'a rien fait, par son travail, pour le mériter. Mais il reconnaît, pour l'individu, l'existence d'un droit à la libre consommation de la valeur qu'il a créée par son travail.

Il est bien probable qu'il régnera toujours, dans l'esprit des saint-simoniens, une sorte de confusion entre les deux règles : et voilà sans doute la raison pour laquelle il est difficile de trouver, dans leurs écrits, une justification de la deuxième. « Les différences de positions dans l'atelier social entre les producteurs, écrit Olinde Rodrigues, amènent des différences d'habitudes quant à leurs besoins, et font naître une ligne de démarcation nécessairement variable entre les besoins des travailleurs inégalement placés dans la hiérarchie industrielle¹. » De sorte que, chaque fonction créant des besoins propres, la satisfaction de ces besoins créés par l'exercice de la fonction, deviendrait une condition nécessaire de l'accomplissement de la fonction. Mais pourquoi admettre que, nécessairement, l'inégalité des fonctions crée l'inégalité des besoins ? et l'hypothèse n'est-elle pas contraire à l'esprit d'une doctrine qui prévoit la suppression de tous les antagonismes et la réalisation d'une association universelle où tous seront également heureux, en accomplissant des fonctions non pas inégales mais différentes ? Dans la suite de l'étude même que nous venons de citer, Olinde Rodrigues cherche à atténuer la théorie suivant laquelle la diversité des fonctions entraînerait l'inégalité des besoins. Il explique que les individus qui occupent, dans la société industrielle, des positions subordonnées, ne doivent pas être considérés comme définitivement exclus des jouissances supérieures, départies aux chefs de l'industrie. Dans une société progressive où, suivant la formule saint-simonienne, « tous sont appelés et tous seront élus », les jouissances se propagent incessamment du haut au bas de l'échelle sociale ; et il ne faut pas dire que les administrateurs de la société soient les seuls, ils sont seulement les premiers à éprouver certaines jouissances supérieures, en attendant que les perfectionnements de l'industrie, par l'accroissement de la production des objets nécessaires à l'acquisition de ces jouissances, permettent aux administrés d'en jouir à leur tour.

> Quand de nouveaux besoins, résultats du progrès de toutes les facultés humaines, s'introduisent dans la société, ils sont d'abord éprouvés par les chefs de la production, placés en quelque sorte à l'avant-garde du développement général, puis ils descendent successivement avec le temps aux derniers rangs de la classe ouvrière qui, jusque-là, les traite de besoins factices et appelle objets de luxe ou de superflu les produits qui servent à les satisfaire².

Ou bien encore, dira-t-on que l'inégalité des traitements attribués aux divers fonctionnaires de la hiérarchie industrielle s'explique par l'amour que les inférieurs, dans une société bien ordonnée, conçoivent pour les supérieurs, et constitue, de leur part, un hommage volontaire ? « Il y a dans le cœur humain, écrit Isaac Pereire en 1832, un sentiment qui porte un individu à offrir entre deux objets le meilleur à l'homme qui a conquis son amour, son admiration et son respect³. » Mais cet amour n'est-il pas

---

1. *Producteur*, I, 194 : Considérations générales sur l'industrie.
2. *Producteur*, I, p. 195 : Considérations générales sur l'industrie.
3. *Leçons sur l'industrie, 2ᵉ leçon*, p. 34.

réciproque ? Celui qui dirige ne doit-il pas rendre son amour à celui qui est dirigé ? Et cette réciprocité des affections ne doit-elle pas se traduire, sous forme matérielle, par l'égalité des traitements ? Les apôtres saint-simoniens le sentent si bien que, dans l'organisation de leur Église, ils se refusent, eux, les futurs chefs spirituels de la société réformée, à réclamer la supériorité de traitement à laquelle leur théorie de la répartition leur donnerait droit. En attendant, déclare l'un d'eux, le jour lointain où la rétribution selon les œuvres sera organisée,

> la seule rétribution que nous connaissons, c'est la place que nous occupons dans la hiérarchie, c'est celle que nous occupons dans le cœur de notre père suprême. Quant au reste, je ne connais d'autre différence entre tous les enfants de la famille, entre tous les fonctionnaires saint-simoniens, que celle qui nous apparaît sur cette estrade, une légère différence de costume, en raison des fonctions que l'on remplit. Pour une rétribution pécuniaire, des apôtres n'en reçoivent pas : on pourvoit à leurs besoins les plus stricts, et le reste de notre budget va servir aux besoins extérieurs de la propagation de notre foi[1].

> Il ne s'agit pas précisément, déclare de même Isaac Pereire, d'établir une proportion mathématique entre les services et la rétribution, bien qu'on tende de plus en plus à s'en rapprocher, sans jamais espérer l'atteindre complètement... Chez nous actuellement, la différence des rangs est marquée surtout par l'*amour* et le *respect* que le supérieur obtient par ses travaux de ceux qui sont placés au-dessous de lui dans la hiérarchie.

Mais pourquoi le principe qui vaut « actuellement » dans la hiérarchie saint-simonienne cesserait-il d'être vrai dans la société future dont cette église vise précisément à hâter la réalisation ? Encore une fois, à quoi bon la seconde des deux règles sur l'observation desquelles repose le mécanisme de la distribution des richesses selon les saint-simoniens ? À chacun selon sa capacité : voilà la première règle ; en d'autres termes, à chacun le droit au travail auquel sa nature le destine. Dans une société où ce principe serait respecté, chaque travail deviendrait, selon l'expression de Fourier, « attrayant », et constituerait, par conséquent, en lui-même, la récompense immédiate de chaque travailleur. Pourquoi donc ajouter ensuite : « À chaque capacité selon ses œuvres » ? « La rétribution selon les œuvres, écrit le Père Enfantin, fait qu'on *aime* ce qu'on *doit faire*[2]. »

---

1. Stéphane Flachat, *Enseignement des ouvriers,* p. 7.
2. *Religion Saint-Simonienne, Lettre du père Enfantin,* 1831, p. 8.

Pourquoi ? Pour une raison excellente, mais que le mysticisme sentimental dans lequel les saint-simoniens versent en 1830 les empêche peut-être d'énoncer avec la clarté désirable. C'est qu'on ne saurait concevoir une association si parfaite que l'antagonisme n'y joue encore un rôle, et que le problème de l'organisation politique, dans cette société comme dans toute autre, est non de supprimer mais d'utiliser un principe d'antagonisme qui est comme enraciné dans la nature des choses. La deuxième règle saint-simonienne de la répartition des richesses, celle qu'ils appliquent lorsqu'il s'agit de distribuer non plus le fonds de production entre ceux qui vont travailler, mais le fonds de consommation entre ceux qui viennent de travailler, c'est une forme modifiée, et si l'on veut atténuée, de cette autre maxime : « À chacun selon sa force. » L'économie industrielle des saint-simoniens s'est peu à peu dégagée de l'économie politique telle que l'école libérale l'entendait, fondée sur la notion de libre concurrence ; et les saint-simoniens ont fait subir à la notion de concurrence une profonde transformation ; ils ne la suppriment pas cependant. Dans *Le Producteur*, ils distinguaient expressément entre deux formes de la concurrence ; et la concurrence leur paraissait nuisible quand elle était « entre les personnes », quand elle tournait les forces de chacun contre ceux qui sont, ou devraient être ses associés, quand elle était employée à l'exploitation de l'homme. Ils la jugeaient bonne, au contraire, quand elle était « dans les choses », quand elle tournait les forces humaines contre la nature extérieure et aboutissait à établir une émulation entre les hommes quant au meilleur mode d'exploitation du globe terrestre. Dans l'*Exposition de la Doctrine*, dans *Le Globe*, ils n'oseraient pas aussi explicitement faire l'apologie de cette notion de concurrence, qui est le fondement de l'individualisme économique. Ils dénoncent ceux qui « posent en principe l'absence de toute foi générale, de toute direction, de toute élection venant d'en haut, ne s'apercevant pas qu'ainsi ils consacrent virtuellement la rétribution au plus fin et au plus fort[1] ». Cependant, la deuxième règle saint-simonienne de la répartition des richesses revient elle-même à rétribuer « le plus fin et le plus fort » ; et qu'ils en aient ou non conscience, les saint-simoniens le laissent très clairement entendre.

> Saint-Simon, nous dit-on, a commencé l'ère nouvelle où la *vertu* non plus que la *valeur* ne se mesurera pas sur la force du coup de sabre, ou sur l'adresse à pointer le canon ; et pourtant il y aura encore de la valeur dans la force, de la vertu dans son emploi. Mais on l'a dit depuis longtemps dans la doctrine, ce ne sera plus la science ni la force qui détruisent, la science ni la force de César, mais la science et la force qui

---

1. *De la Religion Saint-Simonienne, Aux élèves de l'École polytechnique, 3ᵉ discours*, p. 41.

créent, produisent et conservent, la science de Monge, de Lavoisier, de Bichat, de Cabanis, la force de Watt ou bien de Montgolfier[1].

Bref, la rétribution selon les œuvres, ce n'est que la transposition ou, si l'on veut, la transfiguration industrielle du droit du plus fort. Le plus rémunéré, dans la société à la réalisation de laquelle les vœux des saint-simoniens aspirent, sera toujours « le plus fin et le plus fort », mais à condition qu'il emploie son intelligence et sa puissance à produire et non pas à détruire, à exploiter la nature et non pas son semblable.

*
* *

Nous n'avons pas à raconter l'histoire de l'école saint-simonienne après 1830 ; l'attention publique brusquement attirée sur la petite société ; les prédications à Paris, en province et à l'étranger ; la crise de folie mystique, et la dispersion de l'« Église » ; puis l'influence de l'école survivant à la dispersion de l'Église : les saint-simoniens donnant sa terminologie au socialisme naissant, donnant, d'autre part, son organisation à la jeune industrie française. Notre tâche est accomplie si nous avons défini correctement les principes de l'économie industrielle, selon Saint-Simon et les saint-simoniens. Les disciples de Saint-Simon sont excusables de s'être abandonnés souvent aux extravagances du prophétisme religieux : en vérité, c'étaient des prophètes.

Les saint-simoniens, pour qui se borne à considérer leurs théories économiques, se sont montrés des prophètes, par leur critique de la notion de concurrence. Notion que les théoriciens de l'école classique n'ont pas tort, peut-être, de tenir pour fondamentale en économie politique, mais qu'ils ont tort assurément de tenir pour une notion simple : elle est complexe en effet, et confuse tant qu'on n'en a pas analysé la complexité. Veut-on parler de la concurrence que se font les uns aux autres les capitalistes, quand ils offrent leurs capitaux ? Elle est bienfaisante, puisqu'elle tend au bon marché des capitaux, et met ceux-ci à la discrétion de ceux qui savent les employer. Veut-on parler de la concurrence que se font les uns aux autres les chefs d'entreprise, lorsqu'ils offrent aux consommateurs les produits de leurs industries ? Elle est bienfaisante, dans la mesure où elle les excite à abaisser le prix de ces produits par l'emploi de machines plus perfectionnées, et conséquemment par la diminution du surmenage humain ; elle est malfaisante dans la mesure où elle les pousse à abaisser les prix en

---

1. *Cinquième discours aux élèves de l'École polytechnique*, 11 juillet 1830, p. 68. – Cf. *Exposition de la Doctrine*, 1re partie, p. 218, 222.

diminuant la rémunération des travailleurs et à déprécier les produits du travail en dépréciant les producteurs. Veut-on parler enfin de la concurrence des ouvriers entre eux ? Elle est utile, dans la mesure où elle est un stimulant de la production ; nuisible dans la mesure où l'accroissement de production ainsi obtenu contribue à augmenter non la richesse du travailleur, mais le profit et l'intérêt du chef d'entreprise, du capitaliste. La concurrence économique, prise dans son essence, suppose déjà des règles ; elle se distingue déjà de la concurrence vitale, qui assure la victoire des forts par l'extermination brutale des faibles ; elle exclut la violence ; elle exclut même la fraude. Et de même que son essence est d'être réglée, sa loi d'évolution est d'être soumise à des règles toujours plus nombreuses et plus précises. C'est ce qu'ont vu les saint-simoniens ; et c'est ce qui leur a permis de voir, dans le régime de « concurrence illimitée » sous lequel l'industrie européenne vivait de leur temps, un régime transitoire, destiné à se transformer bientôt sous l'action des forces déjà existantes.

Ils ont prévu en conséquence ce que nous appellerions volontiers la syndicalisation croissante de l'industrie. Fondateurs en France des grandes compagnies de chemins de fer, des grandes compagnies de navigation, des grandes institutions de crédit, ils y ont eux-mêmes contribué. Le *cartell* allemand, le *trust* américain vérifient leurs théories. Le langage courant appelle *captain of industry* le chef de trust américain ; l'expression vient, semble-t-il, de Carlyle, et Carlyle lui-même l'a empruntée à la terminologie de Bazard et d'Enfantin. Les saint-simoniens ont prévu de même ce que nous appellerions l'étatisation croissante de l'industrie. Du moment où l'industrie se concentre dans de grands syndicats, comment éviter que l'État, organe naturel de la centralisation sociale, intervienne pour contrôler, ou pour reprendre, au nom de la société tout entière, les grandes entreprises syndicalisées ? Ad. Wagner, à l'université de Berlin, enseigne ce qu'il appelle « la loi de l'extension croissante des interventions de l'État » : cette loi, il en a emprunté la formule à son maître Rodbertus, disciple lui-même des saint-simoniens. Lorsque M. Paul Leroy-Beaulieu, si attaché à l'orthodoxie libérale, énonçait lui aussi, dans son *Essai sur la Répartition des Richesses*, la loi de l'accroissement constant du domaine de l'État, qui sait s'il ne subissait pas inconsciemment, par l'intermédiaire de Michel Chevalier[1], l'influence de la doctrine saint-simonienne ?

---

1. [Ingénieur du corps des mines, Michel Chevalier (1806-1879) se rapproche de la doctrine saint-simonienne dont il devient rapidement l'un des principaux représentants. Éditeur du *Globe*, il est condamné par la monarchie de Juillet à six mois de prison. Après une longue mission au Mexique et aux États-Unis, il publie son œuvre maîtresse, *Des intérêts matériels en France* (1837). En 1841, il occupe la chaire d'économie politique au Collège de France, dont le premier titulaire avait été Jean-Baptiste Say. Partisan du libre-échange,

Il est un point seulement, de l'organisation du nouveau monde industriel, au sujet duquel les saint-simoniens se sont montrés moins bons prophètes. Ils ont prévu la concentration, ils n'ont pas prévu la démocratisation de la production industrielle. Ils ont annoncé l'intervention de l'État, transformant les entreprises privées en services publics ; ils ne se sont pas inquiétés de savoir si la constitution de cet État serait autocratique ou démocratique. Ils ont, de même encore, annoncé le syndicat patronal, ils n'ont pas annoncé le syndicat ouvrier. Mais la démocratisation de la théorie saint-simonienne ne peut-elle se faire conformément aux principes mêmes sur lesquels se fonde cette théorie ? La ligue, ou le syndicat, que les producteurs organisent contre les oisifs a pour organe essentiel, dans la théorie saint-simonienne, l'institution des banquiers. Seulement, « dans notre société désorganisée », est-il sûr que les banquiers s'acquitteront, avec la conscience nécessaire, de la mission bienfaisante à eux assignée par la théorie ? L'auteur de l'*Exposition de la Doctrine* pose la question, et il avoue que les « banquiers se placent souvent entre les travailleurs et les oisifs, pour exploiter les uns et les autres, aux dépens de la société tout entière ». Contre cette dégénérescence du système, quel remède ? Toujours le même. Pour empêcher qu'après avoir protégé les travailleurs contre les oisifs, les banquiers s'érigent à leur tour en oisifs vis-à-vis des travailleurs, il faut que, contre ces nouveaux capitalistes, les travailleurs, une fois de plus, se liguent, ou se syndiquent. La définition saint-simonienne reste toujours vraie : ligue des producteurs contre les consommateurs, ou, plus précisément, ligue formée par ceux qui sont tout à la fois consommateurs et producteurs, contre ceux chez qui le caractère de consommateurs prédomine sur celui de producteurs.

Sous nos yeux, un nouveau monde industriel s'organise. La concurrence économique subsiste, mais est soumise à des règles chaque jour plus compliquées. Il y a lutte entre le syndicat patronal et le syndicat ouvrier, une hausse des salaires répondant, ou devant répondre à chaque invention d'un nouveau procédé mécanique, l'invention d'un nouveau procédé mécanique répondant à chaque hausse des salaires ; et cette concurrence, non plus entre individus isolés, mais entre syndicats organisés, tend à devenir la loi même du progrès industriel. D'ailleurs le syndicat des chefs d'industries ne supprime pas entre ceux-ci toute concurrence, il tend plutôt à la régler : la concurrence entre les industriels syndiqués ne portera plus dorénavant, par exemple, sur le prix, mais sur la qualité des produits. Le syndicat ouvrier n'empêchera pas non plus nécessairement le chef d'industrie de choisir ses employés et de préférer les meilleurs aux pires : il visera seulement à

---

rallié à Napoléon III, il est nommé sénateur en 1869. Après Sedan, il s'investit dans un projet de tunnel sous la Manche.]

empêcher, par la fixation des conditions de travail, qu'il puisse louer au rabais le travail ouvrier. Enfin l'État intervient, et soumet, lui aussi, le concours à des règles, en garantissant à tous les individus la jouissance de certains droits élémentaires à un minimum de loisir, d'hygiène, d'instruction et d'assistance. Nous souhaitons que les deux études consacrées par nous aux idées économiques des saint-simoniens contribuent à réhabiliter les penseurs, très connus, mais trop peu lus, dont l'imagination a prévu ces transformations de la société industrielle. Car le « socialisme » saint-simonien n'est pas un communisme ; la formule « à chaque capacité selon ses œuvres » prouve que, selon cette doctrine, l'émulation reste le mobile fondamental de la production. Les saint-simoniens conçurent, et nous tendons, après eux, à concevoir la société comme une association non pour l'abolition, mais pour l'organisation de la concurrence.

3. Conclusion

Dans l'introduction qu'il composa en 1924, en collaboration avec C. Bouglé, pour une réédition de La Doctrine de Saint-Simon, 1re année *(chez Marcel Rivière), Élie Halévy incorpora bon nombre de fragments de l'article ci-dessus reproduit.*

En guise de conclusion, il y ajoutait les remarques suivantes, concernant l'influence du saint-simonisme[1] :

Dans quelle mesure les prophéties saint-simoniennes se sont-elles réalisées ? Si l'on jette les yeux sur l'état du monde civilisé après un siècle révolu, on est tenté, à première vue, de conclure qu'elles ont fait faillite. Le vieux culte chrétien n'a pas cédé la place au « nouveau christianisme ». Loin que l'ère des guerres ait été close, nous venons d'assister à une convulsion sanglante qui l'a emporté en horreur sur celle dont l'Europe sortait lorsque Saint-Simon construisait son système. Combien sommes-nous loin encore de cette époque où le genre humain formera une unité véritable, dans l'intérêt de tous les travailleurs, pour l'exploitation pacifique de la planète. Et cependant beaucoup de ces hommes, qui se disent, qui se croient chrétiens au même sens où on pouvait l'être vers l'an mil, se sont convertis, plus ou moins consciemment, dans la pratique, à un industrialisme qui dérive de Saint-Simon. Et cependant, malgré les guerres, à travers les guerres, continue à s'édifier, confusément et comme une cité dans les nuées, un

---

1. [Cet avertissement est rédigé par Célestin Bouglé pour l'édition originale de 1938.]

monde cosmopolite de la production et de l'échange. Syndicats patronaux et syndicats ouvriers concentrent leur action par-dessus les frontières des États. Le genre humain rêve de travaux publics, d'inventions industrielles qui, rapetissant les dimensions réelles du globe terrestre, feraient tomber les querelles des grandes nations au niveau des querelles de clochers. Nous assistons au développement d'une longue crise, où les nationalismes se défendent contre leurs empiétements réciproques avec une violence qui semble s'aggraver, mais où peut-être ils se défendent, avec une violence d'autant plus grande qu'ils se sentent plus menacés, contre un cosmopolitisme qui empiète sur tous à la fois. Non, le saint-simonisme n'a pas fait encore faillite. Partout, autour de nous, il a laissé des traces visibles. Véritables annonciateurs de tout un siècle, il n'y a guère de parti, ou d'école, qui n'ait emprunté quelque chose à la doctrine, ou tout au moins à la phraséologie des saint-simoniens.

Voyez plutôt. Le monde futur, dont rêvent les saint-simoniens, est un monde où l'antithèse de la liberté et de l'oppression sera vide de sens, où l'obéissance ne sera pas servitude, puisqu'elle sera adhésion volontaire aux ordres de la science positive. Il n'en est pas moins vrai que, déclarant la guerre avec une sorte d'ostentation au dogme métaphysique de la liberté, ils se sont présentés au public comme seuls capables de restaurer, par le moyen d'une philosophie nouvelle, l'ordre ébranlé par la Révolution française. Il est, en conséquence, naturel qu'ils aient séduit un certain nombre d'esprits qui éprouvaient à l'égard de la société moderne, fondée sur l'individualisme, une aversion instinctive, et cherchaient une doctrine capable de justifier leurs répugnances par des arguments qui ne fussent pas ceux de la vieille théologie et de la vieille politique. L'Allemand Rodbertus[1], l'Anglais Thomas Carlyle[2], sont l'un et l'autre disciples de Saint-Simon, le premier peut-être inconsciemment et sans que l'on puisse dire au juste par quels intermédiaires il a subi l'influence saint-simonienne, le second consciemment : nous connaissons la date et les circonstances de son illumination. Et l'un et l'autre sont les précurseurs de Bismarck qui, négligeant, comme Carlyle et Rodbertus, les aspects cosmopolites du saint-simonisme primitif, s'est contenté, à leur école, d'adapter la grande industrie aux formes de l'État

---

1. [Karl Rodbertus (1805-1875) est un économiste allemand, originaire de Silésie, grand propriétaire terrien en Poméranie. S'intéressant aux revendications des classes ouvrières, il publie un essai largement commenté par Marx, Engels, Bebel et Rosa Luxemburg, *Die Forderung der arbeitenden Classen*. Il est considéré comme l'un des théoriciens du « socialisme d'État » qui s'affirme en Allemagne après sa mort.]

2. [Écrivain et historien britannique, formé à l'université d'Édimbourg, Thomas Carlyle (1795-1881) s'engage dans une vive critique de l'économie moderne au nom de la fidélité à la foi chrétienne. Il est aussi l'auteur d'une *Histoire de la Révolution française* (1837), qui insiste sur les phénomènes de violence ayant accompagné l'événement.]

traditionnel, tout à la fois religieux et national. Sans même sortir de France, le plus grand parmi les disciples, ou pour mieux dire, parmi les collaborateurs de Saint-Simon, c'est Auguste Comte. L'école positiviste n'est pas autre chose qu'une secte dissidente de l'Église saint-simonienne : elle est la seule qui ait prospéré, et prospéré sur les ruines mêmes de la grande Église. Or, peut-on dire que les partis conservateurs aient été complètement injustifiés quand ils ont utilisé à leur profit la doctrine d'Auguste Comte ? Disciples d'Auguste Comte, un Brunetière[1], un Charles Maurras, le sont aussi, sans le savoir, de Saint-Simon. Ils sont à l'extrême-droite du positivisme saint-simonien.

Suivons maintenant, dans une autre direction, les influences saint-simoniennes. Les saint-simoniens ont prévu la concentration, ils n'ont pas prévu la démocratisation de la production industrielle : mais la démocratisation de la théorie saint-simonienne ne peut-elle se faire conformément aux principes mêmes sur lesquels se fonde cette théorie ? La ligue, ou le syndicat, que les producteurs organisent contre les oisifs, a pour organe essentiel, dans la théorie saint-simonienne, l'institution des banquiers. Seulement, dans notre société encore mal organisée, est-il sûr que les banquiers s'acquitteront, avec la conscience nécessaire, de la mission bienfaisante à eux assignée par la théorie ? Et, pour empêcher qu'après avoir protégé les travailleurs contre les oisifs, les banquiers s'érigent à leur tour en oisifs contre les travailleurs, ne convient-il pas que, contre ces nouveaux capitalistes, les travailleurs une fois de plus se liguent ou se syndiquent ? Cette démocratisation du socialisme saint-simonien, elle s'est, à Paris même, rapidement accomplie. Buonarroti, Buchez, Louis Blanc ont découvert que la Révolution française n'avait pas été exclusivement critique et destructive, que Jean-Jacques Rousseau et Robespierre avaient voulu déjà restaurer l'ordre nouveau sur les ruines de l'ordre ancien ébranlé par Voltaire, que la doctrine de la souveraineté du peuple permettait de corriger les mœurs de la concurrence anarchique. Louis Blanc est responsable de la Révolution de 1848, envisagée comme une révolution à la fois démocratique et sociale. Ferdinand Lassalle, fondateur du parti ouvrier allemand, est un disciple de Louis Blanc. Or, Louis Blanc est fils de Saint-Simon.

Ce n'est pas encore assez dire. Le saint-simonisme, dans le cours de son histoire, n'a pas seulement eu sa gauche démocratique. Il a eu, par-dessus

---

1. [Historien de la littérature proche des théories darwiniennes, directeur de la puissante *Revue des deux mondes*, membre de l'Académie française en 1893, Ferdinand Brunetière (1849-1906) s'engage, après une « visite au Vatican », dans une vive critique de la science adressée au nom de la religion. Ses positions antidreyfusardes, certes modérées, lui valent à la fin de sa vie des déceptions professionnelles, notamment à l'École normale supérieure où il est écarté de son poste de professeur.]

le marché, son extrême-gauche révolutionnaire. Comment se formule en effet la loi saint-simonienne du progrès ? Et pourquoi une société organique est-elle condamnée à périr, pour être remplacée par une autre ? C'est qu'elle est détruite par une contradiction interne, par un « antagonisme » de forces qui se combattent. Ces forces sociales, ce sont les « classes » : hommes libres et esclaves, seigneurs et serfs, « bourgeois » et « prolétaires ». C'est ainsi que l'on trouve, employé déjà par les premiers saint-simoniens, tout le langage qui sera bientôt celui des socialistes révolutionnaires. Ils devraient avoir dit, ils ont presque dit que « l'histoire du genre humain, c'est l'histoire de la lutte des classes ». Et sans doute, délibérément ennemis de toute violence, s'ils tiennent autant à nous éclairer sur le but final vers lequel tend nécessairement l'humanité, c'est afin que la raison, prenant la direction de nos actes, nous permette de faire l'économie des révolutions inutiles. Pourquoi ce souci, cependant ? Et peut-on considérer que Marx et ses élèves aient été absolument infidèles à l'esprit de la philosophie saint-simonienne de l'histoire lorsqu'ils ont poussé un peu plus avant que Bazard et Enfantin dans la voie du fatalisme historique ? La science leur enseigne que la transition d'un état de société à un état de société supérieur a toujours été accompagnée de violences. Ce qui a été vrai dans le passé continuera à être vrai dans l'avenir. Comment, là où il y a antagonisme, pourrait-il ne pas y avoir choc ? Et pourquoi ne pas s'y résigner, pourquoi ne pas s'en réjouir, si tout progrès réel s'achète à ce prix ? Quand Lénine, installé au Kremlin, place sur sa table de travail les trois volumes du *Capital*, c'est l'extrême-gauche saint-simonienne qui prend possession, en sa personne, du palais des tsars, et prétend réaliser, par la violence, l'« association universelle des travailleurs ».

Tout cela dit, nous sommes prêts à reconnaître qu'attribuer au saint-simonisme une action aussi grande, une influence aussi dispersée, c'est, d'une certaine manière, en constater l'échec en même temps que la fécondité. Pour comparer la doctrine saint-simonienne à une autre grande doctrine contemporaine, dont le prestige a pareillement été immense, on peut dire que, du jour où il y eut une « gauche » et une « droite » hégélienne, l'hégélianisme avait vécu. Cette extrême droite saint-simonienne, dont nous venons de définir l'orientation, ne fait que découvrir, à travers Saint-Simon et Auguste Comte, la doctrine de Joseph de Maistre et du vicomte de Bonald, et la revendication d'un retour à ce régime théologique et féodal que les saint-simoniens déclaraient périmé. Cette extrême-gauche, d'autre part, tout en répétant, inconsciemment ou consciemment, des formules saint-simoniennes, ressuscite ce jacobinisme destructeur que les saint-simoniens abhorraient. Les saint-simoniens considéraient que la crise révolutionnaire dont, au moment où ils écrivaient, le monde occidental venait d'être le théâtre, devait être la dernière, et que l'Europe allait s'acheminer, dorénavant, sous leur direction, sans crise nouvelle, vers un état d'organisation définitive. Or, voici que renaissent les antagonismes et les crises. Ils ont donc fait faillite.

Sans doute. Mais il faut bien voir la nature de ces antagonismes nouveaux. Ils ne ressemblent pas à ceux qui se produisaient entre individus, sous le régime de la libre concurrence, tel que le définissaient les disciples d'Adam Smith et de Say. Sous nos yeux, un monde industriel nouveau s'organise, où il y a encore « lutte », « concurrence », « antagonisme », mais selon des formes nouvelles et qui sont proprement saint-simoniennes. Le conflit est maintenant – les « libéraux » ne constituant plus qu'un parti intermédiaire ou de « centre » – entre un étatisme césarien et un étatisme démocratique, entre un corporatisme à tendances patronales et chrétiennes et un syndicalisme à tendances émancipatrices. Qu'est-ce à dire, sinon que le « socialisme » moderne, comme nous en avertissaient les saint-simoniens, est une doctrine à double aspect ? Doctrine d'émancipation qui vise à abolir ces dernières traces d'esclavage qui subsistent au sein de l'industrialisme ; et doctrine d'organisation, qui a besoin, pour protéger contre les forts la liberté des faibles, de restaurer et renforcer le pouvoir social. Si donc les saint-simoniens péchaient par excès d'optimisme quand ils annonçaient à brève échéance la fin de toutes guerres et de toutes révolutions, du moins ont-ils défini avec tant de clairvoyance les formes nouvelles du régime de la production dans le monde moderne, qu'ils se trouvent avoir prédit, sans le vouloir, quelles formes devaient prendre les antagonismes sociaux dans le monde nouveau qui commençait à se développer sous leurs yeux. Et c'est ainsi que nous sommes toujours ramenés à voir les annonciateurs du monde moderne chez les auteurs du grand livre classique, trop oublié (*La Doctrine de Saint-Simon, Exposition, 1re année*), que nous présentons aujourd'hui au public.

LA POLITIQUE DE PAIX SOCIALE EN ANGLETERRE.

LES « *WHITLEY COUNCILS* »[1]

Élie Halévy consacre sa dernière étude anglaise de 1919 aux effets de la guerre sur les relations sociales. Témoin direct de l'agitation ouvrière d'après-guerre, « forme atténuée, anglaise, du bolchevisme international »[2], *il effectue en avril 1919 un voyage d'études dans les charbonnages du pays de Galles, « un des principaux foyers de la révolution actuelle »*[3] *susceptible d'un « vaste soulèvement ouvrier »*[4] *; il en reviendra étonné : « Nous ne sommes pas ici sur les bords du bolchevisme*[5] *».*

Son long article, « Les Whitley Councils et la paix sociale », croise ses deux sujets de prédilection, l'étude du socialisme et l'histoire anglaise, et illustre sa méthode de philosophe-historien, analyste du contemporain. Observateur participant, Élie Halévy rencontre « des syndicalistes, des patrons, des professeurs, des fonctionnaires »[6] *dont il transcrit les paroles ; il assiste aux meetings ouvriers dont il restitue l'ambiance dans un journal de terrain*[7]. *Politiste, il dépouille les rapports des commissions d'enquête et les débats parlementaires ; il réunit documents et statistiques pour retracer la genèse et les effets de la loi. Philosophe, il replace ses micro-études et son analyse du cadre législatif dans une perspective théorique qui interroge la pertinence des concepts de « participation ouvrière » et de « démocratie industrielle ». Sa connaissance doctrinale et historienne du socialisme lui permet d'aborder avec distance critique le dispositif des* Whitley Councils.

Préconisés par un sous-comité de la Commission de reconstruction, installé en 1916 sous l'autorité de J.-H. Whitley, vice-président de la Chambre des Communes, les Whitley Councils *sont instaurés en 1917 pour réguler les conflits au sein des différentes branches professionnelles. Réunissant*

---
1. Étude publiée dans la *Revue d'Économie politique*, Paris, [4 juin] 1919.
2. Lettre à Louise Halévy, 18 février 1919, dans Élie Halévy, *Correspondance et écrits de guerre (1914-1919), op. cit.*, p. 432.
3. Lettre à Louise Halévy, 23 mars 1919, *op.cit.*, p. 444.
4. Lettre à Xavier Léon, 19 mars 1919, *op.cit.*, p. 442.
5. Lettre à Louise Halévy, 6 avril 1919, *op.cit.*, p. 447, et *infra.*, p. 411-412.
6. Lettre à Louise Halévy, 30 mars 1919, *op.cit.*, p. 445.
7. Ces textes inédits seront publiés ultérieurement.

représentants des salariés et du patronat sous l'égide du ministère du Travail pour discuter des salaires, des conditions de travail et de son organisation, ce dispositif intervient dans un contexte d'intense mobilisation syndicale et de multiplication des grèves liées à l'inflation, aux revendications sur la durée du travail et au chômage d'après-guerre. L'intervention de l'État dans l'organisation de la production et du travail se prolonge par l'invitation au dialogue social.

Élie Halévy se livre ici à une critique vigoureuse d'une réforme qui repose, selon lui, sur des malentendus et dont les fondements philosophiques constituent « un monstre sociologique ».

En historien, il retrace la genèse des projets de participation ouvrière élaborés par les industriels et par l'État depuis la fin du XIXe siècle : loin d'être novateurs, les Whitley Councils *s'inscrivent dans une généalogie (*Brookland Agreement ; Board of Trade Act*).*

En politiste, il estime que les initiateurs du dispositif, industriels et philanthropes, souvent méthodistes, cherchent, avec la complicité de l'État, à gagner du temps face à une forte pression syndicale. Cette réforme biaisée repose sur des interprétations contradictoires : les employeurs voient dans la « participation ouvrière » une concession formelle permettant d'assurer la coopération de classes, de modérer les revendications salariales et de faire front commun protectionniste ; les syndicats espèrent consolider leur position et investir les branches dont ils sont exclus ; l'État souhaite le maintien de la paix sociale et repousser la perspective des nationalisations ; les socialistes y projettent un moyen graduel d'exproprier les propriétaires capitalistes.

En sociologue des organisations, Élie Halévy met en lumière la plasticité du corps social confronté à l'exigence étatique de pacification sociale. L'appropriation sélective du dispositif des Whitley Councils *selon les secteurs, ainsi que la pluralité des instances de négociations collectives (*Wage Board, Trade Board, Conciliation Board, Whitley Councils, Interim Industrial Reconstruction Committees*), témoignent combien le corps social choisit les dispositifs adaptés aux rapports de forces. L'impact des* Whitley Councils *n'en sera, selon Élie Halévy, que plus limité, tant les rapports sociaux reposent non pas sur la solidarité de classes (présumée par les* Whitley Councils*) mais sur la lutte des classes.*

*En philosophe enfin, Élie Halévy fonde sa critique du dispositif sur son analyse théorique des rapports sociaux inspirée de la doctrine marxiste. Il souligne les « illusions » et les « chimères » de la participation ouvrière et de la démocratie industrielle, limitées ici à une simple négociation salariale (*profit sharing*) et non à une authentique cogestion (*joint control*). L'antagonisme du travail et du capital est en effet consubstantiel au système capitaliste,* *n'en déplaise aux chantres de la fraternisation et de la collaboration de classes (qu'Élie Halévy assimile aux pacifistes), et ne peut être dépassé, sauf à transformer les rapports de propriété. Tout au plus peut-il être acclimaté au cadre démocratique par une « parlementarisation » de la guerre sociale.*

Marie Scot

La guerre n'avait pas été engagée depuis longtemps que déjà les Anglais s'inquiétaient de préparer la solution de ce que nous appelons en France les problèmes de l'« après-guerre », de ce qu'on a pris l'habitude d'appeler en Angleterre les problèmes de la « reconstruction ». Ce mot de « reconstruction » s'entend en deux sens, l'un étroit, l'autre large. Au sens étroit, il s'agit de réparer les désordres causés par la guerre, de remettre les choses en l'état où elles étaient avant la guerre. Les mesures de « reconstruction » présenteront donc, ainsi définies, un caractère essentiellement transitoire : le problème est de franchir, en évitant autant que possible le tumulte et la discorde, les mois de crise qui suivront inévitablement le rétablissement de la paix. Au sens large, le mot de « reconstruction » signifie autre chose : la construction d'un édifice social nouveau, conçu selon un plan supérieur à tous les plans qu'on avait pu concevoir avant la guerre. Les épreuves de la guerre nous ont révélé les lacunes de notre organisation sociale ; nous avons appris, d'autre part, que nous pouvions faire appel, dans une plus large mesure que nous ne l'avions espéré, à la collaboration des classes ; et nous avons acquis enfin une confiance accrue dans l'efficacité des interventions de l'État. Nous sommes donc amenés à concevoir la « reconstruction » non comme un ensemble d'expédients provisoires, mais comme un système permanent, non comme une simple « restauration » du passé, mais comme une organisation du progrès.

C'est dans cet esprit que fut organisée, sous la présidence du premier ministre, au mois de mars 1916, une « commission de reconstruction » *(Reconstruction Committee)*, elle-même répartie bientôt en plusieurs sous-commissions. Une de ces sous-commissions, présidée par M. J.-H. Whitley, *chairman of committees of the House of Commons* (disons pour traduire, tant bien que mal, en français cette expression technique anglaise : vice-président de la Chambre des Communes), reçut pour programme la recherche des moyens propres à améliorer, d'une manière permanente, les relations entre patrons et ouvriers. Il s'agit, comme on voit, de reconstruction au sens large. On prendra bien en considération les problèmes qui doivent nécessairement se poser pendant la période de transition qui suivra immédiatement le rétablissement de la paix : démobilisation, réinstallation des ouvriers des munitions dans les industries civiles, achèvement des apprentissages interrompus par la guerre, rééducation professionnelle des invalides de la guerre. Mais les ambitions du gouvernement, en constituant sa sous-commission, sont plus lointaines et plus hautes. Il aspire à fonder des institutions « permanentes », à constituer pour l'avenir un nouveau système des rapports entre patrons et ouvriers. Il voudrait, profitant des leçons que le pays a apprises en pratiquant pendant la guerre la méthode de l'« union sacrée », trouver un remède au malaise qui, avant la guerre, pesait d'année en année plus lourdement sur l'industrie et, par contrecoup, sur toute la politique anglaise.

Un homme d'État britannique peut considérer son pays comme définitivement guéri du mal de la révolution politique, de l'émeute. Mais si le public anglais a peu de goût pour la politique pure et se défie invinciblement de la phraséologie révolutionnaire, il se passionne au contraire pour les questions qui touchent à ses intérêts pécuniaires immédiats : l'économie politique l'intéresse autant que la politique doctrinale le laisse indifférent. Or, le refus de travail, la grève, ou la menace de grève, sont l'arme la plus sûre dont l'ouvrier dispose pour intimider le patronat et obtenir de lui les concessions qu'il désire. Si l'Angleterre du XXe siècle ignore l'émeute, elle est le pays classique de la grève. La grève est une maladie chronique, dont les symptômes semblent s'aggraver constamment. Elle est une cause toujours renaissante d'appauvrissement pour la nation. Elle constitue un véritable scandale pour l'homme d'État. Comment en finir avec la grève ?

Le premier procédé dont l'idée se présente à l'esprit, c'est la répression pure et simple. Non point précisément la répression à main armée : les hommes d'État anglais n'y ont recouru que rarement, l'idée leur inspire une répugnance extrême. Mais les syndicats ouvriers sont en Angleterre des organisations puissantes qui accumulent de gros fonds de réserve. Il n'est pas impossible d'appliquer rigoureusement les lois existantes aux ouvriers qui, immanquablement, au cours de chaque grève, commettront des excès, et de faire payer aux syndicats les lourdes amendes infligées. Au cours de la période réactionnaire qui a suivi les élections conservatrices de 1895, cette méthode a été employée, et employée avec succès. Pendant quatre ou cinq ans, pour sauver de la ruine leurs organisations syndicales, les ouvriers anglais n'ont pas osé faire grève. La victoire du patronat n'a cependant été que fugitive. Les syndicats – tout en renonçant pour l'instant à la bataille – préparaient leur revanche. Ils organisèrent le « Parti du Travail » aux efforts duquel il faut attribuer, plus qu'à toute autre cause, l'effondrement du parti conservateur aux élections générales de 1905. Quelques mois plus tard, sur la sommation du Parti du Travail, le Parlement votait un *Trade Disputes Act* qui, d'une part, interprétait plus largement le droit de grève et, d'autre part, interdisait expressément de tenir les syndicats ouvriers pour pécuniairement responsables des actes délictueux commis en temps de grève par leurs membres.

Le mouvement gréviste prit aussitôt, à travers le Royaume-Uni, une intensité nouvelle : c'est le temps où les doctrines syndicalistes nées en France se propageaient à travers l'Occident. Pour l'endiguer, il fallait, la répression légale ayant échoué, trouver d'autres méthodes. Ne pourrait-on essayer de prévenir le mal par la conciliation organisée ?

Les ouvriers du coton dans le Lancashire avaient, il y a déjà un quart de siècle, conclu avec leurs employeurs un traité qui, sous le nom de *Brooklands Agreement*, est demeuré fameux dans l'histoire du trade-unionisme anglais[1]. Il est encore en vigueur aujourd'hui ; il demeure et semble devoir demeurer longtemps la charte de l'industrie cotonnière. L'« accord de Brooklands », qui, signé en 1893, a été révisé et complété en 1905, définit les principes selon lesquels les salaires doivent varier en fonction des bénéfices du capital, les règles selon lesquelles ces bénéfices doivent être évalués » ; désigne des experts pour veiller périodiquement à l'application de ces principes et de ces règles ; organise une série de comités hiérarchisés pour arranger à l'amiable et sans recours à la grève les disputes qui peuvent s'élever entre patrons et ouvriers. Ce qui a été fait avec succès pour une des grandes industries du royaume, ne pourrait-on le faire pour toutes et organiser pacifiquement tout le monde du travail ?

Dès l'année 1894, un an après la signature du traité de Brooklands, se constitue une société qui, sous le nom d'*Industrial Union*, poursuit la réalisation de cet idéal. La mort du promoteur, le manque de fonds font avorter le projet. Nous retrouvons l'idée reprise en 1900 par un certain Mr. John Lockie, de Stonehouse dans le Devonshire. Il propose la création, avec un fonds de 50 000 liv. st., d'une *National Federation of Employers' Associations and Trade Unions*. Cette fédération fournira aux patrons et aux ouvriers l'occasion de « se rencontrer sur un pied d'égalité », d'« amener un règlement rapide et amiable des disputes et des grèves », de « rendre plus faciles les rapports entre le capital et le travail », de les établir « sur une base parfaitement harmonieuse et équitable », « de créer et de cimenter entre le patron et l'ouvrier le sentiment d'une communauté d'intérêts ». M. John Lockie trouve, pour patronner la fédération qu'il projette, quelques aristocrates, quelques parlementaires, quelques industriels, – pas un ouvrier ; et l'idée semble avoir presque immédiatement avorté[2].

Il faut, pour la voir renaître et acquérir enfin un semblant de vitalité, descendre jusqu'à l'année 1911. Se conformant au conseil donné par un

---

1. Sur le *Brooklands Agreement*, voir B. et S. Webb, *Industrial Democracy*, p. 198 *sq*.
2. Nous avons pu nous documenter, sur l'*Industrial Union* de 1894 et sur la *National Federation* de 1900, aux archives du Comité parlementaire du Congrès des *Trade Unions*, grâce à l'obligeance de M. Fred. Bramley, *assistant secretary* du Comité.

des rois de l'industrie cotonnière, Sir Charles Macara, qui collabora jadis à la rédaction du Traité de Brooklands, le gouvernement, au mois d'octobre, institua un *Industrial Council*, composé de treize patrons et de treize ouvriers. À ce « Conseil Industriel », nommé par le *Board of Trade*, on donnait pour président Sir George Askwith, qui était alors contrôleur général du *Labour Department*, avec le titre nouveau de *Chief Industrial Commissioner*. Il devait exercer, il a effectivement exercé, les fonctions d'un arbitre, chaque fois qu'une dispute a éclaté dans tel ou tel corps de métier et n'a pu être réglée par les intéressés livrés à leurs seules ressources. Le *Board of Trade* avait d'ailleurs soin d'expliquer qu'il ne s'agissait à aucun degré d'introduire un élément d'obligation légale dans les accords intervenus entre patrons et ouvriers ; il s'agissait seulement de mettre plus de zèle et des moyens nouveaux à l'application du *Conciliation Act* que le Parlement britannique a voté en 1896 et qui exclut toute idée d'arbitrage obligatoire. Quand cependant en 1912 l'*Industrial Council* fut invité par le gouvernement à ouvrir une vaste enquête sur la question de savoir jusqu'à quel point et de quelle manières on doit « assurer », « imposer l'exécution des accords industriels intervenus entre les représentants des patrons et les représentants des ouvriers, dans une industrie et dans une région donnée »[1], les ouvriers des *Trade Unions* eurent raison de prendre quelque ombrage. Il se dissimulait certainement, derrière cette enquête, quelque arrière-pensée d'arbitrage obligatoire, de sanctions pénales. En 1912 à Newport, en 1913 à Manchester, le Congrès des *Trade Unions* déclara expressément qu'il était, en principe, hostile à cette politique.

L'*Industrial Council* a vécu. Huit ans se sont écoulés depuis qu'il est né et nous n'avons pu réussir à en découvrir les traces ; bien des gens, même dans les milieux industriels et syndicaux, en ont perdu jusqu'au souvenir. Mais les préoccupations qui en avaient provoqué naguère la constitution ont recommencé à hanter les esprits depuis la guerre, et par le fait de la guerre, en même temps que les institutions de guerre faisaient apparaître comme moins utopique l'idée d'une collaboration pacifique entre la classe patronale et la classe ouvrière.

Les matières premières, la main-d'œuvre, faisaient défaut. Cependant les besoins de l'État militaire étaient pressants. L'État, devenu le principal consommateur de la nation, s'érigea en arbitre souverain de la production et de la distribution. Pour faciliter sa tâche, il encouragea, dans chaque

---

1. Les *Minutes of Evidence taken before the Industrial Council, in connection with their enquiry into industrial agreements*, 1913 [Cd. 6953] constituent un excellent tableau du monde syndical anglais à la veille de la Grande Guerre. Nous les utiliserons à plusieurs reprises au cours de cette étude.

branche de la production, tous les chefs d'entreprises à se syndiquer ; il poussa, d'autre part, les ouvriers, là où leurs organisations syndicales étaient peut-être encore incomplètes, à les rendre plus universelles. Il exigea que les syndicats patronaux et ouvriers se fissent les agents de son autorité. Il les consulterait avant d'agir. Une fois ses décisions prises, ce serait à eux de transmettre ses ordres et d'en imposer l'exécution à tous les patrons et à tous les ouvriers.

S'agit-il des industries textiles ? Deux *Boards of Control* ont été constitués, où l'État, l'association patronale et les syndicats ouvriers ont été représentés, pour le gouvernement de l'industrie cotonnière et de l'industrie lainière. Prenons l'exemple de la laine. Le *Board of Control* est composé de trente-trois membres : onze représentant le ministère de la Guerre, onze les employeurs, onze les ouvriers syndiqués. Le président et le secrétaire sont nommés par le ministère. Le secrétaire est élu par le *Board*. Une fois que la laine brute a été achetée, triée, lavée, peignée, par les soins de l'Administration et que l'Administration a décidé quelle quantité, les besoins de l'armée étant satisfaits, sera livrée à la consommation civile, c'est le *Board* qui avise le ministère sur la manière de distribuer ses commandes, qui partage entre les diverses entreprises la laine réservée pour la consommation civile, qui réglemente les conditions du travail. Les syndicats de la laine, jusqu'alors médiocrement organisés, ont reçu une impulsion nouvelle par le fait qu'ils sont devenus les alliés du patronat et de l'État dans le gouvernement d'une des plus grandes industries du royaume. Ces arrangements ont fonctionné à la satisfaction de tous les intéressés. Il n'y a pas eu une seule querelle sérieuse entre patrons et ouvriers. Le consommateur s'est déclaré content. Ne semble-t-il pas que cette politique de paix sociale après laquelle aspiraient l'*Industrial Union* de 1894, la *National Federation* de 1900, l'*Industrial Council* de 1911, se trouve miraculeusement réalisée, sous la pression du péril national ?

S'agit-il des munitions ? En même temps que l'on désirait attirer un nombre toujours croissant d'hommes valides vers l'armée, que par suite la main-d'œuvre se faisait plus rare dans les fabriques, on désirait obtenir cependant une production toujours plus intense. Il fallait, pour cela, enfreindre toutes les règles dont les syndicats ouvriers, au cours du dernier siècle, ont imposé l'acceptation au patronat en vue de limiter la production. Comment obtenir ce résultat sans provoquer d'innombrables grèves ? On fit appel aux syndicats ouvriers ; et c'est d'accord avec leurs chefs que l'on signa un grand traité, destiné à être tant bien que mal respecté pendant toute la durée de la guerre. Toute modification aux règlements d'atelier ne sera faite, sous réserve d'un consentement ultérieur du syndicat, que pour la durée de la guerre. La substitution du travail féminin ou du travail non qualifié au travail viril ou au travail qualifié ne devra jamais entraîner une diminution des salaires. Les ouvriers seront toujours avisés à l'avance de chacune de ces modifications, qui ne sera jamais effectuée avant que l'on ait pris l'avis de leurs représentants. En revanche, il n'y aura jamais cessation de travail. Toute querelle qui n'aura pas été ajustée par les parties directement intéressées sera arbitrée par le *Board of Trade* qui pourra se faire représenter, soit par le *Committee of Production*, soit par un arbitre unique accepté par les intéressés, soit par une cour arbitrale où siégeront en nombre égal des patrons et des ouvriers. C'est ainsi qu'après avoir pendant un siècle fait la guerre à l'idée syndicale, l'État et les patrons se trouvent amenés, changeant radicalement d'attitude, à considérer le syndicat ouvrier comme un principe d'ordre social ; ils comptent que les ouvriers, d'abord syndiqués pour la défense de leurs intérêts de classe, apprendront à subir la discipline de leurs syndicats dans l'intérêt de toute la collectivité.

Peut-on s'étonner si le succès de ces institutions de guerre a provoqué la naissance d'une foule de projets, plus ou moins utopiques, pour la réalisation de la paix sociale par le syndicat mixte au sein duquel fraterniseraient patrons et ouvriers d'une même industrie ? La *Garton Foundation* est une institution philanthropique qui avait eu pour objet primitif l'étude des problèmes du pacifisme, l'organisation de l'arbitrage international. Maintenant qu'au mépris des vœux de ceux qui la fondèrent, la guerre fait rage à travers l'Europe tout entière, les philanthropes de la *Garton Foundation* s'appliquent à l'étude de la question sociale dans les limites de la nation. En octobre 1916, ils publient un long rapport anonyme « sur la situation industrielle après la guerre »[1]. Ils suggèrent, dans chaque entreprise, la formation d'un *Joint Committee*, où la direction et la main-d'œuvre seraient respectivement représentées. Ils suggèrent, à la tête de chacune des grandes industries du Royaume-Uni, un *Joint Board of Control*, un *National Industrial Council*, où siégeraient, les uns à côté des autres, en nombre égal, des représentants de l'association patronale et des représentants du syndicat ouvrier. Ces conseils auraient pour fonction d'intensifier la production, de concilier les intérêts de classe, et à l'occasion – « mais, ajoute le rapport, il y faudra mettre beaucoup de prudence » – d'obtenir que le *Board of Trade* confère un caractère légal à leurs décisions. Il semble que la *Garton Foundation* ait subi, en ces matières, l'influence d'un entrepreneur en bâtiment de Londres, Mr. Malcolm Sparkes, un quaker, un pacifiste outrancier, qui devait bientôt

---

1. *Memorandum on the Industrial Situation after the War*, The Garton Foundation. Privately circulated among Employers, Representatives of Labour, and public men of all parties, march-september, 1916. Now published as revised in the light of criticisms and suggestions received, october 1916.

se faire condamner à la prison pour refus de service militaire : nous le retrouverons tout à l'heure. Mr. Ernest J.-P. Benn, un industriel qui avait déserté les affaires pour la politique et l'action sociale, développait la même année, dans un petit livre, des idées voisines de celles-là[1]. Il réclamait la syndicalisation obligatoire de tous les producteurs, des ouvriers aussi bien que des patrons. Il esquissait le plan d'une sorte de parlementarisme du monde industriel anglais : collaboration des ouvriers avec les patrons dans la direction de la grande industrie, participation directe des producteurs organisés au gouvernement de la nation.

Ainsi se réveillait, en cette deuxième année de guerre, l'imagination, d'abord assoupie, des faiseurs de systèmes. Mais il ne faudrait pas croire que tous se soient ralliés à ces plans de pacification sociale et de fraternisation sociale.

Les socialistes doctrinaux ne veulent pas entendre parler d'un traité d'alliance entre les capitalistes et les travailleurs : ils veulent l'expropriation des capitalistes. Ils ne veulent pas le partage du gouvernement des fabriques entre les uns et les autres : ils veulent la conquête intégrale du pouvoir par les travailleurs. Ils demandent que l'État intervienne du dehors pour dicter au patronat les conditions qu'il devra accorder aux salariés. Certaines conditions normales d'existence – un « Minimum National », pour employer l'expression créée par Mr. et Mrs. Sidney Webb – sont dues à chacun des membres d'une société industrielle : si le régime industriel existant est incapable de les leur accorder, cela veut dire que ce régime doit disparaître. Le *Trade Boards Act* de 1909 est la première loi ouvrière qui ait en Angleterre consacré ce principe. Dans certaines industries où les ouvriers, faute de pouvoir s'organiser en syndicats, étaient soumis à une intolérable exploitation, des *Trade Boards* ont été institués, composés de fonctionnaires, de représentants du patronat et de représentants de la classe ouvrière. Sur avis de ces *Boards*, l'État fixait le tarif des salaires minima. Il appartint au Parlement d'étendre le bénéfice de la loi à d'autres industries, dont le cas apparaîtrait éventuellement comme pareil à celui des quatre industries auxquelles s'appliquait la législation de 1909. Ce fut ensuite une innovation importante que l'application, en 1912, du principe du salaire minimum aux ouvriers des mines de charbon : car l'on ne pouvait pas dire ici que les ouvriers fussent mal organisés et livrés sans défense à l'exploitation patronale. En 1915, en 1916, dans les usines de munitions, le principe d'un salaire légal minimum s'est généralisé[2].

---

1. *Trade as a Science*. Mr. Ernest J. P. Benn reprit les mêmes idées, en 1917, dans un nouvel ouvrage intitulé *Trade of tomorrow*.
2. Sur l'ensemble des mesures qui ont tendu depuis une dizaine d'années à la fixation légale des salaires, voir la brochure intitulée *State Regulation of Wages*, qui vient d'être publiée par le ministère de la Reconstruction (fasc. XXIX des *Reconstruction Problems*).

Et c'est l'universalisation de ce principe que nous voyons le Congrès des *Trade Unions* adopter pour programme en 1916. Il demande le syndicat obligatoire, la journée de huit heures obligatoire, et le salaire minimum obligatoire de 30 shillings.

Les syndicalistes s'insurgent aussi. Ce sont des socialistes encore, mais qui abordent le problème de la réorganisation industrielle par un autre côté que les socialistes démocrates. Les ouvriers voient, à la tête de leurs organisations géantes, leurs présidents, leurs secrétaires, frayer avec les ministres et les chefs des grands services administratifs, et signer des traités de paix, presque des traités d'alliance, avec les capitaines de la grande industrie. Ils en prennent ombrage, se sentent délaissés, trahis peut-être. Pendant tout l'été de 1916, dans les provinces anglaises, et particulièrement sur la Clyde, parmi les *engineers*, éclatent de véritables révoltes ouvrières, non pas seulement contre l'État, contre les patrons, mais aussi, on serait tenté de dire surtout, contre les états-majors syndicaux. Les ouvriers élisent, dans chaque manufacture, des *shop stewards*, qu'ils cessent de considérer comme de simples fonctionnaires subalternes dans la hiérarchie syndicale ; ils verront désormais en eux leurs mandataires, chargés de gouverner en leur nom le syndicat et de donner des ordres impératifs aux chefs mêmes des syndicats.

C'est la lutte, perpétuellement renaissante depuis un demi-siècle au sein du monde du travail, entre les « anarchistes » et les « autoritaires », entre les « fédéralistes » et les « centralisateurs ». Les *shop stewards* s'organisent en groupes autonomes et prétendent refondre, sur la base des « comités d'usine » *(works' committees)*, tout le système des syndicats anglais. C'est par cette action directe, exercée sur chaque entreprise, qu'ils aspirent à réaliser l'expropriation des capitalistes. Ils trouvent des écrivains révolutionnaires pour ériger leurs aspirations en doctrine. D'autres écrivains, plus modérés, leur font néanmoins des avances. Tel Mr. G.-D.-H. Cole[1], le jeune théoricien du *Guild Socialism*. Mr. Cole a repris, dans le monde ouvrier d'aujourd'hui, le rôle que jouèrent Mr. et Mrs. Webb à la fin du XIXe siècle. Il est le « fabien », l'opportuniste, du syndicalisme révolutionnaire, comme Mr. et Mrs. Webb ont été les opportunistes du socialisme démocratique. Il compte sur les syndicats

---

1. [Professeur d'économie politique à l'université d'Oxford, George Douglas Howard Cole (1889-1959) est aussi un intellectuel britannique engagé, membre de la Fabian Society, partisan du mouvement coopératif, adepte d'un socialisme libertaire. Pacifiste puis objecteur de conscience durant la Première Guerre mondiale, il se range dans le camp de l'antinazisme lors du second conflit mondial. Avec sa femme Margaret née Postgate, il est l'auteur de nombreux romans policiers et l'un des fondateurs en 1930 du Detection Club.]

ouvriers, devenus propriétaires de leurs industries respectives, pour effectuer la socialisation du capital de la nation ; mais il persiste à vouloir maintenir ces syndicats sous le contrôle du Parlement et des bureaux. Il reconnaît, chez les hommes du *shop steward's movement*, les héritiers directs du syndicalisme révolutionnaire d'il y a dix ans. À eux aussi, il fait des avances. Pour rendre les syndicats plus combatifs, plus agissants, il demande qu'on les réorganise, dans la mesure du possible, selon les vœux des *shop stewards*, sur la base des « comités d'usine »[1].

Dans la sous-commission que le ministre avait chargée d'étudier les relations des patrons avec les ouvriers, on s'était appliqué à faire que tous les points de vue fussent pris en considération. J'y trouve quatre représentants de la grande industrie, désireux de faire tout ce qu'il faudra pour « apprivoiser » les militants syndicalistes ; trois ouvriers, dont deux sont des modérantistes et des conciliateurs, le troisième, Robert Smilie, étant au contraire fameux par l'intransigeance de ses propos révolutionnaires ; deux économistes, sympathiques au socialisme. Deux autres membres, Miss A. Susan Lawrence et Mr. J.-J. Mallon, s'étaient signalés par le zèle avec lequel ils avaient lutté contre les abus du *sweating :* leur philosophie, c'était la philosophie des *Trade Boards* et de la protection légale des travailleurs. Miss Mona Wilson, membre depuis 1912 de la commission administrative qui contrôle l'application de la loi sur l'assurance-maladies, partageait leurs vues. Le choix des secrétaires fut caractéristique. L'un est un fonctionnaire, Mr. H.-J. Wilson, qui avait été l'archiviste de l'*Industrial Council* de 1911 et qui, à côté de Sir George Askwith, avait arbitré bien des querelles ouvrières. L'autre, Mr. Greenwood, est un jeune professeur d'université ; il s'était surtout occupé d'éducation ouvrière et n'était pas loin de partager les idées de Mr. Cole et des *guild socialists*. Comment réaliser un compromis entre des opinions aussi disparates ? Comment éviter qu'il n'arrivât ce qui arrive presque normalement en Angleterre, à l'issue des travaux d'une commission : qu'on aboutît à la publication de plusieurs rapports, dans chacun desquels s'expriment des vues divergentes ? Mr. J.-H. Whitley[2], le président de la commission, sut, par sa diplomatie, réaliser ce miracle. Les rapports que rédigèrent les deux secrétaires furent d'une nature telle que tous les membres de la commission purent, sans une exception, y apposer leur signature[3].

---

1. Pour l'exposé des vues de Mr. G.-D.-H. Cole, voir en particulier son *Self Government in Industry*, 1918. – On trouvera un bon exposé du mouvement des *shop stewards* dans l'excellent ouvrage du même auteur, *An Introduction to Trade Unionism*, p. 53 *sq*.

2. [Sur John Henry Whitley (1866-1935), voir *infra*, p. 198 et suiv.]

3. Les quatre rapports qui nous intéressent directement ont été réimprimés par le ministère du Travail sous le titre général d'*Industrial Reports* : 1. Industrial Councils. 2. Works' Committees. 3. Industrial Councils and Trade Boards. 4. Industrial Councils.

Le premier rapport – rapport provisoire, *interim report* – proposait l'organisation de *Joint Standing Industrial Councils* (Conseils industriels mixtes permanents), composés, en nombre égal, de représentants de l'organisation patronale et de représentants de l'organisation ouvrière. On soumettait à l'examen immédiat de ces conseils, une fois constitués, certaines questions qui seraient urgentes aussitôt la paix rétablie : problème de la démobilisation, problème du rétablissement des coutumes syndicales d'avant la guerre. Mais on leur assignait en même temps des fonctions permanentes, à savoir, d'une manière générale, « l'établissement d'une coopération plus étroite entre patrons et ouvriers ». On leur traçait un programme en onze points que nous réduirions volontiers à quatre points essentiels : 1° négociations amiables en ce qui concerne le taux des salaires, le mode de paiement des salaires, la durée et, d'une manière générale, les conditions de travail ; 2° appel à l'expérience ouvrière pour le développement technique de l'industrie ; 3° examen des questions qui intéressent indirectement le progrès de l'industrie, telles que la question de l'éducation technique et des recherches scientifiques ; 4° législation industrielle. Programme conforme au vœu des chefs d'industrie, tout au moins des plus intelligents, conforme aux vœux des chefs de syndicats, tout au moins des plus modérés.

Le rapport demandait d'ailleurs que chaque conseil industriel « national », c'est-à-dire organisé pour présider aux intérêts d'une certaine industrie dans toute l'étendue du royaume, ne fût pas considéré comme se suffisant à lui-même. Il devait être complété par des « Conseils de district », l'ensemble du royaume ayant été, pour chaque industrie, réparti entre un certain nombre de districts et chaque district ayant son conseil. Il devait être complété encore par des « comités d'usine » *(Works' Committees)*, à raison d'un comité par usine. C'était une concession aux syndicalistes, une manière de concilier, tant bien que mal, les chefs des grandes organisations avec les rebelles du *shop stewards' movement*.

Un second rapport entra, quelques mois plus tard, plus avant dans le détail des choses. On constatait l'impossibilité où l'on était d'adopter, pour toutes les industries, une même forme d'organisation. On proposait une classification en trois groupes. Un groupe A, où l'organisation, tant du côté patronal que du côté ouvrier, était suffisamment complète pour que patrons et ouvriers pussent, sans délai, constituer des conseils conformes au programme de la commission. Un groupe B, où l'organisation était insuffisante et pour lequel on proposait un second type de conseils, où les représentants patronaux et ouvriers seraient assistés, à titre de tuteurs et de guides, par un ou deux représentants du ministère. Un groupe C, enfin, qui était vraiment inorganique. Le rapport demandait que, pour « organiser » les industries de ce troisième groupe, on donnât une extension considérable à la législation des *Trade Boards*. Avance aux socialistes, qu'aurait pu indisposer le programme des conseils mixtes, trop exclusivement préconisé. L'État s'effaçait là où les organisations ouvrières et patronales étaient respectivement assez fortes pour traiter sur un pied d'égalité. Mais il se réservait d'examiner si vraiment l'organisation ouvrière présentait la solidité nécessaire. Sinon, il intervenait pour rétablir l'équilibre.

Programme transactionnel et éclectique, où des concessions étaient faites aux vues de chacun, où l'on n'allait jusqu'au bout des idées de personne. On jugerait, à l'application, si cette complexité, ces contradictions, étaient une garantie de souplesse ou un signe de débilité.

*
* *

L'accueil fait par l'opinion aux rapports du *Whitley Committee* fut, au premier abord, indulgent. Les huit commissions que le gouvernement chargea, en 1917, d'une enquête sur les causes de l'agitation ouvrière renaissante préconisèrent l'adoption des conclusions du *Whitley Report* : elles insistaient sur le rôle utile que joueraient les conseils de district et les comités d'usine. Le patronat se déclara nettement favorable, par l'organe de la grande « Fédération des Industries Britanniques », qui depuis 1917 réunit en un groupe unique d'études et d'action tous les chefs d'entreprise du Royaume-Uni : la « Fédération » préconisait l'établissement, à la tête de chaque branche de la production, d'un Conseil industriel national, faisant seulement des réserves au sujet des conseils de district et des comités d'usine[1]. Les organisations socialistes, la *Fabian Society*[2], la *National Guilds League*[3], critiquèrent le projet ; mais leurs critiques furent dépourvues d'âpreté, et le Congrès des *Trade Unions*, le Congrès du Parti du Travail, tout en formulant de graves réserves, évitèrent de prononcer une condamnation radicale. Des ligues se formèrent, d'inspiration philanthropique, pour propager l'idée de la réconciliation des classes, par le système des *Whitley Councils* : l'*Industrial Reconstruction Council*, présidé par M. Ernest J.-P. Benn ; l'*Industrial League*, dont le président M. G.-H. Roberts, fut, jusqu'en novembre dernier, ministre du Travail et membre du Parti du Travail. Le

---

1. Industrial Councils, Recommendations on the Whitley Report put forward by the Federation of Bristish Industries, Aug. 3, 1917.
2. Fabian Research Department, Memorandum n° 6, *The Whitley Reports and their Application*, Prepared in August 1918, by Margaret L. Postgate.
3. *National Guilds or Whitley Councils?*, Being a Reprint with a New Introduction of two Pamphlets on the Whitley Report, Published by the National Guilds League.

gouvernement se sentit donc encouragé par cet état d'esprit nouveau, né de la guerre, à donner suite au rapport de la commission. Un appel pressant fut adressé aux organisations patronales et ouvrières. Un service spécial fut créé au ministère du Travail, pour veiller à la mise en marche des nouveaux conseils. Et, tout en insistant sur ce point que les *Whitley Councils* devaient présenter le caractère d'institutions libres, on mettait à la disposition de chacun un fonctionnaire pour lui servir, suivant l'expression officiellement adoptée, d'« officier de liaison » avec le ministère.

Deux ans se sont écoulés depuis la publication du premier rapport de la commission. Quel a été le travail accompli au cours de ces deux années ? Une trentaine de conseils ont été constitués. Quelle en est l'importance numérique et morale ? Quels sont les syndicats ouvriers qui sont restés sourds aux appels du gouvernement et des philanthropes ? Quels sont ceux, au contraire, qui ont adopté les conclusions des *Whitley Reports* et pour quelles raisons les ont-ils adoptées ?

Négligeons d'abord une poussière de petits syndicats qui semblent avoir constitué des conseils industriels à la seule fin de se donner une importance factice. Les militants sourient quand ils voient défiler sur la liste des *Whitley Councils* le Conseil des poseurs d'appareils électriques, des carrossiers, des fabricants de papiers peints, des fabricants d'asbestes, des fabricants de navettes et de bobines (pour les ateliers de tissage). Ils sont bien embarrassés, quand ils se trouvent en face du Conseil industriel du *Coir Matting*, de vous dire ce que c'est que cette substance appelée *coir*, avec laquelle se fabriquent des nattes. Ils se demandent pourquoi les « peintres et vernisseurs » ont voulu avoir leur conseil à eux, distinct du Conseil industriel du Bâtiment. Tous ces syndicats servent à allonger la liste, sans grossir sensiblement les effectifs du *Joint Industrial Councils*. Mais il en est de plus sérieux ; et c'est en examinant ceux-là que nous croyons pouvoir découvrir les raisons qui ont déterminé les ouvriers, d'accord avec les patrons, à adopter, dans un certain nombre de cas bien définis, la forme nouvelle d'organisation.

1. Depuis 1905, les effectifs syndicaux se sont prodigieusement accrus. Le nombre des ouvriers qui sont représentés au Congrès annuel des *Trade Unions* a passé, entre 1905 et 1914, des environs de deux millions aux environs de quatre millions ; de 1914 à 1918, l'augmentation a encore dépassé un demi-million. Un pareil accroissement numérique doit nécessairement avoir pour conséquence un progrès de l'organisation syndicale, et plus particulièrement en ce qui touche les rapports à établir entre patrons et ouvriers. C'est alors que l'État intervient et offre aux militants du syndicat le modèle des conseils industriels mixtes. Pourquoi ne pas accepter les propositions du ministère du Travail et de son « officier de liaison » pour

s'aboucher avec les patrons ? Sans le *Whitley Report*, ils auraient essayé de constituer un *Conciliation Board*. Après le *Whitley Report*, ils fondent des conseils industriels mixtes pour répondre aux mêmes besoins et remplir les mêmes fonctions.

Il est possible, en conséquence, de définir avec précision ce que l'on pourrait appeler le champ de développement de l'institution nouvelle. Les vieux syndicats dont l'organisation depuis longtemps était parfaite – ouvriers mineurs, cheminots, ouvriers en coton du Lancashire, *engineers* – se sont désintéressés des nouveaux conseils. Il n'en a pas été de même des syndicats que la guerre a surpris en pleine crise de croissance, dont la guerre a parfois favorisé le développement et qui tendent, sans l'avoir atteinte, vers une organisation de leurs rapports avec le patronat semblable à celle que, depuis longtemps, d'autres syndicats avaient su se donner : ceux-là sont mûrs pour le Conseil industriel mixte. Un double exemple rendra la chose parfaitement claire. Il y a deux régions du textile en Angleterre : la région du drap et la région du coton. Le drap a son *Whitley Council*, le coton n'aura pas le sien. Tout de suite on comprend pourquoi.

Les ouvriers du coton ont été les pionniers du syndicalisme anglais. On évaluait en 1915 à 250 000, dans les fabriques et ateliers de tissage du Lancashire, le nombre des ouvriers syndiqués. Ce sont ces ouvriers qui s'enorgueillissent d'avoir rédigé, en 1893, la charte de Brooklands, dont le modèle a inspiré, depuis vingt-cinq ans, tous les plans de pacification sociale, y compris le *Whitley Report*. Les ouvriers du coton n'ont que faire d'un Conseil industriel. Ils n'en ont point formé et n'en formeront point.

Mais tout autre a été l'histoire du district voisin où le drap se fabrique. Dans le *West Riding* du Yorkshire, au cours des années qui précédèrent la guerre, patrons et ouvriers aspiraient à consolider leurs organisations respectives ; et les plus intelligents parmi les ouvriers syndiqués aspiraient à voir se consolider les organisations patronales, de même que les plus intelligents parmi les patrons souhaitaient la consolidation des organisations ouvrières. Mais pour l'instant, ces aspirations restaient mal satisfaites : le *Cotton Trade* demeurait un idéal que le *West Riding* était impuissant à atteindre. C'est à peine si, dans le Yorkshire, le quart des ouvriers employés à la fabrication du drap faisait partie des syndicats ; et trente à trente-cinq petites organisations de métier brisaient tous les efforts de la *General Union of Weavers and Textile Workers* pour concentrer les forces ouvrières. Là-dessus est intervenue la guerre. Le gouvernement a créé le *Board of Control*, introduit dans le comité un régime de syndicalisation universelle. Il a, suivant la formule d'un rapport officiel, « reconnu les groupes, ignoré les individus ». Quand, avec le retour de la paix, il a été question de disloquer cette organisation, patrons et ouvriers drapiers n'ont pas eu, comme ceux du Lancashire, la ressource de retomber sur une organisation antérieurement existante. Le plus simple n'était-il pas alors d'utiliser les cadres que proposait le ministère du Travail ? Il fut d'abord question d'organiser un simple comité de « reconstruction » au sens étroit, pour réglementer l'industrie de la laine pendant la période de crise qui devait précéder le rétablissement complet de la paix. Mais c'est finalement un conseil industriel permanent, le plus considérable de tous les conseils existants, représentant près de 250 000 ouvriers, qui a été, au mois de janvier dernier, inauguré par le maire de Bradford.

Une autre difficulté s'opposait, dans le monde syndical, à la conclusion d'accords entre patrons et ouvriers : elle tenait, cette fois, moins à une insuffisance qu'à un vice d'organisation. Le *Whitley Report* est venu apporter le remède. Les ouvriers d'une même industrie appartiennent souvent à plusieurs syndicats de métiers, et ces syndicats de métier peuvent eux-mêmes chevaucher sur plusieurs industries. Un seul syndicat de métiers, en faisant grève, peut condamner à la cessation de travail, contre leur volonté, les ouvriers qui appartiennent à d'autres syndicats ; il peut, au contraire, en refusant de faire grève, paralyser la volonté de grève des autres. Toute une partie du monde ouvrier aspire, depuis bien des années, à remanier l'organisation syndicale, à fondre dans un seul syndicat tous les ouvriers d'une même industrie, quelle que soit leur spécialité, à reconstituer les syndicats sur la base de l'« industrie », non du « métier ». Mais cette politique se heurte, de la part des vieux syndicats de métier, à des résistances obstinées. Elle est compliquée, depuis un quart de siècle, par l'apparition des syndicats de *general workers*, des « ouvriers non qualifiés », difficiles à absorber dans la même organisation que les ouvriers qualifiés. Dans le syndicat unique, abaissera-t-on les hautes cotisations de l'ancien syndicat d'ouvriers qualifiés au niveau des cotisations jusqu'alors versées par les *general workers* ? On enlèvera donc aux ouvriers qualifiés tous les avantages qu'ils retiraient de leurs fortes cotisations sous forme de secours mutuels. Relèvera-t-on, au contraire, les cotisations des ouvriers non qualifiés au niveau des cotisations antérieurement payées par les ouvriers qualifiés ? Ils ne pourront pas les payer. La formule des conseils industriels semble avoir, dans certains cas, fourni une solution à ce problème difficile. Plusieurs syndicats peuvent, sans se fondre en un seul, avoir des représentants dans un seul conseil. Les difficultés qui s'opposaient à la formation d'un « syndicat d'industrie » sont éludées, en même temps que les ouvriers trouvent à la formation des conseils certains des avantages qu'ils auraient retirés de la constitution d'un syndicat unique. Est-ce pour cette raison que les militants des syndicats de *general workers* se sont, le plus souvent, montrés favorables aux conclusions du *Whitley Report* ?

2. La concurrence des *Trade Boards* a pareillement contribué, dans une mesure notable, à la création des conseils industriels.

Voici un point sur lequel le *Whitley Committee* a obtenu un plein succès. Un nouveau *Trade Boards Act* a été voté en 1918, conformément aux conclusions du rapport de la commission[1]. Dorénavant, il suffit d'une simple décision du ministère du Travail pour imposer à une industrie quelconque la constitution d'un *Trade Board*, et il ne sera pas nécessaire pour cela que les salaires payés par cette industrie soient, selon la formule de la loi de 1909, « exceptionnellement » bas ; la nouvelle loi dit « indûment » au lieu d'« exceptionnellement », et c'est au ministère du Travail qu'il appartient d'apprécier le moment où le salaire tombe au-dessous du niveau de ce qui est « dû » à l'ouvrier. La loi a été rapidement appliquée. Au mois d'octobre dernier, treize *Trade Boards* gouvernaient un demi-million d'ouvriers. Onze nouveaux *Boards* gouvernant 357 000 ouvriers avaient été constitués à la fin d'avril et on prévoit le jour où les salaires de deux millions de travailleurs des deux sexes seront réglés par des *Trade Boards*. Ajoutez que l'on a commencé à étendre les fonctions des *Trade Boards*. Ils peuvent, selon la loi nouvelle, adresser à un département administratif des « recommandations » qui porteront non pas seulement sur les salaires, mais, d'une façon plus générale, sur les « conditions de l'industrie ».

Le ministère du Travail crée donc une sorte de rivalité entre les *Trade Boards*, en nombre accru, à fonctions étendues, et les conseils industriels, qui commencent à se constituer. Or les patrons se défient des *Trade Boards*, où leurs représentants sont nommés par le gouvernement au lieu d'être élus par eux-mêmes et où toutes les questions sont tranchées par la voix départageante d'un certain nombre de fonctionnaires. Les syndicats ouvriers, moins hostiles, ne sont pas non plus complètement favorables. L'institution d'un *Trade Board* est la marque, dans une industrie déterminée, de l'impuissance où ils sont d'obtenir, par marchandage direct, la satisfaction de leurs désirs : elle a, pour eux aussi, quelque chose d'humiliant. Il pourra donc parfois y avoir accord entre l'association patronale et le syndicat ouvrier pour se soustraire au contrôle d'un *Trade Board* par l'institution d'un *Whitley Council*. On nous assure que deux *Trade Boards* déjà anciens, et dont l'un remonte à l'année 1909 – celui des fabricants de boîtes en papier et celui des fabricants de boîtes en fer-blanc – sont en instance, à l'heure actuelle, pour obtenir cette transformation. D'autres organisations de ce genre ont été manifestement constituées sous l'empire de la même préoccupation.

---

1. *Trade Boards Act*, 1918 (8 et 9 Geo, 5, c. XXXII).

Exemple : le Conseil industriel de la Bonneterie. C'était, avant la guerre, une industrie extrêmement mal organisée. Il n'y avait pas d'entente entre les patrons. Du côté des ouvriers, il existait bien un syndicat, la *Leicester and Leicestershire Amalgamated Hosiery Union*. Mais c'est en vain qu'il cherchait à grouper de gros effectifs. Il y réussissait jusqu'à un certain point dans la ville même de Leicester. Mais partout ailleurs les usines étaient installées dans de petits centres où un ou deux fabricants faisaient la loi et, par l'emploi d'une foule de moyens d'intimidation, brisaient les syndicats dès qu'ils réussissaient à se constituer. Donc, nulle possibilité d'un accord collectif entre patrons et ouvriers : et les ouvriers commençaient à réclamer l'établissement d'un *Trade Board*. Au cours des années suivantes, une industrie qui travaille en grand pour le ministère de la Guerre a dû se familiariser, d'une part, avec la pratique de l'organisation syndicale, et, d'autre part, avec le contrôle de l'État. À partir du moment où le gouvernement se prépare à faire entrer dans la pratique les conclusions du *Whitley Report*, les bonnetiers, ouvriers et patrons, ont le choix entre l'établissement par l'État d'un *Trade Board* ou, par eux-mêmes, d'un *Industrial Council*. Ils ont opté pour la seconde alternative. Un *Joint Industrial Council for the Hosiery Trade* a tenu ses premières assises le 10 octobre 1918.

Autre exemple : ces conseils industriels de second degré, si l'on peut dire, qui se sont constitués, au nombre de trente-et-un, sous le nom de *Interim Industrial Reconstruction Committees* (Comités provisoires de reconstruction industrielle). Ils sont l'œuvre non du ministère du Travail, mais du ministère nouveau qui a été fondé en 1917, du ministère de la Reconstruction. Racontons-en très brièvement l'histoire. On se rappelle que le second rapport du *Whitley Committee*, publié au mois d'octobre 1917, distinguait deux groupes d'industrie. Dans le groupe A, l'organisation patronale et l'organisation ouvrière avaient pris un développement suffisant pour qu'on pût les concevoir comme représentant respectivement la grande majorité des patrons et des ouvriers. Dans le groupe B, l'organisation des deux classes, tout en ayant acquis une importance notable, était cependant moins marquée. Et on proposait, pour ces deux groupes, deux types de conseils : la différence entre les deux types consistait surtout en ce que, dans les conseils du groupe B, un ou deux représentants de l'administration seraient attachés au comité directeur. Au mois de juin 1918, le ministère de la Reconstruction et le ministère du Travail déclaraient publiquement qu'ils n'avaient pu réussir à établir une limite tranchée entre les deux groupes et renonçaient, en conséquence, à maintenir la distinction proposée. La vérité, c'est que les industries du groupe A dédaignaient de se prévaloir des facilités que le gouvernement leur offrait pour constituer des conseils industriels, et que tous les conseils industriels qui étaient en voie d'organisation rentraient, sauf exception, dans le groupe B.

Mais toutes les industries insuffisamment organisées pour être classées même dans le groupe B allaient-elles être condamnées à subir le contrôle d'un *Trade Board* ? Puisque le ministère du Travail ne leur accordait pas la faveur de constituer, sous son patronage, des conseils industriels, le jeune ministère de la Reconstruction viendrait à leur secours. Mr. Ernest J.-P. Benn s'y employa. Il aimait à se considérer comme le père spirituel des conseils industriels et trouvait l'opinion trop disposée à oublier les services qu'il a rendus, par ses écrits et sa propagande orale, à la cause de la paix sociale : il obtint qu'on lui permît de fonder, avec l'aide des bureaux du ministère de la Reconstruction, des organisations appelées *Interim Industrial Reconstruction Committees*, qui constitueraient de nouveau, selon le plan primitif du *Whitley Report*, des conseils industriels de second ordre. Par le mot *Interim*, les bureaux entendaient que ces comités présenteraient un caractère provisoire, comme tout ce qui touche au ministère de la Reconstruction. Ils dureraient tant que durerait le ministère, tant qu'on ne serait pas sorti de la période de transition entre guerre et paix. Ils dureraient aussi tant que l'organisation des patrons et des ouvriers ne serait pas devenue assez parfaite pour justifier la transformation des comités de reconstruction industrielle en conseils industriels proprement dits. Je parcours la liste des comités de reconstruction. J'y trouve des groupements ouvriers certainement nombreux : confiseurs, gantiers, fabricants d'instruments d'optique, ouvriers du plomb et du zinc. Constatons, sans entrer dans le détail, que voilà une source où peut s'alimenter pendant quelque temps le système des conseils industriels. Je dis « sans entrer dans le détail » ; car, si on y entrait, il faudrait raconter l'histoire, plus amusante qu'instructive, d'une guerre entre deux ministères. Interrogez un fonctionnaire du ministère de la Reconstruction ; il se lamente : « Nos comités de reconstruction sont tout simplement des conseils industriels qui n'ont pas encore atteint l'âge de la majorité. Pourquoi le ministère du Travail méconnaît-il nos efforts ? Pourquoi ne nous assiste-t-il pas, nous qui travaillons pour lui » ? Passez au ministère du Travail, on vous répond : « Les comités de reconstruction, Qu'est-ce que cela ? Les conseils industriels de Mr. Benn ! » Et il semble que de cette contrefaçon de *leurs* conseils, de *leurs* Trade Boards, les fonctionnaires de Montagu House[1] ne veulent pas entendre parler.

3. L'État-patron a toujours opposé une résistance obstinée aux revendications syndicales de ses ouvriers et de ses employés. C'est à

---

1. [Cette référence à Montagu House désigne deux demeures situées à Whitehall, Westminster, dans le centre de Londres. En 1917, elles ont servi de sièges à des administrations gouvernementales. Après la Seconde Guerre mondiale, elles seront détruites pour faire place à l'actuel bâtiment du ministère de la Défense.]

contrecœur, très tardivement, qu'il leur a reconnu le droit de former des *unions*, consenti à écouter leurs doléances par l'intermédiaire de leurs représentants syndicaux. Jamais, jusqu'en 1914, il n'a admis, dans ses ateliers ni dans ses bureaux, le principe du contrat collectif. La guerre aura exercé, ici encore, son action révolutionnaire. Dans tous les départements administratifs ont été constitués des *Arbitration Boards*, pour régler toutes les questions relatives aux salaires. La constitution de ces *Arbitration Boards* est loin de satisfaire les salariés. Chacun de ces *Boards* se compose de trois membres : un représentant du patronat, qui est ici le ministère, un représentant des salariés et un président « impartial », dont l'impartialité est loin d'être considérée par les intéressés comme présentant toutes les garanties nécessaires. Mais, à présent que l'État pousse toutes les industries à constituer des *Whitley Councils*, il serait singulier que dans les services de l'État, et là seulement, il demeurât interdit de constituer des conseils de conciliation permanents pour régler les questions de discipline, d'avancement et de traitement. Les salariés de l'État réclament de celui-ci qu'il syndicalise ses services, comme il travaille à syndicaliser l'industrie.

Le gouvernement ne s'y résigne pas sans hésitation : à l'heure où nous écrivons, la question n'est pas encore tranchée. Il a commencé par capituler en ce qui concerne ses établissements proprement industriels – les arsenaux par exemple. Des « Conseils mixtes » ont été institués dans ces établissements, et ces conseils sont de deux ordres. Dans les uns siègent, les uns en face des autres, d'une part, les chefs d'un certain service administratif, d'autre part, les représentants de tous les ouvriers qui sont employés dans ce service, sans distinction de spécialité. Dans les autres, ce sont les représentants d'un certain syndicat qui se rencontrent avec les représentants de tous les services où des représentants de ce syndicat sont employés. Les premiers discuteront les questions de discipline, d'organisation du travail, d'hygiène des ateliers, d'éducation technique. Les autres discuteront les questions de salaires. Voilà donc une victoire remportée. Mais l'État, en faisant, au mois de février dernier, cette première concession, réservait expressément la question de savoir si l'on devait appliquer la même règle aux services administratifs proprement dits, parmi lesquels il comprenait le service des postes.

Ne méconnaissons pas la valeur des arguments que le gouvernement invoquait pour justifier ses hésitations, ses répugnances. Il faisait observer qu'on ne sait trop comment établir ici la distinction entre « employeurs » et « employés ». Les hauts fonctionnaires, les chefs de service, les considère-t-on comme des employés, au même titre que les plus humbles parmi leurs commis ou leurs garçons de bureau ? Quelle harmonie de vues ou d'intérêts pourra-t-il jamais y avoir entre des hommes qui appartiennent à des classes aussi profondément séparées ? Et qui mettra-t-on devant eux pour représenter les « employeurs » ? Demandera-t-on au contraire à ces chefs de service de représenter, vis-à-vis de ceux qui occupent des positions moins élevées dans la hiérarchie administrative, le pouvoir de l'État-patron ? N'est-il pas visible cependant que ces hauts fonctionnaires ne sont pas des employeurs au sens propre du mot ? Ils n'ont pas les pouvoirs requis pour engager par leur parole, s'ils acceptent une transaction, l'État, le Trésor, le Parlement, les contribuables. Mais, si ces difficultés sont réelles, l'opinion n'admet pas qu'elles soient insolubles et demande qu'elles soient résolues dans le sens le plus favorable aux employés. La commission interministérielle qui était chargée d'étudier l'application du *Whitley Report* aux services de l'État a poursuivi ses travaux : elle a élaboré un rapport que Mr. Austen Chamberlain, chancelier de l'Échiquier[1], accompagné de Sir Robert Horne[2], ministre du Travail, est venu soumettre, le 9 avril dernier, à une réunion de toutes les associations professionnelles des employés.

Le rapport multiplie encore les réserves. On rappelle que les services publics se trouvent dans une situation spéciale, qu'ils ne peuvent être confondus avec des entreprises privées. On n'admet pas qu'il soit permis aux *Whitley Councils* de discuter des questions d'intérêt général telles que, par exemple, la révision des tarifs postaux, les problèmes de la politique douanière : le ministère est responsable de la réponse qui sera donnée à ces questions, non pas devant ses bureaux, mais devant le Parlement. On n'admet pas davantage que les conseils puissent s'arroger le droit d'approuver ou de condamner une décision ministérielle en vertu de laquelle un fonctionnaire déterminé a été mis en congé ou a reçu de l'avancement. Entre les questions générales et les questions d'espèces que le ministère voudrait soustraire les unes et les autres à la compétence des conseils, on se demande à quoi se réduiront leurs pouvoirs. Ce sera, semble-t-il, à poser des règles en ce qui concerne la discipline des services, l'avancement, les heures de travail et les traitements.

---

1. [Sir Austen Chamberlain (1863-1937) – à ne pas confondre avec son frère Arthur Neville Chamberlain, futur Premier ministre du Royaume-Uni de 1937 à 1940 –, d'abord leader du parti unioniste, devient l'un des dirigeants du parti conservateur. Élu député à la Chambre des communes en 1892, il accède aux fonctions de chancelier de l'Échiquier en 1903, puis en 1905, et pour finir en 1919-1921. Membre du cabinet de guerre à la fin du conflit, il conduit la politique étrangère britannique entre 1925 et 1929 et il est à ce titre l'un des initiateurs de la politique de paix européenne, avec le Français Aristide Briand et l'Allemand Gustav Stresemann. Après les accords de Locarno de 1929, les trois ministres reçoivent le prix Nobel de la paix.]

2. [Sir Robert Stevenson Horne (1871-1940) est un homme d'affaires et avocat écossais entré en politique dans le camp unioniste. Ministre du Travail dans le gouvernement Lloyd George en 1919-1920, il accède aux fonctions de chancelier de l'Échiquier en 1921-1922.]

Le rapport prévoit pour l'ensemble des services publics un « Conseil national » dont les membres ne devront pas dépasser le nombre de cinquante. Les syndicats d'employés nommeront une moitié du conseil. L'État nommera l'autre moitié qui comprendra, outre les chefs de service, des représentants du ministère des Finances et du ministère du Travail. Pour chaque service administratif un *Departmental Committee* est prévu. Lorsque les services ne sont pas concentrés à Londres, comme c'est le cas pour les douanes, les postes, etc., il y aura des *District* ou *Local Office Committees*. On prévoit encore, au sein des *Departmental Committees* des *Sectional Committees*. Les représentants des syndicats d'employés se sont, à la conférence du 9 avril, réjouis que le principe « syndicaliste » ait été enfin reconnu par l'État ; ils ont, d'autre part, protesté contre les restrictions dont on s'obstinait à vouloir entourer cette reconnaissance ; ils ont dénoncé la prétention émise par le ministère des Finances, le Trésor, de maintenir un droit de contrôle qu'ils considèrent comme tyrannique ; et le gouvernement est tombé d'accord avec eux pour nommer une commission mixte de trente membres, qui révisera le projet. La question est donc pendante encore, mais nul doute qu'elle sera résolue d'une manière plus ou moins radicalement conforme au vœu des syndicats.

Peu de jours après la réunion de cette conférence, où le gouvernement avait, pour la première fois, formellement reconnu à ses employés le droit de constituer des *Whitley Councils*, le ministre du Travail[1], prenant la parole à la Chambre des Communes, croyait pouvoir affirmer le plein succès obtenu par la nouvelle politique de paix sociale. « Il existe, déclarait-il, trente-et-un conseils industriels dont le domaine embrasse deux millions d'ouvriers ; on prépare les statuts de vingt-deux autres conseils qui intéresseront encore un autre million d'ouvriers. » La phrase est faite pour donner l'impression, que, de proche en proche, les conseils industriels finiront par gouverner tout l'ensemble du monde industriel. Impression parfaitement illusoire. Observons la loi suivant laquelle le nombre des *Industrial Councils* s'est accru. Près de vingt pendant le second semestre de 1918, mais seulement onze pendant les quatre mois qui ont suivi ; déjà le mouvement se ralentit. Dans combien de temps les vingt-deux conseils nouveaux dont on nous annonce la formation future seront-ils constitués ? Et, parmi ces conseils, combien avorteront ? Nous savons que les plus considérables, par le nombre de leurs adhérents, parmi les organisations syndicales, refusent de former des conseils. Déjà un des conseils, et non pas le moins important, le Conseil de la Boulangerie, peut être considéré comme moribond : les patrons ont refusé de ratifier certains avantages que leurs représentants dans le Conseil avaient consentis aux ouvriers ; et, si nos renseignements sont exacts, le

---

1. [Il s'agit du même Sir Robert Horne.]

Conseil du Meuble serait également menacé de disparaître. Le chiffre donné par Sir Robert Horne doit être considéré comme un chiffre maximum qui ne sera pas dépassé, qui peut-être ne sera pas atteint. Or, sur seize millions de salariés, trois millions, est-ce beaucoup ? C'est moins du cinquième du prolétariat britannique qui, suivant l'estimation la plus optimiste, va se trouver organisé dans les *Whitley Councils*.

Encore faut-il comprendre pour quelles raison un certain nombre d'organisations ouvrières se sont ralliées à la politique du *Whitley Report*. C'est, si l'analyse qui précède est exacte, dans la mesure où cette politique exprime exactement les tendances régnantes au sein du monde syndical anglais depuis un quart de siècle. Les ouvriers organisés veulent que leurs salaires, et, d'une manière générale, toutes leurs conditions de travail, soient réglés par des accords collectifs, protégés en permanence par des comités mixtes de patrons et d'ouvriers. Le *Whitley Report* n'est donc pas sans présenter une réelle importance dans l'histoire sociale de l'Angleterre. Il marque le moment où le patronat dans son ensemble et l'État lui-même, se sont ralliés expressément, après de longues années d'opposition, au principe de cette politique ouvrière. Il a entraîné les conséquences qu'il fallait prévoir. Des corporations moins bien organisées ont saisi cette occasion favorable pour s'élever, sous le patronage de l'État, à ce degré supérieur d'organisation qui déjà avait été atteint, pour se borner à quelques exemples, par les mineurs, les ouvriers du coton, les *engineers*. Mais le *Whitley Report* poursuivait un autre but. Il voulait, plus ou moins confusément, instituer un nouveau régime industriel, assigner à ses « conseils » des fonctions originales, différentes de celles qu'avaient assumées par le passé, dans les différentes branches de l'industrie nationale, les divers *Conciliation Boards*. De l'analyse qui précède, il semble bien résulter que le but de ces ambitions n'a pas été atteint, qu'il n'a peut-être pas même été compris par les ouvriers qui ont formé des *Whitley Councils*. Regardons-y de plus près.

*
* *

Le premier *Whitley Council* qui se soit fait régulièrement inscrire comme tel, au mois de janvier 1918, est le Conseil de la Poterie ; c'est seulement quatre mois plus tard qu'apparaît sur la liste du ministère du Travail le Conseil du Bâtiment[1]. Ce second conseil est cependant le premier qui se

---

1. Sur l'*Industrial Council* du Bâtiment et les fins que poursuivirent ceux qui en furent les promoteurs : Malcolm Sparkes, *A Memorandum on industrial Self-government*, together with a draft scheme for a Builders' National Industrial Parliament ; et Thomas Foster, *Masters and Men, a new co-partnership.*

soit effectivement constitué : il est le véritable prototype de tous les conseils qui ont été fondés depuis dix-huit mois sous les auspices du gouvernement. Il faut connaître les préoccupations qui ont inspiré les promoteurs de ce conseil pour mesurer ensuite, en décrivant l'état présent des choses, quel intervalle sépare la réalité d'avec cet idéal.

C'est le 8 mars 1916 que Mr. Malcolm Sparkes, dont nous avons déjà rencontré le nom[1], rendit pour la première fois public son projet, par une lettre adressée à l'*Amalgamated Society of Carpenters and Joiners*. Il rallia l'opinion du district de Londres en huit jours, de l'organisation nationale en un mois. Trois mois plus tard, douze syndicats du bâtiment à Londres acceptaient le projet. Cependant Mr. Malcolm Sparkes publiait son système en brochure avec l'assistance de la *Garton Foundation*, et obtenait pour sa propagande le concours d'une petite société pacifiste, la *Fellowship of Reconciliation*. Mr. Malcolm Sparkes est un quaker. Il appartient à une secte qui a toujours manifesté une aversion égale pour la guerre et pour la révolution, qui a toujours poursuivi la réconciliation des nations et des classes.

Un article paru au mois de décembre dans le *Venturer*, organe de cette société, aurait attiré l'attention de Mr. Whitley, et les amis de Mr. Malcolm Sparkes aiment à croire qu'il a exercé une influence décisive sur la rédaction du *Whitley Report*. Cependant, et sans attendre que la commission eût terminé ses travaux, les ouvriers du bâtiment mettaient sur pied, en février 1917, un premier *National Joint Council*, celui des « Peintres et Décorateurs ». En juin, la Fédération patronale du Bâtiment adoptait les idées de Mr. Malcolm Sparkes. En mai 1918 était solennellement inauguré l'*Industrial Council for the Building Industry*, ou *Building Trades Parliament*. Quelle en est l'économie ? Elle constitue sur deux points une audacieuse innovation.

D'abord le *Building Trades Parliament* s'abstient expressément d'intervenir dans les querelles entre le capital et le travail. Les entrepreneurs et les ouvriers du bâtiment avaient institué, pour arbitrer leurs querelles, un *Conciliation Board*. Le *Board* subsistera distinct du *Council* ; et, s'il arrive que les mêmes individus se trouvent être désignés pour faire partie du *Board* et du *Council*, ce ne sera pas au même titre. Comme membres du *Board*, ils exercent des fonctions judiciaires. Comme membres du *Council*, du *Building Parliament*, ils exercent des fonctions législatives. Le but du *Council* est, déclare Mr. Malcolm Sparkes, « constructif, exclusivement constructif » : c'est de faire travailler en commun les patrons et les ouvriers, et, pour cela, d'éviter les terrains sur lesquels il peut y avoir conflit d'intérêt entre les deux classes. Il doit tendre à l'élaboration d'un « code industriel », auquel il appartiendra à

---

1. [Voir p. 157.]

l'État de conférer, un jour ou l'autre, le caractère d'un système d'obligations légales. Mais il peut commencer par l'établissement d'un *Voluntary Code*, en d'autres termes d'un Code industriel qui ne demanderait d'abord, pour être respecté, que le consentement des membres de la corporation.

En second lieu, le Conseil du Bâtiment se compose de deux groupes égaux : patrons d'un côté, et de l'autre côté, ouvriers. Seulement, afin de bien marquer le but poursuivi par le fondateur de l'institution nouvelle, et qui est l'effacement des limites qui séparent les classes, il est spécifié que le vote ne se fera point par « classes », mais par « individus ». Chaque patron, chaque ouvrier disposera d'une voix ; et, tous leurs bulletins se confondant dans la même urne, les décisions seront prises à la majorité. On évitera de la sorte le péril de réunions où, les deux partis étant en grande majorité butés l'un contre l'autre, on ne pourra jamais parvenir à une décision. Ce sont, pour parler avec Mr. Sparkes, les « patrons progressifs » qui, votant avec les ouvriers, seront les véritables arbitres de l'assemblée. Il nous semble entendre un écho de la philosophie libertaire de Mr. Bertrand Russell[1] quand Mr. Sparkes se vante de faire appel, par le mode d'organisation de son Conseil, « aux impulsions créatrices de l'homme en tant qu'homme ».

Le « Parlement du Bâtiment » existe, ses statuts sont déposés au ministère du Travail. Et voilà ce que les fondateurs de ce conseil peuvent répondre à ceux qui seraient tentés de leur reprocher d'avoir bâti des châteaux dans les nuages. Mais les critiques insisteront, ils demanderont dans quelles conditions

---

1. [Appartenant à une grande famille *whig*, et troisième comte du nom, orphelin à quatre ans, Bertrand Russell (lord, 1872-1970) entre en décembre 1889 au Trinity College à Cambridge. Après son mariage avec Alys Pearsall Smith (d'une famille de quakers américains fixés en Angleterre) en 1894, il devient l'année suivante *fellow* du Trinity College et publie son premier ouvrage philosophique, *An Essay on the Foundations of Geometry*. Avec sa femme, il voyage à Berlin (où il étudie le marxisme) et aux États-Unis (où il fait la connaissance de William James). En 1898, année durant laquelle Élie Halévy fait sa connaissance pendant son séjour à Cambridge, Bertrand Russell publie une très importante réfutation de l'idéalisme, *A Critical Exposition of the Philosophy of Leibniz*, et débute deux ans plus tard la première version de sa grande œuvre, *The Principles of Mathematics*. Sa haute stature de philosophe s'affirme dans les années d'avant-guerre (également marquées par un désordre amoureux qui va aller croissant), où il se rapproche de Ludwig Wittgenstein, et rencontre les écrivains Conrad et T. S. Eliot. De plus en plus pacifiste, au point d'être rejeté de Trinity College, partisan de la révolution bolchevique, il obtient après la guerre un poste de chargé de conférences à la London School of Economics. Il est finalement réintégré à Trinity College, après un voyage en URSS avec sa maîtresse américaine Dora Black d'où il revient anticommuniste. Parti de Trinity College, il fonde une école, participe à des élections et se rapproche des travaillistes au tournant des années vingt. Élie et Florence Halévy le rencontrent encore à cette époque puis s'en éloignent par amitié pour sa première femme, Alys, comme le rappelle Henriette Guy-Loë (notice de Bertrand Russell, dans *Correspondance (1891-1937), op. cit.*, p. 786). Bertrand Russell se marie encore une fois à 80 ans et entame une nouvelle vie de militantisme international, contre l'arme nucléaire et la guerre du Vietnam, avec le « Tribunal Russell » ou Tribunal international des crimes de guerre, créé en 1966.]

il existe. L'industrie du bâtiment était, à la veille de la déclaration de guerre, en pleine crise. Les ouvriers, très mal organisés encore, commençaient à rêver d'un syndicat d'industrie où se concentreraient leurs forces. En attendant, par le sabotage, par la grève, ils s'entraînaient à la lutte. Les patrons, de leur côté, s'organisaient pour la résistance et venaient de répondre à la grève par un lock-out national, quand la guerre éclata, et tout se trouva mis en suspens. Les ouvriers furent absorbés par l'armée. On cessa de bâtir. Pendant que l'industrie du bâtiment sommeille, chefs d'entreprise et chefs de syndicats ouvriers écoutent avec bienveillance les philanthropes qui viennent leur apporter le plan d'une institution propre, si on les en croit, à faire régner la bonne volonté entre les hommes, à supprimer la misère, le chômage et les crises. Ils contresignent les statuts de l'institution nouvelle, ou, pour mieux dire, future. Car il reste au « Parlement du Bâtiment », à l'heure où nous écrivons, d'avoir subi l'épreuve de la réalité. On verra si, quand le travail reprendra, quand les patrons auront affaire à la foule ouvrière elle-même et non plus seulement à des cadres, il sera capable de la subir victorieusement.

Les syndicats ouvriers sont nés, ont grandi, pour la défense des salaires et des conditions de travail. Comment exiger brusquement de leurs membres qu'ils entrent dans des organisations d'un type nouveau où il leur sera interdit d'exercer les fonctions à l'accomplissement desquelles une longue pratique les entraîne ? Comment, en vérité, maintenir la distinction rigide que M. Malcolm Sparkes voudrait établir entre les fonctions du *Conciliation Board* et celles de l'*Industriel Council* ? Une dispute peut s'élever entre patrons et ouvriers parce que les ouvriers, après la conclusion d'un accord, se plaignent que les clauses de l'accord n'aient pas été respectées. Alors il ne s'agit que d'une question de fait à trancher, et l'on peut admettre, à la rigueur, que le conseil délègue l'examen de cette question à un *Board* subalterne. Mais plus souvent, et dans les cas les plus graves, les ouvriers réclament simplement des conditions de travail plus favorables, une révision des tarifs courants. Il s'agit donc de modifier ce « code industriel » dont la rédaction incombe, suivant la formule de M. Malcolm Sparkes, au « Parlement industriel ». C'est donc à lui, bon gré mal gré, qu'il faut qu'on revienne s'adresser. En fait, pas un des trente conseils industriels qui se sont constitués, et que nous voulons bien considérer comme s'étant constitués sur le modèle du « Parlement du Bâtiment », ne s'est dérobé à la tâche de discuter les questions de salaires. Tous, sans exception, s'assignent, entre autres objets, « l'examen régulier des salaires, du prix du travail aux pièces et des conditions de travail en vue d'établir et de maintenir des conditions équitables dans toute l'industrie ». Et, du moment que cette tâche est inscrite au nombre de celles qui leur incombent, il est inévitable qu'elle devienne la tâche principale. C'est pour la remplir que les syndicats ouvriers ont été originairement constitués : il n'était au pouvoir ni de M. Malcolm Sparkes ni du *Whitley Committee* d'en interrompre le développement normal.

Passons au second point. Patrons et ouvriers s'affrontent dans le conseil industriel. Qu'on le veuille ou non, ils appartiennent à deux « classes » distinctes : le mot de « classe » a été adopté dans le monde moderne pour désigner précisément les deux groupements hostiles auxquels ils appartiennent. Peut-on décréter qu'à peine réunis au sein du conseil, ils vont oublier, les patrons qu'ils sont patrons, les ouvriers qu'ils sont ouvriers ? se considérer indistinctement « comme des hommes en tant qu'hommes » ? La preuve que l'idée est chimérique, c'est que, sur ce point encore, pas un des trente conseils industriels ne s'est conformé au modèle fourni par le « Parlement du Bâtiment ». Dans tous, sans exception, il est spécifié que patrons votent à part et qu'ouvriers votent à part ; et il faut qu'il y ait en même temps majorité des deux côtés pour qu'une décision du conseil soit valable. En vérité, s'il en était autrement, et s'il suffisait à une cinquantaine de patrons et d'ouvriers de s'asseoir à la table d'un conseil industriel pour que la « lutte de classes » s'évanouît en fumée, on pourrait aborder d'un cœur léger la solution du problème social. Mais la lutte de classes constitue l'essence même de toute institution syndicale et de toute institution où le syndicat ouvrier est représenté. Un organisme qui prétend l'ignorer est un monstre sociologique.

En fait, lorsque les patrons et les ouvriers s'abordent dans un *Industrial Council*, un malentendu règne entre eux. Ne pas en comprendre la nature, c'est vivre dans un rêve.

Les ouvriers, dans la mesure où ils espèrent retirer quelque avantage des *Whitley Councils*, ne considèrent nullement ces *Councils* comme devant se constituer pour un objet absolument distinct de celui pour lequel les syndicats avaient été primitivement fondés. Par l'action syndicale, ils estiment qu'ils ont déjà obtenu un certain nombre d'avantages ; ils espèrent poursuivre l'action syndicale au sein du *Council*. Ils ont obtenu des salaires plus élevés, des heures de travail plus courtes ; ils voudraient maintenant, continuant le cours de leurs victoires, obtenir quelque participation de leur classe à la gestion des entreprises industrielles : ce qu'on appelle en langue anglaise le *joint control*. C'est parce qu'ils espèrent tirer éventuellement parti des *Whitley Councils* pour obtenir ce *joint control* que socialistes et syndicalistes, parfois, en Angleterre, ne se décident pas à condamner sans phrases les nouvelles organisations.

Cette participation de la classe ouvrière à la gestion de l'industrie ne constitue d'ailleurs pas une innovation absolue dans l'histoire du syndicalisme britannique. Toutes les victoires remportées par les *Trade Unions* depuis un demi-siècle constituent autant d'empiétements sur l'autorité patronale et, par suite, un commencement de contrôle exercé par les *Trade Unions* sur l'entreprise industrielle.

Envisageons-nous, dans le profit du capital, l'élément proprement industriel, celui sur lequel Ricardo, aussi bien que Karl Marx, avait porté toute son attention, le bénéfice fait par le patron sur l'ouvrier, dont il a su rendre le travail plus productif sans augmenter proportionnellement la rémunération de ce travail ? Il faut donc dire que toutes les coutumes syndicales dont l'ouvrier anglais a su, progressivement, imposer le respect au patron en vue d'améliorer sa situation économique, impliquent un véritable commencement de *joint control*. Ce n'est pas encore un régime de « démocratie industrielle », mais c'est un régime mixte où l'élément aristocratique recule constamment devant les invasions de l'élément démocratique. Et dans certains ateliers où l'organisation ouvrière a atteint toute sa perfection, on a, par instants, l'impression d'une démocratie industrielle presque totalement réalisée, le patron ayant perdu le droit d'embaucher les ouvriers de son choix pour l'accomplissement d'une tâche déterminée, étant obligé de subir soit le choix du syndicat, soit les règles fixées par le syndicat, ayant perdu pratiquement le droit de congédier un ouvrier sans le consentement des autres ouvriers syndiqués.

Envisageons-nous, au contraire, l'élément commercial, le bénéfice fait par le capitaliste non sur le producteur qui travaille à ses gages et dont il paie le travail à bas prix, mais sur le consommateur auquel il sait faire payer ses produits au-dessus de leur prix de revient ? Ici encore, la reprise du profit par la classe ouvrière a commencé, et cela ne saurait se faire sans un certain contrôle exercé sur la gestion commerciale de l'entreprise. D'abord les travailleurs, dans certaines industries, ont demandé l'établissement d'une « échelle mobile », les salaires devant varier, selon une règle fixe, avec le prix de vente du produit. Pratique dont le principe même est discutable, et nous y reviendrons tout à l'heure. Mais le principe une fois admis, les travailleurs en sont bien vite venus à se demander si le profit du capital variait nécessairement en raison directe du prix de vente du produit, et si ce n'était pas le profit dont le syndicat devait obtenir connaissance afin de fonder sur cette connaissance des revendications. Ils ont voulu avoir leurs comptables qui s'aboucheraient avec les comptables du patron et fourniraient ensuite au *Conciliation Board*, après examen approfondi de la situation commerciale de l'industrie, tous les éléments nécessaires pour une fixation méthodique des salaires. Il semble que, sur ce point, les ouvriers du coton dans le Lancashire aient obtenu un commencement de satisfaction ; dans les charbonnages, le conflit était engagé avant que le problème de la nationalisation des mines ait brusquement rejeté dans l'ombre tous les autres problèmes.

C'est ici, à l'heure actuelle, le vrai terrain de bataille, dans les industries où l'organisation syndicale a atteint son plus haut point de perfection entre les deux classes rivales. Déjà soumis à un contrôle étroit en tant que patrons, les chefs d'entreprise voudraient conserver la liberté de leurs actes en tant que commerçants. Et voici un des aspects paradoxaux de la lutte. Au moment où certains théoriciens et certains philanthropes songent à l'utilisation possible des conseils industriels mixtes pour faciliter l'accession de la classe ouvrière à la gestion de l'industrie, les patrons songent à employer ces mêmes conseils industriels pour sauver, pour fortifier peut-être leur autorité menacée.

Les ouvriers parlent de participation à la gestion de l'entreprise. Les patrons répliquent en parlant de participation aux bénéfices et n'accordent aux ouvriers, dans les cas les plus favorables, qu'une forme bâtarde de *joint control*. Ils feront, par exemple, de chaque ouvrier un petit actionnaire de l'affaire pour laquelle il travaille. L'ouvrier n'est-il pas, dès lors, pour sa part, copropriétaire de l'entreprise ? N'est-il pas chaque année, par l'intermédiaire de l'assemblée des actionnaires, appelé à contrôler les comptes, à élire les chefs ? Mais on sait combien ce contrôle est illusoire et combien cette apparence de contrôle est destinée à créer une solidarité aussi étroite que possible entre les intérêts de l'ouvrier et les intérêts particuliers du patron qui l'emploie. D'où la défiance qu'éveillent, chez tous les doctrinaires des partis ouvriers, de pareils plans de participation aux bénéfices.

Les Anglais préconisaient et pratiquaient, il y a un demi-siècle, la politique du bon marché universel : bon marché de tous les produits du travail, bon marché de la main-d'œuvre elle-même. Les ouvriers ont ensuite organisé, par leurs institutions syndicales, une sorte de protectionnisme de la main-d'œuvre ; ils ont visé à en obtenir le renchérissement, toutes autres choses demeurant à bon marché. Les patrons ont opposé protectionnisme à protectionnisme : ils consentent aux ouvriers des relèvements de salaires, si ceux-ci veulent leur permettre d'accroître en proportion leurs bénéfices et de les accroître au besoin par un relèvement du prix du produit fabriqué. Aux socialistes qui demandent l'union des travailleurs du monde entier contre le capitalisme cosmopolite, les patrons répliquent en proposant l'union des patrons et des ouvriers d'une même industrie contre les patrons et les ouvriers des autres industries, des patrons et des ouvriers d'une même nation contre les patrons et les ouvriers du reste du monde.

Cette logique protectionniste est, en dernière analyse, à la base de tous les arrangements conclus par les patrons avec leurs ouvriers, en vertu desquels les salaires varient selon que varient les prix de vente des produits. Elle a triomphé sous une forme plus ouverte encore dans cette ville de Birmingham où Chamberlain, après avoir été le tribun d'une sorte de radicalisme socialiste, a fini par devenir le chef du néoprotectionnisme britannique. C'est là que se sont organisées certaines corporations d'un type nouveau – on les appelle des « Alliances » – qui ont pour objet – nous copions les statuts de l'une d'entre elles – « l'amélioration des prix de vente et la fixation des salaires sur la base de ces prix de vente, afin d'assurer par là de meilleurs profits aux manufacturiers, de meilleurs salaires aux ouvriers ». Les patrons s'engagent à n'employer, les ouvriers s'engagent à ne servir, que des ouvriers et des patrons respectivement affiliés à l'« Alliance ». Un *Wages Board*, formé d'un nombre égal de patrons et d'ouvriers, est chargé de fixer périodiquement les prix de vente du produit et les salaires qui se règlent sur ces prix[1]. Ces « Alliances » ont été, autant que l'utopique « Parlement Industriel » de Mr. Malcolm Sparkes, à l'origine des *Whitley Councils*.

C'est un fait qu'un des *Whitley Councils*, le *Joint Industrial Council for the Metallic Bedstead Industry*, n'est que la transformation d'une des « Alliances » les plus notoires : la hausse artificielle des prix des lits métalliques provoque en Angleterre, depuis bien des années, de vives protestations. C'est un fait que, dans deux ou trois des *Councils* nouvellement formés – en particulier de celui qui s'est fait inscrire le premier sur la liste du ministère du Travail, le Conseil de la Poterie – on a donné pour but aux nouvelles organisations, entre autres objets, « d'aider au maintien de prix de vente qui soient capables d'assurer une rémunération raisonnable tout à la fois aux patrons et aux ouvriers ». C'est un fait qu'une arrière-pensée protectionniste a manifestement inspiré la formation de plusieurs entre les conseils. Les mines d'étain des Cornouailles, très délaissées en 1914, ont acquis, par le fait de la guerre, un regain de prospérité artificielle : si les patrons et les ouvriers de ces mines forment un « conseil », c'est afin de peser ensemble sur le gouvernement en vue de protéger, par des tarifs douaniers, contre la concurrence étrangère, leur existence de nouveau menacée. La fête inaugurale du Conseil de la Poterie a donné lieu à une manifestation caractéristique. Mr. G. Roberts, qui était alors ministre du Travail et membre du parti travailliste, est venu présider la fête, et, dans un discours étudié, a encouragé le nouveau conseil à devenir un organe de revendications protectionnistes.

> Qu'une industrie déterminée fasse entendre sa voix avec force, alors peu importe si ses revendications ne sont pas orthodoxes, peu importe si elles ne s'accordent pas avec la politique fiscale du parti au pouvoir, nul gouvernement ne pourra les négliger. Une industrie, pourvu qu'elle soit unie, peut demander tout ce qu'elle veut. Les membres d'une industrie sont les meilleurs juges des intérêts de cette industrie.

Il y a une théorie ouvrière – disons, si l'on veut, socialiste – de la participation des travailleurs à la gestion des entreprises. Il y a une théorie

---

1. S. et B. Webb, *Industrial Democracy*, p. 577 *sq.*

patronale de l'entente des patrons avec les ouvriers pour le relèvement simultané des salaires et des prix. On voudrait que, dans le *Whitley Report*, les deux théories fussent nettement définies, et que l'on sût pour laquelle les membres de la commission avaient opté, et dans laquelle de ces deux voies le ministère du Travail désirait orienter les conseils qui allaient se former. Mais la commission, le ministère, semblent avoir compris qu'il était sage, pour sauver une unanimité précaire, d'éviter en ces matières toute précision.

Si le but du *Whitley Committee* était d'acheminer l'industrie anglaise vers un régime de *joint control*, ou, plus exactement, si les intentions des organisateurs des *Whitley Councils* étaient d'utiliser à cette fin la nouvelle institution, c'est sur la constitution des comités d'usine que tout l'effort aurait dû se porter. Car les conseils nationaux, les conseils de district, peuvent bien définir, en termes généraux, certaines conditions de travail dont l'acceptation générale limitera la concurrence entre les entreprises particulières. Mais c'est dans la mesure où ces entreprises demeurent encore des entreprises commerciales concurrentes qu'un contrôle ouvrier demeure nécessaire, à l'intérieur de chacune, pour la protection de l'ouvrier. Or, si un certain nombre de conseils nationaux ont été créés, couvrant plus du sixième du prolétariat britannique, et si ces conseils ont constitué un certain nombre de conseils de district, il ne semble pas que rien, ou peu s'en faut, ait été fait pour constituer, à la base, des « comités d'usine ».

Le ministère du Travail a publié, en mars 1918, un intéressant rapport sur les opérations des comités d'usine, qui s'étaient trouvés déjà constitués dans un certain nombre d'entreprises, avant que le *Whitley Committee* eût publié son rapport. Ces comités ont généralement pour objet les conditions du travail, la discipline des ateliers ; ils n'abordent jamais la question du contrôle des opérations commerciales. Ils émanent de l'initiative du patron qui semble, en faisant un cordial appel à l'assistance de ses ouvriers, avoir voulu parfois se soustraire à l'ingérence du syndicat d'industrie. Depuis cette époque, aucune statistique n'a été publiée pour nous dire combien de comités d'usine avaient été constitués postérieurement à la publication du rapport. Nous avons recueilli, au hasard de notre enquête, quelques spécimens isolés, dont l'apparition ne paraît pas avoir été provoquée par les travaux du *Whitley Committee*. Il ne faut pas compter, pour le développement de ces *Works'Committees*, sur le concours actif des grands syndicats dont les états-majors, très centralisateurs, sont hostiles à tout ce qui compromet en quelque mesure leur autorité. En butte à la fois aux défiances de l'autorité patronale et de l'autorité syndicale, les *Works' Committees* n'ont reçu qu'un développement médiocre. L'idée d'un régime de *joint control* en a souffert.

Cette expression de *joint control* n'est pas même employée dans le *Whitley Report*. L'examen des différentes méthodes qui peuvent être imaginées par les chefs d'entreprise pour rendre les ouvriers solidaires de leurs intérêts arrête un instant l'attention des rédacteurs. Mais ce n'est qu'un instant, et ils décident de ne pas faire de place à l'examen de ces systèmes dans leur rapport. Patrons et ouvriers ne peuvent-ils pas s'entendre, dans une industrie déterminée, pour relever artificiellement les prix ? Les rédacteurs chassent de leur esprit cette pensée importune. « Nous prenons pour accordé que les conseils, en travaillant tous dans l'intérêt de leurs industries respectives, prendront en considération l'intérêt national. » Si elles le négligeaient cependant, ne serait-il pas au pouvoir de l'État d'intervenir pour défendre les intérêts de la collectivité ? « L'État, nous est-il accordé, ne renonce jamais à son pouvoir souverain » ; mais on se hâte d'ajouter « qu'il aura d'autant moins besoin de l'exercer qu'il en fera moins étalage ». Quant aux différents mécanismes qui ont été imaginés pour faire participer les ouvriers aux bénéfices, on ne croit pas qu'il soit sage d'en préconiser l'adoption. « Nous sommes convaincus que, si l'on veut améliorer d'une façon permanente les relations entre patrons et ouvriers, il faut les établir sur une autre base que celle de l'intérêt pécuniaire. Ce qu'il faut donner aux travailleurs, c'est une participation plus large à la discussion et à l'ajustement de ce qui, dans l'industrie, affecte le plus directement ses intérêts. » Comment interpréter cette phraséologie dont notre traduction essaie de respecter l'imprécision ? Il semble qu'on évite de tracer le plan d'un édifice social, qu'on cherche seulement les moyens les plus propres à mettre patrons et ouvriers en présence, à les amener à causer en amis, et que les sujets de conversation soient choisis de manière à éviter tous les sujets de querelles possibles.

Le danger, si patrons et ouvriers accèdent aux suggestions du gouvernement et ne vont pas plus loin, c'est que tout se borne effectivement à des conversations et qu'on se lasse, après peu de mois ou d'années, d'institutions aussi purement académiques. Je prends l'exemple d'un conseil industriel mixte dont j'ai étudié les statuts. Le conseil, suivant ces statuts, devra tenir quatre réunions annuelles, une réunion par trimestre. La première aura pour objet les salaires ; la deuxième, les moyens à employer pour améliorer l'industrie, soit par l'emploi de machines perfectionnées, soit par l'emploi d'une organisation meilleure du travail ; la troisième, les problèmes du commerce avec l'étranger ; la quatrième, l'éducation générale et technique des ouvriers. Je vois bien l'importance des questions qui seront abordées au cours de la première séance : je demande seulement si un *Conciliation Board*, ne suffisait pas pour la discussion des questions de salaires. Que dire, en revanche, des trois autres séances ? Les militants syndicaux sont peu nombreux, jalousement surveillés par les ouvriers qui les ont élus, mal payés, déjà surmenés. À quoi bon ce surcroît de besogne, ces frais additionnels de déplacement, si ce n'est à leur faire négliger ce qui est l'essentiel de leur activité : la défense des salaires et des conditions de travail ? Je prévois non pas précisément une révolte active contre le conseil industriel, mais un scepticisme croissant jusqu'au jour où l'institution, dans la mesure où elle diffère d'un simple *Conciliation Board*, tombera en désuétude.

*
* *

L'armistice a été signé : l'état de guerre a pris fin. Le gouvernement s'est trouvé aux prises avec ces difficultés économiques, prévues depuis longtemps, et en prévision desquelles il avait préconisé l'institution des conseils industriels. Mais c'est à peine, en novembre 1918, si une vingtaine de conseils industriels s'étaient constitués. Il était, en outre, visible aux yeux de tous, que l'immense majorité des ouvriers ne s'y laisserait pas enrôler. La question n'a donc pas été de savoir quel programme on adopterait pour résoudre les difficultés de l'heure en collaboration avec les *Joint Industrial Councils*. Il fallait prendre un parti sans attendre l'organisation de ces *Councils*.

Les soldats réclamaient, obtenaient une démobilisation rapide. Ils refluaient vers les usines. Mais les matières premières restaient rares et coûteuses, le travail ne reprenait que lentement. Les chômeurs augmentaient en nombre : leur accorder des secours de chômage n'était qu'un expédient propre à prolonger la crise autant qu'à la pallier. Les ouvriers avaient leur remède, toujours le même : pour absorber cet excédent de main-d'œuvre, diminuer la productivité de la main-d'œuvre déjà employée, et pour cela diminuer, sans diminution correspondante des salaires, la durée de la journée de travail. Je me souviens du temps où j'avais quinze ans et où la revendication de la journée de huit heures apparaissait comme une des utopies les plus caractéristiques du socialisme révolutionnaire : de cette utopie, la Grande Guerre de 1914 a fait une réalité. Et ce n'est pas seulement la journée de huit heures, la semaine de quarante-huit ou de quarante-sept heures que les ouvriers obtenaient. Ils commençaient à réclamer la semaine de quarante-quatre, de quarante heures, la journée de six heures. Les mêmes phénomènes d'anarchie syndicale, qui s'étaient produits en 1916 et en 1917, se manifestaient de nouveau dans les premiers mois de 1919 : sur le programme de ces revendications extrêmes, des grèves locales se produisaient sans l'aveu des états-majors syndicaux, parfois même malgré leur désaveu formel.

À la tête des ouvriers mécontents marchaient les membres de la puissante « Triple Alliance industrielle » : mineurs, cheminots et ouvriers du transport. Il était entendu, par le pacte qui liait entre elles ces trois corporations, que nulle ne ferait grève sans l'aveu des deux autres, mais que, la grève ayant été déclarée dans les conditions prévues par le pacte, chaque corporation recevrait l'assistance des deux autres par tous les moyens, y compris la grève de solidarité. La triple grève aurait éclaté dans l'automne de 1914, sans la guerre. Maintenant, la guerre nationale ayant pris fin, la guerre sociale reprenait son cours immédiatement. Jamais les mineurs, les cheminots, les ouvriers du transport – en tout plus d'un million de syndiqués – n'avaient envisagé la possibilité de fonder des *Whitley Councils.* Ils comptaient, pour obtenir la satisfaction de leurs désirs, sur la puissance que leur conféraient leur nombre, leur organisation et leur redoutable situation stratégique. Les ouvriers des chemins de fer ne demandaient ni la journée de huit heures, ils venaient de l'obtenir, ni la nationalisation des chemins de fer, elle est en Angleterre virtuellement consommée. Ils demandaient une révision générale des salaires. Les ouvriers du transport réclamaient la semaine de quarante-quatre heures et une augmentation d'un cinquième sur leurs salaires. Les mineurs demandaient la journée de six heures, une augmentation de 30 % sur leurs salaires et la nationalisation des mines. Le gouvernement avait envisagé les négociations avec les trois grandes corporations. L'intransigeance des trois syndicats rendant toute transaction difficile, le gouvernement proposa une commission d'enquête. Le 12 février, après de rapides débats, la Conférence nationale de la Fédération des mineurs, siégeant à Southport, prenant acte du refus que le gouvernement opposait à ses revendications, décida d'organiser un vote immédiat de toute la corporation, sur la question de savoir si, oui ou non, il convenait de faire grève. Les chefs du syndicat invitaient les mineurs à la grève.

M. Lloyd George était revenu de Paris le 8 février pour prendre part à l'ouverture du Parlement, qui avait lieu le jour même où la Fédération des mineurs annonçait son intention de faire grève. Il prolongea son séjour, délaissant pour un temps les travaux de la Conférence de la Paix, et, pour essayer de dénouer la crise, imagina de recourir à un procédé nouveau. Le 17, il annonçait publiquement son intention de convoquer pour le jeudi 27, à Londres, une Conférence industrielle nationale », afin de permettre au gouvernement de prendre l'avis des patrons et des ouvriers sur la situation générale. On inviterait tous les *Joint Industrial Councils*, tous les *Interim Industrial Reconstruction Committees*, à envoyer leur président, leur vice-président et deux autres membres. « Dans les industries où n'existaient ni *Councils* ni *Committees*, les invitations seraient adressées directement aux organisations qui représentaient le plus pleinement patrons et ouvriers. » On reprenait, en somme, la politique du *Whitley Report*, quoique sur un nouveau plan, qui n'avait pas été prévu dans le rapport. C'est dans les syndicats que l'on espérait trouver un principe d'ordre et de paix sociale. Les grèves locales qui éclataient chaque jour n'étaient le fait, en fin de compte, que de minorités indisciplinées. La « Triple Alliance », si menaçante, n'était elle-même qu'une minorité, dont l'arrogance finirait peut-être par indisposer l'opinion. Faire appel, pour enrayer ce mouvement révolutionnaire, à la masse des ouvriers organisés était peut-être d'une politique habile. Il ne s'agissait, d'ailleurs, dans l'esprit des gouvernants, que d'une brève consultation limitée aux questions du jour. Mais certains observateurs croyaient discerner, dans l'assemblée qui était annoncée pour le 27 février, les linéaments d'un futur « Parlement du travail » qui, siégeant plus ou moins en permanence, éclairerait, dirigerait par ses conseils le gouvernement d'une part et le monde ouvrier de l'autre.

La semaine décisive s'ouvrit, le lundi 24 février, par le dépôt, à la Chambre des Communes, du projet de loi instituant une commission royale d'enquête sur la situation de l'industrie minière. L'adoption du projet par la Chambre ne faisait pas question, le problème était de faire fléchir l'opposition ouvrière. L'un après l'autre, les vingt-cinq ouvriers mineurs qui siégeaient au Parlement demandèrent que les revendications ouvrières reçussent satisfaction sans enquête préalable. Mr. Adamson, leader du Parti du Travail, et lui-même un ouvrier mineur, communiqua au Parlement les résultats du vote organisé par les mineurs. 612 000 voix contre un peu plus de 100 000 s'étaient prononcées pour la grève. C'est le 15 mars que commencerait la grève si les ouvriers, dans l'intervalle, n'avaient pas obtenu satisfaction. Or, le premier ministre venait déclarer qu'il était impossible d'espérer que la commission pût déposer son premier rapport avant la fin du mois. On savait d'ailleurs que les cheminots et les ouvriers du transport se préparaient à faire cause commune avec les mineurs. La triple grève paralyserait en peu de jours tout le régime de la production et de la distribution nationales : ce serait, en fait, la grève générale.

Les débats reprirent à la Chambre des Communes, le mardi 25. Mr. Lloyd George était encore à son banc. La résistance ouvrière était aussi obstinée. Mr. Brace, le mineur gallois, introduisit un amendement en vertu duquel la commission devrait, sur les questions d'heures et de salaires, déposer son rapport le 12 mars. Mr. Lloyd George intervint alors dans le débat : il avait conversé avec le président déjà désigné de la future commission et proposait d'accord avec lui, pour le dépôt du rapport, la date transactionnelle du 20 mars. Mr. Brace accueillit courtoisement cette avance, retira son amendement. Le *bill* fut adopté. C'était aux organisations ouvrières à dire maintenant si elles acceptaient le compromis.

Le mercredi 26 février, pendant que le ministère introduisait au Parlement un projet de loi en vertu duquel l'État acquérait le droit de nationaliser, par un simple décret, avec un minimum de délais administratifs, les chemins de fer et les canaux, les mineurs, réunis en conférence, délibéraient sur l'attitude qu'il conviendrait d'adopter à l'égard de la commission d'enquête. Les débats furent longs, acharnés ; on finit, l'heure avançant, par renvoyer au lendemain la suite de la discussion. L'issue était donc incertaine encore lorsque, le jeudi matin, le ministre du Travail, Sir Robert Horne, vint ouvrir, au Central Hall, à Westminster, les débats de la *National Industrial Conference*, devant trois cents représentants du patronat et cinq cents représentants de la classe ouvrière.

Sir Robert Horne est un avocat écossais, un *tory*, nouveau venu au Parlement, que l'opinion a été étonnée de voir brusquement promu, lors du dernier remaniement ministériel, à un poste pour lequel rien ne semblait le désigner. Majestueux et grave, il présente son apologie sur un ton de réserve et de timidité qui, même chez un Britannique, semble parfois dépasser la mesure permise. Il ne prétend pas être « spécialement qualifié pour la fonction qu'il exerce ». Il se sent « tous les jours écrasé par le sentiment de son insuffisance ». Il s'excuse d'avoir accepté le ministère du Travail en expliquant que « depuis le début de la guerre, chaque fois qu'on lui a demandé d'entreprendre une tâche, il a essayé d'obéir ». Son programme est très circonspect. S'agit-il d'heures de travail ? Dans le cas où, par exception, il serait prouvé que certains ouvriers travaillent trop longtemps, et ne peuvent obtenir de leurs patrons, à l'amiable, la réduction de la journée de travail, alors seulement il appartient à l'État d'intervenir. Mais, étant donnée l'extrême diversité des circonstances, la solution désirable du problème, c'est que, dans chaque industrie, patrons et ouvriers s'entendent pour éviter l'intervention de l'État. S'agit-il de salaires ? Il n'y a pas de principe qui interdise à l'État de fixer un salaire minimum. L'État anglais institue et continuera d'instituer des *Trade Boards* là où les organisations ouvrières ne sont pas assez fortes pour défendre les droits des travailleurs. Mais il ne faut pas méconnaître la gravité des dangers qui résultent de toute intervention de l'État en ces matières.

> La grande réforme positive sur laquelle on fonde le plus d'espérances pour éviter les disputes entre patrons et ouvriers, c'est le projet récemment soumis à l'approbation de l'opinion publique par le *Whitley Committee*... Quand on aura donné aux ouvriers une part de responsabilité dans la détermination des conditions de travail et la fixation des salaires, on aura fait un grand pas dans la voie de la pacification industrielle.

La préoccupation à laquelle cède le ministre est bien nette. Il s'agit, pour l'État, de mettre en présence les deux partis rivaux – patrons et ouvriers : l'État s'efface devant eux, se décharge, à leurs dépens, de la responsabilité de résoudre tous les problèmes que pose la crise.

Le discours est mal accueilli. Les interpellations ouvrières se succèdent, aigres, exigeantes. A-t-on dérangé tant de monde pour entendre un ministre avouer son incompétence, l'État lui-même avouer son incapacité ? Mr. J.-H. Thomas[1], des cheminots, parle au nom de la « Triple Alliance ». Il demande pourquoi pas un mot n'a été dit par le ministre de ce qui constitue, pour l'instant, l'essence des revendications socialistes : la reprise par l'État des mines, des chemins de fer et de tous les moyens de transport. Le premier ministre est présent. Sagement, il a refusé de prononcer le discours d'ouverture ; il a voulu écouter avant de parler. Il suit attentivement les débats dont son discours va tout à l'heure faire la conclusion. Brusquement, il est appelé au-dehors.

Ce sont les mineurs qui requièrent sa présence. Ils ont fini, cédant, si nous sommes bien renseignés, aux conseils de Mr. Sydney Webb, par décider qu'ils attendraient le dépôt du rapport de la Commission d'enquête. Mais c'est à une condition, dont Mr. Sydney Webb leur a inspiré le principe. Ils exigent que la moitié des membres de la commission seront nommés par la Couronne sur la désignation du syndicat des mineurs. Trois ouvriers syndiqués. Trois doctrinaires du socialisme. Ils ont leur liste prête. Si Mr. Lloyd George refuse, c'est la grève. Ils lui donnent dix minutes pour accepter, et Mr. Lloyd George accepte. « Il était furieux », nous dit avec joie le socialiste qui nous renseigne. La chose étant faite et le péril d'une grève générale étant, à ce prix, écarté, il rentre dans la salle des séances.

La conférence se trouve en présence de deux projets de résolution. L'un émane de Sir Allan Smith, le président de la Fédération patronale de l'*Engineering* et du *Shipbuilding*. Sir Allan Smith demande la nomination d'une commission de vingt patrons et de vingt ouvriers, plus un certain nombre de représentants des services administratifs, pour faire une enquête, dont les conclusions seront soumises ultérieurement à la conférence, sur « les causes du malaise actuel et les mesures qu'il est nécessaire de prendre

---

1. [James Henry Thomas (1874-1949) est un syndicaliste des chemins de fer britanniques, à l'origine de la grève générale victorieuse de 1919 dans le secteur des transports. Il occupe aussi d'importantes fonctions au sein du parti travailliste dont il est l'un des élus à la Chambre des communes depuis 1910. En 1924, il devient secrétaire d'État aux colonies dans le premier gouvernement de Ramsay MacDonald. Durant le deuxième gouvernement travailliste, il est fait Lord du sceau privé et se voit attribuer des responsabilités importantes en matière d'emploi. En 1930, il accède brièvement aux fonctions de secrétaire d'État pour les dominions. En 1935-1936, il retrouve son poste de secrétaire d'État aux colonies, mais se voit contraint de démissionner à la suite d'un scandale budgétaire.]

dans l'intérêt des patrons, des ouvriers et de l'État ». À ce programme de reconstruction au sens étroit, Mr. A. Henderson, l'habile politicien qui, depuis deux années, louvoie avec tant de science et de succès sur les confins du parlementarisme et de la révolution, oppose un programme plus ambitieux de reconstruction au sens large. Si le projet de résolution qu'il soumet à l'assemblée est adopté, une commission mixte, composée en nombre égal de patrons et ouvriers, examinera : 1° les questions d'heures, de salaires et de conditions de travail ; 2° la question du chômage ; 3° les meilleurs moyens à employer pour favoriser la coopération du capital et du travail. Elle devra déposer son rapport le 5 avril au plus tard. Mr. Lloyd George se lève et déclare qu'il se rallie, sauf une ou deux modifications de détail, à la proposition de Mr. Henderson. Il est éloquent, persuasif. La proposition, mise aux voix, est déclarée par le président adoptée à la grande majorité. Des protestations éclatent. Les membres de la conférence ont-ils qualité pour voter et ne devraient-ils pas d'abord en référer à leurs organisations respectives ? Quelles sont les dimensions, quelle est la valeur de cette majorité ? Sait-on combien d'ouvriers, combien de patrons la composent ? Tous les *Whitley Councils* ont été convoqués, ils ne représentent bien souvent qu'une infime poignée de travailleurs ; n'est-ce pas assez de leur présence pour fausser la majorité ? On passe outre à ces protestations véhémentes. Le résultat que Mr. Lloyd George désirait obtenir est atteint. Le péril de la grève générale est conjuré, patrons et ouvriers vont délibérer en commun sur l'avenir de l'industrie britannique.

Six semaines se sont écoulées : la *National Industrial Conference* se réunit de nouveau pour discuter le rapport de la commission mixte qui a été constituée le 27 février. Les circonstances ont bien changé, décidément Mr. Lloyd George a remporté la victoire. La Commission des charbons a concédé, en matière de salaires et d'horaires, des avantages considérables aux ouvriers, et la nationalisation des mines a été promise en principe. Les ouvriers du transport ont obtenu tout ce qu'ils demandaient. Chez les travailleurs de la voie ferrée, les négociations durent encore, mais nul doute que sous la direction de leur secrétaire, J.-H. Thomas, conciliateur et opportuniste par excellence, elles n'aboutissent à une transaction pacifique. J'ai assisté à cette deuxième session de la « Conférence industrielle ». Quelle courtoisie, quelle cordialité, quelle bonne humeur ! Mr. Lloyd George a jugé inutile, cette fois, de faire le voyage de Londres ; Sir Robert Horne préside seul, sans un grand homme pour l'assister. Il donne son adhésion aux conclusions du rapport, dont il loue le caractère empreint de « prudence écossaise ». On rit, car il est Écossais. Mais Sir Allan Smith, assis à ses côtés, est Écossais aussi ; pareillement Sir Thomas Munro, président de la Commission, Mr. Arthur Henderson, et cet autre encore que tout le monde montre du doigt, mais dont j'ignore le nom. « Tous Écossais ! », s'écrie Sir Robert Horne, et les rires redoublent. « *Scotch and Water !* », s'écrie un ouvrier ; traduisez, si vous voulez comprendre la plaisanterie : « Il y a beaucoup d'eau dans votre whisky écossais. » Et les rires éclatent de nouveau. Voilà, dans ce congrès si pacifique, la seule protestation que fasse entendre le parti révolutionnaire.

Prenons et analysons le rapport dont les termes ont été approuvés à l'unanimité par les membres de la commission mixte. Il a été rédigé juste deux ans après le premier rapport du *Whitley Committee.* Mesurons le chemin parcouru.

Premièrement, en ce qui concerne les heures et les salaires, le rapport se prononce en faveur de la semaine légale de quarante-huit heures et de salaires minima variables, mais applicables à toutes les industries du royaume. Sir Robert Horne avait montré quelles difficultés il prévoyait à l'adoption de ces deux réformes. Il avait clairement fait comprendre qu'il comptait sur les *Whitley Councils* pour décharger l'État de cette double responsabilité. Tout le monde du travail – patrons et ouvriers – est d'accord pour s'en décharger sur l'État à son tour.

Deuxièmement, en ce qui concerne « les meilleurs moyens à employer en vue d'assurer la coopération du capital et du travail », la commission est loin d'attribuer aux *Whitley Councils* l'importance qu'on pourrait croire. Elle recommande aux patrons et aux ouvriers de s'organiser respectivement en syndicats et de faire tout ce qui sera en leur pouvoir pour développer le mécanisme des *Conciliation Boards.* Aux *Whitley Councils* on réserve plus spécialement la discussion des questions concernant le chômage. On voit mal pourquoi ces questions ne rentreraient pas dans les attributions des *Conciliation Boards* au même titre que les questions de salaires et d'heures de travail : ne sont-elles pas étroitement liées les unes aux autres ? Mais il fallait bien trouver une place pour les *Joint Industrial Councils :* pouvait-on rédiger un long rapport sur les remèdes à apporter à la crise industrielle et ne pas même mentionner cette institution toute nouvelle, orgueil du ministère que dirige Sir Robert Horne ?

Troisièmement, la commission préconise l'institution d'un *National Industrial Council*, assemblée consultative qui se réunira au moins deux fois par an et sera composée de quatre cents membres élus pour une moitié par les associations patronales, pour une moitié par les syndicats ouvriers. Elle constituera, d'une part, un tribunal arbitral, un *Conciliation Board* de dernière instance : lorsque, dans une branche particulière de la production, les *Conciliation Boards* n'auront pas réussi à trancher un débat qui divise patrons et ouvriers, le *National Council* pourra évoquer la querelle et essayer de résoudre le problème en s'inspirant des intérêts généraux de la nation. Elle prendra, d'autre part, en considération toutes les propositions législatives qui intéressent la production industrielle : c'est après consultation du *National Council* que toute législation du travail sera préparée. Observons que l'institution nouvelle ne se fonde en aucune manière sur l'organisation des *Whitley Councils*. Les représentants qui vont siéger dans le *National Council* seront élus directement, les uns par les associations patronales, les autres par les syndicats ouvriers. Quant aux *Joint Industrial Councils* que le gouvernement a invités à se faire représenter dans la conférence de cette année, cette conférence elle-même, en rédigeant les statuts du *National Council*, les ignore. Le monde du travail considère manifestement les *Whitley Councils* comme ayant fait faillite.

En vérité, la destinée de ces *Councils* aura été singulière. Ceux qui d'abord en préconisaient l'adoption voulaient, à la base de chaque industrie, dans chaque entreprise, un *works' committee* ; au niveau supérieur, pour chaque industrie et pour chaque région, un *district committee* ; *plus* haut encore, pour chaque industrie et pour l'ensemble de la nation, un *National Council*. L'imagination d'aucun d'entre eux ne semble s'être élevée plus haut : nul n'a songé qu'il pourrait être opportun de créer, pour l'ensemble des industries de toute la nation, un *National Council* supérieur et unique. Or, les choses se sont, en réalité, passées tout autrement : elles ont suivi une marche en quelque sorte inverse de celle-là. L'idée des « Comités d'usine » a misérablement avorté ; les *National Councils* qui se sont fondés ont abordé avec lenteur la formation de quelques *District Councils* ; les *National Councils* sont déjà plus nombreux, bien qu'ils soient loin de devoir jamais embrasser la majorité du prolétariat britannique. Et voici qu'au sommet semble devoir se constituer, avec l'adhésion de tout le patronat et de presque tout le prolétariat, ce *National Industrial Council* dont il n'avait pas été question dans les rapports du *Whitley Committee*. Ce « Conseil National », nous croyons qu'il est viable et capable de rendre des services appréciables. On nous demandera pourquoi, alors que nous avons manifesté tant de scepticisme à l'égard des *Whitley Councils*. Une même inspiration n'a-t-elle pas donné naissance à celui-là et à ceux-ci ? Oui et non. L'idée du *National Industrial Council* est à la fois voisine et différente de l'idée des *Whitley Councils* ; et c'est ce que nous voudrions expliquer en peu de mots avant de conclure.

Il s'est constitué, depuis la fin du XIXe siècle, spontanément, entre patrons et ouvriers, des *Conciliation Boards*, dont le nombre et l'importance semblent devoir toujours aller croissant. L'objet des *Conciliation Boards*, c'est le règlement, par voie de négociations, des querelles qui constamment divisent patrons et ouvriers. Il n'y a pas contradiction entre l'existence d'un *Conciliation Board* et le principe de la lutte de classes ; on serait plutôt disposé à dire que le principe de la lutte de classes est comme le principe vital de tout *Conciliation Board*. Un *Board* suppose l'existence de deux classes ennemies dont les intérêts ont besoin d'être ajustés. Mais, pour les ajuster, à quoi bon se hâter de recourir à la méthode violente et ruineuse de la cessation de travail, de la grève ? N'est-il pas plus sage de marchander d'abord, et de ne considérer la grève que comme un recours ultime et désespéré ? C'est ainsi que deux nations, parce qu'elles cessent de se faire la guerre, ne se fondent pas pour cela en une seule nation ; elles préfèrent seulement les méthodes diplomatiques aux méthodes guerrières. Si les *Whitley Councils* ne sont, sous une dénomination nouvelle, que des *Conciliation Boards*, elles sont assurées de vivre et de rendre des services ; mais à quoi bon un nom nouveau pour désigner une chose ancienne ?

En fait, le *Whitley Council* a voulu innover et créer un type d'institution mixte, mi-ouvrière, mi-patronale, d'où l'idée de la lutte de classes fût absente. Ce qu'on demande aux membres d'un *Whitley Council*, c'est de vouloir bien oublier, pendant le temps des séances, qu'ils sont les uns des patrons, les autres des ouvriers, et travailler en commun, dans un esprit d'union fraternelle, au progrès de la technique industrielle. Les ouvriers qui en feront partie seront inévitablement les militants du syndicat dont la fonction, en tant que tels, est de défendre les intérêts ouvriers contre les intérêts patronaux en prenant pour admis que ces intérêts sont en conflit les uns avec les autres. On leur demande, au moment où ils entrent dans un *Whitley Council*, de considérer désormais les intérêts de tous les producteurs – chefs d'industrie et simples salariés – sous l'angle où ils apparaissent comme solidaires les uns des autres. Ce brusque retournement de mentalité nous semble inconcevable ; s'il faut qu'il se produise pour qu'un *Whitley Council* fonctionne normalement, on peut affirmer que les *Whitley Councils* ne sont pas viables. Ceux qui ne mourront pas de mort violente sont condamnés à dépérir. Toute la question se ramène donc à savoir maintenant si le *National Industrial Council* s'inspire du même principe que les *Conciliation Boards*, dont la vitalité est si grande, ou que les *Whitley Councils*, dont l'avenir semble précaire.

Nous croyons que le *National Industrial Council*, dans son essence, loin d'exclure l'idée de la lutte de classes, est organisé en vue de permettre à la lutte de se produire, puisqu'elle doit se produire, sous des formes aussi légales, et, en quelque sorte, aussi « pacifiées » que possible. C'est un fait qui saute aux yeux ; c'est le fait fondamental de la vie politique à l'heure actuelle : patrons et ouvriers sont en conflit. Faut-il se rendre volontairement aveugle, fermer les yeux à une réalité qui nous gêne, et nier, avec les inventeurs des *Whitley Councils*, ce conflit trop réel des intérêts et des passions ? Ce n'est pas la méthode anglaise. Ou bien, acceptant l'idée de la lutte, parlera-t-on soit d'écraser l'insurrection ouvrière dans le sang, soit de résoudre la question sociale par la dictature du prolétariat ? C'est la phraséologie continentale, ce n'est pas la phraséologie britannique. La méthode, la phraséologie anglaise, c'est la méthode, c'est la phraséologie du parlementarisme.

L'Angleterre a connu la guerre religieuse. Comment a-t-elle surmonté ce désordre ? Non par la suppression de toutes les dissidences, mais par la tolérance accordée à toutes les sectes. Elle s'est résignée à la guerre de religion, et la guerre de religion a perdu son horreur. L'Angleterre a connu la guerre civile. Puis les deux factions se sont en quelque sorte habituées, adaptées l'une à l'autre : la guerre civile, soumise à des règles communes de procédure courtoise, est devenue la lutte des partis ; et la guerre civile, perdant comme la guerre religieuse son horreur, a été la forme normale de la vie politique anglaise. Voici venir, pour l'Angleterre comme pour tout le monde occidental, l'heure de la guerre sociale. Quel honneur pour la sagesse anglaise si les mêmes méthodes dont, à tant de reprises, elle a tiré un bon parti, pouvaient encore être de mise ! Dans le « Conseil industriel de la Nation », les deux classes rivales vont vider leurs querelles, mais elles vont les vider selon les formes traditionnelles du Parlement de Westminster, respecter religieusement les décisions d'un président impartial, se complaire aux minuties parfois puériles d'un protocole séculaire. Qu'on ne parle pas d'utopie : l'utopie, c'est le *Whitley Council* et le rêve d'une fusion des classes. L'hypothèse que nous envisageons est tout autre, elle n'offre pas le caractère d'une utopie. On verrait, si elle se réalisait, la lutte de classes, en s'acclimatant sur le sol anglais, s'adapter au système traditionnel des partis. Il est possible que l'Angleterre – après avoir au cours des deux derniers siècles réalisé tant de chefs-d'œuvre politiques – réalise ce nouveau chef-d'œuvre.

4 juin 1919.

LE PROBLÈME DU CONTRÔLE OUVRIER[1]

À l'occasion d'une série de conférences initiées par le Comité national d'études politiques et sociales et consacrées au « problème du contrôle ouvrier », Élie Halévy est invité à présenter la situation anglaise devant un auditoire composé de responsables politiques, administratifs, économiques et religieux français. Il revisite une question qu'il a déjà eu l'occasion d'aborder en 1919 dans un article de la Revue d'économie politique *consacré à la « politique de la paix sociale en Angleterre. Les* Whitley Councils *» et sur laquelle il reviendra en 1922 dans un article de la* Revue politique et parlementaire *traitant de l'« État présent de la question sociale en Angleterre ». Reproduits dans* L'Ère des tyrannies, *ces trois textes y trouvent une nouvelle cohérence.*

Spécialiste du sujet qu'il a étudié par des enquêtes de terrain, des entretiens et un dépouillement minutieux de littérature grise, Élie Halévy met en lumière pour son auditoire les contradictions du mouvement travailliste anglais (des TUC *comme du* Labour*) apparues dès le début des années 1920. Elles conduiront à son impuissance politique dont il fera une analyse implacable en 1934 lors d'une autre conférence sur le « socialisme et le problème du parlementarisme démocratique », également reproduite dans* L'Ère des tyrannies.

Revenant sur l'échec annoncé du dispositif de participation ouvrière des Whitley Councils, *Élie Halévy l'explique par l'incohérence doctrinale du travaillisme sur deux questions stratégiques : celle du « contrôle ouvrier » et celle du rôle de l'État dans l'économie. En raison des divisions entre socialistes étatistes et socialistes corporatistes et des divergences entre leaders syndicaux et base ouvrière, le mouvement travailliste n'a pas su faire de la cogestion un instrument de participation au pouvoir dans les entreprises, ni surmonter sa méfiance à l'égard du « capitalisme d'État », restant par exemple divisé sur la question des nationalisations. Par conséquent, il s'est replié sur des revendications concrètes et immédiates – relatives aux salaires et à la durée de travail – au détriment de toute ambition de transformation structurelle. L'abandon du principe de « contrôle ouvrier » s'explique surtout*

---

1. Conférence prononcée le 7 mars 1921 au Comité national d'études politiques et sociales.

par la prise de conscience d'une aporie : la cogestion suppose une identité d'intérêt entre le Travail et le Capital, en faisant participer le Travail à la gestion du Capital – identité d'intérêt qui est bien loin d'être une évidence pour nombre de travaillistes et pour Élie Halévy lui-même.

(avec Marie Scot)

Cette communication est la première d'une série. D'autres vous parleront, après moi, du problème du contrôle ouvrier tel qu'il se pose en Allemagne, en Italie, en France. C'est un véritable examen de sociologie comparée auquel on vous demande de vous livrer en nous écoutant. La diversité même des témoignages vous aidera à voir les choses d'ensemble.

Je tiens à dire, en toute modestie, avant de commencer, que je sais mes limitations. Je suis un spécialiste de l'histoire générale de l'Angleterre. Il y a donc peu de sujets relatifs à l'histoire d'Angleterre sur lesquels je ne sois en état de vous apporter des lumières ; mais il n'en est pas, en revanche, que des spécialistes ne soient capables de traiter avec plus de compétence que moi-même. Si, par exemple, vous m'aviez demandé de vous raconter l'histoire contemporaine de l'Église et des sectes en Angleterre, et si je savais qu'il y a, parmi mes auditeurs, un théologien, un pasteur ou un prêtre, je lui demanderais instamment de compléter les lacunes de ma documentation. De même aujourd'hui, s'il est venu ici pour m'entendre des économistes de profession, des représentants du patronat ou de la Confédération générale du Travail, j'écouterai tout à l'heure avec le plus grand désir d'en tirer profit, les observations, les critiques, qu'ils voudront bien me présenter.

Cela dit par voie de précaution, voici quelles sont, d'autre part, mes qualifications. Je me suis livré, il y a deux ans, à une étude particulièrement approfondie d'un certain groupe de conseils mixtes, qu'on appelle les *Whitley Councils*[1], qui ont été organisés entre patrons et ouvriers sous les auspices de l'État, et qui devaient selon l'espoir conçu par certains, constituer un commencement de contrôle ouvrier dans l'industrie. J'ai, à cette occasion, repris contact avec les milieux socialistes. Je commence à vieillir, et les socialistes que je connaissais auparavant appartenaient à la génération, aujourd'hui dépassée, des socialistes « fabiens », de M. et Mme Sidney Webb. Je suis entré, par le fait même de mes enquêtes, en relations, avec les jeunes gens qui s'appellent des *guild socialists*, « socialistes de guilde », et sont en quelque sorte des syndicalistes modérés. Je me suis lié également

---

1. [Voir le chapitre précédent de ce livre, p. 150-191, issu de la publication de la *Revue d'Économie politique* de juin 1919.]

avec un certain nombre de membres des états-majors syndicaux. J'ai enfin été faire un séjour de trois semaines ou un mois au pays de Galles, dans cette région des charbonnages que les Anglais considèrent, non sans exagération, comme la patrie du bolchevisme britannique.

Le problème du contrôle ouvrier n'a pris d'importance dans les milieux prolétariens et socialistes en Angleterre qu'à une date récente : il y a très peu d'années, personne ne songeait à le poser. Et c'est ce que je voudrais montrer, en commençant.

Prenons la doctrine de M. et de Mme Webb, telle qu'ils l'ont exposée en 1897, dans leur grand ouvrage, *La Démocratie Industrielle*. Les idées courantes du socialisme doctrinal en Angleterre, à la fin du xixe siècle, c'est eux qui les ont formulées. Mais n'allons pas nous laisser tromper par ces mots de « démocratie industrielle ». Aujourd'hui, nos syndicalistes français aiment à reprendre ce mot à leur usage. En fait, quand les Webb parlent de démocratie industrielle, ils ne songent pas à une organisation démocratique des producteurs dans l'usine elle-même, à l'usine considérée comme une république de producteurs. Ils considèrent – chose bien différente – la démocratie industrielle comme un régime où les industries sont soumises au gouvernement de l'État démocratique.

Leur doctrine, pour autant que j'en comprends l'esprit, c'est la glorification, la religion de l'État – démocratique, je le veux bien, mais bureaucratique aussi. Ils subissent l'influence du succès remporté en Allemagne par les idées bismarckiennes, du prestige universel de l'État bismarckien. Ajoutez qu'ils sont, en Angleterre même, en guerre avec le vieux libéralisme manchestérien et gladstonien. Il y a quelque chose de volontairement provocant dans l'emphase de leur Étatisme.

Dix ou douze ans se passent. Une nouvelle génération surgit, en révolte contre les Webb. Elle ne s'est pas brouillée avec le socialisme, mais elle apporte une nouvelle formule du socialisme, et c'est ce *Guild Socialism* dont je vous parlais tout à l'heure. Si vous désirez mettre des noms propres sur ce mouvement d'idées, je vous citerai les noms de G.-D.-H. Cole et de S.-G. Hobson[1]. Leur point de vue est diamétralement opposé au point de vue des Webb.

M. et Mme Webb définissaient par une formule heureuse leur point de vue lorsqu'ils déclaraient : « Notre but, en tant que socialistes, c'est la suppression du capitalisme mais non du salariat. Loin de vouloir abolir le salariat, nous voulons l'universaliser. Nous voulons que tous les hommes,

---

1. On pourra consulter notamment, entre beaucoup d'autres, les ouvrages suivants : J.-A. Hobson, *National Guilds : an inquiry into the wage system and the wage act*, edited by A.-R. Orage, 1914 ; *National Guilds and the State*, 1920 ; *Problems of a New World*, 1921. – G.-D.-H. Cole, *Self-government in Industry*, 1918 ; *Guild Socialism Restated*, 1920.

au lieu d'être les uns des salariés et d'autres des profiteurs, soient tous au même titre, sinon avec le même grade, des fonctionnaires salariés de l'État. » Les *guild socialists* répondent :

> Si on se borne à supprimer le capitalisme pour universaliser le salariat, on aura simplement substitué une servitude à une autre. Ce que nous voulons, c'est l'abolition du salariat. Une fois que l'on aura repris pour la collectivité les grands services industriels – les chemins de fer ou les mines, pour donner des exemples –, rien ne sera fait si on laisse encore les mineurs ou les cheminots à l'état de salariés de l'État. Nous voulons que, dans ces grands services publics, les cheminots associés prennent pour ainsi dire en commandite l'exploitation de la mine et du chemin de fer, traitent sur un pied d'égalité avec l'État, et restent complètement libres, en tant que républiques de producteurs, d'organiser à leur manière la production et la répartition des bénéfices.

Vous voyez l'énorme différence des points de vue. Au temps des Webb, dans les dernières années du XIXe siècle, le but poursuivi par les socialistes, c'était la reprise par l'État. À partir de 1910, la préoccupation dominante a complètement changé. On a appris à se défier de l'État ; et le but que l'on poursuit à présent, c'est l'établissement du contrôle direct de la classe ouvrière sur les entreprises industrielles.

Je n'entrerai pas dans le détail du *Guild Socialism*. Je ne vous dirai pas en quoi, par le fait qu'il attribue encore à l'État démocratique un certain nombre de fonctions, il se distingue du syndicalisme absolu. En ce qui concerne sa souche, ses origines, je me bornerai à vous rappeler que par certains côtés il dérive de Ruskin[1] et de William Morris[2]. À leur école, les *guild socialists* se préoccupent de réveiller dans l'esprit des producteurs le goût du travail, le zèle et l'enthousiasme corporatifs : le mot de *guild* est emprunté à la terminologie de Ruskin. Mais, d'autre part, il est plus certain encore que les *guild socialists* ont subi l'influence du syndicalisme français ; le point de départ de toute cette

---

1. [John Ruskin (1819-1900) n'est pas seulement un écrivain renommé, un essayiste talentueux et un critique d'art qui a marqué son temps, proche du mouvement préraphaélite qui imagina de nouvelles relations entre l'art et la société. Pénétré de l'idée de justice sociale et d'accès de tous à l'éducation, influencé par ses amis socialistes chrétiens, il s'investit aussi dans des œuvres d'éducation. Il participe à la fondation de l'University Museum, enseigne au Working Men's College, et crée dans les années 1870 la *guild* de Saint-George. Il s'applique à faire de l'Angleterre un lieu de bonheur et de beauté où vivre et travailler.]

2. [Membre de la Confrérie préraphaélite, écrivain, essayiste, peintre et architecte William Morris (1834-1896) participe à la naissance du socialisme britannique dont il est l'une des figures les plus connues, avant de s'en éloigner vers la fin de sa vie. En 1891, il se tourne vers l'édition et crée la maison Kelmscott Press célèbre pour avoir publié, l'année de la mort de leur fondateur, les œuvres de Geoffrey Chaucer.]

littérature, il faut le chercher dans le petit opuscule de M. Georges Sorel[1], qui date de 1898, sur : *L'avenir socialiste des syndicats*.

Laissant de côté l'histoire des doctrines, qui ne nous intéresse pas aujourd'hui, essayons de voir comment et pour quelles raisons ces idées se sont répandues dans les masses ouvrières. Elles ont commencé à se propager durant les quatre ou cinq années qui ont précédé la guerre. Les ouvriers, après avoir envoyé au Parlement britannique un gros contingent, plus de cinquante députés travaillistes, se sont aperçus que ces députés travaillistes ne leur donnaient pas tout ce qu'ils avaient attendu d'eux. Ils votaient bien des lois sociales, mais ces lois sociales ne faisaient pas augmenter les salaires en proportion avec la hausse du coût de la vie, hausse déjà rapide depuis le commencement du siècle. D'autre part, ils trouvaient que les députés travaillistes s'inféodaient trop étroitement au parti libéral bourgeois, et même que, souvent, les lois sociales avaient pour résultat de créer une bureaucratie dans laquelle les députés travaillistes et les secrétaires de syndicats trouvaient commode de s'installer confortablement. D'où un mouvement d'opinion favorable à l'action directe, à l'agitation par la grève, de préférence aux méthodes d'action parlementaire.

À peine la guerre eut-elle éclaté que ce mouvement syndicaliste et anti-étatiste prit encore plus de violence et d'intensité. Ces mêmes députés travaillistes, auxquels on reprochait avant la guerre de s'inféoder trop étroitement à la classe gouvernementale, on le leur a reproché encore plus vivement après la déclaration de guerre quand, au nom de l'Union sacrée, ils sont devenus les associés du Gouvernement dans l'organisation de la Défense du Royaume. Ce sont eux, en particulier, qui ont organisé sur des bases nouvelles le travail des munitions de guerre. La production industrielle s'est faite dorénavant sous le contrôle de l'État. Toute l'industrie du pays a été étatisée, les secrétaires des grands syndicats étant les collaborateurs des fonctionnaires et des gros industriels à la tête de cette organisation centralisée. Or, si cette organisation centraliste assurait aux ouvriers bien des avantages matériels et pécuniaires, elle leur faisait perdre en revanche toutes sortes de libertés. Elle supprimait un certain nombre de coutumes syndicales jusqu'alors respectées et qui avaient pour effet, disait-on, de ralentir la production. Enfin, et surtout, elle supprimait complètement, en vertu d'un pacte exprès, le droit de grève.

---

1. [Dans la notice nécrologique de Georges Sorel (1847-1922) que publie la *Revue de métaphysique et de morale*, Élie Halévy (qui en est l'auteur anonyme) rappelle tous les « chemins de traverse » dans lesquels celui-ci s'engagea. Formé à l'École polytechnique, il devient un essayiste fécond puis s'intéresse à la philosophie marxiste. Après la publication

C'est alors que, dans certaines provinces anglaises, en particulier dans la région de Glasgow, il s'est fait un vif mouvement d'agitation, non seulement contre l'État, mais contre les gros états-majors syndicaux. Il y avait, dans les ateliers de cette région, certains fonctionnaires syndicaux subalternes qu'on appelait les *shop stewards*, sortes de délégués d'ateliers qui, jadis, avaient pour unique fonction de veiller au respect des règlements et de percevoir les cotisations au nom du syndicat central. Les *shop stewards* se révoltèrent contre le syndicat central, se firent élire par les ouvriers de chaque atelier et prétendirent reconstituer tous les syndicats sur une base, non plus centralisée, mais fédérative.

Dorénavant, au lieu de syndicats de métiers, où les ouvriers d'un seul métier seraient fédérés dans toute l'étendue du pays, sans contact direct les uns avec les autres, il y aurait dans chaque entreprise, dans chaque atelier, un groupement en un seul syndicat local de tous les ouvriers, sans acception de spécialité. Ils donneraient à leurs *shop stewards* le mandat de déclarer, dans l'entreprise elle-même, la guerre au patronat, de capter chaque jour quelque chose de l'autorité *patronale* jusqu'au jour où cette autorité aurait fini par passer tout entière aux mains de la classe ouvrière. Le mouvement des *shop stewards* finit par devenir très préoccupant, vers la fin de la guerre, pour le gouvernement et pour les états-majors syndicaux eux-mêmes. Il provoqua, de tous côtés, des grèves dont la répression fut parfois difficile.

Nous voici donc arrivés aux années 1917 et 1918. M. Lloyd George[1] s'inquiétait de se présenter devant le corps électoral, une fois la guerre achevée, avec un grand programme de réformes. Il s'agissait de promettre aux masses que la fin de la guerre allait inaugurer dans l'histoire du monde

---

en 1898 de *L'Avenir socialiste des syndicats*, livre d'où dérive l'essentiel de la doctrine du syndicalisme révolutionnaire, l'affaire Dreyfus le rapproche du socialisme démocratique défendu par Jaurès, impliquant une solidarité du prolétariat avec la République menacée. Influencé par le philosophe italien Benedetto Croce (voir sa controverse avec Élie Halévy sur le matérialisme historique en 1902, à la Société française de philosophie, dont des extraits sont publiés dans *L'Ère des tyrannies*, Appendice I : « Intervention d'Élie Halévy au cours de la séance consacrée à la discussion de la thèse de M. G. Sorel le 29 mars 1902 » à la Société française de philosophie, *infra*, p. 296-298), Georges Sorel confronte son marxisme peu orthodoxe avec la philosophie de Bergson : « Il devient, écrit Élie Halévy, le chef de ce qu'on pourrait appeler […] une sorte de gauche et même d'extrême-gauche bergsonienne ». Puis il spécule sur la philosophie des mathématiques, de la mécanique, de la physique, de l'art et de la religion : dans *La Crise de la pensée catholique* (1902), Georges Sorel développe une philosophie chrétienne, « plus mystique que théologique », et d'un anti-modernisme intransigeant. En 1908, ses *Réflexions sur la violence*, prônant la grève générale, connaissent un grand succès. Plus tard, des démarches déconcertantes lui font donner « sinon son adhésion tout au moins son approbation à Charles Maurras », puis à Lénine. « Le syndicalisme était [pour lui] tout autre chose qu'une logique, conclut Halévy. Un vieillard irrité cherchait, à l'extrême-droite comme à l'extrême-gauche, tous les moyens, même les plus désespérés, pour en finir avec une civilisation avilie ».]

1. [Lloyd George occupe à l'époque les fonctions de Premier ministre.]

une ère nouvelle de paix sociale et de justice. Le Parlement britannique votait d'un seul coup non seulement le suffrage universel tel que nous l'avons en France, mais le suffrage universel intégral, pour les femmes comme pour les hommes ; il votait également une grande loi qui prolongeait de la treizième à la dix-huitième année l'obligation scolaire. Ne fallait-il pas faire quelque chose aussi pour donner satisfaction à l'agitation syndicaliste ou demi-syndicaliste, qui fermente dans la classe ouvrière ? Une grande commission extra-parlementaire, *Reconstruction Committee*, avait été nommée pour aviser à la réorganisation, la reconstitution (*reconstruction*) de l'Angleterre après la paix. Une sous-commission de cette Commission, présidée par M. J.-H. Whitley, eut pour mission de rechercher ce que l'État pourrait faire pour améliorer les relations entre patrons et ouvriers.

Cette sous-commission fut composée d'éléments extrêmement disparates, volontairement disparates, les uns patronaux, les autres ouvriers ; il y siégea également des économistes, de tendances extrêmement diverses ; les membres ouvriers de la Commission étaient eux-mêmes les uns des modérés, les autres des extrémistes. Mais, le président Whitley, obéissant sur ce point aux invitations du gouvernement, réussit à faire en sorte que tout le monde se mît d'accord sur une sorte de programme commun, nécessairement vague afin d'être accepté par tout le monde, susceptible en même temps de rassurer les plus conservateurs, et d'encourager les espérances que pouvaient concevoir les théoriciens du syndicalisme. C'est en raison des travaux de cette sous-commission qu'a été promulgué, en 1918, un programme en vertu duquel toutes les industries du royaume qui en exprimaient le désir seraient autorisées à constituer des Commissions mixtes *(Joint Standing Industrial Councils)* de patrons et d'ouvriers. On prévoyait trois degrés à ces organisations.

Au sommet, pour chaque industrie, il y aurait une Commission mixte, qu'on appellerait nationale. Au-dessous, on conseillait de faire une division par région, par district ; à la tête de chaque district, il y aurait également une Commission mixte, moitié patronale et moitié syndicale. Enfin, à la base, dans chaque atelier, dans chaque entreprise, on recommandait de former des Commissions mixtes, auxquelles le rapport de la sous-commission donna le nom de *Works' Committees*, Commissions d'atelier. Expression textuellement empruntée à la terminologie des *shop stewards* : le mot *Works' Committee* est celui qu'employaient les *shop stewards* pour désigner les petits groupements qu'ils travaillaient à former, en révolte contre les grandes organisations syndicales, trop centralisées à leur gré.

Quelles attributions proposait-on de donner à ces conseils mixtes ? Il y a intérêt, croyons-nous, pour la clarté de l'exposition, à alléger le programme en onze points qui a été dressé par le rapporteur de la Commission Whitley : on peut réduire à trois points essentiels les questions que l'on avait l'intention de soumettre à ces conseils de patrons et d'ouvriers. Ils examineraient en premier lieu les questions de conditions du travail : salaires, heures de travail, hygiène des ateliers. En second lieu, ils examineraient tout ce qui intéresse le développement technique de l'industrie. En troisième lieu, ils auraient pour objet d'étudier les questions de législation ouvrière, d'émettre des vœux rédigés d'accord entre patrons et ouvriers, et qui pourraient influer sur le gouvernement lorsque le gouvernement voterait des lois en ces matières.

Le second point, celui qui tend à dire qu'ouvriers et patrons devraient collaborer pour travailler au développement technique de l'industrie, est celui sur lequel un certain nombre d'ouvriers se fondèrent pour croire qu'il y aurait là une manière d'établir un commencement de contrôle ouvrier dans l'industrie, non pas le contrôle ouvrier absolu, mais un contrôle joint des ouvriers et des patrons, *joint control*, comme disent les Anglais.

On a donc commencé, en 1918, à former un certain nombre de ces conseils. Si l'on se borne à examiner les statistiques officielles, il faut admettre que le mouvement a admirablement réussi. Il existe, à l'heure actuelle, environ soixante conseils, qui groupent, nous dit le ministère du Travail, plus de trois millions d'ouvriers. Statistiques peut-être sujettes à caution : je n'ai pas l'intention, cependant, de les discuter. La question que je veux poser, c'est de savoir dans quelle mesure ces *Whitley Councils* ont véritablement contribué à introduire, dans l'industrie britannique, un commencement de contrôle ouvrier.

Dans l'article que j'ai publié, il y a deux ans, sur cette question, dans la *Revue d'Économie Politique*[1], j'ai essayé de montrer que les *Whitley Councils* n'avaient introduit aucun élément véritablement nouveau dans l'économie de la société industrielle. Il s'était déjà constitué spontanément, dans un certain nombre d'industries où les ouvriers étaient particulièrement bien organisés, des bureaux de conciliation, mi-patronaux, mi-ouvriers, qui poursuivaient un double objet : 1° conclure des contrats collectifs entre patrons et ouvriers ; 2° une fois conclus ces contrats collectifs, veiller en permanence à l'exécution des contrats. J'essayais de montrer que les *Whitley Councils* n'avaient fait qu'imiter ces institutions et, sous les auspices de l'État, avec la bonne volonté enfin obtenue des patrons, créer des conseils mixtes, des bureaux de conciliation dans une série d'industries où les ouvriers, moins bien organisés, n'en avaient pas encore constitué.

Je n'ai pas le loisir, durant le peu de temps dont je dispose, d'entrer dans le détail des preuves que je donnais au cours de cet article, mais je me bornerai à vous en soumettre deux, qui me paraissent décisives.

Première preuve. J'ai dit que l'organisation de ces conseils mixtes était à trois étages ; des conseils nationaux en haut ; à mi-hauteur, des conseils de

---

1. [Il s'agit de l'article de 1919 qui est reproduit plus haut, p. 150-191.]

districts ; en bas, des comités siégeant dans chaque usine, dans chaque entreprise particulière. Or, les syndicalistes tenaient principalement à la constitution de ces *Works' Committees* pour les raisons que j'ai indiquées tout à l'heure. Ils considéraient qu'un bureau central de Syndicat, représentant non point tout le personnel d'une entreprise, mais tous les ouvriers d'une certaine spécialité, quelle que fût la diversité des entreprises dans lesquelles ils étaient employés, pouvait faire peu de chose en vue de reprendre au patronat la direction des entreprises elles-mêmes. Au contraire si, dans chaque entreprise, tous les ouvriers, sans distinction de spécialités, se groupaient pour tenir tête aux patrons, ils pourraient accomplir ensemble cette usurpation tant désirée.

Or, qu'est-il arrivé ? En fait, si nous nous reportons aux statistiques fournies par le ministère du Travail, nous constatons qu'il s'est formé un grand nombre de conseils nationaux avec un bureau central pour l'Angleterre tout entière, ou pour l'Angleterre et l'Écosse réunies ; que les conseils de districts sont déjà moins nombreux, mais que, lorsqu'on arrive aux *Works' Committees*, c'est à peine si on en trouve un petit nombre, épars à la surface du royaume. Non seulement il y en a très peu, mais, chose plus grave encore, le petit nombre de *Works' Committees* qui ont été organisés ne l'ont pas été dans un esprit révolutionnaire ; ce sont, au contraire, des patrons philanthropes qui les ont fondés pour rompre la solidarité syndicale, pour créer une solidarité spéciale entre eux-mêmes et les ouvriers de leurs usines, par opposition à la solidarité qui unissait ou pourrait unir leurs ouvriers aux ouvriers syndiqués des autres entreprises.

J'ai étudié les rapports publiés par le ministère du Travail. Mieux que cela, une grande entreprise, que j'ai visitée dans le pays de Galles, me fait l'honneur, depuis deux ans, de m'envoyer régulièrement les comptes rendus d'un gros *Works' Committee*, qui fonctionne sous son patronage. C'est une grande entreprise, qui couvre plusieurs villages, et qui renferme, parmi ses employés et ses ouvriers, tous les habitants de plusieurs municipalités. Vraiment, il n'y a rien de révolutionnaire dans ces conversations périodiques, dont je reçois le compte rendu. J'ai quelquefois l'impression que j'assiste à un débat de conseil municipal ; il s'agit de moyens de transport, d'éclairage à l'électricité ou au gaz, de conditions de travail : remaniement des horaires, relèvement des salaires. Jamais rien qui ressemble, de si loin que ce soit, à une participation de la classe ouvrière à la gestion de l'entreprise.

Deuxième preuve. Si vraiment les *Whitley Councils* devaient apporter aux ouvriers organisés quelque chose de plus que ce qu'ils avaient obtenu jusqu'à présent par leurs bureaux de conciliation pour discuter les conditions de leur travail avec les patrons, que devrait-il se produire ? Toutes les grandes organisations ouvrières qui ont déjà constitué ces bureaux de conciliation se seraient empressées de former des *Whitley Councils*, afin d'obtenir ce nouvel avantage. Est-ce pourtant ce qui est arrivé ? En aucune façon.

Admettons les chiffres officiels, bien qu'ils doivent être, comme tous les chiffres officiels, tenus pour suspects : il est difficile de savoir sur quelles données on se fonde pour évaluer le nombre d'ouvriers employés dans une industrie. Admettons encore une fois le chiffre de trois millions et demi d'ouvriers. Mais n'oublions pas que les ouvriers représentés au Congrès annuel des *Trade Unions* sont, à eux seuls, plus de huit millions. Ce n'est donc qu'une minorité du mouvement ouvrier anglais qui est représenté dans les *Whitley Councils*. Or ce chiffre de trois millions et demi ne sera pas dépassé, c'est un maximum ; un grand nombre de corporations ont fait comprendre au gouvernement que jamais elles ne feraient partie des *Whitley Councils*. Quelles sont ces corporations ? Ce sont précisément celles qui étaient le mieux organisées, qui, déjà, dans leurs bureaux de conciliation, traitaient d'égal à égal avec les patrons pour toutes les conditions du travail. C'est ainsi que la puissante organisation des ouvriers du coton a refusé de constituer des *Whitley Councils* ; il n'y a pas de *Whitley Councils* chez les cheminots ; il n'y en a pas chez les ouvriers mineurs, qui sont plus d'un million en Angleterre et en Écosse ; il n'y en a pas davantage pour la métallurgie, pour la mécanique, pour les constructions maritimes. Vous voyez la singularité de la chose.

Les syndicats ouvriers qui ont voulu former des *Whitley Councils* sont ceux qui n'étaient pas encore organisés et qui cherchaient à s'aider de l'appui du gouvernement pour faire ce qu'ils n'avaient pas réussi à faire de leurs propres forces et ce qui avait déjà été fait par les mineurs et par les ouvriers du coton, par exemple.

C'est ainsi que les ouvriers ou employés de l'État n'avaient pas réussi, jusqu'alors, à faire reconnaître leurs syndicats. Le jour où l'État a pris l'initiative d'inviter les patrons et les ouvriers du pays à former des commissions mixtes, il était pris à son propre piège. Pouvait-il refuser à ses ouvriers, à ses employés, ce qu'il offrait à tous les employés et à tous les ouvriers du royaume ? En fait, dans les syndicats qui ont formé des *Whitley Councils*, il s'en trouve sept cent mille qui sont des employés de l'État et des municipalités. Il y a là un fait important. La formation des *Whitley Councils* a consacré, en Angleterre, la reconnaissance par l'État des organisations syndicales. Mais, pour ce qui est des attributions de ces conseils mixtes, il n'y a rien de nouveau à noter ici. L'État s'est tout simplement résigné à accepter enfin ce que beaucoup de grands industriels avaient accepté avant lui. Je n'observe pas même, en cette affaire, un commencement de ce que j'ai appelé plus haut le contrôle ouvrier.

Je dois prévoir pourtant une objection. On me dira que le fait, pour les ouvriers, de se grouper en syndicats pour former des commissions mixtes et dicter, s'il se peut, au patronat, les conditions de leur travail, constitue déjà, par lui-même, un contrôle ouvrier. Je le veux bien. Je demande cependant s'il ne convient pas de distinguer, dans l'organisation d'une industrie, entre deux fonctions bien différentes. La première, c'est la fonction du directeur de travaux, qui, placé à la tête de l'entreprise, sert les besoins de la clientèle, peut-être même les rend plus intenses, ou en provoque la naissance, met la production au service de la consommation par l'amélioration de l'outillage technique et l'utilisation savante du travail ouvrier. La seconde consiste, dans l'usine, à défendre, contre le patronat, les intérêts de l'ouvrier. Il est très bien, en effet, que le consommateur soit servi par une production aussi abondante et aussi peu coûteuse que possible. Encore ne faut-il pas sacrifier aux intérêts du consommateur les intérêts du producteur lui-même. Or, l'ouvrier ayant droit à un minimum de salaire, de loisir et d'hygiène, je veux bien qu'on appelle « contrôle ouvrier » la fonction qu'exerce le Syndicat quand il « contrôle » les conditions du travail dans l'usine, et empêche que le producteur soit sacrifié à la folie de la production. Mais ce n'est pas là ce que veulent dire les *guild socialists* quand ils réclament pour les ouvriers organisés le « contrôle de l'industrie ». Ils demandent que les chefs élus des syndicats soient mis à la tête de la production pour servir les intérêts du consommateur. Nous passons, ainsi, de l'exercice d'une certaine fonction à l'exercice d'une autre fonction. Or, ce passage, les *Whitley Councils* ne l'ont pas opéré.

Tous les *Whitley Councils* qui se sont constitués l'ont été pour traiter des conditions de travail, pour obtenir, par des discussions à l'amiable, que le patronat tienne compte, dans la gestion de l'industrie, des intérêts de la classe ouvrière. On ne peut pas dire qu'un seul d'entre eux ait commencé de réaliser l'invasion de la gestion patronale par la classe ouvrière. « Soit, me dira-t-on, les *Whitley Councils* n'ont pas permis à la classe ouvrière d'accomplir le pas en avant que les *guild socialists* désiraient lui voir accomplir, et de passer du contrôle sur les conditions du travail au contrôle ouvrier proprement dit, qui consisterait, pour les Syndicats, à prendre la direction de la production industrielle. Mais vous venez de nous montrer comment, à côté des Syndicats qui ont constitué des *Whitley Councils*, il y en avait d'autres, nombreux et puissants, qui ont refusé d'entrer dans la nouvelle organisation. Est-ce que ceux-là, par leurs propres forces, qui sont grandes, n'ont pas essayé de faire quelque chose pour conquérir quelque chose de ce contrôle ouvrier, qui préoccupe, à l'heure actuelle, les doctrinaires et les agitateurs ? »

Je n'en disconviens pas. Cette préoccupation du contrôle ouvrier ne pouvait pas ne pas se manifester dans de grands Syndicats, aussi puissamment organisés pour la lutte que le sont ceux des chemins de fer et des mines. Laissant donc de côté les *Whitley Councils*, voyons ce que les ouvriers des mines de charbon ont essayé de faire, à grand bruit, mais, jusqu'à présent, sans beaucoup de succès, pour résoudre le problème du contrôle ouvrier.

Je vous demande de remonter avec moi jusqu'à la fin de la guerre, aux mois qui suivent immédiatement l'armistice. En dehors du reste du monde syndical anglais, trois grandes corporations, qui comptent beaucoup plus d'un million d'ouvriers syndiqués, à savoir les ouvriers du transport, les ouvriers des chemins de fer et les ouvriers mineurs, ont formé ce qu'on appelle la Triple Alliance industrielle pour faire masse contre le patronat et contre l'État et imposer en bloc le respect de leurs revendications. Dans les premiers mois de 1919, les ouvriers mineurs, les ouvriers des chemins de fer et les ouvriers du transport présentent de concert leurs revendications. Grave problème pour M. Lloyd George de donner satisfaction à tout le monde sans aller au-delà de ce qu'un gouvernement raisonnable peut accorder, sans provoquer une révolution.

Il eut l'art de donner satisfaction aux cheminots et aux ouvriers du transport. Les mineurs se trouvèrent donc isolés. Leurs revendications étaient triples. Les unes portaient sur les salaires : ils demandaient des relèvements de salaires de 6 shillings par tonne ; ils demandaient également une réduction des heures de travail à sept et six heures par jour, au lieu de huit. Enfin, ils demandaient la nationalisation des mines.

Quand ils demandaient la nationalisation des mines, ils la demandaient en ce sens nouveau qu'ils réclamaient à l'intérieur des mines nationalisées l'établissement du contrôle des ouvriers sur l'exploitation minière. Et voici bien une occasion de faire comprendre, par un exemple frappant, avec quelle rapidité les idées ouvrières anglaises avaient évolué sur ce point. En 1912, l'année même où les ouvriers mineurs anglais obtinrent la loi qui leur accordait le salaire minimum, le Parti du Travail anglais déposa sur le bureau de la Chambre des Communes un projet de loi pour la nationalisation des mines. Ce *bill* est extrêmement curieux à analyser ; il n'y est pas question de contrôle ouvrier ; le seul objet poursuivi par ceux qui le rédigèrent, c'est la reprise par l'État, les conditions du rachat et, ensuite, de l'exploitation par l'État.

Tout a changé en 1919. Cette fois, ce que les ouvriers demandent, en même temps que la nationalisation et encore plus que la nationalisation, c'est l'établissement du contrôle ouvrier.

M. Lloyd George, pour donner satisfaction aux ouvriers, sans pourtant s'engager tout de suite, obtint que la question fût soumise à l'examen d'une grande commission d'enquête. Cette commission d'enquête, d'abord, et à la hâte, réglerait la question des salaires et des heures de travail, pour lesquelles les mineurs réclamaient satisfaction absolue et immédiate. Ensuite, et plus à loisir, elle aborderait le grand problème de la nationalisation avec contrôle ouvrier.

La première question, salaires et heures de travail, fut réglée conformément aux exigences ouvrières, dans les derniers jours de mars. Après quoi, depuis le mois d'avril jusqu'au mois de juin, la commission se réunit en une seconde session pour étudier à fond le grand problème. Je n'entrerai pas dans le détail des travaux de cette commission[1] ; mais je crois vous intéresser en vous disant quelle a été l'attitude des différents membres sur la question du contrôle ouvrier. Il y a là, en raccourci, comme un tableau des opinions du monde anglais, tant ouvrier que patronal, sur cette question critique.

La commission se composait de douze membres ; sur ces douze membres, six étaient des patrons, six des ouvriers ou des théoriciens socialistes, tels que M. Sidney Webb, par exemple. Au-dessus de ces douze membres, un président impartial, le juge Sankey. Voici quelles furent les conclusions auxquelles les uns et les autres aboutirent.

Sur les six patrons, cinq se prononcèrent nettement contre la nationalisation ; ils se bornèrent à demander que l'on instituât dans l'industrie minière, à tous les degrés, des *Whitley Councils*. Ils ne désiraient certainement pas établir le contrôle ouvrier : ils considéraient l'institution de *Whitley Councils* dans les charbonnages comme étant, à leur point de vue, la plus anodine de toutes les solutions concevables.

Un des six représentants du patronat, Sir Arthur Duckham, se sépara pourtant de ses collègues, et déposa un projet séparé. Il demanda qu'on fît sortir, par voie législative, l'industrie minière anglaise de l'état chaotique où elle était. J'ai été effectivement frappé quand, au printemps de 1919, j'ai visité le pays de Galles, d'un fait qui a été pour moi une révélation : l'industrie de l'extraction du charbon n'est, en Angleterre, que très faiblement concentrée. Il arrive encore aujourd'hui, fréquemment, que de petites gens de Cardiff ou de Swansea, de simples boutiquiers, se groupent à deux ou trois pour sonder le flanc d'une montagne galloise et courir la chance de faire fortune. Sir Arthur Duckham demanda que l'État anglais intervînt pour concentrer les mines en un nombre restreint de grandes sociétés régionales qui auraient une sorte d'existence légale. Dans le conseil d'administration qui présiderait à la gestion de chacune de ces sociétés régionales, on réserverait quelques places à des représentants des travailleurs : sur sept membres, dont se composerait chaque conseil d'administration, deux, selon le plan de Sir Arthur Duckham, seraient des ouvriers.

Les six membres ouvriers et socialistes demandèrent, de leur côté, la nationalisation, avec contrôle ouvrier. À la tête de l'industrie on placerait un conseil des mines, dont les membres seraient pour moitié nommés par le gouvernement et, pour l'autre moitié, nommés par les syndicats des mineurs. Au-dessous de ce conseil, on répartirait l'ensemble des charbonnages en un

---

1. V[oir] *Coal Industry Commission*, vol. I and II : Reports and Minutes of Evidence ; vol. III : Appendices, Charts, and Indexes [Cmd. 359, 360, 361].

certain nombre de régions ; le projet des mineurs prévoyait quatorze régions : à la tête de chacune de ces régions, il y aurait encore un conseil mixte, constitué, pour une moitié, par des représentants des syndicats, et nommé, pour l'autre moitié, par le gouvernement. Enfin dans chaque charbonnage, il y aurait un *Works'Committee*, qui s'appellerait, dans l'espèce, *Pit Committee*, « Comité de Puits d'extraction ». La moitié du *Pit Committee* serait encore formée d'ouvriers ; au *Pit Committee* appartiendrait de gérer l'extraction.

Le juge Sankey, président de la commission, trancha la question en faveur de la moitié ouvrière : il se prononça en faveur de la nationalisation des mines avec contrôle ouvrier. Sans entrer dans le détail du projet Sankey, qu'il me suffise de dire que d'une façon générale, la différence entre le projet Sankey et le projet des mineurs, c'est que le projet Sankey, au lieu d'admettre, aux deux degrés supérieurs, dans le conseil national des mines et dans les conseils de district, une double représentation gouvernementale et syndicale, admettait une triple représentation : d'une part, des représentants des mineurs ; d'autre part, des représentants des techniciens ; enfin, et en troisième lieu, des représentants des consommateurs. Il devait y avoir en outre, à la base, ainsi que le demandaient les mineurs, des *Pit Committees*. Mais ces *Committees* auraient pour unique objet de protéger la sécurité et la santé des mineurs : l'exploitation même de la mine ne rentrait pas dans leurs fonctions.

Les ouvriers mineurs se rallièrent au projet Sankey, qui fut adopté, en conséquence, par sept voix contre six. J'étais alors en Angleterre. L'impression dominante, dans le grand public, dans la presse, c'était que l'on marchait rapidement vers la nationalisation des chemins de fer et des mines : celle des chemins de fer était tenue pour acquise, celle des mines de charbon semblait inévitable. Telle était l'apathie, tout au moins apparente, de la classe patronale. Tel était l'état d'effervescence de la classe ouvrière.

M. Lloyd George, en peu de mois, sut dominer la situation et laisser tomber dans l'oubli ce grand programme de nationalisation avec contrôle ouvrier. Je n'ai pas le loisir de raconter avec quelle dextérité il sut démontrer au public anglais que, sans doute, il s'était déclaré lié à l'avance par les conclusions de la grande commission qu'il avait nommée lui-même en février ; que, néanmoins, il ne se considérait pas comme lié par le rapport Sankey. Il proposa un projet qui ressemblait au projet mixte de Sir Arthur Duckham. Pas de nationalisation. De grandes corporations minières et, dans chacune de ces grandes compagnies, des bureaux mixtes de conciliation, dont les attributions demeuraient vagues.

Pendant ce temps, il laissait se développer l'agitation ouvrière, inquiet de voir jusqu'où elle irait et dans quelle mesure elle serait dangereuse. Les ouvriers mineurs, au commencement de septembre, firent appel au Congrès des *Trade Unions*, qui se réunissait alors à Glasgow, lui demandèrent de prendre position sur la question de la nationalisation des mines. Mais les ouvriers mineurs se rendirent compte tout de suite qu'ils allaient se heurter à l'inertie de leurs camarades, et que la masse ouvrière n'était pas disposée à faire grève – car c'est à la grève générale de solidarité qu'il fallait en venir – pour obtenir, en faveur des mineurs, la nationalisation et le contrôle.

Le congrès de Glasgow renvoya la question à un congrès spécial, dont les membres seraient spécialement mandatés pour l'étudier. Le congrès spécial se réunit en décembre, et conclut à un nouvel ajournement. Il décida qu'un nouveau congrès spécial serait convoqué après l'ouverture de la session parlementaire : on serait alors mieux éclairé sur l'attitude du Parlement et du gouvernement.

Le Parlement rentra en séance au mois de février, et M. Lloyd George déclara que, non seulement il avait toujours été hostile à toute nationalisation, mais que, par-dessus le marché, il abandonnait son projet du mois d'août, puisque ce projet n'avait pas l'agrément de la classe ouvrière. La Chambre des communes lui donna raison, à une écrasante majorité. Alors, le deuxième congrès spécial, mis au pied du mur, refusa net, à une grosse majorité, de faire grève pour appuyer la demande des mineurs. Chose grave, le secrétaire du syndicat des cheminots, J.-H. Thomas, membre de cette Triple Alliance qui s'était constituée jadis pour permettre aux cheminots, aux mineurs et aux ouvriers du transport de faire bloc dans leurs revendications, parla énergiquement contre la grève. Les mineurs se trouvèrent réduits à leurs seules forces. Ils se demandèrent s'ils allaient faire grève pour obtenir la nationalisation et le contrôle ouvrier. Ils décidèrent que non. Ils changèrent complètement l'orientation de leurs revendications.

Au lieu de demander la nationalisation et le contrôle ouvrier, problèmes qui, visiblement, n'agissaient pas sur les masses ouvrières, ils se mirent à demander un relèvement de salaire. Au mois de septembre, ils ont menacé de faire grève si on ne leur accordait pas satisfaction sur ce point. Le gouvernement a fini par capituler à peu près devant leurs exigences.

Aujourd'hui même, la question se pose d'une façon aiguë de savoir ce qui va se passer lorsque, dans quinze jours ou trois semaines, on va « décontrôler » l'industrie des mines, c'est-à-dire supprimer le contrôle de l'État sur les charbonnages anglais, les rendre au régime de la liberté. Or, quelle est, en cet instant critique, la question corporative qui passionne les masses ouvrières ?

Est-ce la question de la participation à la gestion industrielle ? Est-ce la question du contrôle ouvrier ? Je n'en crois rien. D'après les renseignements de source privée qui me sont parvenus, je vois que l'on discute beaucoup la question de savoir quelle représentation on donnera aux ouvriers une fois les mines rendues à la liberté, dans les bureaux de conciliation. Est-ce que ce seront les ouvriers qui éliront directement leurs représentants dans ces bureaux ? Est-ce que ce seront, au contraire, les syndicats qui enverront leurs représentants y siéger ? Mais, de quelque façon que la question soit résolue, les bureaux qui seront institués seront toujours des bureaux de conciliation à l'ancienne mode, ayant pour unique objet de défendre les conditions du travail, et non pas de gérer les exploitations minières. Actuellement, la seule question qui intéresse la masse ouvrière des charbonnages anglais est celle de savoir comment les ouvriers seront salariés une fois que les mines seront retombées sous le régime de la liberté.

Avant la guerre, en 1912, était intervenue une loi qui établissait le salaire minimum dans les mines de charbon, mais qui n'accordait pas un salaire minimum pour toute l'étendue du Royaume-Uni ; elle divisait le Royaume-Uni en un certain nombre de régions ; dans chaque région, une commission mixte fixait un salaire minimum qui, ensuite, avait force de loi.

La guerre est arrivée. On a unifié toute l'organisation des mines sous le contrôle de l'État. Du moment que l'on faisait la péréquation des profits, il n'y avait aucune raison pour ne pas faire la péréquation des salaires. Depuis 1917, les ouvriers mineurs touchent un salaire uniforme dans toute l'Angleterre. Mais, lorsqu'on sera revenu au régime de la liberté, il n'y aura plus de péréquation des profits. Il est donc clair que, dans les régions où l'extraction est plus difficile, les patrons ne pourront pas payer à leurs ouvriers un salaire aussi élevé que dans les régions plus heureuses. Ou bien ils iraient à la faillite : ils seraient déjà tombés en faillite sans la péréquation. Les patrons demandent donc des salaires variables suivant la région. Les ouvriers insistent pour qu'on maintienne le régime du salaire minimum unique.

Si je suis entré dans ces détails, qui semblent, à première vue, ne pas rentrer dans mon sujet, c'est afin de montrer que la même conclusion, à laquelle nous arrivions tout à l'heure, en étudiant les *Whitley Councils*, s'impose encore à nous, si nous étudions l'histoire récente du Syndicat des ouvriers mineurs et de ses revendications. Si on laisse de côté les doctrinaires, la question qui intéresse profondément les ouvriers, ce n'est pas la question de la gestion industrielle, c'est la question des salaires, ou, d'une façon plus générale, des conditions de travail. Il a suffi de quelques mois pour que, cédant à la force des choses, l'état-major syndical des mineurs soit retombé, en quelque sorte, de la première sur la seconde.

Je me résume. Étudiant, il y a deux ans, les *Whitle Councils*, j'arrivais à cette conclusion que cette institution était appelée à un avenir médiocre, en raison du malentendu profond qui divisait ouvriers et patrons, lorsqu'ils entraient dans les *Councils*.

Du côté ouvrier, ou, pour parler plus exactement, socialiste, s'était répandue la conviction qu'on allait insensiblement établir le droit de regard des ouvriers sur la gestion des industries, et, par là-même, à la longue, la participation des ouvriers à la gestion. C'est ce que certains syndicalistes ont appelé l'*encroaching control*, le contrôle par voie d'empiétements.

Un des premiers conseils inscrits sur la liste officielle des *Whitley Councils*, le premier, en réalité, qui se soit constitué, celui qui est généralement considéré comme ayant servi de modèle à tout le mouvement, c'est le Conseil industriel du Bâtiment. Il a été fondé sur l'initiative de M. Malcolm Sparkes, un patron excentrique, un quaker, pacifiste outrancier, qui ne croit ni à la guerre des races ni à la guerre des classes. Il a voulu, en faisant siéger côte à côte en nombre égal, dans une commission mixte, patrons et ouvriers, permettre aux ouvriers de s'initier à la direction technique et commerciale de l'industrie, aux patrons d'apprendre à se considérer comme les simples collaborateurs de leurs salariés. Il a élaboré, soumis à l'approbation du Conseil, un vaste plan de réforme de l'industrie du bâtiment. Le bâtiment deviendrait une grande corporation fermée, purement ouvrière, qui rémunérerait les capitaux engagés à un taux immuable, assurerait aux travailleurs un traitement fixe, et réussirait d'ailleurs à réduire au minimum les périodes de morte saison et de chômage. Ce serait la réalisation, obtenue des patrons à l'amiable, d'une véritable « guilde », conforme au rêve des *guild socialists*.

Au moment où je parle, tout le système échafaudé par M. Malcolm Sparkes est en train de craquer. Soumis à l'approbation du Conseil du Bâtiment, il a été purement et simplement renvoyé à la sous-commission qui l'avait élaboré. Cet échec n'a rien de surprenant : ce qui est admirable, c'est que M. Malcolm Sparkes ait su, deux années durant, obtenir du Syndicat des entrepreneurs du bâtiment, je ne dis pas l'acceptation, mais simplement la discussion et l'examen de son projet[1]. Car la préoccupation des patrons, fort nombreux, qui ont encouragé l'expérience des *Whitley Councils*, n'avait que peu de chose en commun avec l'« utopie » de M. Malcolm Sparkes.

En Angleterre – et je crois que la chose serait plus vraie encore de l'Allemagne –, un certain nombre de capitalistes se demandent si le patronat n'aurait pas intérêt, par la constitution d'une sorte de régime corporatif, à créer, dans chaque industrie, une solidarité d'intérêts entre les patrons et

---

1. Sur la curieuse histoire de ce mouvement, qui serait digne d'une monographie, voir en particulier les opuscules suivants : *Masters and Men, a new co-partnership*, by Thomas Foster. – *A Memorandum on Industrial Self-government, together with a draft scheme for a Builders' National Industrial Parliament*, by Malcolm Sparkes. – The Industrial Council for the Building Industry, *The Story of a Revolution in Industrial Revolution*. – Sur le mouvement commercial de la Guilde du Bâtiment, v[oir] *The Building Guild, its principles, objects and structure*, published by the Cooperative Press Agency, Manchester.

les ouvriers de cette industrie. Les patrons garantiraient aux ouvriers ce à quoi ils tiennent plus qu'à tout au monde, à savoir la sécurité. Ils leur promettraient la constitution d'un fonds qui les assurerait contre le péril du chômage. Ils leur proposeraient d'accepter un système de participation aux bénéfices. Ils leur demanderaient, en revanche, une fois directement intéressés à la prospérité de l'entreprise, de vouloir bien les aider à obtenir l'aide de l'État, la protection contre la concurrence étrangère et la hausse des prix par la révision du régime douanier. Sir Allan Smith, le grand homme de l'*engineering* et du *shipbuilding*, préconise une organisation de l'industrie qui ne diffère pas beaucoup, croyons-nous, de celle dont nous venons d'exposer le principe.

Or, entre ces deux conceptions, l'une ouvrière, l'autre patronale, la divergence est évidente. D'un côté, on vise à l'expropriation progressive du patronat, à l'élimination du profit. De l'autre côté, on veut intéresser la classe ouvrière à l'accroissement du profit capitaliste. Un jour ou l'autre, disais-je, il y a deux ans, le malentendu deviendra manifeste, et, ce jour-là, sera consommé l'échec des *Whitley Councils*. Mais, aujourd'hui, j'irai plus loin encore. Je pronostiquerai, dans la classe ouvrière, le déclin de tout ce grand mouvement de propagande en faveur de l'établissement du contrôle ouvrier, parce qu'il ne répond peut-être pas aux besoins profonds du prolétariat de la grande industrie.

Ce que demande la classe ouvrière, ce n'est pas la participation aux chances de gain, comme aussi aux risques de perte, qui sont inséparables de la gestion d'une grande entreprise. Elle est avide de sécurité, veut un salaire stable et des garanties contre le chômage. Elle a constitué ses syndicats pour défendre, dans les usines, en opposition aux exigences patronales, ses conditions de travail : elle n'assigne pas d'autre fonction à ses représentants syndicaux.

Et ceux-ci le comprennent bien.

> Les fonctions nouvelles que l'on veut attribuer aux chefs des *Trade Unions*, me disait un trade-unioniste, très haut placé dans la hiérarchie syndicale, ne rentrent pas dans leurs attributions. La fonction du *Trade Union leader*, c'est de défendre les intérêts des ouvriers contre les patrons. Il est l'avocat des ouvriers : on pourrait aller jusqu'à dire qu'il n'a pas le droit de regarder de trop près, dans chaque cas, si les ouvriers ont tort ou raison. Il est leur plaideur attitré. Vouloir que, par-dessus le marché, il devienne l'associé du patron dans la gestion de ses affaires, c'est lui demander plus qu'il ne peut donner. C'est lui demander de sortir de son rôle, et les ouvriers ne le lui pardonneraient pas. Il serait fatalement amené, un jour ou l'autre, à expliquer aux ouvriers que leurs

demandes ne sont pas raisonnables, il cesserait donc d'être ce qu'il est, par essence : l'avocat de la classe ouvrière. Voyez le rôle difficile des syndiqués que les coopératives placent à la tête de leurs fabriques : ils sont condamnés, par le fait de la situation qu'ils occupent, à parler à leurs ouvriers, le langage que parleraient des patrons. Quelle n'est pas leur impopularité !

La différence est profonde entre la fonction sociale du chef d'industrie, qui est de rendre la production aussi intense que possible, et la fonction sociale du chef de syndicat, qui est d'empêcher que cette intensification de la production se fasse au détriment du bien-être physique et moral de l'ouvrier. Associer le chef de syndicat à la gestion de l'industrie, c'est vouloir lui faire jouer deux rôles à la fois ; c'est commettre une erreur de sociologie. Je ne conteste pas que l'on puisse faire place à un certain nombre de représentants syndicaux dans les conseils d'administration des grandes entreprises. Mais il devrait être bien entendu, afin d'éviter toute déception, qu'ils ne seront pas là pour rendre la production plus active : ils n'y seront que pour plaider la cause de la classe ouvrière contre ceux qui désirent intensifier la production à tout prix. Ils joueront le rôle d'un frein, non d'un moteur.

J'ai dit, et ne veux que vous inviter, avant de finir, à voir deux éléments distincts dans les observations que je viens de présenter.

Premièrement, l'énonciation d'un fait, qui ne souffre, il me semble, aucune discussion. C'est que l'opinion travailliste anglaise, après avoir paru, il y a deux ans, si ardente à réclamer l'établissement du contrôle ouvrier, s'est singulièrement apaisée. Au printemps de 1919, il était difficile de résister à l'impression que l'Angleterre était sur le bord d'une révolution sociale, non pas violente à la manière moscovite, mais cependant profonde, et qui allait transformer de fond en comble l'organisation industrielle. Un an plus tard, je ne trouvais plus qu'apathie à l'égard de ces problèmes, et les seules questions qui maintenant retenaient l'attention des états-majors syndicaux, c'était l'amélioration des conditions de travail, le relèvement des salaires.

Deuxièmement, l'interprétation de ce fait. L'échec du *Guild Socialism* est-il un fait passager, négligeable pour qui ne s'abandonne pas aux impressions du moment ? Ou bien est-il un fait significatif, qui s'explique par des causes profondes ? J'ai penché pour la dernière hypothèse. Je crois que les syndicalistes, avec leur programme de reprise du contrôle de l'industrie par les syndicats professionnels, commettent, sur les fonctions réelles du syndicat, ce que j'appelais tout à l'heure une erreur de sociologie. Mais je ne prétends pas à l'infaillibilité et c'est sur ce second point – non sur le premier – que j'aimerais avoir le bénéfice de vos objections.

ÉTAT PRÉSENT DE LA QUESTION SOCIALE

EN ANGLETERRE[1]

Quatre ans après la rédaction de ses études anglaises consacrées aux transformations politiques, économiques et sociales d'après-guerre, Élie Halévy dresse en 1922 un bilan désenchanté de cette « ère nouvelle » qui semblait s'ouvrir au lendemain de l'armistice et qui n'a pas tenu ses promesses.
*Cet article fait retour sur les avancées obtenues dans le sillage de la guerre par l'approfondissement de la démocratie politique, économique et sociale : adoption du suffrage universel, instauration de dispositifs de participation ouvrière et de négociation collective (*Whitley Councils, Trade Boards Act, Conférence industrielle nationale de 1919*), poursuite de l'intervention de l'État au-delà du régime des contrôles de guerre par les promesses de nationalisations des mines et des chemins de fer et d'implication dans les domaines du logement, de l'électricité, de l'éducation. En 1922, force est de constater que l'effervescence réformatrice de la sortie de guerre a laissé place à une période de réaction. La crise économique a favorisé le retour à une politique conservatrice fondée sur la rigueur budgétaire, la réduction des dépenses publiques, l'abandon des nationalisations et des politiques sociales. Le retour de la livre sterling à la parité-or de 1904 est devenu l'obsession d'un gouvernement dominé par le conservatisme social.*
L'article fait surtout un récit des « occasions manquées » et cherche à expliquer le paradoxe de l'impuissance des Trade Unions *et du Parti travailliste, qu'Élie Halévy attribue à une crise doctrinale profonde. La « liquidation du socialisme de guerre » et le « recul de l'idée socialiste » relèvent, selon lui, de la responsabilité de la gauche : celle-ci a failli sur le plan politique, en raison de l'opportunisme carriériste de ses leaders, et sur le plan idéologique, en raison de faiblesses et de divisions doctrinales. Ainsi le « collectivisme d'État » ou « collectivisme bureaucratique », élaboré et défendu par les intellectuels fabiens dans les années 1890-1900 et mis en*

---

[1]. Étude publiée dans la *Revue politique et parlementaire* (Paris, [juillet] 1922).

œuvre pendant le conflit avec le « socialisme de guerre », a été disqualifié par sa similitude avec le socialisme étatique hégélien et bismarckien et par sa source d'inspiration allemande.

D'autres aspirations, anglaises à l'instar de la tradition ruskinienne du Guild Socialism *corporatiste, françaises tel le « syndicalisme révolutionnaire », ou russes comme le « soviétisme d'usine », leur ont fait concurrence et ont divisé la mouvance socialiste. Les* Whitley Councils, *déjà violemment critiqués par Élie Halévy en 1919, ont été l'instrument de la trahison. En faisant miroiter une « participation ouvrière » et une « démocratie industrielle », réclamées par les corporatistes, en lieu et place des réformes structurelles de nationalisations et de contrôle ouvrier, souhaitées par les collectivistes, le dispositif a divisé et brouillé les revendications ouvrières. Mais le véritable paradoxe de l'entre-deux-guerres réside surtout dans le contraste entre la vitalité de l'idéologie libérale renouvelée par l'inventivité des intellectuels comme William Beveridge et John M. Keynes, incapables cependant de réveiller un parti libéral qui disparaît de la scène politique, et la faiblesse doctrinale de la nébuleuse travailliste, en position de gouverner mais sans programme de gouvernement sinon celui du « libéralisme bourgeois » dominé l'impératif de paix, « partout, toujours, et à tout prix ».*

Une note suivant cet article, insérée au moment de sa publication en juillet 1922, revient sur le congrès annuel du Labour Party *à Édimbourg les 27-30 juin précédents et sur les contradictions répétées de leurs dirigeants, impuissants à se doter d'un programme cohérent et responsable.*

(avec Marie Scot)

Au lendemain de l'armistice, dans la joie de la victoire enfin conquise, dans l'attente du traité de paix qui devait désarmer l'Allemagne à jamais, l'Angleterre s'abandonnait à l'espoir qu'une ère nouvelle s'ouvrait pour le genre humain en général, pour la démocratie anglaise en particulier. L'éblouissant homme d'État[1], qui, depuis six ans – faut-il dire : depuis quatorze ans ? – préside aux destinées de la nation, promettait de faire tout ce qui était en son pouvoir pour que l'Angleterre devînt un pays « digne des héros qui l'habitaient », pour que la misère fût abolie, la question sociale résolue, par la collaboration des classes jadis rivales, aujourd'hui réconciliées. Et il se flattait de pouvoir faire beaucoup. Les leçons de la guerre, à cet égard, semblaient encourageantes.

---

1. [Il s'agit de Lloyd George.]

On avait vu le Parlement, en pleine guerre, voter à l'unanimité, par le miracle de ce que nous avons appelé en France l'« union sacrée », une loi de réforme électorale[1] et une loi d'éducation dont le radicalisme aurait soulevé, avant 1914, des résistances peut-être invincibles. On avait vu l'État assumer, avec le consentement de tous les partis, une foule de fonctions que le collectiviste le plus déterminé, quelques années plus tôt, n'aurait pas osé réclamer pour lui d'emblée. L'État monopolisait, au moment où la paix survint, tout le commerce de la nation ; il décidait quelles exportations, quelles importations seraient licites ; il limitait la faculté de consommation de chaque citoyen ; il exploitait toutes les mines de charbon ; il gérait tous les chemins de fer et toute la flotte marchande ; il fabriquait des munitions et exerçait son contrôle sur toutes les industries qui de près ou de loin, intéressaient la conduite de la guerre. Ce beau travail d'organisation, par lequel on avait gagné la victoire, allait-il être interrompu brusquement ? Était-ce une raison, parce qu'on avait la paix, pour revenir à l'anarchie d'autrefois ? Les ouvriers ne le pensaient pas ; les intellectuels, pas davantage. Et le premier ministre, dont l'intelligente sensibilité est toujours si prompte à suivre les mouvements de l'opinion, semble lui-même avoir pendant quelques mois, en toute sincérité, songé à prolonger en temps de paix, pour le bien de la classe ouvrière, ce prodigieux étatisme de guerre auquel la victoire venait de donner un tel prestige.

Un projet de loi fut introduit en 1919 par le gouvernement en vue de remédier à la crise naissante du logement. Le projet de loi imposait aux autorités locales l'obligation de soumettre au gouvernement central, dans un délai de trois mois, des plans pour l'édification, aux frais des contribuables, du nombre de maisons nécessaires pour le logement des classes ouvrière ; ces plans auraient force de loi à partir du jour où ils seraient approuvés par le ministère ; et le ministère n'aurait le droit de leur refuser son approbation et de les renvoyer aux autorités locales pour être révisés que dans le cas où il les jugerait « inadéquats », en d'autres termes trop timides.

Un autre projet de loi fut introduit, à l'effet de constituer un ministère des Voies et Communications. Rentreraient dans le domaine de ce ministère : les chemins de fer, les tramways, les canaux et les cours d'eau, les routes, les ponts, les bacs, les ports, les docks, les jetées et la fourniture de l'électricité. Tous les pouvoirs qui déjà, en ces matières, appartenaient au gouvernement par le régime du temps de guerre, passeraient immédiatement, et pour une durée de deux ans, au nouveau ministère. Mais le nouveau ministère acquerrait,

---

1. [Le Parlement du Royaume-Uni a voté le 6 février 1918 la loi appelée « Representation of the people Act 1918 » qui reste à la base du système électoral britannique : elle établit définitivement le suffrage universel masculin et elle autorise les femmes, sous certaines conditions, à voter.]

par le *bill*, de bien autres pouvoirs. Il pourrait, par simple décret, acheter « à l'amiable ou par contrainte », et exploiter totalement ou partiellement, un moyen quelconque de communication, chemin de fer ou tramway, canal, port ou dock. Le Parlement n'aurait, sur un tel décret, qu'un droit négatif de veto, pendant un laps de trente jours. La mention qui était faite de l'« électricité » dans le *bill* primitif fut bientôt supprimée ; mais cela ne voulait pas dire que les étatistes battaient en retraite. Un *bill* spécial proposait de créer des *Electricity Commissioners*, simples fonctionnaires, les uns inamovibles, les autres amovibles, du *Board of Trade*, qui auraient le pouvoir de créer dans tout le pays des *electricity districts* et des *electricity district boards*. Ces bureaux locaux, où devraient siéger des représentants des syndicats ouvriers, mais où l'élément électif n'entrerait que pour une faible part, auraient le droit d'acquérir des stations génératrices d'électricité, ou d'en construire de nouvelles. La production de la lumière et de la force électrique tendrait à devenir un service public. Pour qu'elle le devînt sur toute l'étendue du royaume, il ne faudrait que la bonne volonté persistante du *Board of Trade*.

Les mines de charbon restaient en dehors des dispositions de ces projets de loi étatistes. Il y avait cependant bien des années que les ouvriers mineurs réclamaient, outre le relèvement de leurs salaires et la diminution de la journée de travail, la nationalisation des charbonnages. Ils présentaient au début de 1919 les mêmes réclamations, menaçant de paralyser toute l'industrie du royaume par la grève générale des charbonnages s'ils n'étaient pas écoutés. Ils le furent. Une grande commission d'enquête fut nommée. Présidée par le juge Sankey, elle se composait, sans compter le président, de douze membres : six représentants des grandes organisations capitalistes, six défenseurs des intérêts ouvriers. Sur la question de la nationalisation, elle se divisa, quand on vint à voter, en deux fractions égales. Mais le président fit pencher la balance en faveur de la thèse ouvrière. Or, le gouvernement avait clairement laissé entendre qu'il ferait siennes les conclusions de la Commission Sankey. Pendant quelques semaines, au cours de l'été 1919, il parut que la nationalisation des chemins de fer et des charbonnages était virtuellement consommée.

Depuis combien d'années, infatigablement, M. et Mme Webb ne travaillaient-ils pas à socialiser, à « bureaucratiser » l'Angleterre ? C'est pour atteindre ce but qu'ils avaient multiplié les brochures de propagande de la « Société Fabienne » ; écrit leurs grands ouvrages, volontairement tendancieux, d'histoire sociale ; fondé à Londres cette « École d'Économie politique » qui devait servir d'école d'administration à l'État socialiste dont ils rêvaient de doter leur patrie. Pendant la guerre, il est probable que leur germanophobie n'avait pas été bien intense ; mais ils avaient évité de se compromettre dans la société des pacifistes délirants. Ils s'étaient tenus cois : la politique étrangère ne rentrait pas dans leur compétence. Et ils avaient tiré parti de la guerre pour le triomphe de leurs idées ; M. Webb, membre de la Commission Sankey, pouvait se dire que c'était avec un plein succès. Également significative fut la déposition, devant cette commission, de lord Haldane. Il venait d'être, pendant la plus grande partie de la guerre, victime d'une sorte d'ostracisme. On l'accusait d'avoir, par germanophilie, trompé le peuple anglais sur les véritables dispositions d'esprit du peuple allemand ; d'avoir, pour mettre les choses au mieux, joué entre Londres et Berlin un double jeu bien équivoque. Le fait qu'on l'invitait à venir déposer devant la grande commission des Mines prouvait que la faveur lui revenait. On reconnaissait qu'il était le seul, au ministère de la Guerre, à avoir fait quelque chose pour mettre l'armée anglaise en mesure d'intervenir sur le continent ; que s'il avait su le faire, c'était précisément à cause de cette « germanophilie », de cette admiration pour les méthodes allemandes et prussiennes qui lui était tant reprochée. Il vint expliquer, fort de son expérience administrative et de son étatisme hégélien, comment il fallait procéder pour rendre l'État capable d'initiative industrielle, pour communiquer à tous les services publics quelque chose de cet esprit d'honneur collectif, de ce zèle patriotique, qui fait la poésie et la grandeur morale du service de guerre. Cette déposition, publiée sous forme de brochure par les soins de deux jeunes socialistes, prend, à la date où elle fut faite, toute la valeur d'un manifeste[1].

Mais quoi ? Tout le résultat de la guerre n'aurait été, suivant le vœu secret des Webb et de lord Haldane[2], que de faire triompher, chez les nations qui venaient de vaincre la Prusse, le militarisme et le bureaucratisme prussiens ? Les vainqueurs avaient trop bruyamment parlé, dans d'innombrables proclamations, le langage de la liberté, pour que la chose fût possible ; et, depuis longtemps, les milieux socialistes étaient traversés par des courants d'idées très différents, auxquels la guerre conférait une force nouvelle.

Déjà, depuis une dizaine d'années, certains socialistes, héritiers de la vieille tradition ruskinienne, s'étaient insurgés contre ce qu'il y avait de sec, de prosaïque, de volontairement terre à terre, dans le collectivisme bureaucratique des Webb. Une société où toute l'industrie serait gérée comme le sont, sous nos yeux, les postes et les télégraphes, était-ce bien là cette nouvelle terre, ce nouveau ciel, que tant de prophètes avaient promis à la classe ouvrière ? Et ils rêvaient – tels M. A. J. Penty –, d'un régime non bureaucratique, mais corporatif, qui ramènerait dans la société moderne quelque chose de la poésie du Moyen Âge chrétien. D'autres, M. G.-D.-H. Cole au premier rang, avaient été apprendre à Paris la leçon du syndicalisme révolutionnaire ; ils demandaient si ce n'était

---

1. *The Problem of Nationalization*, by the Viscount Haldane of Cloan, with an introduction by R.-H. Tawney and Harold J. Laski, London, Allen and Unwin, 1921.
2. [Sur Lord Haldane, voir la note 1, p. 422.]

pas une mystification, après avoir promis aux ouvriers l'abolition du salariat, que de vouloir les transformer simplement, eux et leurs anciens patrons avec eux, en salariés de l'État. Les uns et les autres avaient élaboré ensemble cette doctrine nouvelle, le *Guild Socialism*, qui, sans aller jusqu'à exiger, comme le syndicalisme pur, la suppression radicale de l'État politique, demandait que chaque industrie, une fois transformée en service social, fût soumise au contrôle direct des ouvriers de cette industrie, corporativement organisés.

La guerre vint. Tous les ouvriers qui n'avaient pas été envoyés aux armées, avaient subi dans les usines un dur régime de discipline quasi militaire. De forts salaires pour eux, leurs femmes et leurs enfants ; mais la suspension de toutes les règles syndicales qui leur permettaient, en temps de paix, de ménager leur effort ; et, de plus, s'ils voulaient exprimer leur mécontentement, la suspension, consentie par les états-majors syndicaux, du droit de grève. Ils s'étaient donc insurgés tout à la fois contre le gouvernement qui les mettait au travail et contre les chefs de la hiérarchie syndicale, suspects de conspirer avec le gouvernement à leurs dépens. Ils avaient réclamé pour les ouvriers groupés en syndicats locaux dans chaque usine, sous des chefs directement élus, un droit au contrôle de la gestion de cette usine. Et cette fermentation était déjà, pour le gouvernement, une grave difficulté quand, à la suite de la Révolution russe, elle devint, dans l'été de 1917, plus grave encore. Comment des ouvriers surmenés, énervés, n'auraient-ils pas été touchés par la nouvelle que les ouvriers russes, groupés en *Soviets* d'usines, avaient en quelques semaines révolutionné un grand État de plus de cent millions d'âmes ? Le ministère anglais, fidèle à une tradition d'opportunisme qui a toujours été en Angleterre consacrée par le succès, transigea avec ces revendications nouvelles. Une commission qui, du nom de son président, a généralement été appelée le *Whitley Committee*, avait été invitée à étudier les moyens à employer pour améliorer, d'une manière permanente, les relations entre patrons et ouvriers, hâta ses travaux et préconisa, dans une série de rapports qui parurent en 1917 et 1918, la constitution, à tous les degrés de la production industrielle, de comités mixtes de patrons et d'ouvriers, pour délibérer en commun sur les questions qui intéressaient les uns et les autres. Nous avons raconté ailleurs, en détail, l'histoire de ces *Whitley Councils*. Comme on assignait, en termes vagues, à ces conseils mixtes, l'étude des mesures à prendre pour assurer le progrès technique de l'industrie, on pouvait admettre, si l'on était optimiste, qu'il s'agissait d'un premier pas vers le *Guild Socialism*, ou encore, pour parler le langage des conservateurs alarmés, vers le « soviétisme » d'usine.

Le gouvernement s'empressa de donner suite aux vœux exprimés par le comité Whitley. Le comité avait demandé que l'institution des *Trade Boards*, nommés par le gouvernement, composés de patrons, d'ouvriers et d'un certain nombre d'experts non-professionnels, et ayant pour fonction de fixer les salaires dans les industries où les ouvriers étaient exceptionnellement mal organisés et exceptionnellement mal payés, fût renforcée et généralisée. Il obtint satisfaction, par le fait d'un nouveau *Trade Boards Act*, qui fut voté à la fin de 1918, avant même la fin de la guerre. Le gouvernement encouragea d'ailleurs la formation de *Whitley Councils* partout où patrons et ouvriers en manifestèrent le désir, et dans les services publics eux-mêmes. Une « Conférence Industrielle Nationale » fut enfin convoquée, où représentants du patronat et représentants de la classe ouvrière vinrent siéger sur un pied d'égalité. La Conférence, dont M. Cole, le doctrinaire du *Guild Socialism*, était le secrétaire, se prononça en faveur de la journée légale de huit heures et du salaire minimum légal. Elle préconisa la réunion, deux fois par an, d'un *National Industrial Council*, assemblée consultative de quatre cents membres élus pour moitié par les associations patronales, pour moitié par les syndicats ouvriers. Autant de victoires pour l'idée nouvelle, étrangère à l'ancien collectivisme bureaucratique, de ce qu'on a appelé le « contrôle ouvrier ». Mais nulle part les progrès de cette idée nouvelle ne furent plus manifestes que dans le cours des débats de la grande Commission des Mines.

Quand les ouvriers mineurs et les congrès syndicaux ou socialistes réclamaient avant la guerre la nationalisation des mines, ils se bornaient à la réclamer pure et simple, sans s'inquiéter de savoir quelle part serait faite aux ouvriers eux-mêmes dans la gestion de l'industrie minière. Tout a changé en 1919, et les six membres ouvriers ou socialistes de la Commission Sankey votent en faveur de tout un plan de contrôle ouvrier. Au sommet, un *Mining Council* de dix membres, placés sous la présidence du ministère des Mines : cinq nommés par le ministre, sur lesquels deux représenteront les consommateurs, et cinq nommés par le syndicat des mineurs. À l'étage inférieur, deux *District Mining Councils* de dix membres, dont cinq élus par le syndicat des mineurs. À la base et dans chaque exploitation, un *Pit Committee* de dix membres, dont cinq élus par les mineurs. Ce plan n'a pas obtenu, dans la Commission, la majorité des suffrages ; mais les mineurs, en se ralliant au projet du président Sankey, ont donné à celui-ci la majorité. Et ce projet lui-même contient tout un système, plus compliqué que le système ouvrier, de contrôle syndical. À la base, et dans chaque exploitation, un *Local Mining Council* de dix membres. L'entrepreneur, le sous-entrepreneur, l'entrepreneur commercial ; quatre membres élus par les ouvriers ; trois membres élus par le « Conseil » placé immédiatement au-dessus du conseil local dans la hiérarchie des conseils, à savoir le *District Council*. Ce *Local Council* aura pour fonction exclusive de permettre aux ouvriers « de faire entendre leur voix pour le règlement de toutes les questions qui intéressent leur sécurité et leur santé ». Au-dessus des *Local Councils*, quatorze *District Mining Councils* de quatorze membres. Président et Vice-président nommés par le ministre. Quatre membres élus par les ouvriers du district. Huit membres élus par le conseil « national » qui se trouve placé au-dessus des conseils de district dans la hiérarchie des conseils. Parmi ces huit membres, quatre devront être désignés pour représenter les consommateurs, deux pour représenter les techniciens, deux pour représenter le côté commercial de la gestion minière. Au sommet enfin, un *National Mining Council*, élu par les conseils de district à raison d'un membre pour cinq millions de tonnes extraites. Les membres du Conseil, élus pour trois ans, éliront eux-mêmes un Comité permanent *(Standing Committee)* de dix-huit membres, sur lesquels six représenteront les ouvriers, six les consommateurs, six le côté commercial et le côté technique. Tel est le système qui aurait dû servir de base au *bill* gouvernemental si M. Lloyd George avait tenu sa promesse.

Mais il ne l'a pas tenue. Bien loin que les deux tendances du collectivisme bureaucratique et du *Guild Socialism* se soient renforcées l'une par l'autre pour aboutir à la réalisation d'un régime où l'État politique et le syndicat ouvrier se seraient partagé la gestion des grandes industries, à commencer par les mines et les chemins de fer, il est arrivé tout au contraire qu'elles se sont annulées l'une l'autre. Le capitalisme, avec l'assistance du gouvernement, les a manœuvrées l'une contre l'autre, et a utilisé, très savamment, le *Guild Socialism* de M. Cole pour éluder le collectivisme bureaucratique des Webb. Comment il semble, d'une manière tout au moins temporaire, y avoir réussi, c'est que nous voudrions brièvement raconter.

Voyons d'abord ce qui s'est passé pour les mines. Dans la grande Commission Sankey, six avocats du capitalisme siégeaient en face de six défenseurs de la thèse ouvrière. Ils étaient, bien entendu, hostiles à la reprise par l'État des exploitations minières. Mais le mauvais rendement du travail ouvrier les préoccupait, et ils savaient que ce rendement ne deviendrait pas meilleur tant que l'ouvrier n'apporterait pas à sa tâche un esprit de bon vouloir et de « coopération ». Comment créer cet esprit de coopération ? L'expédient des *Whitley Councils* se présenta à leur esprit. Instituez, demandèrent-ils, des *Pit Committees* à la base, un peu plus haut, des *District Committees*, un *National Council* au sommet. Ces comités ne seront investis d'aucune fonction de gestion. Mais patrons et ouvriers, en nombre égal, y discuteront à l'amiable les questions qui intéressent directement le bien-être de l'ouvrier : salaire, durée de la journée de travail, hygiène des ateliers. Et voilà, grâce aux *Whitley Councils*, la paix sociale assurée sans recours au collectivisme d'État, ou même à la syndicalisation intégrale. Un des six représentants patronaux, Sir Arthur Duckham, élabora même un plan plus audacieux. Pour remédier à la dispersion excessive des exploitations minières, il demanda qu'elles fussent groupées en un nombre restreint de grandes compagnies régionales, chacune de ces grandes compagnies étant gouvernée par un *Board*, où l'État d'une part et le syndicat ouvrier d'autre part seraient représentés. Un comité mixte discuterait les questions des salaires. Dans chaque puits d'extraction, un *Pit Committee* remplirait toutes les fonctions que le *Whitley Report* avait proposé d'assigner aux nouveaux « conseils ». Ici encore, quoiqu'avec plus d'audace, un système de transactions amiables entre patrons et ouvriers était proposé, pour éluder le collectivisme d'État.

Lorsque, le 19 août, M. Lloyd George prit la parole aux Communes pour expliquer quelle serait l'attitude du gouvernement en ces matières, il commença par refuser de se considérer comme lié par les conclusions de la Commission Sankey. Puis il préconisa, s'inspirant des idées de Sir Arthur Duckham, une politique non de « nationalisation », mais d'« unification », et, dans chacune des entreprises unifiées, un système de contrôle mixte. À la tête, un comité directeur, où entreraient quelques représentants ouvriers. À la base, des *Pit Committees*, qui auraient pour unique fonction de veiller à ce que toutes mesures fussent prises pour assurer la sécurité et la santé des travailleurs. Dans une étrange brochure de propagande populaire, lancée par lui au mois de septembre, sous le titre de *The Future*, et où il essayait de définir l'ensemble de son programme de reconstruction sociale, il demandait, en termes vagues, « la réorganisation et la gestion économique des mines » ; il demandait encore que l'on donnât aux mineurs une part de contrôle sur les conditions de l'industrie (« *miners to help shape conditions of industry* »). Une allusion était faite, dans la brochure, aux *Whitley Councils*, dont il demandait le développement. Bref, le gouvernement offrait de s'entremettre entre patrons et ouvriers, pour les encourager à nouer des relations pacifiques dans une industrie mieux organisée : il refusait d'assumer la responsabilité de l'exploitation des mines.

Les ouvriers mineurs s'indignèrent, songèrent à faire grève, firent appel aux autres corporations ouvrières pour organiser, de concert avec eux, la grève générale. Mais le Congrès des *Trade Unions* se déroba, et renvoya à un « Congrès Spécial » le soin de décider quelle forme d'action il fallait adopter pour forcer la main des ministres. Le « Congrès Spécial » se déroba également et renvoya l'examen de la question à un deuxième « Congrès Spécial » qui se tiendrait au cours des premiers mois de 1920, après la réunion du Parlement. Le Parlement se réunit. Une fois de plus, au cours de la discussion de l'adresse, M. Lloyd George prit la parole pour expliquer son programme minier, plus modeste encore que l'avait été le programme d'août : il s'enhardissait dans la mesure où l'apathie des masses ouvrières devenait plus manifeste. Il se bornait maintenant à proposer l'institution d'un comité consultatif, où siégeraient des représentants ouvriers, pour donner son avis au gouvernement sur les conditions du travail ouvrier. Il n'était plus question de réaliser l'unification des mines, et d'établir des *Whitley Councils* dans chaque exploitation. Les propriétaires ne voulaient pas de ce système. Les mineurs n'en voulaient pas non plus. La cause était entendue. Le programme d'août avait fait son office : simple nuage de fumée derrière lequel le gouvernement avait pu battre en retraite, et répudier le programme de la nationalisation.

Le deuxième « Congrès Spécial » se réunit en mars : et les mineurs se virent encore une fois abandonnés par les autres corporations ouvrières. Feraient-ils grève à eux tout seuls ? Ils n'osèrent, et adoptèrent une tactique nouvelle : ils firent porter tout leur effort non plus sur la question de la nationalisation, trop abstraite pour intéresser vraiment les masses ouvrières, mais sur la question du relèvement des salaires, qui, avec la hausse constante du coût de la vie, était pour elles une nécessité vitale. Par une grève, qui éclata en octobre et dura près de trois semaines, ils obtinrent des avantages. Mais, déjà, les conditions économiques se modifiaient ; avec l'effondrement des cours du charbon, il ne pouvait plus être question pour les mineurs d'obtenir des relèvements de salaires. Ce fut le patronat qui prit l'offensive.

C'est le 31 août 1921 que, normalement, le régime de contrôle gouvernemental, institué pendant la guerre dans les charbonnages, allait prendre fin. Le gouvernement devança l'échéance, et fixa au 31 mars le jour où les propriétaires de mines redeviendraient maîtres de leurs exploitations. Quelques jours avant le 31 mars, les patrons notifièrent à leurs ouvriers, dans toute l'Angleterre, à quelles conditions nouvelles, variables suivant les régions, ils devraient reprendre le travail. Les ouvriers refusèrent d'accepter ces conditions nouvelles, ces abaissements, souvent considérables, de leurs salaires. Grève ouvrière, dirent les patrons. Lock-out patronal, répliquèrent les ouvriers. Grève ou lock-out, la crise dura trois mois.

Les revendications ouvrières étaient doubles. Les mineurs ne voulaient pas, en premier lieu, des salaires différents selon les régions ; mais, pour le même travail accompli, un même salaire – ou du moins un salaire minimum fixe – à tous les ouvriers. Mais il y avait telle région – le pays de Galles du Sud notamment – où les patrons établissaient, pièces en mains, que s'ils payaient à leurs ouvriers les mêmes salaires que touchaient les mineurs du Yorkshire, ils iraient à la ruine. Alors les ouvriers proposaient que tous les profits de toutes les exploitations minières fussent versés à un fonds commun (*national pool*). Sur ce fonds commun, il serait possible de payer des salaires égaux aux ouvriers de toutes les régions. En liant la question du *national pool* à la question du *national wage*, les ouvriers mineurs espéraient, par un détour, soulever de nouveau la question de la nationalisation des mines. Mais ils se heurtèrent à là résistance catégorique du gouvernement, à l'apathie des autres corporations ouvrières. Ils n'eurent en fin de compte

ni le *national pool*, ni le *national wage*. La loi minière qui fut votée par le Parlement n'accordait aux partisans du contrôle ouvrier que la faculté d'établir, s'ils pouvaient, des *Whitley Councils* dans les mines. Est-ce pour aboutir à cette faillite du programme de nationalisation que le système des *Whitley Councils* avait été proposé, au lendemain de la Révolution russe ?
En ce qui concerne les chemins de fer, même histoire.

Le *bill* qui avait été déposé par le gouvernement en février 1919, pour l'établissement d'un ministère des Voies et Communications, fut bien voté par le Parlement, mais non sans avoir subi de graves amendements. Le nouveau ministère, qui s'appela, selon la rédaction finale de la loi, « Ministère des Transports », perdit le pouvoir, que lui avait conféré le *bill* primitif, de nationaliser par simple décision administrative, les lignes de chemins de fer, les canaux ou les ports. Il est permis de douter que le Premier ministre ait beaucoup regretté cette modification apportée au plan qu'il avait d'abord approuvé. Car, entre le 15 février, date à laquelle le *bill* fut d'abord introduit, et le 15 août, date à laquelle l'*Act* fut définitivement promulgué, nous avons vu combien le zèle « reconstructeur » de M. Lloyd George avait faibli. Le problème n'était plus, pour lui et pour ses collaborateurs, de se faire conférer les pouvoirs nécessaires pour nationaliser dictatorialement les chemins de fer. Le problème était de liquider au plus vite cette question embarrassante de la nationalisation, par le retour au régime normal d'avant-guerre.

La nationalisation des chemins de fer, immédiatement après l'armistice, paraissait tellement certaine, tellement prochaine, que le *Labour Party* semble s'en être d'abord désintéressé. C'est sur les questions de salaires que les cheminots faisaient porter l'effort de leurs revendications et de leurs grèves. Non qu'il fût possible de soulever les questions de salaires sans aborder le problème de l'organisation des chemins de fer. Le gouvernement, à la fin de 1919, institua, pour régler à l'amiable les questions de salaires et de conditions du travail, un *Central Board*, mi-partie ouvrier, mi-partie patronal, et un *Central Wages Board*, dont furent membres en nombre égal des administrateurs, des ouvriers, et des représentants des consommateurs. Un « Comité Consultatif », fut en même temps constitué : douze administrateurs, quatre ouvriers, tous nommés par le gouvernement. Il allait falloir bientôt cependant aborder de front le problème de la réorganisation des chemins de fer, puisqu'au mois d'août 1921, le régime de contrôle gouvernemental établi pendant la guerre expirait. En juin 1920, Sir Eric Geddes, ministre des Transports, rendit public le projet gouvernemental.

C'était, en fin de compte, le projet minier de Sir Arthur Duckham, dont le gouvernement essayait l'application au régime des chemins de fer. Unification, amalgamation, mais non pas nationalisation : car, avec la nationalisation, le péril bureaucratique paraissait trop grave. On ne reviendrait donc pas au régime anarchique d'avant-guerre : tant de compagnies concurrentes desservant les mêmes localités, entrecroisant au hasard leurs réseaux. L'État obligerait les compagnies anglaises à se fondre en un nombre restreint de grands groupes. À la tête de chaque groupe, un conseil d'administration, où les employés enverraient des représentants siéger à côté des représentants des actionnaires. Les ouvriers pouvaient-ils se plaindre d'un programme aussi généreux ? Et si l'on s'éloignait du système collectiviste, n'était-ce point pour faire un premier pas dans la direction du *Guild Socialism* ?

C'est sur ce projet que s'engagea le débat. Il dura près d'un an, sans jamais passionner l'opinion. En mars 1921, le *Labour Party* déposa son contre-projet. Rachat immédiat de tous les chemins de fer par le ministère des Transports. Direction unitaire des chemins de fer, une fois rachetés, par sept commissaires. Le Président et deux autres commissaires nommés par le ministre, un commissaire nommé par le Trésor, et trois autres par le Gouvernement, sur la recommandation des trois grands syndicats de la voie ferrée. Bref, au projet gouvernemental : contrôle ouvrier, mais pas de nationalisation, le *Labour Party* opposait un programme renforcé : nationalisation et contrôle ouvrier.

Mais il ne s'agissait, comme on s'en aperçut bientôt, que d'une démonstration de façade. Le 3 mai 1921, en pleine grève des mineurs, fut publié un accord signé, à l'amiable, entre les compagnies de chemins de fer et les trois syndicats de la voie ferrée. M. J.-H. Thomas, le secrétaire de la *National Union of Railwaymen*, avait mené secrètement toute la négociation, sans même en référer au bureau de son syndicat. Il avait, d'accord avec les grandes compagnies, abandonné le programme de la nationalisation. Il avait, en outre, déférant au vœu des compagnies, renoncé à demander qu'il fût fait place aux ouvriers dans les conseils d'administration. Il s'était contenté d'obtenir le maintien des deux grands *boards* institués par le gouvernement à la fin de 1919 et, par-dessus le marché, l'établissement de *Whitley Councils* à trois étages : conseils locaux, conseils sectionnaux, conseils de réseau. À ceux qui, du côté travailliste, protestaient, un an plus tôt, contre le projet Geddes, le ministre répondait : « De quoi vous plaignez-vous ? Le collectivisme dont vous vous réclamez a fait son temps. L'avenir est au *Guild Socialism*. » À ceux qui, maintenant, dans les milieux communistes, protestent contre la trahison de M. J.-H. Thomas, les défenseurs socialistes de celui-ci répondent : « De quoi vous plaignez-vous ? Nous ne sommes pas des *guild socialists* ; et il n'est pas dans les plans du collectivisme orthodoxe d'abandonner aux syndicats la gestion des industries nationalisées. » En attendant, les industries, à la gestion desquelles les ouvriers n'ont point part, ne sont pas même nationalisées. Le tour est joué, et le système des *Whitley Councils* a rempli son office. Il a permis au capitalisme de dresser l'un contre l'autre collectivisme d'État et *Guild Socialism*, et de les anéantir l'un par l'autre. Dans les chemins de fer, comme dans les mines, au mois d'août 1921, le capitalisme sortait vainqueur d'une crise qui avait duré deux années.

Nous avons insisté sur ces deux cas des mines de charbon et des chemins de fer parce qu'ils permettent, croyons-nous, mieux que tout autre, de comprendre par quelle tactique silencieuse et patiente les classes dirigeantes ont su en Angleterre, sous le ministère Lloyd George, maîtriser l'agitation ouvrière. Mais il en faudrait citer bien d'autres, si on voulait tracer un tableau complet de cette liquidation du socialisme de guerre.

C'est ainsi que toute une législation était en voie d'élaboration pour la fixation légale des conditions de travail : elle tombe en ruines. Le ministère, conformément aux vœux émis par la « Conférence Industrielle » de 1919, avait promis le dépôt d'un projet de loi pour la limitation légale de la journée de travail à huit heures, et l'ouverture d'une enquête sur les meilleurs moyens à employer pour la fixation d'un salaire national minimum. Le projet de loi sur la journée de huit heures n'a pas été déposé, et on n'a plus entendu parler de l'enquête. La loi du temps de guerre qui réglait temporairement les salaires – deux fois renouvelée – a fini par expirer sans être remplacée par une législation permanente. La loi qui réglait les salaires des travailleurs agricoles a été abrogée, en même temps que la loi qui maintenait, pour le bénéfice des fermiers, le cours des blés. Enfin, la loi de 1918 sur les *Trade Boards*, qui, généralisant le principe de la loi de 1909, donnait au ministère du Travail le pouvoir arbitraire de créer des *Trade Boards* partout où, à son gré, les ouvriers étaient indûment mal payés, a soulevé des protestations, et une commission d'enquête a été nommée pour examiner s'il n'y aurait pas lieu de la réviser. Cette commission, dont faisaient partie trois secrétaires de syndicats, vient de déposer son rapport : s'il est pris en considération par le Parlement, toutes les additions, inspirées par une préoccupation socialiste, que la loi de 1918 faisait à la loi de 1909, semblent devoir être purement et simplement abolies.

Écrasée d'impôts directs, à un point dont le contribuable français peut difficilement se faire idée, la bourgeoisie a protesté contre l'énormité des dépenses budgétaires, demandé des économies. La fameuse Commission Geddes sur les dépenses publiques a, le 1er mars dernier, déposé son rapport, et proposé, sur les divers services, des réductions de dépenses qui s'élèveraient jusqu'à quatre-vingt-sept millions de livres sterling, plus de deux milliards de francs d'avant-guerre, plus de quatre milliards de francs d'après-guerre. Mais cette politique d'économies à outrance, comment la pratiquer sans compromettre cette nouvelle politique qui assignait à l'État, dans le domaine social, une part si grande d'initiative ? Il ne semble pas que la politique dont l'*Electricity Bill* de 1919 devait fournir les cadres ait reçu même un commencement d'exécution. En vertu du *Housing Bill* de la même année, les premiers programmes ont été arrêtés pour la construction de cent soixante-seize mille maisons. Soixante-huit mille sont construites, soixante-neuf mille sont en voie de construction, trente-neuf mille restent à construire, et peut-être seront-elles construites, si l'on trouve l'argent. Mais le ministère vient de déclarer que l'on ne ferait pas de nouveaux plans de construction, et envisage la possibilité de mettre en vente les maisons déjà construites, à moitié prix, pour diminuer les frais qui courent encore : plus de dix millions de livres par an, pendant soixante ans. Enfin l'*Education Act* de 1918 semble tomber en désuétude. Seul le *County Council* de Londres en avait commencé l'application, et mis en branle l'organisation de cours post-scolaires qui devaient prolonger jusqu'à la dix-huitième année, pour tous les enfants de la capitale, l'enseignement obligatoire. Mais déjà, l'an passé, il a limité à la quinzième année la durée de l'obligation scolaire ; et il est possible qu'à la suite des récentes élections municipales, nettement hostiles au parti populaire, les cours post-scolaires, par mesure d'économie, soient bientôt totalement supprimés[1].

M. et Mme Sidney Webb, M. Bernard Shaw[2], M. H.-G. Wells[3] restent aujourd'hui, comme il y a déjà dix ou vingt ans, des collectivistes convaincus. Et ils ne cessent de publier ouvrages de science, pièces de théâtres, romans, pour la propagation de leur doctrine. Mais ce sont des sexagénaires : et toujours il convient de se demander si leurs idées sont celles de 1940, ou celles de 1900. Regardons-y d'ailleurs de plus près. Dans les deux beaux ouvrages trop peu remarqués du public français, qu'ils viennent de publier – « Une Constitution pour la Communauté Socialiste de Grande-Bretagne », « Le Mouvement des Coopératives de Consommateurs »[4] –, M. et Mme Sidney Webb font bien des concessions

---

1. Pour toutes les répercussions de la nouvelle politique d'économie sur le programme social de 1919, voir : *Labour and National « Economy »*, published by The National Joint Council representing the General Council of the Trade Union Congress, The Executive Committee of the Labour Party, and The Parliamentary Labour Party, 1922.
2. [Dramaturge, essayiste et écrivain d'origine irlandaise, Prix Nobel en 1925, George Bernard Shaw (1856-1950) est un précoce socialiste, partisan de l'eugénisme et fidèle de la Fabian Society.]
3. [Célèbre écrivain anglais, Herbert George Wells (1866-1946) se forme lui aussi auprès des Fabians. Il s'éloigne progressivement du socialisme doctrinaire et devient un opposant déterminé aux États totalitaires.]
4. *A Constitution for the Socialist Commonwealth of Great Britain*, Longmans, Green and C°, 1920. – *The Consumers' Cooperative Movement*, printed by the Authors for the Cooperators and Trade Unionists, 1921. – Nous avons, dans le titre du premier de ces deux ouvrages, traduit « Commonwealth » par « Communauté ». « Commonwealth » est le mot, redevenu très en vogue chez les Anglo-Saxons, dont les Anglais du temps de Cromwell, se servaient pour désigner leur « République ». Il est pourtant difficile de dire « République » en

au syndicalisme : ne faut-il pas y voir le signe d'une sorte d'inquiétude d'esprit ? L'ouvrage le plus marquant que M. H.-G. Wells ait publié depuis la guerre, le plus marquant peut-être qui ait paru en Angleterre, c'est cette audacieuse « Histoire du Monde »[1], qui commence à la Nébuleuse pour s'achever au Traité de Versailles. Est-il, quant aux derniers chapitres, conçu dans un esprit socialiste ? M. H.-G. Wells affirmerait sans doute qu'il l'est et ne serait pas en défaut de produire bien des textes à l'appui de cette affirmation. Pourquoi, cependant, cette perpétuelle dénonciation de l'impérialisme romain, cette glorification du libéralisme anglo-saxon, me donne-t-elle invinciblement l'impression, pendant que je lis son « Histoire », d'avoir affaire à un disciple non de Karl Marx ni même des Webb, mais de Buckle ou de Herbert Spencer ?

Il y a toute une génération d'hommes, plus jeunes que les Webb, que M. Bernard Shaw, que M. H.-G. Wells, et dont la foi socialiste demeure ardente. Le fondateur du *Guild Socialism,* M. G.-D.-H. Cole, est de ceux-là : dire quel usage le capitalisme a su faire des critiques dirigées par lui contre le collectivisme bureaucratique, ce n'est pas contester l'ardeur de sa foi. Peut-on d'ailleurs concevoir un socialisme plus radical que celui dont M. R.-H. Tawney nous expose les principes dans son vigoureux petit livre sur « La Société Acquisitive »[2] ? Mais l'un et l'autre ont passé la trentaine. Leur socialisme est d'avant-guerre. Il s'est fortifié des leçons de la guerre, ou, pour parler plus exactement, des leçons des bureaux du temps de guerre. Quels progrès ne faisait pas alors le socialisme d'État ? Serait-il possible aux classes dirigeantes de revenir – quand serait rétablie la paix – sur tant de progrès accomplis ? Mais voici la paix rétablie, et nous avons vu quelle réaction s'est produite. Que pensent, en ces temps de désenchantement, les jeunes gens, non seulement de trente ans, mais de vingt ans seulement ? Tous les témoignages que j'ai recueillis s'accordent à me les représenter comme perplexes et attendant quelque nouveau prophète, ou sceptiques et professant une sorte de positivisme cynique. Lecteurs de Freud, non de Karl Marx. Et, s'il est un aîné qu'ils consentent à tenir pour un maître, c'est l'excentrique Bertrand Russell[3]. Or, il est bien arrivé à celui-ci d'accepter parfois l'étiquette socialiste, en haine de la tyrannie qu'exercent les puissances d'argent. Je doute cependant qu'il l'accepte encore aujourd'hui ; et je suis

---

français, pour désigner une forme de société qui, tout en étant profondément démocratique, s'accommode aujourd'hui de l'hérédité monarchique.

1. *The Outline of History, being a plain history of life and mankind*, written with the advice and editorial help of Mr. Ernest Barker, Sir H.-H. Johnston, Sir E. Ray Lankester, and Professor Gilbert Murray, London, G. Newnes, 1921.

2. *The Acquisitive Society*, London, G. Bell and Sons, 1921.

3. [Voir note 1, p. 174.]

sûr que si quelqu'un, dans cinquante ans ou dans un siècle, écrit l'histoire de la pensée moderne en Angleterre, il classera Bertrand Russel parmi les individualistes, les libertaires, mais non parmi les socialistes.

Le *Labour Party* est plus solide que jamais : rien n'est venu ébranler la vaste organisation, fondée sur les circonscriptions électorales du royaume, qu'il s'est donnée en 1918, qu'il a perfectionnée par des amendements successifs en 1919 et en 1920 ; et, s'il a perdu des sièges aux dernières élections municipales (la déplorable gestion financière de certaines municipalités travaillistes explique cet échec), il a remporté de nombreuses victoires, lorsqu'au cours des douze derniers mois des élections partielles lui ont fourni l'occasion de renforcer sa représentation parlementaire. Il espère, aux prochaines élections générales, doubler, peut-être tripler, le nombre de ceux qui, à la Chambre des Communes, défendent les intérêts de la classe ouvrière. Le « Congrès des *Trade Unions* » qui représente plus de six millions d'ouvriers, a également renforcé sa constitution, formé un « Conseil général », semblable sous bien des rapports au « Comité Conféderal » de notre « Confédération générale du Travail », et capable de prendre des décisions au nom de l'ensemble des ouvriers organisés sans être obligé d'en référer toujours à un congrès. Il ne s'agit d'ailleurs pas ici, comme en France, d'opposer à l'organisation politique des ouvriers une organisation rivale, purement syndicale. Jamais l'union n'a été plus intime entre politiques et syndicaux. Ce nouveau « Conseil général » a constitué, d'accord avec le Comité exécutif du *Labour Party*, un « Conseil Mixte National » pour délibérer en commun sur la politique à suivre ; et on fait tomber les cloisons (je parle à la lettre et non au figuré) qui séparent, dans Eccleston Square, la maison où siègent les services des *Trade Unions Congress* d'avec celle où siègent les services du *Labour Party*. Mais ce qu'il est précisément intéressant de constater, ce qu'il faut essayer d'expliquer, c'est que la débâcle du collectivisme de guerre ait pu coïncider avec ce renforcement méthodique de l'organisation ouvrière.

De tous les partis ouvriers du monde entier, le parti ouvrier anglais est le moins doctrinal. C'est un parti de classe, qui défend au jour le jour les intérêts de la classe ouvrière, et, s'il arrive que d'une manière générale les revendications de cette classe s'harmonisent avec les principes du socialisme, il peut arriver qu'à l'occasion cette harmonie n'existe pas. Alors le parti ouvrier anglais, précisément parce qu'il est si peu dogmatique, est moins embarrassé que nul autre pour rejeter à l'arrière-plan son programme spécifiquement collectiviste. On ne peut dire que la liquidation récente des lois qui soumettaient toute l'industrie et tout le commerce du royaume au contrôle de la nation se soit faite contre la résistance de l'état-major syndical et travailliste. Elle s'est faite avec la connivence, osons dire plus, avec la collaboration de cet état-major.

Nous avons vu le rôle joué par M. J.-H. Thomas[1] dans le règlement final de la question des chemins de fer. Mais c'est encore lui qui, depuis l'automne de 1919 jusqu'au printemps de 1921, a usé de toute son autorité pour empêcher les cheminots, les ouvriers du Transport et l'ensemble des corporations ouvrières, de joindre leurs forces à celles des mineurs, et d'arracher ainsi à un gouvernement intimidé la nationalisation des mines. Les ministres l'ont récompensé de tant de services rendus en faisant de lui un Conseiller Privé. Les communistes ont flétri sa trahison, l'ont accusé de s'être vendu. Mais les communistes ne comptent guère en Angleterre. Il a fait condamner ses diffamateurs et reste, malgré ces faveurs gouvernementales, malgré ces attaques révolutionnaires, le secrétaire du grand syndicat des Cheminots. Il est toujours – avec M. Henderson et M. Clynes[2], des conciliateurs, des modérés comme lui-même – une des grandes figures du Parti Travailliste. Quelle est donc la politique actuelle du Parti, telle que ces trois opportunistes la définissent ? Elle est commandée par les circonstances économiques du jour ; et, parce que ces circonstances ont brusquement changé, il y aura bientôt deux ans, la politique économique du parti devait changer aussi.

Toute l'histoire économique de l'Europe occidentale depuis vingt ans est dominée par un grand fait, qui est la hausse rapide du coût de la vie. C'est un fait qui ne date pas de la guerre, bien qu'il ait revêtu depuis la guerre un caractère de gravité inouïe. Il s'explique, depuis la guerre, par l'émission illimitée de papier-monnaie, en même temps que par la diminution de la production. Il s'expliquait avant la guerre par la productivité accrue des mines d'or. C'est un fait qui exerce nécessairement sur la distribution de la richesse publique des conséquences révolutionnaires. Quiconque vit soit sur un traitement fixe, soit sur le revenu, pareillement fixe, d'une fortune antérieurement acquise, sent venir la gêne, a l'impression d'appartenir à une classe qui tombe en décadence. À la misère de ceux-là s'oppose l'opulence de quiconque – industriel ou commerçant – à quelque chose à vendre : d'où l'ascension rapide d'une classe de « nouveaux riches », qui expulse les vieux riches de leurs maisons et de leurs domaines. Mais les ouvriers salariés, dans quelle catégorie les rangerons-nous ? Sont-ils les victimes, ou les bénéficiaires, du nouvel état de choses ? Leur situation, très instable, est

---

1. [Le secrétaire de la *National Union of Railwaymen* (voir note 1, p. 186).]
2. John Robert Clynes (1869-1949) débute sa carrière comme syndicaliste avant de rejoindre le Parti travailliste et d'entrer à la Chambre des Communes. Ministre du ravitaillement de 1917 à 1919, il devient l'un des principaux leaders travaillistes d'après-guerre. Arthur Henderson (1863-1935) est lui aussi un ancien syndicaliste devenu leader du Parti travailliste qu'il dirige en 1908-1910, 1914-1917 et 1931-1932. Engagé dans le désarmement mondial, il reçoit le prix Nobel de la paix en 1934.

difficile à définir. S'ils peuvent, par la grève ou par la menace de la grève, obtenir le relèvement de leurs salaires, ce relèvement, provoqué par la hausse du prix de la vie, suit cette hausse, alors qu'il devrait la précéder pour que les ouvriers fussent vraiment heureux. Bref, de perpétuels relèvements de salaires donnent à l'ouvrier l'impression de sa force. Mais, à la poursuite d'une prospérité qui toujours lui échappe, il reste un mécontent qui rêve de victoires nouvelles. Il est un révolutionnaire.

Une crise survient. Les industriels et les commerçants ne trouvent plus à écouler leurs stocks. Ils abaissent – le moins possible – le prix de vente de leurs produits. Ils abaissent – le plus possible – les salaires de leurs ouvriers ; ils réduisent – le plus possible encore – le nombre de ceux-ci. Si les ouvriers font grève pour défendre leurs salaires, la grève ne gêne guère les employeurs. Car, d'une part, elle est condamnée à échouer ; et, d'autre part, elle réduit le nombre des travailleurs au moment précis où les patrons désirent restreindre la production. Elle ne fait qu'ajouter des chômeurs volontaires à la foule, déjà immense, des chômeurs involontaires. Le nombre de ceux-ci, bien qu'il tendît lentement à augmenter en Angleterre dans le courant de l'été 1920, ne dépassait pas encore deux cent mille au début de l'automne. Rapidement, il s'est élevé, dépassant le demi-million à la fin de novembre, le million à la fin de janvier 1921, le deuxième million à la fin de mai. Il s'est toujours maintenu depuis lors aux approches de ce chiffre, ne tombant qu'une seule semaine, accidentellement, au-dessous d'un million et demi. Et le problème du chômage a retenu toute l'attention des *leaders* ouvriers.

Dans l'arsenal des formules collectivistes, il en est bien dont on pourrait essayer l'emploi pour résoudre le problème. On entend parfois vaguement parler, dans les milieux socialistes, d'un système en vertu duquel le gouvernement, grand entrepreneur de travaux publics, se réglerait, pour les engager, sur l'état du marché du travail. Il en ralentirait l'exécution en temps d'activité industrielle, il la rendrait plus intense en temps de crise, pour trouver un emploi à la main-d'œuvre devenue surabondante. Mais, en admettant que les États de l'Europe Occidentale doivent jamais être capables de suivre un plan si rationnel, il s'agit ici de projets à longue échéance, qu'on ne saurait appliquer d'urgence à la crise actuelle. L'État n'a pas mis en réserve, avant la crise, les fonds nécessaires pour occuper, aujourd'hui, deux millions de chômeurs. Faudrait-il les demander à l'impôt ? Déjà les classes moyennes se révoltent contre l'excès des charges fiscales. Quelque autre remède s'impose.

Avant la guerre, l'Angleterre, dépassant le modèle allemand, avait institué un système d'assurances non seulement contre les accidents et les maladies, mais encore contre le chômage. La loi de 1911 avait, par voie de première expérience, institué ce système, qui reposait sur une triple contribution des patrons, des ouvriers et de l'État, pour le bénéfice de trois grandes catégories ouvrières : le bâtiment, la mécanique, et les constructions maritimes, au total deux millions deux cent cinquante mille ouvriers. Puis le gouvernement avait, en 1916, étendu le bénéfice de la loi de 1911 à un million et demi de travailleurs employés par certaines industries de guerre. Enfin, au moment où, en 1920, la crise ne faisait que s'annoncer, une loi d'ensemble avait été votée, s'appliquant à toute personne déjà assurée par la loi contre la maladie : au total, douze millions de travailleurs. Ce qui a été fait, depuis le début de la crise, c'est d'étendre le bénéfice de cette législation aux femmes et aux enfants des ouvriers chômeurs. Un fonds a été créé à cette fin, en novembre, pour une durée de six mois ; et les dispositions de cette loi spéciale viennent d'être incorporées à une loi générale qui doit demeurer en vigueur jusqu'en juin 1923. Par où l'on est franchement sorti du système de l'assurance sociale pour passer à celui de l'assistance pure et simple.

Mais un secours hebdomadaire de quinze shillings, même augmenté d'un secours de cinq shillings à l'épouse et d'un shilling à chacun des enfants âgés de plus de quatorze ans, ce n'est pas assez pour tirer l'ouvrier de la misère. Même si on portait l'allocation à une livre sterling, comme le *Labour Party* le demande, par l'augmentation de la part contributive de l'État, ce ne serait pas assez encore. Au lieu de se contenter d'expédients à peine faits pour rendre le mal supportable, ne serait-il pas possible de trouver un remède radical, qui supprimerait le mal ? Or, il en est bien un, et qui n'implique aucune intervention de l'État. Il s'agit de rendre à l'industrie britannique les marchés qu'elle fournissait avant la guerre, ou de lui en trouver de nouveaux en échange des marchés anciens. Mais pourquoi, ces marchés nécessaires, a-t-elle tant de peine à les trouver ? C'est, répondent les pacifistes, la faute de la guerre, ou, pour parler plus exactement, du désordre européen qui a été la suite de la guerre. Dénivellement des changes : les pays à change effondré ont perdu tout pouvoir d'achat. Instabilité des changes : il est impossible d'entreprendre, tant que cette instabilité se prolonge, des opérations commerciales à long terme avec les pays étrangers. Le véritable problème, pour l'Angleterre, ce n'est pas le problème de l'équilibre budgétaire, à résoudre par de fortes contributions allemandes : c'est le problème du chômage, à résoudre par le relèvement des pays de l'Europe centrale et orientale et la réouverture de leurs marchés. Ainsi rentrent en faveur les idées, vieilles d'un siècle et demi, chères à ceux qui avaient accaparé pour eux-mêmes le nom d'« économistes ». Un individu ne s'enrichit pas en accumulant de l'or, mais par le travail et par l'échange avec d'autres travailleurs, dont l'enrichissement est la condition de son propre enrichissement. Adam Smith et Ricardo avaient enseigné cette doctrine. Leurs enseignements avaient été propagés dans les foules, par Richard Cobden[1] il y a trois quarts de siècle, par Norman Angell, l'auteur de la « Grande

---

1. [Industriel britannique, Richard Cobden (1804-1865) s'intéresse très tôt aux questions économiques et commerciales. Sa première étude, *L'Angleterre, l'Irlande et l'Amérique, par*

Illusion », à la veille de la guerre[1] ; John Maynard Keynes[2] est aujourd'hui leur successeur. Le *Labour Party* adopte ces idées. Mais sont-elles siennes ? Adam Smith et Ricardo, Richard Cobden, Norman Angell et Maynard Keynes, loin d'être socialistes, sont des doctrinaires libéraux, des adversaires conscients du socialisme.

Ce recul de l'idée socialiste en Angleterre, que toujours l'examen des faits nous ramène à constater, nous n'osons dire qu'il doive être permanent. Les socialistes peuvent alléguer que le développement rapide du collectivisme d'État, à partir de 1914, était un phénomène anormal, et qui n'avait rien à voir avec les progrès réguliers du socialisme ; que la réaction apparente n'est qu'un retour aux conditions normales du temps de paix ; et qu'une fois ce retour effectué, une fois la crise économique franchie, le collectivisme européen reprendra le cours de ses progrès. Peut-être. Il n'en est pas moins vrai que le *Labour Party* vient de manquer une occasion, singulièrement favorable, pour réaliser sans secousse la nationalisation des chemins de fer et des mines. Et le Parti, l'occasion ayant été manquée – manquée, nous avons essayé de le faire voir, avec sa connivence –, se trouve dans une situation paradoxale. Solidement constitué pour la lutte électorale, il s'installe au Parlement comme étant le parti d'opposition régulière à la coalition des partis bourgeois. Mais quand il cherche à définir un programme capable de lui rallier, au jour des prochaines élections générales, les masses populaires, le voilà qui retombe non sur un programme spécifiquement socialiste, mais sur le vieux programme qui fut, il y a un demi-siècle, en Angleterre, celui du libéralisme bourgeois. *Peace and Plenty*, la Paix et l'Abondance. L'Abondance par la Paix. La Paix avec les ennemis d'Allemagne et de Russie, avec les rebelles d'Irlande, d'Égypte et des Indes. La Paix partout, toujours, et à tout prix.

> Depuis que cet article a été écrit, le *Labour Party* vient de tenir son congrès annuel (Édimbourg, 27-30 juin). Des motions ont été soumises à son approbation, en faveur de la nationalisation du sol, des mines, des

---

un fabricant de Manchester, paraît en 1832. Partisan de la politique de libre-échange, porte-parole de l'*Anti-Corn Law League* à partir de 1838, Richard Cobden accède à la Chambre des communes en 1841, comme député radical. Il remporte la bataille de l'abrogation des *Corn Laws* votée le 16 mai 1846. Puis il s'engage dans l'arbitrage international et la lutte contre la guerre, avant de travailler au rapprochement de l'Angleterre avec la France de Napoléon III.]

1. [Essayiste et député britannique, héraut du pacifisme outre-Manche, Norman Angell (1872-1967) devient célèbre en publiant *The Great Illusion. A Study of the Relation of Military Power to National Advantage*. L'ouvrage est réédité en 1933, l'année où il se voit décerner le Prix Nobel de la paix. Selon l'auteur, l'hypothèse d'une guerre générale en Europe n'est pas crédible, et si un conflit doit éclater, celui-ci sera nécessairement de courte durée.]

2. [John Maynard Keynes (1883-1946). Voir note 3, p. 427.]

chemins de fer, de tous les moyens de production, de distribution et d'échange. Il est probable qu'elles ont été votées : pourquoi le Congrès se serait-il refusé à accomplir les rites anciens ? Mais le compte rendu sommaire que j'ai sous les yeux ne prend pas même la peine de me dire si, oui ou non, elles l'ont été : tant la question passionne peu, à l'heure actuelle, l'opinion générale, et l'opinion du *Labour Party* lui-même. Peut-on oublier que l'*Independent Labour Party*, en avril, a supprimé de son programme toute allusion à la reprise par la nation des moyens de production ? Sans doute, il ne faut pas confondre cette petite secte avec le vaste Parti du Travail qui l'englobe : ce n'en est pas moins sous la pression de cette secte que le Congrès des *Trade Unions* s'était rallié, il y a une trentaine d'années, à la thèse de la nationalisation intégrale. Au moment même où siégeait le Congrès travailliste, six leaders du Parti publiaient leur programme sous le titre de *What We Want and Why*. Nous ne connaissons encore l'ouvrage que par un premier compte rendu. Il ressort cependant que le livre est nettement collectiviste, demande en particulier la nationalisation des chemins de fer avec participation des ouvriers à la gestion et regrette qu'on n'ait pas saisi, il y a deux ans, pour effectuer cette réforme, des circonstances aussi favorables. Mais quelle n'est pas notre surprise en constatant que l'article où il est traité de la nationalisation des chemins de fer a pour auteur M. J.-H. Thomas lui-même ! En vérité, les mystères du parlementarisme britannique sont insondables : M. J.-H. Thomas a-t-il envoyé quelques exemplaires de *What We Want and Why*, embellis de sa dédicace, aux directeurs de compagnies avec lesquels il a signé le pacte de mai 1921 ?

2 juillet 1922.
É. H.

UNE INTERPRÉTATION DE LA CRISE MONDIALE

DE 1914-1918[1]

Prononcées en mai 1929 à l'université d'Oxford, publiées un an plus tard par les soins de Clarendon Press, les trois conférences en anglais d'Élie Halévy sont connues du public français grâce à des extraits publiées en 1930 par Michel Alexandre, élève d'Alain et fondateur de la revue Libres propos[2]. *Cependant, il faut attendre la publication posthume de 1938 pour découvrir l'importance des thèses de l'historien-philosophe sur la Grande Guerre et ses conséquences sur le monde, et comprendre le rôle qu'elle assume dans la conception halévyenne de l'« ère des tyrannies ». En pensant simultanément les phénomènes du socialisme révolutionnaire et de la guerre moderne, les conférences d'Oxford permettent d'établir la notion de « crise mondiale » qui ne fut « pas seulement une guerre – la guerre de 1914 – mais une révolution – la révolution de 1917 ». À l'intention de l'auditoire des Rhodes Memorial Lectures, Élie Halévy développe dans ses deux premières conférences les « concepts » de révolution et de guerre débouchant sur la découverte de leur « ressemblance frappante ». Le déclenchement de la révolution bolchevique au cœur de la guerre européenne amena cette dernière à se poursuivre bien après la fin des hostilités. Survint une nouvelle révolution, en Italie cette fois, portant le fascisme au pouvoir.*

*Élie Halévy conclut sa troisième conférence sur ce lien de la guerre et de la révolution qui domine l'avenir du continent européen et tendrait à signifier « la faillite de toute politique » devant la puissance des foules basculant dans la guerre et la révolution. D'emblée, il insiste dans son propos sur l'importance des « forces collectives » engagées dans un processus unique par leur rôle dans le déclenchement de la guerre et le développement de la révolution. Cette conclusion pessimiste sera reproduite au terme de l'*Épilogue *de l'*Histoire du peuple anglais *:*

---

1. Conférences prononcées à Oxford en 1929.
2. [Voir la lettre d'Élie Halévy à Michel Alexandre, La Maison Blanche, Sucy-en-Brie, S.-et-O., 22 juillet 1930, *infra*, p. 627.

Cherchons (donc) des responsabilités collectives et populaires plutôt qu'individuelles et gouvernementales. Les gouvernements sont entraînés par les peuples. Si nous voulons comprendre par quel concours de circonstances l'Angleterre se trouva entraînée, le 4 août 1914, à déclarer la guerre à l'Allemagne, il nous faut reconnaître, dans leur essence et dans leurs origines, les passions populaires, qui, de l'Asie aux Balkans, des Balkans aux confins méridionaux de l'Allemagne, de conflit en conflit, de révolution nationale en révolution nationale, vont finir par embraser l'Occident[1].

Il ne conçoit pas pourtant que les hommes d'État puissent rester impuissants devant le mouvement de l'histoire, se bornant à « attendre passivement que ces forces collectives et anonymes s'imposent de nouveau, et qu'une nouvelle guerre, une nouvelle révolution – à la manière d'une inondation ou d'un tremblement de terre – submergent et secouent une fois de plus le monde ». Il appelle à une transformation de la pensée politique même, à une prise de conscience en faveur d'« un fanatisme de l'humanité assez puissant pour contrebalancer ou pour absorber nos fanatisme de nationalité ». L'institution de la Société des Nations est « une tentative de ce genre », relève-t-il. En cas d'échec de l'esprit de compromis qui doit prévaloir dans son enceinte, elle admet « se soumettre à l'arbitrage, aux conseils, aux ordres du Parlement de l'Humanité ».

Cet engagement international est à la portée des peuples et des dirigeants conscients du précipice auquel mène la conjonction de la guerre et de la révolution. Sans que l'événement ne soit explicitement mentionné, on peut noter qu'Élie Halévy retrouve ici le « devoir d'humanité » venu répondre à l'entreprise révolutionnaire de guerre d'extermination déclenchée par le Comité Union et Progrès contre les Arméniens de l'Empire ottoman en 1915[2]. Ce choix de responsabilité collective repose sur des dispositions intellectuelles et morales qu'Élie Halévy retrouve dans l'étude de l'Angleterre. Depuis deux siècles, souligne-t-il, cette nation a su tenir à distance la guerre aussi bien que la révolution. Son exemple démontre aux yeux de ce grand admirateur du modèle britannique, que le matérialisme historique, que la domination obscure des « forces collectives et anonymes », ne sont pas une fatalité. Et qu'il est possible, toujours possible, de restaurer le pouvoir de la raison dans un monde livré à la guerre et à la révolution, bientôt à l'« ère des tyrannies ».

---

1. Élie Halévy, *Histoire du peuple anglais au XIXe siècle*, Paris, Hachette, 1932, p. 603.
2. Cf. Vincent Duclert, *La France face au génocide des Arméniens, du milieu du XIXe siècle à nos jours. Une nation impériale et le devoir d'humanité*, Fayard, 2015.

1. Vers la Révolution

Permettez-moi, avant de commencer, de vous exprimer mes sentiments de gratitude. Que l'Université d'Oxford m'ait fait, il y a trois ans, docteur *honoris causa*[1], que le Comité Rhodes m'ait choisi, cette année, comme *memorial lecturer*[2], de tels honneurs, je peux vous l'assurer, m'inspirent plus de modestie que d'orgueil. Ils ne m'induisent pas à me regarder comme plus grand que je ne suis. Mon œuvre a été une œuvre de patience : c'est cette patience que vous avez voulu récompenser. Vous comprendrez facilement quelle haute valeur a pour un historien du peuple anglais cette récompense qui lui vient du véritable centre de la culture anglaise. Il y voit quelque chose de plus que la récompense du passé, un encouragement pour l'avenir. Mon œuvre est loin d'être achevée. Pour qu'elle soit menée à bonne fin, il me faudra la force nécessaire, la santé, l'absence d'inquiétudes, faveurs qu'il n'est pas en votre pouvoir de m'accorder. Mais aussi confiance en moi et continuité de patience : cela, vous pouvez me le donner, vous me l'avez donné. C'est pourquoi je vous remercie de tout cœur.

Mais ce n'est pas seulement en mon nom que je veux vous exprimer ma gratitude, c'est aussi au nom de mon pays, au nom de la France. Le premier conférencier du *Rhodes Memorial*, une des grandes figures du *Commonwealth* britannique des nations, était un homme d'État canadien. Le second conférencier fut un éminent savant américain qui, s'il n'appartenait pas à ce *Commonwealth*, faisait tout au moins partie de ce qu'on pourrait nommer le *Commonwealth* des nations où l'on parle anglais. Mais vous vous êtes souvenus que ce siècle est le siècle de la Société des Nations. Vous avez pensé qu'il serait peut-être bon de chercher un conférencier hors de ce monde où l'on parle anglais. Cecil Rhodes, qui était, essentiellement, un homme d'imagination, aurait certainement trouvé l'idée bonne. Et pour finir, ayant pris cette décision, vous avez invité un Français ; ce dont, une fois encore, je vous remercie. Votre décision a donné à l'Entente sa véritable signification, non pas d'un expédient diplomatique momentané, mais de quelque chose de plus durable, parce que spirituel ; de quelque chose qui n'est pas, espérons-le, fondé sur la peur d'un ennemi commun, mais sur ces vertus plus positives, foi, espérance et charité. Charité envers l'humanité prise dans son ensemble. Espérance dans le salut à venir de la race humaine. Foi dans la possibilité de travailler par la coopération entre les peuples, à la cause du savoir et de la culture, à tout ce que le XVIIIe siècle, le plus anglo-français de tous les siècles, appelait de ce beau nom : les Lumières.

---

1. [Voir dans la partie documentaire de cette édition, p. 540 et suiv.]
2. [Élie Halévy est, distinction rare, le premier *Rhodes Lecturer* qui ne soit pas britannique.]

C'est dans cet esprit philosophique que je compte aborder mon difficile sujet. Je laisserai de côté les individus. Je ne m'étendrai pas sur l'histoire de la semaine qui a précédé la déclaration de guerre, si dramatique qu'elle soit. J'ignorerai les suggestions faites après coup par une nuée de critiques bien intentionnés, sur ce que tel souverain, tel Premier ministre, ou tel ministre des Affaires étrangères aurait dû, tel jour, à telle heure, faire ou ne pas faire, dire ou ne pas dire, pour éviter la guerre. Pilules pour remédier à un tremblement de terre ! L'objet de mon étude, c'est le tremblement de terre lui-même. J'essaierai de définir les forces collectives, les sentiments collectifs et les mouvements d'opinion publique qui, au début du XXe siècle, tendaient vers le conflit. C'est exprès que je dis « conflit » et non guerre, parce que la crise mondiale de 1914-1918 ne fut pas seulement une guerre – la guerre de 1914 – mais une révolution – la révolution de 1917. Je ferai donc bien, dès le début, d'attirer votre attention sur quelques aspects de ces deux importants concepts, « guerre » et « révolution ».

Mon premier point sera qu'il y a une ressemblance frappante entre les deux concepts. Supposons qu'il existe, à une époque donnée, un équilibre à peu près complet entre les conditions d'existence politiques et les conditions d'existence économiques d'une nation, et que la répartition du pouvoir politique entre les différentes classes de cette nation corresponde, en fait, à la répartition du pouvoir économique. Supposons ensuite que le jour vienne où, la distribution du pouvoir politique restant la même, et ne pouvant, par des moyens normaux, être réadaptée à des conditions nouvelles, la répartition du pouvoir économique se trouve profondément modifiée. Supposons par exemple que la bourgeoisie, comme ce fut le cas dans la France du XVIIIe siècle, gagne énormément en puissance économique et en culture sans que ses pouvoirs politiques augmentent parallèlement. Pour la classe ainsi politiquement désavantagée, la tentation sera bien forte – presque aussi irrésistible qu'une loi de la nature – de recourir à la violence et à la révolution pour rétablir un équilibre nouveau. Supposons encore qu'à un moment donné la répartition du sol entre les différentes nations de l'Europe corresponde à peu près à leur force militaire, à leur développement économique, à leur degré de civilisation respectifs, et s'accorde en substance avec les sentiments de la grande majorité des sujets de chaque État. Mais supposons que, plus tard, une nation se soit énormément développée au point de vue militaire, ou économique, aux dépens d'une ou de plusieurs autres, ou qu'à l'intérieur de ses propres frontières de nouvelles nationalités aient pris conscience d'elles-mêmes et désirent s'affirmer comme États indépendants. Dans un tel cas de rupture d'équilibre, les hommes n'ont pas encore découvert de moyen de redressement pacifique. Seule une explosion de violence, et ce qu'on appellera dans ce cas, non pas une révolution mais une guerre, pourra remettre les choses en place et rétablir un nouvel équilibre, qui durera plus ou moins longtemps.

En second lieu, et précisément parce que les deux notions de guerre et de révolution se tiennent de si près, il est souvent difficile de distinguer entre une révolution et une guerre. Une nation – Irlande ou Pologne –, qui a été absorbée par un Empire, désire s'affirmer comme État indépendant, et prend les armes contre ceux qui, d'après la constitution écrite, sont ses maîtres légitimes. Cet éveil d'une nation naissante, l'appellera-t-on révolution ou guerre nationale ? Ou encore, une révolution peut déborder les étroites limites du pays où elle a pris naissance. Les armées françaises, par exemple, pendant les années 1792 et suivantes, firent leur apparition en Belgique et en Rhénanie, et furent partout acclamées par le parti démocratique, tandis que leurs adversaires cherchaient le salut dans la fuite. Était-ce là une guerre au sens strictement militaire du mot, ou une révolution qui se propageait ?

Voilà pourquoi toutes les grandes convulsions qui ont secoué le monde au cours de son histoire, et l'Europe moderne en particulier, ont été en même temps des guerres et des révolutions. La Guerre de Trente ans fut à la fois une crise révolutionnaire, un conflit à l'intérieur de l'Allemagne entre les partis protestant et catholique rivaux, et une guerre internationale entre le Saint-Empire romain, la Suède et la France. La Grande Guerre – comme on l'appelait en Angleterre jusqu'à une époque récente – qui dura de 1792 à 1815 et qui avait commencé par être une révolution sociale en France, devint une guerre qui gagna toute l'Europe jusqu'au jour où des révolutions ou des guerres nationales, se retournant contre la France, l'eussent rejetée – après une série de triomphes et de désastres sans précédents dans l'histoire – à l'intérieur de ses frontières primitives. La dernière grande guerre, celle qui constitue mon actuel sujet, présente des caractères similaires.

Je définirai donc, dans ma première conférence, les forces qui, au début du siècle, travaillaient à la révolution. Dans la seconde, les forces qui travaillaient à la guerre. Je tenterai ensuite de montrer, dans ma conférence finale, de quelle aide peut être, pour débrouiller l'intrigue si bien mêlée de la crise mondiale de quatre ans, une juste connaissance de ces deux groupes de forces.

Quelles étaient les forces collectives qui travaillaient pour la révolution ? Un seul mot les résume, un mot d'un emploi universel : « socialisme » ; mot dont il est d'autant plus facile de définir le sens qu'il s'est, si l'on peut dire, cristallisé en une doctrine unique. Un homme – quoi que l'on pense de son enseignement, c'était sûrement un homme de génie, l'esprit le plus réellement international parmi les Internationalistes – avait fondé son système sur une étude approfondie de la Dialectique de Hegel, du Socialisme français et des Économistes anglais. Il ne sera sans doute pas inutile de résumer ici l'essence de la doctrine de Karl Marx.

À ses yeux, le trait fondamental de la civilisation moderne, c'est la lutte des classes, la guerre entre capitalistes et salariés. Les capitalistes possèdent tous les moyens de production ; ils forment une minorité, et une minorité qui se resserre constamment, la loi de la concurrence industrielle entraînant la ruine des petites entreprises, toujours battues, toujours absorbées par les plus grandes. La fonction des capitalistes a été bienfaisante, en ce qu'ils ont su, par leur capacité d'organisation, accroître, à un degré presque incroyable, la force productive de l'humanité. Mais ce n'est pas pour le bénéfice immédiat de la masse humaine qu'ils ont accompli cette œuvre féconde. Ils ne l'ont réalisée que par une exploitation méthodique, par l'oppression, par la paupérisation des travailleurs salariés. L'humanité prendra sa revanche, mais seulement le jour, inéluctable – à l'avènement duquel le capitalisme travaille lui-même inconsciemment – où les masses exploitées composeront une si écrasante majorité par rapport au nombre sans cesse décroissant et finalement insignifiant de leurs exploiteurs, qu'elles trouveront la voie libre, au prix d'un suprême sursaut, pour rentrer enfin en possession de leur héritage, pour s'emparer du contrôle des industries concentrées, et pour y travailler désormais, non plus au profit de quelques-uns, mais au bénéfice de tous.

Cette doctrine de Karl Marx m'a toujours paru choquante, en ce qu'elle rassemble la haine de la multitude contre les capitaines d'industries, c'est-à-dire contre cette classe de capitalistes dont l'activité a été la plus nettement bienfaisante, à l'exclusion de beaucoup d'autres formes plus parasites de capitalisme. Mais on comprend sans peine qu'elle ait profondément remué les masses ouvrières. Elle s'accordait exactement aux conditions qui prévalaient dans les régions nouvellement industrialisées de l'Europe occidentale. Là, d'énormes masses de salariés, brusquement agglomérées, se trouvaient face à face avec des patrons arrogants, maîtres souverains de l'industrie, accapareurs de toute la richesse. La doctrine de Karl Marx fournissait à ces masses des raisons de haïr ceux qui d'instinct leur étaient odieux. Peu à peu on oublia qu'il y avait eu des socialistes en France et en Angleterre bien avant que Karl Marx eut commencé d'écrire. Marxisme et socialisme devinrent des termes synonymes.

C'est dans le plus important des pays d'Europe, en Allemagne, que le mouvement se développa tout d'abord. Un grand parti s'y était organisé, essentiellement basé sur le marxisme orthodoxe ; et les socialistes des pays voisins avaient, avec plus ou moins de succès, tenté d'imiter le parti socialiste allemand, de même que les soldats, les industriels, les réformateurs sociaux s'étaient partout efforcé d'imiter l'organisation militaire, l'ordre industriel, la législation sociale de l'Allemagne. Le parti social-démocrate s'était d'abord constitué (sous un autre nom) en 1875, avec un programme encore indéfini et une organisation imparfaite. Puis il avait dû subir une longue épreuve : plus de dix ans de persécution bismarckienne ; mais de cette épreuve, il était sorti triomphant, au moment où le jeune Guillaume avait congédié Bismarck, et où un nouveau régime de tolérance avait commencé pour les démocrates sociaux. Déjà, un million et demi d'électeurs votaient pour les candidats démocrates ; aux élections générales de 1905, le chiffre de trois millions fut atteint ; celui de quatre millions en 1912. Dans le plus grand pays d'Europe, quatre millions de votants brûlaient d'envoyer au Reichstag les membres d'un parti dont le programme était strictement révolutionnaire.

Le développement, constant et impressionnant, du nombre des marxistes allemands pose un important problème. Il n'y a jamais eu, dans aucun grand pays, quatre millions de révolutionnaires ; il n'y avait certainement pas en Allemagne, au commencement du XXe siècle, quatre millions d'adversaires résolus de la religion, d'antipatriotes conscients, d'hommes désireux d'abolir rapidement la propriété privée. Ce que les social-démocrates surent faire, ce fut de rassembler les mécontentements de toutes sortes. Et ce fut en jouant adroitement de la doctrine marxiste qu'ils parvinrent à réunir et à garder cette masse énorme d'extrémistes et de modérés. Car, si le marxisme est, par son essence même, révolutionnaire, c'est aussi – et les chefs de la social-démocratie allemande le rappelaient sans cesse à leurs disciples – une doctrine fataliste. Le socialisme se réalisera inévitablement, mais seulement le jour où le processus naturel de la concentration capitaliste aura atteint son développement final. C'est alors que la catastrophe surviendra ; mais il serait dangereux et absurde d'en devancer l'heure et d'entraîner les masses dans une insurrection prématurée, qui n'aboutirait qu'à un échec. C'est ainsi que les social-démocrates allemands jouaient avec succès un jeu adroit et faisaient, jour après jour, de nouvelles recrues, leur prêchant, jour après jour, la patience en même temps que l'espérance, poursuivant une politique, non pas tant d'action révolutionnaire que d'attente révolutionnaire, une politique d'ajournement.

Mais le jeu était un jeu difficile, et après les élections générales de 1912, la question se posa de savoir combien de temps un parti – un parti devenu numériquement formidable – pourrait continuer à le jouer. L'historien est en droit de se demander si une des raisons – nous sommes loin de dire la principale raison – qui décida l'aristocratie militaire allemande, en juillet 1914, à courir le risque d'une guerre européenne, ce ne fut pas le malaise croissant que lui faisait éprouver la pression grandissante du parti social-démocrate, et le sentiment que ce qu'il pourrait faire de plus sage, c'était de tenir hardiment tête au socialisme en s'affirmant une fois de plus comme le parti de la guerre et de la victoire. Il y avait, en vérité, quelque chose de paradoxal dans la structure de l'Empire allemand. Un pays hautement industrialisé, le plus industrialisé de tous les pays du continent, soumis à un régime politique féodal et absolutiste. Un Empire fondé, en 1866 et 1871, sur la base du suffrage universel, mais où la Prusse, centre de l'Empire, était condamnée à un système électoral qui n'était que la parodie des institutions démocratiques ; où le ministre était responsable, non devant l'assemblée électorale, mais devant le souverain héréditaire ; où un ministre n'avait pas le droit de démissionner, mais devait attendre qu'il plût au roi, ou à l'empereur, de le congédier. Voilà bien un de ces cas d'équilibre précaire qui appellent une révolution. Or, comme dans l'État allemand le seul parti représentant la démocratie pure et simple était en même temps un parti socialiste, il était difficile de voir comment la crise politique pouvait manquer d'être accompagnée d'un bouleversement social.

Nous verrons, par la suite, comment ces choses s'accomplirent. Personne cependant, au cours des années qui précédèrent immédiatement 1914, n'aurait pu dire que l'Allemagne était le centre de l'esprit révolutionnaire en Europe. Les centres révolutionnaires de l'Europe, c'est ailleurs qu'il faut les chercher, plus à l'ouest et plus à l'est, en France et en Russie.

Commençons par la France. Les conditions sociales qui y régnaient étaient très différentes de celles qui régnaient en Allemagne. Quand s'ouvrit le XXe siècle, le suffrage universel était établi en France depuis plus de cinquante ans. Même sous le second Empire, la France avait été, en théorie tout au moins – puisque cet Empire était une monarchie fondée sur un plébiscite – et après 1870 en fait, un pays où toutes les fonctions administratives dépendaient, directement ou indirectement, du vote populaire. Avec quels résultats ? Quand ils considéraient ces résultats, les révolutionnaires étaient amèrement déçus. Ils voyaient que les socialistes, une fois admis dans cette Chambre des députés démocratiquement élue, devenaient, non plus des révolutionnaires, mais des parlementaires, non plus des socialistes, mais des radicaux, trop souvent même non plus des radicaux, mais des modérés. Ils s'aperçurent que la monarchie sociale de Bismarck avait doté les classes ouvrières, contre les risques de la vie industrielle, de lois de protection plus efficaces que le radicalisme français. Ils se demandèrent si ces échecs de la démocratie française ne tenaient pas à la nature même de toute démocratie. Se porter candidat n'implique-t-il pas de mendier des votes de toute sorte – les votes bourgeois aussi bien que les autres ? Être membre du Parlement n'implique-t-il pas qu'on s'intéresse à toute espèce de questions – nationales, diplomatiques, militaires, religieuses – qui sont sans rapport aucun avec le problème, purement économique, du bien-être des classes ouvrières ?

Une doctrine surgit alors, le *Syndicalisme*, doctrine qui ouvre réellement une ère nouvelle dans l'histoire du socialisme, et à qui il n'a manqué, pour être appréciée comme elle le mérite, qu'un prophète de la taille de Karl Marx.

Les syndicalistes condamnèrent comme stérile ce qu'ils appelèrent l'action indirecte de l'État ; ils interdirent aux chefs des syndicats d'entrer dans les assemblées démocratiquement élues, dans le fol espoir d'agir indirectement, par l'intermédiaire de l'État, sur les employeurs. Si les chefs ouvriers veulent rester réellement en contact avec les travailleurs et demeurer fidèles à l'esprit militant de la lutte des classes, ils n'ont d'autre devoir que de se tenir à l'écart de toute politique, et de mettre en œuvre la méthode d'action directe contre les employeurs. Que les travailleurs, en exerçant une pression constante sur les capitalistes, dans l'atelier et dans l'usine, par les contrats collectifs, par la grève, par le boycottage, conquièrent de plus hauts salaires, des journées plus courtes, un contrôle accru sur les conditions du travail et sur l'organisation même de l'industrie ; qu'ils groupent leurs unions, ou *syndicats*, en fédérations s'étendant sur tout le territoire, et ces fédérations elles-mêmes en une seule fédération de tous les métiers, la *Confédération Générale du Travail*, investie du pouvoir exécutif. Le jour viendra où, après une dernière grève générale révolutionnaire, la Confédération générale du Travail consommera la destruction du capitalisme et constituera une pure démocratie industrielle, une société des producteurs, débarrassée de toutes les fonctions politiques propres aux États militaires du passé.

Notre tableau du syndicalisme français n'est cependant pas encore complet. Un maître d'école bourguignon, nommé Gustave Hervé[1], inaugura une autre école de tactique révolutionnaire qui rallia plus ou moins complètement les syndicalistes extrémistes. Sa formule, c'était la grève des soldats, grève des soldats contre leurs officiers ; et tant qu'il se borna à exhorter les soldats à ne jamais se laisser employer comme briseurs de grèves, il y eut évidemment un étroit rapport entre ses idées et celles des syndicalistes révolutionnaires. Mais il alla plus loin, et il conseilla aux soldats, si la guerre éclatait, de ne pas seulement jouer, dans un esprit tolstoïen, le rôle de l'objecteur de

---

1. [Issu d'une famille paysanne du Finistère, Gustave Hervé (1871-1944) réussit à force d'obstination le concours de l'agrégation d'histoire. Il participe au mouvement dreyfusiste, milite dans les Universités populaires et se rapproche des socialistes. En 1899, il est nommé au lycée de Sens et commence à publier des articles très antimilitaristes dans *Le Pioupiou de l'Yonne* et dans *Le Travailleur socialiste de l'Yonne*. Traduit en cour d'assises pour injures à l'armée, il est acquitté le 13 novembre 1901 après une grande plaidoirie d'Aristide Briand. Il est pourtant révoqué par le ministre de l'Instruction publique Georges Leygues. Cette décision provoque de nombreux remous à gauche et entraîne une scission des intellectuels dreyfusards. Gustave Hervé persiste dans l'antimilitarisme virulent et se lance dans le syndicalisme révolutionnaire, défiant le parti socialiste (SFIO) à partir de 1905. En 1912, devant la menace de guerre avec l'Allemagne, il devient belliciste et transforme son journal, *Le Guerre sociale*, en un organe de propagande nationaliste rebaptisé *La Victoire*. Après la guerre, Gustave Hervé glisse vers l'autoritarisme et organise en 1935 une campagne d'opinion en faveur du maréchal Pétain. Il se tient néanmoins éloigné de la Collaboration durant la Seconde Guerre mondiale.]

conscience, en refusant de se battre ; il leur conseilla de garder les armes que les circonstances avaient placées entre leurs mains, afin de les diriger contre le gouvernement de leur propre pays, contre le militarisme, le patriotisme et le capitalisme. C'était là une doctrine qui ne ressemblait plus guère à la doctrine syndicaliste de la grève, et qui nous rapproche plutôt de la vieille formule « jacobine » ou « blanquiste » du *coup de main* dirigé contre les organes centraux du gouvernement, afin d'imposer une révolution au pays, grâce au contrôle politique de l'État. Mais ce qui est certain, c'est que les deux doctrines séduisirent les extrémistes, et que le mot « grève » fut employé dans les deux cas, si bien qu'il devint souvent difficile de ne pas confondre l'« Hervéisme » avec le « Syndicalisme ». Le double programme de la grève générale des ouvriers et des soldats devait, en fait, être appliqué, et appliqué avec succès, comme nous le verrons bientôt, dans un autre pays que la France. Mais c'est en France, pendant les dix premières années du XXe siècle, que le plan fut conçu.

Et à peine fut-il conçu qu'il gagna, comme un incendie, bien d'autres pays que la France. Il gagna l'Espagne et l'Italie, où le marxisme orthodoxe avait toujours eu beaucoup de peine à résister aux formes plus révolutionnaires du socialisme, où il avait été souvent forcé de pactiser avec elles. Le mouvement devint particulièrement violent en Italie, vers la fin de 1911, au moment de la guerre de Tripoli.

Dans la ville de Forli, un brillant agitateur organisa avec succès une grève générale de tous les travailleurs qui dura plusieurs jours, pour protester contre cette guerre. C'est ainsi qu'il se fit connaître, et, peu après, il était promu directeur de l'important journal socialiste de Rome, l'*Avanti*. Le ton du journal devint nettement révolutionnaire, et la vente en fut considérablement accrue. Cet homme s'appelait Benito Mussolini.

Le mouvement gagna aussi le monde anglo-saxon. Il gagna les États-Unis, où ceux qui se qualifiaient de « *Industrial Workers of the World* » répandirent, parmi la masse des travailleurs non qualifiés, cette idée de la grève révolutionnaire, l'opposant aux méthodes ultra-modérées de l'*American Federation of Labour*. Ils trouvèrent des imitateurs en Australie, ou les gouvernements travaillistes avaient du mal à s'entendre avec leurs ouvriers, et où les ouvriers mécontents furent heureux de découvrir, dans le syndicalisme, une bonne arme pour combattre leurs gouvernements. Deux Anglais, Ben Tillett et Tom Mann, entrèrent là-bas en contact avec les agitateurs syndicalistes. À Londres, vingt ans plus tôt, ils avaient été d'actifs révolutionnaires ; ils n'avaient pas réussi, et, découragés, ils avaient abandonné leur pays natal. Maintenant convertis à la nouvelle doctrine, ils la rapportèrent en Angleterre, où déjà elle avait commencé à pénétrer plus directement par-dessus la Manche. Pendant le critique été de 1911, au moment où les ultra-conservateurs livraient leur dernière bataille acharnée contre la loi parlementaire, au moment où la *Panther* mouillait devant Agadir, et où le gouvernement anglais croyait réellement à la possibilité d'une guerre immédiate avec l'Allemagne, Ben Tillet et Tom Mann se mirent à la tête d'une série de grosses grèves parmi les ouvriers du transport et les cheminots, grèves qui impliquaient un élément de violence tout nouveau en Angleterre et qui portaient la marque d'une influence étrangère. Puis, l'hiver suivant, ce fut la grève des mineurs, et, en 1913, les grèves générales en Afrique du Sud et à Dublin, qui vinrent si bizarrement, et de façon si inattendue, se mettre en travers des querelles entre colons anglais et colons hollandais en Afrique du Sud, entre protestants et catholiques en Irlande. Bientôt enfin, au cours des premiers mois de 1914, la nouvelle agitation des ouvriers des transports, des cheminots et des mineurs, éclata. Il s'agissait d'organiser ce qu'on appela la « Triple Alliance Industrielle », destinée à exercer une pression concertée sur les Associations de leurs patrons respectifs, et, éventuellement, à préparer la grève générale. Leurs aspirations différaient naturellement de celles des utopistes et des extrémistes continentaux. Leurs objectifs bien définis, d'un intérêt immédiat, c'étaient des salaires plus élevés, moins d'heures de travail, et aussi la reconnaissance de leurs syndicats. Mais la situation n'en restait pas moins alarmante : le pays se trouvait en face d'un état de choses qui se rapprochait, comme gravité, de la crise à laquelle on n'aboutit qu'en 1926, après de longues années de trouble et d'incertitude.

Plus grave encore était la situation dans l'est de l'Europe, s'il nous est toutefois permis de considérer la Russie comme faisant partie de l'Europe. Mais ne me demandez pas de m'attarder, à ce propos, sur les débuts du bolchevisme avant la guerre. Qu'il vous suffise de savoir que, à partir de 1903, il y eut un parti bolcheviste ; mais c'était un très petit parti – la moitié du parti social-démocrate ; et le parti social-démocrate russe était loin de comprendre le parti socialiste russe tout entier. – Je comparerai l'influence des social-démocrates russes, dans le mouvement révolutionnaire, à celle des barons baltes dans les cercles réactionnaires. Les barons baltes constituaient un élément allemand, exotique : leur but, leur fonction, c'était d'introduire les méthodes, peut-être brutales mais ordonnées, de la bureaucratie allemande, dans une société semi-asiatique, incapable, anarchique et corrompue. Les social-démocrates russes constituaient aussi un élément exotique : ils étaient les adeptes du socialisme marxiste, et les admirateurs de la science allemande ; ils étaient, comme l'étaient aussi les barons baltes, les ennemis conscients de la nonchalance, de l'incapacité orientales. Ils comprenaient, ils expliquaient, que le temps n'était pas encore venu pour une révolution socialiste en Russie. Le pays, d'après la philosophie du progrès de Karl Marx, devrait d'abord subir un long et pénible processus d'« occidentalisation » et d'industrialisation. Le parti socialiste-révolutionnaire, authentiquement russe celui-là, et très puissant, n'était pas de cet avis. Il méprisait l'Occident et il considérait que la Russie pouvait être fière d'ignorer les maux qu'apportent l'industrialisme et une société basée sur la concurrence. Son socialisme était agraire. Il croyait que pendant que les socialistes occidentaux inventent des systèmes compliqués et pédants pour échapper aux horreurs de la vie d'usine sans abolir l'usine elle-même, le moujik russe, dans la simplicité de son âme inculte, avait, du premier coup, découvert la vraie formule du communisme pur. Pour résoudre la question sociale, il fallait tout simplement conserver le « Mir », la communauté villageoise, ou la rétablir, là où elle risquait d'être détruite par la pression de l'individualisme occidental. Quant aux méthodes à employer pour en venir là, les révolutionnaires sociaux admettaient, s'ils ne les conseillaient pas ouvertement, les méthodes anarchistes et terroristes de l'assassinat en masse. Non pas l'assassinat de tel ou tel homme d'État, pour mettre à sa place un autre homme plus populaire, mais l'assassinat, au hasard, de fonctionnaire sur fonctionnaire, afin de plonger la société tout entière dans un état de panique constante, afin de disloquer les rouages gouvernementaux, et de préparer l'avènement de la liberté universelle par l'universelle anarchie.

En fait, une révolution s'était déjà accomplie en Russie, une révolution formidable, en 1905-1906, à la fin de la désastreuse guerre avec le Japon. On avait alors pu croire, pendant quelque temps, que le tsarisme allait sombrer dans la tourmente. Mais cette tourmente, il l'avait, somme toute, surmontée. Et l'on est même en droit de se demander si la marée révolutionnaire russe d'avant-guerre n'atteignit pas son plus haut niveau vers 1905, pour se retirer ensuite. Peut-être même l'agitation syndicaliste, qui déferla sur la France entre 1906 et 1910, ne fut-elle qu'un remous de la révolution russe ; et l'agitation anglaise de 1911, le remous de l'agitation française. Il n'est, ici, possible de rien affirmer ; mais ce qui est certain c'est qu'aucun homme d'État responsable, au début de 1914, n'aurait pu se dire assuré contre tout risque d'explosion révolutionnaire. En Russie, le récent assassinat de Stolypine était un dangereux symptôme ; de même la grande grève qui éclata dans les rues de Saint-Pétersbourg au moment précis où Poincaré rendait officiellement visite au tsar, en juillet 1914. L'hervéisme continuait à s'insinuer dans l'armée française. En Angleterre, la « Triple Alliance Industrielle » se préparait ouvertement à faire pression sur la communauté pour la soumettre à ses exigences. « Prenez garde, disait Sir Edward Grey au comte Mensdorf le 23 juillet 1914, une guerre serait suivie d'un complet effondrement du crédit et de l'industrie en Europe. De nos jours, dans nos grands États industriels, elle entraînerait un état de choses pire qu'en 1848[1]. » « Prenez-garde, disait quelques jours plus tard, lord Morley à ses collègues ; étant donné l'état d'esprit actuel des travailleurs, un si formidable bouleversement de la vie industrielle serait forcément gros de dangers publics. L'atmosphère guerrière ne peut être favorable à l'ordre sous un régime démocratique dont l'humeur ressemble à celle de "48"[2]. »

En 1848, une révolution avait commencé à Paris, qui gagna toute l'Europe occidentale, et qui eut un caractère à la fois républicain et socialiste. Mais ce qui se produisit en 1914, ce fut, non pas une révolution, mais une guerre ; non pas même, comme en 1789, une révolution suivie de guerres, mais une guerre qui, provisoirement tout au moins, rejeta le péril révolutionnaire à l'arrière-plan. D'où nous avons le droit de conclure que, quelque puissantes que fussent les forces qui travaillaient à la révolution dans l'Europe d'avant-guerre, celles qui travaillaient à la guerre étaient plus puissantes encore.

2. Vers la guerre

Après avoir tenté, dans notre première conférence, de décrire les forces collectives qui, avant que ne commençât la crise mondiale de 1914, travaillaient pour la révolution, il nous faut maintenant essayer de définir celles qui travaillaient pour la guerre.

La philosophie dite « économique » ou « matérialiste » de l'histoire, suggère une première interprétation. Il nous faudrait, si nous nous rallions à cette philosophie, considérer les forces collectives qui travaillent pour la guerre comme un phénomène économique. La structure d'une société capitaliste est telle, dirions-nous, que, dans un pays donné, le marché intérieur ne peut plus absorber le produit total de son industrie. S'il le pouvait, cela signifierait que les salaires sont assez élevés pour racheter le produit intégral de leur travail, puisque les salariés de toute sorte forment l'immense majorité de la nation. Mais, si tel était le cas, où le capitaliste prendrait-il son profit ? L'instinct du profit va donc le contraindre à se tourner vers les marchés extérieurs, et du côté des nations moins développées industriellement que la sienne. Et comme, les unes après les autres, toutes les nations s'industrialisent de plus en plus, il trouvera de nouveaux débouchés pour ses produits dans les parties non civilisées du globe, propres à la colonisation mais impropres à l'immigration. Toutefois, le jour doit arriver, et il arrive en effet, où les nations se disputent en foule ces marchés coloniaux, et où le monde devient

---

1. *Documents anglais sur les origines de la guerre*, vol. XI, p. 70.
2. Vicomte Morley, *Memorandum on Resignation*, août 1914, p. 5.

trop petit pour cette mêlée. D'où la guerre, conséquence naturelle de la surproduction et de la concurrence nationale.

Je ne crois pas à la conception matérialiste de l'histoire. Naturellement, je n'entreprendrai pas ici une discussion philosophique de ce sujet qui demanderait, si on voulait le traiter à fond, non pas une conférence, mais une série de conférences. J'attirerai seulement votre attention sur quelques faits, tirés des années qui précédèrent immédiatement la guerre de 1914. Ils vous permettront, je crois, de mesurer combien cette théorie explique mal le cours réel de l'histoire.

Le point brûlant en Europe, de 1911 à 1914, ce fut assurément le Maroc, objet d'une âpre compétition entre la France, dont l'Angleterre soutenait les droits, et l'Allemagne. S'agissait-il d'un conflit entre le capitalisme français et le capitalisme allemand ? En 1909, les deux gouvernements avaient conclu un accord : une sorte de prépondérance politique au Maroc était accordée à la France ; et France et Allemagne s'entendirent pour exploiter en commun les ressources naturelles du pays. Cet accord ne se heurta, de part et d'autre, à aucune opposition des grands chefs d'industrie. Il y eut même, derrière l'acte diplomatique, un pacte d'alliance entre Krupp et Schneider, les deux puissantes maisons industrielles de la Ruhr et du Creusot, qui fournissaient le matériel de guerre à leurs pays respectifs. Ce qui brisa l'accord de 1909, du moins du côté de la France, ce fut la résistance acharnée des nationalistes français, qui le jugeaient trop international, et des socialistes français, qui le jugeaient trop capitaliste. Voilà donc un cas où l'industrialisme ayant agi comme un facteur de paix entre la France et l'Allemagne, se trouva battu par des forces étrangères à l'ordre économique, et plus fortes que lui.

L'accord fut rompu. Une armée française marcha sur Fez. L'Allemagne envoya un navire de guerre mouiller devant Agadir. On put croire que l'Allemagne voulait la guerre, qu'elle était armée et prête à l'entreprendre. Soudain, le gouvernement allemand abandonna la plus grande partie de ses revendications, et accepta un compromis extrêmement modéré. On admet généralement que ce changement d'attitude inattendu fut provoqué par la panique qui se produisit à la Bourse de Berlin dès que la menace de guerre se précisa ; le gouvernement allemand, assailli par une foule atterrée de financiers, de commerçants, d'industriels, apprit d'eux que la guerre signifiait leur ruine et un désastre pour le pays tout entier. Une fois encore, le capitalisme représentait la paix ; et comme il se trouva être cette fois la force dominante, il écarta la guerre.

Mais ceux qui soutiennent la thèse de l'origine économique de la guerre sont aussi ceux qui voient surtout dans la guerre de 1914 un conflit entre l'Angleterre et l'Allemagne. Que faut-il donc penser des relations anglo-allemandes avant 1914 ? Est-il vrai, comme tant de socialistes le répètent sur le continent, que les capitalistes anglais, les grands marchands de la City, désiraient la guerre ? Ce qui frappe, au contraire, l'observateur impartial, c'est, de la part des cercles commerciaux et industriels, une constante et ardente aspiration à la paix. « Le commerce suit le pavillon. » Ce refrain avait pu être populaire quelques années auparavant, à l'époque où, assez paradoxalement, les impérialistes anglais préconisaient une alliance de leur pays avec sa principale rivale sur les marchés mondiaux, l'Allemagne. Tout autre est à présent le refrain populaire : « La guerre ne paie pas. » Un écrivain raisonnable et lucide[1], dans un livre dont la vente, en Angleterre et hors d'Angleterre, fut immense, avait entrepris de dissiper l'« Illusion d'Optique », la « Grande Illusion », selon laquelle un grand pays pourrait s'enrichir par une guerre victorieuse. Enrichissement réalisable peut-être aux premiers âges de la société, quand le conquérant, vainqueur d'une tribu, pouvait faire de chacun des vaincus un esclave. Mais dans le monde moderne, basé sur l'échange, le vainqueur ne peut même plus tirer profit du vaincu sans courir le risque, non de le ruiner, mais de se ruiner soi-même. Cette théorie fit son chemin dans les milieux commerçants et financiers. À la veille même de la guerre, nous voyons banquiers, boursiers, propriétaires de mines, hommes du coton, de l'acier, du charbon, se presser dans les appartements du Chancelier de l'Échiquier, pour lui dire leur terreur à la perspective de l'Angleterre se laissant entraîner dans le conflit.

Cependant, la guerre éclata, et l'Angleterre s'y jeta ; et ces faits posent un problème : que vaut le type de pacifisme préconisé par Norman Angell ? Car, tandis que les partisans de la théorie économique des causes de la guerre croyaient que – et justement à cause de sa structure hautement industrialisée – le monde occidental allait vers une guerre inévitable, Norman Angell au contraire – parce qu'il jugeait que la structure de l'Europe occidentale travaillait pour la paix –, croyait en la stabilité d'une paix qui avait déjà duré quarante ans. Ne sommes-nous donc pas en droit de déclarer que les faits ont très vite démenti sa théorie ? Quatre années seulement après les prophéties optimistes de Norman Angell, les trois grandes nations capitalistes de l'Europe occidentale ne firent-elles pas la guerre ? À cette question, je répondrai par une autre question : « L'Allemagne, la France et l'Angleterre se firent-elles la guerre ? » Peut-être pourrais-je donner à ma question une forme moins paradoxale et demander : « Supposons que l'Allemagne, la France et l'Angleterre aient, à elles seules, composé le monde entier ; supposons qu'il n'y ait eu, sur la surface du globe, que ces trois pays et, tout autour, les mers profondes. Auraient-elles fait la guerre ? »

---

1. [Il s'agit de Norman Angell. Voir *supra*, p. 230.]

Peut-être y a-t-il quelque chose à dire en faveur de cette théorie, courante avant la guerre, selon laquelle le système de la « paix armée », reposant sur le service militaire obligatoire et le suffrage universel, contribua, tout ruineux qu'il fût, au maintien de la paix ; car c'étaient ceux-là même qui étaient, en fin de compte, responsables de la déclaration de guerre qui auraient à affronter tous les risques de la guerre le jour où celle-ci serait déclarée.

Plus d'une fois, en tout cas, au cours des quarante et quelques années qui avaient suivi la guerre franco-allemande de 1870, l'Allemagne et la France, ou la France, l'Allemagne et l'Angleterre, avaient bien paru frôler la guerre. Tantôt, l'un de ces pays avait subi un cruel échec diplomatique ; tantôt, un compromis avait été hâtivement accepté ; mais toujours les nations rivales s'étaient arrêtées avant d'en venir aux coups et au massacre. Vers 1912 cependant, la situation était certainement en train de devenir intolérable et on se mit, dans des cercles de plus en plus étendus, à douter du maintien de la paix. Mais pourquoi le gouvernement allemand se décida-t-il, en 1913, en faveur de cet accroissement formidable de sa puissance militaire qui sembla, enfin, rendre la guerre inévitable ? Ce ne fut ni à cause du conflit naval anglo-allemand, ni à cause des dissensions franco-allemandes relatives à l'Alsace-Lorraine et au Maroc. Ce qui détermina le gouvernement allemand à envisager l'éventualité d'une guerre européenne, ce fut la crise qui se préparait, non dans l'Occident industriel et capitaliste, mais dans les communautés encore primitives de l'Europe sud-orientale. La guerre se communiqua d'Est en Ouest ; c'est l'Orient qui l'imposa à l'Occident.

Pendant toutes les années qui vont des guerres prussiennes de 1860-1870 à la Grande Guerre de 1914, la paix dépendit surtout des rapports entre l'Allemagne et la Russie. Il existait une vieille tradition d'amitié entre les cours de Saint-Pétersbourg et de Berlin, qui fut complétée, aux jours de « la Sainte Alliance », par l'amitié avec l'Autriche. Cette entente entre les trois monarchies autocratiques fut haïe, et qualifiée d'impie, par tous les libéraux d'Occident. Mais, indubitablement, elle travailla en faveur de la paix. Les trois souverains n'avaient jamais oublié les guerres jacobines de conquête des dernières années du XVIIIe siècle ; ils sentaient – et ils ne se trompaient pas – que guerre et révolution sont deux notions qui se touchent de très près ; ils voyaient, dans leur alliance, un système d'assurance mutuelle contre les dangers de révolution et de guerre. Sous une forme modifiée et atténuée, ce système fonctionna jusqu'à la veille de la guerre de 1914. Bismarck compléta son alliance avec l'Autriche par une alliance avec la Russie. Quand il tomba, le traité d'alliance avec la Russie ne fut pas renouvelé ; mais, après un très court intervalle, l'amitié entre l'Allemagne et la Russie se resserra de nouveau au point de devenir, en fait, une alliance. La conclusion de l'« Entente » entre l'Angleterre et la France, dirigée contre l'Allemagne, ne la refroidit pas, malgré ce fait que la France était l'alliée de la Russie. L'amitié germano-russe survécut même à la convention anglo-russe de 1907, qui fut un *rapprochement* très artificiel et très superficiel, et qui n'empêcha pas la Russie de conclure avec l'Allemagne, au moment précis de la crise d'Agadir, un arrangement au sujet du chemin de fer de Bagdad : arrangement qui était, en fait, une entente germano-russe au Proche-Orient. La rupture ne se produisit qu'en 1912. Et pourquoi ? Par l'effet de quelque prétention qui aurait opposé les deux dynasties ? Personne, à Saint-Pétersbourg, ne songeait à conquérir la moindre terre allemande ; personne, à Berlin, ne rêvait d'agrandir l'Allemagne aux dépens de la Russie. Les deux gouvernements n'avaient, à cet égard, qu'un seul objectif, et le même : maintenir la Pologne dans un état de division et d'assujettissement. Non, ce qui arriva à partir de 1912, c'est que les deux gouvernements se trouvèrent séparés, et de plus en plus, par de puissantes vagues de passions collectives. Pour comprendre la nature de ces forces collectives, qui furent la cause réelle de la guerre, il faut que vous me permettiez de vous transporter plus loin vers l'Est, jusqu'en plein Extrême-Orient asiatique.

Là-bas, en 1905, un événement capital s'était produit, quand le Japon avait détruit la flotte russe, battu sur terre l'armée russe, et chassé les Russes des bords du golfe de Petchili. Cette guerre russo-japonaise fit tressaillir toutes les terres d'Asie. Les Européens n'étaient donc pas ces demi-dieux qu'ils croyaient être, et qu'ils avaient, par la force des armes, contraint tout l'univers extra-européen à reconnaître en eux ? Enfin, l'Orient se dressait contre l'Occident, et secouait le joug des blancs d'Europe. N'essayons pas de traduire un tel fait dans la langue du matérialisme historique. Il ne s'agit pas ici de capitalisme japonais aux prises avec le capitalisme russe. Le conflit était de nation à nation, de civilisation à civilisation. La base de l'histoire n'est pas matérialiste, mais bien idéaliste ; et c'est l'idéalisme qui fait les guerres et les révolutions.

Il y avait, cependant, une différence entre le Japon et le reste de l'Asie. Grâce à son aristocratie féodale et à sa monarchie guerrière, il avait toujours su se protéger des invasions. Partout ailleurs des aristocraties aveulies et des monarchies corrompues s'étaient laissé conquérir par les armées européennes ou acheter par l'or européen. Impossible donc aux peuples d'Asie de chercher du côté de leurs aristocraties et de leurs monarchies un secours contre l'oppression occidentale. Ils ne pouvaient compter que sur eux-mêmes, et il leur fallait faire ce qu'en ce moment précis, en réponse à leur défaite militaire en Mandchourie, les Russes (peuple, lui aussi, à demi asiatique) étaient en train de faire : se révolter contre leurs dirigeants, et sauver la nation en y instaurant des institutions libres. Aussi voyons-nous se produire en Asie, pendant les dix années qui précédèrent la guerre, une renaissance de ces idées de libéralisme militant et de nationalisme démocratique qui, pendant la première moitié du XIXe siècle, avaient joué un rôle si important dans l'histoire de l'Europe. En Europe, au début du XXe siècle, on pouvait être tenté de traiter ces idées de démodées ; car le socialisme international ne rendait hommage que du bout des lèvres au principe des nationalités. Mais en Asie, juste à ce moment, elles commençaient de nouveau à ébranler le monde.

Dès 1906, le mouvement révolutionnaire contraignit le gouvernement impérial de Chine à promettre des réformes politiques et administratives et à préparer un projet de constitution. Ce mouvement s'intensifia après la mort, naturelle ou non, de l'Impératrice douairière, en 1908. En mars 1911, la Monarchie accepta le principe de la responsabilité ministérielle. En 1912, un an après l'abdication de l'Empereur, la République chinoise fut proclamée. Ainsi s'effondra, en Extrême-Orient, la plus ancienne des grandes monarchies militaires du monde.

Aux Indes, depuis vingt ans déjà, un Congrès National avait pour programme l'obtention du *Home Rule* par des moyens légaux et une propagande pacifique. Mais après la victoire du Japon et la révolution russe, le mouvement nationaliste hindou prit une forme plus révolutionnaire. Gandhi, inspiré sans aucun doute par les enseignements de Tolstoï, prêcha la résistance passive aux ordres d'un gouvernement étranger, puis, de concert avec Tilak, le boycottage du commerce et des produits européens. Ce boycottage dégénéra rapidement en formes plus violentes d'agression, y compris le lancement de bombes sur le modèle russe. En 1907, les révolutionnaires plongèrent le Congrès National dans les plus grandes difficultés, et le gouvernement anglais, comprenant enfin la gravité du mouvement, adopta une politique de concessions. Deux indigènes furent admis au Conseil exécutif du Vice-roi, ainsi qu'aux Conseils législatifs provinciaux.

En Perse, dès 1906, le Shah, accusé de vendre son pays à la Russie, fut assassiné ; et son successeur fut soumis au contrôle d'une assemblée élue par le peuple, le Medjlis. Il s'efforça de secouer le joug en dissolvant l'assemblée et, avec l'aide d'une armée russe, il assiégea dans Tabriz les chefs de l'armée nationaliste. Il fut détrôné à son tour, et un nouveau Shah, âgé de douze ans seulement, fut placé derechef sous le contrôle du Medjlis. Plus tard, les réactionnaires, sous le commandement du Shah détrôné, et avec l'appui russe, prirent leur revanche et finalement supprimèrent le Medjlis. Nous voyons néanmoins en Perse triompher momentanément un parti qui luttait à la fois pour la liberté politique et pour la liberté nationale.

En 1908, l'agitation atteignit le Bosphore, c'est-à-dire les confins mêmes de l'Europe. Le parti Jeune-Turc, en provoquant une insurrection militaire, obligea le Sultan à rétablir la Constitution de 1876, basée sur un Parlement élu par le peuple. Le but du comité « Union et Progrès », qui mit en œuvre la révolution, était de faire une Turquie forte en la construisant sur le modèle occidental, et de la transformer en une nation unifiée dont les habitants deviendraient des citoyens égaux, sans distinction de races, de croyances ni de langues. Ils échouèrent dans leur entreprise de faire de la Turquie une nation forte. L'Autriche annexa la Bosnie ; l'Italie annexa Tripoli et le Dodécanèse. Sur quoi le principe révolutionnaire des nationalités se retourna, pour ainsi dire, contre la Turquie. Une insurrection éclata en Crète, puis une autre en Albanie. Finalement la Serbie, le Monténégro, la Grèce, la Bulgarie formèrent une ligue pour séparer de la Turquie celles de ses provinces qu'ils revendiquaient au nom du principe des nationalités. Ainsi commença, vers la fin de 1912, ce qu'on peut appeler soit une guerre – en tant que conflit entre la Turquie et quatre nations étrangères – soit une révolution – en tant que soulèvement armé d'habitants de la Turquie, non contre l'envahisseur, mais contre l'armée turque elle-même. Nous glisserons sur l'histoire sinistre des deux guerres balkaniques ; il suffit ici de rappeler qu'en août 1913 le démembrement de l'Empire turc était, pour ce qui concerne ses provinces européennes, un fait accompli.

Un grand historien, Alber Sorel[1], avait écrit dès 1878, l'année du Congrès de Berlin : « Le jour où l'on croira résolue la question d'Orient, l'Europe verra se poser la question d'Autriche. » Voici que se produisait l'effondrement de l'Empire Ottoman ; le temps était venu pour la monarchie austro-hongroise de s'effondrer à son tour. La monarchie dualiste comprenait une majorité de races étrangères soumises au contrôle de deux races dominantes, l'allemande et la hongroise. Depuis longtemps déjà, ces races soumises se montraient rétives ; et à partir du moment où le gouvernement autrichien en 1909 et le gouvernement hongrois en 1911 avaient accordé à leurs sujets le suffrage universel, les deux parlements de Vienne et de Budapest étaient devenus des pandémoniums[2] de nationalités rivales. Maintenant que par leur victoire

---

1. [Albert Sorel (1842-1906), cousin de Georges Sorel, est l'auteur en 1878 de *La question d'Orient au XVIIIe siècle : les origines de la Triple Alliance*, auquel fait référence Élie Halévy. Historien français, Albert Sorel occupe la chaire d'histoire diplomatique à l'École libre des sciences politiques dès 1872, à sa création. Son œuvre majeure est constituée par *L'Europe et la révolution française*, une histoire diplomatique en huit tomes publiés de 1885 à 1904. Voir aussi *La question d'Orient au XVIIIe siècle : le partage de la Pologne et le traité de Kaïnardji*, Paris, Plon 1877. Entré aux Affaires étrangères en 1866, il est délégué du Gouvernement de la Défense nationale à Tours en 1870, chargé des Affaires diplomatiques. À partir de 1875, il accède aux fonctions recherchées de secrétaire général de la présidence du Sénat.]

2. [Mot d'origine anglaise créé par le poète Milton dans *Le Paradis* pour désigner la capitale de l'enfer où Satan réunit tous les démons. Depuis, il est employé pour désigner un lieu où règne la corruption, le désordre, le chaos.]

les trois millions de Serbes émancipés venaient de doubler le territoire et la population de leur patrie, comment les cinq millions de Tchèques et les six millions de Slaves du sud, encore assujettis à l'Autriche et à la Hongrie, n'auraient-ils pas rêvé de suivre pareil exemple ? Dans toutes les parties de l'Empire austro-hongrois, la sédition se propageait.

La monarchie des Habsbourg était ainsi mise face à face avec un problème angoissant. Allait-elle se résigner à la catastrophe imminente et laisser son territoire se démembrer ? Ou prendrait-elle hardiment les devants, en déclarant la guerre à la Serbie pour l'intégrer à la partie slave de la monarchie, laquelle d'État dualiste se transformerait alors en un État trialiste, non plus Autriche-Hongrie, mais Autriche-Hongrie-Slavie ? Ce dernier plan était en faveur dans le parti militaire qui se groupait autour de l'héritier du trône, l'archiduc François-Ferdinand. Mais qui donc pouvait ignorer, s'il voulait voir clair, qu'aussitôt la guerre déclarée à la Serbie par l'Autriche, les sentiments panslavistes prendraient une telle puissance qu'aucun gouvernement russe ne résisterait à leur impulsion ? Qui donc pouvait ignorer, s'il voulait voir clair, que dès que la Russie déclarerait la guerre à l'Autriche, les sentiments pangermanistes contraindraient le gouvernement allemand à entrer en lice à son tour ; et qu'ainsi la guerre austro-serbe deviendrait une grande lutte pour la suprématie, en Europe centrale, des Teutons ou des Slaves ? Et tout le monde savait bien aussi que l'Allemagne, si jamais elle déclarait la guerre à la Russie, était résolue à ne pas tolérer la présence sur son flanc ouest d'une armée qui, après tout, était, après la sienne, la meilleure armée d'Europe. On savait que l'Allemagne marcherait donc d'abord sur Paris pour anéantir la puissance militaire de la France, avant de refluer vers l'est et de régler son compte à la Russie. Et ici encore personne n'ignorait, s'il voulait voir clair, que l'état-major allemand, très sagement d'ailleurs, jugeait la frontière franco-allemande entre le Luxembourg et la Suisse trop étroite pour le déploiement de l'armée allemande, de sorte que celle-ci devrait traverser le territoire de la Belgique pour porter rapidement à la France le coup de massue nécessaire. Et chacun comprenait que si jamais la côte belge et la côte du nord de la France se trouvaient tomber sous la domination allemande, la Grande-Bretagne, sentant son prestige et sa sécurité en danger, entrerait en guerre aux côtés de la Belgique et de la France. Ainsi chacun savait bien, s'il voulait voir clair, non seulement qu'une guerre européenne était imminente, mais aussi quels étaient les grands contours que cette guerre devait prendre.

Mais comment, alors, expliquer ce fait que ni la première ni la seconde guerre des Balkans ne dégénérèrent en guerre générale ? L'Angleterre désirait ardemment le maintien de la paix. Le gouvernement allemand s'effrayait d'une guerre austro-serbe qui risquait de brouiller l'Allemagne et l'Italie et de disloquer la Triple Alliance. Mais la raison principale ce fut peut-être qu'il subsistait, aux trois cours de Berlin, de Vienne et de Pétersbourg, assez de l'esprit de la « Sainte Alliance » pour faire sentir à ces trois gouvernements militaires qu'une guerre entre eux serait une sorte de lutte fratricide, qu'elle pourrait les vouer tous trois au désastre, et que la paix restait le meilleur parti pour préserver en Europe l'ordre monarchique.

Alors, après dix mois encore de paix, survint le meurtre de l'archiduc François-Ferdinand et de sa femme. Il fut commis dans les rues de Sarajevo, où la visite de l'archiduc était, à elle seule, un défi à la Serbie. Les meurtriers étaient deux révolutionnaires de Bosnie. Le meurtre fut-il préparé en Bosnie ? Dans ce cas, nous pouvons indifféremment le nommer : geste révolutionnaire, meurtre d'un tyran, ou germe d'une guerre d'indépendance. Fut-il, comme c'est probable, préparé en Serbie ? Dans ce cas, nous pouvons le nommer, soit assassinat révolutionnaire d'un tyran éventuel, soit signal d'une guerre nationale des Serbes contre les oppresseurs de la Bosnie. Mais, de toutes façons, une chose est certaine, c'est que la Grande Guerre fut, dès son début, une guerre pour la liberté des peuples ; qu'elle fut telle, non pas du jour où les armées allemandes violèrent la neutralité de la Belgique – simple incident au cours d'une guerre déjà commencée – mais du jour où, par le meurtre de l'archiduc François-Ferdinand, l'insurrection des Slaves du sud commença.

Ce fut alors que les Empires centraux prirent la responsabilité de déclarer la guerre à la Serbie, à la Russie, à la France. Mais pourquoi prirent-ils cette effroyable responsabilité ? Il faut transformer la question pour pouvoir y répondre. Demandons-nous non *à qui*, mais *à quoi* doit être imputée cette triple déclaration de guerre. Et la réponse sera : « À l'état de décomposition de l'Empire austro-hongrois, au fait que le principe révolutionnaire des nationalités le travaillait au-dedans de ses frontières, et qu'il était sur le point de se rompre en une série d'États indépendants. » Dès l'instant que se produisait un événement aussi formidable que le démembrement de l'Autriche, il ne fallait rien de moins qu'un miracle pour l'empêcher de se développer en une guerre générale. La diplomatie européenne n'accomplit pas ce miracle. Et ce fut la guerre.

3. Guerre et Révolution

Notre but étant de saisir les causes de la crise mondiale de 1914-1918, nous avons concentré notre attention, non sur les agissements de tel ou tel homme d'État, non sur les incidents de l'histoire diplomatique, mais sur les mouvements d'ensemble de l'opinion publique, sur ces forces collectives qui, avant que la crise n'éclatât, travaillaient à la rupture. Et nous avons ainsi été amenés à distinguer deux espèces de forces. Les unes dressaient classe contre classe à l'intérieur de chaque pays, ou pour parler en termes plus exacts, elles divisaient chaque pays en deux, dans toute l'Europe, sans tenir compte des nationalités. Les autres étaient exclusivement nationales ; elles unissaient toutes les classes à l'intérieur de chaque pays contre les classes, également unies, à l'intérieur de chacun des autres pays. De ces deux forces, laquelle l'emporterait en puissance ? Il parut, d'après ce qui arriva en 1914, que les émotions nationales et guerrières agissaient plus profondément sur l'esprit humain que les émotions internationales et révolutionnaires. Mais ces dernières, un moment submergées, n'étaient pas anéanties ; elles ne tardèrent pas à surgir de nouveau, et avec une intensité accrue par les souffrances de la guerre. Les unes et les autres jouèrent ainsi, dans l'évolution de la crise, un rôle d'importance égale. Ne pouvant, dans cette troisième et dernière conférence, exposer l'histoire de la guerre, je voudrais du moins vous donner quelque idée d'une méthode nouvelle pour aborder une telle histoire, par l'étude de l'action et de l'interaction de ces forces collectives.

Je diviserai l'histoire de la guerre en deux parties ; avant et après la révolution russe de 1917. Je ne puis commencer l'étude de la première partie sans demander ce qu'il advint du grand plan napoléonien élaboré par l'état-major allemand en vue d'obtenir une victoire foudroyante et écrasante. Le plan échoua. Il échoua à l'ouest avec la bataille de la Marne. Et bien des facteurs contribuèrent naturellement à la victoire française de septembre 1914. Les Français étaient persuadés (bien à tort, mais cette confiance, quoique erronée, leur fut salutaire) qu'une formidable armée russe marchait sur Berlin. Ils savaient que cent mille soldats anglais se battaient à leurs côtés, avec la promesse d'autres soldats à venir. Ils auraient pu se rendre compte (mais en fait ils n'y pensaient guère, car l'idée d'une lutte prolongée ne les avait pas encore effleurés) de l'énorme appoint qu'apportait au parti des Alliés la flotte anglaise : la possibilité d'assiéger l'Allemagne et de la réduire en l'affamant. Mais, tout bien considéré, la victoire française de la Marne fut, essentiellement, une victoire nationale, une victoire remportée par la nation française contre l'impérialisme allemand. Les Allemands échouèrent à l'est aussi. Il n'y eut pas de marche conquérante sur Saint-Pétersbourg, complétant la marche sur Paris. Une armée russe, qui avait envahi la Prusse-Orientale, fut rejetée en Russie. Une guerre confuse s'ensuivit, non pas sur le territoire allemand, ni, à proprement parler, sur le territoire russe, mais dans les plaines de la Pologne ; un conflit sans intérêt, sans objet, entre l'impérialisme allemand et l'impérialisme russe.

Il est vrai que, sur d'autres points de ce qu'on peut appeler le champ de bataille européen, le triomphe des Empires centraux put, momentané-

tout au moins, paraître décisif : mais ces triomphes furent aussi les plus précaires, précisément parce qu'ils reposaient sur l'écrasement des groupes nationaux.

L'Allemagne n'avait pas déclaré la guerre pour conquérir la Belgique ; mais l'homme est ainsi fait, que quand il a mis la main sur quelque chose, il n'est guère disposé à lâcher prise. Et maintenant que la Belgique, on peut dire tout entière, était occupée par l'armée allemande, il n'était pas un homme d'État responsable, à Berlin, qui aurait, la guerre durant, admis la signature d'un traité de paix qui n'aurait, d'une façon plus ou moins déguisée, annexé la Belgique à l'Allemagne. Mais la chose était-elle possible ? Comment l'Allemagne pourrait-elle jamais absorber ces six millions d'étrangers, dont une partie parle français, dont aucun ne parle allemand, qui ont derrière eux une longue tradition d'indépendance nationale et de liberté démocratique ? Victorieuse, l'Allemagne eût été obligée de tenter la chance, et d'échouer. Telle s'annonçait la Némésis de la victoire.

Dans le sud, la Serbie disparut un moment sous le flot de l'armée autrichienne. L'entrée en guerre de l'Italie n'amena que des résultats insignifiants. La Roumanie se joignit aux Alliés pour être, à son tour, complètement envahie en 1916, non par une armée autrichienne, mais, en fait, par une armée allemande ; et les plaines de la Hongrie auraient été par deux fois dévastées par les Russes si les Allemands n'étaient accourus, sauvant ainsi la Hongrie, et du même coup l'Autriche. Ce fut donc à la puissance militaire allemande que l'Autriche dut son salut. Seule la présence de l'armée allemande sauvait l'Autriche du démembrement. Mais l'armée allemande ne pouvait pas rester là indéfiniment. Selon toute apparence, dès que la paix serait signée, dès que l'Allemagne serait démobilisée, l'Autriche-Hongrie s'en irait en morceaux. La guerre n'avait fait que retarder l'échéance.

Telle était la force de l'idée nationale que les Allemands aussi s'avisèrent d'y recourir à leur profit pour affaiblir, matériellement et moralement, leurs adversaires. Ils ne se bornèrent pas à dénoncer l'impérialisme français en Afrique du Nord, l'impérialisme anglais en Égypte et dans les Indes. En Europe même, ils trouvèrent moyen d'exploiter le sentiment nationaliste contre la Belgique, contre l'Angleterre, contre la Russie.

La Belgique est, jusqu'à un certain point, une nation artificielle. Pour une part, et la plus grande, elle est flamande, c'est-à-dire germanique de race et de langue ; l'autre partie, plus petite, la Wallonie, parle un dialecte roman, le plus septentrional de tous les dialectes romans. L'Allemagne s'entendit à jouer des Flamands contre les Wallons ; elle suscita, dans les provinces flamandes de la Belgique, – et avec beaucoup plus de succès qu'il ne nous a plu, en France et en Angleterre, de le reconnaître – un « parti activiste » qui revendiqua, et qui obtint, la division administrative de la Belgique en deux régions hétérogènes.

Contre l'Angleterre et l'Écosse, ses conquérants saxons, l'Irlande avait vécu, à travers le XIXe siècle, dans un état de rébellion chronique. En juillet 1914, juste avant la crise, le pays se trouvait au bord même de la guerre civile. Une fois la guerre déclarée par l'Angleterre et l'Allemagne, des sentiments mêlés de loyauté chevaleresque et de prudence politique retinrent l'Irlande un certain temps. Peu de temps. L'Allemagne se mit à jouer le jeu que la France avait pratiqué durant d'autres guerres : elle utilisa l'Irlande contre l'Angleterre. En avril 1916 apparut sur les côtes occidentales d'Irlande un navire auxiliaire allemand, escorté d'un sous-marin, sous la direction d'un Anglais illuminé, sir Roger Casement[1]. Le navire fut coulé, et Casement arrêté. Mais quatre jours après, des troubles très graves éclatèrent à Dublin, où la bataille dura quatre jours, accumulant morts et ruines. Et c'est de ce moment que l'indépendance absolue – ou pratiquement absolue – de l'Irlande, s'imposa comme un terme désormais inévitable.

Le cas de la Pologne offrait à la propagande allemande un argument souverain pour confondre la légende selon laquelle la Russie se battait pour la libération des Slaves, de tous les Slaves. Nulle part les Polonais n'étaient maltraités autant que dans la partie de la Pologne qui avait été livrée à la Russie ; en Pologne prussienne, ils étaient tout au moins à l'abri des persécutions religieuses, et ils ne vivaient pas asservis à un système de barbarie et d'analphabétisme universel ; quant aux Polonais d'Autriche, ils jouissaient d'une liberté complète, liberté de langue, liberté de religion. Gardons-nous donc d'être surpris en voyant que Pilsudski, le futur maréchal polonais, s'engagea dans l'armée autrichienne, afin de lutter pour la délivrance de la Pologne ; que les Empires centraux rétablirent une pleine liberté linguistique dans toute la partie russe de la Pologne ; qu'enfin, en novembre 1916, quand le territoire presque entier de cette Pologne fut aux mains des armées austro-hongroises, les deux gouvernements victorieux proclamèrent leur intention de transformer immédiatement ces provinces russes en un État indépendant, doté d'un monarque héréditaire et d'une Constitution.

Telle était la situation vers la fin de 1916. L'Allemagne n'avait pas remporté la victoire foudroyante sur laquelle elle avait spéculé en juillet 1914, et à mesure que les mois s'écoulaient, elle savait qu'il lui serait de plus en plus impossible de jamais réparer sa défaillance initiale sur la Marne. Aussi devenait-elle avide de paix ; et cette paix, elle l'envisageait comme une paix de compromis : mais les Alliés ne pouvaient l'imaginer sous le même jour, puisque l'Allemagne, dont les armées occupaient partout

---

1. [Roger Casement (1864-1916), d'origine irlandaise, est diplomate britannique et écrivain. Dénonçant l'exploitation coloniale au Congo et au Pérou, il participe au mouvement révolutionnaire en Irlande.]

– aussi bien au sud qu'à l'ouest et à l'est – des territoires appartenant à ses ennemis, se trouvait par cela même en position de dicter les termes d'un tel compromis. C'est à ce moment que commence la seconde phase de la guerre, marquée par deux grands événements : les États-Unis entrent en guerre ; la Russie, après une révolution, s'en retire.

Il me paraît inutile d'insister sur l'importance, dans l'histoire de la guerre, du premier de ces deux événements. Ce fut l'entrée en guerre de l'Amérique qui rendit enfin décisive la victoire des Alliés. Jusqu'aux premières semaines de 1917, l'Amérique n'avait jamais cessé, malgré le blocus anglais, de ravitailler de son mieux l'Allemagne à travers les ports scandinaves. C'est à l'Angleterre et non à l'Allemagne qu'allaient tous les griefs américains : ne violait-elle pas la « liberté des mers » ? La folle résolution de l'état-major allemand d'intensifier la guerre sous-marine contre tous les neutres (Amérique comprise) aussi bien que contre les Alliés rallia soudain les États-Unis à la conception anglaise du blocus ; et ceux-ci se mirent alors à appliquer rigoureusement toutes les règles contre lesquelles ils avaient protesté quand ils avaient eu à les subir en leur qualité de puissance neutre. L'isolement de l'Allemagne devint absolu. Simultanément, au cours du printemps 1918, le débarquement de millions de jeunes Américains, inexperts il est vrai, mais frais et enthousiastes, venait, avant même que les Alliés n'eussent le temps de porter la guerre sur le sol allemand, rendre désespérée la situation des Allemands sur les champs de bataille.

Mais la révolution russe est l'événement dont je voudrais tout particulièrement marquer l'importance, pour des raisons qui apparaîtront bientôt.

Si nous voulons en comprendre les antécédents, il nous faut remonter aux premiers temps de la guerre, à l'époque où les sentiments révolutionnaires des classes laborieuses semblaient avoir perdu toute puissance devant les appels instinctifs de la solidarité nationale. Vainement quelques chefs, isolés, ou groupés, tentèrent-ils de demeurer fidèles au principe doctrinal de la paix à tout prix. L'enthousiasme patriotique des masses eut vite fait de les balayer. La plupart d'entre eux furent gagnés par l'enthousiasme guerrier de leur entourage. Ce qu'on peut dire en faveur des socialistes qui s'employèrent ainsi à soutenir la guerre entre leurs patries respectives, c'est qu'une certaine dose de Socialisme pénétra la politique de toutes les nations belligérantes. Partout, les gouvernements éprouvèrent le besoin de contrôler l'ensemble des moyens de communication et de transport, le commerce d'importation et d'exportation, les mines, et toutes les branches de la production qui étaient nécessaires à l'alimentation, à l'équipement, à l'armement des troupes. En outre, pour se concilier les classes ouvrières, les gouvernements mirent les secrétaires des syndicats dans leur confidence, et ils firent marcher toutes les industries qu'ils contrôlaient en accord complet et formel avec les organisations ouvrières. Certains socialistes nourrirent même la folle espérance que la guerre avait produit un miracle, et qu'au jour de la paix, l'Europe pourrait bien découvrir qu'un régime permanent de Socialisme d'État et ensemble de Syndicalisme se trouvait réalisé sans les horreurs d'une révolution, sinon sans les horreurs de la guerre.

Pourtant, très vite, le prolétariat recommença à s'agiter. Les ouvriers étaient bien payés, mais assujettis à un régime de stricte discipline militaire, et quand ils se plaignaient, on leur donnait à entendre qu'en vertu d'accords signés par leurs chefs avec les dirigeants de chaque État, les membres des syndicats avaient renoncé au droit de grève. Les pacifistes intransigeants entrèrent en contact avec ces travailleurs mécontents, et là se reforma, et grandit, un mouvement révolutionnaire, dirigé à la fois contre le capitalisme et contre la guerre. Sur le continent, quelques-uns de ces révolutionnaires parvinrent à gagner la Suisse ; ils s'y réunirent et discutèrent en commun les possibilités d'un retour rapide à la paix. Non qu'ils fussent là-dessus d'accord même entre eux. À Zimmerwald, en Suisse, juste un an après la Marne, comme quelques internationalistes recherchaient quelle sorte de pression pourrait être exercée sur leurs gouvernements respectifs en faveur de la paix, ils furent interrompus par l'un d'entre eux, un homme au type mongol, indolemment couché sur un canapé :

> La paix ! Pourquoi parlez-vous de paix ? Vous n'aurez pas la paix avant d'avoir eu la révolution sociale. Rentrez chez vous tant que vous êtes, et commencez la révolution.
> – Vous en parlez à votre aise, répondit un des délégués allemands, vous êtes en exil, bien loin de votre pays natal. La seule chose logique que vous pourriez faire serait de rentrer vous-même en Russie et d'y commencer la révolution. Mais je ne vous le conseillerai pas, sachant ce qui m'adviendrait si j'allais en Allemagne y prêcher la révolution. Il n'y aurait pas de révolution. Mais je serais fusillé le lendemain matin.

Peu de mois après, l'autre retourna en Russie, et fit la chose. C'était Lénine.

La révolution russe commença en mars 1917, par une grève générale des ouvriers à Pétrograd, suivie d'une grève générale des soldats sur le front. Ce fut une révolution conforme au plan syndicaliste et hervéiste, à la fois contre la guerre et contre le capitalisme, conduite par ces Conseils d'ouvriers et de soldats que le monde entier connaît aujourd'hui sous le nom de Soviets. Après une vaine tentative pour dissoudre la Douma, le Tsar abdiqua. Suivirent, sous la direction nominale d'un gouvernement provisoire, six mois d'amour universel, d'universelle anarchie et d'attentats à chaque coin de rue. Le moment vint où ce régime, comme tous ses pareils, dut finir par quelque espèce de dictature. Un premier essai de coup d'État fut tenté par les militaires avec Kornilov ; il échoua. Les Bolcheviks social-démocrates en tentèrent un autre avec Lénine, et réussirent. Douze ans ont passé, et les dictateurs prolétariens tiennent toujours le pouvoir à Moscou. Quels furent les effets de la révolution russe sur le cours de la guerre ?

Pour autant qu'ils furent préjudiciables à la cause des Alliés occidentaux, ces effets sont manifestes. Pendant de longs mois sinistres, on put croire que les conséquences de la défection russe faisaient plus que contrebalancer celles de l'intervention américaine. D'une part, des troupes allemandes en nombre croissant purent être librement utilisées sur le front occidental, jusqu'à ce qu'en février 1918, après la paix de Brest-Litovsk, il ne restât pratiquement plus de soldats allemands du côté oriental. D'avril 1917 à mai 1918, les Français, les Italiens, les Anglais, puis, de nouveau les Français, essuyèrent une série de graves défaites. D'autre part, et par des voies plus subtiles, l'esprit révolutionnaire russe, exerça, à l'ouest, une influence pernicieuse sur le moral des nations alliées. Les gouvernements français et anglais envoyèrent des socialistes en mission en Russie, pour obtenir des socialistes russes, au nom de la solidarité démocratique, fidélité à la cause de la coalition antigermanique. Mais ce qui arriva, c'est que la volonté de guerre et de victoire s'affaiblit dans l'esprit de ces envoyés français et anglais ; ils revinrent convertis à la cause de la paix, quelques-uns d'entre eux même (les Français sinon les Anglais) convertis à la cause du communisme. Les grèves se multiplièrent en Angleterre, provoquées autant par le dégoût de la guerre que par une propagande consciemment antiguerrière.

Pourtant, sous d'autres aspects, dont il faut aussi tenir compte, la révolution russe exerça une action favorable aux Alliés et à leur victoire finale.

En premier lieu, la révolution contribua à déterminer l'entrée en guerre de l'Amérique. C'est le 3 février 1917, quatre jours après l'annonce par l'Allemagne d'une intensification de la guerre sous-marine, que les relations diplomatiques furent interrompues entre les États-Unis et l'Allemagne. Mais la guerre n'était pas déclarée ; et, pendant bien des semaines encore, les États-Unis hésitèrent à se jeter dans le conflit. Ce fut seulement le 21 mars, c'est-à-dire une semaine exactement après l'abdication du Tsar, que le président Wilson convoqua le Congrès pour une session extraordinaire qui devait se réunir le 2 avril ; et dans son message au Congrès, le président Wilson exalta la révolution russe[1]. C'est que les États-Unis étaient la seule grande puissance qu'aucun dessein de conquête, ni en Europe ni ailleurs, ne portait à se joindre aux combattants ; il leur fallait, pour se battre,

---

1. [Message au Congrès du président Wilson, 2 avril 1917.]

une cause désintéressée et idéaliste. Or, il était difficile de représenter la guerre comme une guerre contre l'Impérialisme tant que l'un des Alliés, et à certains égards le plus formidable, offrait, rassemblés, tous les traits de l'impérialisme oppresseur, sous sa forme la plus odieuse. Grâce à la chute du Tsarisme, la guerre pouvait maintenant être proclamée au nom du programme démocratique tracé par les « Quatorze Points » du président Wilson[1]. On peut même se demander si ce programme de Wilson n'a pas, dans une certaine mesure, directement ou indirectement, consciemment ou non, subi l'influence de la nouvelle formule des Russes : « Paix sans annexion et sans indemnités. »

En second lieu, l'Allemagne, tout comme la France et l'Angleterre, fut pénétrée par les influences bolcheviques ; la seule différence est que cette action y fut plus directe et plus profonde. En août 1914, la nation allemande, y compris les social-démocrates, avait été pratiquement unanime dans son adhésion à la guerre. Un seul social-démocrate, un excentrique, s'était abstenu d'approuver le gouvernement ; autour de lui s'était groupée par la suite une petite bande de révolutionnaires extrémistes, les spartacistes[2]. Ils formèrent, après mars 1917, le noyau du parti communiste allemand qui se modela sur Moscou. Mais à mesure que le temps passait, une minorité toujours grandissante de social-démocrates s'était refusée à voter les crédits de guerre demandés par le gouvernement. Ce ne fut pourtant qu'après la révolution russe que cette minorité rompit avec la majorité et constitua un parti séparé, le parti social-démocrate indépendant, qui prit pour programme la paix immédiate. Une sérieuse mutinerie éclata dans la flotte en juillet 1917 ; ses instigateurs passèrent en conseil de guerre et furent fusillés. Mais le gouvernement, pour sa part, commença à comprendre qu'il lui fallait jeter du lest devant la tempête. C'est alors qu'apparut combien était précaire la constitution politique de l'Allemagne bismarckienne, car elle se révélait incapable de résister à la tension d'une guerre prolongée ou d'une défaite commençante. En juillet 1917, Bethmann-Hollweg[3] démissionna, et, des trois ministres fantômes qui lui succédèrent, chacun pencha un peu plus que le précédent vers les partis de gauche. Le gouvernement déposa des projets de loi qui démocratisaient profondément la Constitution de la Prusse et qui

---

1. [Discours prononcé par le président Wilson le 8 janvier 1918 devant le Congrès, intitulé « Une diplomatie pour la paix. Déclaration sur les buts de guerre des Alliés faite en quatorze points ».]
2. [ou spartakistes.]
3. [Chancelier d'Allemagne depuis 1909, de tendance libérale et favorable à la social-démocratie, Theobald von Bethmann-Hollweg (1856-1921) est contraint à la démission le 13 juillet 1917. Ses ouvertures en faveur de la paix, bien que soutenues par l'empereur, sont vivement combattues par le haut état-major qui adresse un véritable ultimatum à Guillaume II.]

introduisaient dans la Constitution du Reich le principe de la responsabilité ministérielle. Finalement, en automne 1918, après des défaites répétées de l'armée allemande sur le front ouest, et lorsque le désastre fut en vue, une révolte éclata à Kiel parmi les marins. Des conseils de soldats et d'ouvriers se formèrent à travers l'Allemagne du nord. Le Kaiser s'enfuit en Hollande et l'armistice fut signé en novembre avec un gouvernement allemand républicain et socialiste. En Autriche, le pays où la catastrophe finale des Empires centraux avait réellement commencé, les révolutions qui éclatèrent furent à la fois sociales et nationales. Ce qu'on nomme la bataille de Vittorio Veneto, ce fut tout simplement la dislocation de l'armée austro-hongroise en ses éléments composants ; chacun d'eux reflua impétueusement vers sa patrie particulière, pour y provoquer, qui la révolution sociale à Vienne et à Budapest, qui la révolution nationale à Prague et à Agram.

Après que les puissances alliées et associées eurent poursuivi entre elles de laborieuses négociations, le traité de Versailles fut présenté au monde, et l'Allemagne le signa. Certains de ceux qui ont critiqué ce document si dénigré ont dénoncé son caractère révolutionnaire, lui reprochant d'avoir découpé des nations toutes jeunes dans le bloc des vieux États, à l'existence desquels l'Europe s'était graduellement accoutumée. Mais la question est de savoir si une guerre révolutionnaire pouvait s'achever autrement que par un traité révolutionnaire. Les traités qui ont créé une Pologne libre, une Tchécoslovaquie libre, une Yougoslavie libre, qui ont libéré l'Alsace de l'Allemagne et le Trentin de l'Autriche, se sont fondés sur le principe des nationalités ; ils représentaient le triomphe de tout ce pour quoi les libéraux du XIXe siècle avaient lutté. Non que la guerre ait été terminée avec la signature de ces traités. Elle s'éternisa en Russie, où vous pouvez à votre gré l'appeler soit une guerre civile entre le communisme et les adversaires russes du communisme, soit une guerre nationale par quoi la Russie soutint son indépendance contre ce qui était bien réellement une intervention étrangère de l'Angleterre et de la France. Mais une fois délivrée de ce péril intérieur, la Russie essaya de transformer ces guerres défensives en une guerre offensive de propagande communiste, dirigée contre la Pologne et l'Allemagne. Cette nouvelle guerre échoua sous les remparts de Varsovie. Et peut-être pourrait-on dire que la crise mondiale ne commença pas vraiment en 1914 pour s'achever en 1918, mais qu'elle commença en octobre 1912, avec la première guerre des Balkans, et qu'elle prit fin en août 1920 seulement, lorsque le dernier des traités d'après-guerre fut signé à Sèvres, lorsque l'armée bolchevique fut défaite en Pologne, qu'un essai de révolution communiste avorta en Italie, et que le fascisme commença d'y grandir. D'un bout à l'autre, cette guerre avait été une guerre de nationalités ; et la révolution russe, ce dissolvant de l'impérialisme, se trouvait avoir travaillé non tant au bénéfice du communisme ou même du socialisme qu'à celui de l'idée nationale.

Mon récit étant arrivé à son terme, je voudrais, pour conclure, ajouter quelques mots pour vous mettre en garde contre une erreur possible d'interprétation. Somme toute, à quoi tend ma méthode ? J'ai recherché les « causes » ou « responsabilités » de la guerre, non dans les actes des hommes d'État pris individuellement, mais en des forces collectives, anonymes, contre quoi les hommes d'État ont été sans pouvoir. Or, quelque heureux que puissent avoir été en Europe les résultats de la guerre – dans l'ensemble, je pense qu'ils ont été tels –, il serait absurde de ne pas reconnaître, comme le gouvernement des Soviets nous le rappelle constamment – de façon aussi profitable que déplaisante –, qu'il subsiste encore, à l'heure actuelle, une agitation ouvrière qui demande à être apaisée, et qu'il subsiste aussi des nationalités opprimées qui demandent à être libérées. Faut-il donc que nos hommes d'État se bornent à attendre passivement que ces forces collectives et anonymes s'imposent de nouveau, et qu'une nouvelle guerre, une nouvelle révolution – à la manière d'une inondation ou d'un tremblement de terre –, submergent et secouent une fois de plus le monde ? Bref, mon interprétation de l'histoire implique-t-elle la faillite de toute politique ?

Elle signifie plutôt, si vous voulez bien m'entendre, que la responsabilité des maux qui tourmentent l'humanité doit être transférée des hommes d'État au commun peuple, c'est-à-dire à nous-mêmes. La sagesse ou la folie de nos hommes d'État est purement et simplement le reflet de notre propre sagesse ou de notre propre folie. Si donc, comme je crois, vous vous accordez avec moi pour penser que la justice dans les rapports politiques pourrait être achetée avec un moindre gaspillage de vies humaines et de richesses que n'en apportent une révolution, ou une guerre, ou une guerre révolutionnaire, vous devez comprendre aussi que ce résultat ne pourra être acquis si, dans nos pensées mêmes, une transformation ne se produit.

À nous de substituer un esprit de compromis à un esprit de fanatisme. L'Angleterre, en ces matières, nous montre assurément la route de la paix. Depuis plus de deux siècles, l'Angleterre n'a pas eu de révolution ; et, autant qu'il est possible de porter des jugements aussi entiers sur les affaires humaines, il semble qu'elle soit à jamais sauvegardée de la menace de révolution. Aussi l'histoire de l'Angleterre moderne nous prouve qu'il est possible d'extirper le fanatisme de classe et de parti. Pourquoi ne pas essayer d'employer les méthodes britanniques pour résoudre le problème de la guerre aussi bien que celui de la révolution ? L'institution de la Société des Nations est une tentative de ce genre. À Genève, les représentants de toutes les nations sont invités à se réunir et à tenter de résoudre, dans un esprit de compromis, les différends qui, jusqu'à présent, n'avaient été résolus que par la guerre. Et, s'ils échouent, à se soumettre à l'arbitrage, aux conseils, aux ordres du Parlement de l'Humanité ?

Mais c'en est trop peu que de l'esprit de compromis. Le fanatisme national est quelque chose de beaucoup plus formidable que le fanatisme de classe. L'Angleterre a éliminé l'un mais non l'autre. Elle a pu être, pendant deux siècles, une nation sans révolution ; on aurait peine à dire qu'elle n'a pas été une nation belliqueuse. Même pendant cette dernière période de vingt-cinq années, où l'humanité semble avoir cherché, plus anxieusement que jamais elle n'avait fait jusqu'ici, comment on pourrait éviter la guerre par l'arbitrage, par le compromis, pouvons-nous citer un seul gouvernement, le gouvernement anglais compris, qui ait souscrit à aucun Pacte de Paix, et même au Pacte de la Société des Nations, sans faire, explicitement ou implicitement, quelque réserve ? Je tombais l'autre jour, par hasard, sur un débat qui eut lieu à la Chambre des Communes peu de mois avant la guerre, et dont les protagonistes étaient l'Irlandais Tim Healy, célèbre pour ses réponses primesautières, et lord Hugh Cecil : « Mais qu'est-ce donc qu'une nationalité ?, interrompit lord Hugh Cecil. – Je vais dire au noble lord, riposta Tim Healy, ce que c'est qu'une nationalité. Une nationalité, c'est une chose pour laquelle l'homme est prêt à mourir. » Fort bien, mais aussi pour laquelle il est prêt à tuer ; et voilà l'obstacle. Du moins le fait demeure que l'homme n'est pas uniquement composé de sens commun et d'intérêt personnel ; telle est sa nature qu'il ne juge pas la vie digne d'être vécue, s'il n'y a pas quelque chose pour quoi il soit prêt à la perdre. Or je vois présentement que des millions d'hommes se montrèrent prêts, durant la grande crise mondiale, à donner leur vie pour leurs patries respectives. Combien de millions d'entre eux, ou de centaines de mille, ou de milliers, ou de centaines, seraient prêts à mourir pour la Société des Nations ? Y en aurait-il seulement cent ? Prenez garde, car c'est cela qui est grave. Tant que nous n'aurons pas développé un fanatisme de l'humanité assez puissant pour contrebalancer ou pour absorber nos fanatismes de nationalité, n'allons par charger nos hommes d'État de nos propres péchés. Cherchons plutôt des raisons de les excuser lorsque, à l'occasion, ils se sentent forcés de céder à la pression de nos émotions fanatiques et désintéressées.

LE SOCIALISME ET LE PROBLÈME

DU PARLEMENTARISME DÉMOCRATIQUE[1]

En avril 1934, Élie Halévy prononce à Londres, au Royal Institute of International Affairs *(souvent connu sous le nom de* Chatham House, *où l'institution a établi son siège), devant un public d'hommes politiques, de diplomates, d'universitaires et d'experts en relations internationales, une conférence qui, à partir d'un diagnostic sévère sur le socialisme anglais, élargit son propos à l'avenir de la démocratie européenne.*

Selon lui, le socialisme anglais est prisonnier de deux contradictions.

Un premier paradoxe marque l'histoire du mouvement travailliste durant l'entre-deux-guerres : si les forces travaillistes, syndicales et politiques, n'ont jamais été aussi puissantes, mobilisant les masses ouvrières lors de spectaculaires grèves générales et accédant au pouvoir à deux reprises en 1924 et 1929, elles ont été impuissantes à faire advenir leurs revendications : elles n'ont pu imposer ni la nationalisation des mines, ni celles des banques, ni la réduction du temps de travail, ni même l'augmentation des salaires ; elles n'ont pas réussi à étendre ni même à défendre les droits syndicaux et ont été finalement contraintes de gouverner avec les Conservateurs et les Libéraux dans les années 1930.

Ce constat d'impuissance politique s'explique selon Élie Halévy par un second paradoxe : les travaillistes ont été prisonniers de la contradiction entre leur attachement légaliste à la démocratie parlementaire – qui explique en partie leur méfiance envers le pouvoir exécutif – et la nécessité de renforcer l'État pour mettre en œuvre les réformes structurelles qu'ils prônaient. Ainsi se sont-ils débattus entre l'idéal de « liberté » et la nécessité de l'« organisation », incapables d'élaborer une voie de transformation démocratique de l'économie et de la société, comme par exemple l'« évolution révolutionnaire » entrevue par Jaurès. Les travaillistes ont pris le risque de susciter des espoirs déçus et de pousser les jeunes générations politiques

---

1. Conférence prononcée à *Chatham House*, le 24 avril 1934. Le texte en a été publié dans *International Affairs*, 13, 1934, p. 490-507.

anglaises vers le renoncement à la liberté économique, puis à la liberté politique.

La conférence de Chatham House *ne s'en tient pas à une seule analyse de la situation anglaise. Le problème du parlementarisme démocratique et son rapport avec le socialisme relève d'un « sujet général, un problème européen », qu'il veut traiter en « historien [...] au moyen d'une série de faits historiques ». Élargissant son analyse à trois situations nationales, il constate que les révolutions socialistes débouchent inexorablement sur des remises en cause profondes de la démocratie parlementaire :*

> En France, au milieu du XIXe siècle, nous avons eu ce que vous appelleriez une révolution socialiste. Peu de mois plus tard, nous avions Louis-Napoléon. L'Italie traversa, après la Grande Guerre, quelque chose que vous pourriez qualifier, une fois encore, de révolution socialiste : le résultat, ce fut Mussolini. En Allemagne, les socialistes gouvernèrent en fait le pays pendant dix ans : le résultat, ce fut Hitler.

Cette « paralysie, cette incapacité des partis socialistes occidentaux », Élie Halévy l'observe en Angleterre aussi, exprimant son inquiétude devant une démocratie qui conserverait toutes les formes du parlementarisme mais accepterait le recours à des « mesures plus ou moins dictatoriales » précédant la tyrannie effective. Cette tendance est partagée par les plus jeunes des dirigeants politiques anglais, « les enfants de la guerre, de cette guerre qui devait faire du monde un lieu sûr pour la démocratie, mais qui semble bien leur avoir enseigné de tout autres leçons ».

Alors, plus anglais même que son auditoire, il l'enjoint à ne pas sacrifier à l'idéal démocratique au profit de l'efficacité économique et de l'organisation sociale. Les espérances que les socialistes ont éveillées mais n'ont pas su satisfaire ne doivent pas se reporter vers des partis extrêmes. Au regard de l'histoire passée ou présente, le risque d'un tel repli est pourtant très élevé, soulignant la part de responsabilité considérable qu'auraient les socialistes dans cette évolution mortifère mais prévisible historiquement.

(avec Marie Scot)

Voulez-vous me permettre de commencer par quelques mots d'explication ? C'est il y a deux mois environ qu'on me demanda de faire cette conférence, et le titre qu'on me proposa alors était *La politique anglaise depuis la guerre*. Je répondis oui pour ce qui était de la conférence, mais je protestai contre l'énormité du sujet. Traiter de toute la politique anglaise depuis la guerre en une heure dépassait mes capacités. Je demandai donc à mon tour si je ne pourrais limiter mon sujet et ne parler que de la politique extérieure ou de la politique intérieure de la Grande-Bretagne. Et ma première idée fut de choisir la politique extérieure. Mais il arriva que, vers Pâques, un groupe d'historiens anglo-français se réunit à Paris. Leur programme me tomba entre les mains, et je constatai que toutes les communications – quatre devaient être faites par des Anglais, deux par des Français – étaient consacrées aux affaires étrangères. Cela me parut un mauvais symptôme. Dites ce que vous voudrez, mais affaires extérieures, cela signifie, en général, guerre. J'abandonnai donc ma première idée, et je me mis à travailler la politique intérieure anglaise. Après tout, la structure intérieure de la société a bien aussi son intérêt – en réalité, un intérêt plus grand que les rapports extérieurs entre les nations.

Mais je n'étais pas au bout de mes peines. À moi, Français, on demandait de faire ici une conférence sur la politique anglaise. J'avais toujours cru que l'usage, à Chatham House, était de demander aux Hongrois de parler des affaires hongroises, aux Japonais de parler des affaires japonaises, aux Français, de parler de la France. Je me trouve donc placé dans une situation un peu délicate. Je n'ai pas le sentiment, ce soir, d'être un expert qui s'adresse à un groupe de profanes, mais un profane qui parle à un groupe d'experts. Ma façon de tourner la difficulté, ce sera de choisir un sujet général, un problème européen, et d'étudier, d'un point de vue qui n'est pas anglais, quelle forme le problème prend en Angleterre. Comme je suis un historien, ce n'est pas en termes logiques et philosophiques que je vous exposerai quel est ce problème universel, mais au moyen d'une série de faits historiques.

En France, au milieu du XIXe siècle, nous avons eu ce que vous appelleriez une révolution socialiste. Peu de mois plus tard, nous avions Louis-Napoléon. L'Italie traversa, après la Grande Guerre, quelque chose que vous pourriez qualifier, une fois encore, de révolution socialiste : le résultat, ce fut Mussolini. En Allemagne, les socialistes gouvernèrent en fait le pays pendant dix ans : le résultat, ce fut Hitler.

Regardons les choses sous un angle différent. Supposons qu'à la fin du XIXe siècle l'Allemagne ait été gouvernée par un grand parti démocratique. Croyez-vous qu'elle aurait eu les grandes lois d'assurance de Bismarck ? Ou supposons encore qu'en 1905, au lieu d'un petit *Labour Party*, qui n'exerçait qu'une sorte de pression morale sur les vieux partis, vous ayez eu un grand *Labour Party*, avec une majorité réelle à la Chambre des Communes, êtes-vous sûrs que le budget de 1909, et la loi d'Assurances Nationales de 1911 auraient été votés ? Supposez qu'aux États-Unis il existe un parti du travail digne de ce nom, auriez-vous aujourd'hui – bonne ou mauvaise, la question n'est pas là – l'expérience Roosevelt ? J'en doute.

Pourquoi cette paralysie, cette incapacité des partis socialistes occidentaux ? Tel est le problème que je pose et que je vais tenter de résoudre pour vous ce soir. S'il y a de l'amertume dans mes paroles, ce ne sera pas l'amertume de la haine, mais l'amertume des espérances déçues.

Commençons par parler des chances du *Labour Party* en Angleterre depuis la guerre. Je pourrais raconter l'histoire sur un ton joyeux ; rien de plus facile. Je vous montrerais comme quoi la guerre a providentiellement travaillé, et de deux manières, en faveur du *Labour Party* anglais. D'une part, tous les groupes anti-guerriers, tous ceux que la guerre avait déçus, essaimant vers le *Labour Party*. D'autre part la guerre elle-même donnant une étrange leçon de socialisme à toutes les classes de la société. Les plus conservateurs aidant à remettre entre les mains de l'État – afin de presser, d'accélérer le mouvement de la production – un nombre énorme de fonctions dont jamais, avant la guerre, ils n'auraient songé à se déposséder. Voilà comment, grâce à la guerre, deux courants puissants sont venus grossir le fleuve du Travail. Statistiquement, je vous ferais observer qu'avant la guerre, moins de quarante membres du *Labour Party* siégeaient à la Chambre des Communes, et que, dans le pays, ils n'avaient probablement pas plus d'un demi-million d'électeurs. Trois ans plus tard, quatre millions. À la fin de 1924, cinq millions et demi, et en 1929, plus de huit millions d'électeurs. Puis vint le recul. Mais, aux dernières élections, il restait aux travaillistes plus de six millions d'électeurs. N'a-t-on pas le droit d'en conclure que l'avenir est à la cause du Travail et du Socialisme anglais ?

Mais quand, à Paris, je parle à mes élèves du mouvement travailliste anglais depuis la guerre, c'est une tout autre histoire que je crois devoir leur raconter – une morne et déprimante histoire, si on la regarde du point de vue du Travail. J'y vois une série de violentes attaques, repoussées par des contre-attaques très réussies – une succession de grosses défaites. Laissez-moi vous raconter, en la résumant, l'histoire des quatre grosses défaites subies par le travaillisme depuis 1918.

La première grande offensive du Travail après la guerre fut menée par les *Trade Unions* plus que par les partis politiques. Les travaillistes qui siégeaient au Parlement contemplèrent la chose du dehors et n'en furent pas les chefs. La « Triple Alliance » des ouvriers des transports, des mineurs et des cheminots, se ligua pour paralyser toute la vie économique du pays, et pour acculer les classes possédantes à la capitulation. Je me rappelle nettement ces journées, car je fis, à cette époque, un long séjour en Angleterre. Tout le monde croyait que les huit heures seraient votées à bref délai par le Parlement, et qu'un salaire minimum allait être fixé pour le pays tout entier. Tout le monde s'attendait à la nationalisation des chemins de fer et des mines ; et non seulement à la nationalisation, mais, par l'intermédiaire

des *Whitley Councils*, au contrôle ouvrier dans les industries natio
et dans toutes les autres industries anglaises. Or, qu'arriva-t-il ? Apr
ans de luttes stériles, qu'obtint-on ? Une loi de sept heures dans les i ..es,
une fusion (mais non pas une nationalisation) des chemins de fer. Et voilà.
En fait, rien du tout. Le très habile homme d'État qui avait su déjouer les
manœuvres du Parti Travailliste et du Parti Trade-unioniste en Angleterre,
c'était Lloyd George ; et le Parti Travailliste ne le lui a jamais pardonné.
Les Conservateurs auraient pu lui en savoir gré, mais ils le détestaient
pour d'autres raisons. En 1922, il disparut de la scène après avoir battu le
Labour Party.

Vint ensuite, et cette fois sur le terrain politique, ce que j'appellerai la
deuxième offensive du Travail. Vous vous rappelez qu'aux élections de
1923 le Parti Conservateur n'obtint pas la majorité des voix à la Chambre
des Communes, et que ce furent les Travaillistes, et non plus les Libéraux,
qui devinrent le principal parti d'opposition. Libéraux, Conservateurs et
Unionistes s'entendirent pour remettre le pouvoir aux mains du *Labour
Party*. Mr. Ramsay MacDonald accepta les fonctions de Premier ministre,
et, en très peu de temps, il réussit à mettre sur pied un Cabinet qui,
politiquement, intellectuellement, moralement et socialement, était certes
des plus respectables. Qu'arriva-t-il alors ? Libéraux et Conservateurs
s'étaient entendus pour confier le pouvoir à Mr. MacDonald dans le but bien
défini de chasser les Français hors de la Ruhr. Dès que la chose fut faite, ils
s'aperçurent que Mr. MacDonald était en train de lier la Grande-Bretagne à la
Société des Nations un peu plus étroitement qu'ils ne le jugeaient nécessaire ;
et aussi que Mr. MacDonald travaillait à un *rapprochement* avec la Russie
soviétique, qui ne rentrait pas du tout dans leurs plans. Ils s'entendirent
donc pour le jeter par-dessus bord, et Mr. MacDonald disparut. Ce fut la
seconde défaite du *Labour Party*. Il en a connues de pires au cours de son
histoire : cette fois il avait tout au moins obtenu un résultat, en prouvant
que le *Labour Party* avait été, et pourrait donc éventuellement redevenir, un
parti capable de gouverner le pays. Mais ce n'en était pas moins une défaite.

Vient maintenant l'offensive numéro trois, qui nous ramène du terrain
politique sur le terrain syndical. Le problème minier revient au premier plan.
Rappelez-vous qu'en 1922-1923 vos mines traversaient une ère de prospérité.
C'était le temps de la grosse grève des mines d'anthracite de Pennsylvanie.
C'était aussi le temps de l'occupation de la Ruhr et de la résistance passive
des mineurs allemands. Ces deux faits aidaient à maintenir très haut le prix
du charbon anglais. Mais quand la question de la Ruhr eut été réglée et que
les mineurs allemands se remirent au travail, la concurrence s'intensifia, le
prix du charbon anglais tomba, et la situation des mines anglaises devint
critique. Les propriétaires demandèrent plus d'heures de travail et de plus

bas salaires. Les socialistes demandèrent la reprise des droits tréfonciers par l'État, la nationalisation des mines ou tout au moins la réorganisation de toutes les mines anglaises d'après un plan unique. En 1925, il sembla bien que le conflit était imminent. Grâce à l'heureuse intervention de Mr. Stanley Baldwin, une rupture fut pendant quelque temps évitée, mais, au bout de huit ou neuf mois, la grève générale éclata. Elle ne dura guère plus d'une semaine ; la lutte désespérée des mineurs, abandonnés à eux-mêmes, se prolongea pendant presque sept mois. Le résultat, vous le connaissez tous. Non seulement les mineurs n'obtinrent rien de ce qu'ils demandaient, mais ils durent accepter des salaires réduits, et l'abandon de la loi de sept heures obtenue en 1919. Et un an plus tard, la loi sur les *Trade Unions* fut votée : mesure extraordinairement réactionnaire. 1° Toute grève de sympathie y était déclarée illégale ; 2° on défendait aux fonctionnaires de faire partie des syndicats affiliés au Congrès des *Trade Unions* ; 3° les « piquets de grève » étaient définis en termes très durs, plus durs qu'on ne l'avait jamais fait depuis 1871 ; 4° il fut rendu difficile aux syndicats d'obtenir des souscriptions pour des fonds politiques. Défaite grave, dont on ne s'est jamais relevé.

Nous arrivons maintenant à la quatrième offensive : un triomphe pour le *Labour Party*, en apparence tout au moins. Ce fut en 1929. Les élections avaient donné aux travaillistes, sinon la majorité absolue, tout au moins quelque chose qui s'en rapprochait beaucoup. Survint alors la crise mondiale qui, se superposant à l'état de dépression chronique dont l'Angleterre souffrait depuis des années, rendit la situation vraiment intolérable. N'alliez-vous-pas voir le nombre de vos chômeurs atteindre le deuxième million ? Ceux qu'il fallut mettre à l'abri de la famine dépassèrent bientôt ce chiffre. Devant cet état de choses, les socialistes avaient leur explication toute prête : une explication qui, à première vue, paraît tout à fait plausible. Ces crises, disaient-ils, sont des crises de surproduction, rendues inévitables par un système qui a le salaire pour base. Avec une petite minorité de capitalistes et une grande majorité de salariés, où le profit de l'industrie pourrait-il aller ? S'il ne s'en va pas sur des marchés étrangers non encore industrialisés, il ne pourra jamais être absorbé, puisque les pauvres sont trop pauvres pour racheter, avec leurs salaires, tout le produit de leur travail ; ou bien alors il ne resterait rien pour faire le profit du capitaliste. Donc, tel est l'argument : ce qu'il faut, c'est mettre l'État en possession de tous les capitaux, et fonder une société qui reposera sur la consommation et non sur le profit. Et voilà où commence, selon moi, la tragédie. Avant les élections générales les chefs travaillistes avaient, semblait-il, trouvé commode d'ignorer la question du chômage. Ils auraient probablement continué à l'ignorer si Mr. Lloyd George, chef du parti libéral, ne les avait obligés, en lançant son propre programme, à affronter ce qui, d'un point de vue strictement socialiste, aurait dû être le pivot de leur élection. Mr. MacDonald réunit un petit comité qu'on chargea d'étudier le problème. Il se composait de trois membres : Mr. Thomas, président, Mr. Lansbury et Sir Oswald Mosley. Ce dernier insista pour que quelque chose fût fait, dans un esprit socialiste ; tout ce qu'il obtint, ce fut de se rendre très impopulaire dans les rangs de son parti. Vous savez ce qui s'ensuivit. Dégoûté, il se détacha des socialistes et devint le chef de ce qu'on appelle aujourd'hui le parti fasciste anglais[1], tandis que Mr. Ramsay MacDonald, Mr. Thomas et Mr. Snowden – aujourd'hui lord Snowden – disparaissaient au sein du Parti Conservateur. Bizarre ironie ! Le parti qui était censé détenir la clef du problème se trouvait incapable de le résoudre, désespéré même à la pensée qu'on pourrait lui demander de le résoudre. Je sais, naturellement, quelle était leur excuse : ils ne pouvaient rien faire parce qu'ils n'avaient pas la majorité absolue. Mais n'étaient-ils pas, au fond de leur cœur, ravis de ne pas l'avoir, parce que les responsabilités du pouvoir les épouvantaient ? Je vous l'avoue franchement, je frissonne en pensant au jour où le *Labour Party* pourrait avoir une majorité absolue, et cela, non par amour pour le capitalisme, mais par amour pour le socialisme.

Telle est la difficulté, et peut-être m'y suis-je attardé trop longtemps. Je veux maintenant essayer d'expliquer quelle est, selon moi, la solution du problème ; et je diviserai mon explication en trois parties.

Ma première explication, c'est que je crois qu'il y a une grande différence entre les désirs de ceux qui votent pour un candidat travailliste et ce programme compliqué qu'est le programme socialiste. Je ne pense pas seulement à ceux qui, pour des raisons sentimentales et parfaitement respectables, ont passé au travaillisme parce qu'ils étaient, non pas des travaillistes, mais des pacifistes. Je me rappelle un livre qui décrit ce groupe particulier d'adeptes du *Labour Party*, et qui a pour titre « Les Mugwumps et le Labour Party »[2]. J'avoue ne pas connaître le sens du mot « Mugwumps » ; mais il sonne bien et le livre m'a amusé. Je pense à l'ouvrier moyen qui, normalement, vote pour le *Labour Party*. Que désire-t-il quand il vote ainsi ? Il veut un salaire plus élevé, moins d'heures de travail, et de meilleures conditions d'existence. Quand le parti socialiste lui explique abstraitement, et en termes

---

1. [D'origine aristocratique, Oswald Mosley (1896-1980) siège d'abord à la Chambre des Communes dans les rangs conservateurs (1918) puis rejoint le camp travailliste sous les couleurs duquel il est à nouveau élu député en 1926. Il entre dans le gouvernement de Ramsay MacDonald en 1929 et se voit confier la lutte contre le chômage. Il rompt avec les travaillistes l'année suivante. Opérant une synthèse entre nationalisme et antisémitisme, il crée en 1932 la *British Union of Fascists* (BUF). Il se rapproche de Mussolini, puis d'Hitler, ce qui lui vaut d'être interné en Angleterre durant la Seconde Guerre mondiale.]

2. [L'auteur en est Geoffrey Theodore Garrat. *The Mugwumps and the Labour Party* est publié en 1932 par The Hogarth Press.]

pour lui presque inintelligibles, qu'il ne pourra obtenir tout cela que par la nationalisation des moyens de production, de distribution et d'échange, il ne se donne absolument pas la peine de comprendre ces difficiles paroles. Il lui suffit d'obtenir une partie de ce qu'il désire grâce à une première forme de socialisme que j'appellerai, moi, non socialisme mais fiscalisme, le socialisme d'avant-guerre pratiqué par des hommes tels que Mr. Lloyd George, Mr. Winston Churchill et même par Mr. Philip Snowden. Voici en quoi il consiste : laisser intact le système qui a le profit pour base, et prendre l'argent de la poche des capitalistes pour le mettre dans la poche des ouvriers. Mr. Snowden disait à cette époque qu'un bon budget, c'est un budget qui fait le riche moins riche et le pauvre moins pauvre. Et le système fonctionna parfaitement tant que les affaires furent aussi prospères qu'elles l'étaient juste avant la guerre. Une partie des profits passait indirectement dans la poche des ouvriers sous forme de pensions pour la vieillesse, d'assurances contre tel ou tel risque qui les menaçait, et ainsi de suite. Mais les profits augmentaient en même temps, et il est difficile de savoir, statistiquement, si, pendant que les pauvres devenaient moins pauvres, les riches devenaient effectivement moins riches. Je me demande même si les pauvres devenaient moins pauvres. À cette époque, le grand mouvement ascensionnel des prix avait déjà commencé, et pendant que les salaires-argent montaient, les salaires-réels tombaient ; il est donc difficile de dire si des avantages secondaires tels qu'assurances et pensions, arrivaient à compenser la chute des salaires réels. Le fiscalisme fait ce qu'il peut pour rendre difficile la vie du capitaliste, mais il ne fait rien pour changer le système qui repose sur le profit, tout en rendant parfois le bon fonctionnement de ce système impossible. Il vous faut, si vous êtes réellement socialiste, aller plus loin, jusqu'au socialisme au sens propre du mot.

La première idée des socialistes mécontents, ce fut le syndicalisme. Pour les uns, elle prit la forme extrême du syndicalisme français, pour les autres, la nouvelle forme anglaise du « socialisme de guilde », selon lequel les syndicats devraient s'emparer, à l'intérieur de chaque industrie, d'une part de plus en plus grande du contrôle pour rendre ainsi, par l'intermédiaire de leurs chefs, les ouvriers maîtres de l'atelier. Mais tout cela est bien oublié. Le fondateur même du mouvement, Mr. G.-D.-H. Cole, n'en parle plus jamais aujourd'hui. Et pourquoi le système fit-il faillite ? Je crois que c'est à la psychologie des ouvriers qu'il faut attribuer cet échec. Ils veulent de meilleures conditions d'existence, de plus hauts salaires, moins d'heures de travail. Mais les responsabilités de la direction des affaires les effraient ; ils les abandonnent volontiers aux capitaines d'industrie.

Et voilà comment on se trouve rejeté vers le socialisme d'État ; ce socialisme d'État que Mr. et Mrs. Sydney Webb qualifient de « gouvernement des experts », et qui, éventuellement, devra contrôler tout la nation au nom de la communauté. Mais je constate à ce Labour Party ne semble pas avoir fait grand'chose dans cette voie, peut-être parce que la masse des ouvriers ne s'en soucie guère, vu qu'elle obtienne moins d'heures de travail et de plus hauts salaires sous un système capitaliste. Il y a bien eu une tentative de réorganisation des mines ; mais ce ne sont pas les Travaillistes, ce sont les Conservateurs qui ont entrepris ce travail. Je crois même, en fait, que lorsque la loi sur les Mines de Charbon fut votée au Parlement, à une époque où le cabinet travailliste était au pouvoir, ce cabinet oublia complètement d'y introduire une clause de réorganisation : ce furent les Libéraux qui obligèrent les Travaillistes à rédiger cette clause, et à rendre ainsi la loi plus « socialiste » que les Travaillistes ne l'auraient voulu.

Quand je dis que le socialisme d'État n'éveille, dans l'électorat travailliste, aucun sentiment d'intérêt immédiat, j'exagère peut-être un peu ; et ceci m'amène à la seconde partie de mes observations. Je crois qu'un vaste système de travaux publics, lancé, par le gouvernement, contrôlé par le gouvernement, dirigé par des fonctionnaires gouvernementaux, peut faire appel aux sentiments de la multitude. Voyez Staline en Russie et son plan quinquennal. Voyez Mussolini en Italie et Hitler en Allemagne. Mais il faut que la chose vienne d'en haut. Et le malheur, en Grande-Bretagne et dans tout l'Ouest de l'Europe, c'est que les chefs socialistes ne semblent pas avoir assez d'imagination pour lancer des plans de ce genre. Quelle sorte d'hommes sont, en Angleterre, les chefs travaillistes ? Non pas des intellectuels, mais des trade-unionistes, des individus très sympathiques, travailleurs, plutôt timides, très conservateurs, qui, avant d'arriver au Parlement, ont appris à négocier pacifiquement avec les capitaines d'industrie, afin de leur arracher les meilleures conditions de travail possibles pour leur clientèle. L'idée que le secrétaire du Syndicat des Travailleurs du Fer et de l'Acier, ou de telle ou telle industrie, pourrait un jour prendre la place des capitaines d'industrie, n'a jamais traversé leur esprit. Ce qu'ils envisagent, c'est tout au plus une monarchie limitée, qui contrôle, limite à son tour les capitaines d'industrie, et obtienne de meilleures conditions de travail pour ceux dont ils sont les représentants. Ce sont des Parlementaires nés. Or, si vous allez à la racine de l'idée parlementaire, vous verrez que le système n'est pas un système qui veut faire l'État fort, mais un système qui veut rendre l'État faible, au nom de la liberté. Ce qui est tragique, c'est que les chefs travaillistes sont des hommes dont la doctrine exigerait qu'ils fassent l'État plus fort, et dont le bon vieil instinct britannique est de faire l'État aussi faible que possible.

Je parlais du dramatique incident Mosley. J'en viens à l'incident, plus récent et non moins dramatique, de Sir Stafford Cripps[1]. Vous avez peut-être remarqué que, non seulement en Grande-Bretagne mais dans toute l'Europe, le socialisme, quand il dénonce le capitalisme, a légèrement déplacé son angle d'attaque. Au temps de Karl Marx, c'était au capital industriel, au capital qui était aux mains des grands industriels, qu'il s'en prenait ; le profit financier était oublié, car il restait faible si on le comparaît aux profits qu'on tirait des usines. Mais le temps passa, les capitaines d'industrie devinrent moins puissants, et, petit à petit, le capital financier devint de plus en plus considérable. Le but que visent maintenant les partis socialistes de l'Europe tout entière c'est de s'emparer, non plus, en premier lieu, du capital industriel, mais des dépôts dans les grandes banques. Un gouvernement socialiste arrivant au pouvoir en Angleterre devra donc nationaliser tout d'abord non seulement la Banque d'Angleterre, mais les cinq grands établissements de crédit (*Big Five*)[2]. Sir Stafford Cripps exposa ce plan. Il expliqua aussi que, deux ans auparavant, un gouvernement *tory* n'avait pu mettre les choses au point pour les capitalistes qu'en réclamant, et en obtenant, les pleins pouvoirs. Que par conséquent, le jour où un ministère socialiste à intentions socialistes (naturellement ce n'était là qu'une hypothèse) prendrait la tête des affaires, il devrait demander les pleins pouvoirs. Il observa que la position du gouvernement socialiste serait plus difficile que ne l'avait été celle du gouvernement conservateur, parce que celui-ci était sûr que la Chambre des Lords lui accorderait immédiatement les pleins pouvoirs, tandis qu'il n'en irait pas de même pour un ministère travailliste. Il dit qu'un gouvernement socialiste devrait donc immédiatement demander les pleins pouvoirs, et que si, par hypothèse, la Chambre des Lords les lui refusait, il devrait adopter des mesures dans le genre de celles qu'on avait adoptées en 1910 et en 1911, pour obliger les deux Chambres à voter le Budget et la Loi Parlementaire. Cette façon de présenter les choses n'avait rien d'extrêmement révolutionnaire ; tout au plus pouvait-elle paraître légèrement dictatoriale ; rien de ce qu'il demandait, si l'on se place au point de vue de la procédure légale, ne pouvait paraître très neuf. Mais ce fut assez pour déchaîner la fureur du monde travailliste. Sir Stafford Cripps fut dénoncé

---

1. [Fils d'un ancien député conservateur passé au parti travailliste, Stafford Cripps (1889-1952) est élu sous les mêmes couleurs à la Chambre des Communes en 1931. Il rompt cependant avec l'aile majoritaire de Ramsay MacDonald et fonde en 1932, au sein du parti, une ligue marxiste pro-soviétique, favorable au rapprochement avec le parti communiste de Grande-Bretagne. Il participe avec son mouvement à l'agitation sociale et soutient les grandes grèves ouvrières des années 1930.]
2. Sous le nom de « *Big Five* », on désigne en Angleterre les cinq principaux établissements de crédit, qui sont : la Westminster Bank, la National Provincial Bank, la Midland Bank, la Lloyds Bank, la Barclays Bank.

comme attentant aux libertés anglaises, d'abord par le Congrès des *Trade Unions*, puis par le Congrès du *Labour Party* ; et, finalement le *Labour Party* jugea nécessaire de se réunir en conférence spéciale, en janvier, pour répéter les mêmes choses une fois encore, et pour affirmer que lorsqu'il obtiendrait le pouvoir, il devrait toujours se conformer aux méthodes les plus strictement constitutionnelles.

Vous pouvez dire que le programme en lui-même était dangereux et que vous ne vous souciez pas de voir nationaliser la Banque d'Angleterre et vos cinq principaux établissements de crédit. Mais c'est exactement là où je voulais en venir. Cette revendication est, en somme, la première sur le programme des Travaillistes. Donc, quand d'une part ils disent qu'ils veulent quelque chose, et que d'autre part ils ne veulent pas des moyens par lesquels ils pourraient l'obtenir, on peut légitimement se demander quel est le fond de leur pensée. Je crains que leur état d'esprit ne soit plus *whig* que socialiste et que, loin de vouloir fortifier l'État contre les capitalistes, ils ne veuillent protéger les individus contre l'État.

J'irai même plus loin, et ce sera la troisième et dernière partie de mes observations, en vous demandant si la doctrine socialiste elle-même n'est pas tout entière minée par une contradiction interne. Les socialistes croient en deux choses qui sont absolument différentes, et peut-être même contradictoires : liberté – organisation. Entre l'une et l'autre, ils tombent par terre.

Je sais que je m'adresse à un auditoire anglais et que personne mieux que les Anglais n'est capable de comprendre ce que les philosophes hégéliens appellent « l'identité des contraires ». Mais j'ai peur que, même à des Anglais, la logique ne s'impose ici. Car vous devez faire face à une difficulté qui est à la fois logique et historique.

L'idéal de la liberté anglaise au XVIIIe siècle, c'était l'idée d'un Parlement contrôlant étroitement l'aristocratie et la monarchie, l'idée paradoxale que si l'on veut donner une base solide à la société il faut non pas obéir à ceux qui nous gouvernent, mais leur désobéir, les surveiller, leur rendre les choses difficiles. Puis vinrent les économistes politiques, Adam Smith, Ricardo, et leurs propagandistes, Cobden et Bright, qui ajoutèrent quelque chose à la définition du libéralisme anglais en rendant, en fait, l'État évanescent ; ils y réussirent en réduisant hardiment à l'extrême minimum possible les fonctions de l'État, en visant ce que Huxley appela « le nihilisme administratif », en ne laissant rien à l'État, si ce n'est le droit d'abdiquer, et en permettant tout simplement aux individus d'échanger librement le produit de leurs travaux respectifs. Je crois que vous tomberez d'accord avec moi pour reconnaître qu'entre 1840 et 1850 le libéralisme anglais atteignit son apogée. L'Europe entière admira alors l'Angleterre comme le centre de la civilisation occidentale. Notre tyran français lui-même, Napoléon III, fut captivé par la propagande libre-échangiste anglaise. Vint ensuite l'ascension de Bismarck, et peu à peu, à mesure que l'Empire allemand impressionnait le monde par le spectacle de son organisation, les méthodes bismarckiennes éclipsaient l'idéal anglais de liberté, l'idée hégélienne de l'État éclipsait l'idée de l'État évanescent.

Le problème que les socialistes ont aujourd'hui tant de peine à résoudre c'est : comment concilier ces deux idées. Prenez le libre-échange. En Grande-Bretagne et dans l'Europe tout entière, les socialistes aiment à dire, vaguement, sentimentalement, qu'ils sont libre-échangistes ; peut-être est-ce en partie parce que le protectionnisme étant agrarien, le libre-échange, dans des États industriels, signifie le pain à bon marché pour les ouvriers, mais aussi parce que, sentimentalement, ils sont des internationalistes, et que libre-échange signifie internationalisme. Aux dernières élections, on a encore pu dire que les socialistes, d'une manière plus ou moins vague, combattaient pour le libre-échange, mais quand vous êtes devenus un pays protectionniste, impitoyablement protectionniste – non par un vote à la Chambre des Communes mais par ordre administratif –, le *Labour Party* a-t-il jamais protesté ? Et si les travaillistes revenaient au pouvoir, n'accepteraient-ils pas le protectionnisme comme allant de soi ? En fait, pourquoi pas ? Si vous commencez par admettre que l'État doit fixer les salaires et limiter les profits, pourquoi n'admettriez-vous pas que l'État fixe les prix au moyen du protectionnisme, ou de toute autre mesure étatiste ?

Mais cet État auquel vous faites appel – il vous faut accepter le fait –, c'est l'État national et traditionnel, avec tout son appareil militaire et naval. Il est étrange de voir combien, en Angleterre, l'esprit du libre-échange a survécu à l'établissement du protectionnisme. Mais il vous faut comprendre que vous êtes devenus un pays protectionniste, et qu'étant devenus protectionnistes, vous êtes, du même coup, devenus nationalistes. Je connais un certain nombre de socialistes intellectuels qui se qualifient simultanément de radicaux protectionnistes et de radicaux pacifistes. Je ne comprends pas comment ils peuvent être l'un et l'autre en même temps. Sir Oswald Mosley, dans un discours à l'Albert Hall, a déclaré l'autre jour que, lorsque l'esprit fasciste aura gagné toutes les nations d'Europe, et qu'elles se suffiront toutes à elles-mêmes, la paix sera assurée. Je confesse ne pas saisir la logique de son argumentation. Dès l'instant que vous acceptez quelque chose qui ressemble au protectionnisme, il vous faut aussi accepter quelque chose qui ressemble au nationalisme ? Et pouvez-vous avoir un nationalisme qui ne s'accompagne pas de militarisme ? L'hiver dernier je fus frappé, en lisant un discours prononcé par Sir Stafford Cripps à une réunion publique, de l'entendre se qualifier de « pacifiste intégral ». Je sais qu'en ce moment même il prononce, au Canada, des discours intensément pacifistes, mais je ne puis oublier combien sa déclaration précédente m'impressionna. Je vais faire une prophétie hardie, peut-être absurde. Mais qui sait ? Le père de Sir Stafford Cripps, après avoir été un conservateur, passa au travaillisme parce qu'il était un pacifiste. Qui sait si Sir Stafford Cripps, au contraire, ne découvrira pas un jour qu'il glisse vers le patriotisme, peut-être même vers quelque chose qui ressemble au militarisme, parce qu'il est socialiste ?

Quand j'étais un jeune homme, Herbert Spencer venait d'écrire un livre intitulé *Man versus State*[1]. Ce qu'il prophétisait, c'était l'évolution du monde vers ce qu'il appelait le nouveau torysme – protecteur, socialiste, militaire. Le livre passe pour démodé ; qui sait si la prophétie ne va pas se réaliser ? Cette chose, vous ne l'appelez pas « nouveau torysme », vous l'appelez « le nouveau despotisme ».

Je sais que ce que je viens de dire est trop logique, trop nettement découpé pour le climat, pour l'atmosphère anglaise, heureusement pour ceux qui y vivent. Je sais que, quoique vous croyiez vous cramponner au parlementarisme, vous êtes, en réalité, un pays où l'exécutif devient de plus en plus fort. Le processus commença avec la clôture : puis la clôture se perfectionna ; il y eut la « guillotine », il y eut le système du « kangourou », et ainsi de suite. Vint la guerre, et des méthodes plus dictatoriales encore furent employées : les pleins pouvoirs et le gouvernement par décret-loi.

Quand on vient de France, où le parlementarisme fonctionne mal, on sent qu'en Angleterre la machine a été modifiée de manière à pouvoir marcher avec la perfection, avec la rapidité d'un mouvement d'horlogerie. Je sais que vous possédez l'art de garder la forme, et quelque chose de plus que la forme, des vieilles institutions, tout en les lançant dans de nouvelles directions. Le jour où vous êtes devenus un pays extrêmement démocratique, vous avez respecté la forme, et plus que la forme, d'une aristocratie et d'une monarchie héréditaires. Il se peut que tout en rendant votre Constitution de plus en plus dictatoriale vous arriviez à conserver la forme, et quelque chose de plus que la forme, du système parlementaire.

Peu importe : le problème demeure, un problème difficile et angoissant. De retour en Angleterre après une absence de quelques mois, je sens qu'il me faut l'affronter. Vous avez ici un gouvernement qui a, on peut le dire, réussi. Vous avez un budget en équilibre, un excédent d'exportations, une diminution du nombre des chômeurs, et, cependant, pourquoi ai-je trouvé partout un sentiment, vague et étrange, de mécontentement ? Oui, pourquoi ? Je veux bien croire que les vieux hommes d'État, Mr. Stanley Baldwin et Mr. Ramsay MacDonald du côté conservateur, Mr. Henderson et Mr.

---

1. [Élie Halévy fait référence à des articles de la *Contemporary Review* rédigés par Herbert Spencer, réunis en volume par les soins de l'éditeur Williams et Norgate en 1884.]

Lansbury du côté des révolutionnaires, sont tout à fait satisfaits de l'état présent des affaires. Mais si vous prenez les hommes plus jeunes, les enfants de la guerre, de cette guerre qui devait faire du monde un lieu sûr pour la démocratie, mais qui semble bien leur avoir enseigné de tout autres leçons, l'attitude est bien différente. Regardez à gauche, vous trouvez Sir Stafford Cripps ; regardez à droite, vous trouvez lord Eustache Percy ; regardez – dirais-je au centre ? non, pas exactement, mais vers quelque chose qui n'est, en réalité, ni la droite, ni la gauche, ni le centre – vous trouvez Sir Oswald Mosley : quelles que soient les différences qui les séparent, ils ont quelque chose en commun.

Quand j'étais un écolier, entre 1880 et 1890, la mode était de faire ce qu'on appelait des « photographies composites » (ou composées). Vous mettiez successivement tous les membres d'une famille devant le même appareil photographique : juste le temps d'une pose rapide, ce qu'il fallait pour obtenir une légère image de chacun. Mais si tous les membres de la famille avaient quelque trait commun, ce trait ressortait puissamment, et vous aviez ainsi l'image non de tel ou tel membre de la famille, mais de la famille tout entière. Eh bien, si vous pouviez obtenir une photographie composite de lord Eustache Percy, de Sir Oswald Mosley et de Sir Stafford Cripps, je crois que vous trouveriez ce trait commun : qu'ils sont tous d'accord pour dire : « Nous vivons dans un chaos économique et seules des mesures plus ou moins dictatoriales pourront nous en tirer. » Dois-je en conclure que c'est là un phénomène purement superficiel, une pauvre imitation de ce qui se passe sur le continent, le remous du phénomène continental, auquel il ne faut pas attacher trop d'importance ? Peut-être. Mais peut-être aussi la cause en est-elle plus profonde, la même en Grande-Bretagne que sur le Continent. Peut-être cette cause est-elle celle-ci : que le socialisme a paru, mais que pour les raisons que j'ai tenté d'analyser, il a paru sous la forme d'un parti inerte, paralytique. Il a éveillé des espérances qu'il n'a pas su satisfaire. Tel est mon problème, telle est l'explication que j'en suggère. Je sens que j'ai peut-être été indiscret, téméraire. Je m'en excuse d'avance. Vous m'avez demandé de traiter un sujet anglais, et je vous ai obéi. Je crois qu'il y aura, quand j'aurai terminé, ce que vous appelez une discussion. Je refuse de l'appeler discussion. Je vous demande, vous que je considère comme les experts de cet aspect britannique du problème, de m'expliquer, à moi qui suis le profane, ce que vous pensez de mon diagnostic. Je suis tout prêt à vous entendre critiquer mes assertions, à vous entendre les rectifier, à vous voir me mettre en morceaux. J'ai parlé assez longtemps. Je suis heureux de reprendre le rôle qui, en Angleterre, est mon rôle normal : celui d'un homme qui vient pour apprendre et non pour enseigner.

L'ÈRE DES TYRANNIES[1]

La conférence sur « L'ère des tyrannies » qui donne non seulement son titre au livre mais aussi sa cohérence et son sens, se présente sous la forme de trois parties. Elle comprend en premier lieu le court syllabus rédigé par chaque conférencier de la Société française de philosophie et diffusé à ses membres avant chaque séance. Élie Halévy y expose ce qu'il se propose d'appeler l'« ère des tyrannies » pour caractériser un mouvement de bouleversement général de la société européenne où fascisme et soviétisme se confondent dans un même système totalitaire. Il avance deux origines à ce phénomène historique pour lequel toute la puissance d'analyse du philosophe est requise, l'évolution du socialisme qui a renoncé à la révolution de la liberté au profit d'une nouvelle organisation par contrainte (venant remplacer les organisations périmées que la Révolution française a détruites), et la guerre générale en Europe qui, en adoptant un régime d'étatisation extrême de leur économie, a renforcé le développement de l'organisation par contrainte, lui donnant même un pouvoir absolu sur les individus et sur l'expression des opinions publiques. La fusion de ces deux origines, « le socialisme et la guerre » pour reprendre le sous-titre de L'Ère des tyrannies, *s'est réalisée dans le « communisme de guerre » par lequel s'est consolidé, s'est organisé, le bolchevisme russe.*

*Suit le compte rendu de la séance du 28 novembre 1936 au cours de laquelle Élie Halévy est amené à préciser et éclairer ses thèses. En tant qu'historien du socialisme européen, il insiste sur ce qu'il y a « d'illibéral dans l'idée socialiste », expliquant comment cette doctrine a pu tendre au cours du XIX*ᵉ *siècle vers les régimes autoritaires au point de devenir lui-même autoritaire, les saint-simoniens avec Napoléon III ou Lassalle avec Bismarck. De la même manière, ajoute-t-il, « les Webb et Bernard Shaw n'ont pas trahi les convictions de leur jeunesse ; ils les trouvent vérifiées par les faits, et partagent leurs sympathies entre le soviétisme russe et le fascisme italien ». Élie Halévy s'applique également à « expliquer sa position », à justifier de sa méthode, forgeant l'expression qui lui sera désormais associée*

---

1. Séance de la *Société française de philosophie* du 28 novembre 1936.

d'« historien philosophe » afin de se hisser « au-dessus du niveau de la politique » et définir cette « ère des tyrannies ».

Vient enfin la « suite de la discussion » rédigée par Élie Halévy pour dialoguer avec une partie des nombreuses lettres reçues avant la séance et dont il aurait souhaité faire part oralement. Mais le temps a manqué, comme il s'en explique en ouverture de l'Appendice II : « Je me décide, en conséquence, à publier d'abondants extraits de ces lettres, méthodiquement classés, auxquels j'ai joint les réflexions que les critiques de mes correspondants m'ont suggérées[1] »

À ce triptyque s'ajoute l'Appendice I, un extrait de l'intervention d'Élie Halévy lors de la séance de la Société française de philosophie du 29 mars 1902 consacrée à la thèse de Georges Sorel sur le « matérialisme historique ». En dépit du temps qui les sépare, la conférence de « L'ère des tyrannies » renvoie très directement à cette séance pour laquelle Élie Halévy avait été le principal discutant, contestant la position de Georges Sorel sur la philosophie marxiste de l'histoire qui établit « la solidarité de la théorie et de la pratique ». En réalité, la thèse sorelienne diffère de cette acception. Pour Élie Halévy, « le matérialisme constitue une subordination de la théorie à la pratique ». En conséquence, la pensée doit se soumettre à l'événement, elle n'a aucune liberté ni même une existence devant le mouvement révolutionnaire. Décidé à refuser cette domination, Élie Halévy s'emploie à maintenir le pouvoir de la raison face à la violence de l'histoire.

L'« ère des tyrannies » a un commencement, explique Élie Halévy au terme de la discussion poursuivie avec les lettres et les objections de ses correspondants. La guerre qui a décuplé la force de la révolution, engendrant une crise mondiale sans équivalent dans l'histoire, a préparé selon lui le tournant de 1914 : « On oubliait qu'en 1793 l'état de siège avait créé le régime jacobin, d'où était né, par dégénérescence en même temps que par réaction, le césarisme des années qui suivirent. Il appartenait à la guerre mondiale de 1914 de révéler aux hommes de révolution et d'action que la structure moderne de l'État met à leur disposition des pouvoirs presque illimités[2]. »

L'édition princeps de 1938 n'a pas publié l'intégralité du texte de la conférence de « L'ère des tyrannies » et du double débat qui a suivi, lors de la discussion et dans le dialogue noué avec les nombreux correspondants d'Élie Halévy lui ayant adressé leurs objections ou leur assentiment par lettres. Une comparaison avec le compte rendu publié par le Bulletin de la Société française de Philosophie en 1936 fait apparaître certaines pages qui n'ont pas été reproduites dans L'Ère des tyrannies dont la contribution de

---

1. [Voir infra, p. 298.]
2. [Voir infra, p. 320.]

Raymond Aron[1]. Nous avons décidé d'inclure à la suite des deux appendices de l'édition princeps un troisième, inédit, composé des passages de la publication du Bulletin *qui n'ont pas été repris en 1938.*

M. ÉLIE HALÉVY, *professeur à l'École des Sciences politiques, a soumis sous ce titre à la* Société française de Philosophie *les considérations suivantes :*

Le socialisme, depuis sa naissance, au début du XIXe siècle, souffre d'une contradiction interne. D'une part, il est souvent présenté, par ceux qui sont les adeptes de cette doctrine, comme l'aboutissement et l'achèvement de la Révolution de 1789, qui fut une révolution de la liberté, comme une libération du dernier asservissement qui subsiste après que tous les autres ont été détruits : l'asservissement du travail par le capital. Mais il est aussi, d'autre part, réaction contre l'individualisme et le libéralisme ; il nous propose une nouvelle organisation par contrainte à la place des organisations périmées que la Révolution a détruites :

a) Le socialisme, sous sa forme primitive, n'est ni libéral, ni démocratique, il est organisateur et hiérarchique. Voir en particulier le socialisme saint-simonien.

b) La révolution socialiste de 1848 aboutit, par un double mouvement de réaction contre l'anarchie socialiste et de développement du principe organisateur que recèle le socialisme, au césarisme de 1851 (très influencé par le saint-simonisme).

c) À l'origine du socialisme démocratique allemand, il y a Karl Marx, internationaliste, fondateur de l'Internationale, et qui aspire à un état définitif du genre humain qui sera d'anarchie en même temps que de communisme. Mais il y a aussi Ferdinand Lassalle, nationaliste en même temps que socialiste, inspirateur direct de la « monarchie sociale » de Bismarck.

Ces remarques nous semblent trouver une confirmation sensationnelle dans l'évolution générale de la société européenne, depuis le début de la Grande Guerre et l'ouverture de ce que nous proposons d'appeler l'ère des tyrannies[2].

---

1. Contribution de Raymond Aron à la discussion de « L'Ère des tyrannies », Séance du 28 novembre, *Bulletin de la Société française de Philosophie*, 36e octobre-décembre, p. 226-228 (reproduit in *Machiavel et les tyrannies modernes*, texte établi, annoté et présenté par Rémy Freymond, Paris, Éditions de Fallois, 1993, rééd. Le Livre de Poche, coll. « biblio essais », 1995, p. 321-322).

2. Je me bornerai à dire deux mots sur les raisons qui m'ont amené à préférer le vocable « tyrannie » au vocable « dictature ». C'est que le mot latin de dictature implique l'idée d'un régime provisoire, qui laisse intact, à la longue, un régime de liberté, considéré, malgré tout, comme normal. Tandis que le mot grec de tyrannie exprime l'idée d'une forme normale de gouvernement, que l'observateur scientifique des sociétés doit ranger à côté des autres formes

*
* *

L'ère des tyrannies date du mois d'août 1914, en d'autres termes du moment où les nations belligérantes adoptèrent un régime qu'on peut définir de la façon suivante :

a) Au point de vue économique, étatisation extrêmement étendue de tous les moyens de production, de distribution et d'échange ; et, d'autre part, appel des gouvernements aux chefs des organisations ouvrières pour les aider dans ce travail d'étatisation – donc syndicalisme, corporatisme, en même temps qu'étatisme.

b) Au point de vue intellectuel, étatisation de la pensée, cette étatisation prenant elle-même deux formes : l'une négative, par la suppression de toutes les expressions d'une opinion jugée défavorable à l'intérêt national ; l'autre positive, par ce que nous appellerons l'organisation de l'enthousiasme.

*
* *

C'est de ce régime de guerre, beaucoup plus que de la doctrine marxiste, que dérive tout le socialisme d'après-guerre. Le paradoxe du socialisme d'après-guerre c'est qu'il recrute des adeptes qui viennent à lui par haine et dégoût de la guerre, et qu'il leur propose un programme qui consiste dans la prolongation du régime de guerre en temps de paix. Le bolchevisme russe a présenté, pour commencer, les caractères que nous disons. La Révolution russe, née d'un mouvement de révolte contre la guerre, s'est consolidée, organisée, sous la forme du « communisme de guerre » pendant les deux années de guerre avec les armées alliées, qui vont de la paix de Brest-Litowsk[1] à la victoire définitive des armées communistes en 1920. Un trait nouveau s'ajoute ici à ceux que nous avons définis plus haut. En raison de l'effondrement anarchique, de la disparition totale de l'État, un groupe

---

normales : royauté, aristocratie, et démocratie. On ne saurait donc parler d'une « ère des dictatures ». Il m'est apparu d'ailleurs – sans connaître suffisamment, je l'avoue, l'histoire du monde antique, mais je suis heureux d'avoir reçu, sur ce point, l'approbation sans réserve de Marcel Mauss – que les analyses complémentaires de Platon et d'Aristote sur la manière dont s'opéra dans le monde antique le passage de la démocratie à la tyrannie trouvent une application profonde aux phénomènes historiques dont nous sommes aujourd'hui les spectateurs.

1. [Le traité de Brest-Litowsk (ou Brest-Litovsk) a été signé le 3 mars 1918 entre la République bolchevique de Russie et les Empires centraux, dans la ville du même nom. À la suite de cet accord, le conflit cesse temporairement sur le front de l'Est.]

d'hommes armés, animés par une foi commune, a décrété qu'il était l'État : le soviétisme, sous cette forme, est, à la lettre, un « fascisme ».

*
* *

Dans l'Europe centrale, c'est précisément le « fascisme », imitation directe des méthodes russes de gouvernement, qui a réagi contre l'« anarchie » socialiste. Mais il s'est trouvé amené à constituer, sous le nom de « corporatisme », une sorte de contre-socialisme, que nous sommes disposé à prendre plus au sérieux qu'on ne fait généralement dans les milieux antifascistes, et qui consiste dans une étatisation croissante, avec collaboration de certains éléments ouvriers, de la société économique. Nous définirons de la manière suivante la contradiction interne dont souffre la société européenne. Les partis conservateurs demandent le renforcement presque indéfini de l'État avec la réduction presque indéfinie de ses fonctions économiques. Les partis socialistes demandent l'extension indéfinie des fonctions de l'État et, en même temps, l'affaiblissement indéfini de son autorité. La solution par conciliation, c'est le « socialisme national ».

Quelles sont, pour les nouveaux régimes, les chances de propagation ultérieures ? Quelles sont les possibilités de décomposition interne ? Mais surtout, l'explication que nous avons tenté de donner à leur genèse, par la nature contradictoire de l'essence du socialisme, est-elle valable ? Voilà les questions que nous soumettons à l'examen de la *Société de Philosophie*.

Compte rendu de la séance

M. L. BRUNSCHVICG[2]. — Messieurs, la séance d'aujourd'hui fait suite à un entretien que Xavier Léon avait organisé le 29 mars 1902. Le sujet en était : *Le Matérialisme historique* ; l'interlocuteur principal, Élie Halévy ; le protagoniste, Georges Sorel[3].

Depuis lors, bien des événements se sont passés, auxquels n'a pas été

---

2. [Léon Brunschvicg (1868-1944), l'un des principaux philosophes français, professeur à la Sorbonne (1909-1939), incarnation vivante de la philosophie universitaire, est un ami personnel d'Élie Halévy. Il est l'époux de Cécile Brunschvicg, sous-secrétaire d'État à l'Éducation nationale auprès de Jean Zay dans le gouvernement du Front populaire (5 juin 1936-21 juin 1937). Voir l'édition de *L'Agenda retrouvé. 1892 et 1942*, introduction par Jean Wahl, Paris, Les Éditions de Minuit, 1948.]

3. [L'intervention d'Élie Halévy à laquelle M. Brunschvicg fait allusion est reproduite dans l'Appendice I de *L'Ère des tyrannies* (voir p. 296-298).]

étranger l'auteur des *Illusions du Progrès* et des *Réflexions sur la violence*[1].

M. ÉLIE HALÉVY. — Nous reprenons, si on veut, l'entretien de 1902. Le sujet que je soumets à votre examen est cependant bien distinct de celui qui était soumis, en 1902, à l'examen de la *Société de Philosophie*. Il sera souvent question, aujourd'hui comme alors, de Marx et du marxisme. Mais ce sera sous un angle très différent. Il s'agissait alors, comme vous disait Brunschvicg, du « matérialisme historique », en d'autres termes d'une certaine interprétation philosophique de l'histoire qui n'est pas indissolublement liée à l'interprétation socialiste de l'histoire. Il s'agit aujourd'hui du socialisme pris en soi (et non pas exclusivement du socialisme marxiste), de sa destinée, et de la forme que prend son influence sur la destinée du genre humain.

J'ai l'intention d'être court, afin de laisser à autant de personnes que possible le loisir de parler après moi ; et j'oserai, usurpant, si Brunschvicg le permet, sur ses fonctions présidentielles, demander à ceux qui me répondront de suivre sur ce point mon exemple, afin de laisser le débat se dérouler dans toute son ampleur. Je n'ai pas l'intention de répéter, encore moins de développer, le texte imprimé qui a été adressé à tous les membres de la *Société*[2]. Je me bornerai, pour ouvrir le débat, à présenter quelques observations personnelles. Non que j'attache une importance spéciale à ma personnalité ; mais pour encourager ceux qui parleront après moi à suivre mon exemple. De la confrontation de nos « expériences », il jaillira peut-être quelque lumière sur le gros problème qui ne peut manquer de passionner, ou tout au moins de troubler, les consciences de tous ceux qui sont ici.

Je vous rappellerai donc qu'en mars 1902, lorsqu'eut lieu la séance à laquelle Brunschvicg faisait allusion, il y avait quelques mois que j'avais commencé d'enseigner, à l'École des Sciences Politiques, l'histoire du socialisme européen au XIXe siècle. Depuis le mois de novembre 1901, tous les deux ans[3], j'ai enseigné cette histoire. J'ai donc, pour parler de socialisme, non pas en partisan, mais en historien, une certaine compétence. Max Lazard[4], que je vois ici, et qui n'est plus un très jeune homme, a suivi ce

---

1. [Sur Georges Sorel, voir la note 3, p. 195-196.]
2. [Il s'agit du syllabus présenté plus haut. Les séances de la Société française de philosophie fonctionnaient selon ce modèle. Sur cette institution, voir Christophe Prochasson, art. cit.].
3. [Le cours sur l'histoire du socialisme européen est dispensé à l'École libre des sciences politiques, en alternance avec celui consacré à l'histoire de l'Angleterre, depuis janvier 1902].
4. [Max Lazard (1875-1953) est le fils de Simon Lazard, associé-fondateur de la banque du même nom. D'abord embauché dans la banque familiale, il complète ses études de droit et voyage en Angleterre en 1896. De retour à Paris, il se rapproche du fondateur des Universités populaires, Georges Deherme, et s'engage dans ce mouvement à la faveur de l'affaire Dreyfus en 1899. Il se spécialise dans l'étude de la question du chômage et devient en 1910 cofondateur de l'Association internationale pour la lutte contre le chômage, dont il

cours voilà bien une trentaine d'années. Or, quelle était, en ce qui concerne le socialisme, mon attitude intellectuelle, lorsque j'acceptai d'entreprendre ce cours ? Autant qu'il me souvient, voici :

Je n'étais pas socialiste. J'étais « libéral » en ce sens que j'étais anticlérical, démocrate, républicain, disons d'un seul mot qui était alors lourd de sens : un « dreyfusard ». Mais je n'étais pas socialiste. Et pourquoi ? C'est, j'en suis persuadé, pour un motif dont je n'ai aucune raison d'être fier. C'est que je suis né cinq ou six ans trop tôt. Mes années d'École Normale vont de l'automne 1889, juste après l'effondrement du boulangisme, à l'été de 1892, juste avant le début de la crise du Panama. Années de calme plat : au cours de ces trois années, je n'ai pas connu à l'École Normale un seul socialiste. Si j'avais eu cinq ans de moins, si j'avais été à l'École Normale au cours des années qui vont des environs de 1895 aux environs de 1900 ; si j'avais été le camarade de Mathiez, de Péguy, d'Albert Thomas, il est extrêmement probable qu'à vingt-et-un ans j'aurais été socialiste, quitte à évoluer ensuite, il m'est impossible de deviner en quel sens. Lorsque, appliquant à nous-mêmes les méthodes de la recherche historique, nous sommes amenés à découvrir les raisons de nos convictions, nous constatons souvent qu'elles sont accidentelles, qu'elles tiennent à des circonstances dont nous n'avons pas été les maîtres. Et peut-être y a-t-il là une leçon de tolérance. Si on a bien compris cela, on est conduit à se demander s'il vaut la peine de se massacrer les uns les autres pour des convictions dont l'origine est si fragile.

Je n'étais pas socialiste, et cependant j'avais déjà une connaissance assez approfondie du socialisme, tant par ce que je pouvais déjà observer en France que par ce que j'apprenais par mon expérience des choses anglaises. Il y avait déjà, à cette époque, trois ou quatre ans que je faisais en Angleterre des séjours prolongés et fréquents : et déjà je m'étais lié avec les deux personnalités éminentes que sont M. et Mme Sidney Webb, inspirateurs de la *Société Fabienne*. Je suis resté leur ami ; et aujourd'hui, j'ai l'impression

---

est le secrétaire général adjoint. Au début de la guerre, il rejoint le cabinet d'Albert Thomas, secrétaire d'État et ministre de l'Armement. Lors de la Conférence de la Paix, il est chargé de la rédaction de la partie XIII du traité de Versailles qui institue le Bureau international du travail (BIT). Il représente la France aux conférences sur le sujet à Washington, Genève, Lausanne, Locarno, etc. Rédacteur en chef de la *Revue internationale du chômage*, il préside également l'Association française pour la lutte contre le chômage et l'organisation du marché du travail. Chargé de cours à l'École pratique de service social, il y enseigne la sociologie. Après sa mort, sa femme crée en 1954, à l'Institut politique de Paris, une bourse qui porte son nom, « destinée à faciliter à des étudiants, ou étudiantes, ou à des chercheurs en sciences politiques, économiques ou sociales des recherches et des travaux, notamment à l'étranger ». Il est l'oncle de Jean-Pierre Lazard (cf. « Discours prononcé par Élie Halévy au cimetière d'Ablon, le 17 août 1926, sur le cercueil de Jean-Pierre Lazard, mort le 13 août à Trêves, à l'âge de 21 ans », *infra*, p. 577-579.]

d'être leur contemporain ; mais, dans ce temps-là, les dix années qui nous séparent comptaient beaucoup. J'étais un jeune homme de vingt-cinq, de trente ans, qui s'entretenait avec deux aînés âgés de trente-cinq, de quarante ans, ayant déjà écrit des ouvrages qui sont restés classiques. Je les écoutais donc avec respect ; et ils m'expliquaient les principes de leur socialisme, qui était essentiellement antilibéral. Ils poursuivaient de leur haine non pas le conservatisme, le torysme, pour lequel leur indulgence était extrême, mais le libéralisme gladstonien. On était au temps de la guerre des Boers ; et les libéraux avancés, les travaillistes, qui commençaient à s'organiser en parti, prenaient tous, par générosité, par amour de la liberté et du genre humain, la défense des Boers contre l'impérialisme britannique. Mais les deux Webb, ainsi que leur ami Bernard Shaw, faisaient bande à part. Ils étaient impérialistes avec ostentation. L'indépendance des petites nations pouvait bien avoir du prix pour les tenants de l'individualisme libéral, mais non pour eux, précisément parce qu'ils étaient collectivistes. J'entends encore Sidney Webb m'expliquant que l'avenir était aux grandes nations administratives, gouvernées par des bureaux, et où l'ordre était maintenu par des gendarmes.

C'est peut-être leur faute si j'ai toujours été frappé par ce qu'il y avait d'illibéral dans l'idée socialiste. Deuxième accident dans l'histoire de la formation de mon esprit : tenez-en-compte si vous voulez comprendre, par leur origine, la nature de mes préjugés. Je fus donc amené, dans mon cours de l'École des Sciences Politiques, à insister sur certains aspects conservateurs qu'a présentés le socialisme européen au cours du dernier siècle ; sur le socialisme autoritaire, monarchique ou chrétien ; sur Napoléon III, subissant l'influence des saint-simoniens ; sur Bismarck, subissant celle de Lassalle. Je n'insiste pas : je vous renvoie au texte qui est sous vos yeux.

Je reconnais, d'ailleurs, qu'aux environs de 1910 je fus troublé par le fait qu'en Angleterre les Webb semblaient s'être trompés, et se trompant, m'avaient trompé. Il s'était produit une violente révulsion libérale, qu'ils n'avaient point prévue ; le nouveau libéralisme était fortement teinté de socialisme : et l'expérience Lloyd George, comme on dirait aujourd'hui, prouvait qu'on pourrait concevoir un radicalisme socialisant doué d'une vitalité très grande ; bref, cette conciliation entre socialisme et libéralisme, que les Webb tenaient pour impossible, devenait une réalité.

Mais la guerre est venue. À sa suite s'est ouvert ce que j'appelle l'ère des tyrannies. Les Webb et Bernard Shaw n'ont pas trahi les convictions de leur jeunesse ; ils les trouvent vérifiées par les faits, et partagent leurs sympathies entre le soviétisme russe et le fascisme italien.

Voilà ce que je voulais vous dire, non pour justifier ma position, mais pour l'expliquer. J'ai procédé, pour vous la faire comprendre, non pas en doctrinaire, mais en historien. C'est de même en historien – en historien philosophe, si vous voulez, et en me tenant autant que possible, et j'espère que vous suivrez mon exemple, au-dessus du niveau de la politique – que j'ai procédé pour définir cette « ère des tyrannies ». Êtes-vous d'accord, premièrement, après avoir lu le texte de ma communication, sur la réalité du phénomène historique qui en est l'objet ? Et, deuxièmement, croyez-vous que mon explication de ce phénomène soit plausible ? Je vous laisse la parole.

M. Max Lazard reproche au conférencier d'observer les faits sociaux concrets « non pas directement, mais dans le miroir de certaines doctrines les concernant ». Élie Halévy reprend la parole en ces termes[1] :

M. ÉLIE HALÉVY. — Max Lazard vient de présenter de très intéressantes observations, qui portent sur une question de méthode, et auxquelles il m'est difficile d'improviser une réponse. Voici cependant les réflexions qui, tout de suite, me sont venues à l'esprit pendant que je l'écoutais.

En premier lieu, je ne me sens pas disposé à nier, aussi catégoriquement qu'il a paru le faire, l'influence des doctrines sur l'histoire, et, plus directement, sur les hommes qui ont joué un grand rôle historique.

Deux exemples, que j'avais donnés dans ma communication, et que Max Lazard a relevés, me permettront, je crois, de faire comprendre ma pensée.

Ce sera d'abord le cas de Napoléon III. Que, dans la tête de Morny, véritable auteur du coup d'État, celui-ci n'ait été inspiré que par les nécessités politiques de l'heure, hors de toute préoccupation de doctrine, j'en conviens. Mais il a fait ce coup d'État au bénéfice du prince-président, qui avait publié en 1838, sous le titre d'*Idées Napoléoniennes*, une brochure d'inspiration saint-simonienne. L'influence exercée sur son esprit par la doctrine de Bazard et d'Enfantin est un fait historique ; c'est un fait historique qu'il s'est entouré de conseillers qui étaient d'anciens saint-simoniens. Il a constamment été hanté par l'idée d'être un saint-simonien sur le trône.

Le cas de Bismarck est pareil et différent.

On ne saurait trop insister sur l'importance du rôle joué à côté de lui, de 1862 à 1864, par un personnage qui joua un rôle ambigu dans l'histoire du socialisme européen, je veux parler de Ferdinand Lassalle[2]. Dans tous les congrès social-démocrates d'avant-guerre, deux bustes présidaient aux débats : celui de Marx et celui de Lassalle. Et c'était justice. Car si Marx avait donné au parti sa doctrine, c'est Lassalle qui, le premier en Allemagne,

---

1 [Ces transitions et celles qui suivent appartiennent à l'édition originale de 1938].
2. [Ferdinand Lassalle (1825-1864) est un précurseur du socialisme allemand.]

le premier en Europe, avait réussi à organiser un parti d'action socialiste. Oui ; mais, d'autre part, il est certain que si, par malheur, Lassalle n'était pas né juif, on serait bien en droit de saluer aussi en lui un précurseur dans les grandes halles où s'exalte aujourd'hui l'enthousiasme national-socialiste.

Car, au cours de ces années critiques qui suivent immédiatement l'arrivée de Bismarck au pouvoir, et où nous assistons à la fondation du *Verein* ouvrier de Lassalle, quel étrange langage tient celui-ci ! Ce ne sont pas les bismarckiens, ce sont les progressistes en guerre avec Bismarck qu'il poursuit de sa haine. Il lui arrive d'appeler la police à son secours contre tel bourgmestre qui veut l'empêcher de parler : traduit en justice pour délit d'opinion, il fait un appel éloquent aux juges, se présentant comme leur allié pour la défense de l'État contre la barbarie moderne : entendez contre le libéralisme. Et nous savons qu'il a échangé une correspondance active avec Bismarck, qu'il a eu des entretiens secrets avec lui. Quand Bismarck, en 1866, a fondé la Confédération de l'Allemagne du Nord sur la base du suffrage universel, il suivait directement le conseil que Lassalle lui avait donné. Quand, plus tard, après 1878, il a fait du « socialisme d'État », du « socialisme chrétien », du « socialisme monarchique », le souvenir des leçons de Lassalle était, j'en suis certain, présent à son esprit. Non qu'il y eût rien en lui du doctrinaire. Mais homme d'État strictement opportuniste, et n'ayant d'autre obsession que de créer, de fortifier, de resserrer l'unité de l'Empire, il était prêt à utiliser, successivement, tous les partis, toutes les doctrines ; et la doctrine de Lassalle fut une de celles qu'il sut utiliser.

Voilà deux cas, où, visiblement, les doctrines s'insèrent dans les faits, et où l'historien qui négligerait l'histoire des doctrines commettrait une erreur grave. Cela dit, et d'une façon générale, je ne serais pas disposé à contredire tout ce que vient de nous exposer Max Lazard. Loin de moi la pensée de réduire l'histoire à l'histoire des doctrines. Qu'on me permette une fois de plus, pour m'expliquer, de recourir à des souvenirs personnels. Au temps lointain où Max Lazard était mon élève, j'étais un novice dans le métier de professeur ; il est probable que l'étude des doctrines fut pour moi la méthode la plus accessible pour aborder l'histoire du socialisme ; il est probable que les leçons suivies par Max Lazard furent exclusivement des cours de doctrine. Mais une trentaine d'années plus tard, c'est le fils[1] de Max Lazard qui était mon élève : qu'il regarde les cahiers de notes de son fils, il verra que mon cours, à mesure que je gagnais en expérience, était de moins en moins un cours d'histoire des doctrines, pour devenir

---

1. [Élie Halévy commet une erreur peu explicable : Jean-Pierre Lazard (1905-1926) n'est pas le fils de Max Lazard, mais de son frère Jean et d'Antoinette Antoine-May, sa femme. Jean-Pierre Lazard est donc le neveu de Max Lazard.]

un cours d'histoire tout court. Ce qui ne veut pas dire que je n'aie pas été heureux, que je ne sois pas heureux encore, d'avoir abordé l'histoire du socialisme par le biais de l'histoire des doctrines. Car, comme le disait fort judicieusement Max Lazard, les doctrines stylisent, schématisent les faits. Et rien ne me paraît plus utile, pour la connaissance des faits, que cette schématisation. Quand nous voyons qu'une doctrine telle que la doctrine marxiste obtient le succès qu'elle a obtenu, c'est qu'elle exprime, mieux que toute autre, certains traits frappants de l'évolution économique, qu'elle répond à certains besoins profonds des masses ouvrières. Comment nier l'utilité qu'elle présente, dans la mesure où elle nous aide à comprendre ces traits frappants et ces besoins profonds ?

Il est donc, je crois, extrêmement facile de traduire mon langage idéologique en langage sociologique, sans le moindre inconvénient logique, sans la moindre modification de ma thèse. Prenez-le premier alinéa de ma communication, et traduisez-le comme suit :

> Le mouvement ouvrier, depuis sa naissance, souffre d'une contradiction interne. D'une part, on peut le concevoir comme un mouvement de libération, comme un mouvement de révolte contre le système de la fabrique, contre l'asservissement du travail par le capital industriel. Mais, d'autre part, les ouvriers en révolte contre cette oppression sont obligés, pour se protéger contre elle, de se mettre à la recherche d'une nouvelle organisation par contrainte, à la place des organisations périmées que le libéralisme révolutionnaire a détruites.

Max Lazard a, de la sorte, pleine satisfaction : et ma thèse reste entière. N'y a-t-il pas, d'ailleurs, un point essentiel de ma communication – Max Lazard, aussi bien, l'a admis –, qui consiste à attirer l'attention sur le rôle important joué, dans l'évolution récente du monde civilisé, par un fait historique qui n'a rien à voir avec les doctrines : je veux parler de la Grande Guerre de 1914 ? Je me reproche même, en me relisant, de n'avoir pas suffisamment marqué le lien entre les suites sociales de ce grand événement et l'évolution antérieure du socialisme. Permettez-moi, pour me faire mieux comprendre, de mettre un point de suture entre les deux premiers titres de cette communication. Voici comment je les rédigerais si je les récrivais aujourd'hui.

Au point de vue économique, dirais-je, les socialistes d'avant-guerre demandaient l'étatisation de tous les moyens de production, de distribution et d'échange. Or cette étatisation, sous une forme tout au moins extrêmement étendue, il s'est trouvé que l'état de guerre l'a réalisée, pour des raisons que les socialistes n'avaient point prévues. Si, d'autre part, on remonte, avant la guerre, à un quart de siècle environ en arrière, le programme socialiste – mettons, si vous voulez, le programme guesdiste – réclamait, purement et simplement, et comme si cela suffisait à résoudre la question sociale, la nationalisation, l'étatisation des principales branches de l'industrie, des chemins de fer pour commencer. Mais il y avait, en 1914, déjà bien des années que le syndicalisme avait surgi, trop plein de méfiance à l'égard de l'État pour s'accommoder de cette solution. Il demandait la syndicalisation générale de l'industrie, sans aucune intervention de l'État, la résorption de toute bureaucratie dans l'organisation syndicale. En d'autres termes, la suppression radicale de l'État. Chez les Anglais cependant – gens modérés même dans l'utopie –, une doctrine mixte s'élaborait, qui visait à établir une certaine conciliation entre le syndicalisme radical des Français, des Italiens, des Espagnols, et un certain étatisme. Quelles étaient les fonctions légitimes de l'État démocratique ? Quelles étaient celles des corporations syndicales ? Telles étaient les questions que discutaient entre eux ceux qu'on appelait les « socialistes de guilde ». Or, à peine la guerre commencée, et par le fait de la guerre, nous observons (je cite ici mon texte primitif) un « appel des gouvernements aux chefs des organisations ouvrières pour les aider dans leur travail d'étatisation. Donc syndicalisme, corporatisme, en même temps qu'étatisme ». Et une fois la guerre finie, dans tous les pays qui venaient d'être en guerre, nous voyons une foule de gens qui, sauf en Angleterre, ne connaissaient probablement pas même de nom le « socialisme de guilde », élaborer des programmes d'« industrialisation nationalisée » qui, tirant profit pour le socialisme des expériences de la guerre, semblaient à bien des égards appliquer le programme des « socialistes de guilde ».

Je passe maintenant à un autre point qui a été soulevé, pour finir, par Max Lazard. Il s'agit des pronostics à faire sur les chances de durée des régimes tyranniques d'aujourd'hui. À cette question j'avais consacré tout un paragraphe, dont les lignes finales de ma communication sont le résidu. J'ai supprimé ce paragraphe sur le* conseil de notre Président, qui m'a donné, en faveur de cette suppression, deux raisons successives et contradictoires. La première, qu'il fallait me réserver quelque chose à dire en séance. La deuxième, que le débat, porté sur ce terrain, pourrait dégénérer en discussion politique. Je me suis rendu à cette seconde raison. Je ne demande pas mieux, cependant, que de répondre en quelques mots aux observations faites sur ce point par Max Lazard. Ce sera pour lui dire que je suis d'accord avec lui.

Je serais presque plus pessimiste que lui, me plaçant au point de vue de ceux qui aiment la paix et la liberté. Car l'idée d'un fédéralisme européen semble bien peu vivante ; et l'espérance confuse que Max Lazard semble s'être abandonné un instant à exprimer, d'un impérialisme qui, couvrant l'Europe entière, lui donnerait la paix à défaut de la liberté, semble complètement chimérique à l'heure actuelle. Je ne vois qu'une seule tyrannie où soit présent cet esprit d'universalité, et sur laquelle Max Lazard pourrait compter (y compte-t-il ?) pour donner à l'Europe cette sorte de paix. Mais les tyrannies qui nous touchent de plus près – celle de Berlin, celle de Rome – sont étroitement nationalistes. Elles ne nous promettent que la guerre. Si elle éclate, la situation des démocraties sera tragique. Pourront-elles rester des démocraties parlementaires et libérales si elles veulent faire la guerre avec efficacité ? Ma thèse, que je vous dispense de m'entendre répéter, c'est qu'elles ne le pourront pas. Et le recommencement de la guerre consolidera l'idée « tyrannique » en Europe.

M. G. Bouglé évoque l'échec de 1848, l'attribue moins que ne le fait l'orateur à l'anarchie socialiste et à la terreur qu'elle inspirait et montre, dans le socialisme démocratique de Louis Blanc, ce premier effort pour assurer l'essor du libéralisme politique et intellectuel, fût-ce par le sacrifice du libéralisme économique.

M. ÉLIE HALÉVY. — Ce n'est pas un après-midi, une fin d'après-midi, c'est une décade, comme on dit à Pontigny[1], qu'il faudrait pour traiter avec l'attention convenable un pareil sujet. Je vais essayer cependant de répondre, le plus brièvement que je pourrai, aux divers points soulevés par Bouglé.

Il me reproche d'avoir employé, pour définir le coup d'État de décembre, les mots de « réaction contre l'anarchie socialiste ». Il a raison, et mon expression a peut-être trahi ma pensée. J'aurais dû écrire « réaction contre la peur de l'anarchie. » Mais, psychologiquement, cela ne revient-il pas au même ?

Fait bizarre. Les choses se sont passées de même en Italie, avant la marche sur Rome. Il y avait anarchie, en 1920, l'année de l'occupation des usines. C'est alors que Giolitti donna des armes à Mussolini et à ses fascistes pour faire la police du pays, puisqu'on ne pouvait pas compter sur l'armée. Mais il y avait deux ans, quand il prit le pouvoir, que le désordre, en partie grâce à lui, avait cessé. Ce qui le portait en avant, c'était le souvenir de la peur qu'on avait eue en 1920, et le sentiment persistant que l'on avait conservé de l'incapacité où étaient les partis d'ordre de maintenir celui-ci par les moyens parlementaires.

Cela nous aide à mieux comprendre ce qui se passa en 1851. Il n'y avait

---

1. [Les « Décades de Pontigny » sont de célèbres rencontres intellectuelles créées en 1910 par le philosophe Paul Desjardins (1859-1940), propriétaire de l'abbaye de Pontigny qui les accueillera jusqu'en 1939, à la veille de la Seconde Guerre mondiale.]

plus à cette date d'anarchie, sinon parlementaire : la majorité réactionnaire était incapable, à l'Assemblée législative, de se mettre d'accord sur la forme du gouvernement qu'il convenait d'opposer à une Montagne toujours bruyante, et qui faisait toujours peur, en raison des souvenirs de 1848, et aussi de 1793. Les masses se sont jetées dans les bras d'un homme qui représentait l'ordre, sans représenter la réaction au sens où on taxait de réaction les légitimistes et les orléanistes de l'Assemblée. N'oublions pas que, le jour même où il supprimait la Constitution de 1848 il rétablissait le suffrage universel, gravement mutilé par l'Assemblée. Et n'oublions pas le cri poussé par Guizot quand il apprit la nouvelle du coup d'État : « C'est le socialisme qui triomphe. » La phrase est comique en un sens ; elle n'en exprime pas moins, d'une manière adéquate, le sentiment de la bourgeoisie en face d'un régime qui n'était pas son œuvre, et qui poursuivait d'autres fins que les siennes.

Pour ce qui est de ma définition du soviétisme comme d'un « fascisme », je suis d'accord avec ce que dit Bouglé. Mais je ne crois pas que, sur ce point, mon expression ait trahi ma pensée. J'ai écrit : « En raison de l'effondrement anarchique de l'État, un groupe d'hommes armés, animés d'une foi commune, a décrété qu'il était État : le soviétisme, *sous cette forme*, est, *à la lettre*, un fascisme ». Il ne s'agit donc, je le dis expressément, que de la forme de gouvernement. C'est le soviétisme, avec la dictature, ou la tyrannie, du parti communiste, qui a été ici l'inventeur. Mais, si le fascisme italien n'a fait ici qu'imiter, je considère que le mot de « fascisme » est le mieux fait pour désigner le caractère commun aux deux régimes. C'est un vieux mot italien pour désigner des groupes, des groupes armés de partisans. Il y avait en Italie après 1870, au moment de la première Internationale, des *fasci operai*, inspirés par l'idéal anarchiste de Bakounine : ils se sont perpétués en Espagne, où nous les voyons à l'œuvre aujourd'hui. Ce sont d'autres *fasci*, les *fasci di combattimento*, que Mussolini a employés pour faire la conquête du pouvoir, au service d'un autre idéal.

Pour ce qui est de la possibilité d'un socialisme démocratique qui, autoritaire dans l'ordre économique, resterait libéral dans l'ordre politique et dans l'ordre intellectuel, je ne veux pas contester que la chose puisse être envisagée dans l'abstrait. Je crains seulement qu'en évoquant le nom de Louis Blanc à l'appui de sa thèse Bouglé n'ait fait ce qu'il fallait pour l'affaiblir.

Qu'il se rappelle (il connaît Proudhon mieux que moi) la violente polémique conduite, après 1848, en étroite harmonie, par Proudhon (qui se disait socialiste : mais l'était-il ?) et Michelet (républicain, sans être socialiste) contre le socialisme de Louis Blanc. Ils reprochaient à Louis Blanc sa glorification du Terrorisme, du Comité de Salut public, de Robespierre, qu'il oppose, comme un disciple de Rousseau et un pur, aux républicains sans moralité qui, se réclamant du libéralisme voltairien, conduisaient la France à la domination du clergé et au césarisme. L'événement a-t-il prouvé qu'ils eussent tort ?

Puis-je ne pas tenir compte du fait que les origines de la démocratie sont équivoques, puisqu'elle remonte aux jacobins, qui ont gouverné par la dictature ? La doctrine marxiste de la dictature du prolétariat ne vient-elle pas en droite ligne de la théorie de Babeuf, dernier survivant de Robespierre ? Karl Marx n'a-t-il pas subi très nettement, à Paris, avant 1848, l'influence de Blanqui, restaurateur du babouvisme ?

On proteste. On me rappelle la formule marxiste – dont en réalité, Engels, non Marx, est l'auteur – suivant laquelle le but est de substituer l'administration des choses au gouvernement des personnes. Transformation d'une vieille formule saint-simonienne suivant laquelle, quand le régime industriel aura pris la place du régime militaire, il n'y aura plus gouvernement, mais seulement administration. Soit ; mais la doctrine de Karl Marx, c'est aussi la doctrine de Lénine. J'ai sous les yeux une lettre de M. Salzi[1], dans laquelle il me reproche d'avoir parlé de Karl Marx comme « aspirant à un état du genre humain qui serait d'anarchie en même temps que de communisme ». « Rien n'est plus inexact, m'écrit-il. Le système marxiste exige une discipline rigoureuse et totale. Je ne vois rien en lui qui implique une anarchie quelconque. Voyez les Russes, qui l'ont appliqué avec une conscience féroce. » Et il me renvoie à André Gide.

Hélas ! Voilà la tragédie. Rien n'est plus exact, je le maintiens, que mon assertion. Mais tout gouvernement socialiste qui arrive au pouvoir est condamné à employer une scolastique compliquée pour expliquer comment il doit procéder quand, professant une doctrine de socialisme intégral, il prend le pouvoir dans une société non socialiste. Ici interviennent les formules marxistes. Tout État est, par définition, un instrument d'oppression d'une classe par une autre. Jusqu'à présent, et depuis l'avènement du capitalisme, l'État a été l'instrument dont la bourgeoisie s'est servie pour opprimer le prolétariat. Pour préparer, pour avancer l'heure où nous aurons une société sans classes, et, par suite, sans gouvernement, il faut traverser une période intermédiaire au cours de laquelle l'État sera l'instrument dont la classe ouvrière se servira pour opprimer la bourgeoisie, en attendant de la supprimer. Simples vacances de la légalité ? Le mot peut avoir bien des sens ; Karl Marx ne prévoyait certainement rien d'aussi impitoyable que le régime soviétique ; et s'il s'agissait seulement de pleins pouvoirs accordés au gouvernement

---

1. [Pierre Salzy (1889-1965), philosophe, est l'auteur de *La Sensation : étude de sa genèse et de son rôle dans la connaissance*, une thèse de doctorat publiée en 1934 par Félix Alcan.]

pendant six mois, comme ce fut le cas pour Poincaré en matière financière, il s'agirait de bien anodines vacances. Mais si les vacances doivent durer plusieurs décennies – pourquoi pas un siècle ou deux ? – l'état d'anarchie dont on nous dit qu'il suivra cesse de m'intéresser. Ce qui m'intéresse, c'est le présent et le prochain avenir : au-delà il y a ce que Jules Romains appelle l'ultra-futur[1]. Aussi bien les fanatiques du socialisme national allemand ne considèrent-ils pas le régime institué par eux comme ayant une valeur définitive, comme ouvrant une ère nouvelle qui durera toujours ?

Divers orateurs prennent la parole, en particulier M. Berthelot[2], M. Maublanc[3], qui proteste contre l'accusation de tyrannie portée contre le marxisme, contre l'assimilation de la dictature soviétique aux dictatures fasciste et hitlérienne. Élie Halévy répond en ces termes :

M. ÉLIE HALÉVY. — Il faut maintenant que je prenne la parole pour clore ce débat. En vérité je le regrette ; car je me trouve dans une situation impossible. Je devrais, si je voulais donner satisfaction à tous, discuter toute la doctrine marxiste pour répondre à Maublanc, toute l'histoire du genre humain depuis l'empire de Tamerlan pour répondre à René Berthelot. Il me faudrait dépasser les limites de l'Europe, et dire quelques mots du Rooseveltisme ; car je regrette en vérité, qu'on n'ait pas plus parlé de l'expérience qui a été tentée par Roosevelt, expérience qui ressemble par certains côtés au corporatisme italien ou fasciste, mais exclut la suppression de la liberté.

Soulèverai-je, en réponse à Drouin[4], la question des pronostics ? En fait, tout à l'heure, Max Lazard et moi-même ne l'avons pas éludée. En désaccord complet, soit dit en parenthèse, avec René Berthelot : nous considérions comme notre seul motif d'espoir une longue période de paix, les dictatures se relâchant du fait de l'impossibilité pour les gouvernements tyranniques

---

1. [Jules Romains, *Les Hommes de bonne volonté.*]
2. [René Berthelot (1872-1960) est le fils de Marcellin Berthelot et de Sophie née Breguet, et à ce titre cousin germain d'Élie Halévy. Les deux philosophes sont très proches. Il est connu pour ses travaux sur les courants philosophiques en Asie, ainsi que pour ses études de Nietzsche et de Bergson.]
3. [René Maublanc (1891-1960), est un penseur communiste, ancien élève de l'École normale supérieure (1911), professeur de philosophie au lycée Henri IV à Paris (depuis 1936).]
4. [Écrivain formé à l'École normale supérieure, intime d'André Gide, Marcel Drouin (1871-1943), est l'un des fondateurs et animateurs de la *Nouvelle Revue Française* lancée en 1908. Il y écrit sous le pseudonyme de Michel Arnauld. La question qu'il adresse à l'orateur de la Société française de philosophie est celle-ci : « M. Halévy nous a expliqué tout à l'heure comment, à la demande du Président, il avait écarté la question pronostics pour ne pas passionner le débat. Maintenant il est tard, le débat n'aura pas le temps de se passionner, et je crois que beaucoup, parmi l'assistance, resteraient volontiers un quart d'heure de plus pour entendre M. Halévy sur ce sujet. »]

de maintenir perpétuellement les populations sur le pied de guerre sans faire la guerre ; mais ces régimes tyranniques sont-ils eux-mêmes favorables à la prolongation de l'état de paix ? Et si la guerre recommence, et si les démocraties sont condamnées à adopter, pour se sauver de la destruction, un régime totalitaire, n'y aura-t-il pas généralisation de la tyrannie, renforcement et propagation de cette forme de gouvernement ?

Ajouterai-je que, souvent, on a cru me critiquer alors que la critique portait seulement sur quelque forme d'expression peut-être défectueuse ? Je songe en ce moment à Maublanc et à son apologie pour le marxisme. Il me reproche d'avoir présenté le marxisme « comme une libération du dernier asservissement qui subsiste après que tous les autres ont été détruits, l'asservissement du travail par le capital ». Mais quand il présente cette libération comme étant « la vraie libération, celle sans laquelle les autres ne sont que des illusions », son assertion ressemble de singulièrement près à la mienne. Il est certain que, d'après Marx, après cette libération accomplie, nous entrons définitivement (et c'est en ce sens seulement que j'ai parlé d'un « état définitif » du genre humain) dans un état de société sans classes, où l'évolution du genre humain se poursuivra certainement (je l'accorde à Maublanc) mais selon des formes (Maublanc me l'accordera) que nous ne pouvons même point prévoir, puisqu'il ne sera plus possible de dire, comme il a été vrai jusqu'à ce jour, que « l'histoire du genre humain est l'histoire de luttes de classes ».

Mais, plutôt que de m'attarder à de pareils débats, je cherche s'il n'y a pas un point fondamental, soulevé par plusieurs de mes interlocuteurs à la fois, et qui pourrait servir utilement de thème à mes considérations finales. Ce point, je crois l'avoir trouvé. N'est-ce point la question de savoir si la tyrannie moscovite, d'une part, les tyrannies italienne et allemande, de l'autre, doivent être considérées comme des phénomènes identiques quant à leurs traits fondamentaux, ou, au contraire, comme des phénomènes qui sont antithétiques les uns par rapport aux autres ?

Je suis loin de contester que, sous bien des aspects, et qui sautent aux yeux de tout le monde, les phénomènes sont antithétiques. J'ai fait le voyage de Leningrad[1] et je connais l'Italie fasciste[2]. Or, quand on passe la frontière russe, on a le sentiment immédiat de sortir d'un monde pour entrer dans un autre ; et une pareille subversion de toutes les valeurs peut être, si l'on veut, considérée comme légitimant une extrême tyrannie. Mais, en Italie,

---

1. [Élie et Florence Halévy ont voyagé jusqu'en Russie, et fait un bref séjour à Leningrad en septembre 1932. Voir le récit des « Six jours en URSS » dû à Florence Halévy et édité par les soins de Sophie Cœuré aux éditions Rue d'Ulm en 1998, et les lettres d'Élie Halévy adressées à ses proches durant leur périple en Europe orientale, *infra*, p. 492-493).]

2. [Élie Halévy a effectué de nombreux voyages en Italie avec son épouse, à moitié italienne. Voir ses nombreuses lettres envoyées depuis le « pays de la tyrannie » (*infra*, p. 488).]

rien de pareil ; et le voyageur en vient à se demander s'il était besoin d'un si gigantesque appareil policier sans autre résultat obtenu que des routes mieux entretenues et des trains plus ponctuels. Cependant, quant à la forme (et tout le monde semble m'avoir concédé ce point), les régimes sont identiques. Il s'agit du gouvernement d'un pays par une secte armée, qui s'impose au nom de l'intérêt présumé du pays tout entier, et qui a la force de s'imposer parce qu'elle se sent animée par une foi commune. Mais il y a autre chose encore.

Les communistes russes invoquent un système de croyances qui vaut pour le genre humain tout entier, qui implique la suppression des nations comme la suppression des classes. Cependant, ayant conquis le pouvoir dans un pays seulement, et de plus en plus résignés à ne point provoquer, par la propagande ou l'exemple, la révolution mondiale, ils sont condamnés, par les nécessités de leur existence, à se faire une carapace militaire pour résister à la menace des armées étrangères. Ils reviennent, par la force des choses, à une sorte de patriotisme à la fois territorial et idéologique ; et leur tyrannie, pour qui se place même au point de vue idéologique, finit par ressembler par beaucoup de ses caractères à la tyrannie allemande ou italienne. Au commencement on dit que l'État n'est qu'un mal provisoire, qui doit être supporté parce qu'il n'a plus pour but que de préparer la suppression de l'État et d'assurer le plus grand bonheur du plus grand nombre. Peu à peu on en arrive à pratiquer une morale héroïque dont je ne méconnais pas la noblesse : on demande à l'individu de savoir souffrir pour faire de grandes choses au service de l'État. C'est un état d'esprit qui n'a plus rien à voir avec un hédonisme relégué dans l'ultra-futur. Je ne puis l'appeler que guerrier.

Du côté des fascistes, au sens courant du mot, en Italie, en Allemagne, il est bien clair qu'il ne s'agit pas de la suppression des classes. La défense d'une société fondée sur une distinction de classes est le programme même des partis au pouvoir. Je crois cependant avoir eu raison d'affirmer qu'il se constitue, dans ces deux pays, « sous le nom de corporatisme, une sorte de contre-socialisme, que je suis disposé à prendre plus au sérieux qu'on ne fait généralement dans les milieux contre-fascistes ».

On nous dit que, dans ces pays, les salaires sont très bas, plus bas que dans bien des pays démocratiques. Et je suis disposé à admettre que c'est vrai. Mais ne convient-il pas de tenir compte, dans l'évaluation du salaire total de l'ouvrier, des bénéfices qu'il retire, sous une forme indirecte, de toutes les œuvres dont l'ensemble constitue ce qu'on appelle le *Dopolavoro*, voyages gratuits en chemins de fer, maisons de repos, récréations de bien des espèces ? Je sais que toutes ces œuvres sont inspirées par une arrière-pensée de gouvernement : il s'agit d'occuper les heures de loisir des ouvriers afin de les soustraire à l'action possible d'agitateurs révolutionnaires : il s'agit, selon la formule que je proposais au début, de canaliser, d'« organiser leur enthousiasme ». Mais, enfin tout cela constitue un relèvement de salaire et qui coûte cher à l'État.

Et, du moment qu'il coûte cher à l'État, je me tourne de l'autre côté pour demander : « Où l'État trouve-t-il l'argent nécessaire ? » Et je réponds, reprenant une formule qui scandalisa, voici une dizaine d'années, la presse conservatrice : il ne peut le trouver et le prendre que là où il est. Un fiscalisme écrasant pèse sur les classes riches ; que la grande industrie bénéficie de tels régimes, je n'en disconviens pas. Mais il ne s'agit pas du vieux capitalisme, du libre capitalisme manchestérien. Les capitaines d'industrie préfèrent encore un tel régime au communisme. On les laisse à la tête des affaires. Mais ils ne sont plus des maîtres, ils sont de hauts fonctionnaires. Et les grosses sommes qu'ils peuvent toucher annuellement offrent les caractères d'un traitement, non d'un profit.

Bref, d'un côté, en partant du socialisme intégral, on tend vers une sorte de nationalisme. De l'autre côté, en partant du nationalisme intégral, on tend vers une sorte de socialisme. Voilà tout ce que je voulais dire.

APPENDICE I

INTERVENTION D'ÉLIE HALÉVY AU COURS DE LA SÉANCE CONSACRÉE À LA DISCUSSION DE LA THÈSE DE M. G. SOREL LE 29 MARS 1902

M. Halévy se propose moins de discuter, ou de réfuter, l'interprétation proposée par M. Sorel du matérialisme historique, qu'il ne veut lui demander, sur certains points, des éclaircissements. M. Sorel n'est pas professeur. De là, pour lui, plus de facilité à marcher hors des sentiers battus, à frayer des routes nouvelles. Mais aussi, il n'a pas le goût de l'exposition scolastique. Je n'oserais dire que son interprétation marxiste soit précisément fausse, je me permettrais de la trouver parfois confuse. Peut-être, en l'élucidant ensemble pourrions-nous, sans trop de difficulté, parvenir à l'accord.

Il s'agit de définir le matérialisme historique. De cette doctrine, nous dit M. Sorel, Marx et Engels n'ont jamais donné un exposé. Or, sans doute, Marx et Engels n'ont jamais consacré un ouvrage entier à exposer leur philosophie matérialiste de l'histoire : plus exactement encore, ils n'ont pas trouvé d'éditeurs pour l'ouvrage qu'ils avaient, en collaboration, vers 1845, consacré à cette exposition. Cependant, le premier chapitre de l'*Anti-Dühring* de F. Engels, et la préface de la *Critique de l'Économie politique* par K. Marx, constituent bien des expositions résumées du principe de cette philosophie. On connaît la définition courante du matérialisme historique, définition qui me paraît conforme aux textes de Marx et d'Engels : suivant ces deux penseurs, c'est l'évolution des formes de production et d'échange qui est la condition nécessaire et suffisante de l'évolution juridique, politique, morale et religieuse de l'humanité. M. Sorel nous propose une autre définition : la philosophie marxiste de l'histoire est, selon lui, une doctrine qui établit « la solidarité de la théorie et de la pratique ». À cette définition *nouvelle*, je fais deux objections.

En premier lieu, les termes de « solidarité » et de « synthèse » constituent, je le crains, une sorte de trahison de la pensée marxiste. Ils impliquent, entre les éléments considérés, une réciprocité d'action que Marx considérait précisément, au nom de son matérialisme historique, comme inconcevable. Selon Marx, la réaction du « spirituel » sur le « matériel », du « théorique » sur le « pratique » est une impossibilité. Marx est, originellement, un métaphysicien ; il se rattache, avec son maître et ami de la vingtième année, Bruno Bauer, le chef des « Libres », à l'extrême-gauche hégélienne. Pour lui comme pour les autres philosophes postkantiens, toute la spéculation métaphysique repose sur l'opposition fondamentale de l'*idéal* et du *réel* ; son matérialisme historique consiste, à l'origine, au moment de sa formation, dans une définition originale de ces deux termes et de leur rapport. Le réel, c'est ce que Marx appelle la « productivité matérielle », l'homme économique producteur de richesses. Mais l'homme qui pense et raisonne est impuissant à créer ; il ne saurait que comprendre ou réfléchir les produits, une fois donnés, de son activité matérielle. L'idéal est, par définition, le reflet (*Wiederschein* ; *Kapital*, éd. all. I, 46) du réel : Marx considère donc primitivement une réaction de l'idéal sur le réel comme une impossibilité métaphysique ; l'affirmation de cette impossibilité constitue l'essentiel du matérialisme historique ; la nouvelle définition proposée par M. Sorel a pour inconvénient de ne pas mettre en lumière cette impossibilité radicale.

En second lieu, je crains que M. Sorel n'emploie les termes de « théorie » et de « pratique » dans un sens assez obscur. Toutes les théories historiques, nous dit M. Sorel, se proposent, consciemment ou inconsciemment, une fin pratique (d'édification, d'enseignement, etc.) ; le mérite du matérialisme historique, c'est d'avoir eu la conscience explicite de ce fait universel. Ici, je cesse de comprendre. Le mot *pratique* n'est plus envoyé ici au sens où nous convenions, tout à l'heure, de l'employer avec K. Marx ; nous assistons presque au renversement de la terminologie marxiste ; ce que nous appelons maintenant la pratique, c'est plutôt ce que Marx appelle la théorie, et inversement. Comment, suivant M. Sorel, aurait raisonné Karl Marx ? Il aurait d'abord été sentimentalement socialiste ; il aurait obéi à cette préoccupation « pratique » (pour employer la terminologie de M. Sorel) de supprimer les inégalités de richesse qui sont entre les hommes. Il aurait donc demandé à la théorie de lui fournir des renseignements sur les moyens de parvenir à cette fin : et cette subordination consciente « de la théorie à la pratique » constituerait le matérialisme historique. Mais alors, répondrais-je, Marx aurait procédé exactement comme il reproche à ses devanciers immédiats, à ceux qu'il appelle les « socialistes utopiques », d'avoir procédé. Il se peut qu'avant l'élaboration de sa théorie, Marx ait été sentimentalement socialiste, ou communiste, mais il n'a considéré ce socialisme instinctif, cet idéal « théorique » (j'emploie ici une terminologie plus marxiste, je crois, que M. Sorel) d'une société où les inégalités économiques seraient éliminées, comme justifié que le jour où cet idéal apparaîtrait comme le prolongement non encore réalisé, mais futur et nécessaire, de l'évolution économique, réelle, « pratique », du genre humain. En ce sens, tout différent, il me semble, de celui que nous propose M. Sorel, le matérialisme historique constitue une subordination de la théorie à la pratique. Telles sont les deux difficultés que je soumets à M. Sorel.

APPENDICE II

SUITE DE LA DISCUSSION
(SÉANCE DU 28 NOVEMBRE 1936)

J'ai reçu au sujet de ma communication sur « l'ère des tyrannies », un assez grand nombre de lettres dont j'aurais aimé faire part en séance, aux membres de la *Société*. Le temps m'a manqué. Je me décide, en conséquence, à publier d'abondants extraits de ces lettres, méthodiquement classés, auxquels j'ai joint les réflexions que les critiques de mes correspondants m'ont suggérées.

Je commencerai par deux lettres auxquelles je crois pouvoir me dispenser de répondre, pour des raisons qui sont, d'ailleurs, dans l'un et l'autre cas, différentes.

La première est de Marcel Mauss[1]. Elle est une lettre d'adhésion sans réserve à la thèse que j'ai développée, et je ne puis que le remercier d'apporter à cette thèse, ou à certains points de cette thèse, de très intéressants compléments de justification.

> Je suis entièrement d'accord avec vous sur tous les points de votre communication. Je n'y voudrais ajouter que très peu de choses, dont j'ai été témoin.
> Votre déduction des deux tyrannies italienne et allemande à partir du bolchevisme est tout à fait exacte, mais c'est peut-être faute de place que vous me laissez le soin d'en indiquer deux autres traits.
> La doctrine fondamentale dont tout ceci est déduit est celle des « minorités agissantes », telle qu'elle était dans les milieux syndicalo-anarchistes de Paris, et telle surtout qu'elle fut élaborée par Sorel, lorsque j'ai quitté

---

1. [Neveu d'Émile Durkheim, Marcel Mauss (1872-1950) devient l'un des promoteurs des sciences sociales en France. Professeur au Collège de France, il est aussi engagé dans le socialisme et milite à la SFIO dans la fidélité à l'action de Jaurès. Ses principaux écrits ont été rassemblés dans le recueil *Sociologie et anthropologie* (1950). Il est également l'auteur du *Manuel d'ethnographie* (1947). D'autres textes ont publiés après sa mort dans *Œuvres* : 1. *les fonctions sociales du sacré* ; 2. *représentations collectives et diversité des civilisations* ; 3. *Cohésion sociale et division de la sociologie*, éd. Victor Karady, Paris, Les Éditions de Minuit, 1968-1969. Marcel Fournier a publié une biographie intellectuelle de Marcel Mauss en 1994, aux éditions Fayard, et a présenté et réuni ses *Écrits politiques* chez le même éditeur en 1997.]

le « Mouvement Socialiste », plutôt que de participer à sa campagne. Doctrine de la minorité, doctrine de la violence, et même corporatisme, ont été propagés sous mes yeux, de Sorel à Lénine et à Mussolini. Les trois l'ont reconnu. J'ajoute que le corporatisme de Sorel était intermédiaire entre celui de Pouget et celui de Durkheim, et, enfin, correspondait chez Sorel à une vue réactionnaire du passé de nos sociétés. Le corporatisme chrétien-social autrichien, devenu celui de Hitler, est d'un autre ordre à l'origine ; mais enfin, copiant Mussolini, il est devenu du même ordre.

Mais voici mon deuxième point.

J'appuie davantage que vous sur le fait fondamental du secret et du complot. J'ai longtemps vécu dans les milieux actifs PSR, etc. russes ; j'ai moins bien suivi les social-démocrates, mais j'ai connu les bolcheviks du parc Montsouris, et, enfin, j'ai vécu un peu avec eux en Russie. La minorité agissante était une réalité, là-bas ; c'était complot perpétuel. Ce complot dura pendant toute la guerre, tout le gouvernement Kerenski, et vainquit. Mais la formation du parti communiste est restée celle d'une secte secrète, et son essentiel organisme, la Guépéou, est resté l'organisation de combat d'une organisation secrète. Le parti communiste lui-même reste campé au milieu de la Russie, tout comme le parti fasciste et comme le parti hitlérien campent, sans artillerie et sans flotte, mais avec tout l'appareil policier.

Ici je reconnais facilement des événements comme il s'en est souvent passé en Grèce, et que décrit fort bien Aristote, mais qui, surtout, sont caractéristiques, des sociétés archaïques, et peut-être du monde entier. C'est la « Société des hommes », avec ses confréries publiques et secrètes à la fois, et, dans la société des hommes, c'est la société des jeunes qui agit. Sociologiquement même, c'est une forme peut-être nécessaire d'action, mais c'est une forme arriérée. Ce n'est pas une raison pour qu'elle ne soit pas à la mode. Elle satisfait au besoin de secret, d'influence, d'action, de jeunesse et souvent de tradition. J'ajoute que, sur la façon dont la tyrannie est liée normalement à la guerre et à la démocratie elle-même, les pages d'Aristote peuvent encore être citées sans doute. On se croirait revenu au temps des jeunes gens de Mégare qui juraient en secret de ne pas s'arrêter avant d'avoir détruit la fameuse constitution. Ici ce sont des recommencements, des séquences identiques.

La seconde lettre, qui est de Roger Lacombe[1], offre un caractère différent. Elle constitue une critique assez vive, très lucide, de la thèse que j'ai

---

1. [Roger Lacombe (1896-1998), professeur agrégé de philosophie au lycée de Brest, est spécialiste de la sociologie de Durkheim, à laquelle il a consacré une étude parue en 1926 chez Alcan : *La méthode sociologique de Durkheim*.]

soutenue. Si je m'abstiens d'y répondre, que Roger Lacombe veuille bien n'y pas voir une marque de dédain. Mais il me semble avoir répondu de mon mieux aux arguments qu'il m'oppose, d'une part, dans ma réponse aux objections de Bouglé, d'autre part, dans mes observations finales. De mon mieux ; cela ne veut pas dire nécessairement d'une manière satisfaisante, soit pour Roger Lacombe, soit pour les lecteurs de ce *Bulletin*. Mais je ne puis que laisser ceux-ci juges entre Lacombe et moi.

> Pour soutenir que le socialisme « souffre d'une contradiction interne », vous êtes obligé d'accorder la même importance à des courants de pensée dont l'influence sur le mouvement socialiste, tel qu'il s'est précisé à la fin du XIXe siècle, n'est nullement comparable. Le socialisme a été d'abord un mouvement extrêmement confus, où de multiples tendances se manifestaient, mais toutes ces tendances n'ont pas survécu. Il n'est pas douteux que le socialisme autoritaire, organisateur, hiérarchique, a existé à côté du socialisme libérateur, fondé sur la volonté de détruire « l'asservissement du travail par le capital ». Mais le premier a été progressivement éliminé et n'exerce presque aucune influence dans les mouvements politiques qui, depuis un demi-siècle, s'intitulent, socialistes. Vous invoquez le saint-simonisme, dont l'action a pu, en effet, être grande en 1848 et en 1851. Mais le lien entre le saint-simonisme et le socialisme d'aujourd'hui n'est qu'indirect et lointain. Vous invoquez Lassalle, qui est sans doute, avec Karl Marx, à l'origine de la social-démocratie allemande, elle-même éducatrice de tous les partis socialistes d'Europe continentale. Mais, tandis que l'influence de Marx a été de plus en plus forte, celle de Lassalle a été vite éliminée, ou à peu près : quel socialiste français, et même quel socialiste allemand, lit encore Lassalle ? Au contraire, toutes les doctrines qui ont agi directement sur le socialisme moderne veulent la libération de l'homme. Le marxisme, d'abord, dont vous reconnaissez qu'il « aspire à un état définitif du genre humain qui sera d'anarchie en même temps que de communisme » ; et, à côté du marxisme, la conception de Jaurès comme celle du syndicalisme révolutionnaire, le fabianisme comme le guilde-socialisme, la thèse d'Henri de Man enfin. Et si l'on considère, non plus les doctrines, mais les aspirations populaires qui s'expriment dans le mouvement socialiste, on ne peut douter qu'elles sont faites d'une révolte contre la domination patronale, d'un désir de libération et non de soumission à une autorité. Je ne crois pas qu'on puisse parler d'une « contradiction », en entendant par là un conflit entre tendances antagonistes au sein du socialisme moderne. Mais j'accorderais l'existence, sinon d'une contradiction, au moins d'une opposition, non entre les fins poursuivies, mais entre la fin proclamée (la libération de l'homme) et le moyen préconisé (l'étatisation

des fonctions économiques). Certes, il n'y a pas là conflit insoluble ; il ne faut pas oublier que l'État peut jouer, et a effectivement joué dans l'histoire, vis-à-vis de l'individu, un rôle libérateur. Je ne contesterai pourtant pas que le socialisme se heurte ici à une difficulté que ses penseurs les plus originaux, depuis Marx, ont essayé d'éviter.

Cette distinction du *moyen* et de la *fin* permet, je crois, d'interpréter autrement que vous ne le faites les événements d'après-guerre.

Quand vous déclarez que « c'est du régime de guerre, beaucoup plus que de la doctrine marxiste, que dérive tout le socialisme d'après-guerre » (ce qui ne peut s'appliquer, me semble-t-il, qu'au bolchevisme russe, car les partis socialistes, dans nos pays démocratiques, s'ils ont tenu compte des expériences de la guerre, n'ont tout de même pas modifié profondément le sens de leur activité), il faudrait en réalité distinguer entre le moyen utilisé, qui fut bien le régime de guerre, et la fin poursuivie, qui vient incontestablement du marxisme. Le marxisme me semble avoir été pour les bolchevistes russes bien autre chose qu'un vêtement idéologique ; ils lui doivent cette foi, cette fermeté dans l'action sans laquelle ils n'auraient pas pu réaliser cette œuvre formidable qui a été, dans un aussi vaste pays et dans des conditions aussi difficiles, non pas l'instauration du socialisme (on peut accorder qu'il n'est pas réalisé en Russie), mais la disparition du capitalisme privé, la constitution, pour la première fois dans l'histoire, d'une économie moderne très industrialisée sans capitalistes. Le mouvement pour la paix et pour la terre qui a fait la Révolution russe n'aurait pu aboutir qu'à l'anarchie ou bien à une dictature véritablement fasciste, si ce « groupe d'hommes » dont vous parlez n'avait puisé dans le marxisme une idée très nette de la marche à suivre pour transformer la société, s'il n'avait voulu, en dépit de tous les obstacles, plier la réalité à une doctrine préconçue.

De même, quand vous rapprochez le fascisme du socialisme, il faut seulement reconnaître que la similitude porte sur le moyen employé, non sur la fin. On se trouve en présence, dans le monde économique d'aujourd'hui, d'un ensemble de faits qui s'imposent à toute doctrine. Ces faits, fascisme et socialisme cherchent à les utiliser, mais cela ne veut nullement dire que leur direction est analogue. Ces faits, ce sont : d'abord les traces laissées dans l'économie et dans les esprits par la dernière guerre, ensuite l'évolution spontanée de l'économie capitaliste avec la tendance à la destruction de la concurrence et avec la crise de surproduction qui incitent, l'une comme l'autre, à une intervention de l'État ; enfin la préparation d'une guerre nouvelle qui exige, à une époque où la guerre est formidablement mécanisée, une domination de plus en plus grande de l'État sur la production. Ces faits s'imposent à tous les gouvernements, quelle que soit leur orientation politique : l'Allemagne weimarienne, aux temps de M. Brüning, s'est, sous la contrainte de la crise, avancée plus loin dans le sens de l'intervention étatique que l'Italie fasciste à la même époque. Mais de cette évolution spontanée le socialisme cherche à tirer parti et se félicite, puisqu'il y voit une préparation de la structure économique qu'il lui est nécessaire de réaliser (comme naguère le marxiste se félicitait du développement des cartels et des trusts). Quant au fascisme, il vise à l'exaltation de la volonté nationale, non à l'étatisation des fonctions économiques. Aussi, à ses débuts, le fascisme italien n'a-t-il guère fait d'effort pour soumettre l'économie à la direction de l'État. Mais, parce que le fascisme crée un État fort qui supprime toute résistance intérieure, il lui est relativement plus facile qu'à une démocratie d'étendre indéfiniment les attributions étatiques. Surtout, parce que la préoccupation de la guerre est chez lui dominante, il est naturellement conduit, plus que tout autre régime politique, à contrôler toute la production. Mais cette « étatisation », qui laisse la vie belle aux capitalistes, est fort différente de celle du bolchevisme, qui supprime ces capitalistes.

Je ne crois donc pas qu'on puisse voir dans le « socialisme national » la solution par conciliation du conflit entre conservatisme et socialisme. La volonté fasciste est la volonté même, mais poussée à l'extrême, des conservateurs : « renforcement presque indéfini de l'État » ; ce n'est que par suite des circonstances qu'elle tend à l'extension des fonctions économiques de l'État. La volonté socialiste est au contraire l'affranchissement de l'homme ; l'étatisation de l'activité économique n'est pour elle qu'un moyen, jugé sans doute nécessaire, mais au fond regrettable. Socialisme et fascisme visent des buts opposés ; le fait que, placés en face du même monde, ils sont conduits à utiliser un même moyen, de manière d'ailleurs très différente, ne peut constituer qu'un rapprochement superficiel. Le « socialisme national » n'est pas une synthèse qui retiendrait, comme une de ses composantes essentielles, l'un des éléments contradictoires du socialisme. Il est un mouvement directement opposé au socialisme et qui ne lui ressemble que parce qu'il est, comme lui, adapté au monde moderne.

Et j'en viens maintenant à d'autres lettres, après lecture desquelles je me sens obligé d'ajouter des compléments à nos explications orales.

Voici d'abord une lettre d'Albert Rivaud[1]. Elle constitue, à première vue, une approbation sans réserve des idées exposées par moi. Elle est

---

1. [Agrégé de philosophie en 1900, Albert Rivaud (1876-1956) soutient sa thèse en 1906 puis devient maître de conférences à l'université de Poitiers en 1908. Spécialiste de philosophie classique, il succède à Léon Brunschvicg à la Sorbonne en 1927. Il enseigne également à l'École libre des sciences politiques. Évoluant vers la droite la plus conservatrice, il se rapproche du maréchal Pétain. Il entre dans son gouvernement le 16 juin 1940 comme ministre de l'Éducation nationale. Dès le 12 juillet cependant, il en est exclu sur ordre des Allemands. Il reste fidèle à ses convictions pétainistes et à l'Action française.]

malheureusement rédigée en des termes qui m'amènent à me demander si Albert Rivaud interprète mes idées d'une manière qui soit propre à me donner entière satisfaction. Après m'avoir félicité d'exprimer des idées très proches de celles auxquelles l'a amené sa réflexion propre, il poursuit :

> Depuis assez longtemps j'étudie l'histoire du marxisme, à l'occasion du livre que je fais sur l'Allemagne. À mon avis, il y a antagonisme entre le socialisme – système d'organisation applicable uniquement dans un cadre limité, ainsi que les anciens l'avaient compris – et l'internationalisme. D'autre part, l'idée de la lutte des « classes » rend impossible toute organisation ; et d'ailleurs, elle n'a été utilisée par les marxistes qu'en vue de détruire l'ordre existant, jugé mauvais. C'est un instrument de guerre, et rien de plus. Enfin le socialisme marxiste dut commencer dans un pays donné. Ce pays, devenu communiste, tend à imposer la révolution aux autres pays. Après avoir mis fin chez lui à la lutte de classes par des moyens violents, il s'applique à la propager au dehors, pour affaiblir les autres nations. À la fin, ce marxisme mène à un impérialisme national, servi au dehors par les procédés de la politique traditionnelle, aggravés grâce à l'idéologie de la lutte de classes. Le marxisme dut amener la formation d'états tyranniques du type ancien, pratiquant une politique réaliste d'expansion. Cette évolution a été rendue plus facile par le matérialisme marxiste ; ce matérialisme n'est pas primitif chez Marx. Il a été employé comme un moyen de détruire du dedans, chez les pays étrangers ou ennemis, les sentiments moraux et charitables sur lesquels repose en fin de compte une vie sociale.

Je n'insisterai pas, dans cette lettre, sur les phrases qui traduisent en effet très exactement ma pensée : nos lecteurs n'auront pas de peine à les découvrir. J'attirerai plutôt leur attention sur les points où j'ai le droit de dire qu'il me semble la déformer. C'est en concentrant contre la personnalité et la doctrine de Karl Marx tout l'effort de ses dénonciations. Ainsi parlaient Mussolini et Hitler lorsqu'à onze ans d'intervalle ils prirent le pouvoir en Italie et en Allemagne : ils se présentaient comme voulant sauver la liberté menacée par la tyrannie marxiste. Sur un seul point, le langage d'Albert Rivaud est différent : c'est là où, dans la dernière phrase, il présente Karl Marx, si nous le comprenons bien, comme un agent pangermaniste, qui travaille à « dé-moraliser » les peuples étrangers dans l'intérêt de la grande Allemagne : Hitler ne dirait certainement pas cela, et sur ce point, selon moi, c'est Rivaud qui a tort, non Hitler. Pour préciser en quoi consiste ici le dissentiment entre Albert Rivaud et moi, je ferai observer que, dans la seule phrase de ma communication où le nom de Karl Marx se rencontre, j'ai mis Karl Marx du côté de l'internationalisme et de la liberté par opposition à Ferdinand Lassalle, qui était un nationaliste autoritaire. Karl Marx, qui n'était qu'un radical avancé lorsqu'il vint à Paris pour y faire la découverte du socialisme et du communisme, subit ensuite fortement, par l'intermédiaire de Friedrich Engels d'abord, et ensuite par l'action directe d'un séjour de trente années à Londres, l'influence du libéralisme anglais, sous cette forme fortement marquée d'internationalisme qu'était le libre-échangisme des économistes politiques. René Berthelot nous le faisait observer très justement. Très hostile à la notion de patrie (voir sa *Critique du programme de Gotha)*, ce qu'il attendait était la crise mondiale, qui devait anéantir le capitalisme, victime de sa propre hypertrophie, et assurer d'un seul coup, par l'impossibilité physique où se trouverait le capitalisme de subsister, le triomphe du socialisme sur toute la surface de la planète.

Il y a bien la dictature du prolétariat. Et le marxiste est obligé de se demander ce qu'il fera s'il lui arrive de conquérir le pouvoir avant que la société économique soit mûre pour le triomphe du communisme. Le problème se posait au moment où, en 1848, Marx et Engels écrivaient le *Manifeste communiste* pour servir de programme à une révolution imminente. Il se posait beaucoup plus tard, lorsqu'Engels donna son nom à la théorie de la dictature du prolétariat (théorie qui est d'origine française, jacobine et blanquiste) pour servir de programme à des partis marxistes nationalement constitués au sein des diverses patries européennes. Il ne se posait que d'une manière beaucoup plus vague pour Karl Marx au moment où, dans le cours des années cinquante et des années soixante, il travaillait à l'élaboration du *Capital.* Si on lit, d'ailleurs, les chapitres du *Manifeste communiste* qui correspondent à ce qu'on appellera plus tard « la dictature du prolétariat », on verra qu'il ne s'agit que d'un radicalisme fiscal très accentué, qui ne ressemble que de bien loin à la tyrannie moscovite. Pour produire celle-ci, il a fallu, non pas la propagation de l'idée marxiste, mais l'expérience des quatre années de la guerre mondiale qui ont démontré de quels pouvoirs les progrès du militarisme, du bureaucratisme et de la science ont investi l'État moderne. De cet état de guerre j'ai déduit (et Albert Rivaud ne tient aucun compte, dans l'approbation qu'il veut bien donner à ma thèse, de ce qui était à mes yeux l'essentiel de celle-ci) en premier lieu l'avènement du bolchevisme, en second lieu l'avènement du fascisme italien et du national-socialisme allemand (dont Albert Rivaud ne dit pas un mot)[1]. Ces « frères ennemis » (pour employer l'heureuse expression d'un autre de mes correspondants, Maurice Blondel) ont un père commun, qui est l'*état de guerre.*

---

1. [Albert Rivaud admire la puissance de l'Allemagne et son « relèvement ».]

Et sur ce point je suis heureux que Maurice Blondel[1] soit d'accord avec moi, tout en formulant certaines critiques, très dignes d'être prises en considération :

> Vous avez longuement observé et médité la dialectique de l'histoire politique et sociale, en y démêlant aussi l'influence des impérieuses nécessités de la guerre et de ses suites. Je ne sais si au mot « tyrannie », que vous employez pour caractériser l'ère actuelle où se manifeste inversement une fidélité méritoire et d'autant plus ardente au régime de liberté et à la reconnaissance des valeurs spirituelles, je ne préférerais pas le vieux mot de « dictature ». Vous remarquez en effet que les exigences militaires ont beaucoup contribué à susciter, à imposer, à faire supporter l'autoritarisme, que le sens politique des Romains avait inventé et limité aux heures d'extrême danger. Vous m'objecterez sans doute que l'autocratie qui s'installe en maints pays ne ressemble plus à un pouvoir dictatorial de six mois ; mais peut-être que, si la grandeur et la complexité des événements étendent et prolongent certains régimes de force et de compression, leur domination, incertaine dans sa durée, ne saurait s'installer définitivement comme la forme normale ou du moins longuement viable des sociétés civilisées. La pérennité des tyrannies antiques ne semble plus possible, quels que soient les services rendus, mais achetés au prix des vraies énergies civiques, des libertés spirituelles et des plus hautes initiatives personnelles et morales.
> Dans les grands mouvements qui agitent le monde, il y a donc autre chose que le remous de la psychose guerrière, des crises économiques, des transformations scientifiques et culturelles. Il y a une question d'idéal humain, de principe organisateur, de fin permanente et suprême à proposer à l'effort social, à l'ordre politique, au problème humain tout entier. Et c'est ici que vos analyses ont tout leur prix en montrant les contradictions internes, les antinomies dynamiques, qui renvoient d'un extrême à l'autre des conceptions opposées, mais qui, par cette opposition même, sont encore des espèces du même genre, des formes prisonnières de semblables insuffisances ou mutilations. Vous dites, par exemple et non sans raison que notre second Empire, comme le premier d'ailleurs, a été le choc en retour d'une démagogie révolutionnaire ou d'un socialisme anarchisant. Inversement, le socialisme organisateur et hiérarchique risque toujours d'osciller de la dictature d'une masse à celle d'un homme, tant que l'organisation des moyens de production, d'encadrement et de jouissance fait abstraction de la dignité singulière des personnes et de leurs aspirations légitimement infinies. Vous nous

---

1. [Maurice Blondel (1861-1949), est ancien élève de l'École normale supérieure, agrégé et docteur en philosophie.]

aidez à le remarquer nous-mêmes avec beaucoup de force lorsque vous résumez cette secrète logique des répercussions politiques et sociales sous la forme d'une contradiction interne entre une libération individualiste et une organisation totalitaire.

De cette formule vous dégagez le double illogisme dont souffre toute la société européenne et peut-être bientôt mondiale. D'une part, les partis qui se disent « conservateurs » de l'ordre acquis réclament « le renforcement presque indéfini de l'État », mais c'est pour protéger les situations acquises contre l'étatisation économique ou contre l'organisation d'un ordre plus équitable, qui présentement leur apparaît un désordre, contre lequel ils réclament seulement la force publique. D'autre part, « les partis socialistes demandent l'extension indéfinie des fonctions de l'État » et de ses ingérences dans la sphère des intérêts économiques, mais en exténuant de plus en plus son autorité arbitrale et coercitive entre toutes les classes sociales dont certaines, moins nombreuses et dont l'œuvre – toute nécessaire qu'elle est à la santé spirituelle des peuples – est plus facilement méconnue et sacrifiée ; en sorte que l'extension même des fonctions de l'État et le déplacement de son rôle aboutissent à une dictature inverse, celle du « prolétariat », se substituant au juste équilibre de toutes les valeurs nécessaires à l'ordre dans la liberté.

D'une autre lettre qu'il m'écrivit par la suite, j'extrais le passage suivant, qui me semble définir, plus nettement encore que le début de la première, sur quel point porte, entre Maurice Blondel et moi, le dissentiment.

1° Il ne semble pas que la concentration de l'autorité qu'a exigée l'état de guerre de 1914 à 1918 réponde à l'idée ni de tyrannie, ni du fascisme, ni de la domination prolétarienne. Il s'agissait, en effet, de sauver militairement l'indépendance, l'intégrité, la vie même des pays menacés. Et c'est bien pour des cas analogues que Rome avait inventé le dictateur.
2° Si les répercussions de la guerre ont suscité des gouvernements autoritaires et totalitaires, c'est d'après des idéologies et des mainmises soi-disant utilitaires qu'ont surgi, en divers pays, des régimes de force, mais non pas chez tous les peuples belligérants, quoique des difficultés analogues se soient produites chez tous. Il y a eu des réactions contraires, mais qui prouvent l'absence d'identité logique entre l'état de guerre et l'état totalitaire.
3° Il me semble que, entre la notion antique et théorique du tyran » ramenant tout à soi, et le Duce, le Führer ou encore Lénine ou Staline prétendant n'agir et n'être que pour le peuple, la nation, la grandeur politique, les intérêts vitaux d'une masse grégaire et dépersonnalisée, il y a une hétérogénéité formelle. Sans doute, pratiquement, Staline, comme l'indique Gide,

ramène toute la ferveur adoratrice à soi seul, Hitler et Mussolini, reçoivent l'apothéose de Néron ; mais, enfin, leur despotisme se colore de nuances toutes différentes de celles de la tyrannie déclarant : « L'État, c'est moi » et pratiquant non seulement le « *Paucis vivit humanum genus* », mais l'unicité totalisante du peuple incarné en un homme.

Maurice Blondel, si je le comprends bien, se refuse à admettre l'étroite connexion que j'ai établie entre les régimes contemporains de tyrannie et le régime dictatorial des années de guerre. Il invoque à l'appui de sa thèse : 1° que tous les États belligérants n'ont pas adopté, une fois la guerre terminée, le régime tyrannique du fascisme : ces régimes n'ont donc pas l'universalité qu'il faudrait pour qu'on pût parler d'une ère des tyrannies consécutive à la Grande Guerre ; 2° que, dans les pays où s'est installée la tyrannie fasciste, elle s'y est installée à des époques différentes, pour répondre à des besoins différents selon le pays, besoins qui peuvent n'être que temporaires comme l'avait été au temps de la guerre la nécessité de défendre le pays menacé. Ils passeront quand les besoins auxquels ils répondent auront cessé de se faire sentir. Le régime n'offre donc ni le caractère de nécessité, ni le caractère d'universalité qu'il faudrait pour que ma thèse fût fondée. Pour marquer son caractère transitoire et précaire, Maurice Blondel aimerait que l'on parlât de dictature plutôt que de tyrannie.

Cela étant, je voudrais grouper avec la lettre de Maurice Blondel deux autres lettres qui, sous des formes très différentes, me semblent impliquer des réserves assez pareilles aux siennes.

Raymond Lenoir[1] proteste contre la simplicité excessive de mes schèmes. La méthode sociologique est plus réaliste : la sociologie considère les phénomènes sociaux comme trop souples pour se laisser emprisonner dans les cadres rigides d'une doctrine abstraite.

> Le temps présent, où élans, confusions, incertitudes traversent les nations européennes et américaines, ne laisse pas d'avoir quelque analogie avec la rivalité des cités grecques, oublieuses des Amphictyonies, assez ravagées d'ambition pour que Denys de Syracuse pense tirer de Platon, en des entretiens sur les nombres, la clef de la puissance. Quoi qu'en puissent dire les politiques, il est loisible au philosophe de demander raison des théories dont se recommandent les actes, d'en examiner la vertu agissante sur les idéologies nationales comme sur les transformations structurales des Républiques, des Monarchies, des Révolutions et des

---

1. [Raymond Lenoir (1890-1972) est philosophe positiviste, collaborateur de la *Revue de métaphysique et de morale*. Il y publie notamment en 1927 un article sur « La philosophie devant la vie ». Il collabore également à *L'Année sociologique* et fait partie du groupe des durkheimiens.]

états d'anarchie pure. Il peut souhaiter aussi dépasser ce degré critique impuissant à réduire les oppositions qu'une vue trop peu compréhensive muerait en contradictions insolubles. Restitue-t-il aux Sociétés humaines, considérées sous tous les aspects que peut offrir l'activité, la plasticité qui les ordonne suivant leur expansion naturelle, leur aptitude à créer, leur respect de la vie, tout contraste devient expression de l'énergie. En tout moment, les forces sociales qui passent sur le monde se croisent et se séparent. Les faits situés au point de convergence tiennent de notre défaut d'attention une simplicité apparente, que consacrera l'histoire. Les formes et les formules qui les expriment peuvent se faire théories artistiques, systèmes philosophiques, programmes politiques, convictions religieuses ; elles accusent toujours les rencontres, les adolescences, les abandons avec assez de précision pour que le sociologue retrouve dans la vie de toute doctrine le même principe d'évolution.

Tout événement assez violent pour ébranler l'ordre d'un groupe et menacer de proche en proche l'équilibre des groupes voisins unit des activités et des intérêts assez conscients de leur disparité pour provoquer l'apparition d'un système d'idées où se révèle la trame passagère des connexions d'un jour. Le théoricien les discerne, les isole des courants et les impose avec autorité. Le politique les confronte avec la vie publique, pour introduire toutes sortes de nuances, d'atténuations, de compromis, de déformations, au gré des génies nationaux et des talents individuels. En se propageant, le système entre en contact avec les passions, les appétits, les égoïsmes. Le défaut d'information ou de discernement, l'ignorance en font une opinion. Les éléments élaborés se dissocient et se regroupent en systèmes parasitaires à base d'émotions collectives, la faim, la peur, la crainte de la pauvreté, l'envie des richesses, la haine de la vie spirituelle.

Pour se passer dans un continent trop vieux, accoutumé aux institutions monarchiques, la Révolution ne connaît pas chez nous l'expansion sans entraves des États-Unis d'Amérique. Au dehors, elle entraîne la prise de conscience des nationalités et la constitution d'armées permanentes. Au dedans, elle se heurte à la tradition orale magnifiant une vie plus facile. Privilèges et abus surgissent à nouveau, qui paralysent les élans de civisme, restaurent le pouvoir royal. Solution paresseuse où se complaît assez la médiocrité commune haïssant les inégalités naturelles et redoutant l'effort. Quelques conquêtes politiques demeurent. Le libéralisme, en la personne de Guizot, les rend inoffensives pour le régime traditionnel. Tout rappel de la Révolution devient sacrilège. Le comte Henri de Saint-Simon, assez sympathisant pour participer au partage des biens nationaux, aura l'insistance d'un polémiste pour rappeler tour à tour le bouleversement économique issu des désordres sociaux et des guerres européennes, la réorganisation qu'il impose, et la nécessité d'une transformation morale.

Le philosophe se doit de considérer toute idée sociale comme une force attractive mettant en harmonie les hommes et les peuples. Il voit sans étonnement son rayonnement décroître d'année en année : de peuple à peuple, de citoyen à citoyen une désharmonie naît. La prodigalité diaprée de la vie en faisait une menace. Le recul des grands souvenirs en fait une réalité. Et les nations resserrées dans un même continent, frontière à frontière, tenues d'entretenir un certain nombre de rapports internationaux et de relations cosmiques, cessent de vivre en même temps et au même rythme. En vain les intellectuels essaient de conjurer un éloignement croissant et de refaire l'accord des esprits. En vain évoquent-ils tout ce que les groupes désormais opposés peuvent avoir de commun dans l'histoire comme dans les lendemains, expression suprême que donne l'art du goût de vivre. Chaque acte, chaque décision politique se refuse à l'appel de l'ordre humain. Qu'une idée unisse assez de forces vives pour mener le désaccord à la limite, instaurer un état d'anarchie propice aux formations futures. Le philosophe peut éprouver quelque amertume de ce qu'elle va toujours des actes aux intentions, de la masse à l'homme pris en sa réalité profonde. Il lui est encore possible de confronter ces avances d'idées avec l'idée de l'univers qu'il s'est faite, pour en parfaire sans cesse le détail avec le concours des savants. Il est assez d'éléments d'ordre et une éthique assez claire dans l'organisation du monde.

Pour surmonter le malaise où nous place l'attraction simultanée de l'ordre et de l'anarchie, de la liberté et de l'autorité, du légal et du toléré, du pouvoir législatif et de l'organisation économique, il n'est que de restituer aux sociétés, considérées comme nous le faisions en décembre 1924 dans la *Revue de Synthèse historique*[1], leur souplesse. Ce qui choque, quand le parti pris oppose conviction à conviction, est pourtant fondé dans la structure même de la vie sociale. Comme les forces naturelles, comme les organismes vivants, les groupes humains, alliés au retour des années et des saisons, sont soumis en chacune de leurs fonctions, à un rythme. À la différence des autres ordres, la dépendance respective des fonctions assurant l'organisation sociale ne vaut que pour une période. La vie sociale est dans sa modification. L'historien la décrit. Au sociologue de préciser la durée et l'amplitude des changements, d'en marquer les limites et de dénoncer tout excès susceptible de compromettre un équilibre par une destruction ou le maintien temporaire d'un mode d'activité sous une contrainte générale de domination et de désordre.

A-t-il été assez heureux pour prévenir le désarroi des esprits, la misère des villes, la mort violente des générations, il lui faut encore rappeler l'accent moral commun à toutes les revendications humaines. Tous pensent s'inspirer de la justice que l'antiquité sut mettre à la fois au centre du

---

1. [Il s'agit de l'article « Les Sociétés humaines », p. 15-36.]

monde et au cœur de la cité, garante d'un seul équilibre. En différentes parties d'Europe et du monde, les remaniements territoriaux et les armements ont provoqué la rupture de la deuxième Internationale et en même temps des bouleversements sociaux assez neufs pour méconnaître la leçon de l'Hellénisme, répudier toute filiation historique, se vouloir agissants au dehors. Aux générations d'après-guerre, élevées dans la vacance des civilisations, ils proposent à la fois l'attrait de l'acte et la fascination des phraséologies politiciennes. Violence éprouvée, engouement passé, il reste à mettre en garde contre la barbarie des néologismes et la simplicité des formules d'un jour. Tous ces grands changements : démoralisation, atteintes portées aux codes écrits et au code de l'honneur, violation des contrats, ajournement des dettes, effacement du pouvoir parlementaire, organisation fédérative de républiques, apparition des groupes économiques abolis avec la monarchie française, adjonction à leur fonction normale du politique, remise du pouvoir législatif, du pouvoir exécutif, du pouvoir judiciaire à un petit nombre d'hommes non mandatés par une majorité, recours à un seul homme ne sont pas le jeu du caprice. Ils reproduisent jusqu'à la négation, en un temps aussi dépourvu de Pythagorisme qu'il est oublieux des Physiocrates, la Révolution française. Il n'est que de l'évoquer au moment où elle se veut une, où elle ne connaît plus ni organisation rivale, ni parti, ni société secrète, moins par répression des dissidences que par adhésion spontanée aux vérités conquises sur l'animalité devant la mort. Seul l'établissement d'institutions fondées sur les possibilités de l'homme, la mise en œuvre des aptitudes, la vertu civique et la valeur d'ordre des talents en a fait plus qu'un renversement des conditions, plus qu'une conversion morale où se complaisent en leur nature chrétienne les révoltes et les réformes, une Renaissance.

L'acte de 1792 qui prélude à la réorganisation des sociétés, à la souveraineté du peuple, est assez ample pour se développer pendant des siècles. La guerre mondiale a pu confirmer les prévisions des sociologues, assurer la stabilité et la force croissante de la République. Elle ne peut gagner la Russie, l'Italie, l'Allemagne, l'Espagne encore sous l'empire d'institutions monarchiques sans provoquer tour à tour la rupture en armes et le compromis politique. Aussi ne sauraient-ils présenter un État ou une Internationale qui dépasse, qui atteigne même notre monarchie parlementaire affranchie des corporations, des jurandes et des maîtrises, non plus que la troisième Internationale jetant, avec le *Système de Politique Positive*, les singularités nationales au creuset de la République universelle. Régressions et anticipations s'y heurtent en un conflit trop douloureux, trop décousu pour avoir la vertu des idées généreuses. Elles ne créent partout qu'incohérence doctrinale. Les formes adultères qui en naissent seraient fantaisistes, si leurs auteurs étaient assez

libres pour préférer aux charges, l'humour. Elles se dissolvent devant le prosélytisme de notre Révolution, la remise de la force au service du droit, l'institution républicaine de l'univers.
Déjà la Russie surmonte le déséquilibre de sa première Constitution. Les droits d'homme et de citoyen ne sauraient nous faire redouter l'ascendant des créateurs. Ils préservent des déformations et des outrages l'amour de vivre.

Georges Bénézé[1], de son côté, persuadé que la victoire finale du libéralisme est liée à l'ascendant des classes moyennes, refuse de croire à leur déchéance irrémédiable, comme le voudrait le schématisme marxiste.

Je ne puis, m'écrit-il, laisser passer sans protester les affirmations de Maublanc. Que le régime soviétique mérite les plus grands éloges, c'est possible. Mais qu'on nous le présente comme le vestibule du paradis, c'est exagéré : demain, vous serez heureux ; aujourd'hui, courbez-vous. Mais même en faisant abstraction de cette dialectique trop habile, on ne peut accepter le « tableau » de l'état actuel de l'URSS. Comment ne pas voir que cet État est en train de favoriser la naissance d'une nouvelle classe, classe qui finalement redonnera à la Russie et des classes supérieures de dirigeants et des classes moyennes ? Comment ne pas tenir compte de ce fait capital : le traitement, le salaire, distribué non suivant les besoins, mais suivant le travail et les « capacités » ? Comment ne pas prévoir à partir de cela les tendances à la fortune ou la situation héréditaires et, quel que soit le masque juridique, l'appropriation familiale ou individuelle ? Voilà des faits précis, et facilement soutenus par cet autre que le parti bolcheviste constitue comme une aristocratie dans l'immense empire. C'est le noyau tout désigné de ces nouvelles formations.
Qu'on ne dise pas que nous ne devons pas les assimiler à notre bourgeoisie. Pourquoi pas ? Notre bourgeoisie capitaliste a trouvé sa raison d'être dans l'organisation de la production industrielle. Pourquoi, en retour, l'organisation de cette « intense productivité » en URSS n'aurait-elle pas comme effet la constitution de cadres privilégiés analogues aux nôtres ? L'éducation morale des chefs et sous-chefs bolchevistes est-elle formée à ce point qu'ils résisteront en chœur à ce prestige d'une autorité « appuyée sur l'intérêt général » ? En somme, au contraire, la Russie va se mettre à la page de l'Occident. Elle était passablement en retard. Cela répond en partie au questionnaire de votre résumé antérieur à la séance de la *Société de Philosophie*.
Oui, il y a contradiction interne dans le socialisme, et elle apparaîtrait nettement mortelle pour l'idéologie socialiste, si le socialisme prenait

---

1. [Philosophe, professeur au lycée de Poitiers, Georges Bénézé (1888-1978) est un disciple d'Alain. Il a contribué à l'édition de son œuvre.]

le pouvoir. Mais il ne le prendra pas. Les classes moyennes sans qui on ne peut rien faire, ne l'ont pas encore permis, et elles n'en prennent pas le chemin, que ce soit en Angleterre, en France, en Allemagne ou en Italie. Même paupérisées, elles restent au service des clans dirigeants, alliés naturels. Et, d'ailleurs, on peut constater que le socialisme n'a jamais proposé un plan consistant pour rénover l'économie du continent. La liberté reste un idéal, apanage des classes moyennes, et périt avec elles ; *a fortiori* si la guerre survient.

Pour répondre à ces objections, je me référerai à certaines questions posées en 1927 par Charles Seignobos[1], aux lecteurs d'un journal américain. « Le régime représentatif, demandait Charles Seignobos, est-il en voie d'être remplacé par le gouvernement arbitraire ? Je demande la permission de répondre par une question – ou plutôt deux questions. Quelqu'un peut-il imaginer l'établissement d'une dictature, même prolétarienne, en Suisse, en Grande-Bretagne, aux États-Unis, au Canada, en Norvège ou en Hollande ? Quelqu'un peut-il garantir dix années d'existence aux dictatures en Espagne, en Italie, ou même en Russie ?... »

Laissons de côté l'Espagne, pour des raisons qui sautent aux yeux de tout le monde : elle n'est sortie d'une dictature, de deux dictatures, que pour être menacée d'une troisième. Mais le régime de la « dictature » (pour parler comme Charles Seignobos : mais une dictature qui dure vingt ans, six ans de plus que le *grande mortalis aevi spatium* de Tacite, est-ce encore une dictature ? N'est-ce pas une tyrannie ?) dure toujours en Russie, à moins qu'on ne veuille tenir la Constitution de 1936 comme le début d'un affaissement. La tyrannie italienne est, selon toutes les apparences, plus solide qu'il y a dix ans. Enfin, chose grave, le régime fasciste s'est implanté dans un grand pays de plus de soixante millions d'habitants qui pouvait être considéré comme étant, sous bien des rapports, à la tête de la civilisation européenne.

---

1. [Aîné d'Élie Halévy, normalien et agrégé d'histoire, Charles Seignobos (1854-1942) est l'auteur d'ouvrages de méthode historique (dont la célèbre *Introduction aux études historiques* écrit en collaboration avec le chartiste Charles-Victor Langlois en 1897). Après une mission d'étude en Allemagne de 1877 à 1879 et l'obtention de ses thèses, il devient en 1904professeur adjoint à la Sorbonne. Protestant et républicain, Seignobos s'engage dans l'affaire Dreyfus et participe activement au comité central de la Ligue française pour la défense des droits de l'homme et du citoyen. Élie Halévy a toujours marqué son estime pour ses qualités d'historien et son intérêt pour les sciences sociales naissantes même si, dans ses lettres à ses amis (et particulièrement à Célestin Bouglé, lui aussi fervent « ligueur »), on lit parfois à son sujet des propos d'une certaine ironie (qui lui était certes habituelle !). Charles Seignobos a exprimé beaucoup d'admiration pour le travail d'historien d'Élie Halévy, saluant par d'élogieux comptes rendus plusieurs des volumes de l'*Histoire du peuple anglais au XIXᵉ siècle* (dont celui paru en 1932 dans la *Revue critique d'histoire et de littérature*, tome 66, p. 561-575).]

Et le reste de l'Europe ? Je ne parlerai pas des tyrannies balkaniques. Elles n'offrent aucun caractère de nouveauté. La tyrannie, dans ces pays-là, était couramment considérée, jadis, comme étant une forme inférieure de gouvernement adaptée aux besoins de peuples de culture inférieure ; bien des Anglais, il y a une dizaine d'années, faisaient à l'Italie l'injure de tolérer la tyrannie mussolinienne comme adaptée aux besoins d'un peuple qui, à leurs yeux n'avait pas beaucoup dépassé le niveau de la civilisation balkanique. Mais il y a ceci de nouveau dans les tyrannies balkaniques d'aujourd'hui. Les tyrans ne s'excusent plus, auprès des nations occidentales, de la nécessité où ils se trouvent de gouverner leurs peuples par des procédés autocratiques et barbares. Ils ont l'impression que, ce faisant, ils se haussent au niveau de la civilisation allemande.

Sur un autre point, les dix dernières années ont vérifié les prédictions de Seignobos. Point de dictature, même prolétarienne, en Suisse, en Grande-Bretagne, en Norvège ou en Hollande. Notons cependant, en premier lieu, que Charles Seignobos ne parlait ni de la France ni de la Belgique, et que, sans contester l'extrême solidité du régime de la démocratie représentative dans ces deux pays, il est impossible de dire que l'un et l'autre, le petit comme le grand, ne sont pas plus menacés par le prestige du gouvernement arbitraire qu'ils ne l'étaient il y a dix ans. Notons en second lieu que ces pays, dont le régime est représentatif, sont devenus des pays timides, avides de défendre un passé qui leur est cher plutôt que de travailler pour un avenir dont ils sont sûrs. Leur attitude, vis-à-vis des gouvernements arbitraires, est l'attitude de la peur : faut-il en donner des exemples, qui viennent tout de suite à l'esprit de tout le monde ? Le prestige, le pouvoir d'intimidation est de l'autre côté. Même quand la zone des gouvernements arbitraires ne devrait pas gagner de terrain, elle est déjà suffisamment étendue, et le prestige de ces gouvernements est assez grand pour que l'on puisse considérer cette forme de gouvernement comme constituant, selon la formule de Fourier, le caractère « pivotal » de l'ère historique que traverse l'Europe.

Je suis d'ailleurs disposé à admettre, avec Bénézé, que l'avenir des classes moyennes est moins désespéré que ne le voudrait l'orthodoxie marxiste. J'avoue seulement en passant me sentir troublé de voir Bénézé, après avoir identifié la cause des classes moyennes à celle du libéralisme, présenter – non sans raison d'ailleurs – comme une réaction victorieuse des classes moyennes ce qui se passe en Allemagne et en Italie. Je suis pareillement en plein accord avec Raymond Lenoir pour reconnaître que la réalité historique est trop complexe, la vie des sociétés trop souple, pour se plier à la simplicité et à la rigidité de nos cadres. J'y songe en me reportant par la pensée à la séance du 28 novembre, et en observant certain aspect du problème sur lequel aucun des interlocuteurs, à commencer par moi-même, n'a porté son attention. Je veux parler de la lutte de l'État et de l'Église. Car la Rome impériale a eu deux héritiers : l'Empire et l'Église, l'un et l'autre totalitaires dans leurs ambitions. Il semble qu'ici ou là, et peut-être partout, tôt ou tard, le conflit doive éclater entre ces puissances. Et qui sait si ce conflit, qui se trouve placé complètement en dehors de l'objet de ma communication, ne sera pas le fait fondamental du siècle qui s'ouvre, avec des conséquences, pour la liberté des consciences, qu'il serait intéressant, mais qu'il est difficile de deviner ?

Quoi qu'il en soit, j'ose dire qu'un siècle nouveau s'est bien ouvert, avec des caractères nouveaux, qui offrent un caractère de permanence. C'est pourquoi (je réponds ici à Maurice Blondel) j'ai préféré au mot romain de dictature le mot hellénique de tyrannie, qui désigne un régime durable, né, pour des raisons que la « sociologie » de Platon et d'Aristote essaie de définir, de la dégénérescence de la démocratie. Et la tyrannie grecque a fini par aboutir à la grande tyrannie mondiale de l'empire romain, qui a donné au monde méditerranéen quelques siècles de paix, à défaut de la liberté. Maurice Blondel conteste le rapprochement trop étroit que je prétendais établir, en correspondant avec lui, entre les nouvelles tyrannies et l'« anthropolâtrie » de la Rome impériale. Mais je suis persuadé que, de même qu'aujourd'hui il y a anthropolâtrie dans les nouveaux régimes, de même la Rome antique offrit sous les Césars un caractère social plus marqué que n'aimaient à l'admettre ses opposants aristocratiques, ennemis de ce gouvernement des masses. J'ai eu l'occasion, dans le dernier volume de mon *Histoire du Peuple Anglais*, de citer cette phrase curieuse d'un jeune Anglais, adepte enthousiaste de l'étatisme socialisant : « Je me demande, écrivait-il, pourquoi diable le monde n'a pas fondé une religion sur César plutôt que sur le Christ... Il me semble... que des deux personnalités, celle de César était de beaucoup la plus importante. Et peut-être ce culte n'était-il pas aussi absurde que l'ont cru ces maudits historiens chrétiens. Adorer n'est pas la même chose que prier. »

Ce siècle nouveau, il commence, selon nous, avec la fin de 1914 et la proclamation de l'état de siège dans les grandes nations belligérantes d'Occident. La filiation entre cet état de siège et les régimes de gouvernement arbitraire est contestée par Théodore Ruyssen[1], à propos de celui de ces régimes au sujet duquel la filiation me semble évidente. « Je crois, m'écrit-il, que le bolchevisme russe, même s'il n'avait pas dû lutter deux ans contre les armées étrangères ou menées par des influences étrangères, se serait développé selon le plan marxiste, et, plus encore, selon le plan lassallien. N'oublions pas l'influence énorme qu'a toujours exercée l'autoritarisme

---

1. [Voir la présentation de Théodore Ruyssen, *infra*, p. 606.]

prussien en Russie, même du temps des Tsars. » Je reconnais ce qu'il y a de judicieux dans cette dernière observation : c'est, je crois, Milioukin[1] qui a dit que « le bolchevisme construisait sur la base solide du tsarisme ». Il reste que le bolchevisme pouvait sombrer dans l'anarchie, et l'ordre être rétabli en Russie par ses adversaires. Je ne vois qu'une surenchère d'anarchie avec les social-révolutionnaires dans cette période de l'histoire du bolchevisme qui va des journées d'octobre à la signature du traité de Brest-Litovsk. C'est après la signature de ce traité, lorsque la Russie socialiste doit subir l'assaut d'ennemis qui lui viennent des quatre points cardinaux, que je vois apparaître ce « communisme de guerre » qui est bien, sous sa forme la plus intense, un nationalisme autoritaire et où il est difficile de ne pas voir une combinaison entre l'idéologie communiste et les nécessités de la conduite de la guerre.

Pour établir que la même observation vaut au sujet des tyrannies d'Italie et d'Allemagne, il pourrait suffire de remarquer que, pour ce qui est de la forme du gouvernement, Rome a imité Moscou avant que Berlin n'imitât Rome. Mais l'action du régime de guerre sur les deux nations de l'Europe Centrale est plus directe encore. La philosophie commune à Mussolini et à Hitler, avant leur prise du pouvoir, c'est une philosophie d'anciens combattants, humiliés de voir leurs pays militairement et diplomatiquement diminués, et rendant responsables de cette humiliation la médiocrité du régime représentatif. Ce qu'il y a de socialisme dans les deux régimes ne s'est pas soudé avec le nationalisme intégral selon les mêmes lois. Hitler, quand il prit le pouvoir, mit en tête de son programme ce qu'il y avait d'éléments socialistes dans son « socialisme national ». Car il s'agissait alors, pour gagner le pouvoir, de laisser espérer aux masses populaires, non pas qu'on effacerait la honte de Versailles, mais qu'on redonnerait « du travail et du pain » à six millions de chômeurs. Mussolini, bien au contraire, quand il avait, neuf ans plus tôt, marché sur Rome, s'était déclaré brutalement antisocialiste : et c'est seulement quatre ans plus tard que, les incohérences de sa politique financière et monétaire ayant précipité une crise extrêmement grave, la logique interne de son système l'a conduit aux formules du « socialisme corporatif ». Mais, de part et d'autre, même

---

1. [Il s'agit de Pavel Milioukov (1859-1943), à l'origine historien russe et professeur à l'université de Moscou, arrêté en 1901 par la police du tsar, leader après la révolution de 1905 du Parti constitutionnel démocratique, KD ou Parti cadet, partisan de la monarchie, ministre des Affaires étrangères dans le gouvernement provisoire formé après la révolution de février 19917. Rapidement considéré comme un ennemi politique par les bolcheviques, il est contraint à l'exil. A Paris, il anime l'aile démocratique et libérale de l'émigration russe. La « Lettre ouverte au professeur P.N. Milioukov » d'août 1905, rédigée par Léon Trotski, est restée célèbre.]

mélange d'une idéologie prolétarienne avec une idéologie militaire. Camps du travail. Front du travail. Bataille de ceci et de cela. Et le régime pris en lui-même, on ne saurait le définir que comme l'état de siège en permanence, sous le contrôle de milices animées par une foi commune.

Je viens de parler du corporatisme. Que ce soit, pour moi l'occasion de répondre à l'objection que me présente Félix Pécaut[1].

> Le corporatisme, me demande-t-il, est-il une étatisation croissante ? Je croyais que ce qu'il y avait d'essentiel, c'était de donner force de loi aux décisions prises à la majorité par une corporation. (Est-ce qu'en Angleterre on n'a pas été très loin dans cette voie, pour le lait, le beurre, etc. ?) À ce compte, le corporatisme peut être dit étatisation, mais aussi démembrement de la puissance publique. Quant à la part faite aux ouvriers, en Italie, est-elle autre chose qu'une feinte ? Car les délégués ouvriers ne sont pas élus par leur syndicat, mais nommés par l'autorité fasciste.

Et je joindrai à cette citation une autre, extraite des lettres que je reçois de Charles Appuhn[2], afin de répondre en bloc à mes deux correspondants.

> En France, à mesure que l'État intervient davantage dans la production et la répartition des richesses, il paraît plus incapable de remplir convenablement ses fonctions primordiales, qui consistent, je pense, à assurer le maintien de l'ordre, le respect des personnes, la liberté du travail, etc. Est-ce ainsi que vous comprenez l'*affaiblissement* de l'autorité ? Je voudrais être certain que nous nous entendons sur ce point. Cela me permettra de vous poser une autre question. L'affaiblissement de l'autorité – je dirais du gouvernement plutôt que de l'État – s'il a bien le caractère que je viens d'indiquer, ne tient-il pas au développement d'une institution qui prétend remplacer en quelque sorte le gouvernement et aspire à la tyrannie ? Vous avez compris que je voulais parler du syndicat.

Je réponds. Oui, c'est bien cela, et je songeais à cet affaiblissement de l'autorité de l'État par l'ingérence du syndicat. Je n'aime guère, cependant, à parler, en ce cas précis, de tyrannie syndicale, tout en reconnaissant que l'expression peut être employée pour désigner, avec une nuance péjorative,

---

1. [Comme son père Félix Pécaut, Pierre-Félix Pécaut (1866-1946) se consacre à la formation des maîtres. Inspecteur général de l'Instruction publique, agrégé et professeur de philosophie, il accède en 1926 (et jusqu'en 1935) à la direction de l'École normale supérieure de l'enseignement primaire pour les garçons (école de Saint-Cloud). Son père avait dirigé l'école de Fontenay-aux-Roses, pour les filles, de 1880 à 1896.]

2. [Charles Appuhn (1862-1942), est agrégé de philosophie et professeur au lycée d'Orléans. Depuis 1933, il est chef de la section allemande à la Bibliothèque-Musée de la Guerre.]

cette discipline imposée aux rebelles par l'état-major syndical, en vue de les forcer au respect des règles édictées. Je parlerais plutôt ici d'anarchie syndicale, pour désigner l'action paralysante exercée sur la discipline de la production par les ouvriers quand ils se sentent plus ou moins maîtres de l'usine. Afin de réagir contre cette anarchie, appel est fait à l'État, pour le « maintien de l'ordre », comme le dit bien Appuhn, mais non, comme il le dit moins bien, pour « le respect des personnes et la liberté du travail ». Le syndicat, chez les Soviets, après bien des vacillations de doctrine, a fini par devenir selon la doctrine officielle, non pas un organe de lutte contre la tyrannie d'en haut, mais un organe de gouvernement pour l'organisation et l'intensification méthodiques de la production. La corporation selon la formule mussolinienne ou hitlérienne n'a rien à voir avec les corporations du Moyen Âge, créations spontanées de l'économie auxquelles l'État apportait seulement le sceau de la légalité (et il en serait de même de certaines corporations, organismes d'ailleurs encore bien fragiles, dans l'Angleterre libéralisante) ; elles sont les créations, les émanations de l'État, dirigées par des chefs que l'État a choisis, auxquels il n'accorde que des pouvoirs consultatifs ; et l'ensemble ne constitue qu'un minimum d'institutions délibérantes, dans ce qui n'est qu'une étatisation générale de l'économie. Dégénérescence du corporatisme vrai, me dit Pécaut. Je le veux bien ; mais il s'agit d'une dégénérescence en quelque sorte normale du corporatisme. Elle présente un des aspects de ce que j'appelais la contradiction interne du socialisme.

Le socialisme veut réagir contre l'anarchie de la production, contre les gaspillages de la production. Il est, en conséquence, une doctrine d'organisation et d'étatisation. Mais il est en même temps une doctrine de lutte contre toute autorité, d'émancipation intégrale. Or les deux tendances sont difficilement compatibles. Étatisation des chemins de fer, des mines, des banques, en quoi tout cela contredit-il le césarisme, la doctrine du gouvernement arbitraire ou tyrannique ? Hitler, au moment où j'écris ces lignes, vient d'opérer une étatisation de la Reichsbank beaucoup plus radicale que ne l'a été l'étatisation de la Banque de France, opérée, l'été passé, par le Front Populaire. Faisons un pas de plus. L'État auquel le socialisme fait appel pour mettre l'ordre dans la production, c'est nécessairement l'État national : toute étatisation, c'est nécessairement une nationalisation. Le socialiste qui veut être en même temps libéral est internationaliste. Il cherche à superposer les formules du libre-échangisme classique aux formules du socialisme orthodoxe. Et cependant, comment concilier avec la nationalisation de toute production la liberté laissée aux producteurs d'échanger avec qui ils veulent, en deçà ou au delà des frontières les produits de leur industrie ? Le dernier mot du socialisme, comme il apparaît en Russie, c'est la suppression totale du commerce extérieur, l'État se réservant seul la faculté d'exécuter avec certains États étrangers certains trocs avantageux. Je ne vois pas davantage la possibilité de concilier la liberté des changes avec la politique de réglementation générale de tous les prix intérieurs, vers laquelle tend nécessairement le socialisme. Mais où il y a nationalisme, il y a nécessairement aussi militarisme : et conçoit-on le militarisme sans une limitation de la liberté d'opinion ? Le socialisme libéral, en Occident, voudrait parler à la fois la langue de Gladstone et celle de Lénine. Je demande si c'est possible.

À cette thèse, cependant, deux de mes correspondants m'opposent une objection dont j'avoue ne pas comprendre la gravité, mais qui est peut-être plus sérieuse que je ne crois, puisqu'ils sont deux à me l'opposer. « Je ne vois pas, m'écrit Félix Pécaut, la contradiction dont vous parlez dans le concept de socialisme. Certes, l'établissement du socialisme aurait à surmonter une prodigieuse difficulté ; mais cette difficulté vient, non d'une contradiction interne, mais de conditions extrinsèques. » Pareillement Théodore Ruyssen : « Y a-t-il bien contradiction *interne* au sein du socialisme ? La contradiction n'est-elle pas plutôt entre un système abstrait, nécessairement simpliste, et les résistances d'une réalité complexe qu'on ne peut vaincre par des procédures de liberté ? » Ces résistances extérieures, si je comprends bien Pécaut et Ruyssen, je les appelle, moi, intérieures à la nature humaine, et telles que, par conséquent, la double nécessité de lutter contre elles : besoin de liberté chez les propriétaires aussi bien que chez les ouvriers, fait bien partie de la nature intrinsèque du socialisme. Veut-on me parler d'un état futur du genre humain, où le socialisme parfait viendra converger avec la parfaite liberté ? Quelle liberté ? Celle de ne rien faire, comme dans l'abbaye de Thélème, ou l'absence d'obéissance à un maître, combinée avec un travail incessant, comme dans la fourmilière ou la ruche ? Cet ultra-futur, je l'ai dit en séance, dépasse les bornes de ma vision. Et lorsque je vois qu'on s'abandonne à ces rêves, je songe à la colombe de Kant qui essaie de voler dans le vide, au nageur sans eau de Hegel.

Une question que me pose Dominique Parodi[1] me touche davantage. Il me demande

---

1. [Camarade du lycée Condorcet et ami d'Élie Halévy, Dominique Parodi (1870-1959) suit ce dernier à l'École normale supérieure. Après l'agrégation de philosophie en 1893, il enseigne dans différents lycées de province avant d'être nommé à Paris (lycées Charlemagne, Michelet et Condorcet) et de rejoindre l'Inspection de l'académie de Paris en 1917, puis l'Inspection générale de l'Instruction publique en 1919. Traducteur d'œuvres choisies de Berkeley, il est l'auteur de plusieurs ouvrages de réflexion philosophique et morale, dont *Traditionalisme et démocratie* en 1909, *Le problème moral et la pensée contemporaine* l'année suivante, *Les bases psychologiques de la vie morale* en 1928, *Du positivisme à l'idéalisme : Études critiques* en 1930. Très proche de la *Revue de métaphysique et de morale*, il y collabore par

si le conflit des deux tendances, libérale et autoritaire, est propre au socialisme, et s'il ne se retrouve pas dans la doctrine démocratique elle-même ? N'est-il pas sensible chez Rousseau déjà, et dans le *Contrat social* ? Le postulat fondamental n'en est-il pas que tous les citoyens résignent également tous leurs droits individuels aux mains de la collectivité ? Et contre la volonté générale, expression de sa propre souveraineté unie à celle de tous ses concitoyens, l'individu n'a d'autre recours que l'exil. Il est très frappant, à lire la correspondance de Rousseau, de le voir, à propos des dissensions intestines de Genève, surtout dominé par la crainte de la démagogie et de l'anarchie, et favorable aux plans de réforme les plus modérés, les plus soucieux, par l'équilibre des pouvoirs, de maintenir la force des pouvoirs centraux. Aussi bien si la démocratie est surtout préoccupée de la liberté individuelle, il s'agit toujours de la liberté de tous les individus, d'une liberté *égale* pour tous, « les hommes naissent libres et *égaux en droits* » ; elle implique donc logiquement l'égalité au point de départ ; elle est grosse du socialisme. Ce qui est un véritable accident historique et une équivoque manifeste, c'est la solidarité qu'on a crue si longtemps indissoluble du libéralisme économique et du libéralisme politique et moral. Seulement, l'autorité n'y saurait jamais être qu'un moyen et qu'un pis-aller, le but restant toujours le respect de la justice et la promotion de l'humanité en tous ses membres. Par là l'opposition à tous les fascismes est évidente et sans doute aussi aux thèses spécialement marxistes du socialisme, s'il est vrai que la lutte des classes devient chez Marx une fatalité, et que l'inspiration matérialiste et déterministe y masque au moins et rejette dans l'ombre la préoccupation de justice en même temps que de liberté.

Sans relever tel ou tel point de la lettre de Parodi sur lequel j'aurais des réserves à faire, je déclare être d'accord avec lui sur ce point que la contradiction interne que j'observais dans la notion de socialisme se rencontre déjà dans la notion de démocratie. Qu'est-ce, en effet, que le socialisme, on peut se le demander, sinon l'extension au domaine économique des formules de la démocratie politique ? Le problème est cependant – s'il m'était permis de marquer par quelle nuance ma position diffère de celle de Parodi – de savoir pourquoi il arrive que l'idée démocratique tend à prendre une forme moins libérale, moins parlementaire, lorsqu'il s'agit du socialisme, que ce n'est le cas pour la démocratie politique. Et, de ce fait, si Parodi en admet la réalité, je suggérerais l'explication suivante. Le

---

de nombreux articles. Dominique Parodi assume par ailleurs les fonctions de secrétaire de rédaction depuis la mort de Xavier Léon en octobre 1935.]

radicalisme, sous sa forme originelle, considère tous les hommes, riches et pauvres, comme appartenant à une même classe. Les inégalités de fortune ne sont que des accidents individuels au sein de cette même classe. Tout change si l'on admet qu'il y a dans la société des classes constituées par l'évolution naturelle de l'économie, et constituées de telle sorte que, d'un côté, tous les individus soient héréditairement favorisés par la fortune, et, de l'autre côté, tous soient héréditairement défavorisés. La formule saint-simonienne de « l'amélioration du sort de la classe la plus nombreuse et la plus pauvre » a un sens plus défini que la formule benthamique du « plus grand bonheur du plus grand nombre ». Elle dresse l'une contre l'autre deux armées comme en vue d'une bataille rangée. On conçoit que, pour remporter la victoire, les chefs qui ont été investis du pouvoir de mener la bataille du côté de la classe la plus nombreuse et la plus pauvre, ou qui se sont investis eux-mêmes de ce pouvoir, exigent de leurs troupes, si elles veulent remporter la victoire, une discipline militaire. On conçoit que le parti adverse retourne contre ses adversaires la méthode qu'ils préconisent, et réclame la même autorité révolutionnaire au nom d'un « socialisme » différent, qui se réclame de l'union des classes au sein d'une même patrie. Avant 1914, on avait des doutes sur la possibilité pour un homme, ou pour un groupe d'hommes, d'exercer ce pouvoir ; et le syndicalisme révolutionnaire des premières années du siècle commençait à s'enliser, à partir de 1910, dans le parlementarisme. On oubliait qu'en 1793 l'état de siège avait créé le régime jacobin, d'où était né, par dégénérescence en même temps que par réaction, le césarisme des années qui suivirent. Il appartenait à la guerre mondiale de 1914 de révéler aux hommes de révolution et d'action que la structure moderne de l'État met à leur disposition des pouvoirs presque illimités.

APPENDICE III

ANNEXE À LA CONFÉRENCE DE « L'ÈRE DES TYRANNIES »

L'intégralité de la discussion relative à la conférence de « L'Ère des tyrannies » du 28 novembre 1936 a été publiée dans la dernière livraison du Bulletin de la Société française de philosophie *de l'année 1936. Lorsque Célestin Bouglé, après la mort de son ami, conçoit le livre posthume auquel il donne le titre de* L'Ère des tyrannies, *il décide de ne pas publier la totalité de cette discussion pourtant capitale pour l'ouvrage en préparation comme pour la réception des thèses finales d'Élie Halévy. S'il insère* in extenso *plusieurs des lettres reçues par Élie Halévy (voir l'Appendice II), en revanche il décide d'omettre le texte des interventions orales amenant les réponses et mises au point d'Élie Halévy qui – elles – sont reproduites intégralement dans le texte principal du chapitre de « L'Ère des tyrannies ». Nous avons choisi de publier dans cet appendice inédit, associé ici au texte princeps, deux de ces interventions[1], celle de Célestin Bouglé et celle de Raymond Aron, parce qu'elles émanent des deux principaux responsables de l'entreprise de publications posthumes des œuvres d'Élie Halévy, et en raison de leur intérêt particulier. En effet, ni l'un ni l'autre n'adhèrent, à cette époque, à la thèse développée devant la Société française de philosophie. En revanche, dès la parution de* L'Ère des tyrannies *en 1938, leur accord est complet même si toujours critique sur tel ou tel aspect du raisonnement[2].*

Comment expliquer ce désaccord initial en 1936 puis ce revirement ? Pour Raymond Aron et plus encore pour Célestin Bouglé, l'expérience en cours au même du Front populaire démontre que le socialisme démocratique conserve un avenir et que son historicité n'est pas une illusion. Raymond

---

1. Prennent successivement la parole (les pages renvoient à l'article « L'Ère des tyrannies » du *Bulletin de la Société française de philosophie*, 1936) : Max Lazard, p. 186-192 ; Célestin Bouglé, p. 196-199 ; Adolphe Landry, p. 202-204 ; René Berthelot, p. 205-219 ; René Maublanc, p. 219-226 ; Raymond Aron, p. 226-228 ; Robert Marjolin, p. 228-230 ; Marcel Drouin, p. 230.

2. Voir le compte rendu de *L'Ère des tyrannies* que Raymond Aron publie en 1939 dans la *Revue de métaphysique et de morale*, reproduit plus bas (*infra*, p. 688-707).

Aron conserve encore des sympathies politiques pour la gauche. Il n'a pas encore pris ses distances avec le Front populaire comme il le fera en 1937 à travers son article consacré à « La politique économique du Front populaire. Réflexions sur les problèmes économiques français »[1] *dont Élie Halévy avait accepté la publication dans la* Revue de métaphysique et de morale *juste avant sa mort*[2]. *Quant à Célestin Bouglé, il ne lui paraît pas concevable de condamner l'antifascisme quand bien même il implique un alignement plus ou moins complet avec le régime moscovite : celui-ci ne peut alors être qualifié de « tyrannie ». Si l'antifascisme a cette importance pour Bouglé, c'est qu'il a constitué depuis 1935 et la fin de la tactique stalinienne de « classes contre classes », l'élan intellectuel et populaire conduisant à la victoire électorale de juin 1936 et à la formation du gouvernement de Léon Blum. Célestin Bouglé pense et agit dans le souvenir de la grande bataille dreyfusarde à laquelle ce dernier est particulièrement attaché, en témoignent ses* Souvenirs sur l'Affaire *de 1935*[3].

Leurs analyses des phénomènes qu'étudie Élie Halévy s'inscrivent par ailleurs dans des approches qui ne sont pas les siennes, ou auxquelles il n'accorde pas l'importance qu'ils leur reconnaissent. La « haine idéologique » que relève Raymond Aron transforme bien la tyrannie communiste et la tyrannie fasciste en « ennemis inconciliables ». Mais, rapporté à la « sagesse du politicien libéral », Élie Halévy peut envisager la similitude des régimes. Cette approche par une science politique rénovée, articulant les savoirs de l'histoire et de la philosophie, est validée au moment où Célestin Bouglé prépare le livre de L'Ère des tyrannies *et où Raymond Aron s'applique à en rendre compte dans la* Revue de métaphysique et de morale. *Ce qui a changé en un an ou à peine plus est l'aggravation des difficultés des démocraties - impuissantes à réagir aussi bien défis internationaux qu'aux problèmes intérieurs-, le renforcement à tous les plans des tyrannies tant moscovite que fasciste et nazie – accentuant de fait leur convergence, et la reconnaissance enfin de la pertinence des grilles de lecture d'Élie Halévy. On peut néanmoins regretter que ces objections initiales à « l'Ère des tyrannies » n'aient pas été maintenues dans l'ouvrage construit précisément autour de cette notion. Notre choix de les publier ici répond à une exigence de connaissance de la réception précise des thèses d'Élie Halévy et de leur capacité à faire raisonner dans le monde savant puis dans celui de la Résistance qui l'a croisé.*

---

1. *Revue de métaphysique et de morale*, 1937,
2. Cf. *infra*, p. 663.
3. Léon Blum, Souvenirs sur l'Affaire, Paris, Gallimard, 1935, rééd. coll. « Folio histoire », 1993.

Les adhésions à « l'Ère des tyrannies » apparaissent plutôt minoritaires en 1936, y compris dans un milieu largement acquis aux travaux d'Élie Halévy. A l'inverse de la validation de Marcel Mauss présente dans le livre, celle d'Adolphe Landry ne l'est pas. Il est vrai qu'Élie Halévy ne débat pas avec lui, mentionnant seulement : « Je ne répondrai pas longuement, je ne répondrai pas du tout aux réflexions de M. Adolphe Landry ; elles m'apparaissent, en effet, comme ne constituant en aucune manière une critique de ma thèse, mais plutôt une méditation, parallèle à la mienne, et inspirée par des préoccupations voisines. »

On peut citer la fin de cette intervention d'Adolphe Landry qui soutient Élie Halévy dans ses thèses et signale comme lui l'importance du « danger » présent :

« Quand on parle de l'ère des tyrannies, on se rappelle l'étymologie, on se rappelle les précédents célèbres de l'histoire de l'antiquité : des cités qui se sont organisés dans le régime démocratique, le régime démocratique se corrompant, la démagogie suivant la démocratie, la tyrannie venant au bout, et se faisant la accepter. Elle s'y institue par fois pour un temps plus ou moins long ; d'autres fois c'est une manière tout à fait durable : elle devient permanente, et en telle sorte qu'il ne se trouve plus dans la cité, dans l'État, que quelques doctrinaires attardés pour exprimer des regrets, d'ailleurs d'un caractère purement platonique, de la liberté perdue.

Voilà ce que je voulais souligner surtout et soumettre à l'appréciation et aux réflexions de l'auditoire. Je me garde de dire qu'il y ait, dans ce processus que j'ai indiqué, quelque chose de fatal ; mais le problème doit être posé. Et s'il n'existe pas de fatalité, si c'est simplement un danger que nous avons devant nous, il n'est pas inutile que l'on pense à ce danger, pour mieux réussir à s'en préserver. »[1]

M. CÉLESTIN BOUGLÉ. – Ce que nous désirerions entendre sur de pareilles questions, ce sont les jeunes ; c'est pourquoi nous essaierons, pour notre compte, d'aller vite, afin d'avoir le temps d'apprendre ce que les jeunes qui vont nous remplacer ont dans le cerveau et dans le cœur.

Quelques mots seulement pour rendre hommage à Halévy. Permettez-moi de dire, en évoquant mes souvenirs personnels, qu'Halévy est l'un des hommes avec lesquels je me sens le plus souvent d'accord.

Nous avons collaboré à une édition de la *Doctrine de Saint-Simon* ; dans les milieux où nous fréquentons, nous sommes très souvent d'accord pour réagir contre la réaction que nous sentons se développer autour de nous. Bref, je n'en vois pas d'autres avec qui je fraternise plus volontiers, dans l'ordre intellectuel et social.

---

1. « L'Ère des tyrannies », *Bulletin de la Société française de philosophie*, 1936, p. 204.

Mais son papier, naturellement, ne me satisfait pas pleine̶ment; le contraire serait étonnant.

Je veux d'abord lui proposer quelques chicanes historiques pour arriver ensuite à quelque chose de plus général.

« La révolution socialiste de 1848 aboutit, dit-il, par un double mouvement de réaction contre l'anarchie socialiste et de développement du principe organisateur que recèle le socialisme, au césarisme de 1851. »

Je ne suis pas tellement sûr que l'échec de 1848 soit dû à ce qu'on peut appeler l'anarchie socialiste ; c'est plus compliqué ; c'est dû à la crise économique qui sévissait, en même temps que subsistait l'effervescence politique. C'est dû à une expérience qui était une caricature de socialisme, mais non pas exactement à « l'anarchie socialiste ».

Une deuxième chose qui me choque à la fin du paragraphe III, c'est l'espèce d'équation établie entre le soviétisme et le fascisme.

Il y aura là des orateurs plus jeunes et plus ardents que moi pour protester contre cette espèce d'identification.

Je veux bien que les moyens employés par le soviétisme rappellent très souvent les moyens employés par le fascisme et réciproquement ; mais il n'y a pas que les moyens qui comptent : il y a la fin et le résultat.

Le soviétisme et le fascisme ont-ils travaillé au profit de la même classe ou des mêmes classes ? Ce n'est pas absolument sûr. L'orientation de la volonté est vraiment différente.

J'arrive à la question plus générale, au sujet de 1848. Ce qui paraît dominer alors, c'est ce qu'on peut appeler le socialisme démocratique, qui, sur certains points, s'accorde, et sur d'autres, s'oppose au socialisme hiérarchique, tel que le proposaient les saint-simoniens. Le socialisme de Louis Blanc est tout de même un événement historique ; ce n'est pas un grand inventeur, c'est un rassembleur d'idées ; il écrit un avant-programme de 1848. Si on lit ce qu'il dit, on voit qu'il se fie à l'action des associations de production elles-mêmes et, au moins initialement, à l'État. Et l'État, il peut s'y fier, parce que l'État va être transformé par le souffle démocratique. « Ne pas le prendre comme instrument, écrit-il, c'est le rencontrer comme obstacle. » Il veut que l'État intervienne, car l'État a été transformé, comme régénéré par la démocratie. Un autre socialisme a été et peut être essayé encore, qui n'est pas à proprement parler un socialisme étatisé : c'est le socialisme syndicaliste, auquel M. Halévy a fait allusion.

Naturellement, après la guerre, il s'est étrangement rapproché de l'État ; nous le voyons sous nos yeux.

Tout de même, rappelons-nous la formule qui vous est connue, et à moi aussi : « L'administration des choses substituée au gouvernement des personnes ». C'est encore un idéal pour certains pays. Il y a des gens qui le souhaitent et espèrent qu'on arrivera à une organisation sociale qui ne serait pas une organisation étatiste. Vandervelde lui-même n'a-t-il pas écrit *Le socialisme contre l'État* ? Parmi les socialistes, tout organisateurs qu'ils aient été, beaucoup ont passé leur temps à protester contre l'étatisme.

D'ailleurs, il est vrai que le socialisme, sous quelque forme qu'il soit, refoule une certaine espèce, une certaine forme de libéralisme, il y a une autre qu'il peut admettre.

Je distingue très volontiers entre libéralisme économique et libéralisme politique, et même intellectuel. Le libéralisme économique ? Tout le monde l'abandonne ; affaire entendue. M. Daladier, de temps en temps, y revient, dans ses discours, mais pas dans l'action.

Nous sommes d'accord pour dire qu'il faut des interventions ou de groupements syndicaux ou de puissance étatique, pour sauver le loisir, le bien-être, le salaire, sans parler du protectionnisme extérieur qui s'impose à toutes les nations, à tous les États ; libéralisme économique, cette position semble presque unanimement abandonnée.

Mais beaucoup de gens se disent : il y a une partie que nous pouvons sauver, c'est le libéralisme politique, intellectuel. Dans certaines sociétés on va pouvoir organiser le travail, faire des accords Matignon et d'autres, mais en même temps la démocratie sera respectée (au moins en apparence), la liberté de la presse d'opinion continuera. Dans ces pays-là, au nombre desquels je compterai l'Angleterre, la France et peut-être les États-Unis, qui sont encore des démocraties au moins de tendance et de volonté, on abandonne le libéralisme économique, et on cherche à sauvegarder le libéralisme politique et intellectuel.

Cela, c'est aussi un effort de conciliation : ce n'est pas le national-socialisme, c'est la démocratie industrielle ou le socialisme-démocratique. Dans ces cas-là, une expérience est tentée.

Je me rends compte qu'il est très difficile de la mener à bien. Nous sommes en pleine expérience contemporaine et nous constatons qu'il semble difficile de maintenir toutes les libertés auxquelles la démocratie était habituée, comme la liberté de la presse. Tout cela est difficile à maintenir en même temps qu'on veut instaurer un ordre économique nouveau.

La partie n'est pas encore perdue et, en tout cas, derrière cette tentative, il y a des doctrines et un mouvement puissant, qui aboutit à des réformes dans différents pays.

Pourquoi ne paraît-il pas, ce troisième personnage, dans les thèses de M. Halévy ? Comme toujours quand on pose des contradictions – abus de contradictions, me semble-t-il – il y a moyen de s'échapper : ici, non seulement par le national-socialisme, mais par un socialisme qui ferait une part à la démocratie, au moins dans l'ordre politique et intellectuel et qui resterait libéral.

Je demande à M. Halévy si c'est un oubli ou s'il pense que cette tentative est mort-née ; s'il estime que, par la logique de l'histoire, il n'y a plus rien à espérer pour une doctrine qui, abandonnant le libéralisme économique, s'efforcerait de conserver le libéralisme politique et intellectuel.

À cette intervention, Élie Halévy répond en débutant par un trait d'humour : « Ce n'est pas un après-midi, une fin d'après-midi, c'est une décade, comme on dit à Pontigny[1] *». Puis vient le tour de Raymond Aron et de ses propres objections à « l'Ère des tyrannies ».*

M. RAYMOND ARON. – Je n'ai pas à présenter que quelques remarques sans aucune prétention à l'originalité. On pouvait aisément concevoir la réponse du marxisme orthodoxe à la thèse de M. Halévy. Sans doute la tyrannie est l'apparence commune de tous les régimes totalitaires, mais cette apparence commune ne correspondant pas à des réalités politiques semblables. La tyrannie communiste, qui s'est fondée par la destruction de l'État capitaliste, représente un moment de la dialectique historique qui mène au socialisme.

Ce que je voudrais dire, c'est que sans être marxiste comme M. Maublanc, on peut s'opposer tout aussi résolument à la thèse qui est aujourd'hui en discussion. Sans aucun doute, il y a entre tous les régimes totalitaires[2] des points communs ; le fait même qu'ils sont totalitaires et tyrannique implique certaines analogies. Mais celles-ci, décisives pour le libéral qui réagit sentimentalement contre la perte des libertés formelles et des libertés démocratiques, sont moins importantes pour le sociologue qui analyse l'ensemble.

Le régime communiste a eu pour condition la suppression des classes actuelles ; le fascisme, aussi bien en Italie qu'en Allemagne, a commencé par les sauver et par les consacrer. Or, peu importe que l'on soit ou non marxiste, la lutte des classes est aujourd'hui un fait. La volonté des classes prolétariennes (même si l'on admet qu'elles soient, comme on vient de nous le dire, suggestionnées par des idéologues) est également un fait social ; certains événements nous montrent tous les jours que les passions de classe (aussi bien dans la bourgeoisie que dans le prolétariat) sont parfois aussi violentes que les passions nationales. La lutte des classes constitue donc, même et surtout dans les pays démocratiques, le problème décisif, beaucoup plus que celui du libéralisme, auquel on s'intéresse moins.

---

1. *Supra*, p. 289.
2. On constate que Raymond Aron emploie d'ores et déjà l'adjectif « totalitaire » pour caractériser l'État des régimes de tyrannies. Voir sa propre communication à la Société française de philosophie du 17 juin 1939, « États démocratiques et États totalitaires », *infra*, p. 709.

Selon que les régimes répondent à ce conflit par le triomphe de l'une ou de l'autre classe, ils sont donc à mes yeux sociologiquement différents. Il serait facile, je crois, en analysant les diverses économies, de montrer la portée de cette différence. Communiste ou fasciste, l'économie des dictatures est dirigée en vue de l'intérêt commun ; elle pourrait tendre à l'élévation du niveau de vie. L'économie n'a été vraiment dirigée en Italie que depuis la guerre et pour la guerre. Mussolini a d'abord exalté le capitalisme. Quand la crise est venue, il en a proclamé bruyamment la mort. Il a créé la corporation, qui existe surtout sur le papier. Pratiquement, c'est l'État qui dirige dans la mesure où il en a besoin. Quant au national-socialisme, c'est plus clair encore. Le mouvement a été entretenu, soutenu financièrement par les grands capitalistes. Il avait, en matière économique, des idées morales ou politiques. Il a recréé une économie de guerre, il a mobilisé toute l'économie du pays en vue de la préparation d'une guerre européenne.

Quelles que soient les réserves à faire – sacrifices exigés de la bourgeoisie dans les pays fascistes (il y aurait lieu, sans doute, d'analyser l'anticapitalisme allemand), peut-être reconstitution partielle des classes en Russie – même si l'on juge impossible une société sans classes, on n'entamerait pas, je crois, l'opposition fondamentale : sur le plan de l'histoire, pour l'avenir de l'humanité, la tyrannie communiste et la tyrannie fasciste représentent bien des ennemis inconciliables. À mes yeux, c'est la haine idéologique et non la sagesse du politicien libéral qui a sur ce point raison.

DEUXIÈME PARTIE

Compléments documentaires :
articles, conférences, dossiers, choix de correspondance[1]

Dès l'armistice signé sur le front ouest, Élie Halévy s'emploie fin 1918 à comprendre cet immense bouleversement européen et mondial qui affecte les États autant que les sociétés, les nations aussi bien que leurs relations, les systèmes de pensée comme les ordres de croyance. Il pressent que la guerre n'est pas terminée, qu'elle va se poursuivre sous d'autres formes, qu'elle pourrait donner naissance à des régimes inédits constitués en États de guerre permanents. Il comprend que les démocraties parlementaires qui ont remporté la victoire perdent tout pouvoir international depuis qu'elles ont renoncé à la guerre effective dans l'action diplomatique. « Tous les diplomates qui parlent un langage guerrier se rendent ridicules », reconnaît-il dans une lettre à Florence Halévy du 16 août 1920[2]. Les nations alliées s'empêchent de combattre la domination de l'histoire sur les États et les sociétés. Quinze ans plus tard devant la Société française de philosophie, Élie Halévy parvient à identifier l'entrée dans l'« Ère des tyrannies » et à tenter une compréhension du phénomène totalitaire. En cela, il arme les démocraties et les prépare à un affrontement dont elles peuvent sortir victorieuses dès lors qu'elles connaissent l'ennemi qu'elles devront combattre. Sa contribution à la pensée politique de l'âge contemporain est à cet égard essentielle.

Les premières mentions explicites, dans sa correspondance, du pouvoir grandissant des tyrannies sur le continent européen datent d'août 1935[3]. En 1936, lorsqu'il prononce sa conférence sur « L'Ère des tyrannies », il présente une première conceptualisation du phénomène. Même si certains points auraient mérités d'être mieux développés comme l'a souligné Raymond Aron dans le long compte rendu de L'Ère des tyrannies *donné à la* Revue de métaphysique et de morale *en 1939, on peut considérer le syllabus et*

---

1. L'appareil critique est du à Vincent Duclert, sauf mention contraire.
2. Voir *infra*, p. 440.
3. « Nous traversons l'ère des tyrannies. » (Élie Halévy, Lettre à René Berthelot, 8 août 1935, voir *infra*, p. 645.)

la discussion de la Société française de philosophie comme une première approche globale, à la fois historique, philosophique et sociologique du totalitarisme. Élie Halévy n'aura pas le temps de l'approfondir comme il le souhaitait. Il décède moins d'un an plus tard. Raymond Aron prendra sa suite, animant à la veille de la guerre une nouvelle séance de la SFP qui réalisait le vœu d'Élie Halévy, lui qui avait souhaité poursuivre la discussion à l'issue de celle de 1936.

Durant ces quelques vingt années qui vont des lendemains de la Grande Guerre à sa mort, Élie Halévy déploie un impressionnant programme de travail qui lui permet de penser et d'affronter l'« ère des tyrannies ». En 1918, il ne cède pas à l'euphorie de la victoire alliée. Il pressent que la révolution bolchevique et la révolution fasciste sont des phénomènes similaires et qu'elles emporteront le vieux monde de la démocratie si celui-ci ne prend pas la mesure du défi qui lui est lancé. Il est amené alors à analyser le comportement des démocraties parlementaires et leur impuissance internationale, à juger sévèrement les élites gouvernementales en France, à observer la capacité britannique à conserver des moyens d'action et de pensée, et à comprendre que le socialisme européen ne pourra pas résister au communisme révolutionnaire.

Aussi Élie Halévy mène-t-il de front de nombreux travaux qui forment le substrat de l'« Ère des tyrannies », justifiant que ces proches réunissent ces derniers et composent le livre du même nom. Dans cette partie documentaire de l'édition des Œuvres complètes, ces éléments préparatoires sont restitués en même temps qu'une large partie de la correspondance couvrant ces deux décennies. Le plan qui a été choisi pour les présenter s'ouvre avec les années d'après-guerre, durant lesquelles Élie Halévy réfléchit et étudie les transformations territoriales, idéologiques et nationales de l'Europe. À cette époque, il séjourne longuement et fréquemment en Angleterre. Il a repris sa grande œuvre, l'Histoire du peuple anglais au XIXe siècle, interrompue pendant les hostilités. Son objectif est maintenant d'étudier l'Angleterre dans les décennies qui précèdent 1914, pour comprendre la marche à la guerre du continent, avant de reprendre le cours de son histoire au XIXe siècle. Jusqu'à sa mort, il s'applique à suivre ce programme de travail qui demeurera cependant inachevé avec sa soudaine disparition. À mesure qu'il comprend l'« Ère des tyrannies » et le danger mortel qu'elle fait courir aux démocraties parlementaires et au socialisme européen, il voit dans l'Angleterre une source d'avenir et de stabilité démocratique.

Cette partie documentaire intègre ainsi une section témoignant de la place décisive qu'occupent l'Angleterre et son modèle politique dans la pensée d'Élie Halévy. Cet ancrage ne découle pas seulement de son *travail historique sur le peuple anglais au* XIXe *siècle. Avec la guerre, la crise mondiale qui s'en suit et la paix sacrifiée en Europe, l'Angleterre contemporaine devient pour l'historien philosophe la dernière nation où persistent la raison critique, l'esprit libéral et la responsabilité internationale. Certes, Élie Halévy peut se révéler très sévère pour les erreurs anglaises, les errements des travaillistes ou la francophobie ambiante de l'opinion. Il regrette l'absence d'une politique de confiance et d'alliance entre les deux grandes nations de la démocratie européenne, capable de bâtir une paix durable en Europe et, à défaut, de maintenir les valeurs d'humanité devant la montée des régimes tyranniques sur le continent.*

Cette position de l'Angleterre comme lieu privilégié d'observation d'une Europe qui se brise sous les assauts des révolutions nationales et l'irresponsabilité de ses dirigeants se vérifie par la qualité et l'abondance de la correspondance anglaise d'Élie Halévy. Stimulé par le milieu intellectuel et la vie publique de la Grande-Bretagne, le philosophe historien est d'autant plus encouragé à communiquer par lettres qu'il est séparé de sa famille (particulièrement sa mère et son frère), de ses amis, et de Xavier Léon toujours en charge de la Revue. *Il leur écrit longuement et fréquemment dès qu'il est sur le sol anglais. Il leur parle de sa vie là-bas, de l'esprit libéral qui y règne, des rencontres nombreuses qui font son quotidien à Londres ou à Oxford, de l'avancée de ses travaux qui éclairent la formation de cette Angleterre de la raison et de la liberté.*

Correspondance et écrits de guerre (1914-1919), *le tome I des* Œuvres complètes *d'Élie Halévy, s'achève alors qu'il séjourne en Angleterre, à la demande du Commissariat à la Propagande, afin d'étudier et de documenter l'état du pays au sortir de la guerre. L'ouvrage se clôt sur une lettre à sa mère Louise, écrite de Londres le dimanche 6 avril 1919*[1]. *Élie Halévy s'apprête à gagner Cardiff, capitale du pays de Galles, dans le cadre de sa mission. Il a conscience d'une formidable accélération de l'histoire. La situation intérieure des pays européens, l'évolution des relations internationales, le phénomène révolutionnaire en Russie, la puissance de la guerre sur le monde, deviennent autant d'énigmes.* « C'est l'après qui intrigue », *confie-t-il à sa mère. Il cherche à lier tous ces événements pour mieux les comprendre. Ce deuxième tome des* Œuvres complètes *reprend la publication de la correspondance d'Élie Halévy à cette date du 6 avril 1919 en reproduisant volontairement cette lettre conclusive.*

Les éléments de correspondance qui accompagnent cette nouvelle édition de L'Ère des tyrannies *recouvrent logiquement les deux décennies de référence de l'ouvrage et dépassent même le temps de sa mort en donnant la parole à ses*

---

1. Élie Halévy, *Correspondance et écrits de guerre (1914-1919)*, op. cit., p. 447.

amis proches, philosophes, historiens. Sans prétendre à l'exhaustivité, elle est néanmoins bien plus importante que la version déjà abondante proposée par la Correspondance *générale des Éditions de Fallois en 1996. De nombreux inédits provenant des archives d'Élie Halévy[1] ont été ajoutés aux lettres déjà publiées. [Ils sont matérialisés par un astérisque : *]. Plusieurs des tomes prévus pour les* Œuvres complètes *pourront compléter cet ensemble épistolaire, notamment l'*Histoire du socialisme européen, Politique et république, Études anglaises, Élie Halévy philosophe*... Ces ouvrages à venir enrichiront la compréhension du livre posthume de 1938.*

Les éléments de correspondance retenus pour l'ouvrage présent l'ont été pour leur pertinence à éclairer L'Ère des tyrannies, *aussi bien que les différents textes et articles qui composent le livre que leur contexte d'écriture et l'acheminement d'Élie Halévy vers sa thèse majeure. L'écriture épistolaire est particulièrement puissante. Élie Halévy y élabore ses hypothèses, les soumet à ses proches, dialogue avec lui-même. En cela, il s'autorise à poursuivre l'exploration d'un monde inconnu.* « *Il vit désormais dans un autre monde qu'avant la guerre, et personne ne le sait plus que lui. Il l'a compris dès après la bataille de la Marne. Depuis lors, il n'a cessé d'écrire à ses amis qu'un nouveau siècle venait de commencer* », *relève François Furet dans sa préface à l'édition de la* Correspondance *de 1996[2]. Halévy sait que ce* « *nouveau siècle risque d'être aussi tragique que les circonstances qui en ont formé le berceau : l'esprit nationaliste et l'esprit révolutionnaire joignant leurs efforts inverses pour faire disparaître la liberté. Tel est désormais le grand souci de sa vie, qui donne à sa pensée une inquiétude prophétique* »[3]. *Il s'oblige à analyser l'accumulation des conflits internationaux comme l'impuissance des démocraties à gouverner leur propre destin. Malgré le pessimisme qui domine ses analyses, il ne cède rien à sa disposition nouvelle d'historien-philosophe. Celle-ci lui est même essentielle pour comprendre* « *que nous sommes rentrés depuis 1914 en pleine histoire, autrement dit en pleine tempête* »[4]. *C'est pour lui le changement majeur provoqué par la guerre.* « *De 1870 à 1914, nous avons vécu à l'abri de l'histoire* », *ajoute-t-il. Aussi convient-il de se faire historien philosophe, pour penser le monde, pour conserver l'humanité.*

*
* *

---

1. Il s'agit des archives déposées à l'ENS ou provenant de fonds familiaux encore en cours de versement.
2. François Furet, Préface à Élie Halévy, *Correspondance (1891-1937), op. cit.*, p. 49.
3. *Ibid.*
4. Élie Halévy, Lettre à Daniel Halévy, 5 mars 1933 (voir *infra*, p. 635).

Cette partie documentaire est organisée en cinq sections.
Une première section porte sur les années d'immédiate après-guerre, de 1919 à 1923. Elles concentrent l'activité anglaise, intense, puisqu'Élie Halévy est en charge d'enquêtes sur l'état du pays. Elles concernent aussi bien le volet des relations internationales, de la recherche de la paix que le problème des nationalités, sans omettre l'étude de la situation française et la critique des impuissances du gouvernement républicain, dans les domaines intérieurs comme extérieurs. La responsabilité de coéditeur de la Revue de métaphysique et de morale *occupe aussi une large partie de son temps, comme en témoigne le choix de correspondances retenues pour cette section. En quatre ans, de 1919 à 1923, Élie Halévy mène un travail considérable d'étude des conséquences de la guerre et de ses origines. Il a aussi relancé ses deux dossiers principaux, sur le peuple anglais au XIXe siècle, avec la parution des tomes II et III de sa grande histoire, et sur le socialisme européen, avec plusieurs enquêtes sur la situation de l'Angleterre confrontée aux grèves et aux difficultés du mouvement ouvrier.*

Les années d'avant-guerre avaient traduit l'inflexion des travaux d'Élie Halévy vers l'histoire, démarche appliquée d'une part au peuple anglais au XIXe siècle, de l'autre au socialisme européen. La sortie de guerre confirme cette évolution et l'infléchit en même temps, donnant à son investissement dans l'histoire des caractères originaux qu'il conservera jusqu'à sa mort. Il s'agit d'abord d'un travail historique sur le très-contemporain, centré sur la guerre mondiale et ce qu'elle produit sur les États, les sociétés et les idéologies – résumé en une expression qui va structurer la pensée d'Élie Halévy, « la crise mondiale ». Elle seule permet de comprendre la marche de l'Europe, puis du monde, vers la domination des tyrannies, et le défi, jamais imaginé, qu'elles lancent aux démocraties. Produit de la Grande Guerre, avec la militarisation de l'État et le phénomène révolutionnaire, la crise mondiale est faite de ce processus de révolution guerrière commun aux bolcheviques et aux fascistes. Les tentatives de règlement du conflit n'auront jamais réussi à empêcher une telle convergence. Pire, pour Élie Halévy, elles auront accéléré ces évolutions en laissant le problème des nationalités engendrer des nationalismes de plus en plus violents, en maintenant l'état de guerre dans le monde, et en révélant l'impuissance des alliés à gagner la paix après avoir gagné la guerre.

Ce travail historique ne se sépare pas de la pensée philosophique. Non seulement Élie Halévy continue d'œuvrer en philosophe à travers ses responsabilités au sein de la Revue de métaphysique et de morale *et l'actualisation de son œuvre philosophique mais, de plus, son travail historique va se charger d'interrogations philosophiques : seul l'apport de la philosophie lui permet de concevoir l'analyse de la crise mondiale, de l'avènement des tyrannies et de l'avenir malgré tout des démocraties. Lui-même y contribue en témoignant du pouvoir de la raison critique, capable de se hisser au niveau du matérialisme historique pour le penser et donc libérer l'humanité du poids des forces collectives qui l'entraînent vers les précipices.*

Ces années de sortie de guerre sont donc essentielles pour la formation du dernier Halévy. Elles exigent d'être pensées à la mesure de l'événement et des transformations inimaginables qu'il a entraînées en Europe. Mais il s'agit d'un temps auquel Élie Halévy est préparé, comme en témoignent sa correspondance et ses écrits de guerre. Par l'investissment critique auquel il consent, elles constituent dans leur richesse intellectuelle et leur intensité réflexive le socle du programme de travail que l'historien philosophe va conduire jusqu'à son terme, imperturbable, durant les années de travail qui lui restent encore à vivre. Se mettent en place, dans cette période où la guerre et la révolution se muent en crise mondiale, les grandes directions d'une science politique capable d'orienter le cours de l'histoire par sa puissance d'analyse. S'affirme en premier lieu une élucidation du totalitarisme en marche, fondée sur une identification des nouvelles tyrannies, aussi bien dans la compréhension des processus de leur avènement politique qu'à travers une observation au quotidien lors de nombreux voyages en Italie fasciste, puis, en 1932, en Allemagne pré-hitlérienne et en Russie soviétique.

Cette analyse et sa constitution patiente autant qu'implacable sont restituées dans la section qui suit l'après-guerre anglaise d'Élie Halévy, « Voyages aux "pays de la tyrannie" ». Ce nouvel ensemble documentaire met en contexte les textes recueillis dans L'Ère des tyrannies *à ce sujet, à savoir la conférence du même nom mais aussi les travaux sur le socialisme et ses tendances autoritaires. Élie Halévy est témoin de cette mutation historique des sociétés européennes, particulièrement en Italie où il voyage fréquemment pour des raisons familiales, sa belle-mère résidant à Florence). Sa préoccupation pour le sort de ses amis, socialistes libéraux en lutte contre le fascisme, est grande. Proche du philosophe Gaetano Salvemini comme des frères Rosselli, surtout l'économiste Carlo, irréductible opposant à Mussolini, fondateur du mouvement* Giustizia e Libertà, *Élie Halévy est bouleversé par leur assassinat en France, dans le bois de Couterne près de Bagnoles-de-l'Orne en Normandie, le 9 juin 1937. C'est « vraiment une atrocité »[1], confie-t-il dans une de ses dernières lettres, le 15 juin 1937, écrivant de Londres à la femme de son ami Xavier Léon disparu. Jusqu'à la fin, il a choisi d'être présent en*

---

1. Élie Halévy, Lettre à Gabrielle Léon, 15 juin 1937 (voir *infra*, p. 571).

Italie. Il envisage même d'aller déposer en faveur de Salvemini, arrêté par les fascistes et victime d'un procès d'État en 1925.

En 1932, Élie et Florence Halévy se rendent en Russie soviétique, traversant l'Europe du nord pour un bref séjour à Leningrad. De ce voyage ne demeurent que quelques lettres adressées à des proches et un récit de « six jours en URSS » par Florence Halévy, édité en 1998[1]. Leur retour se réalise par la Pologne, Prague et le sud de l'Allemagne. « Nous savons qu'ils furent fortement impressionnés par quelques manifestations du début du nazisme auxquelles ils assistèrent »[2], écrit Henriette Guy-Loë à ce sujet.

La troisième direction donnée par Élie Halévy à ses recherches concerne l'antithèse de sa pensée du totalitarisme, à savoir une approche de la démocratie fondée sur son pouvoir de résistance aux tyrannies. Cette pensée antitotalitaire avant la lettre se nourrit de sa connaissance renouvelée de l'Angleterre, qu'il aborde cette fois, non dans son siècle passé mais sous un angle très contemporain, grâce à de multiples études de terrain et à d'ambitieuses synthèses. Cette plongée dans la démocratie anglaise s'effectue au cours des fréquents séjours que réalise Élie Halévy outre-Manche, au minimum un par an, sinon deux voire trois pour des occasions exceptionnelles comme sa remise de diplôme de docteur honoris causa *en mai 1926. Ses deux préoccupations principales concernent d'une part le destin du socialisme anglais et son incapacité à remettre en cause le modèle communiste, de l'autre, la politique extérieure de l'Angleterre et son incapacité à promouvoir la paix avec ses alliés. La section documentaire qui correspond à cette direction intellectuelle, « L'avenir de la démocratie libérale. Le modèle britannique en question », éclaire les textes recueillis à ce sujet dans* L'Ère des tyrannies. *Ceux-ci portent majoritairement sur l'évolution du socialisme anglais et le défi qu'il représente pour la tradition démocratique étudiée au long de l'*Histoire du peuple anglais au XIXe siècle. *L'Angleterre est aussi le berceau des grandes réflexions d'Élie Halévy sur l'avenir des démocraties occidentales rencontrant l'« Ère des tyrannies », en particulier les thèses qu'il développe à Oxford dans les* Rhodes Memorial Lectures *de 1929. Ces conférences constituent les textes majeurs de* L'Ère des tyrannies. *Observant et analysant la situation internationale et la politique française*

---

1. Florence et Élie Halévy, *Six jours en URSS (septembre 1932). Récit de voyage inédit*, édition de Sophie Cœuré, postface d'Henriette Guy-Loë, Paris, Éditions Rue d'Ulm, coll. « Figures normaliennes », 1998.

2. Henriette Guy-Loë, dans Élie Halévy, *Correspondance (1891-1937), op. cit.*, p. 710. *A contrario*, la découverte de la Tchécoslovaquie suscita chez lui sympathie et admiration : « Élie Halévy en rapporta la conviction que, avant que ne s'exerçât là-bas la propagande nazie, la Tchécoslovaquie fournissait un bel exemple de tolérance ethnique, et donnait la preuve que des minorités nationales peuvent coexister pacifiquement. » (*ibid.*)

depuis l'Angleterre, Élie Halévy révèle ainsi les caractères originaux de la nation et de la société anglaises. Souvent aussi, l'Angleterre lui suggère des comparaisons qui renforcent les particularismes anglais et décrivent un modèle de vie publique, d'indépendance intellectuelle et de gouvernement politique. La section anglaise 1924-1937 montre ainsi qu'une autre réponse à la crise mondiale existe, et qu'elle ne se réduit ni à l'impuissance de la France républicaine ni à la terreur des groupes révolutionnaires se muant en État totalitaire.

La quatrième direction qui organise le travail des quinze dernières années d'Élie Halévy porte précisément sur le système international d'après-guerre et l'impuissance des alliés, à commencer par la France et la Grande-Bretagne. Il envisage les conditions nouvelles de la paix aussi bien que de la guerre, puis l'effondrement politique et moral des États démocratiques face aux États totalitaires. La critique des relations internationales conduit Halévy à s'interroger précisément sur l'acte de gouvernement dans les démocraties occidentales et la nécessité de fonder l'action politique sur une compréhension la plus étendue et la plus critique du cheminement des forces collectives, afin de donner une chance de survie à l'engagement des hommes raisonnables et lucides. Il se compte parmi ces derniers, inventant le rôle qui est le sien, durant ces années d'affaiblissement vertigineux, celui de l'intellectuel démocratique dont il offre une des premières et singulières illustrations. L'intellectuel démocratique et l'héroïsme de la raison qui ressort de son engagement forment le testament qu'Élie Halévy lègue à ses contemporains, à la veille d'une catastrophe pire encore que la Première Guerre mondiale, et qui en découle très directement.

La découverte de la réalité totalitaire et la mesure de l'impuissance européenne confèrent à l'« Ère des tyrannies » une dimension existentielle qui assombrit progressivement les dernières années d'Élie Halévy. En même temps, ce dernier est porté par le défi qui lui est lancé par l'histoire de demeurer un historien, c'est-à-dire d'inscrire le pouvoir de la raison en face de la déraison politique. Dans cet effort inégalé de conceptualisation de la crise mondiale, l'historien philosophe témoigne de la puissance de l'intellectuel démocratique né de l'affaire Dreyfus. Pour Élie Halévy, cette référence revêt le caractère d'une histoire vécue, à laquelle il n'hésite pas à revenir. Il lui est particulièrement fidèle comme le montre l'hommage qu'il adresse à la mémoire dreyfusarde de Lucien Herr après sa mort en mai 1926, qui porte sur le rôle du philosophe dans le grand combat des intellectuels pour les droits de l'homme et la démocratie républicaine. Ce lien avec le XIXe siècle ne relève pas d'un rapport nostalgique ou d'une relation sacralisée avec le passé. Il s'agit bien plutôt de la mobilisation de la raison critique pour appréhender l'incertitude présente.

De la sortie de guerre à l'« Ère des tyrannies », ce sont donc pour Élie Halévy des années de naissance et d'affirmation de l'intellectuel démocratique, défini par le pouvoir toujours plus grand de la connaissance capable de comprendre le monde en crise. Cette force revendiquée, bien que toujours inquiète et fragile, résulte largement de la rencontre qui s'est opérée entre l'histoire et la philosophie. L'historien philosophe aux prises avec les métamorphoses de la guerre et de la paix définit les dernières années de la vie d'Élie Halévy et fait comprendre l'acheminement de sa pensée vers la thèse de l'« Ère des tyrannies ». Une fois cette découverte reconnue, il devient possible d'examiner lucidement les chances de survie des États démocratiques. Leur situation est critique, d'autant que les partis socialistes, en France comme en Angleterre, ont témoigné de leur échec. La politique internationale de la France, dominée par le pacifisme qui règne dans les partis de gauche comme de droite, pour des raisons opposées, accélère les échéances fatales. L'Angleterre, qu'il a vue longtemps comme la dernière nation capable d'agir sur les événements, lui apparaît elle aussi de plus en plus impuissante devant le « socialisme national »[1] qui recouvre l'Europe. Les dernières années d'Élie Halévy sont marquées par un pessimisme croissant, qu'exprime sa correspondance. Mais la compréhension définitive de l'histoire, si sombre soit-elle, libère des incertitudes et des impuissances. Elle fonde la résistance aux États totalitaires. Dans ses lettres ultimes, Élie Halévy montre qu'il ne lâche rien de cette volonté de combat et de sa confiance dans la liberté. La solitude des démocrates devant les tyrannies traduit une force implacable, dans la mesure où la pensée libérale retrouve son sens même.

La dernière section de cette partie documentaire couvre les trois années qui vont de la mort d'Élie Halévy en 1937 à l'entrée de l'Europe dans la guerre, en 1939. Elle est constituée principalement d'hommages, de notices et d'éloges funèbres de ses amis, choisis pour leur éclairage des dernières années de l'historien philosophe. À sa mort succèdent, moins d'un an plus tard, la publication posthume de L'Ère des tyrannies, *puis, au printemps 1939, de l'article fondateur de Raymond Aron qui analyse le livre pour la* Revue de métaphysique et de morale. *Bien qu'absente désormais, la figure d'Élie Halévy qu'on ne verra plus apparaît singulièrement présente, pas seulement dans la nostalgie du souvenir de ses amis, mais aussi par la puissance de l'analyse qu'il transmet à ses proches pour penser la guerre qui vient et agir dans l'histoire plutôt que de subir la loi écrasante des tyrannies.*

Ces cinq sections documentaires s'organisent de manière similaire. Elles présentent dans une première partie des textes, fragments et publications

---

1. Élie Halévy, Lettre au baron de Meyendorff, 20 août 1935, *infra*, p. 646.

rapportés à L'Ère des tyrannies. *Ceux-ci sont suivis d'éléments de correspondance qui fournissent le contexte d'élaboration et d'écriture du livre posthume de 1938, livre introductif du grand ensemble sur l'*Histoire du socialisme européen *seulement publié en 1948. Ce décalage temporel, qui a fait de* L'Ère des tyrannies *une œuvre unique, a renforcé sa valeur heuristique autant que politique. En soulignant comment la guerre a révélé l'impensé antidémocratique du socialisme et la nécessité d'une reconquête des libertés fondamentales,* L'Ère des tyrannies *se présente comme l'épilogue de l'*Histoire du socialisme européen, *publié avant même cette dernière. Le livre de 1938 peut se lire alors comme un appel d'outre-tombe aux socialistes français et anglais pour défendre la démocratie menacée. Comme au temps de l'affaire Dreyfus qui vit la naissance de l'intellectuel démocratique, à l'image d'Élie Halévy.*

I

LA DÉMOCRATIE ANGLAISE, LA RECHERCHE DE LA PAIX

ET LES RELATIONS INTERNATIONALES

La sortie de guerre d'Élie Halévy, 1919-1923

La fin du premier conflit mondial et les années de sortie de guerre correspondent à une période d'intense travail d'enquête et d'écriture, comme nous l'avons souligné. Cette unité de temps et d'action explique cette première section qui documente de nombreuses activités intellectuelles : l'Angleterre bien sûr, où Élie Halévy peut revenir très rapidement après l'arrêt des hostilités, dès le 28 novembre 1918 ; la politique française ; le socialisme européen ; l'avenir des relations internationales, des traités de paix et du découpage territorial de l'Europe ; la direction de la Revue de métaphysique et de morale *enfin, qu'il partage toujours avec son ami Xavier Léon. Dès la fin des hostilités, Élie Halévy s'emploie à retourner en Angleterre. C'est ainsi qu'il répond positivement à la sollicitation de Paul Mantoux, en mission à Londres, qui lui demandait en juillet 1918 de le rejoindre pour étudier les projets anglais dans tous les domaines et donner aux relations entre les deux pays un nouvel élan. « Votre présence seule nous permettrait de tirer parti, dans l'intérêt de la France, des relations excellentes et de l'autorité que vous avez ici dans les milieux intellectuels, surtout parmi ceux qui sont attachés à la tradition libérale. » Il ajoute que son indépendance intellectuelle et scientifique sera respectée, et même qu'elle serait une condition de la compréhension de l'Angleterre contemporaine : « Sans négliger l'histoire de l'Angleterre au siècle dernier, ne vous serait-il pas possible de travailler avec nous à l'histoire de l'Angleterre au XXe siècle[1] ? ».*

Pour ces années où se mêlent tant de préoccupations et de réflexions sur la guerre, la fin de la guerre, la recherche de la paix, la concurrence

---

1. Lettre citée in *Correspondance (1891-1937), op. cit.*, p. 587.

des impérialismes, le problème des nationalités, la complexité des relations internationales, la situation intérieure des États, le retour aux volumes anglais, l'écriture des synthèses sur l'Angleterre contemporaine, la responsabilité avec Xavier Léon de la Revue de métaphysique et de morale, *il aurait été vain de distinguer des sections thématiques. Nous avons fait le choix de présenter cette époque 1919-1923 dans la totalité des tâches qui mobilisent Élie Halévy. On accède ainsi à une meilleure compréhension des textes et des contextes de cette époque, qui forment une partie notable de* L'Ère des tyrannies *avec « La politique de paix sociale en Angleterre. Les "Whitley Councils" » en 1919[1], « Le problème du Contrôle Ouvrier » en 1921[2] et « L'état présent de la question sociale en Angleterre » en 1922[3].*

Cette période s'achève à la fin de l'année 1923, au moment où Élie Halévy publie presque simultanément deux ouvrages de son Histoire du peuple anglais au XIXe siècle, *celui consacré aux années 1815-1830 (tome 2), et celui portant sur la période suivante, 1830-1848 (tome 3). Il y travaillait avant-guerre, et prévoyait déjà un quatrième tome dressant un tableau de la société anglaise au milieu du siècle pour faire le pendant avec le même travail réalisé pour 1815. Pourtant, en 1923, une fois les deux ouvrages publiés, il décide de poursuivre le questionnement qui le travaille depuis la guerre, pour tenter de comprendre à la fois son déclenchement et l'impact considérable qu'elle a eu sur le monde au point de transformer à jamais ce dernier. Comme l'a indiqué Henriette Guy-Loë, ce XIXe siècle dont il avait placé le début en 1815 et pensé le faire aller jusqu'en 1895, il décida de le prolonger par un « Épilogue » allant jusqu'à la déclaration de guerre du 4 août 1914. Il s'agissait là d'une décision majeure, parce qu'il allait faire l'histoire d'une époque dont il avait été le témoin sinon l'acteur, et parce qu'une telle étude lui permettait d'engager la conceptualisation de la « crise mondiale » qu'il entrevoyait dans la rencontre entre la guerre et la révolution, future matrice de l'« Ère des tyrannies ». Le premier volume de l'*Épilogue. Les impérialismes au pouvoir (1895-1905), *paraît en 1926 ; le second,* Vers la démocratie sociale et vers la guerre (1905-1914), *sort en 1932.*

Ces années d'après-guerre sont très anglaises aussi parce qu'Élie Halévy effectue de nombreux séjours en Grande-Bretagne, et d'abord en vue de la mission que lui a confiée Paul Mantoux et qui grandit avec le départ de ce dernier, appelé à la Conférence de la paix à Paris. Il est accompagné par Florence, qui l'aide dans son travail par des lectures nombreuses, des

---

1. *Revue d'économie politique*, n° 33, 1919, p. 385-431 ; voir *infra*, p. 150 et suiv.
2. Conférence au Comité national d'études sociales et politiques, 1921 ; voir *infra*, p. 192 et suiv.
3. *Revue politique et parlementaire*, n° 112, 1922, p. 5-29 ; voir *infra*, p. 211 et suiv.

traductions et des apports de documentation. De fait, il publie beaucoup sur l'histoire anglaise, à la fois sur le XIXe *siècle (les tomes 2 et 3 de son* Histoire*) mais aussi sur les temps contemporains par le biais d'articles circonstanciés doublés des conférences régulières qu'il prononce sur le sol anglais*[1]. *Pour ce faire, il mène des enquêtes de terrain et rencontre un nombre important de personnalités intellectuelles et politiques. Sa correspondance de Londres et d'Angleterre restitue cette vie trépidante, qui s'achève en juin 1919.*

*À l'automne et l'hiver 1919-1920, il reprend son enseignement à l'École libre des sciences politiques, avant de repartir pour l'Angleterre afin de compléter (notamment grâce aux fonds du British Museum) la documentation des deux volumes de l'*Histoire du peuple anglais, *mais aussi pour répondre à l'invitation de la London School of Economics qui souhaitait l'entendre sur l'histoire du socialisme français. Il s'investit également dans la préparation du congrès de la Société anglaise de philosophie, qui décide de convier ses homologues français et américains à une rencontre, à l'automne 1920, à Oxford. Élie Halévy y prononce une conférence sur « le problème des nationalités » qui va marquer les esprits et dont le texte sera republié par la* Revue de métaphysique et de morale *en 1938, un an après sa mort, sous la forme d'un testament philosophique et historique propre à penser le bouleversement du monde. Il traduit aussi bien une approche très sévère du principe de libre détermination des peuples qu'une approche nouvelle des équilibres internationaux nécessaires au monde. Les relations internationales pensées par Élie Halévy rénovent profondément les sciences politiques, dont il s'impose comme l'un des acteurs méconnus mais décisifs.*

*Progressivement, le rythme de l'existence de Florence et d'Élie Halévy se stabilise et leur vie prend la forme qu'elle conservera jusqu'à la mort du second en 1937 (Florence lui survivant jusqu'en 1957). Le printemps de chaque année est consacré à un long séjour de travail en Angleterre, notamment pour collecter la documentation nécessaire à l'écriture des volumes de l'*Histoire du peuple anglais. *L'été est réservé à cette dernière à Sucy, dans le calme de la bibliothèque de la Maison Blanche, et à des vacances montagnardes dans les Alpes, sauf pour l'année 1920 où le couple séjourne en Normandie, dans le pays de Caux. Le frère (André) et la belle-sœur de Florence (Berthe) y ont fait l'acquisition, à Long-Fresnay, d'une*

---

1. Chronologiquement : « Le problème des élections anglaises », *Revue politique et parlementaire*, 98, janvier-mars 1919, p. 227-246 ; « La nouvelle loi scolaire anglaise », *Revue de Paris*, 26, septembre-octobre 1919, p. 596-621. Conférence prononcée à Oxford en septembre 1920 lors de la première rencontre après-guerre des Sociétés françaises et anglaises de philosophie. « L'opinion anglaise et la France », *Revue politique et parlementaire*, 117, 1923, p. 354-371.

vieille et vaste maison restaurée par leurs soins. L'automne et l'hiver sont occupés par les cours d'Élie Halévy à l'École libre des sciences politiques, portant en alternance sur l'histoire du peuple anglais au XIXe siècle et l'histoire du socialisme européen, et à la poursuite des travaux d'écriture à Sucy-en-Brie qu'Élie et Florence ne quittent guère. Ils se mêlent peu à la vie parisienne mais reçoivent en revanche fréquemment à la Maison Blanche, une demeure aux nombreuses et larges pièces lumineuses ouvrant sur un parc planté de hauts arbres. L'activité épistolaire occupe aussi une partie de leurs journées, tandis que les soirées sont dédiées à la lecture, à la musique et à la discussion. Scrupuleusement retrouvée et rassemblée par leur nièce Henriette Guy-Loë, leur correspondance nous renseigne de manière remarquable sur la progression de la pensée d'Élie Halévy vers l'« Ère des tyrannies » et le contexte de formulation de ses thèses.

Le couple ne mène qu'en apparence une existence sédentaire et répétitive. Élie et Florence Halévy voyagent beaucoup, à toutes les saisons, d'abord en Angleterre où les séjours de travail se doublent souvent de déplacements de plus courte durée pour des conférences ou des invitations académiques, mais aussi en Europe pour de longues visites familiales (en Italie), des vacances touristiques (en Grèce), ou encore des périples à travers l'Europe, comme celui d'août à octobre 1932 qui les mène jusqu'en Russie soviétique.

Revenus à Sucy, Elie et Florence Halévy conservent intacts le sens et l'inspiration de ces voyages en Europe, au milieu des livres composant une vaste bibliothèque et par les multiples correspondances qui leur apportent des points de vue sans égal sur le monde. De la Maison Blanche partent à leur tour des lettres nombreuses qui posent sur le présent un regard étendu et sévère.

CONTRIBUTIONS À L'ÉTUDE

DE L'ANGLETERRE CONTEMPORAINE (1919-1920)

Dans les années qui suivent immédiatement la fin du conflit mondial, la situation de l'Angleterre contemporaine, l'évolution du mouvement ouvrier, le rôle de la puissance britannique dans les relations internationales sont des sujets qui passionnent le philosophe historien. Il leur consacre plusieurs publications, facilitées par ses longs séjours en Angleterre. Outre les trois articles et conférences réédités dans L'Ère des tyrannies[1], *Élie Halévy rédige deux articles sur les élections anglaises du 14 décembre 1918, une étude sur « La nouvelle loi scolaire anglaise » pour la* Revue de Paris *en 1919, un court article sur « Du peuple anglais et de M. Lloyd George » dans* La Revue hebdomadaire. *Deux d'entre eux sont publiés ici in extenso. Les deux autres[2] le seront dans le volume en préparation des* Études anglaises, *pour les Œuvres complètes d'Élie Halévy.*

Ces articles sur l'Angleterre au sortir de la guerre éclairent les importantes réformes politiques, économiques et sociales rendues possibles, et même nécessaires, par le conflit mondial. Elles témoignent d'avancées démocratiques indéniables. La mobilisation de guerre a entraîné la redéfinition de la citoyenneté et permis l'adoption du suffrage universel féminin et masculin (« Le problème des élections anglaises » ; « Après les élections anglaises »). L'économie de guerre a engendré une réflexion sur la « démocratie industrielle » concrétisée par des projets de nationalisation et des dispositifs de participation et de contrôle ouvriers (« Les Whitley Councils *et la paix sociale en Angleterre » ; « État de la question sociale en Angleterre »). La guerre a également contribué à ébranler les vieilles doctrines politiques du libéralisme et du conservatisme et à les reformuler pour mieux relever les défis de la démocratie de masse, du rôle inédit de l'État et du nouveau contexte international. L'intervention de l'État en*

---

1. « La politique de paix sociale en Angleterre. Les "Whitley Councils" » en 1919 ; « Le problème du Contrôle Ouvrier » en 1921 ; « L'état présent de la question sociale en Angleterre » en 1922.

2. « Après les élections anglaises », *Revue de Paris*, mars-avril 1919, p. 207-224, et « La nouvelle loi scolaire anglaise », *Revue de Paris*, 26, septembre-octobre 1919, p. 596-621.

matière économique, sociale et éducative a été non pas imposée par le gouvernement, mais négociée avec des corps intermédiaires dynamiques et une société civile mobilisée. La démonstration en est faite dans les articles « Législation scolaire » ; « Les Whitley Councils et la paix sociale en Angleterre », « État de la question sociale en Angleterre ». La guerre, loin d'être seulement une force destructrice, réactionnaire ou révolutionnaire, s'est avérée un formidable accélérateur des réformes progressistes dans un contexte démocratique.

À travers l'exemple britannique, Élie Halévy réfléchit aux moyens par lesquels les démocraties peuvent renforcer les pouvoirs de l'État sans attenter aux libertés individuelles et politiques ni menacer l'autonomie de la société civile. Ce constat teinté d'espoir laisse à penser que les démocraties pourront, si elles restent fidèles à leurs principes fondateurs, surmonter leurs contradictions, et gagner un jour le pari de la paix en Europe. Ces convictions, appuyées sur de nombreuses analyses, débouchent sur un nouvel ensemble de textes après les publications des années 1919-1923. Ceux-ci sont présentés dans la section suivante de cette partie documentaire de l'Ère des tyrannies.

(avec Marie Scot)

1. « LE PROBLÈME DES ÉLECTIONS ANGLAISES », 1919[1]

À la veille des élections générales du 14 décembre 1918[2], Élie Halévy dégage les enjeux d'un scrutin doublement historique – le premier au suffrage universel et le premier de l'après-guerre. Son analyse s'avère visionnaire à plus d'un titre.

*Il souligne la stabilité du système politique libéral anglais confronté aux défis de la guerre moderne et de la démocratie de masse. Loin d'avoir annihilé la vie démocratique, la guerre s'est révélée une période d'avancées politiques inédites. La « mobilisation » et la « participation » à l'effort de guerre, les « services » et les « sacrifices » consentis ont justifié l'extension du suffrage (*Representation of the People Act, 1918*) à des catégories jusqu'alors exclues de la citoyenneté (femmes, jeunes, ouvriers)[3]. Le*

---

1. *Revue politique et parlementaire*, n° 98, janvier-mars 1919, p. 227-246.
2. Lettre à Xavier Léon, 7 janvier 1919 : « L'article est en deux parties, écrites, l'une avant, l'autre après la publication des résultats de l'élection. Tu verras dans quelle mesure je me suis trompé. » (Cf. Élie Halévy, *Correspondance et écrits de guerre (1914-1919)*, *op. cit.*, p. 414-415.
3. Législation électorale : 1832 Reform Act : suffrage censitaire masculin, avec obligation de revenu et de résidence, soit un corps électoral de 1,4 millions de voix ; 1867 Reform Act : suffrage censitaire masculin et urbain, assorti de conditions de domiciliation (un foyer, une

*parlementarisme s'est adapté aux exigences de la guerre moderne : la
« trêve des partis », puis la politique d'union nationale, « loin de paralyser
l'action réformatrice », se sont révélées fort efficaces, tant pour relever les
défis militaires, administratifs et économiques de l'état de guerre que pour
refonder la citoyenneté, approfondir le pacte social et renégocier le rôle de
l'État tout en préservant l'autonomie de la société civile.*

*Désormais, les institutions parlementaires doivent être capables d'assumer
la paix comme elles ont gouverné la guerre. Mais Élie Halévy se montre
beaucoup plus pessimiste quant au pouvoir de la démocratie anglaise de
relever un défi aussi considérable avec un système qu'il juge limité, inadapté
et parfois discrédité dans l'opinion. Le populisme de Lloyd George, qui
s'est souvent affirmé contre les partis, ne peut remplacer une politique
ni même une action. Le verbe du Premier ministre sortant n'est pas à la
hauteur des défis mondiaux auxquels la Grande-Bretagne doit répondre,
juge-t-il. Face aux guerres, aux révolutions qui rendent la recherche de
la paix si périlleuse, que représentent les pratiques parlementaires et le
gouvernement d'une démocratie ?*

*« Le problème des élections anglaises » est suivi d'un second article,
non publié ici[1], qui analyse le résultat du scrutin pour la* Revue de Paris.
*Élie Halévy s'y montre également un remarquable analyste. Il observe la
recomposition de l'échiquier politique anglais, bouleversé par les conditions
inédites de la vie politique durant le conflit et par les défis présentés par
la guerre elle-même. Loin de s'en tenir à un constat superficiel, il montre
combien la victoire en trompe-l'œil de Lloyd George masque le déclin
historique du Parti libéral ; combien l'éviction des libéraux n'est pas tant
le fait d'un raz-de-marée travailliste, que d'une surprenante victoire des
conservateurs qui ont su opérer une « révolution silencieuse », doctrinale
et organisationnelle. S'installe durablement un système tripartite.*

*Plus encore que l'équilibre des forces politiques, la guerre a
ébranlé les bases doctrinaires des partis. Divisé entre les deux factions
antagonistes d'Asquith et de Lloyd George, le Parti libéral a révélé toutes
ses contradictions : pacifiste, il a assumé la conduite de la guerre ; non
interventionniste, il a accompagné « l'exubérance » de l'État régulateur
et interventionniste ; champion des libertés individuelles et politiques, il a
établi la censure et imposé la conscription ; libre-échangiste, il a organisé
le blocus et relevé les tarifs douaniers ; favorable à l'autonomie irlandaise,*

---

voix), soit un corps électoral de 2,5 millions ; 1884 : suffrage censitaire masculin rural et urbain, assorti de conditions de domiciliation, soit un corps électoral de 5,5 millions ; 1918 : établissement du suffrage universel pour tous les hommes âgés de plus de 21 ans et les femmes âgées de plus de 30 ans : le corps électoral passe de 7 à 20 millions.

1. Voir la note 2, p. 343.

il a réprimé le soulèvement de Pâques 1916. Les frontières partisanes en ont été brouillées : la porosité des programmes, les migrations de députés et les alliances improbables témoignent de la plasticité d'un libéralisme qui disparaît comme force politique mais dont l'idéologie percole et se diffuse chez les conservateurs et les travaillistes.

Élie Halévy a perçu encore les transformations culturelles qui affectent la vie et les pratiques politiques à l'âge de la démocratie de masse : ainsi, la féminisation de l'électorat, les nouvelles formes de mobilisation et les nouveaux répertoires d'action (grands meetings), les nouveaux acteurs politiques issus du monde économique et social (syndicats, coopératives, associations, ligues, lobbies), retiennent son attention. Si les partis politiques et les programmes idéologiques sont en pleine mutation, la culture politique démocratique anglaise l'est également.

Ces évolutions suffiront-elles pour permettre à Lloyd George, qui a connu avec les élections de décembre 1919 un « véritable plébiscite »[1], de résoudre les problèmes intérieurs (dont les troubles "bolcheviques" engendrés par le dogmatisme des travaillistes) et de s'occuper « du sort du monde entier que, dans les circonstances présentes, il va se trouver jusqu'à un certain point responsable »[2]. Élie Halévy ne veut pas cacher l'immensité de cette responsabilité au vu de la situation européenne. Il s'applique à penser les contradictions qui minent la politique alliée d'après-guerre – et particulièrement celle de l'Angleterre.

> *Toute l'Europe orientale, toute l'Europe centrale, sont tombées en décomposition : si elles veulent appliquer à la lettre le principe de la Ligue des Nations, ne s'engagent-elles pas, par là-même, à faire la police du monde ? Ces interventions demanderont de grandes années. Comment en payer l'entretien, alors que nous sommes à moitiés ruinés ? Comment les recruter, avec nos populations, plus que lasses de la guerre ? Comment continuer à poursuivre une politique de guerre, alors que, pour le pays, la question du salut public ne se pose plus, et qu'il est impossible d'invoquer en faveur de cette politique, l'"union sacrée" ou la "trêve des partis" ?[3]*

Cependant, au lendemain des élections générales, Élie Halévy veut encore conserver sa confiance dans les qualités d'homme d'État du Premier ministre reconduit. Sans ignorer ses défauts, il estime que sa « prestigieuse carrière » parle pour lui, et qu'il sait « concevoir de vastes systèmes de

---

1. « Après les élections anglaises », art. cit., p. 222.
2. *Ibid.*
3. *Ibid.*, p. 222-223.

réforme ; il sait les rendre, par l'éloquence, séduisants pour l'opinion populaire ; il sait, il aime, braver les résistances, et imposer l'exécution de ses plans à un Parlement indécis, à des administrations rebelles. » Mieux qu'un autre, conclut-il, « il peut, nous n'osons pas dire résoudre, mais essayer de résoudre les problèmes infiniment complexes, infiniment nombreux qui se posent dans le trouble de cette nouvelle année »[1].

(avec Marie Scot)

Dans l'été de 1916, quelques semaines avant le commencement des vacances parlementaires, s'engagèrent, comme par hasard, devant une assemblée peu attentive, les débats qui allaient conduire à une réforme électorale dont l'ampleur offre un caractère presque révolutionnaire.

Régulièrement, les pouvoirs de la Chambre des Communes avaient expiré depuis plus de six mois : mais une loi les avait prolongés jusqu'au 30 septembre 1916. Il allait falloir ou recourir en pleine guerre à une élection générale brusquée – le gouvernement, d'accord avec la majorité de la Chambre des Communes, écartait l'idée d'une pareille « calamité » – ou prolonger encore une fois les pouvoirs du Parlement élu à la fin de 1910. C'est alors qu'intervint Sir Edward Carson[2], *leader* de l'Irlande protestante et loyaliste, militant du parti *tory*. Non seulement il protesta contre le système, qui tendait à prévaloir, d'ajourner indéfiniment les élections ; mais il réclama, en vue de les rendre possibles, la révision des listes électorales. Les listes actuellement existantes avaient été arrêtées au mois de janvier 1915 : elles stéréotypaient un état de choses qui remontait en réalité aux derniers jours de la paix, au mois de juillet 1914. Il y avait un an que le gouvernement avait promis la révision des listes : Sir Edward Carson le pressait de tenir sa promesse. À cette seule condition, on pourrait procéder à une consultation du corps électoral qui ne fût pas une mystification.

C'était le moment où, pour la première fois depuis le début de la guerre, les événements militaires paraissaient prendre une tournure favorable à l'Entente. L'offensive allemande contre Verdun avait décidément avorté. L'offensive franco-anglaise progressait sur la Somme. Broussilov menaçait d'une invasion russe les plaines de la Hongrie ; et, pour parer à ce danger, l'Autriche avait dû rappeler vers l'Est l'armée qui menaçait Vicence. On

---

1. *Ibid.*, p. 224.
2. [Né à Dublin, Edward Carson (1854-1935) devient député unioniste à la Chambre des Communes en 1892. Il poursuit en parallèle des activités d'avocat et défend notamment John Sholto Douglas contre Oscar Wilde en 1895. Il se révèle un farouche opposant à l'application du Home Rule en Irlande.]

savait enfin que le gouvernement roumain était sur le point de rompre avec les Empires centraux ; et il y avait longtemps qu'on avait pris l'habitude de considérer la déclaration de guerre de la Roumanie à l'Autriche comme devant être non pas la cause, mais le signe de la victoire. Le parti *tory* sentait donc l'heure proche où des élections générales lui seraient favorables. Un pays régénéré par la guerre et par la victoire enverrait à Westminster des représentants animés d'un esprit bien différent de celui qui avait régné aux élections de 1910, quand le pays, ivre de réformes, travaillé par le socialisme, avait paru oublier qu'une guerre européenne fût même encore possible.

M. Asquith[1], alors Premier ministre, souleva des objections. Le projet de loi sur la confection des listes électorales (*Registration Bill*) qu'il finit par soumettre à l'approbation de la Chambre des Communes, avait pour objet de conserver leur droit de vote à tous ceux qui pourraient établir que, s'ils avaient changé de résidence, c'était temporairement, pour raison de force majeure, afin de servir dans l'armée combattante ou de travailler dans des usines lointaines à la fabrication du matériel de guerre. De la sorte, une fois rentrés chez eux, si des élections survenaient, ils pourraient voter sans avoir effectivement résidé pendant le temps qui était exigé par la loi. Mais M. Asquith faisait observer que l'établissement de ces listes nouvelles serait singulièrement coûteux : il coûterait, selon les évaluations gouvernementales, 300 000 liv. st., il occuperait 20 000 fonctionnaires. Et, une fois tant de peines prises, tant d'argent dépensé, ne se trouverait-il pas des gens pour demander, en bons logiciens, que les soldats et les marins fussent pourvus d'une franchise effective, qu'il leur fût permis – chose absurde, impossible – dans les tranchées, sur les navires, d'élire leurs représentants. – Et pourquoi pas ? répliqua Sir Edward Carson : son toryisme, très démagogique, ne s'effrayait pas à l'idée de ce plébiscite militaire.

N'y aurait-il pas quelque iniquité, poursuivait M. Asquith, une fois inscrits les soldats et les marins, quoiqu'ils ne remplissent pas les conditions exigées par la loi de résidence, à ne pas inscrire ceux qui, tout en ne remplissant pas les conditions légales de cens et d'âge, subissaient cependant les mêmes fatigues, couraient les mêmes périls ? les indigents ? les jeunes gens de vingt ans ? Mais alors, il ne s'agissait plus d'une simple révision des listes : c'est la loi électorale qu'on réformait. – Pourquoi pas ? répliquèrent les travaillistes ; et ils renouvelèrent leur formule populaire. Au lieu de demander *one man, one vote*, « une voix par homme », ils demandèrent *one man, one gun*, « une voix par fusil ». – Soit, poursuivait M. Asquith, mais une fois engagé dans cette voie, jusqu'où ne serait-on pas entraîné ? Si on donnait le

---

1. [Premier ministre libéral du Royaume-Uni de 1908 à 1916, Herbert Henry Asquith (1852-1928) dut démissionner à la suite des défaites militaires britanniques sur la Somme.]

droit de vote à tous les soldats, à tous les marins, aux ouvriers des usines de guerre, à cause des services qu'ils rendaient à la patrie en danger, comment le refuser aux femmes, qui dans les usines, dans les ambulances, prenaient part aux mêmes travaux que les hommes ? – Mais en effet pourquoi n'irait-on pas jusque là ? répliquèrent bruyamment ceux qui, sur tous les bancs de la Chambre des Communes, étaient favorables au vote des femmes.

Devant l'accueil qui était fait à ses objections, M. Asquith, parlementaire habile, changea d'attitude. Il abandonna son *Registration Bill*, suggéra à ses auditeurs une procédure nouvelle. « Une élection générale en temps de guerre, il ne se lassait pas de le répéter, est une calamité : on n'en saurait envisager l'éventualité sans appréhension, sans effroi. » Mais ne pourrait-on pas, en attendant, étudier à loisir – la paix étant lointaine encore –, à l'amiable – la trêve des partis s'y prêtant –, les conditions d'une réforme électorale ? Les études entreprises aboutiraient à des solutions plus ou moins radicales ; elles seraient fructueuses, ou elles avorteraient. Mais on aurait gagné des mois et des mois, rejoint sans doute, selon les calculs de M. Asquith, les temps de paix, et paré au danger qu'en temps de surexcitation guerrière la démagogie peut faire courir au fonctionnement normal des institutions représentatives.

Dans quelle mesure peut-on dire que la tactique de M. Asquith ait été couronnée de succès ? Il a conjuré peut-être, à la fin de 1916, la calamité d'une élection générale. Mais, en vérité, peu de semaines s'étaient écoulées que déjà Sir Edward Carson et ses amis n'avaient plus les mêmes motifs de la désirer. L'échec final subi par l'offensive de la Somme, les désastres de Roumanie et de Russie, rendaient infiniment moins urgente, au point de vue où ils se plaçaient, la consultation du corps électoral. Puis ce furent la révolution « défaitiste » de Petrograd et de Moscou, les progrès, plus insidieux mais alarmants à leur manière, du « défaitisme » anglo-français. En soulevant la question de la réforme électorale afin d'ajourner les élections, il pouvait paraître que M. Asquith avait pris une précaution inutile.

D'ailleurs, pendant que la guerre languissait, les travaux de la « Conférence » impartiale qui avait été chargée de préparer la réforme de la représentation parlementaire progressaient rapidement. Si M. Asquith n'avait pas prévu cela, c'est que, comme il lui était arrivé bien des fois depuis une quinzaine d'années, il était déconcerté, débordé, par ce zèle réformateur, par cet amour des nouveautés, qui travaille le monde anglais. Dès le printemps de 1917, la Conférence soumettait au Parlement le résultat de ses travaux. Dès le printemps de 1918, le Parlement avait fait siennes toutes les propositions de la Conférence, ou presque toutes. Nous n'avons pas à entrer ici dans le détail de la réforme qui a été votée. Qu'il nous suffise de rappeler que l'exercice effectif du droit de vote est garanti aux combattants ; et que le suffrage universel est accordé non pas seulement aux hommes, mais aux femmes âgées de plus de trente ans. Le corps électoral est plus que doublé. L'Angleterre compte désormais près de vingt millions d'électeurs. Lorsque la loi a été votée, la Révolution russe avait déjà conféré aux femmes la franchise. Les femmes allemandes ont acquis le droit de vote avant que les femmes anglaises l'aient exercé. Ainsi dans tout le vaste monde slave, dans l'Allemagne tout entière, chez tous les Anglo-Saxons, se trouve accomplie l'émancipation politique de la femme. Seul le monde latin demeure sur la réserve, obstinément conservateur, défiant, presque hostile.

Pendant que, par le fait de la guerre, le monde se transformait, la guerre suivait son cours. Ici encore, les prudents calculs de M. Asquith se trouvaient en défaut. Jamais la situation militaire n'avait été plus critique qu'en ce mois d'avril 1918, où la *Representation of the People Bill* fut voté. Le pays était de nouveau placé en face du désastre que M. Asquith avait tant redouté – des élections générales en temps de guerre ; et, par la faute de M. Asquith, puisque c'est à lui que revenait l'honneur d'avoir mis la réforme en branle, elles présentaient le caractère d'une expérience bien plus dangereuse qu'il y a deux ans. On allait faire appel à un corps électoral immensément agrandi, composé en partie de soldats sous les armes, en partie d'éléments nouveaux et mystérieux, prolétariens – peut-être révolutionnaires –, féminins – peut-être réactionnaires, peut-être follement et sentimentalement subversifs.

Chacun semblait d'accord pour considérer que la loi, une fois votée, devait être appliquée avant la fin de l'année courante. La loi était à peine votée que de nouveau les partis hésitèrent. Mr. Arthur Henderson, porte-parole du Parti du Travail, M. Asquith, chef du Parti libéral, ne cessaient de protester avec énergie contre l'hypothèse d'élections générales qui précéderaient la cessation des hostilités. Le parti de la guerre, de son côté, n'avait pas prévu que ces élections pourraient coïncider avec des défaites militaires : or les Alliés, pour un temps, semblaient aller de désastre en désastre. Un peu plus tard, quand les nouvelles militaires devinrent meilleures, et que les armées allemandes non seulement ne réussirent plus à gagner du terrain mais commencèrent pas à pas à battre en retraite, la confection des listes électorales, confiée à un ministre indolent et médiocre, fit prévoir de nouveaux délais. Le 24 octobre, le président du *Local Government Board*, en demandant des crédits supplémentaires pour couvrir les frais d'élections générales si ces élections devaient avoir lieu avant la fin de l'année budgétaire en cours, expliquait qu'il s'agissait d'une simple précaution. Il ne savait pas si des élections auraient lieu. Le Premier ministre lui-même – il s'en portait garant – n'en savait rien. La décision était pourtant prochaine. Dans les premiers jours de novembre, des conciliabules eurent lieu ; des discours-programmes furent prononcés. Le 14 novembre, Mr. Bonar Law, prenant la parole à la Chambre des Communes, fixait au 25 novembre la date de la dissolution du Parlement, au 4 décembre la date de la nomination des candidats, au 14 décembre la date des élections, qui devaient pour la première fois, aux termes de la loi nouvelle, avoir lieu le même jour sur toute l'étendue du pays.

Dans quelles conditions se présentaient ces élections ? Suivant les apparences, le ministère demandait qu'on prolongeât, pour la durée de la période électorale et de la session qui suivrait, la « trêve des partis ». Mais en quoi avait consisté cette trêve quand, au début de la guerre, elle avait fait, entre les chefs des groupes parlementaires constitués, l'objet d'un véritable traité en forme ? Il avait été convenu que, toutes les fois où il y aurait lieu de procéder à une élection partielle, le siège ne serait pas disputé. Le libéral serait remplacé par un libéral, l'unioniste par un unioniste, et le travailliste par un candidat du Parti du Travail. Ce système qui avait, pendant quatre ans, été appliqué d'une manière constante en matière d'élections partielles, voulait-on l'étendre aux prochaines élections générales ? La chose offrait des difficultés.

D'abord, la loi venait de modifier la carte électorale du pays. Les circonscriptions existantes avaient été remaniées. Des circonscriptions nouvelles avaient été créées. De six cent soixante-dix membres la Chambre passait à sept cent sept. Suivant quelles règles appliquer la trêve des partis dans une circonscription nouvelle ? Quel parti, quel tribunal impartial, supérieur aux partis, désignerait le candidat d'union sacrée ?

En second lieu, s'il est vrai de dire que, depuis le mois d'août 1914 jusqu'à la fin de 1918, la trêve des partis a été respectée, elle ne l'a été cependant que d'une manière approximative. Il est arrivé que, par exception, elle fut violée : elle a été dénoncée effectivement, sinon par un des deux grands partis historiques, du moins par ce parti nouveau qui est en voie, depuis une quinzaine d'années, de changer la face du monde politique anglais, par ce Parti du Travail dont l'influence dépasse de beaucoup celle qu'on serait tentée de lui attribuer d'après le nombre, encore très restreint, des membres qui le représentent au Parlement.

Des travaillistes avaient, d'accord avec des unionistes et des libéraux, signé le 28 août 1914, le pacte de la trêve des partis. Mais dès la fin de 1916, ils refusaient de renouveler un pacte dont la formule, alléguaient-ils, avait été modifiée, et ne leur donnait plus entière satisfaction. D'ailleurs, en l'absence de toute convention écrite, les chefs du Parti du Travail s'étaient appliqués à faire en sorte que la trêve continuât d'être, autant que possible, respectée. Ce n'était pas leur faute si l'agitateur ouvrier Ben Tillett, en octobre 1917, avait, de sa propre initiative, défié un candidat de coalition, et enlevé le siège à une forte majorité. Ce succès avait beau être remporté sur un programme non de lutte de classe, mais de guerre à outrance, il n'en est pas moins vrai qu'il avait secoué la torpeur de la classe ouvrière ; et de nouvelles candidatures travaillistes s'étaient produites dans la suite, à Keighley, à Wansbeck, sans l'aveu du comité directeur. Au mois de juin 1918, la conférence annuelle du Parti du Travail, à une très forte majorité, – 2 117 000 voix contre 810 000 – avait consacré la révolte du prolétariat anglais, et déclaré rompue la trêve des partis.

En dépit de cette rupture, huit travaillistes étaient entrés, en 1916, dans le nouveau ministère, présidé par M. Lloyd George : ils en faisaient toujours partie. Il n'y avait plus « trêve des partis », mais la « coalition » continuait. Une situation aussi paradoxale ne pouvait manquer de soulever de vives protestations. Le 14 novembre, au moment où la dissolution du Parlement était imminente, une nouvelle conférence du Parti du Travail fut convoquée d'urgence : elle prononça, à la majorité de 2 117 000 voix contre 810 000, que, par l'ouverture de la campagne électorale, la coalition serait rompue. Trois ministres ouvriers se retirèrent du Parti. Trois, de fort mauvaise grâce et sans hâte, après avoir pris les ordres de leurs syndicats respectifs, se retirèrent du ministère. Deux réalisèrent ce tour de force que, pendant toute la durée de la campagne électorale, nul ne sut quelle décision ils avaient prise. Le Parti du Travail était redevenu un parti d'opposition : comment appliquer à son égard le pacte qu'il avait rompu ?

Passons au Parti libéral. Pouvait-on dire, sans réserve, qu'il eût respecté le pacte de 1914 ? Il est vrai que l'on ne peut pas citer le cas d'une seule élection partielle où le Parti libéral ait opposé son candidat au candidat unioniste quand celui-ci sollicitait la succession d'un unioniste : il est vrai qu'en décembre 1916 il avait expressément renouvelé le traité, au moment où les travaillistes se refusaient à le signer. Mais en revanche, à cette même date, alors que les travaillistes acceptaient d'être représentés dans le ministère présidé par M. Lloyd George, les chefs du Parti libéral avaient décidé de se tenir à l'écart : ils promettaient au Premier ministre l'appui de leur vote mais non leur collaboration. Bref les travaillistes, tout en ne renouvelant pas la trêve des partis, étaient restés fidèles à la politique de coalition ; les libéraux avaient affecté de respecter encore la trêve des partis, mais s'étaient retirés de la coalition.

Il y avait d'ailleurs, dans les rangs du Parti libéral, des adversaires résolus à la politique de M. Lloyd George, des radicaux partisans d'une paix rapide signée avec un ennemi victorieux. La *Nation*, sous la direction habile de M. Massingham, est l'organe où, hebdomadairement, s'exhalent leurs colères. Les *Daily News*, le *Manchester Guardian*, avec plus de circonspection, parfois les encouragent. M. Asquith ne sympathise pas avec eux, loin de là. C'est lui qui a été, avant M. Lloyd George, l'initiateur de la politique de coalition. C'est lui qui, avec son ministre des Affaires étrangères, Sir

Edward Grey, est l'auteur de ces traités secrets que dénoncent les radicaux pacifistes. C'est lui qui a introduit la conscription en Angleterre. Mais enfin, il est le chef du parti auxquels appartiennent MM. Lees-Smith et Ponsonby : et jamais l'unité du groupe n'a été menacée par la divergence de leurs vues.

M. Asquith lui-même, dans des circonstances mémorables, se risqua, un jour, à jouer en temps de guerre le rôle d'un chef de faction. Ce fut quand M. Lloyd George, au printemps dernier, réussit à obtenir, en faveur du général Foch, l'unité de commandement des armées alliées. M. Asquith prit alors la direction d'une opposition bigarrée où se trouvaient ligués les bureaux du ministère de la Guerre, les radicaux pacifistes, et les chefs du vieux Parti libéral officiel. Démarche malheureuse, puisqu'elle a échoué, et puisque, d'autre part, l'expérience du commandement unique a donné, d'une manière presque immédiate, des résultats heureux. L'incident a été clos ; et M. Asquith est redevenu un soldat discipliné dans les rangs de l'union sacrée. Comment s'étonner cependant si les partisans du ministère s'insurgent contre une interprétation de la trêve des partis qui les condamnerait à élire, sous prétexte qu'il occupe son siège depuis 1911, un parlementaire qui a essayé, au printemps, de renverser le ministère sur la question du commandement unique ou, pis encore, a fait campagne, plus ou moins sournoisement, contre la politique de la guerre à outrance, pour l'obtention d'une paix hâtive ?

Le respect de la trêve des partis, à cette date de novembre 1918, soulevait d'autres problèmes encore. Le pacte qui fut conclu au mois d'août 1914 signifiait alors manifestement que les partis, d'un commun accord, suspendaient pour un temps leurs querelles, afin de porter toute leur attention sur les problèmes de la guerre. Le parti libéral ne renonçait pas à obtenir la séparation de l'Église et de l'État dans la principauté de Galles. Le parti nationaliste ne renonçait pas à conquérir le *Home Rule*, l'autonomie législative pour l'Irlande. Mais ils consentaient, l'un et l'autre, à ce que l'entrée en vigueur des lois, votées en 1914, qui consacraient ces deux réformes, fût renvoyée au rétablissement de la paix. Or, tant que durait la guerre, on concevait à la rigueur que les partis pussent rester fidèles à cette attitude, à condition, faisait observer M. Asquith, que l'on ne procédât pas, entre-temps, à des élections générales : comment demander en effet aux partis de se présenter au pays avec leurs programmes respectifs, sous réserve de n'en pas demander l'adoption ? Mais le paradoxe devenait plus étrange, à la fin de 1918 : car ces élections générales, qui allaient avoir lieu en décembre, ce n'étaient pas exactement des élections de guerre.

« Pas d'élections, avait déclaré M. Asquith, en septembre, au Congrès du parti libéral, tant que la fin de la guerre ne sera pas atteinte, ou tout au moins ne sera pas en vue. » Paroles imprudentes, dont M. Lloyd George s'est emparé. La paix sans doute n'est pas signée ; mais elle est « en vue », et depuis le 11 novembre les hostilités sont suspendues. C'est le crépuscule de la guerre, mais ce n'est plus la guerre. Ce n'est pas encore la paix, mais c'est l'aube de la paix. Tous les problèmes de politique intérieure que va poser le passage de l'état de guerre à l'état de paix, dans un pays où toute la population virile, pendant quatre ans, a été mobilisée pour la guerre, où toute l'industrie, pendant le même temps, a été violemment détournée de son orientation naturelle, concentrée vers la production du matériel de guerre, c'est le nouveau Parlement qui aura pour tâche de les résoudre, aussitôt la paix ratifiée. Comment éviter que, ce moment venu, la lutte des partis reprenne toute sa valeur d'avant la guerre ? et comment les partis éviteront-ils, dès maintenant, en se présentant devant les électeurs, de prendre une attitude de combat ?

On ne voit qu'un moyen : et M. Lloyd George y recourt. Il faut dire que la politique de coalition, au cours de ces quatre années, est apparue comme étant quelque chose de plus qu'un expédient des temps de guerre. Les partis réconciliés ne se sont pas contentés de renvoyer à l'époque lointaine du rétablissement de la paix la discussion des problèmes de politique intérieure. Ils ont su se mettre d'accord pour opérer, aux heures mêmes où le sort des batailles paraissait le plus incertain, des réformes extrêmement graves. Que l'on songe aux deux lois qui viennent d'être votées cette année : la loi sur l'instruction populaire, et la réforme électorale elle-même. L'évolution démocratique de l'Angleterre, si rapide avant la guerre, on peut dire que, depuis la guerre, elle est devenue plus rapide encore, et que la coalition patriotique des partis, loin de paralyser l'action réformatrice du parti radical ou du parti ouvrier, a brisé la résistance du parti *tory* aux réformes. Pourquoi donc ne pas continuer, une fois la paix rétablie, à marcher dans la voie nouvelle que la guerre a frayée ? et faire de la politique de coalition un instrument de réforme, comme elle a été un instrument de victoire ?

Le 12 novembre, le lendemain même de l'armistice, deux réunions politiques eurent lieu. M. Lloyd George convoqua tous les membres du Parlement qui, appartenant au Parti libéral, approuvaient la politique du ministère qu'il présidait, et leur exposa son programme. À la même heure, M. Bonar Law[1] convoquait tout le groupe unioniste, auquel, après avoir justifié sa propre attitude politique, il donnait lecture d'une lettre-programme, rédigée par M. Lloyd George. Le 16 novembre, devant une réunion plénière, prirent successivement la parole M. Lloyd George au nom des libéraux, M. Bonar Law au nom des unionistes, M. Barnes au nom des travaillistes – bien que celui-ci eût, la veille, abandonné le parti, et que la valeur de son

---

1. [Ministre des finances de 1916 à 1918, Andrew Bonar Law (1858-1923) devient Premier ministre du Royaume-Uni de 1922 à 1923.]

intervention en fût singulièrement diminuée. Les auditeurs connurent le programme électoral de la coalition.

Des réformes sociales d'abord : il fallait que l'ouvrier fût mieux logé, mieux payé, que les conditions de son travail fussent meilleures ; et c'est à l'État que le devoir incombait de faire la police des ateliers, de fixer les salaires, de bâtir les maisons. Pour l'Irlande, le *Home Rule*, à condition qu'il ne s'accompagnât d'aucune coercition pour l'Ulster protestant. Au pays de Galles, la séparation de l'Église et de l'État : on promettait seulement à l'Église expropriée une indemnité supérieure à celle qu'avait prévue le *Bill* de 1914. Sur ces deux points il s'agissait de donner une satisfaction, même mitigée, à la fraction libérale de la coalition. Enfin, certaines industries dont l'absence avait cruellement gêné l'Angleterre pendant les premiers mois de la guerre, qu'on avait, depuis quatre ans, constituées à grand-peine pour satisfaire aux besoins militaires, recevaient la promesse d'une protection douanière qui les empêcherait de retomber dans le néant. Une « préférence » serait d'ailleurs accordée aux produits coloniaux ; et il était formellement spécifié que nul droit de douane ne grèverait les denrées alimentaires. Malgré cette réserve, la dernière partie du programme constituait un abandon manifeste de ce dogme libre-échangiste qui, pendant un demi-siècle, avait été le véritable credo politique du peuple anglais.

La coalition n'apparaissait donc plus comme résultant d'une simple suspension d'armes entre des partis toujours hostiles. Elle se présentait comme un parti nouveau, muni d'un programme, que M. Lloyd George essayait d'instaurer sur les ruines des vieux partis. Seulement, de ce parti nouveau M. Lloyd George était-il le maître, autant que le porte-parole ? Obstinément il se déclarait fidèle aux traditions libérales dans lesquelles il avait été élevé. « Ce n'est pas, disait-il, de la révolution que j'ai peur : c'est de la réaction. » Mais ce qui fait la force d'un parti, c'est encore moins l'ascendant d'un homme qu'une certaine organisation permanente de forces collectives. Visiblement, le parti unioniste était en voie de capturer la coalition, de capturer M. Lloyd George.

Un petit syndicat – on disait les noms de ceux qui le composaient – s'était érigé en tribunal électoral, distribuait à sa volonté le brevet de candidature officielle : une lettre, signée par MM. Lloyd George et Bonar Law, constituait le certificat nécessaire. Or ceux qui recevaient le brevet, se trouvaient être, à mesure que les jours s'écoulaient, dans une proportion toujours plus forte, membres du vieux parti unioniste. À Londres, la coalition recommandait aux suffrages des électeurs 61 *tories* contre 15 libéraux ; dans les bourgs de l'Angleterre proprement dite, 195 *tories* contre 49 libéraux et travaillistes. L'Écosse, où les candidats des deux fractions étaient en nombre égal, le pays de Galles, où la coalition présentait en immense majorité des candidats libéraux, ne suffisaient pas à rétablir l'équilibre. Partout où le candidat sortant était un unioniste, le siège lui était attribué sans conteste. Là où il était libéral, le contrôle commençait à s'exercer ; et il ne suffisait pas qu'il se déclarât partisan d'une politique de conciliation pour qu'il fût laissé en possession de son siège. Toute déclaration libre-échangiste le frappait de suspicion : fallait-il donc faire profession de protectionnisme pour être déclaré bon patriote ?

Si même le membre libéral sortant recevait l'approbation des chefs du parti de la coalition, il n'était pas pour cette raison à l'abri. Rien n'empêchait l'organisation locale unioniste de passer outre et d'opposer au candidat déclaré bon patriote par ceux-ci un candidat plus patriote encore. Il n'était pas possible aux chefs de la coalition de patronner ouvertement une candidature travailliste. Les candidats ouvriers étaient tenus, par les déclarations les plus récentes de leur parti, de décliner ce patronage. Pourtant il y avait bien des militants ouvriers qui avaient rendu au ministère d'inappréciables services : MM. Lloyd George et Bonar Law, surtout M. Lloyd George, ne désiraient pas une rupture ouverte avec eux. Ils voulaient donc que, s'il n'était pas possible d'appuyer leurs candidatures, du moins le parti coalitionniste ne leur opposât pas de candidatures rivales. Mais alors les comités locaux se révoltaient, obtenaient de vive force le brevet de la coalition, ou bien, renonçant à l'obtenir, engageaient la lutte par leurs propres moyens. Là où il n'était pas entraîné, M. Lloyd George était débordé.

Le désordre était aggravé par une décomposition des partis qui constituait un fait nouveau dans l'histoire politique de l'Angleterre.

Pendant la guerre, lorsqu'une élection partielle avait eu lieu, et que les deux partis s'étaient mis d'accord sur le nom d'un candidat unique, il était arrivé bien souvent qu'un groupe excentrique avait lancé une candidature de hasard, condamnée d'avance à l'insuccès, qui obligeait cependant le candidat de la coalition à faire les frais d'une campagne. Ces groupes excentriques recommencèrent à manifester leur existence aux approches des élections générales : telle la « Fédération Nationale des Soldats et Marins Démobilisés », dont le nom seul est un programme. La subite extension du droit de suffrage, la création d'un électorat trop neuf pour être enrégimenté déjà dans les cadres des partis, trop vaste peut-être pour l'être jamais avec une rigueur parfaite, multiplia ces groupes nouveaux. Des femmes se présentèrent qui ne s'inquiétèrent pas de savoir si elles recevaient le brevet de la coalition à l'appui de l'un ou l'autre des partis de l'opposition. Le monde des coopératives s'ébranla : il se plaignit que ni le fisc ni le service de ravitaillement n'eût eu, pour les sociétés coopératives de consommation pendant la guerre, les égards auxquelles elles avaient droit. Il y eut donc des candidats « coopérateurs » qui ne furent ni coalitionnistes ni libéraux ni travaillistes. Après qu'il eut été constaté, le 4 décembre, que 107 candidats pouvaient être proclamés élus sans concurrent, il restait à pourvoir à 600 sièges : il y a eu 1500 candidats pour les contester.

Dans la presse, même désarroi. Le *Manchester Guardian*, le *Daily News*, étaient devenus deux organes de franche opposition. Pour que M. Lloyd George et son groupe de libéraux coalitionnistes eussent un organe, il fallut qu'un groupe de financiers rachetât le *Daily Chronicle*. La presse unioniste était imparfaitement disciplinée ; et le *Morning Post*, journal *tory* avait depuis longtemps adopté, vis-à-vis de M. Lloyd George, une attitude d'insubordination. Restait la « presse de lord Northcliffe » : le *Times*, le *Daily Mail*, l'*Evening News*. Mais voici que lord Northcliffe faisait défection à son tour.

Est-ce parce que les fonctions qu'il exerçait à la Propagande ayant pris fin avec l'armistice, il voulait une place de délégué à la Conférence de la Paix, sans obtenir satisfaction ? Ou, plus simplement, parce qu'il lui plaisait de faire sentir une fois de plus sa puissance et d'humilier M. Lloyd George après l'avoir élevé au pouvoir ? Le fait est que, depuis le 20 novembre, le *Times* attaquait, avec une violence chaque jour croissante, la prétention que les agents électoraux de la coalition émettaient, de dicter leur choix aux circonscriptions. Il appelait les électeurs à la révolte contre les « ploutocrates » des organisations de parti, et les engageait à choisir leurs représentants en se fondant uniquement sur la considération de leur mérite personnel, sans souci de leur étiquette. Le *Daily Mail*, qui s'adressait à un public plus démocratique, adoptait une politique plus audacieuse. Ce journal reprochait à M. Lloyd George de n'avoir pas été le chef qu'on espérait, de s'être laissé chambrer par M. Bonar Law et son agent Sir George Younger[1] ; et chaque matin il lui donnait une leçon pratique de démagogie électorale – on dirait volontiers : de démagogie en partie double. En première page, un programme en huit points était soumis à l'approbation des lecteurs. Ce programme comportait toutes sortes de mesures d'assistance en faveur des soldats et marins démobilisés, toutes sortes de mesures d'exception contre l'immigration des « Huns », et la mise en jugement du Kaiser. En dernière page, une colonne intitulée « Labour » était mise à la disposition de la propagande travailliste, et, quotidiennement, jusqu'au matin des élections, M. Lloyd George et ses associés unionistes furent attaqués par le journal populaire de lord Northcliffe[2] au triple point de vue de la démocratie, du pacifisme et du collectivisme.

---

1. [Député unioniste à la Chambre des Communes de 1906 à 1922, George Younger (1851-1929) accède à la présidence du Parti en 1916 (et jusqu'en 1923).]

2. [Alfred Charles William Harmsworth, vicomte Northcliffe (1865-1922) est l'un des grands patrons de presse britannique, fondateur du *Daily Mail* et du *Daily Mirror*. Durant la guerre, le *Times* qu'il contrôle contraint le premier ministre Asquith à former un ministère de coalition et à créer un portefeuille pour les munitions – confié à David Lloyd George.

Le 8 décembre, lord Northcliffe convia tout le personnel de ses journaux à une grande fête. C'est une armée de 1600 hommes, femmes, enfants, qu'il passa en revue. Il dressa la statistique des 1128 soldats, des 85 officiers qu'il avait donnés à l'armée ; célébra les services rendus par ses collaborateurs à la cause de la patrie, non seulement dans ses bureaux de rédaction, mais partout où ils avaient été utilisés, au Trésor, aux Munitions, à l'Amirauté, aux Pensions, au Ravitaillement ; glorifia la belle organisation de sa maison, où nul ouvrier ne travaille plus de huit heures par jour : seul lord Northcliffe fournit seize heures de travail quotidien. L'homme qui a sauvé l'Angleterre et le monde, ce n'était pas Lloyd George, c'était lord Northcliffe. Et lord Northcliffe venait de rompre avec Lloyd George.

Il y eut une semaine pendant laquelle les mécontents espérèrent. Ils n'allèrent pas jusqu'à croire que la bataille électorale allait leur donner la victoire. Mais ils jugèrent que peut-être dans le prochain Parlement une minorité forte pourrait affronter une coalition affaiblie, divisée, impuissante. C'était mal lire les signes des temps.

M. Asquith parle. À écouter les discours qu'il prononce au cours de cette rapide campagne électorale, comment avoir un instant l'impression que son opposition puisse être, pour le Premier ministre, un sujet d'inquiétude ? Il se déclare libéral impénitent ; mais si on le presse de définir son libéralisme, il se dérobe. Le libéralisme, déclare-t-il, ne tient pas dans un programme. C'est un état d'esprit, une attitude. Il demande que l'on donne à l'Irlande le *Home Rule* qui lui a été promis par une loi. M. Lloyd George le demande aussi, avec des réserves. Ces réserves, M. Asquith ne les ferait-il pas aussi, si on le pressait ? et peut-on, quand on connaît son passé politique, le considérer comme un partisan bien ardent de l'émancipation de l'Irlande ? Il plaide la cause du libre-échange. Son langage a-t-il cependant toute la netteté désirable ? John Bright[1], Mr. Gladstone, et M. Asquith lui-même il y a quinze ans, ne se prononçaient-ils pas sur ce point avec une fermeté plus grande ? Il demande l'abandon exprès et immédiat de la conscription. Son langage porte : il est acclamé par son auditoire ; et M. Lloyd George est condamné à répondre par des explications assez embarrassés. Pourquoi faut-il que M. Asquith ait attendu, avant de soulever cette question, les derniers jours de la campagne ? que, jusqu'au 10 décembre, personne, ni dans la presse ni dans les meetings, ni parmi les candidats ni parmi les électeurs, n'ait mentionné ce problème, pourtant grave ?

Devenu premier ministre, ce dernier nomme Northcliffe (baron depuis 1905) directeur de la propagande. En 1920, sa femme crée le prix littéraire Northcliffe.]

1. [Député Whig, John Bright (1811-1889) fut, avec John Richard Cobden le principal dirigeant de la Ligue contre les Corn Laws. Celles-ci sont finalement abrogées en 1846. de 1868 à 1871, il occupe les fonctions de Secrétaire d'Etat au Commerce, à l'Innovation et au Savoir-Faire.]

Sur un point, l'amertume de M. Asquith est grande. Il ne se lasse pas de protester contre des élections faites à cette date, se plaint qu'on le condamne, bien malgré lui, à faire de l'opposition à un ministère dont pour l'instant il ne désire pas la chute ? Il voit son parti irrémédiablement déchu, diminué d'un côté par la sécession des libéraux qui se rallient à M. Lloyd George, menacé plus encore par l'agression socialiste. Il y avait 38 travaillistes dans le Parlement qui vient d'être dissous. Plus de 350 candidats travaillistes se disputent les sièges de la nouvelle Chambre des Communes ; et ces candidats ne distinguent pas, dans leurs attaques, entre les partisans de la coalition et les libéraux qui la combattent. Les chefs du vieux parti se trouvent, presque sans exception, aux prises, dans leurs circonscriptions, avec des adversaires travaillistes. Et déjà les comités radicaux commencent à envisager une éventualité qui les alarme. Si par hasard les travaillistes revenaient à Westminster plus nombreux que les membres de l'opposition libérale ? Si c'était un ouvrier, quelque secrétaire de syndicat, qui devenait le *leader* attitré de l'opposition ? Si lui et ses camarades allaient envahir le *front bench* de l'opposition, à gauche et à côté du Speaker, face aux ministres, pendant que M. Asquith et ce qui subsisterait de son état-major de riches bourgeois et d'avocats, seraient relégués sur les bancs lointains où jadis M. Macdonald et Mr. Philip Snowden faisaient scandale ?

M. Lloyd George parle de son côté. Il le faut bien puisque nous sommes en période électorale. Il cesse, pour quelques jours, de songer aux problèmes de la paix, diffère son voyage à Paris. Mais donne-t-il, pendant que, de ville en ville, il adresse ses discours à la foule, l'impression d'un triomphateur ? À nous du moins il ne l'a pas donnée. Il sait qu'il est l'homme populaire, et qu'il vaincra ; mais son langage est souvent incertain et, si nous ne nous trompons, volontairement circonspect.

S'agit-il de politique extérieure ? Il se glorifie de l'œuvre accomplie, rappelant ce qu'il a fait pour hâter la victoire : il ne fait que se rendre justice. Il demande une paix juste et durable. Qui ne la souhaite avec lui ? Mais il n'adhère pas sans beaucoup de réserves au programme wilsonien de la Ligue des Nations. Sur un point, un jour, il s'avance beaucoup. Il demande la citation de l'ex-empereur allemand devant une Haute Cour de justice, et affirme à son auditoire que ceux qui se sont rendus coupables des crimes de cette guerre seront châtiés, fusillés, si haut que soit leur rang. Un peu plus tard, cependant, discutant la question des indemnités qu'il faudra exiger du peuple allemand, son langage devient très prudent. Il se peut que la somme que l'Allemagne devrait payer pour s'acquitter dépasse le capital total de la nation allemande. Il se peut que l'opération qui consisterait pour l'Angleterre, à faire rentrer une indemnité, même moins forte, coûte plus d'argent qu'elle n'en rapporte.

S'agit-il de réformes intérieures ? Le programme de réformes, arrêté en commun, le 14 novembre, par les chefs de la coalition, n'avait rien de sensationnel : c'est à peine si, dans ses discours, M. Lloyd George y fait allusion. Un jour, M. Winston Churchill, ministre des Munitions commet l'indiscrétion d'ajouter à ce programme un article nouveau : il informe ses auditeurs que les chemins de fer seront, après la guerre, rachetés par l'État. Mais M. Lloyd George ne confirme ni ne dément : il laisse l'opinion, conservatrice et libérale aussi bien que travailliste, accueillir cette déclaration d'un ministre avec une résignation et un flegme qui sont presque incroyables pour un Français. Trois jours avant les élections, il fait connaître au public son programme en six points : « Procès de l'Empereur. Des châtiments pour ceux qui ont commis des atrocités pendant la guerre. Paiement par l'Allemagne de toutes les indemnités qu'elle peut payer. L'Angleterre aux Anglais. Mesures d'assistance pour les invalides de la guerre. Plus de bonheur pour tout le monde. » Est-ce le programme d'un homme d'État ? Ce sont, à peu de choses près, les huit points du *Daily Mail*. On croirait lire du lord Northcliffe.

En réalité, M. Lloyd George se réserve. Il a choisi, pour faire les élections, la date extrême où les problèmes du temps de paix ne se poseraient pas encore avec une urgence absolue, où il serait possible encore, pour la dernière fois, de se présenter à ses électeurs sans programme. Une fois libre du souci que la perspective des élections générales lui infligeait, il consacrera tout son temps à discuter les conditions de la paix avec MM. Clemenceau et Orlando[1], avec le président Wilson. Cependant un nouveau Parlement se sera réuni à Westminster. Le groupe unioniste sera plus ou moins fort ; plus ou moins nombreux les libéraux qui se serrent autour de M. Lloyd George ; les travaillistes auront plus ou moins grossi leur représentation, et leur attitude sera plus ou moins conciliante. Le parti de M. Asquith lui-même, on saura seulement alors dans quelle mesure il est brisé, dans quelle mesure son vieil état-major est détruit. Alors, le grand tacticien politique, le grand « démagogue » qu'est M. Lloyd George s'inspirera des circonstances pour adopter tel ou tel plan de campagne. En attendant, il se réserve.

Pendant que les chefs, indécis, semblent interroger la foule, la foule est comme eux indécise : elle attend. En vérité, en a-t-il toujours été ainsi, dans le passé, au lendemain des grandes victoires ? Le sentiment n'est pas

---

1. [Juriste renommé, Vittorio Emanuel Orlando (1860-1952)(1860-1952) accède le 30 octobre 1017 à la présidence du Conseil italien alors qu'intervient la défaite de Caporetto. Il parvient à galvaniser l'esprit de résistance des Italiens. Il représente son pays à la Conférence de la paix mais il échoue à obtenir la restitution des terres irrédentes. Devant le refus du président américain Wilson, il quitte Paris. Ressenti comme un camouflet dans les rangs nationalistes, l'échec d'Orlando précipite la crise en Italie.]

d'ivresse, mais de simple joie, non pas même de joie, mais de détente et de lassitude. Nul n'oublie de combien peu il a échappé aux pires dangers. Nul n'oublie tant de souffrances et tant de deuils. Nul ne songe sans anxiété aux problèmes qui vont se poser ; nul cependant n'est impatient de les poser, et de courir, de gaîté de cœur, au devant de la guerre civile. On fera donc confiance au chef énergique qui a préparé la victoire, et qui est prêt à assumer la responsabilité de la paix comme il a assumé celle de la guerre. S'il réussit, tant mieux pour sa gloire et tant mieux pour ceux qu'il gouverne. Mais la tâche est formidable, elle écrase l'imagination.

Le monde est en feu. Dans les Flandres, en Lorraine, en Vénétie, dans les Balkans, jusqu'en Asie, des batailles sanglantes ont changé la face du monde. L'Autriche se démembre. La révolution règne à Petrograd, à Berlin, à Munich. Un homme politique se lève, et promet à son pays qu'ici du moins tous les problèmes seront résolus légalement selon les voies paisibles du parlementarisme traditionnel. On désire qu'il ait raison ; on songe à la solidité éprouvée des institutions politiques de l'Angleterre. Et cependant, comment ne pas hésiter, au moment précis où nous sommes ? Les guerres, les révolutions sont des réalités palpables, même pour les enfants. Les combinaisons auxquelles se livrent à Londres, à Birmingham, à Manchester, deux ou trois mille conspirateurs en veston, semblent, à côté de ces réalités là, bien incolores et bien exsangues. Et M. Lloyd George a beau avoir séduit l'imagination populaire parce qu'il a rompu avec la routine des partis, appelé autour de lui des techniciens plutôt que des politiciens, agi plus que parlé, il n'est cependant qu'un parlementaire comme les autres, sans autre moyen d'action, en fin de compte, que la parole. Il doit souffrir du discrédit des institutions parlementaires ; et, même en Angleterre, ce discrédit est indéniable.

Voyez ce qui reste du puissant parti que Parnell[1] avait organisé pour peser à Westminster, à l'intérieur du Parlement, sur l'opinion anglaise, et lui arracher son consentement à l'émancipation de l'Irlande. Il va être réduit à une dizaine de membres : le Sinn Fein a pris sa place. Et si le Sinn Fein présente des candidats, ce n'est pas pour les inviter à faire le voyage de Londres, toucher leur traitement de députés, et prêter le serment d'allégeance au roi d'Angleterre. Chaque fois qu'un Sinn Feiner est élu, il se considère comme membre, *ipso facto*, du Parlement qui va se réunir à

---

1. [Aristocrate anglais, protestant anglican, grand propriétaire terrien en Irlande, Charles Parnell (1846-1891) fut élu à la Chambre des Communes en 1875. Contre toute attente, il rejoignit le parti indépendantiste et porta la question irlandaise au Parlement. En 1880, il prit la présidence de l'Irish Parliamentary Party. La rupture entre Parnell et le chef du parti libéral William Gladstone, au cours de l'année 1890, entraîna la fin de la carrière politique du premier, suivie de peu par sa mort prématurée à l'âge de 45 ans seulement.]

Dublin pour proclamer, avec ou sans le consentement de l'Angleterre, la République Irlandaise. La conception est puérile peut-être ; mais le crédit qu'elle a obtenu est symptomatique. Les Irlandais ont cessé de croire à l'action parlementaire.

Voyez aussi l'attitude nouvelle du parti travailliste. Lui aussi, il fait sécession. Est-ce parce que ses chefs officiels veulent qu'il en soit ainsi, et considèrent cette tactique comme opportune pour le renforcement ultérieur de leur situation parlementaire ? Ils cèdent en réalité à une poussée qui vient d'en bas, aux exigences d'une plèbe dont les instincts sont révolutionnaires. L'agitation se produit en dehors, au-dessous des cercles où se forme l'opinion politicienne et bourgeoise. Généralement, elle passe inaperçue. Mais, de temps à autre, elle se manifeste, si l'on peut dire, à la surface par des incidents sensationnels.

La campagne électorale vient de s'ouvrir ; et le Parti du Travail, pour la première de ses réunions publiques, retient le vaste *Albert Hall*, à Londres. Le propriétaire, conservateur et patriote, refuse la salle. Les ouvriers électriciens de Londres l'informent que la salle sera privée d'éclairage jusqu'au jour où il aura permis aux travaillistes de tenir leur réunion. Sur l'intervention du gouvernement, le propriétaire capitule sans délai. L'auditoire déborde jusque dans la rue ; et le meeting a lieu deux soirs de suite devant une salle deux fois comble.

Le 4 décembre, le syndicat national des cheminots, alléguant d'anciens engagements, somme le gouvernement d'accorder immédiatement à tout le personnel des chemins de fer la journée de huit heures. Si le gouvernement ne fait pas droit à cette demande, c'est la grève. Le Premier ministre prend le jour même l'affaire en main. Dès le 5, l'accord est signé. À partir du 1er février prochain, les cheminots auront la journée de huit heures.

Le 8 décembre, dans les filatures du Lancashire, les *carders* et les *spinners* demandent une augmentation de salaires, que leurs employeurs jugent inacceptable. Le 9 décembre, 100 000 ouvriers sont en grève. S'ils persistent, toute l'industrie du coton, de proche en proche, peut être bientôt paralysée. Les élections sont imminentes, la question a une importance politique. Le 12 au matin, les délégués ouvriers, convoqués par le Premier ministre, se présentent dans ses bureaux. Le vendredi 13, veille des élections, on sait qu'une transaction est intervenue, qui constitue pour les ouvriers une victoire : le travail reprendra lundi.

Les élections ont eu lieu le 14 décembre. Qui se souvient des temps, moins démocratiques, où chaque élection était, pour la libre Angleterre, le prétexte de véritables réjouissances publiques ? Un morne silence. Nulle manifestation dans les rues. Nulle affluence dans les salles de scrutin. C'est tout juste si la moitié des électeurs inscrits a daigné prendre part à ce que M.

Lloyd George, en ouvrant sa campagne, appelait « la plus grande élection de tous les temps. »

Élie Halévy

2. « DU PEUPLE ANGLAIS ET DE M. LLOYD GEORGE », 1920[1]

Dans ce court article livré à la Revue hebdomadaire *en 1920, Élie Halévy prend position sur l'actualité immédiate pour expliquer au lectorat français, hostile et déconcerté, la position anglaise sur le règlement de la paix. Inlassable défenseur de l'Angleterre, il récuse toute explication psychologisante liée à un improbable « tempérament insulaire » : il montre au contraire combien la position anglaise est cohérente d'un point de vue historique et politique. Remontant aux conflits militaires du XVIIe siècle, Élie Halévy analyse les sorties de guerre et les méthodes britanniques de règlement de la paix : modération diplomatique et souci de l'équilibre européen ont ainsi permis de ne pas hypothéquer l'avenir et de favoriser le redressement du vaincu – souvent au bénéfice de la France. Élie Halévy démontre également comment la démocratie parlementaire et son principe d'alternance ont joué un rôle modérateur sur la politique étrangère anglaise, le parti guerrier étant rarement le parti négociateur de la paix. Il affirme cependant qu'un troisième facteur inédit vient compliquer l'équation pour aboutir néanmoins au même résultat : l'opinion publique anglaise, « force profonde », est devenue un acteur incontournable des relations internationales : obnubilé par les questions économiques et sociales et par des enjeux de politique intérieure, Lloyd Georges a ainsi définitivement tourné la page de la guerre. Pour le plus grand bien de la paix ? Pédagogue, Élie Halévy donne ainsi, par la force de l'exemple étranger, une discrète leçon politique à une opinion publique française par trop nationaliste et revancharde.*

(Marie Scot)

Nous sommes déconcertés par la subite mansuétude dont il nous paraît que le peuple anglais fait preuve à l'égard du peuple allemand. Nous avons l'impression que nous sommes abandonnés, pis encore : oubliés. Nous nous en prenons à l'« égoïsme commercial » des Anglais. Il nous semble pourtant que

---

1. *Revue hebdomadaire*, 29, 4 décembre 1920, p. 119-121.

cette mansuétude anglaise à l'égard du vaincu est une mansuétude à courte vue : or, l'égoïsme commercial ne devrait pas être essentiellement à courtes vues. Nous expliquons la nouvelle attitude des Anglais par leur « insularité » : un peuple cerné de toutes parts par les eaux ne peut pas envisager les problèmes de la politique internationale sous le même angle qu'un peuple qui se sent menacé d'une heure à l'autre, par l'invasion de ses frontières. Mais les Irlandais, qui sont géographiquement des insulaires, ont-ils le tempérament « insulaire » ? Nous avons peine à croire que l'Angleterre, si elle était habitée par des Irlandais, réagirait comme elle fait à présent sur les problèmes de la politique continentale. Nous venons de prononcer le mot « tempérament » ; et c'est bien là qu'il faut en venir. Les Anglais sont flegmatiques : ne leur demandons pas d'être émus par un danger avant que le danger soit sur eux. Les Anglais sont empiriques : ne leur demandons pas de se poser d'autres problèmes que ceux qui leur sont posés quotidiennement par la nécessité de vivre. « Le peuple anglais, me dit un Français qui habite Londres depuis trente ans, me fait penser à un aveugle qui cherche son chemin à tâtons le long des parois d'une chambre. Il rencontre un obstacle, et il s'arrête. Il trouve une porte ouverte, et il passe. »

La guerre est finie, la paix est faite. L'Anglais ne pense plus à la guerre. D'autres problèmes maintenant le sollicitent, et il n'a pas l'imagination assez inquiète pour penser à deux choses à la fois. Il est donc le moins âpre des créanciers, le moins rancunier des vainqueurs. Nous ne nous souvenons pas assez que du temps où nous étions l'ennemi héréditaire, nous avons bénéficié, nous aussi, de cette mansuétude. Aux temps de la guerre de Succession d'Espagne, de la guerre de Succession d'Autriche, de la guerre de Sept Ans, le peuple anglais n'a jamais poussé jusqu'au bout ses victoires. Il avait fait la guerre à Louis XIV pour l'empêcher de donner la couronne d'Espagne à son fils ; il permit, par le traité d'Utrecht, au fils de Louis XIV de régner sur l'Espagne. Il abandonna, en 1763, ses alliés continentaux ; et il ne tint pas à lui que Frédéric II ne sortît de la guerre de Sept Ans avec un territoire amoindri.

Si pourtant l'Angleterre ne montrait pas alors vis-à-vis de ses ennemis l'acharnement que nous avons coutume de lui prêter, il y avait une différence avec le présent : ce n'étaient pas les mêmes hommes qui d'abord faisaient la guerre et ensuite se hâtaient de la liquider. Ce n'était pas Marlborough[1] qui signait le traité d'Utrecht ; ce n'était pas Pitt[2] qui signait le traité de

---

1. [John Churchill, 1er duc de Marlborough (1650-1722) fut le commandant en chef des armées royales durant la guerre de succession d'Espagne, assurant à la Grande-Bretagne une puissance militaire inégalée.]

2. [Jeune élu whig, William Pitt (1759-1806) combattit la guerre anglaise contre les colonies américaines et devint, à 24 ans, le 19 décembre 1783, le plus jeune premier ministre du Royaume-Uni de Grande-Bretagne. Le traité de Paris reconnaissant l'indépendance des Etats-Unis d'Amérique fut signé le 3 septembre précédent, au temps du ministère Cavendish-Bentinck.]

Paris. Quand l'Angleterre voulait faire la paix, elle déposait l'homme d'État belliqueux ; et le parti *tory*, qui était le parti de l'entente avec la France, prenait la direction des affaires à la place du parti *whig*, qui voulait faire la guerre à la France. Aujourd'hui, il n'y a plus de partis en Angleterre, et c'est le même homme d'État qui a imaginé de jouer tour à tour le rôle de l'un et de l'autre parti. Voilà le paradoxe, le fait inusité, avec lequel nous avons peine à nous familiariser.

Nous prévoyons une objection. Une fois dans l'histoire, au début du xixe siècle, l'Angleterre a fini la guerre avec la France par une victoire décisive, sans changement préalable de ministère. A-t-elle été cette fois-là, par exception, impitoyable ? Nous sommes portés à le croire parce que nous étions alors les vaincus. Lord Castlereagh[1] n'a pourtant pas été, en 1814, un adversaire vindicatif, et le flegme britannique nous a protégés, cette année-là, contre les fureurs prussiennes. Faut-il donc admettre que lord Castlereagh, en 1814, comme M. Lloyd George aujourd'hui, a fait volte-face au lendemain de la victoire ? Non, les circonstances ne sont pas les mêmes. Lord Castlereagh, ayant rétabli à Paris le gouvernement de son choix, devait offrir à ce gouvernement quelque signe de sa bienveillance efficace ; et ce n'était pas trahir sa politique de guerre que de vouloir maintenir l'ordre et la paix en Europe contre les agitations populaires, d'accord avec toutes les dynasties, y compris la dynastie française restaurée.

On insiste, on allègue que les circonstances aujourd'hui seraient sensiblement les mêmes qu'en 1814. Le peuple anglais a fait la guerre à l'impérialisme allemand. Maintenant qu'il n'y a plus d'empereur en Allemagne, ne convient-il pas, au nom même des principes qui ont inspiré la politique guerrière de l'Angleterre, que l'on fasse, dans l'intérêt de la paix européenne, crédit à la démocratie allemande ? Je réponds : non, les conditions ne sont pas les mêmes. Car M. Lloyd George est un des signataires responsables du traité de Versailles. Or, quand il le signa, la paix était rétablie. L'Allemagne était en république et gouvernée par des démocrates plus sincères que ne le sont ses gouvernants d'aujourd'hui. Que s'est-il donc passé pour modifier l'attitude de M. Lloyd George ? Rien, sinon que le peuple anglais s'est fatigué de penser à la guerre. Le péril germanique qui hante nos imaginations n'est plus pour lui qu'une chimère sans consistance, et sera telle jusqu'au jour où une agression militaire menacera, d'une manière immédiate, les Flandres et les ports de la Manche.

---

1. [Robert Steward, Lord Castlereagh(1769-1822) fut proche de William Pitt. Secrétaire d'Etat aux Affaires étrangères de 1812 à 1822, il s'employa à construire la quadruple alliance qui mit fin à l'aventure napoléonienne de la France et négocia pour le royaume la paix de Vienne. Ses positions de plus en plus conservatrices l'isolèrent dans l'opinion, jusqu'à son suicide en 1822.]

Si les choses se passaient aujourd'hui comme elles se seraient passées autrefois, l'opposition aurait renversé le ministère ; et M. Asquith, ou tel homme d'État travailliste, demanderait la révision du traité de Versailles, pendant que M. Lloyd George, devenu chef de l'opposition, serait, devant la Chambre des Communes, l'avocat désigné du traité à l'élaboration duquel il a contribué. Mais M. Lloyd George a changé tout cela. Il a réduit les partis en poussière. Il s'est constitué tribun inamovible du peuple anglais, chargé de suivre, d'interpréter et de traduire en actes, au jour le jour, les mouvements de son humeur.

Élie Halévy

CONFÉRENCES ET FRAGMENTS SUR

L'ORGANISATION DE LA PAIX EUROPÉENNE (1920)

Pour la première rencontre d'après-guerre des sociétés françaises et anglaises de philosophie, organisée à Oxford en septembre 1920, Élie Halévy y prononce une conférence exposant ses vues sur la recherche d'une « paix durable » en Europe après l'épreuve de la Grande Guerre[1]. Il met en garde contre les utopies wilsoniennes et en démontre les contradictions internes. Le nationalisme, qui a été l'une des causes principales du conflit mondial, ne pourra être vaincu par un unique principe d'organisation internationale.

Cette forte analyse, qui témoigne de la profondeur critique de la pensée halévyenne, ne sera pourtant publiée qu'après sa mort, à l'initiative de ses amis, dans la première livraison de la Revue de métaphysique et de morale *pour l'année 1939. À cette date, les frontières des nouveaux États de l'Europe centrale et orientale fixées par les traités volent en éclat sous l'effet du chantage à la guerre des tyrannies et de l'impuissance des démocraties à faire respecter des principes qu'elles avaient elles-mêmes fixées.*

Le texte du Congrès d'Oxford est suivi de fragments retrouvés dans les archives personnelles d'Élie Halévy[2]. Trois d'entre eux portent directement sur la recherche de la paix et la nouvelle organisation de l'Europe au lendemain de la guerre. Ces esquisses ont servi à la rédaction finale du texte de la conférence de 1920. Le troisième fragment propose une intéressante réflexion sur l'hypothèse d'un fédéralisme européen.

1. « LE PROBLÈME DES NATIONALITÉS », 1920[3]

Il est significatif de constater quelle tâche Halévy assigne désormais à la philosophie. Celle de mettre en garde l'humanité contre les solutions

---

1. Voir la lettre d'Élie Halévy à Graham Wallas, 9 octobre 1920, p. 442-443.
2. Voir Élie Halévy, *Correspondance et écrits de guerre (1914-1919), op. cit.*, où d'autres de ces fragments sont reproduits et commentés.
3. Conférence prononcée au Congrès d'Oxford, septembre 1920, et publiée dans la *Revue de métaphysique et de morale*, 46, 1939, p. 147-151.

qui portent en elles les germes des guerres futures alors même qu'elles proclament travailler pour la paix. À l'instar des anciens principes qui avaient dominé l'organisation territoriale et diplomatique du monde, celui des frontières naturelles, celui de l'équilibre européen, le principe des nationalités à l'exclusion de tout autre et dans sa simplicité révolutionnaire, menace plus encore la paix mondiale par son irrésolution pratique. En effet, « la libre détermination des peuples » ne peut abolir le principe des frontières naturelles, comme en témoignent les préconisation du président américain sur le nécessaire débouché maritime des nouvelles nations ou bien le besoin qui serait le leur d'être économiquement « bien arrondie » et autonome. De la même manière, seul le principe de l'équilibre européen peut empêcher que les grandes nations, allemandes, russes, ne s'emparent du territoire des nouveaux États sans histoire ni patrie, et même soutenus par l'Angleterre et la France – si toutefois elles veulent bien accorder leur protection internationale.

Parce qu'Élie Halévy est un partisan de la paix, parce qu'il veut donner à la Société des Nations toutes ses chances de succès, il estime de son devoir d'avertir contre les risques qu'engendrent des solutions simplistes appliquées aux problèmes complexes. Le nouveau système mondial qui doit prévenir le retour de la guerre doit reposer en conséquence « sur une pluralité de principes qui doivent se compléter l'un par l'autre ». Quand le pacifisme « prend le caractère d'une utopie, quand il prétend réorganiser la Société des Nations en se fondant sur un seul principe, présumé rationnel », il s'égare et menace la paix. C'est la faute commise par Wilson, estime Élie Halévy qui n'a pas de mots plus durs pour qualifier la politique du président américain : « Son programme est devenu un programme guerrier ; et, maintenant, pour avoir voulu mettre à sa guerre le point final, le voici victime des passions nationales qu'il a lui-même déchaînées. » C'est alors, juge Élie Halévy, la guerre sans fin, le retour à la situation européenne du début du siècle, et l'impuissance des grandes nations à concevoir l'avenir du monde.

Plus qu'un principe, les nationalités sont un problème, surtout lorsque le nationalisme qui en émerge devient hors de contrôle et justifie les conquêtes les plus guerrières. On comprend pourquoi, alors que redouble la crise des Sudètes – avant que la Pologne, bientôt, ne soit submergée par l'offensive conjointe du nazisme et du stalinisme –, la rédaction de la Revue de métaphysique et de morale *ait décidé de publier en 1939 le texte de la conférence de 1920, prophétique à bien des égards*[1].

---

1. Cf. *infra*, p. 681.

Sur quel principe fonder l'établissement de cette « paix durable », à laquelle aspirent, ou disent aspirer, tous les peuples belligérants et tous les chefs qui les gouvernent ? La formule qui a trouvé la faveur la plus répandue, c'est la formule de la « libre détermination des peuples ». Le président Wilson en a été le grand protagoniste ; il s'agissait pour lui, non d'abréger la guerre, mais de la prolonger au besoin, afin de faire l'économie de guerres futures, et de la conduire jusqu'au moment où tous les belligérants, sous la pression des États-Unis, seraient obligés d'accepter un remaniement de la carte d'Europe, de la carte du monde, conforme au principe des nationalités, enfin pour la première fois exactement respecté.

Laissons de côté l'idée d'un remaniement de la carte du monde et les problèmes, infiniment compliqués, qui portent sur les peuples d'Afrique et d'Asie. Laissons de côté le problème, bien grave cependant, de savoir s'il n'y a pas contradiction entre l'idée de libre détermination et l'idée d'une Société des Nations, qui implique une limitation de la souveraineté, en d'autres termes, de la libre détermination de chaque nation. Demandons-nous seulement dans quelle mesure ce principe peut être, en lui-même et à l'exclusion de tout autre, considéré comme constitutif des nations entre lesquelles on vise à créer un état d'équilibre et de paix. La règle, c'est qu'aucun peuple, grand ou petit, ne doit être asservi à un autre peuple, englobé dans un autre peuple, contrairement à sa volonté ; et le principe, énoncé sous cette forme, semble être d'une réalisation très simple, puisqu'il suffit, pour l'appliquer, d'inviter tous les hommes d'une région donnée à se réunir pour voter, à la majorité des voix, en faveur de leur inscription dans tel ou tel groupe national. Demandons-nous s'il n'est pas trop simple. Les idées simples sont des idées révolutionnaires et guerrières, parce qu'elles ne peuvent se poser qu'à l'exclusion et par la destruction de toute autre idée. Elles font violence à la complexité des choses. Elles ne travaillent pas pour la paix.

C'est sur d'autres principes – principe des frontières naturelles, principe de l'équilibre européen – qu'on avait jadis prétendu se fonder pour répartir selon les exigences de la justice les divers territoires nationaux. Faudra-t-il admettre que vraiment le principe des nationalités ait aboli ces vieux principes ? Les pacifistes aiment à rappeler qu'ils ont été fréquemment des causes de guerre. Oui, si l'on a voulu se fonder sur l'un d'entre eux, à l'exclusion de tout autre. Il en a été, il en sera de même du principe des nationalités. Mais il semble possible de démontrer que le principe des frontières naturelles et le principe de l'équilibre européen sont, au même titre que le principe de libre détermination, des principes constitutifs d'une paix internationale durable.

Principe des frontières naturelles

Il faut que les nations entre lesquelles on désire constituer une société pacifique soient, chacune prise en elle-même, bien constituées ; et il ne suffit pas pour cela de la volonté, plus ou moins unanime, des citoyens qui les composent respectivement. Il faut encore que ces nations soient enfermées dans les limites imposées en quelque sorte par la géographie physique, qui constituent, au double point de vue militaire et économique, des frontières indiscutables. Les Alpes, les Pyrénées sont des frontières naturelles. On parle bien français et italien sur les deux versants des Alpes, catalan et basque sur les deux versants des Pyrénées. Si pourtant des guerres doivent éclater encore entre la France et l'Italie, entre la France et l'Espagne, ce sera au sujet de leurs possessions africaines, non de leurs frontières alpestres ou pyrénéennes, qui sont fondées sur la « nature des choses ». Il n'y a pas de frontière naturelle entre la France et l'Allemagne : un fleuve n'est pas une frontière naturelle. De là tant de périls de guerre. Dans l'Europe orientale, les nations, au sens ethnique du mot, sont à tel point enchevêtrées qu'il est impossible d'espérer que l'on puisse jamais effectuer là-bas un partage permanent des territoires nationaux. Ne faut-il pas admettre en conséquence que ces régions sont faites pour l'empire plutôt que pour la nationalité ?

Ce principe des frontières naturelles, que les écrivains de l'école pacifiste se plaisent à condamner, il serait facile de démontrer que les pacifistes les plus notoires sont incapables de s'en passer. Le principe suivant lequel chaque nation, pour être bien constituée, aura droit à ses débouchés maritimes, n'en est qu'une forme particulière : or, il a été rangé par le président Wilson au nombre des quatorze points de la Société des Nations. C'est étendre encore un peu plus l'application du principe des frontières naturelles que d'affirmer la nécessité pour une nation, si elle doit être viable, d'être une nation économiquement « bien arrondie » et autonome. Or, M. Keynes, si sévère pour le président Wilson parce que celui-ci n'aurait pas su, à l'en croire, imposer aux signataires du traité de Versailles le respect intégral de sa philosophie, admet que la Haute-Silésie reste allemande, au mépris du principe de libre détermination, parce que l'Allemagne a besoin, pour la bonne organisation de son économie nationale, des charbonnages silésiens. Nous ne voulons ici ni justifier ni critiquer l'attitude des deux pacifistes. Nous nous bornons à constater que les partisans les plus déterminés du principe de libre détermination croient devoir, en certains cas, faire appel, sous des formes détournées, au principe des frontières naturelles.

Principe de l'équilibre européen

La paix, c'est la justice, et la justice, c'est l'équilibre. Il y a état de droit et paix durable quand des forces nationales contraires, au lieu de se heurter et de tendre réciproquement à s'anéantir, se limitent et se balancent. Or cet équilibre suppose réalisées deux conditions. Il faut d'abord que les nations soient, chacune prise en elle-même, bien constituées : à cela pourvoient les deux principes de la libre détermination et des frontières naturelles. Il faut, en outre, qu'elles soient, dans la mesure du possible, égales entre elles. Tous les systèmes pacifistes, depuis le Droit des Gens de Grotius jusqu'à la Société des Nations du président Wilson, reposent sur cette fiction de l'égalité des nations. Ne faut-il pas, pour que ces systèmes soient viables, que la distance ne soit pas trop grande entre cette fiction et la réalité ?

Brobdingnag est un État de cent millions d'habitants ; il est flanqué, à droite, par la petite monarchie lilliputienne, avec cinq cent mille habitants ; à gauche, par les vastes prairies des Houyhnhnms, avec un million d'habitants. Un peu plus loin, l'île volante de Laputa compte vingt millions d'âmes. Supposons que l'État de Brobdingnag soit pris de velléités conquérantes : que pèseront dans la balance l'intelligence des Lilliputiens, la sagesse des Houyhnhnms, et tous les plans de paix perpétuelle qui s'élaborent dans l'île de Laputa ?

Le cas est hypothétique assurément : la réalité est-elle si loin cependant de ressembler à notre fable ? Essayons d'imaginer quelle figure pourra prendre la nouvelle Europe au sortir de la crise qui a éclaté en 1914 et n'est pas encore dénouée. Voici la Russie réduite en morceaux. Dans sa partie occidentale, une série d'États qui peuvent compter, les plus grands, vingt millions, les plus petits, un million d'habitants. À l'arrière-plan, une Moscovie informe dont personne ne peut deviner encore autour de quel noyau elle trouvera son organisation définitive. Au centre de l'Europe, une vaste Allemagne qui comptera quatre-vingts millions d'âmes si les Allemands d'Autriche, à qui nous accordons, par hypothèse, la libre détermination d'eux-mêmes, demandent à s'unir aux Allemands du Reich. Entre cette grande Allemagne et les mers Noire et Méditerranée, une série d'États sans passé politique, sans frontières naturelles : que d'occasions à de victorieuses incursions ! Et que pèseront contre cette masse les nations occidentales, même appuyées par la Grande-Bretagne ? Toutes considérations de politique intérieure mises à part, les pacifistes regretteront alors la disparition d'une grande Autriche et d'une grande Russie, capables de faire équilibre à la grande Allemagne. Ils reconnaîtront que la philosophie de l'équilibre européen s'est justifiée par un siècle de paix, tel que l'Europe n'en avait jamais encore connu. Puissions-nous trouver, dans le chaos actuel, les formules d'un nouvel équilibre ! Ce que nous contestons, c'est que l'on puisse, comme paraissent le croire les écrivains pacifistes, se désintéresser de cette recherche.

Nous souhaitons qu'il n'y ait pas de méprise sur le but vers lequel tendent les réflexions qui précèdent. Elles mènent à cette conclusion que la Société des Nations repose, non pas sur un principe simple, mais sur une pluralité de principes qui doivent se compléter l'un par l'autre. Le pacifisme se fait tort et prend le caractère d'une utopie quand il prétend réorganiser la Société des Nations en se fondant sur un seul principe, présumé rationnel : pourquoi alors ne pas procéder par des voies plus simples encore et réaliser la paix européenne par la conquête et par l'empire ? Mais justement, c'est l'impérialisme qui, étant donnée la constitution géographique et morale de l'Europe, constitue, en ces matières, l'utopie par excellence. Combien de fois l'Europe, au cours des siècles passés, n'a-t-elle pas été épuisée par l'ambition des conquérants, pour se trouver, après d'inutiles massacres, de nouveau divisée en nations qui savaient entretenir des relations pacifiques sans être fondues dans l'unité d'une monarchie universelle ? Le pacifisme, qui enregistre cette faillite de l'esprit de conquête est, pour qui sait comprendre, la moins utopique, la plus sage, la plus prudente et la plus conservatrice des doctrines. Et qui sait si ce n'est pas là sa faiblesse ? Car l'imagination humaine est ainsi faite qu'elle a besoin de se nourrir de chimères. Il faut donc excuser l'homme d'État, épris de l'idée pacifiste, qui tente, pour séduire l'imagination populaire, de donner à cette idée l'aspect d'une utopie. Ainsi a fait le président Wilson ; mais alors, malheur à la paix internationale ! Son programme est devenu un programme guerrier ; et, maintenant, pour avoir voulu mettre à sa guerre le point final, le voici victime des passions nationales qu'il a lui-même déchaînées.

Élie Halévy

2. Trois fragments sur les perspectives de paix après-guerre

Ces esquisses restées inédites font entrer dans les profondeurs du laboratoire intellectuel d'Élie Halévy. Elles complètent et prolongent la conférence prononcée au Congrès des sociétés françaises et anglaises de philosophie en 1920. L'historien philosophe s'interroge sur les conditions d'établissement « d'une paix perpétuelle[1], sinon durable » sur le continent européen. Le ressort ne peut en être seulement « la lassitude de la guerre »,

---

1. L'expression fait référence à l'ouvrage d'Emmanuel Kant, *Vers la paix perpétuelle*, publié en 1975 et considéré comme l'un des plus grands livres de philosophie politique.

qui est réelle au sortir du conflit mais qui s'estompera aussi décisivement. Il souhaite aussi mettre en garde contre la religion des utopies, les anciennes, celles de la conquête, comme les actuelles, celles de la paix. Il convient, assure Élie Halévy, de se « maintenir dans un équilibre en quelque sorte miraculeux » qui implique de penser la complexité des relations internationales et non d'abdiquer de sa raison critique devant le seul principe de la « libre détermination des peuples ».

Absente de la conférence d'Oxford, la discussion sur l'hypothèse d'un fédéralisme européen occupe en revanche l'essentiel du troisième et dernier fragment publié. Des développements d'une grande fermeté exposent la contradiction dans lesquelles se placent les puissances dans leur volonté d'organisation du monde, quand elles manifestent un nationalisme guerrier et une volonté de domination. Afin de neutraliser l'esprit de conquête et la rivalité entre les puissances, il convient, explique Halévy, de se donner une « utopie moyenne », qui ne soit pas celle, absolue, du fédéralisme pur, et qui vaille la peine d'être défendue. Pour être diplomatiquement viable, la solution fédérale doit être garantie, en Europe, par un État arbitre. Le Vatican ne dispose pas des moyens effectifs pour remplir ce rôle de « pouvoir arbitral constitué de l'Occident ». Sa force spirituelle est insuffisante. Seule la puissance anglaise est capable de jouer ce rôle « d'arbitre légal, entre les nations réconciliées ». La conclusion d'Élie Halévy rejoint ici sa connaissance approfondie de l'Angleterre.

Premier fragment : « Note pour l'établissement d'une paix durable en Europe occidentale »[1]

L'établissement de cette paix est à ce après quoi aspirent, en dernière analyse, tous les combattants, si l'on excepte le très petit nombre des militaires professionnels pour qui la vie de guerre est la vie normale et heureuse – tous les belligérants, si l'on excepte le très petit nombre des politiciens professionnels pour qui les embrouillements de la diplomatie internationale constituent le grand plaisir de l'existence. Mais la connaissance du but poursuivi importe peu, quand ce but est éloigné, hors de vue ; la question importante, c'est la question de savoir quel chemin il faut suivre pour l'atteindre.

---

1. Archives Élie Halévy, en cours de versement à la Bibliothèque de l'École normale supérieure. Certains passages (repérés par des astérisques en début et fin de texte) ont été publiés dans « Le problème des nationalités », *Revue de métaphysique et de morale*, 46, 1939, p. 147-151.

La première condition de l'établissement d'une paix durable, c'est, chez tous les belligérants une lassitude égale de la guerre. Un pareil sentiment de lassitude a été éprouvé, dans tout l'Occident, il y a deux siècles, après la paix d'Utrecht. Plus de vingt ans de paix européenne. Clôture du cycle des guerres provoquées par la politique de Louis XIV. En Angleterre, Walpole ; en France, Fleury. Voyage de Montesquieu et Voltaire à Londres. Philosophie de Hume. Naissance de la philosophie des Lumières. Espoir d'une civilisation européenne. Un même sentiment de lassitude, plus intense, plus conscient des raisons philosophiques sur lesquelles il pouvait se fonder, a été éprouvé en Europe, il y a un siècle, après la fin des guerres de la Révolution et de l'Empire. Quarante ans de paix, troublée par des révolutions fréquentes, assurément. Mais que pèse le sang versé au cours de cette révolution, à côté de tout le sang humain que coûte une seule année, un seul mois, de guerre internationale ? D'ailleurs ces révolutions fortifiaient la paix et contribuaient à la rendre durable. Elles créaient chez les masses populaires sans acception de nationalité un sentiment de fraternité révolutionnaire. Elles inspiraient aux gouvernements une peur commune à l'égard de ce danger commun que la révolution faisait courir à tous. Quarante ans de paix : peut-être serait-il plus exact de dire : cent ans de paix. Car les rapides convulsions militaires qui ont correspondu, chronologiquement, au règne de Napoléon III ont été suivies d'une nouvelle ère pacifique. Pendant les quarante-cinq années qui vont du traité de Francfort jusqu'au défi jeté par l'Allemagne au monde en août 1914, on a constaté un déclin marqué de l'esprit révolutionnaire, malgré l'effroi, sincère ou affecté, que les progrès des partis socialistes ont inspiré aux classes dirigeantes, un progrès marqué des idées de militarisme et de protectionnisme, qui devaient, un jour ou l'autre, conduire à une catastrophe, mais qui, en attendant, prenaient un aspect de prudence bourgeoise et défensive, et s'accommodaient de la prolongation de l'état de paix. Puis la catastrophe est venue.

Quand elle aura été consommée, quel sera l'état du monde civilisé ? Et comment, d'une manière sinon perpétuelle, du moins aussi durable que possible, saura-t-il s'organiser pour la paix ?

On pourra soutenir que ce souci d'organiser la paix est futile : que la lassitude de la guerre suffira à maintenir de la paix ; qu'à ne pas se contenter de cela, à vouloir faire mieux encore, on risquera de sacrifier le bien même dont on jouit, à provoquer peut-être de nouvelles guerres. La guerre de 1870, la guerre de 1914, ont été précédées, l'une et l'autre, dans les divers pays de l'Europe occidentale par une propagande pacifiste extrêmement intense, qui visait à obtenir des résultats immédiats, et dont l'échec a été désastreux, ridicule. Peut-être, et nous ne tenons pas à être dupes de notre imagination. Mais l'esprit humain est fait de telle sorte qu'il vient traduire en systèmes imaginatifs la réalité après laquelle il aspire. L'utopie est l'air qu'il respire. Entre les utopies du pacifisme et les utopies du conquérant, comment se maintenir dans un équilibre en quelque sorte miraculeux ? Et, s'il faut choisir entre les unes et les autres, lesquelles sont les moins dangereuses ? Nous apporterons ici le contingent de notre utopie personnelle. Si faible qu'en puisse être l'influence sur la marche des événements humains, cette influence sera toujours réelle. C'est par un nombre infiniment grand d'infiniment petits que la réalité finie est constituée.

Du principe des nationalités. Mais il semble facile de démontrer que le principe des frontières naturelles et le principe de l'équilibre européen sont au même titre que le principe de libre dénomination, des principes constitutifs d'une paix internationale durable.

*Principe des frontières naturelles. Il faut que les nations entre lesquelles on désire constituer une société pacifique soient, chacune prise en elle-même, bien constituées ; et il ne suffit pas pour cela de la volonté, plus ou moins unanime, des citoyens qui les composent respectivement. Il faut que les nations soient enfermées dans des limites imposées, en quelque sorte, par la géographie physique, qui constituent, du point de vue militaire et économique, des frontières indiscutables. Les Alpes, les Pyrénées sont des frontières naturelles : on parle bien français et italien sur les deux versants des Alpes, catalan et basque sur les deux versants des Pyrénées. Si pourtant des guerres devaient éclater entre la France et l'Italie, entre la France et l'Espagne, ce serait au sujet de leurs possessions africaines, et non pas au sujet de leurs frontières alpestres ou pyrénéennes, qui sont fondées sur la « nature des choses ». Il n'y a pas de frontière naturelle entre la France et l'Allemagne, car un fleuve n'est pas une frontière naturelle. De là tant de [ill.] de guerres. Dans l'Europe orientale, les nations, au sens ethnique du mot, sont à tel point enchevêtrées qu'il est impossible d'espérer que l'on réalise jamais un partage durable des territoires. Ne faut-il pas admettre que, pour cette raison même, ces régions semblent faites pour l'empire plutôt que pour la nationalité ?

Ce principe des frontières naturelles que les écrivains de l'école pacifiste se plaisent à condamner, il serait facile de démontrer que les pacifistes les plus notoires ne peuvent se dispenser d'y recourir à l'occasion. Le principe suivant lequel chaque nation, pour être bien constituée, a droit à ses débouchés maritimes, n'en est qu'une forme particulière : or ce principe a été rangé, par le président Wilson, au nombre des quatorze principes fondamentaux de la Société des Nations. C'est étendre encore un peu plus loin le principe des frontières naturelles que d'affirmer la nécessité pour une nation, si elle doit être viable, d'être une nation économiquement

« bien arrondie » et autonome : or M. Keynes, si sévère pour le président Wilson, parce que celui-ci n'aurait pas su imposer, dans la rédaction du traité, le respect de ses principes, admet que la Haute-Silésie est [barré : dans] à l'Allemagne au mépris du principe de libre détermination, parce que l'Allemagne a besoin, pour l'intégrité de son organisation économique des charbonnages silésiens. Nous ne voulons ici ni justifier, ni discuter l'attitude de M. Wilson ou de M. Keynes. Nous nous contentons d'attirer l'attention sur ce fait que les partisans les plus déterminés du principe de libre détermination croient devoir, dans certains cas, faire appel au principe des frontières naturelles.*

Principe de l'équilibre européen. Nous admettons volontiers qu'il n'en est pas de ce principe comme du principe des frontières naturelles, et que nous serions embarrassés de trouver, chez aucun écrivain de l'école pacifiste, le plus petit commencement d'adhésion au principe de l'équilibre européen. Nous le croyons cependant également indispensable à l'établissement d'une paix durable. Il signifie que les nations [barré : ill.] pour conclure sur un p...

Deuxième fragment[1]

Sur quel principe fonder l'établissement de cette « paix durable » à laquelle aspirent, ou disent aspirer, tous les peuples belligérants et tous les chefs qui les gouvernent ? La formule qui a trouvé la faveur la plus répandue, c'est la formule de la « libre détermination des peuples ».

[Les révolutionnaires russes ont fait assurément quelque chose pour la discréditer : car elle a justifié, dans leur bouche, toutes les défections, toutes les abdications. Mystiques de la révolution intégrale, tous les problèmes qui portent sur l'organisation d'une Société des Nations les laissaient indifférents, comme n'entrant pas dans le plan de leur philosophie ; ils ramassaient au hasard, en ces matières, la première formule venue, pourvu seulement qu'elle fût d'apparence libérale, et leur permît de bâcler la paix en trois mois. Mais, au même moment, la formule de la libre détermination des peuples prenait, dans la bouche du président Wilson, une valeur nouvelle. Il s'agissait pour lui, non d'abréger la guerre, mais de la prolonger au besoin, afin...]

*Le président Wilson en a été le grand protagoniste : il s'agissait pour lui, non d'abréger la guerre mais de la prolonger au besoin, afin de faire l'économie de guerres futures, et de la conduire jusqu'au moment où tous les belligérants, sous la pression des États-Unis [d'Amérique, puissance tout à la fois combattante et arbitrale] seraient obligés d'accepter un remaniement

---

1. Entre crochets figurent certaines variantes.

de la carte d'Europe, de la carte du monde, conforme au principe des nationalités, enfin pour la première fois exactement respecté.*

Nous nous demanderons dans quelle mesure ce principe est [véritablement] de nature à assurer, entre les nations [ainsi constituées], un équilibre pacifique [qui soit vraiment durable]. *Nous laisserons de côté les questions, infiniment compliquées, qui portent sur les peuples [barbares ou demi-civilisés] d'Afrique et d'Asie. [Nous ne nous occuperons que de l'Europe, et c'est bien assez]. Nous ne poserons pas même *le problème de savoir s'il n'y a pas contradiction entre l'idée de libre détermination et l'idée d'une Société des Nations, qui implique une limitation de souveraineté – en d'autres termes de la libre détermination – de chaque nation.* Nous nous…

Le principe, c'est qu'aucun peuple, grand ou petit, si petit soit-il, ne doit être asservi à un autre peuple, englobé dans un autre peuple, contrairement à sa volonté. Le principe semble être d'une application très simple, puisqu'il suffit, pour en obtenir la réalisation, d'inviter tous les hommes à se réunir pour voter en faveur de leur inscription dans tel ou tel groupe national. Les choses, en réalité, sont loin d'être simples ; ou, pour mieux dire, un plan simple, appliqué à une matière complexe, est le contraire de la simplicité.

Premièrement, ces nations conformes à la nature, qu'il s'agirait de constituer, ne sont pas isolées les unes des autres par la nature, toutes prêtes à l'organisation que veut leur imposer le président Wilson. L'enchevêtrement des nations, ou des langues, ou des races, est un fait avec lequel il faut compter. Dans le Levant, dans de grandes agglomérations urbaines, telles qu'Alexandrie, Smyrne ou Stamboul, cet enchevêtrement est l'ordre naturel des choses ; et l'idée de considérer la nation juive, ou la nation arménienne, ou la nation grecque, ou la nation italienne, comme des nations territorialement séparées les unes des autres, ne vient pas même à l'esprit d'un habitant de l'une de ces grandes villes. Il est vrai qu'au cours du XIXe siècle, en Occident ou sur les confins de l'Occident et de l'Orient, il s'est constitué une nation italienne et une nation grecque – au sens territorial du mot « nation » –, et que la nation grecque ou italienne de Smyrne ou d'Alexandrie a dès lors un penchant à se considérer comme la « colonie » d'une métropole. Mais rien de pareil pour les Arméniens, ou les Juifs, en attendant qu'il se reconstitue une patrie arménienne sur les hauts plateaux de l'Asie mineure, une patrie juive sur les bords du Jourdain. Mais alors, de deux choses l'une, ou bien on accepte comme normal l'état des choses qui se trouve réalisé dans une grande ville du Levant, où les nations sont mélangées à l'intérieur des mêmes murs, ne se distinguant que comme des « églises » séparées, non comme des territoires distinct. Il faudra donc faire ici du principe de libre disposition des peuples une application toute nouvelle, et dont nous ne saurions même pas deviner la nature. Ou bien on rattache ces nations éparses à une grande nation homogène au double point de vue ethnique et territorial. Mais comment opérer ce rattachement, sans opprimer une foule de minorités, si nombreuses que, par leur coalition, elles « majoriseraient » [ill : mépriseraient ?] partout la majorité satisfaite. L'impérialisme turc, l'impérialisme anglais, constituent une solution provisoire : personne n'étant satisfait, tout le monde doit s'estimer content. Mais alors, ne parlons pas d'un régime de liberté.

Si le problème est aigu sur les rives orientales et méridionales de la mer Égée, il l'est bien plus encore dans les Balkans, où le principe de libre détermination des peuples est depuis bientôt un siècle en voie d'application progressive, et a produit là-bas non pas la paix durable, mais un état de brigandage chronique, qui périodiquement s'aggrave pour prendre les proportions d'une vraie guerre. Il y a maintenant une Grèce, une Bulgarie, une Serbie, une Roumanie ; peut-être y aura-t-il demain une Albanie ; et peut-être chacune de ces nations est-elle concentrée autour du noyau où l'élément grec, bulgare, serbe ou roumain est le plus fortement représenté. N'empêche qu'il y a partout des Grecs, des Bulgares, des Serbes, des Roumains chevauchant les uns sur les autres. Toute répartition du territoire balkanique entre ces diverses nationalités ne peut pas éviter qu'il n'y ait dans chacune une minorité – ethnique ou linguistique – qui se considère comme asservie. Tant de Grecs pour moi, tant de Bulgares pour vous. Tant de Bulgares pour moi, tant de Grecs pour vous. Le marchandage n'est pas évitable, chaque fois qu'on voudra refaire la carte des Balkans.

Enfin, même dans l'Occident, bien que de longs siècles de centralisation – disons, si l'on veut, d'oppression monarchique – aient créé de vastes bocs nationaux dont l'homogénéité est extrême, cette homogénéité est loin d'être absolue. Allemands et Tchèques s'enchevêtrent. Obsédés par l'idée qu'il faut vaincre l'impérialisme allemand, et que l'Allemagne, en Occident, à l'heure actuelle, symbolise les idées de l'hégémonie et de l'impérialisme, nous négligeons le fait qu'une Pologne reconstituée, une Bohême affranchie, contiendront de nombreux Allemands, Polonais ou Tchèques malgré eux. Dira-t-on que ce sont des exceptions... qu'il convient de négliger, afin de ne pas retarder l'application d'une règle bienfaisante ? Mais en Orient, ce qu'on appelle l'exception est la règle. En Occident, on ne peut traiter comme une exception négligeable un cas qui intéresse plusieurs millions d'individus.

Négligeons cependant l'« exception » si on veut. Supposons, pour la commodité de la discussion du problème, que ces nations, avides de déterminer librement leur sort, se trouvent, par [barré : une sorte d'] harmonie providentielle concentrées sur des territoires nettement délimités les uns par rapport aux autres. Le problème sera-t-il résolu ? Quand on aura proclamé l'indépendance réciproque de ces nations, aura-t-on supprimé les causes de guerre ?

Brobdingnag est un État de cent millions d'habitants ; il est flanqué à l'est de la petite monarchie lilliputienne, avec cinq cent mille sujets ; à l'ouest, par les vastes prairies de l'État des Houyhahoms : un million d'âmes. Au nord, l'île de Laputa, avec vingt millions d'habitants. Supposons que l'État de Brobdingnag soit pris de velléités conquérantes, et qu'il applique à satisfaire son désir de faire la guerre toutes les ressources de son industrie géante, toute la puissance de son aristocratie militaire. Que pèsera dans la balance l'intelligence des Lilliputiens, la sagesse des Houyhahoms, et tous les plans de paix perpétuelle et de Société des Nations qui s'élaborent dans l'île de Laputa ? Dira-t-on que toute cause de guerre aura disparu, chaque peuple étant content chez soi ? Pourquoi, par exemple, la population débordante des Brobdingnag a besoin d'exploiter pour vivre les riches prairies qui sont beaucoup plus que suffisantes pour faire vivre les Houyhahoms ? Quel tribunal décidera combien de Houyhahoms devront être transplantés, concentrés, pour faire place aux Brobdingnag ? Ou bien, si l'on n'accepte pas l'hypothèse d'une pareille conquête par arbitrage, comment éluder le recours à la guerre ?

Mais le cas est hypothétique ; pourquoi vouloir que, dans la réalité, on se trouve en face de la disproportion des forces que nous avons supposée entre ces nations fictives ? Peut-être sans doute avons-nous forcé les choses pour la facilité de la démonstration : la réalité n'est pas cependant si loin de ressembler à notre fable. *Essayons d'imaginer, à la lumière des présents troubles, quelle figure pourrait prendre la nouvelle Europe, au dénouement de la Grande Guerre. Voici la Russie réduite en morceaux ; à sa frontière occidentale, une série d'États, plus ou moins grands, qui peuvent compter de un à vingt millions d'habitants ; à l'arrière-plan, une Moscovie informe dont personne ne peut deviner autour de quel noyau elle va s'organiser. Au centre de l'Europe, une vaste Allemagne, passant de soixante-cinq à quatre-vingt ou quatre-vingt-dix millions d'habitants, puisque les Allemands d'Autriche, à qui nous accordons, par hypothèse, la libre disposition d'eux-mêmes demandent à s'unir aux Allemands de l'Empire allemand. Entre cette grande Allemagne et la mer Noire et la Méditerranée, une série d'États moyens et petits, sans frontières ethniques bien faciles à tracer.* Il est bien vrai que, vers l'Orient, l'Allemagne trouvera en face d'elle de grandes nations, France, Italie, suffisamment fortes et suffisamment homogènes pour constituer un équilibre doué de quelque stabilité. Mais que d'occasions à de perpétuelles et victorieuses incursions offriront à l'Empire allemand cette foule d'États nouveaux, appelant toujours, l'un contre l'autre le secours du plus fort. L'Allemagne, devenue l'arbitre de l'Orient, pourra se désintéresser momentanément de l'Occident, mais avec quel profit pour elle ? Dira-t-on que les tentations mêmes de conquête que l'Orient va lui présenter seront [barré : de nature] dangereuses, que les plaines de la Russie ont porté malheur à bien des conquérants, depuis Darius, Charles XII et Napoléon ? Peut-être ; mais alors on compte sur la guerre pour venger les maux de la guerre. Ce n'est pas la paix perpétuelle, remède aux guerres, fin des guerres, qui nous était promise.

La paix, c'est la justice, et la justice, c'est l'équilibre. Il y a état de droit et paix durable quand des forces contraires, au lieu de se heurter et de s'anéantir l'une l'autre, se limitent et s'équilibrent. La paix dure tant que l'équilibre est réalisé, tant que les causes d'équilibre l'emportent sur les causes de déséquilibre ; en ce sens toute guerre est juste, car toute déclaration de guerre affirme, par elle-même, que l'équilibre, le droit, n'étaient pas réalisés sur la terre. Elle s'épuisera quand un nouvel état d'équilibre, dont la durée mesurera la valeur... [*manque la fin de la phrase*] Elle est un moyen brutal qu'emploie le genre humain pour opérer une redistribution de la terre entre les nations. Trouver un moyen brutal pour résoudre ce problème, c'est ce qui offre des difficultés dont les pacifistes semblent systématiquement ne pas tenir compte. Mais du moins, au moment où une grande guerre est en train de prendre fin, peut-on s'inquiéter de réaliser une répartition des territoires nationaux telle qu'elle soit capable de durer le plus longtemps possible. Le problème que nous cherchons à résoudre consiste à savoir qu'elles sont les conditions d'un équilibre international durable.

Or cet équilibre suppose réalisées deux conditions. Il faut que les nations soient bien constituées. Il faut qu'elles soient, dans la mesure du possible, égales entre elles.

Il faut que les nations soient bien constituées : et cela même implique que l'on satisfait, dans la mesure du possible, à trois principes.

Principe des frontières naturelles. Une nation privée de frontières naturelles est condamnée à inventer, pour se protéger contre les invasions possibles des nations voisines, ces procédés de défense artificielle qui constituent l'ensemble de ce qu'on appelle l'armée et l'armement. Une frontière naturelle constitue pour une nation non seulement une économie de guerres, mais, en temps de paix, une énorme économie de frais. Il est d'ailleurs impossible de satisfaire toujours à ce principe. Car les seules frontières qui puissent être vraiment qualifiées de naturelles, ce sont les montagnes. Les Alpes, les Pyrénées, et non pas le Rhône, le Pô, ou l'Elbe, sont des frontières qui naturellement séparent la France de l'Italie et de l'Espagne. Les fleuves, bien loin de séparer les riverains, les rapprochent. La frontière « naturelle » entre la Gaule et la Germanie, entre la France et l'Allemagne, ce n'est pas, en dépit des souvenirs de l'empire romain, le Rhin, c'est la ligne des Vosges, puis la ligne de partage des bassins de la Moselle, puis du Rhin et de la Meuse. À partir d'Aix-la-Chapelle, toute frontière naturelle faisant défaut, il faudrait courir, le long d'un tracé géographiquement arbitraire, jusqu'à l'estuaire commun de la Meuse et du Rhin. Nous ne prétendons pas, ce disant, renoncer à l'Alsace, revendiquer le Luxembourg et la Belgique. Ce sur quoi nous insistons précisément, c'est que l'on ne peut organiser l'Europe en se fondant sur un seul principe simple. Une frontière formidable comme les Alpes et les Pyrénées tranche la question, pour le plus grand bien de la paix de l'Europe ; mais les Alpes et les Pyrénées sont rares.

Un second principe se rattache de près au premier. Il exige, comme le principe des frontières naturelles, qu'un État, pour être bien constitué, soit, suivant la vieille formule de la diplomatie germanique « bien arrondi ». Un pays qui serait, par hypothèse, ethniquement complet, constitué de telle sorte que tous les habitants parlent une même langue, et que tous les hommes parlant cette langue en sont habitants, serait mal constitué, si, par quelque accident de la géographie ou de l'histoire, il était privé de tout débouché sur la mer. Des ports sur la mer libre sont des organes aussi nécessaires pour un pays que le peut être, à sa frontière, comme organe de défense, une haute chaîne de montagnes. Mais alors, lorsqu'il s'agit de tracer la carte de la nouvelle Europe, que de difficultés surgissent ! Salonique, ethnographiquement, est une ville grecque ; admettons-le, pour la commodité de l'argumentation, ou bien même, disons, pour plus d'exactitude, que la banlieue de Salonique est grecque, et que l'on ne peut helléniser la région sans helléniser la capitale. Mais, au point de vue commercial, Salonique ne sert de débouché ni à l'Attique ni au Péloponnèse. Elle est l'issue naturelle pour les produits qui viennent de la Serbie, et, à travers la Serbie, de l'Autriche-Hongrie. Salonique sera donc une ville morte si un état de guerre règne entre la Grèce et les nations desquelles, selon la nature des choses, Salonique sert de port. Même difficulté pour Trieste. Admettons pour la commodité de l'argumentation que Trieste et la région avoisinante soient ethnographiquement italiennes. Donnons-les, en conséquence, à l'Italie. Mais Trieste ne peut servir de débouché pour les produits de la Vénétie, à plus forte raison de la Lombardie. Elle est le débouché naturel de la région danubienne. Il faudra donc que l'Italie, maîtresse de Trieste, fasse à cette ville un régime spécial, lui accorde une relative autonomie commerciale, établisse un régime de libre-échange avec l'Illyrie d'une part et la vallée du Danube d'autre part – bref abaisse économiquement...

... du principe de libre détermination, croient devoir, dans certains cas, faire appel au principe des frontières naturelles.

Principe de l'équilibre européen. Il a été toujours, de la part des pacifistes, l'objet des attaques les plus vives : et nous avouons qu'il nous a été impossible, chez aucun des hommes d'État...

*Principe de l'équilibre européen. La paix, c'est la justice ; et la justice, c'est l'équilibre. Il y a état de droit et paix durable quand des forces nationales contraires, au lieu de se heurter, et de tendre à s'anéantir réciproquement, se limitent et se balancent. Or cet équilibre suppose réalisées deux conditions. Il faut d'abord que les nations soient – chacune prise en elle-même – bien constituées : à cela pourvoient les deux grands principes de la libre détermination et des frontières naturelles. Il faut, en outre, qu'elles soient, dans la mesure du possible, égales entre elles. Tous les systèmes pacifistes, depuis le Droit des Gens de Grotius jusqu'à la Société des Nations du président Wilson, reposent sur cette fiction de l'égalité des nations. Ne faut-il point, pour que les systèmes soient viables, que la distance ne soit pas trop grande entre cette fiction et la réalité ?

Brobdingnag est un État de cent millions d'habitants ; il est flanqué, à droite, de la petite monarchie lilliputienne, avec cinq cent mille habitants ; à gauche, [par] les vastes prairies des Houyhahoms, avec un million d'habitants. Un peu plus loin, l'île volante de Laputa, vingt millions d'âmes. Supposons que l'État de Brobdingnag soit pris de velléités conquérantes : que pèseront dans la balance l'intelligence des Lilliputiens, la sagesse des Houyahomiens, et tous les plans de paix perpétuelle qui s'élaborent dans l'île de Laputa ?

Le cas est hypothétique assurément. La réalité est-elle si loin cependant de ressembler à notre fable ? Essayons d'imaginer quelle figure pourra prendre la nouvelle Europe, au sortir de la crise qui a éclaté en 1914 et qui n'est pas encore dénouée. Voici la Russie réduite en morceaux : dans sa répartition occidentale, une série d'États [barré : plus ou moins grands], qui peuvent compter, les plus grands, vingt millions, et les plus petits, un million d'habitants ; à l'arrière-plan, une Moscovie informe dont personne ne peut deviner autour de quel noyau elle va s'organiser. Au centre de l'Europe, une vaste Allemagne, qui comptera de quatre-vingt à quatre-vingt dix millions d'habitants, si les Allemands d'Autriche, à qui nous accordons, par hypothèse, la libre disposition d'eux-mêmes, demandent à s'unir aux Allemands du Reich. Entre cette Grande Allemagne et la mer Noire et la Méditerranée, une série d'États sans passé politique, sans frontières ethniques ou naturelles...

... cette masse, les nations occidentales, même appuyées par la Grande-Bretagne ? Toutes considérations de politique extérieure mises à part, les pacifistes commencerons alors à regretter la disparition d'une grande Autriche et d'une grande Russie, capables de faire équilibre à la Grande Allemagne, et à reconnaître que la philosophie de l'équilibre européen s'est justifiée par un siècle de paix tel que l'Europe n'en avait jamais connu jusqu'alors. Puissions-nous trouver dans le chaos actuel les formules d'un nouvel équilibre ! Ce que nous contestons, c'est que l'on puisse, comme paraissent le croire les écrivains de l'école pacifiste, se désintéresser de cette recherche.

Nous souhaitons qu'il n'y ait pas de méprise sur le but vers lequel tendent les réflexions qui précèdent. Elles mènent à cette conclusion, que le système des nations repose non pas sur un principe simple, mais sur une pluralité de principes, qui doivent se compléter et se compenser l'un par l'autre. Le pacifisme se fait tort, prend le caractère d'une utopie, quand il prétend réorganiser la Société des Nations en se fondant sur un seul principe, présumé rationnel : pourquoi alors ne pas procéder par des voies plus simples encore, et réaliser la paix européenne par la conquête et par... [*manque la fin de la phrase*] Malheureusement, c'est l'impérialisme qui, étant donné la constitution morale et géographique de l'Europe, constitue la véritable utopie. Combien de fois l'Europe, au cours des siècles passés, n'a-t-elle pas été épuisée par l'ambition des conquérants, pour se trouver, après des années d'inutiles massacres, de nouveau divisée en nations, qui savaient entretenir des relations pacifiques sans être fondues dans l'unité d'une monarchie universelle ? Le pacifisme, qui enregistre cette faillite de l'esprit de conquête, est, pour qui sait comprendre, la moins utopique, la plus sage, la plus prudente, la plus conservatrice des doctrines. Et c'est là peut-être sa faiblesse. Car l'imagination humaine est ainsi faite qu'elle a besoin de chimères et d'utopies. L'homme d'État pacifiste sera donc irrésistiblement tenté, pour séduire l'imagination populaire, de donner à la doctrine l'aspect d'une utopie. Ainsi a fait le président Wilson. Mais alors, malheur à la paix internationale ! Son programme est devenu un programme guerrier ; et maintenant, pour avoir voulu mettre à sa guerre le point final, le voici victime des passions nationales qu'il a lui-même déchaînées.*

Troisième fragment : « Fédération internationale »[1]

L'idée d'une fédération internationale est celle qui surgit [ill.] immédiatement de la paix. De même qu'à l'intérieur d'une nation les individus ont convenu qu'ils renonceraient, pour trancher leurs différends privés, à se faire justice eux-mêmes, et considéreraient comme des criminels ceux qui persisteraient à tenir l'état de guerre pour l'état normal des relations

---

1. Archives Élie Halévy, en cours de versement à la Bibliothèque de l'École normale supérieure. Entre crochets figurent certaines variantes.

entre individus, de même les nations peuvent se considérer comme autant de personnes morales, renoncer à se faire la guerre, et remettre à un tribunal commun le soin de trancher leurs procès. Si elles le peuvent, elles le doivent. Et pourquoi ne le peuvent-elles pas ?

Elles ne le peuvent pas parce que cette théorie repose sur une double fiction.

On ne peut, sans une fiction qui dénature les faits, considérer les nations comme autant de personnes capables de donner à leurs relations une forme parfaitement juridique. Les individus humains, quelle que soit l'énormité des différences qui les séparent – différences de force ou d'intelligence ou de moralité – peuvent cependant, lorsqu'on regarde les choses d'en haut et en gros, être considérés comme sensiblement égaux entre eux. Or tout l'art de faire vivre les hommes en société consiste précisément dans l'art de les considérer en gros. Dans une nation de cinquante millions d'habitants, un million d'habitants sont, en moyenne, égaux à un million d'habitants. Mais les nations sont, d'une part, trop différentes par l'étendue et le nombre des habitants, et d'autre part, trop peu nombreuses (il n'y a pas cent nations sur la surface du globe) pour qu'on puisse établir entre elles de pareilles moyennes.

C'est d'ailleurs une autre fiction de croire que les nations réelles se sont constituées par un pacte entre individus – chaque individu ayant consenti à renoncer aux chances qu'il avait de triompher par la force sur ses semblables, à condition d'être, en retour, garanti contre l'invasion de la violence d'autrui. Il est possible que, dans une grande nation une fois constituée, tout se passe comme si elle avait commencé de la sorte. En fait, ce n'est pas ainsi qu'elle a commencé. Toute nation, sans exception, est fille de la force. Un soldat, un prince, a conquis les provinces et les villes, abattu les seigneurs qui résistaient à son autorité ; après quoi, il est devenu législateur ; et le niveau qu'il a établi sur les hommes affranchis des autorités subordonnées, mais soumises à son autorité plus forte, a été la justice de la nation. Nous devons à Louis XI, à Richelieu, ce que les Allemands doivent à Frédéric II et à Bismarck.

Si donc on voulait que l'établissement d'une justice internationale suivît la même marche qu'a suivie l'établissement de la justice privée à l'intérieur de chaque nation, l'ami de la paix serait amené à se faire le théoricien de la conquête, à appeler de ses vœux le conquérant qui saura, par la force, imposer le joug d'une justice inique aux habitants de toutes les nations de l'Europe occidentale.

Ainsi a procédé l'Empire romain, et nous vivons tous dans les ruines de l'Empire romain. Pourquoi une grande nation moderne ne réaliserait-elle pas, une fois de plus, ce miracle de force militaire et d'organisation administrative ? En vérité, chaque fois qu'une nation, en Occident, s'est élevée au premier rang entre les nations, elle a conçu des ambitions romaines. Empereurs d'Allemagne, rois de France, ont cependant échoué dans cette tentative souvent renouvelée. Est-ce par hasard ? Et peut-on croire qu'au XXe siècle les chances soient plus favorables qu'elles ne l'ont été depuis les temps de Charlemagne jusqu'au temps de Napoléon ?

Il semble, en réalité, que plus s'éloigne le souvenir de l'Empire romain, et plus devient irréalisable une nouvelle unité, conçue sur le même modèle. On a vu se constituer une série de centres distincts, nationaux, de civilisation, et, plus une de ces nations a été capable de développer une forme originale de culture, d'art, de littérature, de religion, plus il semble difficile de la persuader que son intérêt lui commande de se fondre dans l'unité d'une nation plus grande. Sans doute, dans le cours de l'histoire de l'Europe, bien des nations se sont éteintes ; mais, parmi celles-ci, il en est qui ont ressuscité, et l'exemple de l'Allemagne ou de l'Italie contemporaines sont un encouragement pour les nations qui aspirent à naître ou à renaître. C'est, en fait, autour de l'idée de nationalité que s'est constituée l'idée de la civilisation moderne. C'est quand les grandes nations se sont formées, et sont entrées en guerre, que le monde moderne est sorti de l'unité chaotique du Moyen Âge. Qui de nous voudrait renoncer aux risques de la liberté pour retrouver l'unanimité de l'an mil ?

La difficulté d'une unification nouvelle de l'Europe, par la voie de la conquête et de l'absorption dans une plus grande nation, est, en réalité, plus sérieuse encore qu'il ne ressort des réflexions qui précèdent. Non seulement le nationalisme des « petites nations » auxquelles on voudrait, dans l'intérêt supérieur de la paix, demander le sacrifice de leur individualité, rend presque impossible la constitution d'un nouvel empire d'Occident, mais encore le nationalisme de la « grande nation » qui seule à l'heure actuelle manifeste le désir d'établir l'unité de l'Europe par l'extension despotique de son pouvoir militaire est un autre obstacle, aussi grave peut-être. Il ne s'agit pas de nier les supériorités manifestes de la civilisation prussienne contemporaine. Consciemment ou inconsciemment, bon gré mal gré, cette civilisation est le modèle que toutes les nations occidentales s'efforcent d'imiter depuis un demi-siècle. Il ne s'agit pas même de contester les vertus qui, en tout temps, ont caractérisé la civilisation germanique : l'honnêteté, la docilité, chez les classes pauvres, le respect de la discipline, et, chez les classes riches, le souci du bien-être des classes populaires. Que l'on considère une nation qui, avant de reconstituer son unité, avait été la proie des nations étrangères, et dont certaines provinces avaient été accaparées par des princes espagnols, d'autres par des princes allemands. Les premières – nous songeons aux provinces méridionales de l'Italie – ont été exploitées par leurs maîtres ; les secondes – Toscane, Lombardie – ont été administrées par les leurs. Lorsque l'Italie s'est élevée de ses ruines, les secondes étaient mûres pour la grande civilisation ; les premières ont été, et sont encore, un poids mort pour la nation nouvelle qui les a absorbées. Et cependant, lorsque tout cela a été accordé, il est impossible d'accorder aux Allemands les qualités qui seules pouvaient les qualifier pour devenir les maîtres du monde, ou seulement de l'Europe ; ils sont disqualifiés par leur nationalisme.

Pour régner sur le monde, il ne faut point commencer par affirmer que l'on se différencie du reste du monde par des qualités ethniques irréductibles, auxquelles, pour des raisons d'ordre anthropologique – et contre lesquelles tout le travail de civilisation ne peut rien –, les autres nations sont indignes de participer. Il ne faut pas professer une philosophie qui dresse le génie de l'Allemagne contre le génie de toutes les autres civilisations, au moment où l'on prétend absorber et s'assimiler, politiquement, les autres civilisations. Au moment où ils croient toucher au faîte de la grandeur politique, leurs professeurs continuent de professer une philosophie défensive, rétractile, autant que provocante à l'égard de tout ce qui est étranger. Ils parlent le langage qui conviendrait à un peuple de montagnards rudes et barbares, fiers de leur brutalité ; et constamment obligés de défendre la pureté de leur civilisation primitive contre les grands empires corrompus qui les cernent. C'est le langage qui convient à une nation guerrière ; ce n'est pas le langage d'une nation impériale.

Ce n'est pas ainsi que les Romains ont fait la conquête du monde, réalisé la paix du monde. Si leur langue s'est propagée dans tout l'occident de l'Europe, ce n'est pas qu'ils aient lancé partout des pédagogues pour imposer leur connaissance de la langue latine, dans l'intérêt de la race latine, c'est qu'ils avaient affaire à des peuplades primitives, sœurs de la race latine, pour qui entrer dans la cité romaine, c'était seulement faire un pas en avant dans la voie que leur traçait la courbe de leur propre civilisation ; pour qui parler latin, c'était seulement abandonner un patois pour une langue savante, plus complète et plus souple. S'ils ont, par un côté, fait la conquête du monde grec, ils n'ont jamais songé, sur les rives de l'archipel, à imposer leur langue et leur culture. Pleins de respect pour une civilisation antique dont ce serait trop dire même qu'ils se considéraient comme les héritiers, qu'ils ambitionnaient seulement d'accéder à la grandeur de l'empire romain, ils ont constitués un empire à deux faces, à deux langues, jusqu'au jour où de nouveau l'Empire romain se fendit en deux, et où l'Empire d'Orient et l'Empire d'Occident poursuivirent deux destinées distinctes.

On n'aperçoit aucune similitude entre l'état actuel de l'Europe et les circonstances qui favorisèrent l'apparition de l'Empire romain. L'Allemagne n'est pas une nation qui vise à l'empire universel ; c'est une nation qui vise à s'agrandir aux dépens d'autres nations, sans jamais perdre tout à fait la conscience qu'il suffirait de quelques accidents historiques pour que les situations soient inversées [renversées ?], pour que ces nations, menacées maintenant par l'Allemagne dans leur intégrité, deviennent à leur tour menaçantes pour l'intégrité de la nation allemande, qui jamais ne semble savoir nettement si elle attaque ou se défend, si elle s'agrandit pour le plaisir de s'agrandir ou pour prendre à l'avance ses précautions contre le péril, toujours réel, d'une invasion étrangère. Dans tous ses discours, même les plus agressifs, et précisément parce qu'elle est exempte de cet esprit d'universalisme qui fait les nations impériales, l'Allemagne admet implicitement que l'Europe est, par la nécessité de sa nature, divisée à jamais entre des nations autonomes et rivales.

Si donc, entre ces nations, autonomes et aujourd'hui rivales, on veut faire que règne la paix, et si on renonce à l'espoir de voir cette paix se réaliser par la conquête, il faudrait revenir à la solution fédérale : des nations autonomes, ne reconnaissant d'autre domination commune que celle d'une institution juridique, ou, pour s'exprimer autrement, que celle d'une justice abstraite. Nous avons vu à quelles difficultés extrêmes on se heurte si on cherche la paix dans cette direction. Le problème est-il donc sans solution ? Suggérons, à égale distance entre ces deux extrêmes, l'impérialisme pur et le fédéralisme pur, une solution moyenne – disons, si l'on veut, une utopie moyenne. C'est une utopie dont il est besoin de courir le risque.

Quel est le vice rédhibitoire de la solution fédérale ? C'est qu'au-dessus des nations libres dont elle veut restreindre la liberté, elle ne propose qu'un être de raisons, une [barré : fédération] sans chair et sans squelette. Quel est le vice rédhibitoire de la solution du problème de la guerre par l'établissement de l'empire ? Elle donne bien une tête, des bras armés, à l'unité européenne, mais elle veut que les nations occidentales, chose inconcevable, renoncent à exister sous la menace d'une conquête brutale. Que faudrait-il pour trouver une solution philosophiquement et humainement acceptable du problème européen ? Il faudrait qu'il se trouvât une puissance historique, réellement existante, ayant prouvé ses droits à l'existence par la durée et la grandeur de son histoire, et capable d'imposer aux nations de l'Europe le respect de ses décisions arbitrales, sans être cependant une nation conquérante et dominatrice.

Idéalement, on conçoit que la papauté pourrait être cette puissance. Elle ne serait pas une institution nouvelle, bâtie de toutes pièces pour répondre à un besoin nouveau. Elle est une institution ancienne, qui l'emporte en antiquité sur tous les États de l'Europe occidentale ; elle exerce, dès à présent, un prestige immense sur une foule d'imaginations. D'ailleurs, elle ne prétend qu'être une puissance morale ; et si jamais ses décisions ont été suivies d'une application réelle, c'est toujours par un appel au bras séculier qu'elle a obtenu l'exécution de ses décrets. Sans doute, jusqu'à ces dernières années, la papauté exerçait un pouvoir temporel sur quelques provinces italiennes. Mais, d'abord, les « États du pape » n'ont jamais été, dans l'esprit du souverain pontife, qu'une garantie de son indépendance vis-à-vis des grandes monarchies d'Europe ; jamais il n'a songé à en faire le noyau d'une grande monarchie militaire. Ensuite, le pape a perdu la possession de ce lopin de terre ; la puissance pontificale en a pris un aspect éthéré ; elle est la seule puissance qui combine un caractère purement spirituel avec l'aspect d'un véritable État politique constitué. On pourrait concevoir que le pape aspirât à devenir l'arbitre légal de la paix européenne ; il n'est pas impossible qu'au Vatican on ne nourrisse parfois cette espérance.

Mais il est inutile de dire pourquoi elle est chimérique. D'abord, si vraiment la papauté est un pouvoir purement spirituel, si elle ne veut agir vraiment que par persuasion sur les hommes, il lui manque peut-être encore un élément de réalité physique pour être le pouvoir arbitral constitué de l'Occident. Ensuite, ce pouvoir spirituel, la papauté ne l'exerce plus, à l'heure actuelle, que d'une manière toute idéale.

[Considère-t-on seulement l'Europe occidentale réelle, c'est toujours par un appel au bras séculier qu'elle a obtenu l'exécution de ses décrets. Sans doute, jusqu'à ces dernières années, la papauté a exercé un pouvoir temporel sur quelques provinces italiennes ; mais les « États du pape » n'étaient pas qu'une garantie de l'indépendance du souverain pontife vis-à-vis des grandes monarchies d'Europe. Jamais pape n'a songé à y voir le noyau d'un grand empire à réaliser par la conquête. Enfin, le pape a perdu la possession de ces provinces ; et la puissance du souverain pontife en a pris un aspect plus éthéré...]

C'est faire la part belle à l'Église catholique que de considérer les deux tiers de l'Europe comme lui étant fidèles : le reste est hérétique. Considère-t-on ensemble l'Europe occidentale et le monde slave, l'Église catholique ne constitue qu'une minorité dans le monde chrétien. Considère-t-on les sociétés catholiques elles-mêmes ? Elles sont travaillées par l'antichristianisme. Dans toutes les nations dites catholiques, une forte proportion (en France, la majorité de la population), tout en se résignant à rester nominalement catholique, est hostile avec ostentation aux institutions ecclésiastiques. Le pape ne jouit certainement pas, aujourd'hui, du prestige moral qui seul pourrait lui permettre de jouer le rôle dont nous parlons. Pendant combien d'années, au cours de sa longue histoire, en a-t-il joui d'une manière vraiment effective ?

Pour jouer le rôle d'arbitre légal, entre les nations réconciliées, je propose de faire appel à la puissance anglaise.

Je commence par supposer que le traité de paix, par lequel la guerre actuelle se trouve terminée, a établi en Europe une nouvelle distribution territoriale, que le nombre des nations autonomes se trouve beaucoup augmenté, soit que, par autonomie, on entende une indépendance absolue, soit qu'on entende une liberté garantie, sous le protectorat d'une grande puissance. La Pologne, la Bohême, la Croatie, sont autonomes. Dans un sens ou dans l'autre. Il est peut-être même désirable que toutes les nations indépendantes ne le soient [pas] au sens plein du mot où le sont aujourd'hui la France, l'Allemagne, l'Italie. Au moment où la France, l'Allemagne, l'Italie, devant se familiariser avec l'idée que leur autonomie n'est pas absolue, qu'elles doivent accepter de subir un contrôle, des nations plus petites, et plus récemment venues à l'existence, ne pourront pas se formaliser d'être soumises à un contrôle additionnel. Entre la condition des premières et la condition des secondes, la séparation ne sera pas essentielle : la différence ne sera qu'une différence de degré.

Je propose l'institution d'un Parlement des Nations, se réunissant à Londres, à des intervalles plus ou moins rapprochés, qui pourront être fixes ou variables, sous la présidence du Premier ministre anglais. Dans l'intervalle des sessions, des bureaux seront installés où des représentants de chaque nation veilleront en permanence sur les intérêts de celle-ci. Je propose que l'on prenne pour modèle l'institution nouvelle, l'organisation, déjà en voie de s'effectuer, de la représentation des colonies anglaises.

Lorsque, dans ce Parlement, une décision aura été prise, c'est à l'Angleterre que sera confié le soin de l'exécuter. En cela consiste précisément la différence entre notre plan d'arbitrage international et tous ceux qui ont été jusqu'à présent proposés. Une puissance déterminée et réelle est chargée de donner, capable de donner, une sanction aux décisions de la commission arbitrale.

L'Angleterre n'est pas un être de raison, une cour de justice, qui n'a pas d'autorité, qui n'a d'existence que par la bonne volonté de ceux qui sont, par hypothèse, soumis à sa juridiction. Elle est une nation indépendante, orgueilleuse entre toutes, fière d'un passé glorieux, fière, comme tous les peuples aristocratiques de la continuité de son histoire. Elle dispose, pour imposer le respect de ses volontés, d'une force armée redoutable qui est sa flotte. Dès à présent, nous voyons comment cette flotte est capable d'établir le blocus maritime de toute nation qui veut lui tenir tête, et comment, avec l'assistance volontaire que lui offre un nombre suffisant d'alliés continentaux, avec l'assistance forcée que lui prêtent les neutres, eux-mêmes menacés de blocus, je propose que la police des mers, actuellement exercée avec tant d'efficacité par l'Angleterre soit rendue plus efficace encore. Je propose que toutes les nations renoncent, par un acte du Parlement des Peuples, à entretenir une marine de guerre, que la seule marine de guerre subsistante soit la marine anglaise.

L'Angleterre d'ailleurs n'abusera pas de ce pouvoir pour assujettir telle ou telle nation du continent européen. Aussitôt après la conclusion de la paix, elle redeviendra ce qu'elle avait été avant la guerre, une nation sans armée. Elle restera ce qu'elle aura été pendant la guerre, une nation dépourvue d'ambitions continentales. Elle conservera en même temps ces habitudes d'indulgence, de tolérance, qui caractérisent son gouvernement de toutes les colonies qu'elle administre, si le mot d'administration convient à cette forme très atténuée de gouvernement. Que les nations européennes obtiennent, sous le contrôle anglais, le même degré de liberté dont jouissent à l'heure présente le Canada, la colonie du Cap, l'Australie, la Nouvelle-Zélande, elles ne sauraient souhaiter un plus haut degré d'indépendance.

Sur un point seul, le despotisme de l'Angleterre pourrait présenter des périls. Seule puissance maritime existante, elle pourrait confisquer sans difficulté toutes les colonies de toutes les nations. Mais, d'abord, elle ne pourrait le faire sans provoquer immédiatement contre elle la coalition de toutes ces puissances qui viendraient, par hypothèse, de lui déléguer le pouvoir de contrôler leurs querelles : ce serait perdre en prestige, en autorité morale, en influence réelle, tout ce qu'elle gagnerait en acquisitions territoriales. Quel intérêt, d'ailleurs même immédiat, aurait-elle à le faire ? Ou bien elle prendrait des colonies nouvelles pour les fermer, par des tarifs douaniers, aux importations des diverses nations européennes. Ce serait courir le même risque. Ou bien ce serait pour ouvrir ces colonies aux importations de toutes les nations. Mais, pour obtenir ce dernier résultat, il serait inutile que l'Angleterre annexât les colonies des autres nations ; il suffirait qu'elle obtînt une décision du Parlement des Peuples, ouvrant toutes les colonies au libre-échange de tous les produits avec toutes les nations de la Confédération européenne. Quelles nations pourraient s'en plaindre ? Celles seulement qui se servent de leurs tarifs protecteurs pour soutenir, contre la concurrence étrangère, des industries débiles et inertes. L'administration des régions tropicales deviendrait ainsi, sous le contrôle de l'Angleterre, la gestion collective de toutes les nations européennes ; et toutes les nations, au lieu de se créer au centre de l'Afrique, de nouveaux champs de batailles, seraient fières collectivement de la croisade entreprise par toutes ensemble.

ÉTUDE SUR L'ÉTAT DES

RELATIONS FRANCO-ANGLAISES (1923)

Alors que le souvenir de la guerre et de la victoire se dissipent et que resurgissent les dissensions franco-anglaises au sujet des réparations allemandes, Élie Halévy entend œuvrer au rapprochement des anciennes puissances alliées en les rappelant, chacune, au meilleur d'elle-même. C'est l'objet d'un article de 1923 publiée par la Revue politique et parlementaire.

Fort de son tropisme européen, de son approche comparatiste et de sa connaissance intime de la Grande-Bretagne comme objet d'études et patrie intellectuelle, Élie Halévy invite le lecteur français à décloisonner le regard en franchissant la Manche et à déjouer les pièges de l'ethnocentrisme et du nationalisme en adoptant le point de vue anglais. Prenant le contre-pied des préjugés sur la « perfide Albion » et des malentendus qui empoisonnent la relation franco-anglaise, il assume avec tact et pédagogie le rôle de passeur, de médiateur, d'ambassadeur par ses traductions, ses articles et ses ouvrages consacrés à l'Angleterre. Il expose ici à ses compatriotes l'état d'esprit anglais, hésitant entre indifférence et irritation, moins hostile à la France et plus sage que ne le laissent à penser les représentations caricaturales. Il invite à en tenir compte, sinon à s'en inspirer.

Pour cerner « l'état d'esprit d'un peuple », Élie Halévy brosse, à défaut de sondage, un panorama des positions de la presse, faiseuse d'opinion, et des principaux partis appelés à exercer le pouvoir. Il liste les ingrédients qui composent l'opinion anglaise. L'histoire et la doctrine de l'équilibre européen commandent à la Grande-Bretagne de se défier de la France. Oublieux de l'agression allemande, les Anglais ne retiennent, pour s'en inquiéter, que l'impérialisme français incarné par l'intransigeance revancharde de Clemenceau et de Poincaré et par les revendications territoriales françaises sur la Ruhr et la Sarre. L'argument économique libéral avancé par les Anglais, qui souhaitent l'effacement des dettes et des réparations allemandes afin de favoriser la reprise des échanges internationaux et d'encourager la relance économique, se heurte au raisonnement strictement politique des Français (« l'Allemagne paiera »). La thèse culturelle d'une mythique solidarité anglo-saxonne – monarchique, raciale, culturelle et intellectuelle – explique quant à elle l'ambivalence de la francophilie anglaise, mâtinée de dédain pour la culture latine, comme l'ambivalence de la germanophobie anglaise, très modérée et plus anti-prussienne qu'anti-allemande. Outre l'histoire, l'économie et la culture, la psychologie et les émotions sont également à prendre en compte à l'heure de la démocratie de masse : de même que le viol de la neutralité belge, les crimes de guerre et le torpillage de navires marchands avaient provoqué des émotions anti-allemandes durant la guerre, de même l'occupation française de l'Allemagne est instrumentalisée pour retourner l'opinion publique anglaise après-guerre.

Élie Halévy en appelle surtout à lever toute ambiguïté sur la position française, pour rassurer les alliés anglais et américains et ménager l'avenir menacé par l'arrivée du fascisme en Italie. La France doit ainsi renouer avec son identité politique libérale et rester fidèle à ses principes : république démocratique, elle doit réaffirmer son attachement au parlementarisme ; nation pacifique, elle doit faire le deuil de tout impérialisme continental ; grande puissance mondiale, elle doit jouer le jeu de la Société des Nations. Ce n'est qu'à ce titre que se maintiendront l'alliance et la solidarité entre démocraties libérales, solidarité essentiellement politique que ne fondent ni l'histoire, ni l'intérêt économique, ni la culture, ni l'attachement sentimental.

À rebours de son attachement à l'Angleterre – que relève dans sa présentation l'un des directeurs de la Revue politique et parlementaire, *Édouard Julia –, Élie Halévy entend réserver à la France le privilège de l'initiative pour réconcilier les deux nations et leur confier un rôle à la hauteur des défis de la paix mondiale. La France doit renoncer à toute prétention territoriale en Allemagne comparable à la désastreuse aventure de l'occupation de la Ruhr. Elle doit retrouver l'esprit de ses institutions républicaines. Elle doit rester fidèle à son régime parlementaire et ne pas céder à la tentation du renforcement de l'exécutif, qui éloignerait encore les perspectives d'une nouvelle entente avec l'Angleterre, autre grande nation du parlementarisme. Elle perdrait en outre de grandes capacités d'action devant les périls futurs. « Ne nous rendons-nous pas compte, en outre, du grand prix que pourrait avoir, en quelque heure critique, pour le maintien de nos bonnes relations avec le monde anglo-saxon, le maintien de notre parlementarisme ? », interroge-t-il. Pour Élie Halévy, c'est même un tel système qui a préservé les deux nations des « deux excès du léninisme et du mussolinisme », en d'autres termes la double origine des tyrannies. C'est l'honneur de ces démocraties que de fonder la démocratie sur la délibération et la parole, et non sur la violence et la terreur.*

Pour protéger ces biens inestimables pour l'avenir du monde, la France doit comprendre l'importance de sa relation avec l'Angleterre. Elle doit accorder aussi sa confiance à la Société des Nations et vouloir la réussite de cette organisation internationale pour la paix. Elle doit regarder au-delà de l'Europe, comprendre que les États-Unis seront aussi nécessaires pour aujourd'hui et demain qu'ils l'ont été hier pour les Alliés. Les Anglais ont reconnu le rôle crucial de l'Amérique. La France s'en désintéresse. Elle devrait suivre au contraire l'exemple anglais et cesser de tenir les Anglais pour des rivaux, voire des adversaires.

Élie Halévy n'idéalise pas pour autant la politique anglaise. Ses critiques sont même sans concession. Il s'inquiète pour le pacifisme excessif de l'opinion qu'égarent les discours du Premier ministre Lloyd George. Il souligne à propos de l'Angleterre « comment les peuples, qui toujours veulent la paix, se trouvent en peu d'années entraînés, sans même discerner par quel concours de circonstances, à se ruer soudain vers la guerre ». Il relève le double discours du gouvernement dans ses réactions à l'occupation de la Ruhr. Il n'est ni clair, ni logique. Le langage anglais est ambigu. Il « offense le sens commun ». Lloyd George commence par déclarer légale l'occupation de la Ruhr. Puis, quatre plus tard, le gouvernement convoque les juristes qui lui disent que celle-ci n'est pas légale. L'opinion se berce de l'effet des discours illusoires, comme ceux du général Smuts[1], Premier ministre d'Afrique du Sud très impliqué dans les affaires internationales, qui se voyait déjà à la tête du cabinet britannique. Ses critiques de l'emploi des « troupes noires » par l'armée française traduisent « l'exclusivisme ethnique, propre aux Anglo-Saxons, très aristocratique et très peu humanitaire dans le fond ».

En d'autres termes, une telle étude, dépassant le titre qu'elle s'est donnée, définit les conditions d'une paix mondiale à la mesure des périls engendrés par la Grande Guerre.

(avec Marie Scot)

---

1. Membre du gouvernement de Paul Kruger et héros de la résistance afrikaner, le général Smuts (1870-1950) négocie le traité de Vereeniging du 1er mai 1902 qui met fin à la guerre des Boers. Dès lors, il se rapproche des Britanniques et devient l'un des principaux hommes politiques de l'Union Sud-africaine. À l'époque où écrit Élie Halévy, il occupe les fonctions de Premier ministre. Contrairement à la pratique qui veut que les gouvernements soumis à la Couronne britannique s'abstiennent de tout engagement international, Smuts proclame depuis l'Angleterre, où il participe à une conférence impériale, son opposition à l'occupation de la Ruhr, et réclame une grande conférence internationale pour procéder à la révision du traité de Versailles. Vivement critiqué en France, il est applaudi en Angleterre.

« L'OPINION ANGLAISE ET LA FRANCE »[1]

M. Élie Halévy qui s'est attaché à une « Histoire du Peuple Anglais au XIXe siècle », dont trois volumes[2] sur sept ont déjà paru, est sans contredit, la personnalité française qui, par ses études et ses relations, connaît le mieux l'Angleterre d'hier et d'aujourd'hui. Nous sommes donc très heureux de publier sur les événements actuels l'article qu'il a bien voulu nous donner. Nos lecteurs en apprécieront la pénétration, la haute intelligence et la franchise.

Vivant en communion d'idées et de cœur avec nos grands alliés, M. Élie Halévy a presque adopté leurs thèses et, sur de nombreux points, nous pourrions faire quelques réserves. Mais il nous plaît de penser que nos amis de Londres reconnaîtront la loyauté avec laquelle nous laissons un des nôtres engager ses compatriotes à réfléchir sur les points de vue de l'Angleterre et les raisons de sa politique.

Ed. J.[3]

« Malheur, me disait pendant la guerre un soldat, malheur aux Allemands quand viendra l'heure du dénouement. L'Angleterre leur fera payer cher leur défaite. Car l'Angleterre est rancunière : nous n'avons pas oublié comment, il y a un siècle, elle traita Napoléon vaincu ». Je lui répondis qu'il se trompait étrangement sur le compte du peuple anglais, qu'il n'en était peut-être pas un sur la surface du globe qui fût moins accessible au sentiment de la rancune. Comme ils nous avaient fait payer peu cher, tout compte fait, en 1814, notre défaite ! Pas un franc de contributions de guerre, la France remise en possession de ses vieilles colonies. En 1815, les conditions furent plus rigoureuses ; non point écrasantes cependant, parce que le gouvernement britannique, à la différence des autres gouvernements alliés, ne voulait pas qu'elles le fussent. Pour ce qui est du traitement infligé à Napoléon, c'est par tous les gouvernements de l'Europe qu'il lui fut infligé, avec l'approbation du nouveau gouvernement de la France.

Si Napoléon se trouva être, plus particulièrement, le prisonnier du gouvernement britannique, c'est qu'il avait préféré se rendre aux mains de ce gouvernement, jugeant – et non à tort – qu'ici sans doute il trouverait les conditions les moins dures.

---

1. *Revue Politique et Parlementaire*, 117, 1923, p. 354-371.
2. Hachette éditeur.
3. Édouard Julia est co-directeur de la revue. L'autre directeur est Fernand Faure.

Je suis allé en Angleterre au lendemain même de l'armistice. J'ai assisté à ces élections générales de la fin de 1918, qui envoyèrent à Westminster une majorité formidable de germanophobes délirants. Quoi de surprenant à cela ? Les élections se faisaient dans le tumulte de la victoire ; et le Parti libéral et le Parti du Travail étaient punis d'avoir trop souvent cru la victoire impossible, d'avoir trop souvent, à force de le croire, fait, ou paru faire ce qu'il fallait pour la rendre possible. Mais, à peine les élections passées, je me rendais compte à quel point le résultat de ces élections exprimait mal le véritable état d'esprit du peuple anglais. Des amis libéraux me disaient : « J'ai voté pour le candidat de la Coalition. C'était afin de donner une leçon à mon parti, dont je n'ai pas été content pendant la guerre. La prochaine fois, je voterai *Labour* ». L'armée, peu suspecte de germanophilie, se rebellait contre les plans savants de démobilisation graduelle qu'on avait élaborés en haut lieu, et obtenait par l'émeute sa démobilisation immédiate. Un vaste soulèvement ouvrier, la menace d'une grève générale des cheminots, des mineurs et des ouvriers du transport, occupait, au détriment des affaires d'Europe, toute l'attention de la presse. Et j'écrivais à Paris :

> Combien à Londres on se sent loin, je ne dis pas même de la France, mais du continent tout entier ! Prenez garde, et rendez-vous compte qu'il va se produire en Angleterre ce qui s'y est toujours produit après toutes ses victoires. Elle oublie aussitôt, elle aime à oublier la guerre. Voyez ce qui est arrivé à la fin de la guerre de Succession d'Espagne, à la fin de la guerre de Sept Ans, et encore à la fin de la Grande Guerre des premières années du XIXe siècle. Parce que c'est nous, Français, vaincus par l'Angleterre, qui bénéficiâmes ces fois-là de la lassitude du vainqueur, devons-nous oublier les leçons de l'histoire, aujourd'hui que, de cette lassitude, c'est notre tour de pâtir ? L'Anglais aime à trouver des raisons honorables pour se comporter de la sorte. C'est agir en *gentleman*, et respecter les règles du *fair play*, que de tendre la main à l'ennemi vaincu. C'est agir en homme sage que de liquider au plus vite les vieilles querelles : un bon homme d'affaires n'aime pas les longs procès. Ces raisons valent ce qu'elles valent : le fait psychologique brutal, c'est l'apathie, c'est l'amnésie anglaise. Si nous voulons être indemnisés de nos pertes, réclamons le plus haut montant de réparations qui se puisse obtenir dans le plus petit espace de temps concevable, avant que l'amnésie anglaise soit devenue totale, et l'apathie insurmontable.

Je suis revenu en Angleterre au printemps de 1920. Déjà j'ai trouvé la situation changée. Le traité de Versailles était signé depuis bientôt un an, ratifié par le Parlement français, approuvé par le Parlement britannique. Traité bâtard, inévitablement bâtard, puisqu'il avait été composé sous l'influence de tendances multiples et très diverses. Nombreux furent ceux, en France, qui reprochèrent à M. Clemenceau de s'être laissé mystifier, et d'avoir signé, sans rien y comprendre, un traité « wilsonien ». Nous croyons qu'ils rendirent, par ces critiques, un mauvais service au pays. Ils nous donnèrent, à travers le monde et plus particulièrement en Angleterre, la réputation d'être insatiables. Car le Traité apparaissait déjà en Angleterre, à ceux qui en critiquaient les clauses financières et militaires, comme inventé pour soumettre l'Allemagne à un perpétuel et despotique contrôle des Puissances Alliées, favorable seulement à l'Allemagne dans la mesure où, par le fait de sa dureté même, il paraissait devoir être inapplicable.

Ce petit groupe germanophile, si faible en fin de compte pendant la guerre, si démoralisé au lendemain de la victoire, reprenait de la vigueur et recrutait des adhérents nouveaux. Il les recrutait parmi les innombrables pacifistes d'avant 1914 qui s'étaient, par la force des choses, trouvés entraînés dans la guerre, que l'intervention du président Wilson avait encouragés à poursuivre la guerre jusqu'au bout, mais qui, ayant lutté dans un esprit ouvertement humanitaire, demandaient que la paix fût conclue dans le même esprit. Sans demander expressément la révision du Traité de Versailles, ils aimaient à insister sur le fait que les premiers articles du Traité comportaient l'institution d'une « Société des Nations », et qu'on pouvait utiliser cette Société pour améliorer certains autres articles, peut-être trop draconiens si on les prenait à la lettre. Des périodiques hebdomadaires tels que la *Nation* et le *New Statesman*, furent leurs organes attitrés, singulièrement influents auprès d'un public d'élite. Ils étaient loin d'avoir gagné à leur opinion la masse du pays. La situation économique était bonne ; et l'industrie, momentanément très prospère, avait absorbé sans encombre les soldats démobilisés. La presse conservatrice, la grande presse en général, s'ingéniait à dissimuler, à atténuer, les dissidences, déjà graves, qui se produisaient entre les diplomates des deux pays. Et j'écrivais à Paris : « Prenez garde. Le nombre sympathise encore avec nous. Mais avons-nous toujours pour nous la qualité ? Toute une élite de philosophes, d'économistes, de sociologues, s'apprête à devenir contre nous un redoutable état-major, pour le jour où la politique anglaise serait entraînée à devenir délibérément antifrançaise ».

Je suis retourné, depuis lors, annuellement en Angleterre ; et chaque fois il m'est apparu que la situation s'aggravait, plus rapidement et plus profondément encore que je n'avais prévu. Quels sont, à l'heure actuelle, les organes qui défendent encore la thèse du gouvernement français ?

Le *Morning Post* la défend, et la défendra sans doute toujours. Il faudrait savoir dans quelle mesure les cinquante ou soixante mille familles ultraconservatrices qui lisent cet excellent journal et approuvent sans réserve ses campagnes acharnées contre la démocratie, ne sont pas quelquefois déconcertées par sa glorification systématique de toutes les démarches de la diplomatie française. Admettons qu'elles ne le soient jamais. N'oublions pas qu'il s'agit ici d'une « élite », qui fait difficilement contrepoids à l'autre « élite », celle des lecteurs du *Manchester Guardian*, celle des amis de la démocratie et de la « Société des Nations », celle aussi – disons la chose comme elle est – des amis instinctifs et sentimentaux de la culture allemande. Car si, dans ces élites, on tombe d'accord pour placer aux environs de la vallée rhénane la limite entre la civilisation et la barbarie, il n'est pas évident que pour l'une et pour l'autre, la « barbarie » soit du même côté. Pour ceux-là, dont le tempérament est à prédominance artistique et aristocratique, la civilisation est du côté latin, aux pays des plaisirs raffinés, de l'élégance et du bon goût. Pour ceux-ci, qui sont savants, sociologues, socialistes, la civilisation commence où commence le règne de la méthode, de l'organisation, des consignes scrupuleusement exécutées. Or, en Angleterre, pays épris de politique et de philanthropie, ceux-ci l'emportent par le nombre sur ceux-là. Ajoutons que les amis anglais du monde latin ont la faculté de choisir entre plusieurs nations latines. Si la France devait à la longue rebuter leurs sympathies, ils pourraient se tourner vers l'Italie ou vers l'Espagne, nations plus latines encore que la nôtre.

La presse francophile de lord Rothermere[1] s'adresse, par contre, à un public immense : elle se compose, sans parler du *Daily Mail*, de multiples journaux, dont le nombre est en train de s'accroître par l'achat d'un groupe nouveau. Ce n'est, à Londres, qu'un concert de vertueuse indignation contre cette « industrialisation du journalisme », cette tentative d'accaparement de l'opinion. Je ne veux pas savoir, quant à moi, si lord Rothermere est inférieur ou supérieur en moralité politique à la majorité de ses collègues anglais. Je me borne à faire observer que ces accusations, si elles étaient fondées, se retourneraient contre la thèse anti-française des ennemis de lord Rothermere : un bon industriel ne sacrifie jamais ses intérêts à ses principes, et vend à son public la denrée que le public demande. Je suis persuadé que le *Daily Mail*, germanophobe et francophile, exprime les opinions tenaces d'une portion, considérable encore, de l'opinion britannique : ceux sur l'esprit desquels continue à agir la propagande antigermanique du temps de guerre, pères et mères dont un fils est mort sur un champ de bataille, ouvriers qui ont souffert du blocus, gens de Londres qui, pendant un an de suite, ont subi presque quotidiennement, l'épouvante des raids aériens.

---

1. [Harold Sidney Harmsworth, 1er vicomte de Rothermere (1868-1940) s'associa avec son frère Alfred Charles William Harmsworth, vicomte Northcliffe pour créer les quotidiens *Daily Mail* et *Daily Mirror*. Il dirigea également l'Associated Newspapers.]

L'existence même de ce public est un fait important, et qui prouve à quel point il serait difficile encore à un gouvernement anglais, quelle qu'en soit l'étiquette, de faire accepter par l'opinion un franc renversement du système diplomatique actuel, une substitution de l'entente allemande à l'entente française. N'oublions pas cependant quelle est la nature vraie de ce public. Une foule qui manque d'état-major dirigeant, qui sent vivement mais pense peu, qui montre moins de goût, dans son journal préféré, pour les nouvelles politiques ou diplomatiques qu'elle n'en montre pour la chronique judiciaire ou la chronique des sports. Qui sait comment votent ces gens-là, quand vient le jour d'une élection ? Je songe souvent avec surprise à ce grand Parti du Travail qui, sans réussir jamais à se donner un journal digne de ce nom, recueille cependant un nombre chaque année croissant de suffrages.

Le *Morning Post*, la presse de lord Rothermere : nous avons épuisé la liste des journaux qui appuient la thèse de notre gouvernement. Tous les autres soutiennent la même thèse hostile : point de différence que la différence du ton, moins discourtois dans la presse conservatrice que dans la presse libérale. Après les quotidiens, viennent les hebdomadaires. Le *Spectator*, conservateur – le seul, m'assure-t-on, qui fasse ses frais – reste amical encore, mais, très découragé, nous prodigue des conseils de prudence. La *Saturday Review* nous critique aigrement. De la part du *New Statesman*, de la *Nation* (soumise depuis deux mois à l'influence prépondérante de M. J.-M. Keynes) et de la *Weekly Westminster Gazette* rénovée, il ne faut s'attendre, le vendredi, qu'à des imprécations. Le dimanche arrivé, on doit subir les attaques passionnées de M. Garvin, qui couvrent toute une page de son *Observer*. Comment expliquer cette prédominance, chaque jour plus marquée, d'une opinion ennemie de la France ? Faut-il s'y résigner, comme à une sorte de fatalité ? Ou bien n'est-ce pas, au moins partiellement, la faute de nos journalistes et de nos hommes politiques, si nous avons permis à cette opinion de se former ? Avant de répondre, essayons d'en énumérer les facteurs, qui sont divers.

Mettons en tête – ne fût-ce que pour parer à tout reproche de dissimulation hypocrite – ces mobiles, ces appréhensions, qui trouvent leur expression adéquate dans la vieille doctrine de l'équilibre européen, *the balance of power*. Car la victoire de l'Angleterre, il y a quatre ans, a dépassé ses espérances. L'Angleterre a détruit non pas seulement la puissance navale et coloniale de l'Allemagne, mais encore sa puissance militaire. Elle a assisté, dans le moment précis où elle ne le désirait nullement, à l'effondrement de l'empire des tsars. L'empire austro-hongrois a disparu pareillement. On ne saurait donc plus parler de l'équilibre européen là où il n'y a plus d'Europe, et où, au milieu des ruines de toutes les plus grandes puissances militaires dont la figure avant la guerre nous était familière, seule subsiste la force française. Toute tentative pour restaurer l'équilibre européen prendra donc, nécessairement, l'aspect d'une manœuvre anti-française. Nos sous-marins, depuis Washington, alarment l'Amirauté. Nos aéroplanes alarment le *War office*, qui a repris sa politique d'obstruction traditionnelle au vieux plan pour l'établissement d'un tunnel sous-marin entre Douvres et la côte française. Dans quelle mesure cette grandeur de la France est solide ou précaire, c'est ce que personne n'aperçoit très clairement ni en France ni en Angleterre, tant l'horizon est brumeux. Mais il est prudent, pense-t-on à Downing Street, de prendre des précautions contre un péril possible, et dont on ne saurait dire que l'anglophobie de la presse parisienne ait toujours été faite pour diminuer la gravité. Downing Street cherche visiblement, nous ne dirons pas des alliés, mais des amis contre la France, fût-ce l'Italie du fascisme, même après Lausanne et Corfou.

Il faut donc répondre aux Anglais qui nous reprochent le machiavélisme du Quai d'Orsay, qu'il y a aussi un machiavélisme de Downing Street. Il faut d'ailleurs ne point s'en indigner : quel est, sur toute la surface du globe, le ministre des Affaires étrangères qui ne se pique pas d'être machiavélique ? En outre et surtout, il faut se rappeler que les diplomates, dans les manœuvres auxquelles ils se livrent, ont rarement la complicité consciente des pays qu'ils représentent. S'ils l'ont en Angleterre, c'est pour des raisons qui ont peu de chose en commun avec la doctrine compliquée de l'équilibre européen.

Un premier fait, d'une gravité extrême, anime l'opinion anglaise contre la France : c'est le mauvais état des affaires. Après dix-huit mois de prospérité, l'Angleterre a connu de nouveau ces crises d'engorgement des marchés et de chômage dont elle avait souffert au lendemain des traités de Vienne, il y a un siècle. Mais à vrai dire, le mot de « crise » est-il bien celui qui convient aujourd'hui ? On hésite à appeler « crise » un état de choses qui se prolonge, immuable, pendant trois ans consécutifs. Pendant ces trois années, le nombre des chômeurs a parfois atteint le deuxième million ; il se maintient, depuis un an, aux approches d'un million et demi. Ajoutez aux chômeurs leurs femmes et leurs enfants ; ajoutez ces ouvriers qui, sans être au sens plein du mot des chômeurs, travaillent à temps réduit pour d'infimes salaires. Combien cela peut-il bien faire, au total, d'ouvriers qui se trouvent, depuis trois ans, sur la frontière de la famine ? Est-il d'ailleurs aussi facile que semblent le croire parfois les Anglais de remédier à ce grave désordre ? Et la situation économique de l'Angleterre est-elle la même qu'il y a un siècle ? Alors, vingt-cinq ans de guerre avaient paralysé, dans tous les pays d'Europe sauf l'Angleterre, l'essor de la grande industrie : l'Angleterre avait le monopole des inventions et des usines. Aujourd'hui, l'effet direct de la guerre a été d'intensifier l'industrialisation de tous les pays belligérants : l'Angleterre a perdu l'avance technique dont elle bénéficiait par rapport au reste du monde. Le public anglais n'a cependant pas tort de croire que la reprise générale, internationale, des affaires, apporterait un remède, au moins partiel, à ses maux. Il voudrait, à l'égard de tous les pays du globe, ennemis ou alliés de la veille, réactionnaires ou bolchevisants, une politique conciliante qui force les barrières douanières, donne partout aux hommes le goût de l'abondance et de la paix. L'industriel *tory*, qui voit son usine fermée et paie en impôts, pour subventionner ses ouvriers sans travail, une bonne partie de ce qu'il leur payait en salaires, n'aspire même pas à cette paix perpétuelle dont rêvait le président Wilson. Il ne demande que le retour de cette paix durable, dont l'Angleterre sut jouir, presque sans interruption, pendant toute la durée du XIXe siècle. Et si notre Premier ministre semble opposer au monde entier une attitude d'intransigeance presque guerrière, on ne doit pas s'étonner que l'homme d'affaires anglais, après avoir jeté dans son journal du matin un coup d'œil sur les nouvelles diplomatiques de la veille, laisse bientôt tomber la feuille en soupirant, et s'en prenne, de la prolongation de ses misères, à « Monsieur Poincaré ».

Deuxième fait, à peine moins grave que le premier, bien que l'opinion française semble s'obstiner à n'en point comprendre la portée. La sentimentalité anglaise s'est émue. Je sais bien tout ce que les Français trouvent d'irritant dans la campagne menée contre notre emploi des « troupes noires ». Je sais quel rôle joue, dans cette campagne, l'exclusivisme ethnique, propre aux Anglo-Saxons, très aristocratique et très peu humanitaire dans le fond. Mais, plus les sentiments qui animent cette campagne sont mélangés, plus ils courent le risque de s'intensifier par ce mélange même. Pour me faire mieux comprendre, j'aimerais à raconter quel rôle joua, dans la débâcle unioniste de 1906, l'agitation, très trouble aussi, qui fut menée contre l'emploi du travail chinois aux mines du Transvaal. Rien d'équivoque, en tous cas, dans l'émotion qui s'empare du public, quand on lui raconte ce qui se passe dans la Ruhr, ou encore de quelle manière le parti séparatiste rhénan se recrute et se comporte. Récits controuvés ? Calomnies ? Peut-être, on voudrait alors que la presse française jugeât ces calomnies dignes au moins d'une réfutation : et l'on ne peut oublier, pour ce qui en est de la Ruhr, de quelles brutalités s'accompagnent nécessairement toute occupation militaire s'effectuant dans de telles conditions. Heureux encore que nous n'ayons pas eu à faire, là-bas, à une population du type irlandais, et que les choses, grâce à la docilité allemande, se soient passées, en fin de compte, moins mal qu'on ne pouvait l'appréhender ! N'allez pas du moins, en tout état de cause, dire aux Anglais : « Vous en avez fait autant au Transvaal. » C'était la guerre ; à peine la guerre finie, les vainqueurs se sont réconciliés avec les vaincus, et l'Angleterre a fait la conquête du général Smuts, après avoir fait celle du Transvaal. Ne leur dites pas : « Vous avez fait pis en Irlande ;

et ce n'était pas la guerre. » Voici de longs mois que l'Angleterre a rappelé toutes ses troupes d'Irlande, laissant les Irlandais libres de s'entre-tuer ou de s'entr'aimer à leur guise. De sorte qu'à l'heure présente, l'Angleterre laisse peser sur les épaules de la France la responsabilité exclusive des méthodes de violence.

Tel était déjà, dans ses grandes lignes, le mouvement général de l'opinion, lorsqu'il y a un an le ministère Lloyd George est tombé, victime des maladresses commises par l'impérialisme britannique dans le bassin oriental de la Méditerranée. Un ministère purement conservateur a été constitué. Le Premier ministre s'est trouvé être, à deux reprises, un *tory* francophile. Quel parti la politique française a-t-elle tiré d'un événement apparemment si favorable ?

La divergence entre la thèse française et la thèse anglaise sur la question des réparations est demeurée aussi profonde ; peut-être n'avait-elle jamais auparavant été rendue si manifeste. Et si certaines questions qui, à Tunis et à Tanger, pouvaient s'envenimer ont été résolues à l'amiable, ou semblent devoir l'être bientôt, entre les deux gouvernements, la presse française n'a pas fait grand bruit de ces accommodements pacifiques. Elle a fait au contraire ce qu'il était en elle pour attirer l'attention du monde entier sur nos « victoires » diplomatiques, victoires où l'Angleterre semblait toujours, dans notre esprit, être le véritable vaincu : la Ruhr, et Lausanne, et Corfou. De sorte que, l'automne étant venu, et le Parlement devant bientôt rentrer en séances, le ministère anglais a senti combien sa situation devenait fragile. À l'intérieur, la situation économique toujours mauvaise. À l'extérieur, une politique maladroite peut-être, mais qui s'efforçait d'éviter toute rupture ouverte avec la France, et qui ne s'en trouvait récompensée que par un déclin marqué du prestige britannique. Pour dérouter le mécontentement public, M. Stanley Baldwin a repris la vieille méthode à laquelle Chamberlain avait une fois déjà, il y a vingt ans, recouru pour régénérer son parti. Il a annoncé l'intention de dissoudre le Parlement à brève échéance, et de demander au corps électoral de se prononcer pour ou contre le protectionnisme douanier.

Les événements venaient de prendre cette tournure nouvelle au moment où, il y a quelques jours, j'ai quitté Londres. Les seuls hommes politiques avec lesquels j'ai conversé, à la veille de mon départ, appartenaient au Parti du Travail. Placés en face de l'imminente éventualité des élections générales, je les ai trouvés moins optimistes que je ne m'y attendais. Le Parti est pauvre ; et la crise économique diminue sans cesse les effectifs des *trade unions*, fait sans cesse baisser leurs réserves. Les travaillistes ne sont pas cent cinquante dans la Chambre des Communes actuelle. Il est douteux, disaient mes interlocuteurs, qu'ils gagnent plus de trente sièges, cinquante au maximum. Le Parti libéral est plus riche, mais aussi faiblement organisé que le Parti du Travail l'est fortement ; scindé en deux fractions rivales qui aspirent à se réconcilier, mais dont les chefs se haïssent. Quand même ces deux fractions se fondraient en une seule, la rivalité des libéraux et des travaillistes continuerait de servir les intérêts de M. Stanley Baldwin. Dans un pays où le second tour de scrutin n'existe pas, il n'a pas besoin, pour obtenir la majorité des sièges du Parlement, d'obtenir dans le pays la majorité des suffrages. Les conservateurs auraient donc la majorité dans la prochaine Chambre ; seulement, il reste à se demander quelle serait la qualité de cette majorité. Théoriquement, elle aurait été élue sur le programme protectionniste, que vient de formuler M. Stanley Baldwin. Mais ce programme, afin d'attirer les ouvriers des grandes villes, exclut toute idée d'une protection douanière accordée aux produit agricoles ; les candidats conservateurs des régions agricoles de l'Angleterre méridionale se rallieront-ils à un programme qui ne donne aucune satisfaction à leur clientèle électorale ? Le Lancashire, d'autre part, et même le Yorkshire (sauf à Bradford pour un petit nombre de spécialités de luxe, menacées par la concurrence française), savent très bien qu'ils n'ont nul besoin de droits douaniers pour leur assurer le marché national ; ce sont des régions exportatrices, qui cherchent des débouchés à l'extérieur. Les candidats conservateurs, dans ces régions, s'il en est qui se fassent élire, se seront présentés, en dépit de M. Stanley Baldwin, sur un programme libre-échangiste. Il faudrait donc prévoir une majorité conservatrice, mais non pas encore une majorité protectionniste ; et, pour ce qui est des relations avec la France, un ministère aussi perplexe, aussi incertain dans ses démarches que l'a été, depuis un an, le ministère Baldwin. Bref, la continuation du chaos, et par suite, la persistance de la mauvaise humeur publique.

On peut cependant risquer une autre conjecture. Il n'est pas sûr que le ministère actuel réussisse, même dans une mesure aussi restreinte, à dépister l'hostilité de l'opinion en soulevant la question du protectionnisme. Il est possible qu'en dépit des pronostics, les élections donnent la majorité aux travaillistes et aux libéraux des deux clans. Comme d'ailleurs il semble hors de question que les travaillistes soient capables d'obtenir à eux seuls la majorité des sièges, la question se poserait de savoir si une coalition des libéraux et des travaillistes est possible. Voit-on M. J. R. MacDonald siégeant dans le même ministère que M. Asquith ? Ou bien encore, voit-on le *leader* travailliste qui, en haine de la guerre, finissait par parler, vers 1917, un langage presque soviétique, fraterniser avec le grand ministre guerrier qui promettait, à la même époque, de conduire son pays « par la terreur jusqu'au triomphe » ? Peut-être pas, bien que l'on ait vu, après tout, dans l'histoire des Parlements européens, des réconciliations plus surprenantes. Les travaillistes ont laissé tomber de leur programme – tout au moins pour ce qui est des réalisations immédiates – la nationalisation des chemins de fer et des mines. Ils avouent n'avoir point trouvé de solution spécifiquement socialiste à la question du logement et à celle du chômage. Ils font grand bruit, par ailleurs, de l'impôt sur le capital (dont l'établissement aboutirait à faire payer par les riches, au lieu de les faire payer par les Allemands, les frais de la guerre) ; et c'est un point de leur programme qu'ils auraient bien de la peine à faire accepter par les libéraux dans le cas où, par hypothèse, ceux-ci deviendraient leurs alliés. Si pourtant ils consentaient à ajourner l'institution de cet impôt, l'entente ne serait pas impossible. Travaillistes et libéraux auraient pour programme commun le rétablissement des affaires et la fin du chômage par la reprise des relations économiques avec la Russie, par la remise sur pied de l'Allemagne : bref, un programme, brutalement avoué, de paix immédiate et générale, qui s'opposerait à la politique suivie, depuis deux ans, par notre gouvernement.

Si cette entente ne se produit pas, si les travaillistes, par fanatisme doctrinal ou par tactique de parti, s'obstinent à faire bande à part, ce sera, dans l'hypothèse d'une majorité libérale et travailliste aussi bien que dans l'hypothèse d'une majorité conservatrice, la prolongation du chaos parlementaire : il est douteux que le public anglais s'en accommode encore longtemps. Le moment viendra où un grand homme secouera l'inertie, la timidité des groupes, et, s'autorisant de l'appui de l'opinion, forcera l'adhésion d'une majorité parlementaire. Canning fut ce grand homme, il y a tout juste un siècle, quand le flottement des partis était très pareil à ce qu'il est aujourd'hui. Il sut, en parlant le langage de la paix, de la justice, du sens commun, donner à sa politique autant d'éclat, recueillir pour elle autant de prestige que s'il avait été, comme le premier ou le second Pitt, un ministre guerrier. Je vois, dans le Parlement britannique d'aujourd'hui, un seul homme d'État qui soit capable de renouer cette tradition. Sans doute, son impopularité, momentanément, est bien grande ; sans doute son passé politique est bien chargé. Il faudra donc, si vraiment – nous n'en sommes nullement certain – sa carrière politique est close, qu'un autre homme vienne à sa place, exaucer le vœu du pays. Car il y a une politique de l'Angleterre – non de tel ou tel gouvernement anglais – qui répond d'autant mieux aux intérêts du pays, qu'elle doit lui valoir – si elle est intelligemment conduite – les sympathies des peuples. Il ne manque à l'Angleterre, en ce moment, qu'un « grand homme » pour l'incarner : un Canning, un Lloyd George, ou un autre.

Ne serait-il donc pas temps encore de redresser la politique française et, sans attendre le jour où la politique anglaise reprendra une allure décidée, de chercher comment on pourrait, sans compromettre nos intérêts, mais au contraire afin de les mieux servir, prendre en considération les intérêts et les sentiments de l'Europe ? C'est sur le problème des réparations, bien entendu, que doit se concentrer notre attention. Il empoisonnera, tant qu'il ne sera pas résolu, toutes les relations internationales. Ne serait-il pas temps encore de comprendre en quoi consiste, sur cette question, la mésentente franco-anglaise, et de faire effort pour la dissiper au plus vite ?

Personne n'aurait contesté en 1918, personne ne contesterait aujourd'hui – pas même en Allemagne – que la France, théâtre principal d'une guerre mondiale, a droit à des réparations pour le grand dommage matériel qui lui a été causé pendant les quatre années de la lutte. Pour obtenir ces réparations, quelle méthode employer, d'autre part, si ce n'est cette méthode classique qui consiste à occuper du territoire étranger, et à l'évacuer au fur et à mesure des paiements effectués par le pays vaincu ? Mais, au lendemain même de l'armistice, certains journaux français, certains milieux politiques français, ont commencé à émettre des prétentions territoriales qui dépassaient la désannexion de l'Alsace-Lorraine, seule promise par les Alliés. Frontières de 1814. Rive gauche du Rhin, fédéralisation du Reich. L'occupation du territoire allemand par les troupes françaises apparaissait dès lors, à tort ou à raison, non comme un moyen de recouvrer notre créance, mais comme un prétexte pour « annexer » de la terre allemande, sous une forme plus ou moins déguisée, et l'Angleterre devait en conséquence être vite amenée à concevoir cette occupation comme entraînant plus de périls politiques que d'avantages économiques. Si les Anglais nous avaient dit cela, ils auraient pu nous irriter ; du moins leur langage eût-il été clair et logique. Mais il a été difficile, peut-être même impossible, aux représentants officiels du peuple anglais, d'exprimer ouvertement sur ce point leur pensée : ils ne pouvaient, sans manquer aux usages diplomatiques et presque même aux bonnes manières, nous attribuer, au cours des discussions qu'ils avaient avec nous, des intentions sans cesse désavouées par les chefs responsables de notre gouvernement. Les Anglais se sont donc trouvés condamnés à parler un langage ambigu, qui trop souvent offense le sens commun.

« L'occupation de la Ruhr n'est pas légale. » Les légistes anglais le disent aujourd'hui : mais leurs arguments, qui nous semblent faibles, viennent bien tard. Pourquoi le gouvernement britannique a-t-il attendu quatre ans pour les consulter sur ce point, alors que, deux fois dans l'intervalle, cette occupation avait été reconnue légale par le Premier ministre anglais, qui s'appelait alors Lloyd George, et une fois par le Premier ministre italien, qui s'appelait alors Nitti ? Si d'ailleurs, vraiment (c'est l'hypothèse où il faut se placer au moins provisoirement), le vaincu, pouvant s'acquitter des obligations qui lui sont imposées par le traité de paix, refuse de s'exécuter, les Alliés n'ont-ils pas le droit à la majorité de trois voix contre une, d'inventer des sanctions nouvelles, non inscrites au traité, contre le vaincu déloyal ?

Dites que l'occupation de la Ruhr fut une faute ; dites qu'elle vous inspire, à vous Anglais, les mêmes défiances que doit inspirer toute extension de l'occupation primitive. Mais trêve d'arguments juridiques. Nous avons un avocat, nous aussi. À ce jeu-là, il vous battra toujours.

Ou bien encore, lisons le grand discours prononcé, le 23 octobre dernier, par le général Smuts. Le discours a fait sensation ; il a paru devenir l'Évangile, en Angleterre, des amis de la paix et de la liberté : ne s'est-il pas trouvé au moins un grand journal pour demander que l'Angleterre reconnût, en celui qui le prononçait, le chef dont elle a besoin, en le faisant Premier ministre ? Que nous dit le général Smuts ?

> Par la planche à imprimer et la disparition du mark, l'Allemagne a liquidé sa dette intérieure. Elle a, depuis la paix, grandement amélioré le matériel, l'outillage, l'organisation de son industrie, qui sont à présent très au-dessus de tout ce que vous, Anglais, pouvez avoir en ce pays... Et si pour une raison ou pour une autre, elle était pareillement libérée du paiement des réparations, ses industries se remettraient en marche, libres, ou peu s'en faudrait, des énormes charges fiscales qui continueraient à écraser l'industrie de ce pays.

Soit. Le général Smuts pense donc, sur ce point, exactement comme M. Poincaré. Tous deux sont d'accord pour croire que, si l'Allemagne était dispensée de payer des réparations, les pays alliés courraient au-devant des plus graves périls. Ils ne sont en désaccord que sur la meilleure méthode à employer pour obtenir le paiement de ces réparations : et quelle est la méthode que le général Smuts préconise ? Deux ans de moratorium, avec un minimum de crédits et de contrôle : après quoi l'Allemagne commencerait à payer, et à payer des sommes d'année en année plus considérables, à mesure que l'Allemagne deviendrait économiquement plus solide.

Or, dans deux ans, il y aura déjà sept ans que la guerre aura pris fin : c'est généralement après un tel laps de temps que les peuples vaincus achèvent de payer la contribution de guerre qui leur a été imposée. Le général Smuts voudrait voir les Allemands commencer de la payer alors. Sous quelle pression ? Sous la menace de quelle pression ? Toutes les objections opposées par l'Angleterre aux projets suggérés par la France aujourd'hui se présenteraient encore, plus fortes seulement en raison du temps écoulé. Et les paiements devraient aller croissant : pendant combien d'années ? Vingt ans, trente ans peut-être ? Est-ce là ce que le général Smuts appelle liquider la question des réparations ? Le général Smuts a su cependant se montrer, chaque fois que les intérêts de son État du Cap étaient en jeu, politicien avisé et retors ? Comment donc expliquer cette soudaine confusion mentale ? Par l'impossibilité où les gouvernants britanniques se sentent placés par la politique française de résoudre le double problème suivant : faire payer l'Allemagne sans occuper du territoire allemand, ou bien occuper du territoire allemand sans permettre à l'armée française de s'y établir à perpétuité. Un peuple démoralisé et financièrement épuisé, mais qui compte sur sa démoralisation et son épuisement financier pour échapper, peut-être à bref délai, aux conséquences de sa défaite, devant deux peuples qui, chacun à sa manière, ne savent pas ce qu'ils veulent. Voilà le tableau qu'offre l'Europe occidentale depuis le soi-disant rétablissement de la paix.

Comment sortir de cette impasse ? Il faut que la France déclare expressément et prouve par des actes son désintéressement territorial au-delà des anciennes frontières d'Alsace et de Lorraine. À cette condition, et à cette seule condition, elle se retrouvera d'accord avec l'Angleterre, et obtiendra l'approbation de cette dernière pour telles mesures militaires qui pourront devenir nécessaires, en vue de se faire payer. Il faut qu'elle dise hautement, non pas : « Nous sommes prêts à sortir, à mesure que nous serons payés », mais : « Nous sommes impatients d'être payés, parce que nous sommes impatients de sortir ». Un projet de République rhénane semblable à celui qu'ébaucha le maréchal Foch (un État politiquement neutre, occupé en permanence par des troupes françaises) ne sera jamais accepté par aucun gouvernement anglais. Une occupation militaire de la Ruhr qui serait considérée à l'avance comme devant se prolonger pendant trente-cinq ou quarante ans, sera toujours aux yeux de nos voisins une annexion à peine déguisée. Alléguera-t-on que nous n'avons pas voulu tout cela, que les circonstances nous ont entraînés malgré nous dans la Ruhr, qu'elles viennent plus récemment de nous amener malgré nous à pratiquer une politique rhénane ? En vérité, ce fatalisme m'effraie. Se prépare-t-on à nous dire demain que la force des choses condamne nos armées à s'enfoncer plus avant encore au cœur de l'Allemagne ? Je voudrais me sentir gouverné par des hommes qui essaient de commander à de telles circonstances...

Ou bien encore, alléguera-t-on qu'après tout, ces plans politiques, à défaut d'argent, nous donneront tout au moins un accroissement de sécurité ? J'en voudrais être sûr. Ils détacheront de nous l'Italie, la Belgique elle-même : peut-être est-ce déjà chose faite. Qui nous restera-t-il pour alliés ? La Tchéco-Slovaquie ? C'est avec anxiété qu'elle prévoit une rupture entre Londres et Paris. La Pologne ? Peut-être, mais ce n'est pas assez. Je vois se former en Europe, contre nous, la coalition de tout ce qui pense libéralement et généreusement. Je vois se former la coalition de tous les intérêts contrariés dans un monde où tant de gens voudraient oublier la guerre. Coalition pour l'instant purement morale : nous irritons l'Angleterre parce que nous dérangeons son désir de paix à tout prix. Mais un passé récent ne nous a-t-il pas enseigné comment les peuples, qui toujours veulent la paix, se trouvent en peu d'années entraînés, sans même discerner par quel concours de circonstances, à se ruer soudain vers la guerre ? Je voudrais voir nos gouvernants comprendre que ce n'est pas bien servir la patrie que de toujours défier le monde entier ; qu'il est parfois sage d'avoir peur, et de le dire ; et que, pour ce qui est des raisons d'avoir peur, les leçons de Bismarck valent toujours d'être méditées. Ayons peur des coalitions. Ayons peur des impondérables.

Nous avons heureusement conservé intactes nos institutions républicaines. Combien de fois, au cours du dernier demi-siècle écoulé, le régime très souple que la Constitution de 1875 nous a donné ne nous a-t-il pas permis de nous arrêter sur le seuil des erreurs fatales, et de revenir en arrière ! Voici pourtant qu'en très haut lieu s'agitent des projets nouveaux ; il s'agirait, par une révision de notre Constitution, de renforcer l'autorité du pouvoir exécutif, de rendre en d'autres termes moins « parlementaire » notre Constitution. Aurions-nous oublié déjà la leçon de la guerre ? Elle balaya, dans l'un et l'autre camp, les grandes monarchies autoritaires ; elle laissa subsister, au bout de quatre années de lutte pour l'existence, les républiques démocratiques, les monarchies parlementaires, et cette vaste fédération, à la constitution si lâche qu'il ne faut plus l'appeler l'« empire britannique », mais la « société britannique des nations ». Ne nous rendons-nous pas compte, en outre, du grand prix que pourrait avoir, en quelque heure critique, pour le maintien de nos bonnes relations avec le monde anglo-saxon, le maintien de notre parlementarisme ? J'ai fait, il y a quinze jours, à Londres, une conférence sur « les relations franco-allemandes depuis 1870 ». C'était un sujet difficile, et je le traitais devant un auditoire difficile. Je priai cet auditoire, à un certain moment, d'observer que la France était, avec l'Angleterre, la seule grande nation occidentale qui eût su, jusqu'à présent, se préserver des deux excès du léninisme et du mussolinisme ; que notre Premier ministre, quelque jugement qu'ils pussent porter sur sa politique, gouvernait la France non pas à coups de mitrailleuse, mais par l'ascendant de sa parole, comme M. Lloyd George, lord Palmerston, Canning ou Pitt avaient gouverné l'Angleterre. Je fus étonné de la vivacité des applaudissements qui interrompirent mon discours.

Heureusement aussi, nous n'avons pas encore rompu tout lien avec la Société des Nations. Nos ministres se croient tenus de lui rendre hommage en toute occasion : il convient de s'en féliciter. Mais pourquoi affectons-nous toujours de vouloir en atténuer l'importance, en réduire les attributions ? Pourquoi notre délégation, quand elle se présente à Genève, vient-elle comme préparée par avance à lutter contre l'hostilité générale ? Pourquoi vouloir que la Société des Nations soit une vaste conspiration européenne ourdie contre nous, et dont l'Angleterre tient les fils ? Elle n'a pas été cela, le jour où la question de la Haute-Silésie lui a été soumise. Elle n'est cela, en vérité, que dans la mesure où nous voulons qu'elle le soit. Sachons lui faire confiance ; familiarisons-nous avec l'idée qu'un jour il y aura peut-être opportunité à lui demander de résoudre les problèmes les plus difficiles, fût-ce celui des réparations. Un tel geste ferait beaucoup pour nous rendre l'amitié de l'Europe.

Mais l'amitié de l'Europe ne suffit pas. Il y a longtemps que l'Europe a cessé de renfermer, dans ses étroites limites, l'ensemble du monde civilisé ; et l'Amérique ne fait point partie de la Société des Nations. En vérité, quand je lis les violents propos qu'échangent, de part et d'autre de la Manche, journalistes français et journalistes anglais, j'éprouve une déplaisante impression d'anachronisme et d'archaïsme. Sommes-nous au temps de Pitt et de Napoléon, de Louis XIV et de Guillaume d'Orange ? Il ne s'agit plus de l'équilibre de l'Europe, mais de l'équilibre du monde, où l'Amérique occupe une place prépondérante. Il nous a fallu son appui, il y a cinq ans, pour obtenir en commun la victoire finale : pourrons-nous nous en passer pour obtenir l'établissement définitif de la paix ? Les sages Anglais comprennent que non. Il n'est sacrifice qu'ils ne consentent pour s'assurer l'amitié, ou seulement l'apparence de l'amitié américaine. Ils ont renoncé aux droits de navigation que leur accordait, dans le canal de Panama, une convention expresse. Ils ont réduit leur flotte de guerre aux dimensions de la flotte américaine, consentant pour la première fois à partager avec une autre nation la domination des mers. Ils ont, avec condescendance et presque avec empressement, commencé à rembourser les dettes contractées là-bas par eux pendant la guerre. M. Lloyd George vient de prononcer aux États-Unis des discours au ton humble, demandant la sympathie, presque la pitié du Nouveau Monde pour la « vieille », la « petite » Angleterre. Nous, Français, sommes-nous aussi sages ?

Élie Halévy

P.-S. – Au moment où j'écrivais cet article, je ne croyais pas que les élections anglaises dussent avoir lieu avant janvier. Voici que, sur ce point, mon attente est démentie par les faits : au moment où l'article paraîtra, les élections auront eu lieu. À peine ouverte la période électorale, le ministère a reçu une fâcheuse nouvelle. M. Asquith capitulait devant M. Lloyd George, qui se préparait à mener une campagne acharnée au nom d'un parti libéral unifié. Mais bientôt venaient des nouvelles meilleures. Le *Labour Party*, se refusait à toute entente électorale avec les libéraux, et favorisait les intérêts du ministère, en opposant dans toutes les circonscriptions des candidatures travaillistes aux candidatures libérales. En fin de compte (et si dangereux que soit le jeu auquel je me livre), je crois être d'accord avec la majorité des Anglais en prévoyant une situation confuse, dont M. Lloyd George aspirera à devenir l'arbitre. Y réussira-t-il ? Cela dépend de bien des circonstances, et en particulier de notre politique[1].

---

1. [Effectivement, les élections générales du 6 décembre 1923 débouchent sur une situation confuse. Le parti conservateur remporte la majorité des sièges à la Chambre des Communes, tandis que le parti libéral recule à la troisième place, devant le parti travailliste. Travaillistes et libéraux s'associent pour investir un gouvernement dirigé, pour la première fois dans l'histoire du Royaume-Uni, par un travailliste, Ramsay MacDonald. Cette expérience du pouvoir est un échec. Les élections générales du 29 octobre 1924 offrent une majorité écrasante au parti conservateur, tandis que les travaillistes reculent et que les libéraux, emmenés par Henry Asquith, s'effondrent. Quant à Lloyd George, qui, le 22 octobre 1922, a été contraint de quitter le 10 Downing Street (par suite de la défection du parti conservateur), il échoue à revenir au centre de l'échiquier politique anglais, en dépit de ses efforts répétés et parfois pathétiques. En septembre 1936, il fait le voyage en Allemagne pour rencontrer Hitler et fait l'éloge de ce dernier, à son retour, dans le *Daily Express* (édition du 17 septembre 1936).]

CHOIX DE CORRESPONDANCE (1919-1923)

Comme cela est indiqué dans l'introduction de cette première section des documents sur L'Ère des tyrannies, *Élie Halévy effectue un premier séjour en Angleterre qui s'étend sur plus de six mois, du 28 novembre 1918 à la mi-juin 1919, afin d'accomplir la mission d'enquête qui lui a été confiée par le Commissariat à la Propagande. Il rentre en France à l'été 1919 pour repartir rapidement outre-Manche afin de poursuivre ses études sur l'Angleterre présente et reprendre le fil des volumes de l'*Histoire du peuple anglais au XIXe siècle. *Ces années de sortie de guerre sont largement vécues en Angleterre par Élie et Florence Halévy. Elles sont souvent analysées à l'aune de l'histoire anglaise, de l'esprit anglais. « Nous autres Anglais », écrit-il à son frère Daniel, depuis Londres le 9 mai 1919[1].*

En plus des nombreux articles qu'Élie rédige et publie sur l'état du pays, il adresse à ses correspondants français et anglais de précieuses analyses sous forme de lettres circonstanciées. Il scrute les difficultés sociales du pays confronté à d'importants mouvements de grève, et questionne l'Angleterre dans sa politique européenne. L'analyse des relations internationales traverse toute sa correspondance. Il s'applique à en déchiffrer les incohérences, les obscurités. Élie Halévy se montre très sévère pour les puissances alliées incapables d'établir une paix durable, impuissantes à résoudre le problème des nationalités et à garantir à la Société des Nations une espérance de vie raisonnable. Ses critiques en matière internationale prennent plus de relief encore avec sa connaissance des origines de la guerre, privilégiant les mécanismes idéologiques (le conflit européen serait né de l'affrontement des nationalismes) sur les facteurs économiques (il aurait résulté des rivalités produites par le capitalisme). À mesure qu'il étudie les origines de la guerre, Élie Halévy prend conscience de la gravité de la situation internationale.

Élie Halévy se préoccupe aussi de la vie nationale française, des choix politiques de ses dirigeants, qu'il observe et analyse depuis l'Angleterre, pratiquant de fréquentes comparaisons entre les deux pays. Mais il se défend

---

1. Voir *infra*, p. 419. « Si j'étais né Anglais », écrit-il plus loin à Xavier Léon, de Londres, le 3 mai 1921 (p. 447).

d'être « infecté d'"anglicanisme" » quand il écrit à Xavier Léon[1]. Il plaide avant tout pour que les deux pays qui sont les siens s'engagent dans une *« politique honnête »*[2], une politique ouverte sur le monde et comprenant les défis considérables auxquels l'Europe ne peut échapper sinon dans l'abandon de toutes ses valeurs humaines et politiques.

Ces années de grand large, qui contrastent singulièrement avec les quatre années de repli sur sa tâche d'infirmier militaire en Savoie durant la Grande Guerre, montrent chez Halévy une volonté de penser l'ensemble des questions nationales et internationales, de mener de front ses deux grands travaux historiques sur le peuple anglais et sur le socialisme européen, et de comprendre la crise mondiale qui se dessine dans l'impossible sortie de guerre, dans le désordre de l'Europe et l'obscurité de l'avenir.

Il n'oublie pas la philosophie, dont l'animation de la Revue de métaphysique et de morale *de concert avec Xavier Léon. La plupart des lettres renvoyant à cette dernière activité seront présentées dans le tome prochain des Œuvres complètes,* Élie Halévy philosophe. *Néanmoins, la philosophie consiste aussi en une posture réflexive et une approche du monde. Devant le désordre de celui-ci et l'attitude irrationnelle des hommes d'État, Élie Halévy souhaite maintenir le pouvoir de la pensée philosophique pour comprendre l'histoire, voire lui donner le sens de l'action humaine réfléchie et volontaire.* « Dans ma petite sphère, j'ai fait, et je continue à faire ce que je peux », *confie-t-il à Xavier Léon, de Londres, le 11 mai 1922.* « Quand j'insiste pour que les congrès philosophiques internationaux soient repris, avec l'assentiment, je dirais presque : sur l'initiative de la France, ce n'est pas que j'attache à ces petits congrès une importance extraordinaire ; c'est pour manifester ma manière de comprendre le problème international, tel qu'il se pose actuellement[3]. »

À Louise Halévy, The Athenaeum, Pall Mall, 6 avril 1919*

Chère maman,

Lettre dominicale. Nous partons demain pour Cardiff où tu peux nous écrire, jusqu'à nouvel ordre au Park Hotel. Je me suis fait arracher une dent, qui m'aura coûté bien de l'argent avant qu'on en soit venu à cette solution expéditive.

---

1. Élie Halévy, Lettre à Xavier Léon, Londres, 24 mai 1922, *infra*, p. 474.
2. *Ibid.*
3. Voir *infra*, p. 471.

Jeudi et vendredi, j'ai été heureux en même temps de pouvoir assister à deux intéressantes réunions ouvrières, l'une purement ouvrière, l'autre ouvrière, patronale et ministérielle. Une bonne humeur, une courtoisie, une correction, qui sont bien déconcertantes pour un visiteur d'outre-manche. Non, nous ne sommes pas ici sur le bord du Bolchevisme.

Cet après-midi les Fisher Unwin[1] nous invitent à rencontrer un Russe [qui], pour autant que je puisse comprendre, sera un socialiste antibolchevique. J'irai – et j'écouterai ; mais il ne faudra pas me demander d'avoir une opinion sur ce bizarre pays. Je vois que le système des Soviets est en train d'envahir l'Allemagne[2]. J'attends la suite des événements. La signature de la paix n'est plus à mes yeux qu'un incident presque dépourvu d'importance. C'est l'après qui m'intrigue.

Je pense passer à Cardiff huit jours, dix jours, quinze jours, suivant que je le trouverai nécessaire, me transporter de là sur quelque bord de mer – quelque vrai bord de mer –, y écrire mon dernier article anglais. Après quoi, retour à Londres, et préparatifs de retour absolu. Pour ne s'attacher qu'au matériel des choses, la vie à la Maison Blanche nous paraîtra bien confortable. Mais je ne songe pas seulement au matériel.

Tendrement,
Élie Halévy

À Louise Halévy, Park Hotel, Cardiff, 9 avril 1919

Chère maman,
Cet hôtel est aussi encombré, la direction de cet hôtel est aussi ahurie, que si nous étions encore à Londres. Temps superbe. C'est enfin le printemps. Les Anglais, les Gallois m'ont dit : le pays de Galles n'a aucun rapport avec l'Angleterre. Les Gallois ont mille défauts que n'ont pas les Anglais. Ils sont sales, menteurs, inconstants. Les Gallois ont mille vertus qui ne sont pas anglaises. Ils sont ardents, enthousiastes, [élégants ?[3]]. Nous verrons. Je ne suis encore entré en contact avec aucun Gallois de marque, ayant passé ma journée d'hier à corriger mon article n° 2 de la *Revue de Paris*[4].

---

1. Thomas Fisher Unwin (1848-1935) est un éditeur anglais, fondateur de la maison T. Fisher Unwin en 1882. Il participa également à la création de The Publishers Association. Il était marié à la fille de Richard Cobden, Jane Cobden.
2. Après l'écrasement de la révolution spartakiste à Berlin en janvier 1919, les affrontements et les grèves reprennent en mars 1919.
3. Lecture incertaine.
4. Probablement « La nouvelle loi scolaire anglaise », *Revue de Paris*, 26, septembre-octobre 1919.

Mais la ville de Cardiff ressemble à n'importe quelle ville anglaise. Elle est mercantile, prospère, propre et largement aérée.

Aujourd'hui je vais faire mes premières visites. Demain et après-demain nous irons visiter un grand établissement industriel à deux heures d'ici[1]. Samedi, on m'arrange une entrevue avec un chef de syndicat. Lundi, j'espère voir tous les chefs des mineurs, à leur retour de Londres. Ce sont les vrais rois du pays.

Est-il vrai, comme me l'annonce ce matin mon journal, que Wilson va disparaître[2], secouant la poussière de ses souliers sur une Europe criminelle ? Ou simplement s'en va-t-il parce que sa situation parlementaire, là-bas, est menacée, et que son parti a besoin de lui ? Quoi qu'il arrive, l'avenir ne me réserve, à moi, aucune déception. Éternel, ton nom est abîme ! Foules, votre nom est mystère ! Voilà tout ce que je sais ; et j'accorde que ce n'est pas beaucoup. […]

Élie Halévy

À Xavier Léon, Cardiff, 12 avril 1919

Mon cher Xavier,

J'ai repris le cours d'une vie nomade, telle que je la menais, il y a des années, en Angleterre et ailleurs. Le pays de Galles n'éveille dans mon esprit aucuns vieux souvenirs : je n'y avais jamais mis les pieds. Je m'abandonne à l'impression illusoire que j'ai trente ans. Le diable est que les gens me traitent avec une déférence qui me rappelle bientôt au sentiment de la réalité. Il y a longtemps que ma tête a cessé d'avoir trente ans.

---

1. Florence Halévy écrit à sa belle-mère : « À Ebbw Vale nous avons visité les fonderies, les aciéries, les mines. Dîné, déjeuné, goûté avec les ingénieurs et leurs femmes. Il y a des luttes constantes entre patrons et ouvriers, mais chacun semble prendre cet état de choses avec calme. Les maisons ouvrières, bien construites, bien équipées, chacune avec un petit jardin individuel, font envie à un habitant de Sucy-en-Brie. Seulement il en faudrait partout trois fois davantage. Pour l'instant, les malheureux ouvriers ont le choix entre dormir dehors, ou vivre dans une chambre où chaque lit est généralement occupé par quatre personnes : deux la nuit, deux le jour. »

2. « Wilson va disparaître »… du continent européen, mentionne Élie Halévy. En effet, le président américain qui participe très activement à la Conférence de la paix à Paris, s'engageant aussi bien dans la création de la Société des Nations (présentation de la Charte de la SDN devant la Conférence le 14 février 1919) que dans l'élaboration du traité de Versailles. Fort de la contribution américaine à la victoire alliée et désireux de peser sur le règlement de la paix, Woodrow Wilson (1856-1924) quitte les Etats-Unis pour l'Europe dès le 4 décembre 1918. Mais les oppositions à sa politique interventionniste en Europe grandissent, à la fois chez les Républicains mais aussi à l'intérieur du camp démocrate. Ces difficultés le contraignent à revenir sur le sol américain. Son départ affaiblit les travaux de la Conférence de la paix. Le 28 juin 1919, le Congrès refuse de ratifier le traité de Versailles qui était présent, par Wilson en personne, à ses suffrages.

Ce pays est une espèce de petite Amérique. Les villes sont sorties de terre il y a un demi-siècle. L'Église anglicane y existe à peine, et va bientôt cesser d'être une Église d'État. Pas d'aristocratie locale, bien que le château du marquis de Bute domine toute la ville de Cardiff. Mais dès que l'on sort des faubourgs pour s'enfoncer dans les vallées charbonnières, on ne trouve plus que les directeurs d'usines, leurs agents, et les ouvriers. Ce pays aspire, en même temps, à être une petite nation autonome au sein de la grande Angleterre. Les gens parlent anglais *et* gallois ; et il y a ici une grande place vide où s'élèvera un jour le Palais du Parlement Gallois. J'ajoute que si ce pays diffère de l'Angleterre, comme l'Amérique diffère de la Grande-Bretagne, il ressemble d'autre part à l'Angleterre comme l'Amérique ressemble à la Grande-Bretagne. Je venais voir si vraiment, comme le bruit en court à Londres, le pays de Galles était un foyer de révolution. J'ai acquis la conviction, déjà, que l'esprit des syndicats gallois ressemble à l'esprit des syndicats anglais beaucoup plus qu'à celui des nôtres. Le flegmatique libéralisme anglais a passé ici son niveau. – Et si ce pays doit faire bientôt l'expérience du socialisme démocratique, il sera le seul qui le fera dans des conditions telles que l'expérience soit valable, dans les formes de la Constitution, et je ne dis pas : sans troubles, mais avec le minimum de désordres.

Je me sens bien loin de la France. Mais qu'importe ? Plus les jours passent, et moins je m'intéresse aux travaux de la conférence de la Paix. Le traité de la Paix viendra ; mais le désordre européen ? et quelle solution le Congrès de la Paix apporte-t-il au problème du bolchevisme ? Et que pouvons-nous faire, toi ou moi, sinon assister en spectateurs à ces événements *trop* énormes, en cherchant à tenir allumé, tant bien que mal, le flambeau de la civilisation ?

Je suppose que tes matinées philosophiques du dimanche, les réunions de la Société du Vocabulaire, l'apparition périodique des numéros de la *Revue*, font partie de cette course au flambeau. Reprenons donc, tant bien que mal, notre train-train du temps de paix. Je vais voir lundi matin le professeur de philosophie de l'université d'ici[1] : je verrai jusqu'à quel point il connaît l'existence d'une philosophie française. Je crains une profonde ignorance. Au moment où tout le monde parle de la Société des Nations, les nations se ferment les unes sur les autres. Il paraît, d'après ce que tu m'écris, qu'il n'est pas permis à une revue française d'imprimer qu'il y a des libéraux en Allemagne. Je doute que la bourgeoisie française agisse sagement en faisant preuve d'une telle brutalité.

Ton
Élie Halévy

---

1. H. G. W. Hetherington (University College of South Wales and Monmouthshire, Cardiff).

À Bertrand Russell[1], Cardiff, 15 avril 1919[2]

Dear Russell,
I expect to spend a few days in London before I go back to France, and will do my best to see you.
Strongly as I believe in the necessity of a dictatorship, with all its worse implications, in time of war, I hope that war is now over, and that the blessed day of thought and anarchy is dawning again upon us.
Yours faithfully,
Élie Halévy

À Xavier Léon, Langland Bay Hotel, near Swansea [Mumbles], Glamorgan, 26 avril 1919

Mon cher Xavier,
[…] Je suis toujours disposé à me déclarer wilsonien, mais en faisant bien des réserves sur le président lui-même, depuis qu'il a jugé politique d'insérer la doctrine de Monroe[3] dans son projet de Ligue des nations. Au fond, tout cela m'est égal. Je demande qu'on trouve moyen de remettre sur pied les finances françaises, et de résoudre, dans tout l'Occident, le problème de la révolution sociale. La faire ou l'éviter, ou la faire pour l'éviter. Ce sont, je pense, les Anglais qui se préparent à faire les expériences les plus audacieuses, et dans les conditions les plus cruciales ; et, quand j'ai

---

1. Il s'agit d'une reprise de contact. En effet, la guerre avait représenté une séparation réelle, en partie parce que les prises de position publiques violentes de B. Russell, en faveur d'une paix immédiate en pleine guerre, avaient choqué Élie Halévy – et aussi probablement parce que les Halévy avaient maintenu des relations très amicales avec Alys, sa première femme, qu'il avait quittée.
2. Pour la traduction, voir p. 721.
3. Du nom du président des États-Unis qui la délivra dans son message annuel au Congrès le 2 décembre 1823, la doctrine Monroe établissait les grands principes devant régir la politique étrangère américaine, notamment l'extension du domaine de sécurité des États-Unis à l'ensemble du continent américain et l'affirmation d'un isolationnisme à l'égard des affaires européennes. L'intervention américaine pendant la Première Guerre mondiale modifia la doctrine Monroe sans en changer l'esprit, comme le révéla la position de Wilson dans les débats de la Commission préparatoire au Pacte de la SDN dont il était le président. C'est le 28 avril 1919 que la Conférence plénière de la Paix adopta à l'unanimité le projet de la Commission, et le pacte de la SDN fut inclus dans les traités de paix. La SDN prit naissance le 10 janvier 1920 après la ratification du traité de Versailles par l'Allemagne. La permanence de l'isolationnisme américain inscrite dans la doctrine Monroe se vérifia bien davantage le 19 mars 1920 avec le rejet par le Sénat américain du traité de Versailles, puis avec l'échec du candidat de Wilson aux élections présidentielles de novembre 1920.

lu le compte rendu de la dernière séance de la Commission des mines, je ne prends plus qu'un faible intérêt à la question de savoir si ce seront les paysans croates qui opprimeront les bourgeois de Fiume[1], ou les bourgeois de Fiume qui persécuteront les paysans croates.

Quelle époque !

Votre

Élie Halévy

À Louise Halévy, Mumbles, Glamorgan, 28 avril 1919

[...] Nous nous sommes transportés ici, au bord de la mer, à cinq milles de Swansee, remettant de vingt-quatre ou quarante-huit heures mon voyage.

Je m'y trouve fort bien, *far from the meddling crowd*[2], après tant de mois de promiscuité. [...]

Endroit délicieux, après tant de maisons, de rues, d'usines. Une petite plage de sable arrondie, entre de très-basses collines qui tombent à pic dans la mer. Le temps fait songer à mars plus qu'à la fin d'avril : un ciel bleu, un soleil éclatant, puis une sombre giboulée, mêlée de pluie, de grêle et de neige. [...]

L'incident italien[3] m'amuse. As-tu vu le discours du prince Colonna[4] invitant les Alliés à ne pas oublier que la victoire avait été remportée sur le front italien ? et le discours de d'Annunzio, racontant à sa manière l'histoire de Caporetto. Foch insistant pour que l'armée italienne se repliât sur le Mincio. Les fiers Italiens passant outre à ces timides injonctions, et, malgré Foch, tenant bon sur le Piave[5].

---

1. Contrairement aux engagements pris par le traité de Londres du 26 avril 1915 qui avait décidé l'Italie à entrer en guerre, la conférence de la Paix refusa l'annexion de Fiume et de la Dalmatie. La délégation italienne quitta alors momentanément la conférence d'avril à mai 1919. Le 12 septembre 1919, le poète italien Gabriele d'Annunzio s'empara de la ville à la tête d'un corps franc. Fiume deviendra un État indépendant à la suite du traité de Rapallo (12 novembre 1920) et d'Annunzio sera contraint d'évacuer sa « Régence du Carnaro ». Après un coup d'État fasciste sur la ville en mars 1922 et l'accession de Mussolini à la tête du gouvernement italien, la Yougoslavie devra se résigner à signer, le 27 janvier 1924, le Pacte de Rome reconnaissant la souveraineté de l'Italie sur Fiume.

2. « Loin de la foule indiscrète ».

3. C'est précisément le 24 avril que le président Orlando quitte la conférence de la Paix pour protester contre les déclarations de Wilson. La veille, le président américain, s'adressant directement aux Italiens, a déclaré que l'Italie n'a aucun droit naturel sur Fiume, débouché naturel de l'Europe danubienne.

4. Proche de Mussolini, le prince Piero Colonna devint gouverneur de la province de Rome en 1937 (et jusqu'en 1939).

5. Fleuve de Vénétie, le Piave servit en 1918 de ligne de défense aux armées italiennes qui battirent les Austro-Hongrois lors d'une dernière offensive de l'Empire au mois de juin. Les Italiens allaient de fait le considérer comme hautement stratégique.

Mais c'est la paix qui revient, avec ses problèmes beaucoup plus difficiles à résoudre que les problèmes de la guerre. Nous allons voir.
Tendresses, et à bientôt.
Élie Halévy

À Louise Halévy, Mumbles, Glamorgan, 30 avril 1919

Chère maman,
Si tu crois que c'est la question tchécoslovaque qui se règle dans la Méditerranée, cela prouve que, bien heureusement pour toi, tu es loin de la réalité. Il y a les tchécoslovaques et il y a les jugo-slaves : et si les slovaques sont des espèces de slaves, les tchéco ne sont pas des jugo. À vrai dire, il n'existe pas de jugo. Jugo veut dire méridionaux. Et c'est pourquoi, géographiquement, les tchéco ne sont pas des jugo.

Je traite par le mépris toutes ces imbéciles questions. Si les Italiens et les Slaves veulent s'entr'égorger, qu'ils s'entr'égorgent. Mais que l'amour de la bataille n'aille pas nous faire partir là-bas en guerre. Que le président Wilson cherche d'autres armes que des armes françaises pour régler la question adriatique – puisqu'il paraît qu'il a trouvé le moyen de la régler.

Tout va bien ici, où je mets le point final à mon voyage. Ne crois pas que je sois à bout de forces. Nous avons fait hier une promenade de cinq à six heures le long de la mer. Mais j'en ai assez de vivre pressé comme un hareng dans un banc de harengs, comme une sardine dans une boîte de sardines. Nous vivons ici dans un hôtel spacieux, où le personnel est serviable, la cuisine abondante, et qui – chose miraculeuse – est à peu près vide. Je fais durer ces heures de volupté.

Je *pense* être à Londres lundi soir ; mais il n'y a encore rien de fixé ; et je prévois que le problème du logement, à Londres, va être difficile.
Tendresses,
Élie Halévy

À Xavier Léon, Mumbles, Clamorgan, 4 mai [1919]

Mon cher Xavier,
[…] J'ai vu pas mal de gens et de choses au cours de ce petit voyage gallois. On m'avait représenté cette province comme un foyer de bolchevisme. On m'avait parlé de cette exubérance celtique, déjà presque irlandaise. Je n'ai trouvé que flegme et sang-froid britanniques. Les bolcheviks se cachent dans des coins obscurs. L'équilibre industriel est en train de se rétablir ici avec une rapidité qui me surprend, et qui, je crois, surprend les Anglais eux-mêmes.

Je sais tout ce qu'on peut et doit dire contre la politique de Wilson. Mais je reste imperturbablement wilsonien. Je regrette que notre diplomatie n'ait pas pris cette attitude dès le début, et été, au besoin, plus wilsonienne que Wilson lui-même. Je pense que l'imagination française a cru, au mois de novembre dernier, que la France allait être maîtresse de la mer ; maintenant elle vole à l'autre extrême, et considère la France comme placée au dernier rang des nations. La vérité est à égale distance de ces folles extrémités. Il y a un fait dont il faut tenir compte : la disparition de la Russie, qui constitue une victoire tout à la fois pour l'Angleterre et pour l'Allemagne. Quand il se sera reconstitué, à l'est de l'Allemagne, une grande puissance capable de rétablir l'équilibre européen, je ne demande pas mieux que de desserrer le lien qui nous attache aux Anglo-Saxons. Mais en attendant, rien à faire ; et il m'est impossible de comprendre pourquoi la presse nationaliste se met à fraterniser avec les Italiens, nos plus dangereux ennemis, au lieu d'être reconnaissante à Wilson quand il vient refréner leur instinct de rapine [...].

Élie Halévy

À Xavier Léon, 69 Torrington Square, London WC1, 9 mai 1919

Mon cher Xavier,

La revue de mai paraissant le 6 mai ! Je crois que c'est la première fois que ce phénomène se produit depuis 1892. Sois persuadé que la chose a de l'importance.

Pour ce qui est de la prétendue augmentation des frais d'impression, due à l'introduction de la journée de huit heures, j'ai le regret de te dire que tu as affaire à un mauvais plaisant. Si la journée actuelle de travail est de dix heures – je ne crois pas qu'elle puisse être inférieure –, une diminution d'un *cinquième* sur le temps de travail ne peut pas entraîner, en mettant les choses au pire, le doublement ou le triplement des frais. Avec un patronat énergique, et dans une branche de la production où le machinisme joue un si grand rôle, l'introduction de la journée de huit heures ne devrait entraîner aucune augmentation des prix. De deux choses l'une. Ou bien il est vrai que les prix vont monter dans la proportion de 200 à 300 : alors cette hausse est due à des causes que j'ignore, mais qui n'ont rien à voir avec la réduction de la journée de travail. Ou bien le fait est faux ; et les patrons ne font courir le bruit que pour intimider le public et rendre impossible l'introduction de la journée de huit heures. Je serais assez disposé à croire à quelque « chantage » de ce genre. Ne te laisse pas intimider.

Ce sont ces questions-là qui sont les questions vraiment intéressantes de demain, et non pas celles qui passionnent les militaires et les diplomates. Sur l'ensemble de la situation, nous sommes d'accord comme deux frères.

Inutile de répondre à cette lettre. Je vais être de retour avant le 15 au plus tard.

J'ai assisté ce matin à un spectacle extraordinaire. Deux grands propriétaires de terrains miniers, le comte de Tredeg et le marquis de Bute, comparaissant devant la Commission des mines, et interrogés dans les conditions les plus humiliantes par des parlementaires socialistes et des secrétaires de syndicats. L'ignorance, l'imbécillité, l'ahurissement de ces deux fils de famille, devant ces « juges » qui avaient commencé à gagner leur vie en extrayant du charbon sur le sol de leurs domaines, était tragique au point de devenir pénible. En sortant de là, j'avais l'impression que l'état de choses anglais est révolutionnaire.

Mais c'est sans drapeaux rouges ni coups de revolver.

Ton, votre

Élie Halévy

À Daniel Halévy, Londres, 9 mai 1919

[...] Nous croyons savoir, nous autres Anglais, que les bolcheviks ont depuis un mois environ proclamé l'abolition du régime de la Terreur. Et c'est un fait que depuis la révolution bolchevik on peut pour la première fois acheter à bon marché les œuvres classiques de la littérature russe. Il y a un crime que je pardonne difficilement aux bolcheviks, c'est de nous avoir trahis en pleine guerre. Mais vraiment, que les Français, avec leur histoire, poussent des cris d'horreur au récit des atrocités bolcheviks, cela m'impatiente. J'ai vu des Russes anti-bolcheviks qui sont bien obligés de reconnaître que la révolution russe n'a pas été aussi sanglante qu'on le raconte. Et je ne puis songer sans dégoût à ce que sera la réaction militaire.

Tu vois à quel point l'influence du milieu anglo-saxon est, comme diraient Maurras et Barrès, délétère. [...]

Élie Halévy

À la fin du printemps 1919, Élie et Florence Halévy sont de retour en France. Ils passent une partie de l'été à Sucy, après cinq années d'absence dues à la guerre. Mais ils poursuivent à travers leur correspondance les liens noués sur le sol anglais.

À Xavier Léon, La Maison Blanche, Sucy-en-Brie, S.-et-O., 23 juin 1919*

Mon cher Xavier,
[…] J'ai reçu une réponse de Russell[1]. Elle est négative. Il aime écrire sur « ce à quoi il pense » et non « ce à quoi il a pensé ». Il conseille de s'adresser à Nicod[2], « *a young frenchman who, if he chose, could do a brilliant account of my philosophy, both theorical and practical* ». Demande donc à Nicod si, encouragé par cette flatteuse appréciation, il serait disposé à écrire pour la *Revue* une étude d'ensemble du néo-réalisme de Russell, sous tous ses aspects, théorique et pratique…
Élie Halévy

À Xavier Léon, La Maison Blanche, Sucy-en-Brie, S.-et-O., 23 juin 1919*

[…] Je redoute moins pour la *Revue* les progrès du catholicisme que la hausse des prix. Il est difficile de croire que Paris devienne le foyer du cléricalisme universel, pendant qu'en Angleterre, en Belgique, et peut-être demain en Italie, le parti ouvrier s'empare du pouvoir.
Ton, votre
Élie Halévy

À Graham Wallas, Sucy-en-Brie, 29 juin 1919[3]

Dear Wallas,
[…] Peace at last? Whatever concessions President Wilson may have made to French nationalism, and English imperialism, and Yankee Monroeism, and even, in Higher Silesia, German Prussianism, let us not be too pragmatical, and forget that one statesman at least, in the great crisis, has attempted to speak the language of something more than a statesman.
Toutes mes amitiés à vous deux, à vous trois.
Élie Halévy

---

1. Sur Bertrand Russell, voir note 1, p. 174.
2. Comme jeune agrégé de philosophie, Jean Nicod (1893-1924) fut élève de Bertrand Russell à Cambridge où il étudia les *Principia Mathematica* et le *Tractatus Logico-philosophicus* de Wittgenstein. De santé fragile, il décède précocement à l'âge de 31 ans.
3. Voir traduction, p. 721.

À Graham Wallas, La Maison Blanche, Sucy-en-Brie, S.-et-O, 4 juillet 1919[1]

Dear Wallas,

I have not read carefully Clemenceau's speech; still less the speech of general Smuts[2]. I am sick of speeches... I dare say you are right. We – I mean we Frenchmen – might have chosen to act as the arbiters of the world. Instead of which we have been acting the parts of a greater Rumania or of a greater Tcheko-Slovakia, fighting to get our due – or more than our due. If such is our level as a nation, so much the worse for us.

I am not prepared to say that general Smuts – or President Wilson – is an hypocrite, because he uses a christian phraseology. Whatever you may believe, your countrymen are sincere Christians. Anglo-Saxon hypocrisy comes in somewhere else. Have you read the *New Statesman* issue of May 31? 'The German counterproposals reveal the intolerably humiliating position in which the democracies of Great Britain and America have been placed by the action of their representatives – In public the proposals may find a few defenders ; in private they find none', and so on. And, then, a few lines further on: 'We do not intend to suggest that the whole of the German counterproposals are acceptable – Germany's colonies will not be returned to her – nor is she entitled to retain any part of her pre-war mercantile marine...' This is really too bad.

I do not complain, I do not discuss; I would like to understand, and I apply to you, as a social psychologist, for an explanation.

Is it cynicism? Hypocrisy, conscious or subconscious? Candor? Ignorance? Intellectual Apathy? I believe that, to get at an understanding of the case, I am going to read once more that most profound book of your friend [G.B. Shaw], *John Bull's Other Island*. You remember that foolish hazy sentimental Englishman always succeeding in life while the cynical clear-headed Irishman regularly fails.

Our love to all of you.
Élie Halévy

---

1. Voir traduction, p. 722.
2. Originaire du Transvaal, le général Jan Christiaan Smuts (1870-1950) gagna ses étoiles pendant la guerre des Boers. Ami de Botha, il participa aux négociations de paix de Vereeniging et entra au gouvernement. Pendant la Première Guerre mondiale, il conquiert le Sud-Ouest africain allemand puis rejoint le cabinet impérial à Londres. En 1919, il participe à la conférence de la Paix et imagine le système des mandats coloniaux. Successeur de Botha à la tête du gouvernement sud-africain, le général Smuts prônera la solidarité entre les nations et s'opposera à toute politique ségrégationniste. Botaniste, il concevra la théorie de l'holisme.

À Alfred Zimmern, Sucy-en-Brie, 19 août 1919[1]

Dear Mr. Zimmern,

I am in the same time glad and sorry to understand why the Strasbourg chair is still a thing of the future. Glad because I was afraid French *red-tape-ocracy* had something to do with the delay and perceive that I was wrong. Sorry to understand that Mr. Davies is so volatile a personality. I believe the Strasbourg [university][2] is quite in working order, with perhaps the best teaching staff in the whole of France – not excluding Paris. All young rising men, first above thirty – who perhaps will be thought worthy of a chair *en Sorbonne* when they have become old, silly, lazy and academical.

My impression is that the general feeling in France, if perhaps rather anti-yankee – even more so than I would care –, is distinctly pro-english. As for the absence of personal contact, I am afraid the English temper is, at all events, partly responsible for that. Just think how many millions of your countrymen have been living in France, in the course of the last five years. Well, *not one* in those millions ever tried to meet me, though I have many friends in England. Yourself, my dear friend, have you had the idea of inquiring after me, when you crossed Paris on your way back to England? Not at all: you saw practically only British and Americans. I would have been delighted to see you[3].

---

1. Voir traduction, p. 723.
2. Dès la fin de la guerre, l'université de Strasbourg accueillit de nombreux professeurs prestigieux qui devaient préparer la reconquête de la culture française en Alsace. En même temps, l'université de Strasbourg devait expérimenter de nouvelles ambitions en matière de recherche, d'enseignement et d'innovation, afin d'étendre ces bases nouvelles à l'ensemble du système universitaire français. Elle comptera des universitaires de grand talent : les historiens Lucien Febvre et Marc Bloch, fondateurs de l'école des *Annales*, l'orientaliste Silvain Lévi, le germaniste Edmond Vermeil, les sociologues Maurice Halbwachs et Gabriel Le Bras, l'économiste François Simiand, les philosophes Jean Cavaillès et Georges Canguilhem (tous deux futurs résistants au nazisme), Maurice Blondel et Étienne Gilson, les physiciens Louis Néel (futur Prix Nobel) et Edmond Bauer, l'astronome André Danjon, et cette liste n'est pas exhaustive.
3. Alfred Zimmern répond le 7 septembre depuis l'University College of Wales, à Aberystwyth, où il vient de retrouver (temporairement) son poste d'helléniste. Il invoque le peu de jours qu'il a passés à Paris, accaparé par ses fonctions auprès des Américains. Il avoue toutefois qu'il a évité le contact avec les experts français des Affaires étrangères parce qu'il était gêné (et que ses supérieurs auraient pu l'être également) par son nom et ses origines allemandes, et qu'il craignait d'être jugé trop germanophile – ce qui arriva en effet. Toutefois, il manifeste un grand désir de se rapprocher de la France, tant sur le plan politique que personnel (il s'abonne à la *Revue de Paris* sur le conseil d'Élie Halévy). Au point de vue général, il se montre très pessimiste pour l'Europe, et pour l'Angleterre en particulier. Il se préoccupe tout spécialement de l'inextricable situation minière, proposant des remèdes, tout en jugeant qu'ils ne seraient certainement pas appliqués.

After all, it is perhaps better so. You are a cold and proud and dignified people, and everybody knows that you are a reliable people. If you came with open arms, kissing mouths and long winded speeches, perhaps things should not [be] as smooth as they are.

Concerning the future of the European mind, I decline to say anything. I am first as shocked as you may be with the narrowness and bitterness of modern nationalisms. But I observe that already Wagner has reappeared on our Sunday concert programmes ; and that young students in the Sorbonne read Kant and Fichte just as much as they did before 1914. Mankind is much more difficult to understand than philosophers are apt to think.

Yours truly,
Élie Halévy

Au mois d'avril 1920, Élie Halévy regagne l'Angleterre pour un nouveau séjour de travail, qui s'achève à la fin du mois de mai. Il donne à la London School of Economics and Political Sciences les trois conférences sur l'histoire du socialisme français : 1. « The Saint-Simonian School *» (31 mai) ; 2. «* P.-J. Proudhon *» (7 juin) ; 3. «* Revolutionary Syndicalism *» (14 juin). Il s'exprime aussi, le 14 mars, sur «* English freedom : an understood by a French observer *».*

À Xavier Léon, Hôtel de Londres, Boulogne-sur-Mer, 11 avril 1920*

[...] De fâcheux événements préludent à mon prochain débarquement en Angleterre. Je regrette le vieux[1], qui avait le sentiment de la nécessité de l'alliance anglaise. Millerand[2] a fait son éducation politique en 1890 et 1900, et va nous ramener à notre isolement d'alors, sans même la compensation de l'alliance russe. [...]
Élie Halévy

---

1. Georges Clemenceau, président du Conseil du 16 novembre 1917 au 18 janvier 1920.
2. Ancien ministre du Commerce dans le gouvernement de « défense républicaine » formée en juin 1899 et à ce titre premier socialiste à participer à un gouvernement « bourgeois », Alexandre Millerand (1859-1943), il évolue vers le centre droit. Ministre de la Guerre en 1912-1913, il remplace Adolphe Messimy au même poste le 26 août 1914. Il est brièvement président du Conseil du 20 janvier au 23 septembre 1920, avant d'être élu aussitôt à la présidence de la République.

À Xavier Léon, Hôtel de Londres, Boulogne-sur-Mer, 13 avril 1920

Mon cher Xavier,
Dans ce petit port de Boulogne, je suis plus loin que toi de toute politique. Ne compte pas sur moi, avant huit jours, pour te dire quelles sont les idées de derrière la tête de Ll.G.[1]. Et encore, serai-je dans huit jours en état de le dire ? Je serais disposé à croire qu'il n'est mû jamais que par des considérations d'intérêt électoral immédiat ; et que son but est d'anéantir le parti libéral, le parti d'Asquith, afin de rester seul en face du parti travailliste. Voilà le petit côté de la question. Le fond de la chose, c'est que l'Angleterre, à la fin de cette guerre comme à la fin de toutes les guerres qu'elle a livrées depuis deux siècles, *ne veut plus penser à la guerre*. Les autres fois, c'est nous qui avons bénéficié de cet esprit – beaucoup plus que tu ne t'en rendras compte en lisant des histoires de France écrites par des Français. Cette fois, c'est l'Allemagne. Il n'y a rien à faire à cela[2].

Mais la dégringolade de notre change n'a rien à voir avec la politique anglaise. Elle tient à ce que nous sommes en train de sortir de l'état financier tout artificiel où nous vivions depuis quelques années. L'idée, nourrie probablement par le Chinois Painsoufflé[3]], suivant laquelle l'Angleterre devrait continuer, par des mesures bancaires factices, à nous soutenir jusqu'au jour lointain où nous nous serons remis sur pied, est parfaitement absurde. Car, tant que nous recevions cette assistance, nous ne faisions précisément aucun effort pour nous remettre sur pied. Il est bon que nous soyons mis en face de la réalité.

La réalité, c'est que l'Europe tout entière, solidairement, est en train de dégringoler, faute de charbon et de denrées alimentaires. Si donc nous voulons continuer à faire de la politique à la Richelieu, abaisser la Prusse, et réduire l'Allemagne en petits morceaux[4], il faut nous résigner à mourir de

---

1. Lloyd George était couramment désigné, en Angleterre, par ces initiales.
2. Ces idées sont précisées dans un bref article d'Élie Halévy : « Du peuple anglais et de M. Lloyd George », *Revue hebdomadaire*, n° 29, 4 décembre 1920, *supra*, p. 363-366.
3. Élie Halévy ironise ici sur le voyage que Paul Painlevé a effectué en 1919 en Chine avec le mathématicien Émile Borel (sous-directeur de l'ENS). Dès 1911, la République de Chine a demandé à Painlevé d'organiser une association franco-chinoise pour développer les relations intellectuelles, techniques et politiques. Le voyage de 1919 l'amène à présider un conseil technique de développement des chemins de fer chinois et à créer à Paris l'Institut des hautes études chinoises, sur le vœu du président Sun Yat-sen.
4. L'Allemagne résistait avec acharnement à chaque clause du traité de Versailles. L'armée allemande donna naissance à des « corps francs » dont la « brigade de la Baltique », du capitaine Ehrhardt, qui tenta un coup d'État à Berlin en mars 1920 (putsch de Kapp). En riposte, les mouvements ouvriers déclenchèrent la grève générale dans la Ruhr. L'armée allemande écrasa impitoyablement les grévistes.

faim par le succès même de notre politique. Si nous voulons nous remonter, il faut que nous le fassions par quelque espèce d'entente économique avec les pays dépréciés, et en particulier avec l'Allemagne. Il faut savoir gré aux pacifistes anglais de nous donner le sentiment de cette solidarité. [...]
Nous traversons après-demain.
Ton, votre
Élie Halévy

À Xavier Léon, Thackeray Hotel, Great Russell Street, London WC1, 17 avril 1920*

[...] Bien entendu, c'est à l'impérialisme anglais que les hommes d'État américains – en particulier les politiciens irlando-américains – en veulent. Mais s'ils visent à s'isoler de l'Angleterre, cela ne veut pas dire qu'ils désirent se rapprocher de la France. Ils s'isolent de tout ce qui est européen – français aussi bien qu'anglais : c'est ce qui semble ressortir des résultats des premières élections pré-présidentielles.

Est-ce que les journaux français ont déjà donné la statistique des importations et des exportations françaises, pour le mois de mars – ou, ce qui revient au même, pour les trois premiers mois de l'année ? Comme elle pourrait m'échapper – car je lis très irrégulièrement les journaux français –, serais-tu assez aimable pour la découper et m'envoyer la coupure ? La publication ne saurait guère tarder.

Et puis, ne t'absorbe pas trop dans la politique. C'est la vie non-politique de l'Europe, la vie intellectuelle, qu'il s'agit de restaurer. Quelques années se passeront, je crois, avant que les brouillons de tous pays puissent provoquer une nouvelle guerre européenne. Et puisque c'est la misère universelle qui seule nous permet cette espérance, bénissons pour une fois la misère.
Ton
Élie Halévy

À Xavier Léon, Thackeray Hotel, Great Russell Street, London WC1, 17 avril 1920*

Mon cher Xavier,
Si je t'écris, ce n'est pas que j'aie grand-chose à te dire. Une semaine a succédé à une autre, pareille à cette autre, dont elle a malheureusement été séparée par un dimanche hivernal. Londres vide, jusqu'à ces jours-ci : c'est seulement depuis avant-hier que les universitaires regagnent leurs

logis. Quant aux syndicalistes, j'attends, pour les aller voir, que la situation soit devenue moins aiguë. Ils ont trop à faire en ce moment pour avoir, je pense, bien envie de causer. Car, si la grève générale[1] a été conjurée, la grève des mineurs, persiste, intégrale. Tout le monde est impatient de la voir finir ; et ce peuple, dont le tempérament n'a rien en commun avec l'intransigeance, va faire sans doute aux mineurs des concessions que le journal *Le Temps* et mon responsable directeur[2] tiendront sans doute pour des primes données à l'émeute. Une chose est certaine : c'est que les Anglais n'ont guère le temps de songer aux choses de la France et d'Allemagne. Puisse-t-il y avoir – comme tu dis – un accommodement avant le 2 mai ! J'ai malheureusement peine à le croire. Et c'est sans joie que je nous vois entraînés vers ces simili-conquêtes, qui finiront – tu le verras – par nous coûter plus qu'elles ne nous rapporteront.

Gilson[3] n'est donc pas catholique ? ou bien les jeunes générations ont-elles des façons de penser auxquelles nous ne comprenons plus rien ? et va-t-on bientôt aller à la messe sans cesser de faire profession de positivisme ? Pour le congrès, nous verrons dans quinze jours.

Ton, votre
Élie Halévy

À Xavier Léon, 20, Doughty Street, London WC1, 24 avril 1920*

[...] J'ai vu quelques Anglais, réticents à la manière anglaise, et d'ailleurs – à la manière anglaise aussi – hospitaliers et aimables toujours. La presse de Londres est, d'une façon générale, déchaînée contre Lloyd George ; et la presse radicale, qui, inversement, se déchaîne contre la France, est par elle-même assez peu influente. Mais je ne sais jusqu'à quel point aujourd'hui la presse exprime fidèlement l'opinion. J'ai l'impression d'un léger décollement ; et si l'Italie fraternise avec l'Angleterre contre la France,

---

1. En proie à la concurrence étrangère, plongée dans la crise, l'industrie minière connaît des mouvements sociaux de plus en plus massifs. À l'hiver 1920, la majorité des mineurs se prononce pour la grève générale et compte sur les effets de la « triple alliance » avec les cheminots et les transporteurs. Le 11 mars 1920, le congrès syndical extraordinaire qui se tient à Londres se détourne de la voie révolutionnaire au profit de l'action parlementaire défendue par J.H. Thomas et plusieurs branches dont celles des textiles et des ouvriers non qualifiés.
2. Comme le journal *Le Temps*, Eugène d'Eichthal (1844-1936), directeur de l'École libre des sciences politiques depuis 1912, est politiquement libéral mais socialement conservateur.
3. Philosophe thomiste, Etienne Gilson (1884-1978) obtient l'agrégation en 1907, puis son doctorat de philosophie en 1913 avec une thèse sur *La liberté chez Descartes et la théologie*. Prisonniers des Allemands lors de la Première Guerre mondiale, il rejoint en 1921 la Faculté des lettres de Paris où il enseigne le philosophie médiévale et l'Ecole pratique des hautes études comme directeur d'étude d'histoire des doctrines et des dogmes.

je ne puis m'empêcher de considérer que notre diplomatie (sans parler de nos journaux) en est au moins partiellement responsable. Lloyd George a été grossier, je l'accorde ; et c'est un dangereux fantaisiste. Mais Barthou avait commencé. Et j'ai vu un numéro du *Rire* dont l'effet doit être désastreux. Millerand, qui est un socialiste patriote de 1895, emboîte le pas, je suppose, derrière la presse nationaliste et l'état-major. Nous verrons où cela nous mènera. Pas à la guerre, en tout cas ; car personne ne peut la faire en ce moment. Je ne dis pas que personne ne veut la faire.

J'ai déjà abattu beaucoup de besogne. J'espère que le n° de la *Revue* avance : à l'avenir il ne faudra plus attendre Langevin. Pour le n° suivant, dis à Brunschvicg de hâter l'achèvement de son article[1] : car il est essentiel que ton n° 3 paraisse *au début de juillet*, avant l'ouverture des vacances. [...]

Ton, votre
Élie Halévy

À Xavier Léon, 20 Doughty Street, London WC1, 26 avril 1920

[...] J'ai vu Mantoux, j'ai vu Albert Thomas, l'un et l'autre furieux de la nouvelle attitude française[2]. Moi aussi. Mais qu'y faire ? On ne sait même pas sur quel parti s'appuyer pour lutter, puisqu'à droite il y a Pertinax[3], à gauche Joseph Caillaux. Encore Caillaux est-il le moins fou des deux (ce qui n'est pas peu dire pour l'autre). S'il veut nous brouiller avec l'Angleterre, il ne veut pas nous brouiller avec l'Allemagne. Mais que dire de ceux qui semblent vouloir de parti pris, pour le plaisir, faire contre nous la coalition de toute l'Europe occidentale, comme au temps de Louis XIV, comme si nous étions la France de Louis XIV ? Je ne comprends pas.

Je ne verrai pas Russell. Il part – aujourd'hui même, je crois – comme secrétaire d'une délégation socialiste, pour la Russie. Ici, plus rien de

---

1. Léon Brunschvicg, « L'orientation du rationalisme. Représentation, concept, jugement », *Revue de métaphysique et de morale*, 1920, p. 261 et suiv.
2. Prenant prétexte des événements de la Ruhr et protestant contre la présence de troupes régulières allemandes dans la zone démilitarisée prévue par le traité de Versailles, la France occupa Francfort et Darmstadt le 5 avril. Sur cette question, Alexandre Millerand, qui a succédé à Clemenceau depuis le 20 janvier 1920, s'est brutalement séparé de la Grande-Bretagne, qui n'a même pas été avertie des initiatives françaises. La conférence de San Remo décida de l'évacuation des troupes françaises le 17 mai 1920.
3. Pseudonyme littéraire d'André Géraud (1882-1974), journaliste et correspondant de presse à Londres, Pertinax est particulièrement attaché à *L'Echo de Paris* dont il devient le principal rédacteur de politique étrangère. Homme de droite et nationaliste, il se révéla hostile aux régimes fascistes. Isolé dans son camp, il dénonça l'aventure franquiste dans *L'Echo de Paris*. « Pertinax » est un empereur romain qui régna brièvement de janvier à mars 193 et tenta de restaurer, dans un contexte de guerre civile la paix civile et l'autorité des institutions.

l'animation de l'an passé : le calme plat, avec les mêmes phénomènes que partout : les hauts salaires, les hauts prix, les impôts formidables. Les Anglais vont *payer* cette année un budget de 35 milliards. Et la discussion du budget ne traîne pas. [...]
Élie Halévy

À Célestin Bouglé, 20 Doughty Street, London WC1, 28 avril 1920*

Mon cher ami,
Moi-même j'ai été plusieurs fois sur le point de t'écrire.

Voici les raisons pour lesquelles il m'est difficile – et même, disons le mot : impossible – de travailler à la réalisation de ton projet. Je dispose ici d'un temps limité que je dois tout entier à la préparation de mon livre. Par surcroît de [*passage manquant*] grenouilles parisiennes accroupies, comme disait Platon, sur le bord d'un vaste marais. Mais merci d'avoir formé ce projet pour nous. Essayons qu'il ne tombe pas dans l'océan.

Troisième projet, que je forme pour toi. La *Ligue des Droits de l'Homme* ne pourrait-elle trouver moyen d'empêcher que la brouille franco-anglaise ne s'aggrave, et de travailler, par le discours, à dissiper bien des malentendus ? J'y travaille pour ma part ; mais je ne suis pas une corporation. Et je n'envisage pas sans effroi l'isolement absolu vers lequel l'étourderie de nos nationalistes est en train de nous acheminer. Je sais bien combien la chose est compliquée, et que le Machiavel fou[1] dont la *Ligue* semble parfois tentée de faire son grand homme, encourage sans doute pour sa part cette campagne. Il faut cependant réagir, je t'assure, et par tous les moyens.

Ton, votre
Élie Halévy

À Daniel Halévy, Londres, 1er mai 1920

[...] Je n'ai guère de goût pour la politique de Millerand, qui est peut-être au fond germanophile en haine des Anglais, mais qui est en même temps à la surface germanophobe en haine de la germanophilie présumée des Anglais, et qui semble calculée pour nous isoler systématiquement vis-

---

1. Élie Halévy évoque vraisemblablement l'actuel président du Conseil, qui a succédé à Georges Clemenceau le 20 janvier 1920, Alexandre Millerand (1859-1943). Il est, en tant qu'ancien dreyfusard, proche du président de la Ligue française pour la défense des droits de l'homme et du citoyen, née pendant l'affaire Dreyfus et présidée à cette époque par un autre dreyfusard, Ferdinand Buisson (1841-1932), député radical socialiste de la Seine.

à-vis du monde entier. L'anglophobie de 1895 était encore tolérable quand nous pouvions nous appuyer sur la Russie. Mais maintenant ? Je regrette le Vieux[1], qui avait le sentiment de l'« entente cordiale », et qui n'avait peur – bien au contraire – de tenir tête à Foch[2], à Mangin[3], à Barthou[4], à Herbette[5] et à Pertinax.

Nous rentrons d'assister au formidable défilé du Premier Mai. Quelle différence avec le Premier Mai d'avant la guerre ! Il est vrai que ce Premier Mai-ci tombait un samedi : c'était un Premier Mai, comme nous disons, de « semaine anglaise ». Pas mal de bannières rouges (non pas *exactement* des *drapeaux* rouges), de bonnets phrygiens ; mais tout cela entremêlé de majestueuses bannières syndicales, d'orchestres somptueusement vêtus, de charrettes bondées d'enfants, de chars enguirlandés envoyés par diverses coopératives. Une grande impression de *vacances*. À Paris, a-t-on défoncé quelques crânes ? […]

Heureux de vous savoir tous bien.

Élie Halévy

P.-S. Je relis ta lettre, et je vois que tu me demandes ce que les Anglais pensent de Lloyd George. C'est difficile à dire. La « presse de Londres » est unanime à l'attaquer : le *Morning Post* à droite, les journaux radicaux à

---

1. Élie Halévy évoque Georges Clemenceau (1841-1929), qui a quitté la présidence du Conseil le 18 janvier 1920 à la suite de l'élection à la présidence de la République, la veille, de son rival et ennemi personnel Paul Deschanel. Clemenceau dirigeait le gouvernement depuis le 16 novembre 1917. Le « Vieux » était l'une des expressions familières pour le désigner, utilisée notamment par les soldats.

2. Nommé commandant en chef des armées alliées sur le front ouest le 26 mars 1918 et à ce titre généralissime, Ferdinand Foch (1851-1929) assure la contre-offensive qui conduit à la victoire contre l'Allemagne. Il est choisi personnellement par Georges Clemenceau qui écarte le général Pétain. Honoré du titre de Maréchal de France, il devient en 1919 président du Conseil supérieur de la guerre.

3. Le général Charles Mangin (1866-1925), après une brillante carrière dans l'armée coloniale, remporta plusieurs victoires à Verdun en 1916 et sur la Marne en 1918 où il put faire oublier ses échecs du Chemin des Dames en 1917. Nommé à l'issue du conflit commandant de l'armée du Rhin et basé à Mayence, il devient l'un des acteurs principaux de la politique française en Allemagne.

4. Louis Barthou (1862-1934) fut brièvement ministre des Affaires étrangères en 1917 (12 septembre-23 octobre), poste qu'il ne retrouvera qu'en 1934 avant qu'il ne décède à Marseille dans l'attentat qui visait le roi Alexandre Ier de Yougoslavie (9 octobre 1934). Cependant, il exerce une forte influence sur les milieux républicains du centre droit. Il sera considéré comme le seul responsable politique capable de mobiliser la France contre l'Allemagne nazie.

5. Maurice Herbette (1871-1929) appartient à une grande famille de normaliens et de diplomates. Fils de l'ancien ambassadeur Jules-Gabriel Herbette, il est, depuis 1917, directeur des Affaires administratives et techniques au ministère des Affaires étrangères. Halévy peut faire également référence à son cousin Jean Herbette, titulaire du « Bulletin politique » du *Temps* et collaborateur de la revue *Politique étrangère* (fondée en 1912 par Raymond Poincaré), futur premier ambassadeur français auprès des Soviets en 1924.

gauche, les organes de lord Northcliffe au centre. Malgré cela, j'ai l'impression qu'il ne se heurte pas, dans le pays, à une opposition sérieuse. Le vieux parti conservateur dont le *Morning Post* est l'organe est très faible ; et les hommes d'affaires qui constituent à présent la masse de ce qu'on appelle la « coalition » n'ont aucuns préjugés de classe contre Lloyd George. À la lutte entre lord Northcliffe et Lloyd George, on assiste comme à un combat de boxe, sans que même l'ennemi le plus acharné de Lloyd George puisse éprouver beaucoup de sympathie pour son adversaire. Le vieux parti libéral orthodoxe est encore plus éteint que le vieux parti conservateur, quelques efforts que fasse Asquith pour y rallumer un peu d'enthousiasme. Quant aux états-majors du parti travailliste, j'ai l'impression qu'ils sont, au fond du cœur, beaucoup plus lloyd-georgistes qu'ils ne peuvent le dire officiellement. Bref, j'en suis au mot que me disait l'an passé lord Haldane : « Lloyd George est une balle de caoutchouc. Il rebondira toujours. »

Et voilà de la politique !

À Louise Halévy, Londres, 6 mai 1920*

[...] Mes journées sont très pleines. Jusqu'à une heure ou une heure et demie de l'après-midi, elles appartiennent à l'histoire du XIXe siècle. Elles appartiennent ensuite à l'Angleterre contemporaine, plus flegmatique que la France, mais dont l'avenir est également mystérieux.

Je ne réussis pas à prendre au tragique, ni même au sérieux, cette grève ridicule. Je suppose qu'au moment où je t'écris elle s'effondre. Demander à un million d'hommes de faire grève jusqu'au jour où la révolution sera faite, selon une formule que ce million d'hommes ignore, c'est compter, dans les masses populaires, sur un état d'âme religieux qui, je crois, fait bien défaut.

J'ai dîné hier soir – comme cela m'était arrivé déjà l'an dernier – chez lord Haldane[1], vieux chanoine curieux de toutes choses, mais, je crois, de politique plus encore que de philosophie hégélienne. Il est prêt à vous raconter des histoires sans fin sur toutes sortes d'événements antérieurs à la guerre, du temps où il était ministre de la Guerre et ami de l'Empereur

---

1. Avocat et philosophe, co-fondateur en 1895 de la London School of Economics, Lord Haldane (1856-1928) entre à la Chambre des Communes en 1885 comme député libéral. Il y demeure jusqu'en 1911, date de sa nomination à la prairie et de son passage à la Chambre des Lords. Il se rapproche de l'aile gauche du parti et de Beatrice Webb, intéressé par les questions sociales auxquelles il consacre plusieurs articles. Secrétaire à la Guerre (1905-1912) dans le gouvernement libéral de Campbell-Bannerman, il devient Lord Chancelier dans celui d'Asquit, de 1912 à 1915, fonction qu'il retrouve brièvement, de janvier à novembre 1924 dans le gouvernement de Ramsay MacDonald.

d'Allemagne. Pour l'instant, il semble aspirer à devenir le leader du Parti Ouvrier. Cela ne nuit [en] rien, ici, à sa respectabilité.

Le matin, j'avais *lunché* avec sept ou huit jeunes gens pour qui je suis sans doute une espèce de vieillard, et qui se réunissent tous les huit jours [autour] d'une omelette et d'un fragment de *plum-cake* dans un sous-sol de Westminster. Ceux-là n'ont pas de passé à faire valoir, et occupent leur présent à dire du mal de leurs aînés.

Et ce soir nous allons, Florence et moi, entendre un Hindou, qui a fait sur la vie des plantes des expériences curieuses[1].

Notre vie est pleine, comme tu vois. Si nous ne résistions pas, elle serait plus pleine encore.

Je souhaite la bienvenue à ton automobile, et je t'embrasse tendrement.
Élie Halévy

À Célestin Bouglé, Londres, 9 mai 1920

Mon cher ami,
Envoie-moi ici le volume proudhonien. Je fais en juin trois conférences : sur le saint-simonisme – sur Proudhon – sur le syndicalisme révolutionnaire. Le volume me sera d'un grand secours pour la deuxième conférence[2] […]

Cette grève informe offre un triste spectacle, d'incapacité pratique, de violence verbale, d'impuissance réelle. Ce que je crains, ce n'est pas la révolution sociale, le *bolchevisme* russe ; c'est l'invraisemblable anarchie qui sévit à l'heure actuelle en Italie[3]. Cela peut se prolonger indéfiniment, et c'est bien laid.

Ton, votre
Élie Halévy

P.-S. J'oubliais la question des relations franco-anglaises. Ce que je redoute précisément, c'est que les radicaux français, sous l'influence de Caillaux, ne se laissent glisser dans une dangereuse anglophobie. Il n'y a

---

1. Il s'agit de Sir Jagadis Chandra Bose (1858-1937).
2. Il s'agit des conférences à la London School of Economics (« Three stages in the History of French socialism: I. The Saint-Simonian School. II. P.-J. Proudhon. III. Revolutionary syndicalism »), prononcées les 31 mai, 7 et 14 juin 1920, sous la présidence de Sir William Beveridge, *chairman*.
3. Le gouvernement italien, dirigé par Francesco Saverio Nitti depuis juin 1919 et qui a choisi de se rapprocher des Alliés, doit faire face à la montée de l'agitation révolutionnaire des ouvriers et des paysans. Tandis que les paysans occupent un nombre croissant de *latifundia*, les mouvements de grèves se développent à l'initiative des « maximalistes ». L'agitation culmine pendant l'été 1920.

ici aucun mauvais vouloir contre la France. Les germanophiles (au sens propre du mot) sont une infime minorité. Mais il y a une grande ignorance – une ignorance insulaire – à l'égard de tout ce qui se passe sur le Continent. Je crois qu'il serait essentiel de dissiper, par le discours, toutes sortes de malentendus. Je n'ai pas encore rencontré un seul Anglais qui, directement abordé, n'ait convenu de l'absurdité qu'on avait commise en retirant à l'Allemagne toutes ses colonies, de la faiblesse dont on avait fait preuve en ce qui concerne le désarmement de l'Allemagne, etc. On peut reconnaître, inversement, qu'il aurait été sage d'imposer à l'Allemagne une somme fixe, au lieu de laisser peser sur leur dos la menace d'exigences toujours croissantes. Mais, en revanche encore, je demande pourquoi on a reconnu à la Belgique seule, et non à la France, un droit de priorité, etc. Je suis malheureusement, comme on dit, une « personnalité sans mandat ». Si la même conversation raisonnable avait lieu entre un membre du bureau de la *Ligue*, spécialement envoyé ici à cet effet, et quelques représentants autorisés du *Labour Party*, la chose serait, je crois, utile. Elle n'est pas contraire à tes vœux, quand tu réclames pour les radicaux français le droit d'occuper plus de *volume*. [...]

É. H.

À Xavier Léon, Londres, 9 mai 1920

[...] La grève française ne m'effraie pas. Elle me navre. Les ouvriers français avaient commencé à organiser un puissant mouvement syndical, qui pourrait éventuellement se comparer sans trop rougir avec le mouvement anglais et allemand. Voilà de nouveau tout par terre, les organisateurs capitulant devant les énergumènes, et le monde latin glissant de nouveau dans la bohème qui lui est chère. Sur l'agitation des derniers mois, j'ai mon idée de derrière la tête. Les révolutionnaires sont les agents, conscients ou inconscients, du gouvernement et des grandes Compagnies ; on les emploie à la dislocation des syndicats. Je dis : conscients ou inconscients, et sans doute en majorité inconscients. Ils n'en sont donc que plus bêtes. Mais combien y a-t-il d'agents provocateurs payés ? Lors de la grève de février, l'attitude de Le Trocquer[1], avant le retour de Londres de Millerand, fut bizarre.

---

1. Yves Le Trocquer (1877-1938) est polytechnicien et ingénieur des Ponts et Chaussées. Proche du radical Victor Augagneur, il le suit dans ses différents ministères pendant la Première Guerre mondiale. Élu député en 1919, il se voit confier par Clemenceau le portefeuille de la Liquidation des stocks, puis il obtient dans le gouvernement Millerand le ministère des Travaux publics qu'il conserve pendant quatre ans, de 1920 à 1924. À ce titre, il doit faire face à la première grande grève des cheminots, en février 1920. Il décide d'instaurer un

Dis à Painlevé, si tu as reçu cette lettre avant de le voir, que, suivant des renseignements sérieux que je recueille, la Chine est, en ce moment même, la proie du Japon[1] ; que l'industrie, le commerce, l'administration, tout passe aux mains des Japonais ; que déjà la Mandchourie et la Mongolie sont, sur les cartes japonaises, marquées comme faisant partie de l'empire du Japon ; que les Japonais sont loin d'être, intellectuellement, les égaux des Chinois ; mais qu'ils ont une bureaucratie admirable, vraiment prussienne. – Et nous savons que la bureaucratie prussienne a donné à la Prusse la domination du monde. [...]
Élie Halévy

À Xavier Léon, Londres, 18 mai 1920

[...] J'enregistre les renseignements que tu me fournis sur la grève. Mais je ne crois pas du tout que Millerand soit d'accord avec Jouhaux pour la dissolution de la CGT[2]. S'il devait se faire une scission effective entre le syndicalisme modéré et le syndicalisme révolutionnaire, celui-là tomberait bientôt dans le néant. Le monde syndical est un bloc. Les ouvriers se laisseront-ils gouverner par les sages ou par les fous ? C'est à eux de le décider ; nous sommes à la merci de la sagesse populaire – c'est-à-dire dans les pays latins de pas grand-chose.

Je ne crois pas d'ailleurs qu'il faille considérer comme définitif le relèvement du cours des changes. Il était tombé trop vite. Il remonte trop vite maintenant. Et cela prouve que les boursiers sont des gens impulsifs, aussi déraisonnables dans leur sphère que les ouvriers dans la leur. [...]
Élie Halévy

---

nouveau régime des chemins de fer, établissant la solidarité financière de tous les réseaux. Il émet également un décret portant dérogation à la loi des huit heures.

1. En participant à la Première Guerre mondiale aux côtés des Alliés, le Japon obtint en 1919 les colonies allemandes du Pacifique et exigea les établissements allemands en Chine. De plus, la nécessité de lutter contre les bolcheviks permit aux Japonais de se créer une zone d'influence en Mandchourie du Nord et dans la partie nord de l'île de Sakhaline. Mais la rivalité avec les États-Unis s'accrut très rapidement, amenant ces derniers à réagir vigoureusement en organisant la conférence de Washington, qui se déroule du 12 novembre 1921 au 6 février 1922. Elle marque pour le Japon un certain coup d'arrêt à ses ambitions en Extrême-Orient.

2. En fait, malgré l'opposition de la gauche radicale et socialiste, Alexandre Millerand et son gouvernement déclenchèrent une action judiciaire contre la CGT. Elle aboutit à la dissolution de la centrale syndicale par le tribunal correctionnel de la Seine en janvier 1921. La CGT fit aussitôt appel, ce qui suspendait l'application du jugement, et le gouvernement préféra renoncer à poursuivre une centrale syndicale moins menaçante depuis l'échec des grèves de 1920 et l'éclatement du mouvement ouvrier français au congrès de Tours.

À Madame Louise Halévy, Londres, 18 mai 1920*

Chère maman,
Nous ne parlons pas de l'Irlande parce que personne n'en parle. Et j'avoue qu'il y a longtemps que j'ai cessé de m'intéresser à cette insoluble question – insoluble moins par la faute des circonstances que par la faute des habitants. Pour te faire comprendre ce qui en est, je ne saurais mieux faire que de te raconter l'entretien de Florence avec un Irlandais : l'entretien date d'hier seulement. Florence et l'Irlandais se trouvent sortir ensemble de chez les Prothero ; et l'Irlandais, non encore reconnu pour tel – c'est un Anglais pareil en apparence à tous les Anglais –, dit à Florence : « Vous êtes étrangère. – Oui, française. – Oh, alors, je puis tout vous dire : je suis Sinn Feiner. Eh bien, que dites-vous de ce qui se passe ? *Isn't it lively and lovely*[1] ? Et ces pauvres Anglais, qu'est-ce que vous en dites ? Et qu'est-ce que vous dites de la façon dont ils ont capitulé devant notre *hunger strike*[2] ? Ils sont toujours les mêmes. *Sentimental and weak*[3], voilà ce qu'ils seront toujours. – Très-bien, très-bien ; mais enfin, qu'est-ce que vous voulez ? Le *Home Rule* ? – Oh non ! – La République ? – Oh non, nous avons besoin de l'argent anglais, pour nos écoles, pour nos retraites de vieillesse. Nous ne payons pas 10 […?] de ce que l'État dépense chez nous. Non, non, c'est comme cela ; et ce sera comme ça tant que le monde durera. L'Angleterre et l'Irlande sont attachées l'une à l'autre pour l'éternité : *Isn't it lively and lovely ?* »[4].
Médite sur cet entretien, chaque fois qu'une âme sentimentale, continentale ou anglaise, voudra t'amener à t'intéresser aux revendications irlandaises ; et pense à des questions plus sérieuses. […]
Élie Halévy

À Xavier Léon, Londres, 20 mai 1920

[…] Quant au Poincaré, je te le renvoie sans délai. Que veux-tu que je fasse de cette littérature ? Et à quel niveau nous crois-tu descendus, mes amis anglais et moi-même ? Cette universelle sanctification de Jeanne

---
1. « N'est-ce pas mouvementé et charmant ? ».
2. « Grève de la faim ».
3. « Sentimentaux et mous ».
4. Florence Halévy, faisant le même récit à sa belle-mère, conclut : « Nous nous sommes quittés gaiement… » et elle raconte les terribles menaces que viennent de subir leurs amis en Irlande, et les récents assassinats.

d'Arc m'amuse au-delà de ce qui est imaginable. Jeanne d'Arc honorée par les gens du roi, les gens d'Église, et les Anglais, quelle différence avec le XVe siècle[1] !

Millerand transige à Hythe[2] non pas avec les Anglais mais avec la réalité. As-tu lu le livre de Keynes[3] ? Il est bien manifeste que nous demandons à l'Allemagne plus qu'elle ne *peut* payer ; et que d'ailleurs ne pas vouloir fixer la somme de sa dette, c'est la décourager de jamais aspirer à se libérer. Je veux bien qu'on marchande, comme cela se passe dans tous les marchés. Mais enfin, il ne faut pas dire, comme nos journaux, et croire, comme les lecteurs de nos journaux, que cette paix est bénigne comparée à la paix draconienne de 1871.

Je suis tout prêt à reconnaître que cette paix ne supprime pas le péril allemand, puisqu'elle laisse peser sur nos têtes la menace d'une Allemagne unifiée, plus unifiée qu'avant la guerre, et nous enlève la garantie de l'alliance avec une grande puissance orientale. Mais cela n'a rien à voir avec la question financière et a été décidé irrévocablement le jour où nous avons signé l'armistice du 11 novembre. Si tu vois le moyen de dépecer l'Allemagne en petits morceaux, donne-le-moi : je ne demande pas mieux que de le voir appliqué. En attendant, il n'y a qu'une chose à faire, c'est de liquider la guerre, et d'obtenir que l'Allemagne nous paie *le plus vite possible ce que nous jugeons qu'il est possible d'obtenir d'elle.* [...]

Élie Halévy

À Célestin Bouglé, Londres, 26 mai 1920

[...] Je trouve les Français bien maladroits d'attiser le feu en Égypte et aux Indes[4]. Ne se rendent-ils pas compte qu'il n'y a plus au monde que deux nations impérialistes : l'Angleterre et la France, depuis que le traité de paix

---

1. Jeanne d'Arc venait d'être canonisée.
2. Après l'intervention française dans la Ruhr, commencée le 5 avril, le désaccord est entier entre la France, qui exige de l'Allemagne 230 milliards de marks-or, et la Grande-Bretagne, qui souhaite que le montant des réparations dépende des capacités financières de l'Allemagne.
3. L'économiste anglais John Maynard Keynes (1883-1946) venait de publier *The Economic Consequences of Peace* (*Les Conséquences économiques de la paix*, Paris, Éditions de la *Nouvelle Revue Française* [Gallimard], 1920). Délégué financier à la conférence de la Paix, il avait démissionné pour protester contre le poids des réparations imposées à l'Allemagne. Keynes, qui soulignait les risques de faillite de l'Allemagne, à laquelle était plus particulièrement sensible l'Angleterre, fut écarté de toutes responsabilités.
4. Des mouvements d'indépendance s'étaient développés après la guerre en Égypte (« première révolution » de 1919 animée par le parti Wafd de Saad Zaghloul) et aux Indes britanniques (grève générale animée par le Mahatma Gandhi en 1919).

(bien étourdiment selon moi) a supprimé l'empire colonial allemand[1]. Je ne comprends rien d'ailleurs à la politique française actuelle. La politique de Caillaux, avant la guerre, était absurde, criminelle – tout ce qu'on voudra. Du moins avait-elle sa logique. Il s'agissait de se rapprocher de l'Allemagne en même temps qu'on se détachait de l'Angleterre. Mais se brouiller avec l'Angleterre parce qu'elle ne veut pas que nous soyons brouillés autant que nous le désirons avec l'Allemagne, vouloir faire, de gaieté de cœur, contre nous, la coalition de tous nos voisins, voilà qui vraiment me dépasse.

Il est probable que j'ai tort de m'indigner ; et que tous les peuples sont en train de traverser une crise de xénophobie aiguë. Les Anglais n'ont, sur les autres peuples, qu'un avantage, grand d'ailleurs. Ils sont un peuple silencieux, qui n'éprouve pas le besoin d'expectorer sa bêtise sur les places publiques.

J'espère que la fameuse *Ligue* proteste avec énergie contre la politique anti-syndicaliste de Millerand[2]. Je sais que je ne suis pas qualifié pour lui donner des conseils, mais je lui en donne tout de même.

Ton, votre
Élie Halévy

À Xavier Léon, Londres, 29 mai 1920

[...] Je ne suis pas du tout étonné de ce que tu me dis de la remise en état des régions envahies. Je suis d'ailleurs persuadé que les Anglais, et aussi les Belges, et aussi les Allemands, en feraient tout autant. Et je suis persuadé qu'il en sera des mines de charbon comme des champs de blé. Ces choses-là s'arrangent toujours beaucoup plus vite qu'on ne le croit ; *et je*

---

1. En novembre 1918, des experts anglais et américains, dont le général sud-africain Smuts, s'étaient réunis à Londres pour statuer sur l'empire colonial allemand. Ils décidèrent d'en confisquer les territoires et de les répartir entre les puissances alliées sans toutefois les annexer. La Société des Nations, « héritière des Empires », conféra des mandats aux pays qui reçurent la charge des colonies allemandes. Les mandats furent répartis à partir du 6 mai 1919. C'était la fin des prétentions coloniales de l'Allemagne.
2. Ancien socialiste indépendant devenu ministre du Commerce dans le gouvernement de la « défense républicaine » en juin 1899, Alexandre Millerand accède à la présidence du Conseil depuis le 20 janvier 1920. Il succède à Georges Clemenceau. D'importantes grèves ouvrières se déclenchent à partir du mois de février, dans les chemins de fer, dans les mines, dans les industries textile. Le gouvernement réprime le mouvement au moyen d'une loi de réquisition des cheminots, de la violence et de l'intimidation policière, et de l'action de syndicats « jaunes » briseurs de grèves. L'échec des syndicats précipite leur division, parallèle à celle des socialistes français au Congrès de Tours (25-30 décembre 1920), et engendre une crise de la syndicalisation. Élie Halévy s'adresse ici à un membre de la Ligue des droits de l'homme qui tente effectivement de défendre le droit de grève.

l'ai toujours dit. C'est la question financière qui est alarmante ; et ne crois pas que, sur ce point, je dise que « c'est la faute du caractère français ». Je n'ai jamais dit cela. […]

Tu ne m'envoies pas l'article du *Petit Parisien* dont tu me parles dans ta lettre. Mais je fais toutes mes réserves sur les comparaisons établies par Doumer, et que tu me communiquais dans ta dernière lettre. Voici comment je raisonne.

Les Anglais *bouclent* un budget de 35 milliards. Mais je crois qu'il y a ici une part d'illusion, et qu'ils le bouclent par la liquidation de leurs stocks de guerre. Estimons à trois ou quatre milliards le produit de cette liquidation, il reste qu'ils demandent 31 milliards à l'impôt. Les Français en demandent 21 milliards. 20 ou 21 milliards sont à 30 ou 31 milliards comme 2 sont à 3. Pour que les Français fussent aussi chargés que les Anglais, il faudrait qu'ils fussent 30 millions contre 45 millions. Mais ils sont, d'après ton témoin, 38 millions, et même un peu davantage. Ils sont donc moins chargés que les Anglais.

Je ne crois pas d'ailleurs qu'il suffise aux Allemands de payer un budget de quarante milliards pour payer ce que nous leur demandons. Sont-ils même en état de payer quarante milliards ? Nous ne le sommes certainement pas, étant moins riches que les Anglais ; et, bien que plus nombreux, les Allemands le peuvent encore moins que nous, s'ils remplissent les conditions du traité de paix, c'est-à-dire si, privés du charbon silésien et du charbon lorrain, ils nous font les livraisons de charbon spécifiées, et se mettent ainsi hors d'état de faire fonctionner leurs usines. C'est sur ce dernier point que Keynes – dont je suis loin d'accepter toutes les conclusions – me paraît irréfutable. J'attends, en tous cas, qu'on l'ait réfuté : jusqu'à présent, tout le monde se contente de l'injurier. […]

Tout est ici au calme et à l'apathie. Quelle différence avec l'ébullition de l'an passé ! Lundi, je commence une série de trois conférences. La troisième aura lieu le lundi 14[1]. Alors, notre retour deviendra imminent.

Votre
Élie Halévy

À Xavier Léon, Londres, 6 juin 1920

[…] J'aurai mené à bien, pendant ce trop court séjour, à peu près toutes les tâches que je voulais mener à bien ; et, mes matinées étant réservées au travail de mon livre, réservé mes après-midi au temps présent. Quelle

---

1. Voir la lettre d'Élie Halévy à Célestin Bouglé du 9 mai 1920, *supra*, p. 431.

étrange apathie après l'ébullition de l'an passé ! Les Anglais, plus riches et plus heureux que n'importe quel peuple au monde, sauf peut-être les Japonais, ne sont pas cependant montés à ce degré de bonheur que les Français peuvent croire ; et il est comique de voir tout le monde chercher à louer son appartement pour restaurer ses revenus grevés par l'impôt ou rendus inefficaces par la vie chère – les auteurs se lamenter de ne pouvoir imprimer leurs livres, les ouvriers demander chaque jour de nouvelles hausses de salaires, etc. Mais leur mécontentement ne prend pas des formes violentes. Profondément ahuris, s'avouant incapables de rien comprendre à ce que tu appelles « la tourmente actuelle », ils ont complètement abdiqué entre les mains de leur gouvernement ; et j'ai l'impression que, pour l'instant, Lloyd George est absolument libre de faire ce qui lui plaît. C'est, j'en conviens, un artiste souvent dangereux. Mais je ne puis réussir à admirer la politique française. S'il ne s'agit que de marchander pour obtenir un peu davantage, je n'y verrais pas grand inconvénient. Mais je vois la vieille anglophobie renaissant, les journalistes perdant la tête et la faisant perdre à leur public. Cela ne m'est point du tout agréable.

En ce qui concerne les négociations avec Krassine[1], j'avoue que je suis depuis longtemps d'avis qu'il faut négocier avec les bolcheviks. Un avantage que je voyais à la retraite de Clemenceau, c'est que nous serions, pensais-je, sur ce point débarrassés de son entêtement. Il paraît que son entêtement, c'était l'entêtement de ses bureaux. Les périls de la propagande bolcheviste, je les vois bien pour les Anglais, en Perse, aux Indes. Mais cela, c'est leur affaire. Pourquoi donc est-ce eux, et non pas nous, qui négocient avec lui ?

Nous passons notre temps à compter les avantages que l'Angleterre nous refuse. Nous oublions ceux qu'elle nous accorde. La Syrie, dont, pour ma part, je me passerais bien. – La participation à son accaparement mondial du pétrole[2] ; le Maroc, où nous mettons autant d'obstacles à sa pénétration économique qu'elle met à la nôtre en Égypte[3]. Je suis persuadé qu'au lieu de marchander avec elle, nous passons notre temps à tout réclamer. Et,

---

1. Proche de Lénine au moment de la révolution de 1905, Leonid Krassine (1870-1926) s'éloigne du bolchevisme jusqu'à la révolution de 1917. Il devient Commissaire du Peuple au commerce extérieur du gouvernement des Soviets entre 1920 et 1924, avant d'être nommé ambassadeur à Paris puis à Londres.

2. La conférence de San Remo accorda le 25 avril 1920 à la Grande-Bretagne un mandat sur la Palestine et sur l'Irak. La France recevait de son côté mandat sur la Syrie et le Liban. Il fut décidé à la même conférence de rattacher à l'Irak (et non à la Syrie) le district pétrolier de Mossoul que les accords Sykes-Picot avaient placé dans la zone d'influence française, mais que Clemenceau avait cédé à la Grande-Bretagne en décembre 1918. Sans détenir le contrôle de l'ensemble du pétrole mondial, l'Angleterre avait ainsi le contrôle de l'essentiel des hydrocarbures du Moyen-Orient.

3. Le Maroc est sous l'autorité du maréchal Lyautey, résident général depuis 1912.

chaque fois que nous n'obtenons pas quelque chose, nous crions sur les toits que nous n'avons rien.

Pour comble – et cela pourrait un jour irriter les Anglais –, Paris est en train de devenir un centre d'agitation pour tous les sujets mécontents de l'Angleterre, Irlandais, Égyptiens, Hindous. Au lieu de comprendre que les Irlandais sont en ce moment les pires auxiliaires de l'Allemagne, qu'en obligeant l'Angleterre à camper 50 000 et peut-être bientôt 100 000 soldats chez eux, [ils l'empêchent[1]] d'avoir assez d'hommes pour occuper la rive gauche du Rhin. On voit trop de Français, au lieu de comprendre cela, se réjouir du bon tour que les Irlandais jouent aux Anglais. Il est joli, en effet, et nous retombe sur le dos. Et puis les Égyptiens et les Hindous ! Si les Allemands faisaient cette politique, cela serait fort bien. Mais nous, le seul peuple impérialiste que la présente guerre ait laissé subsister à côté du peuple anglais, est-ce que nous voulons pousser les Arabes et les Annamites à l'insurrection ? Triples idiots !

Si c'était tout... Mais j'ai la vague impression que nous sommes en train de redevenir les fidèles serviteurs du Saint-Siège et que ce qui dicte toutes nos démarches diplomatiques, c'est moins notre intérêt réfléchi qu'un certain sentimentalisme catholique. Tout ce qui est clérical et réactionnaire en Europe est nôtre. Toute notre politique se polarise en ce sens. Si la polarisation de l'Angleterre devait – comme la chose est fort possible – se faire en sens contraire, les relations *morales* des deux pays pourraient prendre, pour toi et moi, un aspect fort gênant.

Je ne veux pas être un prophète de malheur. Tout dépend de ce qui va se passer en Allemagne. Si elle se relève, son relèvement pourra devenir vite assez alarmant pour que la France et l'Angleterre se trouvent de nouveau rapprochées par leurs communes inquiétudes. Attendons de connaître le résultat des élections d'aujourd'hui, et puis le résultat de l'élection présidentielle qui suivra. Je ne puis pas ne pas être désagréablement impressionné par l'influence croissante du Saint-Siège. Quand on compare avec 1815, on est effrayé. Alors le Saint-Siège se mettait au service d'un certain nombre de monarchies décadentes, elles-mêmes placées sous le patronage de nations schismatiques. Aujourd'hui, tous les trônes s'écroulent, et la papauté devient le seul principe d'ordre sur lequel toutes les classes dirigeantes songent éventuellement à s'appuyer. L'avenir est bien obscur. [...]

Élie Halévy

---

1. Plutôt que « elle empêche ».

En 1920 Élie et Florence Halévy sont de retour à Sucy-en-Brie où ils passent l'été. L'automne, ils sont en Normandie à Long-Fresnay, pour l'installation du frère et de la belle-sœur de Florence dans leur nouvelle propriété de Seine-Inférieure (devenue Seine-Maritime). Ils ont décidé d'y vivre la moitié de l'année avec leurs deux filles, Henriette (née en 1915) et Geneviève (qui vient de naître à Paris). André Noufflard (1885-1968) est artiste peintre, comme sa femme Berthe née Langweil (1886-1971), grandie dans une famille juive alsacienne et formée à la peinture par Jacques-Émile Blanche[1]. Située sur le trajet du bateau pour l'Angleterre qu'Élie et Florence Halévy prenaient fréquemment à Dieppe, la maison de Long-Fresnay servira d'étape privilégiée au cours de ces voyages outre-Manche.

À Florence Halévy[2], La Maison Blanche, Sucy-en-Brie, 16 août 1920*

[...] Il fait très-beau, très-chaud, et, s'il y a des gens qui s'intéressent à la politique diplomatique de l'Europe en général, de la France en particulier, ce n'est pas moi. La diplomatie m'apparaît comme une farce piteuse quand elle est privée de sa sanction, qui est la guerre. Or, il n'y a pas de guerre. Donc, tous les diplomates qui parlent un langage guerrier se rendent ridicules. L'Angleterre, en pariant pour la paix, joue le jeu le plus sûr. [...]
Élie Halévy

À Florence Halévy, La Maison Blanche, Sucy-en-Brie, 19 août 1920*

[...] Je n'ai pas plus que toi envie de m'appesantir sur la politique de notre pays. L'expulsion des deux travaillistes anglais, dont l'un, président du *Labour Party*, peut être ministre un jour ou l'autre, ajoute encore à la beauté du travail. Nous ne courons pas le péril de l'invasion ; et je conviens que c'est beaucoup. Et, quand nous serons complètement isolés vis-à-vis du monde extérieur, nous serons hors d'état de faire des bêtises. Mais quel triste pays ! [...]
Élie Halévy

---

1. Célèbre portraitiste, Jacques-Émile Blanche (1861-1942) est proche non seulement de Berthe Langweil mais aussi des Halévy. Il fréquente en effet le salon de Geneviève Bizet (qui se remaria avec Émile Straus), cousine de Ludovic Halévy, et il a épousé Rose Lemoinne, fille aînée de John Lemoinne qui est un vieil ami de Ludovic. Les Lemoinne passent leurs vacances en Normandie (Dieppe) tandis que Jacques Émile-Blanche et sa femme séjournent à Offranville. Sur André et Berthe Noufflard, voir le cataogue qui leur est consacré : *André Noufflard, Berthe Noufflard, leur vie, leur peinture*, une évocation, par leurs filles et leurs amis, préface de Jean Bernard, Paris, Association André et Berthe Noufflard, 1982.
2. Florence Halévy est déjà partie pour Long-Fresnay, chez son frère et sa belle-sœur. Élie va la rejoindre prochainement.

À Émile Chartier (Alain), Fresnay-le-Long, par St-Victor-l'Abbaye, Seine Inf[re], 15 septembre 1920[1]

Mon cher ami,
Ta lettre est venue ici à ma poursuite. Quand elle est arrivée, j'étais en voyage. Je ne l'ai ouverte qu'hier mardi. Et maintenant nous ne pourrons nous revoir qu'en octobre.

J'ai montré ton livre[2] à Louis Weber. Il est bon musicien, et je comptais obtenir de lui des lumières sur le chapitre « timbre et orchestre » auquel je n'entends rien. Il a regardé le livre, je dois l'avouer, avec une certaine méfiance. « Alain est trop français pour comprendre la musique. » La musique, telle qu'il la comprend, est une révélation semblable, et même supérieure, à la métaphysique et à la religion. Il demande pourquoi chercher, en esthétique, une définition commune du beau musical et du beau plastique. Parce que nous désignons la musique et la peinture et la sculpture sous le vocable commun des *beaux-arts* ? C'est être victime, dit Louis Weber, d'une illusion grammaticale.

J'ai mis ton livre entre les mains de mes beau-frère et belle-sœur[3], peintres de profession. Ils en ont entrepris l'étude avec un zèle qui me frappe d'admiration. Lecture à haute voix, paragraphe par paragraphe ; et commentaire écrit. Souvent ils se rebiffent. « Ce livre, dit ma belle-sœur, est plein d'observations de détail, qui sont justes, jolies : mais pourquoi les transformer en principes généraux ? » Cependant il est visible qu'ils sont subjugués. Au train dont ils vont, quand arriveront-ils à la peinture, où je les attends ? Pour brusquer les choses, je leur ai lu, hier soir, les réflexions sur le pastel, art faux, qui n'est ni dessin ni peinture. Ici les protestations ont été vives. « Et Perronneau ? Et Manet ? Et le pastel frotté ? » Criblé de ces flèches, je me suis tenu coi.

Je continuerai, pour ma propre instruction autant que pour la tienne, à recueillir les avis. Je suis bien placé pour faire cette récolte, en toute sérénité, considérant qu'en ces matières Kant a vu juste, et non Platon, qu'on peut définir le jugement esthétique, mais non le beau, et que cela ne revient pas au même.
Ton
Élie Halévy

---

1. Lettre parue dans Alain, *Correspondance avec Élie et Florence Halévy*, op. cit., p. 267.
2. Alain, *Système des Beaux Arts, rédigé pour les artistes en vue d'abréger leurs réflexions préliminaires*, Paris, Éditions de la *Nouvelle Revue Française* (Gallimard), 1920. (Voir la lettre d'Élie Halévy à Alain du 5 août 1920, in *Correspondance (1893-1937)*, op. cit., p. 637.)
3. André Noufflard et Berthe Noufflard, née Langweil. Voir *supra*, p. 440.

À Graham Wallas, Fresnay-le-Long, par St-Victor-l'Abbaye, Seine Inf^{re}, 15 septembre 1920[1]*

Dear Graham,
I intend to be in London on Wednesday 22, and go to Oxford two days later. If really I can, without putting you to any inconvenience, sleep for two nights under your roof, I will very gladly do so. Expect me therefore to come and ring at your door on Wednesday next, as soon as the Newhaven boat and Brighton railway allow me to reach your distant hill.

I will be glad to have some talk with you and Audrey about the European prospect. It strikes me as ethically very ugly. But I cannot take it tragically, and believe that it will issue into a war.

Yours truly,
Élie Halévy

En septembre 1920, Élie Halévy retourne Angleterre pour exposer devant le Congrès franco-americano-anglais de Philosophie, à Oxford, « Le principe des nationalités »[2], comme il vient de l'annoncer à son ami Graham Wallas. Rentré en France début octobre, il lui adresse une nouvelle lettre qui narre son séjour à Oxford.

À Graham Wallas, Fresnay, Long-Fresnay, par St-Victor-l'Abbaye, Seine Inf^{re}, 9 (?) octobre 1920[3]*

Dear Wallas,
I never found a minute for sending you a note about what's going on in Oxford. I enjoyed your old college (I did not remember how lovely the 'quad' with the sundial was), and lived for three days quite happy within the body of Jesus-Christ. My room was the first room on the ground floor, on the left hand side of the porter's lodge. I did not believe it was my room. It was rather barely furnished by the regular 'tenant', a Wesleyan, as appeared from several stray papers on the table, who oddly enough kept a whole set – ten or twelve copies – of Oscar Wilde's 'Ideal Husband'.

---

1. Voir traduction, p. 724.
2. *Revue de métaphysique et de morale*, 1938, p. 147-151.
3. Voir traduction, p. 724-725.

While going back throught Oxford, I thought I might send you a copy of the symposium papers on 'Nationality', opening with mine[1]. I see that, thanks to Mr. Balfour, our debate has been taken notice of in the daily press. If there appeared something worth reading, concerning our debate, if any of the weekly papers (except the *New Statesman* and weekly Supplement of *The Times*) which I regularly receive, would you kindly send a copy to me?

I wish you good luck with the finishing work of your book, while I am getting back to mine, far from the harbour as it still is.

With all our love to all of you,
Élie Halévy

À Xavier Léon, La Maison Blanche, Sucy-en-Brie, 23 novembre 1920*

[…] Quant à l'affaire Constantin[2], je t'avoue que, pas plus que les autres, elle ne m'émeut beaucoup. À qui les Grecs feraient-ils la guerre ? Ils ont absorbé plus de territoires qu'ils n'en peuvent digérer. Est-ce que d'ailleurs la popularité de Constantin n'est pas une réaction contre l'impérialisme de Venizélos[3] ? Ou bien est-ce nous qui allons faire la guerre à Constantin ? Avec quels hommes ? Et quel argent ?

Ton, votre
Élie Halévy

Au printemps 1921, Élie Halévy est de retour en Angleterre. Avant de quitter la France, il a exposé devant le Comité national d'études sociales et politique le problème du « contrôle ouvrier en Angleterre » (7 mars 1921). Le texte de la conférence est repris dans L'Ère des tyrannies *en 1938. À Londres, il donne une conférence à l'Institut français de Londres sur « Internationalism and Cosmopolitarism » (1er mai). Depuis la capitale anglaise secouée par les mouvements de grève, il organise la venue en France des époux Webb. Élie Halévy quitte l'Angleterre fin mai pour la France. Avec Florence, il passe son début d'été en Normandie chez André Noufflard, avant de regagner Sucy puis de partir à la fin de l'été pour les*

---

1. « Le principe des nationalités ». Le texte sera publié dans la *Revue de métaphysique et de morale* en 1938 (voir *supra*, p. 367-372).

2. De retour à Athènes en décembre 1919, Constantin Ier (1868-1923), roi de Grèce doit affronter l'opposition du Premier ministre Vénizélos, celle de l'armée grecque et celle des Alliés. Précipitée dans la crise politique, la Grèce doit affronter les troupes kémalistes en Asie mineure.

3. *Id.*

Alpes françaises effectuer des randonnées. Les lettres échangées avec ses proches et ses amis traduisent ses préoccupations pour la situation des sociétés tant anglaise que française, et la difficile sortie de guerre de l'Europe. Le sentiment de faire face à une crise globale imprègne toute la pensée d'Élie Halévy.

À Xavier Léon, 20 Doughty Street, London WC1, 8 avril 1921

[...] Moi, je dirais volontiers : soyez assez faible pour avoir peur. Si nous avions été seuls à vaincre l'Allemagne, et si nous n'avions pas peur de voir nos alliés se retourner contre nous, à quels excès ne nous livrerions-nous pas ! Je ne comprends, en tous cas, pas du tout lorsque tu as l'air de te réjouir que Simons[1] n'ait pas cherché un accommodement à Londres. Est-ce que tu te réjouis de voir Briand remporter, dans nos deux Chambres[2], de faciles succès ? J'aimerais mieux le voir plus attaqué, et arrachant à ces deux Chambres un arrangement, enfin décisif, de nos affaires avec l'Allemagne. J'ai bien peur que nous ne marchions vers l'occupation de la Ruhr[3], qui ne nous tirera pas de la banqueroute, malgré les apparences – bien au contraire. Il n'y a qu'un remède à la ruine, et c'est la paix.

La situation ouvrière ici est sérieuse, bien qu'elle ne s'accompagne d'aucun épisode à la manière italienne, ou espagnole, ou irlandaise.

Mais il ne me semble pas douteux que les ouvriers marchent à la défaite. Les chefs s'en rendent compte et donnent à contrecœur l'ordre de livrer bataille. Il faut que cela finisse ainsi ; mais on ne peut pas ne pas plaindre ces pauvres diables à qui on avait promis, pour les empêcher de faire la révolution pendant la guerre, le paradis terrestre après la paix, à qui on refuse maintenant ce qu'on ne peut pas leur donner, et qui vont mourir de faim, tout simplement. [...]

Élie Halévy

---

1. Henry Simon [Élie Halévy commet une faute dans l'orthographe de son nom] (1874-1926), grand industriel, député radical, membre de la Commission des Affaires étrangères, était ministre des Colonies dans le cabinet Clemenceau (novembre 1917-janvier 1920).

2. Depuis le 16 janvier 1921, Aristide Briand (1862-1932) est président du Conseil et ministre des Affaires étrangères. Comme Georges Leygues (1857-1933), son prédécesseur, il a fait du centre la colonne vertébrale de son gouvernement, en s'appuyant sur les radicaux et les modérés de l'Alliance démocratique.

3. Puisque l'industrie lourde de la Ruhr avait joué un rôle clef dans la politique militariste allemande, le traité de Versailles la sanctionna lourdement, à travers les réparations exigées de l'Allemagne. À la suite des premiers retards mis dans le versement de ces réparations, des troupes françaises et belges occupèrent, en mars 1921, les villes de Düsseldorf, Duisbourg et Ruhrort.

À Louise Halévy, 20 Doughty Street, London WC1, 15 avril 1921*

Chère Maman,
Aurons-nous, n'aurons-nous pas la grève ? Elle semblait certaine pour ce soir dix heures. Mais les mêmes journaux du matin qui nous disent tous les préparatifs faits par le gouvernement et les compagnies de chemin de fer en vue de l'interminable grève, nous informent en dernière heure, que, dans le courant de la nuit, les négociations auraient recommencé. Il est trois heures « *p.m.* »[1] et je ne sais rien encore. Quand je vais sortir, les journaux vont me fixer, je pense.

Ma belle-mère, dont les expériences sont italiennes, voit déjà le sang couler dans les rues de Londres, et semble alarmée sur notre compte. Mais il ne s'agit de rien de semblable. Le flegme britannique se maintient. […]
Élie Halévy

À Xavier Léon, Londres, 23 avril 1921

[…] Je ne répondrai même pas à la question que tu me poses […] As-tu besoin qu'on t'explique que les débardeurs des ports, les marins, les chauffeurs de taxi et les cheminots n'ont aucune envie de faire grève pour défendre les salaires d'une autre corporation ? Quant à savoir si les mineurs sont « dans leur droit », question mal posée encore. Il y a ce que les mineurs considèrent comme étant « leur droit », ce que les propriétaires des mineurs considèrent comme étant « le leur », et le public comme étant de même « son droit ». Il n'y a qu'à trouver une transaction, et la paix pour quelques années. […]
Élie Halévy

À Xavier Léon, 20 Doughty Street, London WC1, 24 avril 1921*

Mon cher Xavier,
Mr. And Mrs. Webb vont passer une dizaine de jours à Paris, où ils arrivent, je crois, après-demain mardi ou le jour suivant. Ce n'est pas à ta bienveillance personnelle que je les recommande ; mais, si tu assistes mardi à la réunion hebdomadaire du groupement interuniversitaire, tu devrais attirer l'attention de tes amis sur l'intérêt qu'il y aurait pour eux à organiser une réunion en l'honneur des deux visiteurs.

---

1. « *p.m.* » ou « *past midnight* », soit ici trois heures de l'après-midi.

Est-il besoin de te rappeler que Mr. et Mrs. Webb, conjointement, ont été les principaux doctrinaires du socialisme modéré en Angleterre ; qu'ils ont contribué activement au développement récent de l'université de Londres ; bref que ce sont d'assez gros personnages, qu'ils seront flattés si on fait quelque chose en leur honneur, mais froissés si on a l'air de les négliger. Ils viennent à Paris sur l'invitation du Magasin de gros des Coopératives : mais il serait bon que les intellectuels, et non pas seulement les coopérateurs, leur fissent bon accueil.

S'ils suivent nos indications, ils logeront hôtel Voltaire, quai Voltaire. En tout cas Mauss saura bien où ils logent. Et des gens comme Rist[1], Bernard Lavergne[2], seraient tout désignés pour faire les invitations, etc.

Ton, votre
Élie Halévy

À Xavier Léon, 20 Doughty Street, London WC1, 27 avril 1921*

[…] Les réflexions politiques de Bergson[3] me semblent judicieuses. Mais, si tel est le sort fatal de tout traité « à longue échéance », pourquoi nous obstinons-nous dans ce système de la longue échéance ? pourquoi ne pas fixer tout de suite le maximum de ce que l'Allemagne peut payer en moins de quinze ans, avec promesse d'évacuation du territoire occupé au fur et à mesure des paiements ? Le système contraire ne s'explique que par les desseins napoléoniens des gens, peu nombreux, qui gravitent autour

---

1. Collaborateur de la *Revue de métaphysique et de morale*, Charles Rist (1873-1955), professeur à la faculté de droit de Montpellier, est l'une des grandes figures de l'économie politique. Il a rédigé en 1909, avec un autre grand économiste, Charles Gide, l'ouvrage devenu classique, *Histoire des doctrines économiques, depuis les physiocrates jusqu'à nos jours*.

2. Nîmois comme Charles Gide et comme lui économiste, Bernard Lavergne (1884-1975) est professeur de droit à la Faculté des lettres de Lille. L'année 1921 est celle de la fondation, en collaboration avec Charles Gide, de *La Revue des études coopératives* devenue en 1986, *La Revue des études coopératives mutualistes et associatives (RECMA)*. En 1923, il s'apprête à publier dans la *Revue de métaphysique et de morale* une étude, « Du principe des nationalités et d'une théorie générale du droit des peuples » (p. 589 et suiv.). Très proche de la réflexion d'Élie Halévy sur la tyrannie politique et l'attitude des démocraties européennes, il publiera aussi dans la même *Revue*, en 1934, « Au sujet du "gouvernement des démocraties modernes" » (p. 551 et suiv.). En 1938, il s'exprimera contre les accords de Munich dans un article de la livraison de novembre de la revue *L'Année politique française et étrangère* : « Munich, déroute de la France et des démocraties ».

3. Henri Bergson (1859-1941), normalien (1878), agrégé de philosophie (1881), professeur à l'École normale supérieure en 1898, devient professeur au Collège de France en 1900. Il a publié l'*Essai sur les données immédiates de la conscience* (1889), *Matière et mémoire* (1896), puis *L'évolution créatrice* (1907) et *Les deux sources de la morale et de la religion* (1932). Durant la Première Guerre mondiale, il se distingue par son patriotisme militant et ses publications de propagande. Il sera envoyé en mission diplomatique aux États-Unis en 1917.

de la rue St-Dominique et du Quai d'Orsay, peu nombreux mais influents, Paléologue[1], Poincaré, Maurras. Ils parlent *argent*, ils rêvent *conquête*, c.-à-d. ruine et désastre. Dieu, ou le Diable, sait où l'on nous conduit.
Ton, votre
Élie Halévy

À Louise Halévy, 20 Doughty Street, London WC1, 30 avril 1921*

Chère Maman,
Philippe Berthelot est dans nos murs ; mais je ne le verrai pas. Nous voilà donc en marche vers la Ruhr. Et Briand aura l'art de faire accepter par l'Angleterre ce que Millerand n'avait pas réussi à se voir accorder. Les pro-Germains sont réduits à mesurer leurs faiblesses. Tout cela ne veut pas dire que je sois enchanté de cette pseudo-expédition militaire. J'aimerais mieux un règlement de comptes. [...]
Élie Halévy

À Xavier Léon, Londres, 3 mai 1921

Mon cher Xavier,
[...] Voilà donc l'armée française en marche. Puissent les Anglais nous forcer, malgré nous, à être sages, et nous empêcher d'abuser de nos forces pour quelque folle entreprise de conquête. L'opinion, par ici, est difficile à définir. Il est bien probable que le bas peuple – les boutiquiers, les commis, les ouvriers – est enchanté de voir qu'on va « faire payer les Allemands ». Mais l'élite intellectuelle du pays est certainement unanime à condamner la France, qui prend plaisir à piétiner l'ennemi vaincu. Il est bien probable que, si j'étais né Anglais, je penserais comme elle.
Ton, votre
Élie Halévy

---

1. Maurice Paléologue (1859-1944) fit une brillante carrière diplomatique qui le mena à occuper le poste d'ambassadeur de France en, Russie de 1914 à 1917, puis secrétaire général du Quai d'Orsay au temps du gouvernement Millerand. Son bilan reste cependant discuté, notamment au sujet de son atttitude lors du déclenclement de la guerre.

À Louise Halévy, Londres, 7 mai 1921

Chère madame[1],
J'ai fait hier – avec quinze jours d'avance – ma conférence[2], devant une foule décolletée et défraîchie. L'une – pas une foule, une dame – m'a déclaré que *she disagreed with everything I had said*[3] : ce qui n'était pas une manière de me dire quelque chose de déplaisant ; elle voulait me faire simplement comprendre comme elle avait un esprit délicieusement indépendant. L'autre m'a remercié de lui « avoir ouvert tant de portes » ; « quelle joie, a-t-elle ajouté, de vivre dans un monde où tous les problèmes sont insolubles ! » Aimable philosophie ! La troisième m'a expliqué qu'elle était la traductrice des *Mémoires* de Casanova. Il y avait là l'ambassadeur, l'ambassadrice. Devant ce public d'élite, je crois vraiment que j'ai eu du succès.

Je passe aux affaires d'Europe pour te dire que la perspective de l'occupation de la Ruhr ne me sourit pas plus qu'à toi, et que je fais tous mes vœux pour [que] les Allemands, en acceptant l'ultimatum, nous empêchent de nous promener là-bas. Mais quelle déception pour Mangin, Foch, *L'Écho de Paris*, et *Le Temps* ! On calcule avec effroi le nombre de gens, et de gens influents, qui vivent de nos difficultés, et que la liquidation définitive de la guerre plongerait dans la consternation, puisqu'elle les condamnerait à vivre d'un travail utile.

Patience ! Et travaillons nous-mêmes au milieu de ce tapage. Le gros problème ici, ce n'est pas le problème de la paix, c'est le problème du charbon. Chaque jour, on adresse au public de nouveaux appels, d'avoir à réduire la consommation de charbon ; on ferme de nouvelles usines ; on supprime de nouveaux trains. Tandis qu'une grève de chemin de fer, passé le premier jour, gêne de moins en moins le public, parce qu'on imagine des expédients, ici le public est de plus en plus gêné. Extrême *dépression* de tout le monde : une dépression simple, sans crises de fureur à la française. Le *Times* ouvre tous les matins ses colonnes à de longues discussions. Chacun propose son remède. Les plus inquiétants sont ceux qui avouent qu[e la crise] est sans remède, et que la concurrence américaine menace l'industrie minière au moins autant que les exigences ouvrières.

Tu ne m'as jamais dit si « le chat » disparu, c'était *notre chatte*.
Tendresses,
Élie

---

1. *Sic*. Le lapsus est certain : la lettre s'adresse bien à sa mère.
2. *Internationalism and Cosmopolitanism*, à l'Institut français de Londres (Lord Robert Cecil étant *chairman*).
3. « Qu'elle était en désaccord avec tout ce que j'avait dit ».

À Xavier Léon, Londres, 7 mai 1921

Mon cher Xavier,
[...] Je ne répondrai que brièvement à la partie politique de ta lettre. Tu écris dans une langue bizarre, et je me demande par instants si tu me prends pour une réunion publique. Mais tu raisonnes faiblement. Tu me dis que si nous ne sommes pas intégralement payés nous ferons banqueroute. Mais comment faire pour être intégralement payés ? Attendre le temps nécessaire pour être payés ? Cinquante ans, cent ans. Qui peut prendre au sérieux des échéances aussi lointaines ? Il y a cinquante ans, nous en étions à Sedan. Il y a cent ans, à Waterloo. En attendant, occuper la Sarre. Pendant cinquante ans ? cent ans ? Et tu veux que le monde n'appelle pas cela une politique de conquête ? Et tu es même capable de croire que ce n'est pas une politique de conquête ?
Je fais tous mes vœux – et toi aussi je pense – pour que les Allemands acceptent l'ultimatum. Car alors, pas d'occupation, n'est-ce pas ? Mais quelle consternation dans les bureaux du *Temps*, de *L'Écho de Paris* !
Tu médis : le point de vue anglais ne peut pas être le point de vue français. Mais c'est exactement ce que je te dis. Et quand nous serons seuls à défendre notre point de vue contre un monde unanimement hostile, jolie sera notre situation. Millerand et Paléologue y avaient réussi, l'an passé. Briand et Berthelot ont, jusqu'à présent, évité ce danger[1]. Mais le jeu est périlleux. Et je persiste à crier casse-cou.
Ton, votre
Élie Halévy

À Xavier Léon, Londres, 10 mai 1921

Mon cher Xavier,
[...] Pour ce qui est de l'opinion anglaise, j'ai peur que tu m'aies mal compris. Je[2] ne t'ai parlé des hommes politiques, je ne t'ai parlé des

---

1. Alexandre Millerand, président du Conseil et ministre des Affaires étrangères depuis le 20 janvier 1920, et Maurice Paléologue, secrétaire général du Quai d'Orsay, s'étaient lancés dans une politique d'application rigoureuse du traité de Versailles. L'ancien président de la République Poincaré les avait soutenus. Briand, qui succède à Millerand, commence par adopter la même politique. Il choisit cependant la conciliation à l'issue d'un grand débat parlementaire en octobre 1921. Le nouveau secrétaire général des Affaires étrangères, Philippe Berthelot, nommé en septembre 1920, est hostile à l'écrasement de l'Allemagne et favorable à cette politique. Pour Briand, cette évolution – qui suppose de s'appuyer davantage à la Chambre sur une gauche affaiblie – présente un autre avantage : elle se rapproche des positions britanniques et renforce l'amitié franco-anglaise.
2. Syntaxe imprécise.

intellectuels, et en particulier des universitaires, parmi lesquels les plus jeunes sont d'ailleurs souvent des candidats à la politique. Je dis que les professeurs de la Sorbonne, en masse, les membres de la Société de Philosophie, et Bourgin[1] et Guy-Grand[2] et Cestre[3], et moi, et toi-même, si nous étions anglais, nous serions, dans la proportion de neuf contre un, germanophiles, ou – pour parler plus exactement – anti-germanophobes. Il n'y a, dans leur cas, aucun calcul d'intérêt. Si je passais de ce milieu-là dans les milieux des industriels, et, à un niveau plus bas, des boutiquiers, et même des ouvriers (bien qu'ici la haine de classe prenne le dessus sur la haine de race), j'entendrais un autre langage. De sorte que, pour l'instant, les intellectuels sont une minorité impuissante. Seulement, le jour (bien proche quand nous aurons accaparé les mines de charbon de la Ruhr) où les intérêts anglais commenceront à s'alarmer, alors je te réponds que la francophobie trouvera, dans la personne de mes amis, un état-major formidable.

Que faire là contre ? Avoir raison. L'Allemagne avait tort en 1914, et c'est ce qui l'a perdue. Toute cette question des réparations, nous la traitons depuis 1919, en dépit du sens commun. On pouvait dès 1918 occuper la Ruhr (tous les Alliés ensemble) : la peur du bolchevisme nous en a empêchés. Mais cela fait, il fallait fixer à un chiffre *forfaitaire* le montant de l'indemnité allemande – une somme telle que l'Allemagne pût la payer en quinze ou vingt ans, le *maximum* de ce que l'Allemagne pouvait payer dans ce laps de temps ; et puis faire comprendre à l'Allemagne que nous évacuerions le territoire allemand d'autant plus rapidement qu'elle s'acquitterait plus rapidement. Nous n'avons rien fait de semblable : nous avons demandé à l'Allemagne [une somme] impayable si ce n'est dans un nombre d'années qui dépasse la puissance de l'imagination humaine. Chaque fois qu'un homme d'État français a cherché un accommodement, il a été récompensé par des huées. Pourquoi avoir rejeté l'arrangement de Bruxelles, sur lequel Stinnes[4]

---

1. Élie Halévy doit faire référence à Georges Bourgin (1879-1958), archiviste, historien. Directeur des Archives nationales en 1944, il participera à la publication des documents de la Révolution française lancée par Jaurès.
2. Écrivain, philosophe, juriste, Georges Guy-Grand (1879-1957) est un collaborateur de la *Grande Revue* et du *Mercure de France*. Il est notamment l'auteur, en 1911, de *La Philosophie nationaliste*, *La Philosophie syndicaliste* et *Le Procès de la démocratie*. Il prendra la succession de Paul Desjardins à la tête de *L'Union pour la Vérité*.
3. Charles Cestre (1871-1958) est professeur de littérature et de civilisation américaine à la Sorbonne.
4. Hugo Stinnes (1870-1924) devint après la Première Guerre mondiale l'un des grands patrons de la Ruhr, constituant un groupe industriel considérable. Député au Reichstag en 1920, il n'hésita pas à négocier directement avec des industriels français le versement des réparations. Il sera en novembre 1922 le principal artisan de la chute du chancelier Wirth et de son remplacement par Cuno, plus soumis aux intérêts des grands groupes industriels.

et Loucheur[1] s'étaient mis d'accord, avec l'approbation de Millerand, peu suspect ? Par lâcheté à l'égard d'une opinion qu'on égare. Est-ce aveugle cupidité ? ou bien, chez les meneurs, recherche des prétextes qui vont nous permettre, pendant que nous parlons *argent*, de démembrer territorialement l'Allemagne ?

Que ces messieurs s'amusent. Je les avertis de ne pas se dépenser en colère contre l'Angleterre. L'Angleterre est encore, de toutes les grandes nations, celle qui est le plus germanophobe. Va en Italie, en Espagne, où tu voudras, et tu verras comme on y parle de nous. Tout ce que je demande, c'est qu'on ne nous brouille pas avec le monde entier, parce que le monde entier ne nous permet pas de faire assez de mal à l'Allemagne.

Ton, votre
Élie Halévy

À Xavier Léon, 20 Doughty Street, London WC1, 14 mai 1921*

[…] Voici maintenant un incident polonais[2] ! Pour une fois, il me semble que nous avons raison quant au fond ; mais quant à la forme ? L'opinion courante ici, c'est que Paris avait préparé une double démonstration. L'invasion de la Ruhr ayant échoué par le fait de l'acceptation allemande, l'insurrection polonaise est restée en l'air. Ce qu'il faudrait savoir c'est à qui, de la diplomatie française ou de la diplomatie anglaise, revient la faute d'avoir laissé cette question silésienne en suspens, pendant deux ans de paix.

À part cela, vie assez morne ici. Pas de dîners, parce que les gens sont trop écrasés d'impôts. Pas de train, de tramways, faute de charbon. Les théâtres à moitié vides. Il est clair qu'un Anglais qui visite Paris doit trouver les Français bien heureux.

Ton, votre
Élie Halévy

---

1. Louis Loucheur (1872-1931), polytechnicien et industriel des Travaux publics, adjoint puis successeur d'Albert Thomas au ministère de l'Armement et des Fabrications de guerre en 1917, devient après l'armistice ministre de la Reconstruction industrielle. Il participe à ce titre aux négociations du traité de Versailles. En 1921, il est rappelé aux affaires par Aristide Briand qui lui confie le portefeuille des Régions libérées. Il est alors au centre des réunions internationales portant sur la question des réparations, et il signe avec le ministre allemand de la Reconstruction les accords de Wiesbaden qui posent le principe d'une coopération économique franco-allemande.

2. Le 2 mai 1921 débuta la troisième insurrection de Silésie, lancée par des groupes armés polonais dans le but d'obtenir le rattachement de la province – attribuée à l'Allemagne – à la Pologne. La Commission Inter-Alliée tarda à réagir. Les combats gagnèrent en intensité avec les corps francs allemands et la police des frontières. Les Alliés décidèrent de s'en remettre à la SDN. Celle-ci décida d'attribuer la plus grande partie de la région industrielle de Silésie à la Pologne.

À Louise Halévy, 20 Doughty Street, London WC1, 15 mai 1921

Chère Maman,
Je t'écris au retour de Kew Gardens où nous avons été passer notre journée de dimanche. Sous un ciel gris c'était une magnifique explosion de rhododendrons et d'azalées en fleurs. Je craignais l'invasion de la foule : mais le jardin était désert, ou peu s'en faut. Silencieusement, je crois que ce pays souffre. Écrasés d'impôts, et depuis plus d'un an ne faisant plus d'affaires, les Anglais s'enferment chez eux, et songent mélancoliquement aux temps passés. Ceux où ils étaient riches.

Pendant ce temps, la politique va son train, et voici les Anglais et les Français occupés à se brouiller à propos de la Pologne[1]. Et Dieu veuille que d'ici la fin de la semaine notre invraisemblable Chambre des Députés ne jette pas Briand[2] par terre, pour avoir été raisonnable. Nous sommes bien mal gouvernés, et par la faute de l'opinion. J'ai peur que nous ne courions, par notre faute, au-devant de graves humiliations. [...]

Élie Halévy

À Louise Halévy, Londres, le 20 [mai 1921]

Ma chère maman,
La France est donc agitée. Que s'est-il passé depuis un an pour l'agiter ? Veut-elle, à toute force, partir en guerre ? Car ce n'est pas, je suppose, de révolution que tu me veux parler. Lloyd George est un être assez inquiétant par sa versatilité. Mais ce n'est pas à nous à le renverser du pouvoir, pour le remplacer par un autre qui ne serait d'ailleurs qu'un « *pro-German* ». Il est une donnée du problème. Et je considère en somme ses deux derniers discours comme une réplique légitime aux injures de la presse française. Voilà un an que la presse française attaque l'Angleterre, et que la presse anglaise ne répond pas.

---

1. La France avait soutenu les Polonais dans leur effort de résistance après leur défaite du printemps 1920 face aux Soviets. Au contraire, les Britanniques les encourageaient à accepter la négociation. Les victoires polonaises du mois d'août permirent de repousser la ligne de front à 150 km de la fameuse « ligne Curzon » fixée par l'Entente en décembre 1919. Le traité de Riga du 12 mars 1921 consacra le succès de la France sur la Grande-Bretagne autant que celui de la Pologne sur les Soviets. Dès le mois de janvier, les deux pays avaient conclu un traité d'alliance.

2. Aristide Briand (1862-1932) dirige le gouvernement depuis le 16 janvier 1921, et jusqu'au 12 janvier 1922 lorsqu'il perd le soutien de la Chambre, au détriment de Raymond Poincaré qui lui succède.

Lloyd George l'autorise à répondre.

Nous nous conduisons comme des gens très-bêtes et très-méchants.

Quand nous aurons fait le vide autour de nous, nous l'aurons mérité. Je n'accuse pas le gouvernement. Voilà un an qu'il essaie d'être raisonnable, et puis prend le parti de battre en retraite devant une Chambre insensée. J'ai la consolation de penser que je n'ai voté ni pour Tardieu[1] ni pour son adversaire malheureux Franklin-Bouillon[2]. Pour envoyer au Palais-Bourbon un représentant à peu près raisonnable, serais-je obligé de voter pour un communiste ?

Des progrès matériels ? Le malheur est que, si nous continuons à guerroyer, nous ne ferons même plus de progrès matériels. Le monde est assez décati, quand on le compare à ce qu'il était en 1913.

Enfin ! J'expédie mes recherches et mes visites finales. [...]

Élie Halévy

À Xavier Léon, 20 Doughty Street, London WC1, 22 mai 1921*

[...] va pour un ministère Poincaré, puisque tu me l'annonces ![3] Il nous conduira plus rapidement aux avanies que nous ne pouvons éviter puisque nous voulons absolument les subir, et nous brouiller avec la terre entière. Mais pourquoi ne se trouve-t-il pas – je ne dis pas : un parti, mais – un groupe pour demander, dans l'intérêt de tous, la liquidation rapide des frais de la guerre, et le retour à un état normal d'inimitié *pacifique* entre toutes les nations de la terre.

Ton, votre

Élie Halévy

---

1. Très lié au « Tigre », André Tardieu (1876-1945) a quitté le gouvernement – où il occupait le portefeuille des Régions libérées – lors de la démission du cabinet en janvier 1920.

2. Henry Franklin-Bouillon (1870-1937) est un député radical classé plutôt à droite, ministre d'État dans le gouvernement de Paul Painlevé (septembre-novembre 1917), puis chargé de missions diplomatiques pour le compte de la France – dont les négociations avec les représentants de la révolution kémaliste à Angora (Ankara) en 1921. Le traité d'Ankara (octobre 1921) qui en découle constitue la première reconnaissance de la Turquie nouvelle sortie de la guerre dite de « libération nationale ». Par ce traité, la France renonce à son mandat en Cilicie et abandonne à leur sort des dizaines de milliers d'Arméniens rescapés du génocide perpétré par les Jeunes-Turcs, dans l'Empire ottoman, à partir de 1915. André Tardieu et Henry Franklin-Bouillon sont tous les deux députés de Seine-et-Oise.

3. Raymond Poincaré (1860-1934) ne redevient président du Conseil que le 15 janvier 1922 (et jusqu'au 1er juin 1924). Il cumule ces fonctions avec le portefeuille des Affaires étrangères.

À Célestin Bouglé, Londres, 23 mai 1921

Mon cher ami,
Nous faisons tout au rebours du sens commun. Quand il fallait faire la guerre, nous avions une Chambre pacifiste. Maintenant qu'il faudrait faire la paix, nous avons une Chambre militariste. Quand il fallait déraisonner, elle raisonnait. Maintenant qu'il faudrait raisonner, elle déraisonne. Et je vois tellement bien comment les choses vont se passer. Le ministère Briand, tôt ou tard, remplacé par un ministère Poincaré[1]. Ce ministère nous acculant, pour le plaisir, aux plus ridicules humiliations. Le parti radical, qui s'est tenu coi pendant qu'il était temps d'agir, trouvant plus commode électoralement de renchérir sur le nationalisme du Bloc national, retrouvant alors sa voix pour reprocher au Bloc de nous avoir conduits aux abîmes, à Clemenceau d'avoir mal fait la paix. Alors plaintes, jérémiades. La France, éternelle martyre, foulée par l'Allemagne, dupée par l'Angleterre, abandonnée par l'Amérique, en butte à la sournoiserie italienne. Nous étions trop bons pour être tombés dans un monde aussi mauvais. Et, si tout le monde se coalise toujours contre nous, c'est parce que nous sommes des anges. Thème à développer par Stéphane Lauzanne[2], Barthou[3], Franklin-Bouillon et Clément Vautel[4].

Vite, vite ; au lieu de vous quereller avec les bolcheviks, fondez une Ligue de la Paix et du Sens Commun[5]. Ne laissez pas traîner un jour de plus la question silésienne qui devrait être réglée depuis un an. Arrangez-vous pour que l'Allemagne puisse payer en quinze ans ce que nous lui demandons. Ne pas laisser Charles Maurras et Poincaré, pendant qu'ils parlent *argent* au paysan français, rêver de *conquêtes*, et, en exigeant des sommes payables

---

1. Raymond Poincaré ne s'est pas présenté pour un second mandat de président de la République en février 1920. Ayant retrouvé un siège au Sénat, il défend l'application du traité de Versailles et prend la tête du Bloc national dans la lutte contre le gouvernement Briand, jugé trop conciliant avec l'Allemagne. Ce dernier est renversé en janvier 1922.
2. Stéphane Lauzanne (1874-1958) est le rédacteur en chef du quotidien *Le Matin*. Il est aussi essayiste, spécialiste de la « question d'Orient », auteur en 1913 de *Au chevet de la Turquie. Quarante jours de guerre* (Paris, Fayard).
3. Louis Barthou (1862-1934), député progressiste modéré d'Oloron et orateur remarqué, commença une brillante carrière ministérielle dès 1894 qui le mena à la présidence d'un cabinet d'« union républicaine » le 25 mars 1913. Il arracha le vote de la loi dite de « trois ans », mais la mort de son fils en 1914 l'entraîne dans une retraite dont il ne sort que trois ans plus tard pour devenir ministre d'État puis ministre des Affaires étrangères dans le gouvernement Painlevé. À ce titre, il présente le traité de Versailles à la ratification de la Chambre. Il devient, avec Poincaré, un partisan déterminé d'une politique de fermeté à l'égard de l'Allemagne.
4. Clément Vautel (1876-1954) est un journaliste et romancier d'origine belge, connu sous le nom de Clément-Henri Vaulet.
5. Célestin Bouglé est très investi dans la Ligue des droits de l'homme et du citoyen. Élie Halévy taquine son ami et son penchant pour le militantisme.

dans un délai de cinquante ans, rêver d'une occupation « temporaire » de la Ruhr qui finira par se prolonger autant que s'est prolongée l'occupation allemande de l'Alsace-Lorraine. Je suis confondu de la niaiserie des propos que tiennent, dans *La Grande Revue*, un certain nombre d'hommes politiques sur l'avenir du Bloc des Gauches[1]. C'est au-dessous du niveau de l'Académie Française. J'ai vainement cherché une allusion au Traité de Versailles ; je n'y ai pas lu une seule fois le mot de paix ni le mot de guerre. Or il n'y a qu'un programme pour le parti républicain ; et c'est la liquidation de la guerre. La Paix, l'Abondance, la Liquidation de la Guerre.

Je t'enfonce ces idées dans le crâne à coups de maillet, parce que tu es journaliste[2]. On ne peut pas t'accuser, comme moi, d'être vendu aux Anglais. Et suis-je pourtant vendu aux Anglais, quand je dis : si vous voulez à toute force vous brouiller avec les Anglais, alors ne vous brouillez pas avec tout le monde. Ne recommencez pas, avec des forces très-inférieures, exactement les erreurs qu'a commises la diplomatie allemande avant la guerre.

De toutes manières, et quels que soient les ennemis que nous choisissons de nous faire, n'oublions pas que le langage des cochers de fiacre n'a rien de commun avec le langage de la diplomatie. Les Anglais sont dangereux parce que ce sont des gentlemen. Quand il y a un conflit entre un gentleman et un voyou, c'est, quoi qu'en pense le voyou, le gentleman qui a le dernier mot.

Je tâterai donc, si j'en ai encore l'occasion, quelques Anglais au sujet du prochain Congrès. Je dis « si j'en ai l'occasion » ; car le temps se fait court : nous pensons rentrer en France dans le courant de la semaine prochaine. [...]

Élie Halévy

À Louise Halévy, 20 Doughty Street, Londres, 27 mai 1921*

[...] Oui, Briand a reçu son satisfecit ; mais le voilà bien branlant, comme tous ceux qui, depuis deux siècles, n'ont pas voulu se brouiller avec l'Angleterre. Enfin, la question silésienne sera réglée dans huit jours[3], la

---

1. Le « Bloc des Gauches » fait référence ici aux partis de gauche. Élie Halévy ironise en reprenant l'expression qui définissait le gouvernement radical de 1902-1905 incarné par son chef, Émile Combes.

2. Célestin Bouglé n'est pas « journaliste » mais sociologue et universitaire. Il accédera à la direction de l'École normale supérieure en 1935. Élie Halévy moque ici sa propension à écrire des tribunes dans la presse.

3. L'avenir de la Silésie a été soumis, sur fond de vives tensions et d'affrontement entre les populations polonaise et allemande, à un référendum prévu par le traité de Versailles. Les résultats du scrutin organisé le 21 mars 1921 dans la partie de la Haute-Silésie aboutissent à la division de la région. Les troubles continuèrent jusqu'à la Seconde Guerre mondiale et furent encouragés par l'Allemagne nazie qui annexa en septembre 1939 une large partie de la Silésie.

question d'argent est provisoirement réglée, nous allons pouvoir reprendre une existence à peu près normale. L'ami de la paix ne doit pas en demander davantage. [...]
Élie Halévy

À Xavier Léon, Londres [sans date]

[...] Pour que je me laisse persuader qu'il n'y a pas d'impérialisme français, il faudrait qu'il n'y ait pas de Français à Londres. Ils tiennent souvent d'étranges propos. Je ne dis pas que ces forcenés aient été inutiles tant que durait la guerre : c'est eux qui voulaient tenir jusqu'au bout. Mais aujourd'hui qu'il s'agit de faire la paix, ils sont incommodes ; et ceux qui voulaient faire la paix blanche en 1917 ne sont pas sans avoir leur prix. À commencer par Briand, auquel toi-même accordes ta confiance.

Naturellement, tout va s'arranger une fois de plus. Mais à qui la faute, si cet arrangement va apparaître comme un triomphe de la diplomatie britannique ?

Ton, votre
Élie Halévy

À Mrs. Graham Wallas, Londres, 31 mai 1921[1]

Dear Audrey,
I *had* read the article on Democratic Diplomacy. But what does it come to, after all?

He asks that diplomatists should be brought into touch with 'oil and iron and coal'. Does he think that Stinnes and Loucheur, and your man, whoever he is, at the head of the 'Royal Dutch', work for international peace?

He asks for 'the Parliamentary ratification of all treaties and a Foreign Affairs Committee in the House'. We Frenchmen have both; now, I think I am using a perfectly legitimate *argumentum ad hominem*, if I ask the author of the article what he thinks of French foreign politics. President Wilson, again, autocratically insisted upon the clauses of the League of Nations being clauses of the Treaty of Versailles; the American Senate did not ratify the Treaty, because it objected to these clauses. So much for democratic control.

The author would like to make the study of foreign affairs a university subject. Now, they study foreign affairs at my school, and they study them, I

---
1. Voir traduction, p. 725.

am afraid, in a rather machiavellian spirit. Are they to be blamed for that? How many statesmen have made themselves popular, in following a foreign policy of moderation, let alone of sacrifice? Certainly not Mr. Pitt, nor Mr. Canning, nor Lord Palmerston. The foreign policy of Sir Robert Peel and Gladstone, on another hand, made them both unpopular, because it was too moderate.

You see that here I come again, with the axe of Phocion in my hand.

Yours faithfully,

Élie Halévy

À Graham Wallas, fragment d'une lettre sans date[1]

[...] What shall I think of H.G. Wells's outburst? Our blind hatred of Germany I find absurd; and our anger against England for not partaking it, absurd too. But I really would like to know which Frenchman H.G. Wells has met who dreams of going to war with England. Does he, do you realise to what state our fleet has been reduced during this last war?

All my compliments, to conclude, to your country for its generous gift to the Irish. The problem is whether the Irish are going to prove worthy of the gift. You know I have always been a sceptic.

Yours (in the plural) faithfully,

Élie Halévy

Début juin 1921, Élie et Florence Halévy sont de retour en France. Ils commencent par séjourner à Long-Fresnay en Normandie, dans la propriété d'André et Berthe Noufflard, puis regagnent Sucy-en-Brie. À la fin de l'été, ils partent pour les Alpes, retrouvant les paysages qui étaient ceux de leur vie durant la Grande Guerre à Albertville. Ils passent l'hiver 1921 à Sucy.

À Louise Halévy, Long-Fresnay, 6 juin 1921

[...] Nous avons, comme tu sais, terminé notre séjour par une sorte de petit voyage à travers le Surrey et le Sussex. De samedi à lundi dernier, chez les Herbert Fisher (lui est ministre de l'Instruction publique) : un délicieux petit coin de landes et de bois de sapins, oublié dans le cœur de la grande banlieue londonienne. Puis retour à Londres pour deux jours. Puis trois jours à ce *Dumford House* dont tu connais l'adresse. C'est là que naquit

---

1. Voir traduction, p. 726.

Cobden. C'est là qu'il se fit bâtir une maison de campagne, une maison hideuse – mais hideuse dans un fort beau pays. La maison a été donnée par les Cobden-Unwin à l'université de Londres, et est en voie de devenir un petit repaire de socialisme pacifiste. Elle n'est d'ailleurs envahie que dans la saison des vacances, et n'est habitée que par le ménage Sidney Webb, qui nous traite en vieux amis. Nous avons donc passé trois jours dans la compagnie de ce comique et fort tendre vieux ménage socialiste. Elle, fille d'un très-riche capitaliste, ayant gardé le souvenir du luxe et des grandeurs où elle a été élevée, lui un petit bourgeois de Londres qui veut bien passer quelque temps à la campagne dans la société de Mrs. Webb, et que l'on sent perdu dans le sein de la Nature. [...]
Élie Halévy

À Michel Alexandre, La Maison Blanche, Sucy-en-Brie, S.-et-O., 13 août 1921

Mon cher ami,
Je ne sais pas trop bien à quel discours de Harding[1] vous faites allusion. Il y a une allocution aux représentants de la presse : le *Times* n'en a donné qu'un résumé très incolore. Il y a un discours prononcé en l'honneur des *Mayflower Pilgrims*, dont ci-joint le compte rendu : ce n'est pas non plus ce que vous cherchez. Si vous trouvez, ou si vous reproduisez, n'oubliez pas que la raison d'être de Harding et de son pacifisme, c'est la haine de Wilson et de son pacifisme. Il faudra donc donner pour titre à votre extrait : « La vengeance du président Wilson » ou « l'honneur du vice à la vertu ».

Vos pages de couverture manquent un peu d'actualité. La dernière semaine de juillet 1914 vous obsède. Rive gauche du Rhin ; bassin de la Ruhr ; haute-Silésie : tout cela est digne de votre attention, et intéresse notre avenir immédiat. D'autant que vos colères rétrospectives vous font souvent mauvais historien. Croyez-vous vraiment avoir prouvé que l'assassin de Jaurès c'était Isvolski[2] ? ne croyez-vous pas que les passions françaises

---

1. Warren G. Harding (1865-1923) est élu à la présidence des États-Unis en novembre 1920. Il appartient au camp républicain et met fin à la politique interventionniste de son pays. La recherche d'une paix générale conduite par son prédécesseur Woodrow Wilson est stoppée nette.
2. Diplomate russe, Alexandre Petrovitch Isvolski (ou Izvolski, 1906-1910) accède aux fonctions de ministre des Affaires étrangères du tsar Nicolas II en 1906 (et jusqu'en 1910). Il est l'artisan du rapprochement de son pays avec deux puissances rivales, le Royaume-Uni et le Japon. Échouant dans sa tentative d'ouvrir la voie des détroits (Bosphore et Dardanelles) à la Russie, il démissionne et devient ambassadeur à Paris. De plus en plus belliciste, il subventionne les journaux nationalistes et attaque les pacifistes français dont Jean Jaurès.

suffisaient ? Le sang de Calmette criait vengeance : le hasard vou[t] victime fût Jaurès et non Caillaux.

J'éviterais aussi une certaine monotonie. Vie ouvrière ; pédagogie s[colaire], etc., tout cela est-il hors du cadre de vos préoccupations ?

Votre
Élie Halévy

À Michel Alexandre, Hôtel Moris, Val-d'Isère, 22 août 1921

Mon cher ami,

Vous avez peut-être dans vos tiroirs la preuve du crime d'Isvolski. Je dois cependant présumer que vous avez choisi les deux *faits* les plus frappants. Je vous avoue qu'ils ne me frappent pas du tout. Je vois d'ailleurs la difficulté qui vous arrête pour la composition de votre couverture – qui, d'ailleurs, prise comme telle, à la manière d'un recueil de citations, est loin d'être dépourvue d'intérêt : il vous faudrait être une équipe, et Alain est essentiellement un solitaire.

Pour le fond, il convient de reconnaître que nous divergeons, vous et moi. Pour vous, cette guerre, depuis le premier jour jusqu'au dernier, a été vide de signification. Je tiens, moi, avec le président Wilson et H. G. Wells, qu'elle a eu une signification philosophique, dans l'ensemble de l'histoire européenne. Si vous aviez arrêté la guerre en 1914, il y aurait encore un empire des tsars. Si vous l'aviez arrêtée en 1917, il y aurait encore un empire allemand et un empire d'Autriche. La fin de trois grands empires continentaux n'est pas un fait de médiocre importance. Et j'ai bien peur que nos impérialistes s'effondrent bientôt dans le ridicule.

Je sais d'ailleurs que les mois, en se suivant, atténuent cette divergence. Et Poincaré le Terrible travaille pour vous.

Votre dévoué
Élie Halévy

À Célestin Bouglé, La Grave, 9 septembre 1921*

Mon cher ami,

Ta lettre, adressée je ne sais où, me rejoint ici, où je viens d'arriver. Dernière station de notre voyage. S'il fait beau, nous traverserons encore

---

* Élie Halévy fait référence à la légende selon laquelle il aurait manipulé l'assassin du leader socialiste, Raoul Villain.

le glacier de la Meije. Mais fera-t-il beau ? Le temps, admirable hier matin, est devenu très mauvais cet après-midi ; et c'est à travers les nuages que je devine le sommet de la Meije. Je devrais l'apercevoir de la fenêtre à laquelle je t'écris, si les cartes disent vrai. Ainsi se termine un beau voyage, qui nous a conduits, *presque* exclusivement à pied, de Val d'Isère à Briançon.

Considérons donc, puisque ce voyage touche au dénouement, notre avenir studieux. J'ai encore un chapitre et demi de mon livre à rédiger : cela va me conduire à la fin d'octobre ou à la mi-novembre. Après quoi mon cours « socialiste » me donnera très peu de travail jusqu'à la mi-février. Bien que je doive encore donner du temps à la révision de mon livre, ce sera le moment le plus opportun pour travailler au Saint-Simon[1]. Puis viendra un mois et demi où j'aurai beaucoup à apprendre pour la préparation de mon cours : histoire du socialisme depuis la révolution russe. Après quoi, séjour en Angleterre pour dernières vérifications de notes et derniers compléments bibliographiques.

Voilà, sauf les accidents qu'il faut toujours prévoir, le plan de mon existence : règle-toi là-dessus. Évite d'ailleurs de surcharger tes propres épaules. Tu ne dis pas un mot de ta propre santé : j'en conclus qu'elle ne t'inquiète pas. Et je suppose (bien que tu n'en dises rien) que tu as pris part à ces promenades alpestro-familiales dont tu me parles : ce serait fort bon signe. J'ai réussi, entre mes courses, à lire un livre d'entomologie, et un autre, très adapté à ce genre de sites, qui traite de géologie. Mais le n° économique n'a toujours pas été lu.

À vous tous,
Élie Halévy

À Xavier Léon, Lautaret, 27 septembre 1921*

Mon cher Xavier,
Tes conseils de prudence ne me touchent guère. Tu ne me persuaderas pas que Darlu et ton oncle sont morts à la fleur de l'âge, victimes de leur témérité. Ils avaient, je suppose l'un et l'autre, quand ils moururent, environ soixante-dix ans. Ils sont morts, donc, à soixante-dix ans, ayant vécu, jusqu'à la fin, en jeunes gens. Valait-il mieux vivre en vieillards dès l'âge de cinquante ans, et se prolonger jusqu'à quatre-vingts ? Est-on même sûr, une fois toutes les précautions prises, de se prolonger autant qu'on le désire ?

---

1. Élie Halévy évoque la réédition qu'il prévoit de faire avec Célestin Bouglé, de la *Doctrine de Saint-Simon. Exposition*, parue initialement en 1829. Le livre sera republié en 1924 dans une nouvelle édition avec introduction et notes d'Élie Halévy et Célestin Bouglé (Paris, Marcel Rivière).

Est-ce même en évitant les fatigues, les excès, que Clemenceau promène ses quatre-vingts ans d'un antipode à l'autre ? Ta sagesse est bien téméraire.

J'ajoute que je ne fais aucun excès, et que je ne considère pas comme interdit à un cinquantenaire l'ascension d'une montagne de 3600 – exactement 3600 mètres. Me voici à présent transporté de la Savoie en Dauphiné, et touchant au terme de cet excellent voyage. Ne réponds pas à cette lettre, car ta réponse risquerait de revenir me chercher à Sucy. [...]
Ton, votre
Élie Halévy

À Xavier Léon, La Maison Blanche, Sucy-en-Brie, S.-et-O., 3 décembre 1921

[...] Je ne connais pas les détails de l'arrangement anglo-allemand[1]. Il s'agit, il me semble, de donner aux Allemands un intérêt à ne pas faire faillite. Ce qui est le bon sens même. Il est regrettable que la chose se fasse sans nous, et par là même probablement contre nous ; à qui la faute ?

Ne pas se laisser aller d'ailleurs à écrire des phrases comme celle-ci : « Tu ne feras jamais admettre aux Français qu'ils doivent être les seuls à payer les réductions de la dette allemande pour le plus grand bien des marchands de la Cité. » Où vois-tu que nous sommes « les seuls » à payer les réductions de la dette allemande ? Et ce qui est « pour le plus grand bien des marchands de la Cité » n'est-il pas « pour le plus grand bien de nos marchands aussi » ? Déjà, le mark ayant remonté, le franc, solidaire du mark, a remonté de trois points en trois jours. La Banque Internationale a du bon, quoi qu'en puissent penser Max Leclerc et les autres nationalistes.

---

1. L'initiative du rapprochement appartient à Lloyd George qui suggère à l'envoyé du gouvernement allemand, Walther Rathenau, un système de contreparties mutuelles. La France accorderait à l'Allemagne des adoucissements en matière de réparations et, en échange, la Grande-Bretagne lui accorderait un traité de garantie. En même temps, Lloyd George escomptait réunir une conférence générale pour la reconstruction en Europe, à laquelle seraient invités des représentants de l'Allemagne et de la Russie soviétique. La négociation franco-anglaise commencera le 21 décembre, pour se prolonger par la conférence de Cannes les 4 et 5 janvier 1922. Briand viendra accompagné de Loucheur et de Doumer. Mais ce dernier, ministre des Finances, était opposé à l'attitude conciliante de Briand, comme le nouveau président de la République Alexandre Millerand (élu en février 1920 en remplacement de Deschanel) et Raymond Poincaré. La conférence n'était pas terminée que Briand décida de revenir à Paris pour s'expliquer devant la Chambre. Se justifiant d'avoir choisi l'alliance franco-britannique en lieu et place de l'application intégrale du traité de Versailles, il donna sa démission au terme d'un long discours. Poincaré lui succéda le 15 janvier, avec Barthou comme vice-président du Conseil. L'intransigeance du nouveau ministère brisera toute la politique de Briand.

Ces nationalistes ne sont pas aussi bêtes qu'ils en ont l'air. Mais ils sont plus canailles. Ils n'ont pas envie que l'Allemagne paie. Ils ont envie d'occuper la Ruhr et d'annexer la rive gauche du Rhin. Je ne serai pas la dupe de leur politique, que je considère comme ruineuse pour le pays.

Ton, votre
Élie Halévy

À Graham Wallas, Sucy-en-Brie, 4 janvier 1922[1]

Dear Wallas,

[…] Our Washington policy is perfectly asinine. We have not one penny to spare in order to build warships. We have stopped the building of capital ships (*four* of them I believe) even before the Washington conference was in question. We are going to vote a bill which will scrap half our arsenals. And then we make a big row in order to be granted the *abstract* right to have so many thousand tons of ships of such or such a size, merely to satisfy the *amour-propre* of our naval staff. Incredible!

Notwithstanding all this, I stick to our present Prime Minister[2]. He has a rather queer way of allowing his military, naval, and political collaborators to say anything they choose, and even of saying the things he supposes he is bound to say in order to please them. But he goes on, following his own path, which is a path of peace. I am afraid the Jingo Ultra-Liberal English press has not reproduced his last, very successful, speech in the Senate, where after the necessary patriotic exordium, he explained that there would be in february a meeting in London between him, Lloyd George, and Krassin, and later on an international economic Conference, with a German representative sitting upon it. Nobody dissented, not even *Monsieur Poincaré*.

Do not believe the spirit is as bad in Paris as the English radical Press makes it. War weariness has taken in France the form of apathy; and the reactionaries thrive upon that. But they are losing ground every day. I wonder how a reader of the *Nation* or *New Statesman* can account for the fact that when it looked as if Anatole France would be denied the Nobel prize, the whole wicked Paris press burst out into one indignant yell, that, when he got the prize, and went to Stockholm, delivering on his way ultra-pacifist speeches, nobody protested.

I have myself, only these last days, made a rather interesting experiment.

---

1. Voir traduction, p. 726-727.
2. Aristide Briand, mais seulement pour quelques jours encore.

We have been having a small anglo-franco-italian philosophical meeting. The subject of one of the papers was: *l'idée allemande de l'État*, and gave rise to a rather interesting debate on the present political conditions in Germany. The whole debate edifingly cool and temperate; but I thought it fit to make it a little more lively. I insisted, while not denying the perils of a German 'reaction', upon the necessity of not belittling the chances of German democracy; and insisted too upon the urgency of reestablishing a full and open intellectual cooperation between France and Germany. Well, I must confess I was amazed when I saw how my words were received, with rounds of cheers. An old professeur, with whom I am only very vaguely acquainted, came and shook hands with me after the meeting, and said to me: 'Merci d'avoir dit ce que nous pensons tous.' I am afraid saying 'tous' is saying a little too much. But certainly a large majority.

Yours faithfully,
Élie Halévy

À Xavier Léon, La Maison Blanche, Sucy-en-Brie, S.-et-O., 8 janvier 1922*

Mon cher Xavier,

Tu as bien fait de m'écrire : car je comptais passer chez toi à la fin de l'après midi.

Sir James Frazer[1]. Ton idée de séance[2] est fort bonne – où demeure-t-il ? Car il ne m'a pas donné signe de vie.

Pour le centenaire de Renan, je ne sais pas trop que te dire. Il y a Renan, il y a Pasteur. Les centenaires pleuvent sur nous. Regarde, au cours des mois qui vont venir, si quelqu'un est désireux, et capable, d'écrire sur Renan quelque chose qui soit intrinsèquement intéressant[3].

Ton, votre
Élie Halévy

---

1. Sir James Frazer (1854-1941) est un anthropologue d'origine écossaise, formé à l'université de Glasgow, spécialiste des mythes et des faits religieux.
2. Élie Halévy évoque les séances de la Société française de philosophie, et suggère d'en consacrer une aux travaux de Sir James Frazer.
3. Voir notamment l'article que publia la *Revue de métaphysique et de morale* dans sa livraison de juillet 1923, de René Berthelot, « La pensée philosophique de E. Renan » (p. 305 et suiv.).

À Xavier Léon, Sucy-en-Brie, 9 janvier 1922

Mon cher Xavier,

Il me semble que l'article de Forti[1] est publiable. Il est certainement fait pour remplir de joie l'âme de Bergson. Ma seule réserve est que je ne suis pas psychologue, que je n'ai pas lu l'article de Piéron[2], que je ne suis pas très bien placé pour apprécier le degré de nouveauté et d'information que l'article peut présenter, que peut-être il conviendrait de renforcer mon opinion par l'opinion d'un professionnel.

La visite de V. Gerlach et de Nicolaï[3] n'a pas fait grand bruit. Elle aurait pu, sans dommage, coïncider avec une visite d'Einstein. Quant à ces renseignements sur l'Allemagne, d'où il ressort que l'Allemagne n'est pas « rassurante », je t'avoue qu'ils me touchent aussi peu que possible. Quel peuple est rassurant ? Certainement pas la France qui prétend ne pouvoir se passer d'une armée de 700 000 hommes pour tenir tête à 100 000 Allemands, et qui, n'eût été la résistance de nos alliés, se serait déjà lancée dans je ne sais quelles expéditions folles. « L'équilibre européen, écrit C., n'est possible que par une France armée devant une Allemagne désarmée. » Tant que ces conceptions seront celles de la bourgeoisie française, celle-ci n'a le droit de faire la leçon à nul peuple du monde. Or, je vois poindre dans la grande presse cette idée étrange que, de 1914 à 1918, la France a été le Don Quichotte du genre humain, et qu'elle est victime, comme toujours, de son idéalisme impénitent. Tu verras que bientôt tous les écoliers français vont croire vaguement que la France est volontairement entrée en guerre, il y a sept ans, pour sauver les États-Unis de l'invasion. Ces dangereuses niaiseries me font hurler.

Cela va mieux – et chez vous ?

Ton, votre

Élie Halévy

---

1. Edgard Forti, « La psychologie bergsonienne et les survivances actuelles de l'associationisme », *Revue de métaphysique et de morale*, 30, 1923, p. 509-537.

2. Henri Piéron (1881-1964) est l'un des fondateurs en France de la psychologie comme savoir scientifique. Le Collège de France l'élit en 1923 à la chaire de psychologie des sensations.

3. Walther Gerlach (1889-1979) est un physicien allemand, élu en 1921 à la chaire de physique de l'université de Francfort-sur-le-Main, découvreur l'année suivante d'une caractéristique majeure des neutrons, le spin. Il occupera de hautes fonctions dans l'Allemagne nazie comme directeur du Département de physique du Conseil de la Recherche du IIIe Reich.

À Michel Alexandre, Sucy-en-Brie, 23 février 1922

Mon cher ami,
Il m'est très-facile de répondre à votre proposition.

1° Je ne suis pas né journaliste et l'idée de me voir *condamné* à donner, tous les quinze jours ou tous les mois, mon opinion sur les événements, me remplirait d'épouvante.

2° Je ne puis m'enrôler dans votre groupe d'ultra-pacifistes, parce que je n'appartiens pas à votre école. Tous les reproches dont vous accablez, dans votre dernier numéro, la *Ligue des Droits de l'Homme*, c'est à moi qu'en particulier ils s'adressent. Je trouve logique, ce que vous trouvez illogique, que la *Ligue*, ayant été pour la guerre en 1914, soit pour la paix en 1922. Ou, si vraiment cela est illogique, il faut me ranger au nombre des infortunés illogistes [*sic*].

Cela dit, j'ajoute

1° que j'approuve complètement votre réforme des *Libres Propos*. Ne vous avais-je pas donné, l'an passé, des conseils en ce sens ?

2° que, pour l'instant (et toutes réserves faites soit pour le passé soit peut-être pour l'avenir) nos vues politiques coïncident. Que je ne m'offusque pas des insultes dont vous m'abreuvez. Et que je suis tout disposé à vous promettre ma collaboration occasionnelle, quand j'aurai quelque chose à dire qui s'harmonise avec vos vues et qui me paraisse valoir la peine d'être dit. Tout ce que je vous demande, c'est de ne pas m'inscrire, en tête du premier numéro de votre nouvelle série, au nombre de vos collaborateurs. Considérez-moi comme un ami libre, et hors cadre[1].

Votre
Élie Halévy

Mi-avril 1922, Élie Halévy quitte la France pour l'Angleterre où l'attendent son travail et ses amis. Il doit notamment compléter les deux tomes à paraître l'année suivante de son Histoire du peuple anglais au XIXe siècle : Du lendemain de Waterloo à la veille du Reform Bill. 1815-1830, *et* De la crise du Reform Bill à l'avènement de Sir Robert Peel. 1830-1841, *en prévision de leur parution l'année suivante. Mais l'état de la France*

---

1. Michel Alexandre le remercie par lettre : « L'accord que vous croyez reconnaître entre nos idées politiques d'aujourd'hui (je compte Alain en ce "nous", autant qu'on le peut classer) suffit bien, il me semble, pour nous rapprocher profondément et sans arrière-pensée. Et sur le passé même, toute critique ou défense serait joyeusement accueillie... » (18 mars 1922).

contemporaine et des relations internationales ne cessent de le préoccuper, comme le démontre sa correspondance anglaise. Il est de retour en France seulement en juin 1922, prenant soin de s'arrêter à Long-Fresnay chez son beau-frère et sa belle-sœur, sur la route de Paris, venant de Dieppe où il a débarqué avec Florence depuis Londres.

À Xavier Léon, Ye Olde Mermaid, Rye, 16 avril 1922

Mon cher Xavier,
Un simple mot de vacances pour te dire que nous serons à partir de vendredi au Thackeray Hotel, Great Russell Street, London WC1. Après t'avoir quitté, mardi, je suis monté dans les bureaux de *L'Action Française*. Je n'y ai pas trouvé trace d'un article anti-einsteinien pendant tout le séjour d'Einstein à Paris. J'ai lu l'article de Léon Daudet[1], antérieur à l'arrivée du « monstre ». – Il est désobligeant pour Bergson, mais pas du tout pour Einstein. Daudet se borne à déplorer que ce soit un Allemand, et par surcroît de malheur un Juif, qui fasse de si grandes choses.
Mer, prés salés, vieilles villes sur les hauteurs. Vent. Brumes. Soleil.
Vendredi, le travail reprendra.
Votre à tous,
Élie Halévy

À Louise Halévy, Londres, 22 avril 1922*

[...] Nous n'avons encore vu aucun Anglais. Je ne pourrai te donner qu'une revue de presse. Je pense que, décontenancés pendant un jour ou deux, les Anglais vont retrouver leur équilibre, fait d'indifférence. C'est dangereux : car les Allemands sont avertis qu'ils peuvent désormais tout se permettre, impunément. Mais il n'y a rien à y faire : ils [ne] seront pris d'émotion que la veille du jour où une armée allemande menacera la Belgique et la France – surtout la Belgique. [...]
Élie Halévy

---

1. Fils d'Alphonse Daudet, Léon Daudet (1867-1942) est un écrivain prolixe, intellectuel nationaliste et figure militante de l'Action française. À cette époque, il est député de Paris inscrit à l'Union nationale. Il anime vivement les débats de la Chambre, par ses interpellations et ses articles quasi-quotidiens dans *L'Action française*.

À Xavier Léon, Cranston's Kenilworth Hotel, Great Russell Street, London WC1, 23 avril 1922

Kenilwort et non *Thackeray* ; tiens compte de cela en me répondant. Nous sommes arrivés ici avant-hier, après huit jours de vacances au bord de la mer par un temps tumultueux et beau. Hier, un ciel sinistre, ou pour mieux dire un ciel invisible sous le brouillard et la pluie. Qqch. comme le commencement de l'hiver après deux ans d'été. Ce matin dimanche, le soleil semble réapparaître.

J'irai *peut-être* à Cambridge. Et si je vais à Cambridge, je verrai *peut-être* Sorlens[1]. En ce cas, je ferai ta commission. Mais je ne puis te promettre davantage. Je n'ai vu personne encore ; mais je doute que l'affaire russo-allemande ait pour effet de briser la Conférence[2], bénie par le pape, qui vient aussi de signer son traité avec les Bolcheviks, et accompagnée des vœux du monde entier. Barthou, tout en sonnant de la trompette, commence à respirer l'air du dehors, et à comprendre que ce n'est pas du tout l'air du boulevard et du Palais-Bourbon. Il voudrait bien que Poincaré vienne le respirer avec lui ; mais Poincaré s'y refuse obstinément, et préfère lui envoyer des ordres à distance. Briand était plus sage.

Il y a d'ailleurs ici, à en juger par les journaux, une minorité conservatrice qui pense comme *Le Temps*, *L'Écho de Paris*, et *L'Action Française* ; et il arrivera qu'un jour les Allemands lui donneront raison. Mais ce jour n'est pas encore venu. Il faut d'abord que Gênes ait réussi, et que toutes les questions de dettes aient été liquidées. Le monde entier (*l'Europe* entière) le désire ; pourquoi ne pas joindre ostensiblement notre bon vouloir au bon vouloir européen ?

Ton, votre
Élie Halévy

---

1. Patronyme inconnu.
2. La conférence de Gênes, qui se réunit du 10 avril au 19 mai, avait pour but de rétablir le commerce international. Raymond Poincaré donna l'ordre au représentant français, Louis Barthou, de limiter les discussions au problème russe et à la question des réparations, alors que les principes posés (par la conférence de Cannes) prévoyaient entre autres la reconnaissance des dettes d'État et l'engagement de ne pas commettre d'agression contre une autre puissance. Les différends franco-anglais s'avivèrent et la conférence échoua du fait de l'absence des États-Unis, des exigences soviétiques et du début de rapprochement franco-allemand.

À Mme Ludovic Halévy, The Athenaeum, Pall Mall, London SW1, 27 avril 1922

Chère maman,

Les jours passent, la crise s'aggrave ; je vois que les journaux français accusent Lloyd George de pratiquer une politique de guerre, pendant que Poincaré pratique une politique de paix. Et voilà qui me paraît énorme. Lloyd George a bien des défauts, dont le principal est qu'il veut toujours être théâtral ; et je ne crois pas qu'il puisse survivre ici à des élections générales, ni que ces élections puissent être longtemps différées. Mais quoi ? La politique de son successeur, libéral ou *tory*, ne différera guère de la sienne, qui est la politique anglaise tout simplement, politique habile parce que désintéressée[1], à la différence de la politique française – ou allemande. Elle promet aux peuples européens ce qu'ils désirent le plus au monde : la paix et l'abondance. Nous – et les Allemands – nous mettons des bâtons dans les roues. Je ne mentionne pas ces diables de Russes, dont franchement je ne sais que faire. Mais si nous persistons à traiter les Bolcheviks et les Allemands tout à la fois en parias, comment ne pas prévoir qu'ils feront contre nous la ligue des deux parias ?

Enfin ! La sottise allemande nous est favorable, en ce qu'elle divise les torts, et ne les laisse pas tous du côté de ce terrible Poincaré. Je persiste à espérer que nous n'allons pas faire tout seuls la guerre à l'Allemagne ; mais nous serons bien furieux de ne pas la faire : de plus en plus isolés et renfrognés.

Ici, vie régulière et paisible. Mon travail avance normalement. L'après-midi, je reprends contact avec l'Angleterre de 1922. [...]

Élie Halévy

À Mme Louise Halévy, Londres, 30 avril 1922

Chère maman,

Je commence par traiter les questions les plus hautes. Et j'explique ce que j'ai voulu dire quand j'ai dit que l'Angleterre était « désintéressée ». J'ai voulu dire qu'elle n'avait pas, sur le continent européen, de convoitises territoriales. Elle ne veut ni s'agrandir vers le Rhin, ni annexer la côte dalmate, ni partager la Pologne avec l'Allemagne ou la Russie. Dire cela, ce n'est pas lui faire un compliment moral, c'est constater et envier un avantage de

---
1. Voir la lettre suivante.

position. Ses convoitises territoriales étant exclusivement extra-européennes, elle se trouve mieux placée qu'aucune autre puissance pour jouer le rôle d'arbitre désintéressé. Me fais-je comprendre ?

Cela étant, et si mal placés que nous soyons pour jouer le seul rôle qui puisse nous rendre populaires dans le monde, notre politique depuis l'armistice est une politique de *voyous* et *d'imbéciles*. Je parle fort parce qu'il faut parler fort. J'ai toujours dit qu'elle nous conduisait tout droit là où elle nous conduit aujourd'hui. Est-ce au moment où elle nous y conduit que je vais dire mon *mea culpa* ? Naturellement, le langage que je te tiens, je ne le tiens pas aux Anglais. Je leur dis : « Nous ne parlons peut-être pas sur le ton qu'il faudrait ; mais regardez nos actes : n'avons-nous pas toujours cédé ? avons-nous commencé, pouvons-nous commencer la conquête de l'Europe ? » Et c'est vrai ; mais comme c'est [peu] agréable à dire ; et pour démontrer que nous ne sommes pas odieux, il me faut prouver que nous sommes ridicules.

Tout cela est bien déplaisant. [...]

Élie Halévy

À Xavier Léon, Londres, 30 avril 1922

Mon cher Xavier,

De cette maudite question académique[1], tu ne seras donc jamais débarrassé. Je t'ai toujours dit qu'elle me laissait perplexe. Sur la question de la Légion d'Honneur, pas d'hésitations : il n'y a aucun embarras à refuser ce frivole insigne. Mais pour l'Institut, c'est autre chose. Il y a des fonds à distribuer, une influence à exercer : j'aimerais mieux te voir là qu'un autre. Cela dit, je comprends ton dégoût, et je me réjouis de ne pas être à ta place, en ce moment. Rien n'égalerait ma consternation instinctive, si l'Institut venait me réclamer ; et je me réjouis de songer que je suis probablement à l'abri jusqu'à la fin de mes jours. Tous mes compliments pour l'énergie sauvage que tu mets à défendre ta liberté. [...]

Pour ce qui est de la politique générale, tu juges de ma consternation – je ne dis pas de mon étonnement : car je savais que la folle politique que nous suivons depuis trois ans devait nous conduire là. Non pas à la guerre, Dieu merci ; mais à une coalition universelle contre le robin fanatique qui ne traduit que trop bien les idées de la bourgeoisie française. À une formidable humiliation diplomatique, que nous aurons voulue et cherchée. Je libère ma conscience en te disant cela, sans même espoir de me faire comprendre :

---

1. Sur la situation académique de Xavier Léon et son approche de l'Institut, voir sa lettre du 27 avril 1922 adressée à Élie Halévy (archives Élie Halévy, carton 9).

que peuvent deux pages manuscrites contre un flot bi-quotidien de papier imprimé ! Mais vraiment, la diplomatie française, depuis 1919, offre au monde le plus étonnant spectacle.

Ton, votre
Élie Halévy

À Xavier Léon, The Athenaeum, Pall Mall, London SW1, 8 mai 1922*

[...] Nous [W. Carr et moi] n'avons guère parlé politique. C'est un sujet sur lequel j'aime à garder le silence ; et, comme les Anglais ont eux-mêmes le don du silence, la tactique est facile à observer. Je devais voir ce matin lord Robert Cecil[1]. Mais il a remis le rendez-vous à demain. J'attends cette conversation avec une certaine curiosité. Bien entendu, je suis moins enthousiaste que jamais des hommes qui président à nos destinées ; et du jour où j'ai vu Poincaré prendre le gouvernail, j'ai prévu ce qui allait se passer. [...]

Élie Halévy

À Louise Halévy, Londres, 9 mai 1922*

[...] Ne te décourage pas trop au sujet de la situation européenne, à laquelle le public français ne comprend rien. Je ne crois pas que Gênes soit rompu[2]. Je ne crois pas que nous occupions la Ruhr. Je crois que l'Europe tend vers la paix, coûte que coûte.

Tendresses,
Élie Halévy

---

1. Après des études de droit à l'université d'Oxford, Edgar Algernon Robert Gascoyne-Cecil (1864-1958), devenu Lord Robert Cecil, se met au service de son père, Premier ministre, et rejoint son secrétariat personnel. Il embrasse ensuite la carrière d'avocat et, en 1906, devient député conservateur. Bien que pacifiste, il entre dans le Cabinet de guerre de 1915. Dès 1916, il imagine l'organisation de l'Europe et du monde après la guerre, et conçoit une organisation internationale pour la paix qui préfigure la Société des Nations. Il est envoyé par le *Foreign Office* à la Conférence de la Paix à Paris, chargé plus spécialement de la Commission pour la Société des Nations. Il s'oppose à Lloyd George et à son manque d'enthousiasme sur le sujet. De 1920 à 1922, il représente le Dominion d'Afrique du Sud à la Société des Nations, et défend au sein de l'institution l'adoption de l'esperanto dont il est un grand partisan, considérant que le dépassement du nationalisme linguistique est la solution pour parvenir à la paix mondiale. De retour en Angleterre, il est nommé ministre pour les affaires de la Société des Nations, sous l'autorité du titulaire du *Foreign Office* – fonction qu'il conserve jusqu'à sa nomination en mai 1923 comme lord du sceau privé dans le gouvernement de Stanley Baldwin, puis qu'il retrouve de 1924 à 1927.

2. Voir *supra*, note 1, p. 467.

À Xavier Léon, The Athenaeum, Pall Mall, London SW1, 11 mai 1922

[...] Sur la politique générale, je ne t'en dirai pas bien long. La séance d'hier, où Lloyd George a soulevé la question des frontières orientales de la Pologne, et refusé de soulever la question de Géorgie, est un nouveau soufflet, je ne dis pas à la France, mais à notre gouvernement – et à la France si elle tient à se solidariser avec les imbéciles qui nous dirigent. Nous poursuivons depuis la fin de 1918 une politique absolument « négative » ; nous en portons le fruit.

Je ne crois pas, tant [est fort] le mouvement qui porte toute l'Europe vers la paix, que Poincaré puisse empêcher la conférence d'aboutir ; je ne crois [pas] que nous puissions nous engager dans l'affaire de la Ruhr. Tôt ou tard, il faudra arriver au règlement de toutes les dettes internationales, dans l'esprit de Keynes. Le règlement nous aurait été plus favorable il y a deux ans qu'il ne le sera aujourd'hui. Il le serait plus aujourd'hui qu'il ne le sera dans deux ans. De tous nos hommes d'État, seul Painlevé a paru comprendre un instant. Pourquoi cet aveuglement universel ?

Dans ma petite sphère, j'ai fait, et je continue à faire ce que je peux. Quand j'insiste pour que les congrès philosophiques internationaux soient repris, avec l'assentiment, je dirais presque : sur l'initiative de la France, ce n'est pas que j'attache à ces petits congrès une importance extraordinaire ; c'est pour manifester ma manière de comprendre le problème international, tel qu'il se pose actuellement. Nous n'avons rien, absolument rien à gagner à l'isolement.

Ton, votre
Élie Halévy

À Louise Halévy, Londres, 13 mai 1922

Chère maman,
Voici donc que les Bolcheviks ménagent à Poincaré une victoire diplomatique[1]. Puisse-t-il, puissions-nous n'en pas abuser ! Je n'ai pas de goût pour la grande politique. Vivent le roi Louis-Philippe et le président Grévy !

---

1. À la différence d'Aristide Briand, le président du Conseil Raymond Poincaré est hostile à une renégociation du montant des réparations. La détérioration de la situation internationale et la signature du traité de Rapallo entre l'Allemagne et la Russie des Soviets, le 16 avril 1922, déterminent le président du Conseil à demander à Lloyd George des sanctions contre l'Allemagne. La politique de fermeté de Poincaré se trouve ainsi légitimée. Le 18 avril, les Alliés adressent à l'Allemagne une première note l'accusant d'avoir violé les conventions

Attendons maintenant de voir comment sera résolu le problème des réparations, sous la direction de ce même Poincaré. S'il nous délivre de ce cauchemar, je lui pardonne tous ses méfaits passés : mais j'ai bien peur que réclamer de l'argent à l'Allemagne pendant un demi-siècle entier soit ce qui fait ses délices.

Ne crois pas d'ailleurs que je regrette d'être ici en ce moment. Je me rappelle avoir rencontré ici, au temps de la guerre des Boers, deux ans après Fachoda, un secrétaire de l'ambassade. Il me dit qu'il n'avait rien, absolument rien à faire. Je lui répondis : « Dieu merci ! Vous aviez à faire il y a deux ans. » Il me répondit : « Oh oui, mais c'était si intéressant. » Voilà l'état d'esprit du diplomate, et, en général, de l'ambulant.

D'ailleurs, cordialité toujours égale de tous à notre égard ; discrétion parfaite, tact irréprochable. Ainsi sont les peuples, êtres monstrueux et bizarres, qui s'entrechoquent sans savoir pourquoi : tant pis pour les individus, qui ne peuvent pas éviter de s'entre-tuer si les peuples s'entrechoquent.

Nous sommes bien loin d'en être là, Dieu merci. Le danger c'est que la France, avec les forces militaires dont elle dispose, peut faire beaucoup de bêtises, pendant quelque temps, impunément. Je suis résolu à tirer sur la corde. C'est une tâche ingrate : je veux dire, au sens étymologique du mot, qu'elle ne m'attirera la reconnaissance de personne.

Tant pis ! [...]
Élie Halévy

À Louise Halévy, Londres, 18 mai 1922*

[...] Tout va bien ici, sauf la politique. Je n'aimerais pas voir Poincaré nous mener Dieu sait où, pendant que l'Angleterre est à l'état de crise. Mais je persiste à dire : malgré les hommes, les choses tendent en ce moment à l'équilibre.

Tendresses,
Élie Halévy

À Xavier Léon, Cranston's Kenilworth Hotel, London WC1, 18 mai 1922*

[...] Voici Lloyd George de plus en plus branlant, Poincaré de plus en plus imprudent, et moins, beaucoup moins rassuré qu'il y a quelques jours.

---

conclues à Cannes, et une seconde le 23 avril considérant les clauses de Rapallo comme non avenues.

Il y a une machine qui joue un grand rôle dans tes dernières lettres : c'est la « conscience belge ». Qu'est-ce que c'est que la « conscience belge » ?
Ton, votre
Élie Halévy

À Louise Halévy, Londres, 21 mai 1922

[...] Tu vois que, comme je te l'ai dit, Gênes n'a pas fini par une rupture. Tu verras qu'en juin et en juillet tout se liquidera sans occupation armée, à plus forte raison sans effusion de sang. Le problème est de savoir comment Poincaré réussira à battre en retraite, après tant d'imbéciles paroles. Cette politique qui, depuis trois ans, consiste à aller se cogner successivement contre tous les murs, c'est ce que Millerand appelle, sans doute, une politique « réaliste ».

Enfin, voici le grand homme[1] revenu parmi « nous ». Nous avons été le voir, hier, débarquer à Victoria Station, au milieu des applaudissements d'une foule plus modérée qu'on ne le croirait à lire les journaux de ce matin. On sent beaucoup d'humeur contre lui dans les ministères, dans les couloirs du Parlement ; mais il a pour lui cette chose obscure qu'on appelle l'opinion, et il l'aura jusqu'à sa mort, dût-il quitter le pouvoir pendant un ou deux ans. Il aime la foule, il est foule lui-même, la foule l'aime. Pourquoi n'avoir pas ménagé sa vanité qui est grande ? Voici maintenant le duel engagé entre lui et Poincaré, à qui il ne pardonnera [pas] de n'être pas venu à Gênes ; et ce n'est pas Poincaré qui l'emportera. Si les Français voulaient bien comprendre ce qui se passe en dehors de leurs frontières ! La paix est aussi inévitable aujourd'hui que la guerre était inévitable en 1913 ou 1914. Pourquoi faire obstruction ou *avoir l'air* de faire obstruction partout où nous nous présentons, et déchaîner contre nous la mauvaise humeur du monde entier ?

Enfin !
Tendresses,
Élie Halévy

À Xavier Léon, The Athenaeum, Pall Mall, London SW1, 24 mai 1922

Mon cher Xavier
*Est-ce que je ne t'écris pas assez souvent ? Je t'écris, il me semble, chaque fois que je trouve le temps de le faire. Merci à toi de me tenir au courant des événements philosophiques courants. Cette séance helvétique ne

---

1. Lloyd George est de retour de Gênes, où la conférence s'est soldée par un échec total.

me dit rien qui vaille[1]. La robe rouge de la métaphysicienne a probablement été la seule consolation des mornes assistants.

Je n'ai pas vu le manifeste des pasteurs genevois : je ne puis donc rien dire ; et peut-être ce manifeste présente-t-il un caractère « moral ». Mais qu'est-ce que cette « conscience belge » ? J'ai cru que les Belges disaient : « Que les Bolcheviks ruinent, pillent, massacrent leurs concitoyens, cela ne nous regarde pas ; mais nous n'admettons pas qu'ils touchent au principe de la propriété privée. » Cela est parfaitement raisonnable, conforme aux « intérêts du peuple belge et politiquement approuvable – d'autant que sur cette question belge, les Français et les Américains étaient derrière les Belges. Mais ce n'est pas évidemment cela à quoi tu fais allusion quand tu me parles de la « conscience belge ».

Ne crois pas que je suis infecté d'« anglicanisme » quand je t'écris, et te réécris (et te réécrirai) ce que je t'ai écrit depuis deux ans. On pourrait tout aussi bien dire que c'est tout le contraire. Nos gouvernants, avec leur haine aveugle de l'Allemagne, tombent dans toutes les trappes qu'on nous tend ; et c'est Poincaré, par ses discours néfastes, qui après un certain nombre de contorsions ridicules, nous livre le plus sincèrement, pieds et poings et liés, à l'Angleterre.* Une politique honnête nous rendrait plus de services. Nous sommes atteints de cécité politique ; nous sommes, si tu préfères, emprisonnés au fond d'une cave. Ne néglige pas les avis de ceux qui, comme moi, respirent parfois l'air du dehors. Je suis sûr que Barthou, rien que pour avoir passé un mois à Gênes, donne des conseils de sagesse à ses collègues. Est-ce « morale » ? est-ce « politique » ? Je ne sais pas. Je livre à tes méditations les deux axiomes que voici, et dont les Français ne tiennent pas assez compte :

Premier axiome : on n'a pas raison de tout le monde.

Deuxième axiome : on n'a pas raison contre tout le monde.

Apprends-les par cœur ; et fais-les apprendre autour de toi. Ils constituent un excellent viatique contre cette folle politique qu'on appelle la politique « réaliste ».

Ton, votre
Élie Halévy

À Louise Halévy, Londres, 5 juin [1922]

[…] Je doute que les Guiness se sentent très en sûreté aux environs de Dublin. Il paraît que tous les protestants du Sud prennent la fuite, abandonnant derrière eux immeubles et meubles, par peur du massacre. J'ai vu une Anglo-Irlandaise originaire des environs de Cork, dont tous les amis sont

---
1. Société française de philosophie.

maintenant en Angleterre, sauf une tante et une cousine qui tiennent bon, en pleine campagne. Il y a quelques jours, elles ont entendu, la nuit, qu'on frappait à leur porte – ont cru que leur dernière heure était venue. C'étaient seulement le clergyman protestant et son fils, dont la maison flambait, et qui demandaient un gîte pour la nuit, en attendant de prendre la fuite aussi.

Et des troupes partent pour l'Ulster. Mais, si on commence à s'émouvoir, c'est de mauvais cœur et parce qu'il n'y a décidément pas moyen de faire autrement. Tu as pu comparer les calmes débats qui ont eu lieu aux Communes sur la question irlandaise avec l'effroyable tumulte qui a éclaté à notre Chambre des Députés au sujet de la lointaine Russie. [...]

Élie Halévy

À Xavier Léon, Long-Fresnay, St-Victor-l'Abbaye, Seine Inf[re], 9 juin 1922*

Mon cher Xavier,

Je serai de retour lundi. J'arriverai à la gare Saint-Lazare à midi et demi, et passerai tout de suite rue des Mathurins[1], laissant mes bagages à la consigne. Si tu n'es pas encore de retour, je verrai à revenir te voir un des jours suivants. En tout cas, je fais passer des examens rue Saint-Guillaume vendredi prochain : tu m'invites donc à déjeuner chez toi ce jour-là.

J'aurai bien des choses à te dire sur la situation internationale qui n'est pas bonne. Nous sommes en train de concentrer sur nous toutes les haines de l'Allemagne, à la seule fin de payer nos créanciers anglais et américains. Si nous avions dit tout de suite que nous acceptions le système de Keynes, ou si nous le disions aujourd'hui, notre situation serait meilleure : et l'Europe comprendrait mieux, et nous comprendrions mieux nous-mêmes, quelle est notre situation inévitable.

Ton, votre
Élie Halévy

À Xavier Léon, Sucy-en-Brie, 10 août 1922*

Mon cher Xavier,
Me voici rentré de Paris. Une demi-heure libre avant dîner. Pas de notes à vérifier pour ce soir. Je me dépêche de t'écrire.

---

1. L'appartement de Xavier et Gabrielle Léon est situé au 39 rue des Mathurins dans le VIIIe arrondissement.

Je suis heureux de savoir le Dewey arrivé à bon port. À vrai dire, je n'ai jamais été inquiet. Je suis plus inquiet de Mauss. A-t-il daigné te répondre ? Je connais les méthodes – éminemment temporatrices – de ce génial sociologue.

Je suppose que je serai encore ici le vendredi 18. C'est bien ce jour-là que tu penses être de retour à Combault. À bientôt donc, pour une entrevue de passage.

Et puis, ne t'attends pas à une lettre plus longue. Je suis réduit à un état bizarre de forçat intellectuel. Pas de travaux forcés à perpétuité d'ailleurs. Avant huit jours, j'aurai porté mes derniers chapitres à l'impression[1] ; et déjà j'ai reçu tout un placard d'épreuves – fort correct.

J'espère que toi – pour une semaine au moins – tu as secoué tes chaînes, et peux essayer l'existence du papier imprimé en manuscrit.

Je lis distraitement le récit de ce qui se passe à Londres[2]. Tout ne peut qu'aller mal, entre Millerand et Poincaré. J'attends la suite du mal avec résignation.

Ton, votre
Élie Halévy

À Michel Alexandre, 10 octobre 1922*

Mon cher ami,

Pour autant que je me rappelle cette lettre, je n'ai aucune objection à la voir imprimer. Je regretterais seulement de la voir imprimé « comme neuve ». Car, si vous confrontez les dates, vous verrez, si je ne me trompe, que c'est moi qui ai soulevé, avant qu'elle fût abordée dans vos *Propos*[3], la question de la guerre de 1870.

J'ai été assez occupé en rentrant de voyage. Sans quoi vous n'auriez pas échappé à une autre longue lettre, au sujet de votre parallèle entre la question turco-grecque d'aujourd'hui et la question austro-serbe de 1914. Mais tout cela est maintenant trop loin de mon esprit pour que j'y revienne. Et je me borne à vous redire : soyez un peu moins rétrospectif, non seulement dans l'intérêt de notre bonne entente à tous deux mais dans l'intérêt de

---

1. Il s'agit du tome 2 de l'*Histoire du peuple anglais au XIXe siècle* : *Du lendemain de Waterloo à la veille du Reform Bill (1815-1830)*.

2. L'entente parlementaire sur laquelle repose le gouvernement libéral de Lloyd George depuis sa formation le 7 décembre 1913 se fissure. Les conservateurs ne sont plus disposés à le soutenir. Le Premier ministre doit démissionner le 22 octobre 1922.

3. Michel Alexandre avait fondé en 1921 et dirigea (jusqu'en 1924) un journal de « Libres propos » qui publiait des écrits d'Alain dont il était très proche et auquel il succéda en 1931 à la khâgne de Louis-le-Grand.

votre publication. Soyez un peu moins monotone. N'oubliez pas qu'il y a des questions du jour. Et puisque tout le monde (Dieu sait pourquoi) semble se désintéresser tout à fait des questions intérieures, pourquoi ne pas examiner, dans l'esprit d'Alain, cette extraordinaire formule de *la Liberté des Détroits*, pour laquelle diplomates et journalistes vont se passionner, et qui probablement n'a aucun sens.

Je suis heureux de voir l'affaire Lacombe bien emmanchée. Je ne vois pas quelle objection [pourraient faire] les héritiers Lacombe[1]. J'ai eu quelques rapports avec eux, et pourrais en cas de besoin leur écrire si vous le désiriez.

Votre bien dévoué
Élie Halévy

À Michel Alexandre, La Maison Blanche, Sucy-en-Brie, S.-et-O., 20 octobre 1922

Mon cher ami,

[...] Demandez donc à Ch. Gide[2] de vous donner ses vues sur la Question d'Orient[3]. Je les trouverai sans doute excessives (la politique de Lloyd George me paraît avoir été dans l'espèce difficile à défendre). Mais il ne faudrait pas laisser Franklin le Trublion[4] prendre l'attitude d'un grand Français. Une chose est claire en tous cas : le gouvernement français vient d'affirmer avec éclat, à l'encontre du gouvernement anglais[5] :

---

1. Élie Halévy conseille Michel Alexandre sur le montage éditorial et financier de l'édition de Paul Lacombe (1834-1919), historien, auteur en 1894 d'un essai de philosophie et de sociologie de la discipline, *De l'Histoire considérée comme science* (Paris, Hachette). Voir la lettre d'Élie Halévy à Michel Alexandre du 16 octobre 1922 (archives Élie Halévy).

2. Charles Gide (1847-1932), formé au droit à Paris, s'orienta vers l'économie sous l'influence de son frère, Paul, brillant juriste. Nommé en 1879 professeur d'économie sociale à la Faculté de Bordeaux, il obtint le cours d'économie sociale comparée créé par le comte de Chambrun, le fondateur du Musée social à Paris. Adversaire du libéralisme économique, Charles Gide anima l'École de Nîmes qui prônait la solidarité et la coopération devant mener à l'abolition du prolétariat. Il s'engagea aussi fortement dans l'affaire Dreyfus et le dreyfusisme. En 1921, il fut appelé au Collège de France pour occuper la chaire de coopération créée deux ans plus tôt par le Congrès coopératif national de Paris.

3. Née au milieu du XIXe siècle, la « question d'Orient » oppose notamment la France et l'Angleterre dans leur intérêts au Moyen-Orient. Elle a pris de très importantes dimensions depuis la défaite de l'Empire ottoman et le partage de ses provinces arabes.

4 Il s'agit de Francklin-Bouilllon (voir note 2, p. 453).

5. Élie Halévy fait directement référence à l'« accord Franklin-Bouillon », du nom du président de la commission des Affaires étrangères à la Chambre, chargé de négocier avec Mustapha Kemal (voir note 2, p. 453). Celui-ci, par sa série de victoires militaires contre les Grecs et de succès diplomatiques avec les Russes et les Italiens, venait de rendre caduque le traité de Sèvres (10 août 1920) imposé à l'Empire ottoman. L'« accord Franklin-Bouillon » signé précisément le 20 octobre 1922 à Ankara, amène la France à renoncer à la Cilicie (à l'exception du sandjak d'Alexandrette

1° que « les traités de Versailles » (si je puis dire) sont révisables ;
2° qu'il ne faut en aucun cas employer la force pour imposer le respect de la volonté commune (ou présumée telle) des Alliés.

Enfin il faudrait demander ce qu'on entend par « la Liberté des Détroits »[1].

Je vois que tous les diplomates des Grandes Puissances sont disposés à se mettre d'accord sur cette formule vide de sens. Je vous envoie à ce sujet cet extrait d'une lettre que nous a adressée tout à l'heure une Anglaise inconnue. Elle est sage, amusante, jolie ; et vous pouvez reproduire l'extrait dans vos « Propos » si le cœur vous en dit.

Votre dévoué
Élie Halévy

À Xavier Léon, La Maison Blanche, Sucy-en-Brie, S.-et-O., 25 octobre 1922*

Mon cher Xavier,

[...] L'idée de réimprimer ce vieil article de Rauh[2] ne me paraît pas du tout mauvaise. Ainsi les juifs feront équilibre aux catholiques. J'aimerais bien aussi quelque protestant. Mais s'il n'y en a pas, qu'y faire ? L'idée de Brunschvicg[3] n'était pas mauvaise : demander à un protestant, fût-il

---

rattaché à la Syrie mandataire), à reconnaître *de facto* la légitimité de Mustapha Kemal et à lui fournir même du matériel militaire. C'est une victoire définitive de la France sur les Britanniques. En effet, la Grande-Bretagne avait exigé au mois d'août précédent une intervention alliée pour maintenir les Grecs en Anatolie et briser l'aventure kémaliste. Mais Lloyd George n'avait pu obtenir l'accord d'aucun pays, même des Dominions. En septembre, Raymond Poincaré faisait évacuer la rive est des Dardanelles et les Italiens agissaient de même. Une violente et célèbre discussion s'ensuivit entre Poincaré et lord Curzon, chef de la diplomatie britannique.

1. La victoire militaire de Mustapha Kemal conduisit les différentes parties à la table des négociations. Le traité de Lausanne, auquel participèrent les Russes et qui fut signé le 24 juillet 1923, rendit toute l'Asie mineure à la Turquie ; il procéda en outre à la démilitarisation des Détroits pour rompre avec l'une des causes de la Première Guerre mondiale. Un exode croisé d'1,4 million de Grecs et de Turcs fut entériné. Ce traité a été considéré comme un élément majeur de la stabilité politique de la Turquie kémaliste. En 1946, à la veille de la guerre froide, Staline chercha à réviser le traité pour installer des bases soviétiques sur le Bosphore. Les États-Unis ripostèrent en envoyant des navires de guerre à Istanbul.

2. Frédéric Rauh (1861-1909) enseigna à l'Université de Toulouse puis à l'École normale supérieure, et enfin à la Sorbonne. Il joua un rôle important dans l'affaire Dreyfus et dans les mouvements d'éducation populaire. « La vraie matière de la moralité, disait-il, c'est le journal, la rue, la vie, la bataille au jour le jour. » Il publia l'*Essai sur le fondement métaphysique de la morale* (1890), *L'expérience morale* (1903), les *Études morales* (1911). Il enseigna également au Collège Sévigné dont il était proche par son amitié avec sa directrice, Mathilde Salomon. Le « vieil article » qu'évoque Élie Halévy a été republié en 1923, sous le titre « La philosophie de Pascal », dans l'ensemble du numéro consacré à Pascal (tome 30, n° 2).

3. Léon Brunschvicg. Voir la note 1, p. 281.

médiocre, un article sur Pascal et Vinet. Encore faudrait-il le trouver.
Le général Townshend[1] se livre à d'incessantes manifestations turcophiles[2]. Et puis après ? Et pourquoi n'y aurait-il pas quelque Français pour nous empêcher de nous échauffer, de notre côté, pour nos « vieux amis les Turcs » ? Je ne comprends pas pourquoi tu t'échauffes tant pour ce triste grabuge.
Ton, votre
Élie Halévy

À l'automne 1923, Élie Halévy regagne Angleterre. Il est amené à présenter devant la London School of Economics and Political Sciences une conférence sur les relations franco-allemandes depuis 1870[3].

À Xavier Léon, Cosmo Hotel, Southampton Row, Russel Square, London WC1, September 26. 1923

*Mon cher Xavier,
Devenu un habitant des grandes villes, je me transporte par l'imagination dans ton paisible château suburbain, où je te visualise entouré d'épreuves, de manuscrits et de comptes.
Je commence sur les comptes[4]. [...] As-tu songé à la possibilité d'un numéro spécial pour l'avenir ? ou, faute de mieux, à cet article sur Kant que tu devais demander à Brunschvicg ? Et voilà pour la *Revue*.

---

1. Général Charles Townshend (1861-1924) commanda en Irak, au début de la Première Guerre mondiale, la 6ᵉ division indienne. Il ne put contenir les offensives ottomanes, notamment lors du siège de la ville de Kut tombée le 22 avril 1916. Après sa retraite de l'armée en 1920, il entra au Parlement et écrivit ses mémoires, *Ma campagne en Mésopotamie*. Il fut accusé par la suite de mauvais traitements sur ses soldats. Comme beaucoup de dirigeants européens, il concevait de la sympathie pour le nouveau pouvoir turc, au moment où Ankara allait s'apprêter à négocier le traité de Lausanne (signé le 24 juillet 1924).
2. Les forces nationalistes de Mustafa Kemal, qui a refusé les termes du traité de Sèvres, ont remporté des victoires décisives sur les Grecs et assuré leur souveraineté sur une large partie des territoires turcs de l'Empire ottoman, excepté Constantinople. Elles ont bénéficié du soutien de plus en plus marqué de la France (qui leur rétrocède le mandat de Cilicie, abandonnant les rescapés arméniens à leur sort) et de la Grande-Bretagne, désireuses de mettre fin au conflit en Orient et de se concilier les bonnes grâces de la puissance montante. Les pourparlers entre le gouvernement turc installé à Angora (Ankara) et les Alliés ont débuté à Lausanne.
3. « *Franco-German relations since 1870* ». Le texte de la conférence sera publié dans *History*, vol. 9, n° 33, 1924, p. 18-29.
4. Lire : « les comptes de la revue ». Celle-ci est forte de « plus trois cents abonnés », relève Élie Halévy dans la partie de la lettre non publiée ici.

En ce qui concerne ton Fichte[1], je te trouve vraiment naïf si tu crois avoir, pour un ouvrage d'érudition pur, le tirage d'un roman de Pierre Benoît[2]. Songe aussi que le marché allemand te fait défaut, et te fera défaut longtemps encore. Mauvaise affaire pour ta spécialité.

Te voici donc en possession de mon adresse anglaise. Je me suis déjà mis au travail, mais n'ai encore vu personne, ou peu s'en faut. La presse nous est unanimement hostile, et la victoire de Poincaré n'est pas faite pour nous la concilier. Quand je parle de victoire, tu m'entends. Poincaré a le pied sur la nuque de l'Allemagne[3]. Mais c'est une attitude qu'on ne peut éternellement maintenir, à moins d'être fait de bronze. Et j'attends avec curiosité le moment où Poincaré posera le pied par terre, ne fût-ce que pour permettre au vaincu de mettre la main à sa poche et d'en tirer ce qu'il peut y rester d'argent. Malheur à lui ce jour-là ! Il aura le sort de Briand, de Clemenceau. Et ce sera Millerand, avec un autre que lui, qui travaillera à se faire surnommer le Rhénan.

Ton, votre
Élie Halévy

À Louise Halévy, Londres, 26 septembre 1923*

[...] Voici que l'Allemagne capitule[4]. On pouvait s'y attendre depuis la chute de Cuno. Mais les bourgeois, gens bien naïfs, semblent avoir attendu la dernière minute pour s'en apercevoir. Et voici le franc qui remonte ; et, par un mouvement contraire, les valeurs étrangères achetées par moi pour ton compte il y a deux mois dégringolent. Ne crois pas que je regrette l'opération. Il aurait mieux valu la faire aujourd'hui, voilà tout. Mais, dans

---

1. Spécialiste de Fichte, Xavier Léon a débuté la publication d'une œuvre monumentale d'exégèse, *Fichte et son temps* (3 vol., Paris, Armand Colin, 1922-1927, rééd. 1958-1959).
2. Voir la note 1, p. 484.
3. Ce jour même, le nouveau gouvernement allemand dirigé par Gustav Stresemann (1878-1929) ordonna la fin de la « résistance passive », à laquelle avait appelé, au mois de janvier précédent, le gouvernement d'alors, pour protester contre l'occupation des principaux centres industriels de la Ruhr par la France soutenue par la Belgique – résistance passive qui s'était aussitôt exprimée par une grève générale, déclenchée le 22 janvier 1923. Triomphe, donc, pour Poincaré, mais triomphe de courte durée. Non seulement il fut attaqué par la gauche, qui remporta les élections législatives de mai 1924, mais le gouvernement Herriot accepta en août 1924 le plan Dawes de règlement des réparations et fit évacuer la Ruhr entre octobre 1924 et juillet 1925. L'occupation de la Ruhr avait surtout offert aux nationalistes allemands et au petit parti hitlérien NSDAP l'occasion de se renforcer.
4. Devant les conséquences économiques insurmontables de l'occupation de la Ruhr, le gouvernement du chancelier Stresemann a appelé à la fin de la résistance passive contre les troupes françaises et belges, et s'engage à respecter les clauses du traité de Versailles.

un mois, j'ai bien peur que la capitulation de la Ruhr ne nous donne pas un sou, ou du moins ne nous donne pas beaucoup de sous. Le plaisir de mettre le pied sur la tête du vaincu n'est peut-être pas très lucratif, et on s'en apercevra sans doute avant beaucoup de semaines. […]
Élie Halévy

À Louise Halévy, Londres, 1er octobre 1923

[…] Et voici, selon les pronostics, un coup d'État militaire à Munich, une insurrection communiste à Berlin, l'organisation du séparatisme rhénan à Düsseldorf[1] : et toute une politique française se dessine qui poursuit un tout autre but que les réparations. Que va-t-il arriver, dans une Europe qui ressemble si peu à l'Europe de mes cinquante premières années ? Je tremble toujours d'apprendre un matin que nous sommes en marche sur Berlin. Et pourquoi pas ensuite sur Moscou, capitale du communisme international ? Dieu me sera témoin, quoi qu'il arrive, que j'aurai fait frein, dès le début.

Ici, tout le matin, je suis plongé dans une foule de livres fort instructifs. Ils sont vieux de vingt-cinq ans environ : ouvrages d'ensemble, articles de revue. On y voit, entre 1899 et 1902, l'Angleterre, d'anti-française devenir anti-allemande. Et j'essaie de voir par quel mécanisme. Le but *avoué*, c'est d'assurer la paix du monde. […]
Élie Halévy

À Xavier Léon, Cosmo Hotel, Southampton Row, Russel Square, London WC1, 2 octobre 1923

Mon cher Xavier,
Cette idée du numéro napolitain ne me dit rien qui vaille. De quoi s'agit-il ? Du compte rendu du Congrès. Les Italiens s'en chargeront ; et si tu venais leur offrir de prendre soin de la chose à leur place, je crois que leur patriotisme s'en offenserait. Non, vraiment, il faudra trouver autre chose.

En attendant, n'oublie pas que tu dois publier sinon un numéro spécial du moins un article spécial, à l'occasion du centenaire de Kant[2]. Et voilà un article que tu ne mentionnes pas sur ta liste. Je ne puis, d'autre part, ne

---

1. L'occupation de la Ruhr avait redonné une impulsion aux séparatistes rhénans, en retrait depuis 1919.
2. *Revue de métaphysique et de morale*, numéro spécial Kant, avril-juin 1924.

pas m'inquiéter de voir affluer tant d'articles cartésiens : ne seras-tu pas finalement contraint à faire, de tous ces articles, un numéro spécial ?

Je me meus ici dans un cercle d'historiens beaucoup plus que de philosophes. Il me sera difficile de te trouver des collaborateurs. Je verrais cependant ce qu'il y a à faire du côté de Whitehead[1]. N'oublie pas cependant qu'il sera question d'Einstein. Gare à l'ogre de [ill.] d'Iéna. Je viens d'entendre une conférence sur « les relations franco-allemandes de 1870 à 1914 »[2]. Comme, en même temps, on me demandait, à brève échéance, une conférence, j'ai répondu que je ferais, dans la même salle, d'ici quinze jours, une conférence sur le même sujet[3]. Comme il s'agit de l'avant-guerre, je serai à mon aise pour plaider la cause de la patrie.

Votre, ton
Élie Halévy

À Louise Halévy, Londres, 5 octobre 1923

[...] Notre position sur la Ruhr s'équilibre dans le Néant. Et les boursiers, après avoir fait remonter le franc dans un de ces élans de naïveté qui de leur part m'étonne toujours, le font maintenant redescendre. Poincaré a parlé !! [...]
Élie Halévy

---

1. Alfred North Whitehead (1861-1947) est un philosophe anglais formé au Trinity College, comme Bertrand Russell qui a été son élève et avec lequel il a publié les célèbres *Principia Mathematica* (1910-1913).

2. La conférence est donnée par George P. Gooch (1873-1968), historien britannique de la diplomatie moderne, notamment spécialiste de l'Allemagne du XVIIIe siècle. Après la guerre, il écrivit sur les relations franco-allemandes entre 1871 et 1914 et Élie Halévy fut amené à discuter son point de vue, considérant pour sa part que la politique française n'avait nullement été revancharde pendant cette période, malgré les regrets qu'inspirait aux Français la perte de nos provinces. Lié depuis longtemps avec Élie Halévy, G. P. Gooch lui propose de collaborer avec lui pour l'étude de ces questions lorsque, au même moment, ils sont tous deux désignés pour rassembler et publier les documents diplomatiques secrets sur les origines de la guerre de 14-18, l'un en Angleterre et l'autre en France. Gooch publia alors plusieurs ouvrages, notamment *A History of Modern Europe, 1878-1919* (1923), qu'Élie Halévy signala comme très importante. Par ailleurs, Gooch avait siégé plusieurs années aux Communes comme député libéral avant la guerre. De 1922 à 1925, il préside l'*Historical Association*. Il sera président du *National Peace Council* de 1933 à 1936.

3. Cette conférence (« *Franco-German relations since 1870* ») sera donnée à la London School of Economics, le 29 octobre suivant, et son texte publié en 1924 dans *History* (vol. 9, n° 33, p. 18-29).

À Louise Halévy, Londres, 10 octobre 1923

[…] Je suis […] bien de ton avis : comment nous arrêter sur la voie où nous nous sommes engagés ? Mais, avouons-le cyniquement, c'est presque une raison de plus pour protester à voix haute. Cela n'empêchera rien. Je plaisante. J'aimerais bien à empêcher *tout*. Il était peut-être fatal que Napoléon déclarât la guerre à l'Autriche en 1805, envahît la Prusse en 1806, s'en allât en Espagne, puis à Moscou. Mais cette philosophie de la fatalité est vraiment trop orientale pour mon goût. Disons, d'ailleurs, que s'il est fatal que nous fassions des bêtises, il est fatal que moi, je proteste. […]
Élie Halévy

À Xavier Léon, The Athenaeum, Pall Mall, London SW1, 10 octobre 1923

[…] Politique. Poincaré a remporté, au point de vue théâtral, une incontestable victoire, qui doit consolider sa situation électorale, si ébranlée en juin, et qui exaspère la diplomatie anglaise. D'ailleurs un ministère *tory*, ici profondément [ill.] Baldwin, un *tory* francophile[1]. Lord Curzon, un *tory* francophobe[2]. Lord Cecil[3], un apôtre de la Ligue des Nations. Oui, Poincaré est vainqueur. Mais le meilleur est qu'il ne peut pas, et que la France ne peut pas, tirer parti de sa victoire sans aussitôt s'effondrer. Les journaux anglais me parlent d'un arrangement de Stinnes[4] et autres magnats, par-dessus la tête du gouvernement, sur le dos des ouvriers. Mais je ne sais ce qu'il faut croire. Ne te figure pas d'ailleurs, par ici, des conversations difficiles : il n'y a pas de conversations.
Ce peuple fermé est admirable mais redoutable.
Ton, votre
Élie Halévy

---

1. Membre du parti conservateur, Stanley Baldwin (1867-1947) occupe les fonctions de chancelier de l'Échiquier après la chute du gouvernement de Lloyd George, puis est appelé à diriger le gouvernement britannique du 23 mai 1923 au 16 janvier 1924. Il retrouve le 10 Downing Street de 1924 à 1929 et de 1935 à 1937 (Neville Chamberlain lui succède à cette date).
2. Leader du parti conservateur, lord George Nathaniel Curzon (1859-1925) devient en 1895 ministre des Affaires étrangères, puis, de 1899 à 1905, vice-roi des Indes. En 1916, il entre dans le cabinet de guerre de Lloyd George comme secrétaire d'État de l'air, puis reçoit la charge du Foreign Office en 1919. Il reste en fonction après la démission du Premier ministre, et ne quitte son poste qu'en 1924. Il est à ce titre le principal responsable de la politique étrangère du Royaume durant l'après-guerre.
3. Voir note 1, p. 656.
4. Voir note 4, p. 450.

À Louise Halévy, Londres, 16 octobre 1923*

[...] Les journaux font ici tout ce qu'ils peuvent pour exciter le grand public, qui visiblement est déconcerté et n'a pas encore perdu l'habitude de considérer les Allemands comme étant au ban de la civilisation. Quand je dis les journaux, je veux dire : les journaux sérieux. Car il y a une basse presse (le *Daily Mail* en tête) qui est francophile avec délire, et répond sans nul doute aux sentiments d'une foule anonyme que je ne connais pas. Tout cela est curieux. Je suis toujours aux affûts d'un retour à la prudence en France. Mais voici que les journaux recommencent à parler ce matin d'une république rhénane. Cela finira par venir : et Dieu sait, sur cette route, où nous nous engageons. J'ai bien peur que l'âge des mousquetaires soit sur le point de revenir. Grande joie pour Pierre Benoît[1] mais non pour moi. [...]
Élie Halévy

À Louise Halévy, Londres, 23 octobre 1923

[...] L'horizon européen s'assombrit chaque jour davantage. On ne sait plus quoi craindre, espérer, croire. Je ne sais pas bien où Poincaré a déposé, avant-hier, son œuf du dimanche. Mais je suis bien sûr que l'œuf n'était pas pour arranger les choses.

Ici, les gens sont silencieux, et parfaitement bien élevés, à leur habitude. On rencontre bien des gallophiles ; et les MacTaggart[2], à Cambridge, sont presque embarrassants par leur enthousiasme anti-allemand. Mais toute la presse, à l'exception de deux journaux, nous est défavorable, et, du côté libéral, c'est un véritable déchaînement. La seule question que je me pose, c'est de savoir combien d'années il faudra au *Foreign Office* pour trouver sur le continent les éléments d'une coalition anti-française, nous ramener en deçà des Vosges, et nous enlever notre empire colonial ; bref nous reprendre tout ce que l'hésitante prudence du régime parlementaire nous avait donné. Et pour nous donner la guerre, la guerre qui est un mal en soi, mais chéri par bien des gens des deux sexes et de tous âges.

Bref, je persiste à protester. Il est bien entendu que, le jour où Poincaré

---

1. Il s'agit d'une probable référence au *Roman des quatre* que Pierre Benoît (1886-1962) vient de publier aux éditions Albin Michel.
2. Ami d'Élie Halévy, John M. E. MacTaggart (1866-1925) est professeur au Trinity College. Très influencé par l'idéalisme hégélien, il fut un temps le maître de G. E. Moore et de Bertrand Russell. Il est l'auteur *Studies in the Hegelian Dialectic* (1896), *A Commentary on Hegel's Logic* (1910), *The Nature of Existence* (1921-1927).

m'apportera un arrangement financier tel que, d'une part, nous puissions ne plus continuer à emprunter pour les réparations et que, d'autre part, nous puissions commencer à évacuer la Ruhr, je deviendrai poincaréiste. Mais, ce jour-là, malheur à lui !
Mon appui jamais ne portera bonheur aux ministres de la République.
Ton, bien tendrement,
Élie Halévy

À Xavier Léon, The Athenaeum, Pall Mall, London SW1, 29 octobre 1923*

[...] Veille aux « Études critiques »[1]. Je lis toujours Santayana[2] ; et, puisque tu me parles Bachelier et probabilités, j'attire ton attention sur le fait que Keynes, il y a deux ans, a écrit un ouvrage important sur cette question[3] ; que Herr, l'ayant lu, m'en a dit le plus grand bien[4] ; et que la *Revue* ne l'a jamais même mentionné. Ne nous est-il pas parvenu ? Si non, n'y aurait-il pas lieu de le réclamer ? Consulte Winter[5] à ce sujet. [...]

---

1. Il s'agit d'une rubrique de la *Revue de métaphysique et de morale*.
2. George Santayana (1863-1952) est un philosophe et écrivain d'origine espagnole, enseignant à Harvard. Parmi son œuvre, rédigée en anglais, signalons *The Sense of Beauty* (1896), *The Life of Reason* (5 vol., 1906-1906) et *Scepticism and Animal Faith* (1923). Il est l'auteur d'aphorismes célèbres tel que « Ceux qui ne peuvent se souvenir du passé sont condamnés à le répéter ».
3. John Maynard Keynes, *The Economic Consequences of the Peace*. Publié à compte d'auteur en 1919 à Londres, l'ouvrage rencontra un immense succès éditorial, commercial et intellectuel. L'ouvrage fut traduit en 1920 sous le titre *Les Conséquences économiques de la paix* (Paris, Éditions de la *Nouvelle Revue Française* [Gallimard]). Étienne Mantoux (voir note 1, p. 494) reprit et critiqua la thèse de l'auteur dans *La Paix calomniée ou Les conséquences économiques de M. Keynes*, écrit lors d'un séjour à Princeton (Institute for Advanced Study) durant l'année 1942, avant de partir en Angleterre et de reprendre sa place comme lieutenant dans l'aviation des Forces françaises libres. L'ouvrage sera publié après sa mort, avec une préface de Raymond Aron (Paris, Gallimard, coll. « Problèmes et documents », 1946 ; réed. avec une nouvelle préface de Vincent Duclert, Paris, L'Harmattan, 2002).
4. Cette incise rappelle à la fois les qualités de grand lecteur de Lucien Herr et l'amitié qui le lit à Élie Halévy.
5. Maximilien Winter (1871-1935) fut, avec Élie Halévy, Léon Brunschvicg, Xavier Léon et Louis Couturat, élève au lycée Condorcet. L'influence de leur professeur, Alphonse Darlu (1849-1921), les entraîna vers la philosophie, alors que les sciences et les mathématiques l'attiraient particulièrement. Sa santé l'empêcha de faire une carrière universitaire scientifique, et il devint avocat. Mais il poursuivit individuellement des études de mathématiques et s'associa, dès son début, à la fondation par ses amis de la *Revue de métaphysique et de morale*. Il contribua à lui donner l'inflexion scientifique qui était voulue par ses initiateurs. Il obtint des articles d'Henri Poincaré, de Jacques Hadamard, de Louis de Broglie, et publia lui-même sur les grandes découvertes physiques et mathématiques. Pendant ses dernières années, il assuma la direction du Supplément de la *Revue* et joua un rôle important au sein de la rédaction, comme le souligne le conseil d'Élie Halévy adressé à Xavier Léon.

L'incident Lapie[1] ne me surprend pas. Puisse-t-il donner le signal de la rébellion républicaine ! Je vois l'avenir bien en noir, et l'Angleterre a beau être pour l'instant totalement impuissante, cela ne durera pas beaucoup d'années : alors, vers quelles catastrophes nous conduit notre politique insolente ?

À bientôt,
Ton, votre
Élie Halévy

Les années de sortie de guerre (1919-1923) s'achèvent sur ce dernier séjour de l'automne 1923 à Londres, suivi d'une première expérience d'un « pays de la tyrannie » dont Élie Halévy pressent l'émergence. Avec sa femme, il part en effet en Italie pour les fêtes de fin d'année. Il n'a pas revu la famille italienne de Florence et ses amis historiens et philosophes depuis l'automne 1912. Mais l'Italie qu'il retrouve est désormais aux mains des fascistes, ce mouvement né de la guerre et de la révolution, du socialisme et du nationalisme. Il en perçoit d'ores et déjà le caractère irréductible, qu'il rapprochera ensuite du soviétisme.

---

1. Agrégé de philosophie en 1893, cofondateur de *L'Année sociologique* en 1898, Paul Lapie (1869-1927) devient recteur de l'Académie de Toulouse en 1911, directeur de l'enseignement primaire, enfin recteur de l'Académie de Paris en 1925. Libre-penseur, proche du parti radical, il est convaincu de la nécessité de démocratiser le système scolaire. Il se charge notamment de la réforme du brevet élémentaire et du brevet supérieur, et de la réorganisation des Ecoles Normales. Pour ces dernières, il décide, par les programmes du 20 août 1920, d'introduire dans la formation des normaliens des études de psychologie, de pédagogie expérimentale et de sociologie. Une vive controverse éclate avec les milieux conservateurs attachés à l'élitisme républicain. Le ministre Léon Bérard et le président de la République désapprouvent l'initiative qui reçoit en revanche le soutien de Célestin Bouglé et de Marcel Mauss notamment, Henri Bergson, appelé en arbitre, apparait réservé. Elie Halévy fait probablement référence à cette controverse. Paul Lapie est par ailleurs l'auteur, en particulier, de *L'Instituteur et la Guerre* (1915, Didier), *Pédagogie française* (1920, Alcan), *L'Ecole et les Ecoliers* (1923, Alcan), *Morale et Science* (1923, Nathan), *Morale et Pédagogie* (1927, Alcan). Sa devise, « Défense de l'école, culte de la patrie, statut de la démocratie », fut rappelée par son fils Pierre-Olivier Lapie (1901-1994), juriste, socialiste, résistant, ministre de l'Education nationale en 1950.

II

VOYAGES AUX « PAYS DE LA TYRANNIE »[1] :

ITALIE, RUSSIE, ALLEMAGNE, 1923-1937

Trois États sont concernés par les voyages d'Élie Halévy et de sa femme dans les « pays de la tyrannie ». Il s'agit en premier lieu de l'Italie, le régime totalitaire qu'ils vont connaître le premier et le mieux en raison de leurs attaches familiales, de la profondeur de leurs amitiés et de la fréquence de leurs voyages. Nous disposons ici de témoignages portant sur trois de leurs séjours, décembre 1923-janvier 1924, octobre 1935 et janvier-février 1937. Florence est la destination habituelle du couple, afin de revoir la famille de Florence. Mais il voyage aussi dans le reste de l'Italie et en Sicile. Par ailleurs, Élie et Florence Halévy se préoccupent très étroitement de la situation politique du pays à travers leur correspondance au fil du temps, telle qu'elle est notamment présentée dans la section I et IV.

En 1932, Élie et Florence Halévy séjournent brièvement en Russie. Des lettres du premier et un récit de la seconde fournissent de précieuses observations et de premières analyses à chaud. Enfin, de retour de Leningrad, le couple traverse le sud de l'Allemagne en proie à l'agitation nazie. Aux documents relatifs à ce voyage en Russie est annexé l'échange de lettres entre Élie Halévy et son élève Étienne Mantoux, fils de l'historien Paul Mantoux, qui compte parmi les proches du couple. Ces lettres portent sur la compréhension du « soviétisme » après un séjour du jeune économiste et politiste à Moscou.

Lettres d'Italie (1923-1925)

À la fin de l'année 1923, les Halévy se rendent à Florence auprès de la mère de Florence. La lettre qu'Élie adresse à Émile Chartier le 1ᵉʳ janvier 1924 est sans ambiguïté. Un an après la marche sur Rome de Mussolini, il peut déclarer : « Je t'écris depuis le pays de la tyrannie. »

---

1. « Je t'écris du pays de la tyrannie » (lettre à Alain, 1ᵉʳ janvier 1924, *infra*, p. 489).

À Xavier Léon, 50 via degli Alfani, Florence, 22 décembre 1923

Mon cher Xavier,

Le déserteur te salue. Déjà châtié par un rhume, conséquence naturelle de ce climat ardent, glacial et furibond. Et de quoi te parler, alors ? d'un voyage qui fut paisible et dépourvu d'incidents ? d'une promenade faite hier jusqu'à la colline de San Miniato sous un ciel radieux, par un vent glacial ? d'une journée de lectures solitaires, dans le fort joli *palazzo* dont ma belle-mère habite un étage ? Voilà qui est fait. Et puis ? Se transporter par l'imagination dans les boues et brouillards de Paris ? Mais tu es capable de me répondre que, là-bas aussi, le soleil brille.

Ici, d'après les journaux, quelques vagues simulacres de vie politique, dans l'attente des élections que le dictateur daigne annoncer son intention de faire, dans un délai assez rapproché. Mais un jour il dit oui, le lendemain il dit non. Et tout le monde, béat, attend un signe de lui. Le groupe Salandra[1] demande place sur les listes fascistes. Le groupe Giolitti[2] annonce son intention de faire liste à part, tout en protestant de sa sympathie pour Mussolini. Les catholiques ne savent à quel saint se vouer. Nitti est au ban de la société. Socialistes et communistes s'abstiendront, *si les fascistes le leur permettent*. Bref, Mussolini règne[3] despotiquement, à l'heure qu'il est.

Non sans avantages matériels pour le voyageur qui suit. Le train français nous a amenés avec une heure un quart de retard à Modane. Mais les trains fascistes sont ponctuels[4]. Nous avons manqué la correspondance à Turin.

Florence a reçu ta lettre, dont elle te remercie.

Ton, votre

Élie Halévy

---

1. Antonio Salandra (1853-1931) avait remplacé Giolitti à la tête du gouvernement italien en mai 1914. Confiant dans le traité secret de Londres du 26 avril 1915, il lança son pays dans la guerre aux côtés des Alliés. Les victoires autrichiennes du printemps 1916 le poussèrent à la démission. Il échoua une nouvelle fois en 1922. Dans l'impossibilité de former un gouvernement alors que Mussolini « marchait sur Rome », Salandra conseilla au roi de l'appeler au pouvoir.
2. Giovanni Giolitti (1842-1928) avait commencé sa longue carrière politique en devenant en 1889 ministre des Finances de Crispi puis président du Conseil en 1892. Il domine la politique italienne jusqu'en 1914, où il plaide la neutralité de l'Italie. Il retrouve une dernière fois la présidence du Conseil en juin 1920, mais ses habitudes politiques se révèlent inadaptées à la situation complexe de l'Italie d'après-guerre. Il se retire en juin 1921, se rapproche du fascisme, mais refuse de participer aux élections législatives de 1924 sous sa bannière.
3. Plus d'un an auparavant, Victor-Emmanuel III accédait aux exigences de Mussolini qui menaçait de marcher sur Rome, en lui confiant le soin de former le gouvernement. Le 25 novembre suivant, la Chambre lui octroyait les pleins pouvoirs qu'il exigeait afin d'assumer « les pleines responsabilités ».
4. Référence ironique à la propagande du régime fasciste en Italie.

À Louise Halévy, Florence, samedi 22 décembre [1923]

[…] Ma positive et mélancolique belle-mère ne dit pas qu'elle habite un des plus jolis palais de la ville, et que, logeant au troisième, elle a, frisant tous les toits de Florence, une vue admirable sur le Dôme, et tout le midi de la ville jusqu'aux collines qui la bordent vers San Miniato.

[…] La vie politique semble morte ; la bourgeoisie a trouvé le bon gendarme qui lui permet de vivre et d'agir en paix. Quant au bas peuple – deux ou trois petits incidents, à peine la frontière passée, nous ont montré qu'il bout et fermente toujours. Mais il se passera longtemps (beaucoup d'années, peut-être, plutôt que beaucoup de mois), avant que la fermentation fasse de nouveau sauter le couvercle.

Tendresses,
Ton
Élie Halévy

À Émile Chartier, Florence, le 1er janvier 1924

Mon cher ami,

Depuis que j'étais rentré à Paris, il ne s'était guère passé de mercredi que je n'aie formé le projet d'aller te rencontrer, sous la tour de Clovis. Mais l'homme de cinquante ans, quelque soin jaloux qu'il apporte à la défense de sa liberté, est un esclave. Jamais je n'ai pu.

Depuis que je suis ici, je veux t'écrire. Mais la correspondance est le fait de la vingtième année. Avec les années vient la paresse. À quoi bon écrire, et qu'écrire ? Aujourd'hui seulement, troublé par le changement de millésime, et par le sentiment absurde que je t'ai perdu de vue depuis un an, je secoue ma paresse.

Je t'écris du pays de la tyrannie. C'est un régime, pour le voyageur, extrêmement agréable, où les trains partent et arrivent à l'heure, où il n'y a grève ni des ports ni des tramways. Tous les bourgeois sont épanouis. Ceux qui ne sont pas fascistes sont mussoliniens. Le chef a le double prestige d'un grand général et d'un grand acteur. Tous et toutes l'aiment éperdument.

Des parlementaires conspirent, mais ils sont sans beauté. Le bas peuple fermente sans doute : mais dans quels coins ? Moi, je ne dis rien, je ne pense même rien. Je regarde avec curiosité ce spectacle nouveau.

Et te souhaite un *buon principio*.
Ton
Élie Halévy

L'année suivante, en avril 1925, Florence et Élie Halévy sont de retour en Italie, pour un plus long séjour cette fois. La situation politique s'est encore dégradée. Désormais, s'opposer au pouvoir fasciste est un crime passible de mort. Les assassinats (celui du député Matteotti), les procès politiques se multiplient. La détermination des intellectuels antifascistes ne faiblit pas. Ami d'Élie Halévy, maître de Carlo Rosselli, le philosophe Gaetano Salvemini publie à Florence un périodique clandestin, Ne lâche pas, qui constitue l'organe de cette résistance morale. Il publie notamment de nombreux documents attestant du crime d'État commis contre le député Matteotti. Il organise également une grande manifestation de protestation. Élie Halévy le rencontre à Florence, ainsi que l'historien Guglielmo Ferrero[1] et les deux frères Rosselli, Carlo et Nello. Peu de temps après la visite de Salvemini, celui-ci est arrêté – il sera traduit en justice le 13 juillet. Selon sa nièce Henriette Guy-Loë, Élie Halévy avait décidé de retourner à Florence pour témoigner en sa faveur[2]. Les lettres qu'Élie adresse à ses proches depuis Florence n'évoquent pas ses contacts, pour ne pas mettre en danger ses amis italiens ni sa belle-mère qui réside à Florence.

À Xavier Léon, Hôtel Savoie, Regresso di Maiano, Firenze, 1er avril 1925*

[...] Rien de saillant ici, où je suis venu chercher rien de saillant. C'est un charmant hôtel, situé à Fiesole, d'où nous avons une vue plongeante

---

1. Écrivain, penseur libéral, historien de la guerre et de Rome, Guglielmo Ferrero (1871-1942) se révéla un adversaire résolu du mouvement fasciste. Il tint tête aux Chemises noires et refusa de s'exiler. Il fut alors placé en résidence surveillée, à Florence, où lui rendit visite Élie Halévy. En 1928, il parvint à quitter l'Italie pour Paris grâce à l'intervention personnelle du roi des Belges auprès d'Umberto de Savoie. L'année suivante, il était nommé professeur à l'Institut universitaire des hautes études internationales de Genève. Son épouse, Gian Lombroso, était la sœur du criminologue Cesare Lombroso.
2. Cf. Henriette Guy-Loë, « Biographie chronologique » et « La rencontre avec le fascisme italien (1924-1927) », in Élie Halévy, Correspondance (1891-1937), op. cit., p. 14 et 663-664. Convaincu des risques excessifs que sa présence pouvait faire courir à ses amis antifascistes, Élie Halévy renonça à se rendre au procès. À l'issue de la première audience, Gaetano Salvemini (1873-1957) obtint une liberté conditionnelle qu'il exploita aussitôt pour quitter clandestinement l'Italie et se réfugier en France. Entre temps son avocat, Ferrucio Marchetti, a été égorgé. Dans un témoignage publié le 17 septembre 1957, Ernesto Rossi, un autre intellectuel antifasciste, écrit : « Si Salvemini était resté à Florence trois mois de plus, on l'aurait certainement éliminé dans la nuit de sang du 4 octobre » (voir, sur cette vague de violence fasciste, la lettre d'Élie Halévy à Xavier Léon du 10 octobre 1925, infra, p. 535). En 1933, il gagne les États-Unis pour occuper un poste de professeur d'histoire à l'université d'Harvard (chaire d'histoire de la civilisation italienne instituée grâce à une donation de la fiancée américaine de Lauro de Bosis). Il retourne en Italie en 1947 où sa chaire de l'université de Florence lui est rendue. Il décède dix ans plus tard.

sur Florence et la plaine. Nous faisons de paisibles promenades derrière Fiesole, entre les coteaux couverts d'oliviers, les crêtes bordées de cyprès, les maisons roses des paysans – Bref, repos, en attendant le retour aux choses anglaises. Et que se passe-t-il à Paris ? Il me semble qu'on ne parle ici ni du budget ni des nouvelles propositions allemandes, et que ce soient les étudiants en droit qui remplissent tous les journaux de leurs hauts faits[1]. « Je ne redoute rien tant, disait Waldeck[2], que les émeutes d'étudiants. » Ou bien les journaux italiens me renseignent-ils mal ? Je n'ai lu, depuis que je suis ici, ni un journal français, ni un journal anglais.

Ton, votre
Élie Halévy

À Xavier Léon, Hôtel Savoie, Regresso di Maiano, Firenze, 8 avril 1925*

[...] L'affaire Scelle[3] est une affaire imbécile, à laquelle je prends aussi peu d'intérêt [que possible]. Je vois bien qu'elle est sans issue, et que, donc, il ne fallait pas s'y engager. La crise financière[4] seule m'intéresse – à vrai dire seule m'intéresse depuis un an et plus. Et je ne suis pas fâché qu'enfin elle éclate pour de bon. Puisqu'il est clair que nous ne voulons rien faire pour la prévenir, voyons ce que nous pouvons faire pour nous en tirer.

Élie Halévy

LETTRES DE RUSSIE ET D'EUROPE (AOÛT-OCTOBRE 1932)

L'année 1932, contrairement à leur habitude, Élie et Florence Halévy ne se rendent pas dans les Alpes ; ils entreprennent un long voyage, de deux

---

1. Le mouvement des étudiants en droit s'étendit à Lille notamment.
2. Républicain proche de Gambetta et ministre dans son gouvernement, Pierre Waldeck-Rousseau (1846-1904) s'avéra l'homme de la situation durant l'affaire Dreyfus. Il forma en juin 1899 un gouvernement dit de « défense républicaine » pour combattre l'agitation antidreyfusarde. Pour la première fois, un socialiste (Alexandre Millerand) participait à un exécutif « bourgeois ». Il obtint du président de la République la grâce du capitaine Dreyfus qui fut aussitôt remis en liberté, au lendemain du procès de Rennes, le 19 septembre 1899.
3. Voir la lettre précédente à Xavier Léon, du 1er avril 1925.
4. Élie Halévy mentionne ici les difficultés financières auxquelles se heurte le gouvernement du Cartel des Gauches. Elles se sont aggravées en mars-avril 1925, provoquant la chute du gouvernement du radical Édouard Herriot le 10 avril. Ce dernier a échoué dans son projet d'instituer un impôt sur le capital afin de juguler la dette croissante de la France. Certains à gauche ont attribué cette défaite aux « 200 familles » les plus riches du pays, qui auraient contrôlé la Banque de France auprès de laquelle le gouvernement était contraint de demander des avances sur trésorerie.

mois (du 23 août au 20 octobre) à travers l'Europe, dont le but principal est un séjour en URSS : l'historien du socialisme est curieux d'avoir un aperçu, même superficiel, de l'expérience soviétique. Ce projet a suscité beaucoup d'appréhension, et souvent même la désapprobation de certains de leurs amis. Pour atteindre Leningrad, le couple Halévy passe par la Hollande, le Danemark (Copenhague), l'Allemagne du nord (Hambourg, Lübeck, Berlin), Dantzig en Pologne, les Pays Baltes (Riga). Ils rentrent en France par la Pologne où ils retrouvent à Varsovie leurs amis Joseph Czapski et sa sœur Marie Czapska, neveux du baron de Meyendorff, et qui étaient souvent venus à Sucy[1]. Ils poursuivent par Prague et le sud de l'Allemagne.

Aucune lettre d'Élie Halévy adressée à ses amis depuis la Russie soviétique n'a été conservée, à l'exception d'une carte postale reçue par Daniel Halévy. Mais Florence Halévy rapporte de Leningrad un récit, conservé par Henriette Guy-Loë et publié en 1998 par l'historienne Sophie Cœuré.

À André Noufflard, Riga, 13 septembre 1932

Mon cher André,

Je me reproche de n'avoir pas répondu plus tôt à ta gentille lettre, la première qui nous ait apporté quelque chose de plus que la brutale nouvelle[2]. D'autres nouvelles sont venues depuis dont sans doute Florence vous a fait part ; elles sont assez rassurantes pour ce qui est de l'avenir immédiat. Je

---

1. Joseph Czapski (1896-1992) est né à Prague dans une famille de l'aristocratie polonaise. Étudiant en droit à Saint-Pétersbourg, il assiste aux débuts de la révolution russe. L'année suivante, il entre à l'Académie des Beaux-Arts de Varsovie. En 1928, il vient à Paris pour y confirmer sa vocation de peintre. C'est peut-être son oncle, le baron de Meyendorff, qui le présente à Élie Halévy, puis à Daniel, dont il devient un des amis les plus proches. Pendant les années 1930, il vécut en Pologne, dans cet entourage cosmopolite, qui retrouvait des habitudes d'autrefois dans des conditions plus ou moins difficiles, et que son oncle Meyendorff (qui connaissait l'équivalent en Finlande) appelait « ma parenté extra-territoriale ». Le second conflit mondial allait apporter de terribles bouleversements dans ces petits mondes. En 1939, Joseph Czapski allait être un des rares officiers polonais à échapper au massacre de Katyn. Prisonnier des Russes, il improvisa pour ses camarades de captivité des conférences sur Proust, telles « Proust contre la déchéance ». À partir de 1941 et de la guerre russo-allemande, il accompagna l'armée Anders à travers le Turkestan, l'Iran, l'Égypte et l'Italie. Au lendemain de la guerre, il retracera son expérience dans *Terre inhumaine* (traduit par M. A. Bohomolec, préface de Daniel Halévy, Paris, éditions Self, 1949, rééd. L'Âge d'Homme, 1991). Jusqu'à sa mort, sans cesser de peindre ni d'écrire, il sera l'animateur de la revue *Kultura*, foyer de la résistance intellectuelle et spirituelle polonaise. Sa sœur Maria (Marinya) Czapska est l'auteure d'une *Vie de Mickiewicz* (Paris, Plon, 1931) et de souvenirs de famille (*Une famille d'Europe centrale*, Paris, Lacurne, 2013).

2. Sans doute la maladie de Graham Wallas, dont il est décédé.

reste plein de tristesse en songeant au passé, de préoccupations en songeant à l'avenir.

Notre voyage se poursuit vers l'Est. Avec l'Allemagne, on a bien la sensation qu'on quitte la civilisation, et qu'on tombe de plusieurs degrés dans l'échelle des valeurs humaines. Encore Riga et la Lettonie ne sont-elles pas trop mal. Mais la Lithuanie après la Prusse.

Et la Russie ? Nous verrons cela après-demain jeudi. Nous montons, demain soir mercredi, 20h45 dans le train soviétique, et franchissons la frontière jeudi demain entre 6 et 7 heures, de France, ce renseignement a quelque chose de pittoresque et d'émouvant. Mais on se sent ici bien près de la Russie. Toutes les enseignes sont en letton, en allemand et en russe ; et Leningrad n'est que la capitale la plus proche.

Ma pensée se reporte vers vous, dans des pays moins bizarres, mais, somme toute, beaucoup plus intéressants. Si les Occidentaux voulaient bien ne pas s'entre-tuer, les noms de Friedland, de Tilsitt, d'Eylau ont reporté ma pensée non plus vers l'Occident dans l'espèce, mais vers Napoléon dans le passé ; et je suis pris d'une espèce d'indulgence pour lui ; si tout de même il avait réussi à faire l'unité de l'Europe...

Amitiés bien tendres à Monsieur, Madame et Mesdemoiselles Noufflard.
Élie Halévy

À Daniel Halévy, Leningrad, 21 septembre 1932

[Sur une carte postale représentant une statue de Lénine sur une place.]

L'aspect général est beaucoup plus normal qu'on ne croirait à lire les journaux étrangers. J'ai sous les yeux en t'écrivant, sur la place de la gare de Moscou, la statue équestre d'Alexandre III. J'ai vu quelques chefs de service, intelligents et sympathiques. On est en train de remettre Leningrad en état avec une énergie remarquable.

Bien à vous,
Élie Halévy

« DIALOGUE SUR LE COMMUNISME », ÉLIE HALÉVY-ÉTIENNE MANTOUX

Le 20 septembre 1934, Élie Halévy adresse une longue missive en réponse à celle de son jeune élève et ami Étienne Mantoux, à l'époque âgé de 21 ans, fils aîné de l'historien Paul Mantoux. Voici cette « lettre de Moscou » et la réponse d'Élie Halévy, suivies d'une dernière lettre qu'adresse Étienne Mantoux à Florence Halévy le 7 septembre 1937, à l'annonce du décès d'Élie.

Cette dernière lettre d'Étienne Mantoux adresse le manuscrit de la réponse à la « lettre de Moscou » et un hommage appuyé de l'élève au professeur disparu. Florence Halévy reportera son affection sur le jeune homme. Sa peine à l'annonce de sa mort en Allemagne, sur une autoroute de Bavière, dans les derniers jours de la guerre, n'en sera que plus grande[1], comme en témoigne la lettre qu'elle adresse à son frère André Noufflard le 10 juin 1945.

« Lettre d'Étienne Mantoux à Élie Halévy, Moscou, 10 septembre 1934 »

Cher Monsieur,

Je suis donc installé à Moscou, dans des conditions matérielles d'ailleurs fort bourgeoises, car je vis chez un écrivain, et que cette catégorie de citoyens est de celles à qui la société socialiste est en elle-même un bienfait. Néanmoins, l'exploitation de l'homme par l'homme n'est pas complètement supprimée, témoin le fait que mon hôte me loge dans une chambre où je réside exclusivement alors que les deux bonnes de l'appartement (où il y a deux ménages) couchent toutes les deux dans une très étroite et inconfortable cuisine. C'est donc à ses [lire : leur] dépens qu'il gagne le loyer que je lui paye. Ce détail et bien d'autres encore ébranlerait peut-être l'ardeur de nos communistes français et ferait sourire d'un air entendu nos adversaires systématiques de l'URSS. Pourtant, je sens que malgré d'innombrables contradictions et réticences je prends peu à peu le chemin du marxisme.

Cette confession vous amusera sans doute, et vous vous dites avec raison je pense, que ce n'est pas votre enseignement qui en aura été la cause directe. Non que je veuille dire par là qu'il soit de nature à influencer vos élèves dans un sens favorable ou non aux différentes doctrines qu'il expose : au contraire, je crois (et j'en suis certain en ce qui [me] concerne) que l'influence la plus profonde que vous exercez sur vos étudiants réside dans le parfait désintéressement et l'absolue impartialité de votre méthode d'exposition, dans votre façon, même lorsqu'il s'agit de théories politiques les plus diverses de ne nous présenter que des faits, et non des jugements. Ce en quoi je pense que votre enseignement peut être qualifié de scientifique, si vous me permettez, à peine sorti de l'Université, de le juger moi-même. Et c'est précisément ce caractère, scientifique ou non,

---

1. Sur Étienne Mantoux, voir les éléments biographiques contenus dans Étienne Mantoux, *La Paix calomniée ou les conséquences économiques de M. Keynes*, préface de Raymond Aron, portrait par Paul Mantoux, Paris, Gallimard, coll. « Problèmes et documents », 1946 et dans la préface de Vincent Duclert pour la réédition de l'ouvrage en 2002 (*op. cit.*).

de la pensée qui fait pour moi la grande difficulté des questions que je cherche à résoudre. Je ne puis admettre qu'on dénomme science autre chose qu'un ensemble de connaissances soumis par notre conscience à des lois absolues et, en général, expérimentalement vérifiables : sciences physiques, naturelles, mathématiques. Mais, dans ce sens, l'histoire ne peut être considérée comme une science, parce que l'historien recherche une succession de faits, mais ne prétend pas établir de lois. Je sais évidemment que la limite est fort imprécise et que comme précisément certaines lois physiques, ou bien plutôt toutes les lois non mathématiques, c'est-à-dire qui ne sont pas le produit exclusif de notre conscience dépouillée de ses moyens de vérification sensoriels, sont en fin de compte des approximations. On pourrait aussi établir des lois économiques, sociales, politiques même peut-être en ne considérant que des lois de grands nombres et des calculs de probabilité. Il n'y aurait qu'une différence de degré. Mais je crois cependant que ce qui fait le caractère séduisant, si vous voulez, de la « science », est sa pureté, ou son essence absolue, quoiqu'il faille encore peut-être dans ce cas faire abstraction du temps ; puisque la science se renouvelle sans cesse et que ce qui était « vrai » hier ne l'est plus très rapidement. Pourtant, je crois qu'on ne peut appeler scientifique toute connaissance reconnue par notre conscience en un instant donné comme exclusive de toute autre conception du même objet.

Ainsi, à un moment donné, on se divise pour savoir, de la terre ou des étoiles, lesquelles se déplacent, mais il arrive un moment où cette vérité est scientifiquement établie ; et encore l'est-elle, dirait H. Poincaré, parce qu'elle est plus commode qu'une autre. Mais si ce n'est pas encore une vérité absolue, elle n'est cependant pas du même ordre que les vérités politiques, religieuses, morales, au sujet desquelles nous pouvons rester éternellement divisés, et que, lorsque nous le faisions, nous acceptons parce qu'elles nous plaisent plus que d'autres et non parce qu'on nous démontre irrésistiblement leur caractère de vérité. Comme le disait Renan, celui qui a trouvé un théorème le publie pour ceux qui peuvent le comprendre. Il ne monte pas en chaire, il n'a pas recours à des artifices oratoires, etc. C'est cette phrase qui pour moi, plus qu'aucune autre explication me fait sentir la différence entre sciences et ce qui ne l'est pas. Le terme « science politique » m'a toujours semblé un affreux accouplement. Or vous savez que le marxisme veut fonder précisément sa puissance sur un prétendu caractère scientifique et justement se considère comme la seule doctrine politique scientifique, qui donne en même temps une « conception du monde » alors que la bourgeoisie, en dépit des grands progrès des sciences naturelles est incapable de créer une telle synthèse philosophique (je cite le programme de la

IIIe internationale[1] à peu près textuellement). Que Marx et Engels aient eu le génie de découvrir certaines « lois » historiques, de l'évolution historique de la société qui les ont en effet amenés à « expliquer » le monde, et à tirer ainsi de certains événements (guerre de 1870, par exemple) des conclusions prophétiques que leur méthode permettrait sans doute seule de deviner, cela me paraît à peu près certain. Mais le grand cheval de bataille des marxistes, n'est-ce pas le « matérialisme dialectique »? C'est-à-dire qu'ils font délibérément reposer toute leur théorie *politique* sur une base philosophique, dont l'essence même est d'être non scientifique, puisque la science commence là où s'arrête la philosophie, et qu'un ensemble de connaissances scientifiques absolument cohérentes a pu, d'aussi loin que nous connaissons l'histoire de la pensée humaine, se développer, *ne laisser subsister que ce qu'il y aurait de vrai*, alors que parallèlement se développaient concurremment et se développent encore de multiples systèmes philosophiques dont le propre est de poser des questions sans jamais les résoudre définitivement ? Je pense, en ce qui me concerne, pouvoir un jour accepter le communisme comme d'autres ont fondé leur foi dans le christianisme ou ailleurs encore, et qu'un tel mouvement est assez comparable à certains grands mouvements religieux de l'histoire, surtout de par leur caractère mystique (vous avez certainement lu l'article de Rougier dans la *Revue de Paris*[2]).

Mais comment résoudre ce dilemme : pour devenir communiste, il faut accepter le matérialisme dialectique (et donc le considérer comme une explication définitive et exclusive du monde) ainsi que le caractère « scientifique » (donc absolu) de la doctrine marxiste : et pour moi, au contraire, le propre d'une doctrine politique est d'être non-scientifique ; comment, d'autre part, le marxisme [étant] l'héritier du rationalisme, peut-il prétendre avoir donné une explication définitive et exclusive de toute autre nouvelle forme de pensée philosophique ? Or, il va plus loin encore (voyez toujours l'article de Rougier) puisqu'il prétend refaire la science, et concevoir à côté de la science dite « officielle » et « bourgeoise », une mathématique marxiste, une physiologie, une physique marxistes. Ceci est pour moi inacceptable,

---

1. L'Internationale communiste.
2. Agrégé de philosophie, enseignant dans de nombreux lycées, Louis Rougier (1889-1982) est nommé en 1924 professeur de philosophie à la faculté des lettres de Besançon jusqu'à 1948, avant de rejoindre l'université de Caen. En 1938, il sera l'un des organisateurs du colloque Walter Lippmann déstiné à favoriser les idées néo-libérales du temps. Son article « Retour au libéralisme » paraît dans la *Revue de Paris* la même année. L'article dont fait référence Etienne Mantoux a été publié dans la livraison du 1er avril 1934 : « La mystique soviétique ». Durant la guerre, Louis Rougier se range du côté du régime de Vichy et participe en 1951 à la création de l'Association pour la défense de la mémoire du maréchal Pétain.

et cependant mon ignorance absolue en matière scientifique me défend de tirer des conclusions. Et d'autre part certains savants, comme Prenant[1] (et je ne m'étonnerai pas que Langevin[2] soit sur la même voie) sont parvenus au marxisme par le chemin de la science et de l'application de la méthode scientifique. Or, moi, bourgeois, je crois encore qu'il est possible de concevoir la science comme absolument indépendante et étrangère à toute forme de pensée philosophique et surtout politique. Que cela est non seulement possible, mais que c'est le propre de la science. Et qu'il est même *possible* de traiter « scientifiquement », c'est-à-dire comme vous le faites, des questions en elles-mêmes profondément politiques. Cela, je le crois encore. Mais quant à rester « pur », « au plafond » [???], dans l'action, c'est une autre affaire.

Je voulais vous écrire une lettre pour vous expliquer certains de mes doutes et je m'aperçois que je vous ai fait une espèce de devoir de philosophie, et même un assez mauvais devoir, je pense, car je vous assure que je n'ai mis aucun soin à le composer. L'agrégé de philosophie me le pardonnera j'espère, et c'est à l'historien, non au philosophe que je m'adresse maintenant pour lui demander non pas quelle est la voie à suivre, mais quelles sont les erreurs déjà faites. Vous me pardonnerez aussi l'excessive longueur du « devoir ».

Croyez à mon profond attachement,
Étienne Mantoux

« À Étienne Mantoux, La Maison Blanche, Sucy-en-Brie, S.-et-O., 20 septembre 1934* »

Mon cher ami,
Votre lettre de Moscou m'arrive, *via* Évian. Je dis : lettre de Moscou.
Est-ce bien vrai ? Car c'est tout juste si vous me parlez de la ville où vous habitez ; vous habitez, comme il convient à un homme de votre âge[3], le monde des idées. Et votre lettre ne fait que discuter des idées.

---

1. Zoologiste et biologiste, ancien élève de l'École normale supérieure, Marcel Prenant (1893-1983) est devenu en 1937 professeur à la Faculté des sciences de l'université de Paris. Il est aussi une figure très connue parmi les savants affiliés au Parti communiste français. Après la guerre, son hostilité à l'égard de la « science prolétarienne » imposée par Staline et incarnée par Lissenko mène à son éviction du Comité central en 1950.
2. Physicien de premier plan, Paul Langevin (1872-1946) dirige l'École supérieure de physique et de chimie de Paris depuis 1925. Dreyfusard, socialiste, antifasciste, il est l'un des fondateurs du Comité de vigilance des intellectuels antifascistes. L'occupant nazi l'arrêtera dès le 30 octobre 1940 en raison de ses engagements politiques. Il adhère au Parti communiste durant la clandestinité, et devient à la Libération président de la Ligue française pour la défense des droits de l'homme et du citoyen.
3. Étienne Mantoux a 31 ans.

À la question que vous me posez (peut-on être communiste sans accepter le matérialisme dialectique ?), rien ne m'est plus facile que de vous répondre, avec la certitude d'avoir raison. Vous avez le droit d'être communiste sans être un adepte du matérialisme dialectique. Blanqui l'était, Louis Blanc l'était ; et ni l'un ni l'autre ne connaissaient le matérialisme dialectique. Vous avez donc parfaitement le droit, même si vous répudiez le matérialisme dialectique, de dire que vous prenez le chemin du communisme. Seulement vous n'avez pas le droit de dire : « Je prends le chemin du marxisme. »

C'est la seule question que vous me posez, il me semble ; la seule donc à laquelle il semble que je doive vous répondre. Si vous devez cependant revenir en France « converti » au « communisme »[1], permettez-moi de vous demander en quoi et pourquoi. Est-ce parce que c'est l'attitude qui permettra à votre action sociale d'être la plus féconde en résultats heureux ? Alors, convertissez-vous. Est-ce parce que c'est l'attitude qui, parce qu'elle est la plus intransigeante, est la mieux faite pour vous dégager de toute responsabilité à l'égard d'une société évidemment mal faite, et vous permet de protester sans cesse dans l'attente d'un bouleversement final, et de ne rien faire en attendant la venue hypothétique de ce bouleversement ? Alors ne vous convertissez pas.

Je vous conseillerais, après vous être exalté (comme je le comprends fort bien : je suis capable moi-même de cette exaltation) au spectacle *sublime*, *héroïque*, de l'expérience soviétique[2], d'aller faire un stage chez les Scandinaves, ou simplement chez les Hollandais, et d'y voir ce qu'on peut faire pour le bien-être et la culture des classes populaires, par le développement de certaines vertus secondaires, qui font défaut aux Français, et dont ils peuvent aller chercher le secret sans faire le voyage de Moscou.

Cela dit sans vouloir que ma sagesse décourage votre enthousiasme, et en faisant mes vœux que vous-même, et votre pays, puissiez tirer parti de votre voyage chez les Soviets. Je pars pour la Grèce dans quelques jours, pour un mois. N'essayez donc pas de venir me voir avant le mois de novembre.

Croyez à mon amitié,
Élie Halévy

---

1. Ce ne fut pas le cas.
2. Élie Halévy se souvient ici de son court séjour en URSS de l'automne 1932, dont malheureusement aucun autre commentaire de sa plume ne nous est parvenu. Mais le récit de leurs « Six jours à Leningrad » écrit par Florence Halévy reflète « leur sympathie pour l'enthousiasme sincère des jeunes communistes d'alors, leur admiration pour certaines réalisations, et en même temps leur lucidité sur les misères cachées et les persécutions qu'on devinait, et, en fin de compte, un intense sentiment d'oppression. » (Henriette Guy-Loë, *in* Élie Halévy, *Correspondance (1891-1937)*, *op. cit.*) Sur le récit rédigé par Florence Halévy des « Six jours en URSS », voir plus bas, p. 492.

« **Lettre d'Étienne Mantoux à Florence Halévy, 7 septembre 1937** »

Chère Madame,
J'ai cherché et retrouvé cette lettre que M. Halévy m'avait envoyée lorsque j'étais à Moscou en 1934. J'ai pensé que vous aimeriez peut-être la lire, et je serai toujours fier de penser de quelle amitié j'étais ainsi honoré. Ceux de ses élèves qui l'ont ainsi connu savent seuls de quel appui pouvait leur être la confiance de ce maître si affectueux et bienveillant, et en même temps si attaché à ne jamais laisser transparaître dans ses conseils ses préférences ou même ses idées personnelles : je veux dire par là qu'il s'efforçait de laisser à ceux qui lui demandaient des conseils la plus entière liberté de jugement ; et si quelqu'un m'a appris à juger librement et sans parti-pris, c'est bien lui.
Étienne Mantoux

Lettre de Florence Halévy à André Noufflard, Sucy, le 10 juin 1945

Fratellino,
Merci pour ton affectueuse lettre. Oui – la mort d'Étienne me fait une grande peine. Il était si bouillonnant de vie – de projets, d'idées, d'affection – qu'on n'arrive pas à croire que tout cela a cessé brusquement – bêtement, au bord d'une route. Je l'ai appris dimanche dernier – par sa mère – qui m'a demandé d'aller la voir lundi. Elle allait partir mardi matin pour aller – à Genève – porter la nouvelle à son mari. Et elle me priait de ne rien dire à personne. Elle [a] craint qu'il n'apprit la chose par d'autre que par elle. La pensée du coup terrible qu'elle allait lui porter lui faisait presque oublier son propre désespoir. « Il sera sur le quai de la gare – si heureux de me voir arriver… », répétait-elle.
Étienne avait passé par Paris – peu d'heures le 26 avril. Il est mort le 30.
C'est quand il était à Londres – son père y avait été nommé par l'intermédiaire d'Élie professeur à la School – que je l'ai connu […] Élève passionné d'Élie, il venait constamment faire part à Élie de ses nombreuses « crises » au sujet d'une carrière – ou de ses convictions du moment (communistes ou autres). Toujours en ébullition mais toujours si franc, généreux, affectueux. À Lyon je l'ai vu faisant le ménage – le marché – la cuisine – (il adorait sa mère). D'une adresse pratique qui m'a surpris. Il est venu à Peyrat. Et ici. Le 27 août 44. Sitôt arrivé à Paris avec Leclerc. Il a été accueilli à la frilet [ill.] par une ovation. C'était le premier Français vu à Sucy – il rayonnait. Il a refusé l'offre de Joxe d'un travail à Matignon – il a repassé chez moi 15 jours après – lors du départ de Leclerc

pour l'Alsace. Cela a été la dernière fois. Depuis il s'était battu à Bordeaux – et après avoir encore refusé d'aider Joxe – il s'est envolé le 26 avril pour l'Allemagne. Il est mort 4 jours après.

L'un de ses projets (il en avait tant !), c'était de compléter l'histoire du Peuple anglais (les années allant de 52 à 95). De tous les élèves – c'était celui en qui Élie était, je crois, le plus vivant[1] – celui qui l'avait le plus intimement connu.

Pauvres parents. J'attends impatiemment de leurs nouvelles – mais – avec Genève – cela va si lentement ! [...]

Florence Halévy

Lettres d'Italie (1935-1937)

En 1935, Élie Halévy réalise avec sa femme un nouveau voyage en Italie. Il ne se limite pas à Florence, sa destination habituelle, où habite sa belle-famille italienne. Avec sa femme, il gagne le sud du pays. En route vers Rome, il reçoit des nouvelles inquiétantes de la santé de Xavier Léon et envisage d'écourter son voyage. Finalement, le couple poursuit jusqu'à Naples où il constate la marque de la guerre coloniale sur le pays. L'Italie est en passe d'achever sa conquête de l'Éthiopie au prix d'une hécatombe parmi les combattants africains et les populations civiles[2]. Le surgissement de la guerre et la maladie de Xavier Léon décident les Halévy à ne pas poursuivre vers la Sicile et à regagner Florence puis la France. Les deux événements conjugués jettent une ombre inquiétante sur le devenir des valeurs de ces quelques philosophes résistant à l'histoire, percevant l'isolement croissant qui les entoure. Demeure l'amitié, pour quelques jours encore, avant que la mort n'emporte Xavier le 21 octobre 1935 à Paris.

À Gabrielle Léon, Rome, 5 octobre 1935*

Ma chère Gabrielle,

Voici huit jours que nous sommes partis ; et nous sommes toujours sans nouvelles. Cela nous contrarie fort, mais je ne sais que faire pour en

---

1. Syntaxe hésitante mais conforme à l'original.
2. L'invasion de l'Éthiopie est annoncée par un discours solennel du Duce à Rome le 2 octobre 1935. Le lendemain, la « campagne d'Abyssinie » débute avec l'entrée de 100 000 hommes sur le territoire éthiopien depuis la colonie italienne d'Érythrée. Le 1er mai 1936, après des combats d'une grande violence avec les forces du roi Haïlé Sélassié, et l'utilisation par les Italiens de gaz moutarde (prohibé par la SDN), la victoire italienne est acquise.

avoir. Je n'ai pas envie de vous embêter par une dépêche, et je crois que vous n'aimeriez pas me voir en demander par quelques intermédiaires (Brunschvicg par exemple, ou Winter). Alors que faire ? rien que d'attendre et de vous conjurer de nous écrire au moins une fois quelques mots (vous êtes *tout* à même de le faire). Je continue à écrire à Combault, sachant que vous avez dû faire, à la date fixée, votre voyage de rentrée à Paris. Mais je ne sais rien, rien.

Nous passons ici trois jours, un peu pour ne pas aller tout de suite au plus éloigné. Lundi, nous comptons être à Naples, Hôtel Continental, et c'est là qu'il faudrait nous répondre. Quelques lignes seulement, mais ne nous laissez pas complètement dans la nuit.

À part cet ennui de tous les jours, le voyage se passe bien, par temps un peu chaud. Grand calme politique. Ne croyez pas à un pays qui s'enthousiasme pour les victoires de l'armée coloniale, ni qui se prépare à la révolution. [...]

Élie Halévy

À Xavier et Gabrielle Léon, Hôtel Continental, Naples, 10 octobre 1935*

Mes chers amis,

Je vous écris par une chaleur assez torride qui, après trois jours de suractivité touristique, nous a mis à plat avec embarras gastriques ; et nous passons la journée au repos, derrière nos persiennes fermées.

Nous avons vu les horribles sulfatures avec leurs émanations de gaz et leurs éruptions de boue brûlante (dont on se sert pour guérir les rhumatisants). Nous avons vu l'admirable ruine de Cumes, dominant la mer, les murs de Pompéi, les ruines d'Herculanum. Mais c'est un climat trop brûlant.

L'aspect politique du pays est toujours [???]. Aucune manifestation patriotique qui ait attiré notre attention. Beaucoup de soldats, en uniforme colonial, qui s'apprêtent à partir. Mais en général un calme plat. Partout on s'arrache les journaux français (pas *Le Populaire* et *L'Humanité* bien entendu ; et il faut mettre la main dessus aussitôt leur arrivée : ou bien ils sont tous envolés. À Gênes, cela m'amusait sans m'étonner. Mais ils arrivent jusqu'ici ; et j'ai vu le ballot débarquer, et fondre entre les mains des vendeurs à la petite, toute petite gare de [???] près des ruines d'Herculanum. En somme, la peur d'une guerre avec l'Angleterre[1] pèse sur toutes les pensées, et il y a de quoi. Mais le gouvernement semble imperturbable et prêt à tout risquer.

---

1. L'Italie vient d'être condamnée pour son agression par le Conseil de la Société des Nations, à l'unanimité de ses membres, le 7 octobre précédent. Le 10 octobre, l'Assemblée

Et nous deux, dans tout cela, qu'adviendra-t-il de nous ? J'ai peine à croire que nous ayons des difficultés réelles, sinon peut-être d'argent.

Continuez à nous donner des nouvelles. Je ne sais trop quand nous partirons d'ici. Mais ce ne sera certainement pas pour aller en Sicile – plutôt nous rapprocher de la Toscane, et de la France. [...]

Toute notre affection,
Élie Halévy

À Gabrielle Léon, Hôtel Continental, Naples, 15 octobre 1935*

Chère Gabrielle,

Cette distance, cette rareté de nouvelles, me pèse trop. Souffrant pendant quelques jours, nous allons mieux, et nous décidons à prendre la route du retour. Sauf modification à nos plans, nous pensons être à Sucy vendredi, au plus tard samedi.

Nous ne vous importunerons pas ; et ce sera à vous de me dire dans quelle mesure nous pourrons vous être utiles. Pour que vous soyez laissés aussi tranquilles que possible, j'ai cessé d'écrire une seule fois soit à Brunschvicg, soit à Winter, soit à Bouglé, qui doivent trouver mon silence singulier : et cela ajoute à mon isolement. En même temps d'ailleurs que cette lettre part vers vous par la poste, j'envoie une dépêche rue de Rome, pour savoir au moins télégraphiquement comment vont les choses depuis jeudi dernier.

Bien affectueusement,
Élie Halévy

À Gabrielle Léon, [Naples], jeudi 17 [octobre] 1935*

Chère Gabrielle,

La dépêche de Feldman[1], rassurante, semble-t-il, nous décide à changer nos plans, et à ne pas priver les parents et amis de Florence du plaisir de les revoir, après tant de journées d'absence. Nous sommes d'ailleurs encore aplatis par la chaleur napolitaine, et le passage subit à l'automne parisien me fait peur. Nous serons donc ce soir chez Madame Giuliani, Casignano, Scandicci, Florence, où vous pouvez nous envoyer des nouvelles. Puis, dans

---

générale vote les mêmes conclusions, par cinquante voix contre une (celle de l'Italie) et deux abstentions (Autriche et Hongrie).

1. Marianne, la fille de Gabrielle et Xavier Léon, porte le nom de Feldmann depuis son mariage (voir Stephan Soulié, « Xavier Léon, philosophe (Boulogne-sur-Mer, 21 mai 1868-Paris, 21 octobre 1935) », *Archives juives*, vol. 39, 1, 2006, p. 144-147 (ici, p. 147).

deux jours, chez les Acquarni à Firenze (je vais écrire de Florence pour vous dire quand) ; et puis, Paris par Bologne et Milan.

Nous ne sommes plus qu'à 20 heures de distance, et je calcule que cette lettre vous atteindra demain vendredi.

Affectueusement,
Élie Halévy

Depuis la mort de sa mère en août 1930, Élie Halévy préfère quitter Sucy au moment des fêtes, où il les passait avec Florence et Louise Halévy. À la fin de l'année 1936, il décide d'accomplir un voyage qu'il n'avait jamais réalisé, sur les sites antiques de Grèce. Au retour, début 1937, il visite avec Florence les antiquités siciliennes. Puis ils s'arrêtent à Florence sur le chemin de la France.

À Gabrielle Léon, Syracuse, 1er février 1937

Chère Gabrielle,

Le temps passe ; nous commençons à remonter vers le nord, vers Florence puis vers la France. Il a fait toujours très-beau, assez froid au début, un peu trop chaud aujourd'hui. Ici, comme en Grèce, on vit dans les ruines ; et on se rend compte que les hommes sont animés d'un esprit de destruction tout à fait extraordinaire. Ce qui est plus extraordinaire encore, c'est que cela ne les décourage pas de continuer à construire. Avec des morceaux de temples, on bâtit des églises. Dans l'intervalle, il dut y avoir des mosquées : mais celles-là, on a réussi à les faire totalement disparaître, ou peu s'en faut. À partir de Naples, et en continuant vers le Sud, tout grouille de soldats en costumes de campagne[1]. Il me semble pourtant que, sous la pression

---

1. L'Italie mobilise pour venir en aide aux franquistes menacés par les victoires des républicains en Espagne. Les contacts entre les responsables italiens et les conjurés antirépublicains espagnols remontent à 1932 et débouchent, le 31 mars 1934, sur la signature d'un accord secret prévoyant la livraison de matériel militaire italien aux monarchistes espagnols. Les contacts sont plus intenses après juillet 1936 et associent les phalangistes qui se trouvent en symbiose idéologique avec les fascistes italiens. À travers ces promesses d'aide, le Duce cherche à prendre pied durablement en Espagne, aux Baléares et même au pays Basque. Un traité secret est conclu le 26 novembre 1936 qui oblige Franco à accepter la venue de troupes italiennes conjointement à la livraison de matériel militaire. Une force expéditionnaire appelée Corps des troupes volontaires (CTV) est constituée en novembre, et le général Roatta en prend le commandement. En mars 1937, le CTV atteint le plein de ses effectifs avec près de 50 000 hommes et se glorifie de la prise – sans combats – de la ville de Malaga, le 8 février 1937. En mars 1938, l'aviation italienne bombarde la ville de Barcelone,

allemande, Mussolini se décide à ménager l'Angleterre[1]. Ce qui pourrait sauver la paix. Je dis : *il me semble*. Car l'avenir est bien trouble. [...]
Élie Halévy

Au baron de Meyendorff, Pension Piccioli, Florence, 6 [février[2]] 1937

Mon cher ami,
Une troupe de onze Finlandais vient de quitter notre hôtel. Ils ont ramené ma pensée sur vous, bien qu'ils viennent d'Helsingfors, non de Viborg, et que je ne les considère, bien entendu, en aucune manière, comme vos compatriotes. Je suppose que vous ne vous êtes pas donné la peine d'apprendre un mot de leur mystérieux langage.

Florence, par elle-même, pourrait ramener vers vous ma pensée : n'est-ce pas une des villes où vous avez campé au cours de votre errante existence ? Elle n'a guère changé depuis votre temps, depuis notre temps. Une gare moderne, qui est d'une simplicité austère, et très-basse, ne gâte pas le quartier de Santa Maria Novella. Les patriotes italiens qui ont vraiment abîmé la ville, avec la façade du Dôme, avec la place Victor-Emmanuel, avec l'impitoyable destruction du mur d'enceinte, ont fait tout le mal : ne leur pardonnons qu'en considération du Viale dei Colli. Vue de haut, la silhouette de la ville a perdu quelque chose de sa netteté ; et les maisons vont se noyer vers le sud-est dans celles de Settignano. Mais ce sont toujours les mêmes merveilles, la même sobriété digne de l'Attique dans les monuments, la même gravité dans les bois de pins, de chênes verts et d'oliviers ; et quand il fait beau comme il fait beau aujourd'hui – la même admirable lumière.

Y a-t-il cruauté à vous parler de tout cela, quand vous hivernez sous la neige ? Mais non. Votre été, avec ses interminables soirées, a des beautés qu'un Florentin ne connaîtra jamais.

---

faisant 3000 morts et 25 000 blessés. Les protestations internationales, dont celles du pape Pie XI, n'ont aucun effet sur l'intervention des forces de l'Axe Rome-Berlin.

1. Les affaires qui opposent l'Italie et l'Angleterre sont nombreuses. La seconde guerre italo-éthiopienne les a avivées. L'Angleterre s'alarme de la conquête (partielle) de l'Éthiopie par l'Italie fasciste qui pourrait menacer son empire en Afrique orientale. Elle accueille en exil l'empereur Haïlé Sélassié, qui arrive à Londres le 3 juin 1936, et lui permet de prononcer son discours historique à la tribune de la SDN le 30 juin suivant. L'intervention italienne dans la guerre d'Espagne relance ces tensions, même si l'Angleterre du conservateur Stanley Baldwin (qui dirige le gouvernement jusqu'au 28 mai 1937), n'a aucune intention de venir en aide au camp républicain, identifié à une révolution bolchevique. L'arrivée de Neville Chamberlain au 10 Downing Street renforce même cette politique qui prend le nom d'*appeasement* et à laquelle la France est contrainte de se plier si elle veut conserver le soutien international de la Grande-Bretagne.

2. La lettre est datée du 6 janvier, mais c'est probablement une erreur.

Vous me parliez beaucoup, dans votre lettre, de l'affaire du malheureux ex-roi Édouard VIII[3]. Vous avouerai-je que, pour ma part, elle ne m'a jamais beaucoup passionné. Était-ce vraiment du Georgesandisme ? Je n'en suis pas sûr. Ce pauvre garçon, pas très-intelligent mais assez sympathique, avait une horreur presque maladive pour les imbéciles corvées qui font quasiment tout le métier d'un roi d'Angleterre. Il ne pensait qu'à s'évader ; Mrs. Simpson lui a servi d'échelle pour franchir le mur de la prison. Intéressante a été l'indiscrète et bruyante intervention de l'épiscopat. L'avènement du pieux George VI est le triomphe des deux archevêques[4], qui, en faisant de l'abdication d'un roi leur affaire, ont voulu prouver au monde qu'en Angleterre l'ère de H. G. Wells[5] et de Bernard Shaw[6] était close. Ont-ils réussi ? Je serais curieux de savoir ce qu'on pense au *School of Economics*[7].

Mon respectueux souvenir à Madame de Meyendorff dont ma femme serait bien heureuse d'avoir des nouvelles directes.

De moi à vous, toutes sortes d'amitiés et de vœux.

Élie Halévy

À Célestin Bouglé, Pension Piccioli, Florence, le 9 février 1937

Mon cher ami,

[...] J'ai vu, dans le sud de l'Italie, partir trop de troupes pour l'Espagne[8] – je ne puis être optimiste pour l'avenir des libertés espagnoles, compromises

---

3. Édouard VIII (1894-1972) a brièvement régné au Royaume-Uni entre le 20 janvier et le 11 décembre 1936. Il succédait à son père George V. Lié à l'Américaine catholique Wallis Simpson, deux fois mariée, il annonça son intention de l'épouser, ce qui déboucha sur une crise constitutionnelle, le Premier ministre Stanley Baldwin prévoyant alors la démission de son gouvernement si le roi persistait dans cette voie. Le feuilleton politico-mondain tint en haleine l'Angleterre et le monde. Alors qu'il n'avait pas encore été couronné, Édouard choisit d'abdiquer. Sans être préparé à cette responsabilité et souffrant de bégaiement, son frère cadet Albert d'York (1895-1952) monta sur le trône et prit le nom de George VI (1936-1952). Le duc de Windsor et sa femme se fixèrent en France. Mais leurs sympathies pour le nazisme (incluant une visite à Hitler en octobre 1937 au Berghof, sa résidence d'été) obligea le gouvernement britannique à les déplacer vers les Bahamas, en conférant à l'ancien roi le titre et la charge de Gouverneur général.
4. L'abdication d'Édouard VIII est généralement considérée comme une victoire du gouvernement conservateur et de l'Église d'Angleterre (dont il était le « gouverneur suprême »), heurtés par les libertés prises par le souverain avec l'étiquette et les charges royales.
5. Voir *supra*, note 3, p. 224.
6. Voir *supra*, note 2, p. 224.
7. Le baron de Meyendorff est conférencier à la London School of Economics, depuis son retour en Angleterre après un séjour de plusieurs années en Finlande où il s'est installé avec sa femme en 1934.
8. Voir la lettre d'Élie Halévy à Gabrielle Léon, Syracuse, 1er février 1937, *supra*, p. 503.

d'ailleurs gravement par les extravagances de leurs étranges défenseurs. J'apprends à l'instant que l'armée italienne (car c'est l'armée italienne) a pris Malaga. Je m'attends à apprendre, d'ici peu, que l'armée allemande a forcé la résistance de Madrid. C'est ainsi qu'en 1822, une armée française remit sur pied une monarchie absolue fort ébranlée. Mais j'ai peine à croire à la stabilité de l'absolutisme espagnol, rétabli dans de pareilles conditions. Ce n'est pas une armée allemande qui a rétabli l'ordre en Italie. Ce n'est pas une armée italienne qui a rétabli l'ordre en Allemagne (en admettant que le désordre régnât en Allemagne avant Hitler).

La chose impressionnante, c'est qu'il y a un siècle deux puissances intervenaient en Espagne, qui maintenant regardent, hébétées, ce qui s'y passe, pendant qu'y interviennent (avec quelle activité !) deux puissances qui n'existaient même pas alors.

Je pense d'ailleurs que la volonté obstinée de la France et de l'Angleterre nous vaudra encore [quelque] temps de paix[1] – en attendant le jour où un des deux despotes voudra absolument déchaîner la guerre générale, coûte que coûte.

À bientôt. Je reviens dans le courant de la semaine prochaine.
Ton, votre
Élie Halévy

À Gabrielle Léon, Pension Piccioli, via Tornabuoni 1, Firenze, 12 février 1937*

[...] j'ai passé, en venant ici, de la vie de [ill.] à la vie de famille. Temps plus variable que pendant notre excursion sicilienne, mais un jour sur deux magnifiques ; et, de notre fenêtre même, la plus belle vue du monde sur l'Arno, la rive gauche de Florence, et les collines qui bordent la ville sur la rive gauche.

Pendant ce temps, Mussolini se moque de la France et de l'Angleterre avec autant d'imperturbabilité et de succès qu'au moment de la guerre abyssine.

Nous rentrons la semaine prochaine, un jour encore indéterminé.
Affectueusement à vous,
Élie Halévy

---

1. Élie Halévy évoque ici la politique de l'*appeasement* de l'Angleterre à laquelle la France se résigne pour ne pas se priver de l'allié anglais (qui lui est indispensable). Largement inspirée par le Premier ministre britannique Chamberlain, elle apparut à juste titre comme une politique d'impuissance diplomatique et de gesticulation verbale en face du chantage à la guerre mené par l'Allemagne. L'*appeasement* culmina avec les accords de Munich du 30 septembre 1938.

De retour en France, Élie Halévy se prépare, avec Florence, à gagner l'Angleterre pour son traditionnel séjour de travail. Ce voyage du printemps 1937 est particulièrement riche sur le plan des contacts. Il revoit de nombreux amis. Après l'expérience de l'Italie fasciste et le retour dans une démocratie française qu'il juge impuissante face aux provocations des tyrannies, l'Angleterre lui apparaît, sinon comme la réponse aux menaces venues de « l'infernal continent »[1], du moins comme le pays où les problèmes sont posés – première étape vers leur résolution. Il ne méconnaît pas cependant les difficultés croissantes du pays et sa paralysie progressive, faute d'assumer la menace que constitue le « socialisme national »[2] qui domine le continent.

Ce séjour anglais est le dernier pour Élie Halévy. Déjà apparaissent les premiers synmptômes des défaillances cardiaques qui vont l'emporter à la fin de l'été, dans sa maison de Sucy.

---

1. Élie Halévy, lettre au baron de Meyendorff, 13 juin 1937, *infra*, p. 507.
2. *Ibid.*, 20 août 1935, *infra*, p. 646.

III

L'AVENIR DE LA DÉMOCRATIE LIBÉRALE.
LE MODÈLE BRITANNIQUE EN QUESTION (1924-1937)

À mesure que s'aggravent, dans les années 1920, les problèmes européens et la situation intérieure des États, Élie Halévy se concentre sur la démocratie anglaise, interrogeant aussi bien le rapport à la guerre de l'Angleterre que sa politique internationale d'après-guerre et l'évolution de la question sociale.

*Il se donne un cadre à la mesure de telles études d'histoire contemporaine, en décidant de bousculer la chronologie des volumes de l'*Histoire du peuple anglais au XIXe siècle *et de se lancer sans tarder dans la rédaction des deux volumes de l'Épilogue qui forment le dernier livre. Il s'y consacre dès l'achèvement des deux tomes sur lesquels il travaillait déjà avant-guerre[1].*

Pour penser l'Europe d'après-guerre, il est impératif de comprendre son acheminement vers la guerre à la fin du siècle précédent et le poids des nationalismes sur la politique des puissances. En 1924, Élie Halévy débute l'écriture du premier tome, Les Impérialistes au Pouvoir (1895-1905), *qui paraît deux ans plus tard[2], suivi en 1932 du second volume,* Vers la démocratie sociale et vers la guerre (1905-1914)[3].

Dans ce dernier ouvrage, il étudie l'agitation politique et sociale en Angleterre juste avant la guerre (triple insurrection : syndicaliste, féministe, irlandaise) alors même que ses séjours depuis 1919 sont marqués par des grèves récurrentes – dont la grève générale de 1926 qui perturbe son voyage devant le conduire à Oxford pour recevoir son doctorat honoris causa. *Analysant le précédent d'avant-guerre, il prévoit l'échec du mouvement. Pour autant, les conditions misérables des travailleurs, notamment des mineurs, le justifient. La guerre a suspendu les problèmes mais elle les a maintenus entiers et les a même aggravés.*

---

1. Du lendemain de Waterloo à la veille du Reform Bill (1815-1830) et De la crise du Reform Bill à l'avènement de Sir Robert Peel (1830-1841), tomes II et III de l'*Histoire du peuple anglais au* XIXe *siècle*, op. cit.
2. Ouvrage qui sera traduit en anglais en 1929.
3. Ouvrage qui sera traduit en anglais en 1934.

À partir de 1928, sa qualité de membre de la commission d'historiens formée par le ministère des Affaires étrangères pour publier les documents diplomatiques secrets concernant les origines de la guerre[1], l'amène à nouer des contacts en Angleterre, notamment avec G. P. Gooch et Sir George Aston. L'année suivante, il est l'invité de l'université d'Oxford pour prononcer les prestigieuses Rhodes Memorial Lectures. *Il y expose sa pensée sur les origines de la guerre, sur les rapports qu'il estime très étroits entre guerre et révolution, et sur le rôle à son avis restreint qu'y ont joué les hommes d'État.* « *C'était un condensé frappant du second volume de son* Épilogue *et de ses conférences. Le succès est très grand[2].* » *Ces trois conférences d'Oxford engagent sa recherche sur les tyrannies et aboutissent à la conférence inaugurale du 28 novembre 1936. Les* Rhodes Lectures *sont une reconnaissance de premier plan de la science anglaise envers l'œuvre d'un savant de premier plan, qui donne à l'histoire de l'Angleterre la dimension d'une philosophie politique.*

*Les articles spécifiquement consacrés à la période contemporaine anglaise semblent moins nombreux après 1923 qu'au cours de la période de sortie de guerre, au moment où Élie Halévy est en mission en Angleterre aux fins d'enquête. Mais l'investissement dans l'écriture des deux volumes de l'*Épilogue *de l'*Histoire du peuple anglais *le ramène aux origines de la crise mondiale qui constitue l'objet principal de ses recherches, avec ses deux volets, guerre et révolution. Ce temps de rédaction du dernier volume s'étend de 1924 à 1932. En dépit de la lourdeur de la tâche, cette entreprise de compréhension des origines de la guerre lui est essentielle pour se situer dans le monde présent et dégager les chances de survie du modèle politique incarné par l'Angleterre du XIXe siècle, un régime de démocratie reposant sur la constitution d'une société démocratique. L'existence anglaise n'intéresse pas seulement la poursuite d'une aventure politique des libertés et du bien public. Elle pèse directement sur l'avenir du monde, par la capacité de l'Angleterre à réduire les tensions nationalistes sur le continent européen. Il s'en était ouvert à sa mère dans sa lettre du 30 avril 1922, évoquant sa vocation à jouer un* « *rôle d'arbitre désintéressé* », *ses* « *convoitises territoriales étant exclusivement extra-européennes* »[3].

*Une fois l'*Épilogue *achevé et publié en 1932, Élie Halévy revient à la chronologie de l'histoire. Il débute l'écriture du tome IV, intitulé* Le milieu du siècle (1841-1852) *Ses séjours anglais, à chaque printemps, lui permettent de*

---

1. Ce comité était présidé par Pierre Renouvin, sous l'autorité de Sébastien Charléty. Cf. « Documents diplomatiques français », *Revue de Paris*, 36, 1er septembre 1929, p. 45-63.
2. Henriette Guy-Loë, *in* Élie Halévy, *Correspondance (1891-1937), op. cit.*, p. 691.
3. Élie Halévy, lettre à Louise Halévy, 30 avril 1922, voir *supra*, p. 469.

recueillir la documentation nécessaire à la tâche de rédaction – à laquelle il se consacre principalement de retour à la Maison Blanche de Sucy-en-Brie. L'Épilogue achevé donne aussi à Élie Halévy plus de latitude pour se relancer dans une enquête de l'Angleterre contemporaine et de ses responsabilités dans la crise mondiale. La conférence qu'il prononce à la nouvelle École de la Paix, à Paris, le 11 février 1932, et dont le texte est reproduit plus bas[1], aborde l'Angleterre dans le contexte des enjeux internationaux et des relations avec la France. La tradition du débat permanent qui irrigue la société et lui confère sa physionomie intellectuelle[2] encourage l'historien-philosophe à s'interroger sur son propre rôle et sa contribution à la formation de l'esprit public européen, dans le droit fil des Rhodes Memorial Lectures *de 1929. À l'invitation du Centre de documentation sociale dirigé par son ami Célestin Bouglé, il présente en 1936 une synthèse approfondie de la situation de la pensée politique anglaise. Contemporaine de la conférence à la Société française de philosophie, cette intervention marquée du sceau des sciences sociales dresse le bilan du libéralisme en Angleterre au moment où, dans toute l'Europe, des régimes se destinent à le faire périr. Cette conférence, comme celle de 1932, aurait mérité de figurer parmi les textes constituant* L'Ère des tyrannies *de 1938. C'est chose faite pour cette nouvelle édition.*

La correspondance anglaise d'Élie Halévy est cruciale pour mesurer les progrès de sa réflexion sur les régimes totalitaires. Elle rassemble en conséquence une partie significative des lettres adressées depuis l'Angleterre, qu'elles concernent ou non la situation de la démocratie anglaise. Regardant le monde depuis le pays de la tradition libérale, Élie Halévy s'arme d'une tradition politique pour comprendre une histoire mondiale de plus en plus insondable. Au fil d'une abondante et souvent passionnée correspondance, on découvre aussi le quotidien du couple Halévy en Angleterre, à Londres, à Oxford ou dans les provinces du Royaume-Uni, une existence à la fois austère en raison du temps consacré à la recherche et riche de rencontres et d'amitiés.

La densité des séjours anglais contraste avec la simplicité de la vie qui s'écoule à Sucy-en-Brie, dont le rythme est seulement interrompu par un aller et retour hebdomadaire à Paris pour enseigner à l'École libre des sciences politiques, par des séjours en Normandie ou dans les Alpes, et par des voyages en Europe, en Italie principalement. Élie Halévy ne se désintéresse cependant pas des affaires du monde. Il les aborde par la

---

1. Cf. *infra*, p. 591-606.
2. « Les Anglais ont transformé l'Angleterre en une vaste *debating society* » (lettre d'Élie Halévy à Florence Halévy, Londres, 2 juillet 1903, dans *Correspondance (1891-1937), op. cit.*, p. 336).

presse, les discute par lettre avec ses amis, y réfléchit avec Flo‚
a refusé d'installer le téléphone à la Maison Blanche pour conse‚
*lieu calme et concentration. C'est là aussi, dans la quiétude studieuse de son grand bureau-bibliothèque, qu'il mène de front ses multiples dossiers d'historien philosophe, à commencer par les volumes de l'*Histoire du peuple anglais*. Il en publiera l'essentiel en dix ans, de 1923 à 1932. À sa mort en 1937, il achevait le tome IV (qui ne paraîtra qu'en 1946¹). L'Angleterre ne cessait d'être l'horizon de ses pensées et de ses espoirs de résistance européenne aux tyrannies, l'Angleterre avec ses institutions, sa monarchie représentative, sa société et son peuple.* « *Mystère de la nation anglaise, seule solide dans une Europe vacillante* »*, écrivait-il à Xavier Léon, de Londres, le 8 mai 1935².*

Cette section s'achève sur son dernier séjour anglais du printemps 1937, déjà évoqué et précédant de peu sa disparition, dans la nuit du 20 au 21 août à Sucy-en-Brie.

---

1. *Le milieu du siècle (1841-1852)*, publié par Paul Vaucher, Paris, Hachette, 1946.
2. Voir *infra*, p. 565.

LE LIBÉRALISME ANGLAIS. UN BILAN EN 1936[1]

Recueil publié en 1936 par le Centre de Documentation sociale et édité par Célestin Bouglé, son fondateur et directeur, La crise sociale et les idéologies nationales *réunit la matière de « petites réunions d'étude en commun »*[2]. *Au cours de la dernière année scolaire, les séances ont été consacrées à « un problème central » : la crise de l'après-guerre et la manière dont les différents pays ont tenté d'y répondre selon leurs « possibilités d'ordre économique, et selon [leurs] traditions, [leur] tempérament, les doctrines qui [leur] sont chères »*[3]. *Ont contribué à cette année d'étude Élie Halévy sur l'Angleterre, Raymond Aron sur l'Allemagne, A. Bernard sur l'Italie, Georges Friedmann sur la Russie, Robert Marjolin sur les États-Unis, Étienne Dennery sur le Japon et Célestin Bouglé sur la France. L'ouvrage du Centre de Documentation sociale publie les textes des différentes interventions, complétés en fin de volume de bibliographies annexes*[4]. *La communication d'Élie Halévy suit immédiatement l'avant-propos de Célestin Bouglé.*

Depuis les Rhodes Memorial Lectures *prononcées en 1929 à Oxford, Élie Halévy n'a eu de cesse de s'interroger sur la « crise mondiale » engendrée par la guerre de 1914-1918 et sur les rapports complexes entre guerre, socialisme et démocratie. L'Angleterre de l'après-guerre est, à cet égard, un excellent observatoire, à la fois de la force de la démocratie libérale et des tensions qui en ébranlent les principes fondateurs. Élie Halévy s'interroge : comment les Anglais peuvent-ils réussir à concilier parlementarisme et tentation autoritaire, pacifisme et protectionnisme, capitalisme et socialisme ? Ces dilemmes ont été aggravés par l'expérience de guerre. La centralisation de l'économie, renforcée depuis la fin de la guerre, est un effet du gouvernement de la guerre. L'intervention de l'État y est centrale, au profit quasi-exclusif des socialistes.*

---

1. « L'Angleterre : Grandeur, décadence et persistance du libéralisme en Angleterre », dans *Inventaires. La Crise sociale et les idéologies nationales*, avant-propos de Célestin Bouglé, Paris, F. Alcan, 1936, p. 5-23.
2. Célestin Bouglé, « Avant-propos », p. 2.
3. *Ibid.*
4. La bibliographie donnée par Élie Halévy pour sa communication figure aux pages 195 et suiv.

Cependant, Élie Halévy modère ses conclusions : s'il y a bien personnalisation de l'exercice du pouvoir et renforcement de l'exécutif, c'est toujours dans un cadre parlementaire préservé ; s'il y a bien protectionnisme de raison, le libre-échangisme est de cœur et d'horizon et s'incarne dans un puissant courant pacifiste. L'effort consenti pour concilier autoritarisme et parlementarisme, protectionnisme et pacifisme définit selon lui la philosophie politique anglaise, « la philosophie du juste milieu, de l'équilibre des pouvoirs, de l'harmonie des contraires ».

Seul domaine où Élie Halévy croit à la profondeur et à l'irréversibilité des transformations : la socialisation de l'économie, soit par le corporatisme et la cogestion, soit par l'étatisme (capitalisme d'État ou État organisateur) : l'histoire – tant des nationalisations de l'après Seconde Guerre mondiale que du développement du Welfare State *– lui donnera raison.*

Récusant toute approche psychologisante, il mobilise l'histoire pour revenir aux sources du libéralisme anglais et aux transformations que les événements lui ont fait subir : remise en cause de l'individualisme protestant par le collectivisme socialiste ; remise en cause du libre-échangisme pacifique par le prestige du modèle bismarckien militariste et protectionniste ; remise en cause du libéralisme par la guerre et l'intervention de l'État. Le socialisme et le militarisme ont ainsi profondément ébranlé le modèle anglais.

(avec Marie Scot)

« L'Angleterre : grandeur, décadence et persistance du libéralisme en Angleterre »

La tradition nationale de l'Angleterre moderne est, la chose va de soi, une tradition de libéralisme. Mais le mot « libéralisme » lui-même doit s'entendre en des sens qui, pour être proches l'un de l'autre, n'en sont pas moins différents. Il y a libéralisme politique et libéralisme économique. Essayons, pour mieux préciser l'objet de notre étude, de les définir l'un et l'autre.

La formation de l'idée du libéralisme politique remonte, en Angleterre, aux dernières années du XVIIe siècle : disons, pour fixer les idées, à l'année 1688, date de l'expulsion du dernier des Stuarts, qui poursuivait le rêve de constituer en Angleterre une monarchie absolutiste et catholique, du type de la monarchie de Louis XIV. La conception politique, toute contraire, qui prévalut en Angleterre – au prix d'ailleurs de dissensions civiles prolongées –, le mieux est encore aujourd'hui de recourir, pour en comprendre la nature, à la grande généralisation de Macaulay[1]. La monarchie limitée avait été, sur toute la face de l'Europe, la forme normale de gouvernement au Moyen Âge. Partout cependant elle faisait place à des monarchies absolues. Seule l'Angleterre insulaire sut conserver le principe médiéval, en en adaptant les formules aux besoins des temps nouveaux. Le roi d'Angleterre n'était plus un roi féodal disposant d'une armée qui était en quelque sorte sa propriété personnelle. Il lui fallait, pour lever et entretenir une armée, le consentement des contribuables. À ceux-ci donc, propriétaires de terres dans les campagnes, financiers de Londres, marchands de Londres et des villes de province, de lui mesurer l'argent qui, trop libéralement consenti, lui eût permis de se constituer une armée permanente, assez forte pour anéantir les libertés publiques. Ainsi apparaît une conception nouvelle et très paradoxale, semble-t-il, de la société et du gouvernement. La meilleure société est celle qui se fonde sur un sentiment de défiance permanente des gouvernés à l'égard des gouvernants, qui met ceux-là en état d'insurrection organisée contre ceux-ci, qui vise non à aider le gouvernement à gouverner, mais au contraire à l'empêcher autant que possible de gouverner.

La doctrine de ce que nous appelons en France le « libéralisme économique » (en Angleterre la locution n'a pas cours) est devenue courante un siècle environ après la doctrine du libéralisme politique : datons-en la naissance, pour plus de précision, du moment où parut, en 1776, le grand ouvrage d'Adam Smith « sur la nature et les causes de la richesse des nations ». Les théoriciens qu'on appelle – ou plus exactement qu'on va bientôt appeler – les économistes politiques, isolent, dans l'ensemble des phénomènes, ceux qui ont trait à la production, à l'échange et à la distribution des richesses. Ils découvrent que ce groupe de phénomènes est doué d'une remarquable autonomie par rapport au reste des phénomènes sociaux, et qu'il suffirait d'abandonner à lui-même, préservé contre toute intrusion gouvernementale, le monde de la production et de l'échange, pour qu'il s'organise, par la division spontanée des travaux, une société économique parfaitement constituée, assurant l'harmonie des intérêts individuels avec l'intérêt général, celui-ci n'étant pas autre chose que la totalité des intérêts particuliers. Pas d'intervention de l'État entre les classes, à l'intérieur d'une nation, sous le prétexte d'assurer l'harmonie entre l'intérêt de ces classes, de protéger une classe contre une autre. Pas d'intervention de l'État pour

---

1. [Thomas Babington Macaulay (1800-1859) est un historien du droit et des institutions anglaises, chargé dans les années 1830, à la tête de la *First Law Commission*, de réformer le droit pénal afin de le rendre applicable en Inde. Un premier projet échoue en 1838. Finalement un second projet révisé est adopté et promulgué en 1862. Il prend le nom de *Indian Penal Code*. Proche du mouvement utilitariste, Macaulay est l'auteur d'essais historiques, politiques et philosophiques qui sont traduits en France à partir de 1860].

séparer une nation des autres par des frontières douanières, sous prétexte de défendre ses intérêts contre ceux des autres nations. Toutes ces interventions de l'État n'aboutissent qu'à fausser l'équilibre naturel des intérêts individuels. L'idéal des économistes, c'est une société sans gouvernement, ou du moins dans laquelle les fonctions gouvernementales se réduisent à assurer le respect des contrats librement conclus entre les individus.

Ces deux conceptions du libéralisme sont visiblement apparentées l'une à l'autre, puisqu'elles reposent sur un même sentiment d'hostilité à l'égard de l'idée gouvernementale. Il ne faudrait pas croire, à vrai dire, qu'elles se recouvrent exactement l'une l'autre ; et bien souvent il est arrivé dans le courant du XIXe siècle que les conceptions du whiggisme politique soient venues se heurter aux conceptions nouvelles de l'économie politique. Les *whigs* du XVIIIe siècle étaient patriotes ; ils complétaient leur individualisme de la personne par un individualisme de la nation, et jamais ils n'auraient songé, au temps de lord Chatham, à ne pas protéger par des droits de douane et d'autres règlements, l'industrie et la marine marchande contre la concurrence étrangère.

De sorte que lorsqu'au XIXe siècle, un Palmerston reprenait, avec l'éclat qu'on sait, la tradition du whiggisme guerrier, il se heurtait à l'opposition violente du pacifisme des doctrinaires du libre-échangisme intégral, un Richard Cobden ou un John Bright. Cependant, au plus fort de ces âpres querelles entre deux camps adverses qui se formaient au sein du parti libéral, combien, des deux parts, la philosophie restait la même ! Lord Palmerston était obligé, pour donner satisfaction à l'opinion, de travestir une politique de prestige en une politique de paix, et, peu séduit au fond de son cœur par la doctrine libre-échangiste, de l'accepter, de l'utiliser même pour les besoins de sa diplomatie, comme un instrument de politique nationale.

Un demi-siècle, trois quarts de siècle se sont écoulés depuis lors. Les progrès du *militarisme* ont tendu constamment à alourdir le budget de la guerre, de la marine, sans parler du budget nouveau de l'air. Les progrès du *socialisme* ont constamment tendu à alourdir, par d'autres côtés, le budget national. Que pouvait devenir, dans ces circonstances, cette politique du gouvernement à bon marché qui était la formule à la mode en Angleterre, au milieu du XIXe siècle ? Des recettes douanières sans cesse diminuées ; l'impôt sur le revenu, un simple expédient temporaire, appelé à disparaître tôt ou tard. Tel était le système gladstonien, qui ne répondait plus aux besoins du pays. L'augmentation de l'impôt sur le revenu (sans parler des impôts sur les successions) a été la méthode normalement employée chaque année en vue d'équilibrer le budget, jusqu'à la date toute récente, où, non seulement pour assurer la sécurité de la production nationale contre la concurrence étrangère, mais aussi pour relever les ressources budgétaires au niveau des besoins de la nation, l'Angleterre est revenue au *protectionnisme*. Comment, par quelles transformations sociales, expliquer cette révolution ? Telle est la question qui m'est posée.

Je l'expliquerai, en premier lieu, par des transformations sociales qui tiennent à l'évolution normale de l'esprit public.

D'abord, par ce que j'appellerai la décadence du compromis protestant. La caractéristique du libéralisme moderne sous sa forme anglaise, c'est qu'il ne rompait pas avec la tradition chrétienne : il était, bien au contraire, étroitement lié à celle-ci sous sa forme protestante. Le protestantisme libéral affirme le droit et le devoir pour l'individu de se faire à lui-même sa vérité, de refuser le nom de vérité à tout dogme qui, imposé du dehors, revendiquerait faussement le nom de vérité ; mais la liberté que le protestantisme réclame pour l'individu, il la limite aussitôt en prenant comme admis le respect de la Bible, livre inspiré, livre divin. Cette « société sans gouvernement » dont rêvent les libéraux anglais du milieu du siècle, c'est donc bien une société sans gouvernement militaire et sans gouvernement administratif ; mais ce n'est pas une société sans gouvernement moral. C'est le gouvernement de la conscience morale, plus ou moins chrétienne, qui se substitue au gouvernement de la loi civile ou pénale : il ne faut pas dire que l'Angleterre n'est pas gouvernée, elle « se gouverne elle-même ». Mais voici qu'avec le temps ce libéralisme protestant se désagrège. Les libéraux, allant jusqu'au bout de leurs principes, révoquent en doute la tradition chrétienne elle-même. Les chrétiens, par réaction, reviennent à des formes moins libérales du christianisme. Il y a deux formes de religion chrétienne. L'une, protestante, se fonde sur le dogme de la grâce par laquelle s'établit le contact immédiat du fidèle avec le Créateur. L'autre, catholique, se fonde sur le dogme de l'eucharistie, qui exige l'intermédiaire d'un prêtre, partie intégrante lui-même d'un clergé hiérarchisé, pour que le fidèle « communie » avec le Sauveur. Celle-là est de type plus individualisé, celle-ci de type plus « collectiviste » pour employer ce mot dans son acceptation psychologiquement la plus large. Or nous voyons, en Angleterre, depuis un demi-siècle le « collectivisme » religieux gagner du terrain au détriment de l'« individualisme » religieux. Je rappelle les progrès du catholicisme « romain », les progrès, au sein de l'Église anglicane elle-même, de l'« anglo-catholicisme » ; au sein des sectes, le discrédit croissant de l'idée « sectaire », la tendance générale à la fédération, à la fusion. Bref un équilibre rompu. À la place d'un individualisme chrétien, un individualisme qui cesse d'être chrétien et un christianisme qui cesse d'être individualiste.

Mais cet individualisme même, au moment où il vise, en s'affranchissant de la tradition religieuse, à se réaliser dans toute sa plénitude, voici qu'il aboutit à des conclusions déconcertantes qui le condamnent, pour se sauver, à se nier. Tant que les sujets qui travaillent à défendre leur liberté sont des propriétaires fonciers, des financiers et des marchands, il leur suffit, pour l'assurer, de réduire à un minimum les ingérences gouvernementales. Livrés à eux-mêmes, ils sont libres puisqu'ils possèdent la richesse. Mais voici qu'accède à la vie politique, sous l'influence, pour une bonne part, de ce protestantisme libéral dont brièvement tout à l'heure nous essayions de définir les principes, l'élite de la classe ouvrière. Ici se pose le problème de savoir ce qu'ils doivent faire pour sauver, augmenter leur liberté économique : leurs salaires, leurs loisirs. Et ils ne voient d'autre méthode que de s'unir et d'organiser la discipline, disons, si vous voulez, pour employer une expression péjorative, la tyrannie syndicale, seule arme dont ils disposent pour se défendre. D'où le puissant développement des *trade unions*. Notons, en passant, que la loi de ce développement est – tout au moins sur un point – en contradiction, chez les Anglais, avec le schème marxiste. Aux termes de la philosophie marxiste de l'histoire, la concentration, la centralisation capitaliste domine l'évolution de la société moderne et produit, comme une sorte de réaction automatique, la concentration, la centralisation des forces ouvrières. Mais en Angleterre, il semble qu'à bien des égards les événements aient suivi une marche contraire et que la centralisation des forces ouvrières ait gagné de vitesse la centralisation des forces patronales. À la veille de la Grande Guerre, la première semble être, ou peu s'en faut, réalisée, pendant que les entreprises patronales restent étrangement dispersées, dans les mines aussi bien que dans les transports, dans les textiles comme dans la métallurgie. D'où tant d'avantages remportés par les syndicats, soit par la voie des contrats collectifs, soit par la voie de la législation du travail. C'est un fait historique curieux que cette législation – à laquelle Karl Marx dans son *Capital* déjà rend hommage – commence à s'élaborer, sous la pression des syndicats ouvriers, grandement aidés, il faut le dire, par la philanthropie bourgeoise, au moment même où les théoriciens du libre-échange, hostiles en principe à cette législation, sont généralement considérés comme gouvernant l'opinion en maîtres. Plus tard, le droit de suffrage étant progressivement étendu à des classes nouvelles, et la pression syndicale se faisant plus forte, on sait quelle importance a prise la législation anglaise du travail, au cours des années qui ont immédiatement précédé la Grande Guerre. C'est ainsi que l'individualisme, au dernier terme de son développement, se change en son contraire et devient socialisme.

On me dira : « Tout ceci est fort bien, et vous nous avez montré, ou essayé de nous montrer comment s'explique l'ascension du socialisme britannique. Mais ce militarisme, ce protectionnisme, dont vous nous parliez tout à l'heure, que nous avez-vous dit pour en expliquer les progrès ? » Je répondrai que sur ce point, je me vois obligé de faire intervenir l'action sur le développement des institutions et des idées en Angleterre par deux grands événements, deux grands accidents de l'histoire, non anglaise, mais européenne, deux guerres. La guerre franco-allemande de 1870-71 en premier lieu, qui a fait le Reich bismarckien ; la guerre mondiale en deuxième lieu, qui l'a défait. Voyons quelle a été la répercussion de ces deux grands événements historiques sur l'histoire particulière de l'Angleterre. Pour mieux faire comprendre l'importance historique que présente l'ascension de l'Allemagne bismarckienne, j'attirerai votre attention sur l'aspect curieux qu'avait présenté l'histoire des institutions de l'Europe, au cours des vingt années qui précédèrent Sedan et la proclamation d'un nouvel Empire allemand.

Le fait saillant de l'histoire de l'Europe continentale, au début de cette période de vingt années, c'est incontestablement l'ascension, en France, de Louis-Napoléon Bonaparte : un événement auquel, soit dit entre parenthèses, il ne me semble pas qu'on attribue aujourd'hui toute l'importance qu'on devrait : car Louis-Napoléon apparaît véritablement comme le précurseur de toutes les tyrannies, de tous les fascismes du XXe siècle. Mais le prince-président, devenu empereur Napoléon, n'avait pas exercé le pouvoir en tyran pendant dix ans, que déjà il fléchissait dans l'exécution de son dessein, et, cédant au prestige des idées anglaises, se mettait à faire du libéralisme économique (libre-échangisme, droit de coalition) et du libéralisme politique (droits à plusieurs reprises accrus du Corps législatif). Avec 1870, tout change : le prestige des idées anglaises diminue, l'hégémonie morale de l'Angleterre touche à sa fin. Voici naître une nouvelle nation, du premier coup plus peuplée que le Royaume-Uni, et fondée sur des idées maîtresses qui maintenant vont acquérir un prestige que Napoléon III n'avait pas réussi à leur conférer. Militarisme, et en conséquence renforcement du principe autoritaire par rapport au principe parlementaire, du pouvoir exécutif par rapport au pouvoir législatif. Protectionnisme : l'idéal plus ou moins avoué d'une nation qui se suffit économiquement, afin précisément d'être maîtresse de sa destinée militaire. Paternalisme ou, suivant la formule que Bismarck mettait à la mode, socialisme d'État : l'État, afin d'obtenir les recettes douanières dont il a besoin pour l'entretien d'une grande armée, promettant au peuple ouvrier une part sur ces recettes. On connaît le vaste système des assurances sociales, né du cerveau de Bismarck, et qui a servi de modèle à l'Europe entière. Reconnaissons à Disraeli, le brillant leader du parti conservateur anglais, d'avoir le premier compris la leçon de la guerre de 1870, la possibilité pour le parti conservateur de devenir un parti novateur, en adoptant le programme nouveau d'une politique impérialiste (la métropole et ses colonies formant un tout sous le couvert d'un tarif douanier copié du *Zollverein* allemand) et socialisante (le parti conservateur s'affirmant comme capable d'une politique sociale d'interventionnisme, en opposition à l'antisocialisme obstiné des libéraux gladstoniens).

Que Disraeli ait réussi à galvaniser le vieux parti conservateur, c'est ce qui n'est pas douteux. Cependant, il n'est pas moins vrai que les triomphes du parti conservateur, au cours des trente dernières années du XIXe siècle, ont été suivis de débâcles électorales : débâcle de 1880, débâcle de 1900. Le parti libéral, une fois Gladstone disparu de la scène, a poursuivi une politique d'interventionnisme socialisant tellement intense qu'il a été impossible pour les conservateurs de pratiquer une politique de surenchère. Le budget de la Défense nationale est devenu de plus en plus lourd ; mais, après deux crises d'enthousiasme belliqueux, le renforcement de la Marine a été une œuvre de résignation plutôt que d'enthousiasme. Si on dépensait, si on bâtissait, c'était avec beaucoup de mauvaise humeur et parce qu'on y était condamné par l'accroissement de la puissance maritime allemande. Quant au protectionnisme, il ne faisait guère de progrès : il devenait à partir de 1903 le programme officiel du parti conservateur ; mais dans la mesure même où il le devenait, il devenait pour ce parti une cause de faiblesse et l'éloignait du pouvoir. L'achèvement de la transformation sociale que nous analysons a requis un autre événement historique plus important encore que ne l'avait été la guerre franco-allemande de 1870. Il a fallu les quatre années de la Grande Guerre.

Nous n'étudions pas ici la Grande Guerre sous son aspect militaire. Nous essayons seulement de définir les surprenantes répercussions qu'elle a eues sur la constitution interne des nations belligérantes, en particulier de l'Angleterre. L'État, du consentement général, a assumé une série de fonctions que le partisan le plus déterminé de l'accroissement de ses fonctions n'aurait pas cru le voir assumer avant un très grand nombre non pas d'années, mais de décades. L'État a accaparé le monopole de tous les transports, tant extérieurs qu'intérieurs ; des mines ; de la métallurgie ; du textile, dans une forte mesure. Il s'est d'ailleurs rendu compte que, dans un pays aussi démocratisé que l'était l'Angleterre, il était nécessaire, pour rassurer l'opinion populaire, de lui démontrer qu'on ne voulait pas, ce faisant, soumettre la classe ouvrière à un régime d'oppression militaire. Il a donc fait appel, pour l'organisation de tout ce travail contrôlé, à la collaboration des états-majors syndicaux. Et sans doute les capitalistes étaient toujours là, touchant de gros profits en même temps que les ouvriers touchaient de gros salaires ; et le régime, à bien des égards, était un régime de « capitalisme d'État » plutôt que de « socialisme d'État ». Il n'en est pas moins vrai que l'État s'arrogeait le droit de limiter, par l'impôt, le profit patronal, et qu'on pouvait concevoir la société comme s'acheminant vers un régime de la production, où, l'État entamant le capitalisme par un côté

...cats par l'autre, le capitalisme finirait par s'évanouir, non pas à [u]ne commotion violente, mais en conséquence d'une résorption [...] éaliserait ainsi quelque chose d'analogue à ce « socialisme de guilde », adaptation britannique du syndicalisme révolutionnaire français, combinaison d'étatisme démocratique et de contrôle ouvrier. Tel fut le rêve du travaillisme anglais, quand prit fin la Grande Guerre. Non seulement il vit affluer vers lui tous les ennemis de la guerre ; mais il crut pouvoir, positivement, retenir, dans l'intérêt du socialisme, quelque chose des leçons de la guerre.

À première vue, il en subsista peu de chose. Tout le socialisme de guerre semblait liquidé, quand Lloyd George, en 1922, tomba du pouvoir ; et la réaction antisocialiste atteignit son comble en 1926, avec la grève générale et son effondrement, en 1927, avec le vote d'une loi, non encore abrogée, qui fit perdre aux syndicats ouvriers une bonne partie des privilèges légaux qu'ils avaient obtenus depuis 1875. Cependant, un travail sourd continue à s'accomplir sous nos yeux, avec la connivence des deux partis, qui peut être considéré comme tendant vers une sorte de socialisation de l'industrie. Je faisais observer plus haut que le développement de l'industrie britannique se conformait mal à la loi schématique de la centralisation capitaliste, telle que Karl Marx, observateur de la société britannique, la formula. Cette centralisation ne s'est pas accomplie spontanément ; mais, depuis la fin de la guerre, et certainement par un effet des leçons de la guerre, elle s'opère selon des plans gouvernementaux, par intervention de l'État.

C'est ce qui s'est passé en matière ferroviaire (1921), en matière de TSF et de force électrique (1926), en matière de charbonnages (depuis 1930). Et il est, d'autre part, curieux d'observer ce qui se passe dans la métallurgie et dans le textile. Un travail d'organisation de l'industrie selon un schème rationnel s'y opère avec l'encouragement et presque sur l'initiative du Gouvernement. Il semble même que, dans le district du coton, la centralisation doive s'opérer par la collaboration du patronat et des syndicats ouvriers. Il y a ici une évolution de l'industrie dans le sens du corporatisme, d'autant plus intéressante à étudier qu'elle est dépouillée de toute espèce de bluff fasciste.

Et voilà pour le socialisme. Peut-on dire maintenant que l'Angleterre s'est démilitarisée depuis la fin de la guerre ? Quand les travaillistes perdirent le pouvoir en 1931 après avoir – on est en droit de le présumer – fait tous les efforts de compression possible sur ces deux budgets, le budget de la Marine en était au même point où il était à la veille de la guerre, alors qu'il venait d'être au cours des dernières années l'objet d'une augmentation formidable et que bien des gens commençaient à en trouver le poids intolérable. Quant au budget de l'Armée (si on y ajoutait le budget nouveau de l'Aviation), il avait doublé par rapport à la même dernière année de l'avant-guerre. Même en tenant compte de la hausse des prix, c'est, dans le cas de la Marine, une réduction bien faible, et pour le reste, un accroissement alarmant. Pour ce qui est enfin du libre-échange, la guerre semble lui avoir porté un coup mortel. Elle transporta le pays, pendant quatre ans, dans une région située en quelque sorte au-dessus de la querelle qui divise protectionnistes et libre-échangistes, puisque, dans la mesure où l'État réglait en maître tous les échanges internationaux, ceux-ci tendaient à se réduire à des trocs entre gouvernements. Et puis, après un retour de dix années à un libre-échangisme mitigé, l'Angleterre vient d'un seul coup, en 1931 et en 1932, de passer au protectionnisme systématique, compliqué de contingentements.

Voilà donc la transformation sociale accomplie, qui semblerait devoir amener une transformation également profonde de l'idéologie nationale. Mais la transformation idéologique n'est pas aussi profonde qu'on pourrait le croire à première vue. Là-dessus, je voudrais présenter quelques observations en matière de conclusion.

En ce qui concerne l'abandon du libéralisme économique au bénéfice du socialisme, je serais disposé à admettre que la transformation est complète. Je ne nie pas que des intransigeants aient pris pour plate-forme la guerre au socialisme, sous la direction de Winston Churchill (bien que celui-ci ait été jadis un radical socialisant, et puisse éventuellement redevenir un socialiste patriote) ; je ne nie pas que, dans les universités, bien des professeurs restent attachés à la tradition de l'économie politique orthodoxe et fassent même des disciples en plus grand nombre, dans les jeunes générations, que peut-être vous n'êtes portés à le croire. N'empêche que la population dans son ensemble – l'élite et les masses – marche, avec un sentiment de résignation chez presque tous, [de] faction chez le plus grand nombre, d'enthousiasme chez beaucoup, vers un socialisme plus ou moins radical.

Mais il n'en va pas de même de la militarisation de la société anglaise. Elle est si l'on veut en voie d'accomplissement ; et bien des traits du fonctionnement actuel du régime constitutionnel anglais fait songer au « régime militaire » détesté par Herbert Spencer, plus qu'à ce « régime industriel » dont au temps de sa jeunesse il avait espéré l'avènement. Il ne reste plus grand-chose de cette tradition *whig* qui utilise les institutions parlementaires pour paralyser l'action du gouvernement. Quand le pays est consulté, les électeurs élisent moins leurs députés qu'ils ne plébiscitent un cabinet, dans la personne de ses délégués. Le cabinet, une fois plébiscité, attend de sa majorité une obéissance militaire ; s'il voit que cette obéissance fléchit, il fait appel au peuple pour obtenir de lui soit un vote de confiance, soit un vote de défiance qui amènera au pouvoir un autre cabinet armé des mêmes pouvoirs quasi-dictatoriaux. Le premier ministre est maître, avec l'assistance du président de la Chambre des Communes, du Speaker, maître à un point dont nous ne nous faisons pas l'idée, de fixer l'ordre du jour des travaux et d'accélérer le vote des projets de loi. Encore peut-il obtenir des « pleins pouvoirs » ; encore peut-il obtenir, par une loi, le droit de recourir à des « *orders in council* », à des décrets, pour régler certaines questions (fixation des droits de douane notamment) de la discussion desquelles jamais dans le passé le Parlement n'aurait songé à se dessaisir. Mais les formes du parlementarisme restent sauves ; et que se passe-t-il quand des voix isolées demandent, semblent demander quelque chose de plus ? Sir Oswald Mosley[1], chef des fascistes britanniques, copie les phrases, les gestes, les costumes de Mussolini. Demande-t-il cependant une « marche sur Londres » ? Il n'oserait : il déclare qu'il veut seulement faire légalement élire une majorité de parlementaires fascistes, qui légalement substitueront un Parlement corporatif au Parlement démocratique d'aujourd'hui. Sir Stafford Cripps[2] se fait, dans le camp travailliste, la réputation d'un Staline anglais. Que demande-t-il cependant ? Simplement qu'une majorité travailliste, en vue de réaliser des réformes sociales profondes (la nationalisation des grandes banques pour commencer), réclame ces « pleins pouvoirs » qu'a obtenus le Gouvernement « national » pour rétablir, en 1931, la situation financière. Et c'est assez pour soulever contre lui la réprobation de tout son parti. Les Anglais sont habitués, depuis le début du XIIIe siècle, à être gouvernés par un Parlement ; ils l'ont toujours été à quelque degré, sauf pendant les treize années de la dictature cromwellienne. Ils savent, quand il le faut, et c'est le cas aujourd'hui, dictatorialiser le travail de leur Parlement. Mais le Parlement est toujours là. Ils ont le parlementarisme dans le sang.

Il en va de même du retour au protectionnisme. Rien de plus aisé, semble-t-il, pour le parti conservateur qui se trouvait en 1919 au pouvoir, que d'éviter le retour au libre-échangisme, lors du passage de l'état de guerre à l'état de paix. C'est pourtant ce qui ne fut pas fait, tant le préjugé libre-échangiste restait fort ; et deux fois au cours des dix années qui suivirent – les deux fois où les travaillistes furent au pouvoir et Philip Snowden à l'Échiquier –, on put croire que les derniers débris du protectionnisme de la guerre et de l'après-guerre immédiate allaient être balayés. Puis, brusquement, le protectionnisme a été rétabli, un protectionnisme très rigoureux, avec une précipitation qui semblait presque dissimuler un désir d'aller vite pour ne pas rougir d'une aussi scandaleuse apostasie. Car le libre-échangisme n'avait pas seulement, en Angleterre, la valeur d'une thèse d'économie politique ; il avait encore une valeur sentimentale. Il symbolisait la volonté de la paix, l'amour du genre humain. Ce « pacifisme » britannique, si passionné, si

---

1. [Voir *supra*, note 1, p. 269.]
2. [Voir *supra*, note 1, p. 272.]

véhément dans ses modes d'expression aurait-il été emporté avec le système économique qui lui était associé ? Les pacifistes anglais ne le veulent pas ; et en dehors de ceux qui, en faible minorité, croient possible le retour rapide à un régime de libre-échange, en dehors de ceux, plus nombreux bien que pas très nombreux encore, qui regrettent le libre-échange de naguère sans oser croire à la possibilité de sa résurrection prochaine, beaucoup sont ceux qui cherchent des moyens de concilier un protectionnisme (synonyme cependant de nationalisme dans la sphère économique) avec la tradition humanitaire qu'ils ont héritée de Richard Cobden et de Bright.

Ces efforts paradoxaux pour concilier autoritarisme et parlementarisme, protectionnisme et pacifisme, réussiront-ils ? Il n'est pas impossible qu'ils réussissent, en Angleterre. Quand j'étais jeune et que je voyais des gens s'étonner du prestige prodigieux alors exercé sur l'intelligence anglaise par la philosophie hégélienne, j'aimais à leur répondre que rien ne m'étonnait moins, que l'Angleterre, pour qui voulait comprendre, était le peuple le plus hégélien de la terre.

Et je les renvoyais à l'histoire de la philosophie allemande, telle que la raconte, sous une forme humoristique mais profonde, Henri Heine dans son livre *De l'Allemagne*. Kant, c'est le Robespierre de la philosophie, qui décapite Dieu. Fichte, c'est l'impérialisme du Moi ; c'est Bonaparte et c'est Brumaire. Schelling, c'est la Restauration, le mysticisme catholique, les jésuites. Hegel, enfin, c'est Louis-Philippe, la philosophie du juste milieu, de l'équilibre des pouvoirs, de l'harmonie des contraires. Cette interprétation m'a toujours paru fournir une définition plus juste de la philosophie hégélienne que bien d'autres qui ont trop libre cours. Et, pensant cela, pouvais-je ne pas conclure que le peuple anglais est un peuple vraiment hégélien, qui possède l'art, dans sa vie sociale et politique, d'identifier les contradictions ? Sous nos yeux, il va vers l'autoritarisme sans cesser d'être fidèle au parlementarisme : il devient protectionniste en fait et reste libre-échangiste en esprit.

Élie Halévy

CORRESPONDANCE ANGLAISE (1924-1937)

Les lettres publiées ici forment une sélection de l'abondante correspondance anglaise d'Élie Halévy. Nous avons privilégié celles qui traduisent le plus nettement ses préoccupations politiques et internationales au carrefour desquelles se situent l'« Ère des tyrannies » et la question posée aux démocraties de leur survie. L'Angleterre est au cœur des lettres qu'il adresse durant ses séjours anglais, à la fois comme objet d'étude mais aussi comme perspective d'analyse de la crise mondiale, du progrès des tyrannies ou des difficultés françaises. On suit également l'historien philosophe au travail. Cette correspondance est organisée chronologiquement et permet de suivre la fréquence des séjours d'Élie et Florence Halévy en Angleterre.

*Au printemps 1924, le couple est de retour à Londres, comme traditionnellement à cette période de l'année. Élie Halévy a achevé les volumes II et III de l'*Histoire du peuple anglais*. Il peut entamer la rédaction, qu'il estime urgente, de l'*Épilogue*, afin d'analyser le rapport des démocraties et de la guerre et la transformation qu'elle induit sur les sociétés modernes. Il continue de traiter des affaires de la* Revue de métaphysique et de morale, *avec Xavier Léon son directeur et avec les auteurs nombreux qu'il sollicite pour des articles ou des dossiers.*

À Xavier Léon, 67 Torrington Square, London WC1, 24 avril 1924*

Mon cher Xavier,

Je suis heureux de te savoir à l'abri de ces multiples occupations. Quelque grande qu'ait pu être la fatigue, te voilà débarrassé et du volume II de ton Fichte et du volume du Congrès et du numéro Kant[1]. Devant toi, je n'aperçois qu'un horizon paisible, à moins qu'il ne te plaise d'inventer encore quelque projet généreux pour troubler ton repos.

---

1. Pour le deuxième centenaire de la naissance de Kant, le numéro de la *Revue de métaphysique et de morale* d'avril-juin 1924 est consacré au philosophe rationaliste, avec des articles de Léon Brunschvicg, Jean Nabert, Lewis Robinson, et Théodore Ruyssen (n°31, p. 135-372).

Ne t'attends point, toi, que je fasse un rapport bien sensationnel sur mon séjour londonien. J'ai décidé de mener une existence cloîtrée jusqu'au début de la semaine prochaine. Ma vie se passe donc au *British Museum* à dépouiller volume après volume.

Tout d'ailleurs, si j'en juge par les journaux, est au calme. Aucun rapport avec le déplaisant mois d'octobre dernier, quand le séparatisme rhénan battait son plein. Ce n'est pas sans doute qu'un moment de calme entre deux orages. Mais où en sera l'Europe quand viendra le prochain orage, après de nouvelles élections allemandes et de nouvelles élections françaises ? Je ne te demande pas de répondre à ma question. Ne me demande pas non plus d'y répondre. Et ne demande pas non plus à l'Angleterre d'y répondre. Les Anglais ont cette grande vertu de se taire quand ils ne savent pas. Nous avons adopté, nous, la méthode du tapage perpétuel. Avance-t-elle nos affaires, diplomatiques ou financières ? J'en doute.

J'écris encore à Aix ; mais le temps passe vite ; et c'est mardi prochain, si je calcule bien, que tu dois rentrer à Paris, à moins que vous n'ayez formé le sage projet de prolonger vos vacances.

Ton, votre
Élie Halévy

À Louise Halévy, 67 Torrington Sq., London WC1, le 27 avril [1924]

Chère maman,

Le journal de ce matin m'informe que Poincaré vient de nouveau de mettre les points sur les i. La bourgeoisie trouvera cela admirable, comme toujours ; et moi, comme toujours, je trouverai cela détestable. Car la phrase sur les mots de laquelle il met ses points avec une insistance détestable, la voici : La France est isolée comme au temps de Louis XIV, sans être à beaucoup près, la France du siècle de Louis XIV. Durera-t-il encore, parce que la tâche de liquider ses imprudences ne séduit personne ? Et alors, comment s'y prendra-t-il pour sortir de l'impasse sans en sortir à reculons ? C'est, je l'avoue, ce que je n'aperçois pas.

Mais ne me demande pas encore de renseignements sur l'attitude anglaise. J'en suis encore à la lecture des journaux, et c'est cet après-midi seulement que je vais commencer à voir des Anglais vivants, et d'abord le président du *Board of Trade*, Sidney Webb.

Mon travail a progressé d'une façon d'autant plus satisfaisante que j'ai vécu une vie plus solitaire. Mais je suis maintenant bien engagé ; et je ne crois pas que mes obligations sociales puissent beaucoup ralentir le courant. Je me trouverai en état, quand je reviendrai, de rédiger sans interruption mon nouveau volume. Non le dernier. Mais il ne faut pas regarder trop loin devant soi. […]
Élie Halévy

À Xavier Léon, 67 Torrington Sq., London WC1, 1er mai 1924*

Mon cher Xavier,
Je viens d'aller voir ce qui subsiste de la grande manifestation du Premier Mai sous le premier ministère travailliste du pays. J'ai vu un pauvre petit meeting en plein air, mille ou deux mille manifestants, de placides communistes et [...] est aussi bien représenté que possible. Elle ne le sera plus jamais mieux, en attendant le jour où un nouvel astre montera sur l'horizon. Boutroux et Durkheim sont morts, et Bergson ne bougera plus.

Je suis content de penser que tes vacances sont encore en cours. Quant tu seras rentré, n'oublie pas de m'envoyer ici un n° de Kant.
Ton, votre
Élie Halévy

À Louise Halévy, Londres, 2 mai 1924

[...] Elle [la *Jeanne d'Arc* de Shaw[1]] m'a plu. Ce n'est pas le personnage central qui fait la beauté de la pièce : Jeanne n'est pas tournée au comique, Dieu merci ; mais il suffit que Shaw place dans sa bouche les paroles qu'elle a véritablement prononcées pour qu'elle occupe, au milieu du drame, une place honorable. Mais le roi Charles VII, représenté comme un roi idiot sous les traits du Kronprinz, m'a amusé ; et les prêtres, évêques, inquisiteurs, d'excellentes gens, tous animés par le souci de la chose publique, m'ont amusé, beaucoup, et intéressé. Injouable à Paris d'ailleurs, non parce que le patriotisme français en serait froissé : il n'y a, dans toute la pièce, que le patriotisme britannique à être tourné en ridicule. Mais un public non familiarisé serait complètement *bewildered* par cette idéologie. [...]

Été voir aussi, hier, la manifestation du Premier Mai à Hyde Park. Quelque chose de complètement mort ; et voilà l'effet produit par l'arrivée d'un ministère travailliste au pouvoir.

Nous suivons, bien entendu, les exploits de l'avion Breguet – et de l'aviateur[2]. J'ai été arrêté avant-hier, près de Piccadilly, à la porte d'un

---

1. *Saint Joan* est une pièce de théâtre en un acte publiée en 1924, peu de temps après la canonisation de Jeanne d'Arc. Elle s'inspire de sa vie et de l'épopée qui s'est développée autour d'elle. Elle a été donnée pour la première fois le 28 décembre 1923 au Garrick Theatre de New York et jouée ensuite sans interruption à Londres.
2. Née Breguet, Louise Halévy est l'héritière d'une illustre famille protestante qui a fait fortune dans l'industrie horlogère. Au début du XXe siècle, Louis Charles Breguet (1880-1955), associé à son frère Jacques, créa la Société anonyme des ateliers d'aviation Louis

grand restaurant, par un grand concours de foule. C'était une automobile, montée par quatre jeunes gens, qui partait *par la route* pour les Indes. Folie de la locomotion. [...]
Élie Halévy

À Louise Halévy, Londres, 7 mai 1924

[...] Dîné chez les Whitehead[1] hier soir. Mais nous ne dînerons pas chez eux à notre prochain séjour. Car ils partent pour l'Amérique, où ils resteront cinq ans. [...]

– Le fameux Bertrand Russell[2] parle en ce moment de l'autre côté de l'Océan. – George Trevelyan[3] revient d'y parler. – Graham Wallas est allé y gagner de quoi s'acheter une maison[4]. – 20 000 ouvriers de la mécanique y ont passé depuis neuf mois. – Et tous les ouvriers du Bâtiment disparaissent, cherchant là-bas de meilleurs salaires. Ainsi le capital aspire tout ce qu'il y a de meilleur dans le Vieux, bien Vieux Monde – non seulement œuvres d'art mais main-d'œuvre.

Mon travail avance normalement ; et j'accumule des documents ; et je recommence après quinze jours de tranquillité, à revoir des Anglais vivants. Mais c'est de politique intérieure que l'on parle. Ces élections allemandes, mauvaises comme il fallait s'y attendre, ne semblent émouvoir personne : et le franc n'a pas bougé. J'ai peine à réaliser que d'ici trois semaines ou

---

Breguet, d'où sortit un premier prototype en 1909. La Société fournit de nombreux avions de reconnaissance et de bombardement à l'armée française durant la Première Guerre mondiale. En 1924, le bombardier à long rayon d'action Breguet 19 est un succès et débouche sur une exploitation civile et commerciale, pour laquelle Louis Breguet crée une compagnie aérienne – la Compagnie des Messageries Aériennes, à l'origine d'Air France.

1 Alfred Whitehead (1861-1947) est un philosophe anglais, mathématicien et spécialiste de logique, proche de Bertrand Russell qui a été son élève.

2. Voir *supra*, note 1, p. 174.

3. Universitaire et historien anglais proche du parti *whig*, George Macaulay Trevelyan (1876-1962) a fait ses études au Trinity College de Cambridge. Il quitte l'enseignement pour l'écriture en 1903. Il est l'auteur d'une œuvre importante dont *Lord Grey of the Reform Bill* (1920) et *British History in the Nineteenth Century, 1782-1901* (1922). En 1926, il publie une *Histoire de l'Angleterre*, régulièrement rééditée ensuite. L'année suivante, il est nommé Regius Professor of Modern History à l'université de Cambridge, poste qu'il occupera jusqu'en 1943. Il ne doit pas être confondu avec Sir George Trevelyan (1906-1996), fils du ministre de l'Éducation du premier gouvernement de Ramsay MacDonald et baronnet de Wallington (il étudie au Trinity College de Cambridge avant de se passionner pour l'enseignement et la formation des enseignants qu'il conduit, dès 1931, à la technique Alexander).

4. Élie Halévy fait référence aux confortables rémunérations accordées pour des conférences publiques universitaires aux États-Unis.

un mois, Macdonald[1] et Poincaré vont se rencontrer, et que les disputes vont recommencer. [...]
Élie Halévy

À Xavier Léon, Londres, 11 mai 1924

[...] J'attends le numéro Kant [...] Il ne me déplaira pas de répondre aux pacifistes anglais qui se plaindront de la germanophobie française : « Quelle publication anglaise, américaine, italienne, a rendu pareil hommage à Kant[2] ? »

Les dispositions sont certainement meilleures ici, par rapport à la France, qu'elles n'ont été depuis longtemps. Je me borne à noter, sans me faire d'illusion sur la durée de ces mouvements d'humeur collective. En ce moment même (neuf heures du soir), on dépouille le scrutin dans toutes les communes de France[3]... Et comme j'aimerais, devenu magiquement invisible, assister au premier choc (au dernier peut-être) de Poincaré avec Macdonald.

Ton, votre
Élie Halévy

À Xavier Léon, Londres, 20 mai 1924

Mon cher Xavier,
La guerre dans dix-huit mois. Mais la ruine ? Qui sait. Enfonce bien dans la tête de tous ceux que tu rencontres qu'il y a une seule question à régler en France, et c'est la question budgétaire – et d'urgence. Je propose qu'on enlève Poincaré aux Affaires étrangères et qu'on le mette aux Finances. Il est bien le chien de garde hargneux qu'il nous faudrait. Ou bien qu'on nous en trouve un autre.

---

1. James Ramsay MacDonald (1886-1937) fut l'un des fondateurs du parti travailliste anglais en 1900 et il en devient le chef en 1911. Écarté du parti en raison de ses convictions pacifistes en 1914, il revient au centre de la vie politique en 1922. En janvier 1924, il forme un ministère travailliste qui tombe en octobre. De nouveau Premier ministre en juin 1929, MacDonald doit affronter les conséquences de la crise. Son programme d'économies drastiques est rejeté au sein de son parti. Le 24 août 1931, il se décide pour un cabinet de coalition (« gouvernement national ») dont la direction est assumée de fait par Baldwin, un conservateur. MacDonald démissionnera en juin 1935.

2. Voir *supra*, note 2, p. 481.

3. Les élections législatives du 11 mai débouchent sur une nette victoire du Cartel des Gauches réuni autour des radicaux et des socialistes. Grâce aux divisions de la droite, déchirée sur la question scolaire, 130 radicaux-socialistes et une centaine de socialistes entrent à la Chambre.

Mais bien entendu tu ne penses pas que tout va se passer selon les règles de la droite raison. La France va poursuivre le cours de son étrange histoire. Voyons.
À quand la séance Maine de Biran[1] ? Si c'est au début du mois, on ne m'y verra pas. Brunschvicg m'a écrit de Naples – peu satisfait du Congrès[2] et de la ville.
Ici tout est calme, sous le plus respectable des gouvernements socialistes du monde entier. Il ne veut même pas qu'on l'appelle socialiste.
Ton, votre
Élie Halévy

À Louise Halévy, Londres, 24 mai 1924

[...] Je suis content que mon article[3] t'ait intéressée. Il contient bien des choses que peu de gens savent, bien que toute ma documentation soit publique (journaux, débats parlementaires, discours d'hommes politiques). Mais la guerre a rendu les Européens stupides : et on a l'air d'écrire l'histoire des années d'avant-guerre pour un public d'enfants.
Tendresses,
Élie Halévy

À Xavier Léon, Londres, 67 Torrington Square, London WC1, 1er juin 1924

*Mon cher Xavier,
Je n'ose regarder la date de ta dernière lettre. Il me semble qu'il y a un mois que je te laisse sans réponse. En disant : un mois, certainement j'exagère. Mais il y a bien longtemps.
Si longtemps que voici l'heure du retour venu. Nous n'arriverons pas tout de suite à Paris : car nous nous arrêtons huit ou dix jours en Normandie. Je fais passer des examens le lundi 16 : je m'invite à déjeuner chez toi pour ce jour-là si tu dois être encore à Paris.* Je ferai, pendant que je serai à Long-Fresnay, l'excentricité de revenir passer deux jours ici pour piloter Bouglé

---

1. Séance de la Société française de philosophie.
2. Cf. Maurice Dorolle, « Circulaire relative au IXe Congrès international de Philosophie », *Bulletin de la Société française de philosophie*, n° 35, janvier-février 1935, et Célestin Bouglé, « Communication au Neuvième Congrès international de Philosophie », *ibid.*, n° 36, janvier-février 1936.
3. « Les origines de l'Entente (1902-1903) », *Revue de Paris*, 15 mai 1924.

qui vient négocier avec les amis de la paix. Non seulement ma connaissance de l'Anglais lui rendra service, mais rien ne m'intéressera plus – en tant qu'historien – que de voir un Français aux prises avec les Anglais.

Tu parles du prochain numéro de la *Revue*, moins excellent, il me semble, que les deux premiers de l'année. Mais le Fichte ? et le volume du Congrès ? Réponds-moi à Long-Fresnay, où j'aurai plus de loisir pour t'écrire longuement.

Ton
Élie Halévy

À Kingsley Martin, 8 décembre 1924[1]

Dear Mr. Martin,

I thank you for your very kind review and highly interesting criticism of the English translation of my book. Your criticism, so far as I can see, falls under three heads. Will you allow me breefly to answer you?

Concerning historical materialism, the difference between the Hammonds and myself, which you define very clearly, is merely a difference of *nuances*, and it does not look as if you were inclined to quarrel with me in that respect. But you seem to believe, in agreement with the more extreme believers in the 'materialistic conception of history', that 'the revolution', whose avoidance I wish to explain, 'has not been avoided, but lies in a not too distant future'. Perhaps so: but, all through the period which I have chosen to study and explain, it was avoided. I ask why, and answer: chiefly through the action of middle class evangelicanism. If it is not to be avoided in the future, perhaps it will be through the decline of the spirituel force to which I have just alluded. Shall it? As a foreign observer, I have my doubts. There is still a great evangelical Victorian among you (and at the same time, an avowed opponent of historical materialism): he happens to be the leader of your Labour Party.

You go on, and write: 'The power of Methodism lay in its appeal to eternal happiness as a compensation for temporal misery, while the humanitarian, at its best critical of the worst excesses of child labour was for the most part concerned [...][2] which did not affect its interests.' Perhaps so; but 1° when you quote as an example 'the abolition of the overseas slave trade', you seem to forget that the slave trade, though it happened 'overseas', concerned very directly a good many inland interests; 2° that, when you admit that English humanitarianism

---
1. Voir traduction, p. 727-728.
2. Quelques mots omis.

took the lead of modern Europe in caring about the fate of children employed in factories, you are giving up a good deal. English humanitarianism dit it 'at his best', of course: but why should you be so anxious to take it 'at his worst'?

3° While you feel inclined, after all, to put a certain amount of good work to the credit of humanitarianism, Methodism you merely define 'as an appeal to eternal happiness as a compensation for temporal misery'. I think Evangelicanism and Humanitarianism were far more intimately blended than you realise. What of the common fight against slavery? And I have tried to make out, in my vol. III, that the Factory Laws were a victory not of Humanitarianism pure and simple but of Evangelical Humanitarianism.

Your [final] criticism is, in a way, unanswer[able, but] I never meant to start from [an][1] abstract definition of liberty and see whether it applied to nineteenth century England. I started from the fact that nineteenth century England called itself a free country, and that there was, all through Europe, a school of liberal thinkers, who considered England as being the type of a free country. The problem I set myself to solve was not so much: How far... as : In what way was nineteenth century England free? A dogmatist, a satirist may proceed otherwise; rightly or wrongly, I do not believe a historian should.

Please be so kind as not to find here even the slightest amount of bitterness. Nobody objects less than I do to being criticized.

Yours sincerely
Élie Halévy[2]

En 1925, Élie Halévy séjourne en Angleterre durant les mois de printemps. Il y retourne à l'automne pour exposer à Leeds, lors d'une conférence : « The influence of Evangelical movement in the history of modern England ».

À Xavier Léon, 67 Torrington Square, London WC1, 23 mai 1925

[...] Je suis instinctivement de ton avis sur la commission de l'École Unique[3]. Les hommes politiques du Bloc des Gauches se sont tout à coup

---

1. Le manuscrit est détérioré.
2. Kingsley Martin répondit longuement à Élie Halévy, en exprimant son accord (Bibliothèque de l'University of Sussex de Brighton, section des manuscrits).
3. Édouard Herriot (1872-1957), ministre de l'Instruction publique dans le « gouvernement d'union nationale » de Raymond Poincaré (juillet 1926), mettra en œuvre la réforme sur l'« école unique » et ouverte à tous, ainsi que la gratuité du premier cycle des lycées à la fin de 1927 (le cas de l'école interconfessionnelle en Alsace-Lorraine provoquera une grève scolaire dans les trois départements de l'Est).

aperçus qu'ils avaient la majorité, l'énorme majorité, du pays avec eux – mais qu'il leur manquait un programme. S'étant mis à la recherche d'un programme, ils ont trouvé sur leur route les deux mots d'« école unique » ; et ne sachant pas du tout ce que cela voulait dire, ils ont nommé une commission pour les renseigner. Combien êtes-vous là-dedans ? Et un individu intelligent et énergique, une fois installé dans ce « sein », comme on dit, ne pourrait-il tout chambarder ? À ta place, après m'être réservé pendant le nombre de séances nécessaires pour prendre contact, je m'amuserais... [...]

Je me rappelle avec amusement le temps où Ferdinand Buisson déclarait à Painlevé qu'il était prêt à servir sous ses ordres, mais non pas sous les ordres de Herriot, trop suspect de modérantisme. Les hommes politiques changent selon que souffle le vent des circonstances. Mais il est certain que le ministère Painlevé[1] a été constitué dans l'hypothèse d'élections municipales modératrices, et que le dernier succès du Bloc des Gauches l'embarrasse. J'ai peine à croire cependant qu'il tombe avant l'automne. Je ne le crois – ni ne le souhaite. Un nouveau ministère Herriot serait plus violent, et plus maladroit, plus ridicule, que le premier.

Mais, en échange des nouvelles politiques de France, n'attends pas que je t'en donne d'ici, où il ne se passe littéralement rien. Les partis conservateurs ont étranglé pour longtemps le *Labour Party*, avec la savante collaboration du majestueux James Ramsay MacDonald. Pour ce qui est des relations franco-britanniques, un ministère conservateur en Angleterre, un ministère radical en France, constituent la meilleure combinaison. Je m'en réjouis – quand ce ne serait que personnellement.

Ton, votre
Élie Halévy

À Xavier Léon, The Athenaeum, Pall Mall, London SW1, Londres, 28 mai 1925

[...] Les détails que tu me donnes sur le fonctionnement de la Commission pour l'installation de l'École Unique m'intéressent. Mais tu ne me dis pas quelles sont les fonctions spéciales de la sous-commission à laquelle tu as été agrégé. Je crois d'ailleurs comprendre que de Monzie a jugé bon de mettre un peu d'eau

---

1. Paul Painlevé (1863-1933) est devenu président du Conseil le 17 avril 1925. Comme en 1917, il conserve le ministère de la Guerre. Lors de son troisième et éphémère ministère le 29 octobre de la même année, il prendra le portefeuille des Finances à la place de Caillaux. Le nom de Caillaux est rajouté par Élie Halévy, dans sa lettre, à la suite de celui de Painlevé. Il s'agit manifestement d'une erreur.

dans le vin de François Albert[1] et fait, à cette fin, une fournée de commissaires, animés d'un esprit nouveau. La mauvaise humeur des anciens est donc parfaitement légitime. Sois bien sûr d'ailleurs – heureusement ou malheureusement – qu'il ne sortira rien de révolutionnaire de vos travaux ; car notre parlementarisme est essentiellement un parlementarisme de paralytiques. Et Brunschvicg ? Est-ce qu'on l'a oublié dans la constitution, et reconstitution, de cette Commission ?

Nous voilà entrés en pleine crise, la crise attendue depuis cinq ans. Caillaux, trop timide dans ses réformes, a eu au moins le mérite de dire le premier la vérité sur le budget. Et peut-être ne lui déplaît-il pas de se trouver en pleine crise avant de négocier avec Washington[2] la question de nos dettes américaines : le créancier sera moins âpre peut-être. Dis aux hommes d'État que tu pourras rencontrer, par ailleurs, de ne pas trop chicaner sur les conditions du pacte de garantie. Les Anglais n'en veulent pas plus que de tous les pactes qu'ils ont vaguement proposés l'un après l'autre. Si la France refuse, la France est criminelle. Mais si la France fait mine d'accepter, ils s'évadent.

Mon séjour ici ne se prolongera plus beaucoup, et je compte bien être à Sucy avant la fin de la semaine prochaine.

Ton, votre
Élie Halévy

À Xavier Léon, Londres, 29 septembre 1925

[...] Je ne vois pas bien comment tu pourrais te soustraire à l'obligation d'écrire ton « autobiographie ». Un ou deux mois de travail ne retarderaient guère l'achèvement de ton « Fichte » ; et ce serait une belle histoire. Le cours de Darlu[3] ; la fondation de la

---

1. François Albert (1877-1933), ancien normalien, ministre de l'Instruction publique, a perdu son portefeuille après la démission du cabinet Herriot le 16 avril. Il est remplacé par Anatole de Monzie (1876-1947), qui détenait jusque-là le portefeuille des Finances.
2. Joseph Caillaux (1863-1944), réhabilité politiquement en 1924, a été rappelé par Painlevé au ministère des Finances. Il part aussitôt pour les États-Unis afin de négocier le rééchelonnement de la dette, compte tenu de la situation monétaire alarmante que connaît le Cartel des Gauches. Sa mission débouche sur un échec.
3 Alphonse Darlu (1849-1921) fut le professeur de philosophie des directeurs de la *Revue de métaphysique et de morale* et de ses collaborateurs comme Léon Brunschvicg. Remarquable enseignant, doté du don de communiquer, aux dires de ses disciples, « l'enthousiasme philosophique » (cité in *Correspondance, op. cit.*, p. 79), il prônait simultanément des opinions politiques résolument démocratiques. Grâce à son article de 1898, « De M. Brunetière et de l'individualisme. A propos de l'article "Après le procès" » (p. 381 et suiv., réédité la même année en librairie par les soins de la maison Armand Colin, sous le titre *M. Brunetière et l'individualisme. A propos de l'article Après le procès*), la *Revue de métaphysique et de*

Revue[1], et du reste ; avec le Fichte suivant son cours parallèle. Il faudra bien que tu l'écrives, d'ailleurs, et ce n'est pas la peine de discuter. Mais le volume vient quinze ou vingt ans trop tard. Où sont Durkheim, Boutroux, Rauh ? *Bergson lui-même* ?

Je prends peu d'intérêt à la querelle de Painlevé avec Herriot[2], quelque intérêt qu'elle soit appelée à prendre dans les prochains mois de l'histoire de France. Les circonstances seules les ont faits l'un et l'autre ce qu'ils sont l'un contre l'autre. Si Painlevé avait pris le ministère en 1924, c'est maintenant Herriot qui serait le modérateur, et qui dénoncerait à ses amis la « vanité maladive » de Painlevé. Toujours il faudra que la rage de la dispute dévore le peuple gaulois.

Je travaille paisiblement, sans avoir vu grand monde jusqu'à présent : car Londres est encore vide. Ceci est bien entendu une façon de parler. Il passe beaucoup de monde dans les rues.

Ton, votre
Élie Halévy

À Xavier Léon, Londres, 10 octobre 1925

[…] Sur l'échec de Caillaux à Washington, je compte sur toi pour me renseigner, quand le grand homme sera de retour, et que tu verras sa petite cour. Pour ce qui est du contraste entre les décisions du congrès *syndical* et celles du congrès *travailliste*, je ne sais trop que dire. J'ai voulu, avant de t'écrire, interroger quelques Anglais : mais leurs réponses ont été très-vagues et très-peu satisfaisantes. Autant demander aux abeilles pourquoi elles donnent une forme hexagonale aux cellules de leurs ruches. Ce peuple est fort parce qu'il procède non par raisonnement mais par instinct. Ce que je puis me risquer à te dire, c'est que l'on a vu s'ébaucher au congrès syndical un commencement de révolte contre le parti politique ; que probablement la révolte s'accentuera dans l'avenir ; mais que pour l'instant les chefs des grands syndicats sont encore en majorité les chefs du parti politique. Au congrès politique ils ont pris leur revanche sur les mécontents ; et les Anglais sont trop portés à respecter leurs chefs pour qu'ils ne gardent pas quelque temps

---

morale put s'engager dans l'affaire Dreyfus avec une parole qui ne dérogea pas de l'exigence philosophique. Alphonse Darlu occupa également une place importante dans l'Université comme professeur à l'Ecole normale supérieure de Fontenay-aux-Roses, et comme inspecteur général de l'Instruction publique.

1. Sur la fondation de la *Revue de métaphysique et de morale*, voir la note 2, p. 576.
2. Édouard Herriot reproche principalement à Paul Painlevé la présence de Joseph Caillaux dans son ministère.

l'avantage. D'ailleurs, l'homme qui menait la campagne dans les syndicats vient de mourir subitement aujourd'hui ; il sera probablement remplacé par un modéré, un politique. Aidés par lui et par le discours anticommuniste de MacDonald, je crois que les syndicalistes modérés de France et d'Allemagne n'auront pas de peine à tenir tête aux amis des communistes.

Est-ce que les journaux de Paris ont parlé des désordres fascistes qui viennent de se produire à Florence ? *Dix-huit tués*, dont deux ou trois dans leur lit[1]. Cela produit pas mal d'émotion par ici.

Ton, votre
Élie Halévy

À Xavier Léon, The Athenaeum, Pall Mall, London SW1, 16 octobre 1925*

[...] Je ne vois pas en quoi tu peux avoir égaré Painlevé[2] en lui disant que les délégués *syndicaux* anglais à l'Internationale d'Amsterdam avaient reçu mandat de demander la réconciliation avec l'Internationale communiste. Cela subsiste ; la seule différence, c'est que le *parti travailliste* a, depuis ce moment, déclaré la guerre aux communistes. Ce qui fournira un argument commode à [ill.] et à Oudegeest[3] s'ils veulent s'opposer à la motion syndicale anglaise. Mais la motion n'a pas été abrogée : le congrès politique n'avait pas à s'occuper de cela.

Et voilà. Tout cela est bien calme par ici, pendant qu'on sent les esprits prêts à s'échauffer en France. Essayons de prendre avec flegme la fougue de nos compatriotes.

Ton, votre
Élie Halévy

---

1. Voir note 2, p. 490.
2. Paul Painlevé (1863-1933), normalien comme Élie Halévy, est l'un de leurs amis. Le 17 avril 1925, il a succédé à Édouard Herriot à la présidence du Conseil après l'échec de la politique du Cartel des Gauches. Son gouvernement tombe le 22 novembre 1925.
3. Homme politique néerlandais, Jan Oudegeest (1870-1950) représente son pays à la Conférence internationale du Travail à Genève.

À Louise Halévy, Londres, 18 octobre 1925

[...] Nous avons déjeuné hier avec Wickham Steed[1] (l'ancien grand homme du *Times*), qui nous a annoncé l'arrivée imminente, ici, de Salvemini. Les journaux français ont-ils parlé du massacre de Florence[2] ? et de l'étonnante réception que la presse internationale a faite à Mussolini, à Locarno[3] ? L'Angleterre semble décidément brouillée avec ce personnage. [...]
Élie Halévy

À Xavier Léon, Leeds, Londres, 20 octobre 1925

[...] Merci de tes renseignements sur la situation politique. Ils éclairent pour moi ce que me disent les journaux anglais sur le congrès de Nice[4],

---

1. Henry Wickham Steed (1873-1956), connu sous le nom de H. Wickham « Stickum » Steed, est l'un des plus fameux journalistes de son temps. Il se forme dans les universités d'Iéna, Berlin et Paris, avant de travailler pour la rédaction du journal américain *World* (basé à New York). Il rejoint le *Times* en 1896, d'abord en tant que correspondant étranger (à Berlin, Rome, Vienne), puis, à partir de 1913, comme *foreign editor*. L'année suivante il est nommé chef du département étranger. En 1919, il devient rédacteur en chef, succédant à Geoffrey Dawson. Il démissionne en 1922 pour devenir rédacteur en chef de la *Review of Reviews*, tout en enseignant l'histoire de l'Europe centrale au King's College de Londres. En 1937, il accède au poste de *Chief BBC Broadcaster on World Affairs* du BBC Overseas Service, qu'il conserve durant toute la guerre. Il s'y montre farouchement antinazi. Il est l'auteur d'une œuvre historique et politique importante, consacrée avant-guerre à l'Autriche-Hongrie, puis à *L'Angleterre et la Guerre* (1915) et à *L'Effort Anglais* (1916). Il publie à la suite *La Démocratie Britannique* (1918). En 1924, il écrit ses mémoires, *Through Thirty Years, 1892-1922. A Personal Narrative* (traduit en France en 1926-1927). En 1933, il est l'auteur de *A Way to Social Peace*, puis, en 1936, de *Vital Peace : A study of risks*.
2. Ces crimes furent le fait des *fasci fiorentini*, commis en représailles à des manifestations antifascistes provoquées par l'assassinat de Matteotti. Celui-ci remontait déjà à plus d'un an, mais les réactions avaient tout d'abord été assez modérées parce que le pouvoir de Mussolini paraissait encore chancelant; elles ne s'étaient multipliées que depuis les « lois *fascistissimes* » du début de 1925. Plus explicite, Florence Halévy écrit, le même jour, à sa belle-mère : « Avez-vous vu comment Mussolini a été reçu par la presse à Locarno ? ou plutôt comment tous les journalistes à peu près ont refusé d'aller le voir – et lui ont tourné le dos ? Le seul journaliste anglais qui n'a pas osé lui tenir tête est celui du *Manchester Guardian*, un journal très à gauche. Mais ce journaliste habite Rome et il a eu peur pour sa vie et celle des siens... Salvemini a dû arriver ici hier soir. Les journaux français ont-ils raconté que son avocat a été égorgé dans son lit à côté de sa femme ? »
3. L'Italie de Mussolini est signataire des Accords de Locarno du 16 octobre 1925. Le *Duce* s'est déplacé en grande pompe dans la ville suisse du lac Majeur.
4. Des affrontements particulièrement vifs ont lieu au congrès radical de Nice en octobre 1925 entre Édouard Herriot et Joseph Caillaux, sur fond d'attaques contre Painlevé. La question centrale reste l'opportunité de l'impôt sur le capital. Painlevé se décidera le 27 octobre à modifier son gouvernement afin d'en écarter Caillaux et de contenter la majorité des radicaux menés par Herriot. Mais il persiste dans son projet d'impôt sur le capital et le

et l'accolade finale de Painlevé et Herriot. Sans être hostile en principe à l'impôt sur le capital, je ne vois pas en quoi deux ans de conflit avec le Sénat mettront l'ordre dans nos finances.

Pour le pacte de Locarno, je pense comme toi. Mais il y a encore beaucoup à faire pour rendre les relations franco-allemandes normales ailleurs que sur le papier. Tu sais que pour ma part je suis disposé à y travailler.

Ton, votre
Élie Halévy

Une semaine après cet envoi à Xavier Léon, Élie Halévy est de retour en France comme l'atteste une nouvelle lettre postée le 27 octobre de Fresnay-le-Long. Il ne retourne en Angleterre qu'au printemps 1926, d'abord à Londres puis à Oxford, qu'il rejoint le 10 mai en prévision de la cérémonie où il doit être fait docteur honoris causa *de la prestigieuse université. Mais la grève générale que vit l'Angleterre perturbe son séjour.*

À Louise Halévy, Londres, 67 Torrington Square, London WC1, 22 avril 1926

[...] Je t'écris dans le vieux et solennel salon de l'Athenaeum ; à ma gauche, mes yeux plongent sur Waterloo Place et le bout de Pall Mall. Il n'est que cinq heures et demie ; mais déjà un boutiquier vient d'éclairer sa devanture ; car il se met à pleuvoir à verse, et la nuit tombe avec la pluie.

Bien entendu, mon existence sociale n'a pas encore pris son essor. Une matinée dans la *Reading Room* du British Museum ; une escapade, entre deux livres, vers la salle, qui m'est chère, où le British Museum expose, par roulement, ses estampes, dessins, gravures, miniatures. J'y ai trouvé une vaste et admirable série de paysages de Hiroshige[1]. Mon enthousiasme se lisait-il dans mes yeux ? J'ai été brusquement interpellé par un jeune Anglais de vingt ans : « *Are not these landscapes wonderful ? Come and see this*

---

confie au jeune Georges Bonnet (1889-1973) devenu ministre des Finances. Le gouvernement sera renversé le 22 novembre. Aristide Briand (1862-1932), qui le remplace, tente d'opérer la concentration sans y parvenir : les modérés souhaitent le retour de Poincaré, qui s'imposera en juillet 1926 à la tête d'un « gouvernement d'union nationale ».

1. Avec Hokusai, Utagawa Hiroshige (1797-1858) est le peintre, dessinateur et graveur japonais le plus connu du mouvement de l'Ukiyo-e, célèbre pour ses estampes de paysages et de villes du Japon antérieur à l'ère Meiji. Le Mont Fuji a été son sujet de prédilection, comme la ville d'Edo (future Tokyo). Son influence en Europe, notamment auprès des peintres impressionnistes, fut importante.

one[1]. » J'ai regardé, admiré ; et il a disparu, sans un mot de congé. C'est ainsi qu'ils restent anglais – même quand leurs épanchements prennent la forme la plus déconcertante.
Mais ces Hiroshige sont bien beaux. [...]
Élie Halévy

À Louise Halévy, 67 Torrington Square, London WC1, 6 mai [1926]*

Chère maman,
Je t'écris une carte postale, me conformant en ceci aux instructions du gouvernement. Hier et avant-hier, absence totale d'autobus, grande affluence de taxis. Aujourd'hui, réapparition d'un certain nombre d'autobus, mais disparition totale des taxis. Les gens bien informés disent que tout sera fini avant samedi ; mais en Suède, il y a vingt ans, une grève générale a duré plus d'un mois. Nous verrons bien ; les moins ennuyés ne sont pas les chefs du *Labour Party*. [...]
Élie Halévy

À Louise Halévy, Londres, 10 mai 1926

Chère maman,
Nous partons tout à l'heure pour Oxford[2] d'où nous reviendrons mercredi. Nous partons une valise à la main, dans l'espoir de trouver quelque part un bus qui nous conduira à Paddington.
L'archevêque de Canterbury a adressé un appel à la conciliation, que la presse conservatrice s'est abstenue de reproduire. Mon coiffeur est très-mécontent, et dit que dans son faubourg les ouvriers sont *gloomy*[3]. Les théâtres commencent à fermer l'un après l'autre. Le ton général est un ton de consternation. Tout est absolument calme, malgré d'inévitables bagarres dans les faubourgs éloignés, où personne sauf les indigènes n'a jamais mis les pieds.
J'ai peine à croire que cette grève stupide dure bien longtemps. Mais j'avais peine à croire qu'elle éclatât, tant elle me paraissait stupide. De quelque côté que soit la victoire, c'est une fois la bataille terminée que se posera le problème intéressant, et je dirais presque insoluble : de remettre

---

1. « Est-ce que ces paysages ne sont pas merveilleux ? Venez donc voir celui-ci. »
2. Pour la cérémonie du doctorat *honoris causa*. Voir lettre suivante.
3. « Sombres ».

sur pied l'industrie minière. Mieux vaudrait en proclamer l'inévitable décadence.

Tout cela va enlever de son éclat à la cérémonie universitaire de demain. Les étudiants feront certainement défaut, puisqu'ils sont tous occupés à faire le service de l'*underground* à Londres.

Sauf que les heures de levée et de distribution des lettres sont devenues irrégulières, les relations postales franco-anglaises sont à peu près normales. Ce qui me manque, ce sont des nouvelles de ce qui se passe dans le monde. Les petites feuilles qui ont pris la place des journaux ne parlent absolument que de la grève. Un numéro du *Temps* coûte 4d, c'est-à-dire au cours du change 2 fr. 40. Je refuse de me prêter à une pareille exploitation. Tu me ferais plaisir si tu m'envoyais un petit paquet de numéros du *Temps*, ou des *Débats*. Il est inutile que la série soit complète. Mais quelques échantillons parus depuis le 3 mai me rendraient service.

Ci-joint des conseils donnés à la population par la TSF anglaise, et affichés sur les murs[1] : rien de français dans cette sage hygiène morale. [...]

P.-S. Je repense au *De Natura Rerum*. C'est toi qui as raison contre Benda[2] et la religion des auteurs classiques. Il y a quelques pages admirables dans Lucrèce, d'une forme un peu heurtée peut-être, à la Vigny, mais admirables. Quant au reste, c'est une gageure de vouloir mettre la physique de Démocrite en hexamètres. [...]

Élie Halévy

---

1. « Do all you can to keep everybody smiling. Keep smiling yourself.
Do your best to discontinuance any violence.
Do what you can co improve your health. Long walks are very good.
Don't hang about swapping rumours – that is bad anyway. »
(« Faites tout votre possible pour que tout le monde garde le sourire. Gardez vous-même le sourire.
Faites de votre mieux pour arrêter toute violence.
Faites votre possible pour améliorer votre santé. Les longues marches sont très bonnes.
Ne traînez pas en échangeant des rumeurs – cela est, à tous égards, mauvais. »)
2. Dreyfusard, écrivain, essayiste et journaliste, Julien Benda (1867-1956) est un ami de la famille, habitué de Sucy et proche de Louise Halévy. Influencé par Charles Péguy, il mène de nombreux combats de plume, s'attaquant notamment à la philosophie d'Henri Bergson avec une certaine violence et beaucoup de subjectivité. Il est l'auteur en 1927 d'un essai reprochant aux intellectuels d'avoir cédé à la politique et de s'être séparés du monde de la raison, *La Trahison des clercs*, qui fait naître de vives controverses. Lui-même embrasse la cause antifasciste, se rapproche du communisme et finit, après la Seconde Guerre mondiale, par justifier les grands procès intentés aux opposants politiques par le stalinisme. Grand pianiste, Julien Benda est friand des salons parisiens dont celui de sa cousine, Pauline Benda, connue sous le nom de plume de Madame Simone.

À Louise Halévy, Londres, 14 mai 1926

Chère maman,
La collection des *Temps* est arrivée, et je l'ai parcourue très-suffisamment pour reprendre l'air du pays. J'ai vu que Paul Souday[1], après avoir maltraité ton amie Madame de Sévigné, se met à maltraiter ton autre amie George Sand ; et, dans un autre article, j'ai trouvé cette définition de la santé qui a ramené ma pensée sur Benda : « La santé, état précaire et instable qui ne présage rien de bon. » Voilà plus de cinquante-cinq ans que sa santé ne présage rien de bon.
Sur ma doctorification, que te dire ? Oxford se vidant d'étudiants, qui s'en allaient, par gros paquets, suivant les instructions gouvernementales, décharger des pommes de terre ou des bananes dans tel ou tel port de la côte. Pour ceux qui ne voulaient pas combattre la grève, le *master* d'un des collèges, socialiste, avait imaginé une campagne de propagande en faveur d'une paix de conciliation ; « ni vainqueurs ni vaincus » suivant la formule des pacifistes de 1917. La cérémonie n'était d'ailleurs pas la fête publique où l'on fait une fournée de docteurs, – des docteurs qui n'ont aucun titre universitaire. Il s'agissait d'une fête intime, et strictement professionnelle. Le candidat, vêtu d'une robe grise et rouge, qui lui est prêtée par l'Université, est prié d'attendre dans une espèce de sacristie. Il voit défiler devant lui le Vice-chancelier, ses deux *proctors* (*procuratores*), et ses six massiers, et le personnage appelé *public orator*. Tous pénètrent dans une salle, provisoirement interdite au candidat, où siègent une trentaine de maîtres ès-arts des deux sexes, plus un public restreint. Le Vice-chancelier s'assied au fond dans une espèce de chaire présidentielle, flanqué à droite et à gauche, mais un peu plus bas que lui, des deux procurateurs. Il demande aux maîtres ès-arts s'ils sont disposés à admettre Élie Halévy : sur leur réponse affirmative, l'orateur public vient vers moi et m'introduit dans la salle, où, à respectueuse distance du Vice-chancelier, il fait mon éloge en latin (un latin compliqué, rocailleux). Le Vice-chancelier se lève, fait quelques pas vers moi ; je fais quelques pas vers lui ; il me tend la main ; je lui serre la main. Il me fait asseoir à ses côtés. C'est fait. Je suis docteur. Docteur ès-lettres. *D. Litt.*
Le problème se posait de rentrer à Londres, avec le moins d'encombre possible. Heureusement l'usage s'est établi, à Oxford, pendant la grève, que tout habitant d'Oxford qui se rend à Londres en automobile, met les

---

[1] Paul Souday (1869-1929) est le puissant critique littéraire du *Temps*. Il règne sur sa rubrique de 1919 à sa mort. *Le Temps* est l'un des quotidiens de référence chez les Halévy.

places libres à la disposition des voyageurs moins bien lotis. Nous sommes donc rentrés en auto – deux heures et demie de trajet – à travers un joli pays. Quand nous sommes arrivés à Londres, vers deux heures et demie, on criait dans les rues la fin de la grève.

Voilà. Nous commençons à faire des visites, ma doctorification m'ayant rendu tout à fait impossible de conserver mon incognito. La quinzaine qui vient sera tourbillonnante.

Tendresses,
Élie Halévy

Au printemps 1927, Élie Halévy séjourne en Angleterre. À l'automne, il est à nouveau sur le sol britannique. Il effectue une tournée dans le nord du pays (Birmingham, Sheffield, Manchester), faisant alterner des « public lectures » avec des causeries devant des parterres de chercheurs ou d'étudiants en histoire et en français (et quelques philosophes). Parmi les sujets proposés, Élie Halévy traite de : « The influence of utilitarism », « Comte and his influence », « Politique étrangère et Opinion publique. Un plaidoyer pour la diplomatie secrète »[1], « Le problème de la paix européenne »[2], « Voltaire et Rousseau », « Le romantisme », etc.

À Louise Halévy, 67 Torrington Square, London WC1, 25 avril 1927

[...] Voici que les vacances ont pris fin, et que les Londoniens rentrent chez eux. Nous avons vu Eileen Power[3] avant-hier, qui n'a point perdu tout espoir de faire son voyage transasiatique, de Pékin en Perse ou aux Indes. Compagnons : une dame américaine et un Allemand monarchiste, qui prendrait en charge ces deux faibles femmes. Que le *Times* lui donne

---

1. À l'université de Sheffield, le 17 octobre 1927 (« *in french* »).
2. *Id.*, le 19 octobre 1927.
3. Eileen Power (1889-1940). « C'est en 1911 que les Halévy avaient fait la connaissance, grâce aux Russell, de cette jeune médiéviste qui travaillait à l'école des Chartes. Sa beauté, sa vigoureuse intelligence, sa générosité les charmèrent aussitôt ; elle fut souvent leur hôte à Sucy et resta pour toujours leur amie », écrit Henriette Guy-Loë dans Élie Halévy, *Correspondance (1891-1937), op. cit.*, p. 682. Historienne de notoriété internationale, elle centrait son intérêt sur les conditions économiques dans les diverses sociétés médiévales et surtout chez les femmes. Elle y consacra des livres nombreux et importants et elle fonda, en 1927, l'*Economic History Review*. Elle partagea son enseignement entre Cambridge d'abord, puis, surtout, la London School of Economics. Elle fut aussi une grande voyageuse : elle consacra une année à faire le tour du monde (avec une bourse d'Albert Kahn). Elle fut particulièrement attirée par la Chine, où elle retourna en 1929. Elle épousa en 1937, son collaborateur à la LSE, Michael M. Postan. Elle mourut subitement pendant la « bataille de Londres » en août 1940.

500 £, comme rémunération des correspondances qu'elle enverrait, et elle partira. Le voyage se fera à cheval. Je lui ai prêché la prudence. Mais, tout en avouant qu'elle n'aimerait pas se trouver la prisonnière de quelque Soviet plus ou moins chinois, elle a déclaré que, « *at a distance things always looked worse than they really were* »[1]. Je lui ai dit de ne pas songer aux périls humains, mais aux fatigues d'une caravane équestre à travers des solitudes montagneuses et glacées. Mais elle m'a répondu qu'elle venait de prendre quelques leçons d'équitation (!), et que la fatigue, très-grande après la première leçon, diminuait aux suivantes (!). Alors, pourquoi hésiter ? La planète appartient aux peuples-enfants. [...]
Élie Halévy

À Louise Halévy, Londres, 15 mai 1927

[...] Avant-hier, du moins, nous avons fait une escapade vers les champs, chez les Webb[2]. On arrive à temps pour le *lunch*. Après le *lunch*, la tradition veut qu'on *marche*, jusqu'à l'heure du thé. J'ai fait observer que Sidney Webb, ayant siégé à la Chambre des Communes jusqu'à quatre heures du matin et parlé pendant quarante minutes entre une heure et deux, avait peut-être besoin de repos. Non, cela lui ferait du bien : et un pacte avait été conclu entre eux deux, lors de leur mariage, que, pour les choses importantes, ce serait lui qui commanderait, elle pour les choses non importantes. Que d'ailleurs, ajoutait-elle, ce serait elle qui déciderait quelles choses seraient importantes, et quelles non importantes.

Nous voilà donc partis, tous les quatre. Je commence à connaître ces promenades, qui sont curieuses. Elle ne marche pas, elle vole. Comme elle parle sans cesse, et fort bien, de l'avenir du genre humain, il faut se tenir à ses côtés ; et comme il est simplement poli de lui laisser la disposition du sentier, on en est réduit à bondir dans la pierraille, les ajoncs, et les ronces. Furtivement, de temps à autre, on réussit à jeter un coup d'œil autour de soi et admirer le paysage, qui est beau. [...]
Élie Halévy

---

1. À distance, les choses paraissent toujours pires qu'elles ne le sont en réalité.
2. Voir *supra*, note 1, p. 64.

À Célestin Bouglé, La Maison-Blanche, Sucy-en-Brie, 28 septembre 1927

Mon cher ami,
[...] Ta question sur « le libéral anglais » m'embarrasse. Je me la pose souvent, sans grand succès. Il n'a pas, comme dans les pays latins, la ressource de l'anticléricalisme ; ni, comme dans tous les pays continentaux, la ressource de l'antifascisme. Je le définirais un parti socialisant qui reproche au parti travailliste d'être un parti de classe, et pour cette raison trop corporatif et trop matérialiste. D'où malheureusement la force du parti travailliste, qui joue également sur la tradition du « système des deux partis », Le Parti du Travail ayant décidément pris le dessus, électoralement, sur le Parti Libéral, et n'étant à aucun degré un parti révolutionnaire, constitue maintenant l'Opposition Officielle, l'« Opposition de Sa Majesté ». De sorte qu'au point de vue des traditions constitutionnelles du pays, le Parti du Travail représente dorénavant l'ordre, et le Parti Libéral le désordre.
Fais de cela ce que tu voudras. Et je te redis (comme dans ma dernière lettre, partie d'ici entre les mains du même facteur qui m'apportait la tienne) : au 1er novembre. [...]
Élie Halévy

Au printemps 1928, Élie Halévy est de retour à Londres. Au cours de son séjour, il prononce une conférence à la London School of Economy : « Foreign Affairs and Public opinion. A plea for secret diplomacy. » Depuis le sol anglais, il continue de se préoccuper des affaires européennes et de l'aggravation de la terreur politique en Italie. Les libertés politiques en Angleterre n'en apparaissent que plus précieuses.

À Louise Halévy, The Athenaeum, Pall Mall, London SW1, 15 avril [1928]

[...] Le crime de Milan[1] est un épisode normal sous un régime de compression et de tyrannie. Si les fascistes ne trouvent pas le ou les coupables,

---

1. Un attentat à la bombe a visé le roi d'Italie Victor-Emmanuel III au cours de l'inauguration d'une foire, faisant près de vingt morts et de nombreux blessés dans la foule massée sur le parcours du roi. L'émotion fut considérable en Italie. Une grande ferveur populaire se tourna vers le roi tandis que le gouvernement fasciste fit procéder à de nombreuses arrestations.

quelle humiliation pour un régime d'universel espionnage. La France vaut tout de [même] mieux : mais l'Angleterre, combien mieux ! Je t'écris d'un pays où, sur quarante millions d'habitants, il n'y a pas un assassin politique. [...]
Élie Halévy

À Louise Halévy, The Athenaeum, Pall Mall, London SW1, 24 avril [1928]

[...] Vu à déjeuner ce matin Salvemini, qui se prépare à mourir en exil, nonagénaire s'il se peut. Il trouve le gouvernement fasciste bien bête de ne pas le recommander pour une chaire de l'université de Berkeley en Californie. À quinze jours de distance d'Italie, il ne gênerait personne. En somme, bonnes nouvelles à transmettre à Mussolini. [...]
Élie Halévy

À Mme Ludovic Halévy, 67 Torrington Square, London WC1, 1er mai [1928]

[...] J'ai encore un mois de travail devant moi : ces terribles années d'avant-guerre, si pleines de choses, si tumultueuses. On se demande toujours : que serait-il arrivé si la guerre n'avait pas éclaté ? Mais pouvait-il se faire que la guerre n'éclatât pas ? [...]
Élie Halévy

Au printemps 1929, Élie Halévy est invité par l'université d'Oxford à prononcer des conférences solennelles, dans le cadre des Rhodes Memorial Lectures. *Publiées en Angleterre un an plus tard[1], elles formeront dans leur version française l'une des sections principales de* L'Ère des tyrannies[2]. *En tant que* Rhodes Lecturer, *Élie Halévy doit demeurer deux mois à Oxford et y donner exposés et causeries. Parmi celles-ci, on relève :* « The problem of Nationalization » *(Queen College, 20 mai 1929) ;* « Le Traité de Versailles » *(Oriol College, 4 juin) ;* « Le parlementarisme français » *(Oriol College, 6 juin ;* « Recent history of the Jews in France » *(Adler Society[3], 16 juin).*

---

1. *The World Crisis of 1914-1918. An interpretation*, being the Rhodes Memorial Lectures delivered in 1929 by Élie Halévy, Oxford, Clarendon Press, 1930.
2. Voir *supra*, p. 232-262.
3. Une association d'étudiants juifs.

À André Noufflard, The Athenaeum, Pall Mall, SW1, 29 mai 1929[1]

Mon cher André,
J'aurais dû répondre à ta gentille, extraordinairement gentille lettre[2]. Mais j'étais pas mal bousculé. Je trouve enfin du loisir dans ce club vaste et vieillot, et t'écris pour te remercier d'abord, pour protester aussi un peu contre le ton de ta lettre, qui paraît attribuer à mon succès une importance vraiment exagérée. Oui, j'ai eu beaucoup de monde, et jusqu'à la fin, malgré le beau temps et la semaine des courses de rameurs. Mais tout cela est tout de même bien local ; et je n'ai pas ébranlé le monde.
À vrai dire, et en toute sincérité, le « succès » m'inspire une méfiance invincible. Il est le pire ennemi du travail. Comprends bien qu'avec les transpositions nécessaires, ma morale est celle de Diogène, et que tout ce que je demande à Alexandre, c'est de s'ôter de mon soleil. Alexandre prend bien des formes.
*Ton étudiante polonaise. Mais vraiment, va-t-elle poursuivre ses études de médecine et finir par être le médecin attitré de tes filles ? ou bien, d'aventure en aventure, finira-t-elle dans les bras conjugaux de quelque futur Philippe Berthelot ? Cause, fais causer, et, pratiquant pareil à Jacques-Émile, le culte des deux Muses à la fois, prépare-toi à nous donner quelque jour les *Mémoires d'une étudiante polonaise.**
Tendres amitiés à vous trois.
Élie Halévy

Bien entendu, notre adresse est toujours :
31 Wellington Sq. Oxford.

Le séjour du printemps 1930 est brutalement écourté par l'annonce, le 29 mai, du décès de sa mère, Louise Halévy, dans la Haute Maison à Sucy-en-Brie, alors que Julien Benda lui jouait du piano. Il est prévenu par son ami Graham Wallas à qui l'on a télégraphié pour le joindre. Élie et Florence Halévy rentrent aussitôt en France et ne retournent en Angleterre que l'année suivante. Les lettres anglaises de ce court printemps 1930 sont précédées de deux envois à des éditeurs anglais.

---

1. Élie Halévy séjourne à Oxford où il a été accueilli pour prononcer les fameuses *Rhodes Memorial Lectures*. Il écrit à son beau-frère, le frère de Florence.
2. André Noufflard avait félicité son beau-frère du grand succès de ses *Rhodes Memorial Lectures*.

À Mr. W. Horsefall Carter, *Chief Sub-Editor* du « Spectator », La Maison Blanche, Sucy-en-Brie, S.-et-O., 12 janvier 1930[1]

Dear Sir,
I thank you for kindly sending me this number of the *Spectator*. You will only allow me to confess that I feel sorely perplexed after reading it. Here is a number which seems meant to inflame the minds of your readers against my country. Then comes your letter, alluding to 'the big task before us, Frenchmen and British', as if we belonged to two sisters nations, loving one another, and made to love one another. Either, as a Chief Sub-Editor, you are responsible for publishing George Glasgow's article and publishing – perhaps even writing – the article on 'Great Britain and France'. Then I must confess that the workings of the English mind are difficult to understand. Or, you feel alarmed at the too distinctly anti-French tone given by somebody else to your paper, and would like to do what lies in you to counteract [the effect] produced by the number of December 21. In this case, I understand your motives better. I am afraid, however, that I cannot comply with them. I have a good number of criticisms to make to the policy of my government; but I will certainly not chose the columns of an English paper to make them: your readers are only *too well* (far too well, to my judgment) acquainted with the weaknesses of French policy. I have also a good deal of harsh things to say about England's policy towards France. But, although, if I wished to explain myself upon this point, I would far better chose an English than a French paper. I believe it is better to abstain to write anything which might only contribute to make relations worse between both countries. But I see no reason why I should not tell you, *privately and for your personal information*, how I reacted after reading the two anti-French articles in the *Spectator*.

I cannot discuss in detail George Glasgow's economic views. I am not competent. My impression is only that they are a little too sensational, theatrical, or, more simply, journalistic, to be considered as sound science. One thing however strikes me. I have read article after article by Mr. Hirst, and perhaps others belonging to the same school, according to which the hoarding policy of the *Banque de France* was madness, the non-hoarding policy of the Bank of England wisdom and sanity: in fact there lingers something of that philosophy in Mr. Glasgow's concluding sentences. But then what do you complain of? So much the worse for France, and there is an end of the argument. Another fact strikes me also. There is another country where the hoarding mania prevails

---

1. Nous utilisons une copie qu'Élie Halévy avait conservée de sa lettre. Voir traduction, p. 729-732.

to a higher degree, and with more devastating effects upon the peace of the world, than France: I mean the United States. Has Mr. George Glasgow ever written, will he ever write, such a bitter onslaught on the financial policy of the States as he has just written on the financial policy of France? I vouchsafe he has not, and never will. Why then should the Central Bank over there be adored as a shrine, the Bank of France hit as a quintain? For reasons which I am afraid have very little to do with pure economies.

When we were very ineffectually struggling against the fall in value of the franc, I was, every time I went to England, pestered with severe advice from my English friends. What England wanted, what England insisted upon, was stabilisation, even at the cost of devalorisation. At last, after a crisis, the seriousness of which you certainly have not forgotten, we follows, Poincaré himself follows the advice of England. Then I begin to observe the rise of another legend – an anti-French legend of course: France has systematically stabilised at a very low level, in order to prop up artificially French industry at the expense of English industry. England always the victim, France always the executioner.

I know unemployment is your plague, your 'devastated area'. I know, I know. But are you very courageous, very virile, while always looking for salvation abroad? There is a remedy to unemployment, which is migration – migration to the not very distant shores of France. Why do we see here workmen from all countries of the world, never an Englishman? They say, it is because wages are too low in France. Well, I thought low wages were better than no wages. Or [has] the modern English worker come to this, that he prefers unemployment and mendicancy, to low wages and hard work? This would be a severe indictment of the British nation.

I come to the very burning problem of disarmament. And I hasten to say that I find a good deal to judge very severely in the policy of my government. But how excusable are my countrypeople in following its lead, bewildered as they have constantly been, since 1919, by the tortuousness of your methods.

Take disarmament as a whole. You complain that France should have 'relinquished even the notion of world solidarity implicit in the continental conception of the League'. I daresay 'continental' stands here as a word of abuse; but really you must excuse France (and Germany, and Belgium and Switzerland for all that) if the Creator has not made it an island: it is not given to everybody to be 'insular'. Now when has England ever allowed this conception to be put to the test? Lord Cecil invented the Pact of Mutual Assistance and then dished it. Ramsay MacDonald accepted the Protocol, only to throw it overboard later on. Are my countrypeople not excusable if they nourish a vague feeling of being perpetually mystified? As to Mr. MacDonald's 'constructive alternative', they do not know what it consists in, neither do I.

Take naval disarmament. Before the war, your grievance was with Germany for building Dreadnoughts (although the British Admiralty was responsible for the invention of the monster): why did she not concentrate upon light cruisers, torpedo-boats, and submarines? The war has come and gone: no country in Europe has money to pay for Dreadnoughts. Now for the limitation of cruisers, and abolition of submarines.

I personally would be ready to go a long way towards satisfying England's demands concerning naval disarmament. Whether ethically right or wrong, Germany was certainly unwise in not taking England's views in consideration. But then take in consideration our continental need of our army, and do not throw us into a state of perfect dismay by this double argument: 'We want a navy; why should you want one? We want no army; why should you want one?' And then – and then, while ready to reduce our properly military expense, how can you ever expect a French republican, a lover of peace and liberty, to adopt your programme of a return to the regime of professional, non-conscript armies? According to your views, if I understand them, the Swiss militia, making every Swiss a trained reservist, is a thing to be abolished; the Facist militia, the ideal army. It may be that modern democracy, having brought about the system of compulsory military service, will be tempted by your propaganda into shaking the yoke, and doing away with the system. But, if you succeed, I leave you responsible for the result: coups d'État, and perpetual wars.

That there is anything as new as you believe in Mr. Snowden's attitude, you must allow me to doubt. I see England return to the policy of Canning and Lord Palmerston, which always talked of peace, and kept the whole Continent in a perpetual state of nervousness and insecurity. The time has come when it has been felt that, with less genius, Lord Castlereagh and Lord Aberdeen[1] had a more genuine love of peace. The day may come when the memory of that very-much abused man, Sir Austen Chamberlain, will be rehabilitated.

Mr. Ramsay MacDonald gave a couple of days to Geneva; he gave a whole month to America – To America, he gave himself; to Europe he gave Mr. Philip Snowden. Sincerely, I believe this is not the true way to gain the love of Europe – if such is your wish.

I see you exclaiming: 'Really, this is a heated letter.' It is not, I assure you. I have thought it might be useful to you if I wrote to you such a letter as a

---

1. Aristocrate écossais, George Hamilton-Gordon, 4ᵉ comte d'Aberdeen (1784-1860), débuta sa carrière comme diplomate et occupa de hautes fonctions politiques et gouvernementales dans le premier XIXᵉ siècle. Signataire de nombreux traités européens, en charge des Affaires étrangères de 1841-1846, il devient Premier ministre en 1952. Il est contraint de démissionner en janvier 1855 par suite de la guerre de Crimée – à laquelle il s'est pourtant opposé. Lord Castlereagh (1769-1822) occupe de hautes fonctions dans la diplomatie anglaise qu'il dirige comme secrétaire d'Etat aux Affaires étrangères de 1812 à 1822.

really heated Frenchman might write to you, with very good arguments; and impressed you with the feeling that there is a jingo way of forcing pacifism upon Europe which is not persuasive. Pray do believe that if ever I attended one of these innumerable conferences as the official delegate of my government (a thing which will never happen), I would have nothing of the haughty spirit of Lord Palmerston or Philip Snowden; you would always find me ready for peaceful compromise. The only thing I would ask the British Press to do, would be to make things a little easier for me than it occasionally does for those who are, at those conferences, the real delegates of my nation.

Yours truly,
Élie Halévy[1]

Au directeur de publication d'un dictionnaire, qui avait demandé son avis sur une liste de « politiciens et hommes d'État d'Angleterre », 15 Torrington Square, London WC1, 23 avril 1930[2]

Dear Mr. Johnson,

If you allow me to speak quite frankly, I do not like at all your suggested list of politicians and statesmen of England. Letting alone the centuries before the XIXth century, which do not concern me, I do not see why Lord Asquith should open your list. If you put in Asquith, why omit Lord Liverpool[3], or Lord Aberdeen, or Lord Derby[4], who certainly were quite important figures? You will answer: because Asquith is so modern, and you cannot have quite the same scale for the last quarter of a century and the preceding period. A very debatable position; but even if you grant it, why omit Lord Grey, and Winston Churchill, and, more than any other politician, Lloyd George? Because they happen to be still living. Another queer position: the queerer as they may die (*di omen avertant*) while your dictionary is in proof, or just after it has come out. Then what a strange want of balance, with Asquith in the picture, and the other ones out of it.

---

1. Mr. Horsefall répond longuement à cette lettre, protestant vigoureusement contre l'interprétation antifrançaise qu'Élie Halévy a donnée de l'article paru dans son journal. Au mois de mai, lors du séjour d'Élie Halévy, il organise un déjeuner pour lui faire rencontrer Mr. George Glasgow afin de poursuivre la discussion. Quoique nous n'ayons pas de récit direct de ce déjeuner, qui eut lieu le 20 juillet, il se passa apparemment très bien, car deux ans plus tard, M. Horsefall Carter, qui avait alors quitté le *Spectator*, reprit contact avec Élie Halévy et chercha son appui pour sa nouvelle activité en faveur de la Société des Nations.
2. Ici encore, c'est une copie écrite de la main d'Élie Halévy que nous utilisons. Voir la traduction, p. 732-733.
3. Robert Banks Jenkinson, 2e comte de Liverpool (1770-1828) a été premier ministre du Royaumme-Uni de 1812 à 1827.
4. Edward George Geoffrey Smith-Stanley, comte de Derby (1799-1869) a été premier ministre conservateur du Royaume-Uni, à trois reprises entre 1852 et 1868.

Again, why Lansdowne? If you mean the marquess of Lansdowne who died a couple of years ago – one of these dignified aristocratic asses, of which England knew how to make good use; but a dignified ass all the same.
Again, why are O'Connell and Parnell omitted? Or, am I to suppose that you have a separate list of *Irish* statesmen up your sleeve?
Again, why Francis Place? And, if you insist upon including him, why not Edwin Chadwick? And William Lovett? and Sir John Bowring? and Wakefield, the inventar of the Wakefield colonial system?
If you put John Morley here – why not Macauley, or Bryce, who both had something to do with politics, but whose real importance lay outside the field of politics properly so called.
So here are some possible additions or omissions, for you.
Yours sincerely,
Élie Halévy

À Graham Wallas, La Maison Blanche, Sucy-en-Brie, S.-et-O., 17 novembre 1930[1]*

Dear Graham,
Insert this article between the leaves of the book by Monsieur Coulange on the dogma of the Immaculate Conception[2]. L'abbé Turmel[3] is the man. You will be interested to hear that, during 70 years, he was busy writing antichristian books – and very valuable books[:] they are all as good as the one we know – under *seventeen* pseudonyms.
Queer things happen.
Ever yours,
Élie Halévy

À Henriette Noufflard[4], 15 Torrington Square, London WC1, 25 mai 1931*

Ma chère Henriette,
Je te remercie d'avoir eu la gentillesse de m'envoyer ce qu'il faut, paraît-il, appeler « un poulet ». Cela [ne] m'émeut pas autant que toi, bien que cela

---

1. Voir la traduction, p. 733.
2. Pseudonyme littéraire de Joseph Turmel.
3. Ordonné prêtre en 1882, Joseph Turmel (1859-1943) abandonna la foi et devint historien des dogmes chrétiens. Libéral et savant, il fut excommunié en 1930 et ses ouvrages mis à l'index.
4. Sur la nièce d'Élie Halévy, Henriette Noufflard, voir p. 440.

me scandalise tout autant, parce que j'en ai vu bien d'autres, depuis le temps où j'avais ton âge. Je ne crois pas d'ailleurs que le poulet ait joué un grand rôle. Je crois que, si on connaissait les noms des votants, on serait étonné de voir combien de *députés modérés* ont voté pour Briand, et combien de *sénateurs radicaux* ont voté contre lui, par solidarité avec *leur* président Doumer indignement trahi. Briand reviendra bien au Quai d'Orsay, si même il le quitte. Tout cela n'en est pas moins déplorable.

Je ne sais pas trop ce que nous pourrions te raconter de bien sur notre existence qui est ou restera parfaitement monotone jusqu'au 15 juin – jour de notre retour. Je travaille de neuf heures à quatorze heures au British Museum, après quoi j'appartiens à la vie du jour, sous réserve de quelques travaux supplémentaires entre quatre et six heures. Nous faisons des visites mais peu, afin de ne pas être trop écrasés par les invitations sur la fin de notre séjour. À cette lettre de toi, reçue samedi matin, je réponds aujourd'hui lundi, après deux jours passés à Oxford, chez les parents de la jeune fille que tu as conduite au Français. Tu connaîtras bien un jour cet admirable endroit, où la verdure, autour des vieux monuments, était bien éclatante hier matin sous la pluie, mais [ill.] devenait délicieux en plein soleil – sous un ciel que la pluie avait, je te l'assure, complètement lavé. Tu seras certainement reçu à bras ouverts, le jour où tu viendras, dans le très *vieux New* College. Car il y a bien longtemps qu'il était neuf, et c'est aujourd'hui le plus vieux collège de l'endroit.

Je lis avec attention ton petit « calendrier », et je crois que c'est encore à tes parents, non aux Parodi[1] qu'il faut que je te charge de distribuer mes amitiés, nos amitiés.

À toi, bien tendrement,
Élie Halévy

À Graham Wallas, Sucy-en-Brie, 6 octobre 1931[2]*

Dear Graham,
I am sending to you my extracts from the Hodgskin letters, where at all events Mr. Driver will find the English of my French translations[3].

---

1. La famille de Dominique Parodi, philosophe et inspecteur général de l'Éducation nationale, et de sa femme née Hélène Vavin, grande amie de Florence Halévy.
2. Voir traduction, p. 733-734.
3. C. H. Driver publia « Thomas Hodgskin and the Individualists » dans F. J. C. Hearnshaw (ed.), *The Social & Political Ideas of some Representative Thinkers of the Age of Reaction & Reconstruction, 1815-65: a series of lectures delivered at King's College, University of London, during the session 1930-31*, Londres, Harrap, 1932). Il travailla en relation étroite

I am delighted to hear that your book is 'up to date': which means that you do not feel submerged by the hugeness of 20th century problems. I must confess that I believe neither in the Tariff Reform panacea, nor in Keynes's juggling with money theories, nor in MacDonald as the pilot who weathers the storm. What is your answer to Karl Marx's theory, according to which a day is to come – perhaps is coming – when a society based on capitalism will be unable to absorb its produce? I ask everybody, and nobody answers me.

I am going on with my volume, which I am practically sure I will be able to send to the printer before Christmas.

Ever yours,
Élie Halévy

Aux mois de mai et juin 1932, Élie Halévy voyage en Angleterre à l'occasion du bicentenaire de la mort de Bentham. Il a été sollicité par E. M. Walker, le Provost de King's College (Oxford), dont Bentham avait été membre, pour donner un « memorial lecture » en l'honneur du grand homme. Élie Halévy hésite tout d'abord à accepter. Voici près de trente ans qu'il n'a plus travaillé sur le sujet, depuis le temps de La Formation du radicalisme philosophique. *Mais, à la réflexion, la chose « l'amusa », explique Henriette Guy-Loë : « Il se demanda ce que penserait Bentham de la vie publique anglaise s'il revenait[1]. » Il prononce sa conférence le 10 mai. Les témoignages soulignent combien elle a été non seulement brillante, mais « amusante ». On lui demande également de présider à Londres, le 6 juin, à University College, la conférence que fait G. K. Ogden, toujours pour le centenaire de Bentham.*

À Daniel Halévy, 56 Torrington Square, London WC1, 25 avril 1932

Mon cher Daniel,
Ton volume[2] m'est arrivé depuis bien des jours déjà. Je n'ai pas eu le temps de le lire tout de suite, étant accablé par le travail de correction de 600

---

avec Élie Halévy, qu'il vint voir à Sucy, et qui lui transmit les documents qu'il avait autrefois réunis sur Thomas Hodgskin, notamment grâce à la fille de celui-ci. À noter que le livre d'Élie Halévy sur Thomas Hodgskin, qui datait de 1903, ne parut en Angleterre qu'en 1956 (traduction et introduction de A. J. Taylor, Londres, Ernest Benn).
    1. Henriette Guy-Loë, dans Élie Halévy, *Correspondance (1891-1937)*, *op. cit.*, p. 709.
    2. Il s'agit de *Courrier de Paris* (Paris, Éditions du Cavalier, 1932).

pages d'épreuves[1]. J'ai trouvé maintenant le temps, je ne dis pas de le lire en entier mais d'en lire des chapitres entiers. Tu m'instruis beaucoup. Car ce foisonnement des idées tout à fait contemporaines m'est assez étranger ; il me fatigue, et si je me tiens à l'écart, ce n'est pas systématiquement, je dirais plutôt que c'est instinctivement. Mais déjà nous avons un peu de recul, et je ne t'en veux pas de m'instruire.

Il résulte de tes spéculations, si j'en comprends bien les tendances, que nous avons le choix entre un anarchisme confus et le dogmatisme catholique. C'est possible. Mais est-ce certain ? Dans ton chapitre proprement religieux, le seul Guignebert représente le laïcisme. Il est clair que, si le laïcisme en est là, il est bien bas. Mais n'est-ce pas au cours de ces douze années que Loisy a écrit son *Saint Paul*, que Hauser nous a donné ses travaux (au moins aussi importants je ne dis pas littérairement mais scientifiquement) sur le XVIe siècle français ? Cet adverbe « littérairement » me ramène au titre de l'ouvrage de l'abbé Bremond, *Histoire Littéraire*, au sujet duquel on pourrait ironiser. Le réveil du catholicisme français ne serait-il qu'une affaire d'hommes de lettres ? Alors il se réduirait à bien peu de chose : ce dont je ne suis pas bien sûr.

Ici, tout est beaucoup plus calme, au point de vue des relations anglo-françaises, que l'an passé. Ce qui ne veut pas dire que les dangers qui nous menacent [ne (?)] soient bien grands.

Bien à vous,
Élie Halévy

De retour en France après son séjour du printemps 1932, Élie Halévy apprend durant l'été le décès de son plus proche ami anglais, Graham Wallas, le cofondateur de la London School of Economics, disparu le 9 août 1932. Il écrit aussitôt à sa femme Audrey et à leur fille May.

À Audrey et May Wallas [sans date, mais noté « August 1932 » par May Wallas]

Dear Audrey, dear May,

The bad news, the unfortunately not unexpected bad news, have come. I am glad to realise that Graham's end has been so peaceful. And I remember the day when, not so long ago, Graham came to break to us the news of my

---

[1]. Ce sont les épreuves du 2e volume de l'Épilogue de l'*Histoire du peuple anglais au XIXe siècle : Vers la démocratie sociale et vers la guerre (1905-1914)*, Paris, Hachette, 1932.

mother's sudden death[1]. The true name of old age is 'growing loneliness'. It is for the shrinking number of those who remain to close their ranks, remember those who are no more, and love the young.

Ever yours,
Élie

Au printemps 1933, Élie Halévy retrouve l'Angleterre. Le 7 juin, il prononce, au Comité des sciences historiques franco-britanniques[2], une communication intitulée : « Influence of general staff of Europe upon the international situation. »

À Daniel Halévy, 15 Gordon Street, London WC1, 27 avril 1933*

[...] Tu m'avais parlé il y a quelques mois d'un projet d'adaptation – théâtrale, non cinématographique – de *La Famille Cardinal*. Je n'en ai plus jamais entendu parler. Est-ce une affaire abandonnée ? Tu te rappelles quelles réserves j'avais faites. Il en venait d'autres à mon esprit l'autre jour. La pièce, convenablement modernisée, pourrait prendre l'allure d'un pamphlet politique[3] et avoir du succès comme telle, et comme telle n'aurait probablement guère plu à notre père pendant les dernières années de sa vie. Y as-tu pensé ?

Voilà ici l'animation anti-hitlérienne plus intense encore que je n'aurais cru. Il y a bien quelques tentatives pour remonter le courant. Mais elles émanent d'individus sans consistance. Et même le *Morning Post*, un organe ultra-*tory*, tourne en ridicule les rares individus qui veulent se poser en admirateurs de Hitler. Quant au parti travailliste, et au *Manchester Guardian*, ils sont déchaînés.

Ton, votre
Élie Halévy

---

1. Voir *supra*, p. 545.
2. Ce comité est lié à la London School of Economics.
3. Dans *La Famille Cardinal*, publié par Ludovic Halévy en 1883 (après *Mme et Cardinal*, en 1872, et *Les Petites Cardinal*, en 1880), M. Cardinal représente un type de républicain fanatique, ridicule, vulgaire et immoral. (Voir aussi la lettre à Daniel Halévy du 14 novembre 1936, *infra*, p. 656.)

À Xavier Léon, Londres, le 3 mai 1933

Mon cher Xavier,

[...] Le British Museum se trouvant, à mon grand désespoir, fermé pendant huit jours, j'ai été travaillé lundi matin à l'Athenaeum[1]. Plongé dans mon travail, je suis bien resté deux heures sans lever le nez de mes papiers. Puis je les ai levés... et alors ! Le bâtiment de l'Athenaeum n'est séparé de l'ambassade d'Allemagne que par un grand jardin. C'était le 1er mai, et deux immenses drapeaux claquaient au vent par-dessus les arbres : l'un noir, blanc, rouge avec l'aigle impérial ; l'autre rouge avec la croix gammée au centre[2]. Ce sinistre spectacle m'a démoralisé pour le reste de la matinée.

L'opinion a l'air toujours très montée ici contre l'Allemagne ; et les voix de protestation, que je te signalais l'autre jour, restent, en somme, bien isolées. Le ton général est de découragement et de dépression.

As-tu reçu le manuscrit de Durkheim[3] ? et ne pourrais-tu me dire où tu en es ?

Bien à toi, à vous deux,
Élie Halévy

À Xavier Léon, Londres, le 5 mai 1933

Mon cher Xavier,

[...] *Fichte*. – La discussion des conditions ne pourra s'ouvrir avant que le traducteur éventuel n'ait trouvé un *éditeur*. Alors la négociation ne pourra se faire que par l'intermédiaire d'une personne plus compétente que toi : ne doute pas que la librairie Colin ne soit disposée à te rendre le service de la négociation. Et ne crois pas que ce soit encore chose faite. Les Allemands sont très à court d'argent, et reculent devant les frais de ces entreprises de

---

1. Le club et hôtel où résident habituellement Élie et Florence Halévy lorsqu'ils séjournent à Londres.
2. Chef du NSDAP, Adolf Hitler est chancelier de la République de Weimar depuis le 30 janvier 1933. Son contrôle total des institutions se réalise en un temps record, grâce à l'intimidation des forces politiques et à la stratégie de violence employée dans la rue contre ses opposants. Le 20 mars ouvre le camp de concentration de Dachau. Le 23 mars, Hitler obtient du Reichstag les pleins pouvoirs pour quatre ans, ce qui lui permet de dissoudre les partis politiques. Le 2 mai, les syndicats ouvriers subissent le même sort. Le 10 mai est organisée, à l'instigation du ministre de la Propagande Joseph Goebbels, la première nuit d'autodafé à Berlin, visant toute la littérature dite « dégénérée ».
3. En 1937, la *Revue de métaphysique et de morale* publie, en deux livraisons, le long article « Morale professionnelle » introduit par Marcel Mauss (p. 527 et 711).

librairie. Un projet de traduction allemande de mon *Histoire* a déjà avorté il y a trois ou quatre ans : un nouveau projet, qui vient d'éclore, aura-t-il un meilleur sort ? Ajoute que les intentions de ton traducteur (*garde ceci pour toi* : ce n'est pas la peine de rendre publique cette difficulté) sont manifestement antinazistes : il veut sans doute opposer ton Fichte jacobin au Fichte raciste qui est probablement à la mode dans les milieux hitlériens. Si l'éditeur s'aperçoit de cela, diable ! [...]

Encore une chose. J'avais lu, dans les *Libres Propos*[1], un article de Raymond Aron sur (ou pour mieux dire contre) l'objection de conscience, qui m'avait paru intéressant ; et j'avais, avant de partir, demandé à Brunschvicg de le lire et de voir si on ne pourrait pas demander à Aron de tirer de cet article, en le développant, quelque chose pour notre rubrique (bien vide depuis quelque temps) des « Questions Pratiques ». Il a lu, il est de mon avis, et je lui laisse le soin d'écrire à Aron à ce sujet ; mais je le prie de ne le faire qu'après t'avoir consulté. Je te mets au courant à l'avance[2].

Tu sais la part que je prends à tes misères. Il semble, du moins, qu'elles ne s'aggravent ni ne se compliquent.

Bien affectueusement à toi,
Élie Halévy

À Xavier Léon, Londres, le 9 mai 1933

Mon cher Xavier,

Pour ce qui est de l'article Aron, je me range à votre avis, à ton avis, qui est peut-être le plus prudent[3]. Mais bien entendu il ne s'agissait pas d'une défense de l'objection de conscience. C'était tout le contraire – d'un point de vue très républicain. Tu n'as qu'à chercher l'article dans la collection des *Libres Propos*. [...]

Rien de neuf par ici. Les journaux continuent à donner chaque jour, avec indignation, les nouvelles d'Allemagne. Le désarmement est considéré

---

1. Le journal des *Libres propos* a été créé en 1921 par Michel Alexandre (cf. note 1, p. 476) pour faire connaître la pensée d'Alain et publier ses « propos ». Il le dirigea jusqu'en 1924.

2. Cf. Raymond Aron, « L'objection de conscience », *Revue de métaphysique et de morale*, 1934, p. 133-145.

3. Voir lettre précédente. Xavier Léon, inquiet, a donc tout d'abord pris parti contre la publication par la *Revue de métaphysique et de morale* de l'article de Raymond Aron sur l'objection de conscience. Élie Halévy commence par s'incliner. Toutefois son avis a finalement prévalu : l'article parut dans la première livraison de l'année 1934 (n° 41, janvier). Voir la lettre à Raymond Aron du 30 novembre 1933, *infra*, p. 539-540.

comme mort[1] ; et Dieu merci ! ce ne sera pas notre faute. Après quoi, dès que je serai de retour près de toi, commenceront à se poser les questions d'argent. Quel chaos ! Je vous souhaite un Mauss ponctuel[2].
À toi, à vous,
Élie Halévy

À Xavier Léon, Londres, le 18 mai 1933

Mon cher Xavier,
[...] Le discours de Hitler va nous faire entrer dans l'ornière des discussions genevoises[3]. Je ne m'en plains [pas] : tout ce qui est gagné de temps avant le commencement de la prochaine guerre est autant de gagné pour la civilisation ; et, d'ailleurs, quelle que soit l'intensité des passions pour faire la guerre, encore faut-il des armes : et l'Allemagne n'en a pas. Elle tourne donc ses passions contre les Juifs qui, ceux-là, sont tout à fait désarmés. C'est bien dans cinq ou six ans, quand l'équilibre des forces sera rétabli entre l'Allemagne et ses ennemies, soit par le réarmement de celle-là soit par le désarmement de celles-ci, que la situation deviendra critique. Une chose est acquise (si nous savons en garder le bénéfice), c'est l'opinion anglaise. Reste l'opinion américaine. Il faudrait aussi que le désordre financier et Léon Blum ne nous rejettent pas dans les bras d'André Tardieu[4].
J'ai bien peur que cet article d'Essertier[5] ne soit rejeté d'avance. Auquel

---

1. Rappelons que le traité de Versailles prévoyait un désarmement général. Une commission préparatoire siégea à Genève de mai 1926 à janvier 1931 et prépara la tenue d'une grande conférence internationale qui ouvrit ses travaux le 2 février 1932. L'accession de Hitler au poste de chancelier d'Allemagne le 30 janvier 1933 torpille définitivement une conférence déjà largement impuissante, en dépit de la succession des plans de désarmement destinés à la sauver. Hitler commence par paralyser les travaux puis le 14 octobre 1933, il annonce le départ de l'Allemagne – qui quittera également la SDN le 19 octobre. La conférence disparaîtra officiellement en avril 1935.
2. Marcel Mauss est réputé pour ses retards dans la remise de ses articles.
3. Le 17 mai 1933, Hitler avait prononcé un discours apaisant après l'échec du « pacte à quatre » proposé par Mussolini et qui devait permettre une révision pacifique des traités de paix d'après-guerre. Ce discours avait pour but de prendre l'avantage sur l'Italie et de lancer une politique extérieure de nature belliciste qui amènera l'échec de la conférence du désarmement ouverte le 2 février 1932.
4. André Tardieu (1876-1945), membre incontournable de la droite modérée et des combinaisons ministérielles d'après-guerre, dirigeait encore le gouvernement de février à mai 1932.
5. Daniel Essertier (1888-1931) est un philosophe français formé à l'université de Lille, agrégé de philosophie en 1919. En 1920, il est nommé professeur à l'Institut Français de Prague que vient de créer Ernest Denis, à l'époque le principal historien du monde slave. À partir de 1922, et sans interruption jusqu'à sa mort, il dirige la *Revue française de Prague*.

cas je proteste d'avance. Les « aryens » de Paris et de province finiront par s'insurger contre le syndicat juif qui, maître de la *Revue Philosophique* et de la *Revue de Métaphysique*, oppose son veto à toute critique du grand Bergson et de l'immense Meyerson[1].
À bientôt.

Ton
Élie Halévy

À Xavier Léon, Londres, le 27 mai 1933

Mon cher Xavier,

[...] Ici, l'équilibre moral s'est rétabli ; et on en revient à l'état de choses d'avant Hitler. En somme, les réactions morales des deux pays (Angleterre et France) n'ont pas été les mêmes. En Angleterre, quand ont commencé les atrocités antijuives[2], ç'a été un cri général : « Quelle horreur ! » En France, ç'a plutôt été : « Quelle erreur ! » Les discours de Neurath[3] et de

---

Il s'oriente vers la sociologie. De ses thèses soutenues en 1927 à la Sorbonne, il extrait un ouvrage, *Les Formes inférieures de l'explication*, qui connaît un relatif succès. En 1929, il obtient la chaire de philosophie de la Faculté des lettres de Lille.

1. Né à Lublin en Pologne, Émile Meyerson (1859-1933) fit des études scientifiques en Allemagne puis en France dans le laboratoire de chimie du Collège de France (Paul Schützenberger). À partir de 1890, il se consacra à la philosophie et à la philosophie des sciences. Il est l'auteur de *Identité et réalité* (1908), *De l'explication dans les sciences* (1921), *La Déduction relativiste* (1925), *Du cheminement de la pensée* (1931), *Réel et déterminisme dans la physique quantique* (1933). Il assuma en parallèle d'importantes responsabilités à la *Jewish Colonization Association*.

2. Avant même l'arrivée au pouvoir de Hitler, la persécution antijuive en Allemagne a pris des proportions sans précédent avec l'activité des militants du parti nazi, dont les groupes SA. Ceux-ci redoublent d'action après le 30 janvier 1933. Les interdictions visant les magasins juifs se répandent dès la fin février. Le 7 avril, une loi « pour la restauration du fonctionnariat » permet d'exclure les Juifs (et les fonctionnaires politiquement suspects) des administrations publiques de l'État, des Länder et des municipalités. Puis les étudiants et les avocats juifs sont victimes de la même politique antisémite. Celle-ci prendra de nouvelles dimensions avec les « lois de Nuremberg » (1935), les pillages systématiques à partir de 1937 (dont la « Nuit de Cristal » dans la nuit du 9 au 10 décembre 1939), les arrestations et déportations massives à cette date, enfin la Solution finale.

3. Diplomate allemand, ambassadeur de la République de Weimar à Rome puis à Londres, Konstantin von Neurath (1873-1956) devient en 1932 ministre des Affaires étrangères dans le gouvernement de Frantz von Papen puis dans celui de Kurt von Schleicher avant de conserver son poste dans celui de Hitler le 30 janvier 1933. Il reste en fonction jusqu'à son remplacement par Joachim von Ribbentrop le 4 février 1938. Appartenant au parti conservateur, il se rallie au nazisme et adhère au parti en 1937. Il conserve une position de ministre sans portefeuille après 1938, puis est nommé en mars 1939 protecteur de Bohême-Moravie (le pouvoir effectif est détenu par son adjoint, Karl Hermann Frank, puis Reinhard Heydrich). Il est jugé et condamné par le tribunal de Nuremberg.

von Papen[1] ont accru le sentiment d'horreur et de désespoir au nord de la Manche. Mais au sud, le sentiment de perverse satisfaction : la Commission de désarmement est dans l'eau. Puis est venu le discours de Hitler. « Quelle chance ! En Angleterre, tout espoir d'arranger les choses sur le continent n'est pas perdu. » En France : « Quel malheur ! Voilà que Hitler va prendre les Anglo-Saxons au piège comme Mussolini. » Et nous en sommes là. [...]
Élie Halévy

À Mrs. Sidney Webb, 20 novembre 1933[2]

Dear Mrs. Webb,
Chalom Asch was born in Kutow, near Warsaw, on Nov. 1, 1880. A very poor man, he started as a writer, in Warsaw, in 1900. An extremely popular novelist and playwright roundabout 1905, he visited Petersburg and several other great towns in Russia – among which presumably Moscow.

After which, he was to be seen in many countries – anywhere except in Eastern Europe –, in Switzerland, Germany, the United States, France, Switzerland again, and France again, where he now lives: 5 rue Émile, Bellevue, Seine-et-Oise. I leave it to you to decide whether a short stay in Russia, some twenty years ago, makes him a reliable witness of Russian life just before the war and just after the Revolution.

Herriot's fits of enthusiasm should never be, and indeed never are, taken very seriously. But I am told that General Weygand (who is about as much an Antisemite as Hitler) has been for some time very favourable to a rapprochement not between the French and Soviet Republics (he loathes both), but between the French and Soviet Armies[3]. I know that a cousin

---

1. Après avoir organisé l'accession de Hitler au poste de chancelier, se réservant celui de vice-chancelier, Frantz von Papen (1879-1969), qui pensait manipuler et dominer Hitler, se retrouve progressivement mis sur la touche. Il s'inquiète alors de la domination du parti nazi sur les institutions et de la suppression de la vie politique. Dans son discours du 17 juin 1934 à l'université de Marbourg, il tente, en vain, d'avertir les Allemands de la réalité de l'hitlérisme. Après la nuit des Longs Couteaux, il est contraint à la démission, le 7 août 1934. Il est ensuite ambassadeur à Vienne puis à Ankara. Il sera l'un des prévenus du procès de Nuremberg.
2. Voir traduction, p. 734-735.
3. Jusqu'en 1930, les relations entre la France et l'URSS sont demeurées très tendues. Les premiers rapprochements ont lieu lors des conversations entre le secrétaire général du Quai d'Orsay, Philippe Berthelot, et l'ambassadeur soviétique Dovgalevsky. Le 29 novembre 1932 est signé entre les deux pays un pacte de non-agression. Le rapprochement s'accélère au cours de l'année 1933. Le 16 mai, la Chambre des députés ratifie le pacte de non-agression. En juillet, Litvinov est à Paris, et en août, Herriot (qui n'appartient pas au gouvernement) se rend à Moscou. L'arrivée de Louis Barthou (1862-1934) au ministère des Affaires étrangères en février 1934 débouche sur une véritable alliance franco-soviétique et l'admission de l'URSS à la SDN.

of mine, a businessman of quite the ordinary bourgeois type, speaks with as much enthusiasm as Herriot of the Soviet activities. As for the Russian whites, I daresay they are irritated; but their newspapers (I know just enough of Russian to be able to guess the meaning of a leader) are only very cautiously critical: they are here as guests, and in sufferance. Why sneer at them? Their life is a very hard one. And as concerns the present Franco-Russian rapprochement, let us be cynical about it: it is neither a French nor a Russian idea. Hitler has done it all.

Have you ever believed in the durability of peace? even when you had to pretend to be optimistic, and believe in Ramsay MacDonald's genius for foreign affairs? I for one have never been optimistic; but when everybody around me is becoming extremely gloomy, I cannot bring myself to believe in an immediate war; and Hitler may quite well, for a time, go the way of your Soviet friends and of the Facists in Italy, who have learnt to talk the language of pacifism, – while of course making the peace of Europe ultimately very shaky[1].

We have been sorry to hear that you were unwell, and glad to hear that you were better. Please do remember me to Mr. Sidney Webb and believe me

Yours,
Élie Halévy

P.-S. My informer adds: « Je n'ai rencontré Chorim [Shalom] Asch qu'une fois. L'homme ne m'a pas paru de relations très agréables à cause de son immense orgueil. »

À Mrs. Sidney Webb, 21 novembre 1933[2]

Dear Mrs. Webb,

This cutting from a white Russian Paris paper may be of interest to you.

Do not believe me to have read it from begining to end; but I have deciphered enough of it to *feel* that it is a valuable, pathetic article, giving perhaps the right expression of what you were inquiring about; the state of mind of a white Russian of today, an exile in the West. The will to hope, where there is no ground to hope, no other ground but 'faith in Russia'. After all, the method has worked in Italy and Germany. But I have my doubts about Russia.

---

1. Après le départ de l'Allemagne de la conférence du désarmement et de la SDN, Hitler accepte de recevoir l'ambassadeur de France André François-Poncet. Assisté du ministre des Affaires étrangères von Neurath, il lui propose un nouveau plan dans lequel l'Allemagne semble demeurer fidèle au pacte de Locarno.
2. Voir traduction, p. 735-736.

Ever yours,
Élie Halévy

Au printemps 1934, Élie Halévy est de retour en Angleterre. Le 24 avril 1934, il prononce la conférence de Chatham House, « Socialism and the Problem of Democratic Parliamentarianism » dont le texte est repris dans L'Ère des tyrannies[1]. Il intervient au cours de la même année devant le Comité des Sciences historiques à Paris. Sa conférence porte sur « English Public Opinion and the Revolution of the 19th Century ».

À Célestin Bouglé, 15 Gordon Street, London WC1, le 20 avril 1934

Mon cher ami,
Je me reproche de ne pas t'avoir encore écrit un mot. Une occupation chasse l'autre : et le temps passe sans qu'on s'en rende compte.

Tu connais mon logement. Tu connais mon existence monotone. Je me plonge dans l'atmosphère de 1850. Non sans plaisir ; car l'atmosphère de 1934 ne me plaît guère. Mardi, je fais une conférence sur le socialisme et le problème du parlementarisme démocratique[2] qui ne sera pas dépourvue d'amertume. Je montrerai cet imbécile et inerte parti, en Angleterre comme dans tous les autres pays, tout laisser faire, à force d'inertie et d'imbécillité combinées avec une phraséologie révolutionnaire qui épouvante les nigauds, à quelque « socialisme national » plus ou moins mussolinien. – Et puis mercredi matin je retournerai chez Robert Peel et Palmerston[3].

Mais le pays a beau changer, comme tous les pays : il reste aussi, comme tous les pays, pareil à lui-même. On n'y aime pas les coups, les guerres et les révolutions. Les partis se respectent les uns les autres, et laissent chacun libre de faire ce qu'il peut dans l'intérêt du pays.

Pourquoi faut-il que les républicains, chez nous, aient attendu une émeute[4] pour faire ce que Daladier aurait pu faire en octobre, s'il avait eu le courage de demander les pleins pouvoirs ? Pourquoi faut-il que cela

---

1. Voir la note suivante.
2. Il s'agit de la conférence donnée à Chatham House le 24 avril 1934 : « *Socialism and the Problem of Democratic Parliamentarianism* ». Le texte anglais paraît dans *International Affairs*, 134, juillet-août 1934, p. 490-507, puis, en traduction française, dans *L'Ère des tyrannies* (voir *supra*, p. 263-276).
3. Élie Halévy évoque son tome IV de l'*Histoire du peuple anglais* auquel il travaille après avoir achevé la deuxième partie de l'*Épilogue*.
4. Il s'agit d'une référence aux événements parisiens du 6 février 1934.

qui est excellent (la *Société de Philosophie* doit déjà un accroissement de capital de cinq à six mille francs au ministère Doumergue) se complique d'une nouvelle diplomatie qui peut nous entraîner loin ?et qu'un immense roman policier[1], auquel je ne comprends [rien], menace d'absorber toute l'histoire de ce malheureux pays[2], créé par le Dieu tout-puissant, dans un moment de caprice, pour le divertissement du monde plutôt que pour son propre bonheur ?

Enfin – je travaille activement. Et toi ? Dans quel état êtes-vous revenus des Baléares ? Est-ce que la jeunesse prépare la guerre civile ? Mais non, je supprime cette dernière question. Essayons d'éviter que la guerre civile vienne en n'en prononçant pas le nom.

Ton, votre
Élie Halévy

À Xavier Léon, Londres, le 4 juin 1934

Mon cher Xavier,
[...] De ce qui se passe ici je ne te dis rien. Le discours de Barthou[3] a produit à Londres une impression déplorable. À le lire dans *Le Temps*, je ne comprends pas très-bien l'impression. A-t-on fait des coupures ? Ou bien est-ce le ton sur lequel le discours était prononcé qui était « cinglant » et désespérant ? Le fait est que l'alliance franco-russe est rétablie, et que Moscou (ce n'est plus Pétersbourg) et Paris se sont mis d'accord sur un plan qui n'a pas l'agrément de Londres. Qu'y faire ? et au fond qu'importe ? Aucun plan ne sera adopté.

Cela ne serait pas bien grave si on devait en revenir à l'état de choses où nous étions quand nous avions vingt ans. Tout le monde armait. Personne ne se battait. Mais dans ce temps-là l'Europe était politiquement et socialement stable. C'est bien différent aujourd'hui : et du déséquilibre interne quelles peuvent être les répercussions *externes* ? [...]
Élie Halévy

---

1 L'affaire Stavisky.
2 Il s'agit de la France, objet de l'ironie d'Élie Halévy.
3. Louis Barthou est devenu ministre des Affaires étrangères dans le gouvernement dit « de trêve » constitué par Gaston Doumergue (1863-1937) à la suite du 6 février 1934.

Au printemps 1935, comme à son habitude, Élie Halévy retourne en Angleterre, séjournant principalement à Londres.

À Xavier Léon, 15 Gordon Street, London WC1, le 9 avril 1935*

Mes chers amis,
Nous voici installés au cœur de l'Île, je n'ai vu personne : et ne compte voir personne d'ici huit à dix jours. La bousculade viendra toujours assez tôt. Mais déjà je respire cet air si pur, si calme, après l'atmosphère empoisonnée du Continent. Je parle bien entendu au moral. Au physique, pluies et tempêtes.
[…]
Bien affectueusement à vous. Donnez-moi de vos nouvelles.
Élie Halévy

À Xavier Léon, 15 Gordon Street, London WC1, 30 avril 1935

*Mon cher Xavier,
J'ai été content de recevoir *neuf* lignes de ton écriture (combien de temps y-a-t-il que cela ne m'était pas arrivé !) et d'avoir de si bonnes nouvelles de Gabrielle (je n'espérais pas, en vérité, un aussi rapide dénouement[1]).
En ce qui concerne la *Revue*, je ne comprends pas très bien ce que tu veux dire quand tu m'écris que Mirkine-Guetzévitch[2] te demande une épreuve. Cela veut-il dire qu'il demande une seconde épreuve ? ou simplement un second jeu ? Sa lettre, où il m'annonce l'envoi de son article à toi, ne me dit rien de cette demande.

---

1. Il est probable qu'il s'agisse d'une question médicale concernant l'épouse de Xavier Léon.
2. Né à Kiev dans un milieu juif libéral, leader étudiant en 1915, déporté en Sibérie l'année suivante, devenu agrégé de droit public en 1917, Boris Mirkine-Guetzévitch (1882-1955) est condamné à mort par les bolcheviks pour son opposition à la révolution. Il part en exil en France, un pays dont il est culturellement et politiquement très proche. Il développe une grande activité intellectuelle et scientifique à Paris, avant de devoir reprendre le chemin de l'exil après la défaite de la France et l'occupation nazie. Réfugié à New-York, il est l'un des fondateurs de l'École libre des hautes études, une institution de recherche et de culture française dans le monde libre. Il est le beau-père du futur normalien, résistant et ambassadeur de France Stéphane Hessel (qui, à l'automne 1933, a suivi les cours de la London School of Economics). Boris Mirkine-Guetzévitch s'apprête à publier dans la *Revue de métaphysique et de morale* une enquête en deux partie, « Corporatisme et démocratie » (1935, p. 579 ; 1936, p. 403).

Je n'attends pas, exactement, un article de René[1]. Il viendra tôt ou tard pour qu'il soit possible de le faire passer dans le prochain n° ! S'il vient chez toi porteur de ton [son article], et si, par hasard, tu le vois, ne prends aucun engagement : borne-toi à le remercier, et pour le reste renvoie-le à moi – qui suis prêt à prendre la responsabilité de tous les embêtements.*

Ce qu'il y a d'agréable dans le métier d'administrateur de la *Revue*, c'est d'avoir chaque jour le sentiment de l'excellente réputation que tu lui as assurée par quarante ans de travail. Je sollicite les collaborations les plus diverses, et jamais n'essuie de refus. Au sujet d'un fort important ouvrage d'histoire générale, récemment paru en Angleterre, je me suis adressé, pour un compte-rendu, à Lucien Febvre. Et il répond : oui.

« Pour les Anglais, écris-tu, les torpilleurs allemands sont le commencement de la sagesse. » Je ne comprends pas très-bien. Tu veux dire, je pense, « vont commencer à leur faire comprendre que le temps n'est pas d'être sages ». Car je ne connais en Europe que cinq peuples (en dehors de la Suisse) qui soient sages : la Grande-Bretagne, la Hollande, et les pays scandinaves. Et il n'est pas agréable pour ces peuples de se sentir condamnés à entrer dans la ronde des fous.

Votre à tous,
Élie Halévy

À Xavier Léon, The Athenaeum, Londres, le 8 mai 1935

Mon cher Xavier,

J'avais bien envie de ne pas assister à cette procession jubilaire[2]. Mais *tout le monde* m'a dit qu'il était de mon devoir d'y être. Je me suis incliné, et ne le regrette pas. C'était très-beau, et en même temps très-joli, très-simple, très-famille (les deux petites filles du duc d'York, rouges de plaisir et d'excitation, agitaient timidement leurs mains pour répondre aux acclamations). Pour égayer un peu le cortège (ou plutôt les cortèges : car nous avons eu successivement le *Speaker*, les ministres, les autorités, les membres de la famille royale, et finalement, tou[t] seuls, le roi et la reine), on avait ajouté un petit défilé de cavalerie et d'artillerie, avec leurs vieux uniformes d'avant 14. Temps admirable. Qu'est-ce qu'un roi d'Angleterre ? C'est l'Angleterre elle-même

---

1. René Berthelot poursuit la publication dans la *Revue de métaphysique et de morale* de la série d'articles sur « L'astrobiologie et la pensée de l'Asie : essai sur les origines des sciences et des théories morales ». La prochaine livraison concerne le dernier numéro de l'année 1935 (p. 549 et suiv.).

2. À la tête du Royaume-Uni depuis le 6 mai 1910, le roi George V fête les vingt ans de son règne par d'importantes cérémonies du jubilé.

s'adorant dans une incarnation individuelle. Dites que l'influence du Roi a été grande et bienfaisante. Mais ne dites pas qu'il [n']a jamais exercé la moindre influence sur la politique nationale et parlementaire. Mystère de la nation anglaise, seule solide dans une Europe vacillante.
Pour en revenir à la *Revue*. [...]
Élie Halévy

ÉLOGE DE L'HYPOCRISIE

Au printemps 1936, Élie Halévy effectue son traditionnel séjour anglais. Il prononce à Oxford, au Lady Margaret Hall, le 11 mai, une conférence intitulée : « Éloge de l'Hypocrisie. »
Il participe également au « meeting franco-britannique » qui se tient à Oxford du 15 au 18 avril. Élie Halévy préside les discussions d'histoire moderne.

À Gabrielle Léon, 15 Gordon Street, London WC1, 4 mai 1936*

Chère Gabrielle,
Merci d'expédier avec autant d'exactitude les affaires courantes de la *Revue*[1]. Voudriez-vous m'envoyer ici un jeu d'épreuves des trois articles, bien que je me rende compte des dimensions, [afin que] je juge de l'effet qu'ils produisent une fois imprimés.
Ils sont deux à s'occuper de l'organisation de ce congrès : Max Hermant[2] et Louis Weber[3]. Je suis bien sûr que Max Hermant ne se laisse pas écraser de besogne – il doit tout rejeter sur le dos de notre excellent et naïf ami.
Je serai très heureux de voir Pécaut[4]. Mais qu'il ne compte pas sur moi pour fonder un club de retraités.
Affectueusement,
Élie Halévy

---

1. Xavier Léon est décédé depuis le 21 octobre 1935. Gabrielle Léon assure désormais le suivi de la *Revue* dont Élie Halévy a repris seul la direction éditoriale et scientifique.
2. Économiste et historien, Max Hermant (1892-1943) est notamment l'auteur d'une étude critique sur la culture allemande et la démocratie parue en 1931 sous le titre : *Les Paradoxes économiques de l'Allemagne moderne* (préface de Henri Lichtenberger, Paris, Armand Colin, 1931). Il devient par la suite spécialiste de l'hitlérisme.
3. Étroitement associé la création de la *Revue de métaphysique et de morale*, Louis Weber (1866-1949) noua avec Élie Halévy des liens d'amitié reposant sur de nombreux intérêts communs. En 1935, à la mort de Maximilien Winter, il lui succède à la direction du « Supplément ». Conformément à l'esprit de la revue, il tente de surmonter l'opposition entre le positivisme et la métaphysique. Son ouvrage majeur, *Vers le positivisme absolu par l'idéalisme*, en 1903, témoignait déjà de cette exigence philosophique.
4. Sur Pierre-Félix Pécaut, voir *supra*, note 1, p. 317.

À Gabrielle Léon, 15 Gordon Street, London WC1, 30 mai 1936*

Chère Gabrielle,

Vous m'écriviez le 24 : « Brunschvicg, qui avait vu Schuhl[1], m'avait écrit combien il était fier d'avoir découvert à la Nationale des lettres de Ravaisson qui éclairai[en]t la correspondance avec Quinet. » Qu'a-t-il donc fait de ces lettres ? Je vais lui écrire, puisqu'il me laisse sans nouvelles.

Pour ce qui est des élections, je prévoyais un mouvement vers la gauche aussi prononcé que celui qui s'est [produit[2]]. Mais je ne prévoyais pas plus que personne la victoire communiste. J'envisage ces résultats sans la moindre satisfaction.

Le malheureux Weber est, j'en ai peur, débordé par la vie. Le *Supplément* le plonge dans de bien inutiles angoisses : je fais de mon mieux pour le rassurer.

Affectueusement,
Élie Halévy

Le 14 avril 1937, Élie Halévy s'apprête à quitter Sucy pour Londres[3]. Il demeure en Angleterre avec Florence jusqu'à la fin du mois de juin. À Londres, il a ressenti les premiers symptômes de l'attaque qui mettra fin à ses jours. Il poursuit son séjour anglais comme si rien ne l'affectait et remplit toutes ses obligations. Invité par le « Faculty Board of History » *de l'université de Cambridge, à l'initiative d'Ernest Baker, l'un des plus éminents professeurs de science politique, spécialiste de la philosophie politique de Platon[4], il donne trois conférences consacrées aux «* French schools of socialism from 1830 »[5].

---

1. Spécialiste de philosophie grecque, normalien et auteur d'une thèse de doctorat d'État sur l'œuvre de Platon soutenue en 1934, Pierre-Maxime Schuhl (1902-1984) présentera quelques mois plus tard, dans la *Revue de métaphysique et de morale*, une édition de ces lettres exhumées à la Nationale, sous le titre : « Lettres des Ravaisson, Edgar Quinet et Schelling » (octobre 1936, p. 487-506).
2. Élie Halévy écrit par inattention « prononcé ». Les élections générales viennent d'avoir lieu en France, les 26 avril et 3 mai. À l'issue du second tour, les députés du Front populaire sont majoritaires. Les communistes sont au nombre de 72, les socialistes 148 et les radicaux 110.
3. Voir sa lettre à Léon Brunschvicg du 14 avril 1937, *infra*, p. 660.
4. Sir Ernest Barker (1874-1960) a également enseigné à la London School of Economics. Il est devenu professeur de l'université de Cambridge en 1928, en tant que premier titulaire d'une chaire de science politique financée par la fondation Rockefeller. Ce proche des milieux politiques libéraux sera anobli en 1944.
5. Le 30 avril 1937 : « Saint-Simon et le socialisme ». Le 1er mai : « Louis Blanc et le communisme ». Le 3 mai : « Proudhon et Karl Marx ». Ces conférences n'ont pas été publiées, mais leurs thèmes s'articulent fortement avec la teneur du cours d'Élie Halévy à l'École libre des sciences politiques sur l'histoire du socialisme européen.

Dans le même temps, il s'emploie à gérer étroitement les affaires de la Revue, *comme le montrent ses lettres à Gabrielle Léon, cette dernière ayant repris les nombreuses tâches assumées par son mari. De retour en France à la mi-juin 1937, Élie Halévy n'a plus alors que quelques semaines à vivre.*

À Gabrielle Léon, The Athenaeum, Pall Mall, London SW1, 21 avril 1937

Chère Gabrielle,
Partant de cette idée que vous avez entre les mains l'article de Durkheim, je vous prierais de bien vouloir demander à quelle date vous pouvez compter sur l'article de René Berthelot qui vient ensuite sur la liste. Il faut qu'ils sentent toujours dans leurs flancs l'éperon, ou la menace de l'éperon.

Le maire de New-York, fils d'un Italien et d'une Juive russe[1], ne cesse d'injurier publiquement Hitler. Celui-ci proteste auprès du gouvernement de Washington, qui explique qu'il n'a aucun pouvoir sur le maire de New York. D'où colère du gouvernement allemand. Alors où en êtes-vous ? et allez-vous crier : « Vive le Juif Léon Blum ! » ?

Très affectueusement,
Élie Halévy

À Gabrielle Léon, 15 Gordon Street, London WC1, 13 mai 1937*

Chère Gabrielle,
Je vous envoie, sous forme d'un timbre-poste, un souvenir du couronnement[2]. Et ce que vous avez entendu, je ne l'ai pas plus vu que vous ; je l'ai entendu à un demi-kilomètre de distance. La pluie n'a commencé à tomber qu'après que le cortège ait passé pour moi. C'est fort curieux – fort étincelant – fort archaïque. Moins émouvant que le Jubilé[3] d'il y a deux ans. Une foule immense qui se pressait rien que pour voir et acclamer un

---

1. Fiorello Henry La Guardia, maire de New York de 1933 à 1945, est célèbre pour ses prises de position courageuses et progressistes. En 1937, il attaque Hitler dans un discours public avec une éloquence qui n'a rien de diplomatique. L'ambassade d'Allemagne émet une protestation. Le président américain fait répondre qu'il n'a aucun pouvoir sur le maire élu de New York.
2. Nouveau souverain du Royaume-Uni, George VI est couronné à l'abbaye de Westminster le 12 mai 1937.
3. Voir la lettre d'Élie Halévy à Xavier Léon du 8 mai 1935, *supra*, p. 564-565.

vieux monsieur qui passe en voiture. Cette fois, on ne savait pas si les gens venaient pour le spectacle ou pour le roi. Beaucoup pour le roi, je crois. Mais comment distinguer ? Ce Mus[solini] ne me dit rien qui vaille. Si, je persiste à vous remercier de votre travail. Vous êtes, comme secrétaire [de la *Revue de métaphysique et de morale*], très supérieure à Parodi[1].

Dites-moi le nombre de pages de l'Alexander[2]. Cherchez encore un article d'Hyppolite[3] sur Hegel, et dites-moi combien de pages il a. Et, quand vous l'aurez reçu, le nombre de pages du Ruyer. Et dites-moi encore si les corrections de Berthelot ne risquent pas d'augmenter, démesurément, le nombre de pages que comporte son article.

Affectueusement,
Élie Halévy

À Gabrielle Léon, The Warden's Lodgings, New College, Oxford, 20 mai 1937

Chère Gabrielle,

[...] Écrivez-moi toujours à Londres, bien que je vous écrive d'Oxford, où, venu samedi pour le week-end, j'ai été immobilisé par une légère attaque de grippe. Mes hôtes[4] ont aimablement insisté pour que je me considère ici comme chez [moi], et ne parte que complètement rétabli. Puis ils sont partis pour New York, où le mari va être fait docteur *honoris causa*. Puis la fille[5] (une charmante grande blonde que vous [devez] avoir vue chez nous) est partie pour Portsmouth, où elle va assister, sur le bateau de son oncle l'amiral[6], à la grande revue navale d'aujourd'hui. Nous voici donc installés

---

1. À la mort de Xavier Léon, Dominique Parodi lui a succédé comme secrétaire de la rédaction en titre de la *Revue de métaphysique et de morale*.
2 James-Waddel. Alexander (II), « Personnalité et relativité », *Revue de métaphysique et de morale*, 1937, p. 545 et suiv.
3 Jean Hyppolite, « Les travaux de jeunesse de Hegel d'après des ouvrages récents (premier article) » et « Les travaux de jeunesse de Hegel d'après des ouvrages récents (suite et fin), *Revue de métaphysique et de morale*, 1935, p. 399 et suiv., et p. 549 et suiv.,
4. Herbert A. L. Fisher, *Warden* du New College depuis 1925, sa femme et sa fille Mary. Sur cet historien libéral, spécialiste de l'éducation, chargé d'une mission sur la réforme de l'école anglaise en tant que président du *Board of Education* de 1916 à 1922. Élie Halévy consacra à ses projets l'essentiel de son article de 1919 de la *Revue de Paris* sur le système scolaire anglais (voir note 1, p. 412).
5. Mary Fisher, plus tard Mme John Bennett, est *Principal* du St Hilda's College à Oxford.
6. Né en 1875, l'amiral Sir William Fisher était alors *Commander in chief* de Portsmouth et mourut peu après, le 24 juin 1937.

dans la magnifique chambre à coucher, dite Chambre de l'Évêque, qui donne sur la grande cour de New College, cinq ou six femmes de chambre à nos ordres, et l'illusion que le collège tout entier nous appartient. Mais je suis, hélas, guéri ; et nous allons rentrer, peut-être aujourd'hui même.

La séance Mus[1] a l'air intéressante. Vous ne me dites pas que René [Berthelot] y a pris la parole. Mais sur ce point une lettre de Brunschvicg complète la vôtre.

Affectueusement,
Élie Halévy

Au baron de Meyendorff, 15 Gordon Street, London WC1, 13 juin 1937

Mon cher ami,

Je ne voudrais pas avoir quitté Londres sans vous avoir envoyé d'ici un mot de souvenir. Dans huit jours, nous serons de retour, sur cet infernal continent. La mort des deux frères Rosselli, tous deux mes amis – l'un ennemi redoutable autant qu'acharné de Mussolini[2], l'autre un antifasciste des plus modérés et qui était un historien de valeur[3] –, nous plonge dans le deuil. Pendant ce temps-là, du côté (si je puis dire) de chez vous, Staline poursuit le cours de ses sinistres exploits[4]. Après tout, le Moyen Âge avait raison. *Angli Angeli.*

---

1. À la Société française de philosophie.
2. Carlo Rosselli (1899-1937), homme politique et historien italien antifasciste, assassiné le 9 juin 1937 à Bagnoles-de-l'Orne par les activistes d'extrême-droite de l'organisation de « La Cagoule » pour le compte du régime fasciste italien. Carlo Rosselli, condamné par le Tribunal spécial fasciste pour avoir organisé la fuite en Corse du vieux chef socialiste Filippo Turati, s'était évadé en 1929 de l'île de Lipari et avait fondé à Paris le mouvement *Giustizia e Libertà*. Quand la guerre civile éclate en Espagne, il crée en 1936 le premier contingent italien pro-républicain et va lui-même se battre en Espagne, d'où il revient blessé. Ses œuvres principales comprennent *Socialisme libéral* (Paris, Librairie Valois, 1930) et *Scritti dell'esilio* (2 vol. Turin, Einaudi, 1988 et 1992).
3. Nello Rosselli (1901-1937), le frère de Carlo, historien lui aussi, avait publié des ouvrages sur Mazzini et Bakounine (1927) et Carlo Pisacane (1932). Il était resté en Italie, bien qu'il ait été envoyé par deux fois, à-cause de l'activité de son frère, en résidence forcée dans les îles d'Ustica et de Ponza. Pour ne pas devoir prêter serment de fidélité au régime fasciste, il n'enseigna jamais à l'Université. De longues recherches sur les relations entre la Grande-Bretagne et le royaume de Sardaigne de 1815 à 1847 lui donnent l'occasion de se rendre à l'étranger et de voir ainsi son frère, généralement dans la province française ; c'est ainsi qu'il tombe victime de l'assassinat qui vise surtout Carlo. Ses dernières recherches feront l'objet d'une édition posthume, en 1954.
4. Élie Halévy évoque ici les grands procès de Moscou qui débutent en août 1936 et qui s'inscrivent dans une politique de terreur et de purge systématique des élites soviétiques et russes. Cette fois, Staline s'attaque à la vieille garde du Parti communiste et aux principaux officiers généraux. Ainsi, les chefs de l'Armée rouge, Toukhatchevski, Iakir, Ouborevitch,

Que vous dire du pays des anges ? [...]
Des tas d'auteurs viennent d'Europe Centrale parler à *Chatham House*, et essayer de secouer les Anges Incarnés. « Pour l'amour du ciel, si vous voulez laisser l'Allemagne libre de faire tout ce qu'elle veut sur le continent, dites-le explicitement. Ou bien si vous voulez vous opposer à ses ambitions, dites-lui non, franchement. » Mais les anges ne savent dire ni oui ni non, et continueront à ne dire ni l'un ni l'autre.

Quelle est donc cette ligne de navigation qui vous conduisit, madame de Meyendorff et vous-même, de Rotterdam en Finlande ? Il n'est pas probable que nous fassions encore cet été le voyage de Viborg[1]. Mais qui sait ? Et il est toujours bon d'avoir les renseignements nécessaires dans sa poche. Répondez-moi à Sucy, où nous serons le 20 au soir.

Veuillez présenter mes respectueux hommages à madame de Meyendorff, et me croire, vous-même, votre très amicalement dévoué
Élie Halévy

À Gabrielle Léon, The Athenaeum, Pall Mall, London SW1, 15 juin 1937

Chère Gabrielle,

Je me reproche d'avoir laissé venir cette seconde lettre de la rue des Mathurins sans avoir répondu à la première. Je suis heureux d'apprendre qu'en ce qui concerne Mauss notre manœuvre a bien réussi[2]. Heureux aussi d'apprendre que Schuhl vous a envoyé son manuscrit[3], au moment même où je lui écrivais pour le relancer. Pour ce qui est de l'article de Stern[4], oui, mettez-le de côté jusqu'à mon retour. – Pour ce qui est de Weber, je lui écris une lettre apaisante : comme vous dites, il s'agit de bien peu de chose.

---

sont jugés et exécutés, et un communiqué laconique annonce leur disparition le 11 juin 1937. D'autres se suicident tel Gamarnik, recherché comme « complice », qui se donne la mort en mai 1937. Staline décapite ainsi la direction de l'Armée rouge, ce qui aura de graves conséquences lors de l'attaque allemande de juin 1941 à laquelle les Russes seront incapables de s'opposer efficacement.

1. On doit lire ici les inquiétudes d'Élie Halévy pour sa santé. Rappelons qu'il a consulté un cardiologue à Londres après des alertes sérieuses au cours de son séjour anglais.

2. Il s'agit d'une nouvelle référence aux retards fréquents de Marcel Mauss pour la remise de ses articles à la *Revue de métaphysique et de morale*.

3 Cet article, « Perdita, la nature et l'art », du philosophe Pierre-Maxime Schuhl (1902-1984), spécialiste de la pensée grecque, ne paraîtra dans la *Revue de métaphysique et de morale* qu'au lendemain de la Seconde Guerre mondiale, en 1946 (p. 335 et suiv.).

4. Cf. Alfred Stern, « Le problème du solipsisme : un essai de solution », *Revue de métaphysique et de morale*, 1939, p. 29 et suiv.

Vous voyez clair, et vous agissez vite. Si je pouvais trouver un philosophe, de vingt ans mon cadet, qui eût vos qualités de jugement et d'action, avec quelle joie je le prierais de me relever à la *Revue*[1] ! Car vraiment, l'an dernier, j'en ai fait trop pour mes forces, et mes travaux personnels en souffrent. Je vais voir ce que vaut la collaboration de Parodi[2]. Quand je serai de retour, il faudra aussi, avant votre départ pour Combault, que vous me ménagiez une entrevue avec Puech[3].

Nous sommes bien émus par le double assassinat des frères Rosselli[4], pour lesquels, principalement Carlo, mais aussi Nello, nous avions beaucoup d'amitié. Qu'un homme qui s'est constamment assis à votre table, qui vous a rendu visite avec sa femme et ses enfants, ait été assassiné au coin des bois par les sbires d'un tyran, c'est une impression nouvelle pour moi, et amère. Mais je fais cependant une différence entre les victimes. Carlo, qui avait été se battre en Espagne, savait les risques qu'il courait. Mais son malheureux frère, un historien de valeur, antifasciste sans doute mais complètement en dehors de la politique, marié à une femme qui n'était rien moins qu'antifasciste, ait payé de ce prix une visite faite par accident à Carlo au jour fixé par le destin, est vraiment une atrocité.

Hélas ! tel est le siècle.

Bien affectueusement,

Élie Halévy

---

1. Élie Halévy a dans un premier temps sollicité Jean Cavaillès pour succéder à Xavier Léon à la tête de la *Revue*. Trop occupé par la rédaction de sa thèse pour accepter cette charge dans l'immédiat, celui-ci décline. Historien des mathématiques et de la pensée des concepts, né dans une famille protestante du Sud-Ouest, Jean Cavaillès (1903-1944) est cacique de l'École normale supérieure en 1923. Il retrouve la rue d'Ulm comme agrégé-répétiteur de 1929 à 1935. En 1937, il soutient ses thèses en Sorbonne, sous la direction de Léon Brunschvicg. En parallèle, il s'engage dans la lutte contre le nazisme et rencontre en 1936 à Altona, près de Hambourg, des opposants au régime hitlérien. Mobilisé en 1939, évadé de Belgique après avoir été fait prisonnier, il entre dans la Résistance en cofondant en 1940 le réseau Libération-Sud. Après sa nomination comme professeur à la Sorbonne, il rejoint le mouvement Libération-Nord. En 1942, il monte le réseau de renseignement Cohors-Asturies. Après son arrestation et son évasion de la prison de Saint-Paul-d'Eyjeaux, il passe clandestinement en Angleterre. De retour en France occupée, il mène des opérations de sabotages. Trahi, intercepté par la Gestapo le 28 août 1943, torturé par ses bourreaux rue des Saussaies, il sera jugé par une cour martiale, et fusillé dans la cour de la citadelle d'Arras le 17 février 1944. Fait compagnon de la Libération à titre posthume, il repose dans la chapelle de la Sorbonne.

2. Dominique Parodi occupe depuis peu les fonctions de « secrétaire de la rédaction » de la *Revue de métaphysique et de morale*, auparavant dévolues à Xavier Léon.

3. Il s'agit probablement d'Aimé Puech (1860-1940), normalien de la promotion 1878 (avec Jean Jaurès, Henri Bergson, etc.), spécialiste de littérature latine devenu professeur de posée latine à la Sorbonne, auteur, notamment en 1897 aux éditions Armand Colin, de *Pages et pensées morales, extraites des auteurs grecs*.

4. Voir note 2 et 3, p. 569.

P.-S. Téléphonez à Kérautret, de ma part, d'envoyer un exemplaire du numéro Descartes à Paul Valéry[1].

Cette lettre du 15 juin 1937 est la dernière qu'Élie Halévy adresse d'outre-Manche. Il s'apprête à quitter l'Angleterre pour revenir « sur cet infernal continent ». Là triomphent les tyrannies, capables désormais d'imposer leur domination au sein même des démocraties, comme le montre l'assassinat des frères Rosselli décidé par Mussolini et exécuté par la Cagoule le 9 juin 1937. Ce temps des assassins touche Élie Halévy au plus près de son existance, lui qui a reçu les deux antifascistes italiens, à quelques jours de leur mort, dans sa demeure de Sucy. Son éloquente protestation contre la politique d'indécision et d'abaissement des démocraties, l'appel à fonder leur action sur une connaissance résolue des menaces qu'elles encourent, traduisent l'idée qu'il se fait de son rôle, rôle modeste mais essentiel que l'on peut définir comme celui de l'intellectuel démocratique. Les événements qui s'enchaînent depuis l'automne 1936 confirment la thèse de l'« Ère des tyrannies » présentée devant la Société française de philosophie. Ils rendent toujours plus nécessaire d'armer la démocratie en revenant à ses valeurs fondamentales, afin de lui donner les moyens de résister et même de vaincre. Cette pensée antitotalitaire qu'avec ses amis Élie Halévy est l'un des rares à définir constitue un engagement intellectuel sans précédent. Sa mise à la disposition d'un large public, grâce à la publication du livre de 1938, confère à son œuvre politique une postérité définitive.

---

1. Il s'agit de la première livraison de l'année 1937 (janvier, n° 1), avec des articles de Léon Brunschvicg, Émile Bréhier, Albert Rivaud, S. V. Keeling, Jean Laporte, Henri Gouhier, etc.

IV

L'INTELLECTUEL DÉMOCRATIQUE ET L'HISTOIRE (1924-1937)

De la Grande Guerre à l'« ère des tyrannies », Élie Halévy traverse près de vingt années avec une même volonté philosophique, celle de concevoir une pensée du politique suffisamment puissante pour dégager l'humanité du matérialisme historique, de la toute-puissance des forces collectives convergent vers des formes d'inhumanité. Fondée sur une démarche historique la plus globale et la moins conventionnelle, recherchant les causes profondes d'événements, imposant leur nécessité pour seule explication, cette pensée du politique confère un nouveau pouvoir à l'individualisme démocratique, à commencer par celui qu'exprime l'intellectuel critique. Par cette action méthodique en faveur de la connaissance rationnelle du mouvement historique, par son application à décrire et nommer les phénomènes inédits du politique, Élie Halévy agit comme un intellectuel démocratique. Un intellectuel dans l'histoire et par la philosophie.

De 1924 à sa mort, en 1937, il assume les questions les plus cruciales, politiques, sociales, idéologiques, économiques, se constituant pour cela en historien-philosophe dont il revendique hautement l'identité et la fonction. Il mène une activité intellectuelle intense qui ne se limite pas aux deux dossiers majeurs articulant L'Ère des tyrannies, *l'approche des États totalitaires et l'enquête sur l'Angleterre contemporaine. L'étude du socialisme européen, par laquelle il les aborde, occupe une large partie de son temps, d'autant qu'il est chargé, un an sur deux, d'en exposer l'histoire à ses étudiants de l'École libre des sciences politiques. Les événements présents, la gravité des événements intérieurs comme internationaux nourrissent aussi sa réflexion d'historien philosophe et le conduisent, après le moment de l'affaire Dreyfus et celui de la Grande Guerre, à de nouveaux engagements qui culminent avec la conférence sur « L'Ère des tyrannies ». L'intellectuel démocratique s'y affirme avec détermination, démontrant comment un effort sans précédent de la raison scientifique débouche sur un renforcement des démocraties trouvant, par une lucidité retrouvée, la force de combattre.*

Toujours philosophe bien que résolument historien, Élie Halévy se consacre sans relâche à la codirection avec Xavier Léon puis la direction – à la mort de ce dernier le 21 octobre 1935 – de la Revue de métaphysique et de morale. Son passage à l'histoire ne l'a pas détourné de la philosophie et de ses premiers travaux, par exemple ceux consacrés à Jeremy Bentham qui le voient prendre une part active à son bicentenaire. Surtout, la philosophie lui permet d'aller vers l'histoire tout en évitant d'être englouti dans l'enchaînement d'événements qui rendent l'humanité impuissante. À mesure qu'il construit l'« Ère des tyrannies », Élie Halévy définit le pouvoir de résistance des démocraties, à condition que celles-ci s'en donnent les moyens, en se replaçant dans le gouvernement de leur histoire.

Les textes annexes publiés ci-dessous, bien que de taille modeste – à l'exception de la conférence de 1932 –, n'en sont pas moins importants[1]. Deux d'entre eux sont des hommages à des amis disparus qui sont chers à Élie Halévy. Le premier est le discours in extenso prononcé au cimetière d'Ablon, le 17 août 1926, sur le cercueil de Jean-Pierre Lazard. Le second, consacré à Lucien Herr, se présente sous la forme d'un dossier. Ils dessinent le portrait de l'intellectuel démocratique, émergé du combat dreyfusard (celui de Lucien Herr), acceptant la mort comme prix d'un engagement pour la connaissance et la vérité (celle de Jean-Pierre Lazard).

Un deuxième ensemble réunit la conférence qu'Élie Halévy prononce le 11 février 1932 à la Nouvelle École de la Paix à L'Europe Nouvelle, à Paris, et ses interventions à la Société française de Philosophie, lors de la séance du 1er avril 1933, au cours de laquelle Théodore Ruyssen, juriste et philosophe, engagé dans le mouvement « La paix par le droit », expose ses vues sur « Le droit des peuples à disposer d'eux-mêmes ». Confronté à la vague de nationalisme dans toute l'Europe et à la mutation du communisme vers la tyrannie, Élie Halévy s'applique à rappeler les vertus démocratiques du savant en pleine possession de son pouvoir intellectuel. Ces deux textes sont importants car ils établissent un pont entre les Rhodes Memorial Lectures de 1929 et la conférence sur « L'Ère des tyrannies » de 1936. Au début des années 1930, Élie Halévy entrevoit encore une possibilité de sursaut des démocraties européennes, à commencer par la France et l'Angleterre pouvant encore décider, d'un commun accord, d'organiser la paix sur le continent et de s'en donner les moyens. Cela signifie, pour leurs dirigeants respectifs, d'accepter les enseignements de la connaissance historique et d'y fonder des politiques d'État dignes de ce nom. Ce rôle qu'il accorde à la raison critique du savant l'installe dans la fonction d'intellectuel démocratique.

---

1. Voir aussi, en 1928, « Conditions of life in Europe » un article en anglais pour The Amalgamed Press (lettre de l'éditeur datée du 15 novembre 1928).

Exceptés les études portant sur les origines de la guerre[1], qui feront l'objet d'un tome des Œuvres complètes, les principaux travaux (hors ceux consacrés à l'Angleterre) figurent déjà dans L'Ère des tyrannies, *à savoir l'introduction aux* Morceaux choisis de Sismondi *publiés aux éditions Alcan en 1933 dans la collection « Réformateurs sociaux », les trois conférences d'Oxford portant sur « Une interprétation de la crise mondiale de 1914-1918 »[2], et la conférence de Chatham House, « Le socialisme et le problème du parlementarisme démocratique »[3]. Les pièces de correspondance retenues pour cette section précisent les centres d'intérêt qui sont ceux d'Élie Halévy alors que le continent européen s'enfonce dans les logiques de guerre et les vestiges de la révolution. L'impuissance des démocraties confrontées à la montée des tyrannies suscite ses vives critiques quant à la politique internationale de la France et de l'Angleterre, incapables de se rapprocher pour assumer la défense des valeurs communes d'humanité. Les égoïsmes nationaux, les intérêts à court terme, l'irresponsabilité des gouvernants, la versatilité des opinions publiques inquiètent durablement Élie Halévy. Son pessimisme augmente, autant que sa détermination à définir les phénomènes et ne pas se laisser écraser par le mouvement de l'histoire.*

---

1. « Documents anglais sur les origines de la guerre », *Revue de Paris*, 124, 1er août 1927, p. 776-795 ; « La politique du roi Édouard », *Revue des sciences politiques*, 1928, n° 51, p. 83-93 ; « Documents diplomatiques français », *Revue de Paris*, 1er septembre 1929, n° 36, p. 45-63 ; « L'Angleterre sur le seuil de la guerre (août 1913-août 1914) », *Revue de Paris*, n° 38, 1er septembre 1931, p. 14-44 ; « La réforme de la marine anglaise et la politique navale britannique (1902-1907) », *Revue des sciences politiques*, n° 55, 1932, p. 5-36 ; « Les rapports franco-anglais de 1882 à 1914 », *Les Cahiers de Radio-Paris*, n° 8, 1937, p. 998-1003.
2. *The World Crisis of 1914-1918. An interpretation*, being the Rhodes Memorial Lectures delivered in 1929 by Élie Halévy, Oxford, Clarendon Press, 1930.
3. « Socialism and the Problem of Democratic Parliamentarianism », *International Affairs*, n° 13, 1934, p. 490-507.

HOMMAGES À DES AMIS DISPARUS (1926-1935)

En 1926, Élie Halévy s'exprime aux obsèques de son ami Jean-Pierre Lazard. Il souligne comment l'élève qu'il a connu à l'École libre des sciences politiques est devenu « un jeune savant » développant une pensée originale, éprouvant son intelligence dans l'étude des faits économiques. En 1933, il évoque de la même manière le souvenir de Lucien Herr et de son rôle incomparable dans l'affaire Dreyfus, insistant sur la même démarche du savant qui poursuit « une action méthodique pour la défense et la glorification de l'esprit scientifique ». Ces courts textes n'en sont pas moins centraux pour accompagner la constitution de figures morales du combat politique. Ils témoignent aussi de la « croissante solitude » qui apparaît, au fil des années et des disparitions, « le vrai nom du grand âge », écrit Élie Halévy à Audrey et May Wallas en août 1932, évoquant la mission souveraine qui incombe aux vivants : « À ceux qui restent, et dont le nombre va se réduisant, de serrer leurs rangs, de se souvenir de ceux qui ne sont plus, et d'aimer les jeunes[1]. » Mais il arrive que les jeunes partent les premiers, laissant les plus âgés dans une insondable tristesse. Il faut alors aimer les jeunes plus encore. C'est le sens du discours d'Ablon du 17 août 1926, prononcé en mémoire de Jean-Pierre Lazard.

Le 21 octobre 1935, décède Xavier Léon, après une longue bataille contre la sclérose en plaques. Dans la dernière livraison de la Revue de métaphysique et de morale *pour l'année 1935, Élie Halévy rend hommage à son fondateur qui est aussi son plus proche ami. La notice nécrologique que publie Élie Halévy rappelle ce qu'a représenté la naissance de la* Revue de métaphysique et de morale *au début des années 1890, suivie des Congrès internationaux de philosophie et de la Société française de philosophie[2], un moment[3]*

---

1. Voir *supra*, p. 534.
2. Cf. Jean-Louis Fabiani, *Les philosophes de la République*, Paris, Les Éditions de Minuit, coll. « Le sens commun », 1988 ; Christophe Prochasson, « Philosopher au XXe siècle : Xavier Léon et l'invention du "système R2M" (1891-1902) », *Revue de métaphysique et de morale*, numéro spécial du Centenaire, 1993, n° 1-2, p. 109-140 ; Stephan Soulié, *Les philosophes en République. L'aventure intellectuelle de la* Revue de métaphysique et de morale *et de la Société française de philosophie (1891-1914)*, préface de Christophe Prochasson, Rennes, PUR, 2009.
3. Cf. Frédéric Worms, *La philosophie en France au XXe siècle. Moments*, Paris, Gallimard, coll. « folio essais », 2009.

d'affirmation de la raison philosophique autant qu'une illustration de la République des savants – concrétisée par l'engagement de ces derniers pour les libertés démocratiques avec leur mobilisation dans l'affaire Dreyfus.

1. « DISCOURS PRONONCÉ PAR ÉLIE HALÉVY AU CIMETIÈRE D'ABLON, LE 17 AOÛT 1926, SUR LE CERCUEIL DE JEAN-PIERRE LAZARD, MORT LE 13 AOÛT À TRÊVES, À L'ÂGE DE 21 ANS. »

Aux obsèques de Jean-Pierre Lazard, le 27 août 1926, Élie Halévy prononça une allocution dans le petit cimetière d'Ablon en Normandie (Calvados), à la demande de ses parents, Jean Lazard[1] et Antoinette Antoine-May. Très proche du jeune homme, le considérant comme son ami, il était parvenu à faire publier deux de ses travaux en 1925 et 1926, qu'il jugeait remarquables[2]. Il aida toujours ses parents, dont Jean-Pierre était le fils unique, qui se consacrèrent, après sa mort, à aider des étudiants français et anglais. C'est ainsi qu'ils transformèrent leur belle propriété proche d'Honfleur pour leur offrir des séjours de vacances. Ils financèrent également des travaux d'amélioration de la bibliothèque de Sciences-Po. L'allocution d'Élie Halévy a constitué la préface d'une brochure en mémoire de Jean-Pierre Lazard[3].

La paix, dit un proverbe oriental, est le temps où les enfants enterrent leurs parents ; la guerre, le temps où les parents enterrent leurs enfants. Pourquoi faut-il que la réalité fasse parfois mentir le vieux proverbe ? Nous sommes en paix, et Jean-Pierre Lazard nous quitte. Mort au service, lui aussi. Mort pour la France. Mais à une heure où nous pensions que l'ère des sacrifices était close. Perte d'autant plus cruelle pour ceux qui le pleurent aujourd'hui, pour ses parents, pour ses amis, pour son maître qui prend la parole devant vous.

Je fis sa connaissance il y a trois ou quatre ans quand il devint mon élève à l'École des sciences politiques. Bien d'autres le devinrent en même temps, mais je le distinguai des autres. Tout de suite je l'aimai, et je crois qu'il m'aima en retour. Je ne fus pas pour lui, au sens propre du mot, un directeur d'étude ; mais je m'intéressai, en ami, au développement de sa

---

1. Jean Lazard est le frère de Max Lazard, lequel a participé à la conférence de « l'Ère des tyrannies » (cf. *supra*, p. 282).
2. Jean-Pierre Lazard, *Politiques et théories monétaires anglaises d'après-guerre*, préface de Charles Rist, Paris, Société anonyme du Recueil Sirey, 1925 (rééd. 1927). « La politique monétaire anglaise d'après-guerre », *Revue politique et parlementaire*, 1926.
3. *Jean-Pierre Lazard, 31 janvier 1905-13 août 1926*, préface d'Élie Halévy, s.l., 1927.

pensée, au progrès de son intelligence. Je pense lui avoir été plus utile par ma sympathie que je ne le fus par mes leçons, que je ne l'aurais été par mes conseils.

Puis il fut pour moi un camarade de vacances. Je l'entraînai à la suite de deux ou trois jeunes gens de son âge, dans les Alpes. Je l'initiai aux plaisirs rudes et simples des courses en montagne. C'est là que j'appris à vraiment le connaître, là que j'appris à apprécier ce mélange de gravité, de maturité et de simplicité enfantine qui avaient un charme si grand.

Je le retrouvai à Londres, alors qu'il faisait à Cambridge l'apprentissage de la liberté. Comme il fut heureux, toute cette année-là, dans la vieille université où se marient si parfaitement le plaisir et l'étude !

Il fut ensuite, pour moi, le jeune savant qui s'engage dans des recherches personnelles, pense par lui-même, commence à être quelque chose de plus qu'un élève. L'hiver dernier, déjà sous l'uniforme, il m'apportait deux études dont il était l'auteur. Il ne demandait, je crois, que mon approbation et des encouragements pour l'avenir. Mais je trouvai ces deux essais si remarquables que je lui offris d'essayer de les faire imprimer. Pour le décider à accepter mon offre, il me fallut forcer sa modestie. Je le recommandai à un directeur de revue qui, tout de suite, l'imprima. Il aura eu la joie, avant de mourir, de voir que son travail n'aura pas été en vain.

J'étais, hier matin, en train de lire son article pour mon instruction personnelle. Je ne le lisais pas sans trouble, car j'avais appris, il y avait une huitaine, qu'il était gravement malade. Mais les jours s'écoulant, j'espérais que la jeunesse avait triomphé de la mort, lorsque vint la fatale nouvelle. Et nous voici tous réunis ici.

Quelles que soient nos croyances devant le secret de la tombe, quels que soient les espoirs que nous fondons sur les puissances mystérieuses qui gouvernent le monde, nous sommes assurés d'une chose : ce qui survit à notre mort en ce monde et sur cette terre, c'est ce qu'il y avait en nous de bon et d'aimable ; nous nous survivons dans la mesure où nous avons été aimables et bons. Je me tourne donc vers ce père et cette mère qui pleurent, et je leur dis : Regardez tous ceux qui sont venus ici pour pleurer avec vous, parents, voisins, amis, ceux du village, ceux de la ville. Chaque fois que, dans l'avenir, nous nous rencontrerons, nous saurons qu'une même pensée nous vient à l'esprit, une pensée à laquelle ne seront associées que des idées aimables et bienfaisantes. Elle sera triste, mais elle ne sera pas exempte de douceur. Elle ne nous rendra pas heureux, mais je crois qu'elle nous rendra meilleurs. Cette pensée nous accompagnant, nous vous accompagnerons fidèlement, je le jure sur le rude chemin de la vie. Nous resterons unis par le lien d'un souvenir sacré – unis à cause de lui, unis par lui, unis en lui.

Nous sommes avec vous et vous êtes avec nous – parce qu'il est avec nous pour toujours.

Élie Halévy

2. « La vie de Lucien Herr » (Élie Halévy, Marcel Mauss, Pierre-Félix Pécaut)

*L'hommage rendu par l'Union pour la Vérité[1], le 17 décembre 1932, succédait à la biographie de Lucien Herr (1864-1926) que Charles Andler venait de publier[2]. Déjà atteint par la maladie qui allait l'emporter trois plus tard, le 1ᵉʳ avril 1933, ce dernier n'avait pu finalement honorer l'invitation. Son remplacement par Élie Halévy n'est pas surprenant. Certes, celui-ci ne fait pas partie de la génération du socialisme normalien de la fin des années 1890, fortement marquée par l'influence du bibliothécaire de l'École normale supérieure, comme il le confiera aux participants de la conférence sur « L'Ère des tyrannies » du 28 novembre 1936[3]. Ses liens avec Herr n'en sont pas moins forts. Leur proximité date de l'affaire Dreyfus, et particulièrement des « pétitions des intellectuels » de janvier 1898, à l'organisation desquelles ils prennent chacun une grande part. Tous les deux revendiquent leur qualité « dreyfusarde »[4] et s'emploient à lui demeurer fidèle. Lucien Herr a joué aussi un rôle décisif dans la publication du premier tome de l'*Histoire du peuple anglais au xixᵉ siècle, *alors qu'Élie Halévy désespérait de réussir à l'éditer[5]. Ce résumé de l'allocution du 17 décembre, extraits des papiers d'Élie Halévy, est précédé d'un courrier adressé à Charles Andler à l'époque où il se préparait à écrire sa biographie, et suivi de lettres de Marcel Mauss et de Pierre-Félix-Pécaut.*

---

1. L'Union pour la Vérité émane de la transformation, en 1904, de l'Union pour l'action morale, née en 1892. Son principal animateur est, jusqu'en 1930, le philosophe spiritualiste Paul Desjardins (voir *supra*, note 1, p. 289).
2. Charles Andler, *Vie de Lucien Herr (1864-1926)*, Paris, Rieder, 1932.
3. « Mes années d'École Normale vont de l'automne 1889, juste après l'effondrement du boulangisme, à l'été de 1892, juste avant le début de la crise du Panama. Années de calme plat : au cours de ces trois années, je n'ai pas connu à l'École Normale un seul socialiste. Si j'avais eu cinq ans de moins, si j'avais été à l'École Normale au cours des années qui vont des environs de 1895 aux environs de 1900 ; si j'avais été le camarade de Mathiez, de Péguy, d'Albert Thomas, il est extrêmement probable qu'à vingt-et-un ans j'aurais été socialiste, quitte à évoluer ensuite, il m'est impossible de deviner en quel sens. » (Voir *supra*, p. 283.)
4. « J'étais "libéral" en ce sens que j'étais anticlérical, démocrate, républicain, disons d'un seul mot qui était alors lourd de sens : un "dreyfusard" » (voir *idem*).
5. Voir la lettre d'Élie Halévy à Xavier Léon du 26 décembre 1910 (*in* Élie Halévy, *Correspondance (1891-1937)*, *op. cit.*, p. 412) et les lettres qu'il adresse à Lucien Herr à partir de cette date (*ibid.*, p. 412 et suiv.).

« À Charles Andler, La Maison Blanche, Sucy-en-Brie, S.-et-O., 24 août 1929* »

Mon cher ami,
Madame Herr m'a demandé si je ne pourrais vous communiquer quelques lettres de son mari dont il vous serait possible de faire usage dans l'étude que vous avez l'intention de consacrer à sa mémoire[1]. Je n'ai malheureusement rien à vous envoyer. Je n'ai reçu de lui, au cours des longues années pendant lesquelles notre amitié finit par devenir assez intime, que de rares billets, écrits pour me remercier de l'envoi de tel ou tel de mes volumes, pour me signaler l'apparition de quelque nouvel ouvrage, mais cela toujours en quelques lignes. Je ne sais s'il écrivait de plus longues lettres à d'autres : à moi il donna toujours l'impression d'être le moins épistolier des hommes.

En cherchant à me remémorer les phases de notre amitié, je m'aperçois à quel point il nous est difficile d'écrire notre propre histoire. Il était très-jeune quand j'entrai d'abord en contact avec lui, lui bibliothécaire moi conscrit, en novembre 1889. Mais il était séparé de nous par une barrière : aucune intimité encore entre lui et les élèves. Il appartenait à une promotion qui avait été touchée par le socialisme. Mais s'il avait voulu nous prêcher le socialisme, il n'aurait rencontré qu'incompréhension. Il n'y avait pas un seul socialiste parmi nous[2], au cours de ces années assez éteintes qui vont de la fin du boulangisme (juste avant mon entrée à l'école) au début des scandales de Panama (juste après ma sortie). Un seul socialisant *peut-être* à mon souvenir, c'est Léon Blum qui traversa l'École comme un météore. Mais son socialisme est singulièrement marqué de boulangisme, de barrésisme, de disraélisme, et je ne crois pas qu'il ait, à cette date, fait amitié avec Lucien Herr.

Celui-ci, en tous cas, pour nous, était le terrible assommeur de la *Revue Critique*. Nous le lisions, nous ne causions pas avec lui. Je cherche à me rappeler comment ensuite peu à peu je me liai avec lui, au cours de mes très-fréquentes visites à la bibliothèque (ma participation aux débuts de la *Revue de Métaphysique* n'étant pas faite pour rendre nos relations particulièrement

---

1. Charles Andler, *Vie de Lucien Herr (1864-1926)*, op. cit. Ce fut sa dernière œuvre. Trop malade, il ne put animer la séance de l'Union pour la Vérité qui fut consacrée, à travers ce livre, au souvenir de Lucien Herr. Élie Halévy en fut chargé à sa place (séance du 17 décembre 1932). Lucien Herr était mort le 18 mai 1926. Il n'avait jamais quitté la direction de la bibliothèque de l'École normale supérieure, là où Élie Halévy, comme beaucoup d'autres normaliens, le rencontrait.
2. Voir ce que déclare Élie Halévy lors de la conférence sur « l'Ère des tyrannies », *supra*, p. 283.

amicales, mais cela ne faisait rien). Puis lorsque Lavisse[1], étant (sur la sollicitation de mon père) devenu directeur de la *Revue de Paris*, le prit pour secrétaire. Puis ce fut l'affaire Dreyfus et la grande amitié.

Oui, c'est bien cela ; et je me rappelle quels services intellectuels il me rendit vers cette époque quand je dus aborder l'étude du marxisme. Moins par ses conseils que par ce qui me paraissait être, ésotériquement, sa doctrine. La doctrine d'un homme qui était, comme Marx, un hégélien, et un hégélien de la gauche. Une doctrine suivant laquelle le progrès est essentiellement révolutionnaire, destructeur, mais est en même temps un développement par forces collectives. Pour y coopérer, il faut être à la fois un fanatique d'émancipation et le membre discipliné de quelque grande et efficace organisation. Je me souviens d'un ou deux échanges de propos entre lui et moi qui m'éclairèrent. Comme il me parlait un jour – en critique sévère – de la *Revue de Métaphysique*, il se plaignait de la place excessive qu'y prenaient les articles d'Édouard Le Roy. « Et au fond, ajoutait-il, le malheur c'est qu'il a raison. » (Il voulait dire raison contre notre rationalisme abstrait.) Un autre jour, lui parlant des travaux marxistes, ou néo-marxistes, de Croce, je lui avouais à quel point ils me paraissaient obscurs, et suggérais que peut-être le fond de sa doctrine c'était « l'identité du Marxisme et du Bergsonisme ». Je me rappelle que, comme il me disait : « Oui, c'est cela », sa figure s'illumina. J'eus l'impression que, sans le vouloir, j'avais touché le fond de la doctrine moins de Croce que de lui-même.

Doctrine, c'est trop dire. Disons seulement « attitude ». Trop de lectures, trop d'action, ne lui ont jamais laissé le temps de professer et d'écrire que nous aurions, nous autres mandarins, [voulu] lui voir prendre. Une sensibilité trop aiguë, une espèce de pudeur, ou de timidité, qui lui faisaient peur de se voir en chaire – dans l'attitude du prédicateur –, ou de voir, couchées sur le papier, des pensées au sujet desquelles il se serait toujours demandé avec angoisse si elles valaient la peine d'être imprimées. Je me demande même si cette sensibilité trop aiguë ne paralysa pas en lui l'homme d'action. Ce qu'il aimait, c'était l'action cachée du conseiller et de l'ami, qui lui épargnait tous les heurts, tous les froissements, dont ne se troublent pas des natures plus grossières. Est-ce que je veux dire par là que, moins sensible, il aurait été plus grand ? Aux yeux des hommes peut-être. Et encore ! On s'est aperçu, quand il est mort, du vide que faisait cette mort.

Voilà, au courant de la plume, quelques souvenirs, quelques impressions, qu'il me plaît de ramener à l'« actualité ». Cela peut-il vous être de quelque service ? J'en doute beaucoup ; je me suis abandonné au plaisir d'écrire

---

1. L'historien Pierre Lavisse (1842-1922) prit la direction de la *Revue de Paris* en 1894.

sur ma vie passée, sur une amitié morte. C'est un plaisir de vieillard, qui n'est pas sans douceur.

Votre amicalement dévoué
Élie Halévy

« La vie de Lucien Herr », par Élie Halévy, *Union pour la Vérité*, 17 décembre 1932

En l'absence de Charles Andler, que malheureusement son état de santé met dans l'impossibilité de prendre part aux travaux de *L'Union*, M. Élie Halévy essaiera de se faire, tant bien que mal, son suppléant, et de définir, en même temps qu'il présentera à ses auditeurs le beau livre d'Andler, la personnalité de Lucien Herr et le caractère de l'influence exercée par lui sur toute une génération.

M. Élie Halévy proposera de définir la philosophie de Lucien Herr comme une philosophie de l'émancipation. Mais l'individualisme de Herr avait ses limites rigoureusement définies : Herr ne croyait pas à la possibilité, pour l'individu, de s'affranchir en dehors de l'espèce et contre l'espèce. L'émancipation de l'individu est solidaire de l'émancipation du genre humain. Elle suppose une action collective de l'espèce.

Quelle forme donner à cette action collective ? Lucien Herr décida que le véritable organe en était, dans tous les pays civilisés, un parti socialiste solidement constitué ; Charles Andler pensa de même. M. Élie Halévy essaiera de montrer comment, suivant lui, le différend qui, à certain moment critique, sépara Lucien Herr et Charles Andler, trouve sa racine dans un désaccord sur la manière dont il convient de concevoir la discipline de parti. Mais l'action de Lucien Herr ne s'arrêtait pas aux limites du parti socialiste : lourde erreur de ses ennemis à ce sujet. Sa propagande de bibliothécaire (et non plus d'homme de parti) était une action méthodique pour la défense et la glorification de l'esprit scientifique. L'affaire Dreyfus représenta sans doute le point culminant de son influence parce qu'elle mettait tout à la fois en péril les droits de l'humanité et les exigences de l'esprit critique. Le groupe des « dreyfusards » eut d'ailleurs ses romantiques en même temps que ses scientifiques. Et la tragique querelle de Charles Péguy avec Lucien Herr doit être, croit M. Élie Halévy, interprétée comme une révolte des premiers contre les seconds.

Bref, la vie de ce « Libertaire » offre ce caractère de nous donner une double leçon de discipline. Discipline de la volonté par la soumission à la tactique d'un parti organisé. Discipline de l'intelligence par la soumission aux règles de la méthode scientifique.

« Lettre de Marcel Mauss[1] à Élie Halévy, 16[2] décembre 1932 »

Mon cher Ami,
De même que j'admire sans réserve le livre que, seul d'entre nous, Andler pouvait écrire sur Herr, de même j'approuve pleinement la note juste que donne votre résumé de votre appréciation – comment dirai-je ? sociologique ? – de la pensée de Herr.

Cependant si j'avais été là, ce n'est pas sur le socialisme et l'individualisme de Herr, que j'aurais voulu insister pour compléter l'image que vous donnez. Ces formules et ces mots enferment un peu sa puissance et son idéologie, et surtout ses intenses passions : ses violences contre le mal et surtout contre l'erreur ; son dévouement sans bornes à la vérité, au bien et à l'amitié. Il a plus pensé pour les autres que pour lui-même ; il a plus travaillé pour la classe ouvrière, à laquelle il s'est – après tout – moins mêlé que d'autres, que pour ses opinions politiques ; il a plus essayé de diriger les choses de notre France et de notre vie internationale que de dégager sa personne même de l'anonymat, sa vie de l'insécurité. Herr croyait à la vie en groupe, au travail en commun, au sacrifice rationnel de soi. Mais il critiquait tout ; il réagissait à chaque instant. Il croyait également que le sage doit aussi se garder, se retirer de la foule, vivre d'une vie séparée, d'aristocrate si l'on veut. Être un modèle pour nous tous fut son but principal. Il l'a réalisé. Il fut un « actif ouvrier intellectuel », mais un bon ouvrier, amoureux du chef-d'œuvre individuel.

Nous sommes nombreux – après Herr et Durkheim – à croire que ni en fait, ni moralement – ni surtout dans l'avenir –, l'individu le plus grand ne peut se dégager lui-même autrement que dans la vie sociale la plus large et la plus complexe. Herr et d'autres ont fait de ce développement parallèle – pour nous comme pour les autres – non pas une doctrine seulement, mais une morale pratique ; et nous avons vu cette morale appliquée déjà par ceux que je vous propose dès maintenant d'appeler nos saints – puisqu'ils sont morts et que leur souvenir continue à exercer leur action efficace pour le bien.

Vous savez que je suis amicalement dévoué. Inutile de vous le redire longuement en cette occasion.

---

1. Sur Marcel Mauss, voir *supra*, note 1, p. 299.
2. Il s'agit, de la part de Marcel Mauss, d'une probable erreur de date, puisque sa lettre commente la conférence d'Élie Halévy du 17 décembre.

« **Lettre de Pierre-Félix Pécaut[1] à Élie Halévy, 26 décembre 1932** »

École normale supérieure d'enseignement primaire, Saint-Cloud, le 26 décembre 1932

Mon cher ami,
Suis-je importun en venant vous rappeler le petit propos que je vous ai tenu chez [Xavier] Léon ? Je vous sollicitais de nous faire une conférence sur les rapports Franco-Anglais de 1870 à 1914. Ce serait un grand honneur pour les élèves, un plus grand profit encore, et pour moi, voyez-vous, un très grand plaisir.
Conférence familière sans préparation de la forme (les élèves posant parfois des questions). Un auditoire sympathique de quinze jeunes gens à la curiosité fraîche, capables d'encaisser beaucoup de matière dense, si elle est ordonnée. La section d'histoire est ici la section malheureuse, la seule qui échoue souvent à son examen du « professorat des Écoles Normales » tandis qu'ils passent facilement des certificats de licence. Ils ont parmi les questions de leur programme de l'année « la IIIe République ». Je crois qu'en une leçon on peut les parer sur cette question, qu'ils connaissent sans doute en gros. – Mais je ne veux absolument pas abuser de votre amitié ; si cela vous dérange, dites-le moi librement. Sinon, dites-moi quand, approximativement, cela vous conviendra, afin que j'arrange en conséquence l'ordre des conférences. Le plus tôt serait le mieux mais nous serions à votre disposition exactement à votre convenance, et infiniment reconnaissants.
J'ai bien regretté de ne pouvoir aller rue Visconti l'autre samedi. Mais mon fils vous a entendu avec un intérêt passionné et m'a rendu compte. Vous m'avez dit que le livre d'Andler était un beau livre. Évidemment, mais avec de très grandes réserves qu'il est inutile de formuler, car vous les faites comme moi. On dirait que Herr a été ou aurait pu être l'homme le plus important de l'histoire contemporaine !
Et cela ne me rend pas Herr tel que je le vois. Il est vrai que je ne l'ai pas connu avant la guerre. Qui [plus] est, je ne désirais pas le connaître, croyant à un grand orgueil intellectuel ! Je me souviens d'avoir causé un instant avec lui dans le jardin d'Andler ; je m'acharnais par agacement à le contredire en tout. Il finit par m'appeler « idiot » et moi je le traitais « d'espèce de pion ». Ce ne fut pas plus distingué que cela. Puis après la guerre, au Musée Pédagogique, je me suis lié si profondément avec lui qu'il m'est arrivé de lui parler de soucis de famille que je ne confiais à

---

1. Sur Pierre-Félix Pécaut, voir *supra*, note 1, p. 317.

personne ; je n'ai jamais trouvé un homme aussi bienfaisant et son manque m'est encore très douloureux .Non seulement pas orgueilleux mais doutant de lui de façon aiguë, absurde, qu'on n'arrivait pas à combattre. – Et voici encore un petit trait ajouté à ceux que vous connaissez. Quand Painlevé a voulu le mettre au Musée Pédagogique, Herr qui était vraiment dans le dénuement, est venu me trouver, exigeant avec une sorte d'anxiété que je lui dise qui serait nommé s'il refusait. C'était heureusement un inspecteur d'Académie doté d'une assez belle fortune. Je pus donc le décider. Jamais il n'aurait accepté de prendre la place à quelqu'un de pas plus riche que lui.
Bien vôtre, mon cher ami,
F. Pécaut

3. « XAVIER LÉON (1869-1935) »

Comme l'atteste sa correspondance – une lettre à Gabrielle Léon citée plus bas –, Élie Halévy est bien l'auteur de la brève et définitive évocation de Xavier Léon, trois pages en ouverture du dernier numéro pour l'année 1935 de la Revue de métaphysique et de morale. *L'absence de signature traduit la volonté de la revue tout entière de rendre hommage à son fondateur à la « volonté indomptable », travailleur infatigable devant la maladie et pour la philosophie. Élie Halévy ne mentionne pas l'existence d'un véritable salon philosophique (et musical) tenu rue des Mathurins chez Xavier et Gabrielle Léon[1], ni son rôle dans la création des Presses Universitaires de France. Avec la disparition de Xavier Léon suivie, deux ans plus tard, de celle d'Élie Halévy, il ne s'agit pas seulement de la perte des deux fondateurs d'une revue qui a permis à la philosophie d'aborder le xxe siècle et d'entrer dans l'âge du social, bientôt du politique. C'est une génération de combattants de la pensée qui s'efface, au moment où cette dernière est défiée dans sa raison d'être par l'« ère des tyrannies ».*

« Xavier Léon (21 mai 1869-21 octobre 1935) »[2]

C'est en 1893 que Xavier Léon, âgé seulement de vingt-quatre ans, fonda la *Revue de Métaphysique et de Morale*. Il sut entraîner derrière lui

---

1. Cf. Stephan Soulié, « Xavier Léon, philosophe (Boulogne-sur-Mer, 21 mai 1868-Paris, 21 octobre 1935) », art. cit. Une véritable « foire aux idées », selon Xavier Léon, cité dans l'article.
2. *Revue de métaphysique et de morale*, n° 4, 1935, p. I-III.

le groupe de jeunes amis qui avaient suivi, comme lui, au lycée Condorcet, les leçons de Darlu. Il sut gagner l'adhésion, vaincre les hésitations des plus éminents parmi ceux qui étaient alors les maîtres de la pensée philosophique française. Il sut amener les savants à collaborer, dans sa « Revue », avec les philosophes de profession. Il sut triompher de l'opposition de beaucoup, à qui son initiative avait inspiré de la méfiance : combien furent amenés, sous la pression de son persuasif enthousiasme, à comprendre que, depuis longtemps et sans s'en rendre compte, ils avaient été des philosophes, et à lui donner des articles qui étaient bien, selon le programme de la « Revue », des articles de métaphysique ! C'est lui encore qui ouvrit, en 1900, la série des « Congrès internationaux de Philosophie » et qui, encouragé par le succès des séances de discussion de ce Congrès, fonda, l'année suivante, à côté de la *Revue de Métaphysique et de Morale*, la « Société française de Philosophie ». Si la philosophie française, pendant les vingt-cinq dernières années, a brillé d'un vif éclat, soyons-en reconnaissants, pour une part, à celui qui sut en concentrer les rayons dispersés dans l'ardeur d'un foyer unique. Il éprouvait, à l'égard de tous les titres, de toutes les distinctions honorifiques, une indifférence qui n'avait rien d'affecté, et par laquelle furent toujours désarmés ceux qui auraient pu être tentés d'attribuer à son activité quelque fin d'ambition personnelle : on sait le caractère singulièrement original de l'autorité qu'il exerçait. Tel était le rayonnement de son intelligence et de sa bonté que ses rapports avec ses collaborateurs ont été, autant que des rapports de philosophe à philosophe, des rapports d'homme à homme. Sa maison était un centre où aimaient à se rencontrer, où apprenaient à se comprendre les philosophes, les savants, ceux de France, ceux de l'étranger aussi. Et ce qu'il faut dire de ses collaborateurs est vrai des lecteurs même de la « Revue ». Le public de la *Revue de Métaphysique et de Morale* fut, dès l'origine, ce qu'avait été rarement avant lui le public d'une revue philosophique : quelque chose de mieux qu'un public, une amitié.

    Son activité ne se bornait pas, d'ailleurs, à ce travail de direction. Lentement, il consacrait pour commencer dix années à l'élaboration d'un grand ouvrage, devenu classique, sur « la Philosophie de Fichte », qui parut en 1902. Puis, ne réussissant pas à se détacher du penseur qui venait occuper les années de sa jeune maturité, il travaillait à une biographie monumentale, dont les deux parties, sous le titre de « Fichte et son temps », ont paru en 1922 et 1927. Nous y trouvons le secret de la « deuxième philosophie de Fichte » expliqué comme il ne l'avait jamais été auparavant : Fichte n'empruntant sa phraséologie au romantisme philosophique et politique que pour la retourner contre ce romantisme lui-même, pour l'adapter à un système qui demeure immuable sous la diversité des langages, à une philosophie toujours critique, toujours rationaliste (au sens kantien de ces deux mots), toujours républicaine et « jacobine ». En un temps où l'interprétation courante de la philosophie politique de Fichte allait exercer de tels ravages sur la conscience du peuple allemand, il est bon que, par une heureuse coïncidence, cet autre aspect de la doctrine fichtéenne ait été mis en lumière.

Rappelons enfin à ceux qui, lecteurs assidus de la « Revue », peuvent les ignorer, d'autres formes encore qu'a prises l'activité déployée par Xavier Léon. Les années de guerre tournèrent son attention sur de nouveaux domaines, qui n'étaient pas ceux de la spéculation philosophique. Nous citerons, pour nous borner à un exemple, une œuvre philosophique dont il faut dire non seulement que, sans lui, elle n'eût pas été, mais qu'elle fut tout entière, à ses débuts, une émanation de sa personnalité. L'œuvre des « Pupilles de l'École publique » est une vaste entreprise de solidarité scolaire, fondée par la collaboration des membres de l'enseignement à tous ses degrés, d'abord au bénéfice des orphelins de guerre, et puis, à mesure que reculait dans le passé le souvenir de la guerre et d'une manière permanente, au bénéfice de toute l'enfance malheureuse. Œuvre peut-être mal connue du grand public, et qui, cependant, accomplit une besogne immense. Œuvre profondément originale, et qui porte la marque de son créateur. Elle a son siège dans un ministère, et n'offre cependant aucun caractère administratif, pas plus qu'elle n'offre aucun caractère politique. Elle est une œuvre corporative, au sens le plus plein et le plus pur de ce mot[1].

Pourquoi faut-il que, mûr de si bonne heure et de si bonne heure apte à jouer le rôle d'un chef, la vieillesse – et quelle vieillesse ! – ait, par la plus triste des revanches, commencé pour lui si tôt ? Voilà plus de dix ans qu'une maladie dont les premiers symptômes furent bénins, mais qui allait devenir atroce, le condamna à contempler, d'une intelligence lucide jusqu'au bout, la déchéance progressive de son être physique. Une fois son ouvrage sur Fichte mené à son terme, il entreprenait, lisant physiologistes et moralistes, de travailler à un traité de « morale sexuelle » qui serait – il en avait encore l'espérance – le couronnement de sa carrière d'écrivain. Bientôt il devait y renoncer. Assis à son bureau, courageux et patient, il continua à travailler, non plus pour lui-même, comme il le disait, mais pour les autres. Bientôt, cela même lui devint impossible. Vint le moment où, pour la dernière fois, d'une main maladroite, il put écrire une lettre à un ami ; le moment où, pour la dernière fois, il put corriger un jeu d'épreuves de sa « Revue » ou du Bulletin de sa « Société ». Des amis, toujours aidés de ses conseils,

---

1. « Durant la Grande Guerre, Xavier Léon sert la patrie en mettant sur pied un hôpital à Aix-en-Provence et en fondant, avec le soutien de Ferdinand Buisson, Théodore Steeg et Louis Liard, l'œuvre des Pupilles de l'École Publique, dont il demeure pendant de longues années le généreux secrétaire général. » (Stephan Soulié, art.cit.)

s'employèrent à continuer ses œuvres, dans le même esprit qu'au temps où c'était lui qui commandait en personne. Voici qu'ils restent seuls, résolus à faire tout ce qui est en eux pour que ses œuvres lui survivent. Ils gardent, pour réussir dans ces difficiles entreprises, le souvenir de sa grande âme et de sa volonté indomptable.

Lettre d'Élie Halévy à Gabrielle Léon, La Maison Blanche, Sucy-en-Brie, S.-et-O., jeudi [novembre 1935]

Ma chère Gabrielle[1],
Voici textuellement (ou à peu près) la phrase qui, à la réflexion, vous déplaît.

« Pourquoi faut-il que, mûr de si bonne heure et de si bonne heure apte à jouer le rôle d'un chef, la vieillesse ait, par la plus triste des revanches, commencé pour lui si tôt ? Une maladie dont les premiers symptômes furent bénins, mais qui allaient devenir atroces, le condamna à contempler, son intelligence demeurant intacte jusqu'au bout, la déchéance progressive de son être physique ».

Vous voyez que le mot « vieillesse » n'implique pas dans mon esprit, comme sans doute c'est le cas pour vous, l'idée d'une diminution morale et intellectuelle, puisque je parle de son « intelligence demeurant intacte jusqu'au bout ». Mais, puisque le mot vous déplaît, et comme il est impossible de se borner, comme vous semblez le dire au téléphone, de remplacer un mot par un autre, je soumets à votre approbation la correction suivante.

Supprimer la première phrase tout entière et écrire :
« Pourquoi faut-il que la fin de ses jours ait été assombrie par une maladie, dont les premiers symptômes furent bénins, mais etc. »[2]
Bien affectueusement,
Élie Halévy

---

1. Xavier Léon est décédé le 21 octobre 1935 à Paris.
2. Finalement, Gabrielle Léon se range aux arguments d'Élie Halévy, comme le montre le texte publié de l'hommage de la *Revue*. On notera que nulle mention n'est faite du rôle incomparable de celle-ci, notamment dans les dernières années d'existence de Xavier Léon, comme l'atteste pourtant la correspondance d'Élie Halévy. Les femmes demeurent les « silences de l'histoire », pour reprendre l'expression de l'historienne Michelle Perrot.

L'AVENIR DU CONTINENT EUROPÉEN (1932-1933)

Le texte d'une conférence de 1932 sur les responsabilités de la France et de l'Angleterre dans les difficultés de la politique européenne, suivi du compte rendu d'un débat de 1933 à la Société française de philosophie sur le problème des nationalités, exposent la position d'Élie Halévy sur l'aggravation des tensions internationales et l'échec des plans de paix des années 1920. En tant qu'historien, Élie Halévy ne peut que nourrir un profond pessimisme quant à l'avenir du continent européen et de la paix mondiale. Élie Halévy espère cependant dans le sursaut de conscience des hommes d'État (« les politiques »). La clarté et la lucidité de ses analyses ont précisément cette fonction de les appeler à un devoir de responsabilité. Une telle conviction se rapporte à celle qu'il a développée en conclusion des Rhodes Lectures *d'Oxford. Elle fonde sa pratique d'intellectuel démocratique à l'âge des tyrannies.*

1. « L'ÉQUILIBRE ANGLAIS ET L'EUROPE », 1932[1]

Élie Halévy s'exprime devant la Nouvelle École de la Paix chargée de concevoir les moyens d'une paix durable en Europe. Toujours préoccupé de la dégradation des rapports entre la France et le Royaume-Uni, il ne renonce pas à l'objectif crucial de la paix en Europe. Il dresse ici les trois conditions qui permettront de surmonter « le dissentiment anglo-français » : question des réparations, question du désarmement, question de la révision des clauses territoriales des traités de 1919. Il oriente son propos en le fondant sur la position anglaise qu'il partage, notamment sur le problème des dettes de guerre, dont il estime la liquidation hautement nécessaire. Comme il le précise au début de sa conférence, il est même chargé de présenter le point de vue britannique sur l'avenir du continent.

---

[1]. « Leçon faite le 11 février 1932, par M. Élie Halévy, Professeur à l'École des Sciences Politiques, la Nouvelle École de la Paix à *L'Europe Nouvelle*, 75 bis, Quai d'Orsay, Paris VIIIe, année 1931-32, onzième leçon ». L'École de la Paix est dirigée à cette époque par Louise Weiss (1893-1983), militante de l'unité européenne et de la paix.

En réalité, son propos dépasse le sujet qui lui a été confié, d'exposer la position anglaise. Il s'intéresse tout autant à la politique de la France, à la dégradation accélérée de sa situation internationale et à l'impossibilité pour son gouvernement d'avoir « une diplomatie de sang-froid ». Elle est désormais isolée, et elle subit les manœuvres de l'Angleterre, qui exploite le pacifisme contre son ancien allié.

Élie Halévy est tenté de considérer ces engrenages internationaux comme inévitables. Pour autant, il ne désespère pas totalement de la volonté de paix des dirigeants politiques et du rôle que lui-même, en tant qu'historien, peut jouer pour éclairer par la raison un monde de plus en plus indéchiffrable. Citant pour finir Alain sur la fatalité de l'histoire et la tristesse de l'historien, il estime de son devoir de toujours analyser le monde présent afin de donner aux politiques des moyens renouvelés de décision et d'action. L'« optimisme des politiques peut avoir raison du pessimisme des historiens », confie-t-il à son auditoire, ajoutant que « l'homme peut triompher de l'apparence de la fatalité si seulement il sait acquérir la volonté et la technique de la Paix ». Les connaissances historiques, si modestes soient-elles, ne sont pas vaines.

Mesdames, Messieurs,

Je tiens à vous expliquer, pour commencer, en quelques mots, l'histoire des origines de cette conférence. L'École de la Paix avait dressé la liste d'une série de conférences où l'attitude actuelle de chacune des grandes nations d'Europe serait définie par un sujet, par un citoyen de chacune de ces nations. Mais on n'avait pas trouvé l'Anglais nécessaire. Je me suis offert à remplacer cet Anglais absent. Il eût bien mieux valu que moi. Prenez-moi pour un pis-aller. Je voyais par ailleurs, sur cette liste, que c'était M. André Siegfried[1] qui avait accepté de vous parler de la France, et qu'il avait choisi pour titre de sa conférence « L'équilibre français et l'Europe ». J'ai simplement calqué son titre, sans savoir très exactement au moment où je pris cette décision, comment je définirais ces mots de « l'Équilibre Anglais ». Vous avez affaire à un cas où ce n'est pas la conférence qui a donné naissance au titre. C'est le titre qui a donné naissance à la conférence.

Cherchant donc à donner un corps, une substance, à mon titre, je me suis souvenu d'une préface écrite il y a peu d'années par lord Balfour pour un ouvrage nouveau de philosophie politique anglaise. Il émettait cette opinion

---

1. [André Siegfried (1875-1959) enseigne la science politique et la sociologie électorale à l'École libre des sciences politiques depuis 1911. En 1933, il est élu au Collège de France sur une chaire de géographie économique et politique.]

que, si l'Angleterre est capable de tant de libéralisme politique, si elle peut accorder une telle liberté d'expression à tant d'opinions différentes, c'est parce qu'au fond tous les Anglais sont d'accord. C'est de cette extraordinaire puissance d'accord et d'unanimité que je devais essayer de définir – pour moi-même, avant de la définir pour vous – la structure. Elle m'apparaît tout de suite comme pouvant prendre deux formes distinctes. Celle d'abord à laquelle Lord Balfour se référait directement ; celle où les Anglais, se sentant en désaccord sur quelque grosse question, tombent d'accord sur ce point que la querelle ne doit pas aller jusqu'à la guerre civile, tombent d'accord pour n'être pas d'accord. Mais l'unanimité devient plus formidable, en même temps que plus intéressante, lorsque, pour des raisons souvent différentes selon les individus et les partis, les Anglais se trouvent tous d'accord sur une question fondamentale. C'est ce qui arrive en ce moment même. Vous avez affaire au cas singulier, qui ne se produit pas pour la première fois, d'un pays qui adopte comme programme national un programme internationaliste. Expliquer comment la chose est possible sera, je pense, la meilleure façon de définir « l'Équilibre Anglais » dans ses rapports avec l'Europe.

La première pensée qui vient à l'esprit, je ne dirai pas seulement d'un Français, mais d'un continental, à quelque nation qu'il appartienne, c'est d'expliquer ce paradoxe par ce qu'on a coutume d'appeler « l'hypocrisie britannique ». Quoi de plus simple ? Cet internationalisme est une apparence. Les Anglais font semblant d'être humanitaires. Profondément patriotes, leur humanitarisme n'est qu'une arme dont ils se servent pour combattre l'étranger, leur internationalisme n'est qu'un instrument dont se sert leur politique nationale. Je me rappelle avoir loué, causant avec un de mes compatriotes, cette unanimité britannique ; et il me répondait : « Oui, ils s'entendent entre eux comme larrons en foire. » Je me rappelle quelque temps après avoir discuté le même sujet avec un interlocuteur belge ; et il me répondait : « Oui, les loups ne se mangent pas entre eux. » Tout cela est absurde ; j'en prends à témoin ceux d'entre vous qui ont fait un séjour en Angleterre, en ont-ils rapporté l'impression d'avoir vécu chez un peuple de voleurs, ou de loups ? Malgré tout il y a ici un problème à résoudre, et dont la solution est difficile ; et je me souviens d'un autre entretien encore que j'avais en Angleterre, avec un jeune Persan, il n'y a pas longtemps. C'était un aristocrate persan, qui parlait le français comme un Français, l'anglais comme un Anglais. Il avait fait en Angleterre ses études secondaires. Il achevait ses études à l'université d'Oxford. Il me faisait part de sa perplexité. Il me disait : « Que dois-je penser du peuple anglais ? Je l'aime. Je suis heureux chez les Anglais. Ils sont si gentils, si simples. Ils sont – passez-moi le mot – "innocents". Et puis, quand je vais être de retour dans mon pays natal, je vais entendre un véritable concert d'imprécations contre eux ; on va dénoncer leurs fourberies, toutes les intrigues auxquelles ils se livrent dans mon pays, contre mon pays. Qu'est-ce que je dois croire ? » Je me souviens que je fus pris au dépourvu, et ne lui répondis pas grand chose de bon. Mettons que ma conférence d'aujourd'hui soit une tentative pour répondre, avec deux ou trois ans de retard, à mon interlocuteur persan.

Sur un premier point, je voudrais insister pour commencer ; et c'est sur la profonde sincérité de ces grands mouvements d'opinions humanitaires qui traversent l'Angleterre moderne. Nulle dissimulation, nulle hypocrisie. Mais bien au contraire la plus parfaite naïveté, ou pour parler comme mon Persan, la plus parfaite innocence.

Où faut-il faire remonter ces grands mouvements de propagande humanitaire qui sont la caractéristique de l'Angleterre ? Sans doute à la prédication wesleyenne qui fonda au XVIIIe siècle l'église méthodiste. Des prédicateurs, en plein air, convertissaient des foules entières. Peu à peu, leurs méthodes furent transposées du mode sacré au mode laïque ; et les mêmes formes de propagande et de prédication cessèrent d'être spécifiquement chrétiennes pour devenir simplement philanthropiques ou civiques.

Je songe, dans un passé qui n'est pas encore éloigné, à l'agitation pour l'abolition de la traite, et ensuite de l'esclavage. Quelles colères sur le continent lorsque l'Angleterre se mit à exercer une pression sur les autres pays d'Europe pour obtenir d'eux qu'ils abolissent à leur tour la traite des Noirs puis l'esclavage. Hypocrites, qui n'ayant chez eux ni l'une ni l'autre veulent mettre tous les pays avec eux sur un pied d'égalité. Soit, mais s'ils n'ont chez eux ni l'une ni l'autre, c'est parce qu'ils ont aboli l'une et l'autre au grand détriment de la prospérité de leurs belles colonies des Antilles. Même chose, sur une moindre échelle au moment où je vous parle : les Anglais voudraient abolir, internationalement, le système du travail forcé aux colonies. Hypocrites, leur rétorque-t-on en France ; vous ne l'avez pas dans les vôtres. Soit, mais on ne se demande pas un instant pourquoi chez eux ils l'ont aboli, ou pourquoi ils ne l'ont pas établi.

Mouvements philanthropiques dont la sincérité est entière, et qui bien souvent embarrassent le gouvernement, bien loin d'en servir les intérêts. Un exemple (pardonnez à un professeur d'histoire s'il multiplie les exemples historiques) fera comprendre ce que je veux dire. Je l'emprunte aux dernières années d'avant-guerre. L'opinion anglaise était unanime à dénoncer le scandale des grandes compagnies concessionnaires au Congo français et surtout au Congo belge ; il fallut que le *Foreign Office* se mit au service des agitateurs. Or, il est bien vrai que leur campagne servait les intérêts du commerce de Liverpool ; il n'en est pas moins vrai qu'elle fut, pendant plusieurs années une source de grand embarras pour le *Foreign Office* à un moment où celui-ci était particulièrement anxieux de se concilier, pour le succès de sa politique générale, l'opinion française et l'opinion belge. Tout l'art du *Foreign Office*, c'est d'établir une harmonie, un « équilibre » entre les exigences de l'humanitarisme britannique et les intérêts de la nation. Art souvent difficile. Ce qui cependant est remarquable, c'est à quel point, d'une manière générale les choses finissent par s'harmoniser, s'équilibrer. J'en cherche les raisons, et voici celles que je vous suggère.

Attachons-nous aux faits de l'heure présente, à ce grand mouvement d'opinion pacifiste qui travaille en ce moment l'Angleterre, et avec lequel tout gouvernement anglais doit composer, qu'il soit travailliste, ou conservateur, ou si vous voulez d'« union sacrée ». Rien évidemment de plus absurde que de considérer qu'il s'agit, dans l'esprit des foules qui y participent, d'une espèce de machiavélisme collectif. À une pétition britannique pour le désarmement qui vient d'être portée à Genève, deux millions de signatures ont été apposées. Vous n'allez pas croire qu'il s'agit de deux millions de larrons qui signent deux millions de chèques sans provision ou encore deux millions de loups qui dressent en l'air, comme le loup du conte de Perrault, deux millions de pattes blanches. Mouvement sincère, mouvement spécial. Pourquoi donc impose-t-il son influence, dans des conditions que l'on ne rencontre dans aucun autre pays d'Europe, aux éléments conservateurs de la population, aux bureaux du *Foreign Office* ?

La première explication, je la trouve dans le caractère religieux du pacifisme anglais. Les cadres de l'agitation pacifiste, il ne faut pas les chercher dans les états-majors d'un parti révolutionnaire qui n'existe même pas, mais dans le clergé, ou pour mieux dire dans les clergés. Et il serait curieux de se demander, en remontant aux origines, comment le protestantisme, qui fut au début si profondément nationaliste, qui consiste dans une révolte des religions nationales contre l'internationalisme romain, est devenu peu à peu le foyer des grands mouvements d'idées humanitaires et internationales.

Certainement les soldats de Cromwell n'étaient pas des pacifistes. C'est au XVIIIe siècle, sous l'influence peut-être, pour commencer, de la secte des Quakers, petite par le nombre, mais si active – une étrange église, purement mystique, presque dénuée de rites et de dogmes, et dont le seul principe était celui de la résistance au mal –, que la dénonciation de la guerre, l'aspiration à la paix universelle, se répandit dans toutes les églises libres, dans toutes ces sectes qui ne sont pas l'Église d'État. C'est donc dans ces groupements « non conformistes », travaillés par ce qu'on appelle « la conscience non conformiste », que s'organise à travers le XIXe siècle, sur des bases solides, la propagande du pacifisme. Et voici que le mouvement gagne l'Église d'État elle-même. Pourquoi ? Pour la même raison qui explique comment l'Église d'État devient de plus en plus sympathique à un socialisme modéré. Menacée comme Église d'État, elle comprend, elle sent qu'elle ne doit plus s'appuyer sur les classes riches ni sur le pouvoir gouvernemental et militaire ; elle se rapproche du peuple.

Vous avez vu ce qui s'est passé l'autre jour. L'archevêque d'York, le second dignitaire dans la hiérarchie anglicane, est allé célébrer un service solennel pour la paix et le désarmement dans la cathédrale de Genève. En face de lui, M. Arthur Henderson, qui, il y a quelques mois, était encore le ministre travailliste des Affaires étrangères, lisait l'Évangile. Quoi d'étonnant à cela ? Il est prédicateur laïque de la communauté wesleyenne ; il est, en d'autres termes, un de ces fidèles qui, chez les méthodistes, sans avoir été ordonnés prêtres, n'en exercent pas moins, auprès des ministres et des sous-ordres, certaines fonctions de médiateurs. Et à côté d'un fait comme celui-là, qui certainement a attiré votre attention, j'en pourrais citer d'autres, qui sont probablement ignorés de vous. Cet hiver, au milieu des malheurs qui accablaient l'Angleterre, un service dit d'« intercession » a été organisé par l'Église d'État ; pour être lue pendant ce service, le texte d'une prière a été rédigé par les chefs de la hiérarchie anglicane ; et une des phrases de cette prière demande au Seigneur de préserver le peuple anglais « du mal de l'orgueil national ». Je ne vois pas d'autre exemple en Europe d'une Église nationale introduisant cette formule dans ses prières.

À la tête du pacifisme anglais, je discerne encore un élément tout différent : les hommes d'affaires. À ce mot, les Français, les continentaux sursautent. Ils n'aiment pas cette alliance du prédicant et du boursier, de la chapelle et de la boutique. Mais il ne s'agit pas ici d'aimer ou de ne pas aimer ; il s'agit de comprendre. Pour expliquer le pacifisme conscient et presque doctrinal de l'homme d'affaires anglais, il faut remonter jusqu'au XVIIIe siècle, au moment où (prit naissance) il se forme l'idée d'une science économique, en même temps que d'une morale purement humaine. Les économistes ont élaboré la notion d'une société mercantile, grande comme le genre humain, ne connaissant pas de barrières douanières, ne connaissant donc pas de frontières nationales et dont tous les membres travailleraient et échangeraient les produits de leurs travaux respectifs. Personne ne perdrait, tout le monde gagnerait à cet échange profitable ; et dans l'absence de toute contrainte d'État, tout le monde serait heureux, tout le monde serait vertueux. Cette science, cette morale – appelez-la du nom que vous voulez – a gagné sans cesse du terrain pendant la majeure partie du XIXe siècle et, se confondant avec la foi chrétienne, a produit cette propagande qui a fait de l'Angleterre ce paradoxe historique sans précédent dans l'histoire, un pays de libre-échangisme absolu, et qui est attaché à ce libre-échangisme comme à un dogme moral en même temps qu'économique. Tout peut changer : la foi libre-échangiste est ébranlée ; l'Angleterre retourne au protectionnisme. Mais ce retour au protectionnisme est un phénomène trop récent encore, pour que la vieille tradition du pacifisme libre-échangiste ne garde pas, comme par l'effet d'une sorte de mouvement acquis, beaucoup de son influence sur les âmes. Voici alors ce qui se passe. Voici du moins comment je conçois que les choses se passent. Ceux que j'appellerai les conservateurs au sens philosophique du mot, les dirigeants, les hommes des ministères se disent, en Angleterre, qu'après tout, leurs pacifistes ne ressemblent pas aux pacifistes des autres pays. Des avocats juifs, des prolétaires, des intellectuels, des ouvriers plus ou moins anarchistes, quelques illuminés, et des femmes hystériques ; voilà, j'en ai peur, comment un conservateur français définirait la masse de ses pacifistes nationaux ; en Allemagne, même chose, et sur ce point, ils ont beau se détester les uns les autres, ils fraternisent. Combien les choses sont différentes en Angleterre, et les conservateurs en viennent à se demander si ces pacifistes si graves et si respectables, hommes d'église ou hommes d'affaires, ne constituent pas en somme une partie importante de ce qu'on peut appeler le capital moral de la nation. Ils les tolèrent, ils ont pour eux de l'indulgence. L'Angleterre est le seul pays au monde où, dans le cours de la dernière guerre, il ait été permis à un individu de se dérober au service militaire par scrupule de conscience si seulement il pouvait mériter un brevet de respectabilité.

Puis se produit un mouvement en sens inverse. Les pacifistes, flattés de se sentir entourés de tant de considération, se disent qu'après tout les conservateurs anglais ne ressemblent pas aux conservateurs du continent. Point de fascistes par ici, ni de hitlériens, ni même de camelots du roi. Les pacifistes anglais se mettent donc en quelque mesure à estimer, presqu'à aimer leurs conservateurs nationaux comme les conservateurs anglais sont secrètement fiers de leurs pacifistes nationaux. Et j'ajouterais volontiers un autre trait pour expliquer la facilité avec laquelle, en fin de compte, dans bien des cas, les pacifistes se laissent guider par leurs gouvernements ; ce trait, c'est une prodigieuse faculté d'optimisme. L'Anglais veut être optimiste, et le voulant, y réussit. Je songe à cette secte étrange de la « Science Chrétienne » née à vrai dire en Amérique, mais qui fait tant de racines dans la bourgeoisie anglaise, et dont le seul principe consiste dans la négation du mal[1]. Refusez-vous à croire à l'existence du mal, du mal physique comme du mal moral ; et il n'y aura pas de mal. Pourquoi le succès de cette secte, sinon parce qu'elle donne satisfaction à ce besoin d'optimisme dont je viens de parler ! L'Anglais moderne, l'Anglais moyen, a besoin de croire au succès de ses idées, à la réalisation de ses vœux, et se

---

1. [La « Science chrétienne » est un système développé par la théologienne américaine Mary Baker Eddy qui fonde en 1879, l'« Église du Christ, Scientiste ».]

persuade que cette croyance elle-même conduit au succès, grand appoint pour les gouvernements que cet optimisme des gouvernés.

Je cherche dans mes souvenirs des exemples de cette faculté d'optimisme.

Je me rappelle il y a une trentaine d'années[1], avoir visité, sous la conduite d'un jeune méthodiste, une des « missions » que les Wesleyens fondaient alors dans l'East End pour évangéliser les bas-fonds sociaux du port de Londres ; cela s'appelait dans les milieux wesleyens, le « nouveau mouvement ». J'entends encore ce jeune enthousiaste me disant : « Londres est percé au cœur ; à tous les coins de rues chaque soir, il y a maintenant un meeting religieux. » On aurait cru à l'écouter que le « nouveau mouvement » allait faire de Londres, dans l'espace d'un quart de siècle, une ville tout entière wesleyenne. Trente ans ont passé ; le « nouveau mouvement » a vieilli, puis est mort. Mais je suis sûr qu'il y a des jeunes enthousiastes prêts à repartir avec le même élan, la même foi dans le succès rapide de leurs idées.

Je me rappelle, plus récemment, et ceci nous ramène au cœur même de notre sujet, un petit fait qui se produisit à Londres, à la veille même de la guerre. Un de mes meilleurs amis, le 1er août 1914, le jour où l'Allemagne déclarait la guerre à la Russie, où la France et l'Allemagne mobilisaient, décide avec quelques amis de faire le nécessaire pour empêcher que l'Angleterre entrât dans la guerre.

Alors commence cette série d'opérations qui font la joie de l'Anglais moyen, et sont après le cricket et le football, un de ses sports favoris : fonder une société, nommer un Comité, louer un local, récolter des cotisations, commencer à organiser la propagande. Tout de suite, ils recueillirent d'importantes adhésions. Le lendemain dimanche, ils continuèrent leur travail dans l'oubli total de ce qui se passait dans le monde ; et vraiment les choses prenaient, dans leur petite société, une excellente tournure. Ils continuèrent le lundi matin, et tout l'après-midi du lundi : la société marchait de mieux en mieux. Puis vers le soir, ils sortirent de leurs bureaux pour s'apercevoir à leur stupeur, que le pays était virtuellement en guerre. Qu'arriva-t-il ? Un cinquième environ des membres resta obstinément hostile à la guerre, les quatre autres cinquièmes se rallièrent au parti de la guerre. Leur optimisme avait cru possible pour l'Angleterre de ne pas faire la guerre, qui est condamnée en principe par la morale. Leur optimisme désormais assigna un but moral à la guerre, puisqu'elle était devenue inévitable.

Ai-je suffisamment défini l'harmonie qui s'établit entre des éléments différents ? Ce pacte de tolérance et d'estime mutuelle, que j'appellerais

---

1. [En 1898, Élie Halévy a séjourné à Londres du 27 janvier au 31 mai. Occupé à dépouiller les manuscrits de Jeremy Bentham à la London University, il n'en délaisse pas pour autant la découverte de la capitale anglaise.]

volontiers un pacte de respectabilité. Mais le mot « pacte » est trop juridique pour me satisfaire. Il exprime mal ce que je voulais dire. Il laisse subsister, après comme avant le pacte, la séparation des partis contractants. Je voudrais pour définir l'équilibre anglais emprunter un mot à la langue de la physique ou de la chimie. Un conglomérat, un amalgame, un alliage, une synthèse ; bref, une combinaison si intime que la diversité des ingrédients disparaît dans l'unité du composé. La patrie anglaise n'est pas une patrie comme les autres, combien plus solide par cette assimilation réciproque des contraires. C'est un mélange de confusion intellectuelle et d'assurance pratique, de modestie et d'orgueil, d'internationalisme sincère et de patriotisme très exclusif, le plus exclusif peut-être des patriotismes du monde entier.

Cette unanimité, cet équilibre a quelque chose en soi de formidable. Quelle n'est pas la puissance morale d'un peuple qui se sent pénétré par la conviction qu'il a une mission à remplir, qu'il est le porteur d'une grande idée, d'une idée généreuse par laquelle la planète sera libérée, régénérée, si on veut bien le suivre. Rien ne devrait plus frapper les Français : ne sont-ils pas le peuple qui a donné le signal des Croisades, qui a fait la Révolution ? Rien pourtant qui soit en fait plus inintelligible pour les Français d'aujourd'hui, et, pour faire mieux sentir le divorce moral des deux pays, j'oserai réveiller certains souvenirs, si désagréables qu'ils puissent être à beaucoup de ceux qui m'entourent, certains incidents qui se sont produits très récemment, tout près d'ici, de l'autre côté de la Seine.

Des âmes nobles avaient formé le projet d'organiser d'après des principes anglais, selon les méthodes anglaises, une grande réunion publique pour la paix et le désarmement. Côte à côte, prêtres et laïques, militaires et civils, patrons et ouvriers, conservateurs, radicaux-socialistes et socialistes prendraient part à la manifestation.

Vous savez ce qui s'est passé. La logique française s'est révoltée contre cette absurdité ; et ce que j'oserai appeler une opération de police un peu rude a mis fin au scandale. Tout maintenant est rentré dans l'ordre. Non que l'on ait renoncé à tenir des réunions publiques où l'on traite de la paix et du désarmement. Mais ce sont deux séries distinctes. Dans les unes on crie : « Vive l'Armée, l'Église et la Propriété. » Dans les autres plus courues encore : « À bas le Militarisme, le Cléricalisme et le Capitalisme. » Voilà l'équilibre français. Il n'a aucun rapport, vous vous en rendez compte, avec l'équilibre anglais.

Vous riez. La chose est pourtant très sérieuse, car à cause de ce divorce moral, le Français qui fait un séjour en Angleterre, se sent non pas blessé par des discours insolents – les Anglais sont un peuple de *gentlemen* – mais comme enveloppé par un silence de glace. Il voit s'opérer entre les deux pays comme une sorte de polarisation des sentiments : chacun des deux pays, sur toutes les questions qui divisent le genre humain, est comme fatalement amené à soutenir une thèse contraire à celle que soutient l'autre. Les véritables pacifistes détestent, en ~~France~~ [lire : Angleterre ?], le souvenir de la guerre. La France est le pays en alliance avec lequel ils ont fait la guerre, pour lequel ils ont fait la guerre, et quelle guerre ! Se serrer aux côtés de la France, c'est toujours être en guerre avec l'Allemagne, ou plus simplement être en guerre. Ils ne veulent plus envisager pareille éventualité, et pour cette raison, le nom même de la France leur devient odieux. D'autres étroitement patriotes raisonnent autrement. Qu'est-ce donc après tout qui séparait l'Angleterre de l'Allemagne ? La question de la flotte. Or, il n'y a plus de flotte allemande. Il se passera bien des années, bien des décades avant que de nouveau une flotte allemande vienne inquiéter la domination anglaise des mers d'Europe. Aucun intérêt pressant, aucun péril prochain, ne pousse les Anglais à haïr les Allemands. Au diable donc les Français qui voudraient les condamner à les haïr toujours ! Il n'y a guère de rapport, comme vous voyez, entre les deux organisations ; mais elles aboutissent à la même conclusion. Ce sont deux batteries dont les feux sont convergents, et tous les deux visent la France.

Or, je considère cette situation comme extrêmement grave, non seulement pour la France, mais pour la paix de l'Europe entière. Si l'Angleterre se pique de régler les conditions de la paix à sa tête, et sans la collaboration de la France, je suis persuadé qu'elle conduit l'Europe à la guerre. Si les Français s'obstinent à avoir leur philosophie indépendante, distincte de la philosophie anglaise, et délibérément hostile à celle-ci, nous allons encore à la guerre. Je vais donc cesser de m'appesantir sur ces considérations de psychologie des peuples qui m'ont occupé jusqu'ici. Je vais seulement m'appuyer sur elles pour aborder un problème nouveau. Cette École de la Paix, je la conçois comme une École pratique, une École d'application. Je voudrais voir ce qu'il serait possible de faire dans l'ordre pratique pour atténuer sinon pour abolir le dissentiment anglo-français.

Personne ne me contredira si je dis qu'il porte sur trois points. Question des réparations, question du désarmement, question de la révision des clauses territoriales des traités de 1919. Examinons-les tour à tour.

Sur la question des réparations, une situation personnelle est embarrassante ; et j'ai le sentiment d'être mal placé pour représenter ce qu'il est convenu d'appeler le point de vue français par antithèse au point de vue anglais. Car le point de vue anglais est le mien. Et il y a bon temps que j'adhère à la thèse anglaise, suivant laquelle la liquidation totale aussi rapide que possible des dettes de guerre est désirable. Ces milliards qui vont tous dans le même sens d'Allemagne en Angleterre, en France, en Amérique s'ils ne suffisent pas à expliquer dans son ensemble la crise industrielle que traverse le monde, contribuent certainement à l'aggraver en faussant tout le mécanisme des échanges. Ils attisent d'ailleurs, au grand détriment du retour à des relations internationales morales, les haines de peuple à peuple. Ici le sens moral et le sens des affaires coïncident ; ici les Anglais ont raison, et voilà un des cas où il est dangereux de s'écrier : « En vérité, les Anglais ont beau jeu, tout l'argent qu'ils demandent à l'Allemagne ou à la France s'en va en Amérique. Ils n'ont donc rien à perdre à une liquidation générale des dettes. Nous, Français... » Vous êtes familiers avec ce genre de raisonnement. Il avait déjà cours quand les Anglais faisaient de la propagande pour l'abolition de la traite ou de l'esclavage. Mais la réponse, c'est que si les Anglais n'ont rien à perdre, c'est parce qu'ils n'ont rien demandé à l'Allemagne, c'est parce qu'ils ont fait preuve, dès le début, de désintéressement ; et d'ailleurs, ils savent qu'ils perdront eux-mêmes, et beaucoup, à cette liquidation de dettes qu'ils réclament. Car ils sont sans contrepartie, et par le fait de la guerre, créanciers de bien des États étrangers, à commencer par leurs propres Dominions. Bref, je déplore la mauvaise humeur avec laquelle la presse française a accueilli le geste généreux du président Hoover[1]. Je déplore plus encore la joie qui s'est exprimée dans cette même presse lorsque le Congrès américain a interdit au président de renouveler son geste. Comme si c'était pour nous une source de joie d'avoir de nouveau à payer les Américains. Si seulement à ce prix nous pouvions obtenir que les Allemands continuent à nous payer eux aussi.

Sur les deux autres questions qui divisent le peuple anglais et le peuple français, mon attitude est différente. Je trouve que le *Foreign Office* a su trop habilement régler les conditions de l'équilibre anglais au bénéfice du patriotisme britannique, et que le pacifisme anglais s'est trop facilement accommodé de la politique de son gouvernement.

S'agit-il du désarmement ? J'avoue que je ne puis suivre les débats de la Conférence du Désarmement[2] sans éprouver un malaise indicible.

Un homme d'État se lève[3] et, dans un brillant discours, développe un plan minutieusement armé de police internationale, d'internationalisation des armées nationales : il pousse, en d'autres termes, jusqu'à ses dernières conséquences, la théorie du désarmement conditionné par la sécurité, et de la sécurité

---

1. [Le républicain Herbert Clark Hoover (1874-1964) est président américain depuis 1929.]
2. [La « conférence sur le désarmement » ou Conférence pour la réduction et la limitation des armements s'est ouverte à Genève le 2 février 1932 sous l'égide de la Société des Nations (avec le soutien des États-Unis et de l'Union soviétique). Son président en est le leader travailliste anglais Arthur Anderson (1863-1935) qui recevra le Prix Nobel de la Paix en 1934.]
3. [Il s'agit vraisemblablement du chef de la délégation française, André Tardieu, ministre de la Guerre dans le gouvernement Pierre Laval III. Il s'est exprimé à l'ouverture de la Conférence. André Tardieu succède à Pierre Laval à la présidence du Conseil le 20 février 1932.]

garantie par des sanctions. Théorie logiquement indiscutable. Les Anglais qui ne l'acceptent pas, ne prennent pas la peine de la réfuter ; ils se dérobent à la discussion en prenant refuge dans le plus opaque, le plus désespérant brouillard. Mais hélas ! en ce moment même une nation d'Extrême-Orient, membre de la Société des Nations, canonne et envahit les côtes d'une autre nation, membre aussi de la Société des Nations[1]. Pourquoi l'homme d'État dont je parle n'a-t-il pas tout de suite demandé des sanctions contre la nation canonnante et envahissante ? Et si la chose est impossible, pourquoi n'a-t-il pas tiré argument de cette impossibilité pour justifier sa thèse et réclamer avec plus de force l'institution de cette police internationale qui est l'essentiel de son plan ? Mais non, il se tait, et donne à tout le monde anglo-saxon l'impression que ses sympathies secrètes vont à l'État agresseur de là-bas.

Un autre homme d'État[2] prend la parole et, dans un discours plus brillant et plus sensationnel encore, il développe un magnifique programme de désarmement intégral. Les Anglais n'ont rien proposé qui fût aussi radical, rien dit qui soit aussi éclatant. Mais personne ne se lève pour poser à l'orateur certaines questions auxquelles je serais curieux d'entendre sa réponse. Oui ou non, est-il le ministre des Affaires Étrangères d'un Premier ministre qui a déclaré, au moment même où il signait le plan Kellogg[3], qu'il considérait ce plan comme une sornette et qui, dans un discours fameux, a prononcé que, de nation à nation, le seul argument qui comptait c'étaient les canons et les mitrailleuses ? Et, d'autre part, si vraiment la question du désarmement prime, comme il dit, la question de la sécurité, si le désarmement est vraiment, pour lui-même, cause de sécurité, pourquoi l'État dont il est le représentant à la Conférence de Genève, n'essaie-t-il pas de garantir, pour le désarmement à l'intérieur, la sécurité des gouvernés, la sécurité des gouvernants eux-mêmes ?

---

1. [L'attaque par le Japon des forces chinoises en Mandchourie est déclenchée le 19 septembre 1931. Elle est suivie de l'annexion de la province et de la création d'un État fantoche baptisé « Mandchoukouo » (18 février 1932). Une commission de la Société des Nations, dirigée par lord Lytton, attribue la responsabilité du conflit aux Japonais et refuse la reconnaissance du Mandchoukouo (2 octobre). Le Japon riposte en quittant la SDN (mars 1933).]
2. [Il s'agit du chef de la délégation britannique, membre du gouvernement de Ramsay MacDonald. Le pacte Briand-Kellogg (voir note suivante) a été signé formellement par son prédécesseur Stanley Baldwin, Élie Halévy commettant là une légère confusion.]
3. [Le pacte Briand-Kellogg, ou pacte de Paris, est un accord signé par soixante-trois pays qui « condamnent le recours à la guerre pour le règlement des différends internationaux et y renoncent en tant qu'instrument de politique nationale dans leurs relations mutuelles ». L'initiative de ce pacte revient à Aristide Briand, ministre des Affaires étrangères français et Frank Kellogg, secrétaire d'État américain. Signé le 27 août 1928 à Paris, il entre en vigueur le 24 juillet 1929. Si le pacte est accueilli dans l'enthousiasme aux États-Unis, il suscite une réserve indéniable en Europe. Le texte est d'une portée limitée. Aucune sanction n'est prévue en cas d'infraction par les signataires, sinon une réprobation internationale.]

Un troisième homme d'État se lève[1]. Son discours est plus terne, moins éclatant que les deux autres. Mais il semble qu'on l'écoute avec plus de considération et de respect ; c'est qu'on a senti derrière lui la présence de cette formidable unanimité morale, amalgame de patriotisme et d'humanitarisme, dont, tout à l'heure, j'essayais d'analyser devant vous les éléments. Lui non plus ne veut entendre parler ni de sécurité ni de sanctions. Désarmement d'abord, et seulement désarmement. Mais pourquoi faut-il que l'on soit condamné à trouver équivoque son attitude, comme celle de tout le peuple au nom duquel il prend la parole ?

Un article du traité de Versailles[2] condamne l'Allemagne à désarmer afin de rendre possible une limitation générale des armements. Des armements navals, évidemment, aussi bien que des armements terrestres. Mais sur mer les Anglais songent-ils à tenir parole ? à considérer qu'ils devront un jour ou l'autre régler sur les dimensions actuelles de la flotte allemande les dimensions de leur propre flotte ? En aucune manière. Leur flotte demeure immense par rapport à la flotte allemande, égale aux flottes française et italienne réunies. Et sans doute ils invoquent la nécessité où ils sont de tenir compte de l'existence d'une autre grande flotte anglo-saxonne et de régler les dimensions de leur flotte sur celles de la flotte américaine. Mais ici encore, il convient de voir dans quelles conditions ils se sont mis d'accord avec les États-Unis sur cette question de la flotte. Ils n'ont pas ramené leur flotte au niveau de la flotte américaine. Ils ont seulement reconnu aux Américains le droit de relever leur flotte au niveau fixé une fois pour toutes de la flotte britannique. C'est ainsi que les Anglo-Saxons se réservent le monopole de la police des mers. C'est ainsi que les Anglais obtiennent dans les mers d'Europe, une sécurité absolue contre toute coalition possible – ou impossible – entre puissances continentales.

Cela fait, l'Angleterre se tourne vers ces puissances, et qu'est-ce qu'elle prétend exiger d'elles ? Elle ne veut pas entendre parler d'une organisation de la paix. Elle ne veut ni d'une police internationale, ni d'un système international de sanctions, ni même (je ne crois pas du moins me tromper sur ce point ; si je me trompe, je demande qu'on me rectifie) d'un contrôle international des armements. Elle considère les nations comme absolument indépendantes les unes des autres, ne s'inclinant devant aucune loi, aucune autorité supérieure. Et puis elle demande à ces nations, considérées comme se haïssant par définition les unes les autres, d'envoyer des représentants à une

---

1. [Il s'agit du président américain Herbert Hoover qui, le 22 juin 1932 à Genève, soumit à la Conférence un plan global de désarmement distinguant armes « offensives » et armes « défensives ».]

2. [Le préambule de la Partie V et les articles 159 et suivants.]

conférence où elles sont supposées devoir régler à l'amiable les conditions de leur désarmement. Sur quels principes ? Je ne le comprends pas, je ne dirai pas que c'est ici une utopie : le mot exprimerait mal ma pensée. Je dis que c'est la quadrature du cercle.

Passons à la troisième des grandes questions qui divisent les nations, la question de la révision des clauses territoriales des traités. Nous nous trouvons en face de problèmes aussi graves que les précédents et au sujet desquels l'attitude anglaise me paraît aussi discutable.

La guerre mondiale a été double, elle a été sous un de ses aspects une guerre maritime, livrée par l'Allemagne à l'Angleterre pour commencer, à l'Angleterre et aux États-Unis ensuite, pour la domination des mers ; et les Anglo-Saxons ont remporté une victoire radicale.

Non seulement l'Allemagne a perdu sa flotte tout entière, mais elle a perdu son empire colonial. N'y-a-t-il pas ici une clause territoriale dont la révision serait possible, et même politiquement désirable ? Un des quatorze points du président Wilson ne garantissait-il pas à l'Allemagne la possession de ses colonies ? Mais aucun Anglais, patriote ou internationaliste, a-t-il jamais envisagé la restitution à l'Allemagne de tout ou partie de son empire d'outre-mer ? Les colonies allemandes ont été silencieusement absorbées, digérées. Est-il bien sûr que l'Allemagne ait jamais eu de colonies ?

C'est sur le continent que l'Angleterre encourage l'Allemagne à prendre ses revanches. Car en vérité, au lendemain même du jour où on a signé un grand traité par lequel toutes les frontières d'Europe ont été remaniées, déclarer qu'elles doivent d'urgence être remaniées de nouveau, c'est inconsciemment ou consciemment, selon la parole d'un pacifiste allemand, conduire l'Europe au chaos et à la guerre. Comment donc justifier l'étrange état d'esprit, qui, sous prétexte de pacifisme, fait courir à la paix générale de pareils risques ? Voici mes conjectures.

Sur le continent, la guerre mondiale a été une guerre pour l'émancipation des Slaves de l'Europe centrale, Bosniaques, Croates et Slovènes, Tchèques et Slovaques, et des Polonais par accident. La libération des Yougo-Slaves, la création d'une Tchéco-Slovaquie indépendante, la résurrection de la Pologne, voilà ce qui donne leur portée morale aux traités de 1919, voilà leur justification historique.

Mais quelle est la solidité de ces nouveaux États ? Ne vont-ils pas bientôt être menacés dans leur intégrité, peut-être dans leur existence, par une Allemagne qui ne saurait longtemps demeurer désarmée ? Faudra-t-il donc que le respect des traités, le souci de l'indépendance des peuples, amène les Anglais à prendre ce jour-là les armes contre l'Allemagne ? Ils ne s'y décideront jamais, d'où le désir d'imaginer quelque alibi moral pour le moment où le cas de conscience se posera ; d'où la tendance à condamner aveuglement les traités de 1919, de telle sorte qu'il soit hors de question pour un peuple honnête de prendre leur défense par les armes. Qu'il y ait des bavures déplaisantes, des traits choquants dans le dessin des nouvelles frontières, cela va de soi. Mais il fallait, si vraiment on plaçait au-dessus de tout le souci de la paix et de la justice en Europe, insister sur le caractère sacré des traités de 1919, quitte à les réviser, à regret, et le plus tard possible, sur tel ou tel point de détail, et de manière toujours à ne pas mettre en péril les grandes lignes du traité. Au lieu de cela on échauffe le chauvinisme allemand par l'emploi d'une méthode toute contraire. Et je vois se faire jour dans une partie au moins de l'opinion anglaise, une tendance qui n'est peut-être pas si nouvelle : se persuader qu'après tout entre Anglais et Allemands il y a des sympathies de race et des sentiments de famille ; que peut-être la destinée des Allemands est de civiliser, de coloniser les Slaves ; que peut-être il serait sage d'abandonner l'Orient au militarisme allemand. Si seulement à ce prix il voulait ne plus regarder du côté de l'Occident – vues, j'en ai peur, chimériques ; mais j'ai peur aussi, puis-je me tromper, qu'elles soient de nature à prendre quelque jour une consistance dangereuse.

Est-ce à dire que, me trouvant si profondément en désaccord et sur des points aussi importants avec l'opinion anglaise, j'approuve sans réserve, sans contrainte, la politique française ? En aucune façon. Qu'il me soit donc permis de montrer, pour finir, de quelle manière nous pourrions nous y prendre pour atténuer sur bien des points la mésentente anglo-française.

S'agit-il de désarmement ? Pourquoi poser la question sous une forme brutale, et demander s'il faut désarmer ? La question ne se pose-t-elle pas, dans des limites plus étroites, de savoir s'il est vraiment nécessaire pour notre sécurité d'avoir un budget triple du budget allemand et qui par-dessus le marché va croissant au rythme d'un milliard par an ? Et l'ingéniosité de nos officiers ne saurait-elle pas inventer un type d'armée moins voyante, moins nombreuse, moins coûteuse, et susceptible d'extension rapide en cas de péril ? Mais c'est sur mer avant tout que nos ambitions sont peut-être disproportionnées avec notre politique. Je ne me fais pas l'avocat du droit que s'arrogent les Anglais, les Anglo-Saxons à l'hégémonie des mers. Mais enfin, cette hégémonie existe, et je ne vois pas comment on pourrait la leur disputer, et ce n'est pas pour la leur disputer que nous pressons la construction de nos navires de guerre. C'est donc pour assurer notre supériorité par rapport à telle ou telle marine européenne. Croit-on cependant que l'Amirauté britannique puisse jamais se désintéresser d'un conflit qui mettra aux prises, dans l'Atlantique ou la Méditerranée, deux puissances continentales ; et le problème ne sera-t-il pas, plutôt que d'avoir la marine la plus forte, d'avoir l'amitié anglaise, l'amitié anglo-saxonne ?

Je me rappelle l'effet désastreux produit l'an passé au-delà de la Manche, par cette convention navale franco-italienne, d'abord signée à Paris, et puis aussitôt répudiée. Et je songe à ce cuirassé de vingt cinq mille tonnes que la Chambre des Députés a eu la sagesse de renvoyer dans les limbes, mais qui peut toujours en sortir ; et pourquoi ? pour impressionner, en d'autres termes pour irriter l'opinion étrangère, par le lancement de ce vaisseau-réclame, bien au-delà des services qu'il pourrait nous rendre éventuellement au cours d'une guerre.

En vient-on à la question de la révision des Traités ? Ne renonçons pas à notre rôle d'avocat des jeunes nations slaves. C'est un devoir auquel il nous est difficile de nous soustraire, et la cause est meilleure que le ne le pensent les Anglais. Mais il y a la manière.

N'allons pas avec tel parlementaire échauffé (je le cite de mémoire, mais je ne crois pas que ma citation soit inexacte) déclarer que la frontière du Rhin est sur la Vistule. Cette géographie effarante a pour premier effet d'éveiller en Angleterre, dans les esprits, la vision d'une France incurablement napoléonienne et qui rêve de livrer de nouvelles batailles de Friedland et d'Eylau. Disons aux Polonais qu'à Paris leur cause est gagnée, et que c'est à Londres qu'ils doivent la plaider, avec des arguments qui soient de nature à frapper l'opinion britannique.

Autre exemple des maladresses que nous devrions éviter si nous étions sages. Il s'agit d'une question qui n'a rien à voir avec la question slave : il s'agit de la question de l'Anschluss ; de l'absorption de l'Autriche dans l'Empire allemand. Il existe une grande nation qui a un intérêt direct à ce que l'Anschluss ne se fasse pas. Mais il a fallu que nous prenions à notre compte une querelle qui aurait dû, au premier chef, être une querelle italo-allemande. Nous avons remporté ce qu'il est convenu d'appeler une victoire diplomatique. Nous avons servi, en la remportant, les intérêts directs de l'Italie, qui loin de nous en avoir su gré, a profité, pour se rapprocher encore de l'Allemagne, du fait que nous concentrions sur nous, comme à plaisir, les rancunes de celle-ci. Je ne connais pas de cas plus frappant d'une politique à contresens. Je n'incrimine pas le gouvernement. J'incrimine une presse, dont l'effervescence et la fébrilité rendent impossible à notre gouvernement d'avoir une diplomatie de sang-froid.

Notre situation est très grave, plus grave peut-être que ne l'était celle d'aucune nation européenne avant la guerre. Il se tenait déjà dans ce temps-là, des conférences de désarmement (il s'agissait de désarmement naval) ; mais toujours au cours de ces conférences, l'Angleterre finissait pas être isolée. L'Allemagne souvent menait le jeu. Maintenant le contraire se produit, et l'Angleterre rallie contre nous l'opinion de toutes les grandes nations. Chez ces nations, l'homme d'État le plus cynique sait que le plus sûr moyen pour isoler la France, c'est de flatter le pacifisme anglo-saxon. À quoi nous sommes excusables, peut-être, de répondre par beaucoup de méfiance et de scepticisme. Excusables, mais non justifiables ; et une explosion d'opinion pacifiste servirait sans doute mieux les intérêts mêmes de la nation que mille stratagèmes diplomatiques. J'attirerai votre attention sur un fait, un petit fait, d'histoire contemporaine. Le jour où, à l'Assemblée de Genève, on a apporté tant de pétitions pour la paix et le désarmement, la France, nation de quarante millions d'habitants, a présenté si je ne me trompe, cinq cent cinquante mille signatures. Mais la pétition tchécoslovaque portait quatre cent cinquante mille signatures – pas beaucoup moins que la pétition française : et la Tchéco-Slovaquie compte seulement treize millions d'habitants. Or, je constate que parmi tous ces peuples slaves, si médiocrement estimés à Londres, un pays est populaire, et c'est la Tchéco-Slovaquie. Je vous laisse tirer la conclusion de ce rapprochement.

Je n'ai pas la folle prétention de croire que mes conseils aient quelque chance d'être suivis. Je n'ai pas même la certitude qu'ils seraient efficaces. Il y a dans un passé vieux de bientôt trente ans un événement historique dont le souvenir m'obsède. L'Angleterre poursuivait par habitude un système d'amitié diplomatique avec l'Allemagne. En exécution de ce système, les deux puissances se livrèrent, dans les eaux du Venezuela à une démonstration navale qui non seulement indisposa l'opinion américaine, mais provoqua dans la presse britannique, sans distinction d'opinion, une tempête de protestations contre la politique germanophile du *Foreign Office*. L'amitié anglo-allemande ne survécut pas à cette tempête ; l'Angleterre chercha d'autres ententes. Et l'ambassadeur d'Allemagne à Londres, le prince de Metternich, après avoir signalé à son gouvernement ce déchaînement de fureur antigermanique, ajoutait : « Vous me demandez ce que l'on devrait faire ? Il n'y a rien à faire. » Il se peut que ce fatalisme soit vrai.

Le philosophe Alain a écrit quelque part que « l'historien est triste, parce qu'il est fataliste ». Je suis, hélas ! un historien de profession. Il se peut en effet que les grands événements de l'histoire soient provoqués par l'action de causes générales contre lesquelles les individus sont aussi impuissants que contre la marche d'un cyclone. Il se peut que fatalement, l'Allemagne, de faute inévitable en faute inévitable, ait été s'abîmer dans le gouffre de 1918. Il se peut que fatalement, de faute inévitable en faute inévitable, nous allions vers d'autres malheurs. Mais enfin j'ai voulu venir prendre la parole dans une École de la Paix, qui fonde tout son enseignement sur cette conviction que l'optimisme des politiques peut avoir raison du pessimisme des historiens, que l'homme peut triompher de l'apparence de la fatalité, si seulement il sait acquérir la volonté et la technique de la Paix. C'est en se plaçant à ce point de vue que je vous ai rapporté ce soir la faible contribution de mes connaissances historiques. Ce que je désire, c'est que dans la discussion qui va suivre, un aussi grand nombre d'interlocuteurs que possible – et je les préférerais anglais – vienne compléter et rectifier mes impressions.

2. « LE NATIONALISME ABSOLUTISTE A ÉTÉ LA CAUSE PROFONDE DE LA GUERRE EUROPÉENNE », 1933[1].

Cette séance de la Société française de philosophie, où intervient à plusieurs reprises Élie Halévy par des analyses qui témoignent de la poursuite de ses réflexions sur les nationalités et de son interrogation sur le nationalisme travaillé par la guerre, est introduite par le philosophe et théoricien du droit Théodore Ruyssen (1868-1967), ami personnel et son condisciple de l'École normale supérieure. Entrés la même année (1889) à l'École normale supérieure, ils ont passé l'agrégation ensemble, obtenant respectivement les deuxième et troisième places du concours (derrière Émile Chartier, premier, qui, lui, n'est pas normalien). Ruyssen enseigne le droit international aux Facultés de Bordeaux et de Grenoble, puis à l'Académie de droit international de La Haye. Il est le fondateur à Nîmes, en 1887, avec cinq autres lycéens, de l'Association des jeunes amis pour la paix, devenue l'association « La Paix par le droit » (qu'il préside de 1897 à 1948). À l'époque de la séance de la Société française de philosophie, il est aussi secrétaire général de l'Union internationale des associations pour la Société des Nations (1921-1939) et s'emploie à défendre l'action de la SDN. Il a publié en 1920 La guerre du droit, *et s'apprête à achever, en 1936, un essai sur* L'évolution de l'idée de la collaboration internationale. *Les objections qu'adresse Élie Halévy aux thèses de son camarade opposent à une forme d'idéalisme juridique le raisonnement historique rendu nécessaire par l'« ère des tyrannies ». L'affrontement inévitable des nationalismes en Europe le conduit au pessimisme, mais sans abdiquer de sa volonté de penser l'avenir de l'Europe.*

M. Théodore Ruyssen[2]. – La notion stricte d'État national, dans lequel l'identité serait absolue entre la nation et l'État, est une notion qui paraît périmée, malgré les réactions extrêmement vives dont nous sommes les témoins.

---

1. Société française de philosophie, séance du 1er avril 1933 : Théodore Ruyssen, « Le droit des peuples à disposer d'eux-mêmes ». Voir les interventions d'Élie Halévy dans *Bulletin de la Société française de philosophie*, « Séance du 1er avril 1933 », p. 67, 79, 80, 81, 84, 85.
2. Voir plus haut.

M. Élie Halévy. – Mussolini est périmé ? Hitler est périmé ?

M. Th. Ruyssen. – Ici, il y a régression.

M. Jean de Pange[1]. – Le XXe siècle a vécu de cette idée-là.

M. Élie Halévy. – Au XXe siècle, quels sont les phénomènes nouveaux ? C'est, depuis dix ans, Mussolini, et c'est Hitler. On nous parle des droits des minorités, garantis par une communauté supérieure aux États, qui est la Société des Nations. Donc, le souci auquel on obéit, c'est le souci de limiter la souveraineté des États. Mais les États acceptent-ils cette limitation ? Ce sont des absolus...

M. J. de Pange. – Le peuple s'oppose à l'État.

M. Élie Halévy. – Quand le peuple polonais a réclamé la liberté, il a demandé non la fédéralisation de l'Empire russe, mais le droit de s'opposer à la Russie comme un État à un autre État.

M. Th. Ruyssen. – Je suis de très près les questions de nationalités, de minorités, et crois avoir quelque expérience en la matière. En fait, je constate que depuis la création du droit des minorités, la revendication des minorités ne tend que d'une façon tout à fait exceptionnelle à l'autonomie politique intégrale. Ce que revendiquent aujourd'hui les nationalités, c'est en particulier, le droit d'être maîtresses de leur presse, de leur culture et de leurs écoles. C'est au fond sur les questions de langue et d'école que portent la plupart des revendications. Je ne dis pas que s'il n'y avait pas cette disposition de la Société des Nations, qui, *a priori*, écarte les revendications d'autonomie, les pétitions n'auraient pas pris un autre caractère. Mais, en réalité, les minorités me paraissent aujourd'hui chercher à s'installer dans un droit qui leur assurerait une protection suffisante s'il était observé. On comprend que, jusqu'à la création de la Société des Nations, les peuples qui se trouvaient mal satisfaits n'avaient d'autres ressources que de demander l'autonomie intégrale, l'indépendance totale, politique, ou d'accepter la servitude. Grâce au droit nouveau, ils ont la possibilité de jouir d'une situation tolérable, à

---

1. [Jean de Pange (1881-1957) est un ancien élève de l'École des chartes, historien et militant du fédéralisme, du rapprochement franco-allemand et de l'idée européenne comme réponses à la guerre et aux affrontements de nationalités. Il est notamment l'auteur de *La Rhénanie* (Paris, Félix Alcan, 1922), *Les Libertés rhénanes* (Paris, Perrin, 1922), *Goethe en Alsace* (Paris, Les Belles Lettres, 1925) et *La Cathédrale de Metz* (Paris, Bloud et Gay, 1932).]

condition que leur conscience nationale, leur langue, leur littérature, leur presse, leur théâtre puissent se développer librement. [...]

Dominique Parodi[1]. – [...] Il y a à l'origine de toute nation des actes d'injustice, de brutalité, de conquête ; il n'en est pas moins vrai qu'à un moment donné il s'est créé chez quelques-unes d'entre elles un certain sentiment national. Ce sentiment s'affirme ; qu'on ne le respecte pas, c'est une nouvelle injustice qui s'ajoutera à la somme énorme des injustices qui constituent l'histoire.

Sir Maurice Amos[2]. – Était-ce agir immoralement que de faire appel à tous les États du Nord pour combattre la forte volonté séparatiste du Sud ?

M. Élie Halévy. – Lincoln s'est tiré d'affaire en invoquant une raison de haute moralité, l'obligation où l'on était d'abolir l'esclavage.

Sir Maurice Amos. – Pas au début.

M. Élie Halévy. – Non, mais la cause du Nord est devenu une cause sainte à partir de ce jour où il a adopté cette formule.

M. Dominique Parodi. – Ainsi, cet exemple même fait voir la puissance de l'idée morale, quand un parti peut raisonnablement s'en réclamer. Il n'en faut donc pas conclure que l'histoire ne puisse être orientée à aucun degré par l'effort humain, dans le sens d'une organisation rationnelle. Je crois que, chaque fois que se produisent des violences de ce genre, qui constitue, je le reconnais, le commun de l'histoire, au moment où elles se heurtent à une volonté affirmée, à une volonté consciente d'elle-même, elles donnent l'impression d'injustice, elles constituent une injustice ; et je crois qu'on ne doit pas abdiquer devant l'injustice... Que les cas nets soient rares, que les injustices se répondent les unes aux autres, se provoquent et se compensent mutuellement, je ne le conteste pas ; mais n'en est-il pas de même dans les querelles entre individus ? Est-ce une raison pour ne pas essayer de démêler

---

1. [Pour une présentation de Dominique Parodi, voir *supra*, note 1, p. 319-320.]
2. [Sir Percy Maurice Amos (1872-1940) est avocat, juge et théoricien du droit anglais. Formé au Trinity College (Cambridge), il a passé de nombreuses années en Égypte en tant qu'inspecteur auprès du ministre de la Justice puis comme conseiller juridique du gouvernement de la Couronne. Il est l'un des rédacteurs de la Constitution lorsque le pays accède au protectorat en 1922. Il est impliqué dans les discussions du traité de Lausanne entre les Alliés et le gouvernement d'Ankara (1922-1923) et devient en 1932 professeur de droit à UCL (University College London). Il est par ailleurs l'un des fondateurs de la *Modern Law Review*.]

les torts, et de dire, dans un cas donné, qui a bon droit pour lui ? [...] Le dépècement de la Pologne à la fin du XVIIIe a été considéré pendant cent ans comme le type même du crime politique. Allons-nous dire aujourd'hui qu'il n'y a rien eu que de tout à fait naturel, parce que l'histoire n'est faite que d'injustices ?

M. Adolphe Landry[1]. – Vous avez raison. Seulement, ce qu'il faut constater, quand on étudie l'histoire, c'est qu'il arrive souvent que l'injustice soit, au bout d'un certain temps, et parfois très rapidement, acceptée par ceux qui en ont été les victimes. La Gaule de Vercingétorix est conquise par les Romains. Elle a accepté son sort, et a été heureuse. Un pays que je connais bien, la Corse, a lutté pendant des siècles contre diverses puissances, les Génois notamment, pour maintenir son indépendance. Un jour est arrivée dans l'île une puissance plus forte, la France. Contre elle aussi, les Corses ont lutté très courageusement, avec une détermination farouche. Ils ont été vaincus. Très rapidement ils sont devenus Français, d'une façon complète. Il y a eu injustice, violence, et puis les effets n'ont pas été mauvais, et les victimes, encore une fois, ont accepté leur sort sans aucune réserve.

M. Dominique Parodi. – C'est le langage de l'historien. Il est légitime. Mais celui du moraliste ne l'est pas moins.

M. Élie Halévy. – D'ailleurs, en ce qui concerne la Corse, il y a eu un accident important : Napoléon.

M. Ad. Landry. – Mais ce ralliement avait commencé avant lui.

M. J. de Pange. – Pour ce qui est de l'Alsace-Lorraine, on a toujours dit qu'il ne pouvait y avoir de prescription du Droit. Dans la protestation qu'ils lurent, en février 1871, à l'Assemblée de Bordeaux, les députés alsaciens et lorrains jurèrent de revendiquer la nationalité française *pour leurs enfants et leurs descendants*. Ils annulaient ainsi à l'avance la valeur de toute manifestation contraire. C'est ce qui a permis de soutenir que de 1871 à 1918 les Alsaciens-Lorrains n'avaient jamais cessé d'être Français et qu'un plébiscite n'avait pas de raison d'être. C'est peut-être le seul

---

1. [Adolphe Landry (1874-1956) est un normalien (1892), agrégé de philosophie, qui débute une carrière d'économiste et de démographe (inspirateur d'Alfred Sauvy) avant d'entrer en politique en 1910 comme député de l'Union radicale et radical-socialiste, puis comme ministre de la Marine en 1920-1921, brièvement de l'Instruction publique en juin 1924, du Travail et de la Prévoyance sociale en 1931-1932. Il s'illustre dans ce dernier poste par une politique nataliste et la généralisation des allocations familiales.]

exemple du droit français contemporain où l'on ait admis que la volonté des parents pouvait lier leurs descendants pendant plusieurs générations. Cette doctrine peut être contraire à celle de la Révolution. Elle n'en est pas moins admirable et a fait la grandeur de l'attitude de la France pendant un demi-siècle.

M. Élie Halévy. – Cette conception me paraît contestable.

M. Dominique Parodi. – Elle me le paraît aussi : une injustice peut être réparée par la manière dont on essaie d'en apaiser le ressentiment. Si les Allemands, pendant quarante ans, s'étaient attaché l'Alsace-Lorraine, l'avaient gouvernée de telle façon que les Alsaciens-Lorrains voulussent, en 1914, rester Allemands, j'estime que la France aurait agi contre le droit en la réunissant à elle par la force ; ce qui n'empêche pas que, en 1870, c'est en vertu d'une injustice que l'Alsace-Lorraine avait été, contre son gré, attachée à l'Allemagne. J'étais tout à fait partisan, en 1918, d'un plébiscite ; je crois qu'il s'imposait moralement, justement parce que la conception française de la nationalité n'est pas fondée sur la race, mais est, depuis 1789 déjà, l'affirmation qu'un État n'est constitué et légitime que par la libre adhésion de ses membres. [...]

M. Th. Ruyssen. – [...] si nous transférons la question dans l'ordre international, dans l'ordre de la Société des Nations, nous nous trouvons dans un état de choses extrêmement imparfait. En effet, vis-à-vis de la Société des Nations, il y a, d'un côté, les États ; de l'autre, les individus ; mais il n'y a pas d'intermédiaires. La Société des Nations est composée d'États, cela va de soi ; mais, dans le cas des minorités, la Société des Nations ne reconnaît pas du tout les minorités comme collectivités, elle reconnaît uniquement les pétitions des individus. Ceux-ci peuvent naturellement se grouper ; un individu, et même un étranger, peut prendre en main la défense d'une minorité en signalant une injustice commise à son détriment. Mais c'est là un état de droit imparfait, puisque, en face de la Société des Nations, nous avons des États dont la souveraineté est contraire au droit des peuples à disposer d'eux-mêmes ; et, d'autre part, des individus, qui ne sont pas connus que comme tels, et qui, du jour où ils se présenteraient comme groupement minoritaire, seraient écartées *a priori* par la Société des Nations.

Donc, dans l'état actuel, il n'existe pas de procédure par laquelle un peuple pourrait revendiquer son autonomie ; cela n'existe que pour des territoires à mandat, cas réservé et exceptionnel.

M. L. Brunschvicg[1]. – Et pour l'Irak, parce que l'Angleterre l'a bien voulu.

M. Th. Ruyssen. – Je ne vois donc d'autre procédure possible que l'action d'un État qui prendrait la dangereuse initiative de signaler au Conseil de la Société des Nations la situation de tel territoire national, qui constituerait un danger pour la paix générale. Mais, par cette dénonciation, un État en attaquerait un autre dans sa souveraineté même ; et malgré l'effritement qu'on peut constater de la souveraineté, il est certain que nous sommes très en deçà d'un état juridique tel que les revendications nationalitaires aient chance d'être satisfaites sans conflit violent. Il y a eu, de 1914 à 1920 environ, une période absolument exceptionnelle, qui a entraîné des transformations profondes du statut des nationalités, mais qui a été rapidement suivie d'une sorte de cristallisation. Je crois qu'actuellement, si le droit des peuples à disposer d'eux-mêmes est poursuivi sur le plan politique, il a très peu de chances de se réaliser, malgré l'appel à la justice formulé par M. Parodi. Je crois, en revanche, que, sur le point culturel, des chances de développement demeurent ouvertes. En Tchécoslovaquie, les minorités allemandes et magyares jouissent de leurs droits culturels : l'État se montre relativement tolérant à l'égard de ces minorités, et ces minorités se montrent peu exigeantes. Ainsi que le disait M. Brunschvicg, c'est là une solution moyenne.

M. L. Brunschvicg. – Comme celle que la Suisse a organisée elle-même.

M. Élie Halévy. – Il ne s'agit pas précisément de savoir dans quel sens nous désirons orienter les phénomènes, ou, si l'on veut, dans quel sens nous désirons qu'ils s'orientent. Il s'agit de savoir dans quel sens ils s'orientent. Or, je ne crois pas, malheureusement peut-être, que ce soit dans le sens désiré par Ruyssen. On vient de faire allusion à la Suisse : et la Suisse est, en effet, le modèle, la perfection du fédéralisme ; mais la Suisse n'est pas un phénomène nouveau, elle est plutôt, dans le monde moderne, une survivance des temps passés. Et, la Suisse mise de côté, que voyons-nous ? Il y avait, avant la guerre, un grand pays fédéral : c'était l'Autriche. L'Autriche a été détruite par la guerre. Et le nationalisme absolutiste des Yougo-Slaves, des Tchèques, qui a triomphé du vieux fédéralisme, a été quelque chose de plus qu'un effet de la guerre : il a été, selon mon interprétation, la cause profonde de la guerre européenne.

M. Théodore Ruyssen. – Ce nationalisme était lui-même une réaction contre l'absolutisme exercé par Vienne sur les minorités. En Suisse, les minorités vivent tranquilles.

---

1. [Pour une présentation de Léon Brunschvicg, voir *supra*, note 1, p. 281.]

M. Élie Halévy. – Mais, plus près encore de la France, et en marge, pour ainsi dire, de la guerre mondiale, que se passe-t-il dans un pays que Ruyssen connaît bien, en Belgique ? Depuis vingt ou trente ans, chaque fois que j'ai rencontré un Belge, et que notre conversation a roulé sur le conflit qui divise les Flamands et les Wallons, j'ai demandé à mon interlocuteur pourquoi les Belges ne prenaient pas la Suisse comme modèle, et ne fédéralisaient pas leur pays, chaque province devenant libre de parler la langue qu'elle voulait ? Mais non, j'ai toujours senti que je me heurtais à un irréductible fanatisme. Deux nationalismes se heurtent l'un à l'autre, entre lesquels toute conciliation semble impossible. […]

CHOIX DE CORRESPONDANCE INTELLECTUELLE

(1924-1937)

Après les années 1919-1923 qui font suite à une période tout aussi exceptionnelle[1], Élie Halévy semble retrouver avec sa femme et ses proches son rythme d'avant-guerre. Lorsqu'il ne séjourne pas en Angleterre, il réside à Sucy-en-Brie dans la Maison Blanche qui lui accorde tout le confort matériel, affectif et intellectuel auquel il peut aspirer[2]. Il continue de beaucoup voyager en Europe avec Florence, ce qui lui permet d'être à l'écoute du monde et de ses convulsions de plus en plus alarmantes. Il s'en ouvre à ses proches dans des lettres qui témoignent du combat d'un intellectuel pour comprendre et conjurer la toute-puissance de l'histoire sur l'humanité.

*Les destinataires de sa correspondance sont toujours ses proches amis, Xavier Léon, Célestin Bouglé, Émile Chartier (Alain), Léon Brunschvicg, et bien sûr sa famille, sa femme Florence (lorsqu'ils sont séparés, plus rarement cependant qu'au cours de la guerre), sa mère Louise avec laquelle il entretient des échanges épistolaires très suivis, son frère Daniel avec lequel les relations intellectuelles se distendent à mesure que celui-ci évolue à droite et même vers l'*Action française*[3].*

En apparence stables, les cadres de l'existence se modifient en réalité profondément. La disparition d'êtres chers fait que rien désormais ne sera plus comme avant. C'est d'abord la mort de Louise Halévy le 29 mai 1930, qui s'éteint dans La Haute Maison de Sucy-en-Brie. Xavier Léon disparaît quant à lui le 21 octobre 1935, après des années de lutte contre une sclérose en plaques incurable. De nouveaux correspondants apparaissent, permettant à Élie Halévy, au-delà de ces disparitions, infiniment douloureuses, de conserver l'essentiel et de le transmettre à celles et ceux qui vivent. Ses nièces Henriette et Geneviève occupent une place de plus en plus importante dans la vie du couple qui n'a pas d'enfants et qui, véritablement, adopte les deux filles d'André et Berthe Noufflard.

---

1. Voir Élie Halévy, *Correspondance et écrits de guerre (1914-1919)*, op. cit.
2. Il y dispose notamment, au premier étage, d'un grand bureau au milieu d'une non moins vaste bibliothèque. Un jardin planté de hauts arbres entoure la demeure. Il est mitoyen du parc de la Haute Maison où réside Louise Halévy lorsqu'elle n'habite pas à Paris.
3. Voir Sébastien Laurent, *Daniel Halévy. Du libéralisme au traditionalisme*, Paris, Grasset, 2001.

Née à Florence le 10 novembre 1915[1], Henriette devient même une interlocutrice précieuse d'Élie Halévy, comme en témoigne la correspondance régulière qui se noue entre eux[2] dès son plus jeune âge. Henriette Noufflard décide de classer la volumineuse bibliothèque de son oncle et assiste sa tante dans la tâche de documentation historique qu'elle mène pour son mari. Pour celles et ceux qui entretiennent une familiarité étroite avec l'œuvre d'Élie Halévy, l'« Ère des tyrannies » appartient clairement à cette « époque Henriette » ; celle-ci débute alors que la jeune fille n'a pas neuf ans, en 1924. Étienne Mantoux, déjà mentionné, mais aussi le philosophe René Berthelot, cousin d'Élie Halévy, deviennent également des destinataires réguliers de ses lettres, ainsi que le baron de Meyendorff (1869-1964), prince balte issu d'une famille de diplomates russes, élu libéral à la troisième Douma (et son vice-président), nommé en 1916 ambassadeur russe à Londres par Kerenski, poste qu'il refuse pour se consacrer aux seules sciences politiques. Conférencier à la London School of Economics, il publie ses Lectures on the Background of the Russian Revolution. Habitant Londres avec sa femme, il reçoit fréquemment les Halévy lors de leurs séjours dans la capitale anglaise. Une grande amitié intellectuelle autant qu'affective naît durant les dernières années de la vie d'Élie, comme en témoignent les lettre qu'ils s'adressent à partir de 1933 et leur réflexion commune sur le phénomène totalitaire.

Raymond Aron (1905-1983) figure aussi parmi les derniers correspondants d'Élie Halévy, pour des raisons de publication d'articles du premier dans la Revue de métaphysique et de morale dont il partage la responsabilité avec Xavier Léon puis, à sa mort, avec sa veuve, Gabrielle Léon. Les deux historiens philosophes se rapprochent à cette occasion même si le temps leur manquera pour approfondir leur amitié naissante. Ils ne se rencontreront qu'une seule fois, à la Maison Blanche, lors d'un déjeuner le 11 avril 1937 qui réunissait également Carlo Rosselli avec sa femme et ses enfants[3]. Cette rencontre marquera à jamais Raymond Aron, regrettant par la suite d'avoir connu Élie Halévy « malheureusement trop tard ». Leur amitié, « immédiate, se poursuivit après sa mort avec Florence seule »[4]. Celle-ci deviendra notamment la marraine de la seconde fille de Raymond Aron[5].

Cousin de Xavier Léon, professeur agrégé de philosophie en lycée, Michel Alexandre (1885-1952) débute lui aussi une correspondance suivie

---

1. Sa plus jeune sœur, Geneviève, est née en 1920. Elle vit toujours et s'emploie à poursuivre les efforts en faveur du rayonnement de l'œuvre de son oncle.
2. Seules quelques lettres extraites de cette correspondance suivie entre l'oncle et la nièce sont ici reproduites.
3. Voir la note 3, p. 708
4. Raymond Aron, Mémoires, Paris, Julliard, 1983, p. 152.
5. Laurence Aron, sœur de Dominique-Françoise (épouse d'Antoine Schnapper).

avec Élie Halévy, l'entretenant principalement de son activité éditoriale à la tête des Libres propos qu'il anime afin de vulgariser la philosophie d'Alain. Sa femme Jeanne Michel-Alexandre se rapproche de Florence Halévy. Elles seront toutes les deux à l'initiative de la publication de la correspondance Alain-Halévy en 1958 aux éditions Gallimard[1]. André Spire (1868-1966), à l'origine ami de Daniel Halévy, auditeur au Conseil d'État, poète et intellectuel juif, est aussi un correspondant régulier d'Élie Halévy.

La responsabilité de la Revue de métaphysique et de morale demeure une charge exigeante et prenante pour Élie Halévy. Sa correspondance en témoigne. Il est vrai qu'il exerce sur sa direction une forte influence. Il plaide pour une large place accordée aux questions politiques et aux relations internationales. La revue représente aussi pour lui l'ancrage avec la philosophie classique, en même temps qu'un lieu de confrontation privilégié avec le matérialisme historique. Dans cette expérience se forge son identité d'historien philosophe. Il n'est pas indifférent que la conférence sur « L'Ère des tyrannies » soit justement présentée à la Société française de philosophie qui est partie prenante de la « R2M »[2]. Dans les années 1930, pressentant la disparition de Xavier Léon et peut-être sa fin proche, Élie Halévy s'emploie à leur trouver des successeurs. Jean Cavaillès[3] fait partie des noms retenus. Finalement, Dominique Parodi (1870-1959), philosophe, inspecteur général de l'Éducation nationale et intime de la famille, va assumer les tâches de secrétaire de la rédaction au moment où Élie Halévy, l'autre responsable historique de la revue, disparaît lui aussi.

L'ouverture d'esprit qui émane de cette correspondance, l'intensité critique dans l'analyse du temps historique, l'exigence théorique pour doter la pensée de nouveaux pouvoirs de connaissance traduisent la profondeur de la réflexion d'Élie Halévy. Ces facteurs intellectuels définissent l'historien philosophe, penseur des tyrannies qui montent en Europe, menacent la paix et défient les démocraties sans que ces dernières n'en aient conscience. C'est donc un savant en pleine possession de la connaissance du monde et du pouvoir de sa pensée qui prononce les Rhodes Memorial Lectures de 1929 puis la conférence sur « L'Ère des tyrannies » en 1936. Sa disparition prématurée est une perte dont seuls ses plus proches amis, avertis de la découverte halévyenne, mesurent l'immensité. Désormais plus rien ne sépare les démocraties de la catastrophe. Pour la conjurer du mieux qu'ils le peuvent, ils décident de publier L'Ère des tyrannies, rendant hommage à

---

1. Alain, *Correspondance avec Élie et Florence Halévy (1892-1937)*, op. cit.
2. Cf. Christophe Prochasson, « Philosopher au XXe siècle : Xavier Léon et l'invention du "système R2M" (1891-1902) », art. cit.
3. Voir note 1, p. 571.

l'exceptionnelle souveraineté intellectuelle d'Élie Halévy, s'offrant avec lui, avec elle, un pouvoir inédit de résistance. Si Célestin Bouglé disparaît au début de la guerre, en janvier 1940, Raymond Aron, Étienne Mantoux, sont disponibles pour le combat contre les tyrannies parce qu'ils en connaissent déjà la signification, politique, historique, philosophique.

À Xavier Léon, La Maison Blanche, Sucy-en-Brie, S.-et-O., 20 février 1924*

[...] La situation ne m'étonne pas, et toi non plus, je pense. Nous allons traverser une année de panique et de crise. Puissions-nous en sortir sans une crise d'anarchie radicale et communiste[1], qui nous fasse échouer ensuite sur la rive de quelque fascisme ! Mais nous voici enfin forcés de poser le vrai problème. Pourquoi faut-il que ce soit si tard, et après tant d'inutiles, de funestes rodomontades ?

Ton, votre
Élie Halévy

À Xavier Léon, Sucy-en-Brie, 24 février 1924

[...] Je ne puis partager ton mécontentement au sujet des « lenteurs » de la Chambre. Elle a voté en trois semaines un formidable programme fiscal[2]. Il y a eu trop de hurlements, j'en conviens. Mais qu'y faire ? C'est la manière française. Seulement ceux qui parlent d'obstruction ne savent pas de quoi ils parlent.

Nous touchons à l'heure du règlement définitif. Il ne sera guère triomphal. Mais ce sera un règlement, et qui donnera enfin la *stabilité*, dont nous avons besoin depuis trois ans plus que de toute autre chose.

Dans l'ordre humain, il faut savoir se contenter de peu.

Ton, votre
Élie Halévy

---

1. Les radicaux, très actifs politiquement, se rapprochent du parti socialiste issu de la scission provoquée par le Congrès de Tours. La République devient le thème unificateur. Le radical Paul Painlevé créée la Ligue de la République. Dans la foulée sont lancés un hebdomadaire, *Le Progrès civique*, et un quotidien, *Le Quotidien*. Ces initiatives préfigurent la formation du Cartel des Gauches. La SFIO en accepte le principe lors de son congrès de Paris, mais le limite à un simple accord électoral.

2. Dès la fin de l'année 1923, le gouvernement a engagé une politique monétaire rigoureuse afin de contenir le déficit budgétaire. Le projet d'assainissement financier présenté à la Chambre le 17 janvier 1924 est voté le 24 février.

À Xavier Léon, La Maison Blanche, Sucy-en-Brie, S.-et-O., sans date [1924]¹*

[...] Au sujet de l'article de Georges Renard², je conçois ton embarras. Car c'est du pur césarisme. Et d'autre part, il est difficile de le refuser pour une autre raison qu'une raison de doctrine : ce qui te fera taxer d'illibéralisme, de libéralisme illibéral. Dire que tu n'as pas de place serait inélégant. Et, d'autre part, si Max Leclerc venait à protester contre l'article de Mauss³, il ne serait pas mauvais peut-être de pouvoir lui répondre que tu as quelque chose de tout différent dans tes cartons.

Ne pourrais-tu écrire à Renard que tu acceptes, mais que tu l'avertis (ce qui est la pure vérité) que tu ne l'imprimeras pas – faute de place – avant de longs mois et puis chercher quelqu'un qui puisse *répondre* à Hauriou⁴ et Renard du tac au tac...

Mais ne pars pas tout de suite sur cette idée. Réfléchis encore comme, de mon côté, je réfléchis.

Ton
Élie Halévy

À Xavier Léon, La Maison Blanche, Sucy-en-Brie, S.-et-O., 6 juin 1924*

Mon cher Xavier,
Je n'ai pas idée à quel point d'enthousiasme radical-socialiste ce peut être, entre Borel et Painlevé⁵. Mais tout ce qui se passe à Paris depuis

---

1. Il est possible de dater la lettre du début de l'année 1924, alors qu'allait paraître l'article en question de Marcel Mauss dans la *Revue de métaphysique et de morale* : « Appréciation sociologique du Bolchevisme », n° 31, p. 103-132.
2. Georges Renard, « À propos de l'article de M.B. Lavergne : insuffisances et réformes de l'administration française », *Revue de métaphysique et de morale*, 1922, p. 253 et suiv. Élève de Maurice Hauriou (voir plus bas), Georges Renard (1876-1943) est professeur de droit public à l'université de Nancy. Il ne doit pas être confondu avec l'historien Georges Renard (1847-1930), normalien (1867), fondateur de la Société d'histoire moderne. Bernard Lavergne (1884-1975), à ne pas confondre avec l'homme politique républicain, est un économiste proche de Charles Gide.
3. Voir la note 1, p. 299.
4 Professeur à la faculté de droit de Toulouse, Maurice Hauriou (1856-1929) est un juriste intéressé par la sociologie. L'article évoqué par Élie Halévy, « Le pouvoir, l'ordre, la liberté et les erreurs de systèmes objectivistes », paraîtra dans La *Revue de métaphysique et de morale* en 1928 (p. 193 et suiv.).
5. Élie Halévy fait référence à la victoire du Cartel des Gauches aux élections législatives du 11 mai 1924.

quinze jours m'est parfaitement désagréable. Une meute qui se jette à la curée de toutes les bonnes places, avec une espèce d'impatience fébrile après quatre ou même dix années de variations, voilà le spectacle qu'offre à l'Europe ce bloc de gens dont au mois de janvier je souhaitais le succès sans la moindre réserve. La discussion des lois fiscales m'avait alarmé déjà. Mais il est bien clair, pour ce qui se passe aujourd'hui, que le souci de mettre de l'ordre dans les finances est le moindre souci des vainqueurs. Restera à leur crédit (qu'à aussi aux succès réactionnaires en Allemagne), l'amélioration de notre situation diplomatique. Et je ne suis pas encore sûr (Dieu merci !) que le naïf intriguant[1] dont nous nous honorons d'être les amis soit amené à coucher à l'Élysée. 296 voix, c'est tout juste un peu plus que la moitié de la Chambre des Députés. Ce n'est pas assez pour être élu président de la République.

Je vous souhaite un bon voyage dans la capitale de l'Alsace. Je serais curieux de savoir quelles réactions promet là-bas le succès du Bloc des Gauches. Mais tu ne verras guère sans doute l'habitant.

À bientôt,
Ton
Élie Halévy

À Xavier Léon, Chalet-restaurant du P.L.M. du Lautaret, 7 septembre 1924

Mon cher Xavier,
Il pleut, il cesse de pleuvoir, il recommence à pleuvoir. J'attends l'heure de départ du train qui va nous conduire vers Gap. Ma pensée se reporte vers toi, et, la nature devenant hostile, vers les sujets d'ordre intellectuel. Tu m'avais demandé il y a un an quel numéro spécial inventer pour le courant de 1925 : Saint-Simon ? ou la Ligue des Nations ? J'y ai souvent songé depuis.

Le numéro Saint-Simon est *facile* à établir. Les sujets d'articles ne manqueraient pas. J'y collaborerais au besoin. Mais, étant données les circonstances, je crois qu'un numéro consacré à la Société des Nations serait beaucoup plus important, quoique beaucoup plus difficile à établir. Voici un sommaire possible, tel qu'il me vient à l'esprit.

1. Antécédents historiques. Histoire de l'idée depuis deux siècles. Dans quelle mesure elle a progressé depuis, et dans quelle mesure ces progrès encouragent à bien augurer de l'avenir.

---

1. Paul Painlevé est notamment ancien élève de l'École normale supérieure.

2. Principes de la Société des Nations. Problème des sanctions. Pacte de garantie mutuelle ? – Guy-Grand[1].
3. Principe des nationalités et droits des minorités. – Ruyssen.
4. Société des Nations et Libre-échangisme. – Rist[2].
5. Unification du droit ouvrier. – Scelle.
6. Unification du système des poids et mesures. Réforme du calendrier. – ? Guillaume[3]. Un *savant*.
7. Coopération intellectuelle. Gilbert Murray + ? Bergson ?

Le problème serait d'éviter tous bavardages retors, et d'obtenir, sur chaque point, des propositions précises, tenant compte de l'extrême complexité du problème. Il ne sera pas facile d'éluder ces dangers. Je livre le sujet à tes méditations, en te conseillant d'en causer à droite et à gauche, et de voir s'il ne vaudrait pas mieux, après tout, retomber sur l'idée d'un numéro Saint-Simon[4], qui serait moins sensationnel, mais pour cette raison même, offrirait moins de difficultés.

Je pense que nous serons de retour le 20.

Ton, votre
Élie Halévy

À Henriette Noufflard, 1ᵉʳ octobre 1924*

Ma chère Henriette[5],
Si je n'ai pas répondu plus tôt à ta gentille lettre,
ce n'est pas parce que je ne t'aime pas beaucoup,
ce n'est pas parce que je n'ai pas pensé à toi,

---

1. Georges Guy-Grand (1879-1957) fut un collaborateur de la *Grande Revue* et du *Mercure de France* au début du siècle. En 1911, il publie coup sur coup trois ouvrages, *La Philosophie nationaliste*, *La Philosophie syndicaliste* et *Le procès de la démocratie*. En 1928, il écrira *L'Avenir de la démocratie*. Il dirige l'*Union pour la vérité* fondée en 1904, qui a remplacé l'*Union pour l'action morale* créée par Paul Desjardins en 1892.
2. Charles Rist (1873-1955) est l'un des grands noms de l'économie politique, professeur à la faculté de droit de Montpellier. Il a publié différents articles dans la *Revue de métaphysique et de morale* dont, en 1904, « Economie optimiste et économie scientifique » (p. 643-663), qui annonce son grand ouvrage de 1909, écrit en collaboration avec un autre économiste célèbre, également de Montpellier, Charles Gide (1847-1932), théoricien de l'économie sociale (voir note 2 p. 477).
3. Gustave Guillaume (1883-1960), philologue français formé par Antoine Meillet, est notamment l'auteur du *Problème de l'article et sa solution dans la langue française* (1919) et de *Temps et verbe* (1929).
4. *Revue de métaphysique et de morale*, numéro Saint-Simon.
5. Henriette Noufflard est âgée de presque neuf ans.

c'est parce que j'étais en train de lire 5000 (cinq mille pages) d'allemand, et que j'en étais
empoisonné.

Mais à présent j'ai fini de lire ces cinq mille pages
Je respire
Je vais bien
Je suis content
Je t'écris pour te dire
que je n'ai pas cessé de penser à toi,
que je t'aime bien
que j'envoie mes amitiés
à ton papa
à ta maman
à la jeune et brillante Geneviève[1]
et à cette grande fleur qui a bien poussé et est plus grande que ta sœur. Peut-être a-t-elle continué de pousser, et est-elle plus grande que toi à présent.

Je pense que nous allons bientôt nous revoir et que vous ne partirez pas tout de suite pour l'Italie. Ou bien tu serais une nièce que son oncle ne voit jamais, et son oncle ne serait pas content.
Bien tendrement,
Élie Halévy

À André Spire, 16 mars 1926

Mon cher ami,
Merci d'avoir pensé à nous envoyer ce si intéressant recueil, et la si intéressante préface[2]. C'est un important document pour servir à l'étude des origines de la guerre – et aussi, oserai-je dire, en dépit de tout ce qu'il y a de judaïsme dans ce cas – des origines du néo-catholicisme contemporain. Quel pathétique désarroi ! Mais quel désarroi ! et dans quel gouffre n'ira-t-on pas se jeter pour en sortir ?
Qui est « le dernier tenant de la philosophie dogmatique radicale modérée » ? Il y a des moments où je serais tenté de croire que c'est moi : car je « persécutai »

---

1. Geneviève Noufflard est la sœur cadette d'Henriette.
2. Henri Franck, *Lettres à quelques amis*, préface d'André Spire, Grasset (Les Cahiers verts), 1926. Henri Franck (1888-1912) est l'auteur de *La Danse devant l'Arche* (Éditions de la NRF, 1912, avec une préface d'Anna de Noailles). Jeune normalien, il a déjà collaboré à la *Revue de métaphysique et de morale*.

Rauh[1] « jusqu'à sa mort ». Mais ce fut seulement – pour autant qu'il m'en souvient – en conversations – d'ailleurs fort amicales. Et puis je n'ai pas la vanité de croire que j'aie été « le dernier tenant... » de quoi que ce fût. Qui est-ce alors ? Il y a trois lignes de gros points qui sont affriolantes[2].
Encore merci.
Votre dévoué – qui regrette de vous voir si peu –,
Élie Halévy

En juillet 1931, Élie et Florence Halévy voyagent dans l'Allemagne rhénane.

À Louise Halévy, Francfort, 11 juillet 1927

Chère maman,
Non seulement les jardins entourent la ville, mais la ville entoure les jardins. Au-delà viennent des parcs, et au-delà encore un magnifique « Stadion », avec piste pour courses de bicyclettes et de motocyclettes, vaste arène herbeuse pour les matches de football, vaste piscine, entourée de gazon, où s'ébattent demi-nus d'innombrables Allemands et Allemandes. Tout autour, de vastes forêts de pins.
Étant d'une espèce essentiellement exportable, je me sens déjà très installé ici. Ce qu'il y a de plus extraordinaire ici, c'est peut-être encore la pension où nous sommes descendus, pas extraordinairement bien tenue, mais avec une très-belle chambre, et où on se sent entouré d'une *Gemütlichkeit*[3] qui n'a rien d'anglo-saxon. Le patron, ou plutôt le mari de la patronne, car il affecte de ne rien savoir de ce qui se passe dans l'établissement, et se considère comme exclusivement affecté à la conversation, prétend descendre d'une illustre famille tyrolienne, dont les origines se perdent dans la nuit du Moyen Âge, et qui brilla jadis d'un vif éclat à la cour de Hongrie. C'est un intellectuel en même temps qu'un négociant. Avant-hier était le jour de sa fête : une table, au salon, était chargée des cadeaux offerts par les siens. Beaucoup de fleurs, un gâteau en forme de cœur, et qui portait ces mots : *Das [?] Herz von Fraüli*, et des livres. Les œuvres complètes de Schopenhauer,

---
1. Voir la note 2, p. 478.
2. La phrase qui intrigue Halévy est d'Henri Franck (p. 283), citée par André Spire (p. 21) : « Et celui-ci répond : "Non, [...] ce n'est pas vous. C'est « l'Inspecteur Général Darlu »" – qui, je crois, a tourmenté Rauh bien autrement qu'en conversations. »
3. Expression difficilement traduisible. Elle évoque la cordialité, le confort chaleureux, le bien-être et la sérénité.

un gros ouvrage sur la morale et un ouvrage, plus gros encore, 800 pages environ, sur « l'homosexualité chez l'homme et chez la femme ».

Il y a aussi le fort beau musée, la vieille ville, la maison de Goethe, et l'exposition de musique, où nous avons entendu hier matin Cortot et Thibaud. Demain, nous nous arrachons à tant de délices, et serons à Strasbourg dans l'après-midi. [...]

Élie Halévy

À Célestin Bouglé, Megève (Haute-Savoie), le 25 août 1927

Mon cher ami,
Je ne connais ni Molde ni Ratwick. Mais je connais Copenhague et Oslo (qui s'appelait alors Christiania) et Trondhjem[1], et tout le trajet ferroviaire entre Trondhjem et Stockholm. Beau et poétique pays, dont les interminables soirées d'été m'ont laissé de délicieux souvenirs. Je vois qu'étant né au pays des Cimmériens tu en sens la poésie comme moi. Mais les Cimmériens de chez toi sont plus agités que ceux de là-bas.

Tu auras vu que l'affaire Sacco-Vanzetti[2] semble être sur le point de provoquer une révolution non pas en Amérique mais en France. Hurlements de la presse conservatrice en réponse au pillage des boutiques par la populace parisienne. Je n'ai pas la force de m'intéresser à ces convulsions. École laïque ? École unique ? Si on essayait d'avoir au moins, dans les faits et non pas seulement dans les lois, l'école obligatoire ? Mais pas une question sérieuse n'est sérieusement discutée avant d'être votée, ni sérieusement appliquée après avoir été votée.

Routine, anarchie, gens de lettres. [...]

Élie Halévy

À Célestin Bouglé, Sucy-en-Brie, le 27 septembre 1927*

Mon cher ami,
Tu t'enveloppes de silence. N'as-tu jamais reçu la lettre que je t'écrivis, en réponse à ta lettre de Scandinavie, et adressai, vers le 2 septembre, à Neuilly ?

---

1. Écriture ancienne de Trondheim.
2. Condamnés en 1921, les deux anarchistes Nicola Sacco et Bartolomeo Vanzetti sont exécutés le 22 août 1927 en dépit de la mobilisation de l'opinion publique européenne en leur faveur.

J'ai reçu une carte postale du Caire ; et voilà tout pour ta tribu entière. C'est peu. J'aimerais bien savoir comment tu vas, et si tu sais quelque chose, ou bien si, systématiquement, tu évites de rien savoir et te cantonnes dans une existence de pêcheur.

J'aimerais savoir, aussi, s'il y a quelque chance de te revoir, avant que je m'en aille, le 10, faire le métier, qui t'es cher, de conférencier ambulant. Ou bien faut-il attendre jusqu'au 1er novembre, à la date où ton existence aura pris forme en mon absence ?

Ton, votre,
Élie Halévy

À Henriette Noufflard, 15 juillet 1928*

Ma chère Henriette,
Merci pour ta gentille carte postale. L'autre a été dirigée sur Vittel. Bien entendu je n'ai pas continué le travail commencé par toi sur les livres de ma bibliothèque. C'est *ton* domaine, sur lequel je n'empiéterai pas – quant même tu mettrais des années à accomplir ta tâche[1].

Ce que je fais ici ne ressemble guère à ce que tu fais : et je ne prends pas mes repas suspendu à un trapèze, et la tête en bas... Après tout, je devrais peut-être essayer demain, si c'est un bon traitement contre l'excessive chaleur.

Et puis dis-moi quelle est la carte Michelin qui vous manque. On n'a *rien* trouvé dans la chambre de tes parents. Dans le billard, il y a bien une carte Michelin de « Paris-Sud » – mais que maman considère comme sa propriété légitime.

Toutes mes tendres amitiés à toi et à ceux qui t'entourent – sans oublier le groupe Piglet[2].

Ton oncle qui t'aime,
Élie Halévy

---

1. À la date de la lettre, Henriette Noufflard est âgée de treize ans. Très proche de son oncle et de sa tante, elle a entrepris de classer les livres d'Élie Halévy et d'établir un répertoire-fichier.
2. Il s'agit d'une référence familiale, destinée particulièrement à la jeune sœur d'Henriette, Geneviève. Lectrice de *Winnie-the-Pooh* (*Winnie l'Ourson*), celle-ci s'est prise d'affection pour le petit cochon surnommé « Piglet », et a initié son oncle à l'univers d'Alan Alexander Milne (1882-1956). Élie Halévy déclarait fréquemment : « Piglet's relations are my relations. »

À André Spire, 17 juillet 1928

Mon cher ami,

J'ai fini de vous lire – bien souvent de vous *re-lire*[1] – avec autant de plaisir que la première fois – et d'intérêt.

Bien entendu, ce n'est pas sans éprouver un certain sentiment de perplexité intellectuelle. En lisant l'aimable chapitre (et si plein de sympathie à peine refoulée) sur Maurice Barrès[2], on croit comprendre votre attitude. Quand il vous arrivait de le croiser, lui sur un trottoir de la rue de la Ferme, et vous sur l'autre, vous deviez lui crier intérieurement : « Vous appartenez à la bande des Anti-Juifs ; moi j'appartiens à la bande des Juifs. Ce sont deux nobles bandes. Malheur au naïf citoyen qui voudrait s'interposer entre nous et ne voir en nous deux que deux plats citoyens. Qu'il périsse sous les coups de nos revolvers rivaux. »

Je veux bien si le pittoresque de la guerre des races vous amuse. Mais j'ai beau lire et relire vos études, qu'ont-ils de commun, tous ces Juifs ? (sinon peut-être une certaine nervosité ; mais cela est bien vague). Ils sont nés juifs, on les classe et insulte comme tels. Comme nous voilà bien avancés !

J'observe aussi que, sauf exceptions bien rares, tous vos Juifs, et Demi-Juifs (et même votre Anti-juifs) sont tous, ou bien auteurs, ou demi-personnages de romans. Permettez-moi de proposer à votre activité un champ plus élargi que celui, si étroit après tout, de la République des Lettres. D'autres Juifs, dont l'imagination fut plus véritablement créatrice, appellent votre attention. Trotski et Rathenau, Citroën et Loewenstein : quelle riche matière pour un volume III.

Croyez-moi, dans le présent et dans l'avenir, votre lecteur attentif et ami dévoué.

Élie Halévy

---

1. André Spire, *Quelques Juifs et demi-Juifs*, 2 vol., Paris, Grasset, 1928. « Re-lire », parce que ce recueil reprend la préface aux lettres d'Henri Franck au sujet de laquelle Élie Halévy avait déjà écrit à André Spire (voir sa lettre du 16 mars 1926, *supra*, p. 620).

2. Célèbre écrivain français adepte du « culte du moi » puis de « la terre et des morts », longtemps « prince de la jeunesse », Maurice Barrès (1862-1923) a été antidreyfusard durant l'affaire Dreyfus. Il a développé un antisémitisme virulent qui culmine lors du procès de Rennes en 1899, avant de revenir vers un nationalisme plus classique et tout aussi militant, marqué par l'obsession de la « race » et sa dégénérescence.

À Mme Ludovic Halévy, Vittel, 28 juillet 1929

[...] Pour le rôle révolutionnaire joué par Mussolini avant la guerre, tu n'as pas lieu d'accuser ton manque de mémoire ; car tu n'en as probablement jamais rien su. La plupart de mes auditeurs à Oxford n'en savaient rien non plus ; et ont paru surpris autant que divertis quand ils ont vu, sur un signe de moi, le diable italien brusquement sortir de sa boîte[1].
Certainement tu n'as pas oublié Gobineau et ses *Pléiades*[2]. Et c'est moi qui ai oublié de te dire qu'à la bibliothèque de Strasbourg, j'ai passé un quart d'heure dans la chambre reconstituée du marquis de Gobineau – livres, portraits de famille, vues d'Orient, narguilé, etc. J'ai regretté que tu ne fusses pas là, plutôt que moi. Même moi cependant, bien que moins Gobiniste[3], ai été fort diverti. [...]
Élie Halévy

Aux mois d'août et septembre 1929, Élie et Florence Halévy sont de retour en Allemagne, pour un voyage en Bavière.

À Louise Halévy, en gare de Kempten, mardi [27 août 1929]

[...] De village en village, le compartiment de troisième où je suis se vide et se remplit de prospères paysans souabes, les femmes [minces][4] aussi bourgeoisement mises que dans l'Île-de-France, les jeunes filles portant des jupes aussi courtes. Est-on sourd aux adjurations des évêques ? ou bien les évêques n'osent-ils pas en faire ? ou bien suis-je ici en pays protestant ? Par ici on ne sait jamais. Très-beau pays d'ailleurs ; un immense plateau ondulé, déjà assez élevé, champs et prairies, gros villages reluisants de propreté, grands bois de sapins. Les hommes, pour faire les foins, sont nus jusqu'à la ceinture ; et l'on voit bien que l'homme blanc n'est blanc que sous la protection du vêtement.

---

1. Voir à ce sujet ce qu'expose Élie Halévy au cours des Rhodes Memorial Lectures (« Une interprétation de la crise mondiale de 1914-1918 », *supra*, p. 232-262.
2. *Les Pléiades*, formé de deux livres, est un roman du marquis de Gobineau (1816-1882) publié en 1874.
3. Avec son *Essai sur l'inégalité des races humaines* (1853-1855), le marquis de Gobineau défend une théorie de la race qui en fait le promoteur de la pensée racialiste.
4. Lecture incertaine.

C'est hier, il me semble, que la conférence de La Haye a définitivement craqué comme, dans notre clairvoyance, nous nous y sommes toujours attendus toi et moi. Mais les journaux du Wurtemberg et du reste de l'Allemagne parlent beaucoup plus du dernier exploit du Zeppelin[1]. Allons-nous, Florence et moi, le voir revenir à Constance dans huit jours ?

Ce peuple est extrêmement moderne ; et l'Angleterre est en comparaison bien vieillotte et mal tenue. Stuttgart est à cet égard curieuse, presque comique. Elle a passé de 90 000 habitants à 300 000 en un demi-siècle : mais, ayant dépassé le trois cent millième habitant, a décidé d'adopter un style architectural digne de sa nouvelle grandeur. La gare est un temple cubiste, et colossal. L'administration des postes, un autre cube, plus colossal. Le journal local s'est bâti un *skyscraper* en forme de tour. Et ce n'est pas fini. Je prévois, pour l'année prochaine, d'autres cubes et d'autres *skyscrapers*.

Mais le palais (le « nouveau palais », qui date du XVIIIe siècle), qui imite Versailles et dont les jardins imitent n'importe quel jardin français, est décidément plus joli. L'intérieur se visite sous la conduite d'un guide, pour cinquante pfennigs. On y voit la salle des glaces (à l'imitation de Versailles, mais de loin) : la « salle de marbre », fort jolie, toute blanche ; le trône, qui ne sera plus occupé. – Dans quels châteaux des environs se cachent, fument, boivent et chassent les hôtes, si récents encore, du palais ?

Élie Halévy

À Louise Halévy, Oberstdorf, Allgäu, Ober-Bayern, 7 septembre 1929

Cette Allemagne méridionale est méridionale en effet, débordant d'une bonne humeur un peu vulgaire mais contagieuse, où tous, paysans, touristes, boutiquiers, employés de banque, se costument en Tartarins bavarois, où partout coulent à flot la bière et le vin, le miel et le lait.

J'oublie un peu, ici, le modernisme stuttgartois ; mais il s'est imposé à nous, pendant une demi-heure, sous les espèces du formidable Zeppelin. Par prudence nous nous sommes levés à quatre heures du matin, ayant passé la nuit, sous la protection d'une image de la Vierge, dans l'appartement d'un ménage ouvrier (maison modèle, avec bain-douche, construite pour ses employés par l'administration des chemins de fer). Nous avons donc attendu plus de quatre heures l'arrivée du monstre qui a surgi, à huit heures

---

1. Le LZ 127 *Graf Zeppelin*, le plus grand dirigeable du monde à l'époque où il a été construit (en 1928) effectuait à l'époque un tour du monde suivi avec passion par l'opinion publique allemande. Le régime nazi en fit un puissant objet de propagande, jusqu'à la catastrophe du 6 mai 1937 impliquant aux États-Unis le frère jumeau du *Graf Zeppelin*, le LZ 129 *Hindenburg*.

vingt-cinq, juste derrière nos têtes, son énorme museau d'argent apparaissant au-dessus des arbres de la colline contre laquelle nous étions adossés. Puis le monstre tout entier, qui a passé droit au-dessus du point où il devait atterrir, et où l'attendaient une centaine de Lilliputiens. Il est allé se montrer, je pense, aux habitants de la ville elle-même, escorté par une dizaine d'avions. Puis il est revenu, est descendu le nez en avant, lâchant au bout de cordes qui s'allongeaient deux sortes de grosses ancres. Les Lilliputiens se sont emparés des ancres, et, en bataillon serré, se sont mis à traîner l'énorme baleine qui a fini, au bout de dix minutes, par disparaître dans un hangar. C'était fait, et il n'y avait plus qu'à regagner Oberstdorf en se frayant un chemin à travers une foule immense, mais extraordinairement paisible. Je m'attendais à une débauche de nationalisme. Je n'ai rien vu de pareil. Un groupe d'assistants a entonné le *Deutschland über Alles*, et s'est arrêté au bout de quelques mesures, parce que personne ne faisait chorus. Un camelot, un camelot unique, vendait des drapeaux noir, blanc, rouge, pour être brandis par les plus fanatiques des spectateurs. Il en a bien vendu trois ou quatre, et nous l'avons vu partir, la fête finie, emportant sa cargaison presque intacte.

Le *Bremen*, le *Zeppelin* et le *Dornier*, le nouvel avion géant que nous aurions, paraît-il, vu évoluer sur le lac si nous étions restés à Friedrichshafen quelques heures de plus. Voilà, *en soi*, des victoires considérables. Pourquoi eux et non pas nous ? L'avion, le dirigeable, tout cela a été créé en France il n'y a pas un quart de siècle. [...]
Élie Halévy

À Michel Alexandre, La Maison Blanche, Sucy-en-Brie, S.-et-O., 22 juillet 1930*

Mon cher ami,
Je pense bien que nous ne serons pas ici pendant la dernière semaine d'août ni pendant la première semaine de septembre. Au mois d'octobre donc, puisque le trajet Versailles-Sucy et retour dans une même journée ne semble pas vous effrayer.

Pour la reproduction de mes conférences d'Oxford – tout ce que vous voudrez. Je demande seulement pour m'éviter les ennuis possibles (improbables en vérité) avec mes éditeurs, que votre reproduction soit expressément dénommée *citations*, *extraits*, et n'ait pas l'aspect d'une reproduction intégrale.

Merci pour l'intérêt que vous prenez à mes formules.
Votre, amicalement dévoué à tous deux,
Élie Halévy

À Henriette Noufflard, Nancroix (Savoie), 31 août 1930*

Ma chère Henriette,
Merci pour ta carte postale, qui me documente si utilement. Car je vais te faire un aveu qui peut-être te semblera humiliant : je n'ai jamais lu *Tartarin*[1].

Nous redescendons demain vers la plaine, après quinze heureuses journées par ici, la première semaine pleine du bruit de nombreux enfants, la seconde calme et silencieuse.

Dis à ton père que nous avons surtout exploré les montagnes verdoyantes qui font face à Nancroix[2] vers l'ouest : Les Esserts, Chanton, Le Plan Bois, Le Foli, le lac de [ill.], le mont Saint-Jacques, Mélèzes. Eaux bondissantes, pâturages, [ill.]. Nous garderons un bon souvenir de ces courtes vacances.

À bientôt maintenant, pour la reprise des travaux scolaires.
Bien tendrement à toi, à vous,
Ton oncle Élie

À Michel Alexandre, La Maison Blanche, Sucy-en-Brie, S.-et-O., 9 septembre 1930*

Mon cher ami,
Je trouve sur ma table, en rentrant de voyage, le numéro, ou pour parler plus exactement, les numéros des *Libres Propos* qui contiennent le résumé de mes conférences d'Oxford[3]. Il est fort bien fait, et me donne pleine satisfaction. Merci.

Nous espérons bien vous recevoir quelques jours ici cet automne.
Votre, bien amicalement dévoué à tous deux,
Élie Halévy

À Henriette Noufflard, Grand Hôtel, Banyuls-sur-Mer, 26 septembre 1930*

Ma chère Henriette,
Quel désappointement de ne pas t'avoir vue rue des Mathurins mardi

---

1. « Tartarin de Tarascon » est le héros burlesque et très populaire d'une série de romans d'Alphonse Daudet dont le premier paraît en 1872, sous le titre : *Aventures prodigieuses de Tartarin de Tarascon*.
2. Une station montagnarde de la Haute Tarentaise, en Savoie.
3. *Libres Propos*, résumé des conférences d'Oxford, 1930.

soir ! Mais nous ne sommes pas séparés pour bien longtemps : bientôt nous remonterons sur les brumes septentrionales.

Je serai tout de même curieux de savoir si vraiment, aujourd'hui vendredi, un beau soleil ne brille pas sur vos têtes comme sur les nôtres. Un beau soleil sur une terre rouge et sèche, sur une mer plus violette que bleue, sur toutes sortes de paysages qui n'attendent pour être peints[1] que l'apparition de votre fameuse roulotte, comme déjà sur tant de routes de France.

Il y a près d'ici un tout petit port appelé Port-Vendres – ce qui veut dire : Port de Vénus – et où d'où l'on peut en une vingtaine d'heures de navigation se rendre à Alger ou à Oran. C'est fort tentant. Mais il faut se faire une raison.

Mes tendresses à vous tous.

Élie Halévy

À Michel Alexandre, La Maison Blanche, Sucy-en-Brie, S.-et-O., 20 octobre 1930

Mon cher ami,

Je n'ai rien reçu de Canguilhem[2], et j'espère bien ne rien recevoir. Avant d'autoriser la reproduction, je serais obligé de relire. Relisant, j'aurais envie de tout refaire. Et je n'aurais pas le temps de refaire. *Piratez-moi.* Et tant pis pour vous si une admiration excessive pour ce vieil article[3] vous égare.

---

1. Les parents d'Henriette et de Geneviève, Berthe et André Noufflard, sont artistes-peintres.
2. Georges Canguilhem (1904-1995) est agrégé de philosophie et docteur en médecine. Professeur à l'Université de Strasbourg, il soutient sa thèse de médecine en 1943. Il mène également d'importantes activités politiques. Très engagé à gauche, il est proche, entre les deux guerres, du groupe pacifiste d'Alain et de Michel Alexandre. Mais quand vient l'occupation allemande, son attitude diffère de celle d'Alain. Il s'engage d'emblée dans la Résistance. Aux côtés de Jean Cavaillès, à qui le liait une grande amitié, il est un membre des plus actifs du réseau *Libération*. Il succède à Gaston Bachelard à la Sorbonne en 1955, après avoir occupé à la Libération des fonctions d'inspecteur général de l'Éducation nationale. Il est notamment l'auteur de *La Connaissance de la vie* (1952), *La Formation du concept de réflexe aux XVIIe et XVIIIe siècles* (1955), *Le Normal et le pathologique* (1966), *Idéologie et rationalité dans l'histoire des sciences de la vie* (1977).
3. Élie Halévy répond à une lettre de Michel Alexandre du 19 octobre : « [...] Je sais que notre ami Canguilhem, qui pour quelques mois s'exerce à gouverner les cahiers [le *Journal* d'Alain], s'est enhardi à vous demander l'autorisation de reproduire certains de vos articles de la *Revue de Métaphysique*. Nous avions comploté cela ensemble (et je sais que Chartier voudrait beaucoup relire et faire relire, entre autres, l'article capital sur la *Distribution des Richesses*) ; mais je me proposais d'aller vous demander cela de vive voix ; j'espère que l'empressement de la jeunesse ne vous aura pas choqué [...]. » L'article « capital » d'Élie Halévy mentionné par Michel Alexandre a été publié en 1906 (n°14, p. 545-595).

À bientôt donc, tout de même. J'attendrai un mot de vous, si vous voulez bien, vers la mi-novembre, pour vous inviter.

Votre, dévoué à tous deux,
Élie Halévy

À Henriette Noufflard[1], Sucy-en-Brie, 13 avril 1931*

Ma chère Henriette,
Je me dépêche de t'écrire cette lettre, qui sera, j'en ai bien peur, pour cette fois la dernière avant votre retour : car le moment approche, il me semble, où va commencer votre circuit languedocien et auvergnat.

Ici, le printemps a éclaté comme un coup de tonnerre. On voit poindre, s'étaler, fleurir en masse, et déjà se flétrir les ficaires. Les pervenches, les [anémones] sylvies sont déjà là. Et quel délicieux soleil, après cet hiver sinistre et mouillé ! N'attribue pas au Midi le miracle du printemps.

Puisque la philosophie te tourmente, je te dirai de ne pas t'embarrasser des idées de Tolstoï la prochaine fois qu'en sortant de l'hôtel, tu te demanderas si, pour aller aux Aliscamps, tu veux aller par la droite ou la gauche. Tu es parfaitement *libre. Ton libre-arbitre est entier.* La question que pose Tolstoï, c'est celle de l'influence des individus sur l'histoire ; il conclut, et je suis porté à conclure avec lui, que les individus ont très-peu d'influence, et que les événements généraux ont des causes générales. Seulement il m'a paru toujours qu'il s'embrouillait dans sa démonstration. Un Koutouzow[2] abruti qui mène ses troupes à la victoire, voilà qui est très-bien. Mais pourquoi affaiblir sa thèse en nous montrant un Napoléon grotesque et presque idiot ? [...] Ce qu'il nous fallait ici, c'était un homme de génie, impuissant devant les causes générales, impuissant devant la destinée. J'ai bien peur que le patriotisme l'ait égaré, et qu'il ne se soit pas résigné à employer le mot de génie en parlant de l'envahisseur de son pays. Mais sa démonstration en souffre.

La variété de tes lectures est admirable. L'industrie anglaise ? Le grand Lama ? Ton malheureux oncle n'a presque pas le temps de lire – ce qui s'appelle lire. Le Juif Errant[3] marchait, marchait toujours. Lui écrit, il écrit

---

1. Henriette Noufflard était âgée de quinze ans. Elle était avec ses parents en Italie, probablement à Florence auprès de sa grand-mère paternelle.
2 Mikhaïl Koutouzow [ou Koutouzov] (1745-1813) est un général russe, commandant en chef de l'armée du tsar, victorieux des troupes françaises engagées dans la campagne de Russie. Il appliqua la stratégie de la « terre brûlée ».
3 Le mythe du « Juif errant », qui trouve sa source dans un passage de l'évangile de Saint-Jean, prospère au Moyen-âge et se voit réactiver au XIXe siècle en désignant le Juif rejeté de toutes les nations.

toujours. – Quand tu le reverras, il écrira encore. Mes amitiés aux colonnes romaines, aux cyprès, aux oliviers. Tout cela me rappelle bien des *marches* : je marchais, je marchais toujours...
Ton, votre à tous,
Élie Halévy

À Daniel Halévy, Sucy-en-Brie, 3 juillet 1931

[...] Je n'ai pas eu le temps encore de lire *Décadence de la Liberté*[1] (ce sera pour mes voyages en chemin de fer, dans l'Est). Naturellement, j'ai pris assez l'habitude de lire un livre rien qu'en coupant les pages pour voir de quoi il s'agit. Tu es toujours d'espèce de centre gauche d'extrême-droite qui laisse le lecteur un peu perplexe. Et cette « décadence de la liberté », on se demande – je me demande – si tu n'éprouves pas une espèce de volupté à la décrire, afin de nous persuader que ce n'est pas la peine de défendre ce qui en reste. À quoi bon sauver sa tête si on est déjà décapité ?

Le Degas[2] plaît, jusque dans le détail, à quelqu'un pour qui (comme pour toi) même les comparses, même monsieur Valpinçon, ont de la réalité. Pour les autres, il y aura bien des énigmes. Et tu ne les résous pas absolument toutes comme il faut. L'« apothéose de Degas »[3] fut, je crois bien, une parodie d'une apothéose de Carolus-Duran[4] qui avait paru dans un journal illustré quelques jours auparavant. Degas oppose son air accablé à l'air glorieux de Carolus Duran. Mlle Baumaine d'autre part qui a l'air de t'embarrasser (je ne retrouve pas la note, mais je ne crois pas me tromper) est une fort jolie actrice des *variétés*, jouant le rôle de blanchisseuse qui posait, en faisant mousser du savon sur ses bras, pour le peintre de la Cigale. [...]

Sur cette page digne de Ganderax[5] je conclus en vous souhaitant bon voyage.
Élie Halévy

---

1. Daniel Halévy, *Décadence de la Liberté*, Paris, Grasset, coll. « Les Écrits », 1931.
2. *Lettres de Degas*, recueillies et annotées par Marcel Guérin et précédées d'une préface de Daniel Halévy, Paris, Grasset, coll. « Les Cahiers Verts », 1931.
3. Photographie parodique souvent reproduite, prise par le photographe anglais Walter Barnes à Dieppe en 1885. On y voit Edgar Degas assis, avec derrière lui les trois demoiselles John Lemoinne et à ses pieds les petits Élie et Daniel Halévy, à genoux. Le souvenir d'Élie contredit ici l'interprétation habituelle qui en fait une parodie de l'apothéose d'Homère d'Ingres.
4 Charles-Émile-Auguste Duran (1837-1917) est un artiste peintre connu sous le nom de Carolus-Duran. Sa peinture dite « mondaine » était apprécié de la haute société de la Belle Époque.
5. Intime de Geneviève Straus, habitué de son salon comme son frère Étienne, Louis Ganderax (1855-1940) est normalien, agrégé de lettres, ancien critique dramatique de la *Revue des deux mondes* (1881-1889), puis de la *Revue hebdomadaire*, avant de prendre, en 1894, la direction littéraire de la *Revue de Paris*, en collaboration avec Lucien Herr.

À Jacques-Émile Blanche, Sucy-en-Brie, jeudi 10 juillet [1931]

Mon cher Jacques,

Les Russes sont un peuple ignoble et sublime. On peut donc, à volonté, éprouver à leur égard des sentiments de dégoût ou des sentiments d'admiration, ou des sentiments mixtes de dégoût et d'admiration. Mais le peuple russe importe peu. Ce qui importe, c'est la doctrine marxiste. Le capitalisme industriel produit pour vendre. Le profit capitaliste est constitué par la différence entre le prix de vente des effets manufacturés et le montant des salaires ouvriers. Les ouvriers constituent l'immense majorité du public achetant dans les pays industrialisés. Pour qu'ils puissent racheter, sur leurs salaires, tout le produit de l'industrie, il faudrait que le montant de leurs salaires fût égal au prix de ce produit, en d'autres termes qu'il n'y eût pas de profit. Le capitaliste, pour faire un profit, doit donc écouler ses produits sur les marchés étrangers non encore industrialisés. Mais peu à peu le monde s'industrialise tout entier. Les marchés étrangers [se ferment]. Il y a dès lors surproduction générale. Impossibilité pour la société capitaliste d'absorber la totalité de son produit. La société capitaliste court donc à sa ruine – au socialisme intégral. N'est-ce pas à ce phénomène, ou au commencement de ce phénomène que nous assistons depuis deux ans ?

La France souffre moins que les autres pays, parce qu'elle est plus arriérée, moins industrialisée. Il y a toute une France, la vraie France, qui commence à Caen, finit à Toulouse, en passant par Angers, Tours, Autun, Angoulême, Périgueux, qui vit dans l'heureuse ignorance de [ces] difficultés, puisque les salariés y sont une minorité de la population. Mais voici qu'on m'annonce de Kœnigsberg la réalisation par un savant allemand de la synthèse de l'albumine. Si c'est vrai, et si, comme on me [le] dit aussi, l'invention est susceptible d'exploitation commerciale, voici les objets d'alimentation produits dans de grandes fabriques, l'agriculture anéantie, et l'industrialisation du genre humain se réalisant suivant un rythme plus rapide encore que Karl Marx lui-même ne l'avait prévu.

Alors, que de bouleversements, que de catastrophes en perspective ! et comme les périls qui tourmentent tes jours et tes nuits sont peu de chose à côté de ceux que la société humaine va devoir affronter ! À l'échelle de ces problèmes, MacDonald et Briand, Pierre Laval et Mussolini ne sont plus que de ridicules fantoches.

À Londres – tu connais les Anglais et leur parfaite éducation –, j'ai été accablé d'amitiés, comme si je n'appartenais pas à une nation néfaste. Naturellement, je n'ai pas été fatiguer nos amis de mes lamentations et de mes objurgations. Figure-toi donc un homme silencieux, enveloppé de silence. Ce n'était pas toujours agréable.

Au sujet des lettres de Degas, je suis de ton avis, et ce que tu me dis, je l'ai dit à Daniel[1]. Elles ne sont lisibles que pour les initiés. Mais puisque nous sommes, toi et moi, des initiés, que nous importe la déception des autres ?
Bien des choses affectueuses à vous deux,
Élie Halévy

À Lucien Lévy-Bruhl, Sucy-en-Brie, 26 août 1931

Cher monsieur,
J'ai enfin trouvé le temps de lire le précieux recueil de documents que vous avez eu l'amabilité de m'envoyer[2]. Je l'ai lu avec le plus vif intérêt, un peu déçu seulement de constater que, dans la mesure où s'étend votre expérience des institutions primitives, vous paraissiez de plus en plus persuadé qu'il est impossible, en ce domaine, d'expliquer, qu'il faut se borner, jusqu'à nouvel ordre – et même pour toujours si je vous comprends bien – à décrire et à classer : car nous aurions à faire à des modes de penser (si le mot de « penser » s'applique encore ici) tout à fait hétérogènes à ceux de l'homme civilisé.

Si c'est bien là votre attitude, j'ai peine – je l'avoue – à vous suivre ; et vos observations initiales sur la catégorie effective du surnaturel ne me persuadent pas, en dépit de ce que peut dire votre Esquimau qui parle comme un académicien et dont les entretiens avec Rasmussen m'ont bien l'air d'être des entretiens de Rasmussen avec lui-même. Je veux bien que l'homme primitif, en proie à une panique perpétuelle, soit par là même privé du sang-froid nécessaire pour observer et raisonner. Mais enfin ces règles, ces rites, ces superstitions (si absurdes soient-ils) témoignent d'un effort pour dominer cette panique, et chercher un refuge contre le danger dans la connaissance de certains rapports fixes entre les choses. L'homme primitif, c'est déjà l'homme moderne ; de même que l'homme civilisé, c'est encore l'homme primitif. Le mot même de « loi » n'a-t-il pas pour la pensée moderne elle-même un double sens : rapport fixe entre phénomènes et rien de plus – « législation », c'est-à-dire plus ou moins confusément expression d'une volonté supérieure.

Vous parlez quelque part de l'interdiction à laquelle se soumettent certains indigènes du Pacifique d'avoir commerce avec les femmes pendant qu'ils

---

1. Voir la lettre d'Élie Halévy à son frère, 3 juillet 1931, *supra*, p. 631.
2. Lucien Lévy-Bruhl, *Le Surnaturel et la nature dans la mentalité primitive*, Paris, Alcan, 1931.

raccommodent leurs filets. Après quoi vous citez une phrase du P. Bollig, déclarant que « malgré les interdits énumérés ci-dessus (celui que je viens de dire et plusieurs autres), ils n'ont point l'idée de la chasteté ». Et vous continuez : « Ces derniers mots montrent... » – ils ne montrent rien, à mon sens, si ce n'est l'opinion du P. Bollig – montrent que les tabous en question n'ont rien de commun avec des jugements de valeur touchant la pureté sexuelle – Pourquoi ? C'est ce que je ne comprends pas : le raccommodeur micronésien de filets doit bien trouver qu'il y a quelque chose d'impur dans l'acte sexuel, dans la mesure où il se croit tenu de s'en abstenir à certains moments de son existence. Et vous le sentez si bien que vous complétez votre phrase, et écrivez : « rien de commun avec des jugements touchant la pureté sexuelle *au sens moral du mot*... » Mais ici encore, je vous arrête, et je nie : car ces tabous constituent bien la morale [du] micronésien. Et vous le sentez encore, puisque vous ajoutez : « au sens moral du mot, *tel que nous l'entendons*. » Mais alors j'espère que vous ne me trouverez pas irrespectueux si je dis que votre assertion, maintenant trop évidente, n'est qu'une vérité de La Palisse. Il est trop clair qu'aucun pêcheur sur les côtes normandes ou bretonnes ne croit manquer aux règles de sa morale, de notre morale, s'il a commerce avec une femme pendant qu'il raccommode ses filets.

Je me souviens d'avoir lu sur la chasteté de fortes analyses chez celui qui fut votre maître en sociologie. Il valait bien le P. Bollig ; et ses conclusions mériteraient au moins d'être discutées. Au fond, ce qui, à mes yeux, fait l'intérêt de ces études de psychologie préhistorique, c'est la possibilité de définir la nature humaine dans ce qu'elle a, à tous degrés, d'identique à elle-même.

Voilà les réflexions que m'inspire la lecture de votre beau volume. Voilà le sentiment – peut-être l'erreur – d'un intellectuel qui, bien que chu dans l'histoire, demeure toujours, quoi qu'il en ait, un philosophe.

Croyez à l'expression de mes sentiments de respectueuse et fidèle amitié.

Élie Halévy

À Célestin Bouglé, 55 Torrington Square, Londres, 31 mars 1932*

Cher ami,
Que te dire ? Après la dépêche de lundi j'étais consterné de ne pas voir venir la seconde, et de songer que, si loin de moi, ce martyre se prolongeait. Nous pensons à vous tous, à la jeune mère[1]. Il reste, pour vous consoler, à vous, des enfants, à toi, des jeunes gens, tout ce qui nous empêche de

---

1. Il s'agit d'une fille de Célestin Bouglé et de sa femme Marie-Adeline. Bouglé a perdu un enfant en bas âge.

nous replier sur nous-mêmes et de nous rappeler[1] qu'il y a un avenir pour les autres, et la vie qui triomphe de tout.

Bien à vous,
Élie Halévy

À Daniel Halévy, La Maison Blanche, Sucy-en-Brie, 5 mars 1933

Mon cher Daniel,
Merci pour l'envoi de ton beau volume[2] que j'ai déjà lu en grande partie ; avec fruit. Mais pourquoi dis-tu que jusqu'en 1914 nous étions dans l'histoire, qu'ensuite nous sommes entrés dans quelque chose d'autre, et d'inconnu ? Je serais porté à dire que de 1870 à 1914, nous avons vécu à l'abri de l'histoire, et que nous sommes rentrés depuis 1914 en pleine histoire, autrement dit en pleine tempête.

J'ai goûté le joli chapitre sur Schweitzer[3], avec qui je ne te savais pas si intime[4]. N'est-il pas bizarre que rien de lui n'ait été traduit en français (sauf le *Bach*[5]) ? et toi qui es à cheval sur la littérature et l'édition, ne pourrais-tu faire quelque chose pour réparer cette erreur ? J'aurais *peut-être* à ta disposition un jeune Alsacien fort désemparé, qui fut mon élève et à qui je m'intéresse, pour entreprendre la traduction.

Ton
Élie Halévy

À Xavier Léon, La Maison Blanche, Sucy-en-Brie, S.-et-O., 6 juillet 1933

Mon cher ami,
Pour faire suite à nos propos d'hier, et songeant toujours à l'avenir

---

1. Incorrect. Lire plutôt : « d'oublier », ou « nous rappelle ».
2. Il s'agit de *Courrier d'Europe*, publié dans la collection « Les Écrits » de Bernard Grasset en 1933.
3. Médecin, théologien et musicien alsacien, Albert Schweitzer (1875-1965) est effectivement peu connu en France. Sa renommée débute lorsqu'il se rend en Afrique équatoriale française et qu'il fonde, sur le bord du fleuve Ogooué, en 1913, un hôpital missionnaire protestant. Il se voit attribuer en 1952 le prix Nobel de la Paix.
4. Élie Halévy, lui aussi, s'intéresse depuis longtemps à Albert Schweitzer. En 1927 déjà, il est allé l'écouter jouer de l'orgue à Londres, et s'est renseigné auprès d'amis compétents sur ses positions vis-à-vis de la France et de l'Allemagne et sur l'opinion qu'en ont les Alsaciens.
5. Directement écrit en français, cet ouvrage sur *Jean-Sébastien Bach, le musicien-poète* a été édité en 1905 à Leipzig, avec une préface de Charles-Marie Wido (Breitkopfet Härtel).

de la *Revue*, j'attire l'attention sur le congrès hégélien qui s'est tenu à Rome[1], congrès surtout italo-allemand, et tout à la gloire de l'idée hégélomussolinienne de l'État. Jean Wahl[2], qui y était, ne pourrait-il nous donner quelque chose de court – une dizaine de pages de la *Revue* – sur les travaux, et l'atmosphère, de ce Congrès ? Si l'idée te paraît bonne, évidemment je peux écrire à Wahl aussi bien que toi : mais mieux vaudrait, je crois, que ce fût toi.

Autre chose : pour ta séance de théologie protestante, l'Alsacien Schweitzer[3] devrait être invité.

Et je voudrais bien, enfin, que dans le cours de tes conversations avec l'un ou avec l'autre, tu t'informes de ce que valent les travaux du Bordelais Devaux[4]. Très appréciés par Blaringhem[5], qui voudrait pour Devaux une séance de la Société. Travaux sur « les lames minces » qui non seulement auraient intéressé les physiciens, mais dont Devaux aurait tiré des conséquences intéressantes sur le mécanisme physique de la vie. *Quid ?*

Je m'arrangerai pour aller jusqu'à toi la semaine prochaine.

Ton, votre
Élie Halévy

---

1. Un Congrès hégélien se tient à Rome en 1935.
2. Normalien, poète, philosophe proche de la pensée bergsonienne, Jean Wahl (1888-1974) s'intéresse à la pensée de William James puis à celles d'Hegel et de Kierkegaard. Il développe la notion de « conscience malheureuse ». Visé par l'antisémitisme de Vichy, il s'exile aux États-Unis et obtient un poste de professeur à l'université de Mount Holyoke, où il imagine des rencontres intellectuelles inspirées de l'expérience de Paul Desjardins à Pontigny (cf. note 1, p. 289). Il participe également à la fondation de l'École libre des hautes études à New York. De retour en France, il crée en 1947 le Collège de philosophie, devient directeur de la *Revue de métaphysique et de morale* en 1950, puis prend la présidence de la Société française de philosophie en succédant à Gaston Berger en 1960. À l'époque où Élie Halévy le mentionne dans sa correspondance, il a déjà confié à la revue « Un commentaire d'un passage de la phénoménologie de l'esprit de Hegel » (1927, p. 441 et suiv.) et « Le journal métaphysique de Gabriel Marcel » (1930, p. 75 et suiv.). Il s'apprête à publier l'année suivante « Le problème du choix, l'existence et la transcendance dans la philosophie de Jaspers » (p. 405 et suiv.).
3. Sur Albert Schweitzer, voir la lettre à Daniel Halévy du 5 mars 1933, *supra*, p. 635.
4. Né à Bordeaux, ancien élève de l'École polytechnique, Pierre Devaux (1897-1969) se spécialise dans la vulgarisation scientifique avant d'écrire des romans d'anticipation.
5. Normalien, agrégé et docteur en sciences naturelles, Louis Blaringhem (1878-1958) mène des recherches de botanique, de biologie végétale et d'agronomie génétique. Il devient chef de service à l'Institut Pasteur en 1909. Mobilisé dans l'industrie d'aviation durant le premier conflit mondial, il conduit différentes missions internationales au sortir de la guerre. En 1928, il accède à la direction de la Maison franco-japonaise de Tokyo. En 1930, il est nommé professeur à la Sorbonne. Bien que n'ayant pas publié dans la *Revue de métaphysique et de morale*, il fait partie des scientifiques qui conseillent la rédaction et qui sont proches de la Société française de philosophie.

Au mois d'octobre 1933, Élie et Florence Halévy se rendent en vacances aux Baléares. Ils gagnent Majorque depuis la capitale de la Catalogne qui les frappe par son niveau de civilisation.

À Xavier Léon, Barcelone[1], le 12 octobre 1933

Mon cher Xavier,
[…] Très-beau temps ; très-beau pays ; belle ville, prodigieusement civilisée. Les philosophes se promènent et se lamentent : « Tout va de mal en pis ; la Civilisation européenne sombre ; comment s'en étonner après ces quatre années de destructions monstrueuses. » En réalité, ce qui frappe, c'est, au milieu des catastrophes, une ascension régulière et générale du niveau de la civilisation. À trente ans d'intervalle, je ne reconnais pas l'Espagne.
Je suis distraitement, cependant, les événements politiques. Le moment approche où Daladier[2] devra enfin résoudre le problème financier. Je percevrai, aux Baléares, le faible écho des batailles du Palais-Bourbon.
Bien affectueusement à vous. Continuez à nous donner de vos nouvelles, fût-ce par simples cartes postales.
Élie Halévy

À Xavier Léon, Puerto de Pollenza, Majorque, le 19 octobre 1933*

Mon cher Xavier, ma chère Gabrielle,
Votre lettre m'est parvenue hier matin. Était-elle dictée par Xavier ? Elle en avait l'air. Si non c'est que la secrétaire a tout-à-fait attrapé la manière du directeur.
Je t'écris, je vous écris, de la terrasse de ce charmant petit hôtel. J'espère que vous avez suffisamment le don des langues pour comprendre que *Mar i Cel* veut dire en castillan « Mer et Ciel ». J'ai la mer (une immense baie fermée) sous les yeux ; et naturellement le ciel, et naturellement le ciel bleu sur nos têtes.

---

1. En octobre 1933, Élie et Florence Halévy prennent des vacances aux Baléares. Ils passent par la Catalogne.
2. Édouard Daladier (1884-1970) préside le Conseil des ministres depuis le 31 janvier 1933 (et jusqu'à la chute du gouvernement le 25 octobre). Agrégé d'histoire, député radical-socialiste du Vaucluse, disciple d'Édouard Herriot, il accéda à la présidence du parti radical en 1927 et à la fonction ministérielle après la victoire du Cartel des Gauches en 1924.

Cette grande île, peuplée je crois, de presque trois cent mille habitants, est une espèce de paradis terrestre. C'est déjà l'Afrique, et les palmiers poussent ici, non pas comme en Provence parce qu'on les a artificiellement plantés, mais parce qu'ils sont chez eux dans les vallées, sur les montagnes. Et puis, une foule d'arbres, de plantes qui nous sont inconnus. Il y a de l'eau dans les vallées, qui sont très vertes, d'admirables vues de montagnes et d'océan sur les hauteurs. Je pense que nous partirons d'ici après-demain parce que le devoir nous commande de voir le reste de l'île ; mais nous regretterons Pollenza.

J'ai un peu honte de vous décrire ces splendeurs, à vous qui n'en pouvez jouir[1]. Mais ce n'est pas égoïsme, c'est plutôt désir de vous en faire jouir par procuration. [...]
Bien affectueusement à vous,
Élie Halévy

À Xavier Léon, Palma de Majorque, le 26 octobre 1933

Mon cher Xavier,

[...] Le lamentable gâchis où nous sommes plongés m'afflige sans me surprendre. Le programme conservateur : des économies et pas d'impôts, est comique dans son enfantillage. Des économies sur quoi ? Sur les 20 milliards de la Guerre et de la Marine ? Oh non. Sur les 20 milliards de la Dette ? Oh non. Alors 6 milliards d'économies sur les 20 milliards des dépenses civiles (sans toucher aux anciens combattants) ? Je reconnais d'ailleurs que seul un gouvernement « conservateur » est capable de remettre de l'ordre dans les finances d'un pays. Encore faudrait-il qu'il ne se rendît pas, par avance, la tâche impossible par une absurde démagogie.

Bien à vous. Je n'ose vous dire de continuer à nous écrire. Car nous n'avons pas l'intention de rester longtemps ici ; et je ne sais pas encore où nous nous arrêterons sur la route du retour.
Élie Halévy

---

1. Xavier Léon souffre d'une sclérose en plaques, une longue maladie qui l'emporte en 1935.

À Raymond Aron, La Maison Blanche, Sucy-en-Brie, S.-et-O., 30 novembre 1933

Monsieur et cher camarade,
Votre article est arrivé à bon port. Je le porte à l'impression[1]. En ce qui concerne le scrupule dont vous me faites part, je ne vois pas très-bien comment vous donner satisfaction. Une note *sous mon nom* ? Mais je ne suis rien à la *Revue*, qu'un assistant officieux de Xavier Léon, « secrétaire de la Rédaction », selon la dénomination modeste qu'il a adoptée quand il était un très-jeune homme et à laquelle il est toujours resté fidèle. Les abonnés se demanderont ce que M. Élie Halévy vient faire là-dedans. Il faudrait que la note fût signée « Note de la Rédaction ».

Alors comment la rédiger ? Comme ceci par exemple : « Nous avons lu, il y a un an, avec un très-vif intérêt, une analyse critique de la notion d'objection de conscience, publiée par M. Raymond Aron dans les *Libres Propos* d'Alain. Il nous a semblé que ses réflexions, que n'inspirait aucune arrière-pensée politique, qui n'étaient dictées à l'auteur que par le souci de voir clair et d'être logique avec soi-même, seraient de nature à intéresser un public plus étendu que celui des *Libres Propos*. Nous remercions M. Aron d'avoir bien voulu accéder à notre requête, en rédigeant à notre intention l'article qu'on va lire. » Et puis après, diront les lecteurs.

Ou bien, quelque chose de plus défini. Dire ce que je pense, que, si je suis d'accord avec vous, nulle pensée antirépublicaine, antidémocratique ne m'inspire. Que l'« objection de conscience », si respectables qu'en puissent être les mobiles chez un petit nombre, exprime, aux yeux de l'historien, sous une forme brutale, l'aversion croissante du Français moyen pour le service militaire obligatoire, et que malheureusement le Français moyen ne voit aucune objection à se décharger de cette corvée sur une foule toujours croissante d'Africains du Nord, de nègres[2], d'Annamites. De sorte que la démocratie, après avoir détruit les armées de métier par haine du gouvernement des soudards, va peut-être nous les rendre – et sous quelle forme – par haine de l'obligation du service militaire. Mais cette opinion, puis-je obliger « la Rédaction de la *Revue* » à en endosser la responsabilité ? et n'est-ce pas ajouter un article à votre article qui se suffit à lui-même ?

---

1. *De l'objection de conscience* (voir les lettres d'Élie Halévy à Xavier Léon du 5 mai et du 9 mai1933, *supra*, p. 555-557). Un problème analogue se pose en 1937 au sujet d'un deuxième article important de Raymond Aron, sur la politique économique du Front populaire, qu'Élie Halévy, moins de trois semaines avant sa mort, a accepté pour la *Revue de métaphysique et de morale*. Voir sa lettre à Raymond Aron du 2 août 1937, *infra*, p. 663).
2. Il ne faut pas voir ici chez Élie Halévy de connotation raciste.

Voilà mes doutes, au sujet desquels je vous serais reconnaissant de me dire ce que vous pensez, en toute franchise. Il me semble d'ailleurs que la dernière page de votre article a été écrite par vous à l'intention précisément d'enlever tout caractère politique à votre article – et suffit.

Croyez-moi votre reconnaissant et cordialement dévoué

Élie Halévy

À Michel Alexandre, La Maison Blanche, Sucy-en-Brie, S.-et-O., 23 juin 1934*

Mon cher ami,

Récemment revenu d'Angleterre, j'ai trouvé sur ma table deux numéros de vos frénétiques *Propos* ; et en les lisant, je suis tombé sur un passage qui me paraît prêter à équivoque et pouvoir fâcheusement induire en erreur certains de vos lecteurs.

Vous écrivez p. 214 du n° du 25 avril (vous écrivez – je veux dire : M. Gouttenoire de Toury[1] écrit) :

« Des *Documents diplomatiques français*... Le tome VI de la 3ᵉ série vient à paraître... or, on y remarque encore de nombreuses falsifications ou dissimulations de [ill.] textes [ill.] que naturellement, la revue allemande... *Berliner Monatshefte* se plaît à souligner et à commenter de façon peu agréable pour un Français...

Je sais bien que le titre de l'article, c'est « la falsification du livre jaune de 1914 », et que les exemples donnés par M. Gouttenoire de Toury, après la phrase que je viens de citer, sont des exemples de falsification du livre jaune. Malgré tout, la phrase n'est pas si mal rédigée qu'il faut s'attendre à voir, de très peu [???], quelqu'un de votre groupe, écrire comme si les choses allaient de soi : « Les *Documents diplomatiques français* fourmillent de falsifications... » Et M. Gouttenoire de Toury ne pourrait-il trouver quelque occasion de bien expliquer que ses critiques ne s'adressent pas à une publication ? – grâce à elle, bien au contraire, il lui a été possible de compéter les phrases tronquées du livre jaune.

Salut et fraternité.

Élie Halévy

---

1. Fernand Gouttenoire de Toury (1876-1964) est un ancien combattant, officier durant la guerre, socialiste devenu pacifiste, membre du comité central de l'Association républicaine des anciens combattants, militant de la SFIO et de la Ligue des droits de l'homme. Essayiste, il a publié plusieurs ouvrages sur la guerre, les responsabilités des nations et le pacifisme.

P.-S. Cette lettre est pour vous, non pour vos lecteurs. Je n'ai aucune envie de m'immiscer personnellement dans cette querelle des responsabilités de la guerre, sur laquelle j'ai dit, en dehors de toute polémique, tout ce que je croyais avoir à dire.

À Célestin Bouglé, La Maison Blanche, Sucy-en-Brie, le 20 août 1934

Mon cher ami,

[…] M'étant enfin débarrassé d'une ou deux besognes que j'avais eu la faiblesse de me laisser mettre sur le dos en Angleterre, je me suis à nouveau jeté dans le courant de l'histoire anglaise d'il y a un siècle environ. Je me sens anachronique, mais non pas malheureux pour cela. Car je ne suis pas un fils de la guerre ; et le siècle qui commence sous mes yeux à sortir de l'enfance m'étonne mais ne m'enchante pas. Je suis d'ailleurs loin, très-loin, de croire à une guerre imminente. Il faudrait que l'Allemagne fût militairement prête, et je ne crois pas qu'elle le soit : et à force de nous dire qu'elle l'est alors qu'elle ne l'est [pas], on risque de ne pas se faire prendre au sérieux quand on continuera de le dire et que ce sera vrai.

Le moment doit arriver où tu vas traverser ce peuple de héros ivres de sang – si débonnaires dans la vie de tous les jours, et dont on ne sait s'il faut dire qu'ils sont nés pour être des soldats ou des domestiques. À Prague et à Cracovie, n'oublie pas d'encourager de tes conseils Cavaillès et Parodi, qui doivent nous donner le compte rendu des deux Congrès[1] ; et Parodi, le jour où nous nous sommes rencontrés tous les trois, paraissait manquer un peu d'enthousiasme.

À toi, à vous tous,
Élie Halévy

Au baron de Meyendorff, La Maison Blanche, 17 septembre 1934*

Mon cher ami,
L'idée me vient de vous envoyer un exemplaire de la traduction anglaise du dernier volume de mon histoire. D'abord parce qu'il s'agit de l'histoire de notre temps, de notre histoire ; et que le sujet pourra vous intéresser. Je me

---

1. Le 8ᵉ Congrès international de philosophie doit se tenir à Prague du 2 au 7 septembre 1934 et le 6ᵉ Congrès international d'Éducation morale, à Cracovie, du 11 au 14 septembre 1934. Cf. Dominique Parodi, « Les congrès de Prague et de Cracovie », *Revue de métaphysique et de morale*, n° 42, janvier 1935, p. 117-135 ; et Jean Cavaillès, « L'École de Vienne au congrès de Prague », *id.*, p. 137-149. (Sur Jean Cavaillès, voir *supra*, note 1, p. 571.)

suis même amusé, pour vous amuser, à glisser entre les pages les passages que l'incroyable pudeur patriotique de l'éditeur a obligé le traducteur à omettre.

Ensuite parce que vous serez en quelque sorte obligé, par le fait que vous me répondrez, de me donner de vos nouvelles qui me manquent. Dites-moi comment vous vous faites, et si vous vous faites, à la civilisation[1] de ce petit peuple qui a une bonne réputation en Occident. Est-il aussi flegmatique et aussi éclairé qu'on nous le dit ? Est-il aussi plus rassuré à l'égard d'une possible invasion soviétique qu'il ne l'était il y a quelques années, maintenant que les Soviets regardent du côté de l'Orient, et non plus même pour attaquer, mais pour se défendre ? Et vous-mêmes comment passez-vous votre vie ? Ne me dites pas que vous ne menez plus qu'une existence de retraité à l'heure où moi-même qui ne suis pas si loin d'avoir votre âge, je fais encore des projets dont les dimensions sont, je le reconnais, extravagantes. Même à Viborg, il y a quelque chose à faire. Même à un retraité il reste d'écrire ses mémoires. J'aimerais assez vous voir jeter, sur les temps que vous avez traversés, sur les pays que vous avez habités, votre ironique et assez redoutable regard.

Donnez-moi aussi, donnez-nous des nouvelles de madame de Meyendorff, dont nous les[2] recevons pas aussi fréquentes que nous voudrions. Moi, après un studieux et sédentaire été, je pars avec ma femme passer un mois en Grèce, où votre réponse viendra certainement nous joindre.

Et voilà : comprenez bien quel plaisir vous me ferez en m'écrivant, priez madame de Meyendorff de daigner agréer mes hommages, et croyez-moi toujours bien amicalement vôtre.

Élie Halévy

À l'automne 1934, Élie et Florence Halévy réalisent un ancien projet jamais réalisé, la découverte de la Grèce antique. Ce voyage est complété par une visite en Italie sur les sites des antiquités siciliennes.

---

1. Le baron de Meyendorff réside temporairement avec sa femme en Finlande.
2. Lire : « que nous ne ».

À Xavier Léon, Hôtel Mistra, Athènes, le 30 septembre 1934

Mon cher Xavier,

Admirable traversée, après vingt délicieuses heures à Venise (avec René[1], pour expliquer et commenter les chefs-d'œuvre de l'école vénitienne). Beau coucher de soleil sur Salamine, avant le débarquement au Pirée. Au débarqué, effroyable bataille avec une armée de porteurs. Et, à Athènes, la première impression, nocturne, celle d'une grande ville de province méditerranéenne de second ordre. Où diable peut se cacher l'Acropole ?

Mais nous l'avons découverte quand est venu le jour ; le Parthénon, l'Érechthéion, beaucoup plus légers, plus délicats, plus beaux que sur les images. Nous avons passé la journée entière sur et autour de l'Acropole. Il faut le voir de tous les côtés, à toutes les heures du jour...

Nous resterons ici largement une semaine, nous dirigeant ensuite vers Delphes, puis vers le Péloponnèse...

Puis vers la France aux environs du 1er novembre [...]

Élie Halévy

À Xavier Léon, Delphes, le 10 octobre 1934

Mon cher Xavier,

Je n'ai pas reçu de réponse à la lettre que je vous écrivis d'Athènes, il y a une dizaine de jours. Mais peut-être votre lettre m'attend-elle à Athènes, quittée par nous hier matin, et que nous regagnerons seulement demain soir.

Très-beau voyage d'Athènes jusqu'ici, hier, en auto, par montagnes, plaines, et de nouveau montagnes. La seconde route de montagne est une admirable route militaire, établie pendant la guerre par les Alliés pour conduire leurs troupes en Albanie avec le minimum de traversée maritime. C'est ainsi que nous faisions la guerre sur le corps des Grecs comme les Allemands la faisaient sur le corps des Belges. Je crois bien savoir que cela finit par un massacre de marins français à Athènes[2], je ne sais plus au

---

1. René Berthelot.
2. Sur fond d'affrontements à Athènes entre les partisans du roi Constantin Ier (suspecté par les Alliés de vouloir se rapprocher de l'Allemagne) et ceux du gouvernement de défense nationale proclamé à Thessalonique par Eleftherios Venizélos, les troupes franco-anglaises débarquées à Athènes le 1er décembre 1916, sous le commandement du vice-amiral Dartige du Fournet sont en partie massacrées. Abandonnant la capitale grecque, elles précipitent l'écrasement des venizélistes. On parle pour ces événements des « vêpres grecques », ou « événements de novembre », par référence à la date du calendrier Julien.

juste à quelle date, ni dans quelles circonstances. Car ce sont des côtés de l'histoire que nous préférons laisser dans l'ombre.
En tous cas les Grecs y ont gagné une admirable route – qu'ils entretiennent assez bien.
Delphes est admirable – les ruines, les débris de statues, intéressants. Mais surtout la nature (montagnes, forêts d'oliviers, au loin la mer semée d'îles) admirable. [...]
Élie Halévy

À Xavier Léon, Athènes, le 12 octobre 1934

Mon cher Xavier,
[...] Nous sommes rentrés ici hier soir, [...] et c'est ce matin seulement que nous avons découvert qu'il y a trois jours, au moment où nous arrivions à Delphes, les Yougoslaves se signalaient à l'attention du monde par un nouvel assassinat[1]. Le roi Alexandre n'aura pas eu le loisir de venir à Paris admirer le portrait de son père, arrivé lui-même sur le trône au prix d'un double assassinat... C'est ainsi que les Serbo-Croates font marcher l'histoire de l'Europe. [...]
Bien affectueusement à vous deux,
Élie Halévy

À Xavier Léon, Venise, le 1er novembre 1934

Mon cher Xavier,
Voici la fin de ce beau voyage, si favorisé par les Dieux, quand ce ne serait que pour les traversées. Six jours de mer, si jours de beau temps absolu. Admirable coucher de soleil sur les montagnes de la Grèce, pour leur faire nos adieux il y a deux jours (déjà deux jours !)

---

1. Dès son arrivée au Quai d'Orsay, le ministre des Affaires étrangères Louis Barthou a lancé une politique très ambitieuse de réarmement diplomatique de la France pour répondre aux menaces allemandes. Il tente en particulier de coupler les alliances de la Petite Entente avec un pacte oriental associant la Yougoslavie. La visite en France du roi Alexandre s'inscrit dans cette politique volontaire, mais sans avenir après « l'assassinat de Marseille ». Barthou et le roi qu'il vient accueillir dans la capitale phocéenne sont tués par un terroriste bulgare le 9 octobre 1934. La France perd à cette occasion le seul ministre des Affaires étrangères qui avait compris la nature du bellicisme hitlérien et les raisons de le combattre, y compris par l'usage de la force militaire.

Samedi matin, nous serons à Paris, et dimanche au début de l'après-midi, j'irai te voir. Heureux de savoir que tu ne vas pas plus mal, et heureux de reprendre de tes mains le timon de la *Revue*. J'aimerai mieux qu'autour de toi, et moi, et de la *Revue*, il n'y ait pas le monde politique[1].

Ton, votre
Élie Halévy

À René Berthelot, La Maison Blanche, Sucy-en-Brie, S.-et-O., 8 août 1935

Mon cher René,
Je serai très heureux d'aller te voir. Mais quel jour ? Cela ne dépend pas seulement de moi. Envoie-moi donc *sans tarder* les épreuves[2].

Ton article sur le néo-mensonwellisme [ill.][3]. Évidemment, cela va abréger les jours de Winter[4], qu'y faire ?

Oui, l'époque historique que nous traversons est intéressante.

Salvemini me disait il y a quelques années de Mussolini : « Ce que je lui reproche, c'est de ne pas être un événement historique. » Il exagérait peut-être ; mais on ne saurait en dire autant de l'Hitlérisme.

Rien à faire contre tout cela, d'ailleurs. Nous traversons l'ère des tyrannies. Et ce qui fait la force de ces régimes, c'est qu'ils sont aidés, dans ce qu'il reste de pays démocratiques, par les sympathies secrètes des partis conservateurs d'une part, et, d'autre part, par le pacifisme des partis populaires.

À bientôt. Mais envoie-moi vite les épreuves.
Ton, votre
Élie Halévy

---

1. Élie Halévy fait référence au poids des événements politiques sur le fonctionnement de la pensée scientifique.
2. Il s'agit probablement des épreuves de la série d'articles que René Berthelot publie dans la *Revue de métaphysique et de morale* sur « L'astrobiologie et la pensée de l'Asie : essai sur les origines des sciences et des théories morales » (1935, p. 549 et suiv.).
3. « À propos d'un malentendu », *Revue de métaphysique et de morale*, 1936, p. 641 et suiv.
4 Sur Maximilien Winter, qui assure la direction du *Supplément* de la *Revue*, voir la note 5, p. 485.

Au baron de Meyendorff, La Maison Blanche, Sucy-en-Brie, S.-et-O., 20 août 1935

*Mon cher ami,
Si je fais tard vos commissions, je les fais tout de même. J'ai fini par m'occuper de l'affaire de Bois-Colombes. Vous semblez redouter un maire « anticlérical » ; ce qui prouve que vous restez un homme du XIXe siècle. Il ne s'agit pas de cela aujourd'hui. Ou le maire de Bois-Colombes est « national » [...]

En fumée* [...] Que vous dire de plus ? que je ne désespère pas d'aller vous infliger un jour notre visite à Viborg[1]. Mais il faudra pour cela que je prenne mes vacances en été ; et ce n'est pas le cas ces années-ci, où, pour diverses raisons, je travaille à domicile pendant les mois chauds, et ne me repose qu'en octobre. Nous pensons, ma femme et moi, pour le mois d'octobre qui vient, à Naples et à la Sicile. Mais qui sait ce que le tyran de là-bas prépare à l'Europe pour cet automne ?

Je fais, depuis quelques années, deux pronostics : le premier, c'est que la paix européenne durera longtemps encore ; le deuxième, que toute l'Europe va vers quelque espèce de « socialisme national ». Malgré tout, l'Angleterre, et même la France, s'obstinent à démentir le second pronostic ; je tremble de voir Mussolini démentir le premier.

On verra. Je vous souhaite un esprit libre et une vie calme sur la planche étroite où vous êtes réfugiés. Je vous souhaite d'agréables lectures en compagnie de madame de Meyendorff, de vos multiformes cousins, et de monsieur Stark-Ohann[2]. Et j'espère que vous aurez la bonté de nous donner de vos nouvelles, qui nous sont toujours chères.

Votre amicalement dévoué
Élie Halévy

À Henriette Noufflard, 11 septembre 1935*

Ma chère Henriette,
Considère que ta terrible lettre est sur ma table, sous mes yeux, depuis une quinzaine de jours, depuis une quinzaine de jours que tu me l'as écrite. Mais mon attention a cessé d'être tiraillée de bien des côtés. Il y a

---

1. Le baron et la baronne de Meyendorff ont quitté Londres pour Viborg en Finlande l'année précédente.
2 Personne non identifiée.

la *Revue de Métaphysique*, avec des articles à relire soigneusement pour épargner aux auteurs des erreurs toujours possibles, et dans lesquels il est question d'esthétique, des origines du christianisme, de la nouvelle chimie, de Descartes, de Hegel et de l'État corporatif. Il y a des papiers importants qui dorment à Londres dans les malles d'un réfugié russe, que je voudrais bien tirer de là ; mais je me heurte à la terrible inertie humaine. Il y a enfin, et surtout, mon histoire dont je suis le cours, absorbé pendant un an par le problème monétaire, et Poincaré, et en ce moment par le problème toujours actuel de la diplomatie britannique. Et puis il y a ta lettre, ta terrible lettre.

Heureuse jeunesse ! Heureux enfants !

Si j'avais vingt ans, ou même vingt-cinq ans, au même trente ans, avec du temps, beaucoup de temps, à dépenser, j'enverrais tout le reste au diable et passerais six mois à comprendre le mécanisme relativiste, ou à comprendre pourquoi je ne le comprends pas.

J'attendais toujours d'avoir non pas six mois mais six heures à lui donner (à cette mécanique). Je ne les avais jamais. Je me consolai à l'idée que je te verrai ce soir, et que nous pourrions causer. Puisque, jusqu'à nouvel ordre, Mussolini ne le permet pas, je te dis : mes doutes sont les tiens, mes incompréhensions sont les tiennes. Tu les exprimes seulement un peu mieux que je [ne] le ferai moi-même. Je garde ta lettre sur ma table pour te répondre plus amplement un jour où je trouverai le temps. Et je te fais envoyer par la librairie Armand Colin deux numéros de la *Revue de Métaphysique et de Morale*, où tu trouveras, dans une étude signée Le Roy, peut-être quelques lumières. Cette théorie d'Einstein sera, je te le dis en vérité, l'humiliation de mes vieux jours.

Affectueusement,
Élie Halévy

À René Berthelot, Sucy-en-Brie, 6 novembre 1935

Mon cher René

Tu auras appris, en arrivant en Suisse, par une lettre de Florence, la triste nouvelle de la mort de Xavier Léon. Je ne te donne pas des détails que sans doute tu possèdes déjà. La nouvelle est, en vérité, moins triste qu'elle n'eût été s'il avait disparu brusquement il y a dix ans, en pleine activité. Le spectacle de son existence, de ses restes, de ses débris d'existence, m'affectait plus que je ne saurais dire ; avec la perspective, s'il continuait à vivre, des aggravations encore possibles de son mal, c'était devenu pour moi, plus que je ne le disais, un véritable cauchemar.

Je continuerai à veiller – tant que je ne serai pas sûr (et ce n'est pas pour demain) que je puis la remettre en des mains dignes de confiance – sur le destin de la *Revue*. Rien donc ne sera changé de ce côté. Et je tiens à te dire, pour que tu ne presses pas inutilement ton travail, qu'il me sera impossible de faire passer ton article en janvier, étant condamné à publier intégralement dans ce numéro-là un énorme mémoire de Benedetto Croce[1]. [...]

Élie Halévy

À Daniel Guérin, La Maison Blanche, Sucy-en-Brie, S.-et-O. [fin 1935]*[2]

Mon cher ami,
Je ne puis, hélas ! vous aider. Il s'agit d'un simple souvenir. Le souvenir d'un article de journal cité par un journal français. Me suis-je jamais inquiété de savoir le nom de l'auteur ? Mais je me rappelle très nettement l'article. Il s'agissait de politique extérieure et on voulait décourager ceux qui, à l'étranger, pourraient compter sur des dissensions internes. « L'Italie mussolinienne étant un *bloc de granit lisse*, sur lequel nulle main n'aurait prise.» Je réponds de la textualité des quatre mots soulignés ; car la métaphore m'a plu et est restée gravée dans ma mémoire.

Pour le reste, votre lettre m'amuse. Il faut qu'on soit bien en détresse pour qu'on en soit venu à penser à qui vous dites. Votre mère fait d'ailleurs preuve de beaucoup de jugement quand elle pense qu'il n'est pas assez aimable. Quel compte pourrait-il tenir du tuyau ? Je vous réponds seulement qu'en toutes occasions il feindra la plus candide ignorance.

Bien à vous,
Élie Halévy

Au baron de Meyendorff, La Maison Blanche, Sucy-en-Brie, S.-et-O., 7 août 1936

Mon cher ami,
Notre été, en Occident, est sans pareil pour le mauvais temps[3]

---

1. Benedetto Croce, « La poésie et la littérature », 1936, p. 1 et suiv.
2. Copie dactylographiée établie par Daniel Guérin à l'époque de la réception de cette lettre.
3. Le baron de Meyendorff a écrit, le 30 juillet 1936 : « Été sans pareil pour le beau temps et pour les difficultés ailleurs. Nous suivons avec anxiété le "terrible problème, dont la solution n'importe pas seulement à la France, mais à tout l'univers civilisé. Si nous nous (vous vous) sauvons (sauvez) nous-(vous-)mêmes, nous (vous) sauvons (sauvez) en même temps

météorologique aussi bien que politique. Encore, pour se garer du temps météorologique, a-t-on parapluies et caoutchoucs. Mais contre le mauvais temps politique, que faire ? Le libéral, dans ses moments de lassitude, se dit : « Heureux les pays dictatorialisés ! Un homme a la peine de penser, de décider pour lui. » C'est ainsi qu'il arrive au libre-penseur de se dire aussi : « Heureux les catholiques, parce que etc. »

Que puis-je dire sur les événements de France ? Je ne sais si vous vous rendez compte que seul le parti communiste, par sa modération calculée, empêche le parti socialiste de verser dans la plus totale anarchie. Il est vrai que c'est sur l'ordre de Moscou[1], et que j'ai peine à croire que cela durera longtemps. Quoi qu'il en soit, les premières mesures prises par le gouvernement socialiste ont eu pour effet d'augmenter le nombre de chômeurs, de faire tomber les rentrées d'impôts, tout en augmentant considérablement les dépenses. En octobre, il va falloir établir le budget. Le savant en moi attend cette échéance avec beaucoup de curiosité ; le citoyen avec beaucoup d'anxiété. La première réaction sera révolutionnaire ; et la seconde ?[2]

Vous voyez juste sur Tocqueville et Louis Blanc. Le problème, Tocqueville en voyait bien la nature ; et à nouveau il surgit à nos yeux. Le nationalisme de Louis Blanc et des socialistes de son genre, ennemis du plat régime de Louis-Philippe, dépasse les limites du croyable.

Votre carte me trouve à Sucy, où je passe l'été au travail. Nous ne pensons guère voyager avant l'hiver, saison peu propice pour un voyage en Finlande[3]. Nous irons donc du côté du soleil si ce n'est pas le côté de la guerre. Sur la nature du « pacifisme » anglais, que je guillemettise comme vous, Paul Vaucher[4] est moins ironique que moi qui moi-même le suis sans doute

---

tous les peuples qui nous (vous) environnent […]" (Tocqueville, avertissement à l'édition de *La Démocratie* de 1848). Quant à L. Blanc, j'y retrouve du Hitler dans la conclusion de son *Histoire de dix ans*. "Encore si la nationalité n'avait pas fléchi !…" Il n'avait que 30 ans. » Le baron de Meyendorff dit encore, comparant la jeunesse allemande, qui « arpente les sentiers », à la jeunesse russe qui « est encore enfermée dans les frontières de l'URSS et n'en sort que par ordre et surveillée » : « Les deux despotismes diffèrent. Enfin, j'ai le dégoût de l'un et de l'autre. » (archives Élie Halévy).

1. Staline impose aux partis communistes européens, et particulièrement le PCF, une tactique de « front populaire » à laquelle il mettra fin avec le pacte germano-soviétique d'août 1939.
2. Intéressante distinction entre « le savant » et « le citoyen ».
3. Élie et Florence Halévy projettent en effet un voyage en Finlande, qu'ils programment finalement à la toute fin de l'été 1937. La maladie d'Élie Halévy en interrompt les préparatifs. (Voir la lettre d'Élie Halévy au baron de Meyendorff, du 28 juin 1937, *infra*, p. 661.)
4. Né dans une famille protestante, agrégé d'histoire en 1912, Paul Vaucher (1887-1966) s'intéresse avant guerre aux relations franco-anglaises et bénéficie de l'aide puis de l'amitié d'Élie Halévy. Son premier article, publié en 1913, porte sur « Une convention franco-anglaise pour régler le commerce et la navigation dans les Indes occidentales, 1737-1740 ». En 1922, après un séjour à l'université de Lund (Suède) et de fréquents séjours en Angleterre, il obtient avec l'appui d'Élie Halévy la chaire des institutions et de l'histoire française nouvellement créée

moins que vous. Ce mouvement pro-abyssin[1] fut un bizarre mouvement – dans lequel il eût été absurde de vouloir entraîner (c'est tout ce que je sais) la France dans une guerre avec l'Italie pour l'amour de la Société des Nations. Jamais le peuple n'aurait marché : et le peuple anglais aurait-il marché, une fois qu'on serait sorti du domaine des sanctions pour entrer dans celui des mobilisations ? Et voici que la guerre civile espagnole[2] place France et Angleterre devant le même problème. J'ai bien peur qu'elles ne sortent de cette crise également couvertes de confusion. Ce serait en tous cas la paix immédiate, et je pourrais faire le voyage de Sicile[3]. Mais après ? J'en reviens toujours à poser cette question : mais après ?

Avec les meilleurs vœux de ma femme.

Votre amicalement dévoué,

Élie Halévy

À Émile Chartier [Alain], Fresnay-le-Long, par Saint-Victor-l'Abbaye, Seine Inférieure[4], 23 août 1936[5]

Mon cher ami,

Je ne lis ni *Gringoire* ni la *Lumière* ni *Candide*[6] : ainsi s'explique la paix spirituelle dont je jouis dans un monde dont la paix est absente. Je reconnais que ce paradis est artificiel, et qu'il m'en faudra sortir un jour ou l'autre.

Que tous les fantassins, que tous les paysans soient de ton avis, j'en suis tellement persuadé que je dirais qu'il ne vaut pas la peine de le dire[7]. Voilà ce que je pense dans la paix de mon cabinet de travail. Mais ma jeune

---

à l'université de Londres. Après la mort de son mentor, il enseigne l'histoire de l'Angleterre et de l'Empire à l'École libre des sciences politiques. Résistant au nazisme, il professe des cours à l'École des hautes études de New York puis rejoint Londres pour devenir conseiller culturel et responsable des services de l'éducation à l'ambassade de France. Il participe et anime les conférences interalliées sur le sujet. En 1945, il accède à la chaire de l'histoire du XIXe siècle à la Sorbonne. L'année suivante, il édite le tome IV de l'*Histoire du peuple anglais au XIXe siècle*, resté inachevé après la mort d'Élie Halévy : *Le milieu du siècle (1841-1852)*.
1. C'est-à-dire favorable à l'Éthiopie dans son combat contre l'invasion italienne.
2. Le *pronunciamiento* des généraux espagnols date du 18 juillet 1936. Ce coup d'État nationaliste et catholique manqué débouche sur la guerre civile espagnole.
3. Élie et Florence Halévy voyageront finalement en Sicile en janvier-février 1937.
4. L'en-tête est complétée par la mention : « de nouveau demain, Sucy-en-Brie, S.-et-O ».
5. Cette lettre n'avait pas été retrouvée lors de la publication de la *Correspondance* d'Alain avec Élie et Florence Halévy (*op. cit.*). Elle a été publiée dans la *Correspondance (1891-1937)*, *op. cit.*, p. 732-733. Elle répond à une lettre d'Émile Chartier du 6 août 1936. (Voir Alain, *Correspondance avec Élie et Florence Halévy (1892-1937)*, *op. cit.*, p. 311-312).
6. Publications de presse d'extrême-droite.
7. « Au fond, écrivait Alain, je suis assuré qu'il n'y aura pas de guerre si les fantassins français disent ce qu'ils pensent. »

nièce[1] met entre mes mains le dernier numéro de *L'Humanité*. Et je vois qu'il y a été souscrit pour une somme de près de deux millions de francs en faveur du gouvernement espagnol[2]. La France d'aujourd'hui n'est donc plus la France de la grève contre la guerre mais de la guerre pour la liberté. Tu dis : manœuvre, manœuvre de l'aile ? Qu'entends-tu par ces mots[3] ? Et qui donc « manœuvre » les Français tantôt par la droite tantôt par la gauche ? Est-ce Satan ? Ou est-ce l'Esprit de la Guerre ? Ou bien est-ce « les Juifs » qui m'ont l'air de t'obséder. Il serait en somme [logique[4]] que ta philosophie paysanne dégénérât en philosophie antijuive. Car le Juif – le prolétaire aussi bien que le petit boutiquier, le petit boutiquier aussi bien que le banquier – est un homme des villes. Et quand tu écris : « C'est dommage que Blum[5] soit parisien », il serait presque plus pittoresque de dire : « C'est dommage qu'il soit juif. »

Que les Juifs n'aillent pas, d'ailleurs, se régler, dans la conduite, sur le problème de savoir ce qui est le moins propre à développer contre eux les passions anti-juives. Car quoi qu'ils fassent, leur compte est réglé. Ils peuvent individuellement faire ceci ou cela – Léon Blum courageusement ceci, Herzog-Maurois[6] tortueusement cela –, [mais] que peuvent-ils contre les causes générales qui travaillent contre la tribu, collectivement ? Car le fatalisme est le vrai. L'un ou l'autre peut, pour son propre compte, tirer son épingle du jeu. Mais la foule ?

Il ne s'agit pas d'opter entre le libre-arbitre et le déterminisme, qui ne sont que les deux faces d'une même vérité. La doctrine du libre-arbitre est la face interne du déterminisme, le déterminisme tel qu'il apparaît sur sa face interne, à moi, à toi, dans la mesure où nous sommes, dans un instant donné, des causes agissantes. Le déterminisme, c'est toi, c'est moi vus du dehors, par ceux qui, nous voyant du dehors tels que nous sommes, savent parfois mieux que nous-mêmes comment nous agirons. Mais, d'une manière ou d'une autre, on laisse échapper les causes générales qui, quoi que fassent

---
1. Henriette Noufflard.
2. Alors que l'intervention de l'Allemagne et de l'Italie en faveur du général Franco est immédiate et massive, la France du Front populaire tergiverse. Le 1er août 1936, par une note diplomatique, la France propose aux grandes puissances un engagement de « non-intervention » dans la guerre d'Espagne. Le 9, Hitler et Mussolini acceptent la proposition sans cesser cependant d'aider les franquistes. Du côté du gouvernement français, prisonnier du piège de la « non-intervention », Léon Blum accepte que le ministre de l'Air, le radical Pierre Cot, fournisse une aide minimale aux républicains espagnols.
3. « La manœuvre de nos communistes par l'aile a échoué », avait écrit Alain.
4. Un mot a été sauté par Élie Halévy : « logique », « normal », « naturel » ?
5. Après la victoire du Front populaire aux élections législatives des 26 avril et 3 mai 1936, Léon Blum est devenu président du Conseil le 5 juin.
6. André Maurois est le pseudonyme littéraire choisi par Émile Salomon Wilhelm Herzog (1885-1967).

lus, conduisent la patrie, la race, le genre humain vers telles fins
ıdividus n'ont peut-être même pas la connaissance.

Si j'étais sage, je fermerais tous les livres d'histoire que j'ouvre chaque jour sur ma table. Et j'écrirais un livre qui serait intitulé : *Le Destin*. Mais je ne suis pas sage, ou plutôt une autre sagesse, celle précisément qui est fatalisme, me dit de poursuivre ma destinée, et de continuer à travailler comme si j'avais devant moi quinze ans de vie, de santé, de jeunesse intellectuelle, de sécurité radicale à l'égard de toutes catastrophes ou privée ou publique.

Heureux toi qui travailles au rythme d'un chef-d'œuvre par semaine[1].

Donne-moi de tes nouvelles.

Ton
Élie Halévy

À Daniel Halévy, La Maison Blanche, Sucy-en-Brie, 26 août 1936

Mon cher Daniel,

Le volume des *Documents Diplomatiques* qui se rapporte à l'hiver 1881-1882 a paru voici déjà quatre ans. Gambetta passe à l'horizon comme un météore. Une dépêche à Saint-Vallier du 7 décembre, offre de l'intérêt ; les autres, quatre ou cinq, n'apportent rien de nouveau sur la politique égyptienne de Gambetta. [...]

Adhérer à une société d'histoire de la IIIe République[2] ? Pourquoi pas ? Je suis bien membre d'une Société Germanique et d'une Société de Folklore français. Mais je n'ai aucune compétence spéciale. Je suis un admirateur de la Constitution de 1875, ce qui me place dans une position de grande et pittoresque excentricité. Mais c'est sans beaucoup de documents à l'appui. J'ai senti mon ignorance en lisant les débats Daniel Halévy-Robert Dreyfus dans le *Bulletin de la Société d'Histoire Moderne*[3]. Discussion, d'ailleurs,

---

1. Une référence aux *Propos* d'Alain.
2 La Société d'histoire de la Troisième République a été créée en 1937, à l'initiative notamment de Daniel Halévy.
3. « Discussion des thèses de MM. Daniel Halévy et Robert Dreyfus sur l'interprétation à donner des lois de 1872 et 1875 relatives aux Conseillers d'État. Réponse de M. Daniel Halévy et autres interventions », *Bulletin de la Société d'Histoire Moderne*, mars-avril 1936. La discussion devant la Société d'histoire moderne (n° 149) est ainsi présentée : « Le président remercie MM. Daniel HALÉVY et Robert DREYFUS de leur initiative flatteuse pour la Société. Nos confrères suivront avec le plus vif intérêt les résumés des thèses qu'ils ont déjà soutenues clans le *Journal des Débats* avec un si grand talent, et les précisions supplémentaires qu'ils pourraient avoir à donner. De leur côté, les membres de la Société s'empresseront, à n'en pas douter, de collaborer à l'éclaircissement de ce problème historique – il ne saurait s'agir d'un arbitrage – en apportant des arguments ou des documents nouveaux. Il commence par donner la parole à M. D. Halévy. Celui-ci veut d'abord exposer simplement son attitude, se

peu instructive ; et je suis étonné que personne n'ait soulevé la question que j'aurais soulevée, moi. Cette loi de 1872 (ou 1873, je ne me rappelle pas), d'où sort-elle ? Quel parlementaire l'a introduite ? Fut-ce au hasard des débats, ou à la suite d'une campagne de presse ? Je vois qu'elle était renouvelée d'une loi de 1849. – S'agit-il d'une revendication qui avait persisté pendant toute la durée de l'Empire ? ou d'un réveil brusque après une léthargie de plus de vingt ans ? Et en 1849, qui l'avait introduite ? et sous l'empire de quelles préoccupations ? Car mon *ignorance* considérait la thèse libérale comme identique à la thèse anglaise, à la thèse de la séparation des pouvoirs, suivant laquelle il n'est pas besoin pour trancher les litiges entre simples particuliers et l'État de juges spéciaux, fonctionnaires révocables : les tribunaux ordinaires suffisaient. Nous avons au contraire en 1872 [à faire] à une loi dont l'esprit me semble être plutôt conventionnel jacobin (quel que soit le parti qui en ait enlevé le vote) et qui nous rapproche du système de l'élection des juges.

Ton
Élie Halévy

À Daniel Halévy, La Maison Blanche, Sucy-en-Brie, 27 octobre 1936

[…] J'ai lu avec beaucoup de plaisir et d'intérêt ton premier article.

La conclusion du second[1] m'a bien entendu paru ébouriffante. En somme tu regrettes, pour la beauté du spectacle, qu'il n'y ait pas insurrection d'un

---

réservant de répondre plus amplement à l'argumentation de son adversaire et camarade. Il défend donc la façon dont il a posé le problème, la méthode qu'il a suivie et, de façon générale, les conclusions auxquelles il a abouti. Avant de donner la parole à M. Robert Dreyfus, M. G. Bourgin signale que toute une série de documents, conservés aux Archives Nationales, ont été versés par la Chambre des députés, qui concernent la question soulevée. Il ne sait pas exactement quelle est la valeur de ces pièces ; mais leur existence seule montre que les conclusions du débat actuel peuvent n'être que provisoires.
M. Robert Dreyfus. I. Méthode. En 1872, l'Assemblée nationale enlève au chef du pouvoir exécutif, M. Thiers, le droit de nommer les conseillers d'État, pour se le réserver à elle-même ; en 1875, elle restitue ce droit au maréchal de Mac-Mahon, président de la République. Pourquoi ce revirement ? Voilà toute l'énigme proposée par M. Daniel Halévy (Débats du 10 janvier 1936). Pour là déchiffrer, j'ai cru suffisant (Débats du 29 janvier) d'interroger les données historiques particulières de 1872 et 1875, tandis que M. Daniel Halévy avait entrepris de rattacher le double épisode à l'histoire générale du Conseil d'État. Je crains que cette méthode ne l'ait entraîné à préférer certaines vues idéologiques (que je trouve contestables) à l'enquête limitée et directe qui me paraît nécessaire. »
1. Ce sont deux articles de Daniel Halévy sur le 16 mai 1877, parus dans la *Revue de Paris* les 1er et 15 septembre 1936. Il s'agit en réalité de « bonnes feuilles », extraites de *La République des Ducs*, qui ne paraîtront que l'année suivante (le 16 mai 1877 marqua la défaite des droites menées par Mac Mahon et scella l'alliance des républicains qui purent consolider le régime).

côté, coup d'État de l'autre. Étrange aussi le passage où tu regrettes que le changement de parti nous ait coûté une alliance. Quelle alliance ? L'alliance autrichienne ! Vraiment, vous autres « réactionnaires », vous avez le sens du vermoulu. Que d'ailleurs le « bloc » date du temps du 16 mai, je [te] l'accorde pleinement. Mais non les trublions. Les « trublions », c'étaient les membres de la Ligue des Patriotes et les jeunes Camelots du roi. Rien de moins « trublion » que le duc de Broglie et ses amis.

Même dans le premier article... Gambetta était-il « démagogue » quand il disait que la victoire des hommes du 16 mai, c'était la guerre ? Ni plus ni moins que les conservateurs d'aujourd'hui accusant les gauches de vouloir la guerre pour les Soviets. Ce qui est, d'une part, absurde, et, d'autre part, légitime. Rien de démagogique, d'ailleurs, vraiment (sauf peut-être une phrase qui accompagne la formule, et que tu mets en vedette), dans la formule : « Le cléricalisme, voilà l'ennemi ! » C'est bien ainsi que la question se posait ; et tout ce grouillement d'évêques sur lequel tu as raison d'attirer l'attention le prouve bien. Rome est aujourd'hui plus habile – et d'ailleurs plus « démagogique ».

Ton
Élie Halévy

À Daniel Halévy, Sucy-en-Brie, 30 octobre 1936

Mon cher Daniel,

J'ai relu ton second article[1] ; et je reconnais que, sur le premier point, « insurrection, coup d'État », je t'avais mal interprété. Tu veux dire, si je t'interprète bien aujourd'hui – et cela sans te compromettre en exprimant ton opinion personnelle dans un sens ou dans un autre – que le renvoi de Jules Simon était une illégalité, un « coup d'État » (voir la lettre de Mgr Pie), et qu'alors, ou bien il ne faut pas commencer un coup d'État, ou bien il faut le faire jusqu'au bout. Mais, tout de même, au paragraphe premier de la p. 570, il y a l'expression d'un regret que la réalité ait présenté « un relief si pauvre ».

Trublions – Simple question de terminologie ; mais je maintiens mon dire. Je n'ai pas le texte à ma disposition, mais je suis sûr que, pour Anatole France, les trublions sont des hommes qui font leur politique à coups de matraque dans les rues. Ni Polignac ni Guizot ni Mac-Mahon ne furent des trublions. J'ajouterais qu'un « trublion » ne se conçoit que dans l'opposition ; et le Bloc ne peut se concevoir comme ennemi des « trublions » qu'à partir du jour où il s'installe au pouvoir.

---

1. Voir *supra*, note 1, p. 653.

Autriche. – Tu ne dis pas précisément que la France manqua l'alliance autrichienne, mais qu'elle jeta l'Autriche dans les bras de l'Allemagne (p. 591 note). Ce qui ne peut s'entendre que de la façon suivante : l'Autriche, ne comptant plus, ne pouvant plus compter sur la France pour la soutenir contre l'Allemagne, se résigna à subir la tutelle de l'Allemagne.

De la Russie, je n'ai pas parlé. Mais, à la p. 584, je te mets en garde contre ce qui me semble constituer une erreur de perspective. Je ne dis rien qui aille *directement* contre tes observations, ne sachant rien du rôle que peuvent avoir joué, dans l'esprit de Bismarck, les considérations de politique extérieure. Mais je suis bien sûr qu'elles n'avaient qu'une importance subsidiaire. Car les soucis de la politique *intérieure* suffiraient à expliquer la retraite de Bismarck. Progrès du socialisme. Arrogance croissante des partis libéraux, avec lesquels il gouvernait depuis 1866, et qui lui refusaient des lois contre la liberté de la presse par lesquelles il eût pu atteindre les socialistes, et commençaient à exiger un cabinet homogène et responsable : ce qui eût été la fin du bismarckisme. Les attentats de Hödel et de Nobiling le tirèrent de difficulté en mai-juin 1878, juste avant la réunion du Congrès de Berlin ; et il se fabriqua une nouvelle majorité parlementaire, de libéraux conservateurs, de catholiques, et de protestants réactionnaires, sur un double programme de répression du socialisme démocratique et de « socialisme d'État » ou de « socialisme chrétien ». Fais au moins mention de cela, qui fut certainement l'essentiel.

Quant à l'attitude diplomatique de la France vers cette époque, elle fut inspirée par le souvenir cuisant de la défaite de 1870 et la peur de l'Allemagne. Aucun gouvernement, quel qu'il fût, n'aurait osé accepter même, je ne dis pas rechercher, une alliance qui eût l'air d'être anti-allemande. Nous jouâmes donc à Berlin (qui était notre ministre des Affaires étrangères) le rôle humble que nous devions y jouer.

Mais de là date notre politique coloniale. Et ceci ramène ma pensée sur un autre point. Ne néglige pas trop le rôle de l'Angleterre comme sont instinctivement portés à le faire les historiens français. Ce ne fut pas seulement la Russie qui nous fut serviable en 1875 : ce fut aussi l'Angleterre. Ce ne fut pas seulement l'Allemagne qui, en 1878, à Berlin, nous donna la liberté d'agir en Tunisie : ce fut aussi l'Angleterre. Voir les *Documents Diplomatiques Français*.

Ton
Élie Halévy

À Daniel Halévy, La Maison Blanche, Sucy-en-Brie, 14 novembre 1936

[…] En ce qui concerne la Tunisie, pour autant que je connais la question, il est arrivé ceci. Le gouvernement anglais a encouragé la France à faire ce qu'elle voulait. Puis, le gouvernement ayant changé en Angleterre, et la France ayant occupé la Tunisie, *l'opinion* anglaise en a manifesté beaucoup de mauvaise humeur ; et Salisbury nia avoir jamais donné d'encouragement à la France de ce côté-là. La liste des mensonges diplomatiques de ce parfait honnête homme serait amusante à dresser[1].

Je vais réfléchir à l'affaire Cardinal-Willemetz-Zay[2]. Mais, quel que doive être le fruit de mes réflexions, je dois dire que l'adaptateur qui ne tirerait pas parti du côté politique de *La Famille Cardinal* m'apparaîtrait comme un imbécile[3].

Ton
Élie Halévy

À Gabrielle Léon, Sucy-en-Brie, le 29 décembre 1936*

Chère Gabrielle,
Au moment de nous mettre en route, un mot d'adieu, et de vœux de bonne année.

Je me suis, cette fois, déchargé sur Parodi, des tâches que je mettais naguère sur vos épaules. Mais, si vous pouvez mettre la main sur Schuhl[4] et sur Mauss[5] (articles pour Pâques 1932), la *Revue* vous en saurait très grand gré.

Et je vous abandonne à vos [ill. : brouillards ?]. Je ne m'attends pas du tout à trouver la chaleur à Florence. Mais je compte bien y trouver la lumière.

---

1. James Gascoyne-Cecil, 4ᵉ marquis de Salisbury (1861-1947) est le fils aîné du Premier ministre Salisbury, le frère de lord Robert Cecil. Homme politique conservateur d'extrême-droite, défenseur zélé de l'*established church*, lord Salisbury s'opposa, pendant et après la Première Guerre mondiale, aux différents gouvernements de coalition. Entré dans le cabinet de Bonar Law, il fit adopter la politique de défense militaire qui restera en vigueur pendant la Deuxième Guerre mondiale.
2. Célèbre parolier des années folles, auteur fameux de revues et d'opérettes, Albert Willemetz (1887-1964) prépare une adaptation de la série de *La Famille Cardinal*, *Monsieur et Madame Cardinal*, *Les Petites Cardinal*. L'opérette *Les Petites Cardinal* est créée le 12 février 1938 au théâtre des Bouffes parisiens. Daniel et Élie restent héritiers du droit moral et des droits d'auteurs de leur père.
3. Voir la lettre d'Élie Halévy à Daniel Halévy du 27 avril 1933, *supra*, p. 554.
4. Pierre-Maxime Schuhl, « Sur le mythe du *Politique* », *Revue de métaphysique et de morale*, 1932, p. 47 et suiv.
5. Article non identifié.

Affectueusement à vous, et n'oubliez pas ni les deux Feldmann ni mademoiselle Lethumer[1].

Élie Halévy

Cette lettre devait être mise à la poste à la gare de Lyon. Je l'ai retrouvée dans ma poche en arrivant à Firenze. Bonne année d'ici donc.
Il fait un peu plus froid ici aujourd'hui 31 qu'avant hier 29 à Sucy. Mais plus clair.

À Daniel Halévy, La Maison Blanche, Sucy-en-Brie, 18 mars 1937

[...] Tous mes compliments pour ton livre[2], qui est un vrai chef-d'œuvre d'impressionnisme historique. Même ton royalisme fait régner sur le tout une atmosphère de féerie qui n'est pas sans charme.
Ton
Élie Halévy

Au baron de Meyendorff, La Maison Blanche, Sucy-en-Brie, S.-et-O., 3 avril 1937

Mon cher ami,
Je suis heureux d'avoir de vos nouvelles (pas tout à fait assez explicites en ce qui concerne vos santés ; mais vous connaissez le proverbe français : pas de nouvelles bonnes nouvelles) et très-disposé à vous donner, puisque vous paraissez le désirer, quelques aperçus sur ce qui se passe, sur ce que je crois voir qui se passe en Occident.

Je commence par vous dire que je ne connais pas le *News Review* (il faudra que je m'informe) et que je connais fort bien *The Week*, machine politique montée (au moins depuis quelque temps) par le parti communiste anglais. Cette publication (et probablement il en est de même de l'autre, que je ne connais pas) m'apparaît comme un moyen de tourner le *libel law*, et d'imprimer ce qu'on n'a pas le droit d'imprimer dans une feuille vraiment publique. La première fois que j'entendis parler du *Week*, ce fut par un jeune journaliste qui venait d'y faire passer le curieux renseignement suivant : le principal représentant de l'Angleterre à la Commission de désarmement était en même temps le principal actionnaire d'une grosse firme d'armement.

---

1 Sur Marianne Feldmann, voir note 1, p. 502. Le patronyme Lethumer n'a pas été identifié.
2. Il peut s'agir de *Pour l'étude de la IIIe République* ou de *La République des Ducs* (Paris, Grasset, 1937).

Sur l'Espagne, Moscou et Berlin ont probablement raison, selon les jours, et alternativement. Je n'ai qu'une admiration mitigée pour ce peuple assez épouvantable. Vélasquez et les danses populaires ne me font pas oublier le reste, qui est proprement épouvantable. Bien que les rebelles[1] semblent gagner lentement, très-lentement du terrain et aient ce mérite de représenter l'unité nationale contre le séparatisme basque et le séparatisme catalan, je ne les vois pas, dussent-ils massacrer encore des milliers de leurs concitoyens, établissant un gouvernement stable. Tous ces vieux généraux[2] me paraissent complètement stupides, et appartiennent à une classe d'où il me paraît impossible qu'il sorte un Mussolini ou un Hitler. Et déjà ils commencent à se disputer entre eux : on parle de sédition militaire à Tétouan[3].

De cette anarchie prolongée, que sortira-t-il pour l'Europe ? Mussolini brûle de voir l'anarchie espagnole dégénérer en un conflit général. Mais les Allemands ont l'air moins impatients, et ont sans doute été refroidis encore par le dur échec militaire subi [par] l'armée italienne d'Espagne[4].

J'apprends de source certaine que les Allemands, pris en général, estiment les Anglais et méprisent les Italiens – Ceci pourra vous amuser. Le fameux von Kühlmann[5] a recommencé à jouer à Londres son rôle d'ambassadeur « marginal » : il se présente partout comme un ennemi du nazisme, (ce qui n'empêche pas Hitler de l'envoyer se promener à Londres), et explique aux Anglais que les Allemands sont faits pour s'entendre avec eux ; le véritable ennemi de l'Angleterre, c'est l'Italie.

En France, rendez-vous compte qu'il n'y a pas de République des Soviets à Perpignan, et que le parti communiste français (sur l'ordre de Moscou)[6] est un parti beaucoup plus tricolore que le parti socialiste, et, par

---

1. Les nationalistes qui se sont « rebellés » contre le gouvernement légal incarné par la République espagnole.
2. Font partie des généraux putschistes du 18 juillet 1936, outre Francisco Franco (1892-1975), Gonzalo Queipo de Llano (1875-1951) ou José Sanjurjo (1872-1936).
3. C'est à Tétouan, au Maroc espagnol, qu'a commencé l'insurrection nationaliste, le 18 juillet 1936. Élie Halévy fait référence ici aux luttes internes du camp nationaliste qui ont débouché sur la prise de contrôle total par le général Franco.
4. En raison, semble-t-il, d'une erreur de coordination avec les troupes nationalistes, le Corps des troupes volontaires italien (CTV) essuie une cinglante défaite à Guadalajara le 18 mars 1937. Trois mille hommes et un important matériel sont perdus. À la suite de cet échec, le CTV est redéployé dans la perspective de brigades mixtes hispano-italiennes.
5. Richard von Kühlmann (1873-1948) est un homme politique allemand. Fils du directeur général des chemins de fer d'Anatolie, dans l'Empire ottoman, il devint ambassadeur puis ministre des Affaires étrangères en 1917 dans le gouvernement Michaelis. Il négocia à ce titre les traités de Brest-Litovsk et de Bucarest. Ludendorff exigea sa démission en juillet 1918. Kühlmann ne parvint plus à retrouver de fonctions gouvernementales importantes, se contentant d'être cet ambassadeur « marginal » décrit par Élie Halévy.
6. En 1934, face au danger fasciste, sur ordre de Moscou et pour contrer la menace grandissante que représentait la spectaculaire ascension de Jacques Doriot, les communistes

son acceptation de toutes les capitulations de Léon Blum devant le capital[1], fait la véritable solidité du ministère actuel, qui ne tiendrait pas longtemps devant une opposition révolutionnaire. Cette opposition révolutionnaire est bien en train de s'ébaucher, mais c'est à l'extrême-gauche du parti socialiste. Tout cela est paradoxal, incohérent, et crée une vague impression de malaise. Plus inquiétante est la situation financière. Même en ce siècle de fous, je ne vois pas comment on peut longtemps dépenser quatre-vingts milliards avec quarante de recette ; comment, en tous cas, on peut le faire sans un système d'économie dirigée et fermée ; alors que Léon Blum, tout à la fois socialiste et libéral, vise à ranimer les échanges internationaux, à laisser l'or circuler librement. Je ne comprends pas.

Il jouit en tous cas d'un immense prestige dans les pays anglo-saxons, parlant leur langue (non par politique mais en toute sincérité) chaque fois qu'il est question de questions internationales. Je ne sais pas jusqu'où il faudrait remonter dans l'histoire pour trouver l'entente aussi cordiale entre les deux pays. Et comme c'est l'entente pour la paix (pour la paix à tout prix, si vous voulez), cela supprime deux graves facteurs de guerre dans une Europe où ils ne manquent pas.

Un changement de ministère ne me semble pas vraisemblable à brève échéance ; vous avez vu comme le Cabinet a résisté *smoothly*[2] l'autre jour au déplaisant épisode de la fusillade de Clichy[3]. Et puis rendez-vous compte

---

abandonnent leur stratégie de « classe contre classe » pour celle du « front populaire ». Le PCF sort alors du ghetto dans lequel il s'était placé depuis le congrès de Tours en 1920. Affirmant son patriotisme, le parti s'engage dans le front antifasciste de gauche.
1. Élie Halévy évoque les critiques de la gauche révolutionnaire contre la « pause » décidée par Léon Blum, qui vise à restaurer la confiance dans l'économie en suspendant les grandes réformes sociales.
2. Sans difficulté.
3. Dans la soirée du 16 mars 1937 à Clichy, dans la région parisienne, une émeute fait 6 morts et plus de 300 blessés. Cet événement aux conséquences politiques tragiques pour le Front populaire a pour origine une réunion tenue par le Parti social français créé après la dissolution des Croix-de-feu. Le parti communiste réagit en considérant qu'une telle manifestation dans l'un de ses fiefs électoraux est une provocation. Le ministre de l'Intérieur Marx Dormoy refusant d'interdire la réunion, le parti communiste appelle à une contre-manifestation qui regroupe plusieurs milliers d'ouvriers de la « ceinture rouge ». Les forces de police, rapidement débordées, ouvrent le feu. Accourus sur les lieux, le préfet de police, le ministre de l'Intérieur et le chef de cabinet de Léon Blum ne peuvent faire cesser la fusillade. Ce dernier est blessé de deux balles de revolver tandis que Marx Dormoy est hué aux cris de « Dormoy ! Démission ! », sous le regard de Maurice Thorez qui participe à la contre-manifestation. Dès le lendemain, Léon Blum s'emploie à éviter d'éviter la rupture avec le parti communiste et la CGT, tandis que les radicaux estiment que la contre-manifestation était illégale. Léon Blum, qui songe à démissionner, se voit abandonné par la classe ouvrière alors que s'amplifient les difficultés financières pour le gouvernement. Il renonce le 22 juin 1937, après que le Sénat lui ait refusé les pleins pouvoirs en matière financière que la Chambre lui avait octroyés le 15 juin. Un second ministère Blum en mars-avril 1938 sonnera la fin du Front populaire.

de ceci. L'émeute du 6 février 1934, de laquelle datent tous nos malheurs, a été une émeute contre Daladier et consorts ; et il y a une coupure (dont peut-être il faut être Français pour comprendre la profondeur) entre Daladier et les hommes de la droite, qui n'existe pas, malgré les divergences d'opinion, entre Daladier et Léon Blum. Chaque fois que Herriot a essayé de faire de la politique d'union nationale, il a été obligé de prendre la porte par les mauvais procédés de ses alliés réactionnaires.

J'accepte vos vœux « de Pâques » pour nous et notre pays. Et bien que ce ne soit pas en France la saison des vœux, je les fais bien sincères pour votre santé et votre bonheur à tous deux. Dans une huitaine, nous serons à Londres. Convenez que la civilisation de *Welwyn Garden City*[1] a du bon.

Votre
Élie Halévy

À Léon Brunschvicg, La Maison Blanche, Sucy-en-Brie, 14 avril 1937*

Mon cher ami,

Je pars pour Londres, sans avoir trouvé le temps d'atteindre la rue Scheffer[2]. Donc, à la fin juin.

Je te recommande en mon absence la *Revue de Métaphysique et de Morale*. Je ne suis pas à court d'articles ; il serait plus exact de dire que j'en regorge. Mais j'aime bien mettre des grandes vedettes en tête de mes numéros ; et, à moins que Loisy m'apporte l'article qu'il m'a spontanément promis, j'en manque pour l'hiver prochain. Si tu trouves des idées, je t'en saurai grand gré. Toi-même, aurais-tu quelque chose de sensationnel à nous dire pour 1938 ?

Mon adresse sera jusqu'en juin, comme l'an passé, 15 Gordon Street, London WC1. Quand je reviendrai, serai-ce encore trop tôt pour l'inauguration de l'Exposition[3] ? trop tôt pour la grande catastrophe financière[4] ?

Ton, votre
Élie Halévy

---

1. Cité-jardin située au nord de Londres surtout habitée par des « intellectuels de gauche ». Les Meyendorff y ont résidé quelque temps.
2. Le domicile parisien de Léon et Cécile Brunschvicg est situé au 53 rue Scheffer.
3. L'« Exposition internationale des Arts et des Techniques appliquées à la Vie moderne », dénommée « Exposition universelle », ouvre ses portes le 25 mai 1937 et s'achève le 25 novembre.
4. Voir note 3, *supra*, p. 659.

Au baron de Meyendorff, La Maison Blanche, Sucy-en-Brie, S.-et-O., 28 juin 1937*

Mon cher ami,
Je vous remercie du prospectus que vous m'avez envoyé : il me servira pour aller tout droit à la source des informations. Mais je ne saurais en faire un usage plus direct. Car il [ne] me donne les jours de départ et d'arrivée que pour le mois de juillet. Or il faut que je passe à Paris la première semaine d'août. Nous ne pouvons donc nous embarquer avant le 10 août, *si ce projet vient à maturité*[1].

Je ne crois pas que ce soit trop tard. Nous n'aurons plus, évidemment le bénéfice des lumineuses nuits d'été. Mais il y a cinq ans, nous étions à Leningrad le 15 septembre : et le climat n'était point déplaisant.

Point encore pourtant de châteaux en Finlande. Je vous tiendrai au courant de nos rêves.

Que madame de Meyendorff daigne agréer mes hommages. Croyez-moi votre toujours très dévoué,
Élie Halévy

À René Berthelot, Sucy-en-Brie, 30 juin 1937

Mon cher René,
En ce qui concerne ton suprême article[2], je suis, ou si tu veux : mon absence, se trouve un peu en faute. Je n'avais pas donné, en ce qui concerne la demande de secondes épreuves, des instructions assez précises. Quand je suis revenu, il fallait envoyer à la mise en pages, ou paraître Dieu sait quand. J'ai donc pris la responsabilité de vérifier moi-même, sur la mise en pages, qu'on avait tenu compte de tes corrections. Le numéro est bon à tirer depuis vendredi dernier. Je ne crois pas que tu doives avoir à te plaindre de moi et de l'imprimeur.

Et nous paraîtrons avant la fin de juillet. Ce ne sera pas sans peine ; car les temps sont difficiles, et nous avons affaire à une de ces petites maisons qui ont le plus de mal à se débattre contre les lois sociales. Pour accélérer les choses, je suis entré directement en contact avec l'imprimeur

---

1. De retour en France après son séjour de printemps en Angleterre, Élie Halévy n'a pas complètement abandonné son projet de voyage en Finlande, dont il a averti le baron de Meyendorff depuis Londres. (Voir sa lettre du 13 juin 1937, *supra*, p. 569-570.)
2. Il s'agit du dernier article de la série « L'astrobiologie et la pensée de l'Asie : essai sur les origines des sciences et des théories morales » (1937, p. 563 et suiv.)

Willaume[1]. Ils sont deux, l'un doux et sérieux, sa femme jolie et gentille, avec une cinquantaine d'ouvriers, dans de petits ateliers, une petite maison de campagne, un petit jardin avec vue magnifique sur la Seine et *les Grands Moulins de Corbeil*. Chaque fois que je reviens de chez lui, j'ai envie d'écrire un début de roman dans la manière de Balzac.

Nous irons certainement vous voir. Mais nous ne sommes pas sans nouvelles de votre tribu [...] Tout semble s'arranger après un lamentable printemps.

Pour ce qui est de la non moins lamentable politique, nous paraissons courir à toute vitesse vers le double gouffre où nous conduisent d'une part la fantastique politique financière de notre camarade[2], d'autre part Hitler et Mussolini. Ne crois pas d'ailleurs que les Anglais, même en plein midi, se résignent à voir le soleil. C'est une situation étrange que la situation, en somme assez voisine – je veux dire la situation morale –, des deux pays. Des gauches qui montrent le poing aux deux tyrans, mais qui sont pour la paix à tout prix ; des droites qui sont toujours prêtes à armer mais que la peur du communisme jette dans les bras de leurs pires ennemis. Je veux espérer qu'à l'heure du péril, tout s'arrangera pour le mieux de l'intérêt commun des deux pays. J'en viens à regretter cet imbécile de Poincaré.

À bientôt donc : je t'écrirai. Et nous causerons de tes futurs articles.

À vous,

Élie Halévy

---

1. L'imprimerie Willaume, à Saint-Michel-sur-Orge, est chargée de la réalisation de la *Revue de métaphysique et de morale*.
2. Élie Halévy, normalien de la promotion 1889 parle à René Berthelot, de la promotion 1890, de leur « camarade » Léon Blum, qui appartient lui aussi à cette dernière promotion. Celui-ci vient de démissionner après le refus du Sénat de lui octroyer les pleins pouvoirs financiers.

À Raymond Aron, 2 août 1937*[1]

Le sort en est jeté. Nous publierons votre article[2]. Il sort bien un peu du cadre de la *Revue*. Mais il est remarquable, et je ne sais trop dire où vous pourriez le diriger, si nous ne le prenions pas chez nous. [...] Je me résignerais à la disparition des classes moyennes s'il fallait que cette disparition s'effectuât au nom de quelque fatalité historique. Mais il me semble qu'en France elles ne sont pas en voie de disparition, et savent se défendre sans grand avantage pour la production. En même temps que par un bout la réduction du nombre des heures de travail et la diminution du rendement du travail ouvrier appauvrissent la nation, par un autre bout on vote à l'unanimité des lois extraordinaires contre les magasins à prix unique, contre l'introduction de la machine dans la chaussure et la minoterie. Pour faire plaisir aux petites gens de la classe moyenne. De sorte qu'il y a conspiration des classes moyennes et du prolétariat contre l'intensification de la production, [...]
Élie Halévy

LE DÉCÈS D'ÉLIE HALÉVY (21 AOÛT 1937)

Sur cette lettre adressée à Raymond Aron se clôt la correspondance active d'Élie Halévy. Son destinataire deviendra le plus fidèle à la mémoire et à l'œuvre de son ami. À cette date, l'état de santé d'Élie Halévy est devenu préoccupant. Lui qui écrivait autrefois : « Malheur à celui qui ne sait pas se reposer ! » reconnaît désormais qu'il s'est épuisé à mener de front des tâches considérables. Depuis la mort de Xavier Léon, la direction de la Revue de métaphysique et de morale *l'exténue physiquement et l'affecte moralement : « Vraiment, l'an dernier j'en ai fait trop pour mes forces,*

---

1. Raymond Aron a envoyé à Élie Halévy, le 18 juillet, depuis son lieu de vacances, Pléneuf-Val-André, la lettre suivante : « Cher Monsieur,
Je viens de recevoir livre et lettre. Je vous en remercie.
Je suis en train d'écrire mon article sur « Réflexions sur l'expérience du Front populaire », [*ill.*] que je vous propose et que je suis tout prêt à modifier. Cette étude, que je voudrais [*ill.*], me coûte assez de peine [...].
Raymond Aron
Le manuscrit vous parviendra à la fin de la semaine prochaine. »
2. Il fallut l'insistance de Florence Halévy, rappelant que son mari avait accepté l'article, pour que celui-ci soit publié dans le premier numéro qui suivit la mort d'Élie Halévy : Raymond Aron, « Réflexions sur les problèmes économiques français », *Revue de métaphysique et de morale*, n° 44, octobre 1937, p. 793-822. – Il s'agit du numéro qui s'ouvre sur la longue nécrologie d'Élie Halévy par Léon Brunschvicg. (Voir *infra*, p. 669-679.)

confie-t-il depuis Londres, le 15 juin 1937, à Gabrielle Léon, et mes travaux personnels en souffrent[1] ». Au cours de son traditionnel printemps anglais, il a ressenti des symptômes douloureux à la poitrine. Le cardiologue consulté dans la capitale britannique « se montre assez pessimiste »[2]. Élie Halévy ne réduit cependant pas ses activités, ni en Angleterre[3], ni en France à son retour au début de l'été. Il consent toutefois à différer le voyage prévu en Finlande. Les alertes se succèdent. Le 1er juillet, il donne une conférence à Radio-Paris – dont le texte sera publié dans les Cahiers de Radio-Paris[4] – sur « Les rapports franco-anglais depuis l'affaire d'Égypte jusqu'à la guerre de 1914 ». Le 31 juillet, il assiste encore en Sorbonne à l'ouverture solennelle du 9e Congrès international de philosophie organisé par la revue et la Société française de philosophie. Ce sera sa dernière sortie publique.

Début août, la santé d'Élie Halévy entre dans une phase critique. La situation internationale, avec la crise des Sudètes, aggrave son état et le plonge dans l'angoisse. À sa femme, il implore : « Garde ton argent pour les Tchèques[5] ! » À son jeune ami Jacques Winter, fils de Maximilien Winter, qui vient le visiter, il murmure encore, alité, presque inconscient : « Je pense à la Bohême[6]. » Son dernier espoir se porte vers l'Angleterre, vers la possibilité d'une alliance franco-anglaise pour combattre les tyrannies conjurées. L'« intérêt commun des deux pays », sur laquelle s'achève sa dernière lettre à René Berthelot[7], le commande devant l'histoire.

La morphine qui lui est administrée pour apaiser sa souffrance hâte sa fin de quelques jours. Élie Halévy décède d'un infarctus du myocarde, dans la nuit du 20 au 21 août 1937, dans sa maison de Sucy-en-Brie. Sa femme Florence est à son chevet. Sa nièce l'est aussi. Plus tard, elle se souviendra d'une des « dernières soirées paisibles et heureuses du couple avant la brusque aggravation du mal [...]. Comme il en avait l'habitude,

---

1. Élie Halévy, Lettre à Gabrielle Léon, Londres, 15 juin 1937, *supra*, p. 570-571.
2. Henriette Guy-Loë, dans Élie Halévy, *Correspondance (1891-1937)*, op. cit., p. 724.
3. Voir *supra*, p. 566-567.
4. À paraître dans le volume des *Œuvres complètes* : *L'Europe libérale et impériale*.
5. Poème de Victor Hugo cité par Henriette Guy-Loë, « Élie Halévy, une biographie », dans Henri Loyrette (dir.), *Entre le théâtre et l'histoire. La famille Halévy (1760-1960)*, Paris, RMN/Fayard, 1996, p. 217.
6. Cité par Henriette Guy-Loë, dans Élie Halévy, *Correspondance (1891-1937)*, op. cit., p. 724. Rappelons que la Tchécoslovaquie est chère au cœur d'Élie et de Florence Halévy. Ils sont passés par Prague à leur retour de Leningrad en 1932. À Londres, Élie Halévy a rencontré peu de temps avant sa mort le président Masaryk. Il entretient une profonde admiration pour ce pays placé devant l'enjeu de la lutte contre les nationalismes pour faire exister la Tchécoslovaquie, une nation d'abord politique rassemblant de nombreuses minorités nationales coexistant pacifiquement avant que la propagande nazie ne vienne mettre fin à ce fragile équilibre.
7. Voir *supra*, p. 661-662.

il se tenait debout, le dos à la cheminée du salon de Sucy, où pétillait une flambée. Après quelques jolies fantaisies des Orientales, il lut les admirables "Paroles sur la dune", avec l'étrange et mystérieux rebondissement de la fin :

"[...] Maintenant que voici que je touche au tombeau
Par les deuils et par les années,

Et qu'au fond de ce ciel que mon essor rêva,
Je vois fuir, vers l'ombre entraînées,
Comme le tourbillon du passé qui s'en va,
Tant de belles heures sonnées ; [...]

Je suis triste et je marche au bord des flots profonds,
Courbé comme celui qui songe. [...]

Et je pense, écoutant gémir le vent amer,
Et l'onde aux plis infranchissables ;
L'été rit, et l'on voit sur le bord de la mer
Fleurir le chardon bleu des sables."[1] »

---

1. Henriette Guy-Loë, « Élie Halévy, une biographie », art. cit., p. 219.

V

HOMMAGES AU PENSEUR LIBÉRAL DANS

L'ÈRE DES TYRANNIES (1937-1940)

Sitôt connue la mort d'Élie Halévy, les hommages affluent. La tristesse est grande, accentuée par la brutalité de cet arrachement à la vie. S'expriment le regret face à une existence inachevée, le désarroi devant la disparition d'une pensée qui avait encore beaucoup à apporter, surtout dans les temps de plus en tragiques que traverse l'Europe. Dominique Parodi, qui assume les fonctions de secrétaire de rédaction de la Revue de métaphysique et de morale, *est notamment destinataire de messages de Célestin Bouglé et d'Henri Bergson. Le premier écrit : « Quelle peine on a à s'habituer à l'idée qu'on ne verra plus surgir Élie, juge sévère, penseur incorruptible – et cœur d'or ». Quant au second, il confie : « Quelle tristesse pour tous ceux qui ont connu Élie Halévy, sa haute et ferme intelligence, son noble caractère[1] ! »*

C'est au Puits-Fleuri qu'Alain reçoit la nouvelle de la mort de « cet ami de grand jugement », se confiant à son Journal[2]. *Il écrit à Florence Halévy « l'une lettres les plus douloureuses que nous avons de sa plume[3] » :*

> Il m'est pénible de vous écrire cette lettre, mais je le dois pourtant, car l'affreuse nouvelle m'a percé le cœur et je puis vous offrir ma sympathie toute pure. J'ai donc été frappé en mon centre et, pendant deux ou trois jours, j'ai tourné comme une bête dans les chemins de l'incertitude. Jusque dans mes rêves je pesais les chances d'erreur sans les trouver probables, et quelques fois, c'était Élie lui-même qui venait m'assurer qu'il n'était pas mort. Je sais que vous avez souffert encore bien plus de cette incertitude des malheureux, qui est comme une maladie. Ces jours-ci, je l'ai réellement pleuré [...][4].

---

1. Extraits de lettres adressées à Dominique Parodi, transmis par sa fille Jacqueline Chatenet à Henriette Guy-Loë (Papiers Henriette Guy-Loë).
2. *Journal*, cité par Alain Leterre, *Alain. Le premier intellectuel*, Paris, Stock, coll. « Biographie », 2006.
3. Alain Leterre, *op. cit.*
4. *Ibid.*

À la Société française de philosophie, Léon Brunschvicg ouvre la séance du 4 décembre 1937 sur le souvenir de son ami et l'évocation de son exposé du 28 novembre 1936 sur « L'Ère des tyrannies ». Dans le même temps paraissent les premières notices nécrologiques, celle de Léon Brunschvicg d'abord dans la Revue de métaphysique et de morale, suivie par celle d'André Siegfried dans la Revue d'économie politique. L'École libre des sciences politiques prend l'initiative de réunir les principaux textes d'hommage dans une plaquette dédiée à la mémoire d'Élie Halévy[1]. Ces nombreux témoignages, venus de France et d'Angleterre principalement, seront réunis dans un volume à paraître des Œuvres complètes. L'article que publie la Revue de métaphysique et de morale dans sa dernière livraison de l'année 1937 est cependant reproduit plus bas. Dû à Léon Brunschvicg, l'un des amis les plus proches et les plus anciens d'Élie Halévy, il fait une place importante à la conférence de « L'Ère des tyrannies », pas seulement parce qu'elle est la plus récente chronologiquement ou parce qu'elle définit les conditions par lesquelles les démocraties – dont la France – peuvent survivre aux régimes totalitaires, mais parce que s'y exprime le plus clairement la singularité halévyenne, cette rencontre entre la critique philosophique et la compréhension de l'histoire.

Écrit au lendemain de sa mort, l'hommage de la Revue de métaphysique et de morale est suivi de celui la Société française de philosophie prononcé le 4 décembre 1937. La pensée posthume d'Élie Halévy s'entoure de nouveaux prolongements, à commencer par la conférence de Raymond Aron sur « États démocratiques et États totalitaires », le 17 juin 1939. Son propos prolonge et déploie la thèse de l'« Ère des tyrannies ». Le lien entre les deux conférences est immédiat, même si la paternité d'Élie Halévy n'est pas publiquement reconnue, à l'exception d'une mention directe lorsque Raymond Aron aborde la question de la guerre[2]. Après la conférence sur « L'Ère des tyrannies », un nouveau rendez-vous avait été pris à la Société française de philosophie pour continuer la discussion, révéla Célestin Bouglé[3]. On peut affirmer sans crainte de se tromper que la conférence de Raymond Aron réalise cette promesse, qui n'avait pas pu être honorée du vivant d'Élie Halévy[4]. Le passage d'une conférence, celle de 1936, à l'autre, celle de 1939, et la capacité de Raymond Aron de prolonger la découverte

---

1. La substantielle brochure que l'École libre des sciences politiques consacre sans délai à la mémoire de son professeur prématurément disparu souligne l'importance d'Élie Halévy pour cette institution et la place que cette dernière souhaite lui donner publiquement un an après sa mort.
2. Cf. Raymond Aron, Mémoires. 50 ans de réflexion politique, Paris, Julliard, 1983, p. 153.
3. Voir supra, p. 65.
4. Un extrait du texte de la conférence de Raymond Aron (sans la discussion) est publié plus bas, p. 709.

halévyenne résulte fortement de sa participation à l'édition de l'ouvrage posthume de 1938 et du long compte rendu qu'il en donne au printemps 1939 dans la Revue de métaphysique et de morale[1]. La conférence de Raymond Aron du 17 juin 1939 est la dernière qui se tient à la Société française de philosophie. Son texte ne sera publié qu'à la Libération, dans la première livraison d'après-guerre du Bulletin, en novembre 1946. Le 28 avril 1945 s'ouvre la première réunion de la Société française de philosophie dans la France libérée. Elle porte sur une question : « Qu'est-ce que la valeur ? » La mémoire d'Élie Halévy est évoquée par Dominique Parodi, qui préside la séance. Il prend la parole pour se souvenir « de ces communications plus récentes où la ferme clairvoyance d'Élie Halévy nous annonçait l'ère des tyrannies »[2].

Des fragments de Florence Halévy rédigés au moment de la crise des Sudètes et de la conférence de Munich, en septembre 1938, témoignent de la pensée vivante d'Élie Halévy et de la résolution de ses proches à ne rien céder aux tyrannies. À peine trois semaines plus tard, le 18 octobre 1938, paraît L'Ère des tyrannies, préfacé par Célestin Bouglé. La Revue de métaphysique et de morale lui consacre aussitôt une notice, puis un très long compte rendu rédigé par Raymond Aron. D'autres articles démontrent l'importante réception des thèses d'Élie Halévy, que valident le pacte germano-soviétique conclu un an plus tard (23 août 1939) et l'invasion de la Pologne par les deux tyrannies. Désormais, les démocraties sont seules face aux États totalitaires. Mais elles sont en situation de retrouver leurs valeurs pour mieux les défendre, dans un combat lucide, méthodique et salvateur. Comme le pressentait Élie Halévy, l'Angleterre sera la seule nation à le mener tandis qu'en France, de rares Français allaient en comprendre l'absolue nécessité. La traduction dès 1941[3], en Angleterre, de la conférence sur « L'ère des tyrannies », par les soins de

---

1. Dans ses *Mémoires*, Raymond Aron indique même : « Dans l'article sur le livre *L'Ère des tyrannies*, je retrouve des analyses des régimes totalitaires proches de celles que je fis après 1945 » (*op. cit.*, p. 153). Cet article appartient, avec la conférence du 17 juin 1939 à la Société française de philosophie et un article sur Pareto publié dans la *Zeitschrift für Sozialforschung*, la revue de l'Institut de Francfort, les trois textes majeurs de Raymond Aron de cette période (*ibid.*, p. 152). Par la suite, et notamment dans ses articles de guerre publiés à Londres dans *La France libre*, Raymond Aron retrouvera la notion de « tyrannie » dans ses analyses des régimes totalitaires fasciste et nazi (voir notamment « Le Machiavélisme, doctrine des tyrannies modernes », *La France libre*, 1940, I, 2, p. 45-54, ou « Naissance des tyrannies », ibid., 1941, 8, p. 131-141). Certains de ces textes prendront place dans le recueil de 1993 dû à Rémy Freymond, *Machiavel et les tyrannies modernes*, *op. cit.*, avant que l'intégrale des articles de *La France Libre* ne soit éditée en 1990 (*Chroniques de guerre. La France libre (1940-1945)*, édition de Christian Bachelier, préface de Jean-Marie Soutou, Paris, Gallimard).
2. *Bulletin de la Société française de Philosophie*, 1946, p. 94.
3. Élie Halévy, « The Age of Tyrannies », *Economica*, vol. 8, n° 29, p. 77-93.

May Wallas (1898-1972), la fille de ses proches amis Graham et Audrey Wallas, contribuera à cette alliance.

HOMMAGE DE LA *REVUE DE MÉTAPHYSIQUE ET DE MORALE*

ÉLIE HALÉVY
(6 septembre 1870-21 août 1937)[1]

Pour la première fois en tête de la *Revue*, dont cependant il assumait la direction depuis que Xavier Léon nous avait quittés, paraît le nom d'Élie Halévy, avec les articles qu'il avait lui-même choisis et fait imprimer en vue de ce numéro d'octobre. Le 31 juillet, il assistait, en toute apparence de vigueur et de jeunesse, à la séance inaugurale du Congrès Descartes[2].

Ami d'enfance de Xavier Léon, sorti de la classe de Darlu avec le premier prix de philosophie au Concours général, il avait été associé à tous les projets, à tous les efforts qui préludèrent à la fondation de la *Revue*. Pendant de longues années, avant que Maximilien Winter, puis M. Louis Weber, en eussent accepté la charge, il avait assuré la plénitude et la régularité du *Supplément*. Mais ce ne serait pas assez dire. Xavier Léon s'en remettait à lui, à l'indépendance, à l'intégrité, à la fermeté de son jugement, pour la solution des problèmes, parfois difficiles et délicats, que posait l'administration de la *Revue*. Rien ne s'y est décidé qu'Élie Halévy n'ait ratifié. On s'inclinait spontanément devant l'autorité d'un caractère qui, sans brusquerie inutile, sans éclat extérieur, demeurait irréductible dès qu'il y avait lieu d'écarter ce qu'il n'estimait pas juste et bon.

Les *Carnets* de Ludovic Halévy[3] ont révélé au public quelle fine expérience des hommes et des choses, quelle réflexion lucide et soucieuse sur le cours des événements, avaient présidé à la formation intellectuelle d'Élie Halévy. Elles étaient renforcées par l'influence décisive d'une mère, qu'il eut le privilège de conserver jusqu'à l'extrême limite de la vie, et chez qui élévation et pureté de pensée étaient noblesse naturelle : *Loyauté à toute*

---

1. *Revue de métaphysique et de morale*, 1937, 4e trimestre (octobre), p. 679-691.
2. [Ce numéro reproduit à la suite de la nécrologie de Léon Brunschvicg le discours d'ouverture de ce 9e Congrès international de philosophie donné, au nom de l'Académie française, par Paul Valéry, p. 693-740.]
3. [Ludovic Halévy, *Carnets*, publiés avec une introduction et des notes par Daniel Halévy, tome I : 1862-1869, tome II : 1869-1870, Paris, Calmann-Lévy, 1935.]

épreuve, devise des Breguet, qu'elle léguait à son fils.

À l'École Normale, en même temps qu'il consacrait le plus grand effort de sa seconde année à un parallèle de Pascal et de Spinoza, il analysait, un à un, pour son propre compte, les *Dialogues* de Platon. Ce fut le germe de l'ouvrage qu'il écrivit, sitôt passée l'agrégation : *La Théorie platonicienne des Sciences*. Il y réagissait, avec une entière netteté, contre la tendance nominaliste qui, allant à rebours de la conception même que Platon se faisait de la philosophie, laissait l'œuvre s'éparpiller, au gré d'une chronologie hasardeuse, en perspectives partielles et superficielles. L'hypothèse d'Élie Halévy était que Platon avait droit à ce qu'on lui prêtât un *maximum* d'intelligence, et il a victorieusement prouvé qu'il était capable de le lui restituer. Penser, pour Élie Halévy, c'est concentrer et c'est juger. Son érudition scrupuleuse lui avait fait connaître toutes les difficultés dont se compose l'histoire séculaire du platonisme. Il en ramasse les contradictions apparentes pour les ramener à leur source la plus profonde. Or, quand on a eu le courage d'aller jusqu'au bout de la *dialectique négative*, on s'aperçoit que l'exercice critique prépare l'avènement d'une *dialectique progressive*, où la distinction des plans s'achève en discernement des valeurs, suivant une conception du monde et de la vie hiérarchique et organisatrice, qui *fonde* et qui *justifie*, mais qui ne se contente pas de fonder et de justifier, qui a une troisième tâche à remplir : *condamner*.

Le dernier trait est essentiel. Il met en lumière ce qu'Élie Halévy a retenu de son contact intime et prolongé avec l'idéalisme platonicien, et qui, s'accordant sur ce que l'on pourrait appeler son *caractère intelligible*, le marquera pour toute sa carrière. Si Platon a eu à cœur, avant tout, de dépasser, pour le salut de la cité, l'opposition d'une critique purement spéculative et d'une politique purement empirique, l'œuvre d'Élie Halévy s'explique par la fidélité à l'inspiration de Platon.

Fidélité manifeste dans les premières contributions qu'il apporte à la *Revue* de Xavier Léon. Non que le titre choisi ait recouvert l'arrière-pensée qu'on y a vue quelquefois : c'est par un scrupule de probité, pour éviter tout risque de confusion avec la *Revue philosophique*, que Xavier Léon s'était rabattu sur le terme de *Métaphysique* ; mais il avait tenu à y ajouter *Morale*, désireux de souligner l'ambition d'agir qui l'animait, lui et ses amis. Aux yeux d'Élie Halévy, la connexion de la théorie et de la pratique est la raison d'être de l'effort philosophique – thème conducteur des articles qu'il rédige en collaboration avec Léon Brunschvicg.

Avant l'étude de 1894 sur les différents courants de la philosophie française, ils avaient publié, en 1893, un article anonyme : *La Philosophie au Collège de France*, dans lequel nous relevons une définition du problème « qui est, pour la pensée moderne, le problème moral par excellence : *Comment l'idée abstraite du devoir peut-elle devenir une fin concrète de la société ? Comment la loi morale peut-elle systématiser notre vie sociale et politique ?*[1] »

Répondre, c'est poser la question de principe ou, plus exactement, la question de la légitimité d'un principe. Se frayant alors sa voie propre, Élie Halévy retrouvera, devant l'empirisme de la tradition britannique, l'alternative que Platon avait tranchée contre le relativisme de Cratyle. Au premier *Congrès international de Philosophie*, où il s'était employé avec ardeur et succès pour seconder l'initiative de Xavier Léon, il donne une communication d'un titre modeste : *De l'Association des Idées*, qui met en plein relief sa double aptitude à découvrir le ressort d'une pensée et à en suivre le développement dans le domaine de la réalisation concrète.

Le fondateur de la doctrine associationiste est Hume. Mais, remarque Élie Halévy, « il est difficile de déterminer quelle est sa préoccupation dominante : critiquer le déterminisme et ruiner la science, ou bien l'étendre aux phénomènes de la vie psychique et fonder la science de la vie morale individuelle et collective »[2]. Cette oscillation est d'autant plus embarrassante qu'elle a sa racine dans l'interprétation ambiguë de la physique newtonienne : l'attraction, tantôt nous conduit à la formule d'une relation positive, tantôt nous arrête au seuil d'un mystère impénétrable ; conçue à son tour sur le modèle de l'attraction, l'association sera ou un simple effet des sensations ou la loi qui en régit le cours.

Il faut opter, car le premier devoir de l'homme est de se refuser à l'équivoque. Or,

> s'il faut opter, dans la doctrine associationiste, pour l'idée associationiste contre l'idée sensualiste, et si le principe de l'association apparaît, en dernière analyse, comme constitutif de la sensation, s'il rend compte, en particulier, de l'origine intellectuelle des impressions de plaisir et de peine, alors l'ordre apparaît comme notre nature elle-même ; la conservation de l'ordre, comme le principe de la morale ; l'amour de l'ordre, comme le plus fondamental de nos mobiles, celui auquel on pourrait démontrer que se ramènent tous nos mobiles, malgré leur apparente diversité. Ainsi le principe de l'association des idées, défini dans sa pureté, restaure en morale les idées de relation constante et de

---

1. *Revue de Métaphysique et de Morale*, 1893, p. 376.
2. *Bibliothèque du Congrès de 1900*, p. 222.

détermination rationnelle, que, par un étrange paradoxe, la philosophie de la liberté en avait détachées[1].

Déclaration de principe, profession de foi, qui éclaire d'avance et de haut les manifestations de l'activité prodigieuse, interrompue seulement pendant les années de guerre, qui fut celle d'Élie Halévy. Le 1er mars 1901, concurremment avec une thèse latine où il précise l'interprétation strictement intellectualiste de l'association des idées, il présente pour le Doctorat un livre détaché d'une étude d'ensemble sur la *Formation du Radicalisme philosophique*, qui comprendra trois volumes : *La Jeunesse de Bentham* (1776-1789) ; *L'Évolution de la Doctrine utilitaire* (1789-1815) ; *Le Radicalisme philosophique* (1815-1832).

Au cours de son travail, il apprit que Leslie Stephen était sur le point de publier une étude considérable, comportant elle aussi trois volumes, sur le même mouvement et la même période. Mais Leslie Stephen, comme jadis Grote pour Platon, n'abordait ce sujet qu'en nominaliste. Il parlait des *utilitaires* ; Élie Halévy traite de l'*utilitarisme*. Attentif, certes, au détail des événements, aux singularités des personnes, s'attaquant par les investigations les plus patientes et les plus fructueuses à la masse des manuscrits inédits de Bentham, il reste que pour lui l'éminente dignité des individus réside dans l'idée qui, par eux et à travers eux, développe les conséquences de sa logique interne, cette logique fût-elle foncièrement contradictoire, comme lui apparaissait en effet celle de l'école de Bentham.

Elle se propose de lier aussi étroitement que possible la règle de la conduite à la certitude rationnelle du savoir, telle que l'humanité avait réussi à l'atteindre dans le domaine de la nature et telle que le XVIIIe siècle s'efforçait de l'appliquer aux rapports économiques et juridiques. Doctrine qui n'est simple qu'en apparence ; car elle se constitue dans la réalité autour de « deux principes distincts qui se font, en quelque sorte, concurrence à l'intérieur du système, l'un en vertu duquel il faut que la science du législateur intervienne pour identifier les intérêts naturellement divergents, l'autre en vertu duquel l'ordre social se réalise spontanément par l'harmonie des égoïsmes[2] ». Et ces deux principes, comme Élie Halévy le fait observer au cours d'une discussion sur les *Origines de la Philosophie de Spencer*[3], se réfèrent à deux attitudes de l'homme devant l'univers, que la science justifie sans doute l'une et

---

1. *Bibliothèque du Congrès de 1900*, p. 235.
2. *Le Radicalisme philosophique*, p. 375.
3. *Société française de Philosophie*, séance du 4 février 1904 ; *apud* René Berthelot, *Évolutionnisme et Platonisme*, 1908, p. 54.

l'autre, mais qu'elle interdit de confondre : *intelligence contemplative de l'astronome, intervention conquérante de l'ingénieur*. « Avec Stuart Mill qui, épris de circonspection, oppose à la démocratie autoritaire les objections du libéralisme et à la philosophie de la concurrence les objections du socialisme », il ne sera plus possible de dissimuler la contradiction. « Le radicalisme, conclut Élie Halévy, a épuisé son activité dans l'histoire de la pensée et de la législation anglaises[1]. »

Qu'est-ce donc qui a fait, cependant, la grandeur de l'école utilitaire ? Élie Halévy s'est posé à nouveau la question dans l'étude critique qu'il a publiée sur les *Recollections* de John Morley. « En lisant les *Souvenirs* que publie, sur ses vieux jours, celui que l'on peut considérer comme ayant été le dernier des disciples de Bentham et de James Mill, je ris de songer qu'il faudrait, pour se conformer à la nomenclature de l'école éclectique, classer ce penseur grave, austère, presque triste, parmi les sectateurs du *sensualisme*[2]. » La morale utilitaire se ramène à deux préceptes :

> Le premier de ces préceptes, c'est une loi de vérité, ou de véracité. *Soumets-toi aux choses. Prends pour vrai ce qui est, et non ce que tu désires qui soit. Quiconque aspire, par son intelligence ou son imagination, à dépasser le cercle étroit de l'expérience, est victime d'une illusion qui, dans la mesure où parfois elle est presque volontaire, confine au mensonge...* Deuxième loi, également austère, de cette morale austère. *La nature veut que tout plaisir s'achète au prix d'une peine ; elle nous prescrit de travailler pour vivre*[3].

Préceptes qui se détachent, pourrait-on dire, des formules de l'école, qui vont rejoindre le stoïcisme, si on veut bien reconnaître, ainsi que le rappelle Élie Halévy au nom de l'histoire, que « le stoïcisme est une source d'énergie et une doctrine d'action »[4].

Nous allons ainsi au-devant, sinon d'un problème imprévu, du moins d'une nouvelle manière d'aborder le problème. Est-ce qu'il ne conviendrait pas de chercher, dans le sérieux du caractère anglais, ce qui pourrait suppléer dans la pratique à l'insuffisance de la théorie ? Le philosophe pose le problème. À un historien seul il appartiendra de le résoudre : Élie Halévy sera cet historien.

Au lendemain de son agrégation, il est attaché à l'*École des Sciences Politiques* par Émile Boutmy, qui le charge de leçons sur l'Évolution

---

1. *Le Radicalisme philosophique*, p. 387.
2. *Revue de Métaphysique et de Morale*, 1918, p. 84.
3. *Revue de Métaphysique et de Morale*, 1918, p. 84 et 85.
4. *Ibid.*, p. 97.

des idées politiques en Angleterre au XIXᵉ siècle. Alternant avec un cours sur le Socialisme européen au XIXᵉ siècle, ces leçons, reprises et transformées d'année en année avec une conscience, une clarté, une vigueur qui lui valurent sur de nombreuses générations d'élèves un ascendant d'intelligence dont nous savons par les témoignages les plus touchants qu'il s'accompagnait d'un profond attachement de cœur, devinrent son occupation principale.

De là devait sortir le projet d'écrire l'*Histoire du Peuple anglais au XIXᵉ siècle*. Dans l'*Avant-Propos* du premier volume, le célèbre tableau de *L'Angleterre en 1815* (paru en 1912), Élie Halévy exposait au lecteur les scrupules qui avaient été les siens devant l'« audace » d'une telle entreprise. Il ne s'agissait pas seulement d'appliquer à un pays étranger le programme que Taine s'était tracé pour la France ; mais de satisfaire, ainsi que Gustave Lanson le notera de la façon la plus perspicace, aux exigences d'une méthode autrement concrète et rigoureuse. Taine s'arrête à quelques thèmes simples, séduit par la facilité d'un développement oratoire et passionné, tandis qu'Élie Halévy, formé par la méditation platonicienne à une intelligence *synoptique* des idées et des choses, se fait un devoir de ne négliger aucun des éléments de la réalité. Il ne se flatte pas d'avoir trouvé avant d'avoir cherché ; il est résolu à se laisser instruire, et surprendre au besoin, par ce qu'il découvrira.

Seulement, pour l'histoire qu'il entreprend, les enquêtes de détail, les monographies précises, qui sont la préparation indispensable de l'œuvre de synthèse, font presque totalement défaut. Élie Halévy doit assumer toutes les tâches à la fois, et l'on sait comme il s'en est magistralement acquitté. Le tableau de *L'Angleterre en 1815* n'offre pas seulement à l'historien et au sociologue un modèle de ce que doit être l'étude exhaustive d'une civilisation ; c'est aussi une vue profonde sur l'un des ressorts essentiels de l'âme humaine, qui s'est trouvé, à une certaine époque et chez un certain peuple, la condition de l'équilibre et du salut.

Le Français qui, son Montesquieu en main, aborde l'Angleterre de l'ère napoléonienne, est tenté de chercher dans les institutions le secret de la force et de la victoire. Et voici ce que les faits lui présentent : « Un pays sans bureaux, sans police, où le pouvoir exécutif était plus faible que dans aucun autre pays d'Europe[1]. » Anarchie apparente, dont le danger se trouve encore accru par la nouveauté des circonstances sociales : « La naissance de la grande industrie, qui se fonde sur l'emploi de la machine automatique, et dont la productivité, en quelque sorte effrénée, provoque l'apparition d'une masse flottante d'ouvriers, vivant au jour le jour, arrachés une année

---

1. *Histoire*, t. II, 1923, p. V.

au travail stable des petits ateliers et des champs pour être rejetés, l'année suivante, sans travail, sur le pavé des grandes villes[1]. »

Si, maintenant, on regarde du côté de la religion, en l'envisageant comme institution, la déception ne sera pas moindre : « Une Église d'État apathique, sceptique, inerte ; des sectes affaiblies par le rationalisme, désorganisées, chez lesquelles l'esprit du prosélytisme est éteint[2]. »

Cependant l'Angleterre résiste. Bien mieux, elle se fait une armature qui explique la merveilleuse prospérité matérielle et morale de l'ère victorienne, phénomène dont une intuition de génie permettra d'atteindre le secret. Dans l'*Introduction* qu'il a rédigée pour la traduction anglaise de l'*Histoire du Peuple anglais* (traduction qui a paru cette année même dans une collection populaire, entre Bernard Shaw et Sir James Jeans), Graham Wallas indique d'une façon discrète que la familiarité avec le protestantisme français et avec le libéralisme français avait préparé Élie Halévy à comprendre, non seulement la nature du *réveil* qu'opéra la prédication de Wesley, mais aussi la fécondité de son influence, à travers et par delà l'horizon du mouvement non conformiste.

L'expérience britannique amène Halévy à écrire que « les grands siècles religieux sont des siècles d'hérésie »[3]. Car il est vrai que le jansénisme a échoué en France : l'ironie de Pascal prélude à l'ironie de Voltaire. Mais le méthodisme wesleyen a su se mettre en garde contre le dogme de la prédestination, qui menace de stériliser l'effort humain. D'autre part, son appel au *sérieux* de la conscience, qu'il engage dans tout instant de la vie, se répercute sur ceux-là mêmes qui se présentaient comme les adversaires de la foi chrétienne. Les utilitaires, adeptes de Bentham, sont des ascètes à leur manière, faux épicuriens, plus d'accord qu'ils l'imaginent avec ces « stoïciens du christianisme »[4] que sont les non-conformistes. « Le paradoxe fondamental de la société anglaise consiste en ce que les deux tendances, qui paraissent logiquement contradictoires, par bien des points convergent et se confondent[5]. » C'est ce qui fait que le peuple anglais, abandonné de ses chefs, s'est sauvé lui-même par un sursaut d'énergie morale. Élie Halévy pourra conclure que « le méthodisme est le véritable antidote du jacobinisme, et que l'organisation libre des Églises est, dans le pays qu'il gouverne, le véritable principe d'ordre. *L'Angleterre est un pays libre*, cela veut dire, si l'on va jusqu'au fond des choses, que l'Angleterre est le pays de l'obéissance volontaire, de l'organisation spontanée[6]. »

---

1. *Ibid.*
2. *Ibid.*, t. I, p. 387.
3. *Histoire, Épilogue*, t. I, 1926, p. 179.
4. *Ibid.*, p. 167.
5. *Ibid.*, t. I, p. 557.
6. *Histoire*, p. 564.

À cette description de l'Angleterre en 1815 aurait sans doute correspondu, si le dessein d'Élie Halévy avait pu s'accomplir, un autre tableau synoptique, pour lequel il avait indiqué la date de 1860, où *institutions, idées, mœurs* semblaient avoir atteint une entière harmonie. D'une époque à l'autre, Élie Halévy entreprend un « récit » ; il publie deux volumes, qui vont du *Lendemain de Waterloo* à l'*Avènement de Robert Peel*. Puis, passant par-dessus l'intervalle de 1841 à 1895, il donne, sous le titre d'*Épilogue*, en 1926 et en 1932, deux autres volumes qui prennent l'Angleterre au moment où Gladstone disparaît, qui la conduisent au 4 août 1914, au jour où s'effondre le rêve, qui avait été poursuivi par le siècle de Saint-Simon et d'Herbert Spencer : faire succéder une civilisation industrielle à la civilisation militaire.

Il est difficile de dire en peu de mots ce que représente cet *Épilogue* : plus de 1100 pages de très grand format, appuyées à chaque ligne sur une référence, où il n'y a pas un adjectif qui ne soit médité, pas un adverbe qui soit superflu. Dans la *Revue critique*, M. Charles Seignobos, qui avait été de son jury de Doctorat, exprime une admiration sans réserve :

> Je ne connais aucune histoire contemporaine d'aucun État qui m'ait donné une aussi complète satisfaction... Il m'a donné, avec une sécurité parfaite, garantie par une méthode de travail irréprochable, la connaissance précise de tout ce que je pouvais désirer savoir sur ce difficile sujet, et sans exiger de ma part aucun effort, car la lecture m'en a paru très agréable... Dans l'analyse des agitations, M. Halévy ne se laisse pas tromper par les formules officielles et les attitudes prises en public : il pénètre jusqu'aux sentiments actifs et aux forces réelles.

L'accueil que les savants et les hommes politiques d'Angleterre ont fait aux ouvrages comme à la personne d'Élie Halévy n'était pas moins chaleureux ; et il s'en est exprimé lorsqu'il fut chargé, en 1929, des Conférences du *Rhodes Memorial*. Nous ne pouvons rappeler sans en être émus les paroles qu'il prononça dans cette occasion, tant elles le peignent exactement :

> Permettez-moi, avant que je commence, de vous présenter mes sentiments de gratitude. Que l'Université d'Oxford m'ait fait, il y a trois ans, docteur *honoris causa*, que le Comité Rhodes m'ait choisi, cette année, comme *Memorial Lecturer*, de tels honneurs, je puis vous l'assurer, m'inspirent plus de modestie que d'orgueil. Ils ne m'induisent pas à me regarder comme plus grand que je suis. Mon œuvre a été une œuvre de patience ; c'est cette patience que vous avez voulu récompenser. Mais vous comprendrez facilement quelle haute valeur a pour un historien du peuple anglais cette considération qui lui vient du véritable centre de la

culture anglaise. Il y voit quelque chose de plus que la récompense du passé, un encouragement pour l'avenir. Mon œuvre est loin d'être achevée. Pour qu'elle soit menée à bonne fin, il me faudra la force nécessaire, la santé, l'absence d'inquiétude, faveurs qu'il n'est pas en votre pouvoir de m'accorder ; mais aussi, confiance en moi et continuité de patience : cela vous pouviez me le donner, vous me l'avez donné. C'est pourquoi je vous remercie de tout cœur.

Pour ces *Conférences Rhodes*, Élie Halévy avait choisi comme sujet la suite de l'*Épilogue*, l'interprétation de la crise mondiale dans les années de guerre. Il montrait l'enchevêtrement des deux mouvements qui faisaient peser sur l'Europe d'avant 1914 un double péril de désorganisation : *lutte de classes, conflit des nations*. Or, les mêmes nécessités de guerre, qui semblaient dans les premiers temps subordonner la tendance vers la révolution, ont resserré de plus en plus la mainmise de l'État sur l'activité des individus ; elles ont ouvert ainsi la voie à un *socialisme de fait*, que les circonstances difficiles de l'économie d'après-guerre ont eu pour effet de prolonger et d'aggraver dans leurs conséquences les plus offensantes et les plus douloureuses pour la dignité de l'homme. D'où résulte que le socialisme, tel qu'il se présente actuellement dans le pays où il a institué, sous des étiquettes qui ne sont opposées qu'en apparence, la dictature de l'État, « dérive beaucoup plus du régime de guerre que de la doctrine marxiste ».

C'est la thèse originale et profonde qu'il y a quelques mois à peine, le 28 novembre 1936, Élie Halévy apportait à la *Société française de Philosophie* où, bien des années auparavant, le 20 mars 1902, il avait précisé la signification véritable du *matérialisme historique*, en réplique à ce Georges Sorel qui devait être l'inspirateur commun de Lénine et de M. Mussolini. Fidèle à sa méthode, Élie Halévy remonte à l'origine du socialisme moderne pour en dénoncer la contradiction interne.

> D'une part, il est souvent présenté, par ceux qui sont les adeptes de cette doctrine, comme l'aboutissement et l'achèvement de la Révolution de 1789, qui fut une révolution de la liberté, comme une libération du dernier asservissement qui subsiste, après que tous les autres ont été détruits : l'asservissement du travail par le capital. Mais il est aussi, d'autre part, réaction contre l'individualisme et le libéralisme ; il nous propose une nouvelle organisation par contrainte à la place des organisations périmées que la Révolution a détruites.

Le Césarisme de 1861, très influencé par le Saint-Simonisme, la monarchie sociale de Bismarck, directement liée au socialisme nationaliste de Ferdinand

Lassalle, laissent prévoir déjà les « réalisations » auxquelles nous font assister le bolchevisme russe, le fascisme italien, l'hitlérisme allemand ; ce qu'Élie Halévy appelle l'*Ère des tyrannies*, se souvenant des dernières pages de sa *Théorie platonicienne des Sciences*, qui commentent la *République* et les *Lois* :

> Le tyran, lui aussi, épure ; mais c'est une *belle épuration*, une épuration à rebours, *et toute contraire à celle que les médecins pratiquent sur les corps ; car ceux-ci suppriment le pire et retiennent le meilleur : lui, tout au contraire*. Il est dans l'État ce qu'une passion aveugle est dans l'âme ; il détruit, exile, fait périr, corrompt tous les éléments vertueux, supprime tout ce qui est bon, et ne retient que ce qui est nécessité et esclavage... L'âme tyrannique est 729 fois plus misérable que l'âme royale.

Enfin, achevant de rédiger ce programme, qui devait, dans le cours de la discussion, l'amener à une sorte d'examen de conscience sur son passé d'historien et de critique du socialisme, Élie Halévy se pose la question : *Quelles sont pour les nouveaux régimes, les chances de propagations ultérieures ?*

Sa réponse, non pas prophétie aventureuse, mais expression d'une volonté incorruptiblement droite, tendue vers un réveil d'enthousiasme efficace pour la cause de la raison et de la paix, nous la recueillerons comme son adieu. Ce sont les fortes paroles par lesquelles se terminaient ses Conférences du *Rhodes Memorial* :

> Mon interprétation de l'histoire signifie, si vous le voulez bien, que la responsabilité des maux qui tourmentent l'humanité doit être transférée des hommes d'État au commun peuple, c'est-à-dire à nous-mêmes. La sagesse ou la folie de nos hommes d'État est purement et simplement le reflet de notre propre sagesse ou de notre propre folie. Si donc, comme je crois, vous vous accordez avec moi pour penser que la justice dans les rapports politiques pourrait être achetée avec de moindres gaspillages de vies humaines et de richesses que ceux d'une révolution, ou d'une guerre, ou d'une guerre révolutionnaire, vous devez comprendre aussi que ce résultat ne pourra être acquis si dans nos pensées mêmes une transformation ne se produit.
> À nous de substituer un esprit de compromis à un esprit de fanatisme. L'Angleterre, en ces matières, nous montre assurément la route de la paix. Depuis plus de deux siècles, l'Angleterre n'a pas eu de révolution ; et, autant qu'il est possible de porter des jugements aussi entiers sur les affaires humaines, il semble qu'elle soit à jamais sauvegardée de la menace de révolution. Ainsi l'histoire de l'Angleterre moderne nous

prouve qu'il est possible d'extirper le fanatisme de classe et de parti. Pourquoi ne pas essayer d'employer les méthodes britanniques à résoudre le problème de la guerre aussi bien que celui de la révolution ? L'institution de la Société des Nations est une tentative de ce genre. À Genève, les représentants de toutes les nations sont invités à se réunir et s'efforcent de résoudre, dans un esprit de compromis, les différends qui jusqu'à présent n'avaient été résolus que par la guerre... Mais c'est trop peu que l'esprit de compromis. Le fanatisme national est quelque chose de beaucoup plus formidable que le fanatisme de classe. L'Angleterre a éliminé l'un, mais non l'autre. Elle a pu être, pendant deux siècles, une nation sans révolution ; on aurait peine à dire qu'elle n'a pas été une nation belliqueuse. Même pendant cette dernière période de vingt-cinq années – où l'humanité semble avoir cherché, plus anxieusement que jamais elle [ne] l'avait fait, quelque voie pour s'évader de la guerre par l'arbitrage et le compromis –, un seul gouvernement, y compris le gouvernement anglais, a-t-il souscrit à aucun Pacte de Paix, même au Pacte de la Société des Nations, sans faire, explicitement ou implicitement, quelque réserve ?

Je tombais, l'autre jour, par hasard, sur un débat qui eut lieu à la Chambre des Communes peu de mois avant la guerre, et dont les protagonistes étaient l'Irlandais Tim Healy, bien connu par ses réparties primesautières, et Lord Hugh Cecil. « Mais, qu'est-ce donc qu'une nationalité ?, interrompit Lord Hugh Cecil. – Je vais dire au noble Lord, riposta Tim Healy, ce que c'est qu'une nationalité. Une nationalité, c'est une chose pour laquelle l'homme est prêt à mourir. » Fort bien, mais aussi pour laquelle il est prêt à tuer ; et voilà l'obstacle. Du moins, le fait demeure que l'homme n'est pas uniquement composé de sens commun et d'intérêt personnel ; telle est sa nature qu'il ne juge pas la vie digne d'être vécue s'il n'y a quelque chose pour quoi il soit prêt à perdre cette vie. Or je vois présentement que des millions d'hommes se montrèrent prêts, durant la grande crise mondiale, à donner leur vie pour leurs patries respectives. Combien de millions d'entre eux, ou de centaines de mille, ou de milliers, ou de centaines, seraient prêts à mourir pour la *Société des Nations* ? Y en aurait-il seulement cent ? Prenez garde, car c'est cela qui est grave. Tant que nous n'aurons pas développé un fanatisme de l'humanité assez puissant pour contrebalancer ou pour absorber nos fanatismes de nationalité, n'allons pas charger nos hommes d'État de nos propres péchés. Cherchons bien plutôt des raisons de les excuser lorsque, à l'occasion, ils se sentent forcés de céder à la pression de nos émotions fanatiques et désintéressées.

Léon Brunschvicg

2. Hommage à la Société française de philosophie

Déclaration de Léon Brunschvicg devant la Société française de philosophie, séance du 4 décembre 1937 (« Subjectivité et transcendance », par Jean Wahl)[1]

À cette séance inaugurale [du Congrès Descartes[2]] assistait Élie Halévy, lui aussi notre compagnon de toujours ; et ce fut sa dernière sortie. Je n'aurais voulu céder à personne le soin de vous parler d'Élie Halévy ; et cependant j'ai peine en ce moment à m'arracher de lui comme s'il m'était possible d'admettre qu'il m'ait précédé, qu'il ne soit pas là du moment que j'y suis, lui, l'ami dont on est fier d'être l'ami, vers lequel le regard se dirige parce qu'on attend son jugement calme, direct, impartial, pour savoir si on a bien fait ce qu'on avait à faire. Il y a quelques années, présidant la distribution des prix du lycée Condorcet, Parodi évoquait ses souvenirs d'élèves ; il décrivait Élie « sûr, inflexible et droit comme la vérité même ». Tel nous l'avons revu, tel nous l'avons entendu, dans cette séance du 28 novembre 1936 sur « L'ère des tyrannies » dont le compte rendu a paru il y a quelques jours, spectateur lucide et, je le sais, sans illusion, du drame où l'Europe joue son destin. Sa vie a été parfaitement simple, parfaitement noble. Il a eu le privilège des plus heureuses affections. Il a voulu mériter son bonheur par des tâches difficiles, sachant qu'il était réservé à peu de personnes de pouvoir s'en acquitter. Je n'ai pas à retracer ici sa carrière de philosophe et d'historien ; je me contenterai de répéter ce que dit, dans une étude qui va paraître bientôt, Ernest Baker, le professeur de Cambridge, interprète des amis choisis comme des innombrables lecteurs qu'Élie Halévy a trouvés en Angleterre : « Son analyse de la pensée anglaise et de la vie anglaise à travers les longues années qui vont de la jeunesse de Bentham au dénouement de la Grande Guerre, c'est un des dons les plus précieux que l'Angleterre ait reçu du génie français, et cela l'Angleterre ne l'oubliera jamais. » Je dirai seulement avec quel soin, lui qui se tenait à l'écart de toute sorte de groupe, il avait, par attachement de tout cœur, de tout instant à Xavier Léon, par zèle passionné aussi pour la recherche

---

1. *Bulletin de la Société française de philosophie*, « Séance du 4 décembre 1937 », p. 165-166.
2. [Ce congrès a été organisé par la Société française de philosophie à Paris, à la Sorbonne. Il s'est ouvert le 31 juillet 1937. L'engagement en avait été pris à Prague l'année précédente (*ibid.*, p. 164). Voir Frédéric Worms et Caterina Zanfi (dir.), « L'Europe philosophique des congrès à la guerre », *Revue de métaphysique et de morale*, n° 84, 2014/4.]

désintéressée, pris sur lui de remplir la tâche de trésorier-archiviste de notre Société jusqu'au jour tout récent où, prenant la direction de la *Revue de Métaphysique,* il en avait laissé le soin à notre ami Louis Weber, qui est retenu par un état de santé loin de nous et auquel nous exprimons nos souhaits de prochain rétablissement.

Je viens vous parler en survivant d'une génération, témoin d'une œuvre qu'il appartiendra désormais à des mains plus jeunes de continuer. Du moins sommes-nous assurés que certains exemples demeureront pour éclairer la route, et pour raffermir l'espérance d'un avenir plus humain.

MUNICH. PENSER AVEC ÉLIE HALÉVY

Le 29 septembre 1938 sont signés à Munich, entre l'Allemagne nazie, l'Italie fasciste et les démocraties anglaise et française les accords autorisant Berlin à annexer les Sudètes. La Tchécoslovaquie est abandonnée par ses alliés. Élie Halévy est mort depuis plus d'un an. L'Ère des tyrannies *est sur le point de paraître. La* Revue de métaphysique et de morale *décide de publier sa communication prononcée en 1920 à Oxford, « Le problème des nationalités »[1]. L'article est présenté en une double page « glissée comme une lettre dans la livraison de la revue »[2]. Ce statut particulier résulte de la « singulière et tragique actualité » du texte, témoignant « chez l'historien et le philosophe d'un pénétrant et prophétique sentiment des réalités », écrivent les éditeurs de la revue.*

De son côté, Florence Halévy rédige des notes qui portent la trace de la ferme pensée de son mari, antitotalitaire et libérale. Le 2 novembre 1938, à minuit, elle écrit : « Je suis malade d'indignation. Cela ne peut durer ainsi. Je ne parle pas seulement du monde. Je parle de ma petite conscience en face des choses. [...] Tout me semble – en ce moment préférable à ce long cauchemar, depuis les sanctions qui ne devaient, surtout, pas être des sanctions jusqu'au jeu timoré de la non-intervention en Espagne. » À 4 heures du matin, elle poursuit :

> *Choisis :*
> *Faire partie d'une minorité menteuse inutile – impuissante.*
> *Ou marcher avec les plus forts[3]. Devenir peut-être un élément modérateur qui m'a fait horreur mais qui, tout au moins, existe.*
> *Tout au moins – sortir du mensonge.*

---

1. Voir *supra*, p. 368-372.
2. *Commentaire*, n° 57, printemps 1992.
3. C'est-à-dire avec les partisans de Hitler et Mussolini.

> *Si – après avoir étranglé la Tchécoslovaquie il faut aider à étrangler l'Espagne[1] : si, fatalement, il nous faut travailler à instaurer en Espagne après l'avoir instauré en Tchécoslovaquie, le règne des camps de concentration et de la persécution des juifs, que ce ne soit au moins pas aux cris de "vive la liberté" – et de "pauvres juifs".*
> *Peut-être pourrais-je faire q. chose pour eux le jour où je ne prétendrai plus les défendre et les protéger ?*
> *Au moins – ne plus mentir. Dire je vais avec les plus forts parce que je ne sais pas comment je pourrais faire autrement (peur de la guerre ? peur du bolchevisme ?). Cela impliquera – il faut que je l'admette – les camps de concentration chez nous aussi (en dépit de mon influence modératrice !), la persécution des juifs chez nous aussi. J'ai accepté. Ce que je pense ne regarde personne si j'agis "bien". Et n'en parlons plus. Bras tendus.*
> Not kennt kein Gebot[2].
> *Besoin de paix ? besoin de franchise ? Je ne crois pas ce que soit un préjugé. Je ne crois pas être seule à sentir que cette atmosphère de mensonge et de fausses déclarations empoisonne les volontés depuis plusieurs années.*
> *Nous tombons de plus en plus bas. Et ce n'est que juste.*

Puis, à 7 heures du matin, elle ajoute : « Vouloir sauver nos libertés tout en aidant à détruire celles des autres (mieux encore : par la destruction de celles des autres) me paraît non seulement stupide mais immoral et révoltant. Détruire la liberté des autres, cela veut dire – en réalité – renoncer à nos libertés à plus ou moins brève échéance. Il faut prendre parti. »

Le 2 décembre 1938, elle couche encore sur le papier ces quelques mots, de résignation et de détermination : « Je ne crois pas que de la guerre il puisse sortir q. chose de bien. Mais je crois qu'il peut sortir q. chose de pire de la complète licence donnée à des gens ivres de force et de brutalité de faire impunément tout ce qu'ils veulent. »

La lucidité permet de refuser de s'associer aux « plus forts » en acceptant les accords de Munich. S'y résigner, écrit Florence Halévy, c'est être fasciste soi-même[3]. Mais la lucidité a un prix extrême à payer : « Si je ne les accepte pas – je ne suis rien du tout. Une personne [ill.] avec quelques autres, dans le vide. » Cependant, la connaissance implacable des réalités présentes, la critique du rapport que les nations et les individus entretiennent avec

---

1. Florence Halévy anticipe ici un alignement de l'Espagne sur les États totalitaires nazi et fasciste, qui n'aura cependant pas lieu.
2. Proverbe allemand, qui peut être traduit par l'expression : « nécessité fait loi ».
3. « En tant que j'accepte Munich – et l'accord anglo-italien, je le suis ».

elles constituent le seul passage possible vers l'action résolue pour sauver ce qui doit l'être.

Première publication de L'Ère des tyrannies, octobre 1938

La publication de L'Ère des tyrannies, le 18 octobre 1938, par le soin des éditions Gallimard, répond à cette nécessité de ne pas désespérer de l'effort de connaissance et de fonder avec elle une morale de l'engagement démocratique. Explicitement ou implicitement, de nombreux écrits ont salué après la mort d'Élie Halévy le courage intellectuel de l'historien philosophe disparu et souligné la gravité de sa disparition au moment où son action aurait été utile pour armer les démocraties devant les périls. Le partage de sa pensée philosophique agissant sur l'histoire est nécessaire, attendu. Elle prépare des hommes et des femmes à la résistance en leur donnant des armes intellectuelles pour se mesurer, si elles adviennent, à l'occupation nazie et à la collaboration – en comprenant la signification historique et philosophique de tels événements. La pensée d'Élie Halévy encourage ces engagements précoces. Elle offre le pouvoir de dominer le pessimisme qui naît de son interprétation de l'histoire. La transmettre devient une nécessité urgente, alors que l'enchaînement des événements, depuis la conférence de Munich du 29 septembre 1938, donne raison à l'historien philosophe disparu.

Le projet d'édition de L'Ère des tyrannies est lancé très rapidement après la mort d'Élie Halévy. Il reçoit le plein soutien de sa veuve. Le 31 janvier 1938, Célestin Bouglé écrit à Brice Parain (1897-1971), agrégé de philosophie, diplômé des langues orientales, qui occupe les fonctions de secrétaire de Gaston Gallimard à la NRF. Sa lettre, à en-tête de l'École normale supérieure, fait suite à une première démarche :

> Voici donc les séries des études d'Élie Halévy que nous serions extrêmement heureux de publier chez vous. En retenant le sujet de la dernière conférence, on a un titre assez frappant je crois pour le public, et qui correspond bien d'ailleurs à la tendance générale du volume. Si vous le croyiez nécessaire, je pourrais y adjoindre une préface explicative pour rappeler l'attitude d'Halévy envers le socialisme, mais si vous trouvez qu'il y a plutôt trop de pages, on pourrait naturellement s'en passer[1].

---

1. Célestin Bouglé, lettre à Brice Parain, 31 janvier 1938. (Archives Gallimard, dossier Élie Halévy.)

L'idée est accueillie très favorablement par Gaston Gallimard qui s'empresse de faire établir le contrat, ainsi que celui relatif à l'Histoire du socialisme européen[1]. En effet, le projet d'édition porte d'emblée sur ces deux volumes. Si L'Ère des tyrannies est ainsi couplé avec l'Histoire du socialisme européen, c'est qu'il en constitue, d'une certaine manière, l'épilogue – quand, à la faveur de la guerre, le socialisme bascule dans une doctrine et une pratique « totales » et se mue en nationalisme intégral, ouvrant la voie aux États totalitaires. C'est la conclusion de la conférence de 1936 et c'est la conclusion du livre de 1938.

Le titre L'Ère des tyrannies s'impose, tant l'expression forgée par Élie Halévy pour la conférence de la Société française de philosophie a marqué les esprits de ses contemporains. Le choix de la collection est décidé dans la foulée, la « Bibliothèque des idées »[2] que vient de créer, avec Jean Paulhan, André Malraux. Ce dernier obtiendra la publication, également en 1938, de la thèse de son ami Raymond Aron, Introduction à la philosophie de l'histoire. Essai sur les limites de l'objectivité historique[3]. Les archives de la maison Gallimard renseignent sur le processus de conception et de fabrication de L'Ère des tyrannies. La correction des épreuves est réalisée par Florence Halévy et Célestin Bouglé, ce dernier escomptant s'y consacrer sur le bateau qui le ramènera des États-Unis où il doit prononcer des conférences à l'université de Columbia à New York[4]. Il n'oublie pas non plus la préface qu'il envisage de rédiger outre-Atlantique. Il se propose de mettre « les bouchées doubles » et de « l'achever avant [son] départ ». Florence Halévy, pour sa part, prévient Brice Parain le 9 avril, depuis Florence où elle réside pour

---

1. « Cher Maître,
Je vous envoie ci-joint les contrats pour les deux ouvrages d'Élie Halévy. Comme vous le voyez, Gaston Gallimard s'est empressé de les faire établir, car il serait très heureux de publier ces ouvrages.
Je vous remercie aussi pour le texte des *Études sur le socialisme*. Nous pensons tous ici qu'il faudrait une préface de vous ; j'ai donné le texte à calibrer, mais de toutes façons il n'y aura pas d'obstacle de ce côté-là.
Excusez-moi de vous demander de faire signer ces contrats par Mme Halévy ; j'aurais pu les lui envoyer directement, mais je pense qu'il est mieux que vous lui expliquiez notre arrangement.
Croyez, cher Maître, à mes sentiments respectueux.
Brice Parain » (*id.* et Fonds ENS, carton 9).
2. Note adressée à Jean Paulhan, « 4/3/38, Élie Halévy. Nous avons traité avec M. C. Bouglé pour éditer un Recueil d'articles et d'inédits intitulés : *Études sur le Socialisme et l'Après-guerre («L'Ère des Tyrannies »)*. N'envisagez-vous pas d'introduire cet ouvrage dans la Bibliothèque des Idées ? » (Archives Gallimard, dossier Élie Halévy).
3. Raymond Aron, *Introduction à la philosophie de l'histoire*, Paris, Gallimard, 1938, 350 p.
4. Lettre de Célestin Bouglé du 28 mars 1938, sur papier à en-tête de l'École normale supérieure. Il demande qu'un jeu d'épreuves soit envoyé « aux bons soins de M. Ruesselle, Teachers college, Columbia university, NY ». (Archives Gallimard, dossier Élie Halévy).

« *raisons de famille* », *qu'elle n'a pas encore renvoyé son lotd'épreuves*[1]. *Le dossier d'édition conservé aux éditions Gallimard fait état d'un ouvrage de* « *633 000 lettres* », *non compris la préface de Célestin Bouglé. Le tirage prévu est de 3300 exemplaires (ou 3850 si le prix est modifié). Le* « *SP* » *(service de presse) est fixé à 375 exemplaires. La parution doit intervenir en mai-juin 1938. Le livre sortira finalement en librairie fin octobre. Quant à l'*Histoire du socialisme européen, *sa parution ne peut intervenir comme prévu*[2]. *Elle est renvoyée à la Libération, et mettra encore près de quatre ans avant d'être effective, en 1948.*

De son vivant, Élie Halévy a rencontré Gaston Gallimard au moins à deux reprises. Le 28 juillet 1929, il se rend rue de Grenelle pour rencontrer le patron de la NRF. Ce dernier est absent. On lui conseille de lui écrire, ce qu'il fait le lendemain[3]. *Il obtient un rendez-vous le 9 août suivant*[4]. *Le 28 juin 1936, en réponse à une demande d'Élie Halévy*[5], *Louis Chevasson lui fait savoir que Gaston Gallimard serait heureux de le recevoir et lui fixe un rendez-vous* « *mercredi à midi* ». *Un autre contact a lieu en juillet 1934. Gaston Gallimard demande par lettre à Élie Halévy* « *les volumes déjà publiés de [son] "Histoire d'Angleterre"* »[6].

---

1. Florence Halévy, Lettre à Brice Parain, 9 avril 1938, Pension Priccioli, Lungarno delle Grazie 2, Florence (*idem*).
2. Voir *supra*, p. 24. Brice Parain a multiplié les lettres visant à accompagner le projet d'édition jusqu'à son terme (voir le dossier Élie Halévy des archives Gallimard). Plus que l'état de guerre, c'est la maladie de Célestin Bouglé qui interrompt le processus, maladie qui emportera le directeur de l'École normale supérieure le 25 janvier 1940. Brice Parain écrit directement à Florence Halévy, le 28 janvier 1940, au sujet de « l'*Histoire du socialisme* de Élie Halévy » (Fonds ENS, carton 9).
3. Élie Halévy, Lettre à Gaston Gallimard, 29 juillet 1929 :
« Je viens solliciter de vous la faveur d'un entretien dans le courant de la semaine prochaine, rue de Grenelle » (*idem*).
4. Élie Halévy, Lettre à Gaston Gallimard, 4 août 1929, La Maison Blanche, Sucy-en-Brie, S.-et-O. :
« Cher Monsieur,
J'irai mardi prochain 9 août à 15h30 ainsi que vous me le proposez.
Votre reconnaissant et dévoué,
Élie Halévy » (*id.*).
5. Élie Halévy, Lettre à Gaston Gallimard, 18 juin 1936, La Maison Blanche, Sucy-en-Brie, S.-et-O. :
« Cher Monsieur,
Pourriez-vous la semaine prochaine – mercredi matin ou après midi me conviendrait très bien – m'accorder la faveur d'un rendez vous ? Il s'agit d'une question qui ne me concerne pas personnellement – et qui pourrait vous intéresser.
Croyez d'avance votre très reconnaissant,
Élie Halévy » (*id.*).
6. Gaston Gallimard lui propose en retour de lui offrir des ouvrages publiés par les éditions de la *Nouvelle revue française* (lettre du 18 juillet 1934, *id.*). Élie Halévy le remercie par lettre, le 30 juillet (*id.*).

La publication de L'Ère des tyrannies date du 18 octobre 1938, c'est-à-dire au lendemain de la crise des accords de Munich, que son auteur pressentait et redoutait. L'ouvrage est salué et commenté, notamment par Raymond Aron qui se charge d'écrire un très long compte rendu pour la Revue de métaphysique et de morale, une manière de relire toute l'œuvre d'Élie Halévy à travers cet achèvement avant la lettre que constitue L'Ère des tyrannies.

L'ÈRE DES TYRANNIES DANS LA REVUE DE MÉTAPHYSIQUE ET DE MORALE

La première livraison de la Revue de métaphysique et de morale pour l'année 1939 rend un premier hommage aux thèses d'Élie Halévy en publiant le texte de sa conférence présentée au « Meeting d'Oxford » de 1920, à savoir la première rencontre après-guerre des sociétés françaises et anglaises de philosophie. La Rédaction fait précéder la publication d'une note infrapaginale[1] : « Communication présentée au Meeting d'Oxford, en septembre 1920. Elle nous a paru prendre en ce moment une singulière et tragique actualité et témoigner, chez l'historien et chez le philosophe, d'un si pénétrant et prophétique sentiment des réalités que nous avons tenu à la remettre sous les yeux de nos lecteurs. »

Le « Supplément bibliographique » de cette première livraison inclut pour sa part un premier compte rendu de L'Ère des tyrannies, dans l'attente d'un article de fond sur le livre, comme annoncé[2]. C'est cet article substantiel qui est publié dans la deuxième livraison de la revue pour l'année 1939. L'auteur, Raymond Aron, est aussi l'un des responsables de la publication du livre aux éditions Gallimard et celui, qui, par sa propre conférence du 17 juin 1939 à la Société française de philosophie, donnera à la pensée d'Élie Halévy sur l'« Ère des tyrannies » une confirmation éclatante autant qu'un rôle décisif dans la résistance des savants au nazisme.

1. PREMIER SUPPLÉMENT BIBLIOGRAPHIQUE DE L'ANNÉE 1939

L'Ère des tyrannies, par Élie Halévy, préface de C. Bouglé. Un vol. in-8° de 249 p. Gallimard, 1938. – La piété de ses élèves et amis a rendu un premier hommage à la grande mémoire d'Élie Halévy en réunissant dans

---

1. p. 147-151 (note p. 147).
2. Numéro de janvier 1939, p. 1.

ce volume les divers articles ou conférences où il avait, dans ces dernières années, traité des grands problèmes de l'heure, le socialisme et la guerre. Car, à un moment où les deux ordres de questions semblaient encore au plus grand nombre plus ou moins indépendants, poursuivant parallèlement leurs cours, ou tout au plus, concentrant tour à tour l'attention et la force des peuples, Halévy fut un des premiers à en montrer l'intime liaison et à les présenter en quelque mesure comme une alternative. Aussi, ces études prennent-elles, par leur rapprochement seul, une valeur et une portée extrêmes, et la *Revue* se devra doublement d'y revenir pour les analyser de plus près. Contentons-nous de dire ici qu'elles se distribuent assez naturellement en trois groupes : un premier comprend des articles relatifs à l'histoire du socialisme (sur Sismondi, sur Saint-Simon et les saint-simoniens) ; un second, plus purement historique, concerne le mouvement social en Angleterre (*La politique de paix sociale en Angleterre*, *Le Problème du Contrôle ouvrier*, *L'État présent de la Question sociale en Angleterre*) ; un troisième, enfin, constitue une interprétation originale et profonde de la crise mondiale de 1914-1918, et aboutit à la communication capitale faite à la Société de Philosophie, le 28 novembre 1936, et qui a donné son titre au volume : *L'Ère des tyrannies*. Une préface de C. Bouglé, émue et riche d'idées, ouvre l'ouvrage et en souligne l'importance.

Succédant à cette première publication, le compte rendu que rédige Raymond Aron dans la deuxième livraison de la Revue de métaphysique et de morale *pour l'année 1939[1] est exceptionnellement long. Il s'en explique dans les premières lignes de son article : « Il ne convient pas de faire l'éloge d'Élie Halévy dans cette revue qui lui doit tant. Pour témoigner notre fidélité et notre admiration, mieux vaut retenir sa pensée vivante et la discuter, comme s'il était encore parmi nous. » Prononçant de sévères critiques, notamment sur l'analyse de la guerre, politique à ses origines et qui aurait eu des effets économiques tels que les régimes de tyrannie en dériveraient très directement, et beaucoup moins dépendante de la corruption du marxisme, Raymond Aron n'en valide pas moins la proposition centrale d'une unité entre ces régimes d'idéologies contraires. Il se sépare donc des fortes réserves qu'il avait émises lors de la discussion devant la Société française de philosophie deux ans plus tôt.*

---

1. « L'Ère des tyrannies d'Élie Halévy », *Revue de métaphysique et de morale*, t. II, avril 1939, p. 283-307. Cet article sera réédité dans *Commentaire* (n° 28-29, hiver 1985, p. 328-340) puis inséré dans l'ensemble composant la postface de la réédition de *L'Ère des tyrannies* pour la collection « Tel » en 1990 (p. 252-270).

2. Raymond Aron, « Le socialisme et la guerre » (1939)

Les *Études sur le socialisme et la guerre*, publiées sous le titre *L'Ère des tyrannies*, tiendront une place honorable dans l'œuvre considérable d'Élie Halévy. Sans atteindre au niveau de l'*Histoire du peuple anglais*, elles témoignent des mêmes qualités exceptionnelles d'historien-philosophe, historien qui retrouvait la philosophie à mesure qu'il approfondissait la compréhension scrupuleuse du passé. Mais il ne convient pas de faire l'éloge d'Élie Halévy dans cette revue qui lui doit tant. Pour témoigner notre fidélité et notre admiration, mieux vaut retenir sa pensée vivante et la discuter, comme s'il était encore parmi nous.

Entre les chapitres du livre, l'un (intitulé *L'Ère des tyrannies*) frappe le lecteur, comme il avait frappé les membres de la *Société française de Philosophie*. Rapproché des trois conférences sur la crise mondiale, il suggère comme une philosophie de l'histoire contemporaine : effondrement de la IIe Internationale, naissance du fascisme et du communisme, c'est-à-dire des tyrannies, guerres sociales et guerres nationales, confondues tour à tour et opposées entre 1914 et 1918 et de nouveau à partir de 1935.

Les thèses maîtresses d'Élie Halévy peuvent être, je crois, résumées de la manière suivante :

1. Le socialisme est contradictoire (p. 273, 279, etc.[1]). Dans la doctrine, l'idée d'organisation, de hiérarchie ou d'autorité compose difficilement avec l'idée de libération. Historiquement, le socialisme bureaucratique correspond à la tradition bismarckienne, par opposition à la démocratie libérale et parlementaire de l'Angleterre. Théoriquement et pratiquement, l'économie dirigée est-elle compatible avec la liberté ?

2. Le socialisme a partout échoué. Les partis socialistes ont, par une action légale, parlementaire et municipale, contribué à l'amélioration du sort de la classe ouvrière. Ils n'ont pas empêché la guerre, qui a révélé les passions nationales plus fortes que les passions sociales. De la guerre et de l'action des groupes armés sont sortis, contre les social-démocrates impuissantes, les tyrannies.

3. Fascismes ou communisme, en dépit de leurs différences visibles, n'en ont pas moins une origine analogue et des évolutions convergentes : les uns vont du nationalisme exacerbé à une sorte de socialisme ; les autres, partis de la révolte et au nom de la liberté, en sont venus à un régime de gouvernement autoritaire et d'exaltation patriotique. Les deux forces, dont Élie Halévy suivait l'action dans le déroulement de la crise mondiale, en

---

1. Les renvois correspondent à cette édition présente de *L'Ère des tyrannies*.

arriveraient ainsi à une réconciliation paradoxale et peut-être odieuse, grâce aux « pouvoirs presque illimités » que « la structure moderne de l'État met à la disposition des hommes de révolution et d'action » (p. 321). Si nets que soient les traits, cette interprétation reste une esquisse. Il convient donc, dans les pages suivantes, moins de réfuter que d'analyser ces thèses, de les confirmer et de les rectifier par l'étude des faits, de marquer les résultats assurés et les points douteux.

Le socialisme est contradictoire

La contradiction interne du socialisme, Élie Halévy cherchait d'abord à la montrer à l'intérieur de la doctrine. Il invoquait le saint-simonisme « organisateur et hiérarchique » et Lassalle « nationaliste en même temps que socialiste, inspirateur direct de la "monarchie sociale" de Bismarck » (p. 279). Cette dualité de tendances ne paraît pas douteuse, mais ne trouverait-on pas des divergences analogues dans d'autres doctrines, par exemple la doctrine démocratique (p. 319 et 320), qui prétend concilier égalité et liberté, fonder la liberté de l'individu sur la souveraineté inconditionnelle de la volonté générale ? De plus, les exemples que cite Halévy ne sont pas convaincants : ils prouvent, tout au plus, que dans la « théorie socialiste », ensemble immense et mal délimité, on discerne des inspirations diverses. De ce fait, tout le monde conviendra. La seule et vraie question se situe ailleurs : cette contradiction se retrouve-t-elle au cœur de toute conception socialiste en tant que telle, en particulier dans le marxisme qui a « servi d'armature » aux partis socialistes d'Europe ?

Élie Halévy mettait Marx « du côté de l'internationalisme et de la liberté » (p. 304), en dépit de la « dictature du prolétariat » (p. 305) qui, telle qu'elle est décrite dans le *Manifeste du parti communiste*, lui apparaît comme un « radicalisme fiscal très accentué ». Que Marx, par opposition à Lassalle, représente l'internationalisme et la tradition démocratique, soit, mais je doute que la liberté (au sens où les libéraux prennent le mot) ait jamais constitué pour lui le but suprême. Si l'on se reporte aux textes de jeunesse de Marx, on doute que celui-ci soit seulement, comme le dit Élie Halévy, un radical avancé, lorsqu'il arrive à Paris. Dès la *Critique de la Philosophie du droit* de Hegel, dès les *Manuscrits économico-philosophiques* de 1844, Marx oppose à l'idéal du citoyen abstrait, séparé de l'homme réel, membre d'un État transcendant, l'idéal de l'homme concret et total ; libéré dans son travail même, uni à l'universel, non dans le ciel de la politique, mais dans la vie quotidienne. Pour intégrer à l'État les relations industrielles de la société bourgeoise, pour donner une solution dialectique au double processus d'enrichissement et de prolétarisation (que Hegel avait décrit dans la *Philosophie du Droit*), mais dont il dégage, peut-être en utilisant la Phénoménologie, la signification pour l'histoire universelle, Marx conçoit philosophiquement la nécessité d'une révolution sociale, avant de devenir socialiste militant au contact des ouvriers parisiens. L'idéal humain du marxisme a donc été, dès le début, et il est resté, un idéal communautaire et non individualiste. L'homme doit réaliser son essence dans une activité « publique » et non pas chercher la vérité de son être dans la conscience pure ou la personne séparée.

Certes, Marx prétend conserver – et dépasser – dans la liberté réelle les libertés formelles de la démocratie politique : l'état final garde une composante d'anarchie en même temps que de communisme. Cette proposition reproduit en effet des textes marxistes, mais comment préciser la pensée exacte de Marx en ce qui concerne le régime futur, puisque sa philosophie lui défendait prophéties et utopies et qu'il ne prévoyait guère au-delà de l'inévitable effondrement du capitalisme ? Quant à la dictature du prolétariat, si l'on se reporte aux textes postérieurs, elle est bien conçue comme une dictature provisoire pour préparer la société future, et non pas seulement comme « un radicalisme fiscal accentué ». Au reste, nul ne saurait prêter à Marx la confiance naïve que le socialisme sortirait du capitalisme sans une transition révolutionnaire, donc autoritaire.

Tous les socialistes sont, par définition pour ainsi dire, hostiles au libéralisme antérieur : partisans de la hiérarchie ou de l'égalité, de la liberté ou de l'autorité, nationalistes ou internationalistes, ils critiquent l'indépendance que l'économie capitaliste et le régime représentatif veulent réserver, aussi large que possible, aux individus. On dénonce dans cette indépendance une forme d'égoïsme, dans la concurrence une loi de la jungle, dans l'isolement des personnes la dissolution des groupes sociaux. On vitupère le capitalisme qui assure le triomphe de l'esprit marchand, qui ne laisse subsister entre les hommes, comme l'écrivait le jeune Marx, que des rapports d'intérêt, qui utilise le désir de profit comme seul moteur de la vie économique. Au début de ce siècle, Durkheim donnait encore pour l'essence du socialisme l'organisation consciente, par la collectivité, des fonctions économiques aujourd'hui dispersées et spontanées. La propagande morale contre le règne de l'argent, la propagande économique contre la liberté, la propagande politique contre l'individualisme convergent donc vers un objectif commun : le système social que la doctrine libérale traduit et justifie.

Dès lors, la question de la « contradiction interne » du socialisme se pose en termes légèrement modifiés. Peu importent les divergences de tendances ; admettons que tous les socialistes visent à la libération définitive du genre humain : cette libération a pour condition la suppression de la propriété privée (des instruments de production) et du fonctionnement libre de l'économie. Or, pratiquement, concrètement, que sera, que peut être une économie organisée « dirigée », dans laquelle les instruments de production appartiendront à l'État ou aux syndicats ? Quelle liberté, ou quelles libertés politiques, intellectuelles, comportera-t-elle pour les individus ?

On pourrait formuler la même question dans les termes suivants : le socialisme, dans la mesure où il a été l'expression doctrinale de la révolte ouvrière, s'affirme inévitablement anticapitaliste et antilibéral ; puisque les « patrons » représentaient l'autorité la plus immédiatement visible et souvent la plus oppressive, puisque la liberté a été souvent invoquée par les libéraux contre le droit de coalition, contre les conventions collectives, contre les lois protectrices du travail. C'était alors la liberté qui opprimait et la loi qui libérait. Mais, au fur et à mesure que cette libération par les règlements progressait, un danger nouveau apparaissait : dans l'immédiat, l'extension et la puissance de la bureaucratie ; pour l'avenir, dans la société post-capitaliste, la généralisation et le renforcement de la tyrannie anonyme des administrations, subordonnée elle-même à la tyrannie personnelle du despote.

Sans doute objecterait-on justement qu'il n'y a pas à proprement parler contradiction : la liberté à laquelle songent Marx et beaucoup de socialistes ne se définit pas par l'indépendance, mais par l'intégration à l'État, à la rationalité de la loi : liberté communautaire et non plus égoïste. Philosophiquement, il conviendrait d'opposer à la *liberté contre l'État*, que revendiquent les libéraux ou les démocrates à la manière d'Alain, la *liberté dans l'État*, par le consentement et la participation de la personne à la vie collective, idéal commun de certains démocrates et de certains socialistes. Mais, si valable que soit la distinction, elle ne résout pas la question posée par Élie Halévy. La libération que visaient les socialistes, même marxistes, ne s'épuise pas dans la généralisation d'une discipline militaire ou bureaucratique, cette discipline fût-elle acceptée par la majorité. Elle exige la conservation des « droits de l'homme », droits politiques et liberté de pensée. Faute de cette conservation, il n y a pas dépassement dialectique de la liberté formelle, mais substitution d'une servitude à une autre.

Du même coup, nous changeons de terrain : bien qu'Élie Halévy emploie le langage des philosophes, il pense avant tout en historien. Il parle des contradictions du socialisme ; il songe à l'antithèse de l'État bismarckien et de l'État anglais : d'une part l'État bureaucratique de type allemand, justifié par l'hégélianisme, réalisé par Bismarck, de l'autre l'État parlementaire. Après la guerre, une antithèse analogue apparaît entre les tyrannies russe, italienne ou allemande et les démocraties. À l'intérieur de celles-ci, l'extension indéfinie des fonctions étatiques risque d'entraîner peu à peu la toute-puissance de l'État. Il ne s'agit plus, cette fois, de doctrines, mais de destin historique. Le socialisme, né d'une révolte contre l'oppression, doit-il aboutir nécessairement à une oppression nouvelle ? Il est impossible, pour répondre à cette question, de se borner à une réfutation dialectique, d'opposer la théorie à la réalité, les moyens aux fins. Il est trop facile d'avoir raison, en politique, dès que l'on se donne le droit de donner tort à l'histoire. Mais, d'autre part, il est impossible de suivre l'action du socialisme sans tenir compte des deux événements par rapport auxquels il se définit aujourd'hui : la guerre mondiale et les tyrannies d'après-guerre. Il nous faut interrompre l'étude du socialisme, et nous arrêter aux interprétations que propose Élie Halévy de la crise mondiale de 1914-1918 et des fascismes.

Le socialisme, la guerre et la tyrannie

Les études sur la guerre prennent dans le recueil autant de place et de signification que les études sur le socialisme : parallélisme qui n'est pas accidentel. Les unes et les autres conduisent à la conclusion historique, la tyrannie. À en croire Élie Halévy, en effet, tous les régimes tyranniques, communisme et fascisme, auraient une commune origine : la guerre européenne. Ajoutons que celle-ci, à son tour, aurait pour origine, non les rivalités économiques ou les contradictions capitalistes, mais un problème strictement politique, la liquidation de l'Autriche-Hongrie. Il n'y aurait donc pas besoin de pousser beaucoup ces analyses pour en faire sortir une philosophie de l'histoire qui, au rebours du marxisme, mettrait au premier plan la politique, dans les individus, « les passions fanatiques et désintéressées », entre les États, les querelles de prestige, de puissance ou d'idéologie.

Quels arguments avance Élie Halévy ? En bref, ils se ramènent aux affirmations suivantes : les capitalistes, dans tous les pays, redoutaient les conséquences de la guerre sur un système qui vit du crédit ; ils préféraient les profits de la paix armée. Krupp et Schneider avaient conclu un pacte d'alliance qui assurait l'accord des capitalistes français et allemands pour l'exploitation en commun du Maroc (p. 245). Contre le capitalisme qui signifiait la paix, socialistes et nationalistes se dressèrent. Au moment de la marche sur Fez, c'est encore le monde des affaires qui, affolé par la panique à la Bourse, presse le gouvernement allemand d'accepter un compromis. Invoquera-t-on la concurrence économique anglo-allemande et verra-t-on, dans le conflit de 1914, une lutte entre l'impérialisme conservateur de l'Angleterre et l'impérialisme naissant de l'Allemagne ? Élie Halévy nous répond que les marchands et les banquiers de Londres, pacifiques, voire pacifistes, ne croyaient plus qu'aucune guerre pût être d'un « bon rapport ».

De plus, Angleterre, France et Allemagne en vinrent à se heurter, mais en un cas où les raisons de leur hostilité latente ne jouaient à aucun degré. « La guerre se communiqua d'est en ouest ; c'est l'Orient qui l'imposa à l'Occident. » La rupture entre Pétersbourg et Berlin se produisit en 1912. Les deux gouvernements n'avaient aucune prétention territoriale l'un envers l'autre. Ils ne songeaient qu'à maintenir la Pologne dans un état de division et d'assujettissement (p. 248). « Les deux gouvernements furent séparés, et de plus en plus, par de puissantes vagues de passions collectives. » La révolte des peuples soumis aux Allemands et aux Hongrois menaçait la monarchie dualiste d'un effondrement. Or, une guerre austro-russe, souhaitée par un parti allemand à Vienne pour empêcher cet effondrement et revenir à une monarchie trialiste, était destinée à devenir « une grande lutte pour la suprématie, en Europe centrale, des Teutons ou des Slaves » et, par suite des alliances et des nécessités stratégiques, à entraîner successivement la France et l'Angleterre dans la lutte. La guerre de la succession d'Autriche se changeait en guerre européenne, guerre qui, « dès son début, fut une guerre pour la liberté des peuples » (p. 252). « C'est l'idéalisme qui fait les guerres et les révolutions » (p. 248).

L'origine immédiate de la guerre fut, à n'en pas douter, la question d'Autriche et l'antagonisme des Allemands et des Slaves dans les Balkans. Les passions nationales ont entretenu l'enthousiasme des combattants et ajouté les révolutions aux guerres. Mais on admettra difficilement que l'Angleterre soit intervenue à seule fin de protéger la Belgique : dès le moment où la guerre avait commencé, l'enjeu n'était-il pas l'équilibre politique sur le continent ? Ce qui menaçait tous les pays, n'était-ce pas l'hégémonie de l'Allemagne ? À dessein, nous employons les expressions classiques du langage diplomatique, car, jusqu'à ce jour, les réalités nouvelles – démocraties, nationalités, armées populaires permanentes – se sont insérées dans le cadre traditionnel de la diplomatie : elles ont peut-être rendu absurde le mode de règlement guerrier, tant les bénéfices obtenus ont été disproportionnés au coût de la victoire. Ainsi, la question d'Autriche a déclenché une guerre générale parce que le système politique interdisait la localisation du conflit et condamnait les partenaires de chaque groupe à soutenir le pays directement engagé dans la querelle. On pourrait dire encore que la France et l'Angleterre ont refusé d'accepter en 1914 ce qu'elles ont accordé pacifiquement en 1938 : la suprématie de l'Allemagne en Europe centrale et orientale[1].

---

1. Il est vrai que le problème se posait en 1938 sous un aspect différent. En 1914, les nationalités aspiraient à se libérer. En 1938, on reprenait l'argument des nationalités contre un État successeur [lire : « oppresseur »]. Dans les deux cas, plus nettement encore aujourd'hui, la puissance était en question, mal dissimulée par des justifications idéologiques.

Mais ici, je pense, les marxistes reprendraient leurs objections : le groupement des puissances ne datait pas de 1914, il ne s'expliquait pas uniquement, ni même principalement, par des raisons politiques. La rivalité de l'Angleterre et de l'Allemagne n'avait-elle pas une origine et une signification économiques ? L'expansion coloniale, elle-même entraînée par les besoins du capitalisme, créait les conflits entre les grandes puissances. Ces brèves indications suffisent pour rappeler l'argumentation marxiste, devenue banale, acceptée souvent même par les antimarxistes. Élie Halévy nous rappelle opportunément que cette banalité ne correspond peut-être pas à la vérité.

Il serait difficile de prétendre, en quelques pages, arbitrer une discussion dans laquelle chaque partie pourrait aisément invoquer des arguments multiples. Sur deux points, tout le monde devrait, je pense, tomber d'accord : 1° l'occasion de la guerre fut politique et, dans leur grande majorité, les milieux capitalistes, malgré leur rivalité, n'ont pas voulu consciemment la guerre ; 2° la situation européenne dans laquelle a surgi le conflit comportait, comme une de ses données, la concurrence des grands pays capitalistes pour la conquête des marchés. Dès lors, un marxiste a toujours le droit de remonter jusqu'à la structure de l'économie moderne pour rendre compte des événements politiques : une telle manière d'écrire l'histoire échappe à une réfutation au sens strict du terme.

Mais, *a fortiori*, la même liberté vaut pour la manière politique d'écrire l'histoire qui, à mes yeux, reste, en ce cas, plus près des faits. En effet, la guerre européenne a éclaté au cours de la période où la prospérité de l'économie capitaliste a atteint le plus haut degré : comment la réduire à une « suite fatale de contradictions capitalistes » ? Bien plus, la Russie était trop en retard dans l'ordre économique pour qu'on puisse expliquer par une raison proprement capitaliste son hostilité à l'Autriche-Hongrie et à l'Allemagne. En bref, une explication essentiellement économique devrait nécessairement mettre au premier plan la rivalité anglo-allemande (on ajoutera évidemment des rivalités économiques sur d'autres marchés, Maroc, Proche-Orient, etc.). Mais, comme ni la Cité de Londres, ni la Bourse de Berlin, ni la majorité des industriels des deux pays n'ont voulu la conflagration européenne, on finira donc par donner à celle-ci un sens différent de celui que suggère l'analyse empirique des antécédents. Élie Halévy aurait regardé avec indifférence ces tentatives, à ses yeux philosophiques ou politiques, étrangères, en tout cas, au travail de l'historien, tel qu'il le comprenait.

L'économie de guerre

Moins convaincante me semble la deuxième thèse d'Élie Halévy sur la guerre : politique à ses origines, celle-ci aurait eu des effets économiques d'une importance décisive ; les régimes de tyrannie dériveraient moins du marxisme que de l'économie de guerre.

Cette affirmation me paraît, je l'avoue, difficilement défendable, à moins qu'on ne la réduise à une constatation banale : à la faveur de la guerre, l'État a accentué son intervention dans la vie économique, et le souvenir de la toute-puissance qu'il détient, dès qu'il le veut ou en a besoin, n'a jamais été perdu. Si l'on voulait prendre la formule en toute rigueur, de multiples objections se présenteraient : au lendemain de la guerre, dans tous les pays sauf en Russie, l'initiative a été rendue aux entrepreneurs ; la Commission de socialisation a échoué en Allemagne, Lloyd George a su, de même, triompher de toutes les tentatives faites, au lendemain de la guerre, pour nationaliser ou socialiser telle ou telle industrie (charbon, chemins de fer). Nulle part on n'a institué de participation ouvrière à la gestion, tout au plus les conseils d'usine permettent-ils aux représentants ouvriers de discuter certaines questions avec les patrons. Sans doute, la guerre a entraîné une intervention accrue de l'État dans la vie économique, mais cette intervention avait commencé avant la guerre ; l'évolution naturelle aurait été ainsi, non pas détournée, mais seulement accélérée. Bien plus, qu'il s'agisse des relations industrielles entre ouvriers et chefs d'entreprises, de la propriété privée des instruments de production ou du mécanisme des prix, le capitalisme était redevenu, deux ans après la paix, assez semblable à ce qu'il était avant 1914. L'économie de guerre avait modifié le régime antérieur dans la seule mesure des nécessités immédiates : celles-ci n'ont pas laissé en héritage une organisation « socialiste ». Dira-t-on que, s'il n'y a pas continuité historique, l'économie de guerre a, du moins, servi de modèle ? Même ainsi atténuée, la thèse me paraît encore fragile. Le « totalitarisme » dans l'ordre intellectuel, ne découle pas directement de la « censure et de l'organisation de l'enthousiasme ». Ni l'Italie, ni même l'Allemagne n'avaient connu, de 1919 à 1918, la propagande intégrale, si l'on peut dire, qu'elles subissent aujourd'hui. De plus, ces régimes intellectuels – et là est leur originalité, leur signification – se proclament permanents. Il ne s'agit plus de justifier par des exigences pressantes et transitoires telle ou telle restriction aux droits individuels ; ces restrictions, l'Angleterre comme la France les ont acceptées sans verser dans la tyrannie. Les théoriciens russes, italiens et allemands ne se sont pas réclamés de cet exemple, pas plus que les législateurs ne l'ont imité. Le totalitarisme a d'autres conditions[1]. Pour expliquer l'avènement des tyrannies, Élie Halévy, en dehors de la guerre, met en cause l'action d'un « groupe d'hommes armés » qui, « en raison de l'effondrement anarchique, de la disparition totale de l'État… », « a décrété qu'il était l'État : le soviétisme, sous cette forme, est, à la lettre, un fascisme ». Ainsi Élie Halévy retrouvait l'explication que les philosophes anciens donnaient du passage de la démocratie à la tyrannie.

Élie Halévy, à n'en pas douter, aurait reconnu que cette explication du fascisme est partielle. Il importerait d'abord de distinguer le groupe d'hommes, qui constitue le noyau du parti révolutionnaire, et l'organisation militaire que ce dernier se donne. Selon les pays, cette organisation a joué un rôle différent. Lénine n'a pas organisé un parti militaire comme Hitler ou Mussolini ; il a armé des partisans et a profité de la première occasion pour s'emparer du pouvoir, au lendemain d'une révolution bourgeoise, à la faveur de la décomposition de l'ancienne autocratie. Les faisceaux de Mussolini ont servi à détruire les organisations ouvrières, mais non à lutter contre l'armée et la police. Quant aux SA, ils n'ont même pas mené une guerre analogue à celle des faisceaux contre les syndicats ou les coopératives. À aucun moment, ils n'ont été en mesure de triompher des forces armées aux ordres du gouvernement légal. Hitler n'a pas pris le pouvoir, il l'a reçu. Il en va de même pour Mussolini. La description d'Élie Halévy vaut donc tout au plus pour le soviétisme. Pour le fascisme, il y aurait à analyser les circonstances grâce auxquelles les passions populaires ont cristallisé autour d'un parti de révoltés.

Le communisme russe a pour antécédent immédiat la défaite ; la guerre est également à l'origine des deux tyrannies réactionnaires, non pas « le régime de guerre », comme le dit Élie Halévy, mais les répercussions psychologiques et matérielles de la guerre. On a souvent décrit la difficulté qu'éprouvaient les anciens combattants en Italie à reprendre place dans une société organisée, de même qu'on a décrit le malaise latent qui suivait une guerre imposée au peuple et un traité qui semblait trahir la victoire. Quant à l'Allemagne, nul n'ignore la violence des revendications nationales, les protestations contre le Diktat, la ferveur religieuse du nationalisme. En Allemagne, cependant, la guerre n'est qu'indirectement le facteur premier ; l'antécédent immédiat est la crise économique qui, en 1929, s'abattit sur le monde et ravagea l'économie allemande. Lorsque l'on impute l'hitlérisme au

---

[1]. On pourrait donner une autre interprétation à la pensée d'Élie Halévy : le socialisme « propose un programme qui consiste dans la prolongation du régime de guerre en temps de paix ». Cette fois, l'idée serait autre, et, je crois, plus juste : une économie socialiste aurait toujours certains caractères de l'économie de guerre. Nous revenons ainsi à la nature même du socialisme.

Traité de Versailles, on oublie qu'en 1928 les nazis devaient se contenter de quelque six cent mille voix, tandis qu'en septembre 1930 ils en obtenaient plus de six millions. Entre ces deux dates, la politique française ne prit qu'une grande initiative ou une grande responsabilité : l'évacuation de la Rhénanie. Le premier grand succès de l'hitlérisme a ainsi paru répondre à la libération du territoire : en fait, psychologiquement, il a répondu à la crise.

Le fascisme italien, de même, a eu pour condition (entre autres) la crise, si l'on en croit son excellent historien A. Rossi. Mais la crise allemande ne correspond nullement à la description que fait Rossi du capitalisme d'après-guerre[1] : « stagnation chronique, avec de légères fluctuations », « alternatives de reprises relativement courtes et de dépressions relativement longues. » Ces formules d'Engels s'appliquent à la phase de baisse des prix qui remplit les vingt dernières années du XIXe siècle. Au contraire, ce qui frappe dans l'évolution actuelle du capitalisme, c'est la violence des mouvements contraires : à une prospérité apparente, à une inflation monétaire et fiduciaire succèdent des baisses catastrophiques de prix. La République de Weimar a été victime de la plus grande baisse de prix de l'économie moderne, qui, elle-même, s'explique vraisemblablement par le niveau anormal des prix américains au lendemain de la guerre, par l'inflation de crédit [en] 1927-1929, par les déséquilibres entre les diverses économies qu'avaient légués la guerre et l'après-guerre. La politique de déflation, menée par Brüning de 1931 à 1933, rendue encore plus cruelle par la dévaluation de la livre, a préparé le national-socialisme, en exaspérant le pays.

La crise économique que traversait l'Italie au lendemain de la guerre avait économiquement une autre origine et d'autres caractères : crise de réadaptation qu'entretenait et aggravait la crise sociale et politique. En revanche, dans les deux cas, le socialisme appelait en quelque sorte la contre-révolution. En Allemagne, solidaire du régime weimarien, il portait la responsabilité de la misère que celui-ci se révélait incapable de combattre. (On peut dire que la social-démocratie marxiste a succombé à la crise du capitalisme, elle qui annonçait depuis un demi-siècle cette crise, dont elle attendait la confirmation de sa doctrine et l'avènement du socialisme.) En Italie, le socialisme avait échoué dès 1920 (p. 289), avant le développement des faisceaux ; partagé entre des tendances divergentes, il n'apportait rien ni aux mécontents, ni aux masses.

Contre les ouvriers, les partis fascistes, soutenus par une large fraction des classes possédantes, ont mobilisé les masses non ouvrières. L'analyse a été faite souvent, pour l'Italie comme pour l'Allemagne, des classes dans

---

1. Rossi, *La naissance du fascisme*, Paris, 1938 [Rossi était à l'époque le pseudonyme d'Angelo Tasca].

lesquelles se recrutent les électeurs ou les adhérents des partis nouveaux : classes sociales et classes d'âge (les jeunes gens qui trouvent les voies bouchées), victimes de la guerre et victimes de la crise. Quant aux partis ouvriers, ils n'ont ni la force de faire la révolution, ni la capacité de porter remède à la crise du capitalisme. Le fascisme apporte une solution, puisqu'il est une puissance et crée une espérance. En Allemagne, il substitue à des totalités concurrentes la totalité unique. S'il ne réconcilie pas la nation, il unifie les partis et restitue à l'État la vigueur nécessaire pour maîtriser l'économie.

En d'autres termes, les tyrannies procèdent de la guerre seulement dans la mesure où celle-ci aurait provoqué les crises sociales ou économiques et, du même coup, créé le climat dans lequel les fascismes ont pu surgir. Quant aux économies de guerre actuelles, elles ne naissent pas de l'exemple ancien[1], ni même immédiatement du fascisme. Le fascisme italien a dirigé l'économie le jour où il y a été contraint par sa politique extérieure. Le national-socialisme, progressivement, a fini par diriger l'ensemble de l'économie, mais plus sous la pression des circonstances que par l'application d'un plan ou de principes. En un mot, les économies de guerre d'aujourd'hui ne dérivent pas de celles d'il y a vingt ans, elles résultent du retour des mêmes circonstances.

Le socialisme a partout échoué

Le mouvement socialiste a partout échoué ; il n'existe plus aujourd'hui que dans les républiques bourgeoises ; en tant que parti légal, constitutionnel, réformiste. La phraséologie révolutionnaire n'a pas entièrement disparu, mais elle ne fait même plus illusion. Le socialisme n'a d'autre but aujourd'hui que de maintenir la démocratie bourgeoise et de lutter contre le fascisme.

Certes, nous devons reconnaître honnêtement l'œuvre accomplie par la social-démocratie allemande, modèle et orgueil de la IIe Internationale : organisation syndicale et politique du prolétariat, éducation des masses, élévation du niveau de vie des ouvriers. À l'intérieur du système capitaliste, la social-démocratie avait permis à la classe ouvrière de participer aux profits du progrès économique. Jusqu'en mars 1933, plus de six millions d'électeurs lui sont restés fidèles ; et pourtant, cette œuvre patiente s'est effondrée d'un coup : sans combattre, socialistes (et même communistes) allemands se sont soumis au national-socialisme.

La IIe Internationale n'avait pu empêcher la guerre ; elle n'a pu réconcilier les peuples ex-ennemis dans l'après-guerre. Prise entre les communistes

---

1. Tout au plus pourrait-on dire que l'autarcie allemande est destinée à éviter le retour de la famine : on veut créer les conditions dans lesquelles l'économie de guerre pourra fonctionner.

– qui menaient la politique du pire et, parce qu'ils ne voyaient de recours que dans la révolution, concentraient leurs attaques sur elle – et la réaction de droite, la social-démocratie s'est accrochée au pouvoir le plus longtemps possible. Elle a fini par en être chassée et par assister, comme en Italie, à la prise pacifique du pouvoir par les révolutionnaires de droite. Dans les deux cas, même faillite : les socialistes allemands, en acceptant de gouverner ou de soutenir les gouvernements bourgeois, les socialistes italiens, par une opposition intransigeante, se sont préparés un même destin.

De l'échec du socialisme[1] en Angleterre, Élie Halévy est l'historien impitoyable. Qu'on se reporte à son article : « Socialisme et parlementarisme ». « Parti inerte, paralytique » (p. 276), soutenu par des électeurs qui désirent « un salaire plus élevé, moins d'heures de travail et de meilleures conditions d'existence », le *Labour Party*, quand il arrive au pouvoir, continue la tradition du fiscalisme d'avant-guerre ; il redistribue partiellement les revenus, en augmentant les impôts et les dépenses sociales. Mais, en dépit de vagues projets socialistes, « il ne fait rien pour changer le système qui repose sur le profit, tout en rendant parfois le bon fonctionnement de ce système impossible ». Avec des différences, l'analyse vaut pour le socialisme français, plus révolutionnaire et théoricien en paroles, mais tout aussi impuissant en fait.

Dans tous les pays, en effet, le problème apparaît analogue. Le socialisme ne constitue pas une doctrine destinée à résoudre les crises capitalistes. Sous la seule forme relativement scientifique qu'il ait prise, c'est-à-dire le marxisme, il annonce et explique la décadence nécessaire du capitalisme. Or, les partis socialistes arrivent au pouvoir précisément aux époques où, en raison de la crise ou de la guerre, les foules mécontentes exigent que l'on améliore le sort des humbles, donc que l'on ranime l'activité économique. En un mot, qu'il s'agisse du Front Populaire en 1936, du *Labour Party* en 1929, les socialistes sont appelés à rétablir les affaires de la société capitaliste. Or, interprètes des revendications populaires, ils s'efforcent de modifier la répartition des revenus, de prendre aux riches pour donner aux pauvres. Mais ces réformes supposent la prospérité, qu'il s'agirait précisément de ramener. Le socialisme anglais a manifesté entre 1929 et 1931 la même incapacité que le socialisme français en 1936.

L'échec du Front Populaire s'inscrit donc dans la ligne des échecs successifs de la social-démocratie. Pourtant le parti socialiste, en 1936,

---

1. On pourrait objecter que la révolution socialiste a échoué en Angleterre, non le réformisme. De même, celui-ci a pleinement réussi dans les pays scandinaves. Soit, mais, en ce cas, le socialisme a stabilisé un capitalisme qu'il a pénétré de démocratie. Dans la mesure où il réussit, le réformisme éloigne de la révolution.

disposait de chances exceptionnelles. Bien que mêlé à la vie parlementaire, il avait évité de se compromettre dans des combinaisons ministérielles. En un sens, il apparaissait comme le plus stérile de tous les partis socialistes européens : il n'avait pas à son actif une œuvre d'éducation ouvrière ; il s'était borné à la propagande électorale et à l'administration municipale. Il n'avait pu faire prévaloir ni sa politique de relèvement financier en 1926, ni sa politique de paix internationale et de désarmement. Néanmoins, peut-être grâce à cette attitude d'opposition, il demeurait, en marge des gouvernements successifs, comme une force neuve, un espoir de renouveau dans la IIIe République décadente.

En moins d'un an, il avait épuisé le crédit ouvert. Une fois de plus, un parti socialiste oubliait la tâche, non pas suffisante, mais nécessaire, de restauration économique. Après cinq ans de crise, quelques mesures techniques (dévaluation) et la prudence auraient suffi à permettre la reprise qui s'esquissait d'elle-même. L'œuvre sociale du Front Populaire – mélange de mesures légitimes et de démagogie – empêcha la reprise ; de la même façon que la social-démocratie allemande avait été victime de la crise mondiale, le Front Populaire ne survécut pas au marasme persistant et aux troubles sociaux que celui-ci entretenait.

Cependant, la France n'est pas menacée, dans l'immédiat, d'une « tyrannie » de droite. Les traditions démocratiques y sont plus fortement enracinées qu'en Allemagne ou en Italie. Le danger extérieur, qui rendit plus difficile l'action du Front Populaire, protège en une certaine mesure celui-ci contre les réactions de droite (aussi longtemps du moins que la France maintien un minimum de résistance aux pays totalitaires). *A contrario*, nous dégageons une des conditions qui semblent nécessaires au succès des tyrannies : la fragilité des pouvoirs démocratiques, la séduction des idéologies nationalistes par contraste avec l'humanitarisme international des vieilles doctrines de gauche – conditions réalisées dans les pays parvenus tardivement à l'unité et enclins à l'impérialisme, pour des raisons démographiques, économiques et politiques.

Selon cette analyse, ce n'est pas en renforçant les pouvoirs de l'État que le socialisme contribue à l'avènement des tyrannies, pas davantage en multipliant les interventions dans la vie économique : c'est moins le socialisme que l'échec universel des partis socialistes qui entraîne ces tyrannies. Mais – et là nous retrouvons un autre argument d'Halévy – le socialisme réalisé n'équivaudrait-il pas, lui aussi, à une tyrannie ?

Fascismes et communisme

Dans les thèses qu'Élie Halévy proposa à la Société de philosophie, aucune ne suscita d'aussi vives protestations que l'assimilation implicite de la tyrannie soviétique aux tyrannies réactionnaires. Thèse, en un sens, indiscutable : il s'agit bien de deux tyrannies. Pouvoir de l'État absolu, sans aucune limitation légale ou pratique ; un parti unique représente l'État à travers le pays, bien plutôt qu'il ne représente le peuple ; un tyran concentre en lui la toute-puissance ; une idéologie, vérité officielle, est enseignée dogmatiquement. L'énumération des traits communs pourrait être prolongée. Mais cette similitude, encore une fois indiscutable en tant que telle, quelle en est la signification, la portée ? Car l'énumération des différences serait aussi facile et aussi longue : fascismes et communisme dérivent de classes sociales autres ; ceux-là conservent la structure sociale actuelle, celui-ci détruit les anciennes classes dirigeantes et s'efforce d'empêcher que les différences de revenus se cristallisent en distinctions de classes. Les idéologies, idéaliste, héroïque, irrationaliste, organique ici ; matérialiste, internationaliste, scientiste là, s'opposent également. Élie Halévy, naturellement, ne niait pas, il ne dévalorisait pas ces différences (p. 293), mais il soulignait que, parti du socialisme, le régime russe était acculé, par suite de l'échec de la révolution mondiale, en raison de la préparation nécessaire de la guerre, à accentuer son nationalisme, son militarisme, cependant que, « sous le nom de "corporatisme" » se constitue « une sorte de contre-socialisme que [je suis] disposé à prendre plus au sérieux qu'on ne [le] fait généralement dans les milieux antifascistes ». (p. 281 et 295).

Élie Halévy mettait l'accent sur les mesures prises par le fascisme contre les capitalistes et en faveur d'un syndicalisme obligatoire. La rigueur des fiscalités « tyranniques » ne prête pas au doute, de même que l'effort pour organiser, dans le cadre du corporatisme, un syndicalisme ouvrier ; mais les syndicats ouvriers, en Italie, sont entièrement soumis à l'État qui en nomme lui-même les secrétaires (non pas les secrétaires des syndicats à la base, mais les secrétaires de toutes les unions ou fédérations qui, seules, jouent un rôle). Quant au Front du Travail, il est une création du parti national-socialiste. Ni dans un cas, ni dans l'autre, on ne voit d'organisation qui exprime l'activité autonome ou la volonté de la classe ouvrière.

Il n'en va pas autrement, dira-t-on, en URSS. Les syndicats, là aussi, sont entièrement subordonnés à l'appareil de l'État et du parti unique. Mais, du moins, le parti au pouvoir est-il sorti des masses ouvrières, il maintient les communications avec elles. La suppression des anciennes classes dirigeantes crée, psychologiquement, une différence fondamentale : l'ouvrier allemand, qui n'a pas changé de maître, adhère-t-il à l'idéologie national-socialiste ? Reconnaît-il la valeur suprême de la communauté nationale ? Accepte-t-il que sa condition actuelle se prolonge, en tout cas jusqu'au moment où le triomphe de l'impérialisme allemand lui assurera une existence plus large ? Le rapprochement du patriotisme russe et du nationalisme allemand ne constitue pas plus un argument décisif. Les tyrannies fascistes divinisent la nation ou la race, elles subordonnent toute l'organisation du pays au primat de la politique étrangère. Le patriotisme russe naît par réaction, il répond à un réflexe de défense, il s'explique par la situation. Il faut donc pousser plus loin l'analyse : la structure intérieure, la politique extérieure des deux sortes de tyrannies sont-elles analogues ?

La première manière de marquer l'opposition serait de maintenir que l'économie soviétique est communiste, l'économie allemande capitaliste, et que la direction de l'économie a, dans les deux cas, une portée toute différente. Certes, la conservation en Allemagne des entrepreneurs capitalistes et de l'appropriation privée des profits implique une inégalité plus grande qu'en Russie soviétique (encore que l'échelle des salaires s'y étende de 150 roubles à plusieurs milliers de roubles par mois). Mais ces profits[1] sont réinvestis nécessairement, du fait que les dividendes sont limités et que, faute de marchandises, les consommations de luxe sont réduites ; bien plus, ils sont réinvestis selon les désirs de l'État, puisque toute installation nouvelle doit être autorisée et que les placements d'État sont les seuls qui s'offrent. Or, en URSS, le développement industriel est financé également par les profits de l'industrie. Le fait que les entrepreneurs conservent théoriquement liberté et propriété rend peut-être plus compliqué le système de contrôle et de direction, mais il a un double avantage : il évite à l'État la tâche difficile de former de nouveaux cadres, et il maintient la responsabilité et l'intérêt économique du chef d'entreprise. Dans les deux cas, le bas niveau des salaires correspond à une nécessité similaire d'accroître le potentiel industriel, les dépenses militaires et les possibilités autarciques.

Ni le fascisme, ni le national-socialisme ne signifient premièrement une volonté ou un plan de renouvellement économique. Le fascisme se veut d'abord essentiellement politique, à la différence de la doctrine, sinon de la réalité, communiste. En Italie, dans les premières années du régime, Mussolini faisait l'éloge du capitalisme libéral, selon la leçon d'un de ses maîtres, Pareto. Le corporatisme n'a constitué qu'une façade politique, et l'économie n'a été dirigée, dans la mesure où elle l'est aujourd'hui, que depuis la guerre d'Éthiopie. Là, il s'agit vraiment, uniquement, d'économie de guerre.

---

1. Par le contrôle des prix, la marge de profits se trouve souvent fixée par les autorités.

Plus intéressant de beaucoup est le cas de l'économie allemande : économie de guerre également, si l'on veut, puisque la prospérité a été rétablie grâce à des commandes de l'État : autostrades, armements, grands travaux publics, etc. Mais l'État national-socialiste qui, depuis 1934, a imprimé à son réarmement un rythme accéléré, à la fois pour supprimer le chômage et pour réaliser son programme de politique extérieure, a créé de proche en proche un système économique susceptible peut-être de devenir permanent. Économiquement, en effet, si nous supposons le maintien des conditions actuelles – séparation de l'économie nationale et de l'économie mondiale, stabilité des salaires horaires et des prix, épargne forcée, circulation monétaire croissant au rythme des revenus distribués –, quels dangers menacent l'équilibre du système ? On en aperçoit deux : l'excès des dépenses publiques et le déficit de la balance des comptes[1].

L'État a financé son réarmement et remis au travail les chômeurs par l'émission massive de bons à court terme escomptables. Une fois tous les facteurs de production employés, ce mode de financement devrait s'arrêter, les recettes budgétaires et les emprunts à long terme suffisant désormais à payer les commandes publiques. Ce changement marquerait le passage de l'expédient, imposé par une situation exceptionnelle, à un régime stable et durable. Les commandes de l'État, limitées à ces ressources normales, suffiraient-elles à maintenir le plein emploi ? *Théoriquement*, une réponse affirmative semble s'imposer, puisque, en limitant la consommation et en absorbant toute l'épargne individuelle, l'État deviendrait seul chargé des investissements et, par conséquent, capable de réaliser l'égalité des investissements et de l'épargne. *Pratiquement*, les difficultés financières du Reich, indiscutables, tiennent à la politique du régime, qui veut, indifférent aux dépenses, maintenir le même rythme de réarmement et de grands travaux. L'excès des commandes sur les offres de facteurs de production traduit bien, semble-t-il, une volonté de puissance, insoucieuse de la raison économique.

Volonté qui, il va sans dire, n'est pas accidentelle. En un espace économique étroit, les difficultés de devises, elles-mêmes liées au manque de matières premières et de produits alimentaires, suggèrent, sinon imposent, l'impérialisme. Faute de se procurer les marchandises par le libre-échange, on rêve de conquérir des terres ou, du moins, d'intégrer au système allemand des pays étrangers soumis à l'hégémonie du Reich. On pourrait risquer une généralisation : une économie dirigée, lorsqu'elle ne s'étend pas à un continent entier, comme en Union soviétique, incline nécessairement à l'expansion.

---

1. Faute d'or et de devises étrangères, les pays totalitaires ne peuvent importer qu'autant qu'ils exportent.

Le contraste entre le conservatisme pacifique de l'URSS et l'impérialisme des tyrannies fascistes aurait donc une double origine : d'une part, l'URSS a, sur son territoire, des ressources suffisantes pour une économie dirigée qui, à supposer qu'elle fonctionne convenablement, subviendrait aux besoins des habitants et parviendrait à équilibrer ses échanges avec l'extérieur ; d'autre part, les tyrannies fascistes qui se sont formées dans les nations capitalistes sans empire, en retard sur les vieux possédants, éprouvent le besoin d'élargir leur espace économique, autant pour obéir à leur idéologie politique que pour améliorer leur régime économique.

Nous retrouvons ainsi la thèse marxiste sur le lien de l'impérialisme et du fascisme, mais notre interprétation n'en est pas moins différente. Ce n'est pas le capitalisme vieillissant qui, pour élargir son marché, tend à l'impérialisme et aboutit à la guerre ; ce sont les rivalités entre pays capitalistes et le décalage des évolutions nationales qui engendrent les conflits. Causes politiques et causes économiques convergent ici : la jalousie des *have not* est entretenue, confirmée (au moins dans le cas de l'Allemagne) par la difficulté de nourrir sur un sol pauvre une population de 80 millions d'habitants. Cette population tirait ses moyens d'existence d'une énorme industrie de transformation ; mais l'économie mondiale, disloquée par la guerre et par la crise, n'offre plus les mêmes possibilités d'échanges internationaux. Acculée au nationalisme économique par la nécessité de remettre au travail ses chômeurs et par sa situation de débitrice sans réserves d'or, l'Allemagne a repris inévitablement ses projets pangermanistes. En 1939, un choix décisif s'impose à elle : *Mittel Europa* pacifique avec le consentement de l'Angleterre, ou bien ambition mondiale, mais alors le choc avec l'Empire britannique redevient fatal.

Par cette fonction impérialiste, les fascismes diffèrent donc essentiellement du communisme tel qu'il s'est manifesté jusqu'à ce jour (encore que ce dernier soit capable d'impérialisme idéologique). Dans l'ordre social, une autre différence décisive apparaît. Au problème posé par la décomposition de l'État démocratique, à l'exigence d'un État autoritaire, capable d'une administration compétente, fascisme et communisme répondent également. La solution du fascisme répond au schéma sociologique de Pareto : sans toucher à la structure de la société actuelle, une élite dirigeante en remplace une autre, des hommes jeunes, violents, de tempérament révolutionnaire, se substituent aux bourgeois humanitaires. Après s'être installés solidement au pouvoir, ils ne suppriment pas les capitalistes qui les ont financés, ils les utilisent, parfois ils les domestiquent. Les grands capitalistes profitent du régime, souvent aux dépens des petits, mais, en dernière analyse, les intérêts des uns et des autres sont subordonnés aux ambitions impérialistes. Le communisme, pour établir la bureaucratie autoritaire qu'exige la socialisation des moyens de production, doit combattre, sinon détruire les anciennes classes dirigeantes, sans que l'on puisse exactement marquer la limite des classes condamnées réellement, ou qui s'estiment condamnées, par la révolution communiste. La tyrannie fasciste, plus facile à établir dans les vieux pays d'Occident, dispose, dans la lutte et dans l'organisation après la victoire, d'un inappréciable avantage : elle conserve les techniciens de la vieille société et elle donne le pouvoir à des hommes qui savent commander.

La tyrannie fasciste, même la tyrannie allemande, de beaucoup la plus solide et la mieux organisée des deux, restent pourtant loin de représenter des régimes stabilisés et normalisés. Les privations qu'ils imposent aux populations doivent trouver une justification ou une fin : la justification par les succès extérieurs dure aussi longtemps que ces succès sont obtenus pacifiquement, ou du moins sans guerre générale. Or, sauf effondrement des démocraties, il viendra un moment où celles-ci seront obligées de dire non. Ce jour-là, les tyrannies, à leur tour, devront choisir entre la grande aventure – que tous les peuples redoutent – et le retour au rythme d'existence de la paix. Les tyrannies auront-elles conquis, avant ce moment, assez de richesses pour consentir à la paix et relâcher la tension ? Ou assez de ressources pour triompher dans la guerre ?

On objectera que cette comparaison rapproche illégitimement la Russie soviétique actuelle et les pays fascistes, comme si la Russie actuelle répondait déjà à l'idée communiste, alors que celle-ci appelle la révolution mondiale, alors que la Russie n'a pas encore dépassé la phase d'édification socialiste. Élie Halévy n'ignorait pas l'influence de la menace extérieure sur l'évolution de l'URSS, il reconnaissait le conflit des idéologies et la grandeur de la tentative russe. Simplement il se refusait à dépasser le « futur prochain » et à imaginer l'au-delà de la tyrannie actuelle. Prudence d'historien que nous imiterons, non sans indiquer combien il serait injuste de négliger entièrement la doctrine, la volonté, le but communistes. Il n'est pas certain qu'avec le capitalisme disparaîtraient les nationalismes, mais le communisme laisse au moins l'espoir de surmonter les absolutismes nationaux. Le communisme manifeste parfois le même cynisme réaliste que les fascismes : il ne s'en fait pas gloire au même degré. Le communisme tâche d'apprendre à lire à tous les hommes, et ceux-ci ne se contenteront pas toujours du *Capital*. Même l'idéologie unique n'a pas la même signification : le communisme est la transposition, la caricature d'une religion de salut, les fascismes ne connaissent plus l'Humanité.

Mais, dira-t-on, ces distinctions ne laissent-elles pas intacte l'affirmation fondamentale d'Élie Halévy : fascisme et communisme suppriment également toute liberté ? Liberté politique : les plébiscites ne représentent que le symbole dérisoire de la délégation par le peuple de sa souveraineté à des maîtres absolus. Liberté personnelle : contre les excès de pouvoir, ni le citoyen allemand, ni le citoyen italien, ni le citoyen russe ne dispose d'aucun recours ; le fonctionnaire ou le membre du parti communiste, le *führer* local, le secrétaire du *fascio* sont esclaves de leurs supérieurs, mais redoutables aux particuliers. Liberté intellectuelle, liberté de presse, de parole, liberté scientifique, toutes les libertés ont disparu. Si, dans la pratique démocratique anglaise, l'opposition, selon un mot admirable, remplit un service public, dans les États totalitaires, l'opposition devient un crime.

Un régime parlementaire est-il compatible avec une direction intégrale de l'économie ? L'expérience autant que le raisonnement suggère une réponse négative (sans doute il s'agit, en ces matières, de probabilité, mais ici la probabilité semble forte). Un pouvoir qui a la charge de diriger l'ensemble de la vie économique, qui fixe les pourcentages de consommation et d'épargne pour la collectivité, qui pratiquement détermine les revenus de chacun, ne peut être soumis à un contrôle incessant et aux revendications des intérêts privés. Suffirait-il d'un pouvoir fort, qui ne supprimerait pas nécessairement un certain système représentatif ? On peut concevoir aisément des démocraties réformées, capables de commander à l'économie sans contraindre les hommes. Les chances historiques ne paraissent pas favorables à cette hypothèse. Les décisions fondamentales prises par le bureau du plan ne sauraient être discutées ou remises en cause. Confier le soin de diriger l'économie à l'État, c'est remettre à la discrétion d'un petit nombre de personnes les choix que font aujourd'hui des millions d'individus : ces choix, dont dépend l'existence quotidienne de chacun, acquièrent ainsi inévitablement un caractère politique. Où pourrait s'arrêter la toute-puissance nécessaire à l'exercice de pareilles fonctions ?

Les libertés personnelles, le droit de recours du citoyen contre l'État, ne survivraient probablement pas à la liberté politique. Reste donc une seule question : la tyrannie intellectuelle de la doctrine unique, du parti unique, accident historique, provisoire, ou fatalité des temps nouveaux ? Élie Halévy se serait refusé à répondre à la question, puisqu'il se bornait à observer le présent. Ne prétendons pas davantage à répondre, tâchons seulement de dégager une des significations de cette mobilisation intellectuelle. Organisation de l'enthousiasme, disait Halévy : sans doute, mais il y a, en Allemagne, plus et autre chose qu'une telle mobilisation. Rappelons-nous la République de Weimar au cours de ses dernières années (et dans une certaine mesure notre pays aujourd'hui) : observons la violence des querelles partisanes. Ces divisions, à notre époque de religions politiques, ne concernent pas seulement l'opportunité ou l'intérêt, elles découlent de volontés, en leur profondeur, contradictoires, animées par des métaphysiques, ou mieux des dogmes rivaux. En vain, on parlera de tolérance. Les hommes exigent que l'on justifie par une valeur absolue leur action ou leurs sacrifices. La nation déchirée est condamnée à l'impuissance. La doctrine unique, adaptée, en sa grossièreté, aux besoins des masses, tente de recréer, en combinant la force et la foi, l'indispensable communauté. C'est dire aussi que, jusqu'à présent, les régimes totalitaires ne réussissent qu'à caricaturer une civilisation intérieurement unifiée. Ni le marxisme, ni le racisme n'offre l'équivalent du catholicisme dans la société médiévale : trop de personnes, trop de richesses spirituelles leur échappent.

À ceux qui l'interrogeaient sur les chances de durée des régimes tyranniques, Élie Halévy répondait : « Tout dépend de l'alternative paix ou guerre. » Pour résister aux tyrannies, les démocraties seront obligées à leur tour de se plier à l'économie de guerre et à la censure autoritaire. Contre ces nécessités, Halévy ne se révoltait pas. Pacifique comme les vrais libéraux (seul, me disait-il un jour, le libre-échangiste a le droit de se dire pacifique), il n'était pacifiste ni à la manière d'Alain, ni dans le style des juristes. Il ne comptait ni sur les traités, ni sur le refus individuel. Il envisageait la guerre en historien-philosophe. La condition permanente en est que « l'homme n'est pas uniquement composé de sens commun et d'intérêt personnel ; telle est sa nature qu'il ne juge pas la vie digne d'être vécue s'il n'y a pas quelque chose pour quoi il soit prêt à la perdre ». C'est en historien encore, et non en moraliste, qu'il répondait aux questions sur les perspectives prochaines. Dans une conférence, au début de 1935[1], il affirmait que la guerre ne lui semblait pas immédiatement à craindre, mais que, dans six ou sept ans, le danger deviendrait grand. Un an après, comme je lui rappelais sa prévision, il me dit simplement : « J'étais trop optimiste. » Depuis lors, les événements ont justifié ces craintes, mais aussi ont révélé des forces de paix puissantes : complicité de toutes les bourgeoisies et des tyrannies réactionnaires, décomposition, plus morale encore que matérielle, des démocraties et, enfin, volonté profonde de paix de tous les peuples européens, terrifiés par l'approche de la commune catastrophe.

---

1. [Conférence de 1935. Non identifié.]

« FLEURIR LE CHARDON BLEU DES SABLES. »
L'ÈRE DES TYRANNIES, PROLÉGOMÈNES À TOUTE RÉSISTANCE

POSTFACE

Trois mois après la parution de son long compte rendu de *L'Ère des tyrannies*, Raymond Aron présente devant la Société française de philosophie sa thèse sur les « États démocratiques et États totalitaires ». Comme il a été déjà avancé ici, cette séance du 17 juin 1939 – dont le texte ne paraîtra dans le *Bulletin* de la SFP qu'à la Libération[1] – peut être tenue comme celle qui avait été envisagée à la suite de la conférence sur « L'Ère des tyrannies » et que la mort prématurée d'Élie Halévy n'aura pas permis de réaliser[2]. La proximité de pensée et la convergence d'analyse des deux historiens philosophes se vérifient sans hésitation. Raymond Aron parle au nom de l'ami disparu, qu'il a peu rencontré, une fois assurément. Cette rencontre eut lieu à Sucy en avril 1937. Elle imprima à jamais son souvenir dans la mémoire du jeune penseur[3]. Les vers du poète, « Paroles sur la dune »,

---

1. « États démocratiques et États totalitaires », communication à la Société française de philosophie, 17 juin 1939, *Bulletin de la Société française de philosophie*, 40ᵉ année, n° 2, avril-mai 1946. Réédité dans *Machiavel et les tyrannies modernes*, *op. cit.*, et dans *Penser la liberté, penser la démocratie*, édition et préface de Nicolas Baverez, Paris, Gallimard, coll. « Quarto », 2005, p. 55-106.
2. *Supra*, p. 65.
3. En 1970, dans sa communication prononcée le 28 novembre 1970 pour le centenaire d'Élie Halévy devant la Société française de philosophie, Raymond Aron se confiait ainsi : « De son vivant, je n'ai été qu'une seule fois à Sucy-en-Brie et je voudrais évoquer ce souvenir parce qu'il est demeuré intensément présent à ma mémoire. Je rencontrai à la *Maison blanche* les frères Rosselli, j'eus une longue conversation avec l'un d'eux, le militant antifasciste, nous convînmes de nous retrouver bientôt : trois jours plus tard, les deux frères étaient assassinés, sur l'ordre de Mussolini, par des tueurs au service d'un groupe fasciste. Florence nous raconta combien Elie avait été ému, bouleversé : impitoyable et lucide en son diagnostic, il pressentait le temps des assassins, la venue des barbares. » (*Bulletin de la Société française de Philosophie*, janvier-mars 1971, rééditée par la revue *Commentaire* et insérée en postface à l'édition « Tel » de 1990 de *L'Ere des tyrannies*, *op. cit.*, p. 252). En se référant à l'agenda de sa tante, Henriette Guy-Loë précisa que le déjeuner avait eu lieu le 11 avril, et non en juin comme le situe Raymond Aron. Celui-ci vint seul, sa femme n'ayant pu l'accompagner. Il rencontra Carlo Rosselli, venu avec sa femme et ses enfants, qui dirigeait en exil le journal *Giustizia è Libertà*. Mais son frère Nello n'avait pas participé au déjeuner (« Raymond Aron », in *Correspondance (1891-1937)*, *op. cit.*, p. 775. C'est sans doute lors

prononcés par Élie Halévy lors d'une dernière soirée heureuse à Sucy-en-Brie, un jour d'été 1937[1], précédant de peu une rapide agonie, résonnent, à l'heure où les démocrates rassemblent leurs faibles forces, quelques valeurs de liberté, en face d'un ennemi d'une puissance sans commune mesure. Et pourtant ce sont ces hommes, ces femmes, qui, au soir de cinq années de guerre, sortiront vainqueurs d'un combat titanesque. Parce que la claire conscience d'une résistance aux tyrannies s'était imposée très tôt, à la lumière de la pensée d'Élie Halévy et des siens. Les phrases définitives dites par Raymond Aron en ce 17 juin 1939 dessinent cette gloire civile des intellectuels combattants, résolus à reconquérir un héritage démocratique.

[...] Si je parle de sauver la démocratie, je ne veux même pas dire que ce soit l'éventualité la plus probable, je veux dire simplement quelles sont les mesures qui me paraissent souhaitables. Telle est la forme de conservatisme que je voudrais défendre.

Mais, pour un tel conservatisme, il faut avoir, non pas seulement les vertus élémentaires de discipline, de consentement à l'autorité, de compétence technique, mais aussi le courage intellectuel de tout remettre en question et de dégager les problèmes dont dépend l'existence même de la France. La crise actuelle sera longue, profonde. Quels que soient les événements immédiats, nous n'en sortirons pas à bon compte. L'aventure dans laquelle la France et les pays d'Europe sont engagés ne comporte pas d'issue immédiate et miraculeuse. Dès lors, je pense que les professeurs que nous sommes sont susceptibles de jouer un petit rôle dans cet effort pour sauver les valeurs auxquelles nous sommes attachés. Au lieu de crier avec les partis, nous pourrions nous efforcer de définir, avec le maximum de bonne foi, les problèmes qui sont posés et les moyens de les résoudre. En tout cas, il importe que nous donnions à tous ceux qui nous entendent, à tous les Français, la conviction suivante : les Français sont des héritiers, mais, pour sauver un héritage, il faut être capable de le conquérir à nouveau[2].

En 1941, alors que l'Angleterre est la dernière nation du monde libre à défier militairement les puissances de l'Axe, *Economica*, la revue de la London School of Economics publie la traduction de la conférence de « L'Ère des tyrannies » que vient d'achever May Wallas. L'éditeur fait

---

de cette visite de Raymond Aron à Sucy qu'Elie accepta de faire paraître dans la *Revue de métaphysique et de morale* l'article sur la politique économique du Front populaire. Après la fin de la guerre, à son retour d'Angleterre, Raymond Aron visita régulièrement Florence à la Maison Blanche.
1. *Supra*, p. 664-665.
2. *Raymond Aron*, « États démocratiques et États totalitaires », art. cit., p. 71 (éd. de 2005).

précéder le texte d'un avertissement qui souligne l'importance des thèses d'Élie Halévy et la grandeur de l'historien de l'Angleterre :

> The following article, published in 1938 in Élie Halévy's posthumous volume of essays, *L'Ère des Tyrannies*, consists of his contributions to a debate held at the *Société française de Philosophie* on November 28th, 1936, preceded by a short paper which he had submitted to the members of the Society as a basis for discussion.
>
> In publishing this translation of an article which has already appeared elsewhere, the Editors of ECONOMICA depart somewhat from their usual practice and perhaps also go slightly beyond the field normally covered by ECONOMICA. The intrinsic importance of the article would probably be sufficient to justify this exception. The problems with which it deals lie on the border line between economies and politics and the author has raised in it, at an early date, questions which have been considered more recently in this journal from the point of view of the economist. It seemed desirable to make the article accessible to wider circles in this country than a French book, published shortly before the outbreak of war, would be likely to reach. And the Editors of ECONOMICA are glad in this way to pay a tribute to the memory of a great Frenchman, a student and lover of this country, and an old friend of the London School of Economics.[1]

Aux États-Unis, la toute nouvelle revue de l'université de Notre Dame, *The Reviews of Politics*[2], fait paraître, dans sa première année d'existence, un éloquent compte rendu[3] du philosophe français Yves R. Simon[4], invité

---
1. Élie Halévy, « The Age of Tyrannies », art. cit., p. 77.
2. Waldemar Gurian (1902-1954) en est le principal fondateur. Né en Russie dans une famille juive, converti au catholicisme, installé en Allemagne, il débute son œuvre de politiste par l'étude du catholicisme française et sa dégénérescence dans l'ultra-nationalisme (*Die politischen und sozialen Ideen des französischen Katholizismus, 1789-1914*, Munich-Gladbach, Volkserain GmbH, 1929 ; *Der Integrale Nationalismus in Frankreich : Charles Maurras und die Action Française*, 1931). Puis il évolue vers l'étude du bolchevisme et du nazisme qu'il aborde comme deux volets d'une même « idéocratie » et qu'il écrit en anglais (*Bolshevism : Theory and Practice*, New York, Macmillan, 1932 ; *Hitler and the Christians. Studies in Facism: Ideology and Practice*, AMS Press, 1936 ; *The Future of Bolshevism*, New York, Sheed & Ward, 1936). Dans l'Allemagne nazie, il mène un combat déterminé, dénonçant notamment les prétentions idéologiques de Carl Schmitt, devenu le juriste officiel du IIIe Reich. Il s'exile en Suisse en 1934, puis émigre aux États-Unis en 1937 où il est reçu par l'université Notre Dame (cf. « The Gurian Memorial Issue », *The Review of Politics*, vol. 17, n° 1, janvier 1955).
3. Yves R. Simon, *The Review of Politics*, vol. 1-4, octobre 1939, p. 500-501 (University of Notre Dame).
4. Yves René Marie Simon (Cherbourg, 1903-South Bend, Indiana, 1961) est un philosophe catholique. Toute son œuvre est éditée en anglais. Son invitation à enseigner à l'université

l'année précédente à enseigner dans cette université catholique réputée de l'Indiana. Comme son maître Jacques Maritain dont il a été l'élève au tournant des années 1920 à l'université catholique de Paris, il devient, depuis les États-Unis où il s'est fixé, un adversaire déterminé des tyrannies, s'engageant pour la résistance et la victoire des démocraties. La conférence de 1936 lui permet d'exposer auprès du public américain, des dirigeants politiques et des spécialistes de science politique les enjeux définitifs de la lutte contre le nazisme.

Entre-temps, l'armée française a été balayée par l'offensive-éclair de l'armée allemande déclenchée le 10 mai 1940. Témoin de cet effondrement de toute une nation et d'une ancienne démocratie européenne, l'historien Marc Bloch rédige durant l'été, replié dans sa maison de Fougères en Creuse, *L'Étrange défaite*. Ce « témoignage écrit en 1940 » s'apparente à bien des égards à « L'Ère des tyrannies », dépassant, comme chez Élie Halévy, le caractère d'urgence de l'écriture et la forme d'essai du livre par un effort démesuré de la pensée pour comprendre la violence de l'histoire et reconstruire sans délai, avec une totale volonté humaniste et critique, les fondements d'une lutte victorieuse des démocraties. Les intellectuels y prendraient alors toute leur part, dussent-ils consentir au sacrifice de leur vie.

Les liens entre les deux historiens et la communauté de leur pensée sont réels. Des amis et des institutions les rapprochent, comme Célestin Bouglé avec le Centre de documentation sociale, essentiel dans l'affirmation des sciences sociales avant leur inscription dans le paysage universitaire à la Libération[1]. Élie Halévy contribue aux *Annales d'histoire économique et sociale* par un compte rendu de l'étude d'Andrew Rothstein, *Une époque du mouvement ouvrier anglais. Chartisme et trade-unionisme*, publié la

---

catholique Notre Dame procède de la volonté des autorités universitaires de suivre une invite pontificale (*Aeterni Patris*, 1879) qui proposait de revenir à la pensée de Saint Thomas d'Aquin. Grâce à la recommandation de Waldemar Gurian et au soutien de Jacques Maritain, Yves R. Simon obtient le poste créé à cette fin en 1938. Il est titularisé en 1939 (cf. Florian Michel, « L'américanisation d'un intellectuel français : le cas d'Yves Simon (1903-1961) », *Transatlantica. Revue d'études américaines/American Studies Journal*, 1er trimestre 2014, p. 2-15). Même s'il s'éloignera quelque peu du général du Gaulle à la fin de la guerre, il conservera à la France libre un soutien entier et reconnu.

1. C'est en 1947 qu'est créée, à l'initiative de Lucien Febvre, de Fernand Braudel et de Charles Morazé, la VIe section de l'École pratique des hautes études consacrée aux « sciences économiques et sociales ». Marc Bloch, qui s'est engagé sans délai dans le combat armé contre le nazisme après l'écriture de *L'Étrange défaite*, n'est plus. Il a été assassiné par l'occupant le 16 juin 1944 en France. Charles Morazé était du côté de la Résistance, tandis que Lucien Febvre se tenait dans « l'accommodement » selon l'historien Philippe Burin (*La France à l'heure allemande (1940-1944)*, Paris, Seuil, coll. « L'Univers historique », 1995).

première année d'existence de la revue[1]. Marc Bloch, à l'inverse, s'est tournée vers l'histoire anglaise d'Élie Halévy. Il rédige personnellement un compte rendu élogieux des deux tomes de l'*Épilogue* de l'*Histoire du peuple anglais* pour les *Annales d'histoire économique et sociale* en 1933[2]. Un événement aussi les lie profondément, l'affaire Dreyfus. Marc Bloch, âgé de douze ans à l'époque, n'a pas été impliqué directement dans les événements ; en revanche son père Gustave, antiquisant renommé, l'a été très fortement. Cette culture dreyfusarde a largement imprégné sa pensée d'historien et de citoyen, telle qu'elle émerge notamment du témoignage de 1940[3]. Dans des pages de *L'Étrange défaite* traversées de réflexivité critique, Marc Bloch s'interroge sur la responsabilité des historiens dans l'effondrement présent.

> Combien ont eu le cran de parler plus fort ? J'entends bien, nous n'avions pas des âmes de partisans. Ne le regrettons pas. Ceux d'entre nous qui, par exception, se laissèrent embrigader par les partis, finirent presque toujours par en être les prisonniers beaucoup plutôt que les guides. Mais ce n'était pas dans les comités électoraux que nous appelait notre devoir. Nous avions une langue, une plume, un cerveau. Adeptes des sciences de l'homme ou savants de laboratoires, peut-être fûmes-nous aussi détournés de l'action individuelle par une sorte de fatalisme, inhérent à la pratique de nos disciplines. Elles nous ont habitués à considérer, sur toutes choses, dans la société comme dans la nature, le jeu des forces massives. Devant ces lames de fond, d'une irrésistibilité presque cosmique, que pouvaient les pauvres gestes d'un naufragé ? C'était mal interpréter l'Histoire. Parmi tous les traits qui caractérisent nos civilisations, elle n'en connaît pas de plus significatif qu'un immense progrès dans la prise de conscience de la collectivité. […] Se former une idée claire des besoins sociaux et s'efforcer de la répandre, c'est introduire un grain de levain nouveau, dans la mentalité commune ; c'est se donner une chance de la modifier et, par suite, d'incliner, en quelque mesure, le cours des événements, qui sont réglés, en dernière analyse, par la psychologie des hommes. Avant tout, nous étions requis, une fois de plus, par la tâche quotidienne. Il ne

---

1. L'ouvrage de Th. A. Rothstein est paru en 1928 aux Éditions sociales internationales. Critique sur le marxisme et la « foi » communiste de l'auteur, Élie Halévy n'en relève pas moins que son « tableau du mouvement ouvrier anglais depuis les environs de 1832 jusqu'en 1914 présente un intérêt réel » (*Annales d'histoire économique et sociale*, 1929).
2. Marc Bloch, « Un peuple, une crise », *Annales d'histoire économique et sociale*, vol. 5, n° 22, 1933, p. 430-431.
3. Cf. Vincent Duclert, « La souveraineté de l'historien. Marc Bloch face à l'événement indépassable », chapitre 7 de *L'avenir de l'histoire*, Paris, Armand Colin, 2010, p. 144-167.

nous reste, pour la plupart, que le droit de dire que nous fûmes de bons ouvriers. Avons-nous toujours été d'assez bons citoyens ?[1]

Puis Marc Bloch trace le devoir présent des hommes de savoir, le combat déterminé pour des valeurs qui méritent de mourir pour elles, parce qu'elles fondent la survie de la liberté politique, de l'indépendance nationale et de la justice sociale :

> Je ne sais quand l'heure sonnera où, grâce à nos alliés, nous pourrons reprendre en main nos propres destinées. Verrons-nous alors des fractions du territoire se libérer les unes après les autres ? Se former, vague après vague, des armées de volontaires, empressés à suivre le nouvel appel de la Patrie en danger ? Un gouvernement autonome poindre quelque part, puis faire tâche d'huile ? Ou bien un élan total nous soulèvera-t-il soudain ? Un vieil historien roule ces images dans sa tête. Entre elles, sa pauvre science ne lui permet pas de choisir. Je le dis franchement : je souhaite, en tout cas, que nous ayons encore du sang à verser : même si cela doit être celui d'êtres qui me sont chers (je ne parle pas du mien, auquel je n'attache pas tant de prix). Car il n'est pas de salut sans une part de sacrifice ; ni de liberté nationale qui puisse être pleine, si on n'a pas travaillé à la conquérir soi-même.
> Ce n'est pas aux hommes de mon âge qu'il appartiendra de reconstruire la patrie. La France de la défaite aura eu un gouvernement de vieillards. Cela est tout naturel. La France d'un nouveau printemps devra être la chose des jeunes. Sur leurs aînés de l'ancienne guerre, ils posséderont le triste privilège de ne pas avoir à se garer de la paresse de la victoire. Quel que puisse être le succès final, l'ombre du grand désastre de 1940 n'est pas près de s'effacer. Peut-être est-ce une bonne chose d'être ainsi contraints de travailler dans la rage ? Je n'aurai pas l'outrecuidance de leur tracer un programme. Ils en tireront eux-mêmes les lois au fond de leur cerveau et de leur cœur. Ils en adapteront les contours aux leçons des événements. Nous les supplions seulement d'éviter la sécheresse des régimes qui, par rancune ou orgueil, prétendent dominer les foules, sans les instruire ni communier avec elles. Notre peuple mérite qu'on se fie à lui et qu'on le mette dans la confidence. Nous attendons d'eux aussi que, tout en faisant du neuf, beaucoup de neuf, ils ne rompent point les liens avec notre authentique patrimoine qui n'est point ou qui, du moins, n'est pas tout entier là où de prétendus apôtres de la tradition le veulent mettre. Hitler disait un jour, à Rauschning : « Nous avons

---

1. Marc Bloch, *L'Étrange défaite. Témoignage écrit en 1940*, Paris, Société des Éditions Franc-Tireur, 1946 ; rééd. avec une préface de Stanley Hoffmann, Paris, Gallimard, coll. « folio histoire », 1990, p. 204-205.

raison de spéculer plutôt sur les vices que sur les vertus des hommes. La Révolution française en appelait à la vertu. Mieux vaudra que nous fassions le contraire. » On pardonnera à un Français, c'est-à-dire à un homme civilisé – car c'est tout un – s'il préfère, à cet enseignement, celui de la Révolution, et de Montesquieu : « Dans un État populaire, il faut un ressort, qui est la vertu. » Qu'importe si la tâche est ainsi rendue plus difficile ! Un peuple libre et dont les buts sont nobles, court un double risque. Mais, est-ce à des soldats qu'il faut, sur un champ de bataille, conseiller la peur de l'aventure[1] ?

Pas plus que les pages de Marc Bloch, celles qui suivent, d'Étienne Mantoux, ne se réfèrent explicitement à Élie Halévy. Pourtant son héritage est bien présent, survivant dans le courage de ces historiens au combat et les valeurs qui les animent, refusant le vertige des idéologies « au goût des Apocalypses ».

> Combien de nous, en juin 1940, ont osé espérer qu'il serait possible de faire rebrousser le courant ? s'interroge-t-il en pleine guerre mondiale. Combien y en a-t-il qui aient refusé de toute leur âme de se résigner à « l'inévitable » ? Et pourtant, au dernier moment, le destin fut forcé de reculer devant la parole d'un seul homme et la prouesse d'un petit nombre – car les habitants de cette petite île, en marge du continent, n'étaient tous ensemble qu'un petit nombre – et la « vague de l'avenir » se brisa sur le roc d'un courage indomptable[2].

La conclusion de *La Paix calomniée*, un ouvrage qu'Étienne Mantoux écrit aux États-Unis en 1943 avant de regagner l'Europe et de combattre avec la 2ᵉ division blindée des Forces françaises libres, porte tout entière l'enseignement d'Élie Halévy.

> L'histoire, il est vrai, a la manie de ne jamais se répéter tout à fait ; et une autre tendance se manifeste déjà nettement, qui pourrait nous mener beaucoup plus loin. Après la faillite de l'idéalisme de 1919, voici que se déclenche un mouvement dans le sens le plus opposé. *In contraria currunt.* Aujourd'hui nos Machiavels à la dernière mode, animés de tout le zèle, de tout l'élan des néophytes, plongent tête baissée dans le « réalisme politique » avec la joie d'un enfant tout à coup autorisé à s'amuser à un jeu longtemps défendu. Leurs théories, déduites d'observations

---

1. *Ibid.*, p. 206-208.
2. Étienne Mantoux, *La Paix calomniée ou Les conséquences économiques de M. Keynes*, préface de Raymond Aron, nouvelle préface de Vincent Duclert, *op. cit.*, p. 317.

rigoureusement « scientifiques » mènent à la conclusion qu'il faut « s'attendre » à voir le Dragon dévorer Saint-Georges à tout coup : chaque fois qu'il l'aura mangé, on dira que c'est bien dommage, mais si, par quelque accident singulier, il n'y réussit pas, on pourra toujours se consoler en pensant qu'un autre Dragon, plus grand et plus fort, viendra infailliblement, un jour où l'autre, les avaler tous les deux.

C'est ainsi qu'on fait remarquer parfois (simple conseil de prévoyance et de prudence) que le problème qui se pose aux auteurs de la paix future, c'est celui de déterminer les clauses dont l'exécution pourra encore être imposée dans quinze ou vingt ans, c'est-à-dire sans doute quand les influences que nous venons de décrire auront eu le temps d'opérer. Le raisonnement est le suivant : nous reconnaissons que certaines propositions sont bien fondées par rapport à une justice abstraite ; mais le fait est que nous ne pouvons pas compter sur le courant d'opinion nécessaire pour les soutenir au delà d'un certain temps : c'est ce que nous enseigne l'histoire de notre époque. Autrement dit, ce genre de raisonnement tient pour nulle, après la victoire, la puissance même de l'idéalisme qui nous donne aujourd'hui le courage de combattre pour vaincre, et il reconnaît d'avance qu'il faudra de toute manière abandonner quelques-uns des objets les plus essentiels pour lesquels nous aurons combattu. [...]

Mais les vagues du temps reviennent l'une après l'autre. Il y a sans doute comme un pressentiment dans ce mot d'un chauffeur de taxi de New-York, qui disait que la guerre durerait « plus longtemps que les hostilités ». Si l'esprit de la Marne et de Verdun, l'esprit de la bataille d'Angleterre et de la bataille d'El-Alamein, l'esprit de Bataan et de Stalingrad, si cet esprit qui refuse de s'incliner devant les forces de l'histoire, est toujours vivant, alors l'Europe retrouvera sa gloire. Mais si on laisse se glisser chez les peuples européens le soupçon que l'avenir verra recommencer le petit jeu dont les règles permettent à l'Allemagne de fouler aux pieds périodiquement la moitié, ou plus de la moitié, du continent, puis d'obliger les fils de la Grande-Bretagne et de l'Amérique à mourir loin de leurs foyer pour la libération de l'Europe – tout en interdisant aux victimes d'obtenir de justes réparations sous le prétexte que celles-ci sont économiquement impossibles, et la formation de grandes unités économiquement inévitable – il n'y aura pas alors d'extrémité où ces peuples ne puissent être jetés par la détresse ou l'exaspération. Dans leur désespoir il se peut qu'ils ne reconnaissent plus leurs amis de leurs ennemis, leurs libérateurs de leurs oppresseurs, et alors – je me hasarde à mon tour à prédire – rien ne pourra retarder bien longtemps cette fusion du continent qui a été si dangereusement près de se réaliser en 1940, et auprès de laquelle la puissance offensive et défensive du Reich hitlérien pourrait bien paraître insignifiante. Encourager ou même tolérer un tel résultat, est-ce l'intérêt, économique ou autre, d'aucune puissance atlantique ? C'est aux intéressés qu'il appartient d'en décider. Au moment où j'écris ces lignes, dans l'été de 1944, et tandis que la guerre, en Europe, approche de sa crise finale, le frémissement même de l'attente où nous vivons ne peut détourner notre souci de ce qui suivra une victoire si chèrement achetée. La justice l'emportera-t-elle sur l'opportunisme, la raison sur le préjugé, la réalité sur l'illusion, la volonté sur le destin ? L'Europe survivra-t-elle ? ou ses peuples, faute des moyens nécessaires à leur résurrection, se soumettront-ils, dans une épreuve suprême, à une domination continentale ? La réponse appartient dans la plus large mesure à des forces déjà en mouvement, et telles que notre génération ne peut les maîtriser. Tout ce qu'elle peut et doit faire, c'est apprendre du passé, réagir au présent et se préparer pour l'avenir. C'est à la nouvelle génération que M. Keynes, il y a vingt-cinq ans dédiait son livre[1] : le livre que voici est une réponse venue de cette génération[2].

Ces pages seront le dernier message adressé aux hommes libres par Étienne Mantoux avant sa mort sur une autoroute allemande, à la veille de la victoire alliée sur le nazisme. En l'absence d'Élie Halévy, Raymond Aron se fera l'interprète de la douleur du monde halévyen devant cette nouvelle perte, au seuil d'un temps nouveau où la présence d'Étienne Mantoux aurait été si utile. Lui qui avait animé avec toute la flamme de sa jeunesse et la puissance de la raison la conférence relative aux « États démocratiques et États totalitaires » du 17 juin 1939 « "a fait la guerre sans l'aimer" ». Il a donné sa vie sans jamais sacrifier au romantisme de la violence, sans être dupe des idéologies frénétiques dont les conflits mènent l'humanité de catastrophe en catastrophe[3] », confie Raymond Aron. Et son père, l'historien Paul Mantoux, l'ami d'Élie Halévy, de formuler une interrogation angoissée, brûlante d'actualité : « Au lendemain de la victoire, qui prendra sa place et saura, avec la même foi humaine, la même clairvoyance impitoyable, rappeler les règles d'équité et de sagesse dont le mépris livre les hommes au règne de la force et de la ruse, c'est-à-dire à la fatalité de la guerre[4] ? »

Ces penseurs disparus laissent le souvenir, au milieu de la crise sans précédent qui a submergé le monde pendant plus de trente ans, d'un effort constant de la raison pour ne rien céder, d'une mobilisation croissante des sciences sociales pour penser, et d'une volonté sans faille de regarder le monde tel qu'il est. En d'autres termes, de veiller pour ne pas périr. « Je continuerai à veiller », écrivait Élie Halévy à René Berthelot le 6 décembre

---

1. John Maynard Keynes, *Les Conséquences économiques de la paix, op. cit.*
2. *Ibid.*, p. 316-318.
3. Raymond Aron, « Préface » à Étienne Mantoux, *La Paix calomniée, op. cit.*, p. 12.
4. Paul Mantoux, « Étienne Mantoux », dans *ibid.*, p. 11-12.

1935, depuis la Maison Blanche de Sucy-en-Brie[1]. Le 28 février 1898, en pleine affaire Dreyfus à laquelle il avait pris une grande part, il confiait à Xavier Léon son pessimisme devant l'histoire. Mais il ajoutait aussitôt qu'un devoir de « veille » incombait collectivement aux philosophes : « C'est un miracle que la civilisation persiste dans une humanité naturellement barbare, que la vie persiste dans un univers matériel, et ainsi de suite. Il faut donc veiller sans cesse, et *nous veillerons*[2]. » De l'affaire Dreyfus à l'ère des tyrannies, cette tâche philosophique ne s'est pas interrompue pour Élie Halévy. L'édition posthume de 1938 en est la traduction autant que la réalisation. Le livre et la démonstration qu'il porte représentent la première étape d'une résistance antitotalitaire qui marquera le siècle autant que le phénomène historique qu'elle se destinait à combattre.

*

Le legs halévyien fut décisif même s'il passa largement inaperçu de la postérité. Pour ceux qui entouraient Élie Halévy et que sa disparition prématurée emplit de chagrin, la certitude existait qu'avec « l'Ère des tyrannies » il leur avait légué triplement les armes de l'esprit capables de résister aux Etats totalitaires. En premier lieu, il leur confie une interprétation juste d'un basculement de l'Europe qui semblait impossible à comprendre ni même à penser. Avec cette découverte qui témoigne de ce que peuvent les sciences sociales, notamment en temps de guerre, Élie Halévy permet d'asseoir les résistances futures sur une claire vision du monde et sur un examen lucide des chances de survie des démocraties, conditions essentielles pour que ces dernières puissent résister à un ennemi bien supérieur en hommes et en armes. Le fondement des résistances victorieuses réside dans la vertu morale des buts de guerre comme l'avait montré Jean Jaurès dans *L'Armée nouvelle* de 1910[3] avec la défense de la paix. Celle-ci n'éloignait

---

1. Élie Halévy, lettre à René Berthelot, 6 novembre 1935, *supra*, p. 648.
2. Élie Halévy, lettre à Xavier Léon, 28 février 1898, dans *Correspondance (1891-1937)*, *op. cit.*, p. 238.
3. « Un peuple qui, voulant la paix, en a donné la preuve à lui-même et au monde ; un peuple qui, jusqu'à la veille de la guerre, a offert de soumettre le litige à l'arbitrage de l'humanité civilisée, un peuple qui, même dans l'orage déchaîné, demande encore au genre humain d'évoquer à lui le conflit, ce peuple-là a une telle conscience de son droit qu'il est prêt à tous les sacrifices pour sauver son honneur et sa vie. Il est résolu à la résistance indomptable et prolongée. Au contraire, dans la nation qu'un mouvement d'orgueil et de proie aura jetée à une guerre d'agression, le malaise grandit d'heure en heure. Trouble de conscience : quelle sinistre besogne nous impose-t-on ? Trouble d'esprit : qui sait ce que le désespoir et la révolte du droit blessé inspireront au grand peuple assailli ? Ces inquiétudes de la conscience et de la pensée, le gouvernement de conquête et de violence ne peut les étourdir que par la soudaineté et la violence des coups portés à l'adversaire. Il faut qu'il verse d'emblée, à son peuple qui

pas des guerres nécessaires, elle permettait au contraire de les gouverner[1]. Comprenant le monde dans toute sa profondeur historique et philosophique, ces hommes et ces femmes pouvaient bâtir des résistances au bord du précipice, en se tenant bien droits, sans crainte de mourir ou de défier le vide. Conscient du combat qui s'engage, avec lui au premier rang, Marc Bloch écrivait encore dans *L'Étrange défaite* : « Les ressorts profonds de notre peuple sont intacts et prêts à rebondir. Ceux du nazisme, par contre, ne sauraient supporter toujours la tension croissante, jusqu'à l'infini, que les maîtres présents de l'Allemagne pretendent leur imposer. Enfin, les régimes "venus dans les fourgons de l'étranger" ont bien pu jouir, parfois chez nous, d'une certaine durée. Ce n'a jamais été, face aux dégoûts d'une fière nation, que le répit du condamné[2] ». Les analyses de l'historien se trouvent confirmées par l'engagement de petits groupes, combattant le nazisme et la collaboration, finissant par redonner un avenir aux États démocratiques.

Essentielle à une résistance qui se fonde dès ce moment parce que la guerre elle-même a déjà commencé, « l'Ère des tyrannies » arme aussi les démocrates dans la mesure où elle prouve la puissance même des sciences sociales, de l'esprit scientifique, capables d'affonter et de penser les réalités qui semblent dépasser l'entendement et égarer la raison. Devant l'effondrement de tant d'intelligences réputées qui ne comprenaient ni la réalité du fascisme, ni celle du nazisme, ni celle du stalinisme, Élie Halévy démontre qu'il n'y a pas de fatalité à la faillite de la conscience européenne et que la connaissance la plus élevée, la plus déterminée, associée à la plus grande indépendance des chercheurs, peut vaincre les illusions collectives et se porter vers l'exactitude de l'histoire. On soulignera ici, à l'appui de cette analyse, l'importance des savants engagés dans la lutte contre le nazisme et Vichy, en France occupée comme à Londres et à New York. De Marc Bloch à Jean Cavaillès, de Germaine Tillion à Simone Weil, des cas de résistance individuelle prouvent ce lien capital entre la pensée et l'action, entre la recherche et l'engagement. C'est encore une part du legs halévyen qui est révélé dans cette solidarité entre le choix de la pensée libre et la décision de lutter pour l'humanité, pour ce

---

s'émeut, une ivresse de violence triomphante, un alcool de victoire. » (Jean Jaurès, *L'Armée nouvelle* [1910], rééd. *Œuvres de Jean Jaurès*, volume 13, édité par Jean-Jacques Becker, Paris, Fayard, 2012, p. 153.

1 « La défense de la paix devait donner aux combattants d'une nation ayant choisi cette politique un avantage en les associant à un but noble, à des raisons de guerre qui dépassent la seule injonction nationale pour embrasser un devoir d'humanité. Il s'agissait de "forces morales" capables de déterminer l'issue des combats et de changer les guerres, à l'inverse des nations assaillantes, vivant pour la guerre et qui ne disposent, pour mobiliser les énergies, que de l'ivresse nationaliste ou de La contrainte des corps » (Vincent Duclert, *Jean Jaurès. Combattre la guerre, penser la guerre*, Paris, Fondation Jean-Jaurès, 2013, p. 99).

2. Marc Bloch, *L'Etrange défaite*, *op. cit.*, p. 204.

« fanatisme de l'humanité » que mentionnaient les conférences d'Oxford de 1929. Le lien retrouvé par Élie Halévy fonde l'intellectuel démocratique qui a émergé depuis l'engagement dreyfusard.

Dans un article de 1947, Albert Camus rappelait aux Français que « le droit difficile de dénoncer, partout où il se trouve, l'esprit de tyrannie ou de violence » leur appartiendra quand ils auront pu vaincre en eux la tentation du racisme, « ce qu'il y a de plus abject et de plus insensé dans le cœur des hommes[1] ». L'écrivain et résistant faisait référence aux violences appliquées par les Français aux Algériens et aux Malgaches. L'engagement contre la tyrannie où qu'elle soit suppose ainsi d'instaurer un ordre de la raison et de la justice, de faire prévaloir la connaissance la plus exigeante et la plus critique de soi-même. Élie Halévy a fait sienne cette humilité aussi bien que cette volonté. Le choix de qualifier un État, un système, de tyrannie témoigne d'un effort pour aller au plus près des phénomènes politiques et, dans le même temps, pour s'arracher à la violence instituée afin d'affirmer le pouvoir de la raison critique. On retrouve cette tension dans les travaux du chercheur Michel Seurat sur la Syrie du parti Baas et de la terreur d'Hâfez al-Assad[2], justifiant à partir d'Hannah Arendt[3] l'emploi de la notion de tyrannie plutôt que de « domination totalitaire ». L'effort de définition et de caractérisation ne vise pas à opposer l'une à l'autre mais à permettre au contraire de penser les processus qui travaillent à dominer les sociétés et qui, dans la négation de la liberté personnelle, progressent dans la destruction des valeurs humaines. La conception de « l'Ère des tyrannies » a été, un moment essentiel de compréhension de la domination politique et de ses développements les plus extrêmes, seule issue pour engager un combat digne d'être mené, et pour donner aux régimes de la liberté une chance de survie.

Le legs d'Élie Halévy ne tient pas uniquement dans ce message d'espoir raisonné, construit sur le pouvoir commun de l'histoire et de la philosophie d'empêcher la destruction des principes qui les ont fait naître. Dans l'inquiétude qui est la sienne devant ce nouvel âge politique du monde, l'historien philosophe avertit ses contemporains et les générations suivantes qu'il faudra toujours se préparer à de tels combats, face à des tyrannies qui, parce qu'elles sont apparues, ne disparaîtront plus. Albert Camus encore compris cette dimension inédite de l'histoire, au lendemain

---

1. Albert Camus, « La contagion », *Combat*, 10 mai 1947, in *Actuelles* I, rééd. in *Essais*, Paris, Gallimard, coll. « Bibliothèque de la Pléiade », 1965, p. 323.
2. Michel Seurat, *L'État de barbarie*, Paris, Le Seuil, coll. « Esprit/Seuil », 1989, p. 37.
3. Hannah Arendt, *Le système totalitaire*, *op. cit.*, p. 210-212.

de la guerre qui avait vu la victoire alliée sur le nazisme, et alors que le stalinisme allait gagner une nouvelle immensité totalitaire. *La Peste*, son roman de 1947, s'achevait sur une victoire des hommes, certes réelle, mais menacée toujours d'être emportée par des fléaux sans commune mesure avec les forces modestes des médecins et des philosophes. Le personnage du docteur Rieux, qui était parvenu à vaincre l'épidémie avec quelques résistants groupés autour de lui, ne pouvait s'associer complètement à la joie des habitants de la ville libérée de la peste. S'étant approché de très près du bacille mortel afin d'en élaborer le vaccin, il savait que l'épidémie pouvait revenir sans qu'on y prenne garde. La liberté retrouvée restait fragile et vulnérable. Nous mesurons chaque jour l'acuité d'un tel message « qu'on peut lire dans les livres ».

Écoutant, en effet, les cris d'allégresse qui montaient de la ville, Rieux se souvenaient que cette allégresse était toujours menacée. Car il savait ce que cette foule en joie ignorait, et qu'on peut lire dans les livres, que le bacille de la peste ne meurt ni ne disparaît jamais, qu'il peut rester pendant des dizaines d'années endormi dans les meubles et le linge, qu'il attend patiemment dans les chambres, les caves, les malles, les mouchoirs et les paperasses, et que, peut-être, le jour viendrait où, pour le malheur et l'enseignement des hommes, la preste réveillerait ses rats et les enverrait mourir dans une cité heureuse.[1]

Comme *La Peste* dix ans plus tard, *L'Ère des tyrannies* appartient à ces livres précurseurs qui scrutent la guerre et la destruction pénétrant les cités heureuses et terrorisant ses habitants. Simultanément, ces livres raniment l'esprit rationnel et le sens des valeurs par lesquels il devient possible à chacun, en société et en conscience, de *veiller*, c'est-à-dire déjà de commencer à lutter contre les tyrannies. Ces livres construisent le meilleur de la science politique, celle qui, à l'instar d'Elie Halévy, unit l'histoire à la philosophie. L'ultime leçon de *L'Ère des tyrannies*, qui confère au livre une troublante actualité, rappelle que les sociétés ne peuvent échapper aux dominations les plus extrêmes et inhumaines, et qu'il convient alors de s'armer de connaissance en revenant toujours à la question politique[2].

Vincent Duclert

---

1. Albert Camus, *La Peste*, Paris, Gallimard, 1947, p. 279.
2. L'anthropologue Philippe Descola parvient à cette même conclusion dans *La composition des mondes* (entretien avec Pierre Charbonnier, Paris, Flammarion, 2014). Patrick Boucheron le démontre également avec *Conjurer la peur. Essai sur la force politique des images, Sienne, 1338* (Paris, Seuil, 2013).

TRADUCTION DES LETTRES D'ÉLIE HALÉVY

RÉDIGÉES EN ANGLAIS

Les lettres d'Élie Halévy rédigées en anglais ont été traduites sauf mention contraire par Henriette Guy-Loë dans le cadre de la publication de la Correspondance (1893-1937)[1].

À Bertrand Russell, Cardiff, 15 avril 1919

Cher Russell,
Je passerai probablement quelques jours à Londres avant de rentrer en France.
Si forte que soit ma conviction qu'une dictature est nécessaire, avec toutes ses pires implications, en temps de guerre, j'espère bien que la guerre est maintenant terminée et que le jour béni de la pensée et de l'anarchie se lève de nouveau sur nous.
Fidèlement à vous.
Élie Halévy

À Graham Wallas, Sucy-en-Brie, 29 juin 1919

Cher Wallas,
[…] Enfin la paix ? Quelles que soient les concessions que le président Wilson a bien pu consentir au nationalisme français, *et* à l'impérialisme anglais, *et* au monroïsme américain, et même, en Haute-Silésie, au prussianisme allemand, ne soyons pas trop pragmatiques, et n'oublions pas qu'un seul homme d'État tout au moins, dans la grande crise, a tenté de parler le langage de quelque chose de plus qu'un homme d'État.
Toutes mes amitiés à vous deux, à vous trois.
Élie Halévy

---
1. Élie Halévy, *Correspondance (1891-1937)*, op. cit., p. 756 et suiv.

À Graham Wallas, La Maison Blanche, Sucy-en-Brie, S.-et-O., 4 juillet 1919

Cher Wallas,
Je n'ai pas lu soigneusement le discours de Clemenceau ; moins encore le discours du général Smuts ; j'ai la nausée des discours... Vous avez sans doute raison. Nous – je veux dire nous autres Français – aurions pu choisir de nous comporter en arbitres du monde. Au lieu de quoi nous avons joué le rôle d'une grande Roumanie ou d'une grande Tchécoslovaquie, bataillant pour obtenir notre dû – ou plus que notre dû. Si c'est cela notre niveau en tant que nation, tant pis pour nous.

Je ne suis pas disposé à dire que le général Smuts – ou le président Wilson – est un hypocrite parce qu'il utilise une phraséologie chrétienne. Quoique vous puissiez en penser, vos compatriotes sont des chrétiens sincères. C'est quelque part ailleurs que point l'hypocrisie anglo-saxonne. Avez-vous lu la livraison du 31 mai du *New Statesman* ? « Les contre-propositions allemandes révèlent la position intolérablement humiliante dans laquelle ont été placées les démocraties de Grande-Bretagne et d'Amérique par l'action de leurs représentants. – En public, il se peut que ces propositions trouvent quelques défenseurs ; en privé, elles n'en trouvent aucun », et ainsi de suite. Et puis, quelques lignes plus loin : « Notre intention n'est pas de suggérer que les contre-propositions allemandes sont acceptables en totalité – les colonies de l'Allemagne ne lui seront pas rendues – et elle ne peut pas non plus prétendre à conserver aucune partie de sa marine marchande d'avant-guerre... » Cela, c'est vraiment trop fort.

Je ne me plains pas, je ne discute pas ; je voudrais seulement comprendre, et je fais appel à vous en tant que psychologue social.

Est-ce du cynisme ? de l'hypocrisie, consciente ou subconsciente ? de la naïveté ? de l'ignorance ? de l'apathie intellectuelle ? Je crois que, pour arriver à comprendre ce cas, je vais relire encore une fois le livre si profond de votre ami [George Bernard Shaw], *John Bull's other Island* [*L'autre Île de John Bull*], Vous vous rappelez cet Anglais idiot, vague et sentimental, qui réussit toujours dans la vie, là où échoue régulièrement le cynique Irlandais à l'esprit lucide.

Notre affection à vous tous,
Élie Halévy

À Alfred Zimmern, Sucy-en-Brie, 19 août 1919

Cher M. Zimmern,
Je suis tout à la fois content et ennuyé de comprendre pourquoi la chaire de Strasbourg est encore un projet d'avenir. Content parce que je craignais que les chinoiseries bureaucratiques françaises soient pour quelque chose dans le retard, et que je me rends compte que je me trompais. Ennuyé de comprendre que M. Davies est une personnalité si versatile. Je crois que l'[Université] de Strasbourg est tout à fait prête à fonctionner, avec peut-être le meilleur corps enseignant de France – sans excepter Paris. Tous des jeunes gens d'avenir, qui ont juste dépassé la trentaine – et qui seront peut-être jugés dignes d'une chaire *en Sorbonne* quand ils seront devenus vieux, imbéciles, paresseux et académiques.

Mon impression est que le sentiment général en France, s'il est peut-être plutôt anti-yankee – et même plus que je ne le désirerais –, est résolument pro-anglais. Quant à l'absence de contacts personnels, je crains bien que le tempérament anglais n'en soit, dans tous les cas, en partie responsable. Réfléchissez un instant à combien de millions de vos compatriotes ont vécu en France, au cours des cinq dernières années. Eh bien, il n'y en a pas eu *un seul*, parmi ces millions, qui ait jamais tenté de me rencontrer, bien que je compte beaucoup d'amis en Angleterre. Vous-même, mon cher ami, avez-vous eu l'idée de vous enquérir de moi quand vous avez traversé Paris lors de vos retours en Angleterre ? Pas du tout : vous n'avez pratiquement vu que des Britanniques et des Américains. *Moi*, j'aurais été enchanté de vous voir.

Après tout, c'est peut-être mieux ainsi. Vous êtes un peuple froid, et fier et digne, et tout le monde sait que vous êtes un peuple auquel on peut se fier. Si vous arriviez les bras ouverts, la bouche prête aux embrassades, et avec d'interminables discours, peut-être que les relations ne seraient pas aussi faciles qu'elles le sont.

En ce qui concerne l'avenir de l'esprit européen, je me refuse à rien dire. Je suis tout aussi choqué que vous pouvez l'être par l'étroitesse et la violence des nationalismes modernes. Mais je remarque que Wagner a déjà reparu aux programmes de nos concerts du dimanche ; et que de jeunes étudiants de la Sorbonne étudient Kant et Fichte tout autant qu'ils le faisaient avant 1914. L'humanité est bien plus difficile à comprendre que les philosophes ne sont portés à le penser.

Sincèrement vôtre,
Élie Halévy

À Graham Wallas, Fresnay-le-Long, par St-Victor-l'Abbaye, Seine Inf^re, 15 septembre 1920[1]

Cher Graham,

J'ai prévu d'être à Londres le mercredi 22, et d'aller à Oxford deux jours plus tard. S'il est vraiment possible, sans vous mettre dans l'embarras, de dormir deux nuits sous votre toit, je serais ravi de l'occasion. Attendez-vous donc à me voir arriver et à sonner à votre porte mercredi prochain, sous réserves que le bateau de Newhaven et que le train de Brighton me permettent de rejoindre votre colline lointaine.

Je serai heureux d'échanger avec vous et Audrey sur les perspectives d'avenir de l'Europe. Elles m'apparaissent, sur un plan moral, très sombres. Mais je ne veux pas les prendre au tragique, et je ne veux pas croire que la guerre soit la seule issue.

Sincèrement vôtre,
Élie Halévy

À Graham Wallas, Fresnay, Long-Fresnay, par St-Victor-l'Abbaye, Seine Inf^re, 9 (?) octobre 1920[2]

Cher Wallas,

Je n'ai pas eu une minute pour vous dire comment cela se passe à Oxford. J'ai aimé votre vieille université (je ne me rappelais pas combien la cour[3] avec le cadran solaire était si jolie), et j'ai vécu plutôt heureux pendant trois jours auprès du corps du Christ. Ma chambre était la première au rez-de-chaussée, à gauche de la loge du concierge. Je n'avais pas imaginé qu'elle fut la mienne. Elle était plutôt à peine meublée par le locataire habituel, un Wesleyan comme le montraient les papiers laissés sur la table, et qui assez curieusement conservait un ensemble complet – dix ou douze reproductions – du « Mari idéal » d'Oscar Wilde.

Alors que je traversais Oxford pour repartir, je me suis souvenu que je devais vous envoyer une copie des communications du colloque sur le « principe de nationalité », qui s'est ouvert sur la mienne. Grâce à Mr. Balfour, j'ai constaté que notre débat avait été relevé par la presse quotidienne.

---

1. Traduction par Vincent Duclert.
2. Traduction par Vincet Duclert.
3. Il s'agit d'une cour intérieure (« quad »), de forme rectangulaire, délimitée par les bâtiments de l'université.

Si quelque chose de plus intéressant à lire est publié, par exemple dans les hebdomadaires (sauf le *New Statesman* et le supplément littéraire du *Times* que je reçois régulièrement), seriez-vous assez gentil pour m'en faire parvenir une copie ?

Je vous souhaite bonne chance pour l'achèvement du travail sur votre livre, pendant que je retournerai au mien, loin du port où il doit encore arriver.

Avec toute notre affection pour vous tous,
Élie Halévy

À Mme Graham Wallas, Londres, 31 mai 1921

Chère Audrey,

J'avais bien lu l'article sur la Diplomatie Démocratique. Mais qu'en ressort-il, en fin de compte ?

Il demande que les diplomates soient amenés au contact « du pétrole, du fer et du charbon », Pense-t-il que Stinnes et Loucheur, et votre homme, quel qu'il soit, à la tête de la « Royal Dutch », œuvrent pour la paix internationale ?

Il réclame « la ratification parlementaire de tous les traités et un comité des Affaires étrangères à la Chambre ». Nous, Français, avons l'un et l'autre ; eh bien, je pense que je recours à un *argumentum ad hominem* parfaitement légitime si je demande à l'auteur de l'article ce qu'il pense de la politique extérieure française. Et encore : le président Wilson, autocratiquement, a tenu à ce que les clauses de la Société des Nations soient les clauses du traité de Versailles ; le Sénat américain n'a pas ratifié le traité parce qu'il trouvait à redire à ces clauses. Et voilà pour le contrôle démocratique.

L'auteur voudrait faire de l'étude des affaires étrangères un sujet universitaire. Or on étudie les affaires étrangères à mon École, et on les étudie, je le crains, dans un esprit plutôt machiavélique. Faut-il les en blâmer ? Combien d'hommes d'État se sont-ils rendus populaires en poursuivant une politique étrangère de modération, sans même parler de sacrifice ? Certainement pas M. Pitt, ni M. Canning, ni lord Palmerston. La politique étrangère de Sir Robert Peel et de Gladstone, d'autre part, les a rendus l'un et l'autre impopulaires, parce qu'elle était trop modérée.

Vous voyez que me voilà revenu avec à la main la hache de Phocion.

Fidèlement vôtre,
Élie Halévy

À Graham Wallas, fragment d'une lettre sans date

[...] Que penserai-je de l'éclat de H. G. Wells ? Notre haine aveugle de l'Allemagne, je la juge absurde ; et notre colère contre l'Angleterre, absurde elle aussi. Mais j'aimerais vraiment bien savoir quel Français H. G. Wells a rencontré qui rêve d'entrer en guerre contre l'Angleterre. Se rend-il compte, vous rendez-vous compte de l'état auquel notre flotte a été réduite durant cette dernière guerre ?

Tous mes compliments, en conclusion, à votre pays, pour son généreux cadeau aux Irlandais. Le problème est de savoir si les Irlandais vont se montrer dignes du cadeau. Vous savez que j'ai toujours été sceptique.

Fidèlement à vous (au pluriel),
Élie Halévy

À Graham Wallas, Sucy-en-Brie, 4 janvier 1922

Cher Wallas,

[...] Notre politique de Washington est parfaitement idiote. Il ne nous reste pas un sou à consacrer à la construction de bateaux de guerre. Nous avons arrêté la construction de grosses unités (*quatre*, je crois) avant même qu'il soit question de la conférence de Washington. Nous allons voter une loi qui enverra à la ferraille la moitié de notre arsenal. Et après cela nous faisons un grand esclandre pour qu'on nous accorde le droit *abstrait* d'avoir tant de milliers de tonnes de vaisseaux de telle ou telle taille, simplement pour satisfaire *l'amour-propre* des officiers de marine. Incroyable !

En dépit de tout cela, je soutiens fidèlement notre actuel Premier ministre. Il a une façon un peu curieuse de laisser ses collaborateurs militaires, navals et politiques dire n'importe quoi, et même de dire lui-même les choses qu'il se croit obligé de dire pour leur faire plaisir. Mais il continue, poursuivant son petit bonhomme de chemin, qui est un chemin de paix. Je crains que la presse anglaise chauvine et ultra-libérale n'ait pas reproduit son dernier discours au Sénat, très bien accueilli, dans lequel, après l'indispensable exorde patriotique, il a expliqué qu'il y aurait en février une rencontre à Londres entre lui, Lloyd George et Krassine et, plus tard, une conférence économique internationale, à laquelle siégerait un représentant allemand. Personne ne s'y est opposé, pas même « *Monsieur Poincaré* ».

Ne croyez pas que l'esprit soit aussi mauvais à Paris que le représente la presse radicale anglaise. La lassitude de la guerre a pris en France la forme de l'apathie ; et les réactionnaires prospèrent là-dessus. Mais ils perdent du terrain tous les jours. Je me demande comment un lecteur de la *Nation* ou du *New Statesman* peut expliquer que, lorsqu'il a semblé que le prix Nobel allait être refusé à Anatole France, toute cette méchante presse parisienne ait éclaté en hurlements indignés, et que, lorsqu'il a obtenu le prix et est allé à Stockholm, prononçant en route des discours ultra-pacifistes, personne n'ait protesté.

J'ai fait moi-même, il y a seulement quelques jours, une expérience plutôt intéressante.

Nous avons eu une petite conférence philosophique anglo-franco-italienne. Le sujet d'une des communications était : *l'idée allemande de l'État*, ce qui a donné lieu à un débat assez intéressant sur les conditions politiques actuelles en Allemagne. Tout le débat a été d'un calme et d'une modération édifiants ; mais j'ai pensé qu'il conviendrait de l'animer un peu. Tout en ne niant pas les risques d'une « réaction » allemande, j'ai insisté sur la nécessité de ne pas diminuer les chances de la démocratie allemande ; et j'ai insisté aussi sur l'urgence de rétablir une coopération intellectuelle complète et ouverte entre la France et l'Allemagne. Eh bien, je dois avouer que j'ai été stupéfait quand j'ai vu comment étaient accueillies mes paroles, par une salve d'applaudissements. Et un vieux professeur, que je ne connais que vaguement, est venu me serrer la main après la conférence et m'a dit : « Merci d'avoir dit ce que nous pensons tous. » J'ai peur que « tous » soit un peu trop dire. Mais sûrement une grande majorité.

Fidèlement vôtre,
Élie Halévy

À Kingsley Martin, 8 décembre 1924

Cher M. Martin,

Je vous remercie pour votre très aimable compte rendu et votre critique si intéressante de la traduction anglaise de mon livre. Votre critique, autant que je puisse le discerner, porte sur trois points. Voulez-vous me permettre de vous répondre brièvement ?

En ce qui concerne le matérialisme historique, la différence entre les Hammond et moi-même, que vous définissez très clairement, n'est qu'une différence de *nuances*, et vous ne semblez pas disposé à me quereller sur ce point. Mais vous semblez penser, d'accord avec les partisans les plus extrêmes de la « conception matérialiste de l'histoire », que « la révolution », dont je souhaite expliquer qu'elle a été évitée, « n'a pas été évitée, mais réside dans un avenir assez proche ». C'est possible : mais, tout au long de la période que j'ai choisi d'étudier et d'expliquer, on l'a évitée. Je demande pourquoi, et je réponds : surtout par l'action de l'évangélicanisme des classes moyennes. Si on n'y échappe pas dans l'avenir, peut-être sera-ce à cause du déclin de la force spirituelle à laquelle je viens de faire allusion. Y échappera-t-on ? En tant qu'observateur étranger, j'ai mes doutes. Il y a parmi vous encore un grand Victorien évangéliste (en même temps opposant avoué au matérialisme historique) : il se trouve qu'il est le chef de votre Parti travailliste.

Vous poursuivez en écrivant : « La puissance du Méthodisme réside en ce qu'il fait appel au bonheur éternel comme compensation de la misère temporelle, alors que l'humanitaire, critique, à son mieux, des pires excès du travail des enfants, était concerné surtout [quelques mots omis par mégarde] qui n'affectaient pas ses intérêts. » Peut-être ; mais 1° quand vous citez comme exemple « l'abolition du commerce d'esclaves outre-mer », vous semblez oublier que le commerce des esclaves, bien qu'il ait eu lieu « outre-mer », concernait très directement bon nombre d'intérêts à l'intérieur ; 2° que, lorsque vous admettez que l'humanitarisme anglais a pris la tête de l'Europe moderne par son souci du sort des enfants employés dans les usines, vous en laissez beaucoup de côté. L'humanitarisme anglais a fait « de son mieux », bien sûr : mais pourquoi tenez-vous tellement à le prendre « par le pire » ? 3° Alors que vous inclinez, après tout, à porter une certaine somme de bon travail au crédit de l'humanitarisme, vous définissez le Méthodisme seulement « comme un appel au bonheur éternel comme compensation de la misère temporelle ». Je pense que l'Évangélicanisme et l'Humanitarisme ont été mêlés bien plus intimement que vous n'en avez conscience. Qu'en est-il du combat commun contre l'esclavage ? Et j'ai tenté d'argumenter, dans mon vol. III, que les *Factory Laws* ont été une victoire non pas de l'Humanitarisme pur et simple mais de l'Humanitarisme Évangélique.

Votre [dernière] critique est, en quelque sorte, irréfutable, [mais] je n'ai jamais eu l'intention de partir [d'une] définition abstraite de la liberté pour voir si elle s'appliquait à l'Angleterre du XIXe siècle. Je suis parti du fait que l'Angleterre du XIXe siècle se nommait elle-même un pays libre, et qu'il y avait, à travers toute l'Europe, une école de penseurs libéraux, qui considéraient l'Angleterre comme l'exemple même d'un pays libre. Le problème que je me suis attaché à résoudre n'était pas tant : Jusqu'à quel point... que : De quelle manière l'Angleterre du XIXe siècle était-elle libre ? Un dogmatiste, un satiriste procéderaient peut-être autrement ; à tort ou à raison, je ne pense pas qu'un historien le doive.

Je vous prie d'avoir la bonté de ne trouver ici pas même le moindre soupçon d'amertume. Personne n'a moins que moi de réticence à être critiqué.

Sincèrement vôtre,
Élie Halévy

À M. W. Horsefall Carter, *Chief Sub-Editor* du « Spectator », La Maison Blanche, Sucy-en-Brie, S.-et-O., 12 janvier 1930

Cher Monsieur,
Je vous remercie d'avoir eu l'amabilité de m'envoyer ce numéro du *Spectator*. Permettez-moi seulement de vous avouer que je me sens péniblement embarrassé après l'avoir lu. Voici un numéro dont le but semble être d'attiser l'esprit de vos lecteurs à l'encontre de mon pays. Puis arrive votre lettre, invoquant « la grande tâche que nous avons devant nous, Français et Britanniques », comme si nous appartenions à deux nations-sœurs, s'entr'aimant, et faites pour s'entr'aimer. De deux choses l'une : ou bien comme *Chief Sub-Editor*, vous êtes responsable de la publication de l'article de George Glasgow, et de la publication – peut-être même de la rédaction – de l'article sur « la Grande-Bretagne et la France ». Alors je dois avouer que le fonctionnement de l'esprit anglais est difficilement compréhensible. Ou bien vous êtes ennuyé du ton trop expressément anti-français que quelqu'un d'autre a donné à votre journal et désireriez faire ce que vous pouvez pour neutraliser [l'effet] produit par le numéro du 21 décembre. En ce cas, je comprends mieux vos raisons. J'ai bien peur cependant de ne pouvoir les accepter. J'ai bien des critiques à faire à la politique de mon gouvernement ; mais je ne choisirai certainement pas pour le faire les colonnes d'un journal anglais : vos lecteurs ne sont que *trop bien* (beaucoup trop bien, à mon avis) informés des faiblesses de la politique française. J'aurais aussi bon nombre de dures critiques à exprimer sur la politique de l'Angleterre à l'égard de la France. Si je désirais m'exprimer sur ce point, je choisirais un journal anglais bien plutôt qu'un journal français. Mais je considère qu'il vaut mieux s'abstenir de rien écrire qui puisse uniquement contribuer à détériorer encore un peu plus les relations entre les deux pays. Je ne vois aucune raison cependant pour ne pas vous dire, *en privé et pour votre information personnelle*, comme j'ai réagi après avoir lu les deux articles anti-français du *Spectator*.

Je ne puis discuter en détail les vues économiques de George Glasgow. Je ne suis pas compétent. J'ai seulement l'impression qu'elles sont un peu trop sensationnelles, théâtrales, ou, plus simplement, journalistiques, pour être considérées comme de la science sérieuse. Il y a cependant quelque chose qui me frappe. J'ai lu article sur article de M. Hirst et peut-être d'autres aussi qui appartiennent à la même école, selon lesquels la politique de capitalisation de la Banque de France était de la folie, la politique de non-capitalisation de la Banque d'Angleterre, sagesse et bon sens : en fait quelque chose de cette philosophie subsiste dans les phrases de conclusion de Mr. Glasgow. Mais alors, de quoi vous plaignez-vous ? Tant pis pour la France, et la discussion est close. Un autre fait me frappe lui aussi. Il est un autre pays où règne la manie de thésauriser encore plus qu'en France et avec des effets autrement dévastateurs sur la paix du monde : je parle des États-Unis. M. George Glasgow a-t-il jamais écrit, écrira-t-il jamais sur la politique financière des États-Unis une attaque aussi acerbe qu'il vient de le faire à l'égard de la France ? Je garantis bien qu'il ne l'a pas fait, et ne le fera jamais. Alors pourquoi donc la Banque centrale de là-bas serait-elle adorée comme un lieu saint, pendant que la Banque de France recevrait une volée de bois vert ? Pour des raisons qui, j'en ai bien peur, n'ont pas grand-chose à voir avec l'économie proprement dite.

Lorsque nous nous battions sans grand résultat contre la baisse du franc, mes amis anglais me harcelaient de conseils sévères toutes les fois que j'allais en Angleterre. Ce que l'Angleterre voulait, ce à quoi l'Angleterre tenait, c'était la stabilisation, même au prix d'une dévaluation. Enfin, après une crise dont vous n'avez sûrement pas oublié la gravité, nous suivons, Poincaré lui-même suit, le conseil de l'Angleterre. Alors j'observe la naissance d'une autre légende – une légende anti-française, bien entendu – : la France a systématiquement stabilisé à un taux très bas de façon à soutenir artificiellement l'industrie française aux dépens de l'industrie anglaise. L'Angleterre toujours la victime, la France toujours le bourreau.

Je sais que le chômage est votre fléau, votre « région dévastée ». Je sais, je sais. Mais êtes-vous très courageux, très virils, à toujours chercher le salut à l'étranger ? Il y a un remède au chômage, qui est l'émigration – l'émigration vers les rives pas bien lointaines de la France. Pourquoi y voyons-nous des travailleurs de tous les pays du monde, mais jamais un Anglais ? Ils disent que c'est parce que les salaires sont trop bas en France. Eh bien, je croyais que mieux valait un bas salaire que pas de salaire du tout. Ou bien [est-ce] que le travailleur anglais en est arrivé à ceci qu'il préfère le chômage et la mendicité aux bas salaires avec un travail dur ? Ceci serait, pour la nation britannique, une accusation sévère.

J'en viens au problème très brûlant du désarmement. Et je m'empresse de dire que je trouve bien des choses à juger très sévèrement dans la politique de mon gouvernement. Mais combien mes compatriotes ne sont-ils pas excusables de le suivre, déconcertés qu'ils sont constamment, depuis 1919, par vos méthodes tortueuses.

Prenez le désarmement en général. Vous vous plaignez que la France aurait « abandonné jusqu'à la notion de solidarité mondiale, qui est implicite dans la conception continentale de la Société des Nations ». « Continentale » est sans doute pris là comme un terme insultant ; mais vraiment il faut que vous excusiez la France (et l'Allemagne, et la Belgique, et la Suisse, après tout) si le Créateur n'en a pas fait une île : il n'est pas donné à tout le monde d'être « insulaire ». Or, quand l'Angleterre a-t-elle jamais permis à cette conception d'être mise à l'épreuve ? Lord Cecil a inventé le Pacte d'Assistance mutuelle, puis l'a flanqué par terre. Ramsay MacDonald a accepté le protocole, mais seulement pour le jeter par-dessus bord plus tard. Mes compatriotes ne sont-ils pas excusables s'ils entretiennent un vague sentiment qu'on les mystifie constamment ? Quant à l'« alternative constructive » de M. MacDonald, ils ne savent pas en quoi elle consiste, et moi non plus.

Prenez le désarmement naval. Avant la guerre, vos griefs allaient à l'Allemagne parce qu'elle construisait des Dreadnoughts (quoique ce soit l'Amirauté britannique qui porte la responsabilité de l'invention du monstre) : pourquoi donc ne se consacrait-elle pas aux croiseurs légers, aux torpilleurs et aux sous-marins ? La guerre est venue, puis partie : en Europe, aucun pays n'a assez d'argent pour se payer des Dreadnoughts. Et maintenant on en est à la limitation des croiseurs, et à la suppression des sous-marins.

Personnellement, je serais tout prêt à aller très loin pour satisfaire aux demandes de l'Angleterre au sujet du désarmement naval. Qu'elle ait eu tort ou raison sur le plan de l'éthique, l'Allemagne a certainement été imprudente de ne pas prendre en considération le point de vue de l'Angleterre. Mais alors, vous-mêmes, prenez en considération notre nécessité continentale d'une armée et ne nous jetez pas dans un désarroi complet par cet argument double : « Il nous faut une marine ; pourquoi vous en faudrait-il une ? Nous n'avons pas besoin d'une armée ; pourquoi vous en faudrait-il une ? » Et puis – et puis, alors que nous sommes prêts à réduire notre dépense purement militaire, comment pourrez-vous jamais attendre d'un républicain français, amoureux de la paix et de la liberté, qu'il adopte votre programme de retour aux armées de métier, sans conscription ? D'après votre optique, si je la comprends bien, la milice suisse, qui fait de chaque Suisse un réserviste entraîné, est une chose à abolir ; la milice fasciste, une armée idéale. Il se peut que la démocratie moderne, après avoir institué le système du service militaire obligatoire, soit tentée par votre propagande de secouer le joug et de se débarrasser du système. Mais, si vous y réussissez, je vous laisse la responsabilité du résultat : « coups d'État » et conflits perpétuels.

Qu'il n'y ait rien d'aussi nouveau que vous le croyez dans l'attitude de M. Snowden, permettez-moi d'en douter. Je vois l'Angleterre retourner à la politique de Canning et de lord Palmerston, qui parlaient sans cesse de paix, et maintenaient tout le Continent dans un état perpétuel de nervosité et d'insécurité. Le temps est venu où on a perçu que, avec moins de génie, lord Castlereagh et lord Aberdeen avaient un amour de la paix plus authentique. Le jour viendra peut-être où sera réhabilité le souvenir de cet homme très calomnié, Sir Austen Chamberlain.

M. Ramsay MacDonald a accordé deux journées à Genève ; il a accordé tout un mois à l'Amérique. – À l'Amérique, il a donné sa propre personne ; à l'Europe, il a donné M. Philip Snowden. En toute sincérité, je crois que ce n'est pas le vrai moyen de conquérir l'amour de l'Europe – si tel était votre souhait.

Je vous entends vous écrier : « Vraiment, voilà une lettre bien passionnée. » Je vous assure que non. J'ai pensé qu'il vous serait utile que je vous écrive une lettre telle que pourrait vous l'écrire un Français *réellement passionné*, avec des arguments très solides ; et que je grave dans votre esprit le sentiment qu'il y a une manière chauvine d'imposer le pacifisme à l'Europe qui n'est point persuasive. Mais, je vous en prie, croyez bien que, si jamais je participais à l'une de ces innombrables conférences en tant que délégué officiel de mon gouvernement (éventualité qui ne se présentera jamais), je n'aurais rien de l'esprit hautain de lord Palmerston ou de Philip Snowden ; vous me trouveriez toujours tout disposé aux compromis pacifiques. Et tout ce que je demanderais à la presse britannique, c'est de me faciliter les choses un peu plus qu'elle ne le fait pour ceux qui sont, à ces conférences, les vrais délégués de ma nation.

Sincèrement vôtre,
Élie Halévy

Au directeur de publication d'un dictionnaire, qui avait demandé son avis sur une liste de « politiciens et hommes d'État d'Angleterre », 15 Torrington Square, London WC1, 23 avril 1930

Cher M. Johnston,

Si vous me permettez de m'exprimer tout à fait franchement, je n'aime pas du tout la liste que vous proposez de politiciens et d'hommes d'État d'Angleterre. Laissant de côté les siècles qui précèdent le xixe siècle et qui ne me concernent pas, je ne vois pas pourquoi lord Asquith ouvrirait votre liste. Si vous y mettez Asquith, pourquoi omettre lord Liverpool, ou lord Aberdeen, ou lord Derby, qui ont certainement été des personnages fort importants ? Vous allez répondre : parce que Asquith est si moderne, et que vous ne pouvez pas appliquer tout à fait la même échelle au dernier quart du siècle qu'à la période précédente. Position des plus discutables ; mais, même si vous l'admettez, alors pourquoi omettre lord Grey, et Winston Churchill, et, plus que tout autre homme politique, Lloyd George ? Parce qu'il se trouve qu'ils sont encore vivants. C'est une autre position bizarre : d'autant plus bizarre qu'il se pourrait qu'ils meurent (ce qu'à Dieu ne plaise !) pendant que votre dictionnaire sera sous presse, ou juste après qu'il aura paru. Alors, quel étrange déséquilibre, avec Asquith figurant dans le tableau, et les autres en étant écartés.

Et encore, pourquoi Lansdowne ? S'il s'agit du marquis de Lansdowne qui est mort il y a environ deux ans – un de ces dignes imbéciles aristocratiques, dont l'Angleterre sait comment faire bon usage ; mais un digne imbécile tout de même.

Et encore, pourquoi O'Connell et Parnell sont-ils omis ? Ou dois-je supposer que vous avez dans votre manche une liste distincte d'hommes d'État *irlandais* ?

Et encore, pourquoi Francis Place ? Et, si vous tenez à l'inclure, pourquoi pas Edwin Chadwick ? et William Lovett ? et Sir John Bowring ? et Wakefield, l'inventeur du système colonial Wakefield ?

Si vous mettez ici John Morley – pourquoi pas Macauley, ou Bryce, qui ont eu l'un et l'autre quelque chose à voir avec la politique, mais dont l'importance véritable réside ailleurs que dans le champ de la politique proprement dite.

Voilà donc, pour vous, des additions ou des suppressions possibles.

Sincèrement vôtre,
Élie Halévy

À Graham Wallas, La Maison Blanche, Sucy-en-Brie, S.-et-O., 17 novembre 1930[1]

Cher Graham,

Mettez cet article entre les pages du livre de Monsieur Coulange sur le dogme de l'Immaculée Conception. L'abbé Turmel est un personnage. Vous serez intéressé d'apprendre que, pendant 70 ans, il a été occupé à écrire des livres hostiles au christianisme – et des livres qui ont rapporté [:] ils sont tous aussi bons que celui que nous connaissons – sous *dix-sept* pseudonymes.

Des choses étranges se produisent.

Fidèlement vôtre,
Élie Halévy

À Graham Wallas, Sucy-en-Brie, 6 octobre 1931

Cher Graham,

Je vous envoie mes extraits des lettres de Hodgskin où, en tous cas, M. Driver trouvera l'anglais de mes traductions françaises.

---

1. Traduction par Vincent Duclert.

Je suis ravi d'apprendre que votre livre est « à jour » : ce qui signifie que vous ne vous sentez pas submergé par l'immensité des problèmes du XXe siècle. Je dois avouer que je ne crois ni à la panacée de la *Tariff reform*, ni dans les théories de Keynes sur la jonglerie avec l'argent, ni en MacDonald comme pilote essuyant la tempête. Comment répondez-vous à la théorie de Marx, selon laquelle un jour doit venir – peut-être est-il en train d'arriver – où une société fondée sur le capitalisme sera incapable d'absorber sa production ? Je pose la question à tout le monde, et personne ne me répond.

Je continue à travailler à mon volume, que je suis pratiquement sûr de pouvoir envoyer à l'éditeur avant Noël.

Fidèlement vôtre,
Élie Halévy

À Audrey et May Wallas [sans date, mais noté « August 1932 » par May Wallas]

Chère Audrey, chère May,

La mauvaise nouvelle, mauvaise nouvelle hélas pas inattendue, est arrivée. Je suis heureux de savoir que la fin de Graham a été si paisible. Et je me souviens du jour, il n'y a pas si longtemps, où Graham est venu nous apporter la nouvelle de la mort soudaine de ma mère. Le vrai nom du grand âge, c'est « croissante solitude ». À ceux qui restent, et dont le nombre va se réduisant, de serrer leurs rangs, de se souvenir de ceux qui ne sont plus, et d'aimer les jeunes.

Fidèlement vôtre,
Élie Halévy

À Mme Sidney Webb, 20 novembre 1933

Chère Madame Webb,

Shalom Asch est né à Kutow, près de Varsovie, le 1er nov. 1880. Très pauvre, il débuta comme écrivain, à Varsovie, en 1900. Romancier et auteur dramatique jouissant d'une très grande popularité autour de 1905, il visita Pétersbourg et plusieurs autres grandes villes de Russie, parmi lesquelles vraisemblablement Moscou.

Après quoi on devait le voir dans de nombreux pays – partout sauf en Europe de l'Est –, en Suisse, en Allemagne, aux États-Unis, en France, de nouveau en Suisse, et de nouveau en France où il vit aujourd'hui : 5 rue

Émile, Bellevue, Seine-et-Oise. Je vous laisse le soin de décider si un bref séjour en Russie, il y a quelque vingt ans, fait de lui un témoin fiable de la vie en Russie juste avant la guerre et juste après la Révolution. Les accès d'enthousiasme de Herriot ne doivent jamais être pris très au sérieux, et certes ils ne le sont jamais. Mais on me dit que le général Weygand (qui est à peu près aussi antisémite que Hitler) a été pendant quelque temps très favorable à un rapprochement, non pas entre les républiques française et soviétique (il abhorre l'une et l'autre), mais entre les armées française et soviétique. Je sais qu'un de mes cousins, un homme d'affaires du type bourgeois le plus courant, parle des activités soviétiques avec autant d'enthousiasme que Herriot. Quant aux Russes blancs, sans doute sont-ils irrités ; mais leurs journaux (je sais juste assez de russe pour pouvoir deviner le sens d'un éditorial) ne sont critiques qu'avec grande prudence : ils sont ici nos hôtes, et par tolérance. Pourquoi les tourner en ridicule ? Leur vie est très dure. Et en ce qui concerne le présent rapprochement franco-russe, soyons donc cyniques : ce n'est ni une idée française ni une idée russe. Hitler a tout fait.

Avez-vous jamais cru en une paix durable ? même quand vous deviez feindre d'être optimiste, et de croire que Ramsey MacDonald avait du génie pour les affaires étrangères ? Pour ma part, je n'ai jamais été optimiste ; mais alors que tout le monde autour de moi devient extrêmement sombre, je ne peux pas me résoudre à croire à une guerre immédiate ; et il se peut très bien que, pour un temps, Hitler prenne la même direction que vos amis soviétiques et les fascistes d'Italie, qui ont appris à parler le langage du pacifisme – tout en rendant bien sûr la paix de l'Europe en fin de compte bien chancelante.

Nous avons été désolés d'apprendre que vous étiez souffrante, et heureux d'apprendre que vous alliez mieux. Je vous prie de me rappeler au souvenir de M. Sidney Webb et de me croire
Votre,
Élie Halévy

P.-S. Mon informateur ajoute : « Je n'ai rencontré Chorim [Shalom] Asch qu'une fois. L'homme ne m'a pas paru de relations très agréables à cause de son immense orgueil. »

À Mme Sidney Webb, 21 novembre 1933

Chère Madame Webb,
Cette coupure d'un journal russe blanc de Paris peut vous intéresser.

Ne croyez pas que je l'aie lu d'un bout à l'autre ; mais j'en ai déchiffré assez pour *sentir* que c'est un article de valeur, pathétique, qui donne peut-être une expression juste de ce sur quoi vous cherchez des informations : l'état d'esprit d'un Russe blanc d'aujourd'hui, exilé à l'Ouest. La volonté d'espérer, quand il n'y a pas de raisons d'espérer, pas d'autre raison que la « foi en la Russie », Après tout, c'est une méthode qui a marché en Italie et en Allemagne. Mais j'ai mes doutes quant à la Russie.

Votre,
Élie Halévy

INDEX

Aberdeen (Lord) : 548, 549, 731, 732.
Alain, Emile Chartier, dit : 10, 12, 17, 19, 26, 33, 43, 232, 312, 441, 459, 465, 476, 477, 487, 489, 556, 590, 605, 606, 613, 615, 629, 639, 650, 651, 652, 666, 691, 707.
Al-Assad, Hâfez : 719.
Albert, François : 250, 283, 303, 305, 451, 505, 533, 572, 635.
Alexander, James Waddel (II) : 568.
Alexandre, Michel : 16, 232, 427, 428, 429, 433, 436, 458, 459, 461, 465, 476, 477, 491, 556, 614, 627, 628, 629, 640.
Alys (ex-épouse Russell) : 174, 415.
Amos, Maurice (Sir) : 608.
Andler, Charles : 60, 579, 580, 582, 583, 584.
Angell, Norman : 229, 230, 246.
Annunzio, Gabriele (d') : 416.
Appuhn, Charles : 317, 318.
Arendt, Hannah : 15, 719.
Aristote : 16, 280, 300, 315.
Arnauld, Michel (pseudonyme de Marcel Drouin) : 292.
Aron, Laurence : 614.
Aron, Raymond : 9, 11, 15, 16, 23, 24, 25, 27, 28, 30, 32, 33, 35, 39, 40, 43, 44, 45, 47, 49, 50, 52, 59, 61, 329, 330, 337, 485, 494, 512, 556, 614, 616, 639, 663, 667, 668, 684, 686, 687, 688, 708, 709, 714, 716.

Asch, Chalom (ou Shalom) : 559, 560.
Askwith, George (Sir) : 155, 160.
Asquith, Herbert Henry : 345, 348, 349, 350, 352, 353, 357, 358, 359, 360, 366, 402, 408, 409, 424, 430, 549, 732.
Aston, George (Sir) : 509.
Audoin-Rouzeau, Stéphane : 8, 35, 47.
Audrey, Wallas : 553.

Bakounine, Mikhaïl : 569.
Baldwin, Stanley : 268, 275, 401, 402, 470, 483, 504, 505, 528, 600.
Balfour (lord) : 443, 590, 591, 724.
Ballanche, Pierre-Simon : 125.
Barker, Ernest : 225, 566.
Barrès, Maurice : 419, 624.
Barthou, Louis : 427, 429, 454, 461, 467, 474, 559, 562, 644.
Battini, Michele : 26.
Baubérot, Jean : 28.
Bauer, Bruno : 297.
Bauer, Edmond : 422.
Baverez, Nicolas : 7, 27, 46, 708.
Bazard, Saint-Amand : 61, 114, 118, 123, 125, 126, 127, 129, 136, 143, 148, 285.
Bebel, August : 146.
Becker, Jean-Jacques : 718.
Behrent, Antony : 26.
Benda, Julien : 539, 540, 545.

Benda, Pauline (pseudonyme, Mme Simone) : 539.
Bénézé, Georges : 312, 314.
Benn, J.-P. : 158, 162, 168.
Benoît, Pierre : 480, 484.
Bentham, Jeremy : 10, 16, 24, 60, 96, 111, 112, 552, 574, 596, 672, 673, 675, 680.
Berger, Gaston : 636.
Bergson, Henri : 197, 292, 446, 464, 466, 486, 526, 534, 539, 558, 571, 619, 666.
Berkeley : 319.
Bernard, A. : 24, 64, 224, 225, 277, 284, 446, 505, 512, 722.
Berthelot, Philippe : 559.
Berthelot, René : 36, 292, 305, 329, 449, 463, 545, 564, 567, 568, 569, 614, 643, 645, 647, 661, 662, 664, 672, 716, 717.
Bethmann-Hollweg : 259.
Beveridge, William : 212.
Biran, Maine de : 529.
Bismarck : 38, 146, 238, 239, 247, 265, 274, 277, 279, 284, 285, 286, 384, 407, 518, 655, 677, 689, 691.
Bizet, Georges : 9.
Black, Dora : 174.
Blanc, Louis : 81, 147, 649.
Blanqui, Adolphe : 119, 291, 498.
Blaringhem, Louis : 636.
Bloch, Marc : 24, 422, 711, 712, 713, 714, 718.
Blondel, Maurice : 305, 306, 307, 308, 315, 422.
Blum, Léon : 38, 557, 567, 580, 651, 659, 660, 662.
Bo Bramsen, Michèle : 24, 25, 52.
Bollig, P. : 634.
Bonald (de) : 97, 98, 99, 102, 148.

Bonaparte, Napoléon : 523.
Bonaparte, Louis-Napoléon. *Voir aussi* Napoléon III.
Bonnet, Charles : 125, 537.
Boris, Georges : 38, 563.
Bossuat, Gérard : 26.
Boucheron, Patrick : 720.
Bouglé, Célestin : 7, 10, 11, 40, 43, 44, 49, 50, 51, 52, 57, 59, 65, 66, 83, 84, 145, 289, 290, 301, 428, 431, 435, 437, 454, 455, 459, 460, 486, 502, 505, 510, 512, 529, 543, 561, 613, 616, 622, 634, 641, 666, 667, 668, 683, 684, 685, 686, 687, 711.
Bourgin, Georges : 450, 653.
Bourgin, Hubert : 117.
Boutroux, Emile : 526, 534.
Bowring, John (Sir) : 550.
Brace : 184.
Bramley, Fred : 154.
Braudel, Fernand : 711.
Breguet, Jacques : 526.
Breguet, Louis-Charles : 526.
Breguet, Louise : 9, 292, 526, 527, 670.
Bréhier, Emile : 572.
Bremond (abbé) : 553.
Bresciani, Marco : 26.
Briand, Aristide : 170, 240, 444, 447, 449, 451, 452, 454, 455, 456, 461, 462, 467, 471, 480, 537, 551, 600, 632.
Bright, John : 273, 358, 515, 523.
Broglie (duc de) : 111, 485, 654.
Brunetière, Ferdinand : 147, 533.
Brunschvicg, Léon : 10, 50, 281, 282, 303, 427, 478, 479, 485, 501, 502, 524, 529, 533, 556, 566, 569, 571, 572, 611, 613, 660, 663, 667, 669, 670, 679, 680.

Bryce, James (lord) : 550.
Buchez, Philippe : 127, 147.
Buisson, Ferdinand : 428, 532, 587.
Buonarroti : 147.
Burin, Philippe : 711.

Cabanel, Patrick : 28.
Caillaux, Joseph : 427, 431, 436, 459, 532, 533, 534, 536.
Calmette : 459.
Campbell-Bannerman : 430.
Camus, Albert : 719, 720.
Canguilhem, Georges : 422, 629.
Canning : 403, 407, 457, 548, 725, 731.
Canto-Sperber, Monique : 8, 25, 27, 46.
Carlyle, Thomas : 143, 146.
Carolus-Duran : 631.
Carson, Edward (Sir) : 347, 348, 349.
Carter, Horsefall : 729.
Casanova, Jean-Claude : 27, 44.
Casement, Roger (Sir) : 255.
Castlereagh (lord) : 365, 548, 731.
Cavaillès, Jean : 50, 422, 571, 615, 629, 641, 718.
Cavendish-Bentinck, William : 364.
Cecil, Hugh : 234, 262, 448, 470, 483, 547, 679, 731.
César : 141, 315.
Cestre, Charles : 450.
Chadwick, Edwin : 550.
Chamberlain, Austen (Sir) : 170, 178, 401, 483, 504, 506, 548, 731.
Chambrun (comte de) : 477.
Chaptal : 89.
Charles X : 111.
Charléty, Sébastien : 61, 118, 509.
Chartier, Emile (dit Alain). *Voir* Alain
Chase, Mirna : 25.

Chatenet, Jacqueline : 666.
Chevalier, Michel : 125, 134, 135, 143.
Chevasson, Louis : 685.
Christ : 315, 442, 595, 724. *Voir aussi* Jésus.
Churchill, Winston : 270, 360, 521, 549, 732.
Cirese, Martina : 27.
Clemenceau, Georges : 360, 391, 396, 421, 423, 427, 428, 429, 432, 436, 438, 444, 454, 461, 480, 722.
Clynes, M. : 227.
Cobden, Jane : 412.
Cobden, John Richard : 358.
Cobden, Richard : 229, 230, 273, 412, 458, 515, 523.
Cole, George Douglas Howard : 159, 160, 194, 215, 217, 218, 225, 270.
Colonna (prince) : 416.
Comte, Auguste : 61, 84, 85, 87, 88, 89, 90, 92, 93, 94, 95, 96, 97, 98, 99, 100, 101, 102, 104, 109, 113, 119, 127, 147, 148, 541.
Charles : 91.
Conrad, Joseph : 174.
Constant, Benjamin : 9, 70, 71, 85, 111.
Constantin : 133, 443, 643.
Conti, Greg : 26.
Cot, Pierre : 651.
Coulange : 550, 733.
Cousin, Victor : 111.
Crémieux-Brilhac, Jean-Louis : 38.
Crépon, Marc : 53.
Cripps, Stafford (Sir) : 272, 274, 275, 276, 522.
Croce, Benedetto : 197, 581, 648.
Cœuré, Sophie : 47, 335, 492.
Curzon (lord) : 478, 483.

Czapska, Maria (Marinya) : 492.
Czapska, Marie : 492.
Czapski, Joseph : 492.
Daladier, Edouard : 637, 660.
Danjon, André : 422.
Darlu, Alphonse : 460, 485, 533, 534, 586, 621, 669.
Daudet, Alphonse : 628.
Daudet, Léon : 466.
Dauphragne, Françoise : 39, 47.
Degas, Edgar : 631, 633.
Deherme, Georges : 282.
Denis, Ernest : 557.
Dennery, Etienne : 512.
Derby, Edward George Geoffrey Smith Stanley (lord) : 549.
Descartes, René : 426, 572, 647, 669, 680.
Descoing, Richard : 47.
Descola, Philippe : 720.
Desjardins, Paul : 289, 450, 579, 619, 636.
Destouches, Louis. *Voir* Céline, Louis-Ferdinand.
Devaux, Pierre : 636.
Dilettoso, Diego : 26.
Diogène : 545.
Disraeli, Benjamin : 518, 519.
Docteur Subtil. *Voir aussi* Duns Scot.
Doriot, Jacques : 658.
Dormoy, Max : 659.
Douglas, John Solto (marquis de Quennsbury) : 347.
Doumergue, Gaston : 562.
Dovgalevsky : 559.
Dreyfus, Robert : 652.
Dreyfus (affaire) : 10, 25, 26, 28, 29, 32, 33, 34, 37, 52, 197, 282, 336, 428, 477, 478, 491, 534, 573, 576, 577, 579, 581, 582, 624, 652, 712, 717.

Driver, C.-H. : 551, 733.
Drouin, Marcel : 292.
Duckham, Arthur (Sir) : 204, 205, 218, 219, 221.
Duclert, Vincent : 5, 8, 23, 24, 25, 26, 27, 28, 29, 44, 46, 49, 51, 233, 329, 485, 494, 712, 714, 724, 733.
Dunoyer : 85, 88, 89, 90, 92, 93, 94, 99, 102, 119.
Durkheim, Emile : 16, 299, 300, 526, 534, 555, 567, 583, 690.
Duroselle, Jean-Baptiste : 34, 35.
Dutartre, Elisabeth : 47.

Édouard : 394, 491, 505, 531, 534, 535, 536, 575, 637.
Ehrhardt (capitaine) : 424.
Einstein, Albert : 464, 466, 482, 647.
Eliot, T.S. : 174.
Enfantin, Barthélemy Prosper : 61, 90, 114, 116, 118, 119, 120, 121, 122, 123, 126, 128, 129, 132, 136, 137, 138, 140, 143, 148, 285.
Engels, Friedrich : 146, 291, 296, 305, 496, 697.
Essertier : 557.

Fabiani, Jean-Louis : 47, 576.
Fallois, Bernard (de) : 47.
Faure, Fernand : 394.
Febvre, Lucien : 422, 564, 711.
Feldmann, Marianne (née Léon) : 502, 657.
Ferrero, Guglielmo : 490.
Fichte, Johann Gottlieb : 423, 480, 523, 524, 530, 533, 555, 586, 587, 723.
Fisher, Herbert A.-L. : 412, 457, 568.
Fisher, Mary (future Mme John Bennet) : 568.

Fisher, William (Sir, amiral) : 568.
Fleury : 374.
Foch, Ferdinand : 353, 406, 416, 429, 448.
Fodéré, F.-E. : 106.
Forti, E. : 464.
Foster, Thomas : 172, 208.
Fourier : 65, 67, 78, 117, 118, 135, 140, 314.
Charles : 117, 118, 132.
Fournier, Marcel : 299.
France, Anatole : 462, 654.
Franck, André : 621.
Franck, Henri : 620, 624.
Francklin-Bouilllon, Henry : 477.
Franco, Francisco (général) : 479, 482, 503, 560, 584, 651, 658.
François-Ferdinand (archiduc) : 252.
François-Poncet, André : 560.
Frank, Karl Hermann : 558.
Franklin : 477.
Franklin-Bouillon, Henry : 453, 454, 477.
Frazer, James (Sir) : 463.
Friedmann, Georges : 512.
Frobert, Ludovic : 24, 26, 27.
Fromental Halévy : 9.
Furet, François : 7, 8, 9, 10, 27, 44, 332.

Gabriel, Le Bras : 422, 429, 636.
Gallimard, Gaston : 683, 685.
Gamarnik : 570.
Gambetta, Léon : 491, 652, 654.
Ganderax, Étienne : 631.
Ganderax, Louis : 631.
Gandhi : 249, 435.
Garrat, Geoffrey Theodore : 269.
Gaulle, charles (de), général : 16, 38, 711.

George V (roi d'Angleterre) : 564.
George VI (roi d'Angleterre) : 567.
George, David Lloyd : 26, 170, 183, 184, 186, 187, 197, 203, 205, 206, 212, 218, 219, 221, 223, 267, 268, 270, 284, 343, 345, 346, 352, 353, 354, 355, 356, 357, 358, 359, 360, 361, 363, 365, 393, 401, 403, 404, 407, 408, 409, 424, 426, 429, 438, 452, 453, 461, 462, 468, 470, 471, 472, 473, 476, 477, 478, 483, 520, 549, 695, 726, 732.
Gerlach, Walter : 464.
Gide, André : 291, 292, 307, 477, 619.
Gide, Charles : 477, 617.
Gilson, Etienne : 422, 426.
Giolitti : 289, 488.
Gladstone, William : 319, 358, 361, 457, 519, 676, 725.
Glasgow, George : 546, 549.
Gobineau (marquis de) : 625.
Gooch, George P. : 482, 509.
Gouhier, Henri : 572.
Gouttenoire de Toury, Fernand : 640.
Greenwood : 160.
Grévy, Jules : 471.
Grey, Edward (Sir) : 243, 353, 549, 732.
Griffo, Maurizio : 25, 26.
Guizot : 9, 111, 290, 309, 654.
Gurian, Waldemar : 710.
Guy-Grand, Georges : 450, 619.
Guy-Loë, Henriette : 8, 27, 38, 43, 44, 46, 174, 335, 340, 342, 490, 498, 509, 541, 552, 664, 665, 666, 708, 721.

Hacohen, Malachi : 26.
Hadamard, Jacques : 485.
Halbwachs, Maurice : 422.

Haldane, Lord : 215, 430.
Halévy, Daniel : 10, 13, 26, 27, 332, 410, 419, 428, 492, 493, 552, 554, 557, 613, 615, 631, 633, 635, 636, 648, 652, 653, 654, 656, 657, 669.
Halévy, Florence (née Noufflard) : 11, 17, 28, 38, 43, 44, 45, 49, 51, 58, 174, 293, 329, 334, 335, 340, 341, 342, 410, 413, 419, 431, 434, 440, 441, 443, 457, 466, 486, 487, 488, 489, 490, 491, 492, 493, 494, 498, 499, 500, 502, 503, 504, 506, 507, 510, 511, 524, 535, 536, 545, 551, 555, 566, 613, 614, 615, 621, 625, 626, 630, 637, 642, 647, 649, 650, 663, 664, 666, 668, 681, 682, 684, 685, 708, 709.
Halévy, Léon : 9.
Halévy, Louise : 9, 150, 331, 411, 412, 416, 417, 430, 445, 447, 448, 452, 455, 457, 467, 468, 470, 471, 472, 473, 474, 480, 481, 482, 483, 484, 489, 503, 509, 525, 526, 527, 529, 536, 537, 538, 539, 540, 541, 542, 543, 544, 545, 613, 621, 625, 626.
Halévy, Ludovic : 9, 434, 440, 468, 544, 554, 625, 669.
Hammond, Barbara et J. L. : 24, 727.
Harding, Warren G. : 458.
Hauriou, Maurice : 617.
Hayek, Friedrich (von) : 25.
Healy, Tim : 262, 679.
Hegel, Friedrich : 236, 319, 484, 523, 568, 636, 647, 689.
Helvétius : 111, 112.
Henderson, A. : 187, 227, 275, 350, 594.
Herbette, Maurice : 429.
Hermant, Max : 565.

Herriot, Edouard : 480, 491, 531, 532, 533, 534, 535, 536, 537, 559, 560, 637, 660, 735.
Herr, Lucien : 10, 60, 336, 485, 574, 576, 579, 580, 582, 583, 584, 585, 631.
Hervé, Gustave : 240.
Hessel, Stéphane : 563.
Hetherington, H.-G.-W : 414.
Heydrich, Reinhard : 558.
Hiroshige, Utagawa : 537, 538.
Hirst : 546.
Hitler, Adolf : 8, 264, 265, 269, 271, 300, 304, 308, 316, 318, 409, 505, 506, 554, 555, 557, 558, 559, 560, 567, 607, 649, 651, 658, 662, 681, 696, 710, 713, 735.
Hobson, S.-G. : 194.
Hodgskin, Thomas : 551, 552, 733.
Hoffmann, Stanley : 713.
Hokusai : 537.
Hoover, Herbert Clark : 599, 601.
Horne, Robert Stevenson (Sir) : 170, 171, 172, 185, 187, 188.
Horsefall, Carter : 546, 549.
Hugo, Victor : 664.
Hume : 374, 671.
Hyppolite, Jean : 568.

Iakir : 569.
Isvolski, Alexandre Petrovitch : 458, 459.

Jacques-Émile, Blanche : 440, 545, 632.
Jaurès, Jean : 35, 60, 197, 263, 299, 301, 450, 458, 459, 571, 717, 718.
Jeanne d'Arc : 435.
Jeanneney, Jean-Marcel : 11, 43.
Jeans, James (Sir) : 675.

Johnston, H.-H. (Sir) : 225, 732.
Joxe, Louis : 499, 500.
Julia, Edouard : 392, 394.
Julliard, Jacques : 14, 614.

Kaiser : 260, 357.
Kalifa, Dominique : 29.
Kant : 319, 372, 423, 441, 479, 481, 523, 524, 526, 528, 723.
Karsenti, Bruno : 47.
Keeling, S.W. : 572.
Kellogg, Frank : 600.
Kemal, Mustapha : 477, 478, 479.
Kerenski, Alexandre : 300, 614.
Keynes, John Maynard : 24, 212, 230, 370, 376, 398, 435, 437, 471, 475, 485, 494, 552, 714, 716, 734.
Kierkegaard, Søren : 636.
Kornilov, Lavr Gueorguievitch (général) : 258.
Koutouzow, Mikhaïl (général) : 630.
Kramer, Lloyd : 26.
Krassine, Leonid : 438, 726.
Kruger, Paul : 393.
Kühlmann, Richard (von) : 658.

Lacombe, Roger : 300, 301, 477.
La Guardia, Fiorello Henry : 567.
Landry, Adolphe : 322, 324, 609.
Langevin, Paul : 427, 497.
Langweil (épouse Noufflard), Berthe : 440, 441.
Lankester, E. Ray (Sir) : 225.
Lansdowne : 550.
Lapie, Paul : 486.
Lapie, Pierre-Olivier : 486.
Laporte, Jean : 572.
Laroque, Pierre : 11, 43.
Laski, Harold J. : 215.
Lassalle, Ferdinand : 38, 147, 277, 279, 284, 285, 286, 301, 305, 678, 689.
Lauzanne, Stéphane : 454.
Laval, Pierre : 599, 632.
Lavergne, Bernard (économiste) : 446, 617.
Lavergne, Bernard (homme politique) : 617.
LaVopa, Anthony : 26.
Law, Bonar : 350, 354, 355, 356, 357, 656.
Lawrence, A. Susan : 160.
Lazard, Jean-Pierre : 282, 283, 285, 286, 574, 576, 577.
Lazard, Max : 285, 286, 287, 288, 292, 577.
Leclerc, Philippe (général) : 499.
Leclerc, Max : 461, 617.
Lederer, Emil : 15.
Legendre, Eric : 47.
Leibniz : 125, 174.
Lemoinne, John : 440, 631.
Lénine, Vladmir Ilicht Oulianov : 83, 148, 197, 257, 258, 291, 300, 307, 319, 438, 493, 677, 696.
Lenoir, Raymond : 308, 314.
Léon, Gabrielle : 334, 475, 500, 501, 502, 503, 505, 506, 563, 565, 566, 567, 568, 570, 585, 588, 614, 637, 656, 664.
Léon, Xavier : 8, 10, 30, 150, 281, 331, 334, 339, 344, 410, 411, 413, 415, 417, 418, 420, 423, 424, 425, 426, 427, 432, 433, 434, 436, 437, 443, 444, 445, 446, 447, 449, 451, 453, 456, 460, 461, 463, 464, 466, 469, 470, 471, 472, 473, 475, 478, 479, 480, 481, 483, 485, 488, 490, 491, 500, 501, 502, 511, 524, 526, 528, 529, 531, 532, 533, 534, 535,

536, 537, 555, 556, 557, 558, 562,
563, 564, 565, 567, 568, 571, 574,
576, 579, 584, 585, 587, 588, 613,
614, 615, 616, 617, 618, 635, 637,
638, 639, 643, 644, 647, 663, 669,
670, 671, 680, 717.
Leroy, Maxime : 61.
Leroy-Beaulieu, Paul : 143.
Leterre, Alain : 666.
Lethumer (mademoiselle) : 657.
Lévi, Sylvain : 422.
Lévy-Bruhl, Lucien : 37, 633.
Leygues, Georges : 240, 444.
Liard, Louis : 587.
Lichtenberger, Henri : 565.
Lincoln, Abraham : 608.
Liogier, Raphaël : 28.
Lissenko, Trofim Denissovitch : 497.
Litvinov, Maxime : 559.
Liverpool, Robert Banks Jenkinson (lord) : 549.
Llano, Gonzalo Queipo (de) : 658.
Lockie, John : 154.
Lombroso, Cesare et Gian : 490.
Loucheur, Louis : 451, 456, 461, 725.
Louis-Napoléon : 264, 265, 518.
Louis-Philippe : 84, 133, 471, 523, 649.
Louis XIV : 374.
Louis XVIII : 106.
Lovett, William : 550.
Loyrette, Henri : 27, 664.
Lucrèce : 539.
Luxemburg, Rosa : 146.

Macara, Charles (Sir) : 155.
Macaulay, Thomas Babington : 514, 527.
Macauley : 550.
MacDonald, Ramsay : 64, 186, 267,
269, 272, 275, 402, 409, 430, 527,
528, 532, 535, 547, 548, 552, 560,
600, 632, 731, 732, 734, 735.
Mac-Mahon : 653, 654.
MacTaggart, John M. E. : 484.
Maistre, Joseph (de) : 97, 98, 99, 102, 148.
Mallon, J.-J. : 160.
Manet, Edouard : 441.
Mangin, Charles (général) : 429, 448.
Mann, Tom : 241, 242.
Mantoux, Paul : 339, 340, 427, 716.
Mantoux, Etienne : 11, 24, 39, 43, 45, 49, 50, 58, 59, 485, 487, 493, 494, 496, 497, 499, 614, 616, 714, 716.
Maritain, Jacques : 711.
Marjolin, Robert : 11, 43, 512.
Marlborough, John Churchill (duc de Malborough) : 364.
Martin, Kingsley : 530.
Marx, Karl : 16, 38, 61, 81, 83, 84, 146, 148, 177, 225, 236, 237, 239, 242, 272, 279, 282, 285, 291, 293, 296, 297, 301, 302, 304, 305, 320, 496, 517, 520, 552, 566, 581, 632, 689, 690, 691, 734.
Mathiez, Albert : 579.
Maublanc, René : 292, 293, 312.
Maurois, André (pseudonyme d'Emile Salomon Wilhelm Herzog) : 651.
Maurras, Charles : 147, 197, 419, 447, 454, 710.
Mauss, Marcel : 280, 299, 446, 476, 486, 555, 557, 570, 579, 583, 617, 656.
May, Dick : 61
May, Wallas : 25, 53, 553, 576, 669, 709, 734.
Mazzini, Guiseppe : 569.
Mendès France, Pierre : 38.

INDEX - 745

Mensdorf (comte) : 243.
Metternich (prince de) : 605.
Meyendorff (baron de) : 37, 337, 492, 504, 505, 507, 569, 570, 614, 641, 642, 646, 648, 649, 657, 660, 661.
Meyendorff, Madame (de) : 570, 646.
Meyerson, Emile : 558.
Michaelis, Georg : 658.
Michel, Florian : 711.
Michel-Alexandre, Jeanne : 43, 615.
Michelet, Jules : 290, 319.
Mickiewicz, Adam : 492.
Milioukov, Pavel : 316.
Millerand, Alexandre : 423, 427, 428, 432, 433, 435, 436, 447, 449, 451, 461, 473, 476, 480, 491.
Mill, J. S. : 24, 73, 673.
Milne, Alan Alexander : 623.
Milton, John : 250.
Mion, Frédéric : 47.
Mirkine-Guetzévitch, Boris : 563.
Montesquieu : 9, 16, 25, 374, 674, 714.
Moore, G.-E. : 484.
Morazé, Charles : 711.
Morley (lord) : 244, 550, 673, 733.
Morny, duc de : 9, 285.
Morris, William : 195.
Mosley, Oswald : 269, 272, 274, 276, 522.
Müller, Jean (de) : 70.
Murray, Gilbert : 225, 619.
Mus : 569.
Mussolini, Benito : 36, 241, 264, 265, 269, 271, 289, 290, 300, 304, 308, 316, 334, 416, 487, 488, 504, 506, 522, 536, 544, 557, 559, 568, 569, 572, 607, 625, 632, 645, 646, 647, 651, 658, 662, 677, 681, 696, 702, 708.

Napoléon : 106.
Napoléon III : 144, 230, 273, 277, 284, 285, 374, 518.
Néel, Louis : 422.
Néron : 308.
Neumann, Frantz : 15.
Neurath, Konstantin (von) : 558, 560.
Nicod, Jean : 420.
Nietzche, Friedrich : 7.
Nitti, Francesco Saverio : 404, 431, 488.
Noailles, Anna (de) : 620.
Nord, Philip : 25, 47.
Northcliffe, Alfred Charles William Harmsworth (vicomte) : 357, 358, 360, 397, 430.
Noufflard, André : 43, 58, 440, 441, 443, 457, 492, 494, 499, 545, 550, 613, 614, 629.
Noufflard, Berthe (née Langweil) : 613.
Noufflard, Geneviève : 48, 613, 620, 627.
Noufflard, Henriette (future Henriette Guy-Loë) : 493, 613, 619, 623, 628, 630, 646, 651.
Nugues, GThérèse : 114.

O'Connell : 550.
Offenbach, Jacques : 9.
Ogden, GG.-K. : 552.
Orange, GGuillaume (d') : 408.
Orlando, Vittorio Emanuele : 360, 416.
Ouborevitch, Ieronim Petrovitch : 569.
Oudegeest, Jan : 535.
Owen, Robert : 67, 77, 78, 115, 117.

Painlevé, Paul : 424, 433, 453, 454, 471, 532, 533, 534, 535, 536, 537, 585, 616, 617, 618.
Paléologue, Maurice : 447, 449.
Palmerston (lord) : 407, 457, 515, 548, 549, 561, 725, 731, 732.
Pange, Jean (de) : 607, 609.
Papen, Frantz (von) : 558, 559.
Parain, Brice : 683, 684, 685.
Pareto, Vilfredo : 668.
Parnell, Charles Stewart : 361, 550, 733.
Parodi, Dominique : 319, 320, 551, 568, 571, 608, 609, 610, 611, 641, 656, 666, 668, 680.
Parodi, Jean-Luc : 46.
Pascal : 478, 479, 670, 675.
Pasteur, Louis : 463.
Paulhan, Jean : 684.
Pécaut, Félix : 317, 318, 319, 565, 579, 584, 585.
Peel, Robert (Sir) : 457, 465, 561, 676, 725.
Péguy, Charles : 26, 283, 539, 579, 582.
Pereire, Alfred : 95, 96, 128, 133, 139, 140.
Perronneau : 441.
Pertinax : 427, 429.
Pétain, Philippe : 240, 303, 429, 496.
Piéron, Henri : 464.
Piglet : 623.
Pilsudski, Józef Klemens : 255.
Pisacane, Carlo : 569.
Pitt, William : 364, 365, 403, 407, 408, 457, 725.
Place, Francis : 550.
Platon : 280, 308, 315, 428, 441, 566, 670, 671, 672.
Poincaré, Raymond : 243, 292, 391, 400, 405, 429, 434, 447, 449, 452, 453, 454, 459, 461, 462, 467, 468, 470, 471, 472, 473, 474, 476, 478, 480, 482, 483, 484, 485, 495, 525, 528, 531, 537, 547, 647, 662, 726, 730.
Polignac : 654.
Ponsonby : 353.
Postan, Michael M. : 541.
Poutine, Vladimir : 14.
Power, Eileen : 230, 541.
Prenant, Marcel : 391, 427, 497.
Prévost-Paradol, Anatole : 9.
Prochasson, Christophe : 30, 47, 83, 282, 576, 615.
Proudhon : 65, 66, 81, 84, 290, 423, 431, 566.
Proust, Marcel : 492.
Puech, Aimé : 571.

Quagliariello, Gaetano : 25, 26.
Quichotte (Don) : 464.

Raffner, Yves : 48.
Ragghianti, Renzo : 26.
Rasmussen, Anne : 47.
Rauh, Frédéric : 478, 534, 621.
Rauschning : 713.
Rebérioux, Madeleine : 35.
Reid, Donald M. : 26.
Remaud, Olivier : 47.
Renan, Ernest : 463, 495.
Renard, Georges (historien) : 617.
Renard, Georges (juriste) : 617.
Revel, Jean-François : 9.
Revill, Joel : 26.
Rhodes, Cecil : 84, 234, 589.
Ricardo : 67, 72, 73, 74, 82, 89, 96, 115, 120, 127, 177, 229, 273.
Ricardo, David : 74.

Richter, Melvin : 25, 26, 47.
Rist, Charles : 446, 577, 619.
Rivaud, Albert : 303, 304, 305, 572.
Robbins, Lionel : 24.
Roberts, G. : 162, 179.
Robespierre : 147, 291, 523.
Rodbertus : 143, 146.
Rodrigues, Olinde : 118, 127, 138, 139.
Romains, Jules : 292.
Roosevelt, Franklin Delano : 265, 292.
Rosselli, Carlo et Nello : 11, 26, 334, 490, 569, 571, 572, 614, 708.
Rossi, Ernesto : 490, 697.
Rothermere, Harold Sidney Harmsworth (lord) : 397.
Rothstein, Th.-A. : 712.
Rougier, Louis : 496.
Rousseau : 68, 119, 147, 291, 320, 491, 541.
Ruesselle : 684.
Ruskin, John : 195.
Russell, Bertrand (Lord) : 174, 225, 415, 420, 425, 427, 466, 482, 484, 527, 541, 721.
Ruyssen, Theodore : 315, 319, 524, 574, 606, 607, 610, 611, 612, 619.

Sacco-Vanzetti (affaire) : 622.
Saint-Aubin : 89.
Saint-Simon, Claude-Henri de Rouvroy (comte de) : 9, 51, 60, 65, 78, 83, 84, 85, 86, 87, 88, 89, 90, 91, 92, 93, 94, 95, 96, 97, 98, 99, 100, 101, 102, 103, 104, 105, 106, 107, 108, 109, 110, 111, 112, 113, 114, 115, 116, 117, 118, 122, 125, 126, 127, 133, 141, 142, 145, 146, 147, 148, 149, 309, 460, 566, 618, 619, 676, 687.
Salandra, Antonio : 488.
Salisbury, James Gascoyne-Cecil : 656.
Salomon, Mathilde : 478.
Salvemini, Gaetano : 26, 36, 334, 335, 490, 536, 544, 645.
Salzy, Pierre : 291.
Sand, George : 540.
Sanjurjo, José : 658.
Sankey (juge) : 205, 214.
Santayana, George : 485.
Sauvy, Alfred : 609.
Say, Jean-Baptiste : 68, 69, 71, 72, 73, 82, 88, 89, 97, 107, 109, 111, 112, 115, 116, 117, 118, 120, 123, 127, 143, 149.
Schelling, Friedrich Wilhelm Joseph (von) : 523.
Schlegel : 70.
Schnapper, Antoine : 614.
Schnapper, Dominique : 47, 614.
Schuhl, Pierre-Maxime : 566, 570, 656.
Schweitzer, Albert : 635, 636.
Scot, Marie : 8, 27, 28, 39, 44, 48, 51, 152, 193, 212, 264, 331, 344, 347, 363, 393, 513.
Seignobos, Charles : 313, 314, 676.
Sélassié, Hailé : 500, 504.
Semmel, Bernard : 24.
Seurat, Michel : 719.
Shah d'Iran : 249.
Shaw, George : 64, 224, 225, 277, 284, 421, 505, 526, 675, 722.
Simiand, François : 422.
Simon, Yves René : 710.
Simon-Nahum, Perrine : 47.
Simons, Henry : 444.
Simpson, Wallis : 505.

Sismondi, Jean (de) : 51, 60, 66, 67, 68, 70, 71, 72, 73, 74, 75, 76, 77, 79, 80, 81, 82, 115, 116, 117, 118, 575, 687.
Smith, Adam : 67, 69, 71, 73, 74, 75, 89, 107, 109, 111, 115, 119, 123, 124, 149, 174, 186, 187, 209, 229, 230, 273, 353, 514.
Smuts (général) : 393, 400, 405, 421, 436, 722.
Snowden (lord) : 269, 270, 359, 522, 548, 549, 731, 732.
Sorel, Albert : 250.
Sorel, Georges : 30, 51, 196, 197, 250, 278, 281, 282, 296, 297, 298, 299, 300, 677.
Souday, Paul : 540.
Soulié, Stephan : 30, 47, 502, 576, 585.
Sparkes, Malcolm : 157, 172, 173, 174, 175, 176, 179, 208.
Spencer, Herbert : 91, 225, 275, 521, 672, 676.
Spinoza, Baruch : 670.
Spire, André : 615, 620, 621, 624.
Staël, Germaine (de) : 70.
Staline, Joseph : 271, 307, 478, 497, 522, 569, 649.
Stavisky (affaire) : 562.
Steed, Wickham : 536.
Steeg, Théodore : 587.
Stephen, Leslie : 10, 672.
Stern, Alfred : 570.
Stinnes, Hugo : 450, 456, 483, 725.
Straus, Emile : 440.
Straus, Geneviève : 631.
Stresemann, Gustave : 170, 480.
Syracuse, Denis de : 308, 503.

Tardieu, André : 453, 557, 599.

Tasca, Angelo (pseudonyme de Ernesto Rossi) : 697.
Tawney, R.-H. : 215, 225.
Tesnière, Valérie : 66.
Thierry, Augustin : 86, 87, 89, 90, 91, 92, 94, 95, 96, 99, 100, 110, 126.
Thomas, Albert : 283, 427, 579.
Thomas, James-Henry : 146, 172, 186, 187, 206, 208, 222, 227, 231, 269, 283, 426, 451.
Thomas d'Aquin (Saint) : 711.
Thompson, E. P. : 24.
Thorez, Maurice : 659.
Thucydide : 15, 20.
Tilak, Bal Gangadhar : 249.
Tillett, Ben : 241, 351.
Tillion, Germaine : 718.
Tocqueville, Alexis de : 9, 16, 20, 25, 26, 28, 649.
Tolstoï, Léon : 249, 630.
Toukhatchevski : 569.
Townshend (général) : 479.
Trevelyan, George (Sir) : 527.
Trocquer : 432.
Turati, Filippo : 569.
Turmel, Joseph (dit, abbé) : 550.

Umberto de Savoie : 490.
Unwin, Thomas Fisher : 215, 412, 458.

Valat : 95, 97, 113.
Valéry, Paul : 669.
Vaucher, Paul : 50, 58, 511, 649.
Vautel, Clément : 454.
Vavin, Hélène : 551.
Venizélos : 443, 643.
Vercingétorix : 609.
Vermeil, Edmond : 422.
Victor-Emmanuel III : 488, 504, 543.

Vigny : 539.
Villain, Raoul : 459.
Villèle (de) : 104, 106.
Vincent, Steven K : 24, 25, 26, 27, 28, 44, 47, 485, 494.
Viner, Jacob : 24.
Vinet : 479.
Voltaire : 68, 119, 147, 374, 541, 675.

Wagner : 143, 423, 723.
Wahl, Jean : 281, 636, 680.
Wakefield : 550.
Waldeck, Rousse : 491.
Wallas, Graham : 25, 64, 367, 420, 421, 442, 456, 457, 462, 492, 527, 545, 550, 551, 553, 669, 675, 721, 722, 724, 725, 726, 733, 734.
Walpole, Albert : 374.
Walter Lippmann (colloque) : 496.
Watts, Michael R. : 24.
Webb, Sidney (et Madame) : 25, 64, 154, 158, 159, 179, 186, 193, 194, 195, 204, 214, 215, 218, 224, 225, 270, 277, 283, 284, 430, 443, 445, 446, 458, 525, 542, 559, 560, 734, 735.
Weber, Louis : 16, 441, 565, 566, 570, 669, 681.
Weil, Simone : 718.
Weill, Georges : 61, 95.
Weiss, Louise : 589.
Welch, Cheryl : 26.
Wells, Herbert George : 224, 225, 457, 459, 505, 726.

Whitehead : 482, 527.
Whitley, J.H. : 150, 152, 160, 162, 173, 180, 188, 189, 198, 199, 207, 218.
Wido, Charles-Marie : 635.
Wilde, Oscar : 347, 442, 724.
Willaume (imprimeur) : 662.
Willemetz, Albert : 656.
Wilson, H.-J. : 160.
Wilson, Thomas Woodrow : 258, 259, 360, 368, 369, 370, 371, 372, 375, 376, 377, 382, 383, 396, 400, 413, 415, 416, 417, 418, 420, 421, 456, 458, 459, 602, 721, 722, 725.
Winter, Jacques : 664.
Winter, Maximilien : 485, 501, 502, 565, 645, 664, 669.
Wittgenstein, Ludwig : 174, 420.
Woolf, Virginie : 10.
Worms, Frédéric : 47, 53, 576, 680.
Wright, Julian : 26.

Yat-sen, Sun : 424.
York (les deux petites filles du duc) : 564.
Younger, George (Sir) : 357.

Zanfi, Caterina : 680.
Zay, Jean : 281, 656.
Zimmern, Alfred : 422, 723.
Zuber, Valentine : 28.

TABLE DES MATIÈRES

PRÉFACE. Élie Halévy et *L'Ère des tyrannies*. Sur la guerre et sur l'État, par Nicolas Baverez 7
Entre Tocqueville et Aron 9
La guerre et les tyrannies modernes 12
Élie Halévy, historien-philosophe 15
Le savant et le républicain 17

INTRODUCTION. Élie Halévy et *L'Ère des tyrannies*. De l'historien philosophe à l'intellectuel démocratique, par Vincent Duclert 23
De l'affaire Dreyfus à l'« Ère des tyrannies ». Un engagement étendu sur le siècle 28
Naissance d'un « historien philosophe » 32
Résister aux tyrannies 35
Éclairer une thèse magistrale. Les archives Halévy et leur publication 38

NOTE SUR LA VERSION PRÉSENTE 43

REMERCIEMENTS 47

PREMIÈRE PARTIE. L'ÈRE DES TYRANNIES[1] 49

PRÉFACE, par Célestin Bouglé 57

SISMONDI. CRITIQUE DE L'OPTIMISME INDUSTRIALISTE 66

LA DOCTRINE ÉCONOMIQUE SAINT-SIMONIENNE 83
1. LA DOCTRINE ÉCONOMIQUE DE SAINT-SIMON 84
2. LA DOCTRINE ÉCONOMIQUE DES SAINT-SIMONIENS 114
3. CONCLUSION 145

---

1. Cette table des matières reprend la version originale de 1938 complétée par les références indiquées en début de chaque chapitre.

La politique de paix sociale en Angleterre. Les « Whitley Councils »
Étude publiée dans la *Revue d'économie politique*, Paris, 1919.   150

Le problème du contrôle ouvrier
Conférence prononcée le 7 mars 1921 au *Comité national d'études politiques et sociales.*   192

État présent de la question sociale en Angleterre.   211

Une interprétation de la crise mondiale de 1914-1918   232
1. Vers la Révolution   234
2. Vers la guerre   244
3. Guerre et Révolution   252

Le socialisme et le problème du parlementarisme démocratique   263

L'ère des tyrannies.   277

Appendices
I. Intervention d'Élie Halévy au cours de la séance consacrée à la discussion de la thèse de M. G. Sorel le 29 mars 1902.   296
II. Suite de la discussion (séance du 28 novembre 1936).   299
III. Annexe à la conférence « L'Ère des tyrannies »   321

Deuxième partie. *L'Ère des tyrannies*, **compléments documentaires : articles, conférences, dossiers, choix de correspondance**.   329

I. La démocratie anglaise, la recherche de la paix et les relations internationales. La sortie de guerre d'Élie Halévy, 1919-1923.   332

Contributions à l'étude de l'Angleterre contemporaine (1919-1920)   343
1. « Le problème des élections anglaises », 1919   344
2. « Du peuple anglais et de M. Lloyd George », 1920   363

Conférences et fragments sur l'organisation de la paix européenne (1920)   367
1. « Le problème des nationalités », 1920.   367
2. Trois fragments sur les perspectives de paix après-guerre   372

Premier fragment : « Note pour l'établissement d'une paix durable en
Europe occidentale » 373
Deuxième fragment. 376
Troisième fragment : « Fédération internationale » 383

ÉTUDE SUR L'ÉTAT DES RELATIONS FRANCO-ANGLAISES (1923) 391
« L'OPINION ANGLAISE ET LA FRANCE ». 394

CHOIX DE CORRESPONDANCE (1919-1923) 410
À Louise Halévy, The Athenaeum, Pall Mall, 6 avril 1919 411
À Louise Halévy, Park Hotel, Cardiff, 9 avril 1919 412
À Xavier Léon, Cardiff, 12 avril 1919 413
À Bertrand Russell, Cardiff, 15 avril 1919 [en anglais] 415
À Xavier Léon, Langland Bay Hotel, near Swansea [Mumbles],
   Glamorgan, 26 avril 1919 415
À Louise Halévy, Mumbles, Glamorgan, 28 avril 1919. 416
À Louise Halévy, Mumbles, Glamorgan, 30 avril 1919. 417
À Xavier Léon, Mumbles, Clamorgan, 4 mai [1919]. 417
À Xavier Léon, 69 Torrington Square, London WC1, 9 mai 1919. 418
À Daniel Halévy, Londres, 9 mai 1919. 419
À Xavier Léon, La Maison Blanche, Sucy-en-Brie, S.-et-O., 23 juin
   1919*. 420
À Xavier Léon, La Maison Blanche, Sucy-en-Brie, S.-et-O., 23 juin
   1919*. 420
À Graham Wallas, Sucy-en-Brie, 29 juin 1919 [en anglais] 420
À Graham Wallas, La Maison Blanche, Sucy-en-Brie, S.-et-O, 4 juillet
   1919 [en anglais] 421
À Alfred Zimmern, Sucy-en-Brie, 19 août 1919 [en anglais] 422
À Xavier Léon, Hôtel de Londres, Boulogne-sur-Mer, 11 avril 1920* . 423
À Xavier Léon, Hôtel de Londres, Boulogne-sur-Mer, 13 avril 1920 .. 424
À Xavier Léon, Thackeray Hotel, Great Russell Street, London WC1,
   17 avril 1920*. 425
À Xavier Léon, Thackeray Hotel, Great Russell Street, London WC1,
   17 avril 1920*. 425
À Xavier Léon, 20, Doughty Street, London WC1, 24 avril 1920*.... 426
À Xavier Léon, 20 Doughty Street, London WC1, 26 avril 1920 427
À Célestin Bouglé, 20 Doughty Street, London WC1, 28 avril 1920... 428
À Daniel Halévy, Londres, 1er mai 1920. 428
À Louise Halévy, Londres, 6 mai 1920* 430
À Célestin Bouglé, Londres, 9 mai 1920 431
À Xavier Léon, Londres, 9 mai 1920 432
À Xavier Léon, Londres, 18 mai 1920 433

À Madame Louise Halévy, Londres, 18 mai 1920* 434
À Xavier Léon, Londres, 20 mai 1920 434
À Célestin Bouglé, Londres, 26 mai 1920 435
À Xavier Léon, Londres, 29 mai 1920 436
À Xavier Léon, Londres, 6 juin 1920 437
À Florence Halévy, La Maison Blanche, Sucy-en-Brie, 16 août 1920*. 440
À Florence Halévy, La Maison Blanche, Sucy-en-Brie, 19 août 1920*. 440
À Émile Chartier (Alain), Fresnay-le-Long, par St-Victor-l'Abbaye, Seine Inf^{re}, 15 septembre 1920 441
À Graham Wallas, Fresnay-le-Long, par St-Victor-l'Abbaye, Seine Inf^{re}, 15 septembre 1920* [en anglais] 442
À Graham Wallas, Fresnay, Long-Fresnay, par St-Victor-l'Abbaye, Seine Inf^{re}, 9 (?) octobre 1920* [en anglais] 442
À Xavier Léon, La Maison Blanche, Sucy-en-Brie, 23 novembre 1920* 443
À Xavier Léon, 20 Doughty Street, London WC1, 8 avril 1921 444
À Louise Halévy, 20 Doughty Street, London WC1, 15 avril 1921*... 445
À Xavier Léon, Londres, 23 avril 1921 445
À Xavier Léon, 20 Doughty Street, London WC1, 24 avril 1921* 445
À Xavier Léon, 20 Doughty Street, London WC1, 27 avril 1921* 446
À Louise Halévy, 20 Doughty Street, London WC1, 30 avril 1921*... 447
À Xavier Léon, Londres, 3 mai 1921 447
À Louise Halévy, Londres, 7 mai 1921 448
À Xavier Léon, Londres, 7 mai 1921 449
À Xavier Léon, Londres, 10 mai 1921 449
À Xavier Léon, 20 Doughty Street, London WC1, 14 mai 1921* 451
À Louise Halévy, 20 Doughty Street, London WC1, 15 mai 1921 452
À Louise Halévy, Londres, le 20 [mai 1921] 452
À Xavier Léon, 20 Doughty Street, London WC1, 22 mai 1921* 453
À Célestin Bouglé, Londres, 23 mai 1921 454
À Louise Halévy, 20 Doughty Street, 27 mai 1921* 455
À Xavier Léon, Londres [sans date] 456
À Mrs. Graham Wallas, Londres, 31 mai 1921 [en anglais] 456
À Graham Wallas, fragment d'une lettre sans date* [en anglais] 457
À Louise Halévy, Long-Fresnay, 6 juin 1921 457
À Michel Alexandre, La Maison Blanche, Sucy-en-Brie, S.-et-O., 13 août 1921 458
À Michel Alexandre, Hôtel Moris, Val-d'Isère, 22 août 1921 459
À Célestin Bouglé, La Grave, 9 septembre 1921* 459
À Xavier Léon, Lautaret, 27 septembre 1921* 460
À Xavier Léon, La Maison Blanche, Sucy-en-Brie, S.-et-O., 3 décembre 1921 461

À Graham Wallas, Sucy-en-Brie, 4 janvier 1922 [en anglais] 462
À Xavier Léon, La Maison Blanche, Sucy-en-Brie, S.-et-O., 8 janvier 1922* 463
À Xavier Léon, Sucy-en-Brie, 9 janvier 1922 464
À Michel Alexandre, Sucy-en-Brie, 23 février 1922 465
À Xavier Léon, Ye Olde Mermaid, Rye, 16 avril 1922 466
À Louise Halévy, Londres, 22 avril 1922* 466
À Xavier Léon, Cranston's Kenilworth Hotel, Great Russell Street, London WC1, 23 avril 1922 467
À Mme Ludovic Halévy, The Athenaeum, Pall Mall, London SW1, 27 avril 1922. 468
À Mme Ludovic Halévy, Londres, 30 avril 1922 468
À Xavier Léon, Londres, 30 avril 1922 469
À Xavier Léon, The Athenaeum, Pall Mall, London SW1, 8 mai 1922* 470
À Louise Halévy, Londres, 9 mai 1922* 470
À Xavier Léon, The Athenaeum, Pall Mall, London SW1, 11 mai 1922. 471
À Louise Halévy, Londres, 13 mai 1922 471
À Louise Halévy, Londres, 18 mai 1922* 472
À Xavier Léon, Cranston's Kenilworth Hotel, London WC1, 18 mai 1922* 472
À Louise Halévy, Londres, 21 mai 1922 473
À Xavier Léon, The Athenaeum, Pall Mall, London SW1, 24 mai 1922. 473
À Louise Halévy, Londres, 5 juin [1922] 474
À Xavier Léon, Long-Fresnay, St-Victor-l'Abbaye, Seine Inf^{re}, 9 juin 1922* 475
À Xavier Léon, Sucy-en-Brie, 10 août 1922* 475
À Michel Alexandre, 10 octobre 1922* 476
À Michel Alexandre, La Maison Blanche, Sucy-en-Brie, S.-et-O., 20 octobre 1922 477
À Xavier Léon, La Maison Blanche, Sucy-en-Brie, S.-et-O., 25 octobre 1922* 478
À Xavier Léon, Cosmo Hotel, Southampton Row, Russel Square, London WC1, September 26. 1923 479
À Louise Halévy, Londres, 26 septembre 1923* 480
À Louise Halévy, Londres, 1er octobre 1923. 481
À Xavier Léon, Cosmo Hotel, Southampton Row, Russel Square, London WC1, 2 octobre 1923 481
À Louise Halévy, Londres, 5 octobre 1923 482
À Louise Halévy, Londres, 10 octobre 1923 483

À Xavier Léon, The Athenaeum, Pall Mall, London SW1, 10 octobre 1923 483
À Louise Halévy, Londres, 16 octobre 1923* 484
À Louise Halévy, Londres, 23 octobre 1923 484
À Xavier Léon, The Athenaeum, Pall Mall, London SW1, 29 octobre 1923* 485

II. Voyages aux « pays de la tyrannie » : Italie, Russie, Allemagne, 1923-1937 487

Lettres d'Italie (1923-1925) 487
À Xavier Léon, 50 via degli Alfani, Florence, 22 décembre 1923 488
À Louise Halévy, Florence, samedi 22 décembre [1923] 489
À Émile Chartier, Florence, le 1ᵉʳ janvier 1924 489
À Xavier Léon, Hôtel Savoie, Regresso di Maiano, Firenze, 1ᵉʳ avril 1925* 490
À Xavier Léon, Hôtel Savoie, Regresso di Maiano, Firenze, 8 avril 1925* 491

Lettres de Russie et d'Europe (août-octobre 1922) 491
À André Noufflard, Riga, 13 septembre 1932 492
À Daniel Halévy, Leningrad, 21 septembre 1932 493
« Dialogue sur le communisme », Élie Halévy-Étienne Mantoux 493
« Lettre d'Étienne Mantoux à Élie Halévy, Moscou, 10 septembre 1934 » 494
« À Étienne Mantoux, La Maison Blanche, Sucy-en-Brie, S.-et-O., 20 septembre 1934* » 497
« Lettre d'Étienne Mantoux à Florence Halévy, 7 septembre 1937 »... 499
Lettre de Florence Halévy à André Noufflard, Sucy, le 10 juin 1945... 499

Lettres d'Italie (1935-1937) 500
À Gabrielle Léon, Rome, 5 octobre 1935* 500
À Xavier et Gabrielle Léon, Hôtel Continental, Naples, 10 octobre 1935* 501
À Gabrielle Léon, Hôtel Continental, Naples, 15 octobre 1935* 502
À Gabrielle Léon, [Naples], jeudi 17 [octobre] 1935* 502
À Gabrielle Léon, Syracuse, 1ᵉʳ février 1937 503
Au baron de Meyendorff, Pension Piccioli, Florence, 6 [février] 1937 . 504
À Célestin Bouglé, Pension Piccioli, Florence, le 9 février 1937 505
À Gabrielle Léon, Pension Piccioli, via Tornabuoni 1, Firenze, 12 février 1937* 506

III. L'AVENIR DE LA DÉMOCRATIE LIBÉRALE. LE MODÈLE BRITANNIQUE EN QUESTION (1924-1937). 508

LE LIBÉRALISME ANGLAIS. UN BILAN EN 1936 512
« L'ANGLETERRE : GRANDEUR, DÉCADENCE ET PERSISTANCE DU LIBÉRALISME EN ANGLETERRE » 513

CORRESPONDANCE ANGLAISE (1924-1937) 524
À Xavier Léon, 67 Torrington Square, London WC1, 24 avril 1924*.. 524
À Louise Halévy, 67 Torrington Sq., London WC1, le 27 avril [1924] . 525
À Xavier Léon, 67 Torrington Sq., London WC1, 1er mai 1924*...... 526
À Louise Halévy, Londres, 2 mai 1924 526
À Louise Halévy, Londres, 7 mai 1924 527
À Xavier Léon, Londres, 11 mai 1924 528
À Xavier Léon, Londres, 20 mai 1924 528
À Louise Halévy, Londres, 24 mai 1924 529
À Xavier Léon, Londres, 67 Torrington Square, London WC1, 1er juin 1924... 529
À Kingsley Martin, 8 décembre 1924 [en anglais] 530
À Xavier Léon, 67 Torrington Square, London WC1, 23 mai 1925.... 531
À Xavier Léon, The Athenaeum, Pall Mall, London SW1, Londres, 28 mai 1925 532
À Xavier Léon, Londres, 29 septembre 1925.................... 533
À Xavier Léon, Londres, 10 octobre 1925 534
À Xavier Léon, The Athenaeum, Pall Mall, London SW1, 16 octobre 1925*... 535
À Louise Halévy, Londres, 18 octobre 1925 536
À Xavier Léon, Leeds, Londres, 20 octobre 1925 536
À Louise Halévy, Londres, 67 Torrington Square, London WC1, 22 avril 1926... 537
À Louise Halévy, 67 Torrington Square, London WC1, 6 mai [1926]*. 358
À Louise Halévy, Londres, 10 mai 1926 538
À Louise Halévy, Londres, 14 mai 1926 540
À Louise Halévy, 67 Torrington Square, London WC1, 25 avril 1927 . 541
À Louise Halévy, Londres, 15 mai 1927 542
À Célestin Bouglé, La Maison-Blanche, Sucy-en-Brie, 28 septembre 1927... 543
À Louise Halévy, The Athenaeum, Pall Mall, London SW1, 15 avril [1928] 543
À Louise Halévy, The Athenaeum, Pall Mall, London SW1, 24 avril [1928] 544

À Mme Ludovic Halévy, 67 Torrington Square, London WC1, 1er mai [1928] 544
À André Noufflard, The Athenaeum, Pall Mall, SW1, 29 mai 1929 ... 545
À Mr. W. Horsefall Carter, *Chief Sub-Editor* du « Spectator », La Maison Blanche, Sucy-en-Brie, S.-et-O., 12 janvier 1930 [en anglais] 546
Au directeur de publication d'un dictionnaire, qui avait demandé son avis sur une liste de « politiciens et hommes d'État d'Angleterre », 15 Torrington Square, London WC1, 23 avril 1930 [en anglais] ... 549
À Graham Wallas, La Maison Blanche, Sucy-en-Brie, S.-et-O., 17 novembre 1930* [en anglais] 550
À Henriette Noufflard, 15 Torrington Square, London WC1, 25 mai 1931*... 550
À Graham Wallas, Sucy-en-Brie, 6 octobre 1931* [en anglais] 551
À Daniel Halévy, 56 Torrington Square, London WC1, 25 avril 1932 . 552
À Audrey et May Wallas [sans date, mais noté « August 1932 » par May Wallas] [en anglais] 553
À Daniel Halévy, 15 Gordon Street, London WC1, 27 avril 1933*.... 554
À Xavier Léon, Londres, le 3 mai 1933 555
À Xavier Léon, Londres, le 5 mai 1933 555
À Xavier Léon, Londres, le 9 mai 1933 556
À Xavier Léon, Londres, le 18 mai 1933 557
À Xavier Léon, Londres, le 27 mai 1933 558
À Mrs. Sidney Webb, 20 novembre 1933 [en anglais] 559
À Mrs. Sidney Webb, 21 novembre 1933 [en anglais] 560
À Célestin Bouglé, 15 Gordon Street, London WC1, le 20 avril 1934 . 561
À Xavier Léon, Londres, le 4 juin 1934 562
À Xavier Léon, 15 Gordon Street, London WC1, le 9 avril 1935*.... 563
À Xavier Léon, 15 Gordon Street, London WC1, 30 avril 1935 563
À Xavier Léon, The Athenaeum, Londres, le 8 mai 1935 564
Éloge de l'hypocrisie 565
À Gabrielle Léon, 15 Gordon Street, London WC1, 4 mai 1936*..... 565
À Gabrielle Léon, 15 Gordon Street, London WC1, 30 mai 1936*.... 566
À Gabrielle Léon, The Athenaeum, Pall Mall, London SW1, 21 avril 1937... 567
À Gabrielle Léon, 15 Gordon Street, London WC1, 13 mai 1937*.... 567
À Gabrielle Léon, The Warden's Lodgings, New College, Oxford, 20 mai 1937 568
Au baron de Meyendorff, 15 Gordon Street, London WC1, 13 juin 1937... 569
À Gabrielle Léon, The Athenaeum, Pall Mall, London SW1, 15 juin 1937... 570

IV. L'INTELLECTUEL DÉMOCRATIQUE ET L'HISTOIRE (1924-1937)....... 573

HOMMAGES À DES AMIS DISPARUS (1926-1935)..................... 575
1. « DISCOURS PRONONCÉ PAR ÉLIE HALÉVY AU CIMETIÈRE D'ABLON, LE 17 AOÛT 1926, SUR LE CERCUEIL DE JEAN-PIERRE LAZARD, MORT LE 13 AOÛT À TRÊVES, À L'ÂGE DE 21 ANS. »............................. 577
2. « LA VIE DE LUCIEN HERR » (ÉLIE HALÉVY, MARCEL MAUSS, PIERRE-FÉLIX PÉCAUT)... 579
« À Charles Andler, La Maison Blanche, Sucy-en-Brie, S.-et-O., 24 août 1929* ».. 580
« La vie de Lucien Herr », par Élie Halévy, Union pour la Vérité, 17 décembre 1932... 582
« Lettre de Marcel Mauss à Élie Halévy, 16 décembre 1932 »....... 583
« Lettre de Pierre-Félix Pécaut à Élie Halévy, 26 décembre 1932 »... 584
3. « XAVIER LÉON (1869-1935) »............................... 585
« Xavier Léon (21 mai 1869-21 octobre 1935) »................. 585
Lettre d'Élie Halévy à Gabrielle Léon, La Maison Blanche, Sucy-en-Brie, S.-et-O., jeudi [novembre 1935]....................... 588

L'AVENIR DU CONTINENT EUROPÉEN (1932-1933).................... 589
1. « L'ÉQUILIBRE ANGLAIS ET L'EUROPE », 1932.................... 589
2. « LE NATIONALISME ABSOLUTISTE A ÉTÉ LA CAUSE PROFONDE DE LA GUERRE EUROPÉENNE », 1933...................................... 606

CHOIX DE CORRESPONDANCE (1924-1937)...................... 613
À Xavier Léon, La Maison blanche, Sucy-en-Brie, S.-et-O., 20 février 1924*... 616
À Xavier Léon, Sucy-en-Brie, 24 février 1924.................... 616
À Xavier Léon, La Maison Blanche, Sucy-en-Brie, S.-et-O., sans date [1924] *... 617
À Xavier Léon, La Maison Blanche, Sucy-en-Brie, S.-et-O., 6 juin 1924*... 617
À Xavier Léon, Chalet-restaurant du P.L.M. du Lautaret, 7 septembre 1924.. 618
À Henriette Noufflard, 1er octobre 1924*....................... 619
À André Spire, 16 mars 1926 620
À Louise Halévy, Francfort, 11 juillet 1927 621
À Célestin Bouglé, Megève (Haute-Savoie), le 25 août 1927 622
À Célestin Bouglé, Sucy-en-Brie, le 27 septembre 1927*........... 622
À Henriette Noufflard, 15 juillet 1928* 623
À André Spire, 17 juillet 1928 624

À Mme Ludovic Halévy, Vittel, 28 juillet 1929 625
À Louise Halévy, en gare de Kempten, mardi [27 août 1929] 625
À Louise Halévy, Oberstdorf, Allgäu, Ober-Bayern, 7 septembre 1929 626
À Michel Alexandre, La Maison Blanche, Sucy-en-Brie, S.-et-O., 22 juillet 1930* 627
À Henriette Noufflard, Nancroix (Savoie), 31 août 1930* 628
À Michel Alexandre, La Maison Blanche, Sucy-en-Brie, S.-et-O., 9 septembre 1930* 628
À Henriette Noufflard, Grand Hôtel, Banyuls-sur-Mer, 26 septembre 1930* 628
À Michel Alexandre, La Maison Blanche, Sucy-en-Brie, S.-et-O., 20 octobre 1930 629
À Henriette Noufflard, Sucy-en-Brie, 13 avril 1931* 630
À Daniel Halévy, Sucy-en-Brie, 3 juillet 1931 631
À Jacques-Émile Blanche, Sucy-en-Brie, jeudi 10 juillet [1931] 632
À Lucien Lévy-Bruhl, Sucy-en-Brie, 26 août 1931 633
À Célestin Bouglé, 55 Torrington Square, Londres, 31 mars 1932* ... 634
À Daniel Halévy, La Maison Blanche, Sucy-en-Brie, 5 mars 1933 635
À Xavier Léon, La Maison Blanche, Sucy-en-Brie, S.-et-O., 6 juillet 1933 635
À Xavier Léon, Barcelone, le 12 octobre 1933 637
À Xavier Léon, Puerto de Pollenza, Majorque, le 19 octobre 1933* ... 637
À Xavier Léon, Palma de Majorque, le 26 octobre 1933 638
À Raymond Aron, La Maison Blanche, Sucy-en-Brie, S.-et-O., 30 novembre 1933 639
À Michel Alexandre, La Maison Blanche, Sucy-en-Brie, S.-et-O., 23 juin 1934* 640
À Célestin Bouglé, La Maison Blanche, Sucy-en-Brie, le 20 août 1934 641
Au baron de Meyendorff, La Maison Blanche, 17 septembre 1934* ... 641
À Xavier Léon, Hôtel Mistra, Athènes, le 30 septembre 1934 643
À Xavier Léon, Delphes, le 10 octobre 1934 643
À Xavier Léon, Athènes, le 12 octobre 1934 644
À Xavier Léon, Venise, le 1er novembre 1934 644
À René Berthelot, La Maison Blanche, Sucy-en-Brie, S.-et-O., 8 août 1935 645
Au baron de Meyendorff, La Maison Blanche, Sucy-en-Brie, S.-et-O., 20 août 1935 646
À Henriette Noufflard, 11 septembre 1935* 646
À René Berthelot, Sucy-en-Brie, 6 novembre 1935 647
À Daniel Guérin, La Maison Blanche, Sucy-en-Brie, S.-et-O. [fin 1935]* 648
Au baron de Meyendorff, La Maison Blanche, Sucy-en-Brie, S.-et-O., 7 août 1936 648

À Émile Chartier [Alain], Fresnay-le-Long, par Saint-Victor-l'Abbaye, Seine Inférieure, de nouveau demain, Sucy-en-Brie, S.-et-O., 23 août 1936... 650
À Daniel Halévy, La Maison Blanche, Sucy-en-Brie, 26 août 1936 ... 652
À Daniel Halévy, La Maison Blanche, Sucy-en-Brie, 27 octobre 1936. 653
À Daniel Halévy, Sucy-en-Brie, 30 octobre 1936................. 654
À Daniel Halévy, La Maison Blanche, Sucy-en-Brie, 14 novembre 1936 656
À Gabrielle Léon, Sucy-en-Brie, le 29 décembre 1936*........... 656
À Daniel Halévy, La Maison Blanche, Sucy-en-Brie, 18 mars 1937 ... 657
Au baron de Meyendorff, La Maison Blanche, Sucy-en-Brie, S.-et-O., 3 avril 1937... 657
À Léon Brunschvicg, La Maison Blanche, Sucy-en-Brie, 14 avril 1937*... 660
Au baron de Meyendorff, La Maison Blanche, Sucy-en-Brie, S.-et-O., 28 juin 1937*... 661
À René Berthelot, Sucy-en-Brie, 30 juin 1937................... 661
À Raymond Aron, 2 août 1937*................................ 663

LE DÉCÈS D'ÉLIE HALVÉY (21 AOÛT 1939)........................ 663

V. HOMMAGES AU PENSEUR LIBÉRAL DANS L'ÈRE DES TYRANNIES (1937-1940)

HOMMAGE DE LA *REVUE DE MÉTAPHYSIQUE ET DE MORALE*.............. 669
Élie Halévy (6 septembre 1870-21 août 1937)

HOMMAGE À LA SOCIÉTÉ FRANÇAISE DE PHILOSOPHIE................. 680
Déclaration de Léon Brunschvicg devant la Société française de philosophie, séance du 4 décembre 1937 (« Subjectivité et transcendance », par Jean Wahl)

MUNICH. PENSER AVEC ÉLIE HALÉVY............................. 681

PUBLICATION DE L'ÈRE DES TYRANNIES, OCTOBRE *1938*............. 683

L'ÈRE DES TYRANNIES DANS LA *REVUE DE MÉTAPHYSIQUE ET DE MORALE*...... 686
1. PREMIER SUPPLÉMENT BIBLIOGRAPHIQUE DE L'ANNÉE 1939........... 686
2. RAYMOND ARON, « LE SOCIALISME ET LA GUERRE » (1939).......... 688
   Le socialisme est contradictoire........................... 689
   Le socialisme, la guerre et la tyrannie................... 692
   L'économie de guerre..................................... 695
   Le socialisme a partout échoué............................ 698
   Fascismes et communisme................................... 701

« Fleurir le chardon bleu des sables. » *L'Ère des tyrannies*, prolégomènes à toute résistance. Postface. 708

Traduction des lettres d'Élie Halévy rédigées en anglais 721
À Bertrand Russell, Cardiff, 15 avril 1919 721
À Graham Wallas, Sucy-en-Brie, 29 juin 1919. 721
À Graham Wallas, La Maison Blanche, Sucy-en-Brie, S.-et-O., 4 juillet 1919. 722
À Alfred Zimmern, Sucy-en-Brie, 19 août 1919 723
À Graham Wallas, Fresnay-le-Long, par St-Victor-l'Abbaye, Seine Inf^{re}, 15 septembre 1920 724
À Graham Wallas, Fresnay, Long-Fresnay, par St-Victor-l'Abbaye, Seine Inf^{re}, 9 (?) octobre 1920. 724
À Mme Graham Wallas, Londres, 31 mai 1921 725
À Graham Wallas, fragment d'une lettre sans date. 726
À Graham Wallas, Sucy-en-Brie, 4 janvier 1922 726
À Kingsley Martin, 8 décembre 1924. 727
À M. W. Horsefall Carter, *Chief Sub-Editor* du « Spectator », La Maison Blanche, Sucy-en-Brie, S.-et-O., 12 janvier 1930. 729
Au directeur de publication d'un dictionnaire, qui avait demandé son avis sur une liste de « politiciens et hommes d'État d'Angleterre », 15 Torrington Square, London WC1, 23 avril 1930 732
À Graham Wallas, la Maison Blanche, Sucy-en-Brie, S.-et-O., 17 novembre 1930 733
À Graham Wallas, Sucy-en-Brie, 6 octobre 1931. 733
À Audrey et May Wallas [sans date, mais noté « August 1932 » par May Wallas]. 734
À Mme Sidney Webb, 20 novembre 1933 734
À Mme Sidney Webb, 21 novembre 1933 735

Index 737

*Ce volume,
le deuxième des* Œuvres complètes *de Élie Halévy,
publié aux Éditions Les Belles Lettres,
a été achevé d'imprimer
en juillet 2016
sur les presses
de la Manufacture Imprimeur
52200 Langres*

*N° d'éditeur : 8351
N° d'imprimeur : 160699
Dépôt légal : août 2016*